Geschichte des Kantons Zürich

# Geschichte des Kantons ZÜRICH

Band 3
19. und 20. Jahrhundert

**WERD**VERLAG

# Impressum

Autorin und Autoren

Bruno Fritzsche, Prof. Dr. phil.
Professor für neuere Geschichte,
insbesondere Schweizer Geschichte,
an der Universität Zürich

Max Lemmenmeier, Dr. phil., Historiker
Mittelschullehrer an der Kantonsschule
St. Gallen

Mario König, Dr. phil.
Historiker und Publizist

Daniel Kurz, lic. phil.
Historiker und wissenschaftlicher Mitarbeiter beim Schweizerischen Nationalfonds

Eva Sutter, Dr. phil, Historikerin
Lehrbeauftragte an der Höheren Wirtschafts- und Verwaltungsschule in Baden

Wissenschaftlicher Beirat

Sebastian Brändli, Dr. phil., Historiker

Hansjörg Siegenthaler, Prof. Dr. phil.
Professor für Wirtschaftsgeschichte an der
Universität Zürich

Anita Ulrich, Dr. phil., Historikerin
Leiterin des Schweizerischen Sozialarchivs
in Zürich

Wissenschaftliche Delegierte des Stiftungsrats

Elisabeth Joris, lic. phil., Historikerin
Stiftungsrätin

Bruno Fritzsche, Prof. Dr. phil.
Stiftungsrat

Herausgabe und Redaktionsleitung:
Niklaus Flüeler (†) und Marianne
Flüeler-Grauwiler
Punktum AG, Buchredaktion, Zürich

Fachredaktion, wissenschaftliches
Lektorat:
Josef Gisler, lic. phil., Historiker, Zürich
Bildredaktion:
Beat Frei, lic. phil., Historiker, Adetswil
Graphische Gestaltung:
Heinz Schnieper, Zürich
(Grundgestaltung, Kasten und Graphiken)
François G. Baer, Zürich
(Layout, Umschlag)
Bildbeschaffung: Lia Thalmann
Sekretariat: Paulette Pfammatter
Korrektor: Paul Müller, Zürich

© 1994 Stiftung «Neue Zürcher Kantonsgeschichte»
Alle Rechte vorbehalten

Kommissionsverlag: Werd Verlag, Zürich
Satz: Setzerei Hürlimann AG, Zürich
Lithos: Interlitho AG, Zürich
Papier: Baumgartner Papier AG,
Brunegg
Druck: Fotorotar AG, Egg
Einband und Schuber: Buchbinderei
Burkhardt AG, Mönchaltorf

Gedruckt auf Papier «Versailles Périgord
matt», säurefrei und alterungsbeständig
nach ISO-Norm 9706

Printed and bound in Switzerland
ISBN 3 85932 155 2

# Inhalt

Zum Geleit 9

Vorwort 11

Der Kanton Zürich von
1798 bis 1990 – Einleitung 13
Mario König

Das Jahrhundert der
Revolutionen 16
Bruno Fritzsche, Max Lemmenmeier

Die revolutionäre
Umgestaltung von Wirtschaft,
Gesellschaft und Staat
1780–1870 20
Bruno Fritzsche, Max Lemmenmeier

**Der Übergang zur modernen
Landwirtschaft** 20

Die «vernunftgerechte Erneuerung
der bäuerlichen Wirtschaft» 21

Allmendteilung und Aufhebung
des dörflichen Weidgangs 23

«Dreimal mehr Korn, fünfmal mehr
Wein»
Neue Anbaumethoden
setzen sich durch 26

Die «Loskaufbegierde»
Die Bauern befreien sich
von den Feudallasten 30

«Je mehr Käse, desto mehr Geld»
Die Markt- und Gewinnorientierung
im Vormarsch 33

«Der Sohn soll denken, und vor
allem soll er rechnen lernen»
Bürger bilden Bauern 36

«Eine Periode denkbar günstigsten
Marktes»
Landwirtschaft und industrielles
Wachstum 38

**Industrialisierung und wirtschaft-
licher Strukturwandel** 44

Der technische Umbruch in der
Baumwollverarbeitung 44

Die Seidenindustrie
«Eine ununterbrochene Kette
günstiger Konjunkturen» 46

Aus mechanischen Werkstätten
werden Maschinenfabriken 48

Auf dem Weg zum modernen
Bank- und Kreditwesen 50

**Die Anfänge der bürgerlich-
industriellen Gesellschaft** 53

Von der Heim- zur Fabrikarbeiterschaft:
Aspekte proletarischen Daseins 54

Die Spitzen der Gesellschaft:
Das Wirtschafts- und Bildungsbürgertum 62

Der Handwerkerstand tritt «in ein
neues Stadium» 74

**Die Städte Zürich und Winterthur
1800–1870** 82

Bevölkerungswachstum und
Wirtschaftsstruktur 83

Die Stadt Winterthur 85

Der Umbau der Hauptstadt 90

Das hauptstädtische Bildungs-
und Kulturleben 96

**Die Transportrevolution** 101

Der Strassenbau 101

## Auf dem Weg zu einer städtischen Industriegesellschaft 1870–1918  158
Bruno Fritzsche, Max Lemmenmeier

## Klassenkämpfe, Krisen und ein neuer Konsens – Der Kanton Zürich 1918–1945  250
Mario König, Daniel Kurz, Eva Sutter

| | |
|---|---|
| Die Wasserwege | 106 |
| Dampfschiffe auf dem Zürichsee | 108 |
| Der Eisenbahnbau | 109 |
| Raum und Zeit | 114 |

### Vom Regiment der «Gnädigen Herren» zur direkten Demokratie  118

«Die Revolution so wunderbar und gross»
Der Durchbruch zu einer demokratischen Ordnung in der Helvetik (1798–1803)  119

«Meine Gnädigen Herren prügeln wieder scharf»
Mediation und Restauration (1803–1830)  124

«Eine Zeit grossartigen Schaffens»
Die Bürgerliche Revolution (1830–1839)  128

Der «Züriputsch»
Religiöse und soziale Protestbewegung gegen den liberalen Fortschritt  137

Das liberale Bürgertum wieder an der Macht
Die Ära Escher  141

Gegen «korrumpierende Günstlings- und Interessenherrschaft»
Die Demokratische Bewegung (1860–1869)  145

### Kirche, Staat und Gläubige
Von der christlichen Obrigkeit zur religiösen Toleranz  153

Die kirchlichen Richtungskämpfe  153

Die Auflösung der Volkskirche  154

### Die Spinne im Netz  158

Die Vollendung des Eisenbahnnetzes  160

Die wirtschaftliche Entwicklung  164

Die regionale Wirtschaftsstruktur  172

Frauenarbeit und Frauenbildung  175

### Stadtwachstum, Stadtfeindschaft und neuer Städtebau  181

Die Entwicklung des Stadtraums  183

Wie die andere Hälfte lebt  191

«Ein neues Prinzip ringt sich immer deutlicher zur Herrschaft durch»  199

### Die Landschaft zwischen Krise und Selbstbewusstsein  207

Die Agrarkrise und ihre Folgen  207

Die Blüte der Fabrikdörfer 1880–1910  218

### Marx und Helvetia  228

Die Neugruppierung der politischen Kräfte  230

Die Verhärtung der Fronten  237

Der Dämon des Bürgerkriegs  242

### Bürgerblock und rote Fahnen  250

Suche nach neuen Wegen  252

Gesellschaftliche Verhärtung  255

Parteien im Gleichgewicht  261

### Wirtschaft im Zeichen der Rationalisierung  268

Durch wissenschaftliche Betriebsführung zum Aufschwung  269

Sektoren und Branchen im Wandel  272

### Fragmentierte Gesellschaft  277

Klassen, Stände, Lebensräume  278

Konfession, regionale Herkunft und die Wege des Aufstiegs  281

Generationen und Geschlechter  284

Eine Welt scharf abgegrenzter Lager  286

### Raum, Verkehr und städtische Entwicklung  294

Stadt und Land im Gegensatz  294

Agglomerationsbildung und Eingemeindungen  296

Wohnungsbau und soziale Erziehung  301

Die Strasse wird zur Fahrbahn  306

## Auf dem Weg in die Gegenwart – Der Kanton Zürich seit 1945     350
Mario König

### Wirtschaftsdepression und gesellschaftliche Unrast     310

Krise und Krisenbekämpfung     310

«Frontenfrühling» im Kanton     317

### Von der Krisenüberwindung in den Krieg     330

Wirtschaftliche Erholung und der Weg zum industriellen Frieden     331

Politische Befriedung und kleine Konsumträume     333

Wendung nach innen in der Vorkriegszeit     336

Militarisierung im Alltag     339

Exportwirtschaft, öffentliche Meinung und Zensur     341

Geschlossene Grenzen     344

### «Wir können nicht einfach dort weiterfahren, wo wir 1939 aufgehört haben.»     351

### Im Bann der Agglomeration
### Wirtschaft, Bevölkerung und Raum     355

Langanhaltendes Wachstum der Wirtschaft     357

Bevölkerung und Agglomerationsbildung     357

Arbeit und Wohnen, Verkehr und Raum     360

### Die grosse Wirtschaftsmaschine     367

Der Arbeitsmarkt und die Entwicklung der Sektoren     368

Landwirtschaft unter Modernisierungsdruck     369

Industrie und Gewerbe
Von der Hochkonjunktur zu den Umbrüchen der Gegenwart     374

Unterwegs zur Dienstleistungsgesellschaft     377

### Bausteine im sozialen Gefüge
### Arbeit, Bildung, Ungleichheit     387

Im Zuge der Tertiarisierung
Arbeit, Qualifikation und Geschlechterrollen     388

Die Jahre des grossen sozialen Aufstiegs     393

Der Bildungsboom und die Muster sozialer Ungleichheit     396

Zwischen wachsendem Reichtum und «neuer» Armut     400

### Leben in der Wohlstandsgesellschaft
### Siedlung und Wohnen, Konsum und Familie     407

Wohnen und leben in der Agglomeration     407

Wachstumskrise – und die Sehnsucht nach Ländlichkeit     414

Die stille Revolution der Familien, Geschlechter und Generationen     417

### Kulturelle Leitbilder im Umbruch     423

Im Schatten von «Geistiger Landesverteidigung» und Kaltem Krieg     425

Vom grossen Konformismus zur nachholenden Modernisierung     428

Soziales Gefüge, Kultur und Dominanz     431

Unterwegs zu einer nachbürgerlichen Gesellschaft?     436

### Im Zeichen der Politik     440

Von der Nachkriegszeit in die Gegenwart – ein Überblick     440

Urnengänge als Stimmungsbarometer     447

Die Parteien und ihre Hochburgen     449

Politische Beteiligung, Eliten und der Einzug der Frauen     454

### Agglomeration, Planung, Verkehr
### Die Politik vor der Bewältigung des Wachstums     459

# Anhang

| | |
|---|---|
| Märkte, Planer, Eigentümer Wege und Umwege zur Raumplanung | 460 |
| Machtverteilung und Finanzfragen | 467 |
| Eine Agglomeration mit Umgelände? Projekte zum politischen Umbau | 469 |
| Stadt, Umwelt, Verkehr | 471 |

**Verzeichnis der thematischen Kasten**

| | |
|---|---|
| Der Wandel der bäuerlichen Arbeitswelt | 29 |
| Das Zusammenleben im Bauerndorf verändert sich | 39 |
| «Pünktlichste Subordination» Die neue Arbeitswelt in der Fabrik | 55 |
| Bürgerliches Familienleben: Die Turnachkinder | 94 |
| Post und Postkutschen | 113 |
| «Moralisch gute und bürgerlich brauchbare Menschen bilden.» Schule und Gesellschaft im liberalen Staat | 134 |
| Lebensstandard von Arbeiterfamilien | 166 |
| Die Sittlichkeitsbewegung | 202 |
| Blüte und Niedergang des Rebbaus | 211 |
| Die Anfänge der Frauenstimmrechtsbewegung | 235 |
| Die Eroberung des Äthers | 259 |
| Kunst und Kommerz, Widerstand und Kompromiss: Das Zürcher Schauspielhaus 1933–1945 | 337 |
| Internationale Drehscheibe Kloten | 362 |
| Alter Glaube, neue Kulte | 437 |
| Bewegung im «Packeis»: Die Zürcher Unruhen von 1980 | 446 |

| | |
|---|---|
| Zeittafel | 480 |
| **Bibliographie und Abkürzungsverzeichnis** | 490 |
| Nachweis der Abbildungen | 507 |
| Bildnachweis | 507 |
| Nachweis der Karten, Graphiken und Tabellen | 510 |
| Orts- und Personenregister | 512 |
| Sachregister | 514 |
| Dank | 519 |

# Zum Geleit

Der Regierungsrat freut sich, diesen ersten Band der neuen Kantonsgeschichte der Öffentlichkeit zu übergeben. Der moderne Kanton fusst auf einer recht bemerkenswerten Vergangenheit. Die Stadt seit römischer Zeit und der Stadtstaat seit dem Spätmittelalter bildeten einen Schwerpunkt geistiger und politischer Art nördlich der Alpen. Der in der Moderne einsetzende industrielle Aufschwung führte zu wirtschaftlicher Macht. Die alte Republik Zürich war geprägt von einer Kultur der gegenseitigen Achtung. Wohl regierte auch hier eine städtische Oberschicht. Doch entfernte sich der herrschende Stand nicht von seinen Mitständen der Handwerker, Bauern, Taglöhner. Organisiert in Zünften, Ämtern und Dorfgenossenschaft blieben sie in gewisser Weise Partner der Obrigkeit. Zwar verfügten diese Stände nicht über gleiche, jedoch über gewichtige eigene Rechte. Es kam nie zu einer starken staatlichen Zentralisierung etwa zulasten der Selbstverwaltung der Dorfgemeinden. Diese Tradition ging in die moderne Demokratie über. Mehr noch: Das altgeübte Miteinander half mit, neue Klassengegensätze zu mildern. Wer im Ausland reist, bemerkt oft, wie sehr dort die eigene Geschichte öffentlich gemacht wird. Sie soll, so scheint es, einendes Bewusstsein entwickeln helfen. Hierzulande wird derartige unmittelbare Nutzanwendung zu Recht eher gemieden. Trotzdem ist es auch für unsere Einwohnerschaft von Wert, wieder über eine moderne Darstellung der Kantonsgeschichte zu verfügen. Eine Orientierung ist ja unter anderem auf die Vergangenheit angewiesen.

Der Regierungsrat dankt den Autorinnen und Autoren für die grosse und kritische Leistung in Forschung und Darstellung, ebenso der Redaktion, den technischen Fachleuten und dem das Werk begleitenden Sitftungsrat für die Arbeit im Hintergrund. Er hofft auf günstige Aufnahme beim Publikum.

Hedi Lang
Präsidentin des Regierungsrates

Zürich, im Oktober 1994

# Vorwort

Auch Geschichtsbücher haben ihre Geschichte. Bereits in den frühen achtziger Jahren hat der Historiker und Büchermacher Niklaus Flüeler begonnen, mit Fachleuten und Verlagen die Herausgabe einer neuen Kantonsgeschichte zu diskutieren. Schliesslich führten seine jahrelangen und unermüdlichen Bemühungen zum Erfolg: Am 8. Juli 1991 bewilligte der Zürcher Kantonsrat auf Antrag der Regierung einen Betrag von 3,5 Millionen Franken zur Realisierung des Projektes. Es wurde beschlossen, eine neue, wissenschaftlichen Ansprüchen genügende, aber allgemeinverständliche und reich illustrierte «Geschichte des Kantons Zürich» in drei Bänden zu veröffentlichen und zu einem erschwinglichen Preis abzugeben. Es sollte aber damit nicht eine quasi amtlich abgesegnete oder offiziöse Darstellung entstehen. Deshalb wurde die Herausgabe der unabhängigen Stiftung «Neue Zürcher Kantonsgeschichte» übertragen. Der Stiftungsrat seinerseits hat auf den Inhalt nur insofern Einfluss genommen, als er bestrebt war, mit kompetenten Fachleuten Verträge abzuschliessen. Autorinnen und Autoren haben ihre Texte, zwar in enger Zusammenarbeit untereinander und kritisch begleitet von einem wissenschaftlichen Beirat, letztlich aber in Unabhängigkeit und Eigenverantwortung geschrieben.

Der Stiftungsrat dankt allen, die zum Gelingen des Werks beigetragen haben; insbesondere auch Frau Marianne Flüeler-Grauwiler, die nach dem plötzlichen Tod Niklaus Flüelers im November 1992 das Werk, das sie gemeinsam begonnen hatten, zielstrebig weiterführte, so dass es nun termingerecht erscheinen kann.

Äusserer Anlass für das Erscheinen der neuen Kantonsgeschichte ist das Jubiläum «125 Jahre demokratische Kantonsverfassung». Es ist deshalb sinnvoll, dass der dritte Band, der unter anderem eben dieses Ereignis behandelt, als erster erscheint. Band 1 (Frühzeit bis Spätmittelalter) ist auf 1995 geplant, Band 2 (Frühe Neuzeit – 16. bis 18. Jahrhundert) wird 1996 vorliegen.

In einer Zeit wie der heutigen, da der Zusammenbruch altvertrauter Ordnungen und Orientierungsmuster zu tiefer Verunsicherung und politischer Lähmung führt, wird gern auf die Geschichte zurückgegriffen, um sich der eigenen Identität zu versichern. Freilich ist mit den Rezepten der Vergangenheit die Zukunft nicht zu meistern. Gerade der dritte Band, der hiermit der Öffentlichkeit übergeben wird, zeigt, dass – in bewusster Abkehr vom Herkömmlichen – Männer in der kritischen Zeit zwischen Ancien Régime und moderner Industriegesellschaft mutig und entschlossen das Neue gewagt und Frauen noch bis in unsere Tage ebenso unerschrocken ihre Rechte eingefordert haben.

Stiftung «Neue Zürcher Kantonsgeschichte»
Der Stiftungsrat

# Der Kanton Zürich von 1798 bis 1990 – Einleitung

Mario König

Als kurz vor dem Ersten Weltkrieg der letzte Band der «Geschichte der Stadt und des Kantons Zürich» von Karl Dändliker (1849–1910), dem Erforscher der Schweizer Geschichte, erschien, gab es kaum Zweifel am Sinn und Zweck eines solchen Unternehmens. Die Arbeit stand noch ganz im Bann der liberalen Bewegung des 19. Jahrhunderts, namentlich der «herrlichen Ergebnisse und Fortschritte der Dreissiger Jahre». Als Aufgabe der Geschichtswissenschaft sah Dändliker die «Hebung» der vaterländischen Gesinnung, die Verbreitung von «Liebe und Pietät» zur «teils ja so gehaltvollen Zürcher Geschichte» und «damit zu unserer teuren Zürcher Heimat». Nüchterner im Ton, aber in der Sache ähnlich, definierte eine Generation später Staatsarchivar Anton Largiadèr (1893–1974) das Ziel seiner 1945 erschienenen Kantonsgeschichte. Auch er legte das Schwergewicht auf «die Darstellung des Verfassungslebens und der fortwährenden Verschiebungen des politischen Aufbaus des Zürcher Staates». Wohl sollten auch die wirtschaftlichen und kulturellen Veränderungen berücksichtigt werden, der Vorrang der Politik blieb aber unbestritten.

Seit den sechziger Jahren des 20. Jahrhunderts haben die überlieferten Standpunkte und die damit einhergehende defensive Haltung gegenüber dem sozialen Wandel an verpflichtender Kraft verloren. Eine neue Generation, ermutigt und inspiriert vom politischen und kulturellen Umbruch jener Jahre, griff neue Fragen auf und erweiterte die Methoden der Geschichtswissenschaft. Wirtschaft, Gesellschaft und Politik mitsamt ihren Wechselbeziehungen, Alltagsleben und Mentalitäten zogen nun das Interesse auf sich. Seither haben zahlreiche Untersuchungen (Lizentiatsarbeiten, Dissertationen, Monographien usw.) unseren Kenntnisstand erweitert, so dass eine Synthese möglich scheint, die mehr als nur die Ergänzung des überlieferten Bildes um die vernachlässigten wirtschaftlichen und sozialen Aspekte beinhaltet. Auch Politik und Verfassungskämpfe, mitsamt den sie beflügelnden Ideen und Programmen, geraten in ein anderes Licht, sobald die beteiligten Personen, Parteien und Bewegungen in den Rahmen ihrer wirtschaftlichen Interessen und sozialen Bindungen gestellt werden. Die zunehmende wirtschaftliche und bevölkerungsmässige Bedeutung des Kantons, der viele Entwicklungen und Konflikte der Schweiz des 19. und 20. Jahrhunderts in besonderer Schärfe durchlebte, erhöht noch das Interesse an einer solchen Darstellung.

Unser Ziel kann nicht Vollständigkeit im Sinne eines Lexikons sein; es soll vielmehr versucht werden, die aus unserer Sicht zentralen Entwicklungslinien, die wichtigen Kräfte des Wandels – und der Beharrung – sichtbar zu machen, welche bis heute das Leben der Menschen im Kanton Zürich prägen. Einige Stichworte mögen andeuten, wo wir unsere Akzente setzen.

Das Jahr 1798, mit dem unser Band einsetzt, bedeutete in mehr als einer Hinsicht einen tiefen Einschnitt in der histo-

Der Kanton Zürich auf einen Blick. Aus 705 Kilometern Höhe wurde das Kantonsgebiet am 7. Juli 1984 vom amerikanischen Erderkundungssatelliten Landsat-5 aufgenommen oder vielmehr abgetastet. Aus den digitalen Rohdaten wurden zur Farbwiedergabe drei Kanäle (Rot, Grün, Blau) ausgewählt. Mit Hilfe eines interaktiven Bildverarbeitungssystems wurde sodann eine digitale Farbmaskierung vorgenommen, damit die Landschaft in möglichst naturgetreuen Farben erscheint.

rischen Entwicklung. Dem Untergang des alten Zürcher Stadtstaates folgte eine Periode des Umbruchs, der nicht nur Politik und Verfassung, sondern auch Wirtschaft und Gesellschaft erfasste. Volkssouveränität und Gleichberechtigung der (vorerst nur männlichen) Bürger von Stadt und Land waren revolutionär neue Vorstellungen, die seit 1798 in den politischen Alltag drängten. Um die Lenkung und Formung einer demokratischen Gesellschaft wurde seither – und wird bis heute – gerungen. Parallel zu den politischen Erschütterungen begann die industrielle Revolution im 19. Jahrhundert die Gesellschaft zu verändern. Den Kräften der bis heute andauernden ruhelosen wirtschaftlichen Entfaltung, den konjunkturellen Wechsellagen, den Gewinnern – und den Verlierern – des Strukturwandels wird unser besonderes Augenmerk gehören.

Eingeleitet und während langer Zeit nahezu im Alleingang dominiert wurde der Aufstieg der wirtschaftlichen Leistungsgesellschaft von einer neuen Führungsschicht, einem Bürgertum, das sich von den «Herren» der alten Ordnung des 18. Jahrhunderts entschieden absetzte. Dieses Bürgertum, das aus den zu Macht und Reichtum aufgestiegenen Fabrikanten, aus dem vorerst schmalen Kreis der Gebildeten, der führenden Staatsbeamten und Politiker bestand, gewann einen ausserordentlichen Einfluss. Seine Lebensformen und Lebensideale in Familie und Öffentlichkeit, in Arbeit und Politik strahlten auf die ganze Gesellschaft aus. Die Kräfte der Verbürgerlichung wirkten auch dann noch, als sich deren ursprüngliche Träger im 20. Jahrhundert längst durch nachdrängende Schichten herausgefordert sahen. Als prägend bis in unsere Gegenwart erwiesen sich: die hohe Wertschätzung von Arbeitsamkeit und disziplinierter Lebensführung; von Fortschrittsglauben und rationaler Beherrschung der Welt; eine heute in Frage gestellte, damals aber neue Rollenverteilung zwischen den Geschlechtern, die dem Mann die Öffentlichkeit, der Frau Haus und Familie zuwies; neue Formen der Geselligkeit und öffentlichen Diskussion, der Bildung und Kultur; neue Vorstellungen von Kirche und Glauben, die trotz Säkularisierung bisweilen kräftig in Alltag und Politik hineinwirkten.

Die wirtschaftliche Entwicklung, kombiniert mit den neuen Leitbildern, hatte weitreichende Konsequenzen für die Lebensformen von Stadt und Land. Die Bevölkerung nahm ausserordentlich zu. Die in Bewegung geratene Erwerbswelt sprengte ihre einstige Einbindung in kulturelle und familiäre Bezüge, so dass die ursprünglich eng verflochtenen Bereiche von Arbeit, Familie und Haushalt auseinandertraten. Seit der Mitte des 19. Jahrhunderts setzte ein rasantes Wachstum der Städte ein. Diese Konzentration der Bevölkerung sorgte ihrerseits für eine Beschleunigung aller Lebensvorgänge, die durch neue Verkehrsmittel und den immer rascheren Informationsfluss eine weitere Steigerung erfuhr. Landschaft und Siedlung, die Erfahrung von Zeit und Raum, selbst das Lebensgefühl veränderte sich.

Die langdauernde Stabilität der Glaubens- und Lebensformen, welche noch das 18. Jahrhundert gekannt hatte, ging darüber zu Ende. Im Namen der aufklärerischen Ideale von Freiheit und Gleichheit hatten die bürgerlichen Eliten ihren Siegeszug angetreten und ihre Vorgänger zur Seite gedrängt; nun wurden sie die Geister, welche sie beschworen, nicht mehr los. Wirtschaftlich bedrängte Unterschichten, die wachsende Klasse der Fabrikarbeiterinnen und Fabrikarbeiter, rebellierten gegen ihre Unterordnung in Betrieb und Gesellschaft; Bauern und Gewerbetreibende traten mit eigenen Forderungen auf den Plan. Zunächst verhalten, doch mit langfristiger Beharrlichkeit, meldeten sich ab dem letzten Viertel des 19. Jahrhunderts Frauen zu Wort, welche die Versprechungen der bürgerlichen Welt auf Gleichheit und Freiheit auch für ihr Geschlecht einforderten.

Entgegen den Erwartungen und Illusionen ihrer Gründerväter entfesselte die bürgerlich-industrielle Klassengesellschaft mächtige Mechanismen zur Erzeugung von Ungleichheit: zwischen Arbeitgebern und Arbeitnehmern, zwischen den Geschlechtern, zwischen Stadt- und Landbewohnern, zwischen den neu durcheinander gewürfelten Konfessionen, zwischen gebildeten Fachleuten und Laien – und nicht zuletzt zwischen den Generationen, die den Wandel je auf ihre Weise erlebten. Eine innerlich zerklüftete Gesellschaft sah sich zeitweise durch Konformitätsdruck und soziale Ausgrenzung abweichender Minderheiten erheblich bedroht. Nur in einem zähen und langwierigen Kampf konnten sich auch von der Entwicklung Benachteiligte, die bis dahin nur Unterordnung und mühseligen Kampf ums tägliche Überleben gekannt hatten, allmählich mit eigenen Ansprüchen behaupten. Manche Bastionen von Standesprivilegien und männlicher Vorherrschaft zerbröckelten mit der Demokratisierung von Konsum und Bildung in unserem Jahrhundert, namentlich seit dem Zweiten Weltkrieg. Ob die gesellschaftliche Ungleichheit seither gesamthaft abgenommen oder nur ihre Formen verändert hat, bleibt zu diskutieren.

Um es noch einmal zusammenfassend zu sagen: Es sind die Kräfte des wirtschaftlichen Wandels, die eng damit verbundene Dynamik der Ungleichheit zwischen den Klassen und Schichten, die Veränderung von Siedlungsraum und Lebensformen, von Denken und Verhalten in Alltag und Politik, von Macht und Herrschaft, die uns interessieren. Mit einem einfachen Muster von «Entwicklung» und «Fortschritt» können wir nicht dienen; dennoch löst sich der geschichtliche Ablauf nicht in tausend verworrene Fäden auf. Überblicken wir unseren beinahe zwei Jahrhunderte umfassenden Zeitraum, so lassen sich Abschnitte, in denen eher Wachstum, soziale Öffnung und Neuerungsbereitschaft im Vordergrund standen, von krisenhaften Perioden sozialer Verhärtung und politischer Stagnation unterscheiden. Vieles von dem, was das 19. Jahrhundert bewegte, weist auf die offenen Fragen und Krisen unserer Gegenwart hin.

# Das Jahrhundert der Revolutionen

Bruno Fritzsche, Max Lemmenmeier

Im 19. Jahrhundert erlebte der Kanton Zürich im Gegensatz zur relativen Stabilität der Verfassungszustände im 17. und 18. Jahrhundert eine Phase ausgesprochener Dynamik. Im Rahmen der schweizerischen und der gesamteuropäischen Entwicklung vollzog sich ein rascher Wandel von der aristokratischen Ständeordnung zum direktdemokratischen Verfassungsstaat.

Den Anstoss zur Veränderung gaben Aufklärung und Französische Revolution, die mit ihren Forderungen nach Freiheit und vernunftgerechter Ordnung den jahrhundertealten Obrigkeitsstaat grundlegend in Frage stellten. Nach dem französischen Einmarsch in die «Alte Eidgenossenschaft» brach die Herrschaft der «Gnädigen Herren» schlagartig zusammen. Zürich wurde ein Glied der unteilbaren «Helvetischen Republik» (1798–1803); aus ländlichen Untertanen wurden gleichberechtigte Bürger. Obwohl sich die Helvetische Revolution nur fünf Jahre halten konnte, schuf sie grundlegende Neuerungen: So verkündete die Verfassung die bürgerlichen Freiheitsrechte, die Gesetzgebung sah die Einführung einer freien Marktwirtschaft und eines einheitlichen Bildungswesens vor. Ein entscheidender Durchbruch auf dem Weg zu einer bürgerlich-demokratischen Gesellschaft war erreicht; fortan wurde um die Verwirklichung helvetischer Postulate gerungen.

Die von Napoleon geschaffene Mediationsverfassung von 1803 verhalf den städtischen Magistraten wieder zu ihrer alten soziopolitischen Position, die sie nach 1815 weiter festigen konnten. Zwar blieb die wohlhabende ländliche Oberschicht in der Restauration (1815–1830) unter sehr restriktiven Bedingungen minimal in den Räten vertreten, von der eigentlichen Herrschaft war sie aber ausgeschlossen. Angesichts der Vormacht der Aristokratie formierte sich zusehends eine liberale Opposition, die für Freiheitsrechte, Demokratisierung und einen schweizerischen Nationalstaat eintrat.

Nach der Julirevolution in Frankreich erkämpfte sich das ländliche Bürgertum 1830/31 mit Unterstützung der Bauern und Heimarbeiter die Rechtsgleichheit und die Einführung der repräsentativen Demokratie (Regenerationsverfassung). Ausgeschlossen von der politischen Emanzipation waren die Frauen, deren Wirken im Rahmen des bürgerlichen Familienideals auf die häusliche Sphäre beschränkt blieb. Nach dem konservativen Gegenschlag von 1839 (Züriputsch) und dem Bürgerkrieg von 1847 (Sonderbundskrieg) gelangte das liberale Bürgertum auch auf eidgenössischer Ebene an die Macht. Im jungen Bundesstaat bestimmte eine neue «Aristokratie» des Reichtums und der akademischen Bildung unter manchesterliberalen Vorzeichen über Politik, Wirtschaft und Gesellschaft. Idealtypisch verkörperte sie sich in Alfred Escher (1819–1882), der mit seiner Machtfülle zum ungekrönten König Zürichs aufrückte.

Gegen Escher und seine «Grossratslakaien» stellte sich nach 1860 eine heterogene Opposition aus Bauern, Handwerkern und Arbeitern. Die «demokratische Bewegung» forderte die Gesetzgebung durch das Volk (Initiative und Referendum), die Volkswahl der Exekutive sowie wirtschaftlich-soziale Reformen. Hinter dem Hauptpostulat, der Einführung der direkten Demokratie, stand die Hoffnung, die Interessen der ökonomisch, sozial und politisch benachteiligten Bevölkerungsklassen besser durchsetzen zu können. 1869 nahm das Volk die neue Verfassung an, und Zürich erhielt jene direktdemokratischen Institutionen, die bis heute die Grundlage des Staatswesens bilden.[1]

Eng mit dem politischen Wandel verbunden fand im 19. Jahrhundert auch eine tiefgreifende Veränderung der Wirtschaftsweise statt. Diese «Industrielle Revolution» war aber weit mehr als die Einführung von Ma-

schinen in den Produktionsprozess. Im Zentrum stand die Vorstellung, dass die wirtschaftliche Entfaltung nicht mehr durch staatliche Gebote und Verbote gegängelt werde, sondern ihren eigenen Gesetzen gehorche. Der freie Wettbewerb von Individuen am Markt sollte darüber entscheiden, was produziert wird und wer sich dabei durchsetzt.

Wirtschaftsliberalismus ist eine Aufforderung zur Selbstverantwortlichkeit. Um diese wahrnehmen zu können, ist die persönliche Selbstbestimmung ebenso wichtig wie die freie Verfügung über das Privateigentum. Wirtschaftsliberalismus ist aber auch eine Aufforderung zum Egoismus; der eigene Vorteil ist die Triebfeder des Marktes: «Nicht vom Wohlwollen des Metzgers, Brauers und Bäckers erwarten wir das, was wir zum Essen brauchen, sondern davon, dass sie ihre eigenen Interessen wahrnehmen», schrieb Adam Smith (1723–1790), der Urahn der liberalen Wirtschaftstheorie. Er war allerdings der Ansicht, der Eigennutz des einzelnen führe zum Wohl aller, indem eine «unsichtbare Hand» alles zum besten regle, wenn man sie nur gewähren lasse.[2]

Heute kann man diesen Optimismus nicht mehr teilen. Wie bei jedem Wettbewerb gibt es auch am Markt neben den Gewinnern die Verlierer. Für diese ist nicht gesorgt, der Mechanismus der Marktwirtschaft kennt keine soziale Verantwortung. Im übrigen sind es nicht nur Individuen, die sich am Markt gegenüberstehen; Leute mit gleicher Interessenlage schliessen

Bedrucktes Tuch zur Erinnerung an das Eidgenössische Schützenfest von 1872 in Zürich. Am Bildprogramm lässt sich verdichtet der revolutionäre Wandel des 19. Jahrhunderts ablesen: Industrialisierung (Baumwollstoff), Verkehrsrevolution (Bahnhof), Volks- und Fachbildung (Polytechnikum), nationale Einheit (Wappen der 22 Kantone), politischer Aufstieg und kultureller Führungsanspruch des Bürgertums (Vereins- und Festkultur).

Der ungebrochene Glaube des liberalen Bürgertums «an den Sieg des Fortschrittes» manifestierte sich 1872 in einer pompösen Festarchitektur, die zugleich Zürichs «gerechten Anspruch auf eine Weltstadt» unterstreichen sollte. Den Eingang zum 16 Hektaren grossen Festgelände in Aussersihl schmückte ein 18 Meter breiter Triumphbogen. Am anderen Ende lag die Festhalle, die 5300 Personen Platz bot und am Abend von 600 Gasflammen erleuchtet wurde.

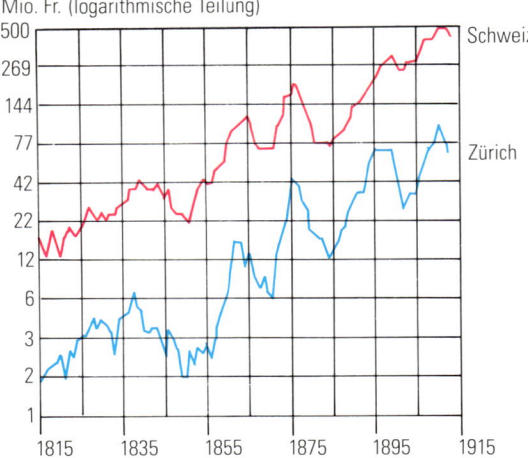

**Hochbauinvestitionen im Kanton Zürich und in der Schweiz von 1815 bis 1913**

Die Investitionen in den Hochbau, für die in manchen Kantonen durchgehende Zahlenreihen existieren, ergeben einen guten Indikator der langfristigen Konjunkturentwicklung.

sich zu Gruppen zusammen oder werden über ihn einer sozialen Schicht zugeordnet. Der Liberalismus, der die alte Ständeordnung zerstörte und die Gleichheit aller Bürger postulierte, hat somit zugleich neue Stände oder Klassen geschaffen, die nun nicht mehr nach Herkunft und Geburt, sondern vorwiegend nach ökonomischen Kriterien definiert werden.

Der Kampf der verschiedenen sozialen Schichten um ihre Stellung in Wirtschaft und Gesellschaft führte zu neuen Auseinandersetzungen und Spannungen, die auf die politische Ebene zurückwirkten. Einen Höhepunkt erreichte diese Entwicklung in der Zeit nach der Jahrhundertwende bis zum Ende des Ersten Weltkriegs, als eine selbstbewusst gewordene Arbeiterschaft den bürgerlichen Staat als Ganzes in Frage stellte.

Wachstum und Strukturwandel verlaufen nicht gleichförmig, sondern in Zyklen von durchschnittlich 16 Jahren, die man – im Unterschied zu den kürzeren Konjunkturschwankungen – als «lange Wellen» oder auch, nach ihrem amerikanischen Erforscher, als «Kuznet's cycles» bezeichnet hat. Dem Beginn eines jeden dieser Zyklen lässt sich eine besonders innovative und schnell expandierende Branche zuordnen: In den zwanziger und dreissiger Jahren des 19. Jahrhunderts war es die mechanische Baumwollspinnerei, die von grossen technischen Neuerungen und Konzentrationsprozessen geprägt war. Die Aufschwungphasen von 1850 bis 1863 und 1871 bis 1876 wurden dominiert vom Eisenbahnbau; der steile Aufstieg der achtziger Jahre schliesslich fiel zusammen mit der starken Expansion der Maschinen- und Elektroindustrie, die im Kanton Zürich einen Schwerpunkt hatte.

Vergleicht man gesamtschweizerisch das Bevölkerungswachstum im Abstand der Volkszählungen, lassen sich drei Phasen erkennen. Von 1800 bis 1850 wuchs die Bevölkerung um jährlich 7‰. Zwischen 1850 und 1888 trat eine deutliche Verlangsamung ein (5‰). Geht man von einem geschätzten Geburtenüberschuss von etwas über 7‰ aus, ergibt sich, dass der Nahrungsbedarf der Bevölkerung nicht gedeckt werden konnte: Die Schweiz blieb bis tief ins 19. Jahrhundert ein Auswanderungsland.[3] Der Kanton Zürich fügte sich bis 1850 ins gesamtschweizerische Muster ein. In der zweiten Periode aber nahm das Bevölkerungswachstum deutlich zu. Selbst zwischen 1880 und 1888, in der Zeit, die von der «Grossen Depression» geprägt war, betrug es noch 8‰, war somit doppelt so hoch wie der schweizerische Durchschnitt (4‰). Zürich war also bereits in dieser

Töss, um 1800 noch ein kleines Bauerndorf, wandelte sich in wenigen Jahrzehnten zu einer Industriegemeinde. 1825 errichtete das Winterthurer Handelshaus Rieter eine erste Baumwollspinnerei mit mechanischer Werkstätte (hinter der Kirche). Die Herstellung von Textilmaschinen wurde 1854 in das ehemalige Dominikanerinnenkloster von Obertöss (am linken Bildrand) verlegt. Schon 1836 waren rund die Hälfte der Berufstätigen in Töss Arbeiter. Im Vordergrund die 1855 eröffnete Eisenbahnlinie Zürich/Oerlikon–Winterthur. (Aquarell von Jörgen Heinrich Möller, 1822–1884)

Periode eine attraktive Wirtschaftsregion, in die Arbeitsuchende aus der übrigen Schweiz und aus dem Ausland strömten.

Erst in der dritten Phase, von 1888 bis 1910, sollte sich gesamtschweizerisch die Wanderungsbilanz umkehren. Diese Tendenzwende war im Kanton Zürich noch viel ausgeprägter als für die Schweiz insgesamt. 1910 betrug der Ausländeranteil in der Schweiz 14,7%, im Kanton Zürich 20,3%, in der Stadt 34%. Mit einer jährlichen Zunahme von 20,7‰ wurde in diesem Zeitabschnitt das grösste Wachstum aller Zeiten erzielt; es wurde selbst von der grossen Boomperiode zwischen 1950 und 1960 (20,6‰) nicht übertroffen.

Auf der Ebene der Bezirke sieht die Entwicklung sehr unterschiedlich aus. Zwischen 1800 und 1910 hat sich die Kantonsbevölkerung verdreifacht (Wachstumsfaktor 2,8). Ungefähr im selben Rahmen wuchsen Winterthur (2,96) und Horgen (2,67). In allen übrigen Bezirken lag die Zunahme weit unter dem Durchschnitt, mit Ausnahme von Zürich (8,84), das die Entwicklung ganz eindeutig dominierte. Am andern Ende der Skala liegt Pfäffikon, dessen Bevölkerung 1910 (17860) kaum grösser war als 1800 (17129). Auch im wachstumsstarken Kanton Zürich waren also die meisten Regionen durchs ganze 19. Jahrhundert hindurch Auswanderungsgebiete; die Entwicklung konzentrierte sich auf wenige Wachstumspole, im besondern auf die Stadt Zürich. In ihr zeigte sich nicht nur der Glanz, sondern auch das Elend des Industriezeitalters in besonderer Schärfe; sie wurde zum Zentrum auch der sozialen und politischen Auseinandersetzungen um die Jahrhundertwende.

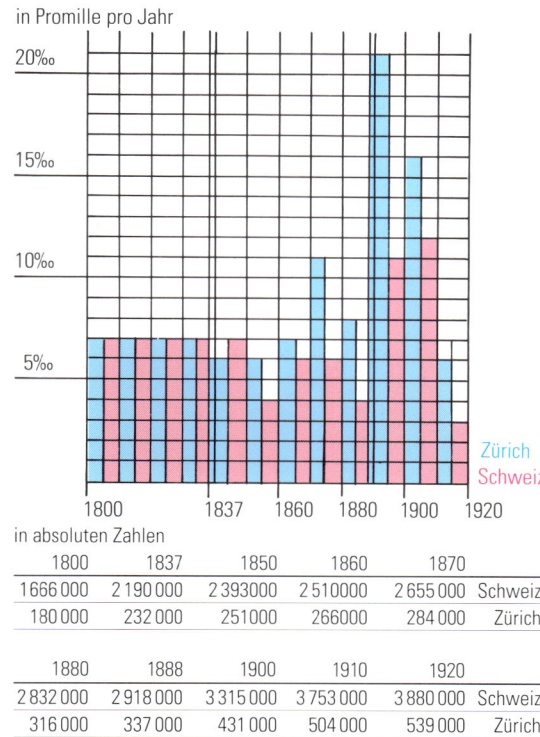

**Bevölkerungswachstum in der Schweiz und im Kanton Zürich von 1800 bis 1920**

in Promille pro Jahr

Zürich
Schweiz

in absoluten Zahlen

| 1800 | 1837 | 1850 | 1860 | 1870 | |
|---|---|---|---|---|---|
| 1 666 000 | 2 190 000 | 2 393 000 | 2 510 000 | 2 655 000 | Schweiz |
| 180 000 | 232 000 | 251 000 | 266 000 | 284 000 | Zürich |

| 1880 | 1888 | 1900 | 1910 | 1920 | |
|---|---|---|---|---|---|
| 2 832 000 | 2 918 000 | 3 315 000 | 3 753 000 | 3 880 000 | Schweiz |
| 316 000 | 337 000 | 431 000 | 504 000 | 539 000 | Zürich |

---

[1] LARGIADÈR, Zürich, Bd. 2; GESCHICHTE DER SCHWEIZ, Bd. 2, Bd. 3; TANNER, Bürgertum und Bürgerlichkeit, S. 193ff.; DÜNKI, Verfassungsgeschichte, S. 5ff.

[2] SMITH, Adam, An Inquiry into the Nature and Causes of the Wealth of Nations, London 1776. Zitiert nach der deutschen Übersetzung: Der Wohlstand der Nationen, hg. von Horst Claus Recktenwald, München 1978, S. 17

[3] BICKEL, Bevölkerungsgeschichte, S. 118

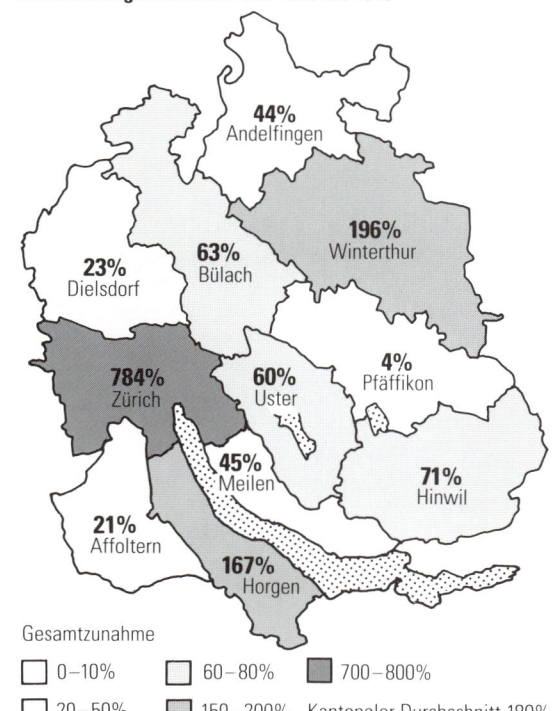

**Bevölkerungswachstum von 1800 bis 1910**

- 44% Andelfingen
- 196% Winterthur
- 23% Dielsdorf
- 63% Bülach
- 784% Zürich
- 60% Uster
- 4% Pfäffikon
- 45% Meilen
- 71% Hinwil
- 21% Affoltern
- 167% Horgen

Gesamtzunahme
- 0–10%
- 20–50%
- 60–80%
- 150–200%
- 700–800%
- Kantonaler Durchschnitt 180%

# Die revolutionäre Umgestaltung von Wirtschaft, Gesellschaft und Staat 1780–1870

«Welche Veränderungen sind da vorgegangen! Staunen muss man; kaum findet man sich da mehr zurecht», meinte der «Anzeiger von Uster» 1854 mit Blick auf die letzten 50 Jahre.[1] So unterschiedlich sich die Lebensverhältnisse der verschiedenen Bevölkerungsgruppen in den ersten drei Vierteln des 19. Jahrhunderts auch gestalteten, allgemein herrschte das Gefühl vor, Zeuge, Schöpfer oder Verlierer eines epochalen Umbruchs zu sein, der von einer statisch-traditionalistischen zu einer innovationsoffenen, dynamischen Ordnung überleitete. Der Wandel hin zu einer bürgerlich-kapitalistischen Leistungs- und Wachstumsgesellschaft erfasste alle Lebensbereiche und alle sozialen Gruppen, wenn auch in sehr unterschiedlichem Ausmass und Tempo. In der Landwirtschaft, dem am Ende des 18. Jahrhunderts mit Abstand wichtigsten Zweig der Volkswirtschaft, lösten sich die jahrhundertealten Agrarstrukturen auf, und es wurden die Voraussetzungen für eine marktorientierte, auf Ertragssteigerung ausgerichtete Produktion geschaffen.

## Der Übergang zur modernen Landwirtschaft

Die agrarwirtschaftlichen Veränderungen, welche vom 17. Jahrhundert an von Holland und England ausgingen, waren weniger in ihrem zeitlichen Verlauf als vielmehr in ihrer Wirkung revolutionär, indem es in Europa gelang, das Malthusianische Gesetz[2] zu durchbrechen: Bis ins 18. Jahrhundert wurde das Bevölkerungswachstum durch den Nahrungsspielraum begrenzt: Periodisch wiederkehrende Hunger- und Seuchenkatastrophen grossen Ausmasses waren die Folge. Im Verlauf eines Jahrhunderts gelang es, die Ernährung der rasch wachsenden Bevölkerung zu sichern. Zu Beginn des 20. Jahrhunderts war nicht mehr die Unterproduktion von Lebensmitteln das Problem der westeuropäischen Staaten, sondern die Überproduktion.[3]

# Die «vernunftgerechte Erneuerung der bäuerlichen Wirtschaft»

Der Übergang zur modernen Landwirtschaft begann in Mitteleuropa in der zweiten Hälfte des 18. Jahrhunderts, als agrarwirtschaftliche Fragen eine immer breitere Öffentlichkeit beschäftigten. Manifesten Ausdruck fand die Landwirtschaftsbegeisterung in einer europaweiten Welle von Gesellschaftsgründungen. Diese Gruppierungen bemühten sich in Anlehnung an englische Vorbilder um Innovationen im Agrarsektor und auch in der gesamten Volkswirtschaft. In Zürich schlossen sich Mitglieder der Herrschafts- und Bildungselite 1746 in der Physikalischen (später Naturforschenden) Gesellschaft zusammen, aus der 1759 als Zweig die Ökonomische Kommission hervorging. Ihr erklärtes Ziel war die «Vervollkommnung unseres Landbaues und die Förderung der Liebe und des Eifers für den Stand und den Beruf der Landleute».[4]

Angeregt von merkantilistisch-kameralistischen und physiokratischen Ideen galt das besondere Interesse der «Ökonomen» dem Ackerbau, denn nach den Vorstellungen ihres führenden Exponenten, Stadtarzt Johann Caspar Hirzel (1725–1803), war der Acker «die einzige Quelle der wahren und dauerhaften Glückseligkeit des Staates».[5] Um die Selbstversorgung des Stadtstaats mit Getreide zu sichern, sollten die Erträge nachhaltig gesteigert werden. Das mit grossem Enthusiasmus propagierte Rezept hiess Auflösung der traditionellen, rechtlich geregelten Dreizelgenwirtschaft. Höhere Erträge waren nur möglich durch bessere Düngung; mehr Dünger bedeutete mehr Vieh und damit auch mehr Grünfutter. Dazu sollte jenes Drittel der Ackerzelgen, das in der herkömmlichen Landwirtschaft brach lag, zur Stickstoffanreicherung mit Kunstgrasarten (Klee, Esparsette) bepflanzt werden. So liess sich eine höhere Produktion erzielen, ohne dass die

Frühling, Zeit des Erwachens: Die Arbeiten in der Obst- und Gartenpflege und bei der Feldbestellung sind in vollem Gang. Es wird gepflügt, geeggt und von Hand angesät.

Das Schulbuch von 1875 ist Teil der Bildungsbestrebungen, die von der zweiten Hälfte des 18. Jahrhunderts an auf eine Modernisierung der «bäuerlichen Wirtschaft» abzielten. Wie weit solche Lehrbücher praktische Kenntnisse vermittelten, muss aber offenbleiben: Gemäss Landarzt J. J. Graf (1791–1872) besass in Rafz kaum ein Haushalt «landwirtschaftliche Schriften», man baute auf «Genie, eigenes Nachdenken, Selbstprobieren und Nachahmung gelungener Methoden».

wichtigen Getreideflächen verkleinert werden mussten. Da ein Kleeacker die sechsfache Grünfuttermenge einer Wiese erbrachte, erklärten die Zürcher Ökonomen die künstlichen Wiesen kurzerhand zum «Fundament des Wohlstandes».[6] Die Bepflanzung der Brache erforderte zugleich den Übergang zur Sommerstallfütterung. Der Bauer, der das Vieh zuvor auf die Brachfelder und Allmenden getrieben hatte, sollte es nun während des ganzen Jahres im Stall halten und den Dünger, der bisher auf der Weide verlorengegangen war, sammeln. Damit wurden auch die von der Gemeinde kollektiv beweideten Allmenden überflüssig und konnten einer intensiveren Nutzung zugeführt werden.

In ihrer praktischen Tätigkeit konzentrierte sich die Ökonomische Kommission auf zwei Bereiche: Einerseits beschaffte sie sich durch praktische Versuche und statistische Erhebungen die notwendigen Informationen. Anderseits versuchte sie durch Demonstrationen, Preisausschreiben, gedruckte Abhandlungen und institutionalisierte Bauerngespräche (1763 bis 1779) die wissenschaftlichen Erkenntnisse auf der Landschaft zu verbreiten und die Bauern zu innovationsoffenem Verhalten zu erziehen. Praxisbezug und Gewinnmaximierung sollten zur Grundlage des bäuerlichen Wirtschaftens werden. Der Grossbauer Johann Jakob Guyer (1716–1785) aus Wermatswil (Gemeinde Uster), genannt Kleinjogg, der von Johann Caspar Hirzel entdeckt und 1761 literarisch ausgeschlachtet wurde, diente den Ökonomen dabei als Propagandainstrument.[7] Mit der Orientierung an Kosten-Nutzen-Überlegungen förderten sie Wert- und Verhaltensmuster, welche im 19. Jahrhundert zunehmend das Wirtschaften im Agrarsektor bestimmten und zu tragenden Elementen der modernen Leistungsgesellschaft wurden.

Ihre Absicht war, durch die land- und volkswirtschaftlichen Reformbemühungen dem alten aristokratischen Ordnungsgefüge einen neuen Geist einzuhauchen, ohne dessen grundsätzlichen Charakter zu verändern. So blieben bei allen Reformen die für den Staatshaushalt zentralen Einnahmen aus den Feudalabgaben (Zehnten, Grundzinse) sowie die ständischen Unterschiede zwischen städtischen Herren und bäuerlichen Untertanen unangetastet. An einer der ersten Sitzungen sprachen die Mitglieder in einer «langen vertraulichen Unterredung» zwar noch über das einer Steigerung der Erträge «hinderliche Zelgen- und Zehntrecht». Fortan liess man aber die Finger von solch heissen Eisen und bemühte sich bei allen Reformschritten darum, die Zehntrechte des Staats und der Privaten nicht zu beeinträchtigen.

Der «Hof am Bach» in der Gemeinde Gossau umfasste um 1790 eine Fläche von rund fünf Hektaren, was einer Familie eine ausreichende Existenz sicherte. Obwohl es sich um einen mittleren Betrieb handelt, werden die bescheidenen Wohnverhältnisse und die begrenzten Mittel der Landwirtschaft zu Beginn des 19. Jahrhunderts deutlich.

Dem Bach folgt ein Karrenweg, wo eine Bauernfamilie halt macht. Der sitzende Bauer trägt die übliche ländliche Tracht: Kniestrümpfe, Pluderhosen, Wams und Dreispitz. Dahinter befindet sich der langgezogene Flarz, der aus der typischen Dreiheit Haus, Scheune und Speicher besteht. Die Scheune und die vorgelagerte Laube sind aus groben, mit Holznägeln befestigten Brettern gezimmert. Im ziegelgedeckten Speicherbau (rechts) ist im Erdgeschoss eine Trotte untergebracht, dann folgen im Obergeschoss der Speicherraum und schliesslich auf einem Brettgestell strohgeflochtene Bienenkörbe. Neben dem Eingang zur Trotte ist ein grosser Weinbottich angelehnt; in der Bildmitte befinden sich ein hölzerner Pflug, ein Mistkarren und ein Güllenfass. (Matthias Pfenninger, 1739–1813)

Den ökonomischen Patrioten ging es um Systemreform, nicht um Systembruch. Wo immer das Ideal der bäuerlichen Hauswirtschaft und der Selbstversorgung des Staats gefährdet war, schränkten die Ökonomen landwirtschaftliches Unternehmertum durch eine Vielzahl von Produktions-, Markt- und Handelsvorschriften ein; so beispielsweise durch Begrenzung der Rebflächen oder durch Verbote im Käsehandel.[8]

Das grundsätzliche Ziel aller Reformbemühungen, durch eine vernunftgerechte Umgestaltung der Land- und Volkswirtschaft den ständischen Staat zu erneuern, wurde nicht erreicht. Obwohl die patriotische Reformbewegung in den Notjahren 1771/72 beachtliche Anfangserfolge verzeichnen konnte, scheiterte sie letztlich an der misstrauischen und in ihren finanziellen Mitteln begrenzten bäuerlichen Bevölkerung. Am Ende stand der Untergang des alten Herrschaftsgefüges, das durch die liberal-bürgerliche Wirtschafts- und Gesellschaftsordnung ersetzt wurde.[9] Die Helvetische Revolution von 1798 schliesslich entzog der Tätigkeit der Ökonomen die Grundlage und leitete im Kanton Zürich – wie in anderen Regionen der Schweiz – einen beschleunigten Übergang zu einer individuellen, markt- und gewinnorientierten Produktion ein.

## Allmendteilung und Aufhebung des dörflichen Weidgangs

In der traditionellen Dreizelgenwirtschaft, die im grössten Teil des Kantons nördlich der Grenzlinie Wila–Mönchaltorf–Kilchberg–Knonau vorherrschte, dienten die gemeindeeigenen Wald- und Allmendflächen der Holzversorgung und als Weidegrund für das spärliche Vieh. Als notwendige Ergänzung zur Bewirtschaftung der Privatareale war die Nutzung auf eine unveränderliche, an die Häuser gebundene Zahl von sogenannten Gerechtigkeiten beschränkt. In der Regel durften die Gerechtigkeitsinhaber soviel Vieh auf die Allmend treiben, wie sie überwintern konnten. Ebenso entsprach jeder Gerechtigkeit ein bestimmtes Quantum Holz aus dem Gemeindewald. Im gebirgigen Osten und im südlichen Hügelland (Teile der Bezirke Pfäffikon, Hinwil, Horgen), wo Weiler und Einzelhöfe vorherrschten und die Bauern Feldgraswirtschaft (Egartenwirtschaft) betrieben, fehlten hingegen die kollektiven Nutzungsflächen. Das Vieh weidete in einem regelmässigen Turnus auf den nicht aufgebrochenen Feldflächen.[10]

Zur Zeit der Hungerkrise von 1771/72 war eine obrigkeitliche «Ehren-Commission» zur Verteilung der Gemeindegüter eingesetzt worden, die bis 1798 rund 3000 Jucharten Land (etwa 15 bis 20 Prozent des gesamten offenen Gemeindelands) an arme Bürger zur Nutzung überwies.[11] Da sich die grossbäuerlichen Gerechtigkeitsbesitzer, welche viel Vieh wintern konnten, oft gegen eine Teilung wehrten, ging die Obrigkeit nur vorsichtig ans Werk, zumal Eingriffe in die Gemeindeautonomie schwer möglich waren. Erfolgreicher gestaltete sich der Propagandafeldzug der Ökonomen gegen die «elende, verderbliche Brach- und Stoppelweide», die in vielen Gemeinden aufgehoben wurde. Da der Anbau der einstigen Brachflächen allen bäuerlichen Gruppen Vorteile bieten konnte, war der Widerstand geringer als gegen die Aufhebung der Allmend- und Waldweide.[12]

Als die Helvetische Revolution 1798 die Grundsätze von Freiheit und Gleichheit verkündete, schritten die bisher benachteiligten kleinbäuerlichen Schichten zur Verteilung der Allmenden und Wälder. Obwohl die helvetische Regierung dieses willkürliche Vorgehen untersagte, konnten die auf lokaler Ebene bereits in Gang gekommenen Privatisierungen nicht mehr aufgehalten werden. Die landhungrigen Kleinbauern erwarteten von

Das Kornhaus bei der oberen Münsterbrücke diente seit 1620 dem Getreidehandel. 1838/39 wurde eine neue Kornhalle mit Hafen beim Bellevue gebaut. Schliesslich verlegte man das Kornhaus 1860 neben den Bahnhof, weil die Getreideimporte durch die Eisenbahn immer wichtiger wurden.

Die Versorgung der Stadt mit Getreide wurde durch strikte Handels- und Marktvorschriften reglementiert: Nach der 1805 erneuerten Verordnung durfte der An- und Verkauf von Getreide nur auf den offiziellen Kornmärkten von Zürich und Winterthur erfolgen.

Im Umsturz von 1830/31 verlangte die ländliche Bevölkerung den freien «Verkauf des Kornes, Weizen, Hafers, ohne dass man zuerst nach Zürich kommen muss». Die liberale Regierung gab 1835 den Getreidehandel frei. (Lena Huber-Halder, 1816)

Als typische Gemeinde im nördlichen Kantonsteil besass Rafz um 1800 eine an die Topographie angepasste Dreizelgenwirtschaft. Im Zentrum lag das Dorf, umgeben von Wiesen und Reben, darum herum waren die drei Zelgen angeordnet. Die Aussensiedlungen Langenried und Solgen bewirtschafteten eigene Zelgsysteme. 60 Prozent des Kulturlands dienten dem Ackerbau, nur acht Prozent waren Wiesland. Der kleine Viehbestand brachte wenig Dünger. Die gemeinsame Weide beschränkte sich auf die lichten Eichen- und Buchenwälder und die Brachfelder.

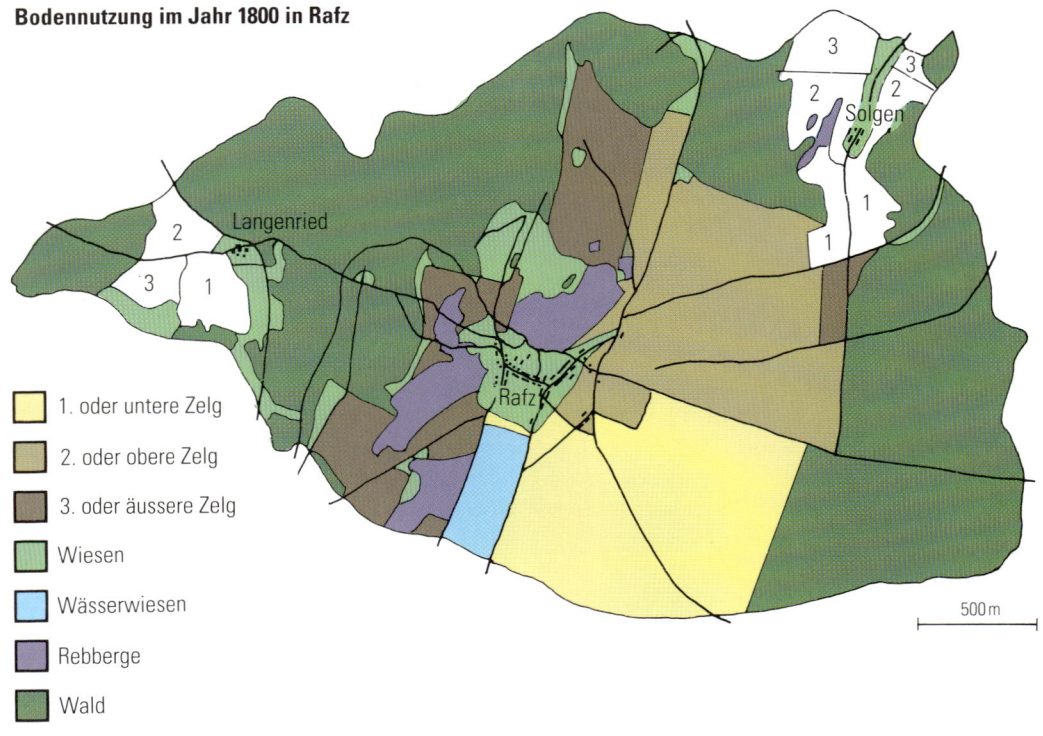

**Bodennutzung im Jahr 1800 in Rafz**

- 1. oder untere Zelg
- 2. oder obere Zelg
- 3. oder äussere Zelg
- Wiesen
- Wässerwiesen
- Rebberge
- Wald

1 2 3   zu den Berghöfen Solgen und Langenried gehörende Zelgen

Der Buchhof in der Gemeinde Knonau (1769) ist ein typischer Einzelhof im Übergangsgebiet von der Dreizelgen- zur Feldgraswirtschaft (Egartenwirtschaft). Der grosse Weidebetrieb (Senntumshof) umfasste eine Fläche von rund 100 Jucharten (etwa 36 ha) und bot Nutzung für 33 Haupt Vieh. Zum Besitz gehörten neben dem grossen Weide- und Ackerareal (in eigenen Zelgen angeordnet) auch Reben, Wald und Hanfland. Im Vordergrund stand die Vieh- und Milchwirtschaft. Die Frick vom Buch gehörten zu den reichsten Familien und stellten seit dem 17. Jahrhundert den Seckelmeister der Landvogtei Knonau.

der neuen Ordnung nicht nur Freiheit, sondern auch mehr Besitz und setzten sich in vielen Gemeinden – gestützt auf ihre politischen Rechte – gegen die vermögenden Grossbauern durch. Unter dem massiven Druck von unten gestattete die helvetische Regierung ab Mai 1799 die Aufteilung von Allmenden zur privaten Nutzung; die Verteilung der Gemeindewälder jedoch blieb untersagt. Als logische Konsequenz erliess sie auf Vorstoss der Gemeinde Fehraltorf auch ein Gesetz zum Loskauf der Weiderechte (April 1800), das aber nur geringe Wirkung zeitigte.

Die Teilungen konzentrierten sich in der Helvetik auf Dorfregionen, in denen die Heimindustrie relativ verbreitet war (Knonauer Amt, östliche Gebiete zwischen Zürichsee und Thur). Bevölkerungsdruck und Armut, aber auch die durch die industrielle Entwicklung geförderte innovationsoffene Haltung bildeten den Nährboden für die Privatisierung. Ganz anders im nördlichen Kantonsteil: hier gelang es den wohlhabenden Bauern oft, Teilungsbegehren abzublocken. Die über Generationen hinweg überlieferte Zelgordnung, die die Betroffenen in ein Netz von Rechten und Pflichten einband, stand einer Strukturveränderung im Weg. Obwohl eine allgemeine Verteilung der Gemeindegüter ausblieb, wurde aber die Auflösung der traditionellen Agrarverfassung durch die von revolutionären Leidenschaften getragene Teilungswelle erheblich beschleunigt.[13]

Nach 1803 ebbten die Privatisierungsbestrebungen vorübergehend ab, denn die nach dem Ende der Helvetischen Republik an die Macht zurückgekehrten Magistraten waren auf die Zementierung der herkömmlichen Strukturen bedacht. Nur noch in Notfällen bewilligte die städtische Obrigkeit nun den Verkauf oder die Verteilung von Allmendland, denn die «Gemeindsgüter» seien «als Sparpfennig» zu schonen.[14] Trotz einer Politik, die im Unterschied zu anderen Kantonen den gezielten landwirtschaftlichen Umbruch wenig vorantrieb, hielt jedoch im dörflichen Bereich die Auflösung der alten Strukturen an. Die Allmendflächen wurden entweder parzellenweise zur privaten Nutzung an die Dorfgenossen übergeben oder zur Deckung von Gemeindeschulden an die Gerechtigkeitsinhaber versteigert. Gefördert wurde dieser Prozess durch die Hungerkrise von 1816/17; nun war auch die Regierung bereit, Privatisierungen zuzulassen. In Neftenbach hiess sie den Verkauf der 68,5 Jucharten grossen – «bis anhin nur bloss für den Weidgang» genutzten – Tössallmend an die Bürger ausdrücklich gut.[15] Um 1825 waren – wie der Arzt und Zoologe Heinrich Rudolf Schinz (1777–1861), Mitglied der Naturforschenden Gesellschaft, feststellte – «die meisten Gemeindeweiden (...) als Eigenthum unter die Bürger vertheilt, oder als von der Dorfgerechtigkeit abhängige Lehen in Culturstand versetzt».[16] Zugleich hörte der Weidgang auf der Brache und im Wald auf, auch wenn Konflikte um Weiderechte in einzelnen Gemeinden bis in die dreissiger Jahre des 19. Jahrhunderts anhielten.[17]

Als Folge der Allmendteilungen dürften nach 1770 mehr als 18 000 Jucharten (rund 6500 ha) Land einer intensiveren Nutzung durch Acker- und Grasbau zugeführt worden sein: «Felder» prangten «in höchster Blüte, wo früher nur wenige Kühe und Ochsen der vermöglicheren Gemeindebürger kärgliche Weide suchten.»[18] Zur Produktivitätssteigerung trug auch bei, dass sich die Futterqualität und damit die Gesundheit des Viehs deutlich verbesserte. Nachteilige Wirkungen ergaben sich hingegen für die zum Teil privatisierten Wälder, die von den kleinbäuerlichen Besitzern oft übernutzt oder zerstört wurden. Die Waldeigentümer (Private, Korporationen, Bürgergemeinden) pochten nach den Teilungen auch konsequent auf den Ausschluss der anderen Gemeindeeinwohner von der Mitnutzung. Sie ver-

Der idyllische Blick auf Kirche und Pfarrhaus von Fehraltorf zeigt das vorherrschende Siedlungsbild im nördlichen und mittleren Kantonsteil, wo im Rahmen der rechtlich festgelegten Dreizelgenwirtschaft vorwiegend geschlossene Dörfer die Landschaft prägten. Typisch für die Landwirtschaft zu Beginn des 19. Jahrhunderts sind die mageren Kühe in der Bildmitte, die von zwei Knaben gehütet werden. Die Weide gab nur wenig Futter, und die niederen Heu- und Emderträge reichten für die Überwinterung des Viehs kaum aus. (Aquarell von Salomon Corrodi, 1810–1892)

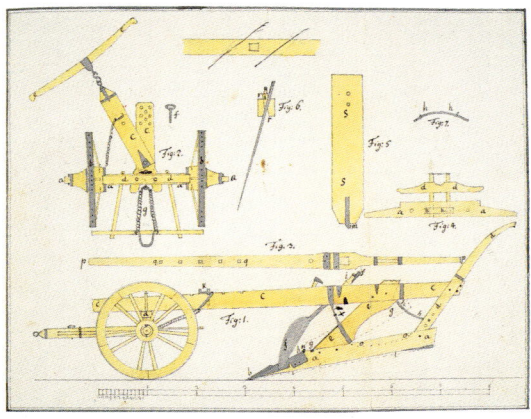

«Zur Beförderung der Fruchtbarkeit» sollten auch die landwirtschaftlichen Geräte verbessert werden. Die Neuerungen betrafen aber meist nur Details; allgemein blieb im 19. Jahrhundert der schwere, ganz aus Holz gebaute Aargauerpflug in Gebrauch. Unten ist die Pflugschar (Wägise) befestigt, die die Erde anhebt. Davor das Pflugeisen (Sech), das die Furche in der Breite abschneidet. Seitlich das Streichbrett, das den Boden wendet. (Vorschlag für einen leichteren Pflug in einer Umfrage der Ökonomischen Kommission, 1772)

Die Produktivitätssteigerung beruhte wesentlich auf neuen Kulturpflanzen. Ins Zentrum ist als wichtigstes Nahrungsmittel die Kartoffel gerückt. Links die gelbe Rübe, rechts der kaum verbreitete Mais. Dazwischen Korn, Weizen, Roggen und Hafer. Oben Flachs und Hanf; in der Mitte die weisse Rübe als wichtige Futterpflanze.

teidigten das politisch aufgewertete «heilige Privateigentum», während die Besitzlosen fortan als «unverschämte Holzfrevler» kriminalisiert wurden. Der Ausschluss von der Holznutzung traf die Ärmeren im Kern ihrer Existenz; Holzdiebstahl und seine Bestrafung waren deshalb im 19. Jahrhundert eine allgemeine Erscheinung.[19]

### «Dreimal mehr Korn, fünfmal mehr Wein»
### Neue Anbaumethoden setzen sich durch

Von 1760 an begann man im bisherigen Dreizelgengebiet auf den Brachflächen neue Kulturpflanzen, wie Kunstfutterarten und Kartoffeln, anzubauen. Gleichzeitig wurde der öffentliche Weidgang eingeschränkt. Besonders weit fortgeschritten war diese Entwicklung in der Umgebung der Stadt Zürich und an den Ufern des Zürichsees, wo die Heimindustrialisierung die Intensivierung der Landwirtschaft förderte. Das Knonauer Amt (Bezirk Affoltern), das Zürcher Weinland (Bezirke Andelfingen und Winterthur) und der Nordwesten des Kantons, das Zürcher Unterland (Bezirke Bülach und Dielsdorf), hielten demgegenüber stärker am traditionellen Turnus von Winterfrucht (Dinkel, Korn), Sommerfrucht (Roggen, Hafer, Gerste) und Brache fest. In den Gebieten des Zürcher Oberlands (Bezirke Pfäffikon und Hinwil) und des südlichen Hügellands, wo bis anhin Feldgraswirtschaft betrieben worden war, verbreitete sich ab Mitte des 18. Jahrhunderts die Kartoffel. Die Viehweide in den eingezäunten Koppeln wurde aber beibehalten.[20]

Nach der Aufteilung der Allmenden setzten sich die neuen Anbaumethoden allgemein durch. Heinrich Rudolf Schinz konnte 1825 feststellen, dass die «immer mehr überhand nehmende Pflanzung von Klee, Esparsette, Erdäpfel, Ölgewächsen usw. bereits seit vielen Jahren an mehrern Orten das regelmässig wechselnde Brachliegen der Felder» verdrängt habe.[21] 15 Jahre später sah er sich in seiner naturgeschichtlichen Beschreibung des Kantons Zürich sogar genötigt, den Begriff «Brache» zu erklären, da «die jetzige Generation kaum mehr weiss, was Brache war». Die Stallfütterung war zu diesem Zeitpunkt im ganzen Kanton eingeführt, ausgenommen in den Hügelregionen des Oberlands und am Albis. In den Feldgraswirtschaftsgebieten hatten die Bauern die Grünhäge gerodet und die Weideflächen in ertragreiche Wiesen umgewandelt. Der Übergang zu den neuen Wirtschaftsmethoden erfolgte im Kanton Zürich ungefähr zur gleichen Zeit wie in ähnlich strukturierten Gebieten der übrigen Schweiz.[22]

Die Aufhebung des Weidgangs und die Ablösungsmöglichkeit für die Feudallasten schufen theoretisch die Voraussetzungen, um die Grundstücke individuell zu bewirtschaften. Der Flurzwang war rechtlich gefallen, in Tat und Wahrheit bestand er in den Dörfern aber weiter. Da die einzelnen Parzellen in den Zelgen bunt durcheinander lagen und Feldwege in der Dreizelgenwirtschaft fehlten, war der Zugang nur über Nachbargrundstücke möglich. Was dies bedeutete, beschrieb der spätere Regierungsrat Conrad Melchior Hirzel (1793–1843) für das Knonauer Amt: «Bei Äckern, die nur Weg nach Feldsrecht haben, hat der Besitzer nur je das dritte Jahr freie Aus- und Zufuhr in sein Land, während diese in den zwei anderen Jahren auf die Zeit von der Ernte bis zum Herbst beschränkt ist, wodurch dem Besitzer unmöglich gemacht ist, sein Land nach seinen eigentümlichen, oft von den seiner Nachbarn abweichenden Bedürfnissen zu benutzen, zwischen der Bebauung des Landes mit Halm- und Blattfrucht abzuwechseln und mehr oder weniger Ackerland mit Grasarten anzupflanzen.»[23] Die Ge-

meinderäte legten deshalb weiterhin die kollektiven Aussaat- und Erntetermine fest, um Streitereien und Schäden zu vermeiden.

Eine individuelle Produktion war nur möglich durch die Anlegung eines umfassenden Feldwegnetzes. Dadurch wurden aber – solange die Feudalabgaben bestanden – automatisch die Rechte der Zehntherren geschmälert, weshalb sich die konservativ-aristokratische Regierung vor 1830 zu keinen gesetzlichen Massnahmen entschliessen konnte. In einzelnen Gemeinden begannen die Bauern angesichts der sich häufenden Streitereien nach 1817 mit der freiwilligen Anlage von Feldwegen. Die Realisierung erwies sich aber als schwierig, denn ärmere Bauern wehrten sich gegen den Landverlust und die anfallenden Kosten.[24]

Aufgrund von bäuerlichen Forderungen im Zusammenhang mit der Verfassungsrevision von 1831 erliess der Grosse Rat unter Federführung von Regierungsrat Hirzel ein neues Gesetz, um das Ziel der Bewirtschaftungsfreiheit zu verwirklichen. Beschloss nun eine Mehrheit der Grundbesitzer einer Zelge den Bau von Feldwegen, so waren die anderen Bauern gegen Entschädigung zur Abtretung eigenen Lands verpflichtet. In den folgenden zwei Jahrzehnten legten 65 politische und 41 Zivilgemeinden offene Feldwege an. Klee und Jauche konnten nun ungehindert durch Zelgrechte zur Produktivitätssteigerung genutzt werden. Zugleich beseitigten die Bauern die Zäune, welche die Ackerzelgen umgeben hatten; auch im Landschaftsbild verschwanden die Zeichen öffentlichrechtlicher Bindungen des Bodens.[25]

Der Ausbau der Wegnetze geschah – parallel zur Ausdehnung der Vieh-/Milchwirtschaft – vor allem in den südlichen und östlichen Regionen, während in den Bezirken Dielsdorf, Bülach und Andelfingen der faktische Flurzwang stärker erhalten blieb. Dadurch verschärften sich dort die langfristigen Strukturprobleme der Landwirtschaft. Die Bauern mussten bei Hofteilungen in jeder Zelge genügend Grundstücke besitzen, wollten sie nicht in einem Jahr nur Dinkel, im andern nur Hafer oder Klee ernten. Die Parzellierung nahm deshalb in grotesker Weise weiter zu: Um 1860 umfasste der 14 Jucharten (4,5 ha) grosse Hof von Konrad Deringers Frau Barbara (geb. 1833) in Stammheim 59 Parzellen mit einer durchschnittlichen Grösse von 7,5 Aren, was eine zweckmässige Betriebsführung unmöglich machte. Erst das Gesetz über die Anlegung offener Flurwege aus dem Jahr 1862 verpflichtete die Gemeinden, Wege auszustecken und die Grenzen zu vermarchen. Der Flurzwang fiel endgültig: 1887 gab es keine Brachwege mehr. Die Bauern des Unterlands hielten aber bis zu Beginn des 20. Jahrhunderts an der gleichartigen Bepflanzung der ehemaligen Zelgen im Rahmen der

Im Bauerndorf Stammheim erfolgte der Anbau seit Beginn des 19. Jahrhunderts im Rahmen der verbesserten Dreifelderwirtschaft. Die Brache wurde mit Kartoffeln, Rüben, Bohnen und Erbsen bepflanzt und das Wiesareal bis 1880 zu Lasten der Äcker und Reben um 50 Prozent erweitert.

Auf der Strasse herrscht reger Verkehr, links ein Bauer beim Pflügen im grossen Feld. Er hält den schweren Aargauerpflug an den Geizen oder Sterzen aufrecht und sorgt so für einen möglichst geraden Lauf. Ohne den Pflug ständig unter Aufwendung erheblicher Körperkraft zu leiten, war die Arbeit nicht zu bewältigen. Alle Ackerarbeiten, wie Pflügen, Eggen, Ansäen und allenfalls noch Walzen, verlangten eine enorme Marschleistung. Für eine Hektare mussten je nach Arbeitsgängen 50 bis 70 Kilometer zurückgelegt werden.

Der Einsatz verbesserter Pflüge machte im 19. Jahrhundert nur kleine Fortschritte. Um 1840 begannen sich langsam sogenannte Wendepflüge (z.B. der Dombasle-Pflug) zu verbreiten, die dank konkaven Streichbrettern die Furche besser umbrachen. Eine grundlegende technische Neuerung ergab sich erst nach 1880 mit dem Selbsthalterpflug (Brabanterpflug). Er ermöglichte ein tieferes, rationelleres Pflügen und war ganz aus Eisen konstruiert. Der Selbsthalterpflug machte die schwere körperliche Führungsarbeit überflüssig. (Aquarell von Jakob Eggli, 1812–1880)

**Veränderungen der Grundbesitzstruktur in verschiedenen Regionen von 1800 bis 1863**

*Wallisellen*

|  | Bis 1 ha | 1–3 ha | 3–5 ha | 5–10 ha | Über 10 ha | Total |
|---|---|---|---|---|---|---|
| 1800 | 38 | 43 | 15 | 14 | 4 | 114 |
| % | 33,4 | 37,8 | 13,1 | 12,2 | 3,5 | 100 |
| 1862/63 | 79 | 59 | 33 | 17 | 4 | 192 |
| % | 41,1 | 30,7 | 17,2 | 8,9 | 2,1 | 100 |

*Waltalingen (Stammheimertal)*

|  | Bis 1 ha | 1–5 ha | | 5–10 ha | Über 10 ha | Total |
|---|---|---|---|---|---|---|
| 1820 | 23 | 35 | | 10 | 4 | 72 |
| % | 31,9 | 48,7 | | 13,9 | 5,5 | 100 |
| 1863 | 29 | 40 | | 17 | 1 | 87 |
| % | 33,3 | 46,0 | | 19,6 | 1,1 | 100 |

Sowohl im nördlichen, agrarischen Stammheimertal (Waltalingen) als auch im mittleren Kantonsteil mit Heim- und Fabrikindustrie (Wallisellen) stieg die Zahl der Klein- und Zwergbauernbetriebe (bis fünf ha Besitz) von 1800 bis 1870 stark an (Zunahme von 20 bis 70 Prozent). 80 bis 90 Prozent aller Grundbesitzer zählten nach der Jahrhundertmitte zu den Kleinbauern, die sich nur mit zusätzlichen Einkommen über Wasser halten konnten.

Bezeichnend für die klein- und zwergbäuerliche Landwirtschaft war bis ins 20. Jahrhundert «das magere Hausvieh der Armen». Auch landlose Heim- und Fabrikarbeiter hielten sich zur Eigenversorgung oft einige Ziegen, die sich mit Baumblättern, Baumrinde, Gräsern, Kräutern und Abfällen aller Art füttern liessen und Milch gaben wie «eine mittlere Kuh».

Obwohl schön restauriert, zeigt die bäuerliche Küche im Wohnmuseum Marthalen die bescheidenen ländlichen Lebensverhältnisse. Für den Haushalt sehr wichtig war das «Seechtkessi» (links), ein Kupferkessel, der in die gemauerte Feuerstelle eingelassen war und der Aufbereitung von grossen Mengen heissen Wassers (für die Waschtage, die Zubereitung des Schweinefutters, die «Garnwösch» des selbstverarbeiteten Flachses usw.) diente.

Das Kochen war aufwendig. Die Ernährung wurde durch die eigene Produktion bestimmt. Sie bestand aus Kartoffeln, Brot, Hafermus, Erbsenbrei, Kraut, gedörrtem Obst, Kaffee (aus Zichorien oder gelben Rüben) und selten Fleisch. Getrunken wurde je nach Region vor allem Wein, seltener Milch oder Most und immer häufiger «mit ganz ungemeiner Vorliebe» Schnaps.

verbesserten Dreifelderwirtschaft fest. Die starke Parzellierung, die einen rationellen Betrieb verhinderte, konnte erst seit Beginn des 20. Jahrhunderts durch umfassende Güterzusammenlegungen und Aussiedlungen überwunden werden.[26]

Die neuen Anbaumethoden wurden sowohl von Klein- als auch von Grossbauern vorangetrieben. Die Kartoffel fand vor allem bei den kleinbäuerlich-heimgewerblichen Schichten eine rasche Verbreitung, da damit ein wichtiger Teil der Selbstversorgung gesichert werden konnte. Um 1850 war die Kartoffel das wichtigste Nahrungsmittel, und das Ausmass der Kartoffelernte bestimmte das Preisniveau des Brots.

Die Ausbreitung des Kartoffelanbaus und das Bevölkerungswachstum liessen die Klein- und Zwergbauernschicht, die schon um 1800 die Sozialstruktur der Dörfer bestimmt hatte, weiter anwachsen. In Waltalingen nahm die Zahl der Landwirtschaftsbetriebe von 1820 bis 1863 um 20 Prozent von 72 auf 87 zu, gleichzeitig sank die durchschnittliche Fläche pro Betrieb von 3,29 auf 2,87 Hektaren; eine Entwicklung, die für den ganzen Kanton typisch war: «Die Haue und der Spaten» traten «an die Stelle des Pflugs, den Wagen ersetzt der Tragkorb.»[27] 50 bis 80 Prozent der grundbesitzenden Haushalte zählten um die Jahrhundertmitte zu den Klein- und Zwergbauern, welche ohne zusätzliche landwirtschaftliche, handwerkliche oder industrielle Lohnarbeit nicht überleben konnten. Die heimgewerbliche Textilproduktion (Seidenweberei) oblag dabei meist Frauen und Kindern, die einen wichtigen Teil des Familieneinkommens erwirtschafteten, während sich die Männer in erster Linie um die kleine Landwirtschaft kümmerten.[28] Entsprechend der Zunahme der Zwergbesitzer und der landlosen Arbeiter stieg in allen Regionen der Ziegenbestand: 1866 gab es achtmal mehr Ziegen als 1825. Für die kartoffelpflanzenden Arbeiter-Bauern waren die genügsamen Tiere ideale Milchlieferanten, ernährten sie sich doch aus Speiseabfällen, gesammelten Baumblättern und Gräsern.

Die Inhaber grösserer Betriebe förderten vor allem den Kleebau, die intensive Düngerbewirtschaftung und den Anbau von weissen Rüben. Nach dem Übergang zur Stallfütterung ersetzten sie auch die extensive Pferde- und Schafweide durch Rindvieh- und Schweinemast.[29] Eine umfassende Intensivierung scheiterte aber an den begrenzten Mitteln, denn «das Anlegen von Kuhgräben und eigenen Wasserbehältern» war teuer, «und mancher Ärmere kann die Kosten nicht bestreiten».[30] Erst nach 1840 begann der Rindviehbestand kontinuierlich zu wachsen, als steigende Agrarpreise, freiere Bewirtschaftung und endgültige Zehntablösung mehr Betriebsmittel zur Kapitalbildung freisetzten.

Insgesamt liessen die agrartechnischen Neuerungen die Produktivität des Bodens und die Produktionsmengen stark ansteigen. 1854 produzierte der Kanton Zürich gemäss den statistischen Erhebungen von Regierungsrat Eduard Sulzer (1789–1849) jährlich etwa 433 636 q Getreide, 1,98 Mio. q Heu und Emd, 231 186 q Kartoffeln und 210 840 hl Wein. Damit war die Einfuhrabhängigkeit beim Getreide zwar immer noch gleich gross wie am Ende des 18. Jahrhunderts, die Gesamtbevölkerung hatte aber von 1799 bis 1850 um 40 Prozent zugenommen. Die Produktion von 4,64 q Kartoffeln und 4,21 hl Wein pro Haushalt deckte den Bedarf bei weitem. Dank der besseren Düngung – wobei es je nach Bodenbeschaffenheit, Lage und Witterung grosse Unterschiede gab – stiegen die durchschnittlichen Hektarerträge von 1800 bis 1850 um 15 bis 25 Prozent.[31]

Ernährung und Versorgung verbesserten sich, auch wenn Ernteausfälle 1816/17 und 1846/47 letztmals zu schweren Teuerungskrisen führten. Die

# Der Wandel der bäuerlichen Arbeitswelt

Um 1800 versorgten sich die Bauernhaushalte noch weitgehend selbst, und nur mit harter körperlicher Arbeit liessen sich Äcker und Reben bestellen. Ein Jahrhundert später hatte die Eigenversorgung stark abgenommen, reine Graswirtschaft ersetzte in weiten Teilen des Kantons den Getreidebau, und erste Maschinen erleichterten die Arbeit.

Im Zentrum des landwirtschaftlichen Arbeitsjahrs stand zu Beginn des 19. Jahrhunderts der Frucht- und Rebbau. Daneben musste die Bauernfamilie das Vieh besorgen, Wiesen und Obstbäume bearbeiten und im Winter holzen und spinnen.[1] Zu den meisten Höfen gehörten Flachs- und Hanfpünten, die den Rohstoff für Kleider, Bett-, Tisch- und Küchenwäsche lieferten. Die Gespinnstpflanzenkultur war Sache der Bäuerin.[2]
Im Rahmen der Selbstversorgung musste die ganze Familie als Arbeits- und Produktionsgemeinschaft vielfältige Arbeiten ausführen, die heute von der Nahrungsmittelindustrie besorgt werden: So war das Fleisch zu räuchern, man musste Hanfsamen und Baumnüsse für die Ölproduktion vorbereiten, Erbsen für Suppen und Breie ausschoten, Äpfel zum Dörren «stückeln» usw. Bei all diesen Arbeiten leisteten die Bäuerinnen einen entscheidenden Beitrag zur Existenzsicherung; sie litten aber auch unter harter Belastung. Eine teilweise Freistellung der Frau aus dem Arbeitsprozess zur Pflege bürgerlicher Häuslichkeit war in Bauernfamilien unvorstellbar; so

zeigte sich etwa der Seidenfabrikant Hans Rudolf Nägeli (1828–1862) aus Horgen bei einem Besuch in Amerika 1847 sehr erstaunt, dass die Farmersfrauen nicht «dusse werre» (bei der Feldarbeit helfen) mussten.[3] Die landwirtschaftliche Arbeit beanspruchte die ganze Familie von frühmorgens bis oft spät in

die Nacht. Der Getreideschnitt erfolgte mit der Sichel; in der Erntezeit wurde täglich bis zu 18 Stunden gearbeitet.
Nur ungern erinnerte sich der Grossrat Johann Heinrich Surber (1798–1869) aus dem Wehntal, wie er als Achtjähriger mit dem Vater «zu Acker treiben musste», was ihn um vier Uhr morgens «recht sauer ankam».[4]
Die zunehmende Marktorientierung verschob im Verlauf des 19. Jahrhunderts den Stellenwert der Arbeiten: Nicht mehr das Ackern, sondern Heuen, Emden, Streuemachen und die Viehhaltung bestimmten das Arbeitsjahr. Die gesteigerte Marktproduktion erhöhte den Geldumsatz, während die Eigenversorgung tendenziell abnahm, was zugleich die Verfügungsgewalt der Bäuerinnen erheblich einschränkte: In den sechziger Jahren wurden die Öl- von den Petroleumlampen abgelöst, um 1880 war die hauseigene Flachsverarbeitung den Baumwolltuchen zum Opfer gefallen, und in den neunziger Jahren gaben viele Bauern auch die Selbstversorgung mit Wein und Mehl auf. Beschränkten sich die jährlichen Geldausgaben um 1840 noch auf den Zukauf von Kaffee, Salz, Seife, etwas Fleisch und eine Sichel, so versorgten die landwirtschaftlichen Genossenschaften die Mitglieder um 1910 mit einem breiten Angebot an Konsumwaren.[5]
Als Folge der industriellen Entwicklung und weil die Arbeitskräfte teurer wurden, kamen beim Getreidebau ab 1850 der Sensenschnitt und erste Göpeldreschmaschinen auf; im Futterbau wurden um 1880 die ersten Mähmaschinen eingesetzt.[6]

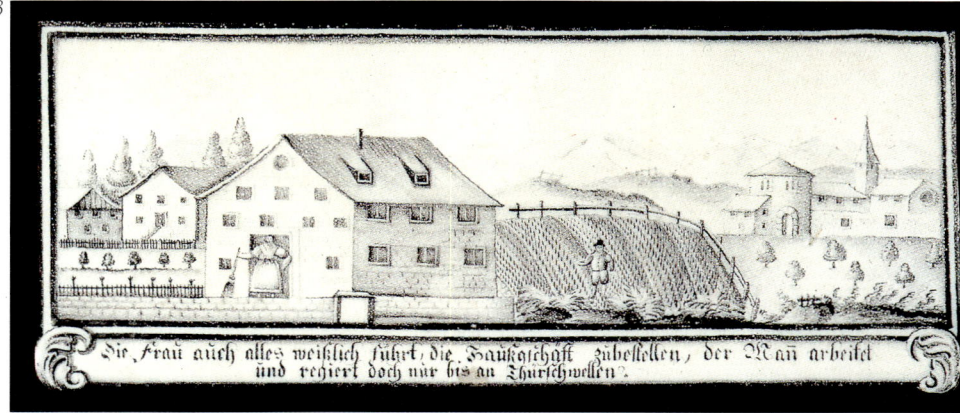

1 *Typisches Pfluggespann mit drei Ochsen. Hottingen, um 1800.*

2 *Grasmähmaschine mit Pferdezug, die seit 1870 die bäuerliche Arbeit erleichterte.*

3 *Ofenkachel aus Zollikon, 1800: Die Arbeit der Bäuerin ist für Mann und Familie unentbehrlich.*

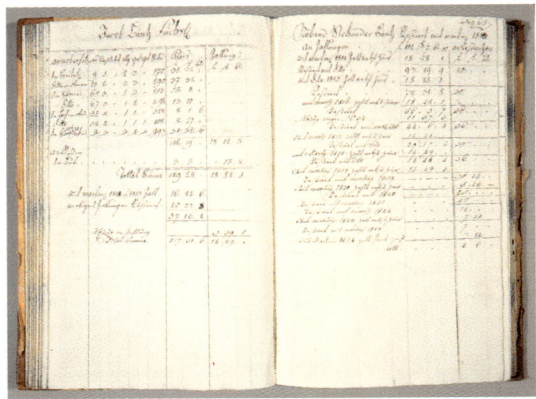

Das individuelle Ablösungskonto des Bauern Jakob Benz aus der Gemeinde Wülflingen. Die Zusammenstellung gibt an, wie viele Grundstücke von welcher Qualität der Zehntpflichtige wo besessen hat. Für jedes Grundstück wurde das Ablösungskapital berechnet. Im Anschluss daran folgt die Auflistung der verschiedenen Raten- und Zinszahlungen von 1812 bis 1824, die für die Ablösung der Zehntpflicht nötig waren. Insgesamt mussten in Wülflingen 250 solche Berechnungen aufgestellt werden.

«Der Zehnten als Last, zum Nutzen des Staates ist schreiend und ungerecht; wäre er ein geliehenes Capital, so würde er gerecht sein; aber da er mit List oder Gewalt eingeführt worden, so müssen wir ihn nicht als Capital, sondern als Last betrachten und Aufhebung desselben ist die höchste Gerechtigkeit.» (Johann Jakob Bodmer)

Der im Stäfner Handel verurteilte und 1798 zum helvetischen Senator gewählte Verleger und Landwirt Johann Jakob Bodmer (1737–1806) trat in den Debatten vehement für die Abschaffung des Zehnten ein. (Nach einem Stich von Felix Maria Diogg, 1762–1834)

Lebenssituation der vielen halbagrarischen Arbeiterfamilien blieb zwar armselig, und jeder Ausfall der Ernte oder des Verdienstes trieb sie in Armengenössigkeit und Hunger. Die landwirtschaftlichen Produktionssteigerungen leisteten aber in der Übergangsphase von der Heim- zur Fabrikindustrie, mit der die Pauperisierung grosser Bevölkerungsteile einherging, einen wichtigen Beitrag zum Überleben. Den armen Landwirtschaftsgebieten im Norden des Kantons, die im 18. Jahrhundert stagniert hatten, brachten die neuen Anbaumethoden einen «geradezu blühenden Zustand»: Die Bevölkerungsdichte nahm bis 1850 um 15 bis 25 Prozent zu. Nach den Angaben von Landarzt Johann Jakob Graf (1791–1872) sank die Kindersterblichkeit in Rafz dank der besseren Ernährung um die Hälfte, und die Bauern ernteten «an Korn dreimal, an Wein vier- bis fünfmal» soviel wie früher; für die Zeitgenossen ein «ungeheurer Fortschritt».[32]

### Die «Loskaufbegierde»
### Die Bauern befreien sich von den Feudallasten

Zehnten und Grundzinsen galten am Ende des 18. Jahrhunderts als ewige, das heisst unablösbare Belastungen des Bodens. Die gesamte Bodenbebauung unterlag der Zehntpflicht: Von den geernteten Produkten (vor allem Getreide, Wein und Heu) musste je nach Belastung ein Achtel bis ein Zwölftel an den Zehntherrn abgeliefert werden. Der Zehnt wurde direkt bei der Ernte erhoben; je nachdem wie diese ausfiel, schwankte die Höhe des Zehnten als Abgabe vom Bruttoertrag. Der Grundzins war demgegenüber eine feste jährliche Entschädigung an die ursprünglichen Eigentümer des Bodens und deren Rechtsnachfolger, die das Land den Bauern zur Bewirtschaftung überlassen hatten. Er wurde häufig nicht mehr in Naturalien, sondern in Geld bezahlt. Die Zehnt- und Grundzinsbelastung der bäuerlichen Betriebe war regional unterschiedlich; im stark getreidebauenden Zürcher Unterland (Amt Regensberg) lag sie bei etwa 16 bis 20 Prozent, im Gebiet des Greifensees und im Knonauer Amt bei 13 bis 15 Prozent des Bruttoertrags. Zusammen mit den Zinszahlungen für hypothekarische Schuldverschreibungen gehörten die Feudallasten zu den wichtigsten Passivposten der bäuerlichen Betriebsrechnung.

Hauptbezüger von Zehnten und Grundzinsen waren das Staatswesen, öffentliche Institutionen (Spitäler, Schulen, Armenanstalten, Kirche), Gemeinden und Private. Rund die Hälfte aller Zehnteinnahmen flossen in die Staatskasse. 1798 betrug der kapitalisierte Wert der dem Staat gehörenden Zehnten 20,5 Prozent des gesamten Staatsvermögens, derjenige der Grundzinsen 14,4 Prozent. Die Feudalabgaben spielten also für die Finanzierung öffentlicher Aufgaben eine zentrale Rolle.[33]

Die Obrigkeit hatte trotz landwirtschaftlicher Reformen alles getan, um die Zehnteinnahmen als Stütze des ständischen Herrschaftssystems zu sichern. Nach dem Umsturz von 1798 verkündete die Helvetische Verfassung die Befreiung des Bodens von allen feudalen Lasten, wobei die Art und Weise der Ablösung der Gesetzgebung überlassen wurde. Im Lauf der langen Debatte in den Räten traten die neugewählten Vertreter der Zürcher Landschaft vehement für eine Entlastung der Bauern ein. Hans Kaspar Billeter (1765–1844) aus Stäfa sah im Zehnten «ein abscheuliches Überbleibsel der Leibeigenschaft und der Sklaverei.»[34] Ganz anders argumentierte der aufgeklärte Stadtzürcher Paul Usteri (1768–1831): «Eine unserer ersten und höchsten Pflichten, Bürger Repräsentanten, besteht darin, dass wir jedes Eigenthum schützen sollen. Der Zehnten ist das Eigenthum theils einzelner Staatsbürger, theils öffentlicher Institute, theils des Staats selber.»³⁵ Mit dem Hinweis auf die Heiligkeit des Privateigentums drängten die Inhaber von Ansprüchen auf Zehnten und Grundzinsen (vorwiegend Patrizier) und die städtischen Handels-, Industrie- und Gewerbekreise auf eine möglichst hohe Entschädigung für den Wegfall der Feudalabgaben. Wären nämlich die Bauern weitgehend von der Staatsfinanzierung entlastet worden, hätte dies zwingend zu einer stärkeren Besteuerung von Vermögen und Einkommen städtischer Handels- und Industriekreise geführt.

Das Gesetz vom November 1798 sah eine relativ günstige Ablösung mit staatlich vermittelter Entschädigung der zehntberechtigten Privatpersonen und wohltätigen Institutionen vor. Die Ausführung stiess aber auf unüberwindliche Schwierigkeiten, was dazu führte, dass für 1800 und 1801 sämtliche Abgaben wie vor der Revolution zu entrichten waren. Trotz dieser Rückschläge hatte indessen die Helvetik das System der Feudalabgaben entscheidend erschüttert: Der Grundsatz der Aufhebung der Reallasten blieb unbestritten. Im Dezember 1803 verabschiedete der konservativ-aristokratisch beherrschte Grosse Rat das neue kantonale Ablösungsgesetz, das bis 1831 in Kraft bleiben sollte. Ganz im Interesse der städtischen Magistraten war die neue Regelung darauf angelegt, den Loskauf möglichst zu erschweren (Ablösung von ganzen Zehntbezirken, doppelte Mehrheit von Pflichtigen und Land für eine Aufkündigung, Abzahlung in bar). Im Vergleich zu anderen Kantonen setzte die Zürcher Aristokratie eine für die Bauern sehr belastende Regelung durch, die sowohl die Grosszehntpflicht auf Kartoffeln, Emd und Klee ausdehnte, als auch durch die Berechnungsart (höhere durchschnittliche Getreidepreise, 25facher Kapitalisierungsfaktor) die Loskaufsummen massiv heraufsetzte.³⁶

Das harte Ablösungsgesetz musste die Regierung 1804 im Bockenkrieg mit Truppengewalt durchsetzen. Trotz der ungünstigen Bedingungen bemühten sich die Bauern in den folgenden Jahren ausserordentlich, die «ewigen» Lasten loszuwerden. Die «Loskaufbegierde» – wie es der Bezirksstatthalter von Winterthur 1812 ausdrückte – war nicht aufzuhalten. Von 1804 bis 1831 wurden nach den Angaben von Gerold Meyer von Knonau (1804–1858) für 2,21 Millionen Franken Zehnten und für 0,67 Millionen Franken Grundzinsen des Staats abgelöst. Dies entsprach wertmässig ungefähr der Hälfte aller Staatszehnten und einem Siebtel der Staatsgrundzinsen. Parallel dazu kauften sich die Bauern auch von den anderen Zehnt- und Grundzinsempfängern (Private, Stiftungen, Kirche, Gemeinden) los.³⁷

Die breite Ablösungsbewegung in den ersten Jahrzehnten des 19. Jahrhunderts war eng mit der Agrarkonjunktur verknüpft. Hohe Preise beim Getreide und gute Weinernten erleichterten die Aufkündigung. Als die Getreidepreise in den zwanziger Jahren fielen, gab es kaum noch Ablösungen. Die Initiative zum Loskauf ging in erster Linie von den Gross- und Mittelbauern aus. In Zell kündigten die vier reichsten Männer der Gemeinde den Zehnten zuerst, und auch in Wülflingen waren es die vermögenden Güterbesitzer, die sich der feudalen Abschöpfung entledigten, um die agrartechnischen Neuerungen (Klee, Rüben) für höhere Erträge zu nutzen. Schwieriger gestaltete sich der Loskauf für die Kleinbauern, die sich fügen mussten, wenn mit Mehrheitsentscheid eine Ablösung beschlossen wurde. Die ratenweise Barzahlung des Loskaufkapitals bedeutete für sie eine erhebliche Belastung. Besonders schwierig wurde die Situation, wenn schlechte Ernten zu Ausfällen führten. In Wülflingen konnten 1818 viele Kleinbauern als Folge der Notjahre vorübergehend ihre Rate nicht bezahlen; einzelne zehntablösende Bauern gerieten in Konkurs.³⁸

### Summen der jährlich aufgekündigten Staatszehnten von 1804 bis 1828

| Jahr | Aufgekündigte Zehnten Trocken in Fr. | Nass in Fr. | Getreide Kernen Fr./q | Wein Mittel Fr./hl |
|---|---|---|---|---|
| 1804 | 12 509.26 | 28 973.19 | 31.44 | *13.00 |
| 1805 | 112 678.68 | 73 565.21 | 36.63 | 15.00 |
| 1806 | 102 726.84 | 48 536.27 | 36.73 | *20.83 |
| 1807 | 75 165.63 | 15 807.47 | 30.64 | 15.03 |
| 1808 | 22 227.95 | 12 223.05 | 24.56 | *11.97 |
| 1809 | 388.81 | | 22.52 | 17.00 |
| 1810 | 19 601.69 | 25 827.06 | 23.63 | *30.57 |
| 1811 | | 17 376.01 | 29.32 | *21.03 |
| 1812 | 127 543.30 | 64 539.04 | 40.38 | *18.03 |
| 1813 | 123 016.18 | 174 807.58 | 34.30 | 20.73 |
| 1814 | 46 703.15 | 21 630.33 | 28.87 | 25.50 |
| 1815 | 3 662.71 | 2 669.33 | 30.33 | *46.53 |
| 1816 | 21 218.83 | 4 405.70 | 49.60 | 40.60 |
| 1817 | 136 528.53 | 10 673.57 | 74.97 | 44.33 |
| 1818 | 271 268.69 | 131 165.40 | 35.91 | 37.37 |
| 1819 | 8 755.44 | | 22.21 | *28.23 |
| 1820 | | | 20.80 | 25.30 |
| 1821 | 224.00 | 18.00 | 23.13 | 30.50 |
| 1822 | 223.31 | | 19.79 | *33.10 |
| 1823 | 11 548.56 | | 20.59 | 15.13 |
| 1824 | 16 843.28 | | 21.51 | 15.63 |
| 1825 | 2 619.66 | | 20.38 | *31.47 |
| 1826 | | 1 234.19 | 17.55 | *22.03 |
| 1827 | | | 21.51 | *13.13 |
| 1828 | 17 754.36 | 59 890.72 | 26.57 | *10.13 |

*sehr gutes Weinjahr

Die Ablösung der Zehnten hing nach 1804 stark von der Agrarkonjunktur ab. Gab die gute Ertragslage für eine grössere Gruppe von Bauern den Anlass zum Zehntloskauf, so mussten alle Pflichtigen auf einer Gemeindeversammlung durch Pfenniglegen hinter einem Vorhang über den Loskauf abstimmen. Vertrat die Mehrheit der Pflichtigen auch den grösseren Teil der Güter, so konnte der Loskauf vorgenommen werden. Dann erfolgte die oft von Kontroversen begleitete Festsetzung der Höhe der Ablösesummen. Die Loskaufsumme musste in maximal sechs Raten bar abbezahlt werden, erst dann erlosch die Abgabepflicht.

Der Zehntenplan von Wetzikon, der um 1820 entstand, sollte den Umfang des abgabepflichtigen Lands für die verschiedenen Zehntbezirke genau festhalten, denn die armen Zivilgemeinden waren nach 1803 nicht in der Lage, die hohen Ablösesummen aufzubringen. Links unten das «Dorf Kemten», umgeben von den zehntpflichtigen Äckern und Wiesen. Ein kleiner Teil des Areals war bereits im 18. Jahrhundert zehntfrei.

Im Umsturz von 1830/31 war die Herabsetzung des «alzu lestigen Zähnten» der wichtigste Punkt in einer Petition, die von 288 Einwohnern unterzeichnet wurde. Die Zivilgemeinden lösten den Zehnten nach Erlass eines neuen Gesetzes zwischen 1832 und 1838 rasch ab.

Bis 1830 lösten vor allem Teile des Zürcher Oberlands und des Glatttals, das Rafzerfeld und die Seegemeinden ihre Feudallasten ab. In diesen agrartechnisch fortschrittlichen Gebieten empfanden die Bauern den Zehnt als lästiges Hindernis für weitere Arbeits- und Investitionsleistungen. Grosse Teile des Kantons verblieben aber bei der herkömmlichen Zehntablieferung, was eine wichtige Stütze des Zelgsystems darstellte. Die restriktive Ablösungsregelung von 1803 verzögerte deshalb die Umstellung auf eine moderne, ertragreiche Landwirtschaft erheblich. Noch 1836 beklagte sich Gutsbesitzer Georg Escher von Berg (1793–1867) über die «vorherige Regierung», die nichts für die Entwicklung der Landwirtschaft getan habe, «weil es Aufhebung oder Quasi-Aufhebung des Zehntens bedingt hätte».[39]

Je mehr sich die landwirtschaftlichen Neuerungen verbreiteten, um so ausgeprägter wurde der Zehnt zum Korsett. In der Hoffnung auf eine Erleichterung des Loskaufs unterstützte die bäuerliche Bevölkerung die bürgerliche Revolution von 1830. Sowohl in der Volksversammlung von Uster als auch in einer wahren Flut von 277 Petitionen zur Verfassungsrevision verlangte sie, dass «die Loskaufspreise auf ein billiges Verhältnis herabgesetzt» und «der allzu lästige Brachzehnt» abgeschafft werde.[40] Dem massiven Druck der Bauern entsprach die Regierung 1832 mit einem neuen Loskaufsgesetz. Es senkte die Ablösungssummen um 12 bis 25 Prozent und ermöglichte die Umwandlung des Zehnten in eine verzinsliche Hypothekarschuld. Die lästige Naturalablieferung fiel weg, ohne dass grössere Abzahlungen vorgenommen werden mussten. Obwohl die bäuerlichen Erwartungen nur teilweise erfüllt wurden, lösten die Gemeinden den Zehnten rasch ab. 1831 betrug der Wert des Staatszehnten 1,94 Millionen Franken, zehn Jahre später noch 0,18 Millionen, also rund 91 Prozent weniger. Etwas langsamer ging die Loskaufsbewegung bei den Staatsgrundzinsen vor sich, da diese als feste Beträge für die Bauern nicht so stark ins Gewicht fielen. Ihr Wert sank von 2,99 Millionen Franken im Jahr 1831 auf 1,12 Millionen im Jahr 1840.[41] Ein grosser Teil der abbezahlten Kapitalien floss als Hypothekarkredite wieder in die Landwirtschaft; in Form von staatlichen Darlehen an Baumwollunternehmer dienten sie auch der Industriefinanzierung.[42] Gemäss Gesetz von 1864 hätten sämtliche unaufgekündigten beziehungsweise kapitalisierten Reallasten endgültig liquidiert werden müssen, doch verschiedene Zehntschuldverpflichtungen von Bauern gegenüber ihren Gemeinden bestanden noch bis zu Beginn des 20. Jahrhunderts.[43]

In der Aufhebung der Grundlasten und der Beseitigung des Flurzwangs manifestierte sich die Durchsetzung einer neuen Eigentumskonzeption. Das Eigentum wurde «auf der Grundlage des liberalen Modells zu einer privatrechtlichen, von den Wirkbereichen des Hoheitlichen und Öffentlichrechtlichen prinzipiell abgesetzten Grösse». Die Bauern erhielten durch diesen Prozess der «Entfeudalisierung» und «Privatisierung» die uneingeschränkte Verfügungsmacht über ihr Grundeigentum, dessen Nutzung, Mobilisierung und Veräusserung nichts mehr im Wege stand.[44] Formal gesehen fand dieser Prozess in den Grundprotokollbereinigungen der sechziger Jahre des 19. Jahrhunderts seinen Abschluss, die für den Liegenschaftsverkehr, für die freie Bewirtschaftung und für die hypothekarische Belastung die nötige Rechtssicherheit schaffen sollten und die Löschung aller feudalen Rechte zum Ziel hatten.

## «Je mehr Käse, desto mehr Geld»
### Die Markt- und Gewinnorientierung im Vormarsch

Ende des 18. Jahrhunderts wurde noch rund die Hälfte des Kulturlands für den Ackerbau genutzt. Die Hauptaufgabe der Landwirtschaft sah die Obrigkeit in der Selbstversorgung des Stadtstaats mit Getreide.[45] Als Folge des Übergangs zu einer individuellen Bodennutzung nahm darum der Feldbau in den ersten drei Vierteln des 19. Jahrhunderts kontinuierlich ab und wurde im Rahmen wachsender Marktorientierung durch ertragreichere Betriebszweige ersetzt. Bis 1874 sank so der Anteil der Ackerfläche auf einen Viertel des gesamten Kulturlands, wobei die vom Eisenbahnbau eingeleitete Integration in den europäischen Getreidemarkt und die dadurch ermöglichten Importe den Rückgang nach der Jahrhundertmitte noch beschleunigten. Futter-, Wein- und Obstbau ersetzten vielerorts die Getreideproduktion.

Eine stärkere Ausrichtung auf Vieh-/Milchwirtschaft setzte im ausgehenden 18. Jahrhundert ein, als das traditionelle «Senntenwesen» in den höher gelegenen Feldgraswirtschaftsgebieten des Sihltals, des Knonauer Amts und des Tösstals gegen obrigkeitlichen Widerstand einen ungeahnten Aufschwung erlebte. Neben den Hofkäsereien gründeten die Bauern kleine Gesellschaften, um rationeller produzieren zu können. Butter- und Käsehändler belieferten den Stadtzürcher Markt und exportierten in benachbarte Gebiete. Risikofreudiges, unternehmerisches Verhalten, rechnerisches Denken und ein starker Wille zur Ertragsmaximierung hielten Einzug. Die Bauern der Gemeinde Hirzel beispielsweise kauften im Frühling Kühe hinzu, da sie von «May bis Martini» für die Käserei besonders viel Milch produzieren wollten. Im Herbst verkauften sie das Vieh wieder an durchziehende italienische Händler, da das Futter für die Winterung nicht ausreichte.[46]

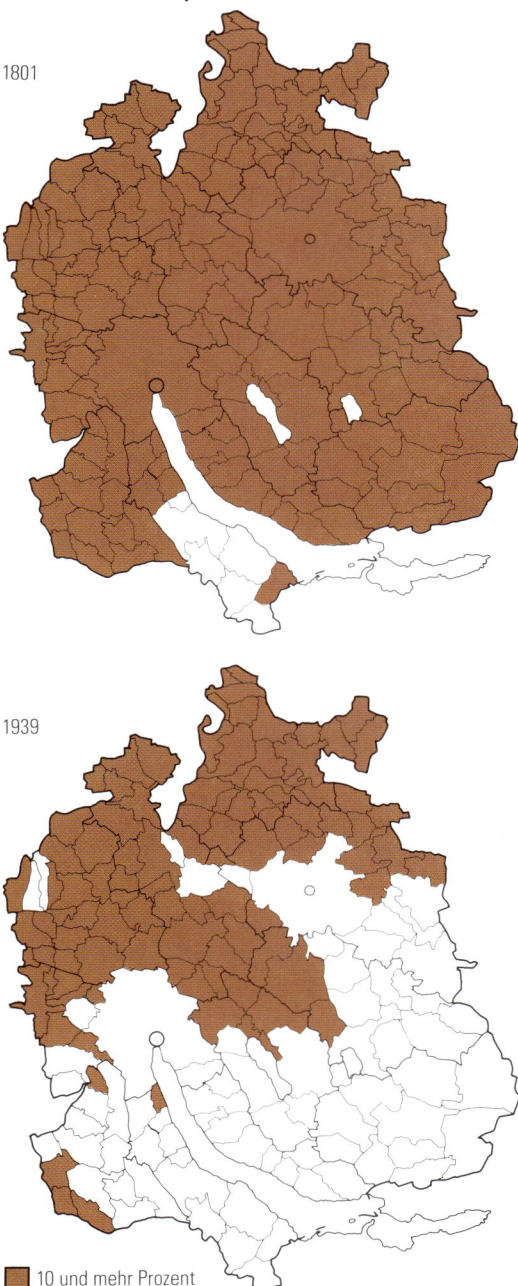

**Anteil der Äcker am produktiven Gemeindeareal**

1801

1939

■ 10 und mehr Prozent

Um 1801 gab es nur in der Voralpenzone des Bezirks Horgen einige Gemeinden, die weniger als zehn Prozent ihres produktiven Areals für den Ackerbau nutzten. Im 19. Jahrhundert ging der Acker- und Getreidebau überall stark zurück, bis er 1939 nur noch in den Bezirken Andelfingen, Dielsdorf und Bülach eine gewisse Rolle spielte. Alle anderen Regionen entwickelten sich zu reinen Graswirtschaftsgebieten.

Auf den Wiesen vor dem Dorf Benken im Weinland ist die Heuernte im Gang: Ein Mann mäht mit der Sense, das Gras ist zu Haufen aufgeschichtet. Bereits 1838 hatte der liberale Dorfkönig, der «Herr Forstmeister» und Bezirksrat Hans Ulrich Meister (1801–1874), den Bau einer Gemeinschaftssennhütte bewirkt, der durch die Ausgabe von Aktien finanziert wurde. (Jakob Eggli, 1812–1880)

Als Wahrzeichen der Gemeinde Hirzel hat Schulmeister Heinrich Strickler 1792 auf seinem Ortsplan das Innere einer kleinen Sennhütte und eine Frau beim Melken abgebildet. Das Melken war um 1800 Sache der Frau, während das Füttern der Tiere dem Mann oblag.

Um 1820 führten die revolutionären agrartechnischen Neuerungen zur Ausbreitung der Käseproduktion in die Dreifelderwirtschaftsgebiete. Dort hatte die Viehhaltung bis anhin in erster Linie dazu gedient, Zugtiere für den Ackerbau (Ochsen) zu liefern. Die anfallende Milch wurde im Haushalt verbraucht. Als Folge der Sommerstallfütterung entstanden Tal- oder Dorfkäsereien, welche die Milch mehrerer Bauern verarbeiteten. 1834 gab es im Kanton Zürich bereits 98 Gesellschaftssennereien, 1844 wurde die Gesamtzahl aller Sennereien (private, gemeinschaftliche und genossenschaftliche) mit 180 angegeben. Die Käsereigründungen beschränkten sich bis 1850 auf die Bezirke Affoltern, Horgen, Meilen, Hinwil, Uster, Pfäffikon und Winterthur, also auf die nähere Umgebung der traditionellen Milchwirtschaftsregionen.[47]

Zur «vorteilhaften Verwertung der im Sennereikreis produzierten Milch» schlossen sich die Bauern jeweils zu Aktiengesellschaften zusammen, brachten das notwendige Kapital auf und erstellten in Fronarbeit die Gebäulichkeiten. Die Träger der Sennereigründungen kamen aus der grossbäuerlich-bildungsbürgerlichen Oberschicht. Daneben waren aber auch viele kleine Hofbesitzer beteiligt, da die Gemeinschaftssennerei die Investitionskosten angemessen verteilte und neue Einkommenschancen eröffnete. Um das Risiko für die Lieferanten möglichst klein zu halten, wurde meist ein erfahrener Käser (Senn) aus dem Bernbiet oder der Innerschweiz eingestellt, der die Sennhütte mietete, die Milch zu einem festen Preis übernahm und für die Vermarktung der Produkte sorgte. Der Betrieb dieser frühen Talkäsereien beschränkte sich auf den Sommer; produziert wurden Butter und Magerkäse, die auf regionalen Märkten Absatz fanden.[48]

Die an der Kommerzialisierung beteiligte bäuerliche Oberschicht verlangte 1830 vehement die Aufhebung aller Verkaufs- und Preisbeschränkungen im Agrarhandel. 83 Petitionen forderten den freien Verkauf von Vieh, Getreide, Wein und Klee. Bis 1835 war die Freigabe des Handels abgeschlossen, und die Bauern begannen verstärkt die Marktchancen zu nutzen.[49] Als sich nach der Jahrhundertmitte die Preis-Kosten-Relationen zwischen Vieh- und Milchwirtschaft und dem Getreideanbau immer mehr zu Gunsten der tierischen Produkte verschob, breiteten sich die Käsereien im ganzen Kanton aus. Zugleich vollzog sich der Übergang von der Mager- zur exportorientierten Fettkäseherstellung, und viele Käsereien nahmen den ganzjährigen Betrieb auf. Im Jahr 1884 gab es 282 Sennhütten, davon waren 109 Fettkäsereien. Die Kuhbestände stiegen von 1840 bis 1876 um 36 Prozent, die Milchproduktion nahm im gleichen Zeitraum um 52 Prozent, von rund 630 000 hl auf 958 120 hl, zu.[50]

Vor dem Aufkommen der Gemeinschaftskäsereien verwendeten die Bäuerinnen die Milch im eigenen Haushalt (Butter, Mast, Eigenverbrauch). Teilweise waren sie auch für die Besorgung des Stalls zuständig. Nun wurden Verarbeitung und Vermarktung ausgelagert, und der Erlös aus den Milchprodukten gelangte in die Hand des Mannes. Gegen diesen Verlust an wirtschaftlicher Verfügungsmacht setzten sich die Bäuerinnen zur Wehr. Wie Pfarrer Alfred Farner (1851–1908) berichtete, scheiterte 1835 die Käsereigründung in Unterstammheim, «weil die Frauen hartnäckig dagegen ankämpften».[51]

Die männerbestimmte Vermarktung der Milch machte die Bauern vermehrt zu marktabhängigen Konsumenten und förderte den Trend zur Vieh-/Graswirtschaft: «Je mehr Futter, desto mehr Vieh, desto mehr Milch, desto mehr Käse, desto mehr Geld.»[52] Im allgemeinen Bestreben, «auch so ein Goldgrübli aufzuthun, wie man die Käsereien an anderen Orten nennt», wurde deutlich, dass Marktorientierung und Renditebewusstsein in der Landwirtschaft Einzug hielten.[53]

Eine ähnliche Entwicklung zeigte sich im Wein- und Obstbau. Trotz obrigkeitlicher Behinderung zogen die Bauern schon am Ende des 18. Jahrhunderts an beiden Ufern des Zürichsees, im Limmattal und im nordzürcherischen Weinland «aus den Reben ihren meisten und beträchtlichsten Nutzen». Daraus musste «der gemeine Mann seine Geldzinsen abtragen».[54] Zu Beginn des 19. Jahrhunderts begannen die Bauern ihre Rebflächen weiter auszudehnen; der eigentliche Wachstumsschub setzte aber erst nach 1850 ein, als Industrialisierung und steigendes Volkseinkommen die Nachfrage nach Wein erhöhten. Nun wandten sich die Betriebe in den traditionellen Weinbaugebieten dem arbeitsintensiven und risikoreichen Rebbau zu. Sowohl Sortenwahl als auch Rebbautechnik standen im Dienst billiger Massenproduktion, weil die Absatz- und Gewinnchancen damit am besten waren. So benutzten etwa die Winzer am Zürichsee den Bogenschnitt (Schnitt einer Rute mit zehn bis zwölf Augen) und pflanzten ausschliesslich weisse Sorten, weil sich auf diese Weise die höchsten Erträge erzielen liessen.[55]

Der Obstbau versorgte im 18. Jahrhundert den Bauernhaushalt mit Dörrobst. Den aufkommenden Mosthandel versuchte die Obrigkeit durch eine Reihe von Mandaten gegen das «unvernünftige Vermosten und Pressen des Obstes» zu unterbinden. Nach dem Wegfall der Handelshemmnisse und dem Ausbau der Strassennetze nahm in den dreissiger Jahren des 19. Jahrhunderts – eng verbunden mit dem Übergang zur Vieh-/Milchwirtschaft – der Bestand an hochstämmigen Apfel- und Birnbäumen in den Bezirken Affoltern, Horgen, Meilen und Uster immer mehr zu. Most und Schnaps wurden zu wichtigen Nahrungs- und Genussmitteln weiter Bevölkerungskreise. Mit dem Bau der Eisenbahnen nach der Jahrhundert-

**Magerkäsereien vor 1850**

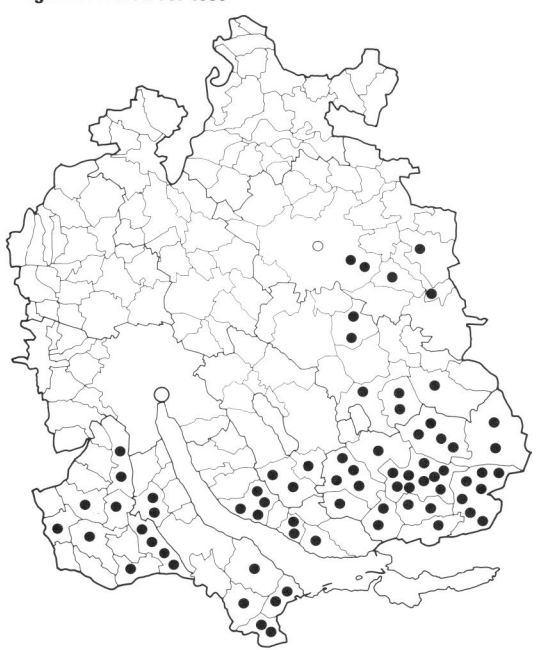

**Sennhütten: Mager- und Fettkäsereien 1884**

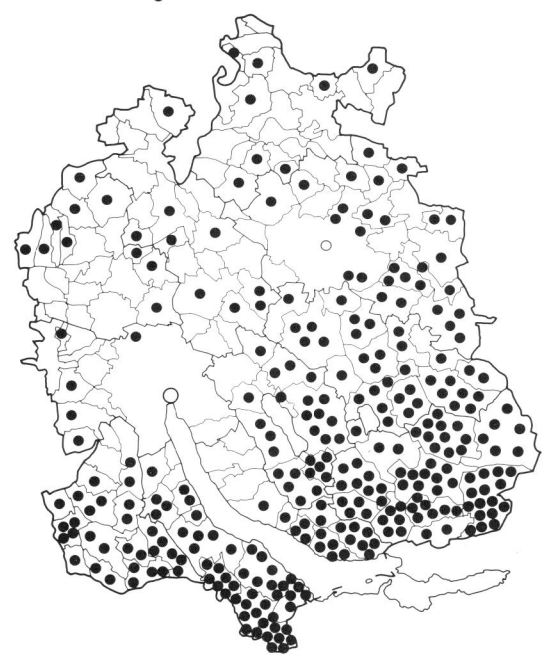

Bis 1850 entstanden Gemeinschaftskäsereien vor allem in unmittelbarer Nähe der voralpinen Milchwirtschaftsgebiete. Nach der Jahrhundertmitte, als der Käseabsatz immer rentabler wurde, gab es eine Vielzahl von Neugründungen. Nun breiteten sich die Sennereien auch ins nördliche und nordwestliche Wein- und Ackerbaugebiet aus: 1865/66 gründeten die Wehntaler gleich drei Fettkäsereien, die «zur Hebung des Wohlstandes viel beigetragen haben».

Rechts: Um 1850 gab es im Kanton Zürich 500 bis 600 verschiedene Apfelsorten. Den schlechten Obstbäumen, «die ein blödes, ödes, unhaltbares Obst bringen», wollte der Landwirtschaftliche Verein «den Krieg machen». Ziel sollte es sein, die grosse Zahl auf zehn bis zwölf sehr ertragreiche Sorten zu reduzieren. Besonders empfohlen wurde die Ananas-Reinette: Die «ebenso schöne als köstliche Frucht» galt als einer der «gesuchtesten und bestbezahlten Markt- und Handelsäpfel». Er besass einen «gewürzhaften, weinigen Zuckergeschmack» und war bis Mitte Februar haltbar.

Gezielt gefördert wurde der Obstbau im Kanton Zürich durch Eduard Regel (1815–1892), der im Botanischen Garten der Universität als Obergärtner arbeitete. Den Bauern gab er den Rat: «Pflanzt überall Obstbäume», denn bei «dem erleichterten Verkehr durch die Eisenbahn» könnten haltbare Sorten ausgezeichneten Absatz finden.

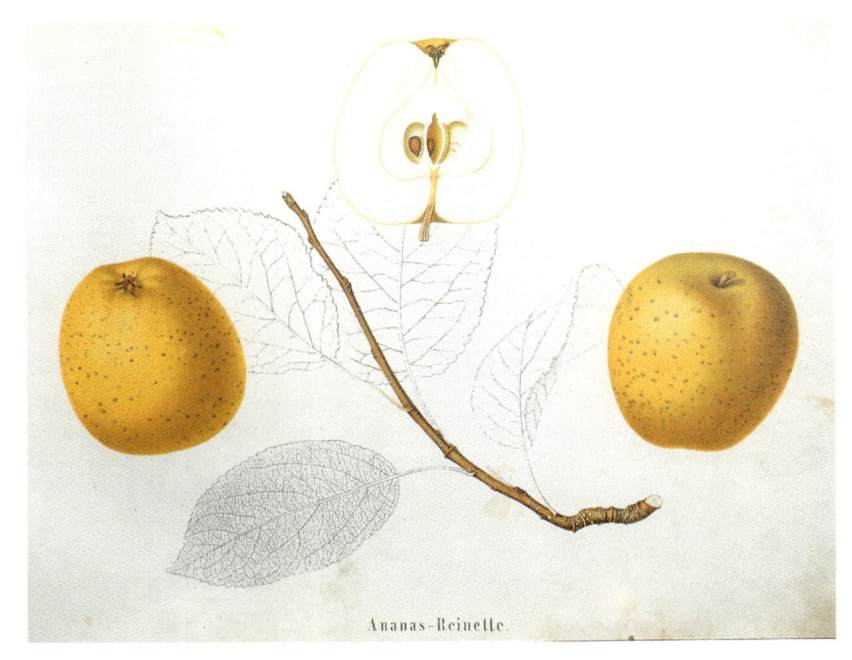

mitte begann der eigentliche Obsthandel. Verkauf und Export von veredeltem Tafelobst in die Grossstädte, zum Teil bis nach Paris und München, verhalfen zusammen mit der Mostproduktion vielen Betrieben zu ansehnlichen Einnahmen.[56]

Die vom Ackerbau beherrschte Zürcher Landwirtschaft teilte sich als Folge spezialisierter Marktorientierung bis 1870 in drei Zonen mit unterschiedlichen Produktionsschwergewichten: Im Seegebiet stand der Weinbau, ergänzt durch Obstbau sowie Vieh- und Milchwirtschaft, im Vordergrund; im Knonauer Amt und im Zürcher Oberland konzentrierten sich die Bauern auf die Vieh- und Milchwirtschaft sowie die Obstproduktion; im Weinland und im Unterland dominierten Acker- und Rebbau in Verbindung mit der Viehmast.

### «Der Sohn soll denken, und vor allem soll er rechnen lernen» Bürger bilden Bauern

Die marktwirtschaftliche Ordnung, die in den dreissiger Jahren verwirklicht wurde, machte die Bauern zu Unternehmern und stellte neue Anforderungen. Um die Bauern für eine innovationsoffene, wachstumsorientierte Landwirtschaft zu gewinnen und den politischen Einfluss auf die ländliche Bevölkerung zu erhöhen, entstand 1842/43 unter liberaler Federführung der «Verein für Landwirthschaft und Gartenbau» (Landwirtschaftlicher Kantonalverein). Oswald Heer (1809–1883), Professor für Botanik an der Universität Zürich und ehemaliger Privatlehrer Alfred Eschers, wollte als Initiant, dass «die Wissenschaft ins Leben hinabsteige und ihm sich nützlich erweise».[57] Mit gleicher Stossrichtung wie etwa die Ökonomische Kommission der Naturforschenden Gesellschaft ausgangs des 18. Jahrhunderts bemühte sich der Verein von Anfang an um eine breitangelegte fachwissenschaftliche und betriebsökonomische Aufklärungs-, Bildungs- und Propagandatätigkeit. «Vorwärts» hiess das Losungswort. Der Bauer sollte zu einem zweckrational wirtschaftenden, renditebewussten Unternehmer nach dem Vorbild der Industrie erzogen werden. Um dieses Ziel zu erreichen, bediente sich der Verein der verschiedensten Informations- und Kommunikationsmittel wie Ausstellungen, Broschüren, Zeitungen, Versammlungen und Preisverleihungen.[58]

Im Zentrum der Tätigkeit standen die alljährlich durchgeführten landwirtschaftlichen Feste mit Umzug, Ausstellung, Wettpflügen, Viehschau und Prämierung. Dort pflegten die bildungsbürgerlichen «Agrartechnokraten» mit eingängigen Fortschrittsparolen ihre Volkstümlichkeit und versuchten den Landwirten durch «einen edlen Wetteifer» Leistungsorientierung und Konkurrenzdenken einzuimpfen. In den Jahren der Bundesstaatsgründung wurden die Feste auch als Plattform für die Verbreitung patriotischer Parolen und liberaler Ideale benutzt. Oswald Heer, selbst ein überzeugter «Vaterlandsfreund», tat alles, um in seinen selbstverfassten Liedern, Gedichten, Reden und Trinksprüchen die Freiheit zu preisen und der bäuerlichen Arbeit eine patriotische Weihe zu verleihen.[59]

Mit der wissenschaftlichen Bildungsarbeit entsprach der Landwirtschaftliche Kantonalverein in erster Linie den Interessen und Möglichkeiten der Grossbauern, die aufgrund ihrer wirtschaftlichen Potenz in der Lage waren, die neue Agrartechnik für eine Steigerung der Rendite zu nutzen. Demgegenüber kamen die Probleme der Kleinbauern kaum zur Sprache. Um 1850 gehörten dem Verein etwa 600 bis 700 Mitglieder an, davon allein 100 aus den Städten Zürich und Winterthur. Als Fremd- und Selbsthilfeorganisation war der Kantonalverein ein Sammelbecken des städtischen Bildungsbürgertums und der grossbäuerlich-landbürgerlichen Oberschicht, die im dörflichen Bereich auch politisch die Führungsstellung innehatte. Obwohl der Verein bis 1890 auf rund 2600 Mitglieder anwuchs, blieb er ein «Herrenverein», dem aufgrund seiner Ausrichtung kaum zehn Prozent aller landwirtschaftlichen Betriebsinhaber angehörten.[60]

Das entscheidende Mittel zur Verbesserung der landwirtschaftlichen Produktion sah der Kantonalverein in Anlehnung an bernische, thurgauische und ausländische Vorbilder in der Bildung. Schon in einer der ersten Sitzungen war deshalb die Gründung einer landwirtschaftlichen Schule eines der Haupttraktanden. Aufgrund einer Vereinspetition verabschiedete der liberal beherrschte Grosse Rat 1847 dafür die gesetzlichen Grundlagen. Nach längeren Abklärungen nahm die Landwirtschaftliche Schule Strickhof, die mit einem ausgedehnten Gutsbetrieb verbunden war, 1853 ihren Betrieb auf.[61] Mit einer zweijährigen theoretisch-praktischen Ausbildung wollte man die Bauernsöhne zu agrarwissenschaftlich und betriebsökonomisch geschulten Unternehmern heranbilden, ohne sie ihrer ländlichen Herkunft zu entfremden. Der Bauer sollte sich in der bürgerlichen Gesellschaft mit ihrer zunehmenden Professionalisierung zum Berufslandwirt entwickeln. Im Gegensatz dazu blieb den Bäuerinnen der Zugang zur Fachbildung verschlossen, obwohl sie im Selbstversorgerbetrieb einen hohen Anteil am Familieneinkommen erwirtschafteten. Während die Bauern dank ihrer Ausbildung zunehmend die Kontrolle über den Erwerb erhielten, wurde die weibliche Verfügungsgewalt auf den Bereich der Hauswirtschaft beschränkt. Als die landwirtschaftlichen Schulen zu Beginn des 20. Jahrhunderts auch Ausbildungsgänge für Frauen angliederten, konzentrierten sich diese – ganz im Sinn bürgerlicher Rollenvorstellungen – auf sparsame Haushaltführung und die Kindererziehung.[62]

Da die Ausbildung auf dem Strickhof in den Anfangsjahren recht viel kostete, hatte die Schule mit grossen Schwierigkeiten zu kämpfen, und die Zahl der Schüler blieb niedrig (257 Absolventen in den Jahren 1853 bis 1877). Nur wenige vermögende Bauernsöhne besuchten die Jahresschule,

Der aus einer Glarner Pfarrfamilie stammende Oswald Heer (1809–1883) kam als Privatlehrer für Alfred Escher nach Zürich. Nach intensiven Studien über die Entwicklungsgeschichte von Pflanzen und Tieren wurde er 1835 ausserordentlicher Professor für Botanik an der Universität und später Direktor des Botanischen Gartens. 1843 gründete er den «Verein für Landwirthschaft und Gartenbau», den er 18 Jahre lang präsidierte. Auf den alljährlichen Landwirtschaftsfesten gehörte Heer zu den populärsten Erscheinungen. Er hielt unzählige Reden und trug blumige Trinksprüche vor: «Je mehr wir dann den Landbau heben, so mehr das Land gedeihen kann, dann lass ich alle Männer leben, die ihm mit Liebe zugetan, ja jeder, der sich treu bestrebt, zu fördern, was den Landbau hebt, dem gilt mein Hoch, reich ich die Hand, als treuem Sohn am Vaterland.» (1848)

Heer war auch Mitglied der 1844 gegründeten landwirtschaftlichen Sektion des Departements des Innern und beriet die Regierung im Kampf gegen die Kartoffelkrankheit (1845–1854). Er gehörte zu den Gründern des Strickhofs und vertrat die Liberalen während 18 Jahren im Grossen Rat. 1855 erhielt Oswald Heer einen Ruf ans Polytechnikum und widmete sich fortan intensiv der Forschung.

Diese Anerkennungsurkunde des «Vereins für Landwirthschaft und Gartenbau» ging 1851 an Herrn Schmid-Schindler in Feldbach, der damit für einen besonders edlen Tropfen geehrt wurde. Als «Glied zwischen den Behörden und dem landwirtschaftlichen Publikum» erhielt der Verein seit 1847 einen jährlichen Beitrag für Prämien und Auszeichnungen, die auf den landwirtschaftlichen Festen vergeben wurden. Leistungs- und Konkurrenzdenken sollten so gezielt gefördert werden.

während die vielen Kleinbauern der Fachbildung gegenüber ablehnend blieben. Trotz des begrenzten Wirkungsgrads sorgte der Strickhof in den sechziger und siebziger Jahren für die Verbreitung wissenschaftlicher Kenntnisse und förderte durch Versuche, Vorträge, Zeitungsartikel und Kurse eine intensivere und renditebewusstere Agrarproduktion.

## «Eine Periode denkbar günstigsten Marktes»
### Landwirtschaft und industrielles Wachstum

Die von feudalen Beschränkungen befreite Agrarwirtschaft erlebte nach der Jahrhundertmitte – abgesehen von kurzen Einbrüchen – eine Phase ausgesprochener Prosperität. Beschleunigte Industrialisierung, Erweiterung des Binnenmarkts und Ausbau der Infrastruktur sorgten für einen guten Absatz landwirtschaftlicher Erzeugnisse. Die durchschnittlichen Produktepreise stiegen kontinuierlich an, und die Boden- und Liegenschaftspreise erhöhten

# Das Zusammenleben im Bauerndorf verändert sich

Die bäuerliche Lebens- und Denkwelt war zu Beginn des 19. Jahrhunderts ausgeprägt auf das Dorf bezogen. Die Kontakte nach aussen beschränkten sich auf die Ablieferung von Zehnten und Schuldzinsen und den Verkauf von Getreide und Wein. Der Übergang zur Demokratie, der Ausbau des Schulwesens und die Entwicklung der Verkehrsmittel führten nach 1830 zu einer immer stärkeren Durchdringung der Bauerndörfer mit städtisch-bürgerlicher Kultur.

Geburt, Eheeinleitung, Heirat und Tod spielten sich um 1800 in der Dorfgemeinschaft ab und waren fest im Brauchtum und einer religiösen Weltsicht verankert. Getauft wurde im Beisein der ganzen Gemeinde; die Kontakte zum andern Geschlecht knüpften die Heranwachsenden im geregelten Rahmen der dörflichen «Spinnstuben», in denen sich die Mädchen und jungen Frauen von November bis Februar versammelten, um Hanf und Flachs zu spinnen. Dabei wurden sie von den konfirmierten, in der sogenannten Knabenschaft zusammengeschlossenen Männern besucht und unterhalten. Die aufwendigen Hochzeiten waren eigentliche Dorffeste, und die Leichengängerin verkündete allen Familien den Tod eines Einwohners oder einer Einwohnerin.[1] Im Verlauf des 19. Jahrhunderts wurde die dörfliche Welt in das kompliziertere Beziehungsgeflecht der sich ausbildenden Marktwirtschaft und des modernen Verfassungsstaats einbezogen. Der Ausbau des Strassen-, Post- und Eisenbahnnetzes förderte die Kontakte über das Dorf hinaus. Das nach 1830 reformierte Schulwesen sorgte dafür, dass nationale Gesinnung und bürgerliche Kulturideale (Interesse für Literatur, Theater, Gesang) in die ländlich-bäuerliche Bevölkerung eindrangen. Parallel dazu entstanden überall auf der Landschaft Vereine und Gesellschaften, die sich als Fremd- und Selbsthilfeorganisationen um die Bildung der bäuerlichen Bevölkerung bemühten.[2] Die vermögenden Bauern verstanden sich selbst als Träger des Fortschritts und übernahmen städtisch-bürgerliche Verhaltensweisen. Zu den äusseren Zeichen dieser Entwicklung gehörte es, dass der Sonntagsstaat nach bürgerlicher Mode die traditionelle Tracht verdrängte oder dass fünf bäuerliche Mitglieder des Landwirtschaftlichen Vereins ihrem städtischen Präsidenten Oswald Heer 1854 einen Band mit Gedichten überreichten, die sie selbst geschrieben hatten. Bürgerliche Werte bestimmten zunehmend Denken und Fühlen der bäuerlichen Schichten: Der vermögende Stammheimer Bauer Konrad Deringer (1830–1888) stellte um die Jahrhundertmitte sein Leben unter einen umfangreichen, selbstverfassten liberal-bürgerlichen Ehren- und Tugendkodex.[3]

Das Vereinswesen, in dem sich die ländlichen Gruppen je nach ihren Interessen zusammenschlossen, trat in der zweiten Hälfte des 19. Jahrhunderts an die Stelle der umfassenden Bindungen durch die Dorfgemeinschaft. Während Produktionsumstellung, Mechanisierung und Abwanderung das dörfliche Brauchtum der Erntefeste und Spinnstuben zum Verschwinden brachten, verlagerte sich die Pflege der Geselligkeit und Unterhaltung in die Vereine, die als Teil der bürgerlichen Öffentlichkeit vor allem den Männern vorbehalten waren. Die Frauen, die am Dorfbrauch der Spinnstuben noch gleichberechtigt teilgenommen hatten, wurden zunehmend in die häusliche Sphäre verbannt. Das männerbestimmte Vereinswesen seinerseits bildete dank seines überregionalen Charakters eine wichtige Grundlage für die wirtschaftspolitische Organisierung der Bauern am Ende des 19. Jahrhunderts.[4]

1 *Der Männerchor von Ellikon am Rhein, 1890: Interessengebundene Pflege des Kunstgesangs.*

2 *Benkener Bauernpaar um 1840; im Atelier arrangiert als Darstellung wohlhabender Bürgerlichkeit.*

3 *Eine Bauernfamilie in Boppelsen zeigt mit Pferd und Kuh, dass sie es zu etwas gebracht hat (um 1900).*

4 *Poesiealbum aus Marthalen, 1827. Bürgerliche Vorbilder kommen ins Dorf.*

**Bodenpreise im Kanton Zürich von 1840 bis 1875**

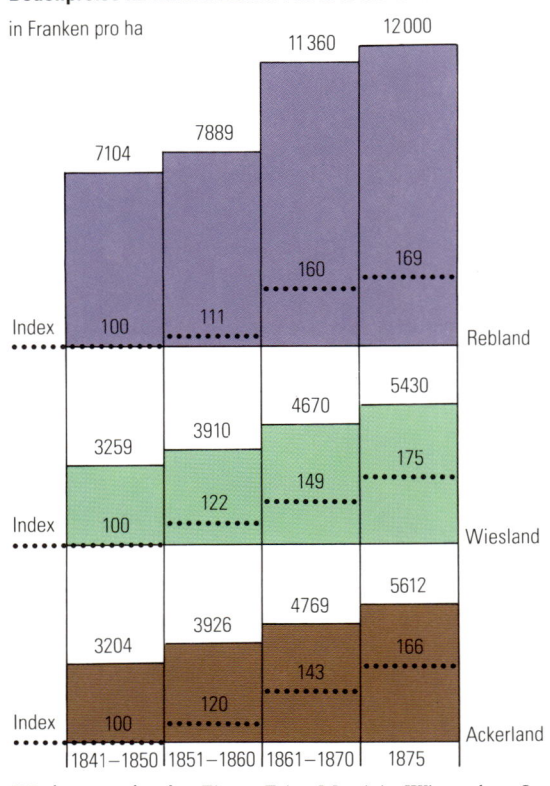

in Franken pro ha

| Zeitraum | Rebland | Wiesland | Ackerland |
|---|---|---|---|
| 1841–1850 | 7104 (Index 100) | 3259 (Index 100) | 3204 (Index 100) |
| 1851–1860 | 7889 (111) | 3910 (122) | 3926 (120) |
| 1861–1870 | 11360 (160) | 4670 (149) | 4769 (143) |
| 1875 | 12000 (169) | 5430 (175) | 5612 (166) |

Werbeprospekt der Firma Fritz Marti in Winterthur. In den sechziger Jahren des 19. Jahrhunderts setzte der erste Mechanisierungsschub ein, den die Maschinenfabriken gezielt förderten. Ab 1868 gab es eine ständige Ausstellung von Maschinen im Strickhof.

**FRITZ MARTI WINTERTHUR**
Mitglied der französischen National-Akademie für Landwirtschaft, Handel und Industrie
(Gegründet 1830 vom Herzog von Montmorency)
Sub 22. Februar 1897 von derselben mit einem *Ehrendiplom* ausgezeichnet

Hauptlager, Werkstätte mit Versuchsstation in **Wallisellen** b. Zürich

**Dépôts:**
in Winterthur, Bern (b. Weyermannshaus), Schönbühl, Aarberg, Büren a. A., Lotzwyl, Solothurn, Brugg, Hendschikon, Ballwyl (Luzern), Wyl (St. Gallen), Yverdon, Payerne, Moudon, Chexbres, Courroux

**Die landwirtschaftliche Arbeiterfrage.**

J. P. No. 1155

---

sich bis 1870 um 40 bis 60 Prozent. Parallel zu den angehobenen Liegenschaftswerten nahm zwangsläufig auch die hypothekarische Verschuldung zu, indem Grundstückskäufe angesichts steigender bäuerlicher Einkommen mit mehr Fremdkapital getätigt wurden. Zugleich nutzten die Bauern die grösseren Kreditmöglichkeiten für produktivitätssteigernde Investitionen (z. B. für Drainagen) und für eine kapitalintensivere Produktion (Erhöhung des Viehbestands, Anschaffung von Maschinen). Von 1843 bis 1866 verdoppelte sich deshalb der gesamte Schuldbriefbestand im Kanton Zürich von 181,3 Millionen auf 361,7 Millionen Franken. Der Verschuldungsgrad der bäuerlichen Liegenschaften nahm, wie entsprechende Untersuchungen für Waltalingen (Bezirk Andelfingen) zeigen, von 30 Prozent des Schatzungswertes um 1820 auf 49 Prozent im Jahr 1863 zu. Eine besonders hohe Verschuldung wiesen die Kleinbauernbetriebe auf, da die Nachfrage nach kleinen Gütern stärker stieg und ein allfälliger Nebenverdienst eine über den Ertragswert hinausgehende Verzinsung ermöglichte. Entsprechend krisenanfällig waren denn auch die kleinbäuerlichen Betriebe. Schon eine geringe Einkommenseinbusse infolge schlechter Ernten oder ungenügenden Verdiensts, beispielsweise in der Rezession von 1863/65 bis 1871, konnte sie in Konkurs treiben.[63]

Die landwirtschaftlichen Kapitalbedürfnisse wurden in der ersten Hälfte des 19. Jahrhunderts weitgehend durch private Gläubiger aus den Städten Zürich und Winterthur und durch die ländliche Oberschicht gedeckt, der die Müller, Wirte oder wohlhabende Bauern angehörten. An Martini (11. November) strömten jeweils Tausende von Bauern nach Zürich und Winterthur, um ihren privaten Geldgebern die Zinsen zu überbringen. Daneben traten zunehmend die aus gemeinnützigen Absichten gegründeten Sparkassen als Gläubiger auf. Da sich die Anlagemöglichkeiten noch weitgehend auf den Agrarsektor konzentrierten, hatten die bäuerlichen Schuldner kaum Probleme, genügend Hypothekarkredite zu erhalten.

Der Durchbruch zum modernen Wirtschaftswachstum führte nach 1850 zu einem grundlegenden Wandel auf dem Kapitalmarkt. Die Finanzierung des Eisenbahnbaus und die beschleunigte Industrialisierung erforderten den Aufbau eines effizienten Bankwesens. Gleichzeitig wurde das Anlagemonopol der Landwirtschaft gebrochen; lukrativere Möglichkeiten der Geldanlage, wie Bankobligationen und Aktien, traten neben die Hypothekarkredite. Dem freien Kapitalmarkt entsprach auch der Erlass des Aufkündigungsgesetzes im Jahr 1853. Die bisher unkündbaren Hypothekardarlehen (Gülten) konnten nun von beiden Seiten gelöst werden. Die Schuldbriefe wurden von einem langfristigen zu einem kurz- und mittelfristigen Wertpapier. Da nun die privaten Gläubiger ihre Anlagen mehr und mehr aus der Landwirtschaft zurückzogen, gerieten viele Bauern in Zahlungs- und Kreditschwierigkeiten, und der wachsende Investitionsbedarf der Landwirtschaft konnte nur noch begrenzt befriedigt werden.[64]

Als im Raum Zürich aufgrund der Entwicklung auf dem internationalen Geldmarkt ab 1863 eine Kapitalknappheit eintrat und die Zinssätze für Hypotheken auf den Höchststand von fünf Prozent kletterten, wurde in der Auseinandersetzung zwischen der liberalen Regierung und der demokratischen Bewegung das Kreditproblem zum zentralen Thema. Da sich die Bauern auf dem Kapitalmarkt gegenüber der Industrie benachteiligt fühlten, unterstützten sie die demokratische Forderung nach einer Kantonalbank; nach der rechtlichen und politischen Emanzipation der Landschaft sollte endlich auch die wirtschaftliche Befreiung von der städtischen Geldaristokratie verwirklicht werden. Die breite bäuerliche Unterstützung führte schliesslich zum Sieg der demokratischen Bewegung. 1870 nahm die Zürcher Kantonalbank ihre Tätigkeit auf und wurde rasch zur wichtigsten Vermittlerin von Hypothekarkrediten an die Landwirtschaft.[65] Obwohl die Schwierigkeiten bei der Kapitalbeschaffung noch eine Zeitlang anhielten, waren die Ertrags- und Einkommensverhältnisse in der Zürcher Landwirtschaft Mitte der siebziger Jahre ausgezeichnet. Das industrielle Wachstum und die vom Marktprinzip beherrschte liberal-kapitalistische Wettbewerbswirtschaft waren auch der Entwicklung im landwirtschaftlichen Sektor förderlich.

Beim Dreschen von Hand konnten täglich 150 bis 200, mit der Göpeldreschmaschine 500 bis 600 Garben verarbeitet werden. Die Dampfdreschmaschine, die um 1880 aufkam, erledigte die ganze Drescherei auf einem Hof in einem halben bis einem ganzen Tag. Die Maschine, die von etwa zwölf Personen bedient wurde, bestand aus dem fahrbaren Lokomobil zum Antrieb (rechts) und der Breitdreschmaschine. Der Takt des Lokomobils inspirierte die Drescher zu folgendem Spruch: «Ich mues schaffe zum Verrecke, und de Puure d Schulde tecke.»

# Zum Forschungsstand

Im Gegensatz zur industriellen Entwicklung ist der Wandel in der Landwirtschaft von der historischen Forschung wenig beachtet worden. Eine Ausnahme bildet die umfangreiche Literatur, die sich mit den Reformbemühungen der ökonomischen Patrioten befasst und die wesentlich durch die günstige Quellenlage bedingt ist. Die beiden wichtigsten neuen Untersuchungen, die den widersprüchlichen Charakter der Agrarreformen Ende des 18. Jahrhunderts beispielhaft herausarbeiten, sind: BRAUN, Ancien Régime; LOB, Kleinjogg. Der sich vom Beginn des 19. Jahrhunderts an vollziehende Übergang zur modernen Landwirtschaft ist bis jetzt erst ansatzweise untersucht worden. Als skizzenhafte Gesamtübersicht existiert nur ein kurzer Artikel von Albert Hauser im Sammelband LANDWIRTSCHAFT IM INDUSTRIEKANTON. Einzelne Fragen des landwirtschaftlichen Wandels wurden aber sehr systematisch analysiert. So ist der Zehnt- und Grundzinsloskauf von einer ganzen Reihe von Autoren bearbeitet worden, wobei besonders der Verlauf und die Folgen der Ablösung thematisiert wurden: BÖPPLI, Zehntablösung; BUOMBERGER, Ablösung der Zehnten; ROHR, Zehntablösung. Die Auflösung der Dreifelderwirtschaft beschäftigte die Historiker und Wirtschaftsgeographen vor allem zu Beginn des 20. Jahrhunderts. Hier ist besonders auf die zahlreichen Arbeiten von Hans Bernhard zu verweisen, so z.B. BERNHARD, Bodennutzungssysteme oder BERNHARD, Tösstal. Neueren Datums sind die Arbeiten von BRONHOFER, Dreizelgenwirtschaft, und BRÜHWILER, Dreizelgenwirtschaft. Zur Anlegung von Feldwegnetzen gibt es eine rechtshistorische, aber keine sozial- und wirtschaftsgeschichtliche Arbeit: HUBER, Flurwegrecht. Die landwirtschaftliche Bildung kommt in einer Reihe von Festschriften über den Strickhof zur Sprache, die den Folgen der Bildungsanstrengungen für den bäuerlichen Alltag aber wenig Beachtung schenken. Vgl. z.B.: PETER, Strickhof.

Häufig wird der landwirtschaftliche Wandel – wenn im allgemeinen auch nicht sehr systematisch – in Gemeindegeschichten beschrieben. Informative Angaben zu regionalen Veränderungen finden sich beispielsweise bei: HAUSER, Bauerndorf; AEPPLI, Maur; KLÄUI, Zell; SIGG, Ossingen; SCHNEIDER, Maschwanden; LAMPRECHT, Eglisau; MÜLLER, Illnau-Effretikon.

Die Forschung vernachlässigte bisher den Wandel der dörflichen Sozialstruktur und der Bodenverschuldung, die Veränderungen in der bäuerlichen Mentalität und die Ausgestaltung der bäuerlichen Arbeits- und Lebensverhältnisse. Die Lizentiatsarbeit von BLICKENSTORFER, Deringer, die auf der Auswertung einer Bauernchronik beruht, vermittelt Einblicke in die grossbäuerliche Lebens- und Denkwelt.

# Anmerkungen

[1] ANZEIGER VON USTER, 22. April 1854
[2] Der englische Nationalökonom Thomas R. Malthus (1766–1834) entwickelte 1798 eine Bevölkerungslehre, die auf ein drohendes Missverhältnis zwischen Bevölkerungsvermehrung und Nahrungsspielraum hinweist, da die Bevölkerung sich in geometrischer, die Nahrungsmittelerzeugung aber nur in arithmetischer Progression vermehre.
[3] KLEIN, Landwirtschaft, S. 41ff.
[4] ERNE, Sozietäten, S. 144; STIEFEL, Kommission, S. 26
[5] KRAUS, Physiokratische Bewegung, S. 27
[6] STIEFEL, Kommission, S. 70; LEMMENMEIER, Landwirtschaft, S. 122
[7] LOB, Kleinjogg, S. 18ff.
[8] KRAUS, Physiokratische Bewegung, S. 74ff.; LOB, Kleinjogg, S. 26ff.
[9] BRAUN, Ancien Régime, S. 108; ERNE, Sozietäten, S. 147
[10] RENFER, Bauernhäuser, S. 46ff.; BERNHARD, Bodennutzungssysteme; BERNHARD, Tösstal, S. 50ff.; BERNHARD, Weinland, S. 15ff.; HOFER, Rafzerfeld, S. 56; LEEMANN, Albis, S. 39ff.; SCHOCH, Zürichseegebiet, S. 124ff.; LÜSSI, Fischenthal, S. 105
[11] StAZ K II 18, Unmassgeblicher Entwurf zur Beantwortung der von dem Minister der inneren Angelegenheiten an die hiesige Verwaltungskammer gelangten Fragen in Bezug auf den Zustand der Gemeindegüter im Canton Zürich; von Conrad Meiss, alt Ratsherr
[12] STIEFEL, Kommission, S. 52f.; WEHRLI-KEYSER, Zustände, S. 15, 17, 30, 38
[13] WEBER, Landgemeinden, S. 197ff.; GROSSMANN, Forstpolitik, S. 73ff.
[14] StAZ K III 351.4, Nr. 7: Seuzach; BRUNNER, Mediation, S. 146
[15] OTT, Neftenbach, S. 412ff.; BRUNNER, Obermettmenstetten, S. 102ff.; MEIER, Rorbas, S. 110
[16] SCHINZ, Landwirtschaftliche Anstalten, S. 5; StAZ B IX 96: Bericht von Oberamtmann Hess über das Amt Regensberg
[17] DIENER, Oberglatt, S. 294ff.; KLÄUI, Wiesendangen, S. 299; KELLER, Wildberg, S. 149; GROSSMANN, Forstpolitik, S. 35
[18] SCHINZ, Landwirtschaftliche Anstalten, S. 5
[19] SIGG, Zollikon, S. 19ff.; GRAF, Landarzt, S. 64; FISCHER, Hegnau, S. 47; BRUNNER, Obermettmenstetten, S. 106; OTT, Neftenbach, S. 419ff.; GROSSMANN, Forstpolitik, S. 73ff.; ZEITSCHRIFT FÜR LANDWIRTSCHAFT, 1853, S. 120
[20] SCHOCH, Zürichseegebiet, S. 130f.; KREBSER, Revolutionswirren, S. 86, 116
[21] SCHINZ, Landwirtschaftliche Anstalten, S. 4
[22] SCHINZ, Kanton Zürich, S. 61, 175; KOHLER, Beschreibung, S. 67; MÜLLER, Illnau-Effretikon, S. 158; BRUGGER, Landwirtschaft erste Hälfte, S. 26ff.
[23] Zit. nach: HUBER, Flurwegrecht, S. 11
[24] LEEMANN, Albis, S. 43
[25] HUBER, Flurwegrecht, S. 13f.; BUCHER, Landwirtschaft, S. 6; SIGG, Ossingen, S. 162
[26] HOFER, Rafzerfeld, S. 78; BLICKENSTORFER, Deringer; BERNHARD, Weinland, S. 20; BERNHARD, Tösstal, S. 97; GIRSBERGER, Meliorationswesen, S. 98ff.
[27] ESCHER VON BERG, Ländliches Grundeigentum, S. 10; WOLF, Verschuldung, S. 4
[28] MESMER, Ausgeklammert, S. 23; VAN ANROOY, Hausindustrie, S. 124ff.
[29] MEYER VON KNONAU, Kanton Zürich 1844, Bd. 1, S. 278
[30] SCHINZ, Kanton Zürich, S. 55
[31] SULZER, Agrikulturstatistik, S. 38f.; SIGG, Ossingen, S. 159; HOFER, Rafzerfeld, S. 48, 87
[32] GRAF, Landarzt, S. 28; RATHS, Bevölkerung, S. 18
[33] ROHR, Zehntablösung
[34] STRICKLER, Aktensammlung, Bd. 2, S. 33f.
[35] STRICKLER, Aktensammlung, Bd. 2, S. 166
[36] KOLLER, Gärung, S. 32f.; BRUGGER, Landwirtschaft erste Hälfte, S. 192ff.
[37] MEYER VON KNONAU, Kanton Zürich 1844, Bd. 1, S. 247f.; BÖPPLI, Zehntablösung, S. 107; HESS, Thalwil, S. 36ff.
[38] BUOMBERGER, Ablösung der Zehnten, S. 82
[39] ESCHER VON BERG, Landwirtschaftliche Interessen, S. 14
[40] StAZ KIII 259.1, Petition aus Oberglatt bzw. KIII 258.3a, Petition aus der Kirchgemeinde Dällikon; vgl. dazu auch: WETTSTEIN, Regeneration, S. 339ff.
[41] BÖPPLI, Zehntablösung, S. 130ff.
[42] DUDZIK, Baumwollindustrie, S. 182ff.; KÄGI, Finanzhaushalt, S. 100
[43] HEDINGER, Regensberg, S. 307; LAMPRECHT, Eglisau, S. 349
[44] LEMMENMEIER, Landwirtschaft, S. 158
[45] STIEFEL, Kommission, S. 73ff.
[46] StAZ B IX 47, «Antwort auf die von einer hochl. Fisical. Gesellschaft in Zürich aufgelegten Fragen der Beschaffenheit der Baursame halber in der Gemeind Hirzel», von Pfarrer Salomon Pfenninger; HAUSER, Bauerndorf, S. 77ff.; LEEMANN, Albis,

S. 41; BERNHARD, Tösstal, S. 55; KAUFMANN, Viehhändler S. 17ff., 59ff.

[47] MEYER VON KNONAU, Kanton Zürich 1834, S. 100; MEYER VON KNONAU, Kanton Zürich 1844, Bd. 1, S. 281; SCHINZ, Landwirtschaftliche Anstalten, S. 7

[48] ZOLLINGER, Kleinsennerei, S. 18–23; SCHINZ, Landwirtschaftliche Anstalten, S. 176; AEPPLI, Maur, S. 163; MÖRGELI, Hegetschweiler, S. 19; SCHMID, Ulrich Meister, S. 3

[49] Erdäpfelstreit, nagelneuer zwischen Joggeli und Heiri, 2. Aufl., Zürich 1844; SCHMIDT, Wirtschaftsgesinnung

[50] SCHOFFER, Kreditkrisis, S. 8f.; STATISTISCHE MITTHEILUNGEN 1884, S. 142; BIENZ, Milchwirtschaft, S. 103

[51] FARNER, Stammheim, S. 415; KOHLER, Beschreibung, S. 143

[52] SALZMANN, Wirtschaftskrise, S. 213

[53] ZÜRCHER BAUER, 18.3.1870: Bericht über die Gründungsversammlung der Käsereigesellschaft in Ober- und Unterstammheim.

[54] BOLLINGER, Landschaft, S. 43

[55] ALTWEGG, Weinbau, S. 17, 26f., 33, 42, 53ff.

[56] MEYER VON KNONAU, Kanton Zürich 1844, Bd. 1, S. 262; HAUSER, Bauerndorf, S. 202f.; AEPPLI, Maur, S. 163; REGEL, Obstbau; HAFTER, Bau- und Maschinenwesen, S. 7, 17, 20, 28

[57] HEER, Lebensbild, S. 88; MÖTTELI, Heer, S. 54

[58] SCHWEIZERISCHE ZEITSCHRIFT FÜR LAND- UND GARTENBAU, Zürich 1843ff.

[59] SCHWEIZERISCHE ZEITSCHRIFT FÜR LANDWIRTHSCHAFT, 1849, S. 145ff.

[60] SCHWEIZERISCHE ZEITSCHRIFT FÜR LANDWIRTHSCHAFT, 1854, S. 109; AMMANN, Bauernbund, S. 62

[61] HOFMANN, Strickhof, S. 29ff.; 90 JAHRE STRICKHOF, S. 3ff.; PETER, Strickhof, S. 25ff.

[62] LANDWIRTSCHAFT IM INDUSTRIEKANTON, S. 67; MESMER, Ausgeklammert, S. 23ff.

[63] MÜLLER, Güterpreise, S. 38ff.; WETTER, Kantonalbank, S. 27; WOLF, Verschuldung, S. 6; SCHAFFNER, Demokratische Bewegung, S. 89ff.; SCHOFFER, Kreditkrisis, S. 4ff.; FARNER, Bodencreditwesen, S. 2ff.

[64] BLICKENSTORFER, Deringer

[65] WETTER, Kantonalbank, S. 28; WOLF, Verschuldung, S. 21; ZÜRCHER BAUER, 8.5.1874, 22.5.1874, 18.12.1874

### Der Wandel der bäuerlichen Arbeitswelt (S. 29)

[1] MEYER VON KNONAU, Kanton Zürich 1834, S. 83ff.; KOHLER, Beschreibung, S. 48ff.; SURBER, Wehnthal, S. 85ff.; GRAF, Landarzt, S. 21ff.; HASLER, Bilder, S. 9ff.; STAUBER, Sitten, 2. Teil, S. 76ff.; SCHINZ, Landwirtschaftliche Anstalten, S. 9; MANNHARDT, Roggenwolf, S. 39f.; MESSIKOMMER, Aus alter Zeit; MERZ, Tagebücher, S. 10ff.

[2] WIRTH, Hanf, S. 3ff.; SIGG, Ossingen, S. 190; RUOFF, Rebbauernhaus, S. 37ff.

[3] SIGG, Seidenfabrikant Nägeli, S. 226

[4] SURBER, Wehnthal, S. 94

[5] STEINER, Pfungen, S. 429ff.; STEYN, Absatzgenossenschaften, S. 29

[6] BLICKENSTORFER, Deringer; KLÄUI, Wiesendangen, S. 306

### Das Zusammenleben im Bauerndorf verändert sich (S. 39)

[1] SURBER, Wehnthal, S. 85; STAUBER, Sitten, 2. Teil, S. 10ff.; GAEHLER-STEIGER, Bauernchronik, S. 109ff.; BLICKENSTORFER, Deringer

[2] EINHUNDERTFÜNFZIG JAHRE GEMEINNÜTZIGKEIT, S. 56ff.; FARNER, Stammheim, S. 408ff.

[3] BLICKENSTORFER, Deringer; HAUSER, Bauerndorf, S. 77ff.; GRAF, Landarzt, S. 33; MEYER, Ode

[4] STAUBER, Sitten, 1. Teil, S. 10ff.; HAUSER, Bauerndorf, S. 211; FARNER, Stammheim, S. 409ff.

# Industrialisierung und wirtschaftlicher Strukturwandel

Der Kanton Zürich gehörte schon im 18. Jahrhundert zu den bedeutendsten Heimindustrieregionen Europas. Im Vordergrund stand die exportorientierte Baumwollverarbeitung. 1787 fanden 42 275 Personen (26 Prozent der Gesamtbevölkerung) in der Handspinnerei und der Handweberei Voll- oder Teilzeitbeschäftigung. Daneben arbeiteten rund 5400 Personen im Seidengewerbe. Innerhalb des Kantons konzentrierte sich die verlagsmässig organisierte Hausindustrie im Zürcher Oberland, an den Ufern des Zürichsees und im Knonauer Amt. In diesen Gebieten ging mehr als die Hälfte der Bevölkerung einer industriellen Tätigkeit nach.[1]

### Der technische Umbruch in der Baumwollverarbeitung

Ab 1770 vollzog sich in der englischen Baumwollindustrie jene radikale technisch-organisatorische Umwälzung der gewerblichen Güterherstellung, die kurz mit dem Begriff «industrielle Revolution» zusammengefasst wird und die das gesamte Leben in all seinen Aspekten fundamental veränderte. Die grundlegenden Kennzeichen dieses Umbruchs waren die kombinierte Anwendung von Antriebs- und Arbeitsmaschinen zur kontinuierlichen Massenproduktion und die Konzentration der Herstellung in arbeitsteilig organisierten Fabriken.[2]

Von 1790 an bedrohte auch in der Schweiz das billige Maschinengarn die Existenz der Handspinner und -spinnerinnen; Zürich geriet zusehends in eine Situation der «relativen Rückständigkeit» gegenüber England. Mit staatlicher Hilfe wurde 1801 in St. Gallen die erste mechanische Spinnerei der Schweiz eingerichtet. 1802 und 1805/1807 folgten Fabriken in Wülflingen (Hardgesellschaft) und Zürich (Escher, Wyss & Co.), die ganz in der Tradition des Ancien Régime von kapitalkräftigen städtischen Kaufleuten finanziert wurden.[3] Nach 1808 wurden auf der Landschaft zahlreiche Spinnereien gegründet. Unter dem Schutz der napoleonischen Kontinentalsperre gegen England (1806–1814) nutzten Kleinverleger und Gewerbetreibende

Wald war am Ende des 18. Jahrhunderts eine typische Heimindustriegemeinde des Zürcher Oberlands: Von den etwa 2800 Einwohnerinnen und Einwohnern beschäftigten sich 1354 mit Handspinnen und 22 mit Handweben. Sowohl im Dorf als auch in den vielen weit verstreut gelegenen Weilern und Höfen an den Hängen der Talschaft war die Hausindustrie eine wichtige Erwerbsquelle zur Ergänzung der spärlichen Einkünfte aus der Landwirtschaft. Der Niedergang der Handspinnerei zu Beginn des 19. Jahrhunderts stürzte Wald in eine schwere Krise, die aber zunächst durch die Umstellung auf die grobe Baumwollweberei überwunden werden konnte. (Aquarell, um 1800)

die neuen Chancen nach dem Wegfall des städtischen Handelsmonopols. Die technisch ungenügend ausgerüsteten Betriebe, die auf Dachböden, in Mühlen und Schuppen untergebracht waren, konnten dank der Ausschaltung der englischen Konkurrenz beachtliche Gewinne erzielen.[4]

Nach der Aufhebung der Kontinentalsperre brach die Handspinnerei bis 1820 endgültig zusammen. Zugleich gerieten auch zahlreiche Maschinenspinnereien in Schwierigkeiten. Die englische und die elsässische Konkurrenz sowie das mässige Wachstum der Handweberei in der Schweiz liessen Garnpreise und Gewinnmargen zwischen 1818 und 1827 stark zurückgehen. Um der Konkurrenz zu begegnen und die neuen technischen Möglichkeiten (Batteur) zu nutzen, mussten die Betriebe ihre Antriebskapazität erweitern. Deshalb verlagerten die Unternehmer nach 1816 ihre Betriebe zunehmend an grössere Wasserläufe. So entstanden an der Aa, der Kempt, der Jona, der Töss, der Glatt, der Sihl und der Limmat erstmals eigentliche Fabriken. Diese Flussläufe entwickelten sich im Lauf der folgenden 50 Jahre zu markanten Industrieachsen mit einer ganzen Kette von Fabriksiedlungen.[5]

In der Anfangsphase überwogen die Kleinbetriebe, da die Anschaffung von Spinnmaschinen verhältnismässig einfach war. Von den im ganzen Kanton bis 1831 gegründeten 280 Firmen konnten indessen nur 30 Prozent überleben. Ein intensiver Wettbewerb im Rahmen kapitalistischer Konkurrenzwirtschaft, technische Fortschritte und ein erhöhter Energiebedarf hatten in den zwanziger Jahren einen unbarmherzigen Selektionsprozess eingeleitet, der auch während des anschliessenden Konjunkturaufschwungs anhielt.[6] Die rasante Expansion nach 1831 wurde einerseits von den bereits eingesessenen Spinnereiunternehmern getragen, anderseits stiegen grosse Baumwoll-, Garn- und Tuchhandelshäuser in die mechanische Produktion ein.[7] In der technischen Entwicklung erfolgte ein sprunghafter Fortschritt (Flyer, Halbselfactor), der es gutausgerüsteten Betrieben erlaubte, ihren Rückstand gegenüber England wettzumachen. Die Zürcher Unternehmer begannen nach 1830 viele Fabriken ausserhalb des Kantons zu bauen und kontrollierten schliesslich rund zwei Drittel der schweizerischen Spindeln. Zürich wurde neben Glarus zum wichtigsten Reservoir für Unternehmer und Kader beim weiteren Ausbau der Spinnerei in der Schweiz und im Aus-

Volksblatt vom Bachtel, 1. Mai 1869:
«Wir dürfen mit Stolz darauf hinweisen, dass die grosse Gemeinde Wald mit Bezug auf ihre gesunden, geordneten Zustände, trotz der vielen Fabriken und Fabrikarbeiter als musterhafte dasteht; die Sterblichkeit ist nicht grösser und die Ärzte haben nicht mehr zu tun als an irgend einem andern Orte; von eigentlichen Saufgelagen hört man nur noch höchst selten; das Spiel ums Geld kommt fast gar nicht vor; es werden so selten uneheliche Kinder geboren, wie unter gleichen Verhältnissen wohl nirgends; seit mehr als zehn Jahren weiss man vom Eintritt von Konkursen hierorts, trotz allen Krisen, soviel als nichts mehr.»

Im 19. Jahrhundert wandelte sich Wald zu einem grossen Fabrikdorf. Zwei erste Baumwollspinnereien waren schon nach 1820 entstanden, Fabrikgründungen in grosser Zahl setzten aber erst nach der Jahrhundertmitte ein, als sich Wald zum Zentrum der mechanischen Feinweberei entwickelte. 1869 gab es in der Gemeinde 19 Fabriken, die über 1500 Personen beschäftigten. Im Gegensatz zur Heimarbeit konzentrierte sich die Fabrikindustrie im Tal, die Anhöhen begannen sich zu entvölkern: Während sich die Einwohnerzahl im Dorf Wald von 1836 bis 1870 mehr als verdoppelte, ging sie im äusseren Gemeindeteil Hittenberg stark zurück. (Farblithographie von Heinrich Zollinger, um 1860)

**Fabrikindustrie 1855**

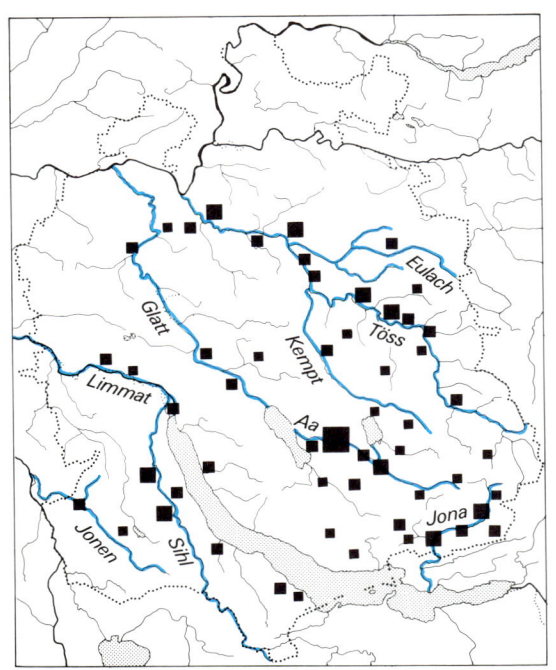

*Zahl der Fabrikarbeiter in der Baumwollindustrie (vorwiegend Spinnereien)*

■ 5–50  ■ 51–200  ■ 201–500  ■ 501–1000

1855 bis 1858 baute Jakob Oberholzer (1814–1881) in Wald-Sagenrain eine grosse mechanische Baumwollweberei (Mitte) und ein Arbeiterwohnhaus (rechts). Oberholzer, der schon in jungen Jahren als geschickter Webstuhlbauer gegolten hatte, war nach 1837 als Fergger tätig und machte sich 1846 selbständig. 1853 beteiligte er sich am Bau der Feinweberei Wald-Diezikon; weitere Betriebe folgten 1864 in Flums und 1866 in Wald-Hubwies.

Jakob Oberholzer, auch als Schulpfleger und Kantonsrat tätig, war tief religiös. 1868 gehörte er in der Auseinandersetzung mit der liberalen Theologie zu den führenden Gründern der «Freien Gemeinschaft Wald», die 1875 eine eigene Kapelle einweihte.

land (Herzogtum Baden, Italien).[8] Nach der Jahrhundertmitte erlebte die Spinnerei eine ausgesprochene Wachstumsphase.

Die expandierenden Betriebe, die um 1840 den englischen Garnimport verdrängt hatten, nahmen nach der Weltausstellung von 1851 im internationalen Wettbewerb eine starke Stellung ein. Diesen Erfolg verdankten sie der Spezialisierung auf die Feinspinnerei, die der kaufmännisch geschickte «Spinnerkönig» Heinrich Kunz (1793–1859) einleitete. Im Oberland waren denn auch die Betriebe ausschliesslich auf die Produktion von feinen Garnen ausgerichtet. Im technischen Bereich blieb die Zürcher Baumwollspinnerei jedoch hinter der gesamtschweizerischen Entwicklung zurück; die Einführung der Selfaktormaschine machte hier nur langsame Fortschritte. Da sich aber in der Hochkonjunktur auch mit veralteten Maschinen Gewinne realisieren liessen, vernachlässigten die Unternehmer die notwendigen Ersatzinvestitionen, was infolge des Niedergangs der Feinspinnerei in den siebziger Jahren zu schweren Krisenerscheinungen führte.[9]

Von den dynamischen Spinnereifabrikanten ging auch die Mechanisierung der Baumwollweberei aus. 1830 gründete der Spinnereiunternehmer Heinrich Schmid (1806–1883) in Adliswil die erste Maschinenweberei; ihr folgte 1832 die Fabrik von Trümpler und Gysi in Oberuster, die noch im gleichen Jahr durch Kleinverleger und Heimweber aus dem Oberland zerstört wurde. Als Folge dieses «Maschinensturms» verlegten die Zürcher Unternehmer ihre Aktivitäten vermehrt in andere Kantone. So gründete der Spinnereifabrikant Caspar Honegger (1804–1883) aus Rüti – eine der führenden Persönlichkeiten beim Aufbau der schweizerischen Maschinenweberei – 1834 in Siebnen (SZ) eine erste Fabrik. Nach kurzer Zeit erkannte er die Unzulänglichkeiten der mechanischen Webstühle, und es gelang ihm, durch bedeutende Verbesserungen den berühmten «Honeggerstuhl» zu entwickeln. Für die Konstruktion seiner Maschinen richtete er 1842 eine mechanische Werkstätte ein, die 1847 als Folge des Sonderbundskrieges nach Rüti verlegt wurde.[10] Angesichts der sich rasch ausbreitenden Maschinenproduktion war das Schicksal der groben Weissweberei im Zürcher Oberland ausgangs der vierziger Jahre endgültig besiegelt. Von der Umstellung auf Maschinenweberei wurde in der Wachstumsphase bis 1876 auch die Fein- und Buntweberei erfasst. Zwischen 1843 und 1877 stieg die Zahl der mechanischen Webstühle von 634 auf 7228 und erreichte damit im 19. Jahrhundert ihren Höhepunkt.[11]

Die Baumwollspinnerei und die direkt mit ihr verbundene Baumwollweberei bildeten somit bis 1870 die moderne Wachstumsbranche. Darüber hinaus verlieh diese technologisch führende Industrie anderen Bereichen der gewerblichen Produktion (Handwerk, Maschinenindustrie) wichtige Wachstumsimpulse. Die industrielle Revolution war ein ländliches Phänomen, das sich in enger Anlehnung an die traditionellen Heimindustriegebiete und entlang der regionalen Wasserläufe vollzog. Wichtige Gründe für den Erfolg der Aufholjagd gegenüber England waren die im internationalen Vergleich tiefen Lohnkosten und der Aufbau einer eigenen Maschinenindustrie.

## Die Seidenindustrie
### «Eine ununterbrochene Kette günstiger Konjunkturen»

Eine ausgesprochene Wachstumsdynamik entwickelte im 19. Jahrhundert auch die Seidenverarbeitung. Im Unterschied zur Baumwollindustrie blieb das Seidengewerbe bis 1830 eine traditionelle Verlagsindustrie im Rahmen städtischer Vorrechte. Verlegerkaufleute in der Stadt kauften die Rohseide ein und übernahmen die Vermarktung der Fertigprodukte. Über die ländlichen Fergger gelangte die Seide zu den Heimarbeitern an den beiden Zürichseeufern und im Knonauer Amt, die in Handarbeit das Winden, Zetteln und Weben erledigten.[12]

In den zwanziger Jahren begann sich die ständisch-korporative Organisation der Seidenindustrie aufzulösen, und nach dem Bruch des städtischen Verlagsmonopols 1830 liessen sich entlang der beiden Seeufer allenthalben Seidenfirmen nieder. Während die 1824 bestehenden 17 Seidenunternehmen noch ausnahmslos in der Stadt domiziliert waren, wuchs die Zahl der Firmen bis 1842 auf 68 an, und deren 47 hatten ihren Sitz auf dem Land. Die Dörfer am Zürichsee und im Knonauer Amt erlebten als Zentren der Seidenverarbeitung einen rasanten Aufschwung: Horgen etwa wurde zum «Klein-Lyon».[13] Beim Aufbau der Seidenindustrie konzentrierten sich die traditionellen städtischen Seidenhäuser auf den lukrativeren Rohstoffverkauf und den Geldverleih, während sie die Fabrikation den Landschäftlern überliessen, die sich auf dem lokalen Arbeitsmarkt besser auskannten. Die Landunternehmer ihrerseits profitierten dabei vom Kapital, von der gesicherten Belieferung mit Rohseide und von den Erfahrungen der Städter in der Produktion.[14]

Die entscheidende technische Neuerung bildete die Tramefärbung (Färbung des Schussfadens mit Gewichtszunahme). Dieses Verfahren ermöglichte die Herstellung von billigeren und griffigeren Stoffen. Als klassische Zürcher Stapelartikel wurden nun verschiedene Arten schwarzen Tafts (feines, dichtgeschlossenes Gewebe) hergestellt, die sich international bei der sich etablierenden Bürgerschicht zunehmender Beliebtheit erfreuten. Die entscheidende Steigerung des Absatzes erreichten die Fabrikanten durch die Erschliessung des amerikanischen Markts: Die Stoffe wurden in New York von einem Kommissionär an Grosshandelshäuser verkauft, die sie ihrerseits im ganzen Land absetzten. «Produktinnovation und neues Marketing», von einer aufstiegsorientierten, ländlichen Unternehmergeneration aufgenommen und erfolgreich umgesetzt, ermöglichten ein beispielloses Wachstum: Von 1830 bis 1872 stieg die Zahl der Beschäftigten von 11 300 auf 39 980, diejenige der Webstühle von 6600 auf 27 000, und der Umsatz erhöhte sich von 14,5 auf 70 Millionen Franken. Um 1870 arbeiteten in der Seidenindustrie viermal so viele Personen wie in der mechanischen Baumwollverarbeitung.[15]

Ähnlich wie in der Baumwollspinnerei war der Firmenbestand im Kanton starken Schwankungen unterworfen. Junge Kräfte konnten leicht in die expandierende Industrie einsteigen, da der Kapitalbedarf klein war; viele Firmen mussten aber nach kurzer Zeit wieder liquidiert werden. Die heftige Wirtschaftsrezession in den Vereinigten Staaten 1857 und die länger dauernde Absatzkrise Mitte der sechziger Jahre als Folge des amerikanischen Sezessionskriegs führten dazu, dass sich die Zahl der Firmen zwischen 1855 und 1868 um die Hälfte verringerte. Abgesehen von diesen kurzfristigen Einbrüchen erwies sich die Zeit von 1850 bis 1880 im rückblickenden Urteil der Unternehmer aber als «eine ununterbrochene Kette günstiger Konjunkturen», dass «es eine Lust war».[16] Zürich entwickelte sich zum zweitgrössten Seidenstoffproduzenten der Welt, in bezug auf den Welthandelsanteil überflügelte Zürich sogar noch den Spitzenreiter Lyon.

Der gute Absatz der Zürcher Seide beruhte einerseits auf der Qualität, andererseits auf der international vergleichsweise billigen Arbeitskraft. Nicht von ungefähr spottete ein Krefelder Weberlied um 1857: «Schweizerlohn,

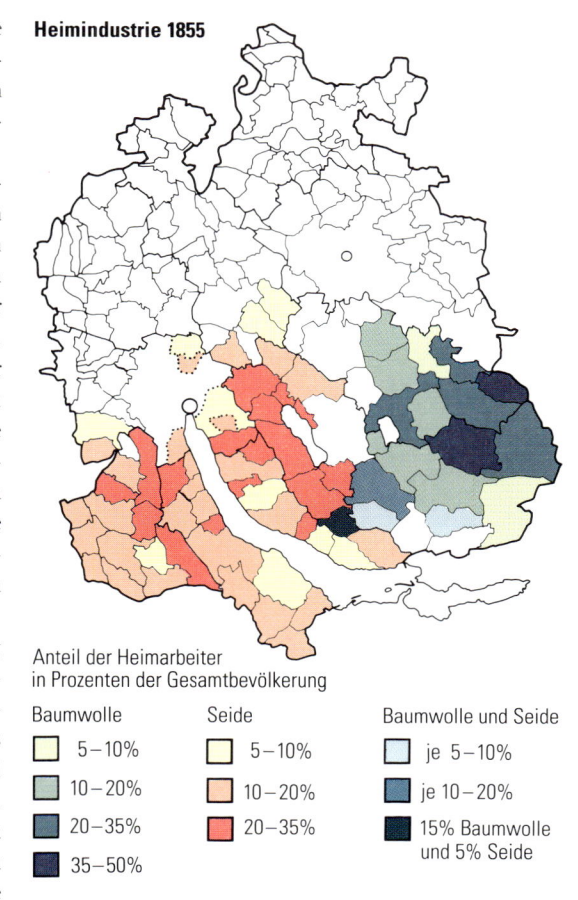

**Heimindustrie 1855**

Anteil der Heimarbeiter in Prozenten der Gesamtbevölkerung

Baumwolle
- 5–10%
- 10–20%
- 20–35%
- 35–50%

Seide
- 5–10%
- 10–20%
- 20–35%

Baumwolle und Seide
- je 5–10%
- je 10–20%
- 15% Baumwolle und 5% Seide

Die Mechanisierung der Seidenindustrie vollzog sich zuerst in der Verarbeitung von Rohseidenabfällen. 1827 entstand im Eichthal bei Hombrechtikon die erste Seidenspinnfabrik, die sich aber nur langsam etablieren konnte: 1845 waren 2400 Spindeln in Betrieb. Nach der Jahrhundertmitte erlebte die Florettseidenspinnerei im Kanton Zürich aber einen raschen Aufschwung, als in Uster und Zürich grosse Fabriken gebaut wurden.

Das Seidentuch mit der Darstellung von Joseph Marie Jacquard (1752–1834) war ein Kundengeschenk der Maschinenfabrik Rüti, das seit der Weltausstellung in Paris 1900 auf den Northrop-Spulen-Automaten gewoben wurde. Die Firma Caspar Honegger hatte 1861 mit der Konstruktion von mechanischen Seidenwebstühlen begonnen und erhielt bereits auf der Pariser Weltausstellung 1867 für ihre Maschinen erste Auszeichnungen.

Die von Jacquard 1805 in Lyon entwickelte, mit Lochkarten gesteuerte Vorrichtung für den Webstuhl ermöglichte die Hebung einzelner Kettfäden und dadurch die Herstellung kompliziertester Gewebemuster. Die erste Jacquardmaschine wurde 1825 in Horgen aufgestellt, und von den dreissiger Jahren an bestimmten die Jacquardstühle weitgehend die Produktion. Hergestellt wurden unter anderem vielfältig gemusterte Stoffe, aber auch textile Bilder (Landschaften, Porträts, Stadtansichten), die mit dem Aufkommen des Tourismus als Souvenirs Absatz fanden.

da welln wir net für werken, viderallala, viderallala; Da söken wir liewer Perken (Regenwürmer)!»[17] Angesichts der Unterbeschäftigung in der Landwirtschaft und des Niedergangs der Baumwollhandweberei hatte die Zürcher Seidenindustrie keinerlei Schwierigkeiten, genügend Arbeitskräfte zu finden. Für die vielen Kleinbauern vom Knonauer Amt bis ins Zürcher Oberland stellte die Seidenheimweberei, die meist von den weiblichen Familienmitgliedern ausgeübt wurde, die letzte Möglichkeit dar, um sich mit hausindustriellem Zusatzverdienst über Wasser zu halten.[18]

Die kostengünstige Verlagsorganisation, aber auch die grösseren technischen Schwierigkeiten bei der viel feineren Seide liessen die Mechanisierung nur langsam voranschreiten. Der Übergang zur kapitalintensiven Fabrikproduktion vollzog sich zuerst in der Florettseidenspinnerei, wo Garn aus Rohseidenabfällen hergestellt wurde. Ein erster Betrieb wurde 1827 im Eichthal bei Hombrechtikon gegründet. Nach erheblichen Anfangsschwierigkeiten erlebte die mechanische Florettspinnerei einen beachtlichen Aufschwung. 1875 waren im Kanton über 30 000 Spindeln in Betrieb.[19] Auch in der Zwirnerei und der Färberei erfolgte von den vierziger Jahren an der Übergang zum Fabrikbetrieb. Für die Seidenweberei stellte die Maschinenfabrik Rüti ab 1861 die ersten mechanischen Webstühle her; die Qualität der Gewebe blieb aber unbefriedigend, so dass bis 1871 in der Schweiz nur 927 Maschinen in Betrieb waren.[20]

## Aus mechanischen Werkstätten werden Maschinenfabriken

Die Entwicklung der Maschinenindustrie ist eng mit der Mechanisierung der Baumwollverarbeitung verknüpft. Um die Maschinen zu konstruieren und zu reparieren, führten die grösseren Spinnereien von Beginn an eigene mechanische Werkstätten. In der Spinnerei Hard wurden die Maschinen 1802 an Ort und Stelle unter der Leitung des englischen Mechanikers Travies aufgebaut. Ähnliche Werkstätten besassen beispielsweise auch die Betriebe von Heinrich Kunz (1793–1859) in Oberuster, Johann Jakob Rieter (1762–1826) in Niedertöss und Johann Jakob Bühler (1776–1834) in Kollbrunn.[21]

Von besonderer Bedeutung für den Aufbau einer Maschinenindustrie erwies sich die Neumühle-Spinnerei von Hans Caspar Escher (1775–1859) in Zürich. Als zukunftsorientierter Unternehmer widmete er sich frühzeitig der Maschinenbautechnik und erwarb sich die neusten Kenntnisse auf mehreren Reisen nach Frankreich und England. Nach einem 1810 gescheiterten Versuch, «Spinnmaschinen für auswärtige Liebhaber» zu bauen, beschränkte sich Escher Wyss zunächst auf die Modernisierung der eigenen Spinnerei. Als in den zwanziger und dreissiger Jahren eine sprunghafte Entwicklung der Spinnereitechnik erfolgte, wandelte sich die Firma zur eigentlichen Maschinenfabrik. 1826 trat der in England ausgebildete Albert Escher (1807–1845) in die Firma ein, der die neusten Baumwollspinnmaschinen (Flyer) nachzubauen begann und gleichzeitig Absatzmärkte in den industriell unterentwickelten Nachbarländern, wie Österreich und Italien, erschloss. Während 1826 erst 16 «Mechaniker» im Betrieb arbeiteten, betrug ihre Zahl 1829 bereits 100 und stieg bis 1835 sogar auf 400.[22]

Um die schwankende Nachfrage nach Textilmaschinen auszugleichen und eine gleichmässigere Beschäftigung der qualifizierten Arbeitskräfte zu erreichen, dehnte Escher Wyss die Aktivitäten auf andere Bereiche aus: 1834 konstruierte die Firma die ersten Wasserräder, 1837 folgte mit Hilfe englischer Ingenieure der Bau des ersten Dampfschiffs und in den Jahren

1838–1840 wurden die ersten Turbinen, Dampf- und Papiermaschinen produziert. Damit war der Schritt hin zum allgemeinen Maschinenbau vollzogen, und 1855 war Escher Wyss mit 972 Beschäftigten die grösste schweizerische Maschinenfabrik.[23]

Der Maschinenbau seinerseits beeinflusste die Entstehung einer eigentlichen Metallindustrie, die sich aus kleinen Betrieben von handwerklichem Charakter entwickelte. So profitierte der Winterthurer Giesser- und Drehermeister Johann Jakob Sulzer-Neuffert (1782–1853) von der steigenden Nachfrage nach Messinggussstücken. Da er die Zukunft des billigen Eisengusses frühzeitig erkannt hatte, liess er seine Söhne in Frankreich und Deutschland entsprechend ausbilden und baute 1834 eine neue Giesserei, die bald 100 Arbeiter beschäftigte. Ab 1851 begann Sulzer mit Hilfe des englischen Ingenieurs Charles Brown (1827–1905) mit der Fertigung von Dampfmaschinen, ein Bereich, in dem die Firma in den sechziger Jahren eine international führende Stellung erreichte.[24]

Um die Jahrhundertmitte gab es im Kanton Zürich zehn Giessereien und zwölf mechanische Werkstätten. Zu den grössten Betrieben gehörten neben Escher Wyss und Sulzer die Firmen von Johann Jakob Rieter in Niedertöss und von Caspar Honegger in Rüti. Die Maschinenindustrie war noch weitgehend eine Hilfsindustrie der Textilverarbeitung. Dort, wo der Übergang zum Grossmaschinenbau erfolgte (Escher Wyss, Rieter, Sulzer), wurde er durch englische oder in England ausgebildete Techniker eingeleitet. Erst nach der Errichtung des Eidgenössischen Polytechnikums (ETH) 1854 erlangte die wissenschaftliche Ausbildung für die schweizerische Maschinentechnik eine grössere Bedeutung.[25]

In den Aufschwungphasen von 1853 bis 1876 erfreute sich die Maschinenindustrie einer ausgesprochenen Prosperität. Sie profitierte von den verbesserten Verkehrsverhältnissen, dem Ausbau des Exportgeschäfts und der

Um 1870 zeichneten sich die Maschinenbaufabriken durch eine beinahe unglaubliche Vielseitigkeit der Produktion aus. Die Kundschaft liess sich die Maschinen gewissermassen nach Mass konstruieren, was automatisch zu immer neuen Modellen führte. Der Maschinenbau war noch weitgehend handwerksmässig organisiert; die Geschicklichkeit der Arbeiter spielte eine entscheidende Rolle. Bei der Montage kamen die Maschinen roh zum Montageplatz und mussten dort mit der Feile nachgearbeitet und eingepasst werden.

Die wichtigsten Produktionsgebiete bildeten der Schiffsbau (Mitte und rechts im Bild), die Herstellung von Dampfmaschinen, Turbinen, Heizungen und von Müllerei-, Papier- und Textilmaschinen. Escher Wyss gelang es trotz grosser internationaler Konkurrenz, auch in den Lokomotiv- und Werkzeugmaschinenbau (links im Bild) einzusteigen.

Als Folge der Teuerungs- und Hungerkrise von 1815 bis 1817 griff die ursprünglich städtische Sparkassenbewegung auch auf die Landschaft über. Um die armen Heim- und Fabrikarbeiter vor den Wechselfällen des Lebens besser zu sichern, richteten gemeinnützige Ortsvereine, in denen sich die lokale Oberschicht (Pfarrer, Fabrikanten, Grossbauern) zusammenfand, Institute ein, die zinstragende Anlagemöglichkeiten für kleinste Beträge anboten. Diese neuen Einrichtungen dienten einer ausgesprochen sozialpolitischen und moralischen Zweckbestimmung, sollten sie doch ein «thätiges, enthaltsames Leben fördern» und dadurch die «Sittlichkeit» erhöhen.

In der Vignette auf dem Gutschein der 1816 in Wädenswil gegründeten ersten Landsparkasse kommt dieses Programm deutlich zum Ausdruck: Auf dem Gutschein, dem Vorläufer des Sparkassenbüchleins, sind neben dem Gemeindewappen ein Anker (Symbol der Sicherheit) und ein Bienenkorb (Symbol des Fleisses) abgebildet.

Erneuerung des Maschinenparks in der Baumwollindustrie. Die wichtigsten Produktionszweige bildeten der Dampfmaschinen- und Schiffsbau, die Herstellung von Turbinen und Heizungen und der Müllerei-, Papier- und Textilmaschinenbau. Die zürcherische Maschinenindustrie rückte international zur Spitze auf, was sich in vielen Preisen auf Weltausstellungen niederschlug. 1870 beschäftigte sie 4123 Personen, knapp sechs Prozent der Erwerbstätigen im Industriesektor, die sich im Gegensatz zur Textilindustrie auf die städtischen und stadtnahen Gebiete konzentrierten.[26]

## Auf dem Weg zum modernen Bank- und Kreditwesen

Die Anfänge moderner Bankorganisation reichen ins 18. Jahrhundert zurück. Als Reaktion auf grossen Kapitalüberfluss wurde 1755 die Bank Leu & Co. gegründet. Sie sollte durch Anlage von Kundengeldern in ausländischen Staatsanleihen das Überangebot auf dem Bodenkreditmarkt vermindern und den Zinsfuss stabilisieren.[27] Nach 1800 stieg der inländische Kapitalbedarf als Folge der Fabrikindustrialisierung; die Finanzierung erfolgte aber in den meisten Fällen durch Eigenmittel, durch den Beizug eines finanzkräftigen Partners oder durch Anleihen bei Verwandten. Im Bedarfsfall griffen die Unternehmer auf Kredite von Basler Privatbankiers oder von Stadtzürcher Kaufleuten zurück.[28]

Den eigentlichen Anstoss zum Ausbau des Bankwesens gab nicht etwa die Fabrikindustrialisierung, sondern die vom städtischen Bildungsbürgertum ausgehende Sparkassenbewegung, die sich an englischen Vorbildern orientierte. Ihr Ziel war es, durch Bankeinlagen den Sparwillen der weniger Begüterten anzuregen und dank Vermögensbildung die Not zu lindern. Nachdem 1805 die «Hülfsgesellschaft» in Zürich die erste Sparkasse gegründet hatte, entstanden von 1816 bis 1852 im ganzen Kanton 30 Institute mit 47 669 Einlegern (19 Prozent der Bevölkerung). Die Spargelder wurden hauptsächlich auf dem ohnehin gesättigten Hypothekarkreditmarkt angelegt, was bis zur Jahrhundertmitte zu erheblichen Schwierigkeiten im Aktivgeschäft führte.[29]

In der Absicht, den Zahlungsverkehr nach ausländischen Vorbildern zu reorganisieren, schuf das aufstrebende Bürgertum 1836 die «Bank in Zürich». Als private Aktienbank sollte sie durch Wechseldiskont und Notenausgabe Handel und Industrie beleben. Sie blieb aber eher eine grössere lokale Leihkasse als eine Notenbank, da sich das Notengeld nicht durchsetzen konnte und die Nachfrage nach kurz- und langfristigen Krediten wenig zunahm.[30] Erst nach der Jahrhundertmitte leitete der steigende Kreditbedarf als Folge der beschleunigten Industrialisierung und des Infrastrukturausbaus einen grundlegenden Wandel des Bankwesens ein. Zur Finanzierung des Eisenbahnbaus wurde 1852 in Frankreich der «Crédit Mobilier» gegründet, der aufgrund von Obligationenanleihen Aktien der von ihm unterstützten Unternehmungen erwarb und später an das Publikum absetzte. Da der «Crédit Mobilier» dank grosser Kursgewinne hohe Dividenden ausschüttete, reiften auch in Zürich Pläne für die Gründung einer Grossbank. Damit hoffte man auch, den Einfluss von ausländischem Kapital beim Bahnbau zurückzubinden. Innert weniger Wochen gründeten 1856 die führenden Exponenten des städtischen und ländlichen Wirtschaftsbürgertums, Alfred Escher (1819–1882) und der Horgener Seidenindustrielle Heinrich Hüni-Stettler (1813–1876), die Schweizerische Kreditanstalt. Als zweite «Crédit Mobilier»-Bank, die die neue Kreditnachfrage über unpersönliche, marktgängige Wertpapiere (Aktien, Obligationen) finanzieren sollte, entstand 1862 die «Bank in Winterthur», aus der 1912 die Schweizerische Bankgesellschaft hervorging.³¹

Die Schweizerische Kreditanstalt erlebte einen fulminanten Start: Die zur öffentlichen Subskription aufgelegten drei Millionen Franken Aktienkapital wurden innert drei Tagen mit 218 Millionen Franken gezeichnet. Danach verlief die Entwicklung im Vergleich zu anderen Banken bis in die achtziger Jahre eher bescheiden. Indem sich die Kreditanstalt an Bahngesellschaften (Nordostbahn, Gotthardbahn) und Industrieunternehmen beteiligte, leistete sie aber einen wichtigen Beitrag zum wirtschaftlichen Wachstum Zürichs. Zudem war sie massgeblich am Aufbau der Schweizerischen Lebensversicherungs- und Rentenanstalt beteiligt, für die sie 1857 die Garantie der finanziellen Verpflichtungen gegenüber den Versicherten übernahm.³²

Während die «Crédit Mobilier»-Banken das Kapital in grossen Mengen dem ertragreichen Eisenbahnbau und der Industriefinanzierung zuleiteten, bekamen Landwirtschaft und Handwerk von der Jahrhundertmitte an eine erhebliche Verknappung des Kapitalangebots zu spüren. Da der Kapitalbedarf von Bauern und Kleingewerblern für die Verbesserung der Produktion gleichzeitig zunahm, häuften sich die Klagen über Kreditmangel. Als Selbsthilfemassnahme der lokalen Gewerbe- und Fabrikantenkreise entstanden von 1850 bis 1870 in einer wahren Gründungswelle 36 Lokalbanken und Leihkassen. Sie deckten den örtlichen Bodenkredit und den Bedarf an kurz- und mittelfristigen Betriebskrediten in Form von Kontokorrent.³³ Neben den Leihkassen bestand seit ihrer Reorganisation im Jahr 1822 die Bank Leu & Co. als eigentliche Hypothekarbank. Doch obwohl sie rund einen Zehntel des kantonalen Bodenkredits vermittelte, wurde von den vierziger Jahren an eine Staatsbank gefordert, die für billige Hypothekargelder sorgen sollte. Mehrfache Vorstösse wurden aber von der liberalen Regierung mit dem Hinweis auf die bestehenden Institute abgeblockt. Erst der Sieg der demokratischen Bewegung führte 1870 zur Eröffnung der Zürcher Kantonalbank, die als Sammelbecken für Spargelder und dank grossen Obligationenanleihen rasch zur Marktleaderin im Hypothekargeschäft aufrückte und 1877 mit einer Bilanzsumme von über 100 Millionen Franken an der Spitze aller Schweizer Banken stand.³⁴

1 Caspar Honegger (1804–1883), der Weberkönig, entwickelte 1841 einen verbesserten Webstuhl. Die in Rüti aufgebaute Maschinenfabrik wuchs rasch und exportierte bald weltweit. Honegger gründete 1834 die erste Fabrikkrankenkasse der Schweiz.

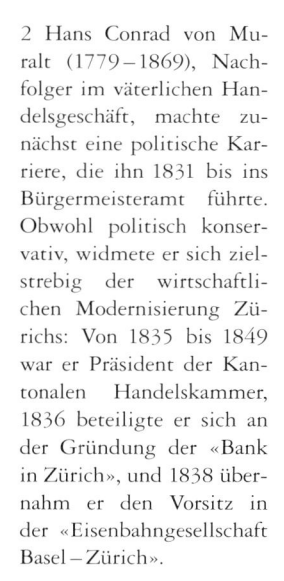

2 Hans Conrad von Muralt (1779–1869), Nachfolger im väterlichen Handelsgeschäft, machte zunächst eine politische Karriere, die ihn 1831 bis ins Bürgermeisteramt führte. Obwohl politisch konservativ, widmete er sich zielstrebig der wirtschaftlichen Modernisierung Zürichs: Von 1835 bis 1849 war er Präsident der Kantonalen Handelskammer, 1836 beteiligte er sich an der Gründung der «Bank in Zürich», und 1838 übernahm er den Vorsitz in der «Eisenbahngesellschaft Basel–Zürich».

3 Rudolf Stehli-Hausheer (1816–1884), aus einer vermögenden Obfelder Bauernfamilie stammend, war zuerst als Baumwollverleger tätig und begann nach 1840 mit der Produktion von schwarzen Seidenstoffen. Die Firma beschäftigte schliesslich über 2000 Personen. Stehli gehörte unter anderem der Schul- und der Kirchenpflege sowie dem Kantons- und dem Nationalrat an.

4 Albert Escher (1807–1845) trat 1826 nach einer Ausbildung in England in die Firma des Vaters ein. Er erweiterte systematisch den Absatz in den technisch unterentwickelten Nachbarländern und vollzog den Übergang vom Spinnmaschinen- zum allgemeinen Maschinenbau.

5 Heinrich Kunz (1793–1859), der Spinnerkönig, baute 1816 eine erste Fabrik in Oberuster. Der rastlos tätige Kunz wurde zum grössten Spinnereiunternehmer auf dem europäischen Kontinent, Herrscher über 150 000 Spindeln sowie 2000 Arbeiterinnen und Arbeiter.

## Zum Forschungsstand

Eine Gesamtdarstellung des Industrialisierungsprozesses im Kanton Zürich fehlt, hingegen gibt es detaillierte Untersuchungen zu einzelnen Branchen. Die Entwicklung der Baumwollspinnerei, die im 19. Jahrhundert die führende Wachstumsbranche bildete, ist von DUDZIK, Baumwollspinnerei, in wegweisender Form für die ganze Schweiz analysiert worden, wobei ein grosser Teil der Ausführungen den Veränderungen im Kanton Zürich gilt. Seine Arbeit liefert auch Angaben für die Baumwollweberei. Eine nach wie vor wichtige ältere Arbeit, die sich vor allem mit der Standortfrage der Baumwollverarbeitung auseinandersetzt, stammt von HAEGI, Baumwollindustrie.

Der Strukturwandel in der Zürcher Seidenindustrie im 20. Jahrhundert wird von M. BERNEGGER, Seidenindustrie, auf übersichtliche, knappe und an modernen wirtschaftsgeschichtlichen Fragestellungen orientierte Art beschrieben.

Die Maschinenindustrie bearbeitete HOFMANN, Maschinenindustrie, der in seiner Fragestellung etwas wenig systematisch vorgeht, aber die Entwicklung einzelner Unternehmen eingehend darstellt. Die Festschriften von Firmen geben besonders für die Produktionsprogramme wichtige Hinweise, zum Beispiel 100 JAHRE HONEGGER; 150 JAHRE ESCHER WYSS; 100 JAHRE GEBRÜDER SULZER.

Eine klare, auf theoretische Fragestellungen ausgerichtete Beschreibung des schweizerischen und zürcherischen Bank- und Kreditwesens gibt RITZMANN, Banken. Daneben existiert eine ganze Reihe informativer Festschriften zu den einzelnen Banken: BLEULER, Bank in Zürich; JÖHR, Schweizerische Kreditanstalt; WETTER, Kantonalbank.

Die industrielle Entwicklung wird auch in Regionalstudien ausführlich thematisiert, so zum Beispiel JÄGER, Baumwollgarn; HANSER, Industrielle Revolution; BÄRTSCHI, Industrialisierung.

## Anmerkungen

[1] DUDZIK, Baumwollspinnerei, S. 64ff.; JÄGER, Wirtschaftlicher Wandel, S. 27ff.; SCHOCH, Zürichseegebiet, S. 158ff.

[2] DEANE, Baumwollindustrie, S. 343–355; CHAPMANN, Cotton Industry

[3] DEJUNG, Spinnerei Hard, S. 7ff.; BÄRTSCHI, Industrialisierung, S. 52ff.; WEISZ, Exportindustrie, S. 193ff.; GAMPER, Clais, S. 81f.

[4] 100 JAHRE HONEGGER, S. 17; DUDZIK, Baumwollspinnerei, S. 72ff.; BODMER, Textilwirtschaft, S. 276f.

[5] GANZ, Winterthur 1798–1922, S. 58; JÄGER, Baumwollgarn, S. 49; GUBLER, Prolegomena, S. 239; BÄRTSCHI, Industrielehrpfad Uster, S. 5ff.; MÜLLER, Illnau-Effretikon, S. 176ff.

[6] DUDZIK, Baumwollspinnerei, S. 116

[7] USTERI, Familie Trümpler, S. 215ff.; HANSER, Industrielle Revolution, S. 118; GANZ, Winterthur 1798–1922, S. 58

[8] KILCHENMANN, Heinrich Schmid, S. 20ff.

[9] DUDZIK, Baumwollspinnerei, S. 229ff.; HAEGI, Baumwollindustrie, S. 81ff.; BAUMWOLLE, S. 7ff.

[10] HONEGGER, Lebensbild, S. 56ff.; GASSER, Honegger, S. 12ff.

[11] SALZMANN, Wirtschaftskrise, S. 248ff.; WIRTH, Treichler, S. 8ff.; DUDZIK, Baumwollspinnerei, S. 501

[12] BERNEGGER, M., Seidenindustrie, S. 78; BERNEGGER, T., Seidenindustrielle, S. 8ff.

[13] HONOLD, «Klein-Lyon»; RENFER, Bauernhäuser, S. 67; STEHLI-ZWEIFEL, Stehli & Co., S. 8ff.

[14] WEISZ, Exportindustrie, S. 190ff.; BÜRKLI-MEYER, Seidenindustrie, S. 217; BERNEGGER, T., Seidenindustrielle, S. 32ff.

[15] BERNEGGER, M., Seidenindustrie, S. 81

[16] VAN ANROOY, Hausindustrie, S. 11

[17] Zit. nach: VAN ANROOY, Hausindustrie, S. 57

[18] WIRTH, Treichler, S. 13; VAN ANROOY, Hausindustrie, S. 81ff.

[19] BODMER, Florettseidenindustrie, S. 514ff.; WEISZ, Exportindustrie, S. 175ff.; JÄGER, Wirtschaftlicher Wandel, S. 676ff.

[20] VAN ANROOY, Hausindustrie, S. 26; HINTERMEISTER, Seidenindustrie, S. 61ff. Die Angaben zur Mechanisierung der Seidenweberei sind der Statistik der Zürcher Seidenindustriegesellschaft entnommen.

[21] HERTER, Beuggersche Spinnerei, S. 6; DEJUNG, Spinnerei Hard, S. 23

[22] PETER, Hans Caspar Escher, S. 9ff.; HOIGNÉ, Escher Wyss, S. 34ff.; HOFMANN, Maschinenindustrie, S. 42ff., 130ff.

[23] BÄRTSCHI, Industrialisierung, S. 54ff.; HOFMANN, Maschinenindustrie, S. 151f.

[24] 100 JAHRE SULZER, S. 11ff.

[25] WIRTH, Treichler, S. 16; GRUNER, Arbeiter, S. 67f.; 100 JAHRE HONEGGER, S. 21ff.

[26] HOFMANN, Maschinenindustrie, S. 109ff., 140, 151ff.; HONEGGER, Lebensbild, S. 122

[27] KELLER, Leu & Co., S. 25ff.

[28] DUDZIK, Baumwollspinnerei, S. 178ff.

[29] MÜLLER, Sparkassen, S. 7ff.

[30] BLEULER, Bank in Zürich, S. 15ff.; WEISZ, Exportindustrie, S. 207

[31] JÖHR, Kreditanstalt, S. 35ff.; WETTER, Bank in Winterthur, S. 5ff.

[32] RITZMANN, Banken, S. 71f.; 75 JAHRE LEBENSVERSICHERUNGSANSTALT, S. 5ff.

[33] MÜLLER, Sparkassen, S. 13ff.; KLÄUI, Uster, S. 312ff.

[34] WETTER, Kantonalbank, S. 11ff.; 75 JAHRE KANTONALBANK, S. 10ff.

# Die Anfänge der bürgerlich-industriellen Gesellschaft

Die produktionstechnische Revolution des Maschinen- und Fabrikwesens, die in komplizierter Weise mit der politischen Umgestaltung zu Verfassungsstaat und Demokratie verzahnt war, leitete einen tiefgreifenden gesellschaftlichen Wandel ein. Aus der Verbindung von wirtschaftlicher und politischer Umwälzung ging die bürgerliche Gesellschaft des 19. Jahrhunderts mit ihrer gewaltigen Dynamik hervor. Einerseits formierte sich als Folge des industriellen Wachstums eine immer zahlreichere Fabrikarbeiterschaft, deren Arbeitsalltag und Lebenssituation sich grundlegend anders gestalteten als bei Bauern und Heimarbeitern. Anderseits stiegen das Bürgertum oder die «Mittelclassen», wie sie sich selbst bezeichneten, zu den Spitzen der Gesellschaft auf. Gegen die bevorrechteten «Herren» der Stadt erkämpfte das neue ländliche Bürgertum 1830 den Übergang zu parlamentarischer Demokratie und Rechtsgleichheit. Nicht mehr städtische Herkunft und Familienstammbaum, sondern Besitz und Bildung sollten die gesellschaftliche Führungsstellung begründen. Das aufstrebende Wirtschafts- und Bildungsbürgertum erhob aber auch einen kulturellen Füh-

Erwartungsvoll und skeptisch zugleich blickt die Fabrikarbeiterschaft der Spinnerei Bülach 1894 in die Kamera. Der grosse Betrieb an der Glatt mit rund 200 Beschäftigten hatte 1865 die Produktion aufgenommen. Gebaut wurde er mitten in ein stark landwirtschaftlich geprägtes Gebiet. Die Konzentration der Industrie an den Wasserläufen führte zu erheblichen Bevölkerungsverschiebungen. Das «Nomadenleben des fabrikarbeitenden Proletariats», das im Widerspruch zur herkömmlichen politischen und sozialen Ordnung stand, wurde zu Beginn der Industrialisierung ausgesprochen negativ bewertet. Je mehr sich der Übergang zur industriellen Gesellschaft aber vollzog, um so selbstverständlicher wurde die Mobilität.

rungsanspruch, der sich in der gesamtgesellschaftlichen Durchsetzung von bürgerlichen Wert- und Verhaltensnormen manifestierte. Schliesslich stellten bürgerliche Lebensart und industrielle Dynamik zugleich das beschauliche Leben des traditionellen Gewerbes grundsätzlich in Frage und zwangen das Handwerk in «völlig neue Bahnen».

### Von der Heim- zur Fabrikarbeiterschaft: Aspekte proletarischen Daseins

Die Sozialstruktur der dichtbesiedelten Verlagsindustrieregionen gliederte sich um 1800 grob in drei Kategorien: Rund 10 bis 20 Prozent der Haushalte gehörten zur Oberschicht, die von ihrem Grundbesitz lebte, allenfalls eine Verlags- oder Handelstätigkeit ausübte und die wichtigsten Dorfämter innehatte. 50 bis 70 Prozent aller Familien zählten zu den kleinbäuerlichen Heimarbeitern und Handwerkern, die ihr Einkommen sowohl aus dem landwirtschaftlichen Besitz als auch aus industriell-gewerblicher Tätigkeit schöpften. Die ärmste Schicht, die rund einen Viertel der Haushalte umfasste, bildeten die landarmen oder landlosen Heimarbeiter- und Taglöhnerfamilien, die ohne Lohnarbeit nicht überleben konnten.[1]

Die meist besitzarmen Handspinner und -spinnerinnen begannen ab 1790 den Konkurrenzdruck des Maschinengarns zu spüren. Elend machte sich breit, das nach 1798 durch politische Wirren, Besatzungskosten und Rohstoffknappheit noch verstärkt wurde. 1806 berichtete der Pfarrer von Wetzikon, dass es Haushaltungen gebe, «die zusammen gar kein Bettstück und kaum eine Pfanne zum Kochen» besässen und keine «alte Lumpen haben, um ihre Blösse zu bedecken». Zeitweise mussten in Wetzikon 30 bis 50 Prozent der Haushalte durch die öffentliche Hand unterstützt werden.[2] Den Höhepunkt erreichte die Not zwischen 1815 und 1817, als die Handspinnerei endgültig zusammenbrach und die Lebensmittelpreise als Folge von Missernten dramatisch in die Höhe schnellten. Massenweise hungerten die besitz- und verdienstlosen Heimarbeiterfamilien. Um die grösste Not zu lindern, verabreichten die Gemeinden Suppenrationen und verteilten Kartoffeln und Mehl. Trotz dieser Hilfe starben viele Menschen an den Folgen der Unterernährung. Rund 5000 Heimarbeiter und -arbeiterinnen, zum Teil ganze Familien, waren seit 1811 schon ins Elsass ausgewandert, wo die Handweberei expandierte.[3]

Nachdem die durch die Einführung neuer Technologien bedingten Arbeitsplatzverluste im Spinnereigewerbe bis 1827 einigermassen wettgemacht werden konnten, leitete die Mechanisierung der Baumwollweberei wenig später eine neue Phase der Pauperisierung (Verarmung, Verelendung breiter Bevölkerungskreise) ein. Den Höhepunkt erreichte die Massenarmut zwischen 1845 und 1855: Defizitäre Ernten (Kartoffelkrankheit) und Teuerung, politische Wirren (Sonderbundskrieg, europäische Revolutionen) und der Zusammenbruch der groben Weissweberei stürzten 12000–14000 Menschen in beispiellose Not. In manchen der besonders betroffenen Heimindustriegemeinden des Oberlands erhielten bis zu drei Viertel der Einwohnerschaft Lebensmittelhilfen, die das Schlimmste verhinderten. Erst die Beschleunigung des industriellen Wachstums ermöglichte es, die Massenarmut langsam zu überwinden, wobei allerdings jede Absatzkrise die Zahl der Armengenössigen jeweils wieder sprunghaft ansteigen liess.[4]

Um die wachsende Armut einzudämmen, bekräftigte die aristokratische Regierung 1804 unter dem Einfluss malthusianischer Bevölkerungslehren das Einspracherecht der Gemeindebehörden gegen die Heirat mitteloser

Das zur Erinnerung an die Teuerung und Hungersnot von 1816/17 geschaffene Bild aus dem Ortsmuseum Marthalen verzeichnet in Form einer Blume die höchsten Preise für Lebensmittel im Juli 1817. Als Folge witterungsbedingter Ernteausfälle kosteten Getreide und Kartoffeln auf dem Höhepunkt der Krise rund dreimal soviel wie 1815. Verschärft wurde die allgemeine Not durch die Massenarbeitslosigkeit in der Heimindustrie, die auf den Nachfragerückgang bei den Geweben und das «Verschwinden» der «Handbaumwollen Spinnerey» zurückzuführen war.

## «Pünktlichste Subordination»
## Die neue Arbeitswelt in der Fabrik

Im Unterschied zur heimindustriellen Familienwirtschaft mit ihren relativ selbstbestimmten Arbeitsabläufen war die maschinelle Produktion durch eine herrschaftlich-autoritäre Struktur gekennzeichnet. Die Unternehmer unterwarfen die meist jungen Fabrikarbeiterinnen und Fabrikarbeiter einer strengen Disziplinarordnung. Gefordert wurden «pünktlichste Subordination, Sicheinfinden zu bestimmter Zeit, Treue, Fleiss, Gehorsam, ein sittsames, stilles Betragen und Sorgfalt im Gebrauch der Maschinen und Werkstätten».

Den Anordnungen des Unternehmers musste sich die Belegschaft absolut fügen: «Der Fabrikbesitzer ist zu sofortiger Entlassung berechtigt, wenn sich ein Arbeiter gegen einen wichtigen Punkt der Fabrikordnung verfehlt hat.»[1] Im Zentrum der fabrikherrlichen Bemühungen stand der Kampf gegen die Unpünktlichkeit, womit ein kulturhistorischer Prozess von grösster Tragweite verbunden war. Die Gewöhnung an regelmässige Fabrikarbeit zwang den Menschen, sich einer rational eingeteilten Zeit anzupassen; das ganze Leben war nun einer vom Rhythmus der Natur losgelösten Zeitordnung unterworfen. Die von bürgerlichen Wertvorstellungen geprägten «erzieherischen» Anstrengungen der Fabrikunternehmer erstreckten sich auch auf die Ordnungsliebe, den Fleiss und die Sittlichkeit. Zur Durchsetzung der vielen Gebote und Verbote, die das Schwatzen ebenso untersagten wie das Singen unsittlicher Lieder, diente ein umfassendes Strafsystem. Für die meisten Vergehen wurden vom Lohn Bussen abgezogen, die 10 bis 20 Prozent eines Taglohns ausmachen konnten. Schwerere Verstösse führten zur sofortiger Entlassung, wobei die Arbeiterinnen und Arbeiter ihr «Décompte» (Lohnrückbehalt) in der Höhe von ein bis zwei Wochenlöhnen verloren. Kinder und Jugendliche wurden von Aufsehern und Unternehmern auch körperlich bestraft, was die zürcherische Rechtsordnung bis 1859 ausdrücklich gestattete.[2] Die einseitig festgelegten Fabrikordnungen gaben den Unternehmern eine Fülle von Macht und schufen teilweise ausgeprägte Abhängigkeitsverhältnisse. Es verwundert deshalb nicht, dass zeitgenössische Beobachter die Fabrikarbeiter als «Sklaven der Neuzeit» bezeichneten.[3] Eine staatliche Begrenzung der fabrikherrlichen Gewalt brachten erst die Arbeiterschutzgesetze von 1859 und 1877.

Die Arbeitszeit betrug in den ersten Fabriken 12 bis 14 Stunden. So lange arbeiteten zwar üblicherweise auch die Heimarbeiter, doch in der Fabrikindustrie waren die Arbeitskräfte einem anhaltenden Leistungszwang und einer künstlichen Zeiteinteilung unterworfen, wurde doch in vielen Unternehmen in zwei Schichten, von mittags bis Mitternacht und umgekehrt, gearbeitet. Nur langsam und teils gegen den Widerstand der Betroffenen wurde die Arbeitszeit auf 13 und schliesslich auf 11 Stunden (1877) verkürzt.[4] Trotz langer Arbeitszeit und harter Disziplin war die Fabrik aber auch ein Ort mit vielfältigen Kontaktmöglichkeiten. Aufgrund dieses Beziehungsgeflechts erlebten junge Arbeitskräfte die Fabrik im Vergleich zur Hausweberei oft als Befreiung aus elterlichem Zwang. Im Betrieb wurden Beziehungen geknüpft, Neuigkeiten ausgetauscht und Unfug getrieben.[5]

Die Fabrikgebäude waren angefüllt mit Menschen, Maschinen und Material. Zahnräder, Transmissionen, Antriebsgestänge und Wendelbäume zur Übertragung der motorischen Kraft vom Wasserrad auf die Maschinen stellten eine ständige Bedrohung für das Leben der Arbeiterinnen und Arbeiter dar. Laut einem Bericht der Staatsanwaltschaft kam es von 1834 bis 1857 in den Zürcher Fabriken zu 21 tödlichen Unfällen. Verstümmelungen und Todesfälle trafen die Arbeiterfamilien hart, da bis zum Erlass des eidgenössischen Haftpflichtgesetzes 1881 keine Verpflichtung des Fabrikbesitzers bestand, für Unfallschäden aufzukommen.[6] In verschiedenen Industriezweigen war die Belegschaft überdies grossen gesundheitlichen Gefahren ausgesetzt, so etwa den chemischen Dämpfen in den Färbereien oder der Staubentwicklung in der Baumwollspinnerei. 1873 stellte ein Bericht dazu fest: «Es leiden die Arbeiter an den Batteur- und Carderiemaschinen in den Baumwollfabriken fast alle an Brustbeschwerden (chronischer Pneumonie, Emphysema, seltener Tuberculosis).»[7] Wie der «Landbote» 1864 berichtete, war «ein Spinner in der Regel mit 45 Jahren invalid».[8] Demzufolge gab es in den Fabriken nur wenige ältere Arbeitskräfte. In der Spinnerei Biedermann in Wetzikon etwa waren 1860 nur sechs Arbeitskräfte (4% der Belegschaft) älter als 50; bei Escher, Wyss & Co. lag der Anteil der über Fünfzigjährigen 1873 bei 14 Prozent.[9]

1 «Jedermann soll ruhig, ohne Geräusch und fleissig seiner Arbeit warten». Webereisaal der Firma Honegger in Wald um 1900.

2 Die Dreherei der Maschinenfabrik Escher Wyss, 1870. Besonders die vielen offenen Transmissions- und Antriebsriemen bildeten eine ständige Unfallgefahr.

3 «Jeder 10 Minuten zu spät Kommende setzt sich einer Ordnungsstrafe aus». Stechuhr aus Hinwil, um 1900.

Am Burghügel in Freienstein gründeten die orthodox-pietistischen Mitglieder der «Evangelischen Gesellschaft» 1838 die «Rettungsanstalt für arme verwahrloste Kinder». Als Massnahme gegen die Massenarmut sollten die Heranwachsenden zu «brauchbaren Menschen, nützlichen Bürgern und frommen Christen» erzogen werden. Unablässige Beschäftigung bestimmte den Tagesablauf von sechs Uhr früh bis neun Uhr abends. Im schulischen Unterricht wurden die Kinder zu Gottesfurcht, Gehorsam und Liebe zu Gott erzogen.

Sieht man von der religiösen Ausrichtung der Rettungsanstalt ab, so stimmte ihre Zielsetzung weitgehend mit der staatlichen Armenpolitik überein. Das 1836 von der liberalen Regierung erlassene Armengesetz, das auf Disziplinierung und Ausgrenzung der Armen zielte, schränkte die Unterstützungspraxis rigoros auf Arbeitsunfähige und Kinder ein. Entsprechend dem aufklärerischen Glauben an die pädagogische Behebung gesellschaftlicher Schäden wollte man das hilflose Kind durch vermehrte Bildungsanstrengungen resozialisieren. Eine intensive Erziehung zu Pünktlichkeit, Gehorsam, zu Ordnung, Arbeit und sittlichem Betragen sollte es zu einem brauchbaren Glied der bürgerlichen Arbeitswelt machen und die «Quelle des Elendes» verstopfen. Diesem Ziel diente die Versorgung der Kinder bei geeigneten Familien und in privaten oder öffentlichen Anstalten. Das Gesetz zeigte jedoch keine Wirkung, denn um die Armenkasse zu schonen, brachten die Gemeindebehörden die Kinder meist bei armen Leuten unter. Schlechte Ernährung, Krankheit, dürftige Kleidung und Ausbeutung der Arbeitskraft kennzeichneten bis zu Beginn des 20. Jahrhunderts das Los der fremdplazierten Kinder, die um 1870 rund fünf Prozent aller Heranwachsenden unter 15 Jahren ausmachten.

Paare. Die Koppelung der Ehe an einen Erwerbs- und Vermögensausweis sollte der Regierung ein geeignetes bevölkerungspolitisches Instrument zur Armutsbekämpfung verschaffen. Die verschiedenen Ehehindernisse, die auch nach der liberalen Neuordnung 1830 Gültigkeit hatten, wurden von den Gemeinden unter dem Druck der Armennot vermehrt angewendet, was zu einem Anstieg der ausserehelichen Geburten führte. Diese Kontrollbestrebungen liessen erst nach, als die Zahl der Unterstützten zu Beginn der sechziger Jahre zurückging.[5]

Während die Eheverbote im Vergleich zu anderen Kantonen verhältnismässig zurückhaltend gehandhabt wurden, schränkte die bürgerlich-liberale Regierung die Armenunterstützung nach englischem Vorbild rigoros ein. Erhielten vor 1836 alle «würdigen», das heisst arbeitswilligen Armen von den Gemeinden Hilfe, so bestand nach der systematischen Neuordnung nur noch eine Unterstützungspflicht für Arbeitsunfähige (Alte, Kranke, Gebrechliche und Kinder). Arbeitslose blieben ausgeschlossen, da ihre Not nach bürgerlichen Vorstellungen individuellem Selbstverschulden entsprang und Ausdruck eines liederlichen Lebenswandels oder fehlender Arbeitsamkeit war. Ökonomisch bedingte Armut wurde fortan stigmatisiert und ausgegrenzt, auch wenn es aufgrund der tatsächlichen wirtschaftlichen Verhältnisse nicht möglich war, den Kreis der Unterstützungswürdigen so stark einzugrenzen.[6]

Als Folge der Mechanisierung der Produktion entstand eine überwiegend ländliche Fabrikarbeiterschaft: Um 1870 lebte rund ein Drittel der gewerblich Beschäftigten vom Fabrikverdienst. In Industrieorten wie etwa Uster, Wald, Adliswil, Rorbas oder Töss arbeitete mehr als die Hälfte der Erwerbstätigen in der Fabrik, darunter viele Frauen und Kinder. Zugleich behielt die Heimindustrie ein grosses Gewicht: 1870 schöpften am See, im Knonauer Amt und im Zürcher Oberland ein Viertel aller Haushalte ihr Einkommen aus Landwirtschaft und Seidenhandweberei. Sie liessen, wie es John Bowring (1792–1872) im Jahr 1837 in seinem Bericht ans englische Parlament idealisierend beschrieben hatte, «im Schatten ihrer eigenen Reben und ihres eigenen Feigenbaumes das Weberschiffchen schiessen».[7]

In der frühindustriellen Phase bis zur Jahrhundertmitte gingen vor allem junge Menschen in die Fabrik. Ältere Arbeiter und Arbeiterinnen waren kaum bereit, die selbstbestimmte hausindustrielle Produktion mit der harten Disziplin in der Fabrik zu vertauschen. Die grosse Masse der brotlos gewordenen Handspinner und -spinnerinnen wechselte deshalb in der Zeit von 1810 bis 1820 zur expandierenden Handweberei. War diese Umstellung nicht möglich, so verharrten sie bei ihrer alten Tätigkeit oder übernahmen einfache Vorarbeiten für die Handweberei: «Der noch lernfähige Spinner wurde Weber, und die alten, die keine neue, etwas kunstreichere Beschäftigung ergreifen konnten, vertauschten das Spinnrad mit dem Spuhlrad.»⁸ Dieses Verharren in der herkömmlichen Situation wiederholte sich beim Niedergang der groben Weissweberei in den vierziger und der Seidenhandweberei in den achtziger Jahren. Der Übergang von der heimgewerblichen Produktion zur Fabrikarbeit vollzog sich in einem Generationenwechsel.

Die jungen Fabrikler stammten vor allem aus der Heimarbeiterschicht. In der vorindustriellen Familienwirtschaft war es üblich gewesen, Kinder im Alter von sieben bis acht Jahren in die Produktion zu integrieren. Die Fabriken nun schufen ein neues Arbeitsangebot; die jungen Arbeitskräfte konnten dank niedrigerer Ausbildungskosten und höherer Löhne einen grösseren Beitrag an das Familieneinkommen leisten. Daraus ergab sich häufig ein Nebeneinander von durch die Eltern betriebener Heimarbeit und der Beschäftigung der jüngeren Familienmitglieder in der Fabrik.⁹ Die Fabrikerfahrung beschränkte sich dabei auf Kindheit und Jugend, später ergriffen die Heranwachsenden eine handwerkliche oder heimindustrielle Tätigkeit. Nur eine kleine Zahl von Familien lebte ausschliesslich von der Maschinenarbeit.

Je mehr jedoch die Heimarbeit an Attraktivität verlor, desto zahlreicher wurden jene, die zeitlebens einer Arbeit in der Fabrik nachgingen. Von der Jahrhundertmitte an entstanden denn auch in Betriebsnähe viele günstige Mietwohnungen, um dem «Etablissement einen Stamm solider Arbeiterfamilien zu sichern». Die gezielte Betriebsbindung und die materielle Not zwangen viele Arbeiterfamilien, ihre Kinder in die Fabrik zu schicken. Immer mehr Arbeitskräfte stammten deshalb aus dem «fabrikarbeitenden Proletariat»; Fabrikarbeit vererbte sich über Generationen hin-

Der Volksdichter Jakob Stutz (1801–1877) schilderte in seinen Werken (z. B. «Sieben mal sieben Jahre aus meinem Leben») anschaulich den Alltag und das Elend der einfachen Leute. 1801 wurde er in Hittnau als Sohn eines Landwirts und Baumwollhändlers geboren. Nach dem frühen Tod seiner Eltern arbeitete er als Handweber, widmete sich daneben aber viel lieber dem Lesen und Dichten. 1827 erhielt er eine Hilfslehrerstelle an der Blinden- und Taubstummenanstalt in Zürich, wo er von Ignaz Thomas Scherr wichtige Anregungen erhielt. Wegen seiner homosexuellen Neigungen kam es aber zur Entlassung. 1842 erbaute Stutz die Einsiedelei «Jakobszelle» auf der Matt in Sternenberg, die bald zu einem Wallfahrtsort für seine Anhänger wurde. Nach Gefängnisaufenthalten wegen sexueller Vergehen irrte der Dichter später ruhelos umher, bis er 1867 bei einer Nichte die letzte Bleibe fand.

Jakob Stutz hat im Gedicht «Hansels Klage» (1843) eindrücklich die Hilflosigkeit der Heimweber unter dem Druck der Mechanisierung dokumentiert:

«'s ischt alles wohlfeil, was
    d verchaufsch,
Und tüür, was chaufe
    tuescht,
De Gwerb goht nümme,
    's ischt e Stroff,
Weischt nüd, was d mache
    muescht.»

Die 1802 von Winterthurer Kaufleuten gegründete Spinnerei Hard in Wülflingen beschäftigte von Beginn an Heranwachsende aus der Umgebung. Ab 1816 begann man gezielt arme Kinder aus dem Zürcher Oberland heranzuziehen: Rund 140 auswärts wohnende Kinder waren in der Fabrik tätig und gingen im Internat (Obergeschoss der Fabrik im Vordergrund) an die Kost. Zweimal abends und am Sonntag erhielten die Kinder Unterricht, keines konnte «richtig lesen» oder «leserlich schreiben». 1839 wurde die Fabrikschule aufgehoben, fortan gingen die Kinder in die Gemeindeschule.

Die Werkmeister – hier jene der Honegger-Fabrik in Rüti-Joweid, um 1870 – besassen in den Maschinenfabriken eine wichtige Stellung. Sie waren durch ihre Kenntnisse an der Fertigungsleistung beteiligt, wirkten bei Neuerungen mit, gestalteten die Zusammenarbeit in der Arbeitsgruppe und kontrollierten die Arbeiter. Betrieblich und gesellschaftlich standen sie zwischen den Arbeitern und der Unternehmensleitung. Obwohl durch Aufstieg im Betrieb aus der Arbeiterschaft hervorgegangen, zeichneten sich die Meister durch ein Distanzierungsbedürfnis nach unten aus, was sich in Kleidung und Habitus auf dem Bild deutlich ausdrückt. Diese Distanzierung wurde durch die bessere Einkommenslage und die fehlenden ausserbetrieblichen Kontakte zu den Arbeitern verstärkt.

Armut und Arbeitsbelastung führten in der Fabrikarbeiterschaft häufig zu Krankheit und frühem Tod. Eine der häufigsten Todesursachen war die Erkrankung der Atemwege. Als 1853 der dreissigjährige Fabrikarbeiter Johannes Appert starb, hinterliess er seiner Frau und seinem zweijährigen Kind Fahrhabe im Wert von Fr. 35.70 und Schulden in der Höhe von Fr. 186.79 für Schuster, Arzt, Miete und Begräbnis.

**Budget einer ländlichen Fabrikarbeiterfamilie 1852**

«Besitzen Haus und etwas Feld, dessen Ertrag den Zins gibt» (Grösse der Familie: acht Personen)

| Einnahmen pro Woche | Fr. |
|---|---|
| Vater, Baumwollspinner | 9.00 |
| Mutter, Calico-Weben (Heimarbeit) | 2.50 |
| Sohn, 14jährig, Fabrikarbeiter | 2.80 |
| Tochter, 15jährig, Stricken, Weben; Mithilfe bei der Heimarbeit | |
| 3 Kinder unter 10 Jahren | |
| Total Einnahmen | 14.30 |

| Ausgaben pro Woche (ohne Kleidung, Schule, Arzt) | Fr. |
|---|---|
| 5 Pfund Mehl pro Tag | 9.10 |
| 2–3 Brote | 2.05 |
| Milch | 0.40 |
| Öl | 0.36 |
| Kaffee | 0.08 |
| Seife, Stärke | 0.20 |
| Heizung | 1.65 |
| Total Ausgaben | 13.84 |

weg.[10] Daneben beschäftigten die Textilbetriebe ab 1860 in wachsendem Mass Zuzüger aus den Agrargebieten der Innerschweiz und des Aargaus. Die expandierende Maschinenindustrie sorgte nach der Jahrhundertmitte dafür, dass der Anteil der qualifizierten Männerberufe an der gesamten Fabrikarbeiterschaft erheblich zunahm, da Maschinenbau und Metallverarbeitung aufgrund ihrer höheren körperlichen Anforderungen vor allem ausgebildete Arbeitskräfte aus dem handwerklich-gewerblichen Milieu rekrutierten.

Die Fabrikarbeit war mit grossen Zwängen und Belastungen verbunden. Deshalb mussten die Spinnereiunternehmer 25 bis 50 Prozent höhere Löhne anbieten als in der Heimindustrie. Trotzdem sicherten die Haushalteinkommen angesichts von struktureller Arbeitslosigkeit und Massenarmut nur eine kärgliche Existenz. Erst als Folge des beschleunigten Wirtschaftswachstums stiegen die Reallöhne von 1855 bis 1875 um rund 30 Prozent an, wobei zwischen den Industriezweigen beziehungsweise den Arbeiterkategorien immer noch grosse Differenzen bestanden. Am besten ging es den Männern in der Maschinen- und Metallindustrie; die niedrigsten Löhne erhielten die weiblichen Arbeitskräfte in der Seidenhandweberei. Im Vergleich zu den Arbeitern und Arbeiterinnen der Textilfabriken aber lebten wiederum viele Heimarbeiter und -arbeiterinnen besser, da die eigene Landwirtschaft eine weitgehende Selbstversorgung gestattete. Trotz eines höheren Lebensstandards konnte aber auch um 1870 nur die Mithilfe aller Haushaltmitglieder das Überleben der Arbeiterfamilie sichern.[11]

Die Einkommen reichten kaum für das Nötigste. Die Ernährung bestand aus Kartoffeln, Milch und Brot; Fleisch kam äusserst selten auf den Tisch. Eine wichtige Nahrungsquelle bildete der bescheidene Grundbesitz oder der Pflanzgarten, der zum Arbeiterwohnhaus gehörte. Da Sparrücklagen nicht möglich waren und Sozialversicherungen fehlten, führten Verdienstausfall, Arbeitslosigkeit oder Krankheit rasch zu Not und Armengenössigkeit. Jakob Huber aus Oberuster charakterisierte sein Leben als Fabrikler 1868 kurz mit den Worten: «Ein solches Los ist unter einem Herrenhunde.»[12]

Als um 1900 dieses Bild einer Heimarbeiterfamilie aus Rikon (Gemeinde Zell) beim Wollezupfen entstand, war das Hausgewerbe schon fast bedeutungslos geworden. Wie in der Hausindustrie im 18. und 19. Jahrhundert allgemein üblich, sind alle Familienmitglieder in den Arbeitsprozess einbezogen, um durch den gemeinsamen Erwerb das Überleben zu sichern.

Als Folge anhaltender Tätigkeit im Nebeneinander von Haushalt und Erwerbsarbeit besassen die Frauen im Heimarbeitermilieu (besonders in der Seidenweberei) eine starke Stellung. Während sich die Männer um die Landwirtschaft kümmerten, verdienten die Frauen den grössten Teil des Geldeinkommens. Auch war die Rollenteilung weniger ausgeprägt, übernahm doch der Mann im Winter oft die Hausarbeit und verrichtete Handlangerdienste für den wichtigen weiblichen Verdienst.

Die Fabrikarbeit führte demgegenüber zu stärkeren äusseren Belastungen der Frauen, die nun Erwerbs- und Hausarbeit in einem gehetzten Nacheinander verrichten mussten. In der Ehe kam es häufig zu Streit, Trennung und Scheidung, wobei sich die Auseinandersetzung meist um die ökonomische Situation drehte. Am häufigsten waren bei Scheidungen die Klagen über «rohes, liebloses Gebaren» der Ehemänner und Familienväter, wobei auch der Alkoholismus ein grosses Problem darstellte.

Materielle Not und maschinelle Produktionsweise wirkten sich – je mehr Fabrikarbeit ein Lebensschicksal wurde – nachhaltig auf den gesamten Alltag aus. War es den Müttern in der «protoindustriellen Familienwirtschaft» mit ihrer Einheit von Arbeit, Konsum und Versorgung trotz hoher Arbeitsbelastung möglich, Neugeborene im Rahmen des vorgegebenen medizinisch-sanitarischen Wissens selbst zu stillen und zu betreuen, so verhinderte die Fabrikindustrie mit ihrer Trennung von Wohn- und Arbeitsplatz ein solches Nebeneinander. Da die Fabrikarbeiterfrauen mitverdienen mussten, kehrten sie «sogleich nach dem Wochenbette» wieder an den Arbeitsplatz zurück. Die Sorge für das Neugeborene übernahm entweder eine im gleichen Haushalt wohnende Betreuungsperson oder eine Pflegefamilie. Armut, «Überanstrengung», rasche Entwöhnung und ungeeignete Ernährung bewirkten, dass sich die Säuglingssterblichkeit im Vergleich zu jener im Heimarbeitermilieu erhöhte. Bis gegen Ende des 19. Jahrhunderts starb jedes vierte Arbeiterkind, bevor es sein erstes Lebensjahr vollendet hatte. Dasselbe Schicksal erlitt hingegen in wohlhabenden Familien nur jedes siebte Kind.[13]

Fabriklerkinder mussten so rasch wie möglich zum Unterhalt beitragen. Für die Eltern, besonders für die Väter, die rechtlich innerhalb der Familie die Autorität verkörperten, war es selbstverständlich, über die Arbeitskraft der Kinder zu verfügen. Eigene Berufswünsche hatten sich den Erfordernissen der Familienökonomie unterzuordnen. Da die Textilindustrie seit dem Rückgang der Rekrutierungsmöglichkeiten aus dem Heimgewerbe möglichst vielköpfige Arbeiterfamilien beschäftigte, kam es gewissermassen zur Fortführung der «heimindustriellen Familienwirtschaft» in der Fabrik. Während die Kinderarbeit im Bauern- und Heimarbeiterhaushalt nur wenig kritisiert wurde, nahmen bildungsbürgerliche Kreise die ausserhäusliche Fabrikarbeit, welche nach ihrer Ansicht die elterliche Erziehung und Autorität gefährdete, früh als soziales Problem wahr. Als Reaktion darauf entstanden die ersten staatlichen Kinderschutzgesetze. Während im Heimarbeitermilieu die Kinder bereits im siebten Lebensjahr in den Arbeitsprozess eingespannt worden waren, hob die Fabrikgesetzgebung bis 1877

**Struktur der Fabrikarbeiterschaft von 1827 bis 1882**

| Jahr | Bevölkerung | Erwerbende | Anteil |
|---|---|---|---|
| 1850 | 250 698 | | |
| 1860 | 266 265 | 144 015 | 54,1% |
| 1870 | 284 047 | 148 520 | 52,2% |
| 1880 | 316 074 | 163 314 | 51,6% |

| Jahr | 1. Sektor | | 2. Sektor | | 3. Sektor | |
|---|---|---|---|---|---|---|
| 1850 | | 40,0% | | | | |
| 1860 | 49 631 | 34,5% | 69 442 | 48,2% | 24 942 | 17,3% |
| 1870 | 50 314 | 33,9% | 71 961 | 48,5% | 26 245 | 17,6% |
| 1880 | 51 377 | 31,4% | 85 233 | 52,2% | 26 704 | 16,4% |

| Jahr | Fabrikarbeiter-schaft | Anteil an den Beschäftigten | Anteil am 2. Sektor |
|---|---|---|---|
| 1855/60 | 13 765 | 9,5% | 19,8% |
| 1870 | 21 960 | 14,6% | 30,5% |
| 1880 | 27 859 | 17,0% | 32,6% |

*Verteilung nach Alter und Geschlecht*
In absoluten Zahlen

| Jahr | Total | Frauen | Männer | Kinder unter 16 Jahren |
|---|---|---|---|---|
| 1827 | 5 000 | 1150 | 1450 | 2400 |
| 1855 | 13 765 | 4578 | 5830 | 3357 |
| 1882 | 30 536 | 12 796 | 15 114 | 2626 |

In Prozenten

| Jahr | Total | Frauen | Männer | Kinder unter 16 Jahren |
|---|---|---|---|---|
| 1827 | 100 | 23 | 29 | 48 |
| 1855 | 100 | 33 | 42 | 25 |
| 1882 | 100 | 42 | 50 | 8 |

Die Belastungen durch die neue Arbeitswelt in der Fabrik musste in hohem Mass von Frauen und Kindern getragen werden, die in der Frühphase der Industrialisierung bis zu 70 Prozent der Arbeiterschaft stellten. Besonders schwierig war die Lebenssituation für jene Fabrikarbeiterinnen, die kleine Kinder zu versorgen hatten; gemäss einer Untersuchung der Zürcher Regierung machten diese 1855 zehn Prozent aller Arbeiterinnen aus. Trotz grosser Arbeitsbelastung in Haushalt und Fabrik waren die Mütter in Arbeiterfamilien bemüht, ihren Kindern Zuwendung und Verständnis entgegenzubringen. Aus ökonomischen Gründen konnten arme Frauen, vor allem Witwen, aber auch bereit sein, ihre Kinder wegzugeben.

die Altersgrenze auf 14 Jahre. Um 1880 waren Kinder somit doppelt so lange vom Produktionsprozess ausgeschlossen wie noch zu Beginn des 19. Jahrhunderts.[14]

Eheeinleitung und Eheschliessung der Fabrikarbeiter und -arbeiterinnen spielten sich in der ersten Hälfte des 19. Jahrhunderts noch weitgehend im Rahmen des herkömmlichen Brauchtums ab. Als Teil der jugendlichen Dorfgemeinschaft nahmen sie an den «Lichtstubeten», dem geselligen Zusammensein, Spielen und Singen der jungen Frauen und Männer, teil. Die Burschen begleiteten dann die Auserwählte in ihre Kammer, wo sie auch später immer wieder Einlass begehrten. Als Folge der langen Arbeitszeit verlagerte sich die Geselligkeit zusehends in den Betrieb. Die ersten in der Fabrik geknüpften Kontakte fanden zwar ihre Fortsetzung nach der Arbeit noch immer in der Form des traditionellen «z'Liechtgehens». Je mehr jedoch Arbeiter und Arbeiterinnen in Fabriknähe wohnten, desto mehr verlor das traditionelle Brauchtum an Bedeutung. Zugleich verengte sich der Heiratskreis stärker auf die eigene Gruppe. Von den Textilfabriklern, die zwischen 1876 und 1890 in der Gemeinde Uster heirateten, wählten über 50 Prozent eine Partnerin, die selbst in der Fabrik arbeitete. Betrieb, Arbeitsweg und Kosthaus bildeten nun den Rahmen, in dem man sich kennenlernte. Man blieb unter seinesgleichen.

Für eine Heirat waren in den Heimindustriegebieten traditionell Zuneigung und Sexualkontakte entscheidend. Die vorehelichen Geschlechtsbeziehungen, die mit dem Eingehen eines Eheversprechens verbunden waren, wurzelten im ländlichen Brauchtum. Diese Verhaltensweisen kennzeichneten auch die Eheschliessung bei Fabrikarbeitern. Eine Untersuchung über Spinnereiarbeiterfamilien, die vor 1875 heirateten, ergab, dass in über 50 Prozent der Fälle das erste Kind innerhalb von sechs Monaten nach der Verehelichung geboren wurde. Die jungen Fabrikarbeiter und -arbeiterinnen heirateten oft nicht, um eine Familie zu gründen, sondern weil ein Kind unterwegs war.[15]

Als Folge von Massenarmut und grösserer Mobilität kam es um die Jahrhundertmitte im Fabriklermilieu immer häufiger vor, dass allfällige Schwangerschaften trotz Eheversprechen nicht zur Heirat führten. Dies hatte einerseits mit den behördlichen Ehehindernissen zu tun, anderseits damit, dass mehr und mehr Männer das Eheversprechen nicht einhielten. Die Väter entzogen sich ihren Pflichten durch einen Wechsel der Arbeitsstelle, oder sie stritten die Vaterschaft einfach ab. Besonders schwierig wurde die Lage der ledigen Mütter nach der Einführung des Matrimonialgesetzbuchs von 1854. Das vorher geltende Paternitätsprinzip, das dem Kind den Familiennamen und das Bürgerrecht des Vaters zuwies, wurde nun durch das Maternitätsrecht ersetzt, nach dem das uneheliche Kind das Bürgerrecht der Mutter erhielt. Uneheliche Schwangerschaft und Geburt schob das Gesetz so auf die Ebene des individuellen weiblichen Selbstverschuldens, mit der Absicht, voreheliche Kontakte unterbinden und die Frauen besser kontrollieren zu können. Entsprechend setzten nun die Heimatgemeinden die ledigen Mütter stark unter Druck und unternahmen alles, um sich ihrer Verantwortung zu entziehen. Die seelische Not, die daraus erwuchs, illustriert der Fall der Arbeiterin Rosina Stoll, die 1866 ihr unehelich geborenes Kind, «verlassen von Jedermann», «in die Wellen der hochgehenden Sihl» warf.[16]

Das Heiratsalter der Fabrik- und Heimarbeiterschaft lag im Vergleich zu den Bauernfamilien wesentlich tiefer, da durch die Verdienstmöglichkeiten die Ehe nicht mehr von der materiellen Situation des Elternhauses abhängig war. Doch obwohl die Partnerwahl zunehmend durch Eigenverantwortlichkeit und Zuneigung bestimmt wurde, spielten ökonomische Überlegungen bei der Arbeiterheirat weiterhin eine wichtige Rolle. In 60 bis 75 Prozent aller Ehen von Textilarbeitern waren im Unterschied zu den anderen Sozialgruppen die Frauen gleich alt oder älter als ihre Männer.[17] Der Fabrikarbeiter achtete darauf, dass seine ältere Partnerin Fahrhabe oder Ersparnisse mit in die Ehe brachte, denn nur dank einem kleinen Vermögen aus längerer Fabrikarbeit war die Gründung eines Hausstands überhaupt möglich. Über das Vermögen der Frau besass der Mann das gesetzliche Verfügungsrecht, was angesichts der angespannten finanziellen Lage häufig Anlass zu Konflikten gab.

Es galt als selbstverständlich, dass die Frau nach der Eheschliessung mitarbeitete und auf diese Weise das Überleben der Familie sicherte. Zudem war sie für die Hausarbeit allein verantwortlich. Erfüllte eine Frau die in sie gesetzten Erwartungen nicht, so kam es schnell zum Streit. 1880 beklagte sich die 68jährige Susanna Künzli vor Gericht: «Sie sei, nachdem es ihr altershalber nicht mehr möglich gewesen sei, die Fabrik von Trümpler und Gysi in Oberuster zu besuchen und ihren Mann (ebenfalls Fabrikarbeiter) bei seinen landwirtschaftlichen Arbeiten zu unterstützen», von letzterem vernachlässigt und lieblos behandelt worden.[18] Gestützt wurde die männliche Haltung durch die Behörden, die einerseits die gesetzlich festgelegte Unterordnung der Frau unter den Mann betonten und gleichzeitig die Verantwortung für das Überleben der Familie in der Praxis oft der Hausmutter zuwiesen.[19]

Im Fabrikdorf lebten nach 1850 immer mehr Arbeiterinnen und Arbeiter in betriebseigenen Wohnhäusern, die oft am Rande oder ausserhalb der ursprünglichen Dörfer lagen. Arbeiterwohnhäuser, sogenannte Kosthäuser, gab es um 1870 unter anderem in Adliswil, Langnau, Gattikon, Richterswil, Rorbas, Kemptthal, Rüti, Töss, Kollbrunn, Uster, Aathal, Wetzikon, Affoltern, Dietikon, Wald, Winterthur und Zürich. Die Wohnungen bestanden in der Regel aus einer Wohnstube, drei Kammern, Küche, Keller und einem Lagerraum für Holz. Zu jeder Wohnung gehörte Pflanzland in der Grösse zwischen 3000 und 20000 Quadratmetern.[20] Im Vergleich zu

Die 21 Jahre alte Fabrikarbeiterin Anna Barbara Weber wurde 1855 als «Gewohnheitsverbrecherin» von der Polizei steckbrieflich gesucht. Kriminelles Verhalten erwuchs auf dem Hintergrund der Massenarmut meist aus der unmittelbaren Not. Barbara Weber verdankte ihre Aufnahme ins Verbrecheralbum einem Marktdiebstahl (1851), der Entwendung einer Schachtel mit Wertsachen (1852) und dem Diebstahl von Kleidern und Bettzeug (1853).

Das Kosthaus der Baumwollweberei Oberholzer (Aufnahme um 1890) in Wald-Sagenrain wurde 1857/58 nach dem Vorbild des Reihenhausbaus in der Heimindustrie (Flarz) erstellt. Je zwei der zehn Wohnungen teilten sich in das Treppenhaus, von dem aus die Räume betreten wurden. Eine einzelne Wohnung war zwei Räume tief. Vorne befand sich die Stube, hinten die Küche. Die Wohnungen besassen ursprünglich in den zwei oberen Stockwerken vier Kammern. Der Grund lag darin, dass sich viele Fabrikanten das Recht vorbehielten, die Mieter «zur Aufnahme anderer Personen anzuhalten, ja bestimmte Personen in die Wohnung zu weisen.» Als in den achtziger Jahren Kritik daran laut wurde, brachte die Firma zusätzliche Eingänge an.

Im Laden des Arbeiterkonsumvereins Rüti, der 1891 eröffnet wurde, liegen auf den Gestellen Fertigsuppen, Kernseifen, Zündhölzer und viele andere Waren nebeneinander.

Die Konsumvereine, die eine billigere Lebensmittelversorgung gewährleisten sollten, haben auf der Landschaft zwei ganz verschiedene Wurzeln. Zunächst entstanden sie in der Nachfolge des Zürcher Konsumvereins als Instrumente zur politischen Organisierung der Arbeiterschaft. Erste, allerdings erfolglose Gründungen gab es Mitte der fünfziger Jahre, weitere folgten im Rahmen der demokratischen Bewegung.

Als Reaktion auf die demokratischen Zusammenschlüsse schufen die Textilindustriellen 1868 den kantonalen Arbeiterverein, der in kurzer Zeit 20 Konsumgenossenschaften ins Leben rief. Diese unternehmerfreundlichen Vereine sollten die Arbeiter zu einer gewissen Selbstverwaltung erziehen und zugleich gesellschaftspolitische Veränderungen verhindern. Auch der Konsumverein Rüti entstand 1869 als Unternehmergründung, ging nach zehn Jahren wieder ein und wurde 1891 als Genossenschaft erneut gegründet.

den engen Verhältnissen bei landlosen Heimarbeiterfamilien stellten die Fabrikwohnungen zwar eine Verbesserung dar, dennoch war die Wohnsituation recht bescheiden, und die von äusseren Zwängen bestimmten Verhältnisse liessen in erster Linie die ärmsten Familien in die Fabrikwohnungen ziehen. Dies führte zu einer negativen Bewertung des Arbeiterhauses und seiner Bewohnerschaft. Die Welt des Kosthauses trennte die Arbeiter und Arbeiterinnen sichtbar von der Welt des Dorfes. Das Streben nach sozialem Aufstieg zielte deshalb auf den Erwerb eines eigenen Hauses ab. So war für die Fabriklerfamilie Küng der «Einzug ins eigene Heim» der Wendepunkt im Leben, man war «nicht mehr Prolet, nicht mehr irgendein Fabrikler».[21] In der Spinnerei Kollbrunn besassen um die Jahrhundertmitte 27 von 67 nicht in der Gemeinde verbürgerten Arbeiterfamilien Haus- und Grundeigentum. Vor allem, wenn die Kinder etwas älter waren, gelang es manchen bessergestellten Arbeiterfamilien, das «Glück» zu finden, indem sie Besitz und bürgerliches Ansehen erreichten.[22]

Solange die meisten Arbeitskräfte aus der nächsten Umgebung der Betriebe stammten, wuchsen sie innerhalb der Dorfgemeinschaft auf. Trotz langer Arbeitszeit und hoher Arbeitsbelastung blieben die jungen Fabrikarbeiter und -arbeiterinnen ins traditionelle Brauchtum integriert. Durch den Zuzug auswärtiger Arbeitskräfte und die neuen Wohnformen beschränkten sich jedoch die sozialen Kontakte mehr und mehr auf Betrieb und Kosthaus. Das herkömmliche Brauchtum verlor an Bedeutung und wurde durch vereins- und betriebsgebundene Geselligkeit abgelöst. Fabriksilvester und Versammlungen der Fabrikkrankenkassen bestimmten als wichtige Anlässe das Leben der Arbeiter und Arbeiterinnen. Auch im Wirtshaus trafen sich die «Fabrikler» nun eher mit ihresgleichen. Gruppenspezifische Freizeit- und Geselligkeitsformen lösten dörflich-kollektive Sozialkontakte ab. Im Umfeld der demokratischen Bewegung entstanden zudem in Töss, Uster, Veltheim und Wetzikon die ersten Arbeitervereine, die in organisierter Form politische Interessen zu vertreten begannen.[23]

## Die Spitzen der Gesellschaft: Das Wirtschafts- und Bildungsbürgertum

### Unternehmer

Die industrielle Entwicklung wurde von einem innovativen ländlichen Unternehmertum getragen, das sowohl durch seinen Reichtum als auch durch seine soziale Stellung zur Sprengung der städtischen Vorherrschaft beitrug und nach 1830 als führende Schicht die Geschicke des Staatswesens entscheidend mitbestimmte.

Schon im 18. Jahrhundert liess das von der Stadt kontrollierte Verlagswesen auf der Landschaft eine wirtschaftliche Elite von «Tüchlern» (Mittlern zwischen dem städtischen Handelshaus und den Heimarbeitern), Wirten, Müllern und Händlern entstehen. Aus diesen Kreisen stammten später auch die ersten Fabrikgründer, denn sie verfügten über das entsprechende Kapital beziehungsweise über die für den Antrieb der Maschinen wichtigen Wasserrechte. Aber auch einige Handwerker, wie etwa Schlosser oder Mechaniker, wurden zu Unternehmern; ihr Kapital bestand aus ihren guten technischen Kenntnissen. Beinahe alle frühen Spinnereifabrikanten gehörten also zu den wirtschaftlich und sozial bereits gehobenen Gruppen der ländlichen Gesellschaft. Der Aufstieg des kleinen Mannes zu den Grössen der Industrie entsprach somit nicht der Realität, sondern war eine liberale Wunschvorstellung.[24]

Das sorgfältig arrangierte Porträt der Unternehmerfamilie Schwarzenbach-Zeuner von 1896 widerspiegelt eindrücklich den Wohlstand und das Selbstbewusstsein des zur nationalen Elite aufgestiegenen ländlichen Wirtschaftsbürgertums. Nachdem er das elterliche Geschäft, ein mittelgrosses Thalwiler Seidenverlagsunternehmen, zielstrebig ausgebaut hatte, leitete Robert Schwarzenbach (1839–1904) zu Beginn des 20. Jahrhunderts das grösste Schweizer Unternehmen, das als international tätiger Grosskonzern rund 13 000 Arbeitskräfte beschäftigte und 1912 einen Umsatz von 77 Millionen Franken erzielte.

Im Arbeitsalltag der Familie Schwarzenbach herrschte eine strenge Arbeitsdisziplin; die gehobene Stellung kam vor allem in exklusiven gesellschaftlichen Beziehungen, im vornehmen englischen Lebensstil und in der Bautätigkeit zum Ausdruck. 1886 erwarb Schwarzenbach die Villa «Windegg» am Paradeplatz, 1896 liess er in Rüschlikon ein schlossartiges Landhaus in Tudorgotik bauen.

Anders als in der Spinnerei entstammten die ländlichen Seidenfabrikanten kaum den Kreisen der Baumwollverleger, sondern kamen häufig aus dem bäuerlichen Milieu. Sie gehörten aber alle der Oberschicht an und erhielten als Basis für die zukünftige Tätigkeit eine breite Ausbildung im kaufmännischen oder textiltechnischen Bereich. Bildung und eine solide Kapitalbasis waren die Voraussetzungen für einen erfolgreichen Aufstieg.[25] Die Maschinenindustriellen wiederum kamen – sofern es sich nicht um ehemalige Spinnereiunternehmer handelte – zum grössten Teil aus dem Handwerkermilieu und absolvierten gemäss den «zünftischen» Traditionen eine Berufslehre, allenfalls ergänzt durch Auslandaufenthalte. Als gelernte Schlosser, Giesser oder Mechaniker konnten sie im Rahmen der handwerklichen Einzelanfertigung mit verhältnismässig wenig Kapital einen eigenen Betrieb aufbauen, wobei der Übergang zum Grossmaschinenbau nur kapitalkräftigen Unternehmern gelang.[26]

Obwohl die Dynamik entscheidend vom Landunternehmertum ausging, erfolgte die industrielle Entwicklung im 19. Jahrhundert in enger Verbindung mit der städtischen Kaufmannschaft. Unter dem Druck neuer Anforderungen in Ankauf, Produktion und Vermarktung wurde der ständische Stadt-Land-Gegensatz allmählich eingeebnet, und städtische Kaufleute und ländliche Fabrikanten begannen von den zwanziger Jahren an zu einem kantonsweiten (später nationalen) Wirtschaftsbürgertum zu verschmelzen.

Wer sich als Unternehmer im Rahmen kapitalistischer Marktwirtschaft behaupten wollte, musste sich den neuen Gegebenheiten anpassen: Der ökonomische Rückhalt konnte nicht mehr wie bisher in der Landwirtschaft gesucht werden, sondern die Gewinne mussten laufend reinvestiert und der Maschinenpark erneuert werden. Die dauernde Betriebsumgestaltung erforderte eine andere Einstellung zu Geld und Kredit. Die meisten Firmengründer finanzierten den Betrieb mit Eigenkapital oder mit Hilfe eines kapitalkräftigen Partners. Die Aufnahme von Fremdkapital hingegen verstiess im protestantischen Milieu zunächst gegen alle Regeln der Rechtschaffenheit: «Aber nie und nimmer mit geborgtem Geld. Das haben weder der Grossvater noch ich je getan. Ein Ehrenmann unternimmt nur soviel er aus eigener Kraft zustande bringt», entsetzte sich 1834 Johann Jakob Sulzer-Neuffert (1782–1853), als seine Söhne für den Bau der neuen Giesserei ein Darlehen beanspruchen wollten.[27] Ein verändertes Finanzierungsverhalten kam in den dreissiger Jahren auf, als in der Baumwollspinnerei zur Deckung des beträchtlich gestiegenen Kapitalbedarfs vermehrt Kredite von Privaten und Institutionen herangezogen wurden.

Eine weitere Neuorientierung betraf das Verhältnis zu den Lohnarbeitern. Diese galt es auszubilden und zu überwachen. Um den Produktionsablauf optimal zu gestalten, waren grössere technische Kenntnisse notwendig; der kaufmännische Erfolg konnte nur durch eine immer sorgfältigere Kalkulation erreicht werden. Der Durchbruch zum Grossunternehmen erfolgte deshalb in der Regel erst in der zweiten Generation, die mit dem Betrieb bereits vertraut war und eine bessere Ausbildung genossen hatte: So waren es die Gründersöhne Heinrich Kunz (1793–1859), Albert Escher (1808–1845) oder Robert Schwarzenbach-Zeuner (1839–1904), die die Kleinbetriebe ihrer Väter zu international tätigen Grossunternehmen erweiterten.[28]

Nach 1830 erlangte die Eigenrekrutierung «aus allerengstem Familienkreise» bei den Unternehmern der Textil- und der Maschinenindustrie eine immer grössere Bedeutung; von den Neueinsteigern in die mechanische Baumwollweberei oder den Apparatebau stammte der grösste Teil nach wie vor aus vermögenden Kaufmanns-, Verleger- und Gewerbekreisen. Die Unternehmersöhne wurden im Rahmen eines dynastischen Bewusstseins «wie Erbprinzen auf die Thronfolge» vorbereitet. So besuchte beispielsweise der Spinnereiunternehmersohn und spätere Eisenbahnkönig Adolf Guyer-Zeller (1839–1899) nach der Primar- und Sekundarschule die Industrieabteilung der Kantonsschule Zürich, trieb dann nationalökonomische Studien in Genf, reiste zur Ausbildung in Webereitechnik nach Blackburn (GB) und machte sich schliesslich in den Vereinigten Staaten mit dem Baumwollhandel vertraut.[29]

Der gesellschaftliche Alltag der Unternehmer ruhte auf drei Säulen: Arbeit, Familie, Öffentlichkeit. Ihr Lebensstil war durch rastlose Tätigkeit geprägt. Trotz des grossen Reichtums – Heinrich Kunz etwa besass bei seinem Tod ein Vermögen von 18 Millionen Franken – lebten die Pioniere bescheiden und wohnten in gewöhnlichen Bürger- oder Bauernhäusern in der Nähe des Betriebs. Eine aus der protestantischen Ethik hergeleitete asketische Lebensführung machte das Unternehmen zum Lebensinhalt und die Arbeit zum Ausdruck eines gottgefälligen Lebenswandels. Dementsprechend war für Johann Jakob Sulzer-Neuffert die tägliche Arbeit in der Messinggiesserei auch im Alter von 70 Jahren die «Würze des Lebens».[30]

Das Reich eines der innovativsten Textilunternehmer des 19. Jahrhunderts, Heinrich Schmid (1806–1883) aus Gattikon (Thalwil). Es umfasste um 1870 den grossen Shedbau der Baumwollweberei (im Sihlbogen), mehrere Arbeiterwohnhäuser (bei der gedeckten Brücke) und die alte Baumwollspinnerei (oberhalb der Kosthäuser).

Angeregt durch bildungsbürgerliche Kreise, die den Firmeninhabern ein christliches Verantwortungsgefühl nahelegten, richtete Schmid 1850 für seine Arbeiterschaft eine Sparkasse ein und sorgte nach 1857 für Unterstützung bei Unfällen. Die noch rein ausbeuterische Mentalität der Gründergeneration wurde allmählich durch soziale Verantwortung ersetzt. Die Unternehmer begannen mit Gratifikationen, betrieblichen Krankenkassen und billigen Wohnungen die Betriebsgemeinschaft zu fördern. Dabei verquickte sich die Fürsorge ganz selbstverständlich mit Unternehmerinteressen, denn patriarchalisches Verhalten ging einher mit nutzbringender Personalpolitik.

In der zweiten und dritten Unternehmergeneration, die meist eine umfassende Bildung genossen hatten, verfeinerte sich der Lebensstil; er glich sich zunehmend demjenigen des Stadtbürgertums an. Aufgrund des wirtschaftlichen Erfolgs legte man von der Jahrhundertmitte an mehr Wert auf Repräsentation und Luxus; Unternehmervillen und vornehme Innenausstattungen stellten das neue Selbstbewusstsein der arrivierten Gesellschaftsgruppe gegen aussen zur Schau und markierten im ländlichen Milieu die symbolische Abgrenzung gegenüber den anderen Schichten. Zusammen mit der Fabrik und den Arbeiterwohnhäusern bildeten Villa und Park eine Einheit, denn der patriarchalische Unternehmer wollte seinen ganzen Herrschaftsbereich überblicken können. Im gesellschaftlichen Leben verkehrten die Unternehmerfamilien immer stärker im geschlossenen Kreis der ländlichen und städtischen Oberschicht, wobei sich angesichts der wachsenden kulturellen Bedürfnisse und der Einbettung in die lokalen Vereine auch enge Kontakte zum Bildungsbürgertum ergaben. Trotz des gediegeneren Lebensstils blieb aber für den Geschäftsalltag ein rigides Arbeits- und Leistungsethos bestimmend.[31]

Ansporn für den grossen Arbeitseinsatz war die Sorge um das Wohl der Familie. In den Unternehmerhaushalten setzte sich als Folge fabrikindustrieller Produktionsverhältnisse eine interne Arbeitsteilung durch: Während bei den Landverlegern die Frauen im Rahmen der traditionellen Familienwirtschaft in der Firma oft wichtige Funktionen übernommen hatten, blieb durch die Trennung von Erwerbsarbeit und Wohnen die Frauenrolle nun auf Haushaltführung und Kindererziehung beschränkt. Caspar Honeggers Mutter beispielsweise besorgte neben dem Haushalt noch die Landwirtschaft und arbeitete im Verlag, sie half «in solchem Masse, dass der Vater ohne sie schwerlich auf den Punkt gekommen wäre, auf den er es brachte». In der folgenden Generation hingegen waren die Aufgabenbereiche getrennt. Die Männer leiteten die Firma und übernahmen in der bürgerlichen Öffentlichkeit vielfältige Funktionen; der Lebenskreis der Frauen be-

Oben: Die 1869 in Winterthur für Eduard Bühler-Egg (1833–1909), den Besitzer einer Spinnerei in Kollbrunn, erbaute Villa zeugt vom gestiegenen Repräsentationsbedürfnis der erfolgreichen ländlichen Unternehmer. Das prachtvolle Landhaus mitten in einer grossen Parkanlage liess der Firmenerbe, der die Tochter eines reichen Winterthurer Grosskaufmanns geheiratet hatte, nach den Plänen eines bekannten Basler Architekten erstellen.

Unten: Das Wohnzimmer der Villa des Baumwollindustriellen und Eisenbahnkönigs Adolf Guyer-Zeller (1839–1899) in Bäretswil-Neuthal um 1900 unterstreicht den gehobenen Lebensstil der etablierten Wirtschaftsbürger. Das fast bühnenhaft inszenierte Innere lädt kaum zum Wohnen ein, sondern zeigt Macht und Reichtum seines Besitzers.

Der weibliche Lebenszyklus auf dieser Lithographie des ausgehenden 19. Jahrhunderts zeigt anschaulich, welche Erwartungen an die Rolle der Frau in der bürgerlichen Familie geknüpft waren. Als Gattin und Mutter sollte sie sich der Kindererziehung und dem Haushalt widmen, während Berufsarbeit und öffentliche Tätigkeit dem Mann vorbehalten waren.

schränkte sich auf die Rolle als Gattin, Hausfrau und Mutter, was von vielen Frauen in der Phase des Übergangs eine schmerzhafte Anpassung verlangte. In der zweiten Unternehmergeneration war die Trennung des Alltags zur Realität geworden, und die Fabrikantengattin führte den repräsentativen Grosshaushalt und pflegte die Häuslichkeit. Dabei war die Unterordnung der Frau unter die Bedürfnisse des Betriebs und die öffentlichen Geschäfte ein absolutes Muss. Für die Männer diente das Familienleben der emotionalen Versorgung, «als Labsal nach harter Arbeit».[32]

Schwangerschaft und Geburt hatten in der Unternehmerfamilie einen hohen Stellenwert, da das dynastische Denken auf einen Betriebserben ausgerichtet war. In krassem Gegensatz zur Situation in den Fabriklerfamilien konnten die Unternehmergattinnen ihre Kleinkinder mit grosser Fürsorglichkeit betreuen. Die fachbezogene Ausbildung der Söhne war Sache der Väter, während die standesgemässe Vorbereitung der Töchter auf die Ehe den Müttern oblag. Im Mittelpunkt der Erziehung standen bürgerliche Tugenden wie Fleiss, Sparsamkeit und Pflichterfüllung. Die Nachkommen hatten sich, sogar wenn sie erwachsen waren, der väterlichen Autorität absolut unterzuordnen. Der 21jährige Gustav Rudolf Zinggeler (1864–1954) musste nach dem Chemiestudium all seine Pläne aufgeben, weil der Vater kurzerhand den Eintritt in den Betrieb befahl. Das gesamte Leben wurde auf das Familienunternehmen ausgerichtet: Die Bedürfnisse der Firma bestimmten Erziehung, Beruf, Partnerwahl, Heiratsalter und Ehe.[33]

Ein wichtiger Teil des Unternehmerlebens galt der politischen Tätigkeit. Die Pioniere der Industrialisierung gehörten zu den Gegnern des Ancien Régime, und die meisten beteiligten sich 1830 an der bürgerlichen Revolution. Im neuen Staatswesen dann gehörten sie zur politischen Elite, und sie hatten – nicht zuletzt zur Durchsetzung handfester wirtschaftlicher Interessen – zahlreiche Ämter in den Legislativorganen des Kantons und später des Bundes inne. In den lokalen Behörden beeinflussten die Unternehmer oft die Gemeindeentwicklung und setzten sich aktiv für den Strassen- und Eisenbahnbau ein. Das ideologische Fundament bildete dabei der Liberalismus. Nur wenige Industrielle beteiligten sich hingegen aktiv an der demokratischen Bewegung, in der viele, wie Caspar Honegger (1804–1883), mit Blick auf die Progressivsteuer den ersten Schritt zum «Kommunismus» sahen.[34]

Unter dem Druck staatlicher Eingriffe in die Wirtschaftsfreiheit begannen sich die Unternehmer in festen Institutionen zusammenzuschliessen: 1842 wurde der Industrieverein, 1854 die Seidenindustriegesellschaft, 1855 der Börsenverein gegründet. Indem in diesen Organisationen Fabrikanten aus der Stadt und von der Landschaft Informationen austauschten, interne Regelungen vereinbarten und ihre Interessen geschlossen gegen aussen vertraten, entstand allmählich ein kantonsweites Wirtschaftsbürgertum, das nach 1850 immer stärker auch die nationale Entwicklung beeinflusste. Dies zeigte sich beispielsweise darin, dass die Textilindustriellen von der Landschaft zusammen mit den Spitzen des liberalen Stadtbürgertums um Alfred Escher massgeblich am wirtschaftlichen Aufbau beteiligt waren und im Kreis der sogenannten «Bundesbarone» die eidgenössische Politik mitbestimmten.[35]

Neben dem Unternehmertum rückte im bürgerlichen Staat als Folge von Professionalisierung und Bürokratisierung auch eine schmale Schicht von Gebildeten in gesellschaftliche Führungspositionen auf. Was diese nach Herkunft, Lebensstil, Prestige und politischem Einfluss heterogene Gruppe von Ärzten, Pfarrern, Juristen, Redaktoren und Lehrern verband, waren bestimmte Leistungsqualifikationen. Nicht der Besitz, sondern Wissen und Bildung sicherten soziale Wertschätzung und privilegierte Position.

## Ärzte

Einen markanten Aufstieg verzeichneten dabei die Ärzte, denen es am besten gelang, bestimmte Leistungen für sich zu monopolisieren und dafür hohe Entschädigungen zu erzielen. Die Anfänge dieser Entwicklung reichen ins 18. Jahrhundert zurück, als aufgeklärte Stadtzürcher Mediziner aus führenden Ratsgeschlechtern einen Ausbau des Gesundheitswesens für die Stadt- und Landbevölkerung einleiteten und 1782 auf privater Basis das «Medizinal-chirurgische Institut» für die Ausbildung der handwerklich geschulten Landchirurgen gründeten. Es sollte dem Stadtstaat im Rahmen einer «entzauberten Weltsicht» zu wissenschaftlich gebildeten Ärzten verhelfen und die medizinische Versorgung des Landes aus dem Zuständigkeitsbereich der Zünfte lösen. Die Ausbildung wandelte sich von der zünftisch-handwerklichen zur wissenschaftlich-akademischen Institution.[36]

Eine neue Qualität erreichte die Akademisierung des Arztberufs 1798 beziehungsweise 1803 im Rahmen der politischen Neuordnung. Die Paten-

Die Zürcher Mediziner (hier ein Gruppenbild von 1868) schlossen sich bereits 1810 in der kantonalen Ärztegesellschaft zusammen, die eine konsequente Standespolitik verfolgte. Vorne am Tisch sitzt in der Mitte einer der wichtigsten Verfechter der ärztlichen Interessen, der Schulmediziner und liberale Regierungsrat Hans Ulrich Zehnder (1798–1877).

Die politische Karriere führte Zehnder 1844 ins Bürgermeisteramt. Als Regierungsrat förderte er bis zu seinem Rücktritt 1866 entscheidend die Akademisierung des Arztberufs und den weiteren Ausbau des öffentlichen Gesundheitswesens (Anstalt Burghölzli, Pflegeanstalt Rheinau, neues Gebärspital).

Mit diesem Impfzeugnis bestätigte der Hinwiler Bezirksarztadjunkt 1854 die erfolgreiche Pockenschutzimpfung an der 36 Monate alten Bertha Bachmann. Als erste Naturwissenschaft griff die Medizin nachhaltig ins Alltagsleben der Menschen ein.

### Vorsorgemedizin setzt sich durch

Um 1800 war man gefährlichen Infektionskrankheiten wie den Pocken noch weitgehend hilflos ausgeliefert. 1796 hatte der englische Arzt Edward Jenner aber ein erfolgreiches Verfahren zur Bekämpfung entwickelt: Kinder wurden mit Kuhpockenerregern geimpft, um sie gegen die Krankheit zu immunisieren. Zu Beginn des 19. Jahrhunderts fand die neue Methode auch im Kanton Zürich Eingang, und 1819 wurde die Pockenschutzimpfung für obligatorisch erklärt. In den folgenden Jahrzehnten nahmen die Ärzte im ganzen Kanton Hunderttausende von Impfungen vor. Allerdings kannte man damals die Ursachen der Krankheit noch nicht, noch wusste man, weshalb die Impfung überhaupt wirkte; der Erreger wurde erst 1893 entdeckt. Trotzdem waren die Massnahmen erfolgreich: Die Pocken wurden zu einer seltenen Krankheit, die nicht mehr epidemisch auftrat. Diese Teilerfolge «wissenschaftlicher Methoden» förderten einerseits die zunehmende «Entzauberung der Welt», anderseits bildeten sie die Rechtfertigung für den Ausschluss anderer Heilpraktiken und die Grundlage für den sozialen Aufstieg der Ärzteschaft.

tierung der Mediziner wurde nun von der Zunft gelöst; ein Sanitätskollegium unter der Leitung von akademisch ausgebildeten Schulmedizinern nahm fortan die Zulassungsprüfungen ab und führte gleichzeitig einen hartnäckigen Kampf gegen andere Heilpraktiker. Das Medizinisch-chirurgische Institut wandelte sich 1804 zur kantonalen Lehranstalt, die 1834 als Medizinische Fakultät an die neugegründete Universität überging. Unter der Schirmherrschaft des Regierungsrats und Arztes Hans Ulrich Zehnder (1798–1877) fand die akademische Ausbildung 1854 schliesslich auch ihre gesetzliche Verankerung: Als Mediziner konnte nur tätig sein, wer nach Maturität und Universitätsstudium ein staatliches Patent aufgrund einer Prüfung durch den Medizinalrat (mehrheitlich zugelassene Ärzte) erwarb. Alle übrigen Heilpraktiker durften ihre Fähigkeiten nicht mehr ausüben und konnten gerichtlich verfolgt werden. Damit hatten sich die Zürcher Ärzte endgültig das Behandlungsmonopol gesichert; die Zulassung zum Beruf und die Berufsausübung lagen ohne grössere Eingriffsmöglichkeiten des Staats in ihrer Hand. Diese Entwicklung sollte sich 1877 auch auf gesamtschweizerischer Ebene durchsetzen.[37]

Die 1810 gegründete Kantonale Ärztegesellschaft förderte durch die Wahrnehmung der Mitgliederinteressen gezielt den Professionalisierungsprozess und war dabei durch ihre enge personelle Verknüpfung mit der Regierung auch sehr erfolgreich. Die noch nachhaltig vorhandenen altständischen Gegensätze zwischen Stadt- und Landärzten wurden eingeebnet und die Mitglieder zu einer verbindlichen Standesethik verpflichtet. Zur Rechtfertigung ihrer beruflichen Interessen entwarf die Organisation ein Arztbild mit höherer Weihe: Die Ärzte stellten sich als «Priester der Natur und Diener der Menschheit» dar, die ihre besondere Kunst und überlegene Wissenschaft zum Wohl des Einzelnen und des ganzen Vaterlandes einsetzten. Das stark überhöhte Selbstbild der Ärzte, das im Verlauf des 19. Jahrhunderts zunehmend von der Bevölkerung übernommen wurde, sicherte den Prestige- und Statusgewinn der Mediziner ideologisch ab, und das Verbot volksmedizinischer Praktiken trug das seine dazu bei, dass Patienten und Patientinnen zunehmend in ein Abhängigkeitsverhältnis zu den Ärzten gerieten. Dabei konnten die Ärzte auch vom Ausbau der staatlichen Medikalisierung (Bau von Spitälern, Schaffung von Bezirksarztstellen usw.) und der im Interesse der Erhaltung der Arbeitskraft wachsenden Bedeutung der Volksgesundheit profitieren.[38]

Ein grosser Teil der Mediziner ging aus ländlichen Arzt- und Honoratiorenfamilien und aus dem Stadtbürgertum hervor. Aber auch Angehörige der Mittelschicht – wie etwa der aus einer Oberengstringer Tischlerfamilie stammende Hans Ulrich Zehnder – konnten in den angesehenen Ärztestand aufsteigen, wobei der Ausbau des Bildungswesens nach 1830 die Aufstiegschancen noch erweiterte. Als Teil der arrivierten ländlichen Oberschicht gehörten die Mediziner zu den Trägern der Helvetischen Revolution und des Umsturzes von 1830/31. Ihr Einsatz für eine liberale Wirtschafts- und Gesellschaftsordnung war direkt mit ihrem naturwissenschaftlich-akademischen Berufsverständnis verknüpft, das erst dank der Durchsetzung einer aufgeklärten, rationalen und bürgerlichen Weltsicht möglich wurde.[39] Nach der Verwirklichung des bürgerlichen Staats liess indessen das politische Interesse der Ärzte immer mehr nach. An der demokratischen Bewegung waren denn auch die meisten Ärzte – eine Ausnahme bildete Friedrich Scheuchzer (1828–1895) – nicht beteiligt, weil ihnen die sozialpolitischen Forderungen zu weit gingen. So wich die emanzipatorische Gesinnung der Ärzteschaft, wie sie zu Beginn des 19. Jahrhunderts noch üblich war, zunehmend einer sozialkonservativen, auf die Bewahrung der Privilegien ausgerichteten Haltung.[40]

Sowohl was die politische Gesinnung, aber auch den gesellschaftlichen Umgang und das Heiratsverhalten betraf, ergaben sich mehr und mehr Verbindungen zwischen Ärzten und dem Wirtschaftsbürgertum. Auch wurde der Arztberuf dank der Akademisierung und der entsprechend hohen Einkommen so attraktiv, dass einerseits immer mehr nachgeborene Unternehmersöhne ein Medizinstudium absolvierten, während anderseits Ärzte zu bevorzugten Heiratspartnern für Fabrikantentöchter avancierten. Ein bezeichnendes Beispiel dafür ist die Baumwollindustriellenfamilie Zangger in Uster, in der ein Bruder des Firmenerben, Hans Jakob Zangger (1804–1873), Arzt war, während die Schwester Barbara Zangger (1790–1874) den Mediziner Jakob Rosenkranz (1775–1849) heiratete. Besitz- und Bildungsbürgertum rückten so näher zusammen, und dass auf eine standesgemässe Partnerwahl grosser Wert gelegt wurde, war Ausdruck einer gehobenen gesellschaftlichen Stellung. Eine Liebesheirat mit einem vermögenslosen Angehörigen der Unterschicht hingegen wurde in bürgerlichen Kreisen als «Schwärmerei» verurteilt und führte zu harten gesellschaftlichen Sanktionen.[41]

## Pfarrer

Im Gegensatz zu den Ärzten erlebten die protestantischen Pfarrer im 19. Jahrhundert einen fortschreitenden Statusverlust, der teilweise schon im Ancien Régime eingesetzt hatte. Bis zum Umsturz 1830 bildeten die Pfarrer sozusagen eine stadtbürgerliche Bastion auf der Landschaft. Als Präsident des 1804 wieder eingerichteten «Stillstandes» (Kirchen-, Armen- und Schulaufsicht, dessen Mitglieder nach dem Gottesdienst in der Kirche stehen blieben, um die aktuellen Probleme zu behandeln) kontrollierte der Pfarrherr die moralische und sittliche Integrität der Gemeinde. Er übte vielfältige Verwaltungsfunktionen aus, gehörte zu den reichsten Gemeindebewohnern und nahm im Dorf eine zentrale gesellschaftliche Stellung ein. Das Ausmass des sozialen Ansehens widerspiegelte sich unter anderem in der feierlichen Amtseinsetzung: Als 1829 Otto Anton Werdmüller (1790–1862) als neuer Geistlicher nach Uster kam, ertönten bei der Einfahrt ins Dorf Böllerschüsse, militärische Posten salutierten, und 1300 Schulkinder standen Spalier.[42]

Der liberal-radikale Politiker Johannes Hegetschweiler (1789–1839) stammte aus einer begüterten Landarztfamilie im Knonauer Amt. 1809 trat er ins Medizinisch-chirurgische Institut ein, danach folgten Studien in Tübingen, und nach der Heirat mit Katharina Bodmer, einer Enkelin des helvetischen Senators, übernahm er in Stäfa eine Praxis, die dank seiner fundierten Ausbildung bald florierte.

Seinem Status entsprechend engagierte er sich unter anderem in der Naturforschenden Gesellschaft sowie in der Lesegesellschaft Stäfa, und als einer der ganz wenigen Landbürger schaffte er 1817 die Aufnahme in die Zürcher Freimaurerloge «Modestia cum Libertate». Sein Auftritt an der Volksversammlung von Uster im Jahr 1830 machte ihn über Nacht kantonsweit bekannt. Im Grossen Rat und im Regierungsrat setzte er sich vor allem für die Humanisierung des Strafvollzugs ein. Später nahm er eine gemässigt-bewahrende Haltung ein. Als er im «Züriputsch» zu vermitteln versuchte, geriet er zwischen die Fronten und wurde von der Kugel eines Landstürmers tödlich getroffen.

Der aus einem Stadtzürcher Bürgergeschlecht stammende Otto Anton Werdmüller (1790–1862) – hier 1845 mit seiner Frau Magdalena Werdmüller-Esslinger und zwei Töchtern – wirkte während über 30 Jahren als Pfarrer in Uster. Die Arbeitsbelastung eines Dorfpfarrers als Seelsorger, Lehrer und Beamter war gross: Während seiner Amtszeit hat Werdmüller nicht nur 4642 Kinder getauft und über 4000 Gemeindemitgliedern den letzten Segen erteilt, sondern er war auch Präsident der Schulpflege, führte den Vorsitz im Stillstand (Kirchenpflege), betreute die Armenfürsorge und unterrichtete eine grosse Zahl von Unterweisungsschülern.

Kirche, Friedhof, Pfarrhaus und pfarrherrliche Ökonomiegebäude bildeten seit dem Hochmittelalter den dörflichen Sakralbereich, der als Einheit verstanden wurde. Die Federzeichnung (1848) von Johann Jakob Meyer zeigt das gegen Ende des 18. Jahrhunderts errichtete Dübendorfer Pfarrhaus. Die zentrale Lage und die Stattlichkeit der Bauten unterstreichen die gesellschaftliche Stellung des Pfarrers. Im Lauf des 19. Jahrhunderts liefen jedoch die grossen Fabrikantenvillen den Pfarrhäusern zusehends den Rang ab, auch dies ein Zeichen für den sozialen Abstieg der Pfarrer. «Die schweizerischen protestantischen Geistlichen sind nicht mehr die Herren von ehemals. Was wir vor uns sahen, das waren leidlich anständig, nicht nobel gekleidete, leidlich wohl genährte Proletarier.» («Tagwacht», 2. September 1874)

Nach der Revolution von 1830 schränkte dann die vom liberalen Bürgertum vorangetriebene Bürokratisierung und Säkularisierung der Gesellschaft die öffentliche Stellung des Pfarrers schrittweise ein. Schon das neue Pfarrbesoldungsgesetz (1832) brachte den Inhabern grosser Pfrundeinkommen erhebliche Verluste, die Reorganisation des Volksschulwesens löste die Lehrer aus der kirchlichen Bevormundung, und 1866 verlor der Pfarrer den gesetzlich festgelegten Vorsitz in der Gemeindeschulpflege. Zugleich nahm die sittlich-moralische Autorität und der meinungsbildende Einfluss der Geistlichen ab. Auch in religiös-kirchlichen Angelegenheiten gaben vermehrt Fabrikanten, Akademiker und Lehrer den Ton an. Derselbe Pfarrer Werdmüller, der 1829 mit höchsten Ehren empfangen worden war, musste es 1858 hinnehmen, dass die Bezirksschulpflege den Kindern den Besuch der Sonntagsschule kurzerhand untersagte.[43]

Ungeachtet der Einbussen an öffentlichem Ansehen gehörten die Pfarrer aufgrund ihrer akademischen Bildung weiterhin zur gesellschaftlichen Elite. Viele trafen sich regelmässig in der «Gemeinnützigen Gesellschaft», dem wichtigsten Forum aufgeklärter bürgerlicher Öffentlichkeit. Sie beteiligten sich federführend an der Sparkassenbewegung und versuchten die Unternehmer für einen christlich inspirierten Patriarchalismus zu gewinnen. Ehemalige Pfarrherren spielten in den neu aufkommenden Zeitungen, aber auch im höheren Bildungswesen, eine zentrale Rolle. Bis in die dreissiger Jahre waren die Geistlichen ausschliesslich Stadtbürger, denn nur diese waren zum theologischen Studium zugelassen. Auch danach stammten viele Pfarrer aus dem städtischen Bürgertum oder aber aus Pfarrfamilien. Parallel zum Statusverlust setzte eine Öffnung nach unten ein, indem auch Söhne aus Bauern-, Handwerker- und später Angestelltenfamilien ein Theologiestudium aufnahmen. Der Wandel in der sozialen Zusammensetzung schlug sich auch in der politischen Ausrichtung der Geistlichkeit nieder: Um 1830 war sie aufgrund ihrer städtischen Herkunft mehrheitlich konservativ-orthodox geprägt, und 1839 waren die Geistlichen denn auch entscheidend am antiliberalen Züriputsch beteiligt. In den sechziger Jahren dagegen spielten Pfarrer oder ehemalige Pfarrer, die aus kleinbürgerlichen Verhältnissen der Landschaft stammten, im Rahmen freisinniger Reformtheologie eine wichtige Rolle in der demokratischen Bewegung.[44]

Für die Pfarrfamilie im 19. Jahrhundert galten die Merkmale des «Ganzen Hauses».[45] Der Pfarrer verstand sich als Hausvater, der in umfassender Weise für Familie und Erziehung Verantwortung übernahm. Im Gegensatz zu den Familien des aufstrebenden Wirtschaftsbürgertums flossen im Pfarrhaus private und öffentliche Sphäre ineinander. In ihrer Orientierung an liebender Paarbeziehung, intimer Häuslichkeit, emotionalisierter Kindererziehung und Pflichterfüllung, die sich schon im 18. Jahrhundert ausgebildet hatte, wirkte die Pfarrfamilie als wichtiges Leitbild für die Durchsetzung von bürgerlichen Ehe- und Erziehungskonzepten auf der Landschaft. Zugleich gehörten die Pfarrfamilien zu den ersten, die eine Berufsausbildung für ihre Töchter – meist im musischen oder erzieherischen Bereich (Privatinstitut, Welschlandaufenthalt) – unterstützten. Da Pfarrtöchter kaum mit einem Erbe rechnen konnten, widmeten sie sich als Leiterinnen von Mädcheninstituten oder als Privatlehrerinnen schon früh einer beruflichen Erwerbstätigkeit, was ihnen im Fall einer Nichtverheiratung eine mehr oder weniger selbständige Existenz ermöglichte.[46] So trugen nebst dem akademischen Bildungshintergrund auch die Erziehungs- und Familienvorstellungen und die Bekanntschafts- und Heiratskreise dazu bei, dass die protestantische Geistlichkeit trotz aller politisch-ideologischen Gegensätze mit den anderen Gruppen der ländlichen und städtischen Oberschicht verbunden blieb. Und obwohl sie der herrschaftlichen Funktionen enthoben und auf den innerkirchlichen Bereich verwiesen worden war, wurde sie ins Bildungsbürgertum integriert.

Beamte und Juristen
Während die Bürokratisierung die Stellung der Geistlichen eher einschränkte, eröffnete sie Beamten und Juristen neue Möglichkeiten. Im Ancien Régime lagen die Regierungs- und Verwaltungsstellen ausschliesslich in der Hand der städtischen Magistratenfamilien, denen sie aufgrund von Geburt und Herkommen zustanden. Unter dem Eindruck der helvetischen Neuerungen verlangten aufgeklärte Exponenten aus städtischen Ratsgeschlechtern nach einer theoretischen Ausbildung für «Staatsdiener». 1807 wurde zu diesem Zweck das «Politische Institut» gegründet, das – ähnlich dem «Medizinisch-chirurgischen Institut» – auf ein akademisches Studium an einer ausländischen Universität vorbereiten, beziehungsweise dem Staat zu wissenschaftlich gebildeten Politikern verhelfen sollte. Nicht mehr die Standeszugehörigkeit, sondern Leistungsqualifikationen sollten fortan für die Beamtung entscheidend sein, wobei der juristischen Fachausbildung der Vorrang eingeräumt wurde. Versuche, Staatsstellen generell von der Ausbildung am Politischen Institut abhängig zu machen, scheiterten am Widerstand der auf ihre Privilegien bedachten Aristokratenfamilien.[47]

Das Politische Institut, das grundsätzlich allen Kantonseinwohnern offenstand, überwiegend aber von vermögenden Stadtbürgern besucht wurde, entwickelte sich in der Restauration zur Pflanzstätte einer akademisch geschulten Juristengruppe, die die Obrigkeit scharfer Kritik unterzog. Ihr politisches Engagement im liberalen Umsturz von 1830 zielte auf die Durchsetzung wissenschaftlich abgestützter Rechtsideen, war aber auch eine Strategie zur Professionalisierung; der «patrizische Patrimonialrichter» sollte durch den «studierten Berufsrichter» ersetzt werden. So verlangte der führende Kopf der «jungen Juristen», Friedrich Ludwig Keller, die Zulassung zu Richterstellen nur unter der Bedingung einer wissenschaftlichen Vorbildung zu gewähren. Mit dieser Forderung scheiterte er aber am Widerstand der patrizischen Kreise und der Landliberalen, die darin eine

In der Phase der bürgerlichen Neuordnung nach 1830, aber auch in der zweiten liberalen Ära ab 1844 stellten die Juristen eine grosse Zahl der liberal-radikalen Führungskräfte:

Stehend von links nach rechts: Friedrich Ludwig Keller (1799–1860), Professor für Römisches Recht an der Universität, Grossrat, führende Persönlichkeit der liberal-radikalen «Partei»; Heinrich Locher-Zwingli (1800–1865), Arzt, Professor an der Universität, Sanitätsrat von 1835 bis 1860; David Ulrich (1797–1844), akademisch gebildeter Jurist, 1831 bis 1839 Staatsanwalt, liberal-radikaler Grossrat.

Sitzend: Hans Heinrich Vögelin (1810–1874), Historiker, Lehrer für Geschichte an der Industrieschule, Mitarbeiter am «Republikaner» und engagierter liberaler Parteimann; Johann Jakob Rüttimann (1813–1876), ab 1834 Verhörrichter in Zürich, 1844 als Liberaler in den Grossen Rat gewählt, Regierungsrat und ab 1848 Ständerat; Jonas Furrer (1805–1861), Rechtsstudium in Göttingen und Heidelberg, Anwalt in Zürich, 1845 als Führer der Liberalen zum Bürgermeister gewählt, 1848 erster Bundespräsident.

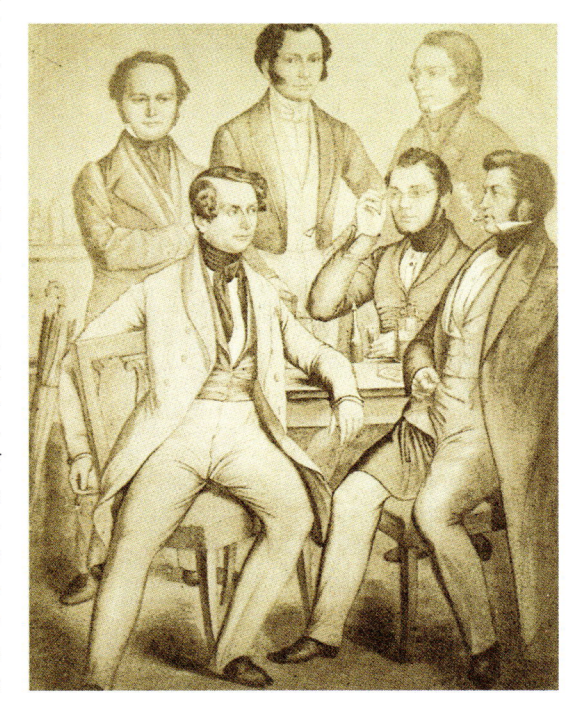

Das wichtigste Forum aufgeklärter bürgerlicher Öffentlichkeit bildete die Schweizerische Gemeinnützige Gesellschaft mit ihren kantonalen und regionalen Unterorganisationen. 1810 vom Zürcher Arzt Hans Caspar Hirzel (1751–1817) gegründet, sollte sie im Sinn aufklärerischer Verbesserung der Welt «Anstalten einrichten, Bedürftigen helfen, Rühmliches öffentlich lobigen und belohnen und Wohltätigkeit üben».

1829 erfolgte die Gründung eines «Zürcherischen Cantonalvereins». Als Sammelbecken der Bildungs- und Wirtschaftselite erarbeitete die Vereinigung in einem festgefügten Verhandlungsrahmen wegweisende Stellungnahmen zu allen wichtigen Problemen der Zeit.

Beschränkung der Handlungsfreiheit des Aktivbürgers sahen. In Gericht, Verwaltung und Advokatur waren die Laien deshalb weiterhin stark vertreten, und diese Situation wurde durch die Abneigung gegen das «Advokatenregiment» Ende der dreissiger Jahre weiter gefestigt. Die Einrichtung einer juristischen Fakultät an der Universität (hervorgegangen aus dem Politischen Institut) und die Verschärfung der Prüfungen für die Advokaten (Kantonsprokurator, Fürsprech), die unter der Kontrolle des akademisch beherrschten Obergerichts standen, trugen aber dennoch viel zur Verwissenschaftlichung und Standardisierung des Juristenberufs bei. Diese Entwicklung erlitt jedoch durch die demokratische Bewegung, die 1873/74 die freie Advokatur durchsetzte, einen empfindlichen Rückschlag. Die Konkurrenz der wirklich Tüchtigen sollte eine Verbilligung der Honorare ermöglichen.[48]

Bis in die siebziger Jahre war die Akademisierung der Juristenausbildung nur tendenziell erreicht, und die Kontrolle über den Zugang zum Beruf und über die Berufsausübung lagen nicht in der Hand der Berufsorganisation. Soweit sich die Juristen organisierten, taten sie dies im 1861 gegründeten Schweizerischen Juristenverein, der indessen wenig für berufsständische Interessen tat. Die im Vergleich zu den Ärzten geringere Professionalisierung der Juristen erklärt sich jedoch nicht nur aus den Widerständen im demokratisch legitimierten Staat, sondern auch aus den ausgezeichneten Möglichkeiten, die sich für Juristen innerhalb des bürgerlichen Staats auch ohne berufsständische Abschottung eröffneten. Der Aufbau einer modernen Rechtspflege und die Zunahme der Staatstätigkeit nach 1830 schufen glänzende Karrierechancen. In den dreissiger Jahren beherrschten die akademisch gebildeten Juristen um Friedrich Ludwig Keller (1799–1860) die politische Szene, in der zweiten liberalen Ära gaben die Juristen Alfred Escher (1819–1882), Jonas Furrer (1805–1861), Jakob Dubs (1822–1879) und Johann Jakob Rüttimann (1813–1876) den Ton an, die nicht nur auf kantonaler, sondern auch auf nationaler Ebene zu den höchsten Ämtern aufstiegen. Durch die enge Verbindung von Politik und Wirtschaft waren viele Juristen auch an den neuen Unternehmungen der fünfziger Jahre (Eisenbahngesellschaften, Banken, Versicherungen) beteiligt, was mit beträchtlichen Einkünften einherging.[49]

### Die Lehrer

Von der zunehmenden Professionalisierung qualifizierter Dienstleistungen profitierte in der bürgerlichen Gesellschaft auch der Lehrerberuf. Bis 1830 war das Schulmeisteramt, das unter der Kontrolle des Pfarrers stand, ein Nebenerwerb: Die schlecht besoldeten Landschullehrer sassen einen schönen Teil des Tages am Webstuhl, hantierten mit Schere, Ahle und Nadel oder bebauten ihre landwirtschaftlichen Güter.[50] Die liberalen Schulreformen verankerten 1832 eine institutionalisierte Fachausbildung für Volksschullehrer im Seminar Küsnacht. Damit veränderten sich Berufsbild und Berufswirklichkeit des Lehrers grundlegend. Schon in seiner Eröffnungsrede machte der neue Seminardirektor Ignaz Thomas Scherr (1801–1870) deutlich, dass der Lehrerberuf fortan kein Nebenerwerb mehr sein solle, sondern Arbeit und Leistung beinhalte. Die angehenden Lehrer erhielten eine von pädagogisch-systematischen Grundsätzen geleitete, umfassende Ausbildung, und die Ausübung des Berufs wurde an einen staatlichen Fähigkeitsausweis gebunden.

Parallel zur Erhöhung der Zulassungsanforderungen wandelte sich der Lehrerberuf zur hauptamtlichen Tätigkeit. Der Besoldungsanteil des Kantons stieg auf 50 Prozent, die kirchlichen Funktionen des Lehrers (Vorsingeramt) wurden beseitigt, und die Lehrerschaft erhielt im neuen Unterrichtsgesetz von 1859 eine Alters- und Hinterbliebenenversicherung. Die Entlöhnung näherte sich Beamtenstandards. Obwohl sich Status und Prestige in der Gesellschaft dadurch anhoben, erreichte die Lehrerschaft bis 1870 kein Einkommen, das eine bürgerliche Lebensführung ermöglicht hätte. Ein schlechtbezahlter Lehrer – die Ansätze waren in den einzelnen Gemeinden sehr unterschiedlich – war auf Nebenverdienst und Mitarbeit von Frau und Kindern im Rahmen der Familienökonomie angewiesen. Erst langsam – gestützt durch staatliche Lohnpolitik und sozialpolitische Versorgungsansprüche – wandelte sich die Lehrerfamilie von einer Produktionsgemeinschaft zu einer bürgerlichen Familie als Hort der Liebe, der Intimität und der sorgfältigen Kindererziehung.[51]

Der Staat baute die Berufsbildung weiter aus, und in der demokratischen Bewegung forderten die Lehrer, angeführt von ihrem Vorkämpfer Johann Caspar Sieber (1821–1878), die Hochschulausbildung. Mit dem Postulat, durch eine bessere Volksbildung lasse sich die direkte Demokratie in der Bevölkerung besser verankern, strebten die Lehrer eine akademische Ausbildung an, wodurch sie den Ausübenden der andern bildungsbürgerlichen Berufe, wie Geistliche, Ärzte, Juristen, gleichgestellt worden wären. Diese Professionalisierungsbemühungen scheiterten aber, weil es sich bei den Lehrern um Staatsangestellte handelte und weil Erziehung und Bildung als soziale Werte bei der ums Überleben kämpfenden Bevölkerung nicht im Vordergrund standen. Dementsprechend wurde das neue Unterrichtsgesetz 1872 deutlich verworfen.[52]

Als diese Seminaristen 1877 ihre Ausbildung abschlossen, hatte sich der Lehrerberuf gundlegend verändert: Aus dem Schulmeister, der in der Zeit vor 1830 sein Amt als Nebenerwerb versah, war ein hauptamtlicher Schullehrer geworden, der in der Gemeinde über ein beachtliches Ansehen verfügte.

Die Karikatur des konservativ gesinnten Stadtzürcher Zeichners und Schriftstellers David Hess (1770–1843) wandte sich gegen die liberalen Schulreformen von 1832, die eine Verweltlichung des Schulstoffs und einen Abbau der pfarrherrlichen Kontrolle über die Lehrer einleiteten. Der ungepflegte Schulmeister, der die Religion mit Füssen tritt, examiniert den Pfarrer nach der neuen Sprachlehre unter dem Motto:

«Der Herr Schullehrer ist ein grosser Mann;
Bey dem der Pfarrer selbst noch lernen kann!»

Die Konkurrenz der jungen, seminaristisch gebildeten Volkserzieher brachte einen erheblichen Prestigeverlust für die Pfarrer. Dieser Umstand sowie ihre für Stadtbürger typische tendenziell konservative Haltung und die Angst vor Gefährdung der Religion durch bibelkritisch denkende Lehrer führte schliesslich zur massiven geistlichen Opposition gegen die liberale Regierung im «Züriputsch».

Die Lehrer kamen aus allen Schichten der Bevölkerung, wobei die Heim- und Fabrikarbeitersöhne deutlich untervertreten waren. Recht zahlreich waren hingegen Söhne aus Lehrerfamilien sowie bevormundete junge Leute, die man irgendwo «versorgen» musste. Den höchsten Anteil an Seminarabsolventen stellten aber von 1835 bis 1865 die Bauernsöhne. Für viele bedeutete der Seminarbesuch einen sozialen Aufstieg, zumal der Lehrerberuf als Sprungbrett für eine akademische Ausbildung, eine politische Karriere oder eine Einheirat in wirtschaftsbürgerliche Kreise dienen konnte. Heinrich Grunholzer (1819 – 1873), Lehrer in Bauma, der die Tochter des Ustermer Baumwollindustriellen und Politikers Hans Heinrich Zangger (1792 – 1869) heiratete, dann selbst als Industrieller tätig wurde und ab 1860 als liberaler Nationalrat amtete, ist ein eindrückliches Beispiel dafür.[53]

Die bildungsbeflissene und leistungsorientierte Lehrerschaft war seit 1832 in der kantonalen Lehrersynode als staatlich verordnete Berufsorganisation zusammengeschlossen, wo sie durch Diskussionen, Geselligkeit und Weiterbildung ein eigenes Standesbewusstsein entwickelte. Als «Priester des Volkes und der Bildung», als «Verbreiter der Wissenschaft im Volk» bildeten die Lehrer zwar eine wichtige Stütze des bürgerlichen Staats, es gelang ihnen aber nicht, durch die standespolitische Interessenvertretung eine den Ärzten oder Juristen vergleichbare berufliche Stellung durchzusetzen. Dennoch waren sie aufgrund ihrer Ausbildung in ihrer politischen und kulturellen Aktivität (Sängervereine) zentrale Träger und Verbreiter des bürgerlich-liberalen Gedankenguts, bevor sie sich in den sechziger Jahren unter berufs- und sozialpolitischen Gesichtspunkten vermehrt demokratischen und sozialdemokratischen Ideen zuwandten.[54]

### Der Handwerkerstand tritt «in ein neues Stadium»

An der Wende zum 19. Jahrhundert fanden auf der Landschaft 15 bis 20 Prozent der Haushalte, in der Stadt rund die Hälfte der Bürger ihr Auskommen ganz oder teilweise im traditionellen Handwerk und Gewerbe. Die Landhandwerker, die nicht ins städtische Zunftwesen eingebunden waren und für die lokalen Märkte produzierten, waren in etwa 70 sehr unterschiedlichen Berufen tätig, und praktisch alle bewirtschafteten daneben ein

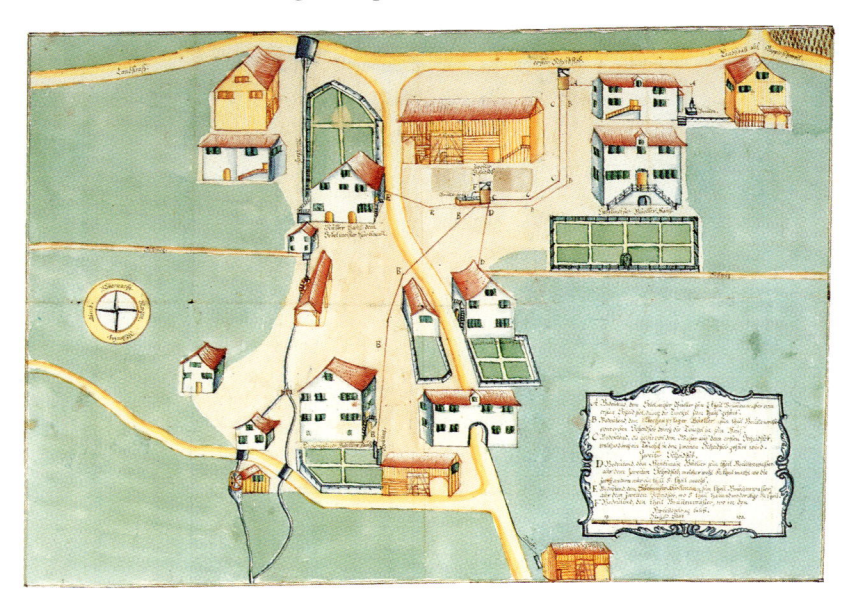

Der Plan der Mühle in Feldbach, der auch die Zuleitung von Brunnenwasser zu den verschiedenen Häusern regelte, ist Ausdruck der Sonderstellung, die die Ehaftenbesitzer im ländlichen Gewerbe einnahmen. Als Angehörige der «Gewerbearistokratie» gehörten sie zur dörflichen Oberschicht, die dank ihrer 1804 wiedererlangten Monopolstellung über erhebliche Bereicherungschancen verfügte und auch Nebenerwerbsmöglichkeiten im Vieh-, Getreide- oder Weinhandel nutzen konnte. So stiegen denn im 19. Jahrhundert zahlreiche Müller dank ihres Reichtums und insbesondere weil sie über die erforderlichen Energiequellen verfügten, zu Fabrikunternehmern auf.

Werkstatt und Laden vieler Handwerker bildeten um 1800 noch eine Einheit. Man klappte einfach den Fensterladen der Werkstatt heraus und konnte so die vor dem Haus stehenden Kunden bedienen. So wie die hier abgebildete Werkstatt eines Bürstenmachers waren die meisten städtischen und ländlichen Handwerksbetriebe mit ihrem geringen Energie- und Platzbedarf bis 1870 ausgesprochen klein.

Bauerngut. Sozial zerfiel das Landhandwerk in zwei Gruppen: Die reichen Ehaftenbesitzer (Müller, Gerber, Schmiede usw.), deren Gewerbe eine rechtlich abgesicherte lokale Monopolstellung einnahmen und an einen hohen Sachaufwand gebunden waren, bewirtschafteten teilweise grosse Höfe und beschäftigten Knechte und Mägde. Alle anderen «Professionisten» (Schneider, Schuster, Schreiner usw.) arbeiteten im Einmannbetrieb. Hin und wieder halfen Kinder und Lehrlinge mit, während die Frauen vor allem die Bewirtschaftung des Bauernhofs übernahmen. Das Handwerk war stark in die ländliche Gesellschaft eingebettet: Die Bezahlung der Arbeit erfolgte nach der Ernte und bestand angesichts der allgemeinen Geldknappheit oft in Naturalien.[55]

In der Stadt Zürich waren Handwerk und Gewerbe zünftisch gebunden; die Zünfte bildeten das Fundament der Verfassung und der militärischen Verteidigung. Auch wenn das städtische Handwerk kein umfassendes Produktions-, Absatz- und Ausbildungsmonopol besass, war es doch in verschiedener Hinsicht privilegiert: Einzelne Gewerbe durften nur in der Stadt ausgeübt werden, dem Landhandwerk war der Absatz auf dem städtischen Markt untersagt. Das Wirtschaftsverhalten wurde vom Prinzip der «gesicherten Nahrung» und der handwerklichen «Ehre» beherrscht. Damit jeder seine Nahrung fand, gab es eine Fülle von Innungsvorschriften, um das Konkurrenzprinzip auszuschalten und eine differenzierte Arbeitsteilung zu gewährleisten. Meister, Gesellen, Lehrlinge und der ganze Meisterhaushalt unterstanden in ihrem Tun und Lassen vielen Verhaltensnormen (Ehrenkodex), denen die Meister- und Gesellenverbände Nachachtung verschafften. Die Vorschriften und Verbote erstreckten sich entsprechend der Funktion der Zunft als korporatistische Zwangsorganisation auf alle Lebensbereiche. Aufgrund der sozialen, kulturellen und politischen Ordnung war für die Angehörigen des Handwerkerstands ein traditionalistisches, Neuerungen abholdes Verhalten charakteristisch.[56]

Vom Beginn des 19. Jahrhunderts an geriet das Handwerk von zwei Seiten unter Druck: zum einen durch das Maschinen- und Fabrikwesen, das immer weitere Teile der Produktion erfasste, zum anderen durch die vom ländlichen Wirtschaftsbürgertum durchgesetzte kapitalistische Konkurrenzwirtschaft, die in diametralem Gegensatz zum zünftischen Nahrungsdenken stand. Die Helvetische Revolution proklamierte 1798 erstmals die Handels- und Gewerbefreiheit; aber bereits 1804 wurden Zünfte und Ehaftengewerbe

Die Gewerbefreiheit setzt sich durch
Die Gewerbefreiheit sahen die Handwerker um die Mitte des 19. Jahrhunderts als «Zustand der Gesetzlosigkeit und Willkür, welcher so eigentlich das Saatfeld der Halb- und Ganzpfuscherei ist».

Dieser Position hielt die Zürcher Regierung 1847 in einem umfangreichen Gutachten entgegen:

«Soll an die Stelle der auf Vorrechte gestützten Einbildung, die der frühere Handwerker von sich und seiner Stellung haben musste, mehr und mehr das rechte Gefühl seiner Würde treten, soll die Thätigkeit, die auf Ausschliessung und Verdrängung der Mitbewerber berechnet war, mehr und mehr der Tüchtigkeit Platz machen, welche den Kampf mit ihnen zu bestehen weiss, so muss wohl vor Allem aus durch das Mittel der Bildung geholfen, so muss ein Handwerksstand gross gezogen werden, der durch einen Kern tüchtiger Männer auf den Weg des Fortschrittes geführt und auf ihm erhalten werden kann. (...) Die alte Zeit ist vorüber, im Gewerbsleben wie überall; sie kann nicht wieder zurückgerufen werden; sie soll es auch nicht. An die Stelle der Ausschliessung vieler zu Gunsten weniger tritt die gleiche Berechtigung aller; an die Stelle des Zwangs, der die Kräfte in feindliche Scharen trennte, ringt sich die freie Association empor, die die Kräfte zu verbinden, zu einigen strebt.»

im Zeichen konservativer Restabilisierung wieder eingeführt und die Landhandwerker zugleich ins städtische Zunftwesen von Zürich und Winterthur eingebunden. Nur in den Kleinstädten Eglisau und Elgg erhielten die Handwerker das Recht, sich in eigenen Gesellschaften zu organisieren. Im Rahmen der kantonalen Handwerksgesellschaften waren Stadt- und Landhandwerker fortan juristisch gleichgestellt; aber schon ab 1806 erhielten die städtischen Handwerker wieder eine bevorzugte Stellung: Landhandwerker durften beispielsweise ihre Waren ausser auf Jahrmärkten nur an ihrem Wohnort verkaufen.[57]

Von den Zunftvorschriften ausgenommen wurde 1804 aus wirtschaftspolitischen Überlegungen das Handels- und Fabrikwesen. Verschiedene Handwerkszweige bekamen deshalb den Konkurrenzdruck durch den Import billiger Fabrik- oder Manufakturwaren zu spüren. Darauf reagierten die Handwerker mit einer Vielzahl von Vorstössen, die unter anderem darauf abzielten, den Import durch Zölle einzudämmen, das Verkaufsmonopol zu sichern, den Hausierhandel einzuschränken, die Zahl der Meister durch hohe Eintrittshürden und Niederlassungsbeschränkungen klein zu halten. Die Regierung ihrerseits unterstützte diese Bestrebungen, um die aristokratische Herrschaft zu festigen.[58]

Das durch vielfältige Reglementierungen immer unübersichtlicher werdende Zunftwesen wurde vom liberalen Bürgertum nach 1830 zielstrebig abgeschafft. Obwohl der Handwerkerstand des ganzen Kantons, der sich als «wahrer Mittelstand» präsentierte, im sogenannten Bassersdorfer-Memorial geschlossen gegen die Einführung der Handels- und Gewerbefreiheit auftrat, hob der Grosse Rat 1832 für 20 Handwerke die zünftische Organisation auf, und 1837 erfolgte auf Druck verschiedener Handwerkszweige die Freigabe aller Gewerbe mit Ausnahme jener der Wirte und Metzger. Gegen diesen Schritt setzten sich viele Handwerker bis zur Jahrhundertmitte – nicht zuletzt auch unter dem Eindruck der Wirtschaftskrise – wiederholt zur Wehr. Die bürgerlich-liberale Regierung hielt aber 1847 mit dem Hinweis auf die «gleiche Berechtigung aller» an der Gewerbefreiheit fest und zwang die Handwerker, «in ein neues Stadium» einzutreten. Als nostalgische Erinnerung an ihre frühere Bedeutung blieb den Zünften in der Stadt Zürich nur der ab 1838 gemeinsam durchgeführte Sechseläutenumzug.[59]

Was die wirtschaftlich-soziale Stellung betrifft, so entwickelten sich innerhalb der heterogenen Gruppe der Gewerbetreibenden die einzelnen Berufszweige sehr unterschiedlich. Die reichen Ehaftenbesitzer (Müller, Gerber) und jene Handwerker, die über industriespezifisches Fachwissen verfügten (Schlosser, Mechaniker), schafften über ihre Tätigkeit in technisch innovativen Sektoren den Aufstieg ins Wirtschaftsbürgertum. Gleichzeitig entzog die fabrikindustrielle Produktionsweise aber vielen Ehaftenbesitzern die Existenzgrundlage: So gab es beispielsweise um 1800 in Wädenswil noch fünf vermögende Gerber, doch ihre Betriebe mussten unter dem Druck der Leder- und Schuhindustrie bis 1893 schrittweise liquidiert werden.[60] Die zahlreichen kleinen Handwerksbetriebe litten in der Zeit der Massenarmut unter der nur langsam wachsenden Nachfrage und dem Import billiger Manufakturwaren, was zu einem oft als Niedergang gedeuteten, härteren Konkurrenzkampf führte. Von 1830 bis 1848 stieg die Zahl der Handwerksmeister im Kanton um 7 Prozent, während das versteuerte Gesamtvermögen zugleich um 13 Prozent, das Gesamteinkommen um 7 Prozent abnahmen. Rund 20 Prozent aller Meister mussten zwischen 1835 und 1848 den Konkurs anmelden. Es gab also eine beachtliche Zahl von proletarisierten Kleinbürgern, vor allem im «stark übersetzten» Schneider- und Schusterhandwerk. Unter dem Druck der Industriekonkurrenz verschwanden einzelne Berufszweige ganz, so etwa die Kammacher, Nadler, Gürtler, Knopfmacher und Seifensieder. Umgekehrt konnte eine ganze Reihe von Gewerbetreibenden wie die Bäcker, Metzger, die Bauhandwerker, die Drechsler und die Schmiede von der Fabrikindustrialisierung profitieren.[61]

Im Rahmen des nach 1853 einsetzenden industriellen Aufschwungs erlebten Handwerk und Gewerbe ein erhebliches Wachstum: Die Zahl der Beschäftigten nahm um rund 60 Prozent zu; etwas mehr als ein Viertel der Erwerbstätigen im zweiten Sektor arbeiteten 1870 im Gewerbe. Viele Handwerksmeister in der Stadt und in den expandierenden Fabriksiedlungen konnten ihre realen Einkommen, ihren Lebensstandard und ihr Vermögen steigern. Neben den Klein- und Randexistenzen im Bekleidungs- und Schustergewerbe gab es eine kapitalkräftige «Gewerbearistokratie», die im dörflichen und städtischen Bereich zur gutsituierten bürgerlichen Oberschicht zu zählen war.[62]

Als die bis dahin statisch denkenden Handwerker sich allmählich neu organisierten, begannen sie sich auch in ihren Wertvorstellungen und Verhaltensweisen an die dynamische Marktwirtschaft anzupassen. Kurz nach der Aufhebung der Zünfte entstanden in Winterthur (1833) und Zürich (1839/1841) erste Gewerbevereine. Um 1850 folgten weitere lokale Organisationen in den Industrieregionen am See und im Oberland, die ab 1854 als Sektionen dem Kantonalen Handwerks- und Gewerbeverein angehörten.[63] Diese wirtschaftsbürgerlichen Zusammenschlüsse bemühten sich nun nicht mehr um die Behauptung ihrer Standesprivilegien, sondern um den Aufbau einer Fachausbildung, um die Propagierung handwerklicher Qualitätsarbeit (Ausstellungen) und um die Vermittlung einer profitorientierten Wirtschaftsmentalität. Angeregt durch die 1829 gegründete Gemeinnützige Gesellschaft errichteten die Gewerbevereine private Fortbildungsschulen, um dem Berufsnachwuchs über das praxisnahe Lernen im Betrieb hinaus bis zu einem gewissen Grad auch fachlich-wissenschaftliche und kaufmännische Kenntnisse zu vermitteln. Bis 1870 entstanden so 45 Fortbildungsschulen, die gegen Ende des 19. Jahrhunderts in eine staatlich geförderte und überwachte handwerkliche Berufsausbildung mündeten.[64]

Von den sechziger Jahren an bestimmten Rentabilitätsbewusstsein, Gewinnstreben und Leistungsorientierung zunehmend das Wirtschaften: Die Buchhaltung als Steuerungsinstrument unternehmerischer Aktivitäten fand Eingang in den Handwerkerhaushalt, und die halbjährliche, später dreimonatliche Rechnungsstellung löste – propagiert vom Kantonalen

Heinrich Gujer (1801–1868), Müllerssohn aus Bauma, gehörte zu den gewerblich-landbürgerlichen Aufsteigern. Nach einer Ausbildung an der Stadtschule Winterthur arbeitete er im väterlichen Geschäft. 1830 nahm «der kluge Müller» als Redner an der Volksversammlung in Uster teil. Zum Grossrat und Statthalter aufgestiegen, gehörte er fortan zu den einflussreichsten Vertretern der Landschaft. Den Bezirk Pfäffikon regierte er als selbstbewusster Landmagnat mit eiserner Hand; zugleich baute er seinen Müllereibetrieb aus und beteiligte sich 1857 an der Gründung einer mechanischen Weberei im Kemptnertobel.

Johann Rudolf Leuthold-Stehli (1834–1891) aus Maschwanden konnte trotz wachsendem Druck der Industrie die über Generationen vererbte dörfliche Führungsstellung behaupten. Den 1852 vom Vater übernommenen Gerbereibetrieb erweiterte und modernisierte er geschickt. Wie schon sein Vater übernahm er 1865 das Amt des Gemeindeammanns und stieg 1869 zum Verfassungs- und Kantonsrat auf. Zugleich war er Mitbegründer des Landwirtschaftlichen Vereins und Mitglied der Schul-, Kirchen- und Armenpflege. 1891 starb er als reichster Maschwander.

Nach dem Verlust der politisch-wirtschaftlichen Funktionen präsentierten sich die 13 Zünfte ab 1838/39 zur Pflege nostalgischer Erinnerungen im «gemeinsamen Sechseläuten». Der Festumzug von 1841 stellte die vier Jahreszeiten dar. An der Spitze ein Herold, dann die 13 Bannerträger der Zünfte, gefolgt von Saturn als Gott der Zeit mit Sense und Stundenglas.

Handwerks- und Gewerbeverein – das Anschreiben-Lassen und den jährlichen Zahlungsmodus ab. Die kaufmännischen Arbeiten, die die Männer als handwerksfremd betrachteten, wurden den Meistersgattinnen zugewiesen. Da diese Mitarbeit als familieninterne Bürohilfskraft die bürgerlichen Wertvorstellungen vom Auftrag der Frau als liebender Hausfrau und Mutter nicht verletzte, fand diese Arbeitsteilung im Kleinbürgertum weite Verbreitung. Die Mithilfe der Frau im gewerblichen Betrieb, die durch flexibles Pendeln zwischen Haushalt und verschiedenen Arbeitsbereichen (Verkauf, Produktion) gekennzeichnet war, ermöglichte oft einen erfolgreichen Aufstieg des Kleinunternehmens und vermittelte der Frau ein starkes Selbstwertgefühl.[65]

Die wirtschaftlichen Strukturen von Handwerk und Gewerbe entfielen nicht nur rechtlich, sondern lösten sich auch faktisch immer mehr auf. 1831 petitionierte der gesamte «Handwerkerstand des Kantons», das heisst über 10 000 Meister, Gesellen und Lehrlinge gemeinsam, gegen die Einführung der Handels- und Gewerbefreiheit. Noch verstanden sich – angesichts der gleichartigen Betriebs-, Arbeits- und Lebensbedingungen – die in Handwerk und Gewerbe Tätigen als einheitlichen Berufsstand. Nach 1850 bewirkten dann Marktorientierung, die Vergrösserung der Betriebe und erste Ansätze zu einer Mechanisierung (Wassermotoren), dass die Meister vermehrt organisatorische Aufgaben übernahmen, ja sich zum Teil sogar ausschliesslich der Administration widmeten. Umgekehrt erlitten die Gesellen einen Statusverlust, den sie als Deklassierung empfanden, da sie ihre Arbeit immer weniger selbst organisieren und – beispielsweise bezüglich Produktgestaltung – selbständig ausführen konnten. Dadurch distanzierten sich die Gesellen mehr und mehr von der Meisterfamilie, und das gemeinsame Zusammenleben wurde zusehends als Beeinträchtigung der Freiheit (Kost- und Logiszwang) empfunden.[66] Verstärkt wurde der Zerfall des einstigen «Handwerkerstands» in zwei soziale Klassen dadurch, dass es den Gesellen nicht möglich war, sich als selbständige Meister zu etablieren. Die zunehmende Kapitalisierung und höhere technisch-organisatorische Anforderungen machten die Aussichten auf eine selbständige Erwerbstätigkeit für viele zunichte. So stieg denn auch die Zahl der Meister von 1850 bis 1870 nur um sieben Prozent, während sich diejenige der Gesellen und Lehrlinge mehr als verdoppelte.[67] Der «Meisteranwärter» wurde zum gewerblichen Lohnarbeiter, der sich als ausgebeutete Arbeitskraft zu verstehen begann.

In Anlehnung an zünftische Gesellenorganisationen und vorindustrielle Solidaritätsformen schlossen sich die gewerblichen Arbeiter in sogenannten Fachvereinen oder Berufsgewerkschaften zusammen, wobei die fremden, wandernden Handwerksgesellen eine zentrale Rolle spielten. In Zürich und Winterthur bildeten unter anderem die Schreiner, Glaser, Maler, Gipser, Schneider und Schlosser ab 1869 erste Organisationen, die mit Kampfparolen, Aktionen und Streiks für bessere Lebensbedingungen an die Öffentlichkeit traten und so eng mit der frühen Zürcher Arbeiterbewegung verknüpft waren. Die Meister ihrerseits organisierten sich in sogenannten Prinzipalvereinen, die sich als Kampforganisationen gegen Gesellen und Sozialisten verstanden. An die Stelle der berufsständischen Nahrungssicherung trat somit der Klassengegensatz von Meister/Unternehmer und Arbeiter.[68]

Der innere Strukturwandel, die mentalitätsmässige Neuorientierung und das veränderte Verhältnis zu den Gesellen führten im städtischen und ländlichen Kleinbürgertum in den fünfziger und sechziger Jahren trotz einer Verbesserung der materiellen Lage zu einem Gefühl der Unsicherheit und Unzufriedenheit. Viele kleine Handwerker fürchteten sich vor der Proletarisierung; einzelne Branchen wie das Bekleidungs- und Schuhgewerbe gerieten in immer stärkere Abhängigkeit vom Grosshandel (Kleidermagazine, Konfektionshäuser) oder der Fabrikindustrie (Schuhschaftstepperei). Besonders weit fortgeschritten war die Auflösung des traditionellen Handwerks bei den Schneidern. Die um 1850 eingeführte Nähmaschine mit ihren technischen Möglichkeiten bewirkte, dass die Kleinmeister und Sitzgesellen zunehmend standardisierte, aus Serien bestehende Aufträge für Handelshäuser und Fabrikbetriebe ausführten. Die Arbeit des gelernten Schneiders wandelte sich zur spezialisierten Stücklohnarbeit, die immer häufiger in unterbezahlter Heimarbeit an Schneiderinnen und Näherinnen vergeben wurde.[69]

Viele Handwerksmeister und Gewerbetreibende litten nach 1850 auch unter der ungenügenden Versorgung mit Kleinkrediten; ein Problem, das erst langsam durch den Aufbau einer eigenen Bankorganisation gelöst werden konnte. In der manchesterliberalen, von Besitz und Bildung beherrschten Ära Escher sah sich das Kleinbürgertum mit seinen genossenschaftlichen Anliegen (Gewerbebanken, Berufsbildung usw.) übergangen. Verstärkt wurde dieses Gefühl durch die Untervertretung in den politischen Gremien: Aus dem oberen Glattal beispielsweise nahmen von 1850 bis 1868 neben 15 Fabrikunternehmern und sechs Vertretern des Bildungsbürgertums nur drei Gewerbetreibende Einsitz in den Grossen Rat.[70] Die Kleingewerbler wurden deshalb zu einer wichtigen Trägergruppe der demokratischen Bewegung.

Die städtischen und ländlichen Kleinhandwerker, wie dieser Militärschneider aus Marthalen (um 1900), lebten in bescheidenen Verhältnissen. Die Auflösung des traditionellen Schneiderhandwerks, das in der gewerblichen Produktion des 19. Jahrhunderts ein grosses Gewicht besass, begann um 1870. Durch die Einführung der Nähmaschine wurde das Schneiderhandwerk zur Verlagsindustrie.

1880 gab es im Kanton Zürich 1848 gelernte Schneider (Meister und Gesellen), daneben 3624 Schneiderinnen und 2193 Näherinnen. Sie alle verrichteten in kleinen Werkstätten, Wohnungen und Dachkammern standardisierte, zu festgesetzten Bedingungen in Auftrag gegebene Zulieferarbeiten für grössere Kleiderfabriken, Konfektionsgeschäfte oder den Staat (Uniformen).

# Zum Forschungsstand

Die sozialen Folgen der Fabrikindustrialisierung sind in den letzten Jahrzehnten eingehend untersucht worden. Das bis heute wegweisende Werk von BRAUN, Sozialer Wandel, hat in umfassender Weise die gesellschaftlichen Veränderungen unter dem Einfluss des Maschinenwesens aufgezeigt. In seiner Nachfolge ist eine ganze Reihe von Arbeiten entstanden, die sich mit den Lebensverhältnissen der Unterschichten befassen, wie etwa JÄGER, Baumwollgarn; JORIS, Frauen; HODEL, Töss; RITZ, Oerlikon.

Der Aufstieg des Wirtschafts- und Bildungsbürgertums bildet ebenfalls eines der grossen Forschungsfelder der letzten Jahre. Eine ganze Reihe von Untersuchungen beschreibt den wirtschaftlichen und sozialen Alltag des Wirtschaftsbürgertums, so neben den bereits genannten Arbeiten beispielsweise T. BERNEGGER, Seidenindustrielle; SCHWARZENBACH, Heiratsverhalten. Hinzu kommen viele Biographien zu einzelnen Unternehmern, die von unterschiedlicher Qualität sind und zur Verklärung neigen, so zum Beispiel KILCHENMANN, Heinrich Schmid; RENTSCH, Heusser-Staub; MÜLLER-FÜGLISTALER, Guyer-Zeller.

Über das Bildungsbürgertum gibt es zwar keine Gesamtarbeit, aber einzelne Berufsgruppen wie die Ärzte und Lehrer wurden in Anlehnung an die Professionalisierungstheorie eingehend untersucht: BRÄNDLI, Retter; BLOCH, Volksschullehrer.

Leider fehlt bis heute eine Arbeit zur sehr wichtigen Gruppe der Juristen, die in der Zürcher Politik des 19. Jahrhunderts eine überragende Stellung einnahmen. Einige Hinweise unter dem Aspekt der Rechtsentwicklung gibt ELSENER, Rechtsschulen. Auch die soziale Lage der Geistlichen ist erst für das 18. Jahrhundert untersucht worden: GUGERLI, Pfarrfamilie.

Soziale Lage und Mentalität des Landhandwerks am Ende des 18. Jahrhunderts beschreibt MEIER, Handwerk, der die enge Verbindung von Landwirtschaft und gewerblicher Produktion deutlich macht. Der rechtliche Wandel und die politische Verortung des Handwerks in der Umbruchsituation ist Thema der älteren Dissertation von STROBEL, Handwerkerpolitik. Der Einfluss der Industrialisierung auf Wirtschaftsverhalten, Lebensweise und politische Organisation der Handwerksmeister und der Gesellen nach 1850 wird in zwei unveröffentlichten Lizentiatsarbeiten umfassend untersucht: MARTI, Handwerk; ETTER, Handwerksgesellen.

# Anmerkungen

[1] JÄGER, Baumwollgarn, S. 29; HODEL, Töss, S. 79; HESS, Thalwil, S. 9ff.
[2] StAZ KIII 410, Theil 1, Nr. 18
[3] HAUSER, Bauerndorf, S. 238ff.; DUDZIK, Baumwollspinnerei, S. 65ff., 409; STUDER, Hungerjahr, S. 3ff.
[4] BALTENSBERGER, Armengesetz 1836, S. 121ff.; SALZMANN, Wirtschaftskrise, S. 248ff.
[5] SUTTER, Illegitimität, S. 236f.; BALTENSBERGER, Armengesetz 1836, S. 13
[6] BALTENSBERGER, Armengesetz 1836, S. 38f.; MÜLLER, Arm und verwahrlost, S. 30ff.
[7] Zit. nach: JÖHR, Kreditanstalt, S. 27
[8] ZB HANDSCHRIFTENABTEILUNG MSW 407, Bericht über die Baumwollen-Fabrication 1829
[9] JÄGER, Wirtschaftlicher Wandel, S. 298ff.
[10] BÖHMERT, Arbeiterverhältnisse, Bd. 1, S. 213, 238ff.
[11] Vgl. zum Lebensstandard: DUDZIK, Baumwollspinnerei, S. 70; TREICHLER, Mittheilungen, Bd. 1, S. 187; GRUNER, Arbeiter, S. 120ff.; BÖHMERT, Arbeiterverhältnisse, Bd. 2, S. 1ff.
[12] JÄGER, Wirtschaftlicher Wandel, S. 1410ff.
[13] BÖHMERT, Arbeiterverhältnisse, Bd. 1, S. 67; LEMMENMEIER, Fabriklerkinder, S. 127ff.
[14] JORIS, Frauen, S. 31ff.
[15] JÄGER, Baumwollgarn, S. 133
[16] LEMMENMEIER, Fabriklerkinder, S. 129; JORIS, Frauen, S. 51f.; SUTTER, Illegitimität, S. 231ff.
[17] Vgl. KURMANN, Suhrental, S. 91; STATISTISCHE MITTEILUNGEN BETREFFEND DEN KANTON ZÜRICH, 1887
[18] BEZIRKSGERICHTSARCHIV USTER, Matrimonialprotokolle 3. April 1880
[19] JORIS, Frauen, S. 34ff.
[20] BÖHMERT, Arbeiterverhältnisse, Bd. 1, S. 238ff.; STEINMANN, Kosthäuser, S. 48ff.
[21] KUNZ, Barbara, S. 184
[22] BÖHMERT, Arbeiterverhältnisse, Bd. 1, S. 72; KLÄUI, Zell, S. 365f.; BERNHARD, Tösstal, S. 96
[23] MÜLLER, Sonne, S. 58ff.; SCHAFFNER, Vereinskultur, S. 427; GRUNER, Arbeiter, S. 534
[24] DUDZIK, Baumwollspinnerei, S. 109ff.; JÄGER, Baumwollgarn, S. 71; HERTER, Beuggersche Spinnerei, S. 3ff.
[25] BERNEGGER, T., Seidenindustrielle, S. 32ff.
[26] JÄGER, Baumwollgarn, S. 145; 100 JAHRE SULZER, S. 10; HOFMANN, Maschinenindustrie, S. 142ff.
[27] Zit. nach: BRAUN, Sozialer Wandel, S. 72; DUDZIK, Baumwollspinnerei, S. 113ff.; MEYER, Kunz, S. 7ff.
[28] MEYER, Kunz, S. 7ff; SCHWARZENBACH, Schwarzenbach-Zeuner, S. 95ff.
[29] MÜLLER-FÜGLISTALER, Guyer-Zeller, S. 17ff.
[30] 100 JAHRE SULZER, S. 17, 21; JÄGER, Baumwollgarn, S. 73ff.
[31] WYSS, Zinggeler, S. 24ff.; HERTER, Beuggersche Spinnerei, S. 22; SCHWARZENBACH, Schwarzenbach-Zeuner, S. 111; SÄNGERBUND THALWIL, S. 19; BÄHLER, Männerchor Rüti, S. 4ff.
[32] HONEGGER, Lebensbild, S. 15, 34; JORIS, Frauen, S. 70ff., 117ff.; BERNEGGER, T., Seidenindustrielle, S. 151; BODMER-GESSNER, Zürcherinnen, S. 97f.
[33] WYSS, Zinggeler, S. 18ff.; JORIS, Frauen, S. 79ff.; BRAUN, Sozialer Wandel, S. 99ff.
[34] HONEGGER, Lebensbild, S. 185
[35] TANNER, Aristokratie und Bürgertum, S. 212ff.; BERNEGGER, T., Seidenindustrielle, S. 154ff.; WEHRLI, Bundesbarone, S. 46ff.
[36] BRÄNDLI, Retter, S. 399ff.; BRAUN, Professionalisierung, S. 337ff.; LEISIBACH, Medizinisch-chirurgisches Institut, S. 9ff.
[37] GEISER, Vereinheitlichung; MÖRGELI, Zehnder, 1991, S. 138ff.
[38] BRAUN, Professionalisierung, S. 343ff.
FESTSCHRIFT ÄRZTE, 1910, S. 5ff.; MÖRGELI, Hegetschweiler, S. 51ff.
[39] BRÄNDLI, Retter, S. 379ff.; MÖRGELI, Ärzte
[40] BRAUN, Professionalisierung, S. 354; MÖRGELI, Zehnder, 1991, S. 147ff.
[41] JÄGER, Wirtschaftlicher Wandel, S. 1273; HEUSSER-SCHWEIZER, Hauschronik, S. 86
[42] GUGERLI, Pfarrfamilie, S. 285ff.; KLÄUI, Uster, S. 325
[43] KLÄUI, Uster, S. 331; BARTH, Protestantismus, S. 26ff.; STREULI, Protestantismus, S. 55ff.
[44] BARTH, Protestantismus, S. 56ff.; KASPER, Volksschule, S. 51ff.; STREULI, Protestantismus, S. 35ff.; RENSCHLER, Linkspresse, S. 41; HIRZEL, Religiöse Zustände, S. 50ff.; LAMPRECHT, Eglisau, S. 467f.
[45] Zum Begriff des «Ganzen Hauses» vgl. BRUNNER, Otto, Neue Wege der Verfassungs- und Sozialgeschichte, Göttingen 1968, S. 103–127
[46] GUGERLI, Pfarrfamilie, S. 286ff.; JORIS, Frauen, S. 62ff., 234; LAMPRECHT, Eglisau, S. 468; MÜLLER, Pfarrer Keller, S. 67ff.
[47] LANDERT-SCHEUBER, Politisches Institut, S. 14ff.; ELSENER, Rechtsschulen, S. 358
[48] WETTSTEIN, Regeneration, S. 412ff.; FRITZSCHE, Rechtspflege, S. 35ff.; SIEGRIST Professionalisierung, S. 321
[49] FRITZSCHE, Juristenverein, S. 9ff.; WETTSTEIN, Regeneration, S. 193ff.; HOFER, Personenlexikon, S. 64, 71, 89, 264; DEJUNG, Furrer, S. 9ff.
[50] STUTZ, Sieben mal sieben Jahre, S. 16, 30f.; KLINKE, Volksschulwesen, S. 120ff.; BRUNNER, Mediation, S. 234ff.
[51] BLOCH, Volksschullehrer, S. 127ff.
[52] KOLLER, Volksbildung, S. 270ff.
[53] BLOCH, Lehrerbildung, S. 108; WIRTH, Treichler, S. 68ff.; SPÜHLER, Lehrer, S. 11; JÄGER, Wirtschaftlicher Wandel, S. 1274

⁵⁴ BLOCH, Volksschullehrer, S. 180; SCHMID, H.R., Escher, S. 16; WETTSTEIN, Regeneration, S. 477; ZIMMERMANN, Geschichte, S. 604ff.; SCHAFFNER, Demokratische Bewegung, S. 27ff.; HUMM, Volksschule, S. 93ff.
⁵⁵ MEIER, Handwerk, S. 262ff; WALTER, Handwerk, S. 7ff.; WALTER, Handwerk im alten Zürich, S. 161ff.
⁵⁶ BRAUN, Ancien Régime, S. 163ff.; LUTZ, Handwerksehre, S. 35–60
⁵⁷ STROBEL, Handwerkerpolitik, S. 64; LAMPRECHT, Eglisau, S. 374
⁵⁸ RUCKSTUHL, Handelsfreiheit, S. 21ff.
⁵⁹ WIRTH, Treichler, S. 21; STROBEL, Handwerkerpolitik, S. 77ff.; GANZ, Winterthur 1798–1922, S. 64ff.; RUCKSTUHL, Handelsfreiheit, S. 48ff.; HONEGGER, Sechseläuten 1837
⁶⁰ HAUSER, Bauerndorf, S. 193f.; HESS, Thalwil, S. 79ff.
⁶¹ DUDZIK, Baumwollspinnerei, S. 68; HAUSER, Handwerk, S. 26ff.; STÄFA, Bd. 2, S. 353ff.; LAMPRECHT, Eglisau, S. 376
⁶² MARTI, Handwerk, S. 51ff.; HODEL, Töss, S. 122, 153; HESS, Thalwil, S. 74ff.; JÄGER, Wirtschaftlicher Wandel, S. 1436ff.
⁶³ SIBLER, Gewerbeverband, S. 29ff.; SIBLER, Jubiläum, S. 19ff.; DER GEWERBEVERBAND, S. 11; WIDMER, Gewerbepolitik, S. 15ff.; GANZ, Winterthur 1798–1922, S. 69; WIDMER, Handwerks- und Gewerbeverein Meilen, S. 5ff.; HESS, Thalwil, S. 79
⁶⁴ MARTI, Handwerk, S. 88ff.; DER GEWERBEVERBAND, S. 11ff.; SIBLER, Jubiläum, S. 21ff.
⁶⁵ MARTI, Handwerk, S. 96ff.; WIDMER, Gewerbepolitik, S. 23; JORIS, Frauen, S. 196ff.
⁶⁶ MARTI, Handwerk, S. 119ff.
⁶⁷ WIRTH, Treichler, S. 19
⁶⁸ GRUNER, Arbeiter, S. 867ff.; ETTER, Handwerksgesellen, S. 238; MARTI, Handwerk, S. 127ff.
⁶⁹ ETTER, Handwerksgesellen, S. 137ff.
⁷⁰ JÄGER, Wirtschaftlicher Wandel, S. 1422

«Pünktlichste Subordination»
**Die neue Arbeitswelt in der Fabrik (S. 55)**
¹ TREICHLER, Mittheilungen, Bd. 1, S. 84
² JÄGER, Baumwollgarn, S. 63ff.
³ TREICHLER, Frühschriften, S. 298f.
⁴ SCHIWOFF, Arbeitszeit, S. 23ff.
⁵ JÄGER, Baumwollgarn, S. 64f.; KREIS, Jugenderinnerungen, S. 8
⁶ ZWEIFEL, Haftpflichtgesetzgebung
⁷ BÖHMERT, Arbeiterverhältnisse, Bd. 1, S. 401
⁸ Zit. nach: GILG, Demokratische Bewegung, S. 173
⁹ Firmenarchiv STREIFF AG, Aathal, Arbeiterverzeichnisse; BÖHMERT, Arbeiterverhältnisse, Bd. 1, S. 67

# Die Städte Zürich und Winterthur
# 1800 – 1870

Das halbe Jahrhundert politischer Umwälzungen von 1798 bis 1848 veränderte auch die rechtliche Stellung der Städte grundlegend. Zwar hatte schon die Helvetische Republik die Gleichheit aller Bürger postuliert und damit zugleich die städtischen Privilegien beseitigt, die Mediation von 1803 ermöglichte es aber der Stadt Zürich, unter einem pseudodemokratischen Mäntelchen die alte Vormachtstellung wieder zu erlangen. Erst die Verfassung von 1831 machte endgültig Schluss mit der städtischen Vorherrschaft; sie kannte wie schon die helvetische nur Bezirke und Gemeinden, keine Städte (Art. 2).

Während sich die Hauptstadt in einem dreissigjährigen Kampf gegen die Neuordnung zur Wehr setzte, erwies sich die Situation für Winterthur als wesentlich verzwickter. Am Ende des Ancien Régime stand Winterthur zwar unter der Oberherrschaft Zürichs, konnte aber die inneren Verhältnisse – gestützt auf die alten Rechte und Freiheiten – weitgehend frei gestalten. In der kleineren Welt Winterthurs hatte sich denn auch eine ähnliche stadtbürgerliche Kultur, ein ähnliches Regiment führender Geschlechter und eine mit Zürich in manchem vergleichbare Wirtschaftsstruktur entwickelt. Winterthur fühlte sich viel eher mit Zürich verbunden als mit der untertänigen Landschaft. Deshalb stellte es sich schon im Stäfner Handel 1794/95 hinter die Hauptstadt, eine Position, die auch in der Mediations- und Re-

Das Geissbergbollwerk (ungefähr bei der heutigen ETH) kurz vor seinem Abbruch. Durch dieses Nadelöhr zwängte sich der Verkehr nach Winterthur.

staurationszeit beibehalten wurde. Die Rechnung, gemeinsam mit Zürich die alten Vorrechte wieder zu erlangen, ging allerdings nicht auf. 1803 vertröstete Napoleon die Winterthurer auf die Zukunft, und 1814 fiel Winterthur zwischen Stuhl und Bank: Während die Hauptstadt alle Vorrechte der alten Ordnung für sich beanspruchte, wurde Winterthur im Zeichen republikanischer Gleichheit unter die übrigen Landgemeinden eingereiht. Die Parteinahme für die Hauptstadt hatte sich nicht ausgezahlt.

Diese schlechten Erfahrungen dürften der Grund dafür gewesen sein, dass sich Winterthur im Umsturz von 1830 hinter die Forderungen der Landschaft stellte. Eine neue Generation von Politikern, die gegen die alteingesessene Honoratiorenherrschaft in Winterthur selbst antrat, verkündete: «Winterthur will keine Vorrechte mehr.» Ein Winterthurer stand an der Spitze der Delegation, die der Regierung das Memorial von Uster überbrachte, ein Winterthurer, Jonas Furrer, trat nach dem konservativen Züriputsch von 1839 an die Spitze der liberalen Bewegung, wurde Regierungsrat, Bürgermeister und schliesslich 1848 erster Bundespräsident.

## Bevölkerungswachstum und Wirtschaftsstruktur

Vor 1798 hatte Zürich seine Einwohnerschaft mit einer rigorosen Bevölkerungspolitik künstlich niedrig gehalten. Arbeiter und Arbeiterinnen, die man im nichtzünftischen Handwerk brauchte, aber nicht in der Stadt wohnen lassen wollte, wurden in die Vororte verwiesen. Diese «Ausgemeinden», die 1893 schliesslich mit der Stadt vereinigt wurden, waren wirtschaftlich schon lang mit ihr verbunden. Aufgrund der in Art. 8 der Regenerationsverfassung verankerten Niederlassungsfreiheit für Kantonsbürger musste die Stadt ihre Tore öffnen, noch bevor diese mit dem Abbruch der Festungswerke nach 1833 auch physisch verschwanden.

Obwohl sich die Bevölkerung auf dem engen Gebiet der alten Stadt bis zum Höhepunkt von 1894 fast verdreifachte (von 10 000 auf 28 000), ergoss sich der grössere Teil der Zuwanderung in die Vororte. Tatsächlich ist bis 1870 das Bevölkerungswachstum vollständig auf Zuwanderung zurückzuführen, denn bis um diese Zeit überstieg in den Schweizer Städten die Zahl der Todesfälle jene der Geburten. Durchgehende Zahlenreihen sind zwar für Zürich, im Gegensatz zu Basel, Bern oder Luzern[1], nicht aufgearbeitet worden; es gibt aber keinen Grund anzunehmen, dass sich Zürich wesentlich anders verhalten hat. Zeitgenössische Untersuchungen über einzelne Perioden bestätigen jedenfalls diesen Eindruck. So stellte ein Zürcher Arzt für die Zeit von 1840 bis 1857 im Bezirk Zürich 22 885 Geburten und 23 742 Todesfälle fest, das macht, bezogen auf die Bevölkerung, einen Sterbeüberschuss von 1‰ pro Jahr, und dies, obwohl die «Kantonal-Gebäranstalt» in der Stadt auch (vor allem ledige) Mütter aus andern Bezirken aufnahm. Der Kanton als Ganzes dagegen verzeichnete einen Geburtenüberschuss von 4,2‰.[2] Das Defizit der Stadt ist, nach dem gleichen Autor, vor allem auf eine höhere Sterberate zurückzuführen (27,2‰ in der Stadt gegenüber 23,2‰ im ganzen Kanton). Dafür gibt es zwei mögliche Erklärungen. Die erste, eine Überalterung der Stadtbevölkerung, ist nicht plausibel, denn die Zuwandernden, von denen die Stadt lebte, waren in der grossen Mehrheit junge Leute im reproduktiven Alter. In der Tat war die Geburtenrate im Bezirk Zürich (26,3‰) nur unwesentlich kleiner als im kantonalen Durchschnitt (27,2‰). Es muss deshalb die andere Erklärung zutreffen: eine geringere Lebenserwartung aufgrund höherer Gesundheitsrisiken in der damaligen städtischen Umwelt.

Die Winterthurer Bürgerfamilie Furrer-Sulzer. Jonas Furrer (1805–1861) arbeitete nach juristischen Studien in Zürich, Heidelberg und Göttingen als Anwalt in Winterthur. 1834 wurde der überzeugte, aber keineswegs radikale Anhänger des Liberalismus in den Grossen Rat gewählt. Im «Züriputsch» von 1839 wurde er aus dem Amt gedrängt, etablierte sich als Führer der Liberalen, erkämpfte sich bereits 1843 wieder einen Sitz in der Legislative, wurde Grossratspräsident und schliesslich Bürgermeister (Präsident der kantonalen Regierung). Seine Wahl zum ersten Bundespräsidenten der Eidgenossenschaft am 16. November 1848 war eine Anerkennung für seine persönliche wie für die Leistung der Zürcher Liberalen bei der Schaffung des Bundesstaats.

Dem Sohn zur Linken der Mutter ist das Stillsitzen verleidet. Kein Wunder, wurde doch bei den damals üblichen langen Belichtungszeiten die Geduld aller Beteiligten auf eine harte Probe gestellt.

**Bevölkerungswachstum in der Stadt Zürich von 1800 bis 1920**

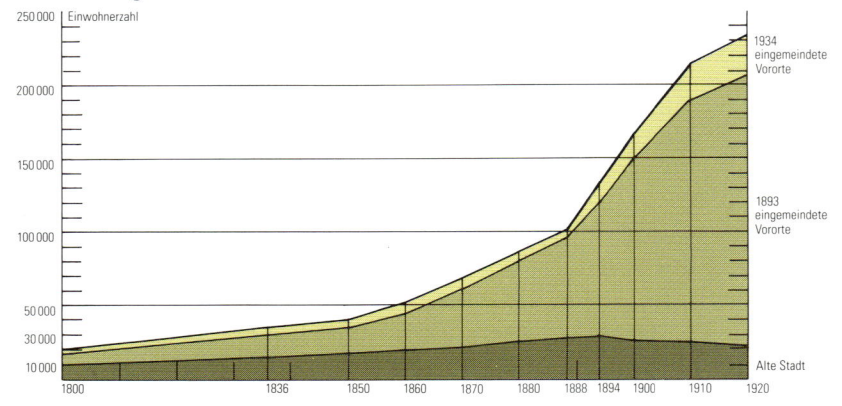

Wenn man davon ausgeht, dass Wohnortwechsel in erster Linie im Hinblick auf Erwerbsmöglichkeiten vorgenommen wurden, dann muss also das städtische Arbeitsplatzangebot ungefähr im gleichen Ausmass wie die Bevölkerung zugenommen haben. Tatsächlich dürfte das verlangsamte Wachstum der vierziger Jahre mit der schweren Wirtschaftskrise gegen Ende dieser Periode in Verbindung zu bringen sein, ebenso wie der langanhaltende Wirtschaftsaufschwung nach der Gründung des Bundesstaats bis in die Mitte der sechziger Jahre sich in einer wiederum kräftigen Zunahme der Stadtbevölkerung niederschlägt.

Der Verlust der städtischen Privilegien, die erzwungene Öffnung der Stadt, hat viel Unsicherheit und Ängste ausgelöst. Im Nachhinein lässt sich feststellen, dass damals die Städte ihrer Vorrechte weniger beraubt als vielmehr von ihnen befreit wurden, denn die neue Ordnung eröffnete bisher unbekannte Entwicklungschancen. So wie die gesellschaftliche Stellung der Individuen nicht mehr über den Stand, in den sie hineingeboren wurden, definiert wurde, sondern über die Leistung, die zwar nicht ausschliesslich, aber doch vorwiegend über den Preis, den sie am Markt erzielte, gemessen wurde, so verloren die Städte ihren besondern Stand und mussten sich wirt-

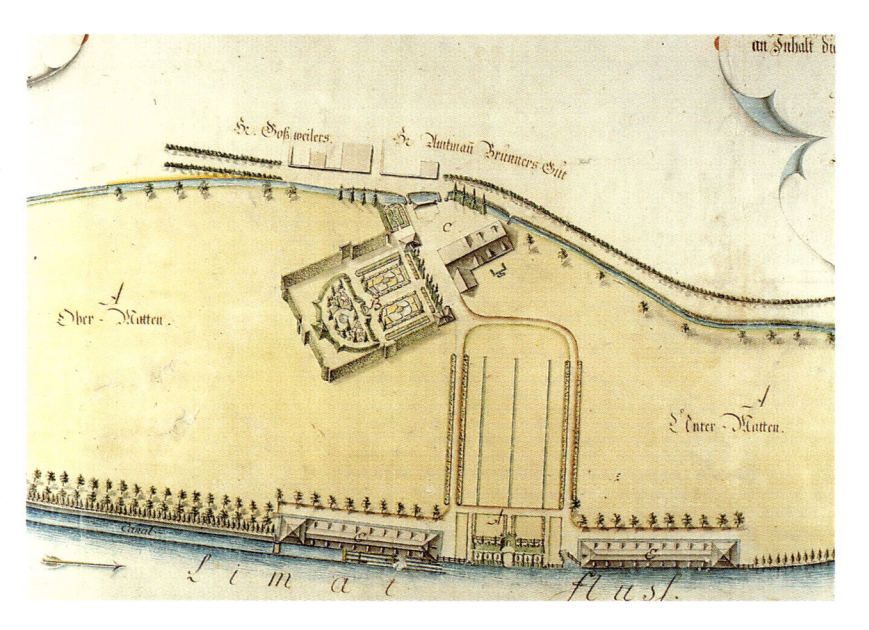

Plan der Kattundruckerei Esslinger. Schon im letzten Viertel des 18. Jahrhunderts entstanden entlang der Limmat grosse Manufakturen, in denen Hunderte von Arbeitern Stoffe färbten und bedruckten. 1784 ersuchte Melchior Esslinger den Rat der Stadt darum, im Hard (auf der linken Seite der Limmat) eine «fabrique» errichten zu dürfen, und berief sich dabei auf Hans Jakob Hofmeister, dem einige Jahre zuvor auf der andern Flussseite (Wipkingen) eine ähnliche Bewilligung erteilt worden war.
Der Plan zeigt die langgestreckten Fabrikgebäude direkt am Ufer, flankiert von zwei Türmen, in denen die bedruckten Tuche zum Trocknen aufgehängt wurden. Das Fliessgewässer diente nicht nur zum Reinigen der Tuche, sondern auch zum Antrieb von Stampfen, Walken usw. Abgewinkelt dazu und etwas zurückgesetzt das Herrenhaus mit eingehegtem Lustgarten. Später entstand auf dem Gelände die «Stadtmühle», die vom Müller Julius Maggi, der später als Suppenfabrikant berühmt wurde, 1874 gepachtet und 1893 schliesslich gekauft wurde.

schaftlich behaupten. Die theoretische Chancengleichheit erwies sich dabei, schon wegen der ungleichen Startbedingungen, sowohl für die Einzelnen wie für die einander gleichgestellten Gemeinden in der Praxis als Fiktion.

Zürich und Winterthur hatten von allem Anfang an das grössere Gewicht an Bevölkerung und an Ressourcen. Die städtische Vormachtstellung, früher rechtlich abgesichert, wurde nun durch den Ausbau der Infrastruktur ökonomisch verstärkt. Die Stadt Zürich blieb weiterhin Sitz der Regierung und einer sich ausdehnenden Verwaltung; sie versorgte den ganzen Kanton mit politischen Dienstleistungen. Die neu entstehenden Verkehrsträger, Kunststrassen und Eisenbahnen, richteten sich natürlicherweise nach den bestehenden Zentren aus und verstärkten dadurch deren Bedeutung. Vernünftigerweise wurden auch weitere zentrale Dienste an diese leicht erreichbaren Orte verlegt.

Das zeigt sich beispielsweise am Schulwesen. Im Gegensatz zum Ancien Régime, wo Bildung ein fast ausschliessliches Privileg der Stadtjugend war, bemühten sich die Liberalen mit Erfolg um die allgemeine Volksbildung. Die höheren Schulen (Kantonsschule, Universität) dagegen waren wiederum nur in der Stadt anzutreffen. Eine Ausnahme bildete das Lehrerseminar, das sich die Seegemeinde Küsnacht unter Hinweis auf ihre Verdienste um den liberalen Umbruch erkämpfte.

Die Städte boten Standortvorteile für jene Wirtschaftszweige, welche auf rasche Information, ein ausgebautes Kommunikationsnetz, beste Verkehrsverbindungen, direkten Zugang zu den Waren- und Kapitalmärkten und qualifizierte Arbeitskräfte angewiesen und dafür (in Form der Grundstückpreise) auch mehr zu zahlen bereit waren. Das traf im allgemeinen gerade auf die wichtigste Branche der Zeit, die Textilindustrie, nur bedingt zu. Sie war mehr an billigen Arbeitskräften, an preisgünstigen Landreserven und am Zugang zu fliessenden Gewässern als Energiequelle interessiert.

Ein Blick auf die Erwerbsstruktur der Stadt Zürich im Jahr 1870 verdeutlicht den Sachverhalt. In der Textilindustrie waren nur 7,5 Prozent aller Erwerbstätigen beschäftigt, in der Metallverarbeitung, die nur zum Teil fabrikmässig organisiert war, noch weniger (5,7 Prozent). Weitaus wichtiger war die Sparte «Kleidung und Putz», die vorwiegend kleingewerblich strukturierte Modebranche, die möglichst nahe am Markt produzieren musste. Ebenso vom leichten Marktzugang und einer optimalen Erreichbarkeit abhängig ist der Dienstleistungssektor, der schon 1870 mehr Leute beschäftigte als der gewerblich-industrielle Bereich. Selbst wenn man die Dienstmädchen, die ungefähr einen Drittel der in dieser Sparte Tätigen ausmachten (und die in späteren Volkszählungen nicht mehr zu den Erwerbstätigen gezählt wurden), ausklammert, waren Handel und Verkehr, öffentliche Verwaltung und akademische Berufe in der Stadt Zürich mehr als doppelt so stark vertreten wie im Landesdurchschnitt.

Die «Industriestadt» Zürich war also keineswegs eine Stadt der Fabrikindustrie, vielmehr ein Ort gewerblicher Organisation und der zentralen Dienste. Etwas anders, das zeigt gerade die unterschiedliche Erwerbsstruktur, verlief die Entwicklung der kleineren, aber eigenwilligen Schwester Winterthur.

## Die Stadt Winterthur

«Ich habe nicht gewusst, dass die kleine Stadt so viel Gutes in sich schliesst», soll Napoleon in der «Consulta», welche die Mediationsverfassung zu gestalten hatte, über Winterthur gesagt haben.[3] Jedenfalls spricht es

**Erwerbsstruktur der Städte Zürich und Winterthur 1870**

| | In Promille der Erwerbstätigen | |
|---|---:|---:|
| | Zürich | Winterthur |
| *1. Sektor: Landwirtschaft* | 56 | 186 |
| *2. Sektor: Industrie* | 464 | 458 |
| Anteile der wichtigsten Branchen: | | |
| Nahrungs- und Genussmittel | 38 | 35 |
| Kleidung und Putz | 134 | 113 |
| Bau und Wohnung | 101 | 77 |
| Graphisches Gewerbe | 10 | 6 |
| Spinnerei, Weberei, Zwirnerei | 75 | 66 |
| Metallverarbeitung | 57 | 100 |
| *3. Sektor: Dienstleistungen* | 480 | 356 |
| Anteile der wichtigsten Branchen: | | |
| Handel | 142 | 94 |
| Verkehr | 38 | 18 |
| Öffentliche Verwaltung | 18 | 17 |
| Wissenschaften | 21 | 13 |
| Persönliche Dienste | 197 | 180 |

Der unterschiedliche Wirtschaftscharakter der beiden Städte wird aus der Gegenüberstellung sichtbar: Der zentrale Ort Zürich dominiert im Dienstleistungssektor, insbesondere in den Sparten Handel und Verkehr; Winterthur ist auf dem Weg zur bedeutenden Industriestadt, vor allem im Bereich der Metall- und Maschinenfabriken.

Zürich ist nach dem Gemeindegebiet von 1893 erfasst, aber ohne Wollishofen und Wipkingen. Bei Winterthur wurden die damals noch selbständigen Gemeinden Töss, Veltheim, Wülflingen, Seen und Oberwinterthur in die Erhebung einbezogen.

Der grosse Anteil der Landwirtschaft erklärt sich daraus, dass die sogenannten «Ausgemeinden» erst zum Teil städtischen Charakter angenommen hatten.

Die Bezeichnungen stimmen nicht immer mit heutigen überein. Die Zählung ist deshalb nicht mit späteren vergleichbar. Unter «Wissenschaften» sind zusammengefasst: Lehrer, Ärzte, Advokaten und andere akademische Berufe. Unter «Persönliche Dienste» fallen vor allem Dienstboten, aber auch Krankenwärterinnen, Dienstmänner usw.

für das Selbstbewusstsein der Stadt, dass sie einen eigenen Vertreter an diese Versammlung delegiert hatte. Indessen erreichte Winterthur erst nach 1830 die Gleichberechtigung mit Zürich. Das historische Gewicht und die stärkere Ausgangsposition der Hauptstadt führten aber dazu, dass ihre Dominanz nicht nur erhalten blieb, sondern sich noch verstärkte. Zwischen 1800 und 1910 verelffachte sich die Bevölkerung Zürichs, Winterthur dagegen wuchs nur halb so schnell (5,6fach). Obwohl Winterthur als siebtgrösste Stadt der Schweiz die meisten Kantonshauptorte übertraf, musste es innerhalb des Kantons weiterhin mit dem zweiten Platz vorlieb nehmen. Ganz selbstverständlich blieben Regierung und Verwaltung, aber auch zentrale öffentliche Dienste wie Kantonsspital oder Universität in Zürich, selbst die 1833 neu geschaffene Kantonsschule, für die sich Winterthur stark eingesetzt hatte, wurde schliesslich in der Hauptstadt angesiedelt.

Es fehlte im folgenden nicht an Versuchen, Zürich aus den Angeln zu heben. Die demokratische Bewegung, welche das auf Zürich zentrierte «System» des Alfred Escher stürzte, hatte nicht zufällig ihr Zentrum in Winterthur. Verkehrspolitische Strategien, den Stadtzürchern das Wasser abzugraben, gab es schon in den sechziger Jahren mit dem Projekt, die Güterströme aus Deutschland über Basel-Koblenz oder Waldshut nach Winterthur zu lenken und über das Tösstal nach der damals noch in Diskussion stehenden Ostalpenbahn (Splügen oder Lukmanier) zu leiten.[4] Die Absicht,

Blick von Nordosten (Bäumli) auf die Stadt Winterthur. Im Vordergrund die Eisenbahnlinie nach Romanshorn (Nordostbahn) und St. Gallen (Vereinigte Schweizerbahnen). Noch dominiert die Altstadt mit den eng um die Stadtkirche gescharten Häusern. 1860 lebten 15 613 Menschen in Winterthur und in den Vororten, die dann 1922 eingemeindet wurden. (Vedute von Johann Rudolf Dikenmann, 1864/65)

die grosse Nord-Süd-Achse unter eigene Kontrolle zu bringen, scheiterte freilich ebenso wie in den siebziger Jahren die unglückselige Nationalbahn, welche zum Ziel hatte, die Ost-West-Verbindung unter Umgehung von Zürich zu beherrschen.

Die alte und immer wieder aufbrechende Rivalität zu Zürich hat wohl in Winterthur zu einem besonders ausgeprägten Bürgerstolz und Lokalpatriotismus geführt. Es wäre aber falsch, nur die Gegensätze zu betonen und darüber zu vergessen, dass die beiden Städte auch in einer Art Symbiose lebten. Die Winterthurer Industrie hat von der Nähe zu Zürich und seiner gesamtschweizerischen Dominanz ebenso profitiert, wie die zentralörtlichen Funktionen der Hauptstadt an der Nachfrage aus Winterthur wuchsen.

Diese enge Zusammenarbeit äusserte sich unter anderem darin, dass die Strecke Zürich–Winterthur zur bestbedienten und meistfrequentierten Eisenbahnlinie wurde und dass das erste interurbane Telephonnetz der Schweiz Zürich mit Winterthur verband. Im weiteren ist es wenig fruchtbar, Winterthur nur im Vergleich mit Zürich zu sehen: die Stadt ging ihre eigenen und originellen Wege. Unübersehbar ist die überwiegende Bedeutung der Maschinenindustrie. 1888, anlässlich der ersten verlässlichen Berufszählung, waren 20 Prozent aller Arbeitskräfte in diesem Bereich beschäftigt, mehr als in jeder andern Schweizer Stadt.[5]

Auch der internationale Handel hatte in Winterthur eine lange Tradition, denn die Stadt konnte auch unter der Oberherrschaft Zürichs ihr altes Privileg der Handelsfreiheit behaupten. Als sich die Textilindustrie im 19. Jahrhundert neue Absatzmärkte in Übersee suchen musste, waren zwei Winterthurer, Bernhard Rieter (1805–1883) und Salomon Volkart (1816–1893), «die eigentlichen Begründer des Zürcher Indienhandels im 19. Jahrhundert».[6] «Gebrüder Volkart, Winterthur und Bombay», die Firma, welche Salomon mit seinem Bruder Johann Georg (1825–1862) 1851 gründete, entwickelte sich zum bedeutendsten Handelshaus, dessen Leitung später der Spross eines anderen Export/Import-Unternehmens und Schwiegersohn von Salomon Volkart übernahm, Theodor Reinhart (1849–1919), Kunstsammler und Mäzen.

Der Kaufmann Salomon Volkart baute sein ursprünglich auf den Baumwollimport ausgerichtetes Handelsgeschäft in kurzer Zeit zu einem heimlichen Welthandelsimperium aus. Ausgehend von der ersten Niederlassung in Bombay (1851), errichtete er vor allem auf dem indischen Subkontinent ein weitverzweigtes Netz von Filialen und Tochtergesellschaften. Die Photographie (um 1900) trägt die Unterschrift: «Loading grains for Europe».

Zwischen den einzelnen Firmen gab es zahlreiche persönliche und verwandtschaftliche Beziehungen. Dieses Netz, das der Vermittlung von technisch-organisatorischem Wissen und der Beschaffung von Kapital diente, war in der Frühzeit der Industrialisierung unentbehrlich und nicht nur für Winterthur typisch. In der kleinen Stadt mit der grossen Industrie tritt es aber besonders deutlich in Erscheinung. Dazu kommt, dass sich die Winterthurer Eliten dem Gemeinwesen besonders verpflichtet fühlten und zwar in einem durchaus patriarchalischen Sinn. Man trifft darum dieselben Männer und Familien in wohltätigen Vereinen, in der Stadtregierung und als Träger eines selbstbewussten kulturellen Lebens, das seinerseits wieder Ort gesellschaftlicher Beziehungen war.

Die gleiche Aussicht wie auf der gegenüberliegenden Seite anderthalb Jahrzehnte später (1878/79). Die Bevölkerung umfasste 1880 25 924 Personen. Jenseits der Bahnlinie das Innere Lind, ein neu entstandenes bürgerliches Wohnviertel. Im Vordergrund die Friedhofkapelle Im Lee (am Standort der späteren Kantonsschule), 1867 bis 1870 von Stadtbaumeister Wilhelm Bareiss errichtet. Vom gleichen Architekten stammt die katholische Kirche St. Peter und Paul (1866–1868) im Neuwiesenquartier, deren Turm im Hintergrund rechts sichtbar ist.

Mittelpunkt des gesellschaftlich-kulturellen Lebens war das Musikkollegium, das schon 1629 gegründet worden war, sich mit Not über die Revolutionszeit rettete und im 19. Jahrhundert die Grundlage für die Entfaltung eines reichen musikalischen Schaffens bildete. In Winterthur fand 1830 das erste schweizerische Musikfest statt; Clara Schumann (1819 – 1896), Richard Wagner (1813 – 1883), Franz Liszt (1811 – 1886) und Johannes Brahms (1833 – 1897) hielten sich, mit musikbegeisterten Mäzenen freundschaftlich verbunden, für kürzere oder längere Zeit hier auf; das 1875 gegründete Winterthurer Stadtorchester erlangte Berühmtheit weit über die lokalen Grenzen hinaus.

Bedeutsam und auffällig ist das finanzielle Engagement der Wirtschaftsbürger im künstlerischen und im sozialen Bereich. Wenn heute Winterthur eine bedeutende Stätte für die bildende Kunst des 19. und des frühen 20. Jahrhunderts ist, dann ist das in erster Linie den grosszügigen Schenkungen von Oskar Reinhart (1885 – 1965) zu verdanken. Das Leben dieses Mäzens und die Errichtung seiner Stiftungen fällt nicht mehr in die hier behandelte Epoche. Der Grundstock seiner Sammlungen geht aber auf seinen Vater Theodor zurück, der bereits ein hervorragender Kenner, Förderer und Sammler zeitgenössischer Malerei war und der es als Verpflichtung ansah, «Werke der Künstler als Schenkungen und Depositen dem Genusse der Allgemeinheit zugänglich zu machen, als sicheres Bildungsmittel und sichere Wegleiter aus dem Materialismus ins Reich der idealen Interessensphären». Es sei auch ein «Akt der Gemeinnützigkeit gegen diejenigen, welche solche Bilder sich nicht anschaffen können und sich doch gerne daran freuen».[7]

Es war also immer auch ein durchaus pädagogischer Beweggrund vorhanden, das Volk zu den Werten der bürgerlichen Gesellschaft heranzubilden. Diese Absicht ist ebenso stark, ja noch viel direkter im sozialen Engagement der Unternehmer sichtbar, insbesondere im gemeinnützigen Wohnungsbau.

Mit der Konzentration von Arbeiterinnen und Arbeitern in den Textilfabriken sahen sich viele Unternehmer gezwungen, Unterkünfte für die Belegschaft zu bauen. Auch die Firma Rieter richtete auf dem Fabrikgelände in Niedertöss solche Arbeiterwohnungen ein. Es zeigte sich aber, «dass dieses System nicht zu demjenigen Ziele führte, welches die Erbauer anstrebten und das eben dahin ging, neben guter Versorgung der Arbeiterfamilien auch deren Sinn für Ordnung, Reinlichkeit und Sparsamkeit zu fördern».[8]

Zwischen 1865 und 1870 liess deshalb Heinrich Rieter (1814 – 1889) eine Mustersiedlung, die heute noch steht, erbauen; ein Dutzend Doppeleinfamilienhäuser in einfacher, solider Ausführung, die zu günstigen Preisen an Arbeiter und Aufseher vermietet wurden. Die Absicht, damit die Arbeiterfamilien zu einem sesshaften, geregelten, kleinbürgerlichen Leben zu erziehen, war keineswegs neu, sondern ging, wie an andern Orten der Schweiz auch, auf das Vorbild der «Cité ouvrière» in Mulhouse zurück, die ab 1851 von der «Société Industrielle», einer Vereinigung der Fabrikbesitzer, geplant und gebaut wurde.[9]

Charakteristisch für Winterthur aber war, dass dieses Programm in den folgenden Jahren und Jahrzehnten auf breiterer Basis als anderswo durchgeführt wurde, denn es entsprach sehr gut den Vorstellungen führender Wirtschaftsbürger, wie Verpflichtungen gegenüber dem Gemeinwesen wahrzunehmen seien. Die 1872 gegründete «Gesellschaft für Erstellung billiger Wohnhäuser» (GEbW) erstellte bis 1900 rund 300 Wohnungen auf Stadtgebiet. Angesichts steigender Bodenpreise wurde es immer schwieriger, das ursprüngliche Konzept der (Reihen-)Einfamilienhäuschen durchzuziehen.

Die von Heinrich Rieter ab 1865 erbauten Doppeleinfamilienhäuser in Niedertöss sollten nicht nur tüchtige Arbeiter bei der Stange halten, sondern ihnen zugleich das Wohnideal der bürgerlichen Familie vermitteln, im «eigenen Haus» zu leben.

Es entstanden deshalb auch Mehrfamilienhäuser mit bis zu sechs Wohnungen. Immer aber wurde sorgfältig darauf geachtet, sie voneinander abzusetzen und mit einem Garten zu versehen.

Der Garten war ein ganz wesentliches Element in der Vorstellungswelt der philanthropischen Wohnbaugesellschaften, er sollte die gesellschaftlich und politisch gefährliche Zusammenballung in Massenquartieren verhindern, der arbeitenden Bevölkerung nach der dumpfen Fabrikarbeit naturnahe Erholung verschaffen, eine sinnvolle Freizeitbeschäftigung, die vom Wirtshausbesuch und vom Politisieren abhielt, und schliesslich wollte man in den Leuten die Illusion des Besitzerstolzes wecken, wenn der Gärtner oder die Gärtnerin «in Erwartung der bescheidenen Ernte den wahren Werth des Gefühls von Eigenthum, wie die Vorsehung uns solches eingab, erkennen lernt».[10]

Es ist offensichtlich, dass im Bau solcher Siedlungen Gemeinnutz nicht vor, sondern Hand in Hand mit Eigennutz ging. Dem von der Mitte der sechziger Jahre an als potentielle Gefahr empfundenen Zusammenschluss der Unterschichten konnte so entgegengewirkt werden. Die Arbeiterfamilien wurden in ihren Häuschen sozusagen vereinzelt, und man befriedigte im Rahmen der bürgerlichen Vorstellungen ihre Forderungen nach einem menschenwürdigen Dasein. Wenn die sozialen Gegensätze in der «Arbeiterstadt» Winterthur nie jene Zuspitzung erfuhren wie in Zürich nach der Jahrhundertwende, so war das nicht zuletzt dieser Befriedungsstrategie zuzuschreiben.

Der Winterthurer Bürgerstolz hat sich im Stadthaus (1865–1869), einem Meisterwerk von Gottfried Semper (1803–1879), zu Stein verfestigt, Tüchtigkeit und Fortschrittsglaube im ersten «Turnhaus» (1845) und dem ersten Hallenbad (1862/63) der Schweiz. Keines der öffentlichen Gebäude verkörpert aber Winterthurer Geisteshaltung so konzentriert wie das alte Gymnasium. Die Stadt, die als Standort einer Kantonsschule übergangen worden war, führte als oberste Stufe der Knabenschule ein Gymnasium aus eigener Kraft. 1838–1842 errichtete Leonhard Zeugherr (1812–1866), einer der bedeutendsten Architekten des Klassizismus in der Schweiz, die neue Knabenschule auf dem ersten Grüngürtel, der durch die Beseitigung der Festungsgräben entstanden war. Hinter einer nach aussen harmonisch-nüchternen Fassade barg sie im Innern modernste Technik: eine von Sulzer 1841 installierte zentrale Dampfheizung. Seit 1951 beherbergt der Bau die Gemäldesammlung der Reinhart-Stiftung.

Das Stadthaus in Winterthur. Auf dem Höhepunkt der demokratischen Bewegung, in den Jahren von 1865 bis 1869, von Gottfried Semper erbaut, sollte es nach dem Willen der Auftraggeber den Führungsanspruch Winterthurs dokumentieren; nicht nur ein beliebiges Rathaus, sondern das geistig-politische Zentrum des Kantons, ja der ganzen Nation sollte es sein. Hier schuf sich das «selbst Priester und Monarch gewordene» (Semper) Volk seinen Tempel und Versammlungsort.

## Der Umbau der Hauptstadt

Im Januar 1833 wurde auf Betreiben der Landschaft der Abbruch der Zürcher Schanzen beschlossen.[11] Militärisch war das ausgedehnte Festungswerk kaum mehr von Bedeutung, hingegen behinderte es den wachsenden Verkehr. Trotzdem erhob sich wütender Protest konservativer Städter. 1842 war die Niederlegung der Befestigungsanlagen zum grössten Teil beendet. Heute erinnern noch einige Überreste daran: der Schanzengraben, der in den letzten Jahren als Fussgänger- und Erholungszone wieder aufgewertet worden ist, das Katzbollwerk, auf dem der Botanische Garten entstand, und das Bauschänzli, das einst den Zugang vom See her absicherte.

Auf dem freigewordenen Areal, das an den Kanton fiel, entstanden aber keine «Grands Boulevards» und keine von Palästen gesäumte Ringstrasse; das Land wurde teils an Private verkauft – vor allem entlang des Schanzengrabens und an der Rämistrasse – teils als Baulandreserve für öffentliche Bauten zurückgehalten. Erst allmählich entstand am Zürichberghang eine Anzahl repräsentativer Bauwerke: 1839 die Kantonsschule, 1837–1842 das Kantonsspital, 1840–1842 das Pfrundhaus an der Leonhardstrasse, 1859–1864 das Polytechnikum, 1911–1914 die Universität.[12] Nicht mehr Kirchen und Türme, sondern Tempel der Wissenschaft standen nun an den hervorragendsten Stellen: So spiegelt sich im Wandel des Stadtbildes der Wandel der Gesellschaft.

Der Ausbau der kantonalen Verkehrswege, der in der Schaffung eines dichten, auf Zürich bezogenen Eisenbahnnetzes gipfelte, führte auch zu einer tiefgreifenden Umorientierung der innerstädtischen Struktur. Das Zentrum einer Stadt befindet sich dort, wo sich die Verkehrswege kreuzen und wo die Kommunikation am dichtesten ist. Im alten Zürich war das die Stelle, wo sich der See zum Fluss verengte und die Rathausbrücke über die Limmat führte. Dieser Raum, von alters her städtebaulich geprägt durch die beiden Münster, das Rathaus und das Kornhaus, wurde 1824/25 durch die Rathauswache nochmals akzentuiert; Kaufhaus und Salzhaus, die kommerziellen Zentren beim Grossmünster, hatten schon seit Jahrhunderten im engen Gewirr der Gassen regelrechte Verkehrsstaus verursacht. Mit dem Ausbau der Postkutschenkurse, die auf den neuen Kunststrassen verkehrten,

Die Rathauswache in Zürich, 1824 vom Architekten und Spinnereigründer Hans Caspar Escher im Felsenhof (1775–1859) entworfen, ist das einzige namhafte öffentliche Bauwerk der Restaurationszeit. Der schlichte klassizistische Bau im traditionellen Macht- und Verkehrszentrum repräsentiert den überlebten Machtanspruch des alten Regimes. (Aquarell von Franz Hegi, 1826)

Der Fröschengraben wird eingedeckt und muss der neuen Verkehrsachse weichen, die zum Bahnhof führt. (Photographie, um 1865)

wurde die Situation vollends unhaltbar; die Abgangsstation wurde auf das noch weit offene Gelände auf der linken Seite der Limmat verlegt. Der von Hans Conrad Stadler (1788–1846) erbaute Posthof wurde zum Kristallisationspunkt des späteren Paradeplatzes. Am 31. Oktober 1838 fand die Eröffnung mit einem Galadiner im benachbarten, gleichzeitig erbauten Hotel Baur statt. Um es vom «Baur au lac», das 1844 vom gleichen Bauherrn, dem Vorarlberger Johannes Baur (1795–1865), in der damals noch abgelegenen Gegend beim Kratzturm errichtet wurde, zu unterscheiden, gab man ihm schon bald den Zunamen «en ville».[13]

Um die Verbindung mit dem Hafen, der auf der andern Limmatseite verblieb, zu erleichtern, wurde die Schneise der Poststrasse geschlagen und die Münsterbrücke errichtet, ein Werk des Wiener Ingenieurs Aloys von Negrelli (1799–1858), der später auch massgeblich am Bau der Spanisch-Brötli-Bahn beteiligt war. Damit begann die Umorientierung auf die ehemals «mindere Stadt», noch bevor der Bahnhof für das neue Zentrum auf der linken Limmatseite bestimmend wurde. Der Bahnhof, 1847 «im entferntesten Winkel der Stadt» errichtet, war ursprünglich nur als Provisorium gedacht; die Pläne der Nordostbahn, die Strecke bis an den See, der immer noch ein wichtiger Verkehrsträger war, weiterzuziehen und am Paradeplatz einen grossen Durchgangsbahnhof zu errichten, scheiterten aber am Widerstand der städtischen Liegenschaftenbesitzer, die ihre zentralen Grundstücke nicht von Schienen durchschnitten sehen wollten.[14]

Nun, da der Bahnhof gewissermassen nicht in die Stadt kommen durfte, musste die Stadt auf den Bahnhof, das neue dominierende Verkehrszentrum, ausgerichtet werden. 1859 wurde das Baukollegium, das die Planung des Bahnhofquartiers an die Hand nahm und vom Eisenbahnkönig Alfred Escher gleich selbst präsidiert wurde, geschaffen. Ab 1864 wurde über dem ehemaligen Fröschengraben die Bahnhofstrasse gebaut, bescheidener Abglanz eines Pariser Boulevards und neue zentrale Achse zwischen dem Paradeplatz und dem neuen Bahnhof, der gleichzeitig nach den Plänen von Jakob Friedrich Wanner (1830–1903) gebaut wurde und 1871 den Betrieb aufnahm: eine Basilika des technisch-industriellen Zeitalters mit einem Portal, das als Triumphbogen ausgebildet war, in den die Bahnhofstrasse mündete.

Das Bahnhofquartier auf ehemaligem Schanzenareal verdrängte jenen Teil der Militäranlagen, die man 1837 hierher verlegt hatte. 1863 bot die Stadt dem Kanton im Tausch gegen die in der Stadt verstreut liegenden

Militärbauten für den Bau einer Kaserne ein grosses Areal an, das sie in Aussersihl gekauft hatte. Sie kam damit der Rivalin Winterthur, welche die kantonale Kaserne gerne bei sich gesehen hätte, einmal mehr zuvor. Der Bau der neuen Kaserne, halb Schloss, halb Trutzburg, jedenfalls eindrückliches Symbol der Staatsmacht in Aussersihl, das sich zum unruhigen Arbeiterquartier entwickelte, verzögerte sich lange Zeit, die Einweihung der vollendeten Anlage fand erst 1876 statt.[15]

Auf etwas weniger spektakuläre, aber das Alltagsleben doch stark beeinflussende Weise wurde der städtische Raum den Bedürfnissen des Verkehrs untergeordnet.[16] Strassen und Plätze wurden ausgeräumt. Trottoirs, eine Neuheit beim Bau der Münsterbrücke, nämlich «Fusswege unmittelbar neben der Fahrbahn», wie man damals noch erklären musste[17], sollten die Fussgänger von den Fuhrwerken trennen und sie daran gewöhnen, zielgerichtet entlang der Strasse und nicht unordentlich kreuz und quer zu gehen. Sitzbänke vor der Haustür und «Läden», das heisst abklappbare Bretter, auf denen die Waren der Krämer auslagen und die ins Strassenprofil reichten, wurden verboten, Fenster und Türen durften sich nicht nach aussen öffnen, selbst Schuheisen, die von der Hauswand abstanden, waren nicht mehr gestattet.

Die Nutzungsvielfalt des öffentlichen Raums wurde nach und nach ausgedünnt; das Bettensonnen, beispielsweise auf den Mauern der Wühre, das Gemüserüsten oder Fischeputzen an den Brunnen, das Wäschewaschen auf Waschschiffen in der Limmat wurden allmählich verdrängt; die Ein-

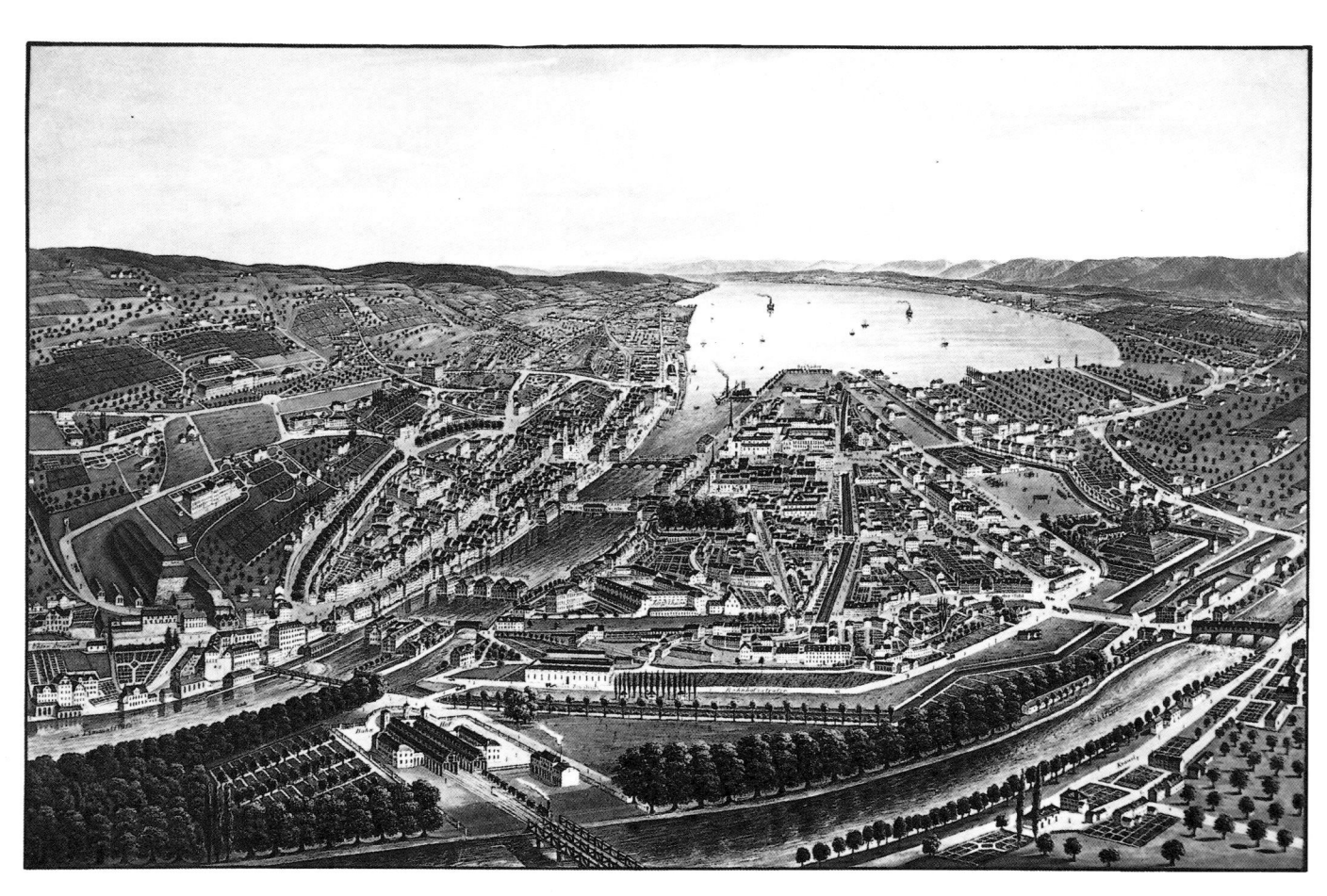

Zürich von Norden. Die Stadt liegt nach der Beseitigung der Schanzen offen in der noch wenig bebauten Landschaft; neue Landstrassen ziehen in die Weite. Im Vordergrund der 1847 erbaute, damals noch ganz am Stadtrand liegende Bahnhof der Nordostbahn. (Stich von Heinrich Siegfried, 1850)

Das öffentliche Waschhaus im Kratzquartier auf einer Zeichnung von 1871. In der Gegend um den Kratzturm vermochte sich die alte Nutzungsvielfalt des städtischen Raums, die der neue Geist des 19. Jahrhunderts als unordentlich empfand, noch bis zum Ende der siebziger Jahre des 19. Jahrhunderts zu halten.

führung der zentralen Wasserversorgung, die 1868 beschlossen wurde[18], machte das Wasserholen am Brunnen überflüssig. Mit dieser funktionalen Trennung verarmten Strassen und Plätze als Orte der Kommunikation und Begegnung immer mehr. Besonders betroffen davon waren die Frauen, die auf der Strasse nichts mehr zu suchen hatten und ins Private des Hauses zurückgedrängt wurden, wohin sie nach dem bürgerlichen Familienideal auch gehörten.

Die fein säuberliche, streng rechtlich geregelte Ausscheidung von privatem Raum und öffentlichem «Reichsboden» wurde nicht nur durch funktionalistische, ordnungspolitische Überlegungen getragen, sondern auch durch ästhetische Komponenten, so beispielsweise, wenn das Aufhängen von Wäsche in der «Luftsäule über dem Reichsboden» verboten wurde oder wenn die Verkaufsbuden, die sich an die Mauer des Fraumünsters anlehnten, entfernt wurden. Es war die Ästhetik der neuen Wirtschaftsbürger, ein Spiegel ihrer Ideale der Gradlinigkeit, Reinlichkeit und rationalen Lebensführung, der strikten Trennung von privater und öffentlicher Sphäre, der strengen Abgrenzung von Privateigentum und Allgemeingut.

Nicht nur die Verkehrsgeographie, sondern auch die Sozialtopographie, das heisst die Verteilung der sozialen Schichten im städtischen Raum, wurde in dieser Zeit umgewälzt. Im Ancien Régime war der Besitz eines Stadthauses zugleich Ausweis über die Zugehörigkeit zur privilegierten Schicht der Bürger gewesen: das Haus in der Stadt bedeutete höchstes Ansehen. Schon um 1700 begannen aber einige ganz reiche und vornehme Geschlechter, aus der dichtbebauten alten Stadt auszuziehen und «am Berg» über dem Hirschengraben, in Stadelhofen oder im Talacker ihre repräsentativen Villen zu bauen. Im 19. Jahrhundert beschleunigte sich dieser Exodus der Reichen und griff immer weiter ins Land hinaus. Bevorzugtes Villenquartier wurde die Gemeinde Enge am linken Seeufer. Hier entstanden die schönsten und ausgedehntesten Prachtbauten der Zeit, so etwa das Belvoir, Alfred Eschers herrschaftlicher Wohnsitz, oder die Villa Wesendonck, ein Zentrum grossbürgerlich-schöngeistiger Zusammenkünfte.

Die rechtsufrige Altstadt geriet durch die Umorientierung in den Verkehrsschatten, wurde zu einer wenig attraktiven Geschäftslage. So blieb zwar der alte Stadtkern trotz verschiedener Umbauprojekte erhalten, gleich-

# Bürgerliches Familienleben: Die Turnachkinder

Der grosse politische, gesellschaftliche und wirtschaftliche Umbruch im 18. und 19. Jahrhundert erfasste auch die intimen Bereiche der Familie und die Verhältnisse zwischen den Geschlechtern. Im wohl bekanntesten Zürcher Jugendbuch, den «Turnachkindern», spiegelt sich die lokale Ausprägung der idealen Bürgerfamilie in den sechziger Jahren des 19. Jahrhunderts. Ida Bindschedler (1854–1919) schildert darin, kaum verschlüsselt, ihre eigenen Kindheitserlebnisse.

Der vorindustrielle Haushalt war in erster Linie eine Wirtschafts- und Lebenseinheit, in der unter der Herrschaft des Hausherrn sowohl Familienmitglieder wie Knechte und Mägde, Gesellen und Dienstboten unter dem gleichen Dach lebten und arbeiteten. Mit der allmählichen Ausgliederung der Erwerbsarbeit wurde die Produktionssphäre vom Haushalt getrennt, wandelte sich das «Ganze Haus» (Otto Brunner) zur Familie im heutigen Sinn. Die bürgerliche Familie sollte eine nach innen gerichtete, harmonische Gemeinschaft von Eltern und Kindern sein, abgeschottet gegen die rauhe Aussenwelt der Konkurrenz und des Kampfs ums Dasein; eine Insel des Friedens und des gegenseitigen Vertrauens. Dieser Zweiteilung der Welt entsprach eine «Polarisierung der Geschlechtscharaktere» (Karin Hausen): Der von Natur aus aktive, intellektuelle, kämpferische Mann musste sich in der grossen Welt bewähren, die weichherzige, emotionale, duldende Frau war für die liebevolle Ausgestaltung des familiären Bereichs bestimmt. In der Ehe erst – so die damals gängige Auffassung – vereinigten sich die von Natur aus verschiedenen Geschlechter zum vollen Menschsein.

Der Textilkaufmann «Turnach» lebte mit seiner Familie in einem hohen, engen Altstadthaus am Weinplatz. Die beiden unteren Stockwerke, wo das Lager und das Kontor untergebracht waren, erinnern an die vorindustrielle Institution des «Ganzen Hauses». Was bei Turnachs räumlich noch zusammengehörte, war aber organisatorisch bereits getrennt.

Der «Papa» sah es nicht gerne, wenn die Kinder ins Kontor eindrangen, die beiden dort tätigen Commis mussten mit «Herr» und dem Geschlechtsnamen angeredet werden: ein Zeichen dafür, dass sie nicht zum Haushalt gehörten. Anders verhält es sich mit dem Hausknecht Ulrich, den man nur mit Vornamen kennenlernt, und der sich sowohl im Lager wie im Haushalt nützlich macht. Er ist in dieser Zwischenstellung noch ein Relikt des «Ganzen Hauses», der Produktions- wie auch der Haushaltssphäre zugehörig. Dass er mehr ist, als ein Lohnarbeiter, zeigt sich etwa darin, dass er die Tochter seines Herrn, die vorwitzige Lotti, die sich aufs Dach verstiegen hat, aus der gefährlichen Lage retten darf.

Auch zur Köchin Balbine und zur Kindsmagd Sophie haben die Kinder ein herzliches Verhältnis, trotzdem gehören diese nicht zum engeren Kreis der Familie. Das gemeinsame Essen mit dem Gesinde, wie bei den Bauern immer noch üblich, ist in der Bürgerfamilie undenkbar. Allgemein ist das Verhältnis der Dienstboten zur Familie zwiespältig: Auf der einen Seite sind sie ein Fremdkörper im Schoss der Familie und müssen auf Distanz gehalten werden. Gross ist immer die Furcht, dass sie innerfamiliäre Geheimnisse ausplaudern. Damit sie der Herrschaft nicht in die Quere kommen, werden für sie in den neueren grossbürgerlichen Häusern spezielle Dienstboteneingänge und Hintertreppen gebaut.

Auf der andern Seite sind Dienstmädchen unentbehrlich als Statussymbol: Sie beweisen, dass der Herr es nicht nötig hat, seine Frau arbeiten zu lassen; fern von Küchendampf und dem Schweiss körperlicher Anstrengung soll sie die fraulich-mütterlichen Ideale leben. Die Vorstellung, dass die Ehefrau keine entlöhnte und körperliche Arbeit leisten darf, sondern stellvertretend für ihren Mann demonstrative Musse pflegen muss, hat sich zum Teil bis heute erhalten. Zumindest soll man ihr die Arbeit, die sie aus Liebe und im verborgenen leistet, nicht anmerken. Ein guter Teil der Kosmetikindustrie lebt davon, die Spuren der Arbeit zu verdecken.

*1 Dienstboten eines grossbürgerlichen Haushalts in der Küche.*

*2 Spielende Kinder am Weinplatz, der Heimat der Turnachkinder.*

*3 Weihnachten wird zum intimen Fest der Familie: eine Entwicklung des 19. Jahrhunderts.*

zeitig verslumte er aber zusehends; die durchgreifende Sanierung wurde erst nach dem Zweiten Weltkrieg an die Hand genommen. In die alten Bürgerhäuser, die in einzelne Wohnungen unterteilt, aufgestockt und angebaut wurden[19], strömten die Unterschichten auf der Suche nach einer billigen Unterkunft in der Nähe des Arbeitsplatzes im Zentrum.

Nun waren es nicht mehr die Mauern, welche den Lebensraum in der Stadt einengten, sondern ökonomische Zwänge: Das Streben nach grösstmöglicher Rendite für die zentralen Grundstücke auf der einen und nach einer möglichst billigen Unterkunft auf der andern Seite führten zu einer immer stärkeren Verdichtung: 1894 lebten fast dreimal mehr Leute auf dem Gebiet der alten Stadt als hundert Jahre zuvor. Aufs äusserste zusammengepfercht hausten die Menschen vor allem im Niederdorf und rund um den Lindenhof. In seinem Feldzug für die Einführung der Kanalisation untersuchte der damalige Stadtingenieur Arnold Bürkli (1833 – 1894) unter anderem die Sterblichkeit auf der Basis kleiner Nachbarschaften.[20] Die Ergebnisse, auf eine Karte übertragen, zeichnen genau die kleinräumige Sozialtopographie der Stadt nach: Die Gebiete mit der geringsten Lebenserwartung sind zugleich jene mit dem schlechtesten Baubestand, der ärmsten Bevölkerungsschicht und der grössten Verdichtung.[21]

Die nach dem Auftreten der ersten Cholerafälle (1854/55) diskutierte Kloakenreform wurde immer wieder verschleppt. 1866 gab es kaum zehn Kilometer Abzugskanäle; sie verliefen vor allem in Neubaugebieten, im Selnauquartier und in Stadelhofen. Erst die schwere Typhusepidemie im Winter 1865/66, deren Ursprung man im Niederdorf lokalisierte, die aber auch vor «besseren» Quartieren nicht halt machte, gab den Anstoss zu einer durchgreifenden Sanierung. Im März 1867 stimmte die Gemeindeversammlung dem vorgelegten Projekt zu; die Choleraepidemie vom Sommer 1867 trieb die Behörden zu raschem Handeln an. 1873 war das Kanalnetz auf 80 km angewachsen, um 1900 umfasste es 181 km.[22]

Die Angehörigen der Unterschicht konzentrierten sich nicht nur in der Altstadt, sondern auch in Aussersihl, einer Gemeinde, die bei der Schleifung der Schanzen kaum 1000 Personen zählte und die nun in ein unkontrolliertes, verheerendes Wachstum geriet: 1870 war die Bevölkerung auf 7000, im Jahr 1880 schon auf 14 000 Menschen angewachsen. Der Bezirksarzt Dr. Carl Zehnder (1826 – 1896) schrieb anlässlich der Choleraepidemie von 1867, die wiederum vor allem die Arbeiterquartiere heimsuchte, über Aussersihl: «Auch da bewegt sich die Seuche in einer Arbeiterbevölkerung, die dicht gedrängt beisammen wohnt, die mit des Lebens Mühe und Noth vielfach zu kämpfen und dieselbe zu bekämpfen sehr oft nicht das nöthige Geschick hat.»[23]

Die zunehmende Verdichtung lässt sich auch daran ablesen, dass sich zwischen 1770 und 1870 die Bevölkerung auf dem Gebiet der alten Stadt verdoppelte (von 10 000 auf 20 000), die Zahl der Wohnhäuser dagegen nur um einen Viertel (von 1164 auf 1480 bewohnte Häuser) zunahm. Dabei wohnten immer mehr Haushalte zur Miete. Kann man davon ausgehen, dass um 1770 noch mehr als die Hälfte der Familien im eigenen Haus wohnte, so war der Anteil der «Eigentümerwohnungen» 1894 (erst seit dieser Zeit gibt es statistische Erhebungen) auf 17,6 Prozent zurückgegangen.[24]

Hatte der Pfarrer und Statistiker Johann Heinrich Waser (1742 – 1780) noch 1770 festgestellt, «wem Gott wol will, dem giebt er ein Haus in Zürich», so wurden diese Geschenke im 19. Jahrhundert immer ungleicher verteilt. Wohnungsmieter waren aber nicht nur arme Leute in den düsterfeuchten Löchern der Altstadt; für den vermöglicheren Mittelstand wurden

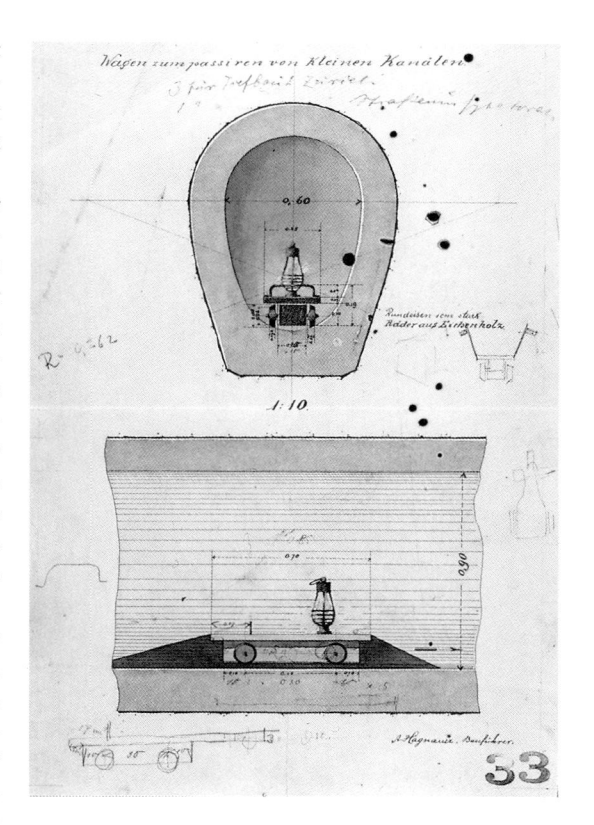

Die Illustration aus den «Normalien für Kanäle, Spülschächte etc.» (um 1900) zeigt einen Wagen zum Passieren kleiner Kanäle. Dem Bau der Kanalisation gingen umfangreiche Studien des Stadtingenieurs Arnold Bürkli voraus. 1867 schliesslich entschied man sich für das «Pariser System», bei dem die Fäkalien in einen Abtrittkübel fielen, aus dem nur die flüssigen Bestandteile in die Kanalisation flossen. Die Kübel mussten periodisch ausgewechselt, geleert und gereinigt werden. Die «Kübelwäscherei» wurde typischerweise nach Aussersihl verlegt (bei der heutigen Tramstation Hardhof). Die Schwemmkanalisation wurde erst nach dem Ersten Weltkrieg eingeführt.

komfortable Miethäuser gebaut, so beispielsweise schon 1836–1840 die biedermeierlichen «Escher-Häuser» am Zeltweg, auf dem ehemaligen Schanzenareal.

**Das hauptstädtische Bildungs- und Kulturleben**

In den dreissiger Jahren des 19. Jahrhunderts wurde Zürich nicht nur von seinen Festungsmauern befreit, es öffnete sich auch geistig. Fremde wurden nicht nur toleriert, sie hatten massgeblichen Einfluss an der Entwicklung des liberalen Staats: Der aus Wetzlar vertriebene Ludwig Snell (1785–1854) war Hauptverfasser des Küsnachter Memorials, Ignaz Thomas Scherr (1801–1870), der einflussreiche Direktor des Lehrerseminars, stammte aus Württemberg, Julius Fröbel (1805–1893), ein Neffe des deutschen Pestalozzischülers Friedrich Wilhelm August Fröbel (1782–1852), war als Lehrer an der neugegründeten Kantonsschule (1833) nach Zürich gekommen. In seinem «Litterarischen Comptoir», der in Zürich und Winterthur domiziliert war und deutsche Exilliteratur verlegte, traf sich auch die frühe Zürcher Linke.

Stark geprägt von ausländischen Gelehrten wurden auch die beiden Hochschulen, die 1833 als Krönung des liberalen Bildungssystems gegründete Universität und das Eidgenössische Polytechnikum, das Alfred Escher 1854 nach Zürich holte, gewissermassen als Entschädigung dafür, dass die Stadt nicht als Sitz der Landesregierung gewählt worden war. Dazu gehörten etwa der Naturforscher Lorenz Oken (1779–1851), der als erster Rektor der Universität amtete, und der Mediziner Johann Lukas Schönlein (1793–1864). Manche dieser Gelehrten kamen um so lieber nach Zürich, als sich in ihrer Heimat nach den misslungenen Aufständen von 1830 die konservative Reaktion verschärft hatte. Vor ihr musste 1835 auch der Verfasser der sozialanklägerischen Flugschrift «Der Hessische Landbote», der geniale Dramatiker Georg Büchner (1813–1837), flüchten.

Panorama der Stadt Zürich vom Observatorium aus. Im Vordergrund die 1859 bis 1864 erbaute ETH. Im südlichen Flügel befand sich bis 1914 die Universität. Rotunde und Kuppel, die heute das Gebäude dominieren, wurden, zusammen mit der neuen Haupthalle, erst 1915 bis 1924 von Gustav Gull erbaut. (Aquatinta von Heinrich Zollinger, um 1880)

Eine zweite Generation politischer Flüchtlinge traf nach der Niederschlagung der liberalen Bewegung in Deutschland 1849 ein; zu den bedeutendsten zählten der Althistoriker Theodor Mommsen (1817–1903), sowie Gottfried Semper (1803–1879), der im Dresdener Aufstand von 1849 Barrikaden gebaut hatte und auf dem Umweg über Paris und London nach Zürich kam, einer Berufung zum Leiter der Architekturabteilung (Bauschule) am neugegründeten Polytechnikum folgend. Sein Mitrevolutionär in Dresden, der Kapellmeister und Komponist Richard Wagner (1813–1883) dagegen erreichte schon Ende Mai 1849 Zürich, wo er zuerst bei einem Bekannten am Rennweg Unterschlupf fand, bevor er in der Zürcher Gesellschaft Triumphe feierte. Manche dieser Geistesgrössen fühlten sich aber in den kleinen Verhältnissen Zürichs und der glanzlosen Biederkeit einer demokratischen Gesellschaft nie recht wohl und versöhnten sich rasch mit dem monarchischen Staat, wenn ein Ruf von einer berühmten Hochschule oder gar dem damaligen Olymp der Gelehrten, der Universität Berlin, sie erreichte.

Nicht nur die Hochschulen, auch die gelehrten Gesellschaften waren Träger des Geisteslebens. Als Begegnungsort der wissenschaftlichen und politischen Eliten hatten sie zudem eine wichtige staatspolitische und gesellschaftliche Funktion. Dazu gehörten beispielsweise die bereits im 18. Jahrhundert entstandene Naturforschende und die 1832 gegründete Antiquarische Gesellschaft.

Wissenschaftlicher und gesellschaftlicher Anlass zugleich waren die «Rathausvorträge», die vom Verein der Hochschuldozenten initiiert wurden. Damen waren als Zuhörerinnen wohlgelitten, eine aktive Rolle in den Gesellschaften und Vereinen wurde ihnen aber nicht zugestanden. In einem seiner unzähligen Briefe, die unter anderem köstliche und präzise Vignetten des Zürcher Lebens enthalten, schrieb Gottfried Keller (1819–1890), die Rathausvorträge würden so fleissig besucht, «dass man abends die Dienstmädchen mit den grossen Visitenlaternen herumlaufen sieht, um den innerlich erleuchteten Damen auch äusserlich heimzuleuchten. Freilich munkelt man auch, dass die spröden und bigotten Zürcherinnen ein sehr ehrbares und unschuldiges Rendez-vous-System entdeckt hätten und dass die Gedanken nicht immer auf den Vortrag konzentriert seien.»[25]

1855 war Keller eben erst aus Berlin, wo er unter Tränen den «Grünen Heinrich» fertig «geschmiert»[26] hatte, nach Zürich zurückgekehrt. Professor am Polytechnikum wollte er nicht werden, dagegen nahm er 1861 die angebotene Stelle als Staatsschreiber an, um dem «Schlendrian» des Künstlerlebens eine geregelte bürgerliche Existenz entgegenzusetzen. Sehr zum Erstaunen mancher Leute hat er diesen Verwaltungsposten 15 Jahre lang getreu und untadelig versehen. Dabei wurde er auch durch Pflichtbewusstsein und Dankbarkeit gegenüber der staatlichen Gemeinschaft geleitet. Es handelte sich dabei um weit mehr als die Abtragung einer Dankesschuld für das Stipendium, das ihm der Grosse Rat im Herbst 1848 gewährt hatte. Keller verkörpert das seltene Beispiel eines Dichters und Denkers, der nicht in Opposition zur Gesellschaft, respektive bei dem die gesellschaftliche Realität nicht in Opposition zum Ideal des Dichters steht. Freilich dauerte auch im Fall Kellers diese glückliche Übereinstimmung nicht an: Sein Alterswerk «Martin Salander» (1886) ist von tiefer Sorge um die vergangene und zukünftige gesellschaftliche Entwicklung erfüllt.

1834 wurde in der Zwinglistadt, die bisher solche Frivolitäten – im Gegensatz etwa zu Bern – stets abgelehnt hatte, das erste Theater eröffnet. Unter Charlotte Birch-Pfeiffer (1800–1868), einer Schauspielerin und

Das Porträt Gottfried Kellers, eingeblendet in das Bild der alten Staatskanzlei, dem Ort seines langjährigen Wirkens im bürgerlichen Beruf. Der Dichter als Postkartensujet: ein Hinweis auf seine immense Popularität und keineswegs, wie Kulturbeflissene vielleicht annehmen könnten, despektierlich gemeint.

Ein Zentrum eleganter Geselligkeit war im frühen 19. Jahrhundert das Casino, das später zum heutigen Obergericht ausgebaut wurde. Architekt war der Spinnereibesitzer Hans Caspar Escher.

Stückeschreiberin aus Stuttgart, die von 1838 bis 1843 die Direktion innehatte, erlebte das «Actientheater» in der umgebauten Barfüsserkirche seinen Höhepunkt. Sie verpasste offenbar dem Zürcher Publikum die richtige Mischung von hehrer Klassik, sentimentalen Rührstücken und prickelnder Boulevardkomödie. 1872 dagegen merkte ein Reiseführer zu Zürich lakonisch an: «Theater unbedeutend».[27]

Dagegen empfiehlt der gleiche Reiseführer unter anderem folgende bildungsbürgerliche Institutionen aufs wärmste: das neue Museum an der unteren Brücke (Museumsgesellschaft) mit seinen vielen Zeitungen und Zeitschriften, die Stadtbibliothek in der Wasserkirche, die Sammlungen der Antiquarischen Gesellschaft im selben Gebäude, die archäologischen, naturhistorischen und mechanisch-technischen Kabinette im Polytechnikum, das Kunstgebäude mit Bildern des zeitgenössischen Künstlers Rudolf Koller (1828–1905). «Nicht versäumt werden» sollte das Panorama vom Rigi-Kulm. Panoramen waren eine überaus beliebte Darstellungsform im 19. Jahrhundert. Das Rigipanorama stand neben der Tonhalle am See (auf der heutigen Sechseläuten- beziehungsweise Tonhallenwiese beim Bellevue). Hier war 1839 ein Kornhaus errichtet worden, das 1867 anlässlich des Eidgenössischen Musikfestes zur Tonhalle umfunktioniert wurde. Sie war indessen noch kein exklusiver Tempel der sogenannten ernsten Musik, hier war auch die leichtere Muse zu Gast. Ebenso wurde der weite Raum für Gemeindeversammlungen benutzt und an Festgesellschaften vermietet.

Am 9. März 1871 versammelten sich im Grossen Tonhallesaal zahlreiche, zum Teil prominente, Deutsche, um den kurz zuvor errungenen Sieg über Frankreich zu feiern, ein Anlass, den manche als Geschmacklosigkeit empfanden, vor allem auch angesichts der geschundenen Soldaten der Bourbaki-Armee, die Anfang Februar bei Les Verrières in die Schweiz übergetreten waren und von denen ein Teil auch in Zürich interniert wurde. Der durch den «deutschen Kommers» hervorgerufene Tumult, der mehrere Tage andauerte, ist als «Tonhallekrawall» in die Geschichte eingegangen. Er bildet in mancher Hinsicht den spektakulären Abschluss der tatkräftigen, hochgemuten, weltoffenen Epoche des sich selbst feiernden Liberalismus. Er ist auch ein Fanal der nachfolgenden sozialen Missstände und Ungleichheiten, deren Bekämpfung die Liberalen sträflich vernachlässigt hatten.

Der Palmengarten in der Alten Tonhalle, bevölkert von einem gutbürgerlichen Publikum. Auf der Estrade spielt eine Musikkapelle auf.

Am Donnerstag, dem 9. März 1871, beschimpfte eine wütende Menge, die im Lauf des Abends auf etwa 1000 Personen anschwoll, die 700 bis 800 Leute, die an der Siegesfeier teilnahmen.[28] Steine flogen gegen die Tonhalle, ein Stosstrupp drang in den Grossen Saal, es kam zu Handgemengen und wüsten Schlägereien. Erst nach Mitternacht gelang es der Polizei, verstärkt durch kantonales Militär, den Platz zu räumen. Am Freitag versuchten 300 bis 400 Männer die Gefangenen, die im damaligen Zuchthaus Oetenbach inhaftiert waren, zu befreien. Das anrückende Militär feuerte Warnschüsse über die Menge. Dabei wurde ein Zuschauer, der am Fenster eines benachbarten Hauses stand, tödlich getroffen. Am Samstag ersuchte die verunsicherte demokratische Regierung, die ja erst vor kurzem die Macht übernommen hatte, um eidgenössische Intervention (Art. 16 der Bundesverfassung). Vier Bataillone wurden nach Zürich verlegt. Noch bevor der eidgenössische Kommissar, der die Kontrolle über die Stadt zu übernehmen hatte, eingetroffen war, wurden bei einem erneuten Versuch, das Gefängnis zu stürmen, vier Menschen erschossen und zahlreiche verletzt. Erst am Sonntag kehrte, unter dem Druck der Bajonette, gespannte Ruhe ein.

Der Tonhallekrawall nimmt Verlaufformen vorweg, wie sie später auch am sogenannten «Tschinggenkrawall» von 1896 zu beobachten sind und wie sie zum Teil noch den «Opernhauskrawall», der 110 Jahre später (1980) vom gleichen Ort seinen Ausgang nahm, charakterisieren: spontane Demonstration gegen ein Einzelereignis, Einsatz von Polizei, wahllose Verhaftung von Demonstranten, da Führer nicht auszumachen sind, das Publikum verläuft sich in den frühen Morgenstunden. In der Folge wird das auslösende Ereignis vergessen, der Aufruhr wendet sich nun gegen die Polizei und gegen die Repräsentanten der Staatsgewalt. In diesem Wechsel vom ursprünglichen Ziel der Aggression zu einem anderen zeigen sich auch die tieferen Ursachen für die Krawalle: eine allgemeine, aber nicht genau benennbare Unzufriedenheit mit gesellschaftlichen Zuständen, für die das herrschende System verantwortlich gemacht wird.

# Zum Forschungsstand

Neben den traditionellen Kantonsgeschichten von DÄNDLIKER und LARGIADÈR, die auch Abschnitte über die Städte Zürich und Winterthur enthalten, konsultiere man für die politische Geschichte insbesondere KLÄUI, Zürich, GANZ, Winterthur; für die Zeit von 1798–1831 auch SUTER, Winterthur. Eine Chronologie der Ereignisse in der Stadt Zürich bietet ZURLINDEN, Zürich. Ansichten und Beschreibungen findet man in den Reiseführern der Zeit, zum Beispiel in HOTTINGER, Zürich, und TSCHUDI, Tourist. Zur Architektur- und Städtebaugeschichte steht neu als Arbeitsinstrument INSA, Band 10, zur Verfügung. Städtische Infrastrukturleistungen, Wasserversorgung und Kanalisation werden behandelt von ILLI, Schîssgruob, und SUTER, Wasserversorgung. Mit der veränderten Nutzung des öffentlichen Raums beschäftigt sich SPECKER, Gläserne Wand. Über kulturelle Ereignisse sind manche Einzelheiten, biographische Notizen zu bedeutenden Persönlickeiten usw. zu finden in WIDMER, Zürich, eine Kulturgeschichte, Bände 8–10. Die Rolle der Deutschen, die in Kultur und Politik Zürichs eine wichtige Stellung hatten, wird beleuchtet von URNER, Deutsche. Eine faszinierende Synthese der hohen Zeit der Liberalen (1830–1869) bietet CRAIG, Geld und Geist. Ausgeblendet werden dabei allerdings die Lage der unteren Schichten und die Entstehung sozialer Probleme. Sozialhistorische Untersuchungen sind für die Zeit vor 1880 spärlich, neben BÄRTSCHI, Industrialisierung, gibt es Ansätze bei KREIS, Aussersihl, und FRITZSCHE, Mobilität. Mit der baulichen Veränderung der Altstadt befasst sich DORN, Altstadt, mit dem sozialen Wandel anhand einer Mikrostudie TSCHUDIN, Kirchgasse.

Zu einzelnen Ausgemeinden resp. Quartieren gibt es eine Reihe von Studien, die nicht ins allgemeine Literaturverzeichnis aufgenommen wurden; hier seien erwähnt: ADAMS Werner, Oberstrass, seine Entwicklung von der obern Strasse zum Stadtquartier von Zürich, Zürich 1983. CHRONIK DER KIRCHGEMEINDE NEUMÜNSTER, hg. von der Gemeinnützigen Gesellschaft Neumünster, Zürich 1889. ETTER Paul, Wiedikon selbständig! 1798–1892. Vom Bauerndorf zum Stadtquartier, Zürich 1992. GUYER Paul, Die Geschichte der Enge, Zürich 1980. HAUPT Matthias, Quartierfibel Riesbach, Zürich 1980. HERMANN Eugen, Zürcher Quartierchronik, 2 Bände, Zürich 1952. HÜRLIMANN H., Die Geschichte der baulichen Entwicklung der ehemaligen Gemeinde Enge, Zürich 1964. JAKOB Ursina, KURZ Daniel, Wipkingen. Lebensräume – Verkehrsräume. Geschichte eines Zürcher Stadtquartiers 1893–1993, Zürich 1993. MEIER Rudolf, WINKLER Fred, «Wollishofen – Damals und heute», Zürich 1993. SCHAUFELBERGER Arnold, Gemeinde Wiedikon und 150 Jahre Kirche-Schule, Zürich 1941. SCHNORF Hans, Fluntern im Wandel der Zeiten, Zürich 1934. WERNER Helmuth, EHRSAM Adolf, 100 Jahre Quartierverein Industriequartier, Zürich 1987.

# Anmerkungen

[1] Literaturangaben in: FRITZSCHE, Stadtgeschichte, S. 30
[2] SCHRÄMLI, Bevölkerungsstatistik
[3] Zit. nach: SUTER, Winterthur 1798–1831, S. 104
[4] GANZ, Winterthur 1798–1922, S. 93
[5] SCHWEIZ. STATISTIK, 97. Lieferung, S. 210f.
[6] PEYER, Handel, S. 203
[7] ZELGER, Oskar Reinhart, Bd. 1, S. 9f.
[8] Zit. nach: KÜBLER, Arbeiterquartier, S. 133
[9] Ausführlicher dazu: FRITZSCHE, Bürgerliche Werte
[10] Aus einer Sitzung der «Société Industrielle» von 1865, zit. nach: KÜBLER, Arbeiterquartier, S. 134
[11] Zum ganzen Abschnitt vgl. INSA, Bd. 10
[12] Näheres dazu bietet die Broschüre «EIN RUNDGANG IM ALTEN HOCHSCHULQUARTIER», Zürich 1988, die auch als Führer geeignet ist.
[13] WENKER, Tafelfreuden, S. 20
[14] GUYER, Grossstadt, S. 812
[15] LEHRER, Kaserne, S. 2–15
[16] Das folgende nach SPECKER, Gläserne Wand
[17] SCHINZ, Münsterbrücke, S. 6
[18] SUTER, Brunnen, S. 114
[19] DORN, Altstadt
[20] BÜRKLI, Abzugskanäle, Anhang
[21] FRITZSCHE, Mobilität, Karten S. 206f.
[22] ILLI, Schîssgruob, S. 73ff.
[23] ZEHNDER, Cholera, S. 19
[24] Daten für 1770 aus WASER, Wohnhäuser, die späteren aus STATISTISCHES JAHRBUCH
[25] Zit. nach: CRAIG, Geld und Geist, S. 171
[26] KELLER, Briefe, Bd. 1, S. 409
[27] TSCHUDI, Tourist, S. 25
[28] Ausführlicher bei SCHMID, Tonhallekrawall; politische Implikationen und Komplikationen bei ALBERTINI, Tonhallekrawall; zur Problematik der Deutschen in Zürich: URNER, Deutsche

# Die Transportrevolution

In engem Zusammenhang mit dem modernen Wirtschaftswachstum entwickelte sich die «Industrialisierung des Raumes», das heisst die Überwindung des Raumwiderstands mit neuen technischen Mitteln. Die industrielle Massenproduktion eines Guts weit über den Eigenbedarf hinaus musste kostengünstig abgeführt und weiträumig verteilt werden können. Das heisst nun nicht, dass die neuen Verkehrsmittel einfach die Nachfrage nach erweiterten Transportkapazitäten befriedigt hätten. Vielmehr entwickelten sich industrielle Güterproduktion und Industrialisierung des Raums mit mannigfachen gegenseitigen Abhängigkeiten und Beeinflussungen. Auf der einen Seite hatte sich die Baumwollindustrie lange vor der sogenannten Transportrevolution etabliert, anderseits erschlossen die neuen Verkehrswege industrieleere Räume und waren noch jahrzehntelang nicht ausgelastet. Ihre Linienführung ergab sich nicht nur aus wirtschaftlichen Überlegungen, sondern auch aus politischen und regionalen Sonderinteressen. Die neuen Transportmittel waren in erster Linie darauf angelegt, grosse Distanzen zu überwinden. Es muss deshalb nicht nur danach gefragt werden, welche Auswirkungen sie innerhalb des Kantons hatten, sondern wie sie die Stellung des Kantons im grösseren Umfeld veränderten.

Im Mittelpunkt dieser Umwälzungen steht der Bau der Eisenbahnen. Es darf aber darob nicht vergessen werden, dass schon vorher Flussläufe begradigt, Kanäle gegraben und neue Strassen erbaut wurden, um die Verkehrsverhältnisse entscheidend zu verbessern. Die eisernen Schienen sind eigentlich nur die letzte Konsequenz aus dem Bemühen im Strassenbau, durch eine möglichst harte Unterlage den Rollwiderstand herabzusetzen. Solche «Eisenbahnen» wurden schon im 18. Jahrhundert in englischen Bergwerken verwendet; erst die Verbindung mit der Dampfmaschine, der unermüdlichen Antriebskraft, machte daraus das wahrhaft revolutionäre Verkehrsmittel.

## Der Strassenbau

Vorindustrielle Strassentransporte waren ausserordentlich beschwerlich und kostspielig. Nur Luxusprodukte vermochten grössere Distanzen und hohe Transportkosten zu ertragen. Der erste Theoretiker der Raumwirtschaft, Johann Heinrich von Thünen (1783–1850), errechnete, dass unter günstigen Bedingungen Getreide mit Ross und Wagen über maximal 200 Kilometer transportiert werden konnte. Die prohibitiven Kosten bedeuteten,

Modell eines Pferdegespanns (1842). Fünf Pferde ziehen einen schweren Brückenwagen. Die Ladung ist mit Strohballen gepolstert und mit einer Blache bedeckt.

Zustand der Strassen im Anfang des Jahres 1850.
Strassen Iter Cl gebaut
in Arbeit
bestimte Richtung
IIter Cl gebaut
in Arbeit
bestimte Richtung
Canton Thurgau
Cton Aargau
Cton St. Gallen
Cton Schwyz
Cantn Zug
Zuger See
Winterthur
Zürich
Regensperg
Bülach
Rapperschwyl
Greiffensee
Grüningen
Ufenau
Stein
Diessenhofen
Frauenfeld
Zug
Erklärung der Zeichen
Erklärung der Abkürzungen

dass regionale Missernten nicht durch Importe aus ferner liegenden Gebieten ausgeglichen werden konnten. Wenn im Kanton Zürich nach den Katastrophen von 1816/17 und 1845–1847 die Hungersnöte verschwanden, dann war das auch den verbesserten Transportmöglichkeiten zuzuschreiben.

In vorindustrieller Zeit waren Strassen kaum mehr als Pisten über dem natürlich gewachsenen Boden, der von den Pferdehufen gelockert wurde und in den sich immer tiefere Karrengeleise eingruben. Bei Regenwetter verwandelten sich die Fahrwege in einen Morast, in dem die Wagen oftmals steckenblieben. Da weicher, feuchter Boden den Fuhrwerken den grössten Widerstand entgegensetzte, hat man flache Talböden gemieden; so führte etwa die Strasse von Zürich nach Baden über die Anhöhe von Höngg.

Der Unterhalt der Strassen oblag den Gemeinden. Da sie aus dem Durchgangsverkehr kaum Nutzen zogen, leisteten sie die dazu nötige Fronarbeit nur widerwillig. Schlammige Stellen wurden mit Holz oder Reisig verfestigt. Wie wenig wirkungsvoll solche Massnahmen waren, merkten alle, die sich auf dem «Holzweg» befanden. Manchenorts grub sich die Strasse durch den Wechsel zwischen notdürftigem Ausbessern und sich neu eingrabenden Karrengeleisen immer tiefer in das Gelände. Waren solche Hohlwege einmal unpassierbar, suchten die Fuhrleute einfach daneben einen neuen Pfad. Wer von der Allmend Fluntern am linken Rand des Sagentobels nach Stettbach wandert, findet im abschüssigen Wald, in einem Gebiet, das heute noch «Steingass» heisst, Spuren eines solchen Bündels von Hohlwegen, die von der alten Strasse nach Dübendorf herrühren.

Der hohe Energieverschleiss des Strassentransports liess sich im wesentlichen auf einen Punkt zurückführen: auf die Stelle, wo das Rad den Boden berührt. Dadurch, dass man den Untergrund mit einem Steinbett stabilisierte und mit einem hartgewalzten Belag aus Schotter, Kies und Splitt versah, liess sich der Rollwiderstand drastisch vermindern: das ist das Prinzip der «Kunststrasse», wie es bereits in den grossen römischen Heerstrassen verwirklicht worden war. Damit die gefürchtete Nässe den Untergrund nicht aufweichen konnte, war die Oberfläche leicht bombiert, so dass der Regen abfloss. Im Gegensatz zu den traditionellen Fahrwegen verliefen Kunststrassen nicht im Ungefähren, sondern waren ein eindeutig aus der umgebenden Natur herausgeschnittenes Kunst-Werk.

Führend im Kunststrassenbau der Neuzeit war das absolutistische Frankreich mit der 1744 gegründeten berühmten Ingenieurschule «Ponts et Chaussées». In der Alten Eidgenossenschaft war es der Stand Bern, der im 18. Jahrhundert die schönsten Kunststrassen errichtete. Zürich war demgegenüber eindeutig im Hintertreffen. Das grosse Strassenbaumandat von 1791 erwähnt Kunststrassen in einer Länge von bloss 66 Kilometern.[1] Sie führten von Zürich über Bülach nach Eglisau, über Brütten nach Winterthur und Elgg, schliesslich von der Stadt in nordwestlicher Richtung bis zur Staatsgrenze bei Dietikon.

Die Helvetik (1798–1803) hatte, wie in anderen Bereichen auch, ehrgeizige Pläne für den Strassenbau, kam aber über eine Bestandesaufnahme nicht hinaus. In den nachfolgenden Perioden der Mediation und Restauration lag der Strassenbau im Kanton Zürich gänzlich darnieder, erst 1827 wurde die Strasse ins Knonauer Amt neu angelegt. In der selben Zeit wurden in andern Kantonen die Strassen zügig ausgebaut (so etwa in Luzern auf 190 km), und auch der Bau von Fahrstrassen über die Alpen setzte ein. Den Anstoss gab Napoleon, der von 1800 bis 1804, vorwiegend aus militärischen Gründen, den Simplonpass ausbauen liess, zwischen 1811 bis 1823 folgten San Bernardino und Splügen, 1820 bis 1830 der Gotthardpass.[2]

Linke Seite: Kantonskarte mit dem Strassennetz von 1850. Mit unterschiedlichen roten Signaturen sind die bereits bestehenden, die im Bau befindlichen und die projektierten Strassen erster und zweiter Klasse eingetragen.

Querschnitt durch eine Kunststrasse. Die Zeichnung, einem Buch zur Strassenbaukunde entnommen, zeigt im Querschnitt zwei hochbeladene Wagen und die wesentlichen Elemente einer Kunststrasse, wie sie vor allem in den dreissiger Jahren des 19. Jahrhunderts auch im Kanton Zürich gebaut wurden. Das Fundament wird von grossen Steinblöcken gebildet. Darüber wird eine Schicht aus Kies und festgewalztem Splitt so angeordnet, dass eine kompakte und leicht gewölbte Oberfläche entsteht. Auf ihr fliesst der Regen nach links und nach rechts in die deutlich markierten Strassengräben ab. Die Strasse ist als Kunst-Werk und Sonderraum von der umliegenden Landschaft abgehoben.

Im Kanton Zürich trieben erst die Liberalen den Strassenbau energisch voran. Er war für sie nicht nur eine wirtschaftliche Notwendigkeit, sondern ebenso ein Prestigeobjekt, mit dem Fortschritt und Leistungsfähigkeit in allen Teilen des Landes sichtbar bewiesen werden konnten. «Gute Schulen und gute Strassen sind Zierden eines Landes, für die ersteren ist gesorgt, es handelt sich nun um die letzteren», sagte Regierungsrat Heinrich Weiss (1789–1848) in der Debatte um das Strassengesetz von 1833.[3] In der Tat hat die Regeneration für den Strassenbau weitaus mehr Mittel aufgewendet als für die Schule, in den späten dreissiger und frühen vierziger Jahren jährlich zwischen 400 000 und 500 000 Franken; etwa doppelt soviel wie für das Erziehungswesen oder einen Viertel bis einen Drittel aller Staatsausgaben. Die für die damalige Zeit gewaltigen Summen konnten nicht allein aus der ordentlichen Rechnung beglichen werden; zuerst wurde der Directorial-Fonds, der noch aus dem Ancien Régime stammte, aufgebraucht, später mussten Anleihen aufgenommen werden.

Das Gesetz von 1833 erstellte eine klare Systematik: Die Strassen erster Klasse, auch Haupt- oder Heerstrassen genannt, verbanden Zürich mit den angrenzenden Kantonen. Sie bestanden, wie erwähnt, bereits zu einem grossen Teil als Kunststrassen und mussten nur noch ergänzt und zum Teil verbessert werden. Wichtig dagegen wurden die Strassen zweiter Klasse als Verbindung zwischen den Kantonsteilen. 1832 hatte diese Kategorie der «Landstrassen» erst 45 km umfasst, projektiert wurde nun ein Netz von weiteren 400 km; in erster Priorität wurde das bisher vernachlässigte industriereiche Oberland erschlossen. In die dritte Klasse fielen die «Communications-Strassen» zwischen benachbarten Gemeinden; die übrigen Wege wurden der vierten Klasse zugeteilt.

Nach einem Bericht, den Regierungsrat David Bürgi (1801–1874) 1838 dem Parlament vorlegte, waren seit 1832 bereits 115 km Strasse erster und vor allem zweiter Klasse gebaut worden. Weitere 327 km waren beschlossen und ins Bauprogramm aufgenommen; erst in der Planungsphase befanden sich 95 km.[4] Über die lokalen Verbindungen dritter und vierter Klasse, die praktisch ausschliesslich von den Gemeinden finanziert werden mussten, gibt es keine kantonalen Rechenschaftsberichte. Auch auf der Strassenkarte von 1850 sind nur die «Kantonsstrassen» hervorgehoben.

Ideologiegeschichtlich interessant ist die Tatsache, dass ausgerechnet die Liberalen, welche dem Schutz des Eigentums und der Privatwirtschaft

Strasse im Zürcher Weinland. Fuhrwerk, Viehherde und Fussgänger auf der Strasse zweiter Klasse zwischen Andelfingen und Ossingen.

Das Zollhaus in Eglisau. Wie viele andere war auch die alte Brücke in Eglisau in den Kriegswirren der Helvetik zerstört worden. Gleichzeitig mit der neuen Brücke wurde das Zollhaus errichtet. Der klassizistische Säulenvorbau unterstreicht die Bedeutung der staatlichen Einrichtung. Vor dem Zollhaus steht eine Postkutsche zur Abfahrt nach Zürich bereit.

Zölle waren eine wichtige Einnahmequelle des Staats und dienten unter anderem dazu, teure Verkehrsbauten zu finanzieren. Erst die Bundesverfassung von 1848 hob alle Zölle und Weggelder im Innern der Schweiz auf; die bisherigen Nutzniesser – Kantone, Gemeinden, aber auch Private – wurden entschädigt (Art. 24 BV).

erste Priorität einräumten, den Strassenbau staatswirtschaftlich organisierten und zum Erwerb der dazu benötigten Grundstücke ein erstes Enteignungsgesetz erliessen. Gewiss musste das expropriierte Eigentum entschädigt werden, und gewiss widersprach es nicht grundsätzlich der liberalen Theorie, dass Werke von allgemeinem Nutzen auch von der Allgemeinheit getragen werden.

Anderseits wäre es, wie das Beispiel der sogenannten «turn-pikes» in England zeigt, durchaus möglich gewesen, Strassen von privaten Unternehmern bauen und betreiben zu lassen; die Kosten hätten dann über entsprechende Gebühren von den effektiven Benutzern und nicht von einer diffusen Allgemeinheit bezahlt werden müssen. Das war ja dann tatsächlich auch das Prinzip, auf das man sich stützte, als drei Jahrzehnte später der Bau der Eisenbahnen in Angriff genommen wurde; ideologisch untermauert mit dem gleichen liberalen Gedankengut, nur etwas anders gewichtet. Das Beispiel zeigt, dass die heute aktuelle Forderung nach Privatisierung von Staatsbetrieben nicht eine Glaubensfrage sein muss, zu der sie emporstilisiert wird, sondern eine Frage des Ermessens beziehungsweise der Angemessenheit.

Der Strassenbau ist damals längst nicht überall begrüsst worden. Die steinernen Finger der Macht, die vom Zentrum in die entferntesten Landesteile reichten, waren nicht nur baulich-konstruktiv scharf von der Umgebung abgetrennte ortsfremde Bauwerke, sondern auch rechtliche Sonderzonen, auf denen die Anordnungen der «Strassen-Polizey» zu befolgen waren. Die Bauern, die über die Steuern zur Mitfinanzierung herangezogen wurden, versprachen sich von der Strasse kaum einen Nutzen, vielmehr war sie ein Ärgernis für jene, deren Grundstücke sie zerschnitt. Gegen die Strassen wurden seinerzeit ähnliche Einwände vorgebracht wie einige Jahre später gegen die Eisenbahn. Man kann sie heute als hinterwäldlerisch belächeln, sie waren aber aus der Sicht jener, die sie vorbrachten, klarsichtig und richtig, so beispielsweise, wenn ein Bauernvertreter 1833 im Grossen Rat ausführte: «Die armen Leute (werden) die Strasse nie mit einem Fuhrwerk gebrauchen, sondern nur mit dem Schubkarren, oder der Güllentanse oder dem Mistkorb. Die Städte ziehen grossen Vortheil aus der vermehrten Communication, es werden alle Produkte leichter dahin verführt werden können (…) man wird aber dem Bauern nichts mehr bezahlen, sondern eher weniger, weil die Concurrenz der Verkäufer zunimmt.»[5]

Was ist mit den gewaltigen Investitionen im Strassenbau erreicht worden? Die Frage lässt sich nicht generell beantworten. Ein zeitgenössischer

Autor berechnete, dass auf einer neuen, gepflästerten Strasse mit dem gleichen Aufwand etwa doppelt so viel Gewicht wie auf einer gewöhnlichen Landstrasse und fünf- bis sechsmal mehr als auf einem schlecht unterhaltenen Weg fortbewegt werden könne. Wenn so der Transport einer Ladung von 1000 Pfund über die Distanz einer Wegstunde (4,8 km) 50 Rappen koste, dann erhöhe sich der Betrag auf der gewöhnlichen Landstrasse auf Fr. 1.10, auf dem schlechten Fahrweg auf Fr. 2.93.

Die Reisegeschwindigkeit erhöhte sich kaum. Auch auf der Kunststrasse rechnete man mit einer Tagesleistung von 25 bis 30 km für ein gewöhnliches Fuhrwerk, nur die Diligencen oder Eilposten erreichten 9 bis 10 km/h. Viel wichtiger war die Verstetigung und Berechenbarkeit des Fortkommens, gerade auch für die Postkutschen, die bei jedem Wetter fahren mussten und den Fahrplan nur auf Kunststrassen einhalten konnten.

Im grossen ganzen blieb die menschliche Fortbewegung das Mass aller Dinge, die Wegstunde blieb die allgemein übliche Distanzangabe in den zeitgenössischen Schriften und Strassenkarten. Erst der Fahrtwind der Eisenbahn verwirbelte die uralte Einheit und konnte zu sprachlicher Verwirrung führen, so etwa, wenn es in einem Text heisst «...bei einer Geschwindigkeit von acht Stunden in der Stunde».[6]

## Die Wasserwege

Im vorindustriellen Transportsystem hatten Wasserstrassen, auf denen Massengüter weitaus billiger und oftmals auch schneller als auf dem Landweg transportiert werden konnten, eine zentrale Bedeutung. An die Knotenpunkte in diesem alten Verkehrsnetz erinnern heute noch die Sust von Horgen, wo die Waren nach der Innerschweiz und dem Gotthard umgeladen wurden, oder die Landstädtchen Stein am Rhein (damals zürcherisches Hoheitsgebiet) und Eglisau, die ihr reiches Stadtbild, das von der ehemaligen Bedeutung zeugt, gerade deshalb bewahrt haben, weil sie im 19. Jahrhundert in den Verkehrsschatten gerieten und stagnierten.

Der Weg über die Bündner Pässe nach dem Süden wurde von den Zürchern nicht zuletzt deshalb bevorzugt, weil die Wasserstrasse über Zürichsee–Linth–Maag–Walensee einen bequemen Zugang bis an den

Warentransport bei der Ziegelbrücke, auf dem neuen Linthkanal, kurz nach dessen Fertigstellung im Jahr 1823.

Fuss der Alpen ermöglichte. Im Lauf des 18. Jahrhunderts versumpfte die Schwemmlandebene zwischen Zürich- und Walensee immer mehr. Die beiden Städtchen Weesen und Walenstadt wurden fast alljährlich überschwemmt. Die Menschen, die in diesem Gebiet wohnten, wurden als blutarmes, schwächliches Geschlecht geschildert, geplagt von Rheumatismen und fiebrigen Krankheiten, die dem feuchten Boden und den modrigen Ausdünstungen der Sümpfe zugeschrieben wurden. Die zeitgenössische Meinung, dass im Gebiet der Linthebene die Lebenserwartung zehn Jahre geringer war als anderswo, wird durch eine heutige demographische Untersuchung bestätigt.[7]

Die häufigen Überschwemmungen gefährdeten aber auch die Schifffahrt. Projekte, die Linth in den Walensee umzuleiten, damit sie dort ihr Geschiebe loswerde, statt es in der Ebene abzulagern und sich selbst zu stauen, sind bereits aus den siebziger Jahren des 18. Jahrhunderts bekannt. Sie wurden auch in der 1761/62 gegründeten «Helvetischen Gesellschaft» diskutiert, und eines ihrer Mitglieder, Hans Conrad Escher, der später den Ehrentitel «von der Linth» erhielt, erforschte 1793 das Gebiet und kam dabei zum selben Schluss.[8]

Die Probleme, die es für die Sanierung zu überwinden galt, waren weniger technischer als vielmehr politischer und finanzieller Natur. Nach langwierigen Vorbereitungen wurde 1807 mit den Arbeiten begonnen. 1811 war das Kernstück, der Molliserkanal, vollendet, der zu Ehren seines Schöpfers 1832 hochoffiziell durch Tagsatzungsbeschluss in «Escherkanal» umbenannt wurde. Zuvor aber war noch der Linthkanal zwischen Walensee und Zürichsee zu erstellen. Am 14. August 1823 wurde das vollendete Werk an die Kantone Glarus, Schwyz und St. Gallen übergeben.

Die Linthkorrektion wird gern als Werk eidgenössischer Solidarität gepriesen, als uneigennützige Hilfe an die vom Schicksal schwer getroffene Bevölkerung, die sich nicht mehr selbst zu helfen wusste. In der Praxis allerdings war das Ganze eine kapitalistische Unternehmung auf solider geschäftlicher Basis. Der Mehrwert des entsumpften Lands fiel an die Unternehmung.[9] Daraus ergab sich die «mathematische Gewissheit», dass die vom Publikum gerne aufgenommenen Aktien eine sichere Anlage waren.[10] Bei der Liquidation der Gesellschaft nach 1827 ergab sich ein Überschuss von 31300 Franken, der dem heute noch bestehenden Linthfonds überwiesen wurde.

Das starke Engagement Zürichs am grossen Werk hing zweifellos mit seiner traditionellen Verkehrspolitik zusammen, konnte doch durch den Linthkanal die wichtige Schiffsverbindung, die vorher immer wieder unterbrochen worden war, endgültig saniert werden. Weil der Kanal nach der Eröffnung der Eisenbahnlinie von Rapperswil über Weesen und Walenstadt nach Sargans (1859) seine Bedeutung als Wasserstrasse schon bald verlor, ist dieses Motiv für die Gewässerkorrektion weitgehend vergessen worden. Es dürfte aber damals mindestens ebenso wichtig gewesen sein wie die Gewinnung von Fruchtflächen. Das geht schon daraus hervor, dass das neugewonnene Land nur extensiv genutzt wurde. Eine durchgreifende Melioration als Voraussetzung für eine intensive landwirtschaftliche Nutzung wurde erst im Zweiten Weltkrieg durchgeführt.

Die häufigen Überschwemmungen des Städtchens Weesen und anderer Siedlungen waren ein wichtiger Grund, die Linthkorrektion in Angriff zu nehmen. (Radierung nach einer Zeichnung von Hans Conrad Escher, 1809)

Hans Conrad Escher von der Linth (1767–1823), ein Aufklärer im besten Sinn des Wortes. Ursprünglich für den Kaufmannsstand bestimmt, wandte er sich mehr und mehr den Naturwissenschaften zu, insbesondere der Geologie. Auf seinen ausgedehnten Wanderungen und wissenschaftlichen Streifzügen kreuz und quer durch die Schweiz entstanden grossartige Panoramabilder. Mit kühnem Blick und sicherer Hand wurden da die Wunder der Tektonik mit dem Zeichenstift präzise festgehalten und analysiert. Mit ebenso grosser Tatkraft setzte er sich für das Gemeinwohl ein. Einem jener führenden Geschlechter des Ancien Régime entstammend, die am alten festhielten, hatte er schon früh die Zeichen der Zeit erkannt und drängte auf den unausweichlichen Wandel, solange er noch geordnet vollzogen werden könne. 1798 wurde er in den helvetischen Grossen Rat gesandt, den er 1799 präsidierte. In Erinnerung geblieben ist aber vor allem sein unermüdlicher Einsatz für das Linthwerk, das kurz nach seinem Tod 1823 vollendet wurde.

Die «Minerva», das erste Dampfschiff auf dem Zürichsee. Hier als Blechmodell, das dem berühmten «Schiffli-Gattiker» in Wädenswil als Wirtshausschild diente.

### Im Spätboot

Aus der Schiffsbank mach ich meinen Pfühl.
Endlich wird die heiße Stirne kühl!
O wie süß erkaltet mir das Herz!
O wie weich verstummen Lust und Schmerz!
Über mir des Rohres schwarzer Rauch
Wiegt und biegt sich in des Windes Hauch.
Hüben hier und wieder drüben dort
Hält das Boot an manchem kleinen Port:
Bei der Schifflaterne kargem Schein
Steigt ein Schatten aus und niemand ein.
Nur der Steurer noch, der wacht und steht!
Nur der Wind, der mir im Haare weht!
Schmerz und Lust erleiden sanften Tod.
Einen Schlummrer trägt das dunkle Boot.

Das Sonnenquai um 1838. Mit dem Bau eines neuen Hafens wurde das obere Limmat- oder damals Sonnenquai zu einem wichtigen Umschlagplatz. Ein Dampfschiff und das neuerbaute «Hôtel de la Couronne» (1837) zeugen vom Aufbruch in eine neue Zeit.

## Dampfschiffe auf dem Zürichsee

Am 24. Juli 1835 nahm der Raddampfer «Minerva» den fahrplanmässigen Einsatz auf dem Zürichsee auf, sehr zum Missvergnügen der Schiffsleute, welche vor dem Betreten der Höllenmaschine warnten. Damit wurde das industrielle Zeitalter der Schiffahrt eingeläutet, relativ spät, stand doch die «Guillaume Tell» auf dem Genfersee schon seit 1823 im Dienst. Der ursprüngliche Plan der beiden Promotoren, die sich «Unternehmer der Dampfschiffahrt für den Zürich- und Walensee» nannten, eine direkte Verbindung von Zürich nach Walenstadt zu schaffen, scheiterte offenbar am Widerstand von Rapperswil und der Kantone am Obersee und in der Linthebene. 1836 etablierte sich eine «AG für die Dampfschiffahrt auf dem Walensee», welche ein Boot bei Escher Wyss in Auftrag gab. Dieses Unternehmen hatte bereits die «Minerva», welche unter dem Namen «Vulkan» von der renommierten Firma Fairbairn in Manchester gebaut und auf abenteuerliche Weise nach Zürich gebracht worden war, wieder zusammengebaut und dabei um 19 Fuss verlängert.[11] Mit dem Raddampfer «Linth-Escher», der 1837 zur Jungfernfahrt auslief, begann Escher Wyss einen neuen, auch international erfolgreichen Produktionszweig aufzubauen. Bis 1875 baute Escher Wyss 284 Dampfschiffe, darunter nicht nur die ganze Flotte auf dem Zürichsee, sondern auch für so exotische Destinationen wie den Bosporus oder den Amazonas.[12]

1869 zählte die «Dampfschiffgesellschaft für den Zürichsee», die aus der Fusion verschiedener Gesellschaften entstanden war, 13 Dampfboote mit «total 24 450 Quadratfuss Verdeckinhalt» (2200 m$^2$).[13] Die Passagierfrequenzen stiegen ständig an, von knapp 80 000 im Jahr 1840 auf eine Million um 1870, und 1875 erreichten sie einen Höhepunkt von 1,5 Millionen. Ausflügler und Touristen trugen dazu nur einen Teil bei, in erster Linie waren die Dampfschiffe das fahrplanmässige und vollwertige öffentliche Verkehrsmittel. Wenn in diesem prosaischen Zusammenhang eines der grossen Gedichte von Conrad Ferdinand Meyer (1825 – 1898) bemüht werden darf: Es ist nicht der müde, aber frohgemute Wandersmann, sondern der in Geschäften der Stadt Aufgeriebene, vom Leben Ermattete, der «Im Spätboot» nach Hause fährt.

Zwar hatte es schon 1857 Bestrebungen gegeben, das bevölkerungsreiche und wohlhabende Seebecken mit einer Eisenbahn zu erschliessen. Die linksufrige Seebahn wurde aber erst 1875 gebaut, und auch dann nicht in erster Linie, um die Zürichseegemeinden zu bedienen, sondern um auf direkterem Weg das stark industrialisierte Glarnerland zu erreichen. Auf diesen Zeitpunkt hin hat die Nordostbahn die Dampfschiffgesellschaft aufgekauft, um so die Konkurrenz auszuschalten. Das Vorgehen zeigt, dass noch um diese Zeit der Dampfschiffverkehr als ernsthafte Alternative zur Eisenbahn betrachtet wurde. Die Nordostbahn hatte sich damit allerdings ein doppeltes Verlustgeschäft eingehandelt; dies erst recht, als 1894 die rechtsufrige Eisenbahn den Betrieb aufnahm. 1895 wurden auf dem See weniger als 200000 Fahrgäste registriert. Die gänzliche Einstellung der Personenschiffahrt schien nur noch eine Frage der Zeit.

1902 übernahm die 1890/91 gegründete Zürcher Dampfbootgesellschaft von den Schweizerischen Bundesbahnen (SBB), der Rechtsnachfolgerin der Nordostbahn, den gesamten Schiffspark. Mit der Ausrichtung auf den Ausflugsverkehr begann eine neue Epoche der Zürichseeschiffahrt.

## Der Eisenbahnbau

Mit einem Vierteljahrhundert Verspätung gegenüber anderen Ländern revolutionierte die Eisenbahn die Verkehrsverhältnisse der Schweiz. Die welterste kommerzielle Bahnstrecke von Manchester nach Liverpool wurde 1830 eröffnet. Hierzulande begann der Eisenbahnbau, mit Ausnahme der «Spanisch-Brötli-Bahn» (1847), erst um 1855: Wohl hatten sich die topographischen Verhältnisse als schwierig erwiesen, der wahre Grund für die Verzögerung waren allerdings politische Hindernisse, die lange unüberwindbar schienen.

Projekte wurden schon in den dreissiger Jahren diskutiert, so 1836 von der Zürcher Handelskammer, die eine Linie plante, welche die Strecke Augsburg–Lindau mit Zürich und über Basel mit der französischen Elsässerbahn und der badischen Staatsbahn verknüpfen sollte. Die ein Jahr später lancierte «Basel–Zürich-Eisenbahngesellschaft» musste nach erfolglosen Bemühungen 1841 liquidiert werden; was vom ganzen Projekt übrigblieb, war die erste innerschweizerische Bahnlinie von Zürich nach Baden, die 1847 von der Nachfolgegesellschaft «Nordbahn» eröffnet wurde.[14]

Das Scheitern dieses ersten grossen Projekts war in erster Linie dem Unvermögen der betroffenen Kantone zuzuschreiben, sich über die Streckenführung zu einigen. Zürich suchte einen möglichst direkten Anschluss an das ausländische Eisenbahnnetz, die Grenzstadt Basel dagegen wollte, in Fortführung alter Verkehrspolitik, über den Jura möglichst rasch das Mittelland gewinnen und die Strecke in gerader Linie Richtung Gotthard vorantreiben.

Erst mit der Gründung des Bundesstaats, dem in Art. 21 die Kompetenz übertragen wurde, «im Interesse der Eidgenossenschaft oder eines grossen Teiles derselben öffentliche Werke» zu fördern, konnte die gegenseitige Blockade überwunden werden. Ein Gutachten, das bei englischen Experten in Auftrag gegeben wurde, empfahl eine Staatsbahn, ein Verkehrsnetz, das weitgehend den Basler Vorstellungen entsprach.[15] In letzter Minute wurde das Staatsbahnprojekt abgeblockt, im Eisenbahngesetz von 1852 entschied sich das Parlament gegen die vorberatende Kommission dafür, den Bahnbau privaten oder kantonalen Gesellschaften zu überlassen. Im Vordergrund stand dabei die Grundsatzfrage, ob und wie weit der liberale Staat wirt-

Fortschrittsvisionen an der Wand. Phantastische Architektur, rauchende Fabrikschlote, reger Handel und Verkehr, fauchende Lokomotiven, die lange Wagenschlangen hinter sich herziehen. Ausschnitt aus einer französischen Tapete, die 1854, im Jahr, da in der Schweiz das grosse Eisenbahnfieber begann, in einem Wädenswiler Bürgerhaus aufgezogen wurde.

Ankündigung der Spanisch-Brötli-Bahn. Ausschnitt aus einem Plakat, das dem «reiselustigen Publikum» die Betriebsaufnahme der Nordbahn auf der Strecke Zürich–Baden auf den 1. Mai 1847 ankündigte. Schon damals nahm man in der Werbung den Mund gern etwas voll. Der Betrieb wurde nicht am 1. Mai, sondern erst am 9. August aufgenommen, die Fahrt dauerte fahrplanmässig nicht 30, sondern 45 Minuten. Entsprechend vorsichtig ist denn auch die Behauptung «in einem Tag von Zürich nach Frankfurt» aufzunehmen. Das gelang nur, wenn man in Basel rechtzeitig den Zug der badischen Eisenbahn erreichte. Dazu musste man in viereinhalb Stunden von Baden nach Basel gelangen, ein höchst zweifelhaftes Unterfangen auf dieser noch eisenbahnlosen Strecke. Die reichlich optimistische Ankündigung zeigt aber, wie selbst diese lächerlich kurze Strecke sich als Teil grossartiger Fernverbindungen verstand.

**Eisenbahnnetz im Kanton Zürich 1865**

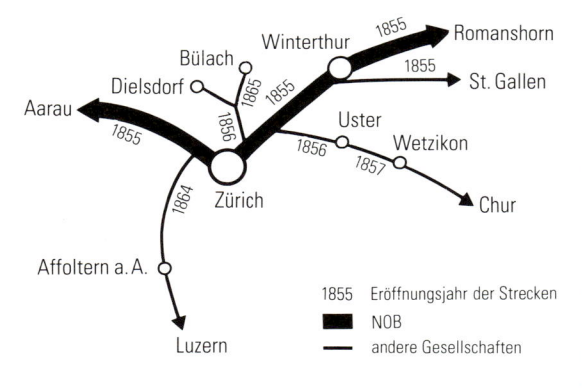

schaftliche Aufgaben übernehmen solle; dahinter aber wurden spezifisch regionalpolitische Interessen, vor allem der grossen Städte, verfochten. Alfred Escher, Vorsitzender der staatlichen Eisenbahnkommission und treibende Kraft in der Durchsetzung der privatwirtschaftlichen Lösung, hat das auch in einem seiner Voten zu verstehen gegeben: «Wir, die östlichen Kantone, liegen eben etwas abseits und können uns nicht in den patriotischen weissroten Mantel hüllen, wie jene in der Mitte.»[16]

Das Projekt der englischen Experten hätte den Anschluss Zürichs erst in zweiter Priorität berücksichtigt; es kam aber darauf an, die noch völlig offene neue Verkehrsstruktur von allem Anfang an zu beeinflussen, bevor sie sich in einer bestimmten Richtung bereits verfestigt hatte. Schon im Hinblick auf das missglückte Nordbahnprojekt hatte die «Neue Zürcher Zeitung» geschrieben: «Zürich soll sich beeilen, ehe unser Kanton von Basel oder vom Bodensee aus umgangen wird. Schnell Hand ans Werk gelegt! Wer die erste schweizerische Eisenbahn baut, wird einen Vorsprung vor allen Verfolgern und sicherste Aussicht auf einen glücklichen Fortgang seines Unternehmens haben.»[17]

Als nun der rechtliche Rahmen geschaffen war, setzte der Eisenbahnbau mit ungeheurem Kraftaufwand und grosser Eile ein. In einer ersten Phase, die 1854/55 begann und sich bis 1865 erschöpft hatte, wurden 1300 km gebaut. Bereits 1862 waren sämtliche Städte auf der Alpennordseite mit Ausnahme von Herisau untereinander verknüpft.

Die Stadtzürcher und Winterthurer Interessen vereinigten sich in der «Nordostbahngesellschaft» (NOB). Sie war 1853 unter der Leitung von Alfred Escher aus der Fusion der «Nordbahn» und der «Zürich–Bodenseebahn», die auf ein Winterthurer Projekt von 1846 zurückging, hervorgegangen.[18] Mitte Mai 1855 wurde die Strecke Romanshorn–Winterthur eröffnet, Ende Dezember der Abschnitt Winterthur–Oerlikon. Erst im folgenden Jahr wurden hingegen die schwierigsten viereinhalb Kilometer fertiggestellt. Sie führten durch den Wipkinger Tunnel, hoch über die Limmat und über einen eng gekrümmten Erdwall, der von der heutigen Röntgenstrasse nachgezeichnet wird, nach Zürich.

Mit der Bahnlinie Winterthur–Schaffhausen (1857), mit der Verlängerung der ehemaligen «Spanisch-Brötli-Bahn» nach Brugg (1856) und Aarau (1858), wo der Übergang zur «Centralbahn» stattfand, und mit der Verbindung zur badischen Staatsbahn von Turgi nach Waldshut war das Stammnetz der NOB mit einer Länge von 180 km bereits 1859 vollendet.

Die Linienführung, die im wesentlichen die Ideen der dreissiger Jahre verwirklichte, macht die Absicht der NOB deutlich: Es wurden im Interesse der Exportindustrie die traditionell wichtigen Aussenwirtschaftsbeziehungen beschleunigt und verstärkt. Die interne Erschliessung des Kantons war allenfalls ein Nebenprodukt. Das finanzielle Risiko schwach frequentierter Nebenlinien wurde anderen Promotoren überlassen. Eine Zweiglinie von Wallisellen nach Uster, dem Zentrum der Oberländer Textilindustrie, wurde 1856 von der «Glattalbahn» gebaut. Schon im folgenden Jahr wurde sie von den «Vereinigten Schweizerbahnen», der St. Galler Konkurrenz der NOB, übernommen und über Wetzikon–Rapperswil zur wichtigen Fernverbindung nach Sargans und Chur (1859) ausgebaut. Die Bezirkshauptorte Bülach und Dielsdorf wurden 1865 von der «Bülach–Regensdorf-Gesellschaft» erschlossen, das Reppischtal 1864 durch die «Zürich–Luzern-Bahn». Beide Gesellschaften wurden über finanzielle Beteiligungen und die Konzessionsbedingungen von der NOB kontrolliert, aber erst viel später übernommen (1877 und 1892).

Wenn auch die Eisenbahngesellschaften privatwirtschaftlich organisiert waren, so war doch der Zugang zu den politischen Behörden, welche die Konzessionen erteilten, von ausschlaggebender Bedeutung. Der nachhaltige Erfolg der NOB beruhte nicht zuletzt darauf, dass sie es verstand, über politische Mechanismen Konkurrenzbetriebe abzublocken. So etwa wurde bereits 1856 ein Luzerner Projekt, das beabsichtigte, eine Linie nach Zürich zu bauen, dadurch torpediert, dass der Kanton Zürich das Konzessionsgesuch für das Teilstück auf seinem Gebiet nicht behandelte. So konnte Alfred Escher, der in allen relevanten Gremien entweder selbst oder über seine Mittelsmänner vertreten war, den Bau zu dem ihm genehmen Zeitpunkt unter seiner Kontrolle in Angriff nehmen.

Auch an der Finanzierung der Gesellschaften war die öffentliche Hand massiv beteiligt. Bei der Gründung der NOB übernahmen der Kanton und die beiden Städte Zürich und Winterthur 5,5 Millionen des auf 32 Millionen veranschlagten Aktienkapitals. Gemeinden, die in den Genuss einer Bahnstation kommen wollten, wurden zur Zeichnung von Anleihen, Gewährung von Krediten und Subventionen, auch zu kostenlosen Landabtretungen und anderen Sachleistungen gezwungen. Erpressbar waren vor allem bisher abgelegenere Gemeinden und Regionen, welche hofften, durch bessere Verkehrsverbindungen Anschluss an das allgemeine Wachstum zu finden; Hoffnungen, die sich vielfach nicht erfüllten, sondern sich ins Gegenteil verkehrten: Ebensogut wie zuströmen konnten Ressourcen auch abfliessen, und zwar dorthin, wo Entwicklungskerne bereits vorhanden waren. Im allgemeinen wurden bereits bestehende Zentren von den neuen Verkehrsströmen genährt und wirtschaftsschwache Gebiete zusätzlich ausgelaugt. Das Knonauer Amt beispielsweise, seit 1864 durch die Linie Zürich–Luzern optimal erschlossen, hat, wenn man die stagnierende Bevölkerung als Indikator nimmt, daraus überhaupt keinen Nutzen gezogen.

Der Eisenbahnbau erzeugte eine Kapitalnachfrage von bisher unbekannter Grösse; zwischen 1855 und 1860 flossen gesamtschweizerisch 40 bis 50 Prozent aller Anlageinvestitionen in den Geleisebau, jährlich über 40 Millionen Franken oder gegen fünf Prozent des gesamten Bruttoinlandproduktes.[19] Die Industriefinanzierung war bisher zum grössten Teil über verwandtschaftliche und andere private Beziehungen erfolgt; nun machte sich das Fehlen eines Bankensystems, das Kredite in dieser Grössenordnung vermitteln konnte, bemerkbar. Um sich vom Einfluss der französischen Banken zu befreien, gründete Alfred Escher 1856 die Kreditanstalt.

Schlepptender-Lokomotive «Frauenfeld» der Nordostbahn (NOB), Baujahr 1855, auf der Drehscheibe im Depot des Bahnhofs Zürich. Bis 1857 kaufte die NOB 30 Lokomotiven, die meisten von J.A. Maffai in München. Auf der Photographie von 1862 hat sich das gesamte Bedienungspersonal, vom Kohlenschlepper bis zum Kaminfeger, aufgebaut.

Der Wipkinger Viadukt. Die Kunstbauten der Linie Zürich–Oerlikon zwangen die Ingenieure zu ungewöhnlichen Leistungen. Einschnitt, Viadukt und Damm brachten eine tiefgreifende Veränderung des Landschaftsbildes, die zahlreiche zeitgenössische Darstellungen inspiriert hat. Auch die Telegraphenstange im Vordergrund gehört zum Bild des Fortschritts.

Der grösste Teil der Investitionen floss in die umfangreichen Erdarbeiten. An jedem grösseren Bauabschnitt waren 1000 bis 2000 Arbeiter, darunter hin und wieder auch Frauen, beschäftigt.[20] Mit einfachsten Mitteln – Schaufeln, Pickeln, Karren – wurden Dämme aufgeschüttet und Hügel abgetragen, denn zum Wesen der Eisenbahn gehörte es, sich nicht wie ein Eselpfad an das Gelände anzuschmiegen, sondern nach dem geometrischen Prinzip in einer Geraden den Weg von A nach B zu legen, auch in der Vertikalen, um so, angesichts der geringen Adhäsion der Eisenräder auf den Eisenschienen, abrupte Steigungen zu vermeiden. Gerade weil sich so viele nach der unqualifizierten, harten Arbeit drängten, wurde sie schlecht entlöhnt. Anderseits half der Streckenbau entscheidend mit, die weitverbreitete Arbeitslosigkeit, verursacht durch das starke Bevölkerungswachstum und die wirtschaftlichen Strukturveränderungen, zu überwinden.

Im übrigen hat in dieser ersten Phase des Eisenbahnbaus der Materialbedarf für die entsprechenden einheimischen Industriezweige kaum Wachstumseffekte gezeitigt: Die Schienen, praktisch alle Lokomotiven und das meiste Rollmaterial wurden von technisch weit fortgeschritteneren ausländischen Unternehmungen bezogen. Wichtiger als die direkten Einflüsse waren die von den Eisenbahnen bewirkten Veränderungen im wirtschaftlichen Raumgefüge. Sie wurden allerdings eher grossräumig und langfristig wirksam. In der Frühzeit waren die Eisenbahnen noch lange nicht ausgelastet, selbst Hauptlinien fuhren nicht an der Kapazitätsgrenze, und Nebenlinien gerieten wegen mangelnder Frequenzen in finanzielle Schwierigkeiten. Um 1870 beispielsweise verarbeiteten die Spinnereien gesamtschweizerisch rund 20 000 Tonnen Rohbaumwolle pro Jahr, das sind nicht mehr als sieben Wagen zu zehn Tonnen – ein einziger Güterzug – pro Arbeitstag. Über die tatsächlichen Verkehrsleistungen der Eisenbahn gibt es bisher noch kaum Untersuchungen, generell lässt sich aber feststellen: Die Eisenbahnen stellten Entwicklungsmöglichkeiten zur Verfügung, die erst noch realisiert werden mussten.

Ein Blick auf das Eisenbahnnetz von 1865 zeigt, dass sowohl das industriereiche Oberland wie das bevölkerungsstarke Seebecken noch schlecht erschlossen waren. Hier übernehmen die traditionellen Verkehrsträger, inzwischen durch den Bau von Kunststrassen und den fahrplanmässigen Dampfbootverkehr modernisiert, den Transport von Menschen und Gütern. Postkutschen waren vorderhand keineswegs überholt, Kurse und Frequenzen nahmen weiterhin zu.

**Eisenbahnnetz von 1855 bis 1885**

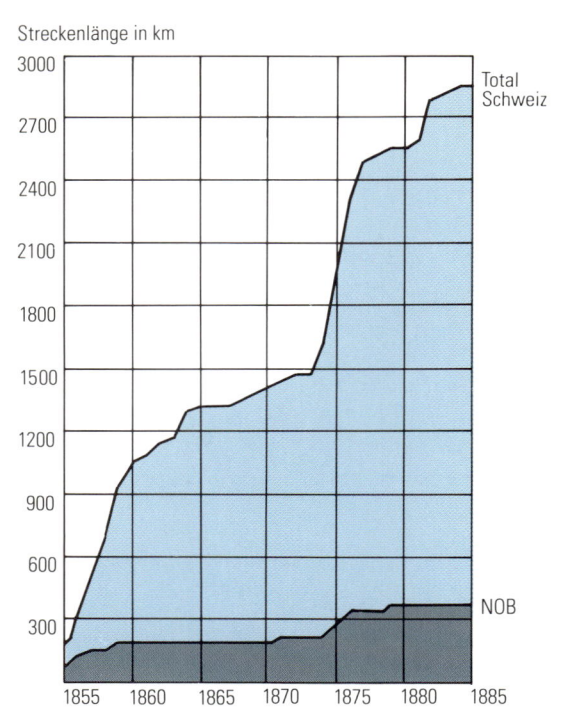

Streckenlänge in km

# Post und Postkutschen

Was im nostalgischen Rückblick heute als Postkutschenromantik erscheint, hatte im 19. Jahrhundert eine wichtige Funktion im Verkehrssystem. Allerdings: Während die absolute Zahl der Reisenden, die mit der Pferdepost unterwegs waren, anstieg, ging ihr relativer Anteil am gesamten Verkehrsaufkommen ständig zurück. 1910 beförderte die Pferdepost 1,9 Millionen Passagiere, etwa viermal so viele wie 1850. Allein der Bahnhof Zürich aber zählte im gleichen Jahr rund vier Millionen Fahrgäste.

Da das Postwesen bis 1848 in kantonaler Kompetenz lag, versuchten die initiativen Stände über die Pacht der Postregale anderer Kantone ihren Einflussbereich auszudehnen. Besonders aktiv war Zürich. Es nahm schon kurz nach 1803 die Regale von Uri (nur Transitrecht), Schwyz, Zug, Thurgau sowie später (1832–1848) von Nid- und Obwalden in Pacht. Bis 1810 gehörte sogar noch das Tessin zur Zürcher Posthoheit, doch konnten die Luzerner dank des Verhandlungsgeschicks ihres Postdirektors den Zürchern diese Schlüsselstellung im Alpentransit abjagen. Die Berner «Fischerpost» mischte im Kampf um den Gotthard ebenfalls munter mit. So übte sie etwa Druck aus, indem sie im Verteilungspoker vorübergehend Postsendungen nach Luzern boykottierte, auf dessen Postregal sie es abgesehen hatte. Zürich beherrschte schliesslich wichtige Zugänge zum Gotthard und zu den Bündner Pässen sowie einen geschlossenen Postraum von der Innerschweiz bis an den Bodensee. Hier ging es freilich nicht um Romantik, sondern um den Versuch, an den einträglichen Routen teilzuhaben, sie zu kontrollieren und einheitliche Verkehrsstrukturen zu schaffen. Die zunächst mangelnde Konkordanz der Kantonalposten hatte beispielsweise dazu geführt, dass ein Brief von St. Gallen nach Genf teurer war als nach Konstantinopel. Einheitliche Postgebiete beschleunigten und verbilligten den Verkehr.

Die hohe Zeit der Reisepost begann nach 1830 mit dem Ausbau alter Saum- und Naturwege zu befahrbaren Kunststrassen. Sie erst ermöglichten den fahrplanmässigen Einsatz bei jeder Witterung sowie höhere Ladekapazitäten und verkürzten damit die ökonomischen Distanzen. In der Folge wurden im Mittelland sowie auf den Nord-Süd-Achsen alle wichtigen Verbindungen mit regelmässigen Kursen bedient. So konnte denn der Bund mit der Verstaatlichung der Post 1848 ein respektables Streckennetz übernehmen. Auf 160 Linien verkehrten 1850 knapp 500 000 Fahrgäste. Die Postkurse beförderten nicht nur Passagiere, sondern in erster Linie Briefe, Pakete, Zeitungen und Geldsendungen. Als Verteiler im Kommunikationssystem nahmen sie deshalb eine zentrale Stellung ein.

Noch 1870 bedienten die Postkurse Gebiete ohne Eisenbahn (Tessin, Jura), wichtige Regionalverbindungen und den Nord-Süd-Verkehr. Sie gehörten zum Verkehrsinventar aller grösseren Ortschaften. Mit der zunehmenden Erschliessung durch die Bahn und dem Aufbau urbaner Nahverkehrsnetze (Strassenbahnen) wurde die Pferdepost nach 1880 immer mehr auf periphere Linien abgedrängt. Trotzdem spielte sie in der Feinverteilung weiterhin eine tragende Rolle. Während im Bezirk Zürich zwischen 1870 und 1910 die Zahl der Postpassagiere von 8000 auf 700 pro Jahr zurückging, stieg sie im eisenbahnmässig schlecht erschlossenen Luzerner Landbezirk Sursee von 16 000 auf 72 000. Attraktiv blieb die Postreise auch als touristisches Angebot, das schon damals unter dem Aspekt des Abenteuers und der Romantik vermarktet wurde, den man noch heute gern mit Kutschenfahrten in Verbindung bringt. Der endgültige Niedergang der Pferdepost setzte dann im Ersten Weltkrieg ein; gegen das Automobil war sie ohne Chance.

*Thomas Frey*

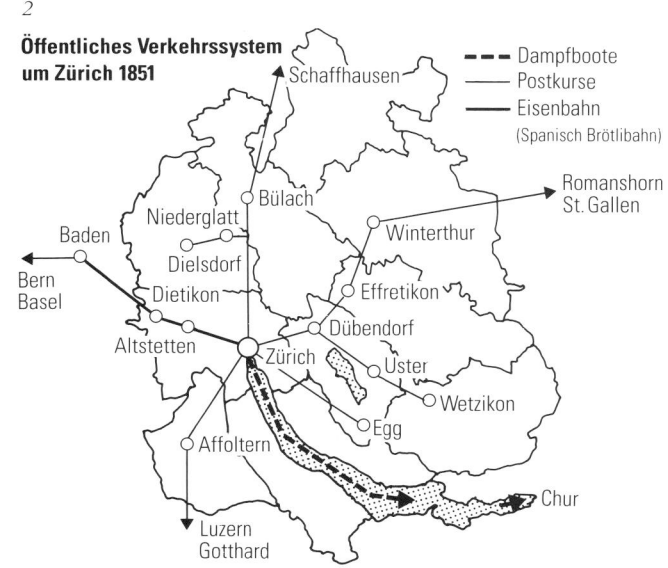

1 *Kutsche der Zürcher Kantonalpost.*

2 *Raumbeziehungen stehen in einer historischen Kontinuität. Die Karte zeigt das öffentliche Verkehrsnetz der Stadt Zürich im Jahr 1851. Mit Ausnahme der Verzweigung nach Egg wurden die Postkurslinien – und nur diese – von 1851 bis 1870 durch Bahnen ersetzt. Die Verbindungen an sich blieben zunächst unverändert, doch wurde der Verkehrsträger modernisiert. Aus dieser Sicht führte das Dampfross nicht zu einem radikalen Bruch der Verhältnisse, sondern akzentuierte vielmehr die schon bestehenden räumlichen Ungleichgewichte im Verkehrswesen.*

Zeichen der Zeit. Der Architekt Hans Conrad Stadler schuf 1829 diesen Entwurf für eine Uhrensäule (Aquarell), die am Eingang zum Oberdorf in Zürich (Torgasse) hätte errichtet werden sollen.

Zugsentgleisung in Saland, 1911.

## Raum und Zeit

Berichte aus der Pionierzeit der Eisenbahn über die «rasende Geschwindigkeit» von dreissig, vierzig Kilometern pro Stunde mögen einen heute leicht amüsieren, damals beschrieben sie eine Realität, wie sie umstürzender nicht hätte sein können; jahrtausendealte Vorstellungen von Raum und Zeit wurden über Nacht bedeutungslos. Bis dahin war das Mass der Distanz die menschliche Fortbewegung: die Wegstunde oder 4,8 Kilometer, mochten auch Reiter und Eilposten schneller vorwärtskommen. Bis 1847 beispielsweise war Baden fünf Stunden von Zürich entfernt, mit der «Spanisch-Brötli-Bahn» fahrplanmässig nur noch dreiviertel Stunden. Auf einen Schlag war die Bäderstadt sechs- bis siebenmal näher gerückt. Trotz aller technischen Fortschritte waren die weiteren Verkürzungen lange nicht mehr so bedeutend: 1870 brauchte der schnellste Zug 27 Minuten, 1910 noch 23, und heute (1993) legt er die Strecke in 14 Minuten zurück.

Raum und Zeit sind die Kategorien, mit denen man die Erscheinungen der Aussenwelt einordnet. Die tiefe Erschütterung über den Umsturz der bisherigen Orientierungsmuster spiegelt sich in den warnenden Berichten wider, die Fahrt mit der Eisenbahn führe zu Geistesverwirrung und zu körperlichen Krankheiten, denn sie fahre so schnell, dass der Verstand nicht mehr mitkomme. Tatsächlich wurde manchen Leuten beim Blick aus dem Wagenfenster übel; an eine gemächlichere Art des Wandels gewöhnt, waren sie nicht in der Lage, die sich überstürzenden Sinneseindrücke zu verarbeiten. «Diese Dampffahrten», schrieb Joseph von Eichendorff (1788–1857), «rütteln die Welt, die eigentlich nur noch aus Bahnhöfen besteht, unermüdlich durcheinander wie ein Kaleidoskop, wo die vorüberjagenden Landschaften, ehe man noch irgendeine Physiognomie gefasst, immer neue Gesichter schneiden, der fliegende Salon immer andere Sozietäten bildet, bevor man noch die alten recht überwunden.»[21] Die Eisenbahn erzwingt somit eine veränderte Wahrnehmung der Welt, wie sie dann auch für die Grossstadt charakteristisch wird, eine «Steigerung des Nervenlebens, die aus dem raschen und ununterbrochenen Wandel äusserer und innerer Eindrücke hervorgeht».[22]

Nicht nur war die Eisenbahn um ein Vielfaches schneller als alle bisherigen Fortbewegungsarten, sie war auch, im Gegensatz zu Mensch und Tier, unermüdlich. Sie überwand die Schranken der Natur, brach nicht aus Erschöpfung zusammen, bahnte sich, ob Regen oder Sonnenschein, Sommer oder Winter, ihren Weg. Symbol des industriellen Zeitalters, das bis in die entferntesten Ecken reichte, war sie eigentlich als Ganzes eine grosse, flächendeckende Maschine, die sich im unerbittlichen Rhythmus des Fahrplans drehte. Ähnlich wie in der Fabrik das Diktat der Maschine und die Uhr den Tag in gleichförmige Abschnitte unterteilte, vermittelte auch die Eisenbahn ein neues Zeitverständnis. Nicht mehr der wechselnde Sonnenstand strukturierte den Tagesablauf, sondern der stets gleichbleibende, auf die Minute genaue Fahrplan, nach dem man die Uhren richten konnte. So wie im vortechnischen Zeitalter «Stunde» sowohl Zeit wie Distanz bedeutete, so waren Zeit und Raum eng aneinander gebunden. Mittag war an jedem Ort dann, wenn die Sonne den Zenit überschritt, konkret: im bündnerischen Münstertal 18 Minuten früher als in Genf. Erst der Telegraph, der nach 1850 die Schweiz mit seinen Drähten einzuspinnen begann, und die rasche Raumüberwindung durch die Eisenbahn machten die unterschiedlichen Lokalzeiten zum Problem. Die Eisenbahndirektionen dekretierten nach eigenem Ermessen die Eisenbahnzeit, nach der sich jedermann in ihrem Einzugsgebiet zu richten hatte. Wo verschiedene Gesellschaften aufeinandertrafen, wie beispielsweise in Basel, gab es neben der Lokalzeit unterschiedliche Eisenbahnzeiten. Innerhalb der Schweiz begann sich schon bald die «Berner Zeit», die von der Berner, ab 1859 von der Neuenburger Sternwarte definiert und über das Telegraphennetz verbreitet wurde, durchzusetzen. 1894 schloss sich die Schweiz der internationalen Zonen- oder Standardzeit an; erst jetzt mussten sich jene Teile der Westschweiz, die bisher ihre Uhren lieber nach dem Genfer Observatorium gerichtet hatten, dazu bequemen, die ungeliebte «heure allemande» beziehungsweise die Mitteleuropäische Zeit anzunehmen.[23]

So wie die Eisenbahn altgewohnte Räume vernichtete, so öffnete sie neue. Bereits in den sechziger Jahren konnte man von Zürich aus sämtliche Städte, ausser jene im Tessin, in einem Tag erreichen; von den meisten konnte man gleichentags auch wieder zurückreisen. Nach Bern beispielsweise, das 1850 noch mehr als eine Tagesreise entfernt war, gab es 1870 täglich sechs Züge; der schnellste legte die Strecke in dreieinhalb Stunden

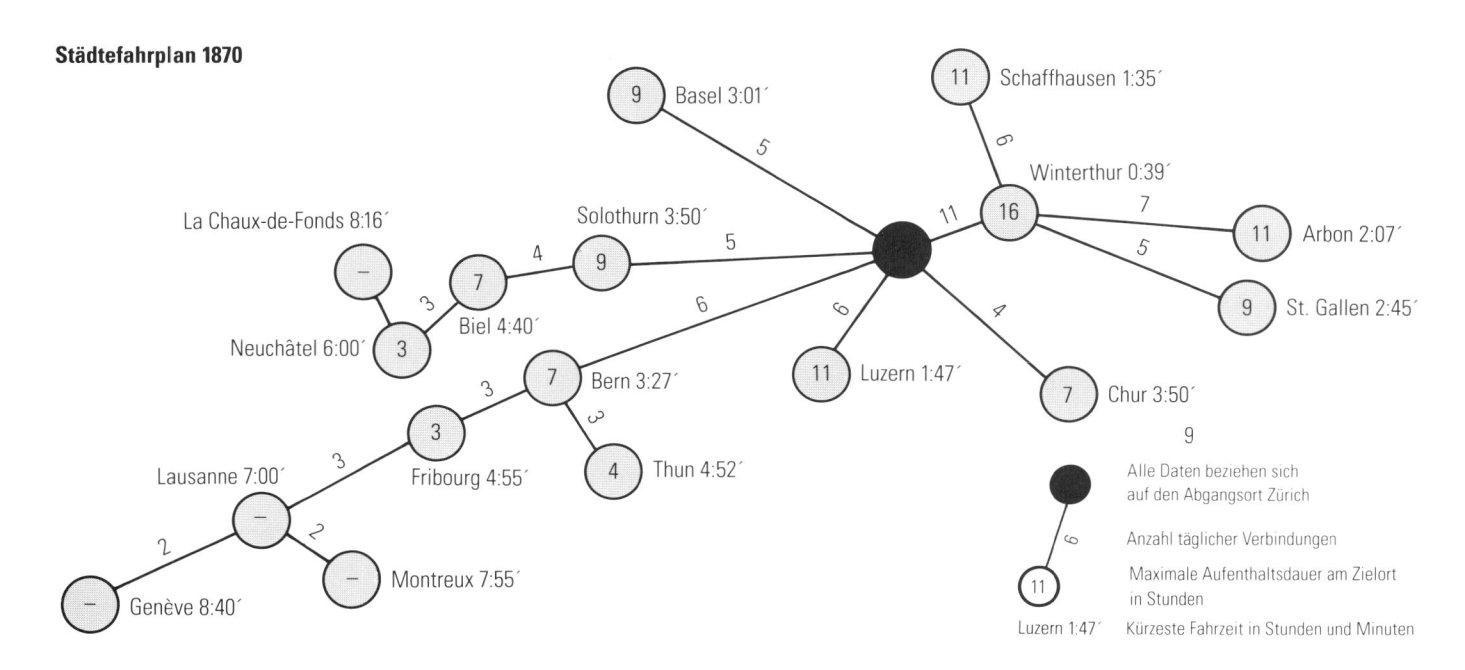

**Städtefahrplan 1870**

zurück. Wer mit dem ersten Zug losfuhr und mit dem letzten wieder zurückreiste, konnte in der Hauptstadt sieben Stunden lang seinen Geschäften, Verwandtschaftsbesuchen, politischen oder kulturellen Aktivitäten nachgehen.

Nicht nur zeit-, sondern auch kostenmässig vernichtete die Eisenbahn die alten Distanzmasse und damit auch Existenzen und Gewerbe: Fortschritt ist immer mit Zerstörung verbunden. Vergleiche zwischen vorindustriellen und industriellen Transportkosten sind schwierig zu ziehen, zu vielfältig waren die unterschiedlichen Bedingungen, Tarife, Konkurrenzverhältnisse usw., als dass man allgemeine Angaben machen könnte. So etwa kostete 1876 bei der NOB der Tonnenkilometer für Eilfracht auf Kurzstrecken 36 Rappen, für ganze Wagenladungen über grosse Distanzen 4 Rappen.[24] Daneben gab es jede Menge Sondertarife, die je nach Wettbewerbsverhältnissen ausgestaltet wurden. Aufgrund von allgemeinen Schätzungen kann man davon ausgehen, dass die Frachtkosten um mindestens das Zehnfache sanken, oder umgekehrt, dass zum gleichen Preis ein Gut zehnmal weiter versandt werden konnte.

Damit fiel der Entfernungsschutz für ungünstiger produzierende lokale Unternehmen dahin, die Wirtschaftsstruktur insgesamt musste sich an grösseren räumlichen Zusammenhängen orientieren. Schon längst waren die Erzeugnisse des Zürcher Textilgewerbes in alle Welt verschifft worden, nunmehr konnten auch schwere Massenprodukte fast ebenso leicht über grosse Distanzen bewegt werden. Erst mit der Existenz eines gesamteuropäischen Eisenbahnnetzes, das auch einen erleichterten Anschluss an die Weltmeere gewährleistete, ergab sich für die Maschinenindustrie die Möglichkeit, ihre Produkte weltweit zu vermarkten. Umgekehrt jedoch versetzten die billigen Einfuhren von Kohle, Stahl und Eisen der einheimischen Bergwerksindustrie, so beispielsweise den Erzgruben im Bündnerland oder dem Kohlebergwerk von Käpfnach am Zürichsee (Gemeinde Horgen), den Todesstoss. Was die Bauern schon beim Bau der Kunststrassen in den dreissiger Jahren des 19. Jahrhunderts erkannt hatten, dass nämlich der erleichterte Zugang zu den Märkten die Preise ihrer Produkte negativ beeinflussen müsse, bestätigte sich erst recht mit den noch weitaus billigeren Eisenbahntransporten, die nach 1870 zum ungleichen Wettbewerb im weltweiten Getreidemarkt führten.

Eisenbahnen waren als Fernverbindungen gedacht. Die Bahn durchs Knonauer Amt wurde von Zürich als Waffe für die «kommerzielle und politische Eroberung der Zentralschweiz» betrachtet.[25] Die kümmerliche «Glattalbahn» sah sich in ihren Visionen gar als Verbindungsglied zum fernen Orient. Die Bedeutung der zürcherischen Eisenbahnpolitik muss deshalb in erster Linie nicht innerhalb, sondern ausserhalb des Kantons gesucht werden. Vor 1848 war der Kanton Zürich ein engagierter und wichtiger Vorkämpfer für die nationale Einheit gewesen. Beim Eisenbahnbau, einer der ersten und bedeutendsten Aufgaben der neuen Eidgenossenschaft, ging es nun darum, wer in der neugefundenen Einheit die Vorherrschaft haben sollte: das immer noch mächtige und bevölkerungsreichste Bern, das reiche Basel mit seinem leichten Zugang zu Frankreich und den deutschen Staaten oder das «etwas abseits gelegene» textilindustrielle Zürich. Mit der rasch entschlossenen Verwirklichung der für die Region strategisch wichtigen Linien setzte sich Zürich schon 1859 in eine glänzende Ausgangsposition. Vollendet wurde das Ziel, Zürich zum Verkehrszentrum der Schweiz und zum Knotenpunkt der internationalen Strecken zu machen, erst in der folgenden Epoche.

Der Bahnhof als Tor zur Welt, und als neues Zentrum der Stadt der Bahnhofplatz, um den sich Geschäftshäuser und Hotels, alles «erste Adressen», drängen.

# Zum Forschungsstand

Am besten dokumentiert ist die Eisenbahngeschichte. Standardwerk ist immer noch BAUER, Eisenbahnen. Eine kurzgefasste, präzise Übersicht über die Streckenentwicklung bietet MATHYS, Schweizerbahnen. Zur Entwicklung im Raum Zürich unentbehrlich: BÄRTSCHI, Industrialisierung. Eine ausgezeichnete betriebswirtschaftliche Analyse der Nordostbahn findet sich in der schon älteren Dissertation von KESSLER, Nordostbahn. Die ersten Bahnprojekte werden gewürdigt von WRUBEL, Nordbahn. Die bisherige Eisenbahngeschichte hat sich vorwiegend mit technischen und politischen, allenfalls finanziellen Aspekten beschäftigt. FRITZSCHE, Eisenbahnbau, ist ein erster Versuch, ihre Bedeutung für die Neugestaltung des schweizerischen Verkehrsraums zu bestimmen. Das jüngst erschienene Buch, BALTHASAR, Zug um Zug, stellt die schweizerischen Eisenbahnen in einen sozialhistorischen Kontext.

Über den Strassenbau im Kanton Zürich gibt es bis heute noch kaum Untersuchungen. Der vorliegende Text verdankt wichtige Anregungen einer unveröffentlichten Seminararbeit von Dölf WILD, «Der Strassenbau der Liberalen». Eine gesamtschweizerische Bestandesaufnahme über die Kunststrassen findet man bei BAVIER, Strassen.

Für die Schiffahrt auf dem Zürichsee muss auf GWERDER, Zürichsee, verwiesen werden, ein technikgeschichtliches Kompendium, das minutiös und liebevoll die Ausstattung sämtlicher Dampfschiffe auf dem Zürichsee zusammenstellt.

# Anmerkungen

[1] StAZ III Mc 2
[2] BAVIER, Strassen, S. 48–65
[3] VERHANDLUNGEN DES GROSSEN RATHES, 1833, Nr. 37, S. 151
[4] BÜRGI, Strassen, S. 4–6
[5] VERHANDLUNGEN DES GROSSEN RATHES, 1833, Nr. 37ff., S. 163
[6] MOREL, Eisenbahnnetz, S. 7
[7] BALLMANN, Linthwerk, S. 51
[8] BALLMANN, Linthwerk, S. 139
[9] REPERTORIUM 1803–1813, S. 308f.
[10] BALLMANN, Linthwerk, S. 164
[11] GWERDER, Zürichsee, S. 10
[12] HOFMANN, Maschinenindustrie, S. 101
[13] GWERDER, Zürichsee, S. 11
[14] WRUBEL, Nordbahn, S. 37–63
[15] STEPHENSON, Eisenbahnen
[16] Zit. nach: BAUER, Eisenbahnen, S. 66
[17] Zit. nach: CRAIG, Geld und Geist, S. 118
[18] Näheres zu den Winterthurer Projekten siehe GANZ, Winterthur 1798–1922, S. 89ff.
[19] SCHWARZ, Bruttoanlageinvestitionen, S. 65
[20] Der Bau der Strecken Zürich–Baden und Basel–Olten aus der Sicht der Arbeiter wird detailliert dargestellt in: FREY, Eisenbahnbauarbeiter
[21] Zit. nach: SCHIWELBUSCH, Wolfgang, Geschichte der Eisenbahnreise. Zur Industrialisierung von Raum und Zeit im 19. Jahrhundert, Frankfurt a/M. 1979, S. 55f. Das Buch vermittelt eine äusserst anregende Mentalitätsgeschichte der Eisenbahn.
[22] SIMMEL, Georg, Die Grossstädte und das Geistesleben, in: Brücke und Tür, Essays des Philosophen zur Geschichte, Religion, Kunst und Gesellschaft, Stuttgart 1957, S. 228
[23] BALTHASAR, Zug um Zug, S. 115–120
[24] KESSLER, Nordostbahn, S. 148
[25] «Schwyzer Zeitung», Juni 1864, zit. nach: GAGLIARDI, Escher, S. 472

# Vom Regiment der «Gnädigen Herren» zur direkten Demokratie

Seine Erlebnisse und Empfindungen während der ersten Monate der «Helvetischen Republik» vertraute der Stadtzürcher Buchbinder und Agent Leonhard Köchli seinem Tagebuch an:

29. März 1798: «der wichtigste Tag für Zürich. (...) Die erste Urversammlung beim Grossmünster um 8 Uhr gehalten – läutete mit allen Glocken! waren viel Burger da. (...) Zwar war es Zwang, nicht freier Wille, die Constitution anzunehmen; dennoch lasse Deine Gnade und Erbarmen auch bey der neuen Verfassung auf unserer Stadt ruhen.»

16. Mai 1798: «Wie schwer wird uns nicht das Einquartieren des Militärs! Aller Generalstab, die ganze Rott, alle Gefangenen, alles schleppt Schauenburg hieher.»

16. August 1798: «Heute war der wichtigste Tag für Stadt und Land. Alle Gewalten versammelten sich um 9 Uhr auf dem Rathaus. Von da zogen sie unter Paradierung des fränkischen Militärs nach dem Hof (Lindenhof). Musik fieng an; alle Glocken der Stadt zog man an; der Donner der Kanonen brüllte den ganzen Tag. Abends war der Freiheitsbaum zierlich illuminiert, und Alles tanzte durcheinander auf der Meise und Waag. So ein Fest, so ein Wimmeln, so ein Galimatias sah Zürich noch niemals.»

Die Radierung von Johann Heinrich Meyer (1755–1829) zeigt die feierliche Eidesleistung des Zürcher Volks am 16. August 1798 auf dem Lindenhof.

Am Ende des 18. Jahrhunderts lag im Kanton Zürich die Macht in der Hand von 84 Stadtbürgerfamilien, die über 180 000 Landbewohner herrschten. Die Verwaltung der untertänigen Landschaft erfolgte auf zwei locker miteinander verknüpften Ebenen: Die obere Stufe bestand aus den vom Rat gewählten Land- und Obervögten, die untere aus der dörflichen Selbstverwaltung. Die Verbindung zwischen den beiden Bereichen ergab sich traditionell über den Pfarrer und den Untervogt: Während der Pfarrherr als Stadtbürger im Dorf ein Wächteramt ausübte, war der Untervogt sowohl Vertrauensmann der Untertanen als auch ausführendes Organ des Stadtregiments. Die Gemeindebeamten stammten über Generationen aus der grundbesitzenden «Dorfaristokratie».[1]

Ab Sommer 1789 versetzte die Französische Revolution die Geister in Europa in gewaltige Gärung. Auch in Zürich wurden die Ereignisse im Nachbarland aufmerksam verfolgt. Während aber die Obrigkeit in ihrer heilen Welt der vermeintlich gottgewollten Ordnung nicht im entferntesten daran dachte, dass die Untertanen politische Ansprüche stellen könnten, wurden die revolutionären Ideen in den prosperierenden Heimindustriegebieten am See von der wohlhabenden Oberschicht aus Textilverlegern, Gewerbetreibenden und Ärzten mit zunehmendem Interesse aufgenommen. Im Stäfner Handel von 1794/95 forderte dann das wirtschaftlich und kulturell emanzipierte Landbürgertum, das seine Zurücksetzung wohl immer stärker empfand, die Handels-, Gewerbe- und Studierfreiheit. Die «Gnädigen Herren» reagierten mit rücksichtsloser Härte: Die Seegemeinden wurden militärisch besetzt und über 260 Personen zu hohen Freiheits- und Geldstrafen verurteilt.[2]

Obwohl ab 1797 die Gefahr einer Invasion durch die Franzosen wuchs, blieb die Mehrheit der regierenden Familien bei ihrer kompromisslos-uneinsichtigen Haltung. Erst als die französischen Truppen im Waadtland als Befreier begrüsst wurden, erliess die Obrigkeit für die Verurteilten des Stäfner Handels eine Amnestie.[3] Eine Beruhigung der revolutionären Stimmung liess sich jedoch damit nicht mehr erreichen, im Gegenteil: Auf Druck einer Versammlung von 70 Gemeindeausschüssen in Wädenswil, die unter Leitung des aus der Verbannung zurückgekehrten Stäfner Arztes Johann Caspar Pfenninger (1760–1838) stand, proklamierte der Zürcher Rat am 5. Februar 1798 die Rechtsgleichheit zwischen Stadt und Land.

Anfang März bildete sich am See ein revolutionäres Komitee, das die sofortige Abdankung der alten Machthaber verlangte. Noch widersetzte sich der Rat der 200 der «ungesetzlichen tyrannischen Gewalttätigkeit einiger ehrgeiziger und herrschsüchtiger Volksverführer», aber nach dem Fall von Bern brach der Widerstand zusammen. Am 13. März tagte der Grosse Rat zum letzten Mal. Auf dem Zürcher Münsterhof wurde ein Freiheitsbaum errichtet, und die «Stadtknechte» schmückten sich mit Kokarden, um die neuen Machthaber vom Land – vor wenigen Wochen noch politische Gefangene – gnädig zu stimmen.[4]

Innert zweier Monate war die jahrhundertealte Ordnung wie ein Kartenhaus zusammengebrochen. Der weitgehend gewaltlose Umsturz wäre ohne die Rückenstärkung durch französische Waffen nicht möglich gewesen. Dennoch war die Revolution nicht einfach das Werk Frankreichs. Es war nicht zuletzt auch das ländliche Bürgertum, das – gestützt auf breite

Bevölkerungskreise – die überholte, einer industriellen Gesellschaft im Wege stehende Ordnung beiseite schob.

Die Revolutionäre hatten gehofft, durch ihr Vorgehen die französischen Truppen von einem Einmarsch ins demokratische Zürich abzuhalten, und aus dem selben Grund setzten sie sich auch für die Annahme der von Frankreich vorgelegten helvetischen Einheitsverfassung ein, die am 12. April in Aarau feierlich proklamiert wurde. Das Ziel des französischen Direktoriums war aber nicht die Befreiung; die Eroberung der Schweiz war lediglich strategisches Kalkül im Rahmen französischer Grossmachtpolitik, und so wurde entgegen anderslautenden Versprechungen am 26. April auch Zürich besetzt.

## «Die Revolution so wunderbar und gross»
### Der Durchbruch zu einer demokratischen Ordnung in der Helvetik (1798 – 1803)

«Die Revolution so wunderbar und gross, in ganz Helvetien den Redlichen zum Trost.»[5] Mit diesen Worten begann der Schulmeister Salomon Weiss das Lobgedicht, das er dem Gemeinderatsprotokoll von Fehraltorf voranstellte. Es gibt beispielhaft die politische Stimmung auf der Landschaft im Frühjahr 1798 wieder. Auch der Mitte August vorgenommene Bürgereid verlief in festlicher Atmosphäre: In Fehraltorf «ergötzte» sich die ganze Gemeinde «mit Essen, Trinken, Singen, Tanzen in Fried und Einigkeit» bis weit in die Nacht hinein, und sogar in der Hauptstadt war nach Darstellung des liberal gesinnten Vertreters der helvetischen Regierung, des Agenten Leonhard Köchli (1756 – 1800), «so ein Fest, so ein Wimmeln», wie es «Zürich noch niemals» gesehen hatte.[6]

Im Gegensatz zur Innerschweiz begrüsste die Zürcher Landbevölkerung die neue Verfassung grösstenteils; sie schuf nach französischem Vorbild einen Einheitsstaat, der die grundlegenden Staatslehren der Aufklärung verwirklichte. Als gesetzgebende Körperschaft wählten die männlichen Aktivbürger in indirekten Wahlen ein eidgenössisches Parlament, das aus zwei Kammern (Grosser Rat, Senat) bestand. Der lockere Staatsaufbau des

Der Freiheitsbaum, wie er 1799 das Pfarrhaus von Dietikon schmückte, war das von den revolutionären «Patrioten» mit Begeisterung aufgepflanzte und überall sichtbare Zeichen der neuen Ordnung. Im Aufstellen beziehungsweise Umstürzen der Freiheitsbäume spiegelte sich in der Helvetik auch der Machtwechsel zwischen den Anhängern der neuen und der alten Ordnung.

Am 30. Januar 1798 liess man die im Zusammenhang mit dem Stäfner Handel Verurteilten frei, um der wachsenden Unruhe auf der Landschaft zu begegnen, allerdings ohne Erfolg. Eine siebenstrophige Ode verherrlichte die Befreiung von Seckelmeister Johann Jakob Bodmer (1737 – 1806) aus Stäfa (an der Treppe):

«Werdet frei, wie eure Väter!
Werdet Menschen, auf! erwacht –
Freut euch! früher oder später
Stürzet der Tyrannen Macht!
Und Du Bodmer sei der Engel
Deines Vaterlandes! Du
Entschwebest einst auf Ruhmes Schwingen,
‹Unsterblich› dem Elisium zu.»

Ancien Régime wurde durch eine zentralistische und hierarchische Verwaltungsorganisation mit Berufsbeamten abgelöst, an deren Spitze ein fünfköpfiges Direktorium stand.[7]

In die gesetzgebenden Räte entsandte die Wahlmännerversammlung drei aufgeklärte Vertreter der städtischen Aristokratie (P. Usteri, H. C. Escher, J. H. Rahn). Hinzu kamen neun Abgeordnete aus der politisch erfahrenen ländlichen Oberschicht: zu einem grossen Teil jene Männer «vorzüglich an Geist und Einsichten» (J. C. Lavater), die am Stäfner Handel mehr oder weniger aktiv beteiligt gewesen waren (J. J. Bodmer, H. K. Billeter, H. Stapfer, J. C. Näf, H. Fierz), aber auch geschickte «Wendehälse», die sich als ehemalige Beamte schnell anzupassen wussten, wie beispielsweise J. Rudolf Egg von Rikon.[8]

An die Spitze der Verwaltung trat als Regierungsstatthalter J. C. Pfenninger. Zu Unterstatthaltern und Agenten, die als «Wächter, Erzieher und Diener» für die Festigung der Revolution im Volk sorgen sollten, wurden vor allem jüngere, gutsituierte und einflussreiche Angehörige des ländlichen Wirtschafts- und Bildungsbürgertums (Fabrikanten, Wirte, Müller, Ärzte) ernannt. Die bisher regierenden Dorfmagnaten verloren zu einem erheblichen Teil ihre Position. Zugleich ergab sich im Beamtenapparat auch eine starke Kontinuität, indem alte führende Landfamilien ihre Stellung im Dorf behaupten konnten oder dank ihrer Beteiligung an der Revolution bis in die nationale Führungsspitze aufrückten.[9]

Voller Elan ging die alt-neue Elite in den Räten im Frühjahr 1798 an die Aufgabe, das Staatswesen unter den Gesichtspunkten von Freiheit und Gleichheit neu zu gestalten. Dabei wurde in kürzester Zeit eine Fülle wegweisender Neuerungen verabschiedet: Im Mai schafften die Räte die Folter ab und beschränkten die «barbarische» Todesstrafe auf schwere Verbrechen. Gleichzeitig entstand ein Ministerium für Volksbildung. Im August folgte die Beseitigung der Niederlassungshindernisse, im Oktober die gesetzliche Verankerung der Handels- und Gewerbefreiheit usw. Auch wenn das meiste nicht von Dauer war, so wurde zum ersten Mal jenen Prinzipien einer demokratischen Gesellschaft zum Durchbruch verholfen, auf denen die Schweiz bis heute ruht.[10]

Die grössten Schwierigkeiten erwuchsen aus der Notwendigkeit, die Staatsfinanzierung neu zu strukturieren, die im Ancien Régime über Zehnten und Grundzinsen vor allem auf der Landbevölkerung lastete. In der Auseinandersetzung um die Feudallastenablösung spalteten sich die Volksvertreter in zwei Fraktionen: Die «Patrioten», zu denen alle neun Abgeordneten der Zürcher Landschaft gehörten, setzten sich für eine entschädigungslose Zehntaufhebung ein, um die bäuerliche Bevölkerung für die Revolution zu gewinnen. Demgegenüber wehrten sich die «Republikaner», denen sich die drei städtischen Abgeordneten anschlossen, gegen einen günstigen Loskauf, denn ein solcher musste unweigerlich zur Besteuerung kaufmännisch-gewerblicher Einkünfte und Vermögen führen. Das im November verabschiedete Gesetz stellte einen Kompromiss zwischen beiden Lagern dar. Da es aber den Hoffnungen der ländlichen Bevölkerung nur teilweise entsprach, trug es entscheidend zur Schwächung der Revolution bei. Noch schwerer wog jedoch, dass die Republikaner auch eine angemessene steuerliche Belastung aller Bevölkerungsgruppen verhinderten. Das Auflagengesetz vom Oktober 1798 gewährleistete nur geringe Steuereinnahmen und kam wegen komplizierter Berechnungsverfahren kaum zur Anwendung. Die daraus resultierende missliche Finanzlage verdankte die junge Republik letztlich dem rhetorisch geschickt verdeckten Eigennutz

---

Johann Caspar Pfenninger (1760–1838) gehörte 1794 zu den Verfassern des «Stäfner Memorials», das die wirtschaftliche Gleichstellung der Landschaft verlangte, und wurde 1795 als Staatsverbrecher mit vier Jahren Landesverweisung bestraft. Als die aristokratische Regierung 1798 eine Amnestie erliess, kehrte Pfenninger aus dem Elsass zurück und übernahm die Führung der revolutionären Kräfte auf dem Land. Am 24. April 1798 wurde er als Regierungsstatthalter an die Spitze des Kantons Zürich gewählt und hatte nun für die Durchführung der erlassenen Gesetze zu sorgen. Pfenninger trat damit ein schwieriges Amt an. Nach dem Staatsstreich der gemässigt-bürgerlichen Reformer (Januar 1800) wurde der revolutionäre Patriot entlassen. Verbittert musste Pfenninger 1803 die Rückkehr zu den alten Zuständen hinnehmen. In der Mediation gehörte er dem Grossen und dem Kleinen Rat an, nach 1814 nur noch dem Grossen Rat. Mit Genugtuung erlebte er schliesslich den Umsturz von 1830, der die Verwirklichung seiner Ideen brachte. Als Vorkämpfer einer freiheitlichen Ordnung wurde Pfenninger in den Regierungsrat gewählt, dem er bis zum Tod angehörte.

**Die Vertreter des Kantons Zürich in den helvetischen Räten (1798–1800)**

| Name | Rat | Wahl-alter | Wohnort | Beruf | Ämter vor 1798 |
|---|---|---|---|---|---|
| *Republikaner* | | | | | |
| Hans Conrad Escher | Grosser Rat | 31 | Zürich | Kaufmann, Wissensch. | |
| Joh. Heinrich Rahn | Senat | 49 | Zürich | Arzt, Wissensch. | |
| Paul Usteri | Senat | 30 | Zürich | Arzt, Publizist | Grossrat |
| *Patrioten* | | | | | |
| Hans Kaspar Billeter | Grosser Rat | 33 | Stäfa | Landschreiber | |
| Joh. Jakob Bodmer | Senat | 61 | Stäfa | Verleger | Seckelmeister |
| Joh. Rudolf Egg | Grosser Rat | 36 | Ellikon a. d. Thur | Müller | Gerichtsvogt |
| Joh. Rudolf Egg | Grosser Rat | 28 | Rikon | Müller | Untervogt |
| Hans Heinrich Fierz | Grosser Rat | 36 | Küsnacht | Fergger | |
| Joh. Kaspar Näf | Grosser Rat | 40 | Hausen a. Albis | Arzt | |
| Heinrich Rellstab | Grosser Rat | 38 | Langnau a. Albis | Müller | Geschworener |
| Hans Heinrich Stapfer | Senat | 58 | Horgen | Verleger | Seckelmeister, Landrichter |
| Joh. Kaspar Uhlmann | Grosser Rat | 31 | Feuerthalen | | |

Zur eigentlichen Kultfigur der revolutionären «Patrioten» wurde Johann Jakob Bodmer, Verleger und Landwirt aus Stäfa, an dem die Obrigkeit für die Beteiligung am Stäfner Handel eine Scheinhinrichung vollziehen liess. Teile seines Vermögens wurden eingezogen, und die nächsten zwei Jahre sass Bodmer, zu lebenslänglicher Haft verurteilt, im Zürcher Gefängnis.

Nach dem Umsturz bestimmten die 495 neubestellten Wahlmänner Bodmer zum Vertreter Zürichs im helvetischen Senat. Am 12. April 1798 eröffnete er in Aarau als Alterspräsident die Sitzung des ersten modernen schweizerischen Parlaments.

In den folgenden Debatten im Senat gehörte Bodmer zu den eifrigsten Verfechtern ländlicher Interessen. In mehreren Voten forderte er die entschädigungslose Aufhebung des Zehnten: «Gegen die, so die Zehnten für gerecht halten, will ich ein einziges Exempel anführen. In meiner Gemeinde wurden vor 5 oder 6 Jahren 70–80 Jucharten unbebauten Landes urbar gemacht. Kaum war dies geschehen, so kam man und forderte den Zehnten. Wenn dies gerecht ist, so gibt es nichts Ungerechtes mehr.» Bodmer drang mit seiner Haltung nicht durch. Das Loskaufsgesetz von 1798 verlangte die Entschädigung des Zehnten. 1801 trat Bodmer aus dem helvetischen Senat zurück und widmete sich fortan seinen Verlagsgeschäften.

der gut gebildeten und zum Teil überheblich handelnden Vertreter des Stadtbürgertums. In der älteren Geschichtsschreibung wurde indessen die Schuld noch den als «radikale Schreier» verunglimpften Patrioten zugeschoben, die über eine demokratische Steuerordnung die Revolution behaupten wollten.[11]

Die enttäuschten Hoffnungen der Landbevölkerung, die finanziellen Schwierigkeiten und die Überlastung der Beamten liessen den revolutionären Elan bis zum Winter 1798 allmählich ermatten. Verschärft wurde die Unzufriedenheit noch durch die Besatzungskosten. Die Revolutionäre befanden sich gegenüber der französischen «Befreiungsmacht» in einem Dilemma: Einerseits hatten die Franzosen den Umsturz erst ermöglicht, und nur sie konnten angesichts der internationalen Lage den weiteren Bestand der Revolution auch garantieren. Anderseits brachten die französischen Besatzer die junge demokratische Regierung in Misskredit.[12] Ihre besondere politische Bedeutung erhielten die Besatzungslasten aber erst durch den anhaltenden Widerstand der kleinen, aber einflussreichen Gruppe der Revolutionsgegner. Von Anfang an setzten die aus den Ämtern gekippten Dorfaristokraten und ihre Anhänger die neuen Beamten unter Druck. Offen oder versteckt liefen auch die meisten Pfarrherren gegen die Revolution Sturm, die ihnen Macht- und Einkommensverluste beschert hatte. Lauthals wetterten sie über den Zehntloskauf als «himmelschreienden Kirchen- und Eigentumsraub» und begrüssten 1799 den Vormarsch der Österreicher.[13]

Am schwersten wog aber der offene Widerstand der Aristokraten, die in der Wahl der Mittel zur Wiederherstellung der alten Privilegienordnung nicht zimperlich waren. Der ehemalige Bürgermeister David von Wyss d. Ä. (1737–1815) und der in österreichischen Diensten geadelte Friedrich von Hotze (ehemals Johann Conrad Hotz aus Richterswil, 1739–1799) spann-

Die vom aristokratisch gesinnten Stadtzürcher Maler und Schriftsteller David Hess gezeichnete «Einquartierung auf dem Lande» (1801) sollte durch die drastische Darstellung von Übergriffen französischer Truppen die neue, freiheitliche Ordnung diskreditieren. Die Zeichnung war Teil einer breit angelegten Kampagne der alten Elite, die die revolutionäre Tyrannei in den düstersten Farben darstellte, um den vorrevolutionären Zustand als «glückliche Zeit» zu verklären.

Während die Hauptstadt von der Besetzung wesentlich weniger stark betroffen war, litt vor allem die ländliche Bevölkerung unter den Kriegswirren von 1799. Abgesehen von den Einquartierungen waren die Gemeinden massiven Plünderungen, vor allem durch österreichische und russische Soldaten, ausgesetzt. Die von der städtischen Aristokratie ostentativ als Befreier begrüssten kaiserlichen Truppen waren für die Landbevölkerung wegen ihrer schlechten Disziplin eine echte Plage. Vor allem die ungenügend versorgten Russen stahlen, was sie konnten, und brachten auch das «lateinische Lob» (Läuse) ins Land.

ten mehr oder weniger aktiv mit den Mächten der zweiten Fürstenkoalition (Österreich, Russland, England u.a.) zusammen, um mit ausländischer Hilfe das Land in einen Bürgerkrieg zu verwickeln. Österreich, das aus strategisch-machtpolitischen Überlegungen die Schweiz als Operationsbasis gegen Frankreich zu gewinnen hoffte, übergab von Hotze den Befehl über seine Truppen zum Kampf gegen die junge Republik.

Ende März 1799 begann der Vormarsch: In der Stadt wurden die Altgesinnten «purlimunter», und auf dem Land hoffte die Bevölkerung auf Befreiung von Besatzungslasten.[14] Am 6. Juni marschierte das österreichische Heer in Zürich ein. Als wäre nichts geschehen, stellten die alten Familien unter dem Vorwand, Religion und Vaterland zu retten, die vorrevolutionäre Ordnung wieder her. Zugleich begann man die früheren Zustände gezielt zu verherrlichen und der revolutionären Tyrannei gegenüberzustellen. Einen Vorgeschmack dessen, was die wieder zu Untertanen gewordenen Bewohner tatsächlich zu erwarten hatten, bekamen jene «Freiheitsprediger» zu spüren, denen österreichische Soldaten in Zürich für ihre Reden kurzerhand 30 «Arsbrügel» verpassten, um «wieder Tugend, Religion und Gottesfurcht» einzuführen.[15]

Die zweite Schlacht von Zürich Ende September 1799 zwang Österreicher und Russen zum Abzug. Statthalter Pfenninger kehrte in sein Amt zurück, aber die revolutionäre Begeisterung war gebrochen. In weiten Kreisen der durch die Besatzungskosten arg gebeutelten Landschaft wünschte man den Abzug der fremden Truppen. Verklärende Sehnsucht nach früher beziehungsweise Resignation griff um sich. Über die Stimmung der Bevölkerung von Kilchberg meldete der Unterstatthalter Aschmann im Oktober 1799: «Verschieden, so lässt sich nicht rühmen, auch nicht schelten; die meisten freuten sich über Freyheit und Verfassung, wann sie nur nicht so viel kostete.»[16]

Die revolutionären Kräfte vom Land, die den neuen Staat geschaffen hatten, waren entscheidend geschwächt. Die vermögenden Exponenten des städtischen Bürgertums, die angesichts der Ablösungs- und Steuervorhaben der Patrioten ebensosehr um ihre materiellen Vorteile bangten wie die Aristokraten, waren zunehmend bereit, den Altgesinnten entgegenzukommen. Eine Herrschaft der Gebildeten und Fähigsten sollte für Ruhe und Ordnung sorgen und dem «Bauernregiment» des «Gesindels in den Räten», wie der Stadtzürcher Paul Usteri die fortschrittlich-patriotische Regierungstätigkeit verächtlich nannte, ein Ende setzen. Als aufgeklärter Vertreter des wohlhabenden Stadtbürgertums war Usteri wohl ein engagierter Kämpfer für die bürgerlichen Freiheitsrechte und bis zu seinem Tod unbestrittener Wortführer der liberal gesinnten Kräfte, aus Furcht vor einer sozialen Umgestaltung stand er aber der Selbstregierung des Volks in einer repräsentativen Demokratie zeitlebens ablehnend gegenüber.[17]

Im Januar 1800 wurden die Patrioten vom Land durch einen Staatsstreich der Republikaner entmachtet. Das günstige Ablösungsgesetz von 1798 wurde begraben und der Zehntbezug 1801 mit Truppengewalt durchgesetzt. Die helvetische Regierung verlor auf der Landschaft jeden Rückhalt. Nach drei weiteren Staatsstreichen und dem Abzug der französischen Truppen brach die Helvetik im September 1802 endgültig zusammen. Angesichts der chaotischen Lage zwang Napoleon der Schweiz seine Vermittlung auf. Ziel war die Wiederherstellung der inneren Stabilität, um die Schweiz als Truppenpotential, Rückzugsgebiet und Geldquelle zu nutzen. Zu diesem Zweck hatte Frankreich schon seit 1801 die Rückkehr altgesinnter Kräfte in die Regierungsmacht gefördert, und auch die von Napoleon vorgelegte föderalistische Verfassung begünstigte die alte Elite, die in den Pariser Verhandlungen mit Geschick die gebotenen Vorteile nutzte: So erreichte der ehemalige Landvogt von Baden, der 1801 zum Regierungsstatthalter aufgestiegene Hans von Reinhard (1755 – 1835), im Namen des «vaterländischen Wohls» bis in Details der Wahlrechtsbestimmungen eine Stärkung der städtisch-aristokratischen Vormacht.[18]

Die 1803 von Frankreich diktierte Mediationsverfassung brachte Zürich die Rückkehr zu weitgehender Souveränität. Die Kompetenzen der Tagsatzung beschränkten sich auf die Aussenpolitik und die Verfügung über das Bundesheer. Rechtliche und politische Gleichheit blieben als Errungenschaften der Revolution zwar auf dem Papier erhalten. In Wirklichkeit lag die Macht aber durch den hoch angesetzten Zensus in den Händen der Besitzenden: Wer Grundeigentum oder 500 Franken Vermögen besass, konnte 65 von 195 Mitgliedern des Grossen Rats direkt wählen; der Rest wurde aus einer Liste von 260 Kandidaten ausgelost, die über mindestens 20 000 Franken Vermögen verfügen mussten. Vordergründig bildete der Grosse Rat das höchste Organ, dem die Kompetenz zum Erlass der Gesetze zufiel. Die eigentliche Regierungsgewalt übte aber der 25köpfige Kleine Rat aus, der allein Gesetzesinitiativrecht und Finanzgewalt besass. Gegen-

Während über 40 Jahren setzte sich Paul Usteri (1768 – 1831) für die liberale Neuordnung ein. Nach dem Medizinstudium begann er sich als Journalist mit grosser Begeisterung für die Ideen der Französischen Revolution zu engagieren. 1798 wurde Usteri in den helvetischen Senat gewählt. Als gutgebildeter Vertreter der Stadt wandte er sich aber in der Helvetik gegen die Umverteilungs- und Steuerpläne der revolutionären «Patrioten» und unterstützte 1800 deren Entmachtung. Als «Unitarier» verteidigte Usteri jedoch in den folgenden Verfassungskämpfen die nationale Einheit, die er als Fundament der Freiheitsrechte betrachtete.

Nach dem Staatsstreich der altgesinnten «Föderalisten» wurde Usteri verfolgt, nahm dann aber 1803 als Anhänger des Einheitsstaates an der «Consulta» in Paris teil. Von 1803 bis 1830 war der liberale Politiker das Haupt der Opposition im Grossen Rat. Mit jeder «Minute geizend» und strenger bürgerlicher Selbstzucht verpflichtet, war er in den verschiedensten Gesellschaften rastlos tätig und kämpfte als Redaktor der «Neuen Zürcher Zeitung» (1821) unentwegt für die Pressefreiheit. Der Revolution des Landbürgertums von 1830 stand Usteri aus Furcht vor einem «Bauernregiment» skeptisch bis ablehnend gegenüber. Trotzdem wählte ihn der Grosse Rat 1831 zum Bürgermeister, doch Usteri starb, bevor er sein Amt antreten konnte.

Diese Darstellung aus der Familie von Pfarrer Andreas Keller (1765 – 1835) erinnert an den Aufenthalt von Russen und Österreichern in Illnau und somit auch an die schwierige Zeit der Helvetischen Revolution.

Der Illnauer Pfarrer war einer der wenigen Geistlichen, die sich für die französischen Freiheitsideen begeisterten. Als «arger Patriot» trat er für «Demokratismus» und Gleichberechtigung aller Menschen ein.

Die überwiegende Zahl der Pfarrherren wandte sich aber entschieden gegen die Revolution, weil ihnen Macht- und Einkommensverluste drohten. Es war deshalb auch nicht verwunderlich, dass die standesbewussten Geistlichen mit der schrittweisen Rückkehr zur alten Ordnung den Volkszorn zu spüren bekamen: In Wald etwa wurde der als kleinlicher Zehntbezüger verhasste Pfarrer Bernhard Meyer (1748 – 1829) nachts «mit tierisch unkennbaren Stimmen in den ärgerlichsten, ungezogensten Reimen, die jedes gesittete Ohr empören mussten», verspottet und schliesslich zum Rücktritt gezwungen.

123

Als Angehöriger einer ratsfähigen Stadtzürcher Familie erhielt Hans von Reinhard (1755–1835) eine standesgemässe Ausbildung. 1777 trat er in den Zürcher Staatsdienst ein, nach zehn Jahren wurde er Stadtschreiber und 1795 Landvogt zu Baden.

Durch die Helvetische Revolution seiner Ämter enthoben, war er 1799 in der Hauptstadt an der Konstituierung einer «provisorischen Munizipalität» beteiligt, die fortan als Basis für eine antirevolutionäre Interessenpolitik der alten Elite diente. Nachdem die helvetische Verwaltung nach dem Vorstoss der Österreicher Zürich verlassen hatte, stieg Reinhard zum Regierungsstatthalter auf. Die Rückeroberung Zürichs durch die Franzosen vertrieb den «Föderalisten» zunächst erneut aus dem Amt, das er aber nach dem Staatsstreich vom September 1801 wiedererlangte. 1802 wurde er als Vertreter Zürichs in die «Consulta» in Paris gewählt, wo er sich als Günstling Napoleons äusserst aktiv für die Wiederherstellung der vorrevolutionären Ordnung einsetzte.

Die Restauration von 1803 machte Reinhard zum beherrschenden Politiker Zürichs der nächsten Jahrzehnte: Er war Mitglied des Grossen und des Kleinen Rats, Bürgermeister und Landammann der Schweiz. 1815 vertrat er die Schweiz auf dem Wiener Kongress.

Als konservativer Staatsmann setzte er bis 1830 alles daran, um die Vormachtstellung der städtischen Aristokratie zu behaupten: Dazu gehörte nicht nur der Beitritt zur antirevolutionären «Heiligen Allianz», sondern auch die Aufrechterhaltung einer kleinlichen Zensur. Von der landbürgerlichen Revolution 1830 weggefegt, wurde Reinhard bis zu seinem Tod im Jahr 1835 kaum mehr beachtet.

über der helvetischen Verfassung war die Mediationsakte in bezug auf Demokratie, Freiheitsrechte und Gewaltenteilung ein deutlicher Rückschritt, im Vergleich zum Ancien Régime aber ein Fortschritt.[19]

## «Meine Gnädigen Herren prügeln wieder scharf»
## Mediation und Restauration (1803 – 1830)

Nach einem von den regierenden Familien mit grossem finanziellem Aufwand und geschickter Agitation geführten Wahlkampf trat der Grosse Rat im April 1803 erstmals zusammen. In ihm waren die rund 11 000 Stadtbewohner mit 75, die 182 000 Landbewohner mit 120 Abgeordneten vertreten. Die Gegner der Helvetischen Revolution besassen ein Übergewicht von rund 30 Stimmen. Im Kleinen Rat sassen 15 Stadtzürcher; nur fünf Kleinräte konnten als Vertreter liberaler Ideen gelten.[20] «Wieder fest im Sattel» gingen die rückwärtsorientierten Magistraten unter arger Strapazierung verfassungsmässig garantierter Rechte an die Restauration vorrevolutionärer Zustände. Im Mai 1803 wurde das Zunftwesen wieder eingeführt, und im September hob der Rat das helvetische Strafgesetzbuch auf, das, so wurde argumentiert, eine «der Sittlichkeit der ganzen Nation verderbliche moralische Schwäche» aufweise. In den Prozess- und Strafrechtspraktiken kehrte man zu qualifizierter Todesstrafe, Folter und Körperstrafen zurück. «Meine gnädigen Herren prügeln wieder scharf», spottete der liberal gesinnte Hans Conrad Escher (1767–1823).[21] Aber zu Spott war wenig Anlass: Hans Ulrich Hochstrasser (1774–1804) aus Meilen, der unter der Folter auch noch einen angeblichen Mord an seiner Frau gestand, wurde nicht ohne politische Absichten zum Tod durch das Rad verurteilt; eine qualifizierte Todesstrafe, wie sie seit 1628 nicht mehr ausgesprochen worden war. Die anschliessende «Begnadigung» wandelte die Strafe in Enthauptung, Räderung des Rumpfes und Aufspiessen des Kopfes um.[22]

Im Dezember 1803 wurden durch die Schulordnung die Bildungsmöglichkeiten der Landbewohner eingeschränkt, und ein neues Ablösungsgesetz brachte deutlich höhere Loskaufsummen. Die Feudallasten sollten als unantastbarer «Schatz des Staates» erhalten bleiben, denn nur so liessen sich die Steuerprivilegien der Stadtaristokratie auch für die Zukunft retten.[23] Gegen die «ungerechten» Gesetze reichten die Gemeinden am linken Zürichseeufer Anfang März 1804 Petitionen ein. Mit dem Hinweis auf frühere lokale Sonderrechte verlangten sie unter anderem die Rücknahme der Kartoffelzehntpflicht. Ohne sich um den vorrevolutionären Rechtszustand zu kümmern, hielt die Obrigkeit mit dem Ziel einer einheitlichen Verwaltung am Ablösungsgesetz fest.[24] Als die Regierung mitten in der allgemeinen Unzufriedenheit vom Landvolk den Huldigungseid auf die Verfassung verlangte, kam es in 47 von 192 Gemeinden, vorwiegend am See und im Oberland, zu Eidverweigerungen und Unruhen.[25] Umgehend wurde der unnachgiebigen Regierung «freundeidgenössische» Unterstützung zuteil: Noch bevor ein offizielles Hilfsersuchen aus Zürich vorlag, bot der Landammann der Schweiz, der Berner Patrizier Niklaus Rudolf von Wattenwyl (1760–1832), Berner und Aargauer Truppen auf und drohte mit «schrecklicher» Strafe. Vermittlungsversuche wiesen der Landammann und die Zürcher Magistraten schnöde zurück, denn es galt, «das verwilderte Volk» durch militärische Demonstration «zum unbedingten Gehorsam gegen seine gesetzliche Obrigkeit» zu bringen. Die militärische Durchsetzung des Huldigungseids wurde vorbereitet.[26]

Ein Brandanschlag auf das leerstehende Landvogteischloss Wädenswil gab das Signal zum Aufstand. Angeführt vom Schuster Jakob Willi aus Horgen, der in fremden Diensten militärische Kenntnisse erworben hatte, sammelte sich am 26. März in Richterswil eine Schar von 450 bis 600 Mann, die durch einen Zug nach Zürich die Rücknahme der Gesetze erreichen wollten. Die Regierung entschloss sich zur Niederwerfung. Unter Führung des in französischen Diensten geschulten Obersten Jakob Christoph Ziegler (1768–1859) errangen die Regierungstruppen zunächst rasche Erfolge, doch mussten sie in einem Gefecht am Bocken bei Horgen eine empfindliche Niederlage einstecken. Den Anhängern der alten Ordnung fuhr der Schreck in die Glieder, aber von Wattenwyl bot neue Truppen auf und wies Ziegler an, «alle Rebellen, die mit den Waffen in der Hand ergriffen würden», sofort zu erschiessen und Frauen und Kinder als Geiseln zu nehmen.[27] Nun war der Widerstand gebrochen; die Versuche Willis und seiner Getreuen, das Knonauer Amt und das Oberland in die Erhebung einzubeziehen, schlugen fehl.

Der Aufstand am See war eine spontane Aktion, ausgelöst und angeführt von jüngeren, überzeugten Anhängern der helvetischen Neuerungen aus der dörflichen Mittelschicht (Bauern, Handwerker). Sie wehrten sich gegen die einseitige Belastung der armen Landbevölkerung, die nachweislich alte Rechte verletzte und angesichts der wirtschaftlichen Schwierigkeiten als besonders drückend galt. Der wesentlich aus der sozialen Not geborenen Bewegung gelang es nicht, einen überregionalen Aufstand auszulösen, da sich die ins politische System eingebundene ländliche Elite passiv verhielt. Der vom Landammann der Schweiz geäusserte Verdacht, die führenden helvetischen Revolutionäre hätten «aus blinder Anhänglichkeit zu ihren nunmehr veralteten Theorien» den Aufstand angezettelt, war somit unbegründet.[28]

Nach der militärischen Unterdrückung begann die blutige Abrechnung: 50 Gemeinden wurden entwaffnet und zu hohen Abgaben verpflichtet. Auf Vorschlag der «Falken» in der Zürcher Regierung (von Reinhard, von Wyss) berief von Wattenwyl ein eidgenössisches Kriegsgericht ein, ohne durch die Tagsatzung dazu ermächtigt gewesen zu sein. Trotz Intervention Frankreichs wurden die drei Hauptanführer, Jakob Willi (geb. 1772) aus Horgen, Jakob Schneebeli (geb. 1755) aus Affoltern und Heinrich Häber-

Die wichtigsten Ereignisse des sogenannten «Bockenkriegs», so auch den Schlossbrand von Wädenswil, hielt der aus ärmlichen Verhältnissen stammende Maler und Kupferstecher Johann Jakob Aschmann (1747–1809) in Zeichnungen fest. Aschmann war am Stäfner Handel beteiligt gewesen und musste eine dreijährige Gefängnisstrafe absitzen. Nach 1798 bekleidete er als Anhänger der neuen Ordnung das Amt des Statthalters für den Distrikt Horgen.

Ausgelöst wurde der offene Aufstand der Landbevölkerung durch den Brand des leerstehenden Landvogteischlosses von Wädenswil. Aus Protest gegen die Massnahmen der Zürcher Regierung legten der überzeugte Revolutionsanhänger und Vieharzt Stäubli von Horgen, der Säger Jakob Stocker und der Bauer Jakob Welti in der Nacht vom 24. März 1804 Feuer. Obwohl der Gemeinderat die Tat entschieden verurteilte, strömte die Bevölkerung der Seegemeinden zu Hunderten auf die Brandstätte, wo sie ihrer unverhohlenen Freude Ausdruck gab.

Der im «Wellenberg» inhaftierte und zum Tod verurteilte Führer im Bockenaufstand, Heinrich Häberling, nimmt Abschied von seiner Familie. Der wohlhabende Bauernsohn aus Knonau war 1798 als überzeugter Patriot zum Mitglied der helvetischen Verwaltungskammer aufgestiegen, der er bis 1803 angehörte. Mit den Gesetzen der Regierung zutiefst unzufrieden, beteiligte er sich 1804 an der Eidverweigerung in der Kirche von Mettmenstetten und stellte auf einen Hilferuf vom See hin einen Trupp von 70 Mann zusammen. Die Unterstützung kam aber zu spät. Häberling floh ins Oberland, wo er verhaftet und zwischen zwei Pferden festgebunden nach Zürich geschleppt wurde.

Die Hinrichtung Häberlings sollte der Landbevölkerung als abschreckendes Exempel dienen. Zugleich benutzten Staat und Kirche die Lebensgeschichte des reuigen Sünders, um eifrig zum Gehorsam «gegen die Obrigkeit» zu mahnen.

ling (geb. 1764) aus Knonau, hingerichtet. In weiteren 119 Prozessen vor Obergericht wurden ein Todesurteil und zahlreiche hohe Gefängnisstrafen verhängt.[29]

Furcht und Schrecken sollten die Privilegienherrschaft der städtischen Aristokratie sichern. Als «Probierstein der neuen Verfassung» erfüllte die brutale Unterdrückung des Aufstands ihren Zweck: Im Kanton Zürich kehrte für die nächsten 20 Jahre eine wahre Grabesruhe ein. Als die Schweiz 1815 im Zeichen konservativer Restauration zu einem locker organisierten Staatenbund zurückkehrte, wurde das städtische Übergewicht nochmals verstärkt. Im auf 212 Mitglieder erweiterten Grossen Rat, der 130 neue Mitglieder selbst wählte (Kooptation), standen 133 Stadtvertretern, die rund fünf Prozent der Bevölkerung repräsentierten, nur noch 79 Landschäftler gegenüber. Die Wählbarkeit (passives Wahlrecht) blieb an ein Vermögen von 10 000 Franken gebunden, für das aktive Wahlrecht fiel der Zensus weg.[30]

Von 1804 bis 1830 setzte die Stadtaristokratie unter dem Deckmantel einer pseudoliberalen Ordnung die alte obrigkeitliche Bevormundungspolitik fort. Als Stützen der Herrschaft dienten die mit umfassenden Vollmachten versehenen Bezirksstatthalter, denen nach 1814 die Oberamtmänner folgten. Diese wurden vom Kleinen Rat fast ausschliesslich aus den Reihen der Stadtbürger ernannt und übten, wie früher die Landvögte, sowohl die exekutive als auch die richterliche Gewalt aus. In den Gemeinden übernahm der «Stillstand» unter der Leitung des stadtbürgerlichen Pfarrers die Sitten-, Armen- und Schulaufsicht. Wie im 18. Jahrhundert galt eine kleinliche Zensurordnung. Kein Buch, kein Flugblatt, keine Zeitung durfte etwas enthalten, was «entweder die Sittlichkeit oder die Ruhe und Ordnung benachteiligen und der Verfassung gefährlich» sein konnte.[31]

Im Justizwesen blieb zwar die von der Helvetik durchgesetzte Vereinheitlichung der Gerichtsordnung dank der Aufhebung lokaler Sondergewalten erhalten, im Straf- und Zivilprozess kehrte man aber zum feudalstaatlichen Prinzip zurück, «nach gesundem Menschenverstand und moralischem Gefühl» zu urteilen. In Anlehnung an mittelalterliche Rechtsvorstellungen dienten die Strafen der «Abschreckung des sündhaften Volkes und des Verbrechens selbst».[32] Bis 1818 wurden qualifizierte Todesstrafen ausgesprochen, und die Hinrichtungen erfolgten zur Wiederherstellung der verletzten göttlichen Ordnung in der Öffentlichkeit. Bei geringeren Vergehen kam die Prügelstrafe zur Anwendung. Wie willkürlich die Verwaltungs- und Gerichtspraxis gehandhabt wurde, zeigt das Vorgehen des Oberamtmanns in Grüningen, Heinrich Escher (1789–1870), der «liederlichen Dirnen», die in Zürich angeblich wegen Erregung öffentlichen Ärgernisses aufgegriffen worden waren, kurzerhand den Kopf kahlrasieren liess, um sie «am Umherstreifen» zu hindern.[33]

Zwar lehnten die alteingesessenen Familien auf eidgenössischer Ebene jede Vereinheitlichung ab, innerhalb des Kantons jedoch setzten sie die helvetischen Zentralisierungsideen durchaus in die Tat um. So ging der Kleine Rat angesichts der «Schwäche unserer Militär- und Polizeyeinrichtungen» nach dem Bockenaufstand zur besseren Sicherung der Herrschaft an den Aufbau eines schlagkräftigen Bundeskontingents. Eine neue Militärordnung zentralisierte die Rekrutenausbildung in der Hauptstadt. Die Soldaten vom Land sollten durch einheitlichen Drill zu einem zuverlässigen Instrument der städtischen Offiziere werden, wobei die Lasten (Montierungsabgabe, Verdienstausfall) der Landbevölkerung aufgebürdet wurden.

Um weiterem Widerstand der Landschaft vorzubeugen, schuf man im Juni 1804 zudem eine militärisch organisierte kantonale Polizei, die über die Sicherheit wachen und die Regierung über allfällige Aufstände frühzeitig informieren sollte. Unter Aufsicht der Polizeikommission (ab 1810) entstand ein Korps von 62 Landjägern, das – über den ganzen Kanton verteilt – die alten Dorfwachen ablöste. Das neue Repressionsinstrument der Regierung stiess bei der Landbevölkerung auf wenig Gegenliebe, zumal die Landschaft über die sogenannte Landjägersteuer auch dafür die Kosten zu tragen hatte.[34]

Die obrigkeitliche Gängelung, aber auch Ansätze zu wirtschaftlicher Entfaltung sorgen in den ersten zwei Jahrzehnten des 19. Jahrhunderts für eine relative Stabilität und «apathische Ruhe».[35] Um 1820 geriet jedoch das neuerungsfeindliche Magistratenregiment zusehends unter Druck. Einerseits machte sich die wirtschaftliche Rückständigkeit gegenüber England im internationalen Konkurrenzkampf schmerzlich bemerkbar, anderseits führte die Bevormundung der Eidgenossenschaft durch das konservative Ausland nach den «Karlsbader Beschlüssen» von 1819, die gegen die Lehr- und Meinungsfreiheit gerichtet waren, zur Bildung vaterländisch-liberal gesinnter Oppositionsgruppen.

Ein Teil der städtischen Kaufleute unterzog das «Kaufmännische Direktorium», das als korporatistische Zwangsorganisation den Anforderungen einer dynamischen Wirtschaftsentwicklung immer weniger genügte, massiver Kritik. Vor allem jüngere Kaufleute traten von 1819 an für liberale Ideen (Rechtsgleichheit, Handelsfreiheit) ein und verlangten eine institutionelle Modernisierung des ineffizienten Staatswesens. In ersten, locker organisierten Zirkeln wurde auch der herkömmliche Graben zwischen städtischen und ländlichen Farikanten langsam überwunden.[36]

Ähnlich wirkte die Freimaurerloge «Modestia cum Libertate», die 1811 nach einem Unterbruch von 25 Jahren ihre Tätigkeit wieder aufgenommen hatte. Unter dem Einfluss der Aufklärung am Ende des 18. Jahrhunderts entstanden, sah dieser Geheimbund seine Aufgabe in der individualistischen Erziehung des Menschen zu brüderlicher Gesinnung, Toleranz und Humanität. Ursprünglich nur von der städtisch-patrizischen Herrschaftselite getragen, nahm die Loge nun auch drei Landbürger in ihre Reihen auf. Obwohl es mit den «Revolutionären von der Landschaft» nach 1819 zu Spannungen kam, trug die Brüdergemeinschaft durch die Übernahme liberal-bürgerlicher Wertvorstellungen zum Abbau des alten Stadt-Land-Gegensatzes bei. Aus der Loge ging denn auch eine beachtliche Zahl von aktiven Schöpfern der Neuordnung nach 1830 hervor.[37]

In den neugegründeten Gesellschaften und Vereinen, die für freiheitliche Ideen eintraten, organisierten sich vor allem die an deutschen Universitäten ausgebildeten Akademiker (Juristen, Ärzte), die sich einem wissenschaftlich-rationalen Weltbild verpflichtet fühlten. Ein typischer Vertreter dieser Generation war der Jurist und Beamte Conrad Melchior Hirzel (1793 – 1843), der sich 1819 einem kleinen liberalen Diskussionszirkel anschloss, 1821 zu den Gründern des «Sempachervereins» gehörte und noch im selben Jahr begeistert den Freiheitskampf der Griechen unterstützte.[38] Da die konservativen Machtträger versuchten, die Intellektuellen ins System einzubinden, mehrten sich im Grossen Rat und in der Verwaltung die veränderungswilligen Kräfte. An den Gerichten etablierte sich eine Reformbewegung von «jungen Juristen», die unter Führung von Friedrich Ludwig Keller (1799 – 1860) eine strikte Gewaltentrennung und eine wissenschaftlich-systematische Rechtspflege forderten. Die «Neue Zürcher Zeitung», in der damaligen Ordnung ein linkes Propagandainstrument, entfaltete unter Leitung des führenden liberalen Oppositionspolitikers Paul

Der Pfarrer von Brütten trifft 1817 auf zwei Landjäger. Die militärisch organisierte Polizeitruppe hatte die Aufgabe, für Sicherheit zu sorgen und die unruhige Landbevölkerung zu überwachen.

Neuerungen in der Militärorganisation verlangten 1804 und 1815 eine Erhöhung des kantonalen Kontingents für die eidgenössische Armee. 1818 wurde die einheitliche Uniformierung durchgesetzt (Bild). Das Militär verschlang in der Restaurationszeit rund zwölf Prozent der jährlichen Staatsausgaben, zehnmal mehr als die medizinische Versorgung der Bevölkerung.

Das Denkmal im griechischen Mesolongi erinnert an den Schöfflisdorfer Johann Jakob Meyer (1798–1826), der sich am Freiheitskampf gegen die Türkenherrschaft beteiligte.

Für den Aufstand der Griechen, der im Frühling 1821 begann, begeisterten sich die freiheitlich denkenden Kräfte in ganz Europa. Auch der in Zürich geborene Arztsohn Johann Jakob Meyer engagierte sich wie viele liberal denkende Zeitgenossen. Während sich aber die meisten späteren Politgrössen damit begnügten, «Griechenvereine» zu gründen und Geld zu sammeln, reiste der abenteuerlustige Meyer zum Kriegsschauplatz. In der Hafenstadt Mesolongi half er bei der Verbesserung des Spitals und baute Festungsanlagen. 1826 fiel Meyer als Offizier. 100 Jahre später errichteten die Einwohner ihrem Helden ein Denkmal.

Usteri eine rege publizistische Kampagne für die Pressefreiheit. 1829 gelang es den Reformern im Grossen Rat, die Zensur zu beseitigen.[39]

Auch auf der Landschaft regte sich die Opposition: 1819 wurde in Stäfa eine neue Lesegesellschaft gegründet, welche an die vorrevolutionären Traditionen der 1795 verbotenen Gesellschaft anknüpfte. Als Sammelbecken der ländlichen Bildungs- und Wirtschaftselite pflegte sie die gesellige Diskussion und widmete sich der politischen Aufbauarbeit. Neben den Lesegesellschaften entwickelte sich vor allem das Gesangswesen zu einem wichtigen Instrument ländlicher Emanzipationsbestrebungen. Wegbereiter des weltlichen Gesangs war der Pfarrerssohn Hans Georg Nägeli (1773–1836) aus Wetzikon, der in Zürich Musik studierte und 1810 den ersten Männerchor gründete. Ausgehend von den Gedanken der Aufklärung sah Nägeli im Gesang das «vornehmste und sicherste Mittel», um die Sitten zu verfeinern und die «Erziehung und Bildung der Massen zu fördern».[40] Zugleich sollte der Volksgesang, der als Teil der bürgerlichen Öffentlichkeit zur Sache der Männer wurde, patriotisches und demokratisches Bewusstsein wecken.

Die Ideen Nägelis wurden auf der Landschaft vor allem von aufgeklärten Pfarrern und Lehrern aufgenommen und fielen bei der wohlhabenden und selbstbewussten Oberschicht auf fruchtbaren Boden. Ab 1823 entstanden in den Industrieregionen zahlreiche Männerchöre; die Pflege des Gesangs wurde als Bestandteil einer disziplinierten bürgerlichen Lebensweise betrachtet. 1825 schlossen sich die Sängervereine am See zu einem überregionalen Verband zusammen und veranstalteten regelmässig Feste, die mit ihrem Liedgut, ihren Gesamtchören, ihren Reden und Trinksprüchen patriotische Begeisterung und liberale Gesinnung demonstrierten und für eine überlokale bürgerliche Kommunikation sorgten.[41]

## «Eine Zeit grossartigen Schaffens»
### Die Bürgerliche Revolution (1830–1839)

Die Julirevolution in Frankreich, die das konservative europäische Allianzsystem von 1814/15 nachhaltig erschütterte, gab der liberalen Opposition in der Schweiz den Anstoss zu handeln. Wie in anderen Kantonen ging auch in Zürich die Aktivität von der Landschaft aus, deren wirtschaftliche

Am Sängerfest in Horgen trafen sich 1828 die rund 250 Mitglieder des «Sängervereins vom Zürichsee». Das wohlhabende ländliche Bildungs- und Wirtschaftsbürgertum kam zusammen, um in grossen Gesamtchören den Männergesang zu pflegen und patriotisch-liberale Gesinnung zu demonstrieren. Der Geselligkeit diente die Speisehütte (Mitte), wo der Festwein und opulente Mahlzeiten – das Frühstück bestand aus Bratwürsten, Voressen, Kalbslebern und Nieren –, für Stimmung sorgten.

Bedeutung als Folge der Fabrikindustrialisierung seit 1798 weiter zugenommen hatte. Die akademisch gebildeten Stadtliberalen, die das «unwissenschaftliche» und «engstirnige» Regiment lauthals kritisiert hatten, schreckten indessen vor der Demokratisierung zurück. Auch Paul Usteri, der «Erzvater des Liberalismus», sah in den Landbewohnern in erster Linie eine ungebildete Masse und wandte sich gegen ein «Bauernregiment».[42]

Träger der revolutionären Bestrebungen war wie in der Helvetik das aus Fabrikanten, Gewerbetreibenden, höheren Beamten und Ärzten bestehende ländliche Besitz- und Bildungsbürgertum, das nach der wirtschaftlich-kulturellen Emanzipation auch die politische Beteiligung anstrebte. Die Bewegung konzentrierte sich auf die prosperierenden Gemeinden am See, wobei Stäfa die Führungsrolle einnahm. Als «ideologischer Wegbereiter» wirkte der Nassauer Emigrant Ludwig Snell (1785–1854), indem er die vagen politischen Vorstellungen des Landbürgertums mit der Abfassung des «Küsnachter Memorials» im Oktober 1830 in praktikable Forderungen umsetzte und legitimierte. Die von Snell vorgebrachten Reformvorschläge (Volkssouveränität, Gewaltenteilung, Zweidrittelsvertretung der Landschaft im Grossen Rat) beruhen auf den Staatsideen der Französischen Revolution und übten auf die Regenerationsverfassungen anderer Kantone einen grossen Einfluss aus.[43]

Die konkrete Organisation des Widerstands lag in der Hand der «Söhne und Freunde» der Männer von 1795, die nach einem Auffangversuch des Grossen Rats auf die Mobilisierung der Massen setzten und Aufrufe zu einer Volksversammlung in Uster ergehen liessen. Am Montag, den 22. November 1830, strömten über 10000 Männer aus dem ganzen Kanton zusammen; für den Oberamtmann Johann Caspar Ott (1780–1856) in Greifensee eine seit Jahrhunderten «nie mehr gesehene Erscheinung».[44] Auf der Versammlung vertraten zunächst Heinrich Gujer (1801–1868), ein angesehener Müller aus Bauma, und der Arzt Johannes Hegetschweiler (1789–1839) aus Stäfa die staatsrechtlichen Anliegen, die auf politische Mitbestimmung abzielten. Als dann Johann Jakob Steffan (1798–1859) aus Wädenswil auf konkrete Wünsche zu sprechen kam, brachte die Menge mit Zwischenrufen zahlreiche wirtschaftlich-soziale Forderungen vor. Das von der Versammlung verabschiedete «Uster-Memorial» wurde zwei Tage später an Bürgermeister von Reinhard übergeben.

Über die Vorgänge vom 22. November in Uster – hier die Darstellung der Volksversammlung in einer zeitgenössischen Lithographie – urteilten die Zeitgenossen ganz unterschiedlich:

«Das Volk ist nun dahin geleitet worden, von wo es unbefriedigt nicht wieder zurückkehrt, es ist hinübergeführt worden über die Grenze des gesetzlichen Gehorsams; es bedarf nur noch einen einzigen, nur Einen Schritt – so ist der Tiger der Anarchie entfesselt; Empörung, Volksaufstand sind ohne Zweifel vor der Thüre, und die nächsten Tage werden entscheiden, ob die Furien sich über uns losstürzen oder nicht.» (Anonymer Augenzeuge)

«Diess ist nun die Landsgemeinde in Uster, von der man so viele üble Folgen weissagte. Denkwürdig wird sie jedem seyn, der ihr beywohnte. Achtung wird ihn gegen das ruhige, vernünftige, nur von Liebe zum Vaterland entflammte Volk stets erfüllen. In Uster haben die Bewohner der Landschaft Zürichs gezeigt, dass sie mündig und der ächten schweizerischen Freiheit würdig seyen.» («Schweizerischer Republikaner», 26. November 1830)

**Die wichtigsten Forderungen in den 274 Petitionen zur Verfassungsrevision 1830/31**

| Landwirtschaft | Anzahl |
|---|---|
| Erleichterung der Zehntablösung | 97 |
| Herabsetzung des Salzpreises | 90 |
| Aufhebung des Forstgesetzes | 65 |
| Freigabe des Agrarhandels | 83 |
| Reduktion der Landjägersteuer | 40 |
| Abschaffung/Reduktion der Montierungsabgabe | 48 |
| Heimarbeit/Unterschichten | |
| Webmaschinenverbot | 25 |
| Verminderung der Rechtstriebkosten | 74 |
| Herabsetzung diverser Gebühren | 124 |
| Reduktion des Ansässengeldes | 33 |
| Gemeindeorganisation | |
| Wahl der Pfarrer/Lehrer durch die Gemeinde | 64 |
| Verminderung/Abschaffung des Landjägerkorps | 45 |
| Aufhebung des Kasernendienstes | 55 |

Auszüge aus Bittschriften:

«Wünschen wir, dass der Zehnten und Grundzins kapitalisiert, der Loskaufpreis aber bedeutend reduziert und das Kapital verzinslich, ersteres vorzüglich zu drei Prozent erklärt werden möchte.» (Niederhasli)

«Wir fordern, dass das künftige Gesetz jeden Landeigentümer berechtige, seine Erzeugnisse, bestehen sie in Frucht, Wein oder Vieh im kleinen oder grossen, ohne einige Abgaben, frei und ungehindert, in oder ausser seiner Gemeinde verkaufen könne, wie und wann er wolle oder könne.» (Bachs)

«Der Wunsch wird als allgemein ausgesprochen, dass die hohe Landesregierung, um den wütenden und drohenden Gefahren vorzukommen, den Beschluss fassen möge, dass die Seiden-, Weberei-, Baumwollen- und Schlichtmaschinen abgeschafft, unmöglichen Falls denselben bedeutende Schranken gesetzt werden, damit die durch diese Maschinen verdienstlose Menschenklasse noch etwas zu ihrem Unterhalt verdienen kann.» (Hinwil)

Die imposante Volksdemonstration zeigte Wirkung; eine nur noch schwache Reaktion zur Behauptung der aristokratischen Macht verlief im Sande. Am 6. Dezember liess der Grosse Rat Neuwahlen nach dem im «Memorial» vorgeschlagenen Vertretungsprinzip (zwei Drittel Landabgeordnete) durchführen. Die alten Ratsmitglieder wurden zum Teil wieder gewählt; neu traten viele jüngere Exponenten des ländlichen Wirtschafts- und Bildungsbürgertums ins Parlament ein, wobei die Unternehmer deutlich obenausschwangen.[45]

Die vom Rat eingesetzte Revisionskommission bestand etwa zu gleichen Teilen aus Stadt- und Landvertretern. Die Bevölkerung konnte mit Petitionen auf die Gestaltung der neuen Verfassung Einfluss nehmen. Die Bauern verlangten Steuerentlastung, grössere Gemeindeautonomie und freien Agrarhandel. Die Handwerker, die sich durch die industrielle Produktion bedroht sahen, wehrten sich gegen die Einführung der Gewerbefreiheit. Ähnlich waren die Anliegen der Heimarbeiter und Kleinverleger, die in der bedrohten Baumwollweissweberei unter sinkenden Einkommen litten. Sie verlangten ein Verbot der mechanischen Webereien und Seidenspinnereien. Entschlossen verkündeten beispielsweise die verzweifelten Heimweber aus Oberhittnau, «dass wir uns unter keinem Umstand werden abweisen (lassen), sondern bis zur Erreichung unseres Ziels das äusserste wagen werden».[46]

Am 20. März 1831 nahm das Volk mit überwältigendem Mehr die neue Verfassung an. Der Kanton Zürich wurde zu einer Repräsentativdemokratie; das höchste Organ bildete der Grosse Rat. Der Zensus für die Wählbarkeit wurde abgeschafft, das allgemeine Wahlrecht auch auf die «in Kost und Lohn Stehenden» ausgedehnt. Keine politische Mitbestimmung erhielten die Frauen, die Armengenössigen und die Zahlungsunfähigen (Falliten). Ein Vorschlag des humanistisch gesinnten Conrad Melchior Hirzel, den Frauen in separaten Organisationen politische Rechte einzuräumen, blieb ohne Beachtung. Zugleich verwirklichte die Verfassung die Rechtsgleichheit unter Männern, die Gewaltenteilung und die öffentliche Kontrolle in Verwaltung, Gericht und Finanzen. Garantiert waren für die Männer auch die wichtigsten Bürger- und Menschenrechte.[47]

Die Verfassung verwirklichte die zentralen Reformvorschläge des vermögenden und gebildeten Bürgertums. Sie garantierte die freie wirtschaftliche Entfaltung, das Privateigentum und die Beteiligung an der politischen Macht über unbezahlte Parlamentsmandate. Die neue Ordnung kam aber auch den Forderungen der Handwerker und Bauern entgegen: In der Gesetzgebung hielt der Grosse Rat für die wichtigsten Handwerke am Zunftsystem fest; die endgültige Freigabe folgte erst 1837.[48] Für die Bauern wurde die Ablösung der Feudallasten erleichtert und der Salzpreis reduziert. Nur die Heimarbeiter, die durch ihren Aufmarsch entscheidend zum Sturz der aristokratischen Herrschaft beigetragen hatten, fanden ihre Anliegen nicht erfüllt: Auf ein Webmaschinenverbot ging der Grosse Rat nicht ein. Die Erbitterung darüber war gross, zumal die Not 1831 weiter zunahm.

Als die Liberalen im November 1832 zu einer Gedenkveranstaltung nach Uster einluden, kam es zur gewaltsamen Aktion: Die erzürnten und hilflosen Kleinfabrikanten und Heimarbeiter steckten die mechanische Weberei in Oberuster in Brand. Am Ustertag hatte die heimgewerbliche Bevölkerung erlebt, wie eine vom Volk getragene Bewegung die Regierung stürzen konnte. Die spontane Selbsthilfe erschien deshalb legitim: «Da die Regierung nicht helfen wolle, so bleibe nichts anderes übrig, als sich selbst zu helfen.»[49]

Da sich der Usterbrand gegen die eigentliche Grundlage des bürgerlichen Staats, das Privateigentum, richtete, reagierte die verängstigte Regierung mit drakonischer Härte, die sich nur wenig vom Vorgehen der «Gnädigen Herren» zu Beginn des Jahrhunderts unterschied. Bürgerwehren und Landjäger nahmen im Oberland Massenverhaftungen vor; wer schlecht gekleidet war, musste damit rechnen, verprügelt zu werden. Die Haupttäter, zu einem grossen Teil Familienväter mittleren Alters, verurteilte das Gericht zu langjährigen Kettenstrafen. Die Ruhe war wiederhergestellt; für die wirtschaftlich Erfolglosen hatte sich die Hoffnung auf eine bessere Zukunft zerschlagen.[50]

Im Grossen Rat entstanden nach 1831 drei «Gesinnungsgruppierungen». Da sich aber die einzelnen Abgeordneten als Vertreter des ganzen Volks verstanden und Organisationen im modernen Sinn fehlten, blieb die «Parteizugehörigkeit» fliessend. Auf der rechten Seite standen die Vertreter der städtischen Aristokratie, die Liberalismus und Industrialisierung als Zerstörung der göttlichen Ordnung bekämpften. In der Mitte befanden sich die liberal-konservativen Abgeordneten aus der städtischen Oberschicht, die sich wie der junge und ehrgeizige Jurist Johann Caspar Bluntschli (1808–1881) gegen den «Souveränitätsschwindel der Menge» wandten und nur vorsichtige Reformen wünschten.

Die eigentliche Macht lag bei den gutsituierten, fortschrittlich gesinnten Bildungs- und Wirtschaftsbürgern vom Land, denen sich einige jüngere Stadtliberale aus alten Geschlechtern anschlossen. Diese akademisch gebildeten Juristen und Beamten um Friedrich Ludwig Keller und Conrad Melchior Hirzel übernahmen innerhalb der «Revolutionspartei» eine gewisse Führungsfunktion, ihr Einfluss auf das selbstbewusste Landbürgertum hatte aber enge Grenzen.[51]

Die liberal-radikale Grossratsmehrheit nahm nach 1831 die grundlegende Neugestaltung des Staatswesens zügig in Angriff; «eine Zeit grossartigen Schaffens» begann.[52] Gestützt auf ein rational-aufklärerisches Weltbild und einen wissenschaftlich begründeten Fortschrittsoptimismus wurde eine alle Bereiche der Gesellschaft betreffende Revolution von oben eingeleitet. Die vielen Einzelmassnahmen – allein 1831 verabschiedete der Grosse Rat 50 Gesetze und 46 Beschlüsse – lassen sich als fünf politisch-gesellschaftliche Veränderungsprozesse begreifen:

1. Um Freiheit und Demokratie zu sichern, musste zunächst die Macht der Hauptstadt geschwächt werden. Gegen den erbitterten Widerstand der Stadtbürgerschaft beschloss der Grosse Rat die Schleifung der Schanzen, in denen man «ein finsteres Bollwerk gegen das Land» erblickte (1833). Zugleich verlagerten die radikalen Landbürger – gegen den Willen ihrer städtischen Parteigrössen Keller und Hirzel – die militärische Ausbildung von den zentralen Kasernen auf die lokalen Drillplätze (1832); das Wehrwesen sollte nicht mehr ein Instrument in der Hand aristokratischer Offiziere sein. Das «Kaufmännische Direktorium» wurde aufgelöst und ein grosser Teil des Direktorialvermögens dem Infrastrukturausbau des Kantons zugeführt (1833). Das Instrument städtischer Wirtschaftskontrolle ersetzte der Rat durch die kantonale Handelskammer, in der städtische und ländliche Unternehmer gemeinsam für gute wirtschaftliche Rahmenbedingungen sorgen sollten. Schliesslich beseitigten die Landparlamentarier in der Verfassungsrevision von 1838 auch die Übervertretung der Stadt im Grossen Rat.[53]

2. Um die praktisch unbegrenzte obrigkeitliche Staatsmacht zurückzubinden, war eine Umgestaltung des Justiz- und Rechtssystems notwendig. Das Gerichtswesen erhielt einen streng funktionellen, hierarchischen Auf-

«Unsere Revolution soll eine schaffende, nicht eine zerstörende sein. Leisten wir den Beweis, dass reine Ideen, nicht niedrige Interessen sie hervorgerufen haben.» Mit diesen Worten charakterisierte Friedrich Ludwig Keller (1799–1860), der führende Kopf der Liberal-Radikalen, die Ziele des Umsturzes von 1830/31.

Keller stammte aus einer wohlhabenden Stadtzürcher Familie und trat nach Studien in Göttingen und Berlin in den Staatsdienst ein. 1830 schloss er sich nach kurzem Zögern den Liberal-Radikalen vom Land an und gewann innerhalb der «Partei» grossen Einfluss. Als Mitglied des Grossen Rats und des Erziehungsrats sowie als Präsident des Obergerichts leistete er einen wesentlichen Beitrag zur Neugestaltung der bürgerlichen Rechtspflege, die auch auf eine Aufwertung des «Juristenstandes» abzielte.

Keller war der profilierteste Vertreter der an deutschen Hochschulen ausgebildeten jungen Elite, die mit Berufung auf die Rechtswissenschaft eine vernunftgemässe und systematische Erneuerung des Staats anstrebte. In seiner am römischen Recht geschulten Wissenschaftsgläubigkeit war Keller aber kaum an sozialen Problemen interessiert, und einer weitergehenden Demokratisierung stand er ablehnend gegenüber: «Man lasse den Pöbel nur so lange von der Kette, bis es Zeit hat, ihn wieder anzubinden.» Diese überhebliche Haltung trug wesentlich zum Sturz der Liberal-Radikalen bei. Nach dem «Züriputsch» von 1839 verlor er alle Ämter und ging wenig später als Professor nach Deutschland.

Diese Karikatur entstand mitten in den heftigsten «parteipolitischen» Auseinandersetzungen anfangs 1832. Im Sumpf des Wassergrabens sucht «dr lang Hirzel», der zwar liberal-radikal gesinnte, aber um Vermittlung zwischen Stadt und Land bemühte Regierungsrat und nachmalige Bürgermeister Conrad Melchior Hirzel (1793–1843), nach dem richtigen Weg. Ausgerüstet mit Kompass, Sonnenuhr, Senkblei und einer Waage wendet er sich zaghaft der Landschaft zu, wo sich die liberal-radikale «Fortschrittspartei» über der Verfassung von 1831 die Hände reicht. Hinter den Mauern verschanzt, rüstet sich die konservative Stadtbürgerschaft zum Abwehrkampf. In Bild und Texten wird zum Ausdruck gebracht, wie sich die «Stadtpartei» vehement gegen die Aufhebung des Chorherrenstifts, die Verteilung der schweren Geschütze auf die Landschaft, den Abbruch der Befestigungen und die Aufhebung des Direktorialfonds (Vermögen des Kaufmännischen Direktoriums) wendet. Vogel Greif und Baslerstab über der Stadt verweisen auf die blutigen Wirren im Kanton Basel, die 1833 in die Teilung mündeten.

Der Höhepunkt der Auseinandersetzungen zwischen der «Revolutionspartei» und den gemässigten und konservativen Kräften in der Stadt wurde erreicht, als die Liberal-Radikalen in Bassersdorf im Februar 1832 einen «Schutzverein» zur Verteidigung der neuen Verfassung gründeten. Aus Protest gegen diese Parteibildung traten die bis dahin in der Regierung vertretenen liberal-konservativen Kräfte zurück. Die Liberal-Radikalen übernahmen nun die alleinige Regierungsmacht und stellten auch die Bürgermeister.

bau – vom Friedensrichter bis zum Obergericht. In der Strafrechtspflege verschwanden auf Antrag von Grossrat Heinrich Gujer die «peinlichen Verhöre» und die Körperstrafen (1831). Anstelle des Geständniszwangs trat die freie Beweisführung. 1835 folgte schliesslich der Erlass eines Strafgesetzbuchs, wodurch die auf Gnade oder Ungnade beruhende Rechtsprechung ein Ende hatte. Von nun an galt in Anlehnung an den französischen Staatstheoretiker Charles Montesquieu (1689–1755) die Herrschaft des Gesetzes, die den unabhängigen Richter auf eine feste Norm verpflichtete und den Bürger vor der staatlichen Allmacht schützte.

Die gleiche Neuordnung betraf die Zivilrechtspflege. Im Obrigkeitsstaat war das Verfahren in der Ziviljustiz auf den gütlichen Vergleich zwischen den Parteien ausgerichtet, und das Gericht urteilte im Rahmen überlieferter Traditionen. Demgegenüber sollte der freie Bürger seine Interessen vor Gericht selbständig vertreten, der Richter hatte im Verfahren über den Parteien zu stehen und den Prozess nach einem einheitlichen Rechtssystem zu entscheiden. Deshalb galt es, ein umfassendes Privatgesetzbuch zu schaffen. Die von Friedrich Ludwig Keller 1835 begonnene Arbeit wurde nach 1840 vom konservativen Rechtsprofessor Johann Caspar Bluntschli fortgeführt und konnte erst 1856 abgeschlossen werden. Das neue Privatrecht, das die freie Vertragstätigkeit der autonomen Bürger festen formalen Regeln unterwarf, bildete eine wichtige Grundlage für das schweizerische Zivilgesetzbuch, das 1912 in Kraft trat. Entgegen den sonst gültigen Prinzipien von Rechtsgleichheit und Individualisierung zementierte das Zürcher Privatgesetzbuch im Familienrecht die untergeordnete Stellung der Frau. In Anlehnung an das traditionelle Verständnis der Hausvaterrolle machte es den Ehemann als «Haupt der Ehe» zum Vormund seiner Gattin und sicherte ihm das beinahe unbeschränkte Verfügungsrecht über deren Eigentum.[54]

In allen anderen Bereichen prägte ein systematisch-individualistisches Denken die rege Gesetzgebungstätigkeit. Indem die neuen Rechtssetzungen die Macht des Staats generell begrenzten und ordneten, schufen sie zugleich mehr Rechtssicherheit und legten die Grundlage für die Entfaltung des Wirtschaftsbürgertums: Ob bei den Wasserrechtsgesuchen oder bei den

Baueingaben, nun konnten die Unternehmer im Rahmen der Gesetze auf einen Rechtsanspruch pochen und waren nicht mehr vom Ermessen der Behörden abhängig.[55]

3. Besonders am Herzen lag dem siegreichen Landbürgertum das industriekapitalistische Wachstum. Diesem Zweck diente nicht nur die schrittweise Durchsetzung einer freien Wettbewerbs- und Marktwirtschaft (1837), sondern auch der Abbau der Zölle und Weggelder (1835/1838), die massive Förderung des Kunststrassenbaus und die Neuordnung des Finanzwesens.

Zur Deckung des steigenden Finanzbedarfs schuf der Grosse Rat 1832 eine Vermögens-, Erwerbs- und Einkommenssteuer, die alle Einwohner zur Staatsfinanzierung heranzog, wobei darauf geachtet wurde, dass die steuerliche Belastung des wohlhabenden Bildungs- und Industriebürgertums sich in Grenzen hielt. Die Einkommen unterlagen nur einer geringen Besteuerung, und der Grosse Rat lehnte eine progressive Vermögenssteuer mit dem Hinweis ab, sie sei eine Art «Pique auf Millionäre». Vordergründig wurde die bäuerliche Bevölkerung entlastet (Zehntloskauf, Salzpreis), trotzdem lag die Hauptlast der Staatsfinanzierung über das direkte Steuersystem aber weiterhin auf der Landwirtschaft, da der Grundbesitz die wichtigste Bemessungsgrundlage bildete.

Da die gesamte Finanzverwaltung zentralisiert, rationalisiert und auf Geldleistung umgestellt wurde, förderte der liberale Staat auch die monetäre Durchdringung der Wirtschaft und den marktwirtschaftlichen Austausch. Gewinnmaximierung galt unter dem Winterthurer Regierungsrat Eduard Sulzer (1789–1849) auch im Finanzwesen als oberster Grundsatz: Unrentable Domänen (staatliche Liegenschaften) wurden verkauft, der kostenintensive Naturalzehnt abgeschafft und alles nicht benötigte Kapital (ein Zehntel des Staatsvermögens lag vorher als gehortetes Geld in staatlichen Kassen) möglichst profitabel bei Privaten und Banken angelegt.[56]

4. Grosse Anstrengungen unternahmen die Liberal-Radikalen im Unterrichtswesen, das die Integration aller Schichten in den bürgerlichen Staat und die berufliche Qualifizierung ermöglichen sollte. Für das höhere Bildungswesen, das im Rahmen des bürgerlichen Geschlechterdualismus zunächst nur den Männern offenstand, engagierten sich vor allem die Intellektuellen aus der Stadt. 1831/32 beschloss der Grosse Rat die Schaffung einer kantonalen Mittelschule (Gymnasium, Industrieschule) und einer Hochschule. Für die bildungsbürgerliche Elite aus Ärzten und Juristen war dies das entscheidende Instrument, um durch die Pflege der Wissenschaft den weiteren Fortschritt der Gesellschaft zu garantieren. In enger Verbindung mit der Universität erfolgte der Ausbau des Medizinalwesens: 1834 kam es zur Erweiterung der Tierarzneischule, 1842 wurde das neue Kantonsspital als eines der modernsten Krankenhäuser Europas eingeweiht.[57]

5. Im Bestreben, die Gesellschaft durch ein rationales Rechtssystem auf der Basis der Verfassung einheitlich zu ordnen, trieben die gesetzgebungsfreudigen «Repräsentativsystematiker» die staatliche Zentralisierung massiv voran. Zwar wurden die Rechte der Gemeinden bei der Pfarrer- und der Lehrerwahl erweitert, gleichzeitig sorgten aber beispielsweise die Strassen-, die Volksschul- und die Armengesetzgebung dafür, dass die Gemeinden bisherige Sonderrechte verloren und umfangreiche Verpflichtungen (Frondienste, Schulhausbauten, Kostenbeteiligungen) übernehmen mussten. Dadurch wurde die Gemeindeautonomie entgegen den Forderungen von 1830 erheblich eingeschränkt. Gegen diese «politische Schwärmerei, missleitet durch fremdländische, sogar negerartige Ideen mechanischer Centralisa-

Zu den bleibenden architektonischen Leistungen der liberalen Ära gehören der Bau des Kantonsspitals und des 1842 fertiggestellten Kantonsschulgebäudes am Rämibollwerk. Das höhere Unterrichtswesen wurde nach 1830 den Bedürfnissen der industriellen Gesellschaft angepasst. Nach den Vorschlägen des Bildungsreformers Johann Caspar von Orelli (1787–1849) richtete man an der 1833 eröffneten Kantonsschule zwei Abteilungen ein: das Gymnasium für die «wissenschaftliche» und die Industrieschule für die «technische» Ausbildung. Die älteren, theologisch ausgerichteten Bildungsstätten (Alumnat, Chorherrenstift) wurden aufgehoben.

# «Moralisch gute und bürgerlich brauchbare Menschen bilden.»
## Schule und Gesellschaft im liberalen Staat

Die weitreichendsten Veränderungen leitete die bürgerliche Revolution im Bildungswesen ein. Bis 1830 verharrte die Volksschule in den Strukturen des Ancien Régime: Als «Pflanzschule der Kirche» hatte sie lediglich die Aufgabe, einige elementare Kenntnisse im Lesen, allenfalls auch im Schreiben und Rechnen sowie der christlichen Glaubenslehre zu vermitteln. Eine bessere Bildung für alle war unerwünscht, weil dies die ständische Sozialordnung gefährdet hätte. So kam die Mehrheit der Landbevölkerung nicht über das Buchstabieren unverstandener Wörter hinaus.[1]

Für das liberale Bürgertum war der Ausbau der Volksbildung ein zentrales Anliegen, denn nur mit Bürgern, die Gesetze lesen und Wahlzettel ausfüllen konnten, liess sich die demokratische Ordnung behaupten. Bis 1832 schuf der Grosse Rat ein für europäische Verhältnisse revolutionäres Unterrichtswesen, das für Knaben und Mädchen die gleiche Elementarbildung gewährleistete. Ziel sollte es sein, «die Kinder aller Volksklassen nach übereinstimmenden Grundsätzen zu geistig tätigen, bürgerlich brauchbaren und sittlich religiösen Menschen zu bilden».[2]

Als Seminardirektor, Erziehungsrat, Schulinspektor und Schulbuchautor übernahm Ignaz Thomas Scherr die praktische Umsetzung der liberalen Bildungsideen. Dank seiner Kompetenz und Arbeitskraft erhielt die Volksschule in kürzester Zeit einen abgestuften Lehrplan, einheitliche obligatorische Lehrmittel und eine systematische Unterrichtsmethode. Der Schulstoff wurde säkularisiert und neue Realienfächer wurden eingeführt. Eine zentrale Stellung räumte man dem selbständigen Geschichtsunterricht ein, dem wichtigsten Mittel «zum grossen Zweck (...) der Begeisterung für Volk und Vaterland».[3] Der übrige Realienunterricht (Geographie, Naturkunde) zielte auf die Erziehung zu einem rationalen Weltbild und zu mehr Offenheit gegenüber Neuem ab.[4] Um diese Bildungsziele zu verwirklichen, unternahm der liberale Staat beachtliche Anstrengungen: Die Aufwendungen stiegen von 1834 bis 1838 von 680 000 auf 1,4 Millionen Franken, und als «herrliche Bildungstempel» wurden 93 neue Schulhäuser gebaut. Nach und nach wurden 104 untaugliche Schulmeister aus dem Schuldienst entlassen.[5] Die kostenintensive Schulreform stiess in der Bevölkerung auf starken Widerstand. Einerseits beeinträchtigte das Obligatorium die Lebensverhältnisse der vielen armen Familien, die auf den traditionell selbstverständlichen Kinderverdienst angewiesen waren. Anderseits lasteten die höheren Kosten für Lehrer und Schuleinrichtungen schwer auf den vermögenslosen Schulgemeinden und Eltern. Der Unmut entlud sich 1834 exemplarisch im sogenannten «Stadler Handel», als eine aufgebrachte Volksmenge ins Schulhaus von Stadel eindrang und die neuen Lehrmittel auf die Strasse warf.[6]

Bis zur Jahrhundertmitte konnte die Schulpflicht nur begrenzt verwirklicht werden, da das Bürgertum nicht bereit war, für eine sozial verträglichere Schulreform (erweiterte staatliche Finanzierung, Unterstützung armer Eltern) die notwendigen finanziellen Mittel durch eine höhere Besteuerung der Vermögenden aufzubringen. Erst als die Kinderarbeit an Bedeutung verlor und sich der Lebensstandard verbesserte, begann sich die grosse Zahl der Absenzen zu verringern. Um 1870 wurde der obligatorische Schulbesuch allgemein akzeptiert, zumal in der demokratischen Verfassung der unentgeltliche Volksschulunterricht verankert war.[7] Der Prozess der Verschulung der Gesellschaft veränderte die menschlichen Kommunikations- und Verhaltensformen in grundlegender Weise. Zu Beginn des 19. Jahrhunderts konnte nur rund ein Drittel der

## Aufbau des Zürcher Schulwesens nach 1834

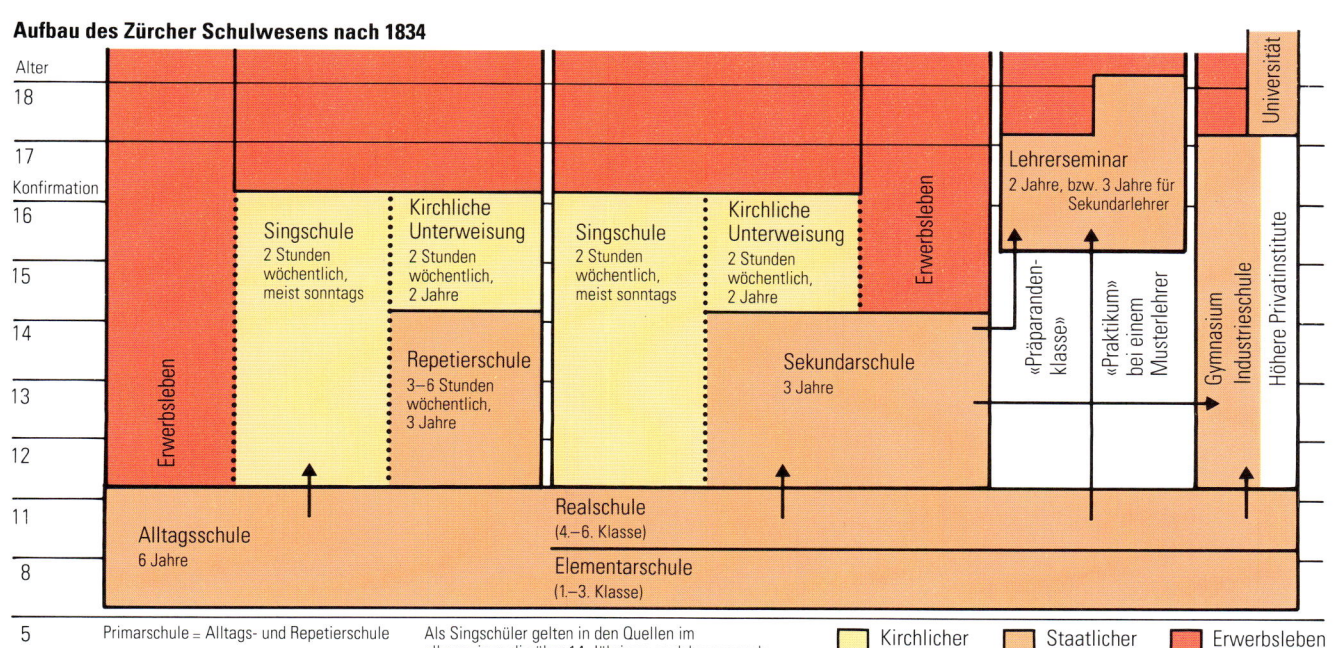

| Alter | | | | | | | | | | | | |
|---|---|---|---|---|---|---|---|---|---|---|---|---|
| 18 | | | | | | | | | | | | Universität |
| 17 Konfirmation | | | | | | | Lehrerseminar 2 Jahre, bzw. 3 Jahre für Sekundarlehrer | | | | | |
| 16 | Erwerbsleben | Singschule 2 Stunden wöchentlich, meist sonntags | Kirchliche Unterweisung 2 Stunden wöchentlich, 2 Jahre | Singschule 2 Stunden wöchentlich, meist sonntags | Kirchliche Unterweisung 2 Stunden wöchentlich, 2 Jahre | Erwerbsleben | | | | | | |
| 15 | | | | | | | | «Präparanden-klasse» | «Praktikum» bei einem Musterlehrer | Gymnasium Industrieschule | Höhere Privatinstitute | |
| 14 | | | Repetierschule 3–6 Stunden wöchentlich, 3 Jahre | Sekundarschule 3 Jahre | | | | | | | | |
| 13 | | | | | | | | | | | | |
| 12 | | | | | | | | | | | | |
| 11 | | Alltagsschule 6 Jahre | Realschule (4.–6. Klasse) | | | | | | | | | |
| 8 | | | Elementarschule (1.–3. Klasse) | | | | | | | | | |
| 5 | | | | | | | | | | | | |

Primarschule = Alltags- und Repetierschule

Als Singschüler gelten in den Quellen im allgemeinen die über 14-Jährigen, welche nur noch Sing- und Unterweisungsschule besuchen

■ Kirchlicher Unterricht  ■ Staatlicher Unterricht  ■ Erwerbsleben

---

über sechsjährigen Bevölkerung lesen. Der obligatorische Unterricht sorgte bis ins letzte Viertel des 19. Jahrhunderts für eine umfassende Alphabetisierung und schuf die Grundlage für eine eigentliche Leserevolution. Buch und Zeitung ersetzten die mündliche Kommunikation (Erzählung, Predigt). Bibliotheken und Lesezirkel schossen wie Pilze aus dem Boden: 1888 gab es allein im Bezirk Hinwil 36 Jugend- und Volksbibliotheken. Das Lesen wurde in allen Schichten zum anerkannten Freizeitvergnügen und erweiterte die Teilhabe am kulturellen und politischen Leben. Zugleich beschränkte der Literarisierungsprozess das Erzählen auf die Kinder.[8]

Die allgemeine Schulpflicht förderte nicht nur die Demokratisierung, sondern auch den Zugriff des liberalen Staats auf das Volk. Die neue Unterrichtsorganisation wies den Schülern und Schülerinnen feste Plätze in einer Bank zu, richtete sie auf die Augen des Lehrers aus und unterstellte sie seiner ständigen Überwachung. Lehrer und Schulkinder wurden zu Pünktlichkeit, regelmässiger Arbeit und Einhaltung eines vielfältigen Anstandskatalogs verpflichtet. Im Sinn bürgerlicher Lebensgestaltung unterwarf die Schule die Heranwachsenden einer strikten Arbeits- und Zeitdisziplin und verlangte die Zügelung der Affekte und Emotionen. Auf diese Weise passte sie die jungen Menschen an die Erfordernisse der industriellen Arbeitswelt an und bildete so ein zentrales Instrument, um «verfeinerte» bürgerliche Moral- und Wertvorstellungen in der ganzen Gesellschaft durchzusetzen.[9]

Wenn das Schulwesen in seinen Grundanforderungen einebnete, so qualifizierte es auch. Das Bestreben des ländlichen Bürgertums, über Bildung den Weg zu Führungspositionen zu öffnen, zeigte sich in den zahlreichen Gründungen privat finanzierter Sekundarschulen (bis 1839: 42), die den Anschluss an die höheren Bildungsanstalten gewährleisten sollten. Bildung wurde in der repräsentativen Demokratie, in der das Volk die Besten zu ihren Vertretern wählen sollte, ein wichtiges Qualifikationsmerkmal für politische Mandate.[10]

*1 Dorfschule vor 1830: Arbeits- und Wohnzimmer des Lehrers waren eins; weder auf eine klare Sitzordnung noch auf geregelten Schulbesuch wurde besonders geachtet.*

*2 Neue Ordnungsvorstellungen in der «Schule für wechselseitigen Unterricht» um 1820: Das methodische Lernen in Klassen unter ständiger Kontrolle grösserer Schüler erhöhte die Effizienz und förderte Disziplin und Pünktlichkeit.*

*3 «Die Stauffacherin» (1863): Um dem Volk republikanische Gesinnung einzupflanzen, verherrlichten die Schulbücher kritiklos die Heldentaten aus der Schweizer Geschichte von 1291 bis 1515.*

*4 Josephine Stadlin (1806–1875), ab 1829 als Lehrerin tätig, gründete mit dem «Verein Schweizer Erzieherinnen» den ersten weiblichen Berufsverband und rief 1847 in Zürich ein Lehrerinnenseminar ins Leben. Aber schon nach drei Jahren musste sie dem Widerstand der männlichen Kollegen weichen, denn «das eigentliche Lehren und Unterrichten ist mehr der Beruf des Mannes, als der des Weibes». Damit war der Anspruch der Frau auf eine ihrer Begabung entsprechende Ausbildung zurückgewiesen.*

*5 Der Pädagoge und Schulreformer Ignaz Thomas Scherr (1801–1870) schuf die neuen Strukturen des liberalen Schulwesens. Nach dem «Züriputsch» von 1839 wurde er entlassen.*

tion» (Rektor Johann Conrad Troll aus Winterthur, 1783 – 1858) setzten sich die Gemeinden vehement zur Wehr, so etwa im «Stadler Handel» (1834) oder im kantonsweiten Proteststurm gegen das neue Forstgesetz (1837).[58] Der Widerstand blieb aber ohne Erfolg; der Grosse Rat, der sich als Vertretung des Volks verstand, setzte sich durch, wenn es sein musste auch mit Waffengewalt. Kein Wunder, dass die Stimmen sich mehrten, die von einem «Neusesselherrenregiment» sprachen.

Da das gesamte Staatswesen einen streng hierarchischen Aufbau erhielt, nahm die Zahl der Behördenmitglieder zu. Auch das verhasste Landjägerkorps wurde nicht etwa abgeschafft, sondern straffer organisiert und auf 118 Mann erweitert. Als Machtinstrument der zentralen Staatsgewalt sollte die Polizei für die Sicherheit des Eigentums sorgen und den Bestand der bürgerlichen Ordnung gewährleisten. Entgegen einer gängigen Vorstellung führte die bürgerlich-liberale Revolution nicht zu einem Abbau der Staatsmacht. Als Folge der Systematisierung und Vereinheitlichung der Rechtsordnung und durch den Ausbau der Verwaltung (Steuern, Schule) griff der Staat vielmehr stärker ins Leben des einzelnen Bürgers ein.[59]

Als Ausdruck der politisch-kulturellen Emanzipation entfaltete sich nach 1830 eine breite bürgerliche Öffentlichkeit, in der sich die rechtlich Gleichgestellten in neuer Weise gruppierten. Eine rasch wachsende Zahl von Vereinen und Gesellschaften eröffnete vorab den Männern neue Betätigungsfelder. Die Lesegesellschaften, Gesangs- und Schützenvereine erlebten als Treffpunkte der bessergestellten Bürger vor allem auf der Landschaft eine ungeahnte Breitenentwicklung. Auf vielen regionalen, kantonalen und nationalen Festen wurden patriotisches Nationalgefühl, Fortschrittsoptimismus und liberale Freiheitsbegeisterung zelebriert. Höhepunkt bildete 1834 das Eidgenössische Schützenfest in Zürich, das an Aufwand alles Dagewesene übertraf. Zahlreiche Gesellschaften dienten der wissenschaftlichen und politischen Diskussion. Die kantonale «Gemeinnützige Gesellschaft» lebte wieder auf, und nach 1836 bildeten sich im ganzen Kanton Bezirksgesellschaften, in denen sich die liberalen Grössen um die Förderung der ökonomisch-sozialen Entwicklung bemühten.[60]

Parallel zum dominierenden Männervereinswesen entstanden auch die ersten Frauenvereine, die in ihrer Mehrzahl auf die Initiative von Männern zurückgingen und sich der Wohltätigkeit und Kulturpflege widmeten. Frauen aus dem wohlhabenden Bürgertum wurden dabei unter Berufung auf Nächstenliebe und Christenpflicht angeworben, um übergeordneten Zielen der männlichen Sozialpolitiker, vorab der in diesem Bereich besonders aktiven Pfarrherren, in der Armenfürsorge oder der Volksbildung zu dienen. Zu ihren Aufgaben gehörte vor allem, den Armen zu helfen und die Gestrauchelten auf den rechten Weg zu führen. So veranlasste etwa Pfarrer Johann Jakob Sprüngli (1801 – 1889) in Thalwil 1836 die Honoratiorengattinnen, einen Frauenverein zu gründen, der sich der Armenbetreuung und der Einführung eines weiblichen Handarbeitsunterrichts widmen sollte. Auch im Vereinswesen trennten sich weibliche und männliche Lebenswelten: Während der Regierungsrat Johannes Hegetschweiler unter anderem in der «Naturforschenden Gesellschaft», in der «Medizinisch-chirurgischen Kantonalgesellschaft», in der Freimaurerloge «Modestia cum Libertate» und in der «Helvetischen Gesellschaft» aktiv war, stand seine Frau dem Hauswesen vor und betätigte sich im «Verein für Belehrung und Versorgung weiblicher Sträflinge».[61]

Zur neuen Struktur des öffentlichen Lebens in den dreissiger Jahren gehörte auch die Presse, die im demokratischen Staat zur Förderung der

Auf dem Erinnerungstuch aus Baumwolle ist der Festplatz des «Eidgenössischen Freyschiessens bey Zürich vom 13. bis 19. Juli 1834» abgebildet, umgeben von den Wappen der 22 Kantone und verschiedenen vaterländisch-patriotischen Losungen («Für Eintracht, Freyheit, Vaterland»). Das aufwendige nationale Fest sollte vor allem auch der Selbstdarstellung des neuen bürgerlichen Staatswesens dienen. In der Mitte des Festplatzes am Fuss des Üetlibergs stand ein riesiger Freiheitsbaum mit der eidgenössischen Schützenfahne. Die imposante Festarchitektur umfasste den Scheibenstand, eine Fahnenburg, den Gabentempel und eine mit Triumphbögen, Fahnen und Gemälden ausgeschmückte Festhalle, die 3000 Personen Platz bot.

Meinungsbildung und als parteipolitisches Kampfinstrument einen grossen Aufschwung erlebte. Die «Revolutionspartei» erkannte sofort nach ihrem Sieg, wie wichtig es in Zukunft sein würde, die schmale Schicht der politisch Interessierten für ihre Sache zu gewinnen. Zu diesem Zweck gründeten die Organisatoren des Ustertags 1830 den «Schweizerischen Republikaner», der als einflussreiches Organ des liberal-radikalen Bürgertums vehement die Reformideen verbreitete und einen heftigen publizistischen Krieg mit den gemässigt-liberalen und konservativen Zeitungen ausfocht. Zur revolutionären Aufbruchstimmung gehörte es, dass die Auseinandersetzungen in einem angriffigen, polemischen und auch verletzenden Ton geführt wurden, was häufig Prozesse nach sich zog.[62] Unter den Neugründungen befand sich auch die Zeitschrift «Das Recht der Weiber», ein radikales Frauenblatt, in dem der Küfer und Journalist Johann Jakob Leuthy (1788–1855) aus Stäfa 1833 erstmals öffentlich für die bürgerliche Handlungsfreiheit und die politischen Rechte der Frauen eintrat. Zwar erschien die Zeitschrift nur in einer einzigen Probenummer; der politische Aussenseiter Leuthy, der sich auch als Historiker einen Namen zu machen versuchte, legte aber den Finger auf die wunde Stelle der neuen Ordnung: Der liberale Staat legalisierte die Zweiteilung der Gesellschaft in einen nach naturrechtlichen Prinzipien gestalteten «männlichen und einen nach überkommenen ständischen Regeln gestalteten weiblichen Teil», für den es keine individuellen Rechte gab.[63]

## Der «Züriputsch»
### Religiöse und soziale Protestbewegung gegen den liberalen Fortschritt

Am Abend des 5. September 1839 liess der Pfäffiker Pfarrer Bernhard Hirzel (1807–1847) ab sechs Uhr vier Stunden lang Sturm läuten. Für die Bewohner der umliegenden Gemeinden war dies das Zeichen, um «zum heiligen Kampf für Gott und Vaterland» gegen die liberal-radikale Regierung in Zürich zu ziehen. Unterwegs wuchs der Kirchenlieder singende Zug aus ärmlich gekleideten Oberländern auf 4000 Personen an. Am Morgen des 6. September erreichten die Aufständischen Zürich-Oberstrass. Als die Regierung auf ihre Forderungen nicht fristgerecht reagierte, setzten sich 2000 mit Gewehren und Stöcken bewaffnete Demonstranten Richtung Stadtzentrum in Bewegung. Auf dem Münsterhof stiessen sie um zehn Uhr mit Militär zusammen; es kam zum Feuerwechsel, der 15 Todesopfer forderte. Die liberale Regierung löste sich auf, und um zwölf Uhr konstituierte sich ein provisorischer Staatsrat. Mit einer «weissen und schwarzen Fahne» kehrten Hirzel und seine Gefolgschaft am folgenden Tag nach Pfäffikon zurück, wo sie festlich empfangen wurden: «Viele hundert Kerzen beleuchteten das Dorf.»[64]

Wie hatte es zu diesem Aufstand kommen können, in dem der Historiker Ernst Gagliardi (1882–1940) eine «der sonderbarsten Grotesken in der Geschichte des 19. Jahrhunderts»[65] sah? Die revolutionäre Neuordnung nach 1831 ging mit einem starken wirtschaftlichen Wachstum einher. Begünstigt wurde dieses durch die politischen Massnahmen (Abbau aller Binnenzölle, Ausbau des Strassenwesens) der liberalen Regierung. Wirtschaftliche Expansion und politische Umgestaltung förderten aber in zunehmendem Mass soziale Spannungen und kulturelle Desorientierung. Während Fabrikunternehmer und Inhaber grösserer Gewerbebetriebe, aber auch Juristen, Ärzte und Lehrer, an Reichtum und Sozialprestige erheblich

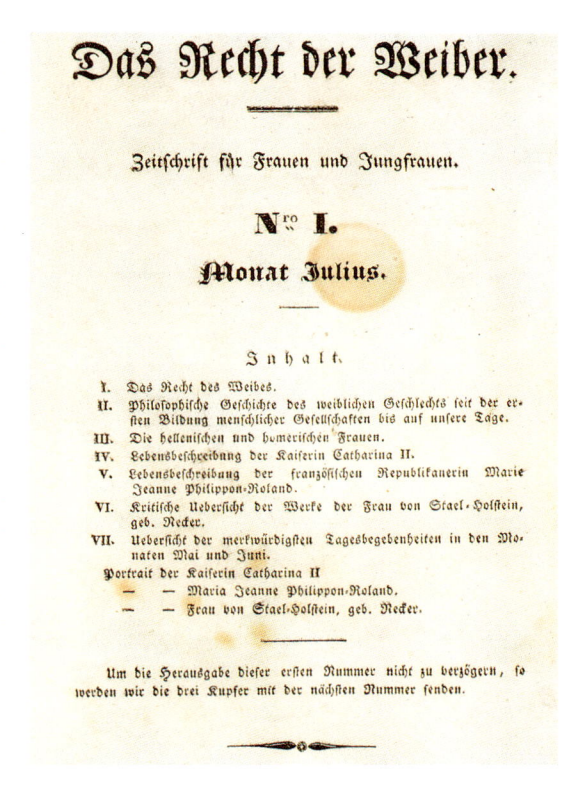

In der 1833 erschienenen «Zeitschrift für Frauen und Jungfrauen» des liberal-radikalen Vorkämpfers Johann Jakob Leuthy stand erstmals die «Frauenfrage» zur Debatte: «Wir stellen den Gegnern der Mündigkeitserklärung des weiblichen Geschlechts folgende einfache Frage: Hat der Mensch das Recht frei zu seyn? Sind die Weiber auch Menschen? Haben sie daher ein gleiches Recht frei zu seyn?»

Tabakdose mit der Darstellung von Kampfszenen vor dem Hotel «Baur en ville» am 6. September 1839.

Die Erlebnisse des abgesetzten liberalen Regierungsrats Hans Ulrich Zehnder nach dem Septemberputsch von 1839:

«Der Gang in die Sitzung um 8 Uhr war ein peinliches Spiessrutenlaufen durch eine hohnlachende Menge, unter der sich auch einzelne vornehme Herren befanden.»

«Meine Kinder wurden in den Schulen von Mitschülern verhöhnt und beleidigt und selbst einzelne Lehrer konnten ihre Abneigung gegen die Kinder eines Straussen nicht verhehlen.» Zehnder wurde täglich beschimpft, «und dass kein Schimpfwort, so gemein und schmutzig es auch sein möchte, existiert, das mir nicht von der Hefe des Volkes, namentlich von den in Gruppen auf der Strasse im Dienste der Stadt beschäftigten Arbeitern, wie Gassenbesetzern, Karrenziehern etc. nachgerufen worden wäre.»

gewannen, gehörten die vielen Heimarbeiter und Kleinbauern, aber auch die Pfarrherren und alten Eliten zu den Verlierern. Die Einkommen der bäuerlich-heimgewerblichen Unterschichten verbesserten sich trotz Wirtschaftswachstum kaum; die Pfarrer und alten Herrengeschlechter mussten Einbussen an Macht und Ansehen hinnehmen.

Als Folge der politischen Neuordnung verschärften sich die Umschichtungs- und Verteilungsprobleme: Die schmale liberale Führungselite schuf in wenigen Jahren eine neue Gesellschafts- und Staatsordnung, die auf persönlicher Leistung, freiem Wettbewerb, rationalem Denken und Selbstverantwortung beruhte. Für die Nöte der wirtschaftlich Erfolglosen hatte der bürgerliche Staat keine Lösung, im Gegenteil, er schränkte die Armenunterstützung ein (1836) und schmälerte durch den obligatorischen Schulunterricht (1832) und die Kinderschutzgesetzgebung (1837) die Einkommensmöglichkeiten der armen Leute.[66]

Ähnlich war die Situation der bäuerlichen und gewerblichen Mittelschichten, die die neuen direkten Steuern als drückend empfanden und die von oben verordneten Aufgaben (Strassenbau, Schulwesen) zunehmend widerwillig ausführten. Hinzu kam die zentralistische Gesetzgebung: 1837 unterwarf der Grosse Rat die Korporationswälder einer staatlichen Aufsicht, was die Nutzungsmöglichkeiten der bäuerlichen Gerechtigkeitsinhaber, die von den steigenden Holzpreisen ebenfalls profitieren wollten, schmälerte. Eine Flut von Petitionen war die Folge dieser Verletzung lokaler Interessen; in den Gemeinden war von «Sklavenketten» und «neuem Joch» die Rede.[67]

Wiederholt wurden materielle Anliegen breiter Bevölkerungsschichten missachtet. Die Regierung der liberal-radikalen Minderheit wurde immer weniger als Herrschaft des Volks gesehen, sondern als «Despotie» einer kleinen Clique von «Neuaristokraten». Ohnmacht und Resignation waren die Folge: 1838 nahmen nur noch zehn Prozent der Stimmfähigen an den Wahlen teil.[68]

Die liberale Führungsschicht reagierte auf den wachsenden Druck mit Unverständnis. Forderungen, die nicht mit ihren wirtschafts- und bildungspolitischen Zielen übereinstimmten, wurden kurzerhand als Ausdruck einer «Pöbelherrschaft» diffamiert. Allerdings zeigten sich auch in der politischen Elite selbst breitere Risse, die über die üblichen Querelen ehrgeiziger Aufsteiger hinausgingen. Immer stärker wurde die einseitige Konzentration der staatlichen Einrichtungen in Zürich kritisiert. Das Sprachrohr der Opposition war der 1836 gegründete «Landbote» in Winterthur, in dessen Spalten unentwegt gegen die ungerechte «Centralisationssucht» gekämpft wurde.[69]

Weiter verschärft wurde die allgemeine Unzufriedenheit, als in der mechanischen Baumwollspinnerei 1837 bis 1839 ein Konjunkturrückgang einsetzte und auch die grobe Weissweberei 1839 in eine schwere Krise geriet. Mitten in dieser spannungsgeladenen Situation griff die Regierung auch noch in religiös-kirchliche Fragen ein. Der neue Staat beruhte letztlich auf einem aufgeklärt-wissenschaftlichen Weltbild; es war deshalb nur folgerichtig, dass die bürgerliche Bildungselite auch die traditionellen religiösen Vorstellungen den Anforderungen der Zeit anpassen wollte. Durch eine liberale Kirchenreform, eine Art zweite Reformation, sollte nach Ansicht von Bürgermeister Conrad Melchior Hirzel die breite Bevölkerung aus «Aberglauben» und «Mystizismus» befreit werden. Gelegenheit dazu ergab sich, als an der Universität ein Lehrstuhl für Neues Testament zu besetzen war: Gegen den Widerstand der Theologischen Fakultät wählte der Erziehungsrat 1839 den rationalistischen Bibelinterpreten David Friedrich

Strauss (1808–1874). Als Vertreter der historisch-kritischen Theologie stellte Strauss die Wunder der Evangelien als blosse Mythen dar und vertrat die Meinung, die Vorstellung eines menschgewordenen Gottessohns Jesus Christus sei vernunftwidrig.[70]

Als auch der Regierungsrat gegen den Willen grosser Teile der Geistlichkeit die Wahl von Strauss bestätigte, entlud sich ein Sturm der Entrüstung: «Alles ist in Brandung. (...) Das ist nicht mehr aufgeregt, das ist wütend!» Der aufgestaute ökonomisch-soziale Unmut hatte ein Ventil gefunden: Zeitungsartikel, Flugschriften, Karikaturen, Petitionen und Volksversammlungen wandten sich gegen den Theologieprofessor.

In Wädenswil und Richterswil bildete sich ein «Zentralkomitee» (Glaubenskomitee), dem unter der Leitung des Unternehmersohns Johann Jakob Hürlimann-Landis (1796–1853) vor allem Geistliche, konservative Städter und wohlhabende Mitglieder von Gemeindebehörden angehörten. Eine Petition an den Grossen Rat zur Abberufung von Strauss unterstützten die Kirchgemeindeversammlungen kantonsweit mit 39 225 Stimmen (80 Prozent der Stimmberechtigten). Angesichts dieses massiven Drucks beschloss der Grosse Rat, den neugewählten Professor zu pensionieren.[71] Wenig später trat aber das Zentralkomitee mit neuen Forderungen an die Öffentlichkeit: Nun verlangte es den Schutz des traditionellen Glaubens und die Unterstellung des Erziehungswesens unter kirchlichen Einfluss. Die Auseinandersetzung eskalierte. Als die Regierung das Zentralkomitee wegen konspirativer Umtriebe unter Anklage stellte und Militär aufbot, demonstrierten am 2. September 1839 in Kloten trotz Versammlungsverbot mehr als 10 000 Personen. Gerüchte über einen Staatsstreich der Radikalen und einen Truppeneinmarsch aus anderen Kantonen jagten sich. Vor diesem Hintergrund und vom bevorstehenden Gewaltstreich der Regierung überzeugt, löste das Komiteemitglied Bernhard Hirzel am 5. September im wirtschaftlich besonders bedrängten Zürcher Oberland den Aufstand aus.

Die Berufung von Strauss hatte das Fass zum Überlaufen gebracht. Indem der Regierungsrat den bibelkritischen Theologen berief, wollte er nach Ansicht der grossen Mehrheit der protestantischen Bevölkerung auch noch den Glauben in «zentralistisch-liberalem» Sinn regeln. Den Mittel- und Unterschichten drohte der Verlust handlungsleitender, religiös bestimmter Wert- und Verhaltensmuster, die bis anhin in einem harten Leben Sinngebung und Trost vermittelt hatten und auch einen brauchmässig verfestigten Bestandteil des ländlichen Lebens darstellten. Sogar der «Glaube ihrer Väter» an die Erlösung im Jenseits und an den für himmlische Gerechtigkeit sorgenden Gott sollte keine Gültigkeit mehr haben. Kein Wunder, dass weite Kreise mit Entrüstung reagierten und von der «Abschaffung der Bibel» sprachen.[72] Es gab nur noch «Engel und Teufel, Straussen und Antistraussen». Unter dem Deckmantel der Rechtgläubigkeit richtete sich der Hass der Unter- und Mittelschichten gegen die reichen und gebildeten Profiteure der neuen Ordnung, gegen Unternehmer, Lehrer und Politiker: Dem Spinnereiunternehmer Caspar Honegger (1804–1883) in Rüti drohte die Menge als «chaibe Struss» mit Knütteln und Sensen; den Regierungsrat Hans Ulrich Zehnder (1798–1877) verspottete «die Hefe des Volks» mit gemeinen und schmutzigen Schimpfwörtern; nachts wurden ihm die Scheiben eingeschlagen.[73] Die strukturelle Gewalt, die die bürgerliche Führungsschicht mit ihrem Modernisierungsprogramm ausgeübt hatte, wurde nun mit aggressiven Gewaltakten erwidert. Daran beteiligten sich auch die Frauen, in deren Alltag das religiöse Leben eine wichtige Funktion besass.

Die Karikatur mit dem Titel «Wo das Aas ist, versammeln sich die Raaben» verspottet die vom Regierungsrat beschlossene Berufung des rationalistischen Theologen David Friedrich Strauss, der vom Grossen Rat am 18. März 1839 unter dem Druck der öffentlichen Meinung pensioniert wurde, bevor er sein Amt antreten konnte. Die weinenden Vögel müssen zur Kenntnis nehmen, dass der Ruhm der Welt vergänglich ist.

Kundmachung des Regierungsrats vom September 1839, mit der er die erhitzten Gemüter zu beruhigen suchte. Obwohl die Regierung die «bestimmte Erklärung» abgab, dass keine Truppen aus anderen Kantonen im Anmarsch seien, gelang es ihr nicht, das Vertrauen der Bevölkerung wieder zu gewinnen. Die sich wild jagenden Gerüchte über eine bevorstehende Militärintervention lösten schliesslich den Oberländer Putschistenzug aus.

Der liberal-radikale Sekundarlehrer Karl Kramer aus Pfäffikon entkam nur mit Glück einer Gruppe von Frauen, die «en grad hie mache» wollten.[74]

Die konservativ-kirchliche Führung hatte die Bewegung zwar mit der zunehmend klaren politischen Absicht gelenkt, die liberal-radikale Regierung zu stürzen. Aber «der betende Aufruhr» war keineswegs die dunkle Machenschaft einiger «Pfaffen», wie es führende Radikale gerne darstellten, sondern durchaus eine breite Protestbewegung gegen die Zwangsmodernisierung von oben, indem die politisierte Bevölkerung massiven Druck auf die Putschführer ausübte, was zu einer generellen Radikalisierung führte.

Nach dem Aufstand, dem sich der Zürcher Stadtrat anschloss, übernahm ein provisorischer Staatsrat die Amtsgeschäfte, und am 17. September kam es zur Neuwahl des Grossen Rats. Nur knapp ein Viertel der ehemaligen Mitglieder wurde wieder gewählt. Die neue politische Führungsschicht, «entschiedene, wackere Männer», bestand aus konservativ-aristokratischen Städtern und Exponenten der bäuerlichen Oberschicht. Ein grosser Teil der ländlichen Unternehmer und Advokaten wurde nicht mehr gewählt.[75] Als neuer starker Mann profilierte sich Johann Caspar Bluntschli, Jurist und führender Kopf der liberal-konservativen Kreise in der Stadt Zürich.[76]

Der Wandel beschränkte sich indessen auf personelle Umbesetzungen; eine eigentliche revolutionäre Umgestaltung des Staats blieb aus. Die Verfassung wurde nicht angetastet; auch die konservativen Machthaber beriefen sich auf die Volkssouveränität. Am 21. September 1839 erliess der Grosse Rat zwar eine Amnestie für politische Vergehen und Verbrechen, von der auch die Brandstifter von Uster profitierten. Abgesehen von diesem Zeichen guten Willens hatte die Septemberregierung jedoch keine klare politisch-gesellschaftliche Zielsetzung. Wohl versuchte sie dem Wunsch nach steuerlicher Entlastung und stärkerer Intervention in die Wirtschaft zu entsprechen – doch handelte es sich beim neuen Niederlassungsgesetz und dem antisemitisch angehauchten Wuchergesetz, die die Bauern und Handwerker besser vor den Folgen kapitalistischer Umgestaltung schützen sollten, nur gerade um kosmetische Retouchen.[77]

Der Forderung nach erweiterten Mitwirkungsrechten des Volks versuchte die Regierung mit der Einführung eines Vetorechts (Referendum) nachzukommen, in der Absicht, eine zukünftige Politik in konservativem Sinn durch das Volk kontrollieren zu können. Der gemeinsame Widerstand eines Teils der Konservativen, die das Prinzip der Volkssouveränität grundsätzlich ablehnten, und der Liberalen, die sich auf die mangelnde Reife des Volks beriefen, verhinderte aber 1842 einen demokratischen Ausbau.

Da die Konservativen weder zur industriekapitalistischen Entwicklung noch zu den Formen politischer Entscheidungsfindung Alternativen bieten konnten, bemühten sie sich um so eifriger, die religiös-sittlichen Wertorientierungen zu zementieren. So erliess der Grosse Rat ein neues Sonntagspolizeigesetz, setzte im Lehrerseminar Küsnacht einen Pfarrer als Direktor ein, der für eine Leitung in christlichem Sinn sorgen sollte, und verpflichtete die Volksschullehrer zu «Frömmigkeit», «Bescheidenheit» und evangelischer Gesinnung.[78] Darüber hinaus bemühten sich die konservativen Politiker nach Kräften, allerhand Gefahren für den christlichen Staat an die Wand zu malen; man hoffte durch die Beschwörung von Feindbildern die Herrschaft trotz mangelnder politischer Leistungen behaupten zu können. So zog man zunächst gegen den «verwerflichen» Seminardirektor Ignaz Thomas Scherr ins Feld, danach ging man gegen die vermeintlich «unchristlichen» Lehrer und Geistlichen vor, «sicherte» den Staat gegen Juden, um schliesslich die Gesellschaft vor dem in der Person des Schneidergesellen

Nach dem konservativen Umschwung von 1839 rückte Johann Caspar Bluntschli (1808–1881) zum führenden Politiker auf. Bluntschli entstammte einer alten Zürcher Familie. Nach Studien in Berlin, Bonn und Paris unterrichtete er an der Universität Zürich. Der liberal-radikalen Erneuerung des Staats stand er skeptisch bis ablehnend gegenüber, da er revolutionäre Bestrebungen verurteilte und die repräsentative Republik, die von einer Elite gelenkt werden sollte, als ideale Staatsform betrachtete.

1837 als Nachfolger seines Vaters in den Grossen Rat gelangt, wandte er sich nach dem «Züriputsch» als Regierungsrat eifrig gegen staats- und religionszersetzende Einflüsse. In diesem Zusammenhang sorgte er für die Ausbürgerung des deutschen Dichters Georg Herwegh und die Verfolgung des «Handwerkskommunisten» Wilhelm Weitling.

Nach dem Wiedererstarken der Liberalen unterlag Bluntschli 1844 in der Bürgermeisterwahl und trat aus dem Regierungsrat zurück. 1848 verliess er die Schweiz und wurde Professor für deutsches Privat- und Staatsrecht in München, wo er das wegweisende «Privatrechtliche Gesetzbuch für den Kanton Zürich» vollendete.

Wilhelm Weitling drohenden Kommunismus zu «retten». Der frühsozialistische Aktivist Weitling kam 1843 auf der Suche nach einem Drucker für seine Schriften nach Zürich, und sogleich nutzten Bluntschli und die Konservativen die Gelegenheit für eine grossangelegte politische Aktion. Weitling wurde verhaftet und vor Gericht gestellt. Gleichzeitig beschuldigte man die Radikalen, mit dem Kommunismus zu sympathisieren. Auf diese Weise wollte Bluntschli die gemässigten Kräfte aus dem liberal-radikalen Lager abspalten und die Herrschaft der Konservativen stabilisieren. Doch der Prozess gegen Weitling erwies sich für diesen Zweck als untauglich – das konservative Regiment hatte abgewirtschaftet, die Zukunft gehörte der liberalen Opposition.[79]

## Das liberale Bürgertum wieder an der Macht
### Die Ära Escher

Im Bestreben, wieder an die Macht zu gelangen, stützten sich die Liberalen nach 1839 einmal mehr auf die Institutionen der bürgerlichen Öffentlichkeit. Sängervereine und -feste wurden im Kampf gegen die konservative Regierung eingespannt. Ähnliche Aufgaben übernahm auch die liberal-radikale Presse, allen voran der zuvor regierungskritische «Landbote» in Winterthur. Mit scharfen Attacken, beissendem Spott und polemischer Hetze bekämpfte er die «pfäffisch-aristokratische Verdummungspartei». Winterthur entwickelte sich zum Zentrum der Opposition.[80]

Da sich 1839 gezeigt hatte, dass die liberal-bürgerliche Politikerelite in der Bevölkerung zu wenig verankert war, suchte sie eine breitere Basis zu gewinnen. Dazu bediente man sich des bewährten Mittels der Volksversammlungen: 1840 kamen rund 5000 «wohlhabende ältere Männer» zu einer Ustertagfeier in Bassersdorf zusammen, wo ein Programm zugunsten der wirtschaftlich-sozialen Anliegen der «kleinen Leute» verabschiedet wurde.[81]

Bei ihrem Wiederaufstieg profitierten die Liberalen einerseits vom Konjunkturaufschwung zwischen 1840 und 1842, andererseits von einer allgemeinen Verlagerung des politischen Interesses auf die eidgenössische Ebene.[82] Im Januar 1841 hob die radikale Aargauer Regierung alle Klöster auf und verstiess damit gegen den Bundesvertrag von 1815. In ihrer Haltung zur Klosterfrage geriet die konservative Zürcher Regierung zunächst in eine Zwickmühle: Einerseits musste sie versuchen, die liberale Bewegung auf eidgenössischer Ebene zu bremsen, andererseits drohte sie durch die Unterstützung katholisch-konservativer Positionen jene orthodox-protestantischen Gefühle zu verletzen, welche ihr zur Macht verholfen hatten. Die Konservativen beschlossen, auf der Wiederherstellung aller «unschuldigen» Klöster zu beharren, was es den Liberal-Radikalen ermöglichte, sich als die wahren «Vorkämpfer des Protestantismus» zu profilieren.[83] Wie erfolgreich die Mobilisierung religiöser Empfindungen war, zeigte die liberale Demonstration gegen die klosterfreundliche Regierungspolitik in Schwamendingen, an der im August 1841 über 20 000 Menschen teilnahmen. Die Konservativen erlitten einen grossen Popularitätsverlust und konnten in den Grossratswahlen von 1842 bei einer hohen Stimmbeteiligung nur noch einen knappen Vorsprung behaupten.[84]

Den endgültigen Umschwung brachte die Jesuitenfrage. 1844 wurden die Jesuiten nach Luzern berufen, was im Kanton Zürich grosse Entrüstung hervorrief. Die leidenschaftlichen Auseinandersetzungen gipfelten in den bürgerkriegsähnlichen Freischarenzügen. Da sich die Konservativen gegen

Die nach 1839 politisch gespannte Lage schlug sich auch im Militärwesen nieder. Zum Nachfolger des fristlos entlassenen Waffenkommandanten der Infanterie, Oberstleutnant Sulzberger, ernannte die Regierung den konservativen, der religiösen Orthodoxie nahestehenden Zürcher Stadtpräsidenten und Obersten Eduard Ziegler (1800–1882), der seine Ausbildung in holländischen Diensten absolviert hatte. Der neue Kommandant führte sogleich eine strenge, an autoritär-puritanischen Grundsätzen orientierte Disziplinar- und Instruktionsordnung ein, die starkes Gewicht auf den Wachtdienst legte, das Singen verbot und den Wirtshausbesuch einschränkte. Diese «Fortschritte im Marschieren» waren nicht nur Zielscheibe zahlreicher Karikaturen, sondern es kam zu Revolten der Soldaten, die mit dem Protestruf «Wir wollen keine Holländer sein!» durch die Strassen zogen. Nur mit Mühe, durch Verhängung harter Strafen und den Erlass eines neuen Militärstrafgesetzes (1841), konnte die Regierung die Disziplin wieder herstellen.

Angesichts der ablehnenden Haltung der konservativen Grossratsmehrheit gegenüber der Aargauer Klosteraufhebung (1841) riefen die Liberalen zu einer Protestversammlung in Schwamendingen auf. Rund 20 000 meist «wohlgekleidete Bürger» zogen «am schönen 29. August» mit Fahnen und Musik zum Kundgebungsort. Um ein Uhr eröffnete gemeinsamer Gesang die Versammlung. Nach den Reden liberaler Politiker wurde eine Resolution an den Grossen Rat verabschiedet. Während die konservativen Kreise den Publikumsaufmarsch den gaffenden «fremden Gesellen, Tiroler Maurern und Weibern» zuschrieben, frohlockten die liberalen Führer: «Wir durften getrost in die Zukunft blicken. Sie gehörte uns.»

Im Sonderbundskrieg unterstützte der Kanton Zürich die eidgenössische Armee mit einem Kontingent von rund 13 000 Mann, die in den Gefechten bei Gisikon und Meierskappel denn auch wesentlich zum raschen Erfolg beitrugen. Die Zürcher Truppen hatten neun Gefallene zu beklagen – darunter auch den im Gefecht bei Lunnern getöteten Jäger Johannes Staub aus Thalwil –, 41 Soldaten wurden verwundet. Insgesamt lobte der regierungsrätliche Bericht den guten Einsatz der Zürcher Truppen, es wurde aber auch auf eine Reihe von Mängeln verwiesen, wie «demokratische Diskussion» von Weisungen, Betrunkenheit im Biwak oder Vermeiden aller Nahkämpfe durch Flucht.

die Vertreibung der Jesuiten aussprachen, verlagerte sich die Mehrheit im Grossen Rat. Das «Septemberregiment» dankte ab. Amtsbürgermeister (Regierungspräsident) wurde der Winterthurer Schlossersohn und Jurist Jonas Furrer (1805 – 1861). Das Wirtschafts- und Bildungsbürgertum hatte die Macht zurückerobert; Zürich übernahm im schweizerischen Liberalismus wieder die Führung.[85]

Die Grossratswahlen von 1846 brachten den Liberal-Radikalen bei niedriger Stimmbeteiligung einen überwältigenden Sieg. Politik war zu jener Zeit Sache der Vermögenden, alle anderen drückte die Sorge ums nackte Überleben. Seit September 1845 wütete die Kartoffelkrankheit, und die Getreidepreise schnellten in die Höhe. Angesichts der sozialen Probleme bot die Bundespolitik eine willkommene Ablenkung. 1847 stimmte die Tagsatzung für die militärische Auflösung des Sonderbunds, den die katholisch-konservativen Kantone zur Wahrung ihrer Souveränitätsrechte geschlossen hatten. In einem kurzen Feldzug, zu dessen Erfolg die Zürcher Truppen wesentlich beitrugen, wurden die Sonderbundskantone zur Kapitulation gezwungen. Der Sieg des liberalen Bürgertums im nationalen Integrationskrieg machte den Weg frei zur Gründung eines modernen Bundesstaats.[86]

Im August 1848 nahm das Zürcher Volk die Bundesverfassung deutlich an. Aussenpolitik, Zölle, Post, Währung, die Regelung von Mass und Gewicht und zum Teil auch das Militärwesen wurden Sache des Bundes. Bei der Wahl der Bundeshauptstadt unterlag Zürich gegen Bern; hingegen wählte die Bundesversammlung Jonas Furrer zum ersten Bundespräsidenten.[87]

Die Rückkehr der Liberalen an die Macht war das Werk einer jüngeren Politikergeneration. Zu ihr gehörte auch der aus reicher Stadtzürcher Familie stammende Alfred Escher (1819 – 1882), der eine Blitzkarriere durchlief: 1844 wurde der frischgebackene Privatdozent der Jurisprudenz in den Grossen Rat gewählt, ein Jahr später war er schon Vizepräsident des Grossen Rats und Erziehungsrat. 1848 avancierte er als Nachfolger Furrers zum Bürgermeister, wurde Nationalrat und ein Jahr später Nationalratspräsident. Nachdem er so als erst 29jähriger in höchste Ämter gewählt worden war, prägte Escher die wirtschaftliche und politische Entwicklung Zürichs in den folgenden beiden Jahrzehnten.[88]

Als Folge des Industrialisierungsprozesses, aber auch beeinflusst durch den Aufstieg Eschers und der Liberalen, verschob sich das gesellschaftlich-politische Kräftefeld. Zu Beginn der vierziger Jahre wurden die Auseinandersetzungen noch vom ständischen Gegensatz zwischen Liberalismus und städtisch-aristokratischem Konservativismus beherrscht. Gleichzeitig fanden auf dem Hintergrund des sozialen Elends erstmals frühsozialistische Ideen eine grössere Resonanz. 1843 verkündete Wilhelm Weitling (1808–1871) seinen «Handwerkskommunismus». Zwei Jahre später entwarf der Heimarbeitersohn und Redaktor Johann Jakob Treichler (1822–1906) ein sozialreformerisches Programm, das den Ausbau der Demokratie und eine fortschrittliche Sozialpolitik verlangte. Zusammen mit Handwerksgesellen und Maschinenfabrikarbeitern gründete Treichler in Zürich den «Gegenseitigen Hülfs- und Bildungsverein», die erste sozialdemokratische Partei der Schweiz. Bei den Besitzenden griff die Angst vor einer breiten Volksbewegung um sich, und angesichts der drohenden «Kommunistengefahr» rückten die alten politischen Gegner näher zusammen. Konservative und liberale Regierungsorgane überboten sich in der polizeilichen Unterdrückung von Treichlers Tätigkeit. Höhepunkt der allgemeinen Hysterie bildete im März 1846 das «Gesetz gegen kommunistische Umtriebe» (Maulkrattengesetz), das Kritik an den bestehenden Eigentumsverhältnissen unter Strafe stellte. Das liberale Bürgertum schränkte die selbst erkämpfte Presse- und Meinungsäusserungsfreiheit in entscheidenden Punkten ein, um die wirtschaftliche Stellung zu sichern.[89]

Die polizeiliche Verfolgung brachte die sozialdemokratische Bewegung vorübergehend zum Erliegen, aber bereits 1850 wurde Treichler in den Grossen Rat und 1851 in den Nationalrat gewählt. Im selben Jahr erhielt auch der Aristokratensohn und begeisterte Anhänger des Genossenschaftsgedankens Karl Bürkli (1823–1901) ein Grossratsmandat. Gemeinsam setzten sie sich für eine Kantonalbank, Steuerreformen und direktdemokratische Institutionen ein. Als Mitglied der 1846 entstandenen Sektion des «Grütlivereins» gründete Bürkli 1851 den Zürcher Konsumverein, dem drei Jahre später über 2400 Arbeiter, Bauern und Handwerker angehörten. Auch auf der Landschaft schossen die Konsumvereine wie Pilze aus dem Boden: Ende November 1853 gab es bereits 40 Genossenschaften, die sich um die verbilligte Abgabe von Waren kümmerten.[90]

In den Wahlen von 1854 dienten die Konsumvereine als organisatorische Basis für eine breite sozialdemokratische Agitation. Aufgeschreckt durch die wachsende Arbeiter- und Kleinbürgerbewegung gingen die regierenden Liberalen in mehreren Wahlkreisen Allianzen mit den alten Gegnern, den Konservativen, ein. Der ständische Gegensatz wich dem Klassenantagonismus. Damit wurde auch in der politischen Auseinandersetzung wirksam, was sich sozial und wirtschaftlich schon seit den zwanziger Jahren angekündigt hatte: das Zusammenwachsen der alten Herrengeschlechter mit dem ländlichen Wirtschafts- und Bildungsbürgertum zu einer mehr oder weniger homogenen bürgerlichen Klasse, deren idealer Exponent Alfred Escher, der dynamische Aufsteiger aus alter Aristokratenfamilie, war.[91]

Nach einem hitzig geführten Wahlkampf erreichten die «Sozialdemokraten» zwar 15 Ratssitze, zugleich setzte aber bereits der Niedergang ein. Bürkli wanderte nach Texas aus, Treichler wurde 1856 auf Betreiben Eschers in den Regierungsrat gewählt und ins liberale System eingebunden. Der rasante wirtschaftliche Aufschwung und einige soziale Zugeständnisse (Salzpreis) entzogen der proletarisch-kleinbürgerlichen Opposition die Grundlage; in der demokratischen Bewegung waren jedoch ihre Exponenten wie auch ihr Gedankengut weiterhin wirksam vertreten.[92]

In den fünfziger und frühen sechziger Jahren nahm das liberale Bürgertum auf kantonaler und nationaler Ebene eine unangefochtene politisch-kulturelle Führungsstellung ein. Unbestrittenes Haupt im repräsentativ-demokratischen Staat war Alfred Escher, der zum Teil offen, zum Teil verdeckt die Zürcher Politik lenkte. Den grössten Einfluss im «Escherschen

Karl Bürkli kam als Gerbergeselle mit den Genossenschaftsideen von Charles Fourier in Berührung. 1851 gründete er zusammen mit J.J. Treichler den Zürcher Konsumverein und war Grossrat. Nach dem gescheiterten Aufbau einer sozialistischen Grosskommune in Texas schloss sich der als Wirt tätige Bürkli den Demokraten an. Seine Hoffnung, über die direkte Demokratie einen sozialen Ausgleich zu erreichen, erfüllte sich aber nicht.

Johann Jakob Treichler gründete 1845 den «Hülfs- und Bildungsverein», hielt «Vorlesungen über Sozialismus» und forderte grundlegende Sozialreformen. Dem als «Kommunist» Verteufelten wurde 1846 jede öffentliche Tätigkeit verunmöglicht. 1850 gelangte er als Arbeitervertreter in den Grossen Rat und später in den Nationalrat. Mit seiner Wahl in die Regierung (1856) wurde Treichler ins «System Escher» einbezogen.

Im «Belvoir», dem schönen Landsitz inmitten eines prachtvollen Parks, residierte Alfred Escher. Der ehrgeizige, autoritäre Jurist aus reicher Familie, dem kein Amt versagt blieb, beeinflusste nicht nur nachhaltig die politische und wirtschaftliche Entwicklung, er verkörperte auch idealtypisch bürgerliche Lebensweise: In anhaltender Arbeit sah er seine Pflicht, «scharfes und genaues Rechnen» bestimmten alle Handlungen. Dem bürgerlichen Idealbild entsprach auch seine Ehe: «Zart, schweigsam und duldend» führte die Gattin dem selbst nachts im Bett noch Arbeitenden das Hauswesen.

Der in Meilen geborene Bauernsohn Johann Heinrich Fierz (1813–1877), hier mit seiner Gattin Katarina Fierz-Locher (1827–1903), gründete 1850 eine Baumwoll-Handelsfirma in Zürich-Fluntern. Der erfolgreiche Unternehmer und mehrfache Millionär mit weitreichenden Beziehungen zu Handels- und Industriekreisen gehörte zur liberalen Politikerelite um Alfred Escher. Als Mitglied des Grossen Rats und des Nationalrats war er auch an vielen wichtigen wirtschaftlichen Unternehmungen der Zeit beteiligt.

System» besassen die «Aristokraten vom See», die über die Seidenindustrie und die ausgebauten Verkehrswege (Dampfschiffahrt) mit der Stadt eng verbunden waren. Nicht von ungefähr nannte man die Grossratssession die «Seidenfabrikantensitzung».[93]

Die Leistungen der zweiten liberalen Ära lagen – ähnlich wie in den dreissiger Jahren – im wirtschaftlichen und bildungspolitischen Bereich. Besonders engagiert bekämpfte Alfred Escher den bedenklichen Rückstand der Schweiz im Eisenbahnbau. 1853 gründete er dank der engen Verbindung von politischer und wirtschaftlicher Tätigkeit in kürzester Zeit die «Nordostbahngesellschaft» – sein eigentliches Machtinstrument. Eine ähnliche Innovationsfreude zeigte Escher beim Ausbau des höheren Bildungswesens. Als Erziehungsrat setzte er an der Mittelschule die vermehrte Pflege moderner Sprachen und den Ausbau naturwissenschaftlicher Fächer durch; als Nationalrat war er 1854 entscheidend daran beteiligt, dass Zürich das Polytechnikum erhielt.[94]

Mit Blick auf die wirtschaftlichen und kulturellen Leistungen wurde die Ära Escher oft als Zeit der «glücklichen Kombination von Geld und Geist» bezeichnet.[95] Diese Charakterisierung übersieht aber, dass Escher und seine Gesinnungsfreunde ganz selbstverständlich dazu neigten, das allgemeine Wohl des Staats mit den Interessen des Wirtschafts- und Bildungsbürgertums gleichzusetzen. Dies musste unweigerlich eine Klassenherrschaft des Bürgertums bedeuten, was sich besonders in der Fabrik-, Steuer- und Volksschulgesetzgebung zeigte. 1859 verabschiedete der Grosse Rat nach langwierigen Verhandlungen ein erstes Fabrikgesetz, das nur geringfügige Verbesserungen enthielt und die Handschrift der im Rat stark vertretenen Unternehmer trug. Die Höchstarbeitszeit für Kinder lag bei 13 Stunden, die Arbeitszeit für Erwachsene wurde gar nicht geregelt. Im Vergleich zum Landsgemeindekanton Glarus wies die Arbeiterschutzgesetzgebung einen deutlichen Rückstand auf, obwohl Zürich zu den entwickelten Industriegebieten der Schweiz zählte.[96]

Während man das Polytechnikum förderte, wo man nur konnte, begnügte sich die vom späteren Bundesrat Jakob Dubs (1822–1879) durchgeführte Gesetzesrevision bei der Volksschule (1859) mit der Festschreibung des gegebenen Zustands; ein Ausbau der Schulpflicht wurde verworfen. Die Lehrer erhielten zwar erste Sozialleistungen und eine höhere Besoldung, aber die Verbesserungen blieben hinter den Erwartungen zurück. Wie Escher in einem Trinkspruch selbst zugab, wusste man «zu wohl», dass die Lehrer «nur kümmerlich ihr und der ihrigen Dasein zu fristen vermögen».[97] Zu einem grösseren Ausbau war das wohlhabende Bürgertum aber aus Angst vor höherer Steuerbelastung nicht bereit. Die Lehrer, einst treue Kämpfer für die liberalen Ideen, wandten sich deshalb immer stärker vom Regierungslager ab und wurden unter standespolitischen Gesichtspunkten zu wichtigen Trägern der demokratischen Opposition.

Die Wahrnehmung sozialpolitischer Aufgaben durch den Staat hätte vor allem mehr Mittel verlangt. Die Regierung hielt aber – von einer kleinen Änderung 1861 abgesehen – am Steuergesetz von 1832 fest, das die Industrie auf Kosten der Landwirtschaft bevorteilte. Während die ärmeren Bevölkerungsteile durch indirekte Steuern (Salzregal) verhältnismässig stärker zur Kasse gebeten wurden, nahm die Steuerbelastung für das in der Hochkonjunktur rasch reicher werdende Wirtschaftsbürgertum bei einem gleichbleibenden und für alle gleich hohen prozentualen Steuersatz tendenziell ab. Kein Wunder, dass der Ruf immer lauter wurde, «Gedrückte» sollten «erleichtert, grosse Reichthümer mehr belastet werden».[98]

Die Entwicklung in der Ära Escher wurde durch die Interessen der wohlhabenden, sich auf Arbeit, Leistung und Verdienst berufenden «Aristokratie» des Besitzes und der Bildung bestimmt. Dazu gehörte einerseits die innovative Entfaltung neuer wirtschaftlicher Unternehmungen, anderseits aber auch die konsequente Sicherung der gehobenen Position und der alleinigen Herrschaft. Escher und seine politischen Freunde waren weder korrupt, noch nutzten sie ihre Ämter, um «in die private Tasche zu politisieren», aber sie taten alles, um ihre vergleichsweise herausragende wirtschaftliche und soziale Stellung zu verteidigen.[99] Mit diesem Ziel wurden alle Vorstösse für eine Umverteilung des Volkseinkommens ebenso abgeblockt wie die Bestrebungen, die demokratische Mitbestimmung auszubauen. Der einseitige Gebrauch der politischen Macht zur Wahrung der Klasseninteressen musste deshalb zwangsläufig zur Unzufriedenheit breiter Bevölkerungsschichten führen.

## Gegen «korrumpierende Günstlings- und Interessenherrschaft» Die Demokratische Bewegung (1860 – 1869)

Am 15. Dezember 1867 fanden in Uster, Winterthur, Bülach und Zürich gut vorbereitete Volksversammlungen statt, an denen sich insgesamt an die 20000 Personen beteiligten. In strömendem Regen verabschiedeten die Demonstranten ein Revisionsprogramm, das unter anderem ein direktes Mitspracherecht des Volks (Gesetzesinitiative und Referendum) und sozialpolitische Reformen verlangte. Mit leicht spöttischem Unterton berichtete der Winterthurer Industrielle und liberale Grossrat Heinrich Rieter seinem Weggefährten Alfred Escher von den Ereignissen: «Der Himmel hängt voll Sympathie; es schneit und regnet wie noch nie!»[100] Nicht so sehr im Himmel, dafür um so mehr in der Bevölkerung fand die Opposition breite Unterstützung: Im Januar 1868 entschied sich das Volk bei einer Stimmbeteiligung von 90 Prozent im Verhältnis von sieben zu eins für eine Totalrevision der Kantonsverfassung. Im neugewählten Verfassungsrat erhielten die «Demokraten», wie sich die Reformkräfte nannten, die Mehrheit: Die Ära Escher ging zu Ende.[101]

Entstanden war die Opposition 1860, als sich im Streit um die «Savoyerfrage» (die Hoffnungen der Schweiz auf Nordsavoyen wurden dabei nicht erfüllt) eine Handvoll Politiker organisierten, um in den Nationalratswahlen Gegenkandidaten zur «Regierungspartei» aufzustellen. Angesichts wachsender Kritik verabschiedete der Grosse Rat 1865 unter anderem einen Revisionsmodus für die Kantonsverfassung (mit Unterstützung von 10000 Stimmberechtigten). Obwohl man hoffte, damit der Opposition den Wind aus den Segeln zu nehmen, hielt die Politisierung der Bevölkerung an; zugleich schuf die Verfassungsänderung das Instrument, das einer Volksbewegung auf legalem Weg einen grundsätzlichen Systemwechsel ermöglichte.[102]

Ermutigt durch erste Erfolge schufen sich die linksliberalen und sozialdemokratischen Oppositionspolitiker schrittweise eine breitere Basis. Als Mittel dazu dienten einerseits die Regional- und Lokalpresse, anderseits das Vereinswesen. Die fortgesetzte Kritik- und Propagandatätigkeit übernahmen die auf der Landschaft erscheinenden Zeitungen («Bülach-Regensberger Wochen-Zeitung», «Schweizerisches Volksblatt vom Bachtel»), die einen wachsenden Leserkreis ansprachen und von führenden Demokraten geleitet wurden. Zum wichtigsten Organ entwickelte sich der «Landbote» in Winterthur, den der ehemalige Pfarrer Salomon Bleuler (1829 – 1886) herausgab und an dem ab 1866 der deutsche Sozialphilosoph Friedrich

Mit Volksversammlungen, wie hier in Uster, verschaffte die demokratische Bewegung ihren Forderungen nach einem grundsätzlichen Wandel Nachdruck, die in einem Aufruf an die «Bürger des Kantons Zürich» vom «Comite» begründet wurden: «Und in der That sind nun der Klagen über Missachtung des Volkswillens, übermächtigen Einfluss des Grosskapitals, ungebührliche Centralisation, Beamtenherrschaft, ungerechte Vertheilung der Militär-, Staats- und Gemeindelasten, Rechtsunsicherheit, Sportelnreiterei, polizeiliche Bevormundung usw. usw. viele, so viele, dass nur eine gründliche Kur Heilung bringen kann. Diese suchen wir, nach reichlicher und ernstlicher Erwägung der Lage, ohne Überstürzung, auf dem legalen Weg der Verfassungsrevision durch einen Verfassungsrath.»

Die liberale Regierungspartei sah die Gründe für das rasche Anschwellen der Opposition nicht in Missständen, sondern in den demagogischen Verführungskünsten ehrgeiziger Politiker: Für Alt-Regierungsrat H.U. Zehnder war das Ganze ein Werk von «Agitatoren», die mit «Berserkerwut» ihre «Hetze» losliessen; Gottfried Keller sprach von einer «dämonisch seltsamen Bewegung», die nur vom Programm «Eure Gesichter gefallen uns nicht mehr!» ausgegangen sei.

Der einstige Pfarrer und Redaktor Salomon Bleuler (1829–1886) war der eigentliche Führer und Organisator der demokratischen Bewegung. Als er 1867 im «Landboten» schrieb: «Jetzt Feuer auf der ganzen Linie!» gab er das Zeichen für die grossen Volksversammlungen. Von 1853 bis 1859 war Bleuler Pfarrer in Glattfelden und wandte sich dann der praktischen politischen Arbeit zu. 1861 erwarb er den «Landboten» und holte 1866 den Sozialphilosophen Friedrich Albert Lange als Redaktor an die Zeitung. Unter dem Einfluss Langes trat Bleuler nicht nur für den Ausbau der Demokratie, sondern auch für staatsinterventionistische Massnahmen zugunsten der Arbeiter ein. Er war schon seit 1865 Mitglied des Grossen Rats und massgeblich an der Verfassungsrevision von 1868/69 beteiligt. Zugleich rückte er in den Nationalrat auf. 1875 wurde der beliebte Politiker Stadtpräsident von Winterthur, musste das Amt aber bereits zwei Jahre später, nach dem Konkurs der Nationalbahn, wieder abgeben.

Der in Seebach geborene Sekundarlehrer und Redaktor Johann Caspar Sieber (1821–1878) kämpfte zeitlebens für bessere Volksbildung und soziale Gerechtigkeit. Wegen seiner hitzigen Angriffe auf «Pfaffen und Zopfbürger» verhängte das Obergericht 1843 ein fünfjähriges Berufsverbot über ihn. 1850 kam Sieber als Sekundarlehrer nach Uster, wo er 1865 den «Unabhängigen» gründete. Das «Organ des radikalen Fortschritts» legte durch die breite Diskussion über Arbeiter- und Schulfragen die Basis für die demokratische Bewegung. 1867 trat Sieber an der Volksversammlung in Uster als Redner auf, wurde Mitglied des Verfassungsrats und 1869 schliesslich Regierungsrat. Als Erziehungsdirektor wollte er durch den Ausbau der Bildungseinrichtungen den Menschen für die direkte Demokratie mündig machen. Sein neues Unterrichtsgesetz war der Zeit weit voraus, scheiterte 1872 aber im Abstimmungskampf.

Albert Lange (1828–1875), der wichtigste Theoretiker der Bewegung, mitarbeitete.[103]

Das organisatorische Rückgrat der Opposition bildeten die Vereine, die als politische oder kulturelle Zusammenschlüsse (Gemeindevereine, Gesangsvereine, Arbeitervereine) entweder neu gegründet oder für demokratische Anliegen eingespannt wurden. Die Zahl der Vereine erhöhte sich von 1863 an laufend, und ihre Mitgliederbasis dehnte sich auf die Mittel- und Unterschichten aus. Als besonders wichtig erwiesen sich die rund 200 Gesangsvereine, die über 6000 Mitglieder zählten und oft von demokratisch gesinnten Lehrern geleitet wurden. Der Aufruf an die Chöre sicherte den Erfolg der Massenveranstaltungen von 1867, an denen Tausende von Bürgern die von den Sängern angestimmten patriotischen Lieder mitsangen. Als Instrumente der Interessenartikulation ersetzten die Vereine die fehlenden Parteiorganisationen.[104]

Auf dem Höhepunkt der Auseinandersetzung von 1867/68 spaltete sich die Bevölkerung in ein grosses oppositionelles und in ein kleines, vor allem aus den Bezirken am See und Zürich stammendes, regierungstreues Lager. In 80 Versammlungen diskutierten über ein Viertel aller Stimmberechtigten ihre Anliegen. Im Vergleich zum Züriputsch von 1839 verlief die Auseinandersetzung gewaltlos, obwohl die emotionalen Wogen hoch gingen. Dank der Einübung disziplinierter Verhaltensweisen in der Vereinskultur, aber auch dank der politischen Sozialisation in der Gemeinde war es selbstverständlich geworden, Konflikte im Rahmen demokratischer Spielregeln auszutragen.[105]

Die Forderungen der stürmisch anwachsenden Volksbewegung fanden sowohl im «offiziellen» Programm des demokratischen Aktionskomitees vom November 1867 als auch in den über 400 Eingaben an den Verfassungsrat ihren Niederschlag. In einer ersten Gruppe von Postulaten zeigte sich mit deutlicher Spitze gegen die «Geldmächte» der Wille, die Macht des Staates und der Bürokratie einzuschränken. Viele Eingaben verlangten aber auch vermehrte staatliche Massnahmen zur Verbesserung der Lebensverhältnisse der Mittel- und Unterschichten: Eine Staats- oder Kantonalbank sollte Bauern und Handwerkern zu billigen Krediten verhelfen; der Arbeiterschutz und das Schulwesen sollten ausgebaut und die Steuerlasten zugunsten der kleinen Vermögen umverteilt werden. Erstmals meldeten sich auch Frauengruppen zu Wort: So wurde die rechtliche Gleichstellung von Frau und Mann gefordert, und «mehrere Frauen aus dem Volke» verlangten «Wahlberechtigung und Wahlfähigkeit für das weibliche Geschlecht in allen sozialen und politischen Angelegenheiten».[106]

Die vielfältigen Begehren bildeten indessen kein geschlossenes Programm. Sogar der anlässlich der vier Grossdemonstrationen verabschiedete Forderungskatalog enthielt Widersprüche. Darin zeigte sich die soziale Heterogenität der Opposition. Verbindend wirkte die tiefe Unzufriedenheit mit der Regierung und der grossbürgerlich beherrschten liberalen «Partei», die den Kanton 20 Jahre lang in alleiniger Regie verwaltet hatte.

Die Ursachen für die Entstehung der demokratischen Bewegung lagen in den Problemen, die das beschleunigte Wirtschaftswachstum mit seinen vielfältigen sozialen Veränderungen hervorgerufen hatte. Der langwellige Konjunkturaufschwung, der 1852 begann, erreichte 1863 seinen ersten Höhepunkt. Dann folgte bis 1871 eine vorübergehende Stagnation. Die Wachstumsphase und der anschliessende Einbruch erzeugten soziale und politische Spannungen. Zwar herrschte bei allen Bevölkerungsgruppen in den sechziger Jahren die Ansicht vor, man habe eine lange Aufschwungsphase mit materiellen Verbesserungen erlebt; zugleich verstärkte sich aber bei vielen das Gefühl, an den Wohlstandsgewinnen nur ungenügend teilzuhaben. Den realen Hintergrund für diese Einschätzung bot die extrem ungleiche Besitzverteilung: Während 0,5 Prozent zu den reich Begüterten mit über 250 000 Franken Vermögen gehörten, lebten fast 90 Prozent aller Kantonseinwohner in «bescheidenen» bis «sehr gedrückten Verhältnissen».[107]

Die soziale Kluft wurde besonders den Industriearbeitern bewusst, deren Lebensstandard sich im Vergleich zum rasch wachsenden, repräsentativ zur Schau gestellten Unternehmerreichtum nur wenig besserte: «Während sich seit 10 bis 20 Jahren eine Menge Industrieller emporgeschwungen hätten zu Millionären und noch weiter (...), sind (es) die Fabrikarbeiter (...), die je länger je ärmer werden», klagte der Spinnereiarbeiter Jakob Huber aus Oberuster.[108] Die Erfahrung offensichtlicher Zurücksetzung verstärkte sich in der Industrierezession nach 1863, als die Arbeiter mit schrumpfenden Einkommen steigende Lebenshaltungskosten bestreiten mussten.

Auch Bauern und Gewerbetreibende waren der Meinung, sie hätten vom Wirtschaftswachstum nur ungenügend profitieren können. Der erhöhte Kapitalbedarf der Eisenbahngesellschaften und Industrieunternehmen verteuerte zu Beginn der sechziger Jahre die Kredite. Gleichzeitig traten vermehrt Banken an die Stelle von Privatgläubigern, und die neuen Anlagemöglichkeiten erzwangen eine pünktlichere Verzinsung der Hypothekarschulden. Die Schwierigkeiten bei der Kreditaufnahme und die Anpassung des Verhaltens an die Bedürfnisse der kapitalistischen Wirtschaft liessen bei Landwirten und kleinen Gewerbetreibenden das Gefühl aufkommen, sie hätten einseitig die Kosten der Modernisierung zu tragen. Abhilfe sollte die seit vielen Jahren geforderte Staatsbank schaffen. Als von 1865 bis 1867 auch noch schlechte Ernten eintraten und mit sinkenden Roherträgen hohe Schuldzinsen zu tragen waren, gerieten viele verschuldete Kleinbauern in Konkurs. Die «materielle Ausbeutung der Kleinen durch die Grossen» schien offensichtlich.[109]

Neben den sozialen trugen auch die regionalen Ungleichgewichte zur Unzufriedenheit bei. Das industrielle Wachstum begünstigte nicht alle Regionen in gleicher Weise. Besonders augenfällig war die rasante Entwicklung der Hauptstadt als Verkehrsknotenpunkt. Dies führte zunehmend zu Klagen, dass die Stadt auf Kosten der Landschaft bevorzugt werde. Zurückgesetzt fühlte sich auch das als Industriestandort stark expandierende Winterthur, das sich aus seiner Gegnerschaft zu Zürich zu einer Bastion der demokratischen Bewegung entwickelte: Bereits 1866 wurde der Winterthurer Stadtpräsident Johann Jakob Sulzer (1821 – 1897) als Vertreter der Opposition in den Nationalrat gewählt.[110]

Vor dem Hintergrund allgemeiner Unzufriedenheit brach im Sommer 1867 in der Stadt Zürich eine Choleraepidemie aus, die im Bezirk Zürich 440 Todesopfer forderte. Betroffen waren in erster Linie die Arbeiterquartiere, was den Zeitgenossen auf brutale Weise die soziale Ungleichheit ins Bewusstsein rief und die Empfänglichkeit für die Argumente der Opposition erhöhte. In die gleiche Richtung wirkten die ab 1866 erscheinenden Pamphlete des Anwalts Friedrich Locher (1820 – 1911), der im Stil des Boulevardjournalismus die dunklen Machenschaften der liberalen «Politelite» enthüllte. In hämischem Ton zeichnete Locher das Bild einer «selbstsüchtigen Clique» von skrupellosen und profitgierigen Männern, wobei er nicht mit pikanten Details aus deren Privatleben geizte. Die mit ätzendem Spott versehenen Schmähschriften um Sex, Korruption und Machtmissbrauch

**Die wichtigsten politischen Führer der Demokratischen Bewegung**

| Name | Beruf | Politische Ämter 1867 | Wohnort |
|---|---|---|---|
| Rudolf Zangger | Direktor Tierarzneischule | Nationalrat, Grossrat | Zürich |
| Salomon Bleuler | Pfarrer, Redaktor | Grossrat | Winterthur |
| Joh. Jakob Keller | Spinnereiunternehmer | Grossrat | Fischenthal |
| Joh. Caspar Sieber | Lehrer, Redaktor | | Uster |
| Friedrich Scheuchzer | Bezirksarzt, Redaktor | Nationalrat, Grossrat | Bülach |
| Karl Felix Walder | Beamter, Bezirksrichter | Grossrat | Unterstrass |
| Karl Bürkli | Vorstand Konsumverein Zürich, Gerber, Wirt | | Zürich |
| Joh. Jakob Sulzer | Stadtpräsident | Nationalrat, Grossrat | Winterthur |
| Joh. Jakob Schäppi | Lehrer | Grossrat, Erziehungsrat | Horgen |
| Joh. Jakob Fehr | Bäcker, Landwirt, Journalist | Nationalrat, Grossrat | Andelfingen |

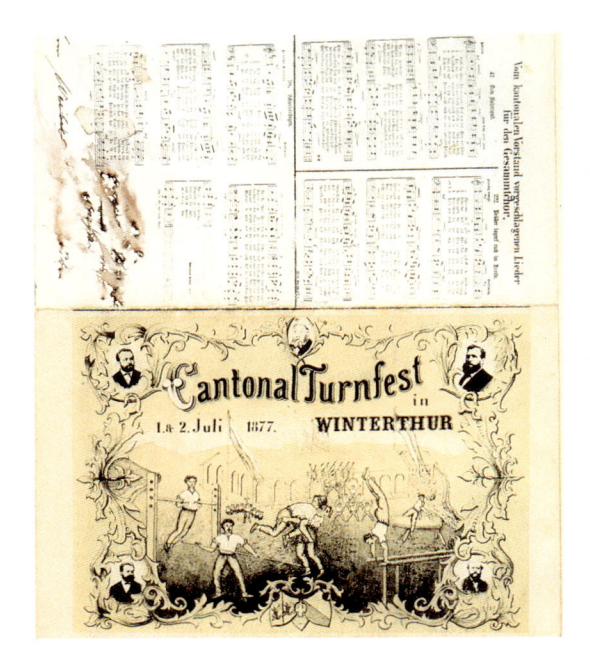

Winterthur wurde nach dem Erfolg der demokratischen Bewegung vorübergehend zum politischen Zentrum. Entsprechend gross war die Zahl von kantonalen und nationalen Festanlässen, die in Winterthur stattfanden, so etwa im Juli 1877 das kantonale Turnfest, an dem sich 40 Vereine mit 700 Turnern beteiligten. Ganz im Sinn demokratischen Gleichheitsdenkens wies das Fest «einen von seinen Vorgängern in mehreren Punkten verschiedenen Charakter» auf. So wurde der Schwerpunkt auf das Sektionsturnen gelegt, für die Spezialübungen gab es keine Preise mehr, und kein Turner durfte mehr als einen Preis gewinnen. «Statt eine beschränkte Anzahl von Turnkünstlern heranzuziehen», sollte «die turnerische Durchbildung der Massen angestrebt werden».

erregten gewaltiges Aufsehen und fachten die schwelende Unzufriedenheit zusätzlich an.[111]

Lochers Attacken gegen die Stützen der Gesellschaft waren auch deshalb so erfolgreich, weil gegen die «Regierungspartei» schon längere Zeit ein diffuses Misstrauen bestand. In sozialpolitischen Fragen unternahm der liberal beherrschte Grosse Rat seit Jahren wenig oder nichts, und die Regierung blockte wiederholt Vorstösse für eine Kantonalbank mit dem Hinweis auf bestehende Institute ab. Kein Wunder, dass die Glaubwürdigkeit der Repräsentativdemokratie abnahm und sich das Gefühl verstärkte, «ein Volk mit einer Eselsmütze auf dem Kopfe» («Bülach-Regensberger Wochen-Zeitung») zu sein. Die Politik des Parlaments wurde nicht mehr als Ausdruck des Gemeinwillens erlebt, sondern als «Triumph der Eigensucht». Der Machtmissbrauch des gehobenen Bürgertums, den auch Locher in seinen Schriften auf populär-dreiste Art anprangerte, musste eingeschränkt werden. Volksrechte waren erforderlich, «damit in Zukunft die Salzfragen und die Petitionen eines ganzen Kantons nicht im Kommissionalscheidewasser ertränkt» werden konnten.[112]

Für grosse Teile der Bevölkerung besass das Repräsentativsystem keine demokratische Legitimation mehr. Die Argumente der Opposition, wonach durch eine Neuordnung der politischen Entscheidungsprozesse dem Volkswillen wieder Nachdruck zu verschaffen sei, fielen deshalb auf fruchtbaren Boden. Die Aufgabe, ein neues Grundgesetz zu erarbeiten, lag beim Verfassungsrat, der von politisch erfahrenen Demokraten beherrscht wurde. Von ihrer Herkunft her handelte es sich vorwiegend um ländliche Bildungsbürger (Pfarrer, Lehrer, Beamte) und Bauern. Hinzu kamen einige Fabrikanten und Ärzte, während kein einziger Arbeiter in den Verfassungsrat gewählt wurde. Die grossbürgerlichen Liberalen bildeten eine starke Minderheit.

Bei der Ausarbeitung der Verfassung konnten die Demokraten trotz erheblichem Widerstand ihre Zielsetzungen verwirklichen. Am 18. April 1869 nahm das Volk die heute noch gültige Verfassung an. Sie übertrug die Staatsgewalt ausdrücklich der Gesamtheit des Volks und verankerte das obligatorische Gesetzesreferendum, das Finanzreferendum und die Gesetzesinitiative. Die Wahl der Regierungs- und Ständeräte ging an das Volk über. Den Kantonsräten wurden künftig Entschädigungen ausgerichtet, um auch Vertretern aus vermögensschwächeren Bevölkerungskreisen die Mitwirkung im Rat zu ermöglichen. Für die Beamten wurden periodische Wiederwahlen eingeführt. Die Forderung nach einem Frauenstimmrecht blieb unberücksichtigt, hingegen fielen die meisten Beschränkungen des männlichen Aktivbürgerrechts weg. An sozialen Postulaten verwirklichte die Verfassung die Unentgeltlichkeit des Volksschulunterrichts und der militärischen Ausrüstung, die Einführung einer Progressiv- und Erbschaftssteuer und die Gründung einer Kantonalbank. Die Verfassung von 1869 gehörte zu den fortschrittlichsten der damaligen Zeit. Sie trug den Bedürfnissen der «kleinen Leute» in vielen Punkten Rechnung und diente für die spätere Entwicklung in anderen Kantonen und im Bund als Vorbild.[113]

Die Verfassungsrevision brachte einen tiefgreifenden Machtwechsel: Die Liberalen konnten nur noch zwei Fünftel der Mandate im Kantonsrat (dem einstigen Grossen Rat) halten, die Demokraten besetzten sämtliche Regierungsämter. Das Machtzentrum verlagerte sich vorübergehend nach Winterthur. In ihrer sozialen Zusammensetzung veränderte sich die politische Führungsschicht aber nur geringfügig. Wie eine Wahlanalyse für das obere Glattal zeigt, erreichten im Unterschied zur Ära Escher wohl mehr Lehrer, Beamte, Bauern und Gewerbetreibende einen Parlamentssitz; Unternehmer und Akademiker stellten aber nach wie vor einen grossen Anteil. Der untere Mittelstand und die Arbeiterschaft, also die Mehrheit des Wahlkörpers, waren im Parlament weiterhin kaum vertreten. Die von den Demokraten angestrebte Ausweitung der politischen Beteiligung auf breitere Bevölkerungsschichten gelang nicht; die Reichen und Privilegierten konnten sich weitgehend an der Macht halten, auch wenn auf Gemeindeebene teilweise alte Honoratiorengeschlechter aus den Ämtern ausscheiden mussten.[114]

Die Hoffnung der Demokraten, dass die bisher benachteiligten Bevölkerungsgruppen ihre Interessen besser durchsetzen könnten, ruhte besonders auf Initiative und Referendum. Dank der direktdemokratischen Institutionen sollte es gelingen, den sozialen Fortschritt voranzutreiben und dem Ideal einer klassenlosen Gesellschaft näherzukommen. Bis 1887 kamen im Kanton 22 Initiativen zur Abstimmung, von denen 15 verworfen wurden. Der direkte Einfluss dieser Initiativen auf die Gestaltung der Wirtschafts- und Gesellschaftsordnung war gering; die Gesetzgebung lag weiterhin grösstenteils beim Parlament.[115]

In den ersten 100 Referendumsabstimmungen fanden 77 Vorlagen des Kantonsrats Zustimmung, 23 wurden abgelehnt. Unter den verworfenen Gesetzen befand sich eine ganze Reihe von wichtigen demokratischen Anliegen: 1870 scheiterte die Revision des Fabrikgesetzes, welche die Arbeitszeit auf zwölf Stunden herabgesetzt hätte. Die hochgespannte Erwartung der Demokraten, über die Volksrechte mehr soziale Gerechtigkeit zu erreichen, erwies sich als unrealistisch.[116] Hingegen förderte die plebiszitär ausgeweitete Demokratie die Integration des gewerblichen Mittelstands, der Bauern und zum Teil auch der Arbeiter in den bürgerlichen Staat. Gleichzeitig erlebten die liberal-radikalen Eliten, die einen «Sozialismus blosser Massenherrschaft» befürchtet hatten, dass ihre soziale Position und ihre Macht auch in der direkten Demokratie nicht gefährdet waren. Schon 1870 bezeichneten die Liberalen nach der Fabrikgesetzabstimmung das zuvor heftig bekämpfte Referendum als den «wesentlichen Fortschritt in unserem republikanischen Staatswesen».[117] Langfristig führte die demokratische Bewegung zu einem breiten Konsens über die Staatsordnung und schuf so die zentralen Grundlagen der schweizerischen politischen Kultur bis in die Gegenwart.

«Der Sylvester. Unterhaltungsblatt und literarisches Quodlibet», eine satirische Zeitung zum Jahreswechsel 1868/69, setzte sich in kritischer Weise mit der politischen Neuordnung auseinander. Zielscheibe der Kritik waren einerseits die langwierigen Verhandlungen im Verfassungsrat (Schneckentempo), die seit dem 4. Mai 1868 andauerten. Anderseits wurden auch die sehr vielfältigen und widersprüchlichen Zielsetzungen der demokratischen Bewegung als «physische Täuschungen im Gebiete der höheren Magie» verulkt.

# Zum Forschungsstand

Zur politischen Geschichte in der Zeit der Umwälzung gibt es eine Unmenge von Literatur. Einen informativen, knappen Überblick über den verfassungsrechtlichen Wandel geben DÜNKI, Verfassungsgeschichte, und KÖLZ, Schweizerische Verfassungsgeschichte. Die politisch-kulturellen Veränderungen anhand des Lebens der wichtigsten Zeitgenossen beschreibt die amüsante, aber etwas ungenaue Arbeit von CRAIG, Geld und Geist. Zur Entwicklung der politisch-rechtlichen Stellung der Frauen in der bürgerlichen Gesellschaft gibt die Arbeit von MESMER, Ausgeklammert, einen ersten summarischen Überblick.

Neben den Gesamtdarstellungen existieren zu jeder Phase sehr materialreiche Einzelarbeiten. Für die Helvetik ist als neuste Untersuchung BÖNING, Revolution, zu nennen, die den Vorgängen im Kanton Zürich breiten Raum gibt und besonders die revolutionären Leistungen herausarbeitet. Die ältere Arbeit von RÜTSCHE, Helvetik, zeigt zwar sehr detailreich die Entwicklung der Verwaltung, ist aber noch zu sehr in der Abneigung gegen revolutionäre Veränderungen gefangen. Die Auswirkungen der Revolution auf die ländlichen Gebiete analysiert WEBER, Landgemeinden, wobei sein Interesse der Konstanz beziehungsweise der Veränderung der politischen Elite gilt. Dieser Fragestellung geht auch der Aufsatz von BRÄNDLI, Landbürgertum, nach. Noch kaum untersucht sind unter anderem die sozialen Konflikte in den Gemeinden, die Situation der Frau oder der Wandel des religiösen Denkens.

Die Geschichtsschreibung zur Mediation konzentriert sich stark auf den Bockenkrieg. Neben vielen kleinen Artikeln und der älteren Dissertation von HAUSER, Bockenkrieg, weist eine neue Arbeit von KOLLER, Gärung, auf die Bedeutung rechtlicher Vereinheitlichung als Ursache für den Aufstand hin. Einen vielfältigen Überblick über Staat und Verwaltung gibt die schon ältere Arbeit von BRUNNER, Mediation.

Die Restaurationszeit wurde von der historischen Forschung als Phase der Stagnation bisher vernachlässigt. Die Dissertation von BERNLOCHER, Restauration, beschränkt sich auf die Darstellung der wichtigsten Zweige der Verwaltung und der Entwicklung der politischen Kultur. Eine noch unveröffentlichte Arbeit von SIGNER, Kaufleute, zeigt den mentalitätsmässigen und institutionellen Wandel in der Zürcher Kaufmannschaft in den zwanziger Jahren des 19. Jahrhunderts, der wesentlich die bürgerliche Revolution vorbereitet hatte. Noch kaum untersucht sind zum Beispiel die Rolle der Zeitungen und der Vereinskultur für die allmähliche Umgestaltung des politischen Systems und die politisch-sozialen Behauptungs- und Abwehrstrategien der Aristokratie.

Die Darstellung der Revolutionsphase von 1830 steht stark unter dem Einfluss von DÄNDLIKER, Zürich, Bd. 3, und WETTSTEIN, Regeneration, die der liberalen Neuordnung in unkritischer Bewunderung gegenüberstehen. Dabei wird in vielen Untersuchungen, die sich an Dändliker und Wettstein anlehnen, das Wort «Revolution» – obwohl von den Zeitgenossen aller politischen Richtungen ganz selbstverständlich gebraucht – konsequent vermieden und durch den Begriff «Regeneration» ersetzt. Während es eine umfangreiche Literatur zu Einzelfragen des Ustertags gibt (z.B. NABHOLZ, Eingaben; GANZ, Winterthur und der Ustertag; USTERTAG, Festschrift), fehlt eine soziologische Analyse der neuen politischen Führungsschicht und eine ökonomische Interpretation von Verfassung und Gesetzgebung. Lediglich KUSTER, Stäfnerhandel, untersucht ausgehend von konflikttheoretischen Überlegungen die wirtschaftlichen und sozialen Hintergründe von Ustertag und Usterbrand. Von den durch die bürgerliche Revolution eingeleiteten Neuerungen wurde das Justizwesen von FRITZSCHE, Rechtspflege, besonders aber das Unterrichtswesen untersucht. Die Schule als eine der wichtigsten neuen staatlichen Institutionen des 19. Jahrhunderts war immer wieder unter verschiedensten Fragestellungen Gegenstand der Forschung. In den älteren Untersuchungen stehen vor allem die rechtliche Organisation, das Verhältnis von Schule und Kirche oder die Veränderungen der Bildungsmöglichkeiten im Vordergrund, so in den Arbeiten von KLINKE, Volksschulwesen; HARTMANN, Volksschule; SCHULEN, Festschrift; GREINER, Volksschule; HUMM, Volksschule; FREY, Volksschulgesetzgebung; MEYER-EGG, Primar- und Sekundarschule; SCHMID, Seminar Küsnacht. Zugleich befassen sich ältere Untersuchungen intensiv mit den führenden Vertretern der Schulreform und ihren ideellen Grundlagen, so z.B. KEIST, Orelli; MÜLLER-MEYER, Johann Jakob Hottinger; WEGMANN, Scherr; WYRSCH-INEICHEN, Scherr.

Die neueren Arbeiten widmen sich der ideologischen Beeinflussung im bürgerlichen Staat, der Entwicklung und den Folgen der Alphabetisierung und der Veränderung des Lehrerberufs als Folge des institutionellen Ausbaus der Schule: SCHELLER, Bild des Mittelalters; KASPER, Volksschule; SPÖRRI, Spinnstube; SPÖRRI, Literatur und Leser; BLOCH, Volksschullehrer.

Eine wichtige neue Sicht der Volksschule liefert in Anlehnung an die Arbeiten von Michel Foucault und Norbert Elias über die gesellschaftlichen Disziplinierungs- und Zivilisierungsprozesse KOST, Volksschule und Disziplin, der auf eindrückliche Weise die Rolle der Schule als Instrument der staatlichen und gesellschaftlichen Herrschaftssicherung herausarbeitet.

Neben dem Volksschulwesen ist auch die Entwicklung der höheren Bildungsinstitutionen Thema vieler Publikationen. Eine sehr umfassende Übersicht über rechtliche Organisation, Entwicklung des Lehrstoffs und Veränderung von Schülerschaft und Lehrkörper geben: GAGLIARDI, Universität Zürich, und KRONBICHLER, Kantonsschulen.

Im Gegensatz zum Ustertag steht der Züriputsch von 1839 unter dem Eindruck der negativen Beurteilung aus liberal-aufklärerischer Sicht, wie dies auch in der neusten Arbeit der Fall ist, die das «Septemberregiment» als «eine der schlimmsten Phasen der Erniedrigung» bezeichnet: ZÜRIPUTSCH. Obwohl sich diese Untersuchung um ein differenziertes Bild des Züriputsches bemüht, fehlt eine Bearbeitung der wirtschaftlichen Ursachen des Aufstands und eine soziologische Analyse der neuen Führungselite. Hingegen untersuchen HAEFELIN, Weitling, und WIRTH, Treichler, zwei zentrale Ereignisse der vierziger Jahre in ihrer vielfältigen wirtschaftlichen, sozialen und politischen Verzahnung.

Die zweite liberale Ära 1846–1868 wird in der Nachfolge von GAGLIARDI, Escher, zu sehr von der Beschreibung der Persönlichkeit und der Psychologie Alfred Eschers beherrscht. Eine ganze Reihe von Arbeiten kreist immer wieder unter verschiedenen Gesichtspunkten um Escher: SCHMID, H.R., Escher; WEHRLI, Bundesbarone; SCHMID, W.P., Der junge Escher; STADLER, Keller; STADLER, Zwischen Mächten, S. 136–142. Im Gegensatz zu Escher werden in der Forschung zu wenige andere Politiker – namentlich von der Landschaft – wie Jakob Dubs, Johann Jakob Rüttimann oder Heinrich Hüni-Stettler in die Betrachtungen einbezogen, und es fehlt eine sozio-ökonomische und politische Strukturanalyse des «Systems Escher».

Die Forschung zur demokratischen Bewegung erlebte besonders in den siebziger Jahren des 20. Jahrhunderts einen starken Aufschwung. Neben der älteren Arbeit von GILG, Soziale Frage, haben besonders BÜTIKOFER-JOHANNI, Initiative, und SCHAFFNER, Demokratische Bewegung, die Ursachen für die direktdemokratische Umgestaltung und ihre Auswirkung auf die politische Kultur dargelegt.

Schliesslich existiert zu den einzelnen Persönlichkeiten eine umfangreiche biographische Literatur. Als wenige Beispiele seien genannt: GUGGENBÜHL, Usteri; BÖCKLI, Guyer; DEJUNG, Furrer; MÜLLER, Hirzel; MÖRGELI, Hegetschweiler.

## Anmerkungen

[1] BOLLINGER, Landschaft, S. 37ff.; LAMPRECHT, Eglisau, S. 522; WEBER, Landgemeinden, S. 177
[2] CUSTER, Zürcher Untertanen, S. 67ff.; VON WARTBURG, Französische Revolution, S. 202ff.; BÖNING, Revolution, S. 73f.; BRAUN, Ancien Régime, S. 303ff.
[3] THOMANN, Pfenninger, S. 32ff.; STRICKLER, Senator Bodmer, S. 20ff.; RÜTSCHE, Helvetik, S. 20ff.
[4] MEYER VON KNONAU, Tagebuch Köchli, S. 9ff.; RICHNER, David von Wyss, S. 17f.
[5] BRÜNGGER, Fehraltorf, S. 141; vgl. auch WEBER, Landgemeinden, S. 29, 38; CUSTER, Zürcher Untertanen, S. 89; LAMPRECHT, Eglisau, S. 524
[6] BRÜNGGER, Fehraltorf, S. 142; MEYER VON KNONAU, Tagebuch Köchli, S. 22
[7] KÖLZ, Verfassungsgeschichte, S. 63ff.
[8] BRÄNDLI, Landbürgertum, S. 194ff.
[9] WEBER, Landgemeinden, S. 172ff.; RÜTSCHE, Helvetik, S. 63
[10] BÖNING, Revolution, S. 123ff.; KLINKE, Volksschulwesen, S. 23ff.
[11] BÖNING, Revolution, S. 131ff.; ROHR, Zehntablösung (Manuskript); DÄNDLIKER, Bd. 3, S. 116
[12] MEYER VON KNONAU, Tagebuch Köchli, S. 16ff.; RÜTSCHE, Helvetik, S. 47; BRÜNGGER, Fehraltorf, S. 144ff.
[13] BÖNING, Revolution, S. 130; SIMON, Helvetik, S. 175; WEBER, Landgemeinden, S. 78f.; KREBSER, Revolutionswirren, S. 105, 117; HEUSSER-SCHWEIZER, Hauschronik, S. 41f.; GANZ, Winterthur 1798–1922, S. 123
[14] BRÜNGGER, Fehraltorf, S. 145; MEYER VON KNONAU, Tagebuch Köchli, S. 29; WEBER, Landgemeinden, S. 103
[15] MEYER VON KNONAU, Tagebuch Köchli, S. 41; RÜTSCHE, Helvetik, S. 170ff.
[16] Zit. nach: WEBER, Landgemeinden, S. 103
[17] GUGGENBÜHL, Usteri, Bd. 2, S. 300; SCHÜLE, Obmann Füssli, S. 770
[18] CONINX, Reinhard, S. 11ff., 71ff.
[19] KÖLZ, Verfassungsgeschichte, S. 143ff.; LARGIADÈR, Zürich, Bd. 2, S. 74; CONINX, Reinhard, S. 87ff.
[20] LARGIADÈR, Zürich, Bd. 2, S. 76ff.; HAUSER, Bockenkrieg, S. 11ff.; SCHNYDER, Dreissiger Jahre, S. 166
[21] Zit. nach: HAUSER, Bockenkrieg, S. 27; HAEFELIN, Todesstrafe, S. 58f.; BRUNNER, Mediation, S. 135f.
[22] BESCHREIBUNG DER VERBRECHEN, Urtheil und Hinrichtung des Hans Ulrich Hochstrassers von Meilen im Canton Zürich 1804; BRAUN, Ancien Régime, S. 311
[23] BRUNNER, Mediation, S. 59ff.
[24] KOLLER, Gärung, S. 89ff.
[25] HAUSER, Bockenkrieg, S. 37ff.
[26] BRUNNER, Mediation, S. 75f.
[27] BRUNNER, Mediation, S. 88; HAUSER, Bockenkrieg, S. 64
[28] BRUNNER, Mediation, S. 98; HAUSER, Bockenkrieg, S. 66ff.
[29] HAUSER, Bockenkrieg, S. 75ff.
[30] LARGIADÈR, Zürich, Bd. 2, S. 90ff.
[31] BRUNNER, Mediation, S. 256ff.; RENSCHLER, Linkspresse, S. 8ff.
[32] SURBER, Wehnthal, S. 109f.
[33] BERNLOCHER, Restauration, S. 50, 76f.
[34] SCHUBIGER, Kriminalmuseum, S. 22ff.
[35] SCHNYDER, Dreissiger Jahre, S. 170
[36] SIGNER, Kaufleute, S. 85ff.
[37] 200 JAHRE FREIMAURERLOGE, S. 92ff.; MÖRGELI, Hegetschweiler, S. 75ff.
[38] MÜLLER, Hirzel, S. 19ff.
[39] ELSENER, Rechtsschulen, S. 367ff.; RENSCHLER, Linkspresse, S. 13; GUGGENBÜHL, Usteri, Bd. 2, S. 304
[40] MÜLLER, Sonne, S. 63f.; BRAUN, Sozialer Wandel, S. 326ff.; SCHWARZENBACH, Bezirksgesangverein Hinwil, S. 9ff.
[41] SCHWARZENBACH, Bezirksgesangverein Hinwil, S. 15ff.; SÄNGERBUND THALWIL, S. 12ff.; SCHNYDER, Dreissiger Jahre, S. 167; THOMANN, Männerchor Zürich, S. 10; SUTER, Bürgersinn, S. 386f.
[42] WITZ, Heinrich Nüscheler, S. 192f.; SCHNYDER, Dreissiger Jahre, S. 181f.; SCHERR, Kampf für Bildung, S. 86ff.; GUGGENBÜHL, Usteri, Bd. 2, S. 300f.
[43] KUSTER, Stäfnerhandel, S. 68ff.; KÖLZ, Verfassungsgeschichte, S. 246ff.
[44] MÖRGELI, Manuskript Ott, S. 54; HALTER, Spinnerei Braendlin, S. 31ff.
[45] KUSTER, Stäfnerhandel, S. 107f.; WETTSTEIN, Regeneration, S. 8ff.; JÄGER, Wirtschaftlicher Wandel, S. 455
[46] Zit. nach: JÄGER, Baumwollgarn, S. 79; BUCHER, Brenzlige Zeiten, S. 2f.; KUSTER, Stäfnerhandel, S. 82ff.
[47] DÜNKI, Verfassungsgeschichte, S. 9f.; MESMER, Ausgeklammert, S. 30
[48] RUCKSTUHL, Handelsfreiheit, S. 50ff.
[49] KUSTER, Stäfnerhandel, S. 115
[50] BUCHER, Brenzlige Zeiten, S. 3ff.; BUCHER, Regeneration, S. 5ff.; SCHWEIZER, Verdienstmangel, S. 10ff.; ZÜRIPUTSCH, S. 20f.; MÖRGELI, Hegetschweiler, S. 112ff.
[51] WETTSTEIN, Regeneration, S. 95ff.; LARGIADÈR, Briefwechsel, S. 95ff.; MERHARDT VON BERNEGG, Nüscheler, S. 79ff.; MÖRGELI, Hegetschweiler, S. 100ff.
[52] SCHNYDER, Dreissiger Jahre, S. 181
[53] WETTSTEIN, Regeneration, S. 153ff., 220ff., 594ff.; SIGNER, Kaufleute, S. 70; DÜNKI, Verfassungsgeschichte, S. 11f.
[54] MESMER, Ausgeklammert, S. 33ff.
[55] ELSENER, Rechtsschulen, S. 378ff.; FRITZSCHE, Rechtspflege, S. 35ff.; JÄGER, Wirtschaftlicher Wandel, S. 576
[56] WETTSTEIN, Regeneration, S. 318ff.; KÄGI, Finanzhaushalt, S. 86ff.; JÄGER, Wirtschaftlicher Wandel, S. 469
[57] WETTSTEIN, Regeneration, S. 491ff.; MÜLLER, Hirzel, S. 164f.; WIDMER, Zürich, Bd. 9, S. 48ff.
[58] ZÜRIPUTSCH, S. 198
[59] WETTSTEIN, Regeneration, S. 355ff.; SCHUBIGER, Kriminalmuseum, S. 26
[60] MÖRGELI, Hegetschweiler, S. 147; SÄNGERBUND THALWIL, S. 14ff.; SCHWARZENBACH, Bezirksgesangverein Hinwil, S. 18ff.; LAMPRECHT, Eglisau, S. 481; EINHUNDERTFÜNFZIG JAHRE GEMEINNÜTZIGKEIT, S. 18; BÖCKLI, Guyer, S. 81
[61] MÖRGELI, Hegetschweiler, S. 51ff.; MESMER, Ausgeklammert, S. 73f.
[62] RENSCHLER, Linkspresse, S. 21ff.; GUGGENBÜHL, Landbote, S. 14ff.; SUTER, Winterthur und Staatsgedanke, S. 88
[63] MESMER, Ausgeklammert, S. 4, 9
[64] ZÜRIPUTSCH, S. 32ff., 41, 93ff.; CRAIG, Geld und Geist, S. 67ff.; AERNE, Blutpfaff, S. 229ff.
[65] DÜNKI, Regeneration und Züriputsch

⁶⁶ Jäger, Wirtschaftlicher Wandel, S. 367ff.; Dünki, Verfassungsgeschichte, S. 12
⁶⁷ Züriputsch, S. 21f.; Wettstein, Regeneration, S. 353ff.
⁶⁸ Wirth, Treichler, S. 53
⁶⁹ Wettstein, Regeneration, S. 607; Züriputsch, S. 198; Guggenbühl, Landbote, S. 6ff.
⁷⁰ Dudzik, Baumwollspinnerei, S. 197f.; Müller, Hirzel, S. 266ff.
⁷¹ Dändliker, Zürich, Bd. 3, S. 312; Dünki, Verfassungsgeschichte, S. 12
⁷² Vgl. z. B. Gespräch, S. 6; Züriputsch, S. 235ff.
⁷³ Hirzel, Religiöse Zustände, S. 30; Schnyder, Dreissiger Jahre, S. 204ff.; Honegger, Lebensbild, S. 166f.
⁷⁴ Züriputsch, S. 33, 240
⁷⁵ Largiadèr, Briefwechsel, S. 114; Surber, Wehnthal, S. 149; Jäger, Wirtschaftlicher Wandel, S. 455
⁷⁶ Zimmermann, Geschichte, S. 577ff.; Wirth, Treichler, S. 56
⁷⁷ Züriputsch, S. 188ff.
⁷⁸ Kölz, Verfassungsgeschichte, S. 445ff.; Zimmermann, Geschichte, S. 650ff.; Gespräch, S. 3; Schwerz, Letzte Revolution, S. 61; Humm, Volksschule, S. 75ff.
⁷⁹ Haefelin, Weitling, S. 161ff.
⁸⁰ Sängerbund Thalwil, S. 26ff.; Schwarzenbach, Bezirksgesangverein Hinwil, S. 25ff.; Schollenberger, Harmonie, S. 27ff.; Guggenbühl, Landbote, S. 43ff.; Renschler, Linkspresse, S. 81; Dejung, Furrer, S. 165ff.
⁸¹ Wirth, Treichler, S. 58
⁸² Dudzik, Baumwollspinnerei, S. 198
⁸³ Bluntschli, Denkwürdiges, Bd. 1, S. 251
⁸⁴ Largiadèr, Zürich, Bd. 2, S. 153; Schnyder, Vierziger Jahre, S. 69
⁸⁵ Dünki, Verfassungsgeschichte, S. 14ff.; Kriesi, Keller, S. 51; Zimmermann, Zürich, S. 772ff.
⁸⁶ Dejung, Furrer, S. 245ff.; Gubler, Felddivision 6, S. 39; Stadler, Zürich, S. 180
⁸⁷ Largiadèr, Zürich, Bd. 2, S. 169; Kölz, Verfassungsgeschichte, S. 545ff.
⁸⁸ Stadler, Zwischen Mächten, S. 138ff.; Gagliardi, Escher; Schmid, W. P., Der junge Escher, S. 190ff.
⁸⁹ Wirth, Treichler, S. 118ff.; Gruner, Arbeiter, S. 443ff.; Kriesi, Keller, S. 42ff.; zum Leben von Treichler: Klinke, Treichler; Treichler, Gründung, S. 5ff.
⁹⁰ Heeb, Konsumgenossenschaften, S. 19ff., 83ff.; Gruner, Arbeiter, S. 445; Wirth, Treichler, S. 228ff.; Renschler, Linkspresse, S. 144ff.; Schiedt, Bürkli, S. 10ff.
⁹¹ Tanner, Bürgertum und Bürgerlichkeit, S. 198ff.; Tanner, Aristokratie und Bürgertum, S. 216ff.; Schnyder, Fünfziger Jahre, S. 146ff.
⁹² Wirth, Treichler, S. 245ff.
⁹³ Dünki, Verfassungsgeschichte, S. 19; Gagliardi, Escher, S. 684; Lamprecht, Eglisau, S. 533; Jäger, Baumwollgarn, S. 176; Largiadèr, Zürich, Bd. 2, S. 197f.
⁹⁴ Schmid, H. R., Escher, S. 14ff.; Stadler, Zwischen Mächten, S. 139ff.
⁹⁵ Craig, Geld und Geist, S. 277
⁹⁶ Braun, Sozialer Wandel, S. 121ff.; Gruner, Arbeiter, S. 228ff.
⁹⁷ Zit. nach: Schmid, H. R., Escher, S. 16
⁹⁸ Sulzer, Finanzhaushalt, S. 86ff.; Schaffner, Demokratische Bewegung, S. 61
⁹⁹ Wehrli, Bundesbarone, S. 52
¹⁰⁰ Gruner, Bundesversammlung, Bd. 1, S. 97; bei Ganz, Winterthur 1798–1922, S. 58, heisst der Telegrammtext: «Der Himmel bekundet seine Sympathie! Regen und Sturm wie seit Jahren nie!»

¹⁰¹ Jäger, Baumwollgarn, S. 171ff.; Schaffner, Konfliktverhalten, S. 41ff.
¹⁰² Stadler, Keller, S. 12ff.; Kriesi, Keller, S. 132ff.
¹⁰³ Guggenbühl, Landbote, S. 127ff.; Suter, Winterthur und Staatsgedanke, S. 93f.; zum Leben von Bleuler: Scheuchzer, Bleuler, S. 5ff.
¹⁰⁴ Schaffner, Vereinskultur, S. 433ff.; Schwarzenbach, Bezirksgesangverein Hinwil, S. 40ff.; für demokratische Gemeindevereine vgl. z. B. Schneider, Maschwanden, S. 176; Heimatbuch Pfäffikon, S. 319
¹⁰⁵ Schaffner, Demokratische Bewegung, S. 47; Schaffner, Konfliktverhalten, S. 46
¹⁰⁶ Schaffner, Demokratische Bewegung, S. 47ff.
¹⁰⁷ Bütikofer-Johanni, Initiative, S. 33
¹⁰⁸ Jäger, Wirtschaftlicher Wandel, S. 174; Schaffner, Demokratische Bewegung, S. 114; Dudzik, Baumwollspinnerei, S. 230ff.
¹⁰⁹ Schaffner, Demokratische Bewegung, S. 97ff.; Dünki, Verfassungsgeschichte, S. 21; Tanner, Bürgertum und Bürgerlichkeit, S. 201; Wetter, Kantonalbank, S. 22ff.
¹¹⁰ Guggenbühl, Landbote, S. 127ff.; Suter, Winterthur und Staatsgedanke, S. 93ff.
¹¹¹ Schaffner, Demokratische Bewegung, S. 162, 166ff.; Streuli, Protestantismus, S. 138
¹¹² Bütikofer-Johanni, Initiative, S. 23ff.; Schaffner, Demokratische Bewegung, S. 193ff.
¹¹³ Largiadèr, Zürich, Bd. 2, S. 210ff.; Craig, Geld und Geist, S. 273; Stadler, Zürich, S. 199; Gilg, Demokratische Bewegung, S. 336
¹¹⁴ Jäger, Baumwollgarn, S. 176f.; Stadler, Zürich, S. 196; Lamprecht, Eglisau, S. 536; Kreis, Weg zur Gegenwart, S. 151; Suter, Winterthur und Staatsgedanke, S. 94ff.
¹¹⁵ Bütikofer-Johanni, Initiative, S. 57ff., 237
¹¹⁶ Bütikofer-Johanni, Initiative, S. 236; Jäger, Wirtschaftlicher Wandel, S. 1456ff.; Koller, Volksbildung, S. 279
¹¹⁷ «Der Freisinnige», 30. Juli 1870, zit. nach: Jäger, Wirtschaftlicher Wandel, S. 1455; Schaffner, Konfliktverhalten, S. 50f.; Streuli, Protestantismus, S. 139

«Moralisch gute und bürgerlich brauchbare Menschen bilden.»
Schule und Gesellschaft im liberalen Staat
(S. 134/135)

¹ Greiner, Volksschule, S. 45; Frey, Volksschulgesetzgebung, S. 9ff.; Kasper, Volksschule, S. 18
² Unterrichtsgesetz 1832, zit. nach: Humm, Volksschule, S. 33
³ Scheller, Bild des Mittelalters, S. 143ff.; Wegmann, Scherr, S. 57ff.
⁴ Kasper, Volksschule, S. 40ff.
⁵ Wettstein, Regeneration, S. 483ff.; Spörri, Literatur und Leser, S. 80
⁶ Hedinger, Stadlerhandel, S. 162ff.; Fahrländer, Stadlerhandel, S. 5ff.; Kasper, Volksschule, S. 91
⁷ Frey, Volksschulgesetzgebung, S. 101; Kost, Volksschule und Disziplin, S. 196ff.; Bloch, Volksschullehrer, S. 160ff.; Kasper, Volksschule, S. 69ff.
⁸ Spörri, Spinnstube, S. 50ff.; Spörri, Literatur und Leser, S. 80ff.; Bloch, Volksschullehrer, S. 173
⁹ Kost, Volksschule und Disziplin, S. 30ff.
¹⁰ Meyer-Egg, Primar- und Sekundarschulen, S. 5ff.; Wettstein, Regeneration, S. 490ff.; Gruner, Bundesversammlung, Bd. 1, S. 47ff.

# Kirche, Staat und Gläubige
## Von der christlichen Obrigkeit zur religiösen Toleranz

Der Alltag war zu Beginn des 19. Jahrhunderts in allen Bevölkerungsgruppen vom christlich-protestantischen Glauben durchdrungen, wobei sich Frömmigkeit und abergläubische Praktiken oft vermischten. Angesichts der Nähe des Todes und der hohen Kindersterblichkeit bot der Glaube Hoffnung und Halt. Regelmässiger Kirchgang, Sonntagsheiligung, Bibellektüre und Gebet waren selbstverständlich. Die in der Helvetik angestrebte Säkularisierung von Verwaltung und Schule gedieh nicht sehr weit. 1803 wurde die Staatskirche wieder eingeführt. Als Instrument der Obrigkeit diente die Religion zur Legitimierung und Stabilisierung des ständisch-aristokratischen Herrschaftssystems und zur Abwehr revolutionärer Vorstellungen. In seiner Schrift über die Verurteilung und Hinrichtung der Aufständischen des Bockenkriegs warnte Leutpriester Johann Jakob Cramer (1771–1855) vom Grossmünster nachdrücklich vor den gottlosen, fremden Ideen und verwies die Untertanen auf den christlichen Gehorsam.[1]

In der Verkündigung pflegte ein grosser Teil der Geistlichkeit unter dem Einfluss der Aufklärung einen bibelkritischen Rationalismus. Die Anhänger des «Suprarationalismus», die ihren Glauben auf die Offenbarung gründeten, hielten demgegenüber an den traditionellen Vorstellungen von einem jenseitigen Leben fest: Im Mittelpunkt stand der feste Glaube an Jesus Christus als Gottessohn und an die ewige Seligkeit. Nach 1817 erlebten auch die pietistischen Strömungen als Folge von Hungersnot und politischer Restauration einen neuen Aufschwung. Überall auf der Landschaft entstanden kleine Erbauungskreise, wobei wichtige Impulse von der als «Frau Herrgöttin» verehrten baltischen Baronin Juliane von Krüdener (1764–1824) ausgingen, die den russischen Zaren Alexander I. 1815 zur Gründung der antiliberalen «Heiligen Allianz» veranlasst haben soll. Als die Künderin des kommenden Weltuntergangs 1816/17 die Schweiz bereiste, hatten ihre Busspredigten grossen Zulauf, obwohl die das Staatskirchentum verteidigenden Behörden alles daran setzten, die «fremde Prophetin» rasch loszuwerden. In den zwanziger Jahren klang die auf das persönliche Heilserlebnis ausgerichtete Frömmigkeitswelle langsam ab, wobei der Fall der Bauerntochter Margaretha Peter (1794–1823) in Trüllikon, die sich unter dem Einfluss religiöser Wahnvorstellungen kreuzigen liess, für zusätzliche Ernüchterung sorgte.[2]

## Die kirchlichen Richtungskämpfe

Die liberale Neuordnung von 1831 machte die Kirchlichkeit grundsätzlich zur privaten Angelegenheit des einzelnen Bürgers; es war nicht mehr Aufgabe der «christlichen Obrigkeit», für das Seelenheil der Untertanen zu sorgen. Kirche und Staat (Schule, Armenpflege) wurden schrittweise entflochten. Die Verfassung garantierte die Religionsfreiheit, erklärte aber zugleich den evangelisch-reformierten Glauben zur Landesreligion. Der Versuch, die Kirche in rationalem Sinn zu erneuern, scheiterte 1839 am massiven Widerstand von Geistlichkeit und Bevölkerung.[3] Aber bereits fünf Jahre später veröffentlichte Pfarrer Aloys Emanuel Biedermann (1819–1885) sein Hauptwerk zur «freisinnigen» Theologie, das in Anlehnung an David

Das von den Taufpaten geschenkte Erinnerungsblatt sollte das Taufkind an die Allgegenwart Gottes erinnern.

Die wohlhabende Bauerntochter Margaretha Peter aus Trüllikon wurde 1817 wie viele von der restaurativen Frömmigkeitswelle erfasst. Nach Kontakten mit Juliane von Krüdener begann die «Heilige Gret» zu predigen. 1823 überredete sie ihre gläubigen Anhänger, ihre Schwester Elisabeth zu Tode zu prügeln und sie selbst mit Nägeln an der Bettstatt zu kreuzigen. Das Gericht verurteilte die Schuldigen zu schweren Strafen. Das Haus der Familie Peter wurde dem Erdboden gleichgemacht.

Das «Evangelische Vereinshaus» in Wädenswil ging aus dem Missionswerk der Dorothea Trudel in Männedorf hervor. Als Teil der Landeskirche und in enger Verbindung mit der orthodox-pietistischen «Evangelischen Gesellschaft» entstanden überall auf der Landschaft Vereinigungen, die gegen die Strömungen der liberalen Theologie den «wahren Glauben» verteidigten. Evangelische Zirkel bildeten sich meist um Persönlichkeiten, die «ihren irdischen Besitz ganz und rückhaltlos in den Dienst des Herrn» stellten: so etwa in Wald um den Unternehmer Jakob Oberholzer oder in Wädenswil um den reichen Weinbauern Julius Hauser. Schrittweise errichteten die Minoritätengemeinden ein ganzes Netz von Organisationen: Hauser etwa baute 1865 seine Scheune in ein Versammlungslokal um, dann gründete er zahlreiche Sonntagsschulen und 1870 ein Heim für geistig behinderte Kinder. 1874 folgte die Schaffung der «freien» Schule, um die Jugendlichen «unter dem Einfluss gläubiger Lehrer in der Zucht und Vermahnung zum Herrn» auszubilden. Parallel dazu entstanden Männer-, Jünglings-, Jungfrauen-, Missions-, Sittlichkeits-, Blaukreuz-, Gesangs- und Armenverein. Bei aller Selbständigkeit bekannte sich die christliche Gemeinschaft «allzeit gerne zu unserer Landeskirche» und trat Abspaltungsbewegungen entschieden entgegen.

Friedrich Strauss die biblischen Wunder als Mythen ablehnte und für ein dynamisches Christentum eintrat. Der religiös indifferente Alfred Escher holte Biedermann 1850 als Professor nach Zürich, um den bürgerlichen Staat durch einen «lebenskräftigen kirchlichen Geist» zu festigen.[4]

Als Gegenbewegung zu den bibelkritisch-rationalen Strömungen entstand 1837 die «Evangelische Gesellschaft». Sie bildete das Sammelbecken von pietistisch-orthodoxen Pfarrherren und alten Herrengeschlechtern, die in ihrer Gegnerschaft zum Liberalismus auch religiös an herkömmlichen Positionen festhielten. Der Verein, der bis 1874 von 78 auf 432 Mitglieder anwuchs, entfaltete eine eifrige Propagandatätigkeit (Verteilen von Bibeln, Traktaten usw.) und suchte durch sozialen Einsatz die entfremdeten Unterschichten für den «wahren» evangelischen Glauben zu gewinnen. 1853 betrieb die Gesellschaft fünf Rettungsanstalten für verwahrloste Jugendliche, und 1858 errichtete sie die Kranken- und Diakonissenanstalt Neumünster.[5]

Die innerkirchlichen Richtungskämpfe spitzten sich zu, als 1863/64 der Biedermann-Schüler und Pfarrer in Uster, Friedrich Salomon Vögelin (1837–1888), polemisch die Göttlichkeit von Jesus Christus leugnete. Trotz Widerstand aus pietistisch-orthodoxen Kreisen wählte ihn die Gemeinde mit grossem Mehr zum neuen Pfarrer. Der anschliessende Versuch, eine Volksbewegung gegen den unchristlichen Staat zu entfachen, scheiterte, da die Mehrheit der Bevölkerung im Gegensatz zur Situation während des «Straussenhandels» an den aufgeklärt-rationalen Glaubensvorstellungen keinen Anstoss mehr nahm.[6]

Auch an anderen Orten kam es zu erbitterten Pfarrwahlkämpfen, die der liberalen Theologie weitere Erfolge brachten. Im Gegenzug entstanden orthodox-pietistische Minoritätengemeinden, aus denen nach 1869 unter anderem die «Freien evangelischen Gemeinden» (Uster, Zürich, Winterthur) hervorgingen. Die Strenggläubigen kamen selbst für Prediger und Religionsunterricht auf und bauten an verschiedenen Orten (Wald, Richterswil, Wädenswil usw.) eine «Welt für sich» mit einem Netz von sozialen Institutionen auf. Gegen die «Hochflut materialistischer Weltanschauung» am staatlichen Seminar Küsnacht entstand 1869 auf Initiative des konservativen Juristen Hans Heinrich Spöndlin (1812–1872) das «freie» Evangelische Lehrerseminar Zürich-Unterstrass, das als private Institution die Lehrer im Geist des «biblischen Christentums» ausbilden sollte.[7]

## Die Auflösung der Volkskirche

Die Richtungskämpfe waren Teil eines sozio-kulturellen Wandels in der bürgerlichen Gesellschaft, der eine Entkirchlichung und Individualisierung des Alltags mit sich brachte. Seit der Aufhebung des obrigkeitlichen Kirchenzwangs 1831 mussten Wochengottesdienste und Abendgebete – zuvor feste Kultusbestandteile – mangels Zuhörern abgeschafft werden. 1841 gab es nur noch in 37 Gemeinden werktägliche Gottesdienste, 1854 gerade noch in deren neun.[8] Die Anforderungen der industriellen Arbeitswelt und die Entstehung einer bürgerlichen Männeröffentlichkeit entzogen dem kirchlichen Gemeindeleben die Grundlage. Die fortschrittlichen Landbürger trafen sich in Sängervereinen und Lesegesellschaften und gingen auf Distanz zur Kirche. Im sonntäglichen Gottesdienst dominierte «das weibliche Geschlecht».[9] Die Feminisierung der Religiosität stand in enger Beziehung zur Durchsetzung eines bürgerlichen Weiblichkeits- und Familienideals, das in seinen Tugendkatalog auch Frömmigkeit einschloss. Die emotional-persönlich geprägte Religiosität erfüllte für viele Frauen eine wichtige sinnstif-

Das architektonische Erscheinungsbild von Kirche und Religion veränderte sich im 19. Jahrhundert nur wenig. Die Pfarrkirche bildete – wie hier in Wangen – den Mittelpunkt der Gemeinde. In den religiösen Anschauungen hingegen nahm die einheitliche Orientierung unter dem Einfluss des wissenschaftlich-technischen Wandels ab. Der Arzt und liberale Politiker Hans Ulrich Zehnder sah Gott in Anlehnung an die freisinnige Theologie «als immanente Kraft des Universums», und Christus war für ihn nichts anderes als «der reinste, der edelste, der sündenloseste Mensch». Für die orthodox-pietistische Pfarrerstochter Meta Heusser-Schweizer (1797–1876), die Mutter der Schriftstellerin Johanna Spyri (1827–1901), war eine solche Gottesvorstellung undenkbar. Sie vertraute ihrer Hauschronik an: «Ich weiss, dass mein Erlöser lebt und ihn bitte ich um das Eine, dass auch Euer Leben auf den Fels des Glaubens sich gründe, dass es in keinem Sturm dieser Welt Schiffbruch leide.»

tende Funktion und eröffnete auch Spielraum für vielfältige Aktivitäten. Besonders in orthodox-pietistischen Zirkeln und Institutionen, aber auch in Sekten, konnten Frauen oft führende Positionen einnehmen. So gründete Dorothea Trudel (1813–1862) um 1850 in Männedorf eine Heilanstalt, wo sie mit Gebet und Handauflegen beachtliche Heilerfolge erzielte. Trotz mannigfacher Anfeindungen hatte sie regen Zulauf, und schliesslich ging ein Evangelisationswerk mit 35 Aussenstationen daraus hervor.[10]

Im Konjunkturaufschwung nach 1852 setzte sich die Entkirchlichung beschleunigt fort: Extrafahrten mit Dampfschiff und Eisenbahn, Feste des sozial sich erweiternden Vereinswesens (vor 1850 nur an Montagen durchgeführt) und die «leibliche Erholung von den Plagen des Lebens» beeinträchtigten den Gottesdienstbesuch und die stille Andacht.[11] Kein Wunder, dass die strenggläubigen Kreise einen vehementen Kampf gegen «Sonntagsstörungen» führten. Als Folge der Bevölkerungsverschiebungen lockerten sich auch die innerkirchlichen Bindungen. Dies zeigte sich unter anderem im Wandel der Taufbräuche: Ab 1863 wurden die Kinder in den Industriegemeinden nicht mehr im Gottesdienst getauft, sondern danach, da das Interesse der Kirchgänger an den Taufen der vielen Zugezogenen abnahm.[12] Da das Wirtschaftswachstum für eine indirekte Legitimation von Wissenschaftsglauben und Rationalität sorgte, verhielt sich die Bevölkerung zunehmend gleichgültig oder wandte sich – angeführt von der gebildeten Oberschicht – der liberalen Theologie zu, die eine Anpassung der religiösen Vorstellungen an die Gegebenheiten der dynamisch-kapitalistischen Gesellschaft gestattete.[13]

Als Antwort auf die Säkularisierung des Alltags formierten sich von den dreissiger Jahren an auch viele freikirchliche Bewegungen und Sekten. Das grösste Gewicht erlangten zunächst die Neutäufer, die sich von 1834 bis 1860 in 60 Gemeinden ausbreiteten und mit ihrer eschatologischen Heilserwartung vor allem bei den «kleinen Leuten» Anhänger fanden. Nach 1856 strömten die «heilverlangenden Seelen» in Scharen in die Methodistenversammlungen. Der Methodismus befriedigte angesichts der «materialistischen, geld- und genusssüchtigen Richtung der Zeit» das Bedürfnis nach fester Einbindung in eine kirchliche Gemeinschaft mit tröstender

Eine wichtige Rolle in der methodistischen Erweckungsbewegung spielten Frauen, die als Sonntagsschullehrerinnen (hier ein Gruppenbild aus dem Jahr 1865) mit Gebet, Gesang und Wortverkündigung ein strenges und bibelnahes Christentum verbreiteten.

Die aus dem angelsächsischen Raum nach Mitteleuropa ausgreifende, von Laienpredigern getragene evangelische Missionsbewegung erlebte im Kanton Zürich nach 1856 eine rasche Ausbreitung. Der Erfolg des Methodismus beruhte vor allem auf seiner Nähe zu den biblischgläubigen Strömungen in der protestantischen Landeskirche, deren Vertreter unter dem Eindruck des methodistischen Erfolgs ihrerseits den Sonntagsschulunterricht ausbauten und einfache, dem persönlichen Heilserlebnis dienende Kapellen errichteten, wie etwa Mathilde Escher, die 1864 in Zürich eine St.-Anna-Kapelle stiftete. Angesichts des rasanten gesellschaftlichen Wandels nach 1855 entsprach der Methodismus mit seiner strengen Kirchenzucht in allen Bevölkerungskreisen einem grossen Bedürfnis: In kurzer Zeit entstanden in 36 Gemeinden methodistische Vereinigungen, die eine grosse Zahl von Sonntagsschulen führten und eigene Kapellen bauten. Das Gemeindeleben war durch den festen Glauben – «Wir sind gerettet!» – und durch eine streng puritanische Lebensführung geprägt. Wie Seidenfabrikant Rudolf Stehli-Hausheer aus Obfelden bemerkte, waren die Methodisten seine besten Arbeiter.

Heilsbotschaft. 1872 konstituierten sich die Gemeinden aus sechs Bezirken als selbständige Kirche.[14]

Obwohl sich die Gruppen, die sich von der Amtskirche lösten, auf die Glaubensfreiheit beriefen, waren sie vielfältigen Verfolgungen ausgesetzt. Die autoritär-obrigkeitsstaatliche Vorstellung von der einheitlichen christlichen Gemeinschaft wirkte stark nach; von Toleranz war bei Gemeinderäten, Kirchenpflegen und Kirchenvolk wenig zu spüren. Die Neutäufer wurden polizeilich überwacht, und eine Verordnung von 1844 untersagte ihnen jeden besonderen Beerdigungsritus. Die Versammlungen der Methodisten litten immer wieder unter Störungen, und die Prediger wurden auf offener Strasse verprügelt.[15]

Anfang der siebziger Jahre war die Zwangseinheit der protestantischen Staatskirche zerbrochen und die Trennung von kirchlichem und bürgerlichem Leben sichtbar vollzogen. Auf der einen Seite zeigte sich ein Trend zur Anpassung der religiösen Anschauungen an die «entzauberte Welt» (Max Weber); eine Entwicklung, die sich im letzten Viertel des 19. Jahrhunderts im Vormarsch des materialistischen Atheismus fortsetzen sollte. Auf der anderen Seite entstanden starke innerkirchliche und freikirchliche Strömungen, deren Anhänger eine intensive Frömmigkeit pflegten und im emotionalen Glauben an die Wahrheit des Evangeliums die christlichen Moral- und Heilsvorstellungen erhalten und verbreiten wollten. Die Verfassung von 1869 spiegelte deutlich diese Entwicklung: Unter dem Druck strenggläubiger Kreise hielt sie wie 1831 an der staatlichen Garantie der reformierten Landeskirche fest. Zugleich gestattete sie aber allen religiösen Gruppen den freien genossenschaftlichen Zusammenschluss mit dem Recht auf selbständige Ordnung der Kultusverhältnisse, was der Forderung der Demokraten nach Trennung von Staat und Kirche entsprach.[16]

## Zum Forschungsstand

Einen zentralen, die ganze Periode umfassenden und das politische Leben wesentlich prägenden Aspekt bildet das Verhältnis von Staat und protestantischer Kirche beziehungsweise von Kirche und Kirchenvolk. Obwohl dieser Themenkreis sowohl in der umfangreichen Schulliteratur als auch in vier Detailstudien von SCHMID, Landeskirche; STREULI, Protestantismus; SCHWEIZER, Protestantismus, und BARTH, Protestantismus, bearbeitet wird, fehlt eine genauere Untersuchung zum Wandel des religiösen Denkens der verschiedenen Bevölkerungsschichten unter dem Einfluss von Industrialisierung und bürgerlicher Revolution. In diesem Zusammenhang bildet auch die Entstehung von Sekten und freikirchlichen Bewegungen ein von der Forschung vernachlässigtes Gebiet.

## Anmerkungen

[1] STUTZ, Sieben mal sieben Jahre, S. 56ff.; GANZ, Winterthur 1798–1922, S. 122; HIRZEL, Religiöse Zustände, S. 12; CRAMER, Willi, S. 52
[2] WIDMER, Zürich, Bd. 8, S. 51ff.; HEUSSER-SCHWEIZER, Hauschronik, S. 52f.; SCHWEIZER, Protestantismus, S. 17ff.; KÜRENBERG, Sonnenweib, S. 284; MÜLLER, Illnau-Effretikon, S. 240ff.
[3] BARTH, Protestantismus, S. 14ff.; HEUSSER-SCHWEIZER, Hauschronik, S. 111
[4] STREULI, Protestantismus, S. 271; SCHWEIZER, Protestantismus, S. 89
[5] HOFMEISTER, Evangelische Gesellschaft, S. 2ff.
[6] STREULI, Protestantismus, S. 89ff.; KLÄUI, Uster, S. 336ff.
[7] STREULI, Protestantismus, S. 214ff., 220ff.; EPPLER, Lehrerbildung, S. 40ff.; HOFER, Bachofner, S. 152ff.; DENKSCHRIFT MÄNNERVEREIN, S. 1ff.
[8] BARTH, Protestantismus, S. 271; LAMPRECHT, Eglisau, S. 443; STREULI, Protestantismus, S. 81
[9] LAMPRECHT, Eglisau, S. 443ff.; STREULI, Protestantismus, S. 83
[10] HEUSSER-SCHWEIZER, Hauschronik, S. 111; JORIS, Frauen, S. 292; STREULI, Protestantismus, S. 208ff.
[11] SCHWARZENBACH, Bezirksgesangverein Hinwil, S. 39; WELTI, Taufbräuche, S. 60ff.; STREULI, Protestantismus, S. 112; JÄGER, Wirtschaftlicher Wandel, S. 363
[12] SCHWARZENBACH, Bezirksgesangverein Hinwil, S. 39; WELTI, Taufbräuche S. 60ff.; STREULI, Protestantismus, S. 112; JÄGER, Wirtschaftlicher Wandel, S. 363
[13] STREULI, Protestantismus, S. 111, 273; KRIESI, Keller, S. 117ff.; MÖRGELI, Zehnder, 1992, S. 195ff.
[14] KLÄUI, Uster, S. 340; LAMPRECHT, Eglisau, S. 446; BARTH, Protestantismus, S. 275f.; PETER, Methodistenkirche, S. 5ff.
[15] DEJUNG, Furrer, S. 236ff.; STREULI, Protestantismus, S. 196; LAMPRECHT, Eglisau, S. 445f.; PETER, Methodistenkirche, S. 26ff.
[16] STREULI, Protestantismus, S. 225, 500ff.

# Auf dem Weg zu einer städtischen Industriegesellschaft 1870–1918

Die politischen und wirtschaftlichen Revolutionen, die gegen Ende des 18. Jahrhunderts einsetzten, haben nicht nur den Kanton Zürich und die Schweiz, sondern ebensosehr Europa und die Welt tiefgreifend verändert. Um 1870 gipfelte das Zusammenwirken verschiedenartigster Entwicklungen in einem Höhepunkt, auf den jedoch alsbald eine tiefgreifende Krise folgte.

Mit der Eröffnung des Suezkanals (1869), der Vollendung der transamerikanischen Eisenbahnlinie vom Atlantik zum Pazifik im gleichen Jahr, der erfolgreichen Inbetriebnahme der ersten transatlantischen Telegraphenverbindung (1866) war ein weltumspannendes Kommunikationsnetz entstanden.

Die Französische Revolution, welche die dynastische und ständestaatliche Ordnung zerstört hatte, führte nicht zur erhofften weltweiten «Brüderlichkeit», sondern zu neuen Nationalstaaten mit einer starken Zentralisierung nach innen und politisch wie wirtschaftlich scharfen Abgrenzungen nach aussen: 1861 wurde das territorial noch unvollständige Königreich Italien unter der Führung Piemonts ausgerufen. Der deutsch-französische Krieg von 1870/71, in dessen Schatten der Kirchenstaat besetzt und die Einheit Italiens verwirklicht wurde, führte zur Gründung des zweiten deutschen Kaiserreichs unter preussischer Vorherrschaft. Auch der amerikanische Bürgerkrieg (1861–1865), der um die Abschaffung der Sklaverei geführt wurde, war zugleich ein Kampf um eine starke Zentralgewalt und um einheitliche (Zoll-)Grenzen nach aussen.

Die Schweiz, die sich bis dahin grössenmässig durchaus mit dem Königreich Piemont oder dem Grossherzogtum Baden vergleichen konnte, war plötzlich verhältnismässig klein und unbedeutend geworden. Vor diesem weltpolitischen Hintergrund ist auch die Totalrevision der Bundesverfassung von 1874 zu sehen, die insgesamt die Befugnisse des Bundes verstärkte, die allerdings, im Gefolge der kantonalen demokratischen Bewegungen, auch eine Erweiterung der Volksrechte auf Bundesebene brachte.

1873 erschütterte eine schwere Handels- und Kreditkrise die Weltwirtschaft. Man hat sie auch schon in Zusammenhang gebracht mit der enormen Kriegsentschädigung, die Frankreich seiner Devisen beraubte und im neuen Deutschland den Boom der «Gründerjahre» ermöglichte. Diese gewaltsame Verschiebung der internationalen Geldströme war aber höchstens der Auslöser tiefer liegender struktureller Probleme, die sich aus dem vorangegangenen Wachstum selbst ergeben hatten. Die «Grosse Depression» des 19. Jahrhunderts ergriff die Schweiz 1876 und dauerte rund zehn Jahre. Die hochgemute Zeit des Fortschrittsglaubens und des Freihandels, der sich in den sechziger Jahren durchgesetzt hatte, war fürs erste vorbei. Die neu errichteten Schutzzölle, welche die nationalen Interessen fördern sollten, brachten der stark exportorientierten Schweiz zusätzliche Probleme.

## Die Spinne im Netz

Mitte der achtziger Jahre begann eine neue Phase langfristigen Wachstums, die, abgesehen von einem Einbruch um die Jahrhundertwende, bis zum Vorabend des Ersten Weltkriegs dauern sollte. Weltpolitisch ist sie verknüpft mit dem Ausgreifen der europäischen Mächte nach Afrika und Asien. Von dieser Aufteilung der Welt im Zeitalter des Imperialismus profitierte die Schweiz als Trittbrettfahrerin: «Da braucht es keine kostspie-

Der Pavillon der Maschinenfabrik Rieter an der Landesausstellung 1883.

ligen Flotten, keine kostbaren Verwaltungen, da braucht es keinen Krieg noch Unterdrückung; auf dem friedlichsten und einfachsten Weg der Welt werden da die Eroberungen gemacht, die allein frommen können.»[1]

Der langfristige Wirtschaftsaufschwung nach 1885 wird auch etwa als «Zweite Industrielle Revolution» bezeichnet. Dies ist insofern gerechtfertigt, als ganz neue Industriezweige, welche wissenschaftliches Grundlagenwissen in Innovationen umsetzten, sich entfalteten; in der Schweiz waren das insbesondere die organische Chemie und die Elektroindustrie.

Der Kanton Zürich, eingebettet in das grössere schweizerische und internationale Umfeld, machte diese Entwicklung in ausgeprägtem Mass mit. Zwischen 1888 und 1910 erreichte das Bevölkerungswachstum einen absoluten Höhepunkt. Gesamtschweizerisch wuchs die Bevölkerung in dieser Periode jährlich um 11,5‰, im Kanton Zürich aber um 18,4‰. Dabei entfielen über drei Viertel der gesamten Zunahme von 337 183 auf 503 915 Per-

**Einwohnerzahl der vier grössten Schweizer Städte 1800 und 1910**

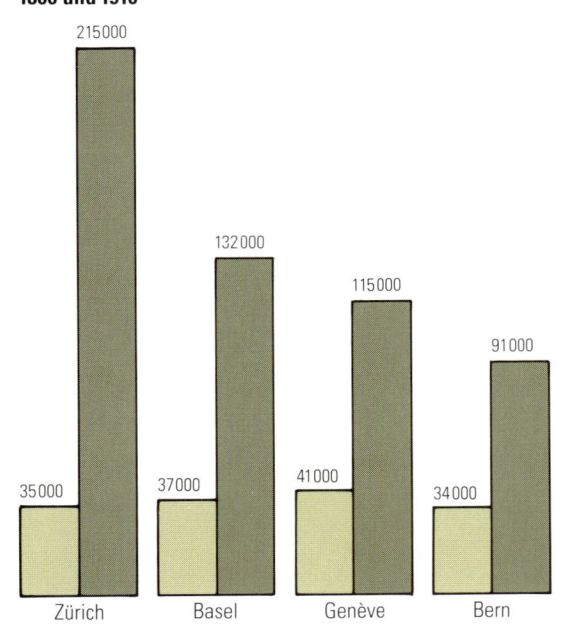

Zürich: 35000 / 215000
Basel: 37000 / 132000
Genève: 41000 / 115000
Bern: 34000 / 91000

**Eisenbahnbau in der Schweiz von 1855 bis 1913**

Jährliche Investitionen in den Geleisebau
(in Millionen Franken, dreijährig gleitende Mittelwerte)

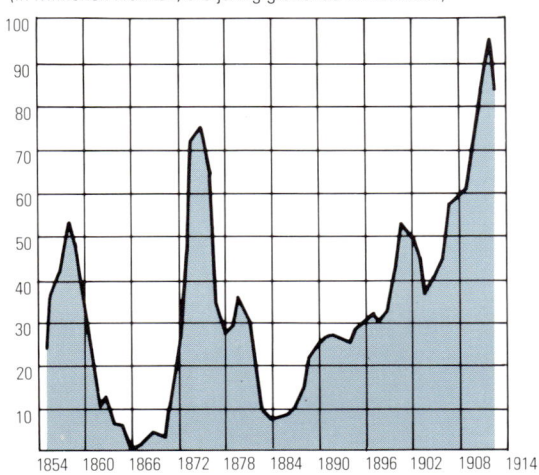

sonen allein auf die beiden Städte Zürich und Winterthur; auch innerhalb des Kantons waren es also einige wenige Orte, auf die sich das Wachstum konzentrierte. Zwischen 1888 und 1910 hat sich die Einwohnerschaft der Stadt Zürich mehr als verdoppelt, die mittlere jährliche Wachstumsrate von 33,6‰ übertraf dabei deutlich jene der andern grossen Städte Basel (28,6‰), Bern (28,5‰) und Genf (19‰): Das dominierende Zentrum, beziehungsweise der «Wasserkopf» Zürich, begann sich in dieser Zeit abzuzeichnen.

## Die Vollendung des Eisenbahnnetzes

Einen wesentlichen Anteil am Aufstieg Zürichs hatte die «Nordostbahngesellschaft» (NOB), welche es verstand, den Kanton zum besterschlossenen Verkehrs- und Wirtschaftsraum zu machen. Das auf Zürich zentrierte Netz, das nach 1854 in raschem Zugriff auf die strategisch wichtigen Achsen aufgebaut wurde, geriet zwar im «Eisenbahnfieber» nach 1869 in eine schwere Krise, setzte sich aber mit dem Bau der Gotthardbahn endgültig durch.

### Das Nationalbahndebakel

Die «Schweizerische Nationalbahn» beabsichtigte, eine Eisenbahnlinie von Süddeutschland (Singen und Konstanz) über Winterthur–Baden–Lenzburg–Olten–Solothurn–Payerne an den Genfersee zu führen, und zwar unter Umgehung der grossen Zentren Zürich und Bern. Formell wurde die Nationalbahn erst 1875 gegründet. Sie entstand aus der Fusion zweier Gesellschaften, die aber bereits von Anfang an eng miteinander verbunden waren. Beide gingen auf die Initiative der Stadt Winterthur zurück, der führende Kopf war der Stadtschreiber Theodor Ziegler (1832–1917). Winterthur engagierte sich mit über acht Millionen Franken. Dazu kamen noch Bürgschaftsverpflichtungen für eine Anleihe von neun Millionen Franken, die sonst nur schwer zu plazieren gewesen wäre.[2]

Von allem Anfang an stand die Nationalbahn unter einem unglücklichen Stern: Die budgetierten Baukosten wurden massiv überschritten, die finanziellen Mittel waren nur schwer aufzutreiben, die Erträge aus dem Betrieb lagen weit unter den Erwartungen. Die Gesellschaft wurde zahlungsunfähig, im Februar 1878 verfügte das Bundesgericht die Zwangsliquidation. Die 156 Kilometer lange Bahn, die insgesamt über 31 Millionen Franken gekostet hatte, wurde vom Erzfeind, der NOB, für knapp vier Millionen erworben.[3]

Winterthur verlor nicht nur seine Investitionen, sondern wurde aufgrund seiner Bürgschaft in die Pflicht genommen. Es entstanden daraus unschöne Auseinandersetzungen mit den aargauischen Garantiestädten, die nicht bezahlen wollten und die von Winterthur, das am Rand des Konkurses stand, betrieben wurden. Schliesslich setzte der Bund durch seine Intervention und mit einem niedrigverzinslichen Überbrückungskredit dem Skandal ein Ende. Winterthur hatte an seiner Bürgschaft noch lange zu kauen, die letzte Rate aus der Garantieverpflichtung wurde erst am 1. Mai 1935 abgetragen.[4]

Das Nationalbahndebakel sei, so das weitverbreitete Urteil, dem Umstand zuzuschreiben, dass die Bahn aus rein politischen Absichten und ohne jegliche wirtschaftliche Vernunft entstanden sei. Das stimmt insofern, als die Demokraten das «System Escher», unter dem sie die Verquickung von Politik, Kreditgeschäft und Eisenbahnbau verstanden, auf allen Ebenen bekämpften: Die politische Macht der Liberalen war im Umschwung von 1869 gebrochen worden, ihrer «Herrenbank» wurde die Kantonalbank als

Die Eisenbahnbrücke über die Thur bei Andelfingen, eine Konstruktion aus schmiedeeisernen Fachwerkträgern über Steinpfeilern, die 1856 für die ehemalige «Rheinfallbahn» (Winterthur–Schaffhausen) erbaut wurde, die damals bereits zum Netz der NOB gehörte. 1874/75 musste die Nationalbahn nur wenige Kilometer flussaufwärts (bei Ossingen) ein ebenso aufwendiges Bauwerk errichten. (Gouache von Jakob Eggli, um 1860)

«Volksbank» entgegengesetzt, ihre «Herrenbahn» sollte mit der «Volksbahn» in die Knie gezwungen werden. In den Augen der Demokraten war die NOB eben auch eine politische Bahn: Sie hatte nur deshalb so günstige Konzessionsbedingungen erwirken können, weil ihre liberalen Geldgeber bis 1869 die politischen Gremien kontrollierten. Die Verbitterung über die Stadtzürcher Herrenbahn beruhte nicht zuletzt darauf, dass die NOB in den sechziger Jahren aufgrund politisch ausgehandelter Prioritätsrechte das Winterthurer Projekt einer Linie nach Waldshut – mit direktem Anschluss an das deutsche Netz – blockiert hatte. Es verwundert deshalb nicht, dass sich die Demokraten, kaum waren sie an der Macht, rächten und im kantonalen Eisenbahnsubventionsgesetz von 1872 Gesellschaften mit Prioritätskonzessionen explizit ausschlossen – eine deutliche Spitze gegen die NOB.[5]

Als Beweis für die ökonomische Unbedarftheit der Nationalbahnplaner gilt ferner die Tatsache, dass Zürich, das grösste Reservoir an potentiellen Bahnkunden, umfahren wurde. Auch das ist richtig; es stellt sich aber die Frage, ob die NOB hätte gezwungen werden können, den Zugang zu ihrer eigenen Hochburg freizugeben. Projekte, mit einer Zweiglinie von Seebach aus ins Herz der Stadt vorzustossen, bestanden durchaus; sie wurden aber von der NOB im Verein mit der Stadt aufs heftigste bekämpft.[6] Überall

**Streckenplan der Nationalbahn**

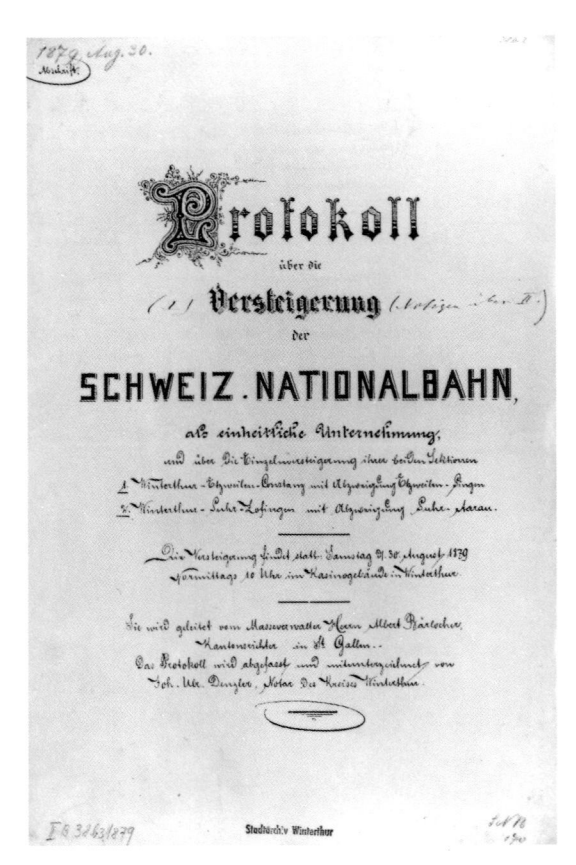

Ein trauriges Dokument für das Scheitern der hochfliegenden Pläne der Winterthurer Demokraten: Das Protokoll der Versteigerung der bankrotten Nationalbahn am 30. August 1879.

stellte sie der Rivalin Hindernisse entgegen und verweigerte beispielsweise die Mitbenützung der gemeinsamen Strecke Winterthur–Effretikon mit der Begründung, die Linie sei bereits überlastet. Eine offensichtlich falsche Behauptung, denn kaum hatte sich die NOB in den Besitz der ehemaligen Nationalbahn gesetzt, brach sie das zusätzliche Geleise, das jene hatte errichten müssen, wieder ab.

Alle etablierten Gesellschaften versuchten der neuen Konkurrentin den Weg wo immer möglich abzuschneiden; am gravierendsten wirkte sich der Coup der «Centralbahn» aus, welche der Nationalbahn die Konzession für die Jurasüdfuss-Linie von Olten nach Solothurn und Lyss vor der Nase wegschnappte und 1876 die sogenannte «Gäubahn» eröffnete.

Die scheinbar komfortable Position der NOB, die sich in den Konzessionen das Recht ausbedungen hatte, alle von der Stammlinie abzweigenden Strecken selber bauen zu können, erwies sich im Eisenbahnfieber der siebziger Jahre als problematisch, denn nun geriet sie unter Zugzwang. Zwischen 1870 und 1873 übernahm die NOB Bauverpflichtungen über 331 Kilometer, was ihr bisheriges Netz schlagartig mehr als verdoppelte und mit Linien belastete, die von vornherein keine Rendite versprachen und die sich zum Teil gar gegenseitig konkurrenzierten.[7]

1877 waren sowohl Nationalbahn wie Nordostbahn nicht mehr in der Lage, ihren Verpflichtungen nachzukommen. Während man aber die eine Gesellschaft über die Klinge springen liess, musste die andere als wichtiger Teil der Verkehrsinfrastruktur gerettet werden. Durch die 1877/78 mit dem Bund ausgehandelten Moratoriumsbeschlüsse, welche die Bauverpflichtungen vorerst bis 1885 suspendierten, wurde die dringend nötige Atempause für eine Neuorganisation der NOB geschaffen.

In Anbetracht der allgemeinen Krise im Eisenbahnbau ist es allzu billig, das Scheitern der Nationalbahn nur dem politischen Übereifer ihrer Exponenten zuzuschreiben. Was ihr das Genick brach, war die ruinöse Konkurrenz, wie sie in der privatwirtschaftlichen Organisation angelegt war und alle Unternehmen an den Rand des Abgrunds führte. Am folgenschwersten war jedoch letztlich der Umstand, dass der Bau in die «Grosse Depression» des 19. Jahrhunderts fiel, in der es schwierig wurde, Kredite aufzutreiben, und während der die Nachfrage nach Transportleistungen drastisch zurückging.

Der Bau der Gotthardbahn

Das Eisenbahnfieber war nicht zuletzt darauf zurückzuführen, dass 1869 der Entscheid für den Bau der Gotthardbahn gefallen war und alle Gesellschaften danach strebten, einen möglichst direkten Anschluss an die grosse Nord–Süd-Achse zu finden. Vom Beginn des Eisenbahnbaus an war die Alpenbahnfrage ein Politikum, das die Gemüter erregte; sie ist es bis zur jüngsten Diskussion um die Neue Eisenbahn-Alpentransversale (NEAT) geblieben.

Projekte für die «Überschienung der Alpen» gab es vom Splügen im Osten bis zum Simplon im Westen. Aus staatspolitischen Gründen wollte der Bund vorerst nur eine Linie unterstützen, die den Kanton Tessin berührte. Ernsthaft zur Diskussion standen damit eigentlich nur noch der Lukmanier und der Gotthard. Zu Beginn stand das Lukmanier-Projekt, mächtig gefördert von St. Gallen und dem alten Transitkanton Graubünden, im Vordergrund. Auch Zürich bevorzugte, seiner traditionellen Verkehrspolitik folgend, vorerst eine Ostalpenbahn. Mit der Linie durchs Knonauer Amt nach Zug und Luzern (1864) hielt es sich aber auch die

Gotthardoption offen und konnte sich so jenem Projekt anschliessen, das die besseren Chancen auf Verwirklichung hatte.

In dieser internationalen Transitfrage hatten auch die Nachbarn im Norden und im Süden ein gewichtiges Wort mitzureden, denn sie mussten sich an den enormen Kosten eines solchen Werks beteiligen. Zuerst entschied sich das neugegründete Königreich Italien für den Gotthard. Da sich das einflussreiche Zürich ohne weiteres dieser Variante anschloss und Bern, das eine Zeitlang ein vages Grimsel-Projekt gehätschelt hatte, seinen Widerstand gegen den Gotthard aufgab, konnte der Bund 1869 einen Staatsvertrag mit Italien abschliessen. 1870 trat der «Norddeutsche Bund» diesem Gotthardvertrag bei; ratifiziert wurde er 1871 vom inzwischen entstandenen Deutschen Kaiserreich.

1871 wurde die «Gotthardbahn-Gesellschaft» gegründet und Alfred Escher, der sich schon vorher um die Finanzierung bemüht hatte, zum Direktionspräsidenten ernannt. Auch die Gotthardbahn geriet in ernsthafte finanzielle Schwierigkeiten. Es gab schwere Auseinandersetzungen zwischen den beteiligten Staaten, Kantonen und Privaten über die Verteilung der Nachtragskredite. Unter dem Druck der Krise musste 1878 Alfred Escher den Hut nehmen. Als die Bahn am 1. Juni 1882 mit Glanz und Gloria eröffnet wurde, war er nicht dabei; noch im selben Jahr starb er.

Auf dem Weg zur Verstaatlichung

Die internationale Beteiligung an der Gotthardbahn hatte gezwungenermassen zu einem stärkeren Engagement des Bundes geführt. Das neue Eisenbahngesetz von 1872, das nicht zufällig mit dem Baubeginn am Gotthard zusammenfiel, verstärkte den Einfluss des Bundes, vor allem aber enthielt es die Möglichkeit, Bahnstrecken vor Ablauf der üblichen 99jährigen Konzessionsfrist zurückzukaufen. Die verstärkte Aufsicht des Bundes fand ihren Niederschlag im Art. 26 der revidierten Bundesverfassung von 1874. Der mörderische Konkurrenzkampf und die schwere Krise nach 1876, die nur durch das Eingreifen des Bundes notdürftig überbrückt werden konnte, überzeugte eine breite Öffentlichkeit immer mehr davon, dass ein so zentraler Teil der allgemeinen Infrastruktur nicht mehr den Launen privater Geldgeber überlassen werden durfte.[8] Ein erstes Rückkaufsgesetz wurde zwar

**Gotthardbahn mit Zubringerstrecken**

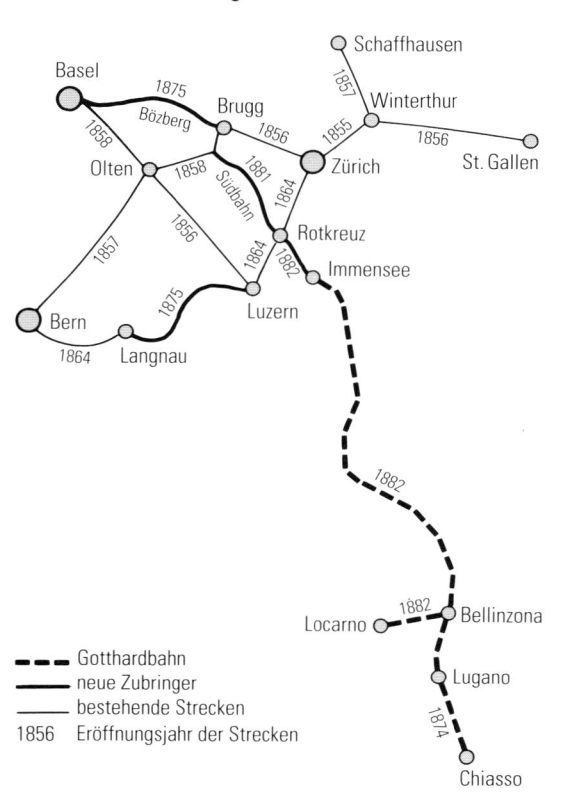

Karikatur auf Alfred Escher und die Gotthardbahn. Die zum Sechseläuten 1880 erschienene satirische Zeichnung zeigt Alfred Escher vor dem Gotthardloch. Ihm zu Füssen, zerlumpt, die Nationalbahn. Auf der andern Seite, sich auf sein Knie stützend, sein Lieblingskind, die Nordostbahn, eine dralle Ballerina, über der aber auch das Damoklesschwert hängt. Vor ihm, sich verneigend und kniend, das Geschmeiss der Spekulanten und Glücksritter der Gründerzeit. Dahinter aber, mit der Armbrust, wartet bereits Wilhelm Tell: «Durch diese hohle Gasse muss er kommen.» Die Schweiz ist zum Spielball der Nationen geworden. Die beiden Lemuren im Vordergrund repräsentieren die ausländischen Mächte, die am Gotthardvertrag beteiligt sind. Links, an der Kopfbedeckung erkennbar, Italien, rechts mit der Pickelhaube Preussen beziehungsweise das Deutsche Kaiserreich. Im Hintergrund der Alpenwall, über den der Papst seine schwächlichen Blitze schleudert, wohl ein Hinweis auf den Kulturkampf.

Adolf Guyer-Zeller (1839–1899), Sohn eines Spinnereibesitzers im Neuthal bei Bauma und verheiratet mit der aus einer Zürcher Seidenindustriellenfamilie stammenden Anna Zeller (1848–1910), war eine der schillerndsten Figuren seiner Zeit. In der Eisenbahnkrise der siebziger Jahre kaufte er stark entwertete Nordostbahn-Aktien auf und setzte sich nach langen und erbitterten Kämpfen schliesslich an die Spitze der Unternehmung, die er eigenwillig und selbstherrlich regierte. Er engagierte sich stark für die Erschliessung des Zürcher Oberlands durch Lokalbahnen, verfolgte das Projekt einer Engadin–Orient-Bahn und setzte sich ein Denkmal mit dem vielbestaunten technischen Wunderwerk der Jungfraubahn (Baubeginn 1896).

Die Nachrufe auf den «Eisenbahnkönig» und das Finanzgenie (Guyerzeller-Bank) fielen zwiespältig aus. Willenskraft, aber auch Starrsinn; Wagemut und Rücksichtslosigkeit, aber auch ein kinderweiches Gemüt und tiefe Religiosität wurden ihm attestiert. «Er war», hiess es in der «Neuen Zürcher Zeitung», «eine durchaus eigenartige und komplexe Natur.»

Die Photographie zeigt Guyer-Zeller in einem Druckrohr des Kraftwerks Lauterbrunnen, das die elektrische Energie für den Bau und den Betrieb der Jungfraubahn liefern sollte.

1891 in einer Referendumsabstimmung deutlich verworfen, wenige Jahre später jedoch fand die Verstaatlichung, die mit dem zündenden Schlagwort «Die Schweizerbahnen dem Schweizervolk» propagiert wurde, begeisterte Zustimmung. 1898 wurde das Gesetz über den Rückkauf der Eisenbahnen bei einer Rekordstimmbeteiligung von 78 Prozent im Verhältnis von 2 zu 1 angenommen. Zum Meinungsumschwung hatte nicht zuletzt der Streik der Angestellten der NOB vom 11. bis 13. März 1897 beigetragen. Der «Verband des Personals schweizerischer Transportanstalten» hatte mit allen Gesellschaften eine Einigung über bessere Arbeitsbedingungen erzielt, nur Adolf Guyer-Zeller, damals Mehrheitsaktionär der NOB, weigerte sich und provozierte so den Streik. Diese Haltung wurde von weiten Kreisen verurteilt und förderte die Ansicht, dass es an der Zeit sei, die Bahnen der öffentlichen Kontrolle zu unterstellen. Die ausgehandelten Rückkaufssummen lagen weit über dem Ertragswert der Bahnen, sehr zum Wohl der Aktionäre, sehr zum Schaden der SBB, die 1902 ihren Betrieb aufnahmen und von allem Anfang an mit schweren Schulden belastet waren, von denen sie sich nie haben befreien können.[9]

## Die wirtschaftliche Entwicklung

Spätestens mit der Eröffnung der Gotthardbahn wurde Zürich zum Verkehrszentrum der Schweiz. Das triumphale Ereignis wurde 1883 mit der ersten «Schweizerischen Landesausstellung» gefeiert. Unmittelbar neben dem Bahnhof, auf dem Platzspitz, dort, wo später das Landesmuseum gebaut werden sollte, befand sich der Haupteingang zum Ausstellungsgelände, das sich über die Sihl hinweg bis nach Aussersihl erstreckte; der Name der Ausstellungsstrasse im heutigen Kreis 5 erinnert noch daran. Das auf diesen Zeitpunkt fertiggestellte «Rösslitram» beförderte Schaulustige durch die Bahnhofstrasse zur Kunstausstellung am See. Im Zentrum des Interesses stand aber eindeutig die Industrieausstellung, die 1,5 Millionen Besucher anlockte, weitaus mehr als die stiefmütterlich behandelte und etwas versteckte Landwirtschaftsschau.

Aus Gusseisenteilen zusammengesetztes Portal als Eingang zur Maschinenhalle an der Landesausstellung 1883.

Durch einen aus Gusseisenteilen zusammengefügten Triumphbogen trat man in die grosse Maschinenhalle, wo die modernsten Erzeugnisse der Ingenieurkunst bestaunt werden konnten: Textilmaschinen von Rieter, die berühmten Ventil-Dampfmaschinen von Sulzer, Turbinen von Escher Wyss, Gasmotoren, Werkzeugmaschinen und anderes mehr, alles überstrahlt vom «electrischen Licht», einer weiteren sensationellen Neuheit, das abends «von den hohen Masten herab seine silbernen Strahlen ausgiesst», während «tausende von Lämpchen die Blumenbeete einrahmen».[10] Auf diese Weise verwies die Ausstellung am Ende einer langen Depressionsphase auf die Richtung, die der Wirtschaftsaufschwung nach 1885 einschlagen sollte: Die höchsten Wachstumsraten erzielte die Metall-, Maschinen- und Elektroindustrie; allerdings von einem tiefen Niveau aus, so dass auch 1910 ihr Anteil am Sozialprodukt nur etwa fünf Prozent ausmachte.

Ein erster Überblick über die Entwicklung ergibt sich aus dem Wandel der Erwerbsstruktur zwischen 1888 und 1910. Er ist gekennzeichnet durch einen deutlichen Rückgang der Landwirtschaft und ein starkes Wachstum der Arbeitsplätze im Dienstleistungssektor. Auf diesem Weg zur Industriegesellschaft ging der Kanton Zürich der restlichen Schweiz voran; gesamtschweizerisch sank der Anteil der Landwirtschaft erst nach dem Zweiten Weltkrieg unter 20 Prozent.

Der Sekundärsektor (Handwerk, Gewerbe und Industrie) blieb einigermassen konstant. Dabei ist zu berücksichtigen, dass ja gleichzeitig die Bevölkerung sehr stark zunahm. Vergleicht man die absoluten Zahlen, sieht alles etwas anders aus: Die Zahl der in der Landwirtschaft Tätigen blieb in etwa gleich, der zweite Sektor nahm um 48 000, der dritte um 31 000 Arbeitsplätze zu.

Innerhalb des Industriesektors fanden wichtige Verschiebungen statt. In der Textilbranche, die 1888 noch knapp 39 000 Arbeiter beschäftigte, darunter weit mehr als die Hälfte Frauen, gingen die Arbeitsplätze bis 1910 um rund 6000 oder 15 Prozent zurück. Dagegen nahm die Metall- und Maschinenindustrie von etwas unter 10 000 auf knapp 28 000 Arbeiter, fast ausschliesslich Männer, zu. Deutlicher noch als aus der Zahl der Beschäf-

**Erwerbsstruktur nach Sektoren 1888 und 1910**

| | Erwerbende pro Sektor | | | |
| | in % der Erwerbstätigen | | in tausend Personen | |
| | 1888 | 1910 | 1888 | 1910 |
|---|---|---|---|---|
| Landwirtschaft | 27,8 | 18,3 | 43 | 44 |
| Industrie, Gewerbe | 54,8 | 55,1 | 85 | 133 |
| Dienstleistungen | 17,0 | 26,6 | 26 | 64 |

# Lebensstandard von Arbeiterfamilien

«Mein Vater war arbeitslos geworden und hatte bald da, bald dort Arbeit als Handlanger. Die Mutter nähte Plüschborden an Finken und bekam für das Paar acht Rappen. So verdiente sie etwa siebzig oder achtzig Rappen pro Tag. (...) Das war sehr wenig. Ich kann mich erinnern, dass wir für einen Liter Milch sechzehn Rappen bezahlten, und für ein Kilo Brot zweiunddreissig Rappen.»[1]

Die Zürcher Arbeiterin Anny Klawa-Morf (1894–1993) erinnert sich präzise an die Preise vor 80 Jahren. Armut zwang zum Rechnen, und schon kleine Kinder wussten gut Bescheid über die entscheidenden Beziehungen zwischen Einkommen und Lebenshaltungskosten.

Armut war um 1900 für weite Kreise der Bevölkerung der Normalfall. Die tägliche Ernährung bestand für sie nur aus dem Allernötigsten: Brot und Kartoffeln, «Kaffee» aus Gerste und Zichorien, gelegentlich etwas Gemüse. «Wenn wir Fett hatten, machten wir Rösti, und wenn wir keines hatten, goss meine Mutter Milch zu den Kartoffeln, damit sie ein bisschen weicher wurden.»[2] «Fleisch gab's wenig, etwa an einem Sonntag Kopffleisch von einer Kuh, und auf Tod und Leben wurde daran herumgenagt (...).»[3]

Armut bedeutete tägliche Existenzbedrohung und täglichen Stress: die langen Arbeitszeiten (sie lagen noch 1914 für die meisten bei 10 Stunden und mehr) zwangen zu frühem Aufstehen, zu hastigem Essen. «Wie bitter war das Aufstehen in kalter Nacht, wenn noch lange die Sterne am Himmel standen und an den Wänden der Kammer die Eiskristalle glitzerten; dann lief ich in Hosen und Hemd zum Brunnen, übergoss mit beiden Händen aus dem Trog wasserschöpfend mein Gesicht und eilte in die Küche, um mich abzutrocknen. Mehr als fünf Minuten blieben mir dann nicht mehr zum Essen, und nach weiteren fünf Minuten stand ich am Webstuhl.»[4] Da viele Arbeiten im Stücklohn oder Akkord bezahlt waren, musste schnell, konzentriert und unermüdlich gearbeitet werden. Ständig drohte der Verlust des Einkommens durch Krankheit oder Arbeitslosigkeit eines Familienmitglieds. Dann verwandelte sich die übliche Knappheit sehr rasch in Hunger und Elend.

Ein Einkommen allein reichte in den unteren Schichten nicht aus, um eine Familie zu ernähren; der Beitrag der Frauen war überlebenswichtig. Schlechtbezahlte Arbeit in der Fabrik, Hemdennähen oder andere Heimarbeit, Waschen und Putzen bei bessergestellten «Herrschaften», auch das Vermieten von Zimmern und Betten an Ledige – diese prekären Einkommensmöglichkeiten waren unabdingbar, um die Familie durchzubringen. Von der Haushaltskunst der Frauen hing es zudem in hohem Mass ab, ob die knappen Mittel schlussendlich bis Ende Monat ausreichten.

Vor allem das Untervermieten war für viele Familien unerlässlich, denn zumindest in den Städten und deren Umgebung herrschte immer wieder Wohnungsnot, und die Mietzinse waren fast ausnahmslos hoch. Jahreslöhnen von 1000 bis 1500 Franken standen in Zürich um 1900 Mietpreise von 400 bis 500 Franken pro Jahr für eine Dreizimmerwohnung gegenüber.[5] Das Untervermieten machte allerdings die häusliche Enge noch unerträglicher. Zwei oder drei Kinder teilten sich ein Bett im Schlafzimmer der Eltern oder in der Stube. Wenn in der gleichen Wohnung auch noch eine Nähmaschine oder eine Seidenwinde Platz haben musste, wenn ausserdem in den engen Räumen gekocht, gewaschen und gearbeitet wurde, dann entstand in den überfüllten Wohnungen jener «Armleutegeruch», den zeitgenössische Beobachter beschrieben haben.

Arbeiterexistenz hatte indessen viele Gesichter. Es gab auch gesuchte und gut bezahlte Berufsleute unter der Arbeiterschaft, allen voran die Typographen, aber auch die Mechaniker, Giesser oder Brauer. Für sie war ein bescheidener Wohlstand durchaus erreichbar, der in besseren Kleidern, im Besitz eines eigenen Häuschens oder in kleinen Prestigeanschaffungen – wie etwa einem Sofa, einer Wanduhr oder

**2**

**Arbeiterlöhne in der Stadt Zürich von 1890 bis 1920**

Reallohnindex (Stundenlöhne) in den Branchen Bau, Holz, Metalle und Maschinen

Index (1890 = 100)

**3**

**4**

1 Drangvolle Enge in einer Zürcher Einzimmerwohnung vor dem Ersten Weltkrieg. Hier muss neben dem Hausrat der vierköpfigen Familie auch noch ein Kochofen im einzigen Zimmer Platz finden. Die wenigen Habseligkeiten der Familie haben bei der Tür unter einem Wachstuch Platz. Die Situation auf dem Bild stellte für Zürich zwar eher eine Ausnahme dar; Enge und Kargheit bestimmten aber die Wohnverhältnisse breitester Schichten.

2 Das stetige Wachstum der Arbeiterlöhne vor dem Ersten Weltkrieg zeugt von der raschen Expansion der schweizerischen Wirtschaft in der Belle Époque. Es ist aber auch das Resultat einer stärker werdenden gewerkschaftlichen und politischen Organisation der Arbeiterschaft. Die Jahre beschleunigter Aufschwungtendenz bei den Reallöhnen fielen im allgemeinen mit Streikwellen zusammen. Der Teuerungsschub im Ersten Weltkrieg schlug schon 1915 voll auf die Arbeitereinkommen durch und führte zu massiven Kaufkrafteinbussen. Erst am Kriegsende hatten die Löhne die Lebenskosten wieder eingeholt, und als 1920 die Preise wieder zu sinken begannen, wuchs die Kaufkraft der Löhne weit über das Vorkriegsniveau hinaus. Die Arbeiterschaft startete also unter wesentlich verbesserten Bedingungen in die Zwischenkriegszeit.

3 Mit Hilfe von Haushaltungsschulen – hier eine Klassenphoto aus der Zeit um 1915 – und Lehrbüchern versuchten bürgerliche Kreise, Arbeiterfrauen zu genauem Rechnen und Einteilen, zu Sparsamkeit und Ordnungssinn zu erziehen. Gleichzeitig wurde eine bürgerliche Familienideologie mitgeliefert, die Unterordnung und Aufopferung predigte.

4 1883 entwickelte der Mühlenunternehmer Julius Maggi im Auftrag der «Schweizerischen Gemeinnützigen Gesellschaft» ein proteinreiches Leguminosenmehl für Suppen mit kurzer Kochzeit. Es sollte dazu beitragen, die einseitige Kartoffelkost auf einfache Art zu verbessern. Mit dieser Erfindung und anderen Produkten (Würze und Bouillonwürfel) wurde Maggi zu einem Pionier der Nahrungsmittelindustrie, aus der Mühle in Kemptthal entwickelte sich innert zwanzig Jahren ein Weltkonzern.

einem Bild – zum Ausdruck kam. Schon wenige Rappen Differenz beim Stundenlohn entschieden darüber, ob es mittags auch zu einer Wurst oder zu einem Bier am Feierabend reichte – für Bauhandwerker (nicht aber für die übrigen Mitglieder ihrer Familien) schon um die Jahrhundertwende eine Selbstverständlichkeit.

*Daniel Kurz*

**Bruttowertschöpfung von 1851 bis 1913 (nominal)**

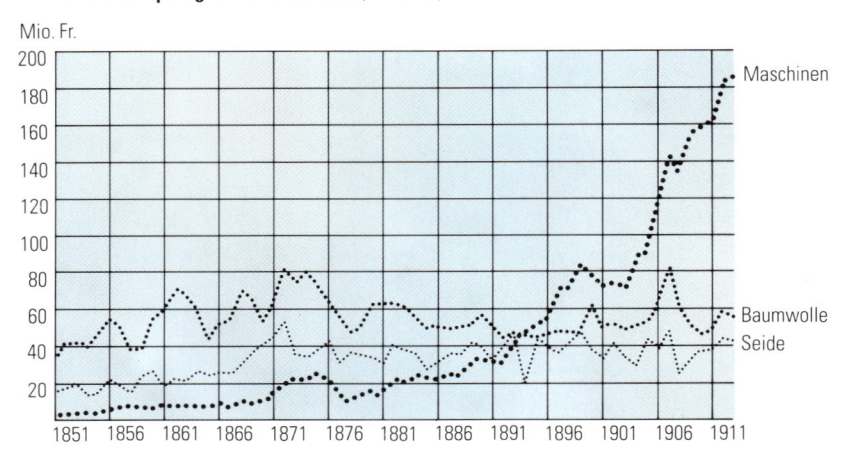

So, wie im 19. Jahrhundert die Ventildampfmaschine den Weltruf der Firma Sulzer begründet hatte, trug im 20. Jahrhundert der Dieselmotor den Namen der Maschinenfabrik erneut in alle Welt. Der Aufnahme der Produktion (1903) waren lange Jahre der Entwicklung in Zusammenarbeit mit Rudolf Diesel vorausgegangen, der nach Abschluss seiner Studien im Jahr 1879 bei Sulzer ein Werkstattpraktikum absolviert hatte. (Farblitho-Plakat für Sulzer Ägypten, um 1920)

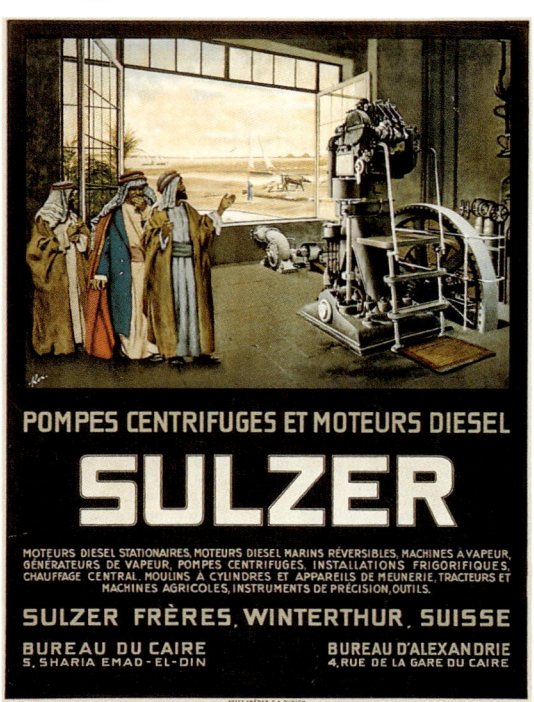

tigten ergibt sich die Bedeutung der Metall- und Maschinenindustrie für das Gesamtwachstum aus der Wertschöpfung. Nach einem Entwicklungsschub in den siebziger Jahren, der in der Krise wieder zusammenbrach, begann die Metall- und Maschinenindustrie ab Mitte der achtziger Jahre anhaltend und immer schneller zu wachsen. Kurz nach 1890 übertraf ihre Wertschöpfung jene der beiden traditionellen Textilbranchen (der Seiden- und Baumwollindustrie), nach 1905 war sie grösser als beide zusammen. Mit deutlich weniger Arbeitskräften leistete sie einen höheren Beitrag zum Sozialprodukt.

Der Aufstieg der Metall- und Maschinenindustrie kennzeichnet denn auch den Übergang von einer im allgemeinen mit wenig Kapital ausgestatteten und mit meist unqualifizierten Arbeitskräften produzierenden Industrie mit geringer Wertschöpfung, wie sie für ein «Entwicklungsland» typisch ist, zu einer kapitalintensiven, forschungsorientierten, hochqualifizierten Produktion mit grosser Wertschöpfung pro Arbeitskraft. Andere Branchen, welche diesen qualitativen Wandel vorantrieben, wie vor allem die Chemie, waren für den Kanton Zürich von untergeordneter Bedeutung.

Die Daten zur Bruttowertschöpfung sind gesamtschweizerische Schätzungen. Für den Kanton Zürich, der sich zum eigentlichen Zentrum des Maschinenbaus entwickelte, treffen die gemachten Aussagen tendenziell in noch verstärktem Mass zu. 1910 waren 28 Prozent aller Arbeiter dieser Branche im Kanton Zürich wohnhaft, ihr Anteil an der Kantonsbevölkerung war somit doppelt so hoch wie im gesamtschweizerischen Durchschnitt.

Unter dem Oberbegriff «Metalle und Maschinen» sind unterschiedlichste Betriebe zusammengefasst, vom Dorfschmied bis zur Grossgiesserei, von der Lokomotivfabrik über feinmechanische Werkstätten bis zur Herstellung von Klavieren, die für die Statistik auch eine Art von Maschinen sind. Beschränkt man sich auf Grossbetriebe mit über 500 Arbeitskräften, die eher dem landläufigen Bild der Maschinenfabrik entsprechen, zeigt sich das Übergewicht der Region Zürich noch deutlicher. Nach der Betriebszählung von 1905 gab es 18 Betriebe mit über 500 Angestellten (darin inbegriffen das Verwaltungspersonal), sieben befanden sich im Kanton Zürich, drei davon allein in Winterthur (Töss inbegriffen), darunter mit 3590 Beschäftigten auch der allergrösste, die Gebrüder Sulzer.

Blickt man über die engen Kantonsgrenzen hinaus, so zeigt sich, dass die meisten grossen Metall- und Maschinenfabriken in einem Umkreis von höchstens 40 Kilometern um die Stadt Zürich lagen. Fragt man nach

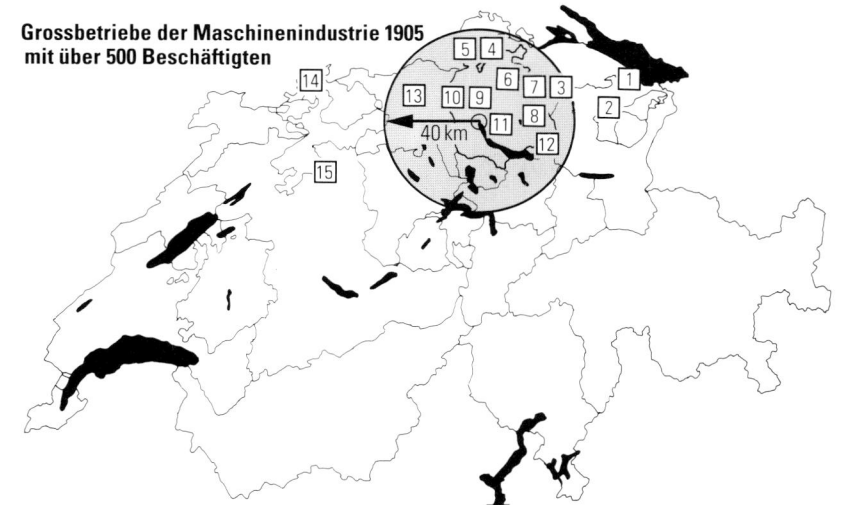

**Grossbetriebe der Maschinenindustrie 1905 mit über 500 Beschäftigten**

Die Grossbetriebe in der Metall- und Maschinenindustrie 1905: 1 Saurer, Arbon (895 Beschäftigte); 2 Gebrüder Bühler, Henau SG (1090); 3 Martini, Frauenfeld (543); 4 Georg Fischer, Schaffhausen (1201); 5 SIG, Neuhausen (882); 6 Gebrüder Sulzer, Winterthur (3590); 7 Lokomotivfabrik, Winterthur (1057); 8 Rieter, Töss (823); 9 Maschinenfabrik Oerlikon (2104); 10 Wagonfabrik Schlieren (579); 11 Escher Wyss, Zürich (1511); 12 Maschinenfabrik Rüti (Honegger) (1120); 13 Brown Boveri, Baden (2544), Motor AG, Baden (589); 14 Alioth, Arlesheim (680); 15 Ludwig von Roll, Solothurn: Eisenwerk Gerlafingen (1158), Eisengiesserei Clus (1096), Röhrengiesserei Choindez (531).

den Gründen für diese Konzentration, so wird man vorerst auf das Gewicht gewachsener Strukturen verwiesen. Die Baumwollverarbeitung hatte eine lange, schon vorindustrielle Tradition, die ersten mechanischen Spinnmaschinen wurden in der Ostschweiz errichtet, die ihnen angegliederten Werkstätten entwickelten sich im Lauf der Zeit zu selbständigen Maschinenfabriken.

Dieses Entwicklungsmuster trifft nun aber gerade für die Starkstromtechnik, die um 1870 von der wissenschaftlichen Grundlagenforschung und den Experimenten zur kommerziellen Anwendung überging, nicht zu. Es fällt auf, dass die etablierten Grossfirmen sich für die neue Energieform, deren Potential für die kohlenarme, aber gewässerreiche Schweiz schon früh erkannt worden war, vorerst wenig interessierten und das Feld neuen Firmen, die sich mehrheitlich ebenfalls im Raum Zürich ansiedelten, überliessen.

Sicher gab es persönliche und sachliche Querverbindungen zwischen alteingesessenen und neuen Unternehmen, im wesentlichen aber richtete sich der neue Produktionszweig nach der internationalen Entwicklung, die geprägt war von Leuten wie Werner von Siemens (1816–1892), der 1866 den Dynamo entwickelte und 1881 die erste elektrische Strassenbahn in Berlin ermöglichte, oder Thomas Alva Edison (1847–1931), dem Erfinder schlechthin, unter dessen über 1000 Patenten unter anderem auch die Glühlampe und der Stromzähler figurierten.

Zur Lösung des schwierigen Problems, elektrische Energie über grosse Distanzen zu transportieren, leistete die junge zürcherische Elektroindustrie wichtige Beiträge. Internationales Aufsehen erregte die Maschinenfabrik Oerlikon 1891 mit einer 175 Kilometer langen Wechselstrom-Hochspannungsleitung von Lauffen am Neckar zur Elektrizitätsausstellung in Frankfurt am Main. Ähnliche Pionierarbeit leisteten Schweizer Unternehmen in der elektrischen Traktion. Elektrische Strassenbahnen, wie sie schon in den achtziger Jahren gebaut wurden, verwendeten Gleichstrom, da Gleichstrommotoren weniger technische Probleme boten. Er war aber für grössere Distanzen, und damit für die Überlandbahnen, wenig geeignet. Nur Wechselstrom, der über einen Transformator mit hoher Spannung auf die Reise geschickt und am Verbrauchsort wieder umgespannt werden konnte, vermochte lange Distanzen ohne grosse Verluste zu überwinden. Auf der Strecke Oerlikon–Seebach–Wettingen wurden ab 1904 Versuche unternommen, vorerst mit Drehstrom (was zwei Fahrdrähte bedingte), dann

Die Stadt Zürich im Domleschg. Da die Anlagen im Letten schon längst nicht mehr genügten, entschloss sich die Stadt Zürich zum Bau des ersten Kraftwerks in den Bündner Alpen (Gemeindeabstimmung vom 10. Juni 1906). Das Bild zeigt das Maschinenhaus auf dem Gebiet der Gemeinde Sils im Domleschg, in einer Flussschlaufe der Albula gelegen. Im Hintergrund die Druckleitung, die ein Viadukt der Rhätischen Bahn unterquert und das Wasser aus einem 140 Meter höher gelegenen kleinen Stausee den Turbinen zuführt. Die erzeugte Energie (rund 14 000 kW) wurde über eine 138 Kilometer lange Hochspannungsleitung (40 000 Volt) nach Zürich geführt, damals eine bemerkenswerte Leistung. Sie war als Ringleitung ausgebildet und mannigfach abgesichert; in fünf Schaltstationen wurde die Anlage ständig überwacht.

Man kann die Fernleitung, die Schaltstationen und das Maschinenhaus des Albulawerks lesen als ein Ausgreifen der städtischen Wirtschaftskraft weit über die politischen Grenzen des Kantons hinaus.

mit Einphasen-Wechselstrom von 15 000 Volt, dem heute noch gültigen Standard.

Führender Kopf bei der Maschinenfabrik Oerlikon war der Direktor der elektrotechnischen Abteilung, Charles Brown (1863–1924), der Sohn des berühmten Dampfmaschinenkonstrukteurs bei Sulzer. 1891 machte er sich, zusammen mit seinem engsten Mitarbeiter Walter Boveri (1865–1924), selbständig und gründete am 1. Oktober in Baden eine Firma zur «Fabrikation von elektrischen Maschinen», wie es im Handelsregistereintrag heisst.

Die Standortwahl wird gewöhnlich damit begründet, dass die Stadt Baden den beiden Jungunternehmern, die beide noch nicht einmal dreissig Jahre alt waren, den Bau eines Kraftwerks (Kappelerhof) und ein günstiges Fabrikgelände (im Hasel) angeboten hatte. Das stimmt zwar, gibt aber nur einen zufälligen Teilaspekt wieder. Brown und Boveri hätten ein ähnliches Angebot auch aufgegriffen, wenn es aus Wettingen oder Wallisellen, kaum aber, wenn es aus dem Simmental oder dem Domleschg gekommen wäre. Entscheidend war, dass Baden, obwohl in einem andern Kanton gelegen, zum Wirtschaftsraum Zürich gehörte, der mit seinen gewaltigen Ressourcen einen erleichterten Zugang zur wissenschaftlichen Forschung, zum Kapitalmarkt, zu qualifizierten Kaderleuten, zum Know-how benachbarter Branchen und zu Zulieferbetrieben bot.

Tatsächlich hatten Brown und Boveri in ihrem Assoziationsvertrag von 1890 als Standort für die zu gründende Fabrik Zürich vorgesehen. In manchem erwies sich nun Baden als noch günstiger, weil hier die Nachteile des zentralen Orts – hohe Bodenpreise und eingeschränkte räumliche Verhältnisse – wegfielen, das Zentrum aber, dank der Bahn, in einer knappen halben Stunde erreicht werden konnte. Ähnliche Überlegungen galten für die Industrieansiedlungen in Oerlikon, damals noch eine selbständige Vorortsgemeinde. Die Werkzeug- und Maschinenfabrik Oerlikon (1876) ging zurück auf den Entschluss der Firma Daverio und Siewerdt aus Rorschach, in die Nähe des Zentrums zu rücken, ohne dessen Nachteile in Kauf nehmen zu müssen. Aus den gleichen Gründen unternahm Escher Wyss gegen Ende des Jahrhunderts einen Umzug in umgekehrter Richtung, weg vom teuren Pflaster mit den eingeengten Verhältnissen im Zentrum an die damalige Peripherie der Stadt im Hard. Heute ist ein weiterer Verdrängungsschub, gekoppelt mit dem rückläufigen Anteil der Fabrikarbeit, im Gang, und die Diskussion um die sinnvolle städtische Nutzung leerstehender Fabrikareale im Zürcher Industriequartier, in Oerlikon oder in Winterthur führt zu heftigen Auseinandersetzungen.

Die Stadt Zürich mit ihren optimal ausgebauten Verkehrsverbindungen und der urbanen Vielfalt der Kommunikationsmöglichkeiten wirkte als Magnet, der nach und nach immer neue Betriebe an sich zog. Solche Schwerpunktbildungen wurden vom schwedischen Nationalökonomen Gunnar Myrdal (1898–1987) als «kumulativ-zirkuläre» Prozesse beschrieben: Um einen Kristallisationskern, der vom historischen Zufall oder durch bewusste Politik entstanden sein kann, legen sich immer neue Schichten welche die im Kern bestehenden Vorteile nutzen wollen und dadurch wieder neue schaffen. Durch die Akkumulation werden dem umliegenden Gebiet Ressourcen entzogen, entsprechend entsteht als Gegensatz zum Zentrum die Peripherie.

Bezogen auf den Aufstieg der Stadt Zürich wäre der Kristallisationskern die schon in vorindustrieller Zeit begründete Prosperität der Textilindustrie. Der Anziehungskraft des Zentrums setzt sich aber der Raumwiderstand entgegen. Durch die Eisenbahn wird dieser geld- und zeitmässig auf einen Bruchteil reduziert. Der Vorsprung Zürichs im Eisenbahnbau hat den kumulativen Prozess, das Ausgreifen in grössere Räume, um wenige, aber entscheidende Jahre früher als andernorts in Gang gesetzt. Mit einigem Recht haben darum die Zürcher 1889 Alfred Escher mitten im neuen Zentrum der Stadt, das durch den Bahnhof geschaffen wurde, ein Denkmal gesetzt. Symbolträchtig auch, dass er nach dem Paradeplatz, dem Ort seiner Finanzmacht, blickt und dem Gebiet hinter dem Bahnhof, wo sich die sozialen Probleme häuften, den Rücken zukehrt.

Am meisten auf gute Erreichbarkeit angewiesen sind die Dienstleistungsbetriebe; es ist deshalb nicht erstaunlich, dass sich dieser Sektor, der proportional am stärksten zunahm, nämlich um fast das Zweieinhalbfache, vornehmlich in der Stadt Zürich etablierte. Allerdings gilt es im einzelnen zu differenzieren, denn die Sparte umfasst alle möglichen Tätigkeiten, von der Putzfrau bis zur Ärztin, vom Fuhrknecht bis zum Rechtsanwalt. Ein Lebensmittelladen, dessen Dienste von allen Haushalten fast jeden Tag in Anspruch genommen wird, kann sich mit einem weit kleineren Einzugsgebiet begnügen als etwa ein Arzt, den man nur im Krankheitsfall konsultiert. Je spezialisierter und exklusiver also eine Dienstleistung, desto mehr ist sie auf die zentrale Lage angewiesen. 1910 lebten im Bezirk Zürich, das heisst vornehmlich in der Hauptstadt, 46% der Gesamtbevölkerung, aber 55% der Lehrerinnen und Lehrer, 63% der frei praktizierenden Mediziner, 78% der im Bankfach Tätigen und 82% der Advokaten. Was sich die Stadt im Ancien Régime noch mit rechtlichen Mitteln gesichert hatte, nämlich die Kontrolle über zentrale und besonders lukrative Wirtschaftsbereiche, fiel ihr nun aufgrund raumwirtschaftlicher Vorteile zu. Das äusserte sich auch darin, dass Winterthur 1910 im Vergleich zu andern Schweizer Städten mit zentralen Dienstleistungen eher unterversorgt war; die Nähe der Hauptstadt wirkte sich hemmend aus.

Zu den wichtigsten Wachstumsbranchen im dritten Sektor gehörten die Postbetriebe – vor allem im neuen Unternehmensbereich Telephonie –, das Banken- und Versicherungsgewerbe sowie die Anwälte. Ebenso nahm im Zeichen der Professionalisierung des Ärztestandes und des vermehrten Hygienebewusstseins die Zahl der in der Gesundheits- und Krankenpflege Tätigen überdurchschnittlich zu. Trotz des rasanten Wachstums neuer Branchen waren aber auch 1910 die traditionellen Dienstleistungsbereiche

Briefkopf der Brauerei Tiefenbrunnen, 1894. Die Präsentation der eigenen Produktionsanlagen mit qualmenden Hochkaminen war ein beliebtes Sujet in der Zeit der Belle Époque. Im Gegensatz zu den übrigen Branchen, die sich meist mit nüchternen Zweckbauten begnügten, war für die Nahrungsmittelindustrie – und insbesondere für die Brauereien – eine aufwendige Fassadengestaltung Teil der Imagepflege. Die industrielle Brautechnik führte zu einem Konzentrationsprozess, dem nicht nur die unzähligen kleinen Bierhersteller, wie es sie noch in der ersten Hälfte des Jahrhunderts gegeben hatte, sondern auch grössere Unternehmen zum Opfer fielen, so auch die Brauerei Tiefenbrunnen. 1913 wurde im Gebäude die Mühle Tiefenbrunnen eingerichtet.

Um die Jahrhundertwende revolutionierten Setzmaschinen das Druckereigewerbe. Bedingung für deren Einsatz war die Verfügbarkeit von elektrischer Energie als Antriebsquelle. Im Bild die erste Linotype- oder Zeilenguss-Setzmaschine des «Tages-Anzeigers» (1902).

Tschechische Maggi-Werbung, vor 1914. Schon vor dem Ersten Weltkrieg war Maggi in zahlreichen europäischen Ländern mit Verkaufsbüros und eigenen Fabriken vertreten, so auch in der Nähe von Prag. Der Suppentopf übt auf den Knaben im schmucken Matrosenanzug eine unwiderstehliche Anziehungskraft aus, weil die Hausfrau und Mutter, deren Arbeit und Mühe unsichtbar bleibt, «zum Würzen ihrer Suppen», wie es im Text heisst, Maggi im charakteristischen Fläschchen verwendet.

Handel und Gastwirtschaft zahlenmässig weitaus die wichtigsten. Zusammen mit der Sparte Personen- und Güterverkehr stellten sie deutlich mehr als die Hälfte aller Berufstätigen im Tertiärsektor. Zürich war zwar ein wichtiges Zentrum, die gesamtschweizerische und internationale Bedeutung als Finanzplatz lag aber noch in weiter Ferne.

Zu den neuen Industrien, die sich nach 1880 im Kanton Zürich entwickelten, gehörte auch die fabrikmässige Herstellung von Nahrungs- und Genussmitteln. Schon 1847 hatte der Konditor Rudolf Sprüngli (1816–1897) damit begonnen, Schokolade halbindustriell herzustellen. Nach der Fusion mit der Berner Firma Rodolphe Lindt bauten seine Nachkommen den Betrieb zu einer kleinen Industrie aus. Nach der Fabrikzählung von 1911 waren am neuen Standort in Kilchberg 313 Arbeiterinnen und Arbeiter beschäftigt. Hand in Hand mit der Ausweitung der Produktion mussten neue Käuferschichten erschlossen werden. An der Landesausstellung von 1883 machte auch die Nahrungsmittelindustrie auf sich aufmerksam, und in einem «Fachbericht Chocolade» schrieb Rudolf Sprüngli, dass durch die industrielle Herstellung «nicht nur wie früher die begüterten Klassen sich die Chocolade verschaffen, sondern auch der Arbeiterstand die Wohlthat dieses so anerkannt gesunden und kräftigen Nahrungsmittels geniessen kann…».[11] Seine Forderung, es sollte «darauf auch höhern Orts hingewirkt» werden, durch dieses «volksthümliche Nahrungsmittel» die falsche und unzweckmässige Ernährung der Arbeiterschaft zu verbessern, ist nicht nur ein durchsichtiges Propagandamanöver, sondern nimmt ein von Sozialreformern jener Zeit vieldiskutiertes Thema auf: Das von der werktätigen Arbeiterfrau unter Zeitdruck zubereitete Essen sei zu teuer, eintönig, unausgewogen, schwer verdaulich und würde deshalb um so eher mit Schnaps hinuntergespült.

Vor dem Hintergrund dieser sozialen Bestrebungen fand der Müller Julius Maggi (1846–1912) einen neuen Markt. 1883 produzierte er mit Unterstützung der «Schweizerischen Gemeinnützigen Gesellschaft» Erbsen- und Bohnenmehl, das bei kurzer Kochzeit eine billige, eiweissreiche Nahrung bot. 1886 kam die erste Fertigsuppe auf den Markt, und 1887 lancierte die Firma ihre berühmte Würze. 1895 beschäftigte die Mühle in Kempttal bereits 332 vorwiegend weibliche Arbeitskräfte. Beim Tod Maggis im Jahr 1912 war die Firma bereits ein Konzern mit Produktionsbetrieben in Deutschland, Österreich, Frankreich und Italien.

### Die regionale Wirtschaftsstruktur

Ob der wirtschaftlichen Dominanz der Stadt Zürich vergisst man gern die grosse Bedeutung der Agrarwirtschaft für die Region. In der Tat war 1910 der Anteil der bäuerlichen Bevölkerung in sieben von elf Bezirken grösser als im gesamtschweizerischen Durchschnitt (26,8 Prozent), in den Bezirken Andelfingen und Dielsdorf machten die Bauern noch deutlich mehr als die Hälfte der Erwerbstätigen aus. Diese Verteilung – vorwiegend Landwirtschaft im fruchtbaren Nordteil des Kantons, Textilindustrie im Oberland – hatte sich schon während der «Protoindustrialisierung» im 18. Jahrhundert herauszubilden begonnen und blieb bis ins 20. Jahrhundert in grossen Zügen erhalten.

Bei näherem Hinsehen aber zeigen sich doch deutliche Veränderungen: Auch in den agrarischen Gegenden sank der Anteil der Landwirtschaft im Lauf der Zeit; entsprechend stieg die Zahl der in Gewerbe und Industrie Beschäftigten. Einzelne wichtige Fabriken waren auch in landwirtschaft-

**Regionale Wirtschaftsstruktur 1910**

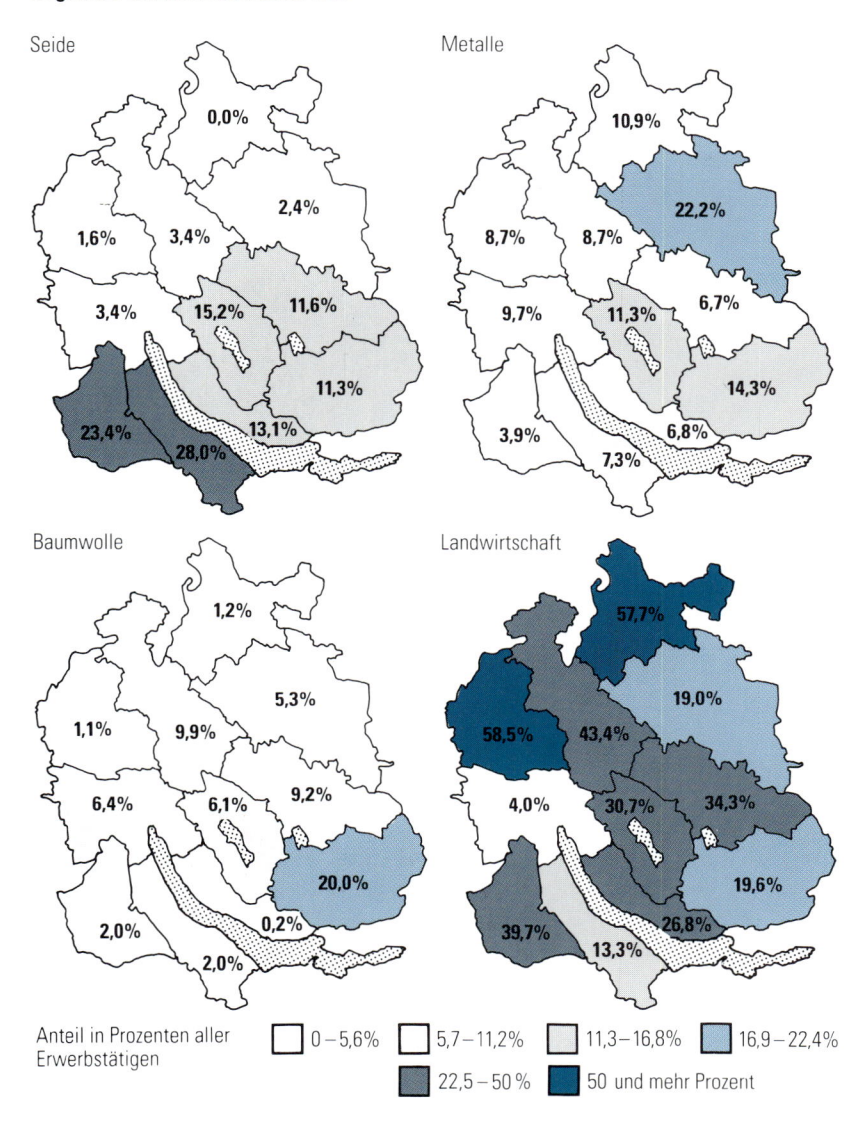

Seide

| | |
|---|---|
| 0,0% | |
| 1,6% | 2,4% |
| 3,4% | |
| 3,4% | 15,2% 11,6% |
| | 11,3% |
| 23,4% | 13,1% |
| | 28,0% |

Metalle

| | |
|---|---|
| 10,9% | |
| 8,7% 8,7% | 22,2% |
| 9,7% 11,3% | 6,7% |
| | 14,3% |
| 3,9% | 6,8% |
| 7,3% | |

Baumwolle

| | |
|---|---|
| 1,2% | |
| 1,1% 9,9% | 5,3% |
| 6,4% 6,1% | 9,2% |
| | 20,0% |
| 2,0% 0,2% | |
| 2,0% | |

Landwirtschaft

| | |
|---|---|
| | 57,7% |
| 58,5% 43,4% | 19,0% |
| 4,0% 30,7% | 34,3% |
| | 19,6% |
| 39,7% 13,3% 26,8% | |

Anteil in Prozenten aller Erwerbstätigen

☐ 0–5,6%  ☐ 5,7–11,2%  ☐ 11,3–16,8%  ☐ 16,9–22,4%
■ 22,5–50%  ■ 50 und mehr Prozent

lich geprägten Regionen anzutreffen, so beispielsweise die Glashütte in Bülach, die nach der Fabrikzählung von 1911 126 Personen beschäftigte, die Maschinenfabrik Guyer-Manz in Niederweningen (127 Beschäftigte), die Bindfadenfabrik Flurlingen (236) oder die grossen Seidenwebereien im Bezirk Affoltern, Stehli & Co. in Obfelden (571) und Gebrüder Näf in Affoltern (563).

Die Bevölkerungsentwicklung gibt einige Hinweise auf die Wirtschaftskraft der Regionen. Statt der absoluten Bevölkerungszahl wird hier die Wanderungsbilanz verwendet, die ein deutlicheres Bild zeichnet. Sie ergibt sich aus der Differenz zwischen dem gesamten Wachstum und dem Geburtenüberschuss. Ist dieser grösser als das Wachstum insgesamt, sind in der entsprechenden Periode Menschen abgewandert, im umgekehrten Fall zugewandert. Da zeigt sich nun, dass die landwirtschaftlichen Gegenden ihr natürliches Wachstum nicht zu absorbieren vermochten; sie sind allesamt von einer starken Abwanderung betroffen.

Die Tuchfabrik Fleckenstein in Wädenswil, um 1890. Das industrielle Ensemble umfasst eine ganze Anzahl verschiedener Gebäude: zwischen den rauchenden Hochkaminen das Kesselhaus und das erste Fabrikgebäude von 1822. Unmittelbar anschliessend, am rechten Bildrand, die Fabrikantenvilla von 1883. Im Vordergrund mit Sheddach das moderne Spinnerei- und Webereigebäude von 1890. Am unteren Bildrand dampft ein Zug der Linie Wädenswil–Einsiedeln (1877 eröffnet) vorbei. Die eingefügten Vignetten verweisen auf das Verkaufsbüro in Zürich und den Zweigbetrieb in Feldbach.

**Wanderungsbilanz 1877 bis 1910**

| Bezirk | Zuwanderung netto | Abwanderung netto | in % des Geburtenüberschusses |
|---|---|---|---|
| Affoltern | | 1 811 | 73,9 |
| Andelfingen | | 3 176 | 86,8 |
| Bülach | | 4 165 | 60,6 |
| Dielsdorf | | 2 952 | 66,0 |
| Hinwil | 553 | | |
| Horgen | 7 151 | | |
| Meilen | 1 405 | | |
| Pfäffikon | | 2 926 | 117,0 |
| Uster | | 74 | 2,3 |
| Winterthur | 9 570 | | |
| Zürich | 100 653 | | |
| Total | 119 332 | 15 104 | |

Nettozuwanderung: 104 228

Das Entwicklungspotential der Baumwollindustrie, ehemals der Motor des starken Bevölkerungswachstums im Zürcher Oberland, war ausgeschöpft. Der Bezirk Pfäffikon verzeichnete eine starke Abwanderung; Hinwil und Uster dagegen vermochten sich zu halten, weil es hier gelungen war, in neue Bereiche zu diversifizieren. Dabei bildeten sich regionale Wachstumspole heraus; Rüti mit seiner Maschinenfabrik, das zwischen 1870 und 1910 seine Bevölkerung verdoppelte (von 2122 auf 5256), oder das Regionalzentrum Uster, das sich mit seiner Ortsplanung auch im äusseren Erscheinungsbild einen städtischen Charakter zu geben trachtete.

Stärker als in den Bezirken Hinwil und Uster war die zukunftsträchtige Metall- und Maschinenindustrie nur in Winterthur mit seinen drei Grossbetrieben vertreten. In absoluten Zahlen gab es allerdings in Zürich mit 11 000 Beschäftigten noch mehr Arbeiter in dieser Branche als in Winterthur (7000), sie fielen aber anteilsmässig nur wenig ins Gewicht, weil gleichzeitig im bevölkerungsreichsten Bezirk der Dienstleistungssektor eindeutig dominierte.

Bemerkenswert ist die Entwicklung am linken Seeufer, das den grössten Wanderungsgewinn aller Landbezirke aufweist. Hier befand sich das Zentrum der Seidenweberei, die nach 1880 eine neue Blüte erlebte. Jahrzehntelang hatte die alte heimindustrielle Herstellung von Seidenstoffen dank der billigen Arbeitskräfte grosse Gewinne abgeworfen, es gab «kaum ein beneidenswerteres Metier als dasjenige eines Seidenfabrikanten». Die grosse Wirtschaftskrise ab Mitte der siebziger Jahre wurde vielen Seidenherren, «eingeschläfert durch das Dolce far niente» zum Verhängnis. Ihr «unglücklicher Conservatismus» und der «Mangel an Initiative»[12] führten dazu, dass sie den Anschluss verpassten.

Der dies schrieb, Robert Schwarzenbach-Zeuner (1839–1904) von Thalwil, war der erste Seidenindustrielle, der sich den neuen Bedingungen des beschleunigten Wechsels der Moden, der Nachfrage nach neuen Produkten und dem technologischen Wandel anpasste. Mit einem halben Jahrhundert Rückstand auf die Mechanisierung in der Baumwollverarbeitung setzte in den achtziger Jahren jene der Seidenweberei ein, die technisch viel komplizierter war; es entstanden erste grosse Fabriken. 1905 gab es im Bezirk Horgen drei mechanische Seidenwebereien mit je rund 1000 Beschäftigten; neben dem Branchenführer Schwarzenbach in Thalwil (946 Beschäftigte), Gessner in Wädenswil (1044) und, grösste Textilfabrik überhaupt, die mechanische Seidenstoffweberei Adliswil mit 1371 Arbeiterinnen und Arbeitern.

Entscheidend für das Wachstum des linken Seeufers aber war, dass sich hier, im Gegensatz zum Bezirk Affoltern, nicht nur die Seidenweberei ansiedelte, sondern dass sich eine gewerblich-industrielle Durchmischung entwickelte, begünstigt auch durch die optimalen Verkehrsverbindungen nach der Hauptstadt: Färbereien in Horgen und Thalwil, Nahrungsmittel in Kilchberg, Maschinen-, Parkett- und Möbelfabriken im Hauptort Horgen, um nur die grössten Betriebe zu nennen.

## Frauenarbeit und Frauenbildung

Mit dem wirtschaftlichen Strukturwandel eröffneten sich den Frauen neue berufliche Möglichkeiten. Wenn diese Veränderung im folgenden durch einige Zahlen belegt wird, so muss man sich bewusst sein, dass die Statistik über Frauenarbeit mangelhaft und problematisch ist. Zum einen galt die grösste Sparte weiblicher Tätigkeit, die Führung des Haushalts, nicht als Erwerb. Diese Sichtweise war insofern gerechtfertigt, als die Hausfrau in aller Regel unbezahlte Arbeit leistet. Aber auch die Dienstmädchen, die bei der «Herrschaft» in einem Arbeitsvertrag standen, waren nach der damaligen Statistik keine Berufstätigen. Sie wurden zwar separat ausgewiesen, aber nicht zu den «Thätigen», sondern zu den vom Haushaltvorstand «Ernährten» gezählt. Nach der Volkszählung von 1910 gab es im Kanton Zürich 13 436 Dienstmädchen, das waren immerhin fünf Prozent der gesamten weiblichen Bevölkerung.

Im weiteren wurde Mitarbeit und Mitverantwortung von Frauen im Familienbetrieb, sei das ein Bauernhof, eine Bäckerei oder irgendein Handwerk, höchst unvollständig erfasst, ganz zu schweigen vom unabdingbaren Nebenverdienst, dem viele Frauen zur Aufbesserung des allzu knappen Haushaltsbudgets nachgehen mussten. Wenn also nach der Statistik von 1910 zwei Drittel der männlichen, aber nur ein Drittel der weiblichen Bevölkerung «aktiv» im Erwerbsleben standen, so sagt das über die eigentliche Arbeitsleistung der Frauen wenig aus.

Dienstmädchen in einem grossbürgerlichen Haushalt (1909). Der Staubsauger ist zu dieser Zeit mehr Prestigeobjekt als Instrument rationellen Haushaltens. Die ersten Aggregate zur Erzeugung eines Vakuums waren so unförmig, dass sie im Keller aufgestellt werden mussten. Das aufwendige Röhrensystem mit Anschlüssen auf jedem Stockwerk und langen Schläuchen (wie hier im Bild) machte die Anlage so teuer, dass nur wohlhabende Haushalte sie sich leisten konnten, die ohnehin genügend Dienstpersonal zum Staubwischen hatten.

**Frauenarbeit 1888 und 1910**

|  | Erwerbstätige Frauen | | | | Frauen pro Branche in % | |
|---|---|---|---|---|---|---|
|  | 1888 | | 1910 | | 1888 | 1910 |
| Total | 52 709 | (100%) | 84 987 | (100%) | 34 | 34 |
| Einzelne Branchen: | | | | | | |
| Textilindustrie | 27 686 | (52%) | 21 353 | (25%) | 72 | 52 |
| Kleidung und Putz | 8 771 | (17%) | 16 739 | (20%) | 60 | 70 |
| Handel | 5 569 | (11%) | 15 585 | (18%) | 40 | 44 |
| Gesundheitspflege | 751 | (1%) | 2 304 | (3%) | 53 | 60 |
| Erziehung, Unterricht | 589 | (1%) | 1 581 | (2%) | 26 | 39 |

Nach der damaligen Statistik zählten Dienstmädchen nicht zur aktiven oder erwerbstätigen Bevölkerung. 1910 gab es im Kanton 13 436 Dienstmädchen.

Dagegen lassen sich einige Erkenntnisse gewinnen, wenn man die mit den gleichen Fehlern behafteten Zählungen von 1888 und 1910 miteinander vergleicht. Dabei zeigt sich, dass die Zahl der erwerbstätigen Frauen innert 22 Jahren von 53 000 auf 85 000 angestiegen ist. Da aber die Bevölkerung ebenso stark wuchs, blieb der Anteil der Frauen an der Gesamtzahl der Erwerbstätigen in etwa gleich. Auch 1910 wurden die traditionellen Sparten weiblicher Lohnarbeit, die Herstellung und Verarbeitung von Garnen und Stoffen, zahlenmässig von Frauen dominiert. Bemerkenswert aber ist, dass um 1910 nur noch ein Viertel der erwerbstätigen Frauen in der Textilindustrie beschäftigt war, während es 1888 noch gut die Hälfte war.

Bis zu einem gewissen Grad entsprach diese Entwicklung dem allgemeinen Strukturwandel; der Abbau von gegen 6000 Arbeitsplätzen wurde in erster Linie durch die Minderbeschäftigung von Frauen kompensiert. Während sich für Männer neue Arbeitsmöglichkeiten in der aufstrebenden Metall- und Maschinenindustrie boten, fanden Frauen dort kaum Beschäftigung. Ihr Anteil an der Fabrikarbeiterschaft nahm deshalb deutlich ab, dafür waren sie um so stärker im dritten Sektor vertreten, der ja auch gesamtwirtschaftlich eine immer bedeutendere Stellung einnahm.

Neben die traditionell weiblichen Dienstleistungsberufe wie Verkäuferin, Hebamme oder Krankenwärterin traten neue, welche durch die technisch-organisatorische Entwicklung geschaffen wurden, zum Beispiel der Beruf der Telephonistin, der «wie für Frauen geschaffen» war[13], vor allem aber, zahlenmässig am wichtigsten, das «Bürofräulein», das mit der allgemeinen Ausdehnung der Verwaltung und Bürokratie in eine bisherige Männerdomäne vordrang.[14]

Nun war es in aller Regel nicht so, dass Fabrikarbeiterinnen zu kaufmännischen Angestellten wurden, vielmehr eröffneten sich hier Erwerbsmöglichkeiten für breite Mittelschichten, die Fabrikarbeit mit ihrem sozialen Status und ihrem Bild der Frau nicht hatten vereinbaren können und die im Fall der Not lieber miserabel entlöhnte, verschämt versteckte Heimarbeit annahmen. Die aufopfernde Pflege der Kranken dagegen, die Erziehung der Kinder als «Lehrgotte» auf der Unterstufe, aber auch die freundliche und einfühlsame Dienstbarkeit der Sekretärin konnten als «soziale Mütterlichkeit» mit dem weiblichen Ideal in Einklang gebracht werden. Charakteristischerweise wurden und werden weibliche Berufsbezeichnun-

Das Büro der Firma Musik Hug, zur Zeit des Ersten Weltkriegs. Bescheiden in ihrer Ecke sitzend erledigt die adrett gekleidete Büroangestellte an der Schreibmaschine mit flinken Fingern die ihr zugewiesene Arbeit.

gen oft mit einem Ausdruck aus dem Familienkreis verknüpft; neben der Lehr*gotte* spricht man von der Servier*tochter* oder der Kranken*schwester*.[15]

Wie überall waren auch hier die Frauen schlechter entlöhnt und meist in untergeordneter Stellung tätig. Die Diskriminierung am Arbeitsplatz konnte mit der Rolle, die der Frau in der Gesellschaft zugedacht war, gerechtfertigt werden. Sie war – so die gängige Meinung – von der Natur zur Hausfrau und Mutter bestimmt, Berufstätigkeit war eine Zwischenstation vor der Heirat, es lohnte sich deshalb nicht, sie in höhere Positionen aufsteigen zu lassen. Der Mann war in aller Regel der Ernährer der Familie und konnte deshalb einen höheren Lohn beanspruchen; die Frau hatte bloss einen Zusatzverdienst zu erbringen, der nicht einmal das Existenzminimum erreichen musste. In verschiedenen Kantonen, so etwa in Bern, wurden alle unverheirateten Frauen, die nicht mehr der väterlichen Gewalt unterstanden, von Gesetzes wegen verbeiständet, also wie Kinder als handlungsunfähig erachtet. Wie sollten sie, die nicht einmal ihre eigenen Geschicke zu lenken imstande waren, Entscheidungen in Chefpositionen treffen können?

Im Zürcher Recht gab es diese Geschlechts-Vormundschaft zwar nicht, dagegen war der Mann der eheliche Vormund seiner Frau und das «Haupt der Familie», eine Formulierung, die später vom Schweizerischen Zivilgesetzbuch (1907) übernommen wurde und formal bis 1988 in Kraft war. Daraus leitete sich unter anderem ab, dass der Ehemann über den Lohn seiner Frau verfügen konnte. Soweit zumindest der juristische Sachverhalt. In der Praxis war es jedoch viel eher so, dass erwerbstätige Frauen, und das waren vor allem Frauen aus der Unterschicht, ihren Wert in der Familienökonomie sehr wohl kannten und entsprechend oft selbstbewusster auftraten als ihre bürgerlichen Schwestern.

Im übrigen waren Frauen tatsächlich schlechter qualifiziert: dazu waren sie ja auch erzogen worden. Zwar galt die allgemeine Schulpflicht, die in den dreissiger Jahren des 19. Jahrhunderts eingeführt worden war, auch für Mädchen. Bereits in der Sekundarschule waren sie aber krass untervertreten (etwa ein Fünftel). Gymnasium und Industrieschule waren lange Zeit den Bürgersöhnen vorbehalten. Der Umgang mit abstrakter Wissenschaft war angeblich weder für «den schwachen weiblichen Intellekt» noch für die Psyche der Frau förderlich, denn «diese Dinge bilden jene Missgestalten, die wir unter dem Namen ‹gelehrte Frauen› kennen».[16]

Wie im Büro waren auch in der Industrie Frauen vor allem dort gefragt, wo es galt, monotone Arbeit schnell, sauber und exakt zu erledigen. Die Photographie (um 1920) zeigt Arbeiterinnen der Firma Maggi in Kemptthal an Verpackungsmaschinen. Das Fehlen von Transmissionsriemen weist darauf hin, dass der elektrische Antrieb auch hier Eingang gefunden hat.

Wichtig war es hingegen, den Mädchen, vor allem jenen aus den ärmeren Schichten, gutes Haushalten beizubringen, denn sie sollten durch Sparsamkeit die geringen Löhne der Männer strecken, durch Ordnung und Sauberkeit die gesundheitlichen Risiken feuchter und überfüllter Wohnungen mindern und durch das traute Heim ihre unzufriedenen Männer von Protesten in der Öffentlichkeit abhalten; kurz, die sozialen Probleme sollten vereinzelt und von den Frauen im Schoss der Familie gelöst werden.

Hauswirtschaftlicher Unterricht war zunächst das Ergebnis privater Initiative. 1836 veranlasste der Pfarrer von Thalwil die Gründung eines Frauenvereins, der die eben gegründete Arbeitsschule für Sekundarschülerinnen beaufsichtigen und zugleich finanzieren sollte. Weitere Frauenvereine mit ähnlichen Zielsetzungen entstanden in den folgenden Jahren. Im revidierten Schulgesetz von 1859 wurden Aufgaben und Pflichten dieser Vereine rechtsverbindlich geregelt und der Hauswirtschaftsunterricht für Mädchen obligatorisch erklärt.[17]

Um weiterführende Schulen für Mädchen war es hingegen schlecht bestellt. Privatschulen und Mädchenpensionate – besonders prestigeträchtig waren die in der Westschweiz angesiedelten Institute – waren nur Töchtern aus vermöglicheren Schichten zugänglich. Arbeiter- und Bauerntöchtern wurde ans Herz gelegt, statt der sittlich verrohenden Fabrikarbeit eine Stelle als Dienstmädchen anzunehmen. Die intensive Propaganda, die dafür entfacht wurde, argumentierte damit, dass das Dienen im bürgerlichen Haus die beste Voraussetzung, eine Art Lehrzeit, für die Führung eines eigenen Haushalts sei; daneben bezweckte sie aber auch, die Konkurrenz durch die besser bezahlte Fabrikarbeit, die seit den sechziger Jahren zu einer zunehmenden «Dienstbotennot» geführt hatte, zu bekämpfen.

Töchter aus der Mittelschicht, die sich weder ein teures Mädchenpensionat leisten konnten noch in der Fabrik oder als Dienstmädchen arbeiten durften, waren in einer ungemütlichen Lage. Für sie mussten neue Ausbildungsmöglichkeiten gefunden werden. Es ist wohl kein Zufall, dass zur Zeit der Mobilisierung des kleinen und mittleren Bürgertums durch die demokratische Bewegung in den sechziger Jahren der Anteil der Mädchen in den Sekundarschulen rasch von 20 auf 30 Prozent anstieg, was wiederum in reicheren Gemeinden zur Gründung separater Mädchensekundarschulen führte. Im Rahmen der Schulgesetzrevision von 1859 wurden auch Forderungen nach freiwilligen Fortbildungsschulen laut, und zwar nicht nur für Knaben: «Zur Hebung der allzuweit zurückgesetzten weiblichen Bildung sollte ausserdem auf die Vermehrung und bessere Einrichtung der Arbeitsschulen und die Gründung einer höhern Töchterbildungsanstalt Bedacht genommen werden.»[18] Die Erfüllung des Postulats liess allerdings auf sich warten. Erst 1885 wurde von der Stadt Zürich die «Höhere Töchterschule» eröffnet, mit dem Ziel «den Töchtern eine höhere allgemeine Bildung zu bieten, anderseits ihnen die Kenntnisse und Fertigkeiten zu verschaffen, die den Eintritt in einen praktischen Wirkungskreis (worunter auch der Lehrerinnenberuf) ermöglichen und erleichtern».[19] Dieser Zweckparagraph umschreibt aufs schönste die Situation der Töchter aus der Mittelschicht, die zwar auf den «praktischen Wirkungskreis», lies: aufs Geldverdienen, angewiesen waren, aber doch nach dem grossbürgerlichen Frauenideal zu streben hatten. Der Volksmund, der aus der Höheren Töchterschule eine Schule für «höhere Töchter» machte, brachte den Zweck der Schule etwas maliziös auf den Punkt.

Angesichts der geschilderten Verhältnisse mag es erstaunen, dass die Universität von Anfang an Frauen als Hörerinnen zuliess. Das geschah denn wohl auch weniger aus dem bewussten Streben nach Gleichberechtigung, sondern vielmehr deshalb, weil die Zürcher Hochschule als Neugründung von keinerlei Traditionen belastet war und sie sich zudem in den ersten Jahren um Studienwillige bemühen musste. Überdies hing die Höhe der Professorengehälter von der Grösse der Hörerschaft ab. Da waren denn auch die wenigen kecken Frauenzimmer, die sich vorwagten, willkommen. Zur Berufsbildung der Zürcher Frauen hat die Hochschule dennoch wenig beigetragen. Vor allem russische Studentinnen, die in ihrer Heimat vom Studium ausgeschlossen worden waren, strömten nach Zürich, um vorwiegend Medizin zu studieren.[20] Die bebrillten, zigarettenrauchenden «Kosakenpferdchen», in deren Kreisen sozialrevolutionäre Ansichten vertreten wurden, entsprachen kaum dem weiblichen Idealbild der braven Zürcher Bürger und waren deshalb wenig geeignet, als Vorbild für die Einheimischen zu dienen.

Zudem war die Möglichkeit akademischer Bildung das eine, die Berufsausübung aber etwas ganz anderes. Der ersten promovierten Juristin, Emilie Kempin-Spyri, wurde das Auftreten vor dem Bezirksgericht verweigert. Nach damaligem zürcherischem Recht durfte zwar jedermann auch ohne die geringsten juristischen Kenntnisse den Anwaltsberuf ausüben, aber eben nur jeder Mann.[21] Die Professoren ihrerseits nahmen zwar Studentinnen gerne auf, wehrten sich jedoch resolut gegen Frauen im akademischen Lehrkörper. Erst 1891 wurde es einer Frau gestattet, immer noch gegen den Willen des akademischen Senats, wenigstens die unterste Stufe zu erklimmen und sich als Privatdozentin zu habilitieren. Die ersten zwei vollamtlichen Professorinnen traten ihr Amt erst in den sechziger Jahren des 20. Jahrhunderts an.

Nicht nur im akademischen Bereich, sondern in allen Sparten wehrten sich vor allem die Berufskollegen gegen das Eindringen der Frauen. Sie sahen nicht nur ihre Löhne unter Druck kommen, sondern fürchteten auch, dass ein Beruf, der sogar von Frauen ausgeübt werden konnte, an Prestige verlieren könnte. So etwa wurde den Telegraphistinnen der Beamtenstatus, den sie in der Frühzeit erhalten hatten, später wieder aberkannt. Der 1873 gegründete «Schweizerische Kaufmännische Verein» sträubte sich bis 1918, Frauen aufzunehmen. Auch die sozialistischen Gewerkschaften, für die in der Theorie absolut klar war, dass es keinen Unterschied gab zwischen Mann und Frau, akzeptierten in der Praxis des Familien- und Arbeitsalltags noch so gern die «bürgerlichen Vorurteile».[22]

Emilie Kempin-Spyri (1853–1901), die erste Juristin der Schweiz, promovierte 1886 an der Universität Zürich, konnte aber nach einem vom Bundesgericht bestätigten Urteil nicht als Anwältin auftreten, da sie als Frau das Aktivbürgerrecht nicht besass. 1888 versuchte sie erfolglos, sich an der Universität zu habilitieren, woraufhin sie mit ihrer Familie nach den USA zog, wo sie Vorträge und Vorlesungen, unter anderem an der City University von New York, hielt. Erst im zweiten Anlauf (1891) wurde ihr vom Erziehungsrat des Kantons Zürich der Titel einer Privatdozentin für römisches, englisches und amerikanisches Recht zuerkannt. Sie hatte aber, wohl wegen der massiven inneruniversitären Widerstände, keinen Erfolg in ihrer akademischen Tätigkeit. 1896 trat sie enttäuscht zurück. Im Kampf um das Recht zerbrach sie. In einem Brief, datiert «Basel, Irrenanstalt, den 18.XII.99», bewarb sie sich um eine Stelle als Magd.

Der Vorstand des «Katholischen Arbeiterinnenvereins»: lauter Männer. Papst Leo XIII. hatte 1891 in der Enzyklika *Rerum novarum* die katholische Soziallehre verbindlich festgelegt. Darin wird sowohl die bestehende ungerechte Verteilung der Güter getadelt als auch das egalitäre und gottlose Gesellschaftsmodell des Sozialismus verurteilt. Nach vergeblichen Bemühungen, alle Arbeiterorganisationen in einem neutralen Dachverband zusammenzufassen, wurde 1907 mit der Gründung eines Christlichsozialen (ab 1921: Christlich-nationalen) Gewerkschaftsbunds der Bruch zwischen katholischen und sozialistischen Arbeiterorganisationen besiegelt.

Die Führungsrolle der Kirche in der katholischen Sozialbewegung wird auf diesem Bild eklatant augenfällig: Weil die Frauen in der kirchlichen Hierarchie eine untergeordnete Stellung einnehmen, müssen sich auch weibliche Vereine von männlichen Priestern leiten lassen.

# Zum Forschungsstand

Zur Eisenbahngeschichte wird man neben dem Standardwerk von BAUER, Eisenbahnen, die schon ältere, aber präzise Darstellung von KESSLER, Nordostbahn, die vor allem auf betriebswirtschaftliche und finanzielle Probleme eingeht, konsultieren. Weniger umfassend, aber doch sehr brauchbar ist GUBLER, Nationalbahn; einige Aspekte werden behandelt in GANZ, Winterthur 1798–1922. Spezifisch auf die «Eisenbahnschlachten» rund um Zürich bezogen ist BÄRTSCHI, Industrialisierung. Die langwierigen Auseinandersetzungen um die Verstaatlichung der Bahnen werden ausführlich und übersichtlich dargestellt von STREBEL, Rückkauf.

Eine Gesamtdarstellung der wirtschaftlichen Entwicklung im Kanton Zürich fehlt; um so mehr ist man angewiesen auf die Volkszählungen, Fabrik- und Betriebszählungen, die Publikationen der Statistischen Ämter von Stadt und Kanton. Wertvolle Angaben, auch zu Zürich, findet man in neueren Werken, welche einzelne Themen gesamtschweizerisch behandeln und dabei explizit wirtschaftswissenschaftlicher Methodik und Theorie verpflichtet sind, beispielsweise BECK, Lange Wellen; M. BERNEGGER, Schweizer Wirtschaft; SCHWARZ, Bruttoanlageinvestitionen; RITZMANN, Schweizer Banken; DUDZIK, Baumwollspinnerei. Die oft in ihrer Bedeutung verkannte Seidenindustrie wird in einem kurzen Aufsatz gewürdigt: M. BERNEGGER, Seidenindustrie. Ausführlicher mit den Seidenindustriellen beschäftigt sich T. BERNEGGER, Seidenindustrielle.

Festschriften bilden vielfach das einzige Informationsmaterial über einzelne Firmen; sie sind, ihrem Zweck entsprechend, kaum je kritisch, enthalten aber oft wertvolle Daten. Die vom VEREIN FÜR WIRTSCHAFTSHISTORISCHE STUDIEN herausgegebene Reihe «Schweizer Pioniere der Wirtschaft» schildert Unternehmerpersönlichkeiten und ihre Leistungen.

Mit der Erwerbstätigkeit von Frauen befasst sich die schon ältere Arbeit von GAGG, Frauenarbeit; spezifisch auf Zürich bezogen ist STEIGER, Frauenarbeit. Erst die neue Frauenbewegung der späten sechziger Jahre des 20. Jahrhunderts hat sich aber auf breiter Front und mit grossem Elan der Frauengeschichte angenommen. Arbeitswelt und Lohnarbeit von Frauen wurden analysiert von PESENTI, Arbeiterin; FREI, Rote Patriarchen; BARBEN, Verflixt und zugenäht; Frauenbild und Frauenbildung von BLOSSER, Töchter, und von BOESCH, Mädchenbildung. Einen Überblick über die vielfältigen und innovativen Ansätze bietet WECKER, Regina, Frauengeschichte – Geschlechtergeschichte, in: SZG, vol. 41 (1991), S. 308–319. Manches ist hier noch im Fluss, eine erste Synthese unternimmt MESMER, Ausgeklammert – Eingeklammert. Eine vielfältige und kommentierte Quellensammlung bietet JORIS, Frauengeschichte(n).

# Anmerkungen

[1] EMMINGHAUS, C.B. Arwed, Die Schweizerische Volkswirtschaft, Bd. 2, Leipzig 1861, S. 152
[2] GANZ, Winterthur 1798–1922, S. 213
[3] BAUER, Eisenbahnen, S. 104ff.
[4] GANZ, Winterthur 1798–1922, S. 216
[5] KESSLER, Nordostbahn, S. 262
[6] BÄRTSCHI, Industrialisierung, S. 165–168
[7] KESSLER, Nordostbahn, S. 117f.
[8] Zur Verstaatlichung der Bahnen vgl. STREBEL, Rückkauf
[9] Für eine genaue Analyse, die NOB betreffend, siehe KESSLER, Nordostbahn, S. 248–260
[10] Zit. nach: BÄRTSCHI, Industrialisierung, S. 288
[11] Zit. nach: SCHMID, H.R., Lindt & Sprüngli 1845–1970. 125 Jahre Freude schenken, Zürich, S. 32
[12] Zit. nach: BERNEGGER, M., Seidenindustrie, S. 82ff.
[13] Ausführlich dazu: BÜHLMANN, Yvonne und ZATTI, Kathrin, «Sanft wie eine Taube, klug wie eine Schlange und verschwiegen wie ein Grab...». Frauen im schweizerischen Telegrafen- und Telefonwesen, 1870–1914, Zürich 1992
[14] Ausführlich dazu: KÖNIG, Warten und Aufrücken, Teil A; speziell auf Zürich bezogen: HELFENBERGER, Schnürleibchen
[15] JORIS, Elisabeth und WITZIG, Heidi, Die ewigen Töchter oder die verpasste Revolution, in: SZG, vol. 34 (1984), S. 357–362
[16] Aus einer Stellungnahme der Schweizerischen Gemeinnützigen Gesellschaft, zit. nach: MESMER, Ausgeklammert, S. 70
[17] MESMER, Ausgeklammert, S. 73–75
[18] Zit. nach: BOESCH, Mädchenbildung, S. 73
[19] Zit. nach: BOESCH, Mädchenbildung S. 249
[20] Ausführlich dazu: NEUMANN, Russische Studentinnen
[21] STADLER-LABHART, Parnass, S. 261–302
[22] FREI, Rote Patriarchen

**Lebensstandard von Arbeiterfamilien (S. 166/167)**
[1] FREI, Anny Klawa-Morf, S. 27
[2] ebd. S. 27
[3] Gottlieb Keller (1863–1940), in: MESSERLI, Autobiografien, S. 171
[4] ebd. S. 175
[5] PFLÜGER, Die Wohnungsnot; vgl. ebenso AUTORENGRUPPE UNIVERSITÄT ZÜRICH, Reallöhne, Bd. 5, S. 17

# Stadtwachstum, Stadtfeindschaft und neuer Städtebau

Dynamik der Grossstadt. Plakat (um 1920) von Otto Morach (1887–1973), Lehrer an der Kunstgewerbeschule Zürich. Als Plakatkünstler und Maler war Morach einer der wichtigsten Vertreter des Expressionismus in der Schweiz.

1870 zählte die politische Gemeinde Zürich 21 199 Einwohnerinnen und Einwohner, 1910 waren es neunmal mehr, nämlich 190 733. Dazwischen liegt die Eingemeindung von 1893, welche die Bevölkerung auf einen Schlag von 28 000 auf 121 000 (1894) anschwellen liess und damit Zürich zur ersten schweizerischen Grossstadt machte. Zählt man die ehemals selbständigen elf «Ausgemeinden» bereits ab 1870 zur Gesamtbevölkerung, so ist das Wachstum zwar weniger spektakulär, aber immer noch ausserordentlich hoch: zwischen 1870 (59 200 Einwohner) und 1910 verdreifachte sich die Zürcher Bevölkerung. In den achtziger Jahren, deren erste Hälfte von der «Grossen Depression» geprägt war, verlief das Wachstum relativ bescheiden. In den darauffolgenden Jahren bis 1900 erreichte es

**Geburtenüberschuss und Gesamtwachstum in der Stadt Zürich von 1893 bis 1923**

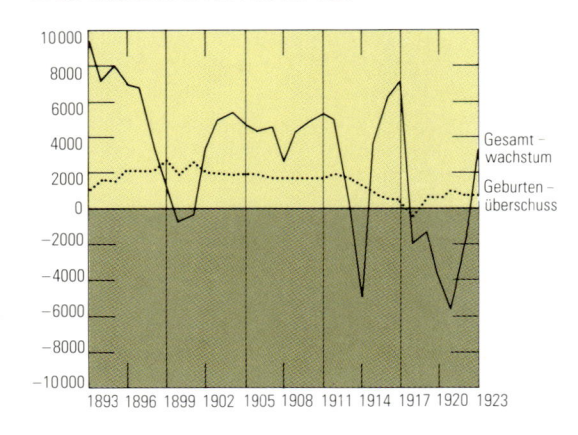

**Wanderungsbewegungen in der Stadt Zürich von 1893 bis 1923**

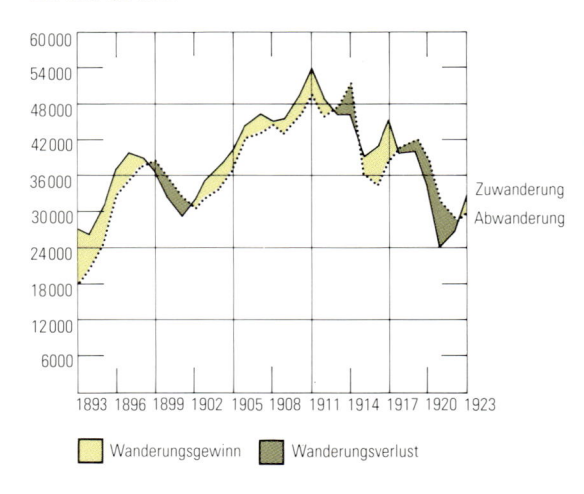

dann einen absoluten Höhepunkt, und noch bis 1910 war die Zunahme beträchtlich, um dann – eine Folge des Ersten Weltkriegs – sehr stark abzuflachen.[1]

Im Gegensatz zur ersten Hälfte des 19. Jahrhunderts trug nun neben der Zuwanderung auch die natürliche Bevölkerungsvermehrung, also der Überschuss der Geburten über die Todesfälle, zum Wachstum bei. In der Tat hatte Zürich den grössten Geburtenüberschuss aller Bezirke. Verfolgt man das Wachstum von Jahr zu Jahr, wie das ab 1893 möglich ist, zeigt sich, dass die Bevölkerungsbewegung im einzelnen sehr viel hektischer war, als das die alle zehn Jahre erhobenen Daten der Volkszählungen vermuten lassen. Obwohl auch das natürliche Wachstum recht grossen Schwankungen unterworfen war, die im Extremfall (zwischen 1900 und 1901) bis zu 25 Prozent pro Jahr ausmachen konnten, erscheint es im Vergleich zur Wanderungsbilanz, die in erster Linie für die grossen Ausschläge verantwortlich ist, als relativ stabil. Da Wohnortswechsel in erster Linie im Hinblick auf (bessere) Erwerbsmöglichkeiten vorgenommen werden, erstaunt es nicht, dass die Bevölkerungsbewegung sehr genau die Wirtschaftslage spiegelt. Deutlich sichtbar ist die kurze, aber scharfe Depression der Jahrhundertwende, die in Zürich unter dem Namen «Liegenschaftenkrise» bekannt wurde. Noch viel deutlicher zeichnet sich der Zusammenbruch zu Beginn des Ersten Weltkriegs ab, hier verstärkt durch die Heimreise vieler Ausländer, die zum Militärdienst einberufen wurden. Ebenso markant ist die Nachkriegskrise der frühen zwanziger Jahre. In Krisenzeiten kann die Abwanderung so viel grösser sein als die Geburtenüberschüsse, dass das Wachstum negativ wird. Von 1900 bis 1902, 1914 und von 1918 bis 1922 nahm die Bevölkerung der Stadt Zürich effektiv ab. Nur gerade 1918 überstieg jedoch die Zahl der Todesfälle jene der Geburten: eine Folge der schrecklichen Grippeepidemie, die bei Kriegsende in Zürich und in vielen Teilen der Schweiz wütete.

Zwischen 1893 und Ende 1918 nahm die Bevölkerung der Stadt Zürich um 104 000 Personen zu, knapp die Hälfte davon (45 000) ist dem natürlichen Wachstum zuzuschreiben, etwas mehr als die Hälfte ist also im Lauf dieser Zeit zugewandert. Der Wanderungsgewinn von 59 000 Personen vermittelt aber ein höchst unzureichendes Bild von der ungeheuren Mobilität zu jener Zeit. Insgesamt sind in dieser Periode etwas über eine Million Menschen in die Stadt Zürich zugewandert und etwas weniger als eine Million weggezogen. Jährlich ergoss sich also ein riesiger Strom von Menschen in die Stadt, der zum grössten Teil auch wieder abfloss. Aber dennoch machten die wenigen, die in dem gewaltigen Wirbel zurückgehalten wurden, den grösseren Teil des gesamten Wachstums aus.

Einige Hinweise auf die Herkunft der Zugewanderten ergeben sich aus dem Heimatort der Wohnbevölkerung. 1910 waren Zürcherinnen und Zürcher eine klare Minderheit (20,5%) in der eigenen Stadt. Zwei Drittel der Einwohner besassen einen Schweizer Heimatschein, je zur Hälfte etwa stammten sie aus dem Kanton Zürich (35,7%) und der übrigen Schweiz (30,5%). Ein Drittel (33,8%) war im Ausland heimatberechtigt, das sind prozentual fast doppelt so viele wie 1970 (17,5%), als Fremdenfeindlichkeit und Kampagnen gegen die Überfremdung hohe Wellen schlugen. Niederlassungsverträge mit den wichtigsten Staaten ermöglichten damals eine weitgehend unbeschränkte Zuwanderung von Arbeitswilligen. Die Zusammensetzung des Ausländerbestands war allerdings 1910 grundsätzlich anders als 1970. Den Hauptanteil stellten traditionellerweise die Deutschen (1910: 21,2% der Gesamtbevölkerung oder 62,7% der Ausländer), «muratori» und Textilarbeiterinnen aus Oberitalien nahmen zwar von den achtziger Jahren des 19. Jahrhunderts an stark zu, bildeten aber 1910 immer noch eine deutliche Minderheit (11 000 Personen).

Im Wirtschaftsaufschwung verstärkte sich jeweils nicht nur der Zuzug in die Stadt, sondern ebenso der Wegzug. Offenbar war die Bereitschaft gross, neue Erwerbsmöglichkeiten durch einen Wohnortswechsel sofort wahrzunehmen. In Rezessionsphasen dagegen beruhigte sich die Mobilität insgesamt; man versuchte die Krise dort, wo man sich eingenistet hatte, zu überstehen und wartete auf bessere Zeiten. Für jene, die ihre Arbeit nicht verloren, wurde in Zeiten der Wirtschaftsflaute das Leben in der Stadt tatsächlich erträglicher: Die allgemeine Hektik des Bevölkerungsumschlags liess nach, überfüllte Wohnungen und Quartiere entvölkerten sich etwas, auf dem Wohnungsmarkt konnte unter verschiedenen Angeboten ausgesucht werden, die Mieten als wesentlicher Bestandteil des Haushaltsbudgets sanken, es gab wieder etwas mehr Raum zum Atmen. In Phasen der Prosperität dagegen wurden zwar neue Arbeitsplätze geschaffen, der damit verbundene Wachstumsschub aber überforderte die städtische Infrastruktur – von den öffentlichen Einrichtungen (Schulen, Wasserversorgung, Kanalisation usw.) bis hin zum privaten Wohnungsmarkt. Die Zahl leerstehender Wohnungen ging rasch zurück, die Mieten stiegen rasant an, die Wohnungsnot führte bis zur Obdachlosigkeit unterprivilegierter Gruppen. Steigende Mieten wiederum stimulierten den Bau neuer Wohnungen, was zunächst die Schaffung neuer Arbeitsplätze und damit einen weiteren Wanderungsschub bedeutete. Bis die Wohnungen jedoch auf dem Markt waren, vergingen ein bis zwei Jahre; noch länger dauerte es, bis öffentliche Einrichtungen der verstärkten Nachfrage wieder einigermassen genügen konnten.

Es ist deshalb einsichtig, dass soziale Proteste, Tumulte, Krawalle und Streiks weniger in Krisenzeiten als gegen Ende langer Wachstumsphasen auftraten. Sie wurden von jenen getragen, die an der allgemeinen Prosperität nur am Rand teilhatten, auf die aber die negativen Auswirkungen des Wachstums in erster Linie abgewälzt wurden. Geographisches Zentrum der Proteste war Aussersihl, die Gemeinde, die vom überbordenden und chaotischen Wachstum am meisten betroffen war.

## Die Entwicklung des Stadtraums

### Die Grundrente bestimmt die Bodennutzung

Liberalem Selbstverständnis entsprach es, die Entwicklung der Stadt im allgemeinen sich selbst zu überlassen; man nahm an, die «unsichtbare Hand» des Wirtschaftssystems würde auch hier alles aufs beste regeln. Tatsächlich hat der Markt über das Instrument der Bodenpreise für eine zweckmässige räumliche Verteilung der verschiedenartigsten Unternehmungen gesorgt.

Die Wirkungsweise des Bodenmarkts ist in der Theorie leicht zu verstehen. Da der Boden an einer bestimmten Lage nur einmal vergeben, das Angebot also nicht vermehrt werden kann, wird sein Preis allein von der Nachfrage bestimmt; er fällt jenem zu, der am meisten dafür bezahlt. Unternehmungen mit Publikumsverkehr sind bereit, für eine umsatzfördernde Lage mehr zu bezahlen als für einen abgelegenen Standort. Im Preiskampf um die beste Lage schwingen jene obenaus, die sich davon den höchsten Nutzen versprechen. Daraus ergibt sich eine sinnvolle Verteilung der verschiedenen Unternehmungen über das Stadtgebiet. Spezialgeschäfte,

Das Landenbergquartier in Wipkingen (1907). Die Eingemeindung von 1893 und das enorme Bevölkerungswachstum der neunziger Jahre gaben der Bau- und Immobilienspekulation mächtig Auftrieb. Mit der Ansiedlung von Industriebetrieben im Hard um die Jahrhundertwende (unter anderen Escher Wyss) und der Eröffnung der Tramlinie vom Hauptbahnhof zur Wipkingerbrücke (1898) geriet auch das bisher weitgehend ländliche Wipkingen vermehrt in den Sog der Grossstadt. 1892 hatte der Bauer und Gemeinderat Gottlieb Knoch den «Neuhof» mit drei Hektaren Umschwung für 98 000 Franken verkauft. Bis 1900 war der Preis des nunmehr baureifen Landes, das inzwischen mehrere Male die Hand gewechselt hatte, auf rund das Achtfache gestiegen. Um 1900 nahm die überbordende Spekulation ein abruptes Ende, es kam zu einem eigentlichen Zusammenbruch des Immobiliengeschäfts mit weitreichenden Folgen. Das Bild dokumentiert den Stillstand der Bautätigkeit nach der grossen «Liegenschaftenkrise».

exklusive Dienstleistungen, Warenhäuser, also alle, die auf ein grosses Einzugsgebiet angewiesen sind, besetzen die zentralen, das heisst die vom Verkehr optimal erschlossenen Lagen. Die andern, wie Kramläden, Handwerksbetriebe und schliesslich auch die Wohnbevölkerung, werden durch steigende Mieten allmählich daraus verdrängt. Je mehr man sich vom Zentrum entfernt, desto unattraktiver wird die Geschäftslage, desto tiefer sind die Bodenpreise, desto erschwinglicher werden die Mieten für Geschäftslokale und Wohnungen. Die Höhe der Grundrente (der jährliche Betrag für die Nutzung des Bodens) bestimmt sich also in Abhängigkeit von der Zentrumsnähe beziehungsweise der Erreichbarkeit: eine Tatsache, die für viele Städte empirisch nachgewiesen worden ist.[2] Nicht nur über die Stadt als ganzes, sondern auch innerhalb ihrer Teilgebiete verteilt der Mechanismus der sogenannten Lagerente die Bodennutzungen sehr fein. So wurden Eckhäuser an Strassenkreuzungen oft mit Läden oder Restaurants ausgestattet und mit einer aufwendigen Fassade hervorgehoben; Zeichen für die bessere Erreichbarkeit und den entsprechend höheren Bodenpreis.

Im einzelnen freilich ist der Grundstückmarkt sehr viel undurchsichtiger. Anders als Gemüse oder Kleider wird die Ware Boden nicht täglich neu und vor einer breiten Öffentlichkeit angeboten. Der Grundstückspekulant, der mit seinen Operationen grosse Gewinne erzielte, wurde schon bald zur Negativfigur des kapitalistisch-marktwirtschaftlichen Systems. Die Grundrente ist zudem das klassische Beispiel eines arbeitslosen Einkommens: Der Bodenbesitzer profitiert von der Stadtentwicklung, also einer gesamtgesellschaftlichen Leistung, ohne selber etwas dazu beizutragen. Die vorherrschende liberale Wirtschaftstheorie, welche Reichtum als Lohn der Arbeit und der Sparsamkeit erklärte, hatte denn auch immer Mühe, die Profite aus dem Grundbesitz zu rechtfertigen. Forderungen, den Boden der privaten Spekulation zu entziehen und in den Besitz der Öffentlichkeit zu überführen, kamen deshalb auch von liberaler Seite, und zwar gerade in der Absicht, dadurch die sozialen Probleme zu lösen und damit dem erstarkenden Sozialismus die Basis zu entziehen. Einen Aufschwung erlebten solche Bodenreformbewegungen, wie sie in der Schweiz von Silvio Gesell (1862–1930) oder Hans Bernoulli (1876–1959) vertreten wurden, regelmässig in den grossen Wachstumsphasen, die immer mit riesigen Bodenpreissteigerungen einhergingen. Eine Auswirkung der Bodenreform, die sich nie auf breiter Front durchsetzen konnte, mag man darin erblicken, dass die Stadt Zürich um die Jahrhundertwende damit begann, grosse Landreserven aufzukaufen, um sie in einer nächsten Etappe der Stadtentwicklung einer planmässigen und spekulationsfreien Überbauung zuzuführen.

Zürich in der Belle Époque

Das Fehlen einer eigentlichen Stadtplanung schloss nicht aus, dass die Stadt einzelne Gebäude, Strassenzüge und Quartiere, welche das Repräsentationsbedürfnis der politischen und gesellschaftlichen Eliten befriedigten, mit besonderem Aufwand planen und errichten liess. In der Zeit nach 1880 wurde vor allem das Gebiet am See, der seine alten Wirtschafts- und Verkehrsfunktionen weitgehend verloren hatte, umgestaltet und zur Schauseite der Stadt aufgewertet.

Mit der Beseitigung des mittelalterlichen Kratzturms (1877) und des Baugartens, des berühmten Versammlungslokals, wurde Platz gemacht für die Weiterführung der Bahnhofstrasse bis zum See. An die Stelle der

Das Stadthausquai vor 1880 und nach 1900. Nach 1877 musste die alte Bausubstanz rund um den Kratzturm dem Stadthausquartier weichen. Dabei wurde auch das alte Kauf- und Kornhaus an der Limmat, 1616–1619 im Renaissancestil errichtet, abgerissen, um den Blick auf die Fraumünsterpost (Baubeginn 1897) freizugeben. Das neue Postgebäude, damals noch mit Turmkuppel, die als Telegraphenmast diente, ist einem toskanischen Renaissance-Palazzo nachempfunden. Davor, in der Limmat verankert, die 1892 fertiggestellte Frauenbadeanstalt, ein vierflügliger Holzbau mit einem Hauch von Orient. Zwischen Post und Fraumünsterkirche der Treppengiebel des Stadthauses (1898–1902), ein Denkmal, das sich «Gross-Zürich» nach der Eingemeindung gesetzt hat.

Quaianlagen, Rotes Schloss und Tonhalle: Die Schokoladeseite Zürichs auf einer Postkarte.

Plakat von 1908 für ein gediegenes Unterhaltungslokal am Sonnenquai (oberes Limmatquai). Im «vollkommen feuersicheren Saal» kann man laut Ankündigung «Tonbilder und lebende Photographien in vollkommener Schönheit» bewundern.

verwinkelten, wild-romantischen Gegend traten die wohlgeordneten und geraden Baulinien des neuen Stadthausquartiers, das bis um 1900 mit anspruchsvollen und mächtigen Baublöcken gefüllt wurde. 1878 kam der Vertrag zwischen Zürich, Riesbach und Enge zum Bau der Quaianlagen zustande.³ 1884 wurde die neue Quaibrücke, 1887 die Quaianlage als ganzes, ungefähr so, wie sie sich heute noch präsentiert, mit einem grossen Fest eröffnet.

In den neunziger Jahren entstand eine ganze Reihe repräsentativer Bauten entlang der Seefront; so unter anderem das Stadttheater (1891), das monumentale Palais Henneberg, die vornehmen Mietshäuser Utoschloss, Weisses Schloss und Rotes Schloss. In der wirtschaftlichen Prosperität der Belle Époque bekam Zürich ganz allgemein einen Zug ins Grosse, manchmal auch Protzige. Die neue Tonhalle mit ihren üppig schwellenden Formen war dem Pariser Trocadéro nachempfunden, die Eisenkonstruktion des Bürohauses Metropol wurde mit einer ausschweifenden neubarocken Fassade überkleistert. Ganz im Gegensatz dazu zeigte das gleichzeitig entstandene Warenhaus Jelmoli die nackte Stahl- und Glaskonstruktion im «Chicago-Stil»; nur bei den Dachaufbauten konnte man es sich nicht verkneifen, barocken Schwulst vorzublenden.⁴ Mit dem Stadthaus (1901) und den Amtshäusern (1903–1919), entworfen von Gustav Gull (1858–1942), gab sich Zürich nach der Eingemeindung ein neues Verwaltungszentrum von grossstädtischem Zuschnitt. Der gleiche Architekt erbaute auch das Landesmuseum (1898); Kunsthaus (1910) und Universität (1914) stammen von Karl Moser (1860–1936), einem der bedeutendsten Architekten jener Zeit.

Die Bauten, die noch heute weitgehend das Bild der Innenstadt prägen, sind Zeugen jener hohen Zeit des Grossbürgertums, das mit ihnen sich selbst, seine politische Macht und seine Kulturbeflissenheit darstellte. Die Belle Époque war eine glanzvolle, aber kulturell kaum innovative Zeit; man hielt sich an Bewährtes und Vertrautes. Die Fresken, die Ferdinand Hodler (1853–1918) für das Landesmuseum entwarf, riefen einen Sturm der Entrüstung hervor. Stadttheater, Tonhalle und Kunsthaus waren die Tempel der hehren Kultur, die man feierlich und mit grossem Ernst zelebrierte.

1889 entstand auch der Gebäudekomplex, in dem sich heute das Schauspielhaus befindet. Das damalige «Zürcher Volkstheater» führte die Tradition des Orts, wo einst der Bayrische Biergarten «Zum Pfauen», später das «Flora-Theater» gestanden hatten, fort. Neben Schwänken und Operetten waren avantgardistische und von daher leicht anrüchige Dramen (unter anderem von Gerhart Hauptmann und Henrik Ibsen) zu sehen; daneben aber auch leichtgeschürzte Tänzerinnen, Bauchredner, Fakire und andere Varieté-Darbietungen. Ganz dem Varieté verschrieben hatte sich das Corso-Theater, das im 1899/1900 erbauten Gebäude am Bellevue mit seiner skurrilen Neurokoko-Fassade eröffnet wurde.

In der ambivalenten Haltung gegenüber diesen Vergnügungsstätten spiegelt sich die Doppelbödigkeit der bürgerlichen Moral. Auf der einen Seite zog die «Neue Zürcher Zeitung» gegen Jacques Offenbachs Operette «La Belle Hélène» vom Leder und taxierte sie als eine jener «schamlosen Ausgeburten französischer Lüderlichkeit».⁵ Anderseits konnten junge Herren, die «Erfahrungen sammeln» wollten, ohne weiteres mit Prostituierten, die in der prickelnden Atmosphäre des Corso-Theaters und anderer Vergnügungslokale auf Kundschaft warteten, handelseinig werden.⁶

Eindeutig unter dem Niveau des guten bürgerlichen Geschmacks und eine Sache für das gewöhnliche Volk waren der «Tingeltangel» – derbe

Spässe und anzügliche Couplets in den einschlägigen Kneipen – und Darbietungen von Schaustellern, die bärtige Damen, Negerhäuptlinge, Zwerge und Riesen, Missgeburten und ähnliche Sensationen zeigten. Der Film, der seit den neunziger Jahren im Rahmen solcher Schaustellungen gezeigt wurde, hatte es schwer, sich aus dieser zweifelhaften Nachbarschaft zu lösen und sich als eigene Gattung mit kulturellem Anspruch zu etablieren. 1907 eröffnete Jean Speck (1860–1932) das «Waisenhaus Kinomatographen-Theater» in Bahnhofsnähe.[7]

Zu den Vergnügungen, die sich in der Belle Époque entwickelten, gehörte auch der Schausport. 1886 wurde nach englischem Vorbild der Grasshoppers Club gegründet, zehn Jahre später der Fussball-Club Zürich, 1897 fand das erste «Stadtrivalen-Derby» statt. 1891 stieg der Luftschiffer Eduard Spelterini (1852–1931) mit seinem Ballon «Urania» in den Zürcher Himmel, während die Pfauentheaterkapelle aufspielte; 1892 eröffnete die Rennbahngenossenschaft des Veloklubs Zürich in der Hardau das «Velodrom», 1902 machte das Automobil-Rennen Paris–Wien hier Station und brauste anschliessend durch die Stadt, Benzindämpfe und Abgaswolken als Vorgeschmack auf die Zukunft hinterlassend.

Soziale Segregation

Mit rund 150 Hektaren Bodenfläche (ohne Gewässer) hatte das alte Zürich flächenmässig die geringste Ausdehnung unter den grossen Schweizer Städten. Schon früh wucherte deshalb das Siedlungsgebiet über die engen politischen Grenzen hinaus. Dabei entwickelten sich die elf Gemeinden, die sich 1893 mit Zürich zusammenschlossen, sehr unterschiedlich. Benjamin Fritschi-Zinggeler (1842–1916), Gemeinderat in Aussersihl und Vorkämpfer der Eingemeindung, charakterisierte sie in einer 1887 erschienenen Broschüre folgendermassen:

«*Unterstrass:* Industriebezirk mit entsprechender Bevölkerung. *Oberstrass:* Bevölkerung wie in Unterstrass, dazu Antheil an der Gelehrtenbevölkerung von: *Fluntern:* Theils in nächster Nachbarschaft, theils Sitz von wissenschaftlichen Anstalten und wohlthätigen Instituten. Professoren und Studentenbevölkerung, Pensionate. *Hottingen:* beeinflusst von Fluntern, dabei, wegen landschaftlich schöner Lage, wohlhabendere Bevölkerung. *Hirslanden:* Landwirthschaftliche Bevölkerung. *Riesbach:* Landschaftlich schöne und bequeme Lage. Wohlhabende, dabei industrielle Bevölkerung. *Enge:* Landschaftlich sehr schöne Lage; ausgesprochene Vorzüge als eleganter Wohnbezirk (Villenquartier), reiche Bevölkerung, ‹Millionenvorstadt›. *Wiedikon:* Landwirthschaft, dabei Gewerbebetrieb, wegen unbequemer Verbindung mit der Stadt wenig wohlhabende Bevölkerung. *Aussersihl:* Industriebezirk (Industriequartier, grossartige Verkehrsanstalten), dito Militäranstalten, viel Gewerbebetrieb (hauptsächlich Baugewerbe), sehr zahlreiche Bevölkerung, aber hauptsächlich der (hand-)arbeitenden Klasse angehörig und in manchen Quartieren bis zum Proletariat herabsinkend.»[8]

Die ungleiche Verteilung der sozialen Schichten im Stadtraum lässt sich anhand des Steueraufkommens zahlenmässig erfassen. 1886 überragten die alte Stadt und die Enge alle andern bei weitem. Das Pro-Kopf-Vermögen in der Enge (9440 Franken) war 17mal grösser als in Aussersihl, das zusammen mit Wiedikon am unteren Ende der Skala lag. Wipkingen, Hirslanden, Ober- und Unterstrass verfügten im Durchschnitt nur über bescheidene Vermögen; Fluntern, Hottingen und Riesbach gehörten zu den wohlhabenderen Gemeinden. Die angeführten Durchschnittswerte tragen natürlich den zum Teil beträchtlichen Unterschieden innerhalb der

Steigende Bodenpreise im Gefolge des Stadtwachstums und mangelnde Expansionsmöglichkeiten veranlassten nicht nur Grossbetriebe wie Escher Wyss, aus dem Zentrum auszuziehen. Die graphischen Betriebe Wolfensberger nehmen den Umzug nach der Enge zum Anlass für eine Plakatwerbung (1911).

**Vermögensverteilung in der Stadt Zürich 1886**

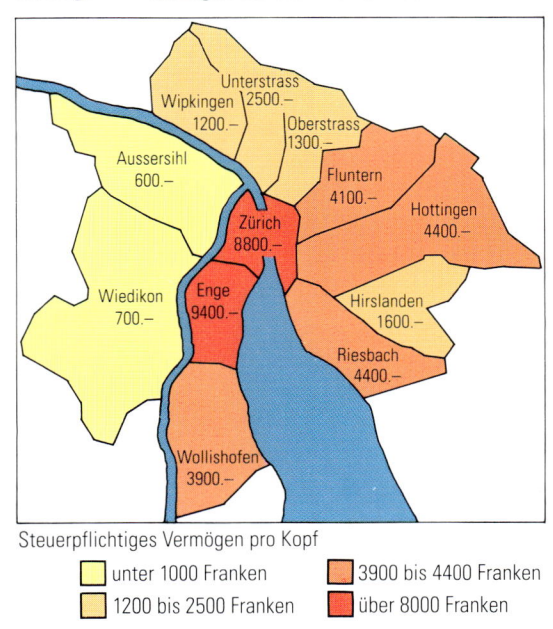

Steuerpflichtiges Vermögen pro Kopf

- unter 1000 Franken
- 1200 bis 2500 Franken
- 3900 bis 4400 Franken
- über 8000 Franken

Unterstrass 2500.–
Wipkingen 1200.–
Oberstrass 1300.–
Aussersihl 600.–
Fluntern 4100.–
Hottingen 4400.–
Zürich 8800.–
Wiedikon 700.–
Enge 9400.–
Hirslanden 1600.–
Riesbach 4400.–
Wollishofen 3900.–

Das Rigiviertel (hier in einer Ansicht von 1899) wurde von 1891 bis 1899 als einheitliches Villenquartier von einer privaten Immobiliengesellschaft angelegt. Die Strassenbahnlinie nach dem Rigiplatz, die von der «Zentralen Zürichbergbahn», gebaut wurde, erschloss ab 1895 dieses ehemalige Ausflugsgebiet als vornehmes Wohnquartier. Die von den Grundstückbesitzern erstellte «Seilbahn Rigiviertel» (1911) erhöhte die Attraktivität – und damit die Bodenpreise – am aussichtsreichen Sonnenhang.

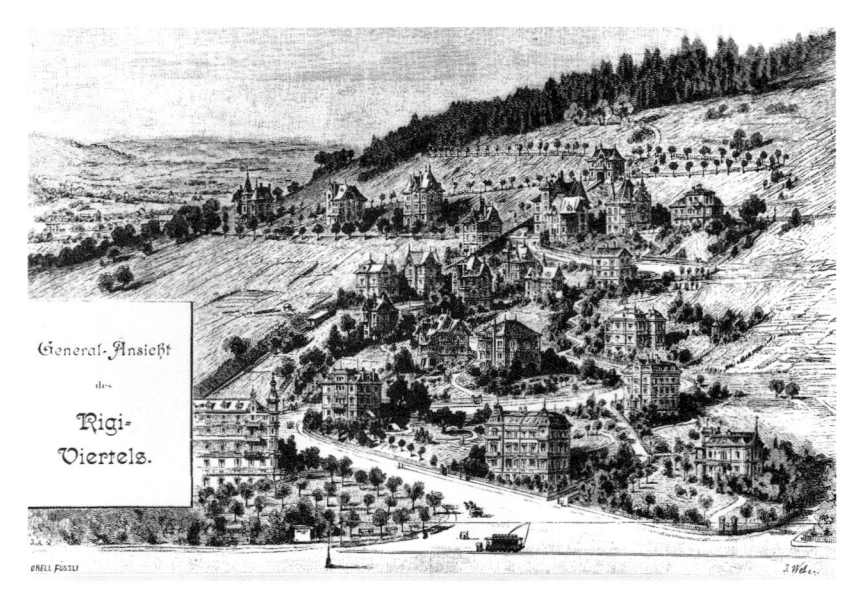

Gemeinden nicht Rechnung: Nicht alle im Villenvorort Enge waren Millionäre, und auch im armen Aussersihl gab es eine Reihe von Haushalten, welche über 100 000 Franken Vermögen versteuerten. Am krassesten waren die Unterschiede in der alten Stadt, in der 35 der insgesamt 56 Steuermillionäre wohnten und wo, zusammengedrängt im Niederdorf, die Ärmsten der Armen hausten.

Über die Ursachen und die Mechanismen dieser sozialen Segregation, die in allen modernen städtischen Gesellschaften zu beobachten ist, existiert eine umfangreiche internationale Literatur, die hier auf den einfachsten Nenner reduziert wird: Die Reichen wohnen, wo sie wollen, die Armen, wo sie müssen.[9]

Wo nun wollten die Reichen wohnen? Offenbar nicht mehr, wie noch im 18. Jahrhundert, im Haus in der Altstadt, sondern an den südexponierten Hängen des Zürichbergs, an den Ufern des Sees oder auf dem Moränenhügel der Enge, der eine weite Sicht an sonniger Lage gewährt. Aufgrund ihrer überlegenen Kaufkraft behändigen die Vermögenden zuerst jene Lagen, die nach dem jeweiligen Geschmack der Zeit als bevorzugt gelten, die übrigen müssen sich, abgestuft nach ihrer Kaufkraft und ihrem sozialen Status, in absteigender Reihenfolge mit dem begnügen, was übrigbleibt. Ändert sich der Geschmack, so verschieben sich die Sozialräume. Heute beispielsweise gilt das Wohnen in der Altstadt wieder als erstrebenswert; entsprechend wird durch Luxusrenovationen die bisherige Bevölkerung allmählich verdrängt.

Wo mussten die Armen wohnen? Erstens im Gebiet, das für sie übrigblieb, zweitens möglichst billig und drittens in möglichster Nähe des Arbeitsortes. Diesen Anforderungen entsprach in erster Linie die von der vermöglicheren Bürgerschaft verlassene Altstadt. Diese Nähe war im 19. Jahrhundert, da es noch keine leistungsfähigen und billigen Nahverkehrsmittel gab, von grosser Bedeutung, vor allem auch für jene, welche keine feste Anstellung hatten und sich fast täglich neu nach Gelegenheitsarbeiten umsehen mussten. Es lebten also gerade die Ärmsten in Zentrumsnähe, mithin auf dem teuersten Boden. Dafür rückten sie enger zusammen. Ähnlich wie die Bodenpreise stieg bis zum Ende des 19. Jahrhunderts die Bevölkerungsdichte gegen das Zentrum hin steil an. Auf den kürzesten

Nenner gebracht kann man sagen: Die Reichen in den Vorstädten lebten auf viel, aber billigem, die Armen im Zentrum auf wenig, aber teurem Boden.

Nun ist ferner zu bedenken, dass es neben natürlichen auch menschengemachte Gunst- und Ungunstlagen gibt. Kantonsschule, Universität und Polytechnikum werteten die Lage des Bauerndörfchens Fluntern auf, Gelehrte und Professoren, die sich auch in der Nähe ihres Arbeitsplatzes niederliessen, verliehen ihm zusätzliches Prestige. Deshalb – und dank seiner sonnigen Lage – wurde der Zürichberg zum bevorzugten Wohnquartier. Auf der andern Seite der Stadt hingegen hatten Wiedikon und Aussersihl, wo sich schon im Ancien Régime das Siechenhaus und der Galgen befanden, einen minderen Status. Vom Siedlungskern bei der Sihlporte konnte aber das Zentrum über die damals einzige Sihlbrücke sehr schnell erreicht werden. 1847 wurde dann das Gemeindegebiet von der ersten Eisenbahnlinie entzweigeschnitten, später durch den Erddamm Richtung Wipkingen-Oerlikon (1856) und den Einschnitt der Seebahnstrecke (1875) geviertelt. Während die Schauseite des Bahnhofs sich zur vornehmen Adresse entwickelte, wurde so das lärmige und verrusste Gebiet des Vorbahnhofs mit seinen Kohlenbunkern, Werkstätten und Depots zum Unterschichtsquartier.

War einmal der mindere Charakter eines Viertels festgelegt, so verstärkte sich die Tendenz, es mit weiteren emissionsträchtigen Anlagen zu belasten, zum einen, weil es nicht einer gewissen Logik entbehrte, notwendige, aber unbeliebte Infrastrukturbauten wie Gaswerk, Schlachthof, Kehrichtdeponien, Kläranlagen in ein ohnehin verschandeltes Gebiet zu setzen, zum andern, weil das politische Gewicht der hier ansässigen Bevölkerung zu klein war, als dass sie Widerstand hätte leisten können. Deutlich zeigt sich das etwa am Eisenbahnbau der siebziger Jahre. Während die linksufrige Seebahnlinie selbstverständlich offen geführt wurde und in einem engen Radius das Siedlungsgebiet von Aussersihl einschnürte, erhob sich ein Sturm der Entrüstung gegen das Projekt, die rechtsufrige Linie vom Bahnhof Enge dem Seeufer entlang zu führen, wobei die Limmat ungefähr bei der heutigen Quaibrücke überquert worden und beim Bellevue ein Bahnhof entstanden wäre.[10] Heute erwürgt ungefähr auf der gleichen Achse der Automobilverkehr den See, damals hat der Kampf gegen das «Halseisen» zur Realisierung der Quaibauten Anlass gegeben und die Bahn gezwungen, mit aufwendigen Kunstbauten (Lettenviadukt) und Tunnels den Weg von Tiefenbrunnen nach dem Hauptbahnhof zu finden.

Die gleichen Kriterien, die bei der Errichtung lästiger Infrastrukturbauten in Unterschichtsquartieren ausschlaggebend waren, spielten auch beim Bau von Fabriken und Gewerbebetrieben eine Rolle. So war Aussersihl schon lange Arbeitervorort, bevor es – gefördert durch die städtische Planung des Industriequartiers – zum bevorzugten Fabrikstandort wurde.[11] Die räumliche Nachbarschaft von Arbeiter- und Industriequartier beruhte auf einer Wechselwirkung: Einerseits liessen sich Arbeiter mit Vorliebe in der Nähe ihrer Arbeitsorte nieder, anderseits «störten» Fabrikhallen in dieser unschönen Gegend am wenigsten. Dazu kam, dass die Verkehrsbauten, die das ursprüngliche Sozialprofil des Quartiers bestimmt hatten, auch einen leichten Anschluss an das Eisenbahnnetz gewährleisteten und die Nähe zum bereits bestehenden Arbeiterviertel die Rekrutierung von Arbeitskräften erleichterte.

Zur Verstärkung und Verfestigung des zu Beginn eher zufällig entstandenen Unterschichtscharakters trug die Bevölkerung selbst bei. Sie

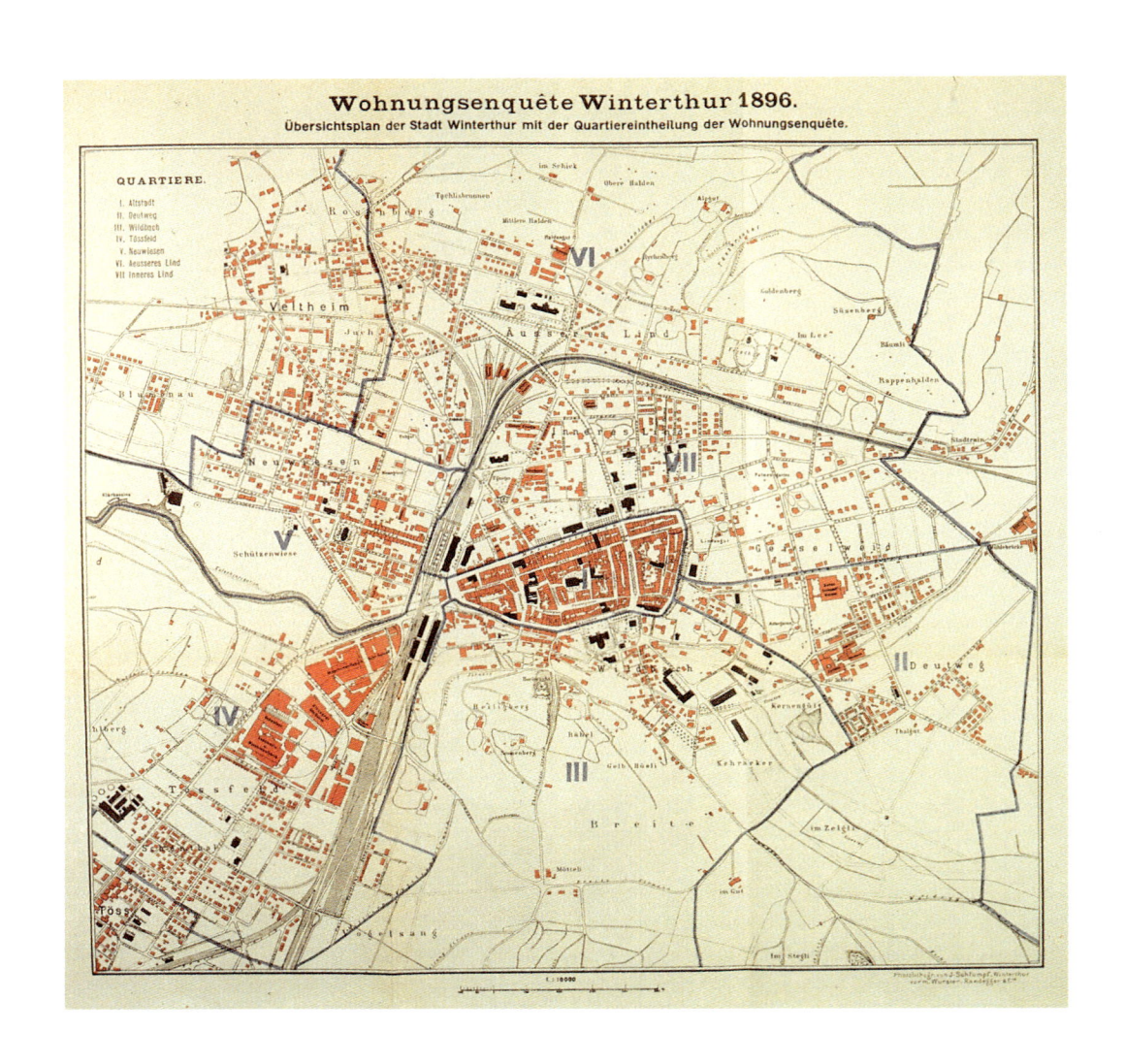

**Wohnungsenquête Winterthur 1896.**
Übersichtsplan der Stadt Winterthur mit der Quartiereintheilung der Wohnungsenquête.

QUARTIERE.
I. Altstadt
II. Deutweg
III. Wildbach
IV. Tössfeld
V. Neuwiesen
VI. Aeusseres Lind
VII. Inneres Lind

**Charakteristiken der sozialen Segregation in der Stadt Winterthur 1896**

|  | Inneres Lind VII | Tössfeld IV | Winterthur insgesamt |
|---|---|---|---|
| *Soziale Segregation* | | | |
| Von allen Wohnungen waren | | | |
| durch die Oberschicht besetzt | 14,5% | 1,1% | 4,6% |
| durch die unterste Schicht besetzt | 26,5% | 70,0% | |
| *Wohnverhältnisse* | | | |
| Jahresmiete 1896 in Fr. | | | |
| pro Wohnung | 511.00 | 356.00 | 401.00 |
| pro Kubikmeter Wohnraum | 3.18 | 3.34 | 3.35 |
| Zimmer pro Wohnung | 5,50 | 3,70 | 4,10 |
| Bewohner/innen pro Zimmer | 0,90 | 1,40 | 1,10 |
| Wohnraum pro Kopf (m³) | 50,00 | 23,00 | 33,00 |
| Untermieter/innen pro Haushalt | 0,50 | 0,90 | |

konnte sich gar nichts anderes leisten, als dicht zusammengedrängt zu wohnen, was die Entstehung von schlecht gebauten, eng beieinander stehenden, das Grundstück maximal ausnützenden Häusern förderte, weil so deren Eigentümer trotz tiefer Einzelmieten eine grösstmögliche Gesamtrendite erzielen konnten: Verdichtung ist das primäre Merkmal der Armenviertel.

## Wie die andere Hälfte lebt

*«How the Other Half Lives»* (Wie die andere Hälfte lebt) ist der Titel eines Buchs, das um 1890 in den Vereinigten Staaten grosses Aufsehen erregte und in dem der Autor, der Journalist Jacob Riis (1849–1914), die Lebensverhältnisse in den Slums von New York beschrieb. Wenn es auch in Zürich keine so weit ausgedehnten Elendsquartiere gab wie in der Weltstadt, so liess doch auch hier die fortschreitende soziale Segregation, die um die Jahrhundertwende einen Höhepunkt erreichte, ganz unterschiedliche Lebenswelten entstehen.

In krassem Gegensatz zu den eleganten Wohnvierteln entlang der neuen Quaianlagen entwickelte sich gleichzeitig die Arbeitervorstadt.[12] Die schlechteren Lebensbedingungen der Bevölkerung in Aussersihl schlugen sich nieder in einer deutlich höheren Sterberate. Sie ist mit Sicherheit nicht auf eine überalterte Bevölkerung zurückzuführen, denn die Geburtenrate, die fast ein Drittel über dem gesamtstädtischen Mittel lag, belegt, dass das Durchschnittsalter dieser rasch wachsenden Bevölkerung niedrig gewesen sein muss, niedrig aber auch die mittlere Lebenserwartung: Das Leben des Individuums war gefährdeter, die Population als ganzes vitaler als in andern Gemeinden.

Zusammen mit der Zuwanderung, die sich vor allem in dieses Quartier ergoss, führten die starken Geburtenüberschüsse Aussersihls zur grössten Wachstumsrate aller Gemeinden. In diesem explosiven Wachstum selbst lag ein wesentlicher Grund für die Bildung dieses klassischen Arbeiter-

Das Werdgässchen in Aussersihl um 1912. In der Photographie verklärt sich das Elend zur Idylle.

Neben der sich ausdehnenden Fabrikarbeit behauptete sich die Heimarbeit in gewissen Branchen der Textil- und Uhrenindustrie hartnäckig. Nach der eidgenössischen Betriebszählung von 1905, die erstmals versuchte, diesen Bereich statistisch zu erfassen, waren 92000 Personen oder gegen 15 Prozent der im zweiten Sektor Tätigen in der Heimarbeit beschäftigt; eine Zahl, die eher zu niedrig sein dürfte. Im Kanton Zürich war Heimarbeit vor allem noch in der Seidenstoffweberei (rund 5000 Personen) und – wie im Fall der Näherin im Bild – in der Sparte «Kleidung und Putz» (gegen 2000 Personen) verbreitet, lag aber mit neun Prozent insgesamt deutlich unter dem schweizerischen Durchschnitt.

Rund drei Viertel waren Frauen, die hier eine Möglichkeit sahen, die unbezahlte Hausarbeit mit der für das Familienbudget oftmals unentbehrlichen Erwerbsarbeit zu kombinieren. Ein Kenner der Materie, Jacob Lorenz, der unter anderem einen Führer durch die Heimarbeitsausstellung verfasst hatte, sprach von der «doppelt leichten Verwendbarkeit der Frauen» und meinte damit die generell schlechtere Bezahlung der Frauen, verbunden mit ihrer schier unbegrenzten Leidensbereitschaft für das Wohl ihrer Familie.

Erst um die Jahrhundertwende wurden die katastrophalen Verhältnisse in der Heimarbeit, die durch keine gesetzlichen Bestimmungen geschützt war, zum öffentlichen Thema. Die erwähnte Statistik, die Ausstellung und der an sie anschliessende erste schweizerische Heimarbeiterschutzkongress in Zürich sind in diesem Zusammenhang zu sehen. (Postkarte zur schweizerischen Heimarbeitsausstellung in Zürich, 1909)

quartiers. Es überrollte die dörfliche Siedlung, die in ihren Aufgaben hoffnungslos überfordert wurde; die Überstrapazierung der bescheidenen Infrastruktur liess die Wohnqualität sinken, die Gemeinde wurde von mittleren und höheren Einkommensschichten zusehends gemieden, die Finanzkraft ging, im Gegensatz zu allen andern Ausgemeinden, nicht nur relativ, sondern absolut zurück, die Verbesserung der Infrastruktur scheiterte am ungenügenden Steueraufkommen.

Wohnungen waren in Aussersihl dreimal billiger als in der Enge, allerdings auch entsprechend kleiner. Bezogen auf den Kubikmeter Wohnraum (Fr. 4.51 in der Enge, Fr. 4.01 in Aussersihl) waren die Preisunterschiede weit weniger gross. Es zeigt sich damit, dass Unterschichten in billigen Wohnungen, aber nicht in billigem Wohnraum lebten. Die mittlere Grösse von 3,65 Zimmern pro Wohnung war aber für die bescheidenen Ansprüche, welche die dort lebenden Menschen zu stellen imstande waren, immer noch sehr hoch. Viele Familien nahmen deshalb Zimmermieter oder Schlafgänger auf. Dieses «Schlafgängerunwesen», das nach zeitgenössischer bürgerlicher Meinung für den vermeintlichen Sittenzerfall der Arbeiter verantwortlich war, ist wiederum quartierspezifisch. In Aussersihl traf es auf 100 Haushalte 82 Untermieter, in der Enge 40. Dabei ist zu beachten, dass die Wohnungserhebung von 1896, aus der diese Daten stammen, im November durchgeführt wurde. In den Sommermonaten, wenn viele Saisonarbeiter in die Stadt strömten, dürfte dieser Anteil vor allem in Aussersihl noch beträchtlich höher gewesen sein.

Relativ kleine Wohnungsgrösse bei einem hohen Anteil an Schlafgängern führte dazu, dass im Arbeiterquartier der verfügbare Wohnraum pro Kopf weniger als 25 Kubikmeter betrug. Statistisch gesehen mussten sich in Aussersihl ungefähr drei Personen in zwei Zimmer teilen; aus dem konkreten Alltag sind indessen viele Fälle bekannt, da ganze Familien in einem einzigen Zimmer oder in zwei elenden Dachkammern lebten.

Als direkte Folge der schlechten Finanzlage der Gemeinde waren die Bildungschancen für die Kinder im Arbeiterquartier geringer. Das arme Aussersihl brachte pro Primarschüler nur 79 Prozent des städtischen Durchschnitts auf, ungefähr halb soviel wie die Gemeinde Enge (147 Prozent), obwohl der Steuerfuss der Schulgemeinde Aussersihl dreimal höher war als in der Enge. Hier zeigt sich wiederum, dass verschiedenste Faktoren, die das Sozialprofil einer Gemeinde mitbestimmen, sich gegenseitig verstärkten und wiederum zurückwirkten auf den Prozess schichtenspezifischer Ausdifferenzierung: Es waren meist mittellose junge Frauen und Männer, die zuwanderten, Familien gründeten und oft in stiller Verzweiflung jedes Jahr ein Kind erwarteten. Viele hatten keine Ahnung von Geburtenregelung; wer, wie der Arzt Fritz Brupbacher (1874–1945), Vorträge zur Familienplanung hielt, musste mit Anfeindungen rechnen.[13] Die hohen Geburtenraten liessen die Schülerzahlen ansteigen; der Steuerfuss musste angehoben werden, und zwar um so mehr, je geringer das steuerbare Einkommen war. Trotzdem konnte der Schulstandard nicht gehalten werden. Dadurch verminderten sich die Aufstiegschancen für die nachwachsende Generation. Umgekehrt verliessen Aufsteiger das Arbeiterquartier unter anderem gerade deshalb, weil es ihren Kindern schlechtere Ausbildungsmöglichkeiten bot. Dadurch wiederum verminderte sich die Steuerbasis: ein Teufelskreis, der die sozialen Ungleichheiten immer schärfer hervortreten liess und die Gemeinde Aussersihl praktisch in den Ruin trieb. Vor diesem Hintergrund fand schliesslich 1893 die erste Eingemeindung statt; sie war nicht in erster Linie eine administrative, sondern eine sozialpolitische Massnahme, die aus dem Zwang der Verhältnisse geboren wurde.

Aussersihl war für viele eine fremde Welt. Eine wohlbehütete junge Dame aus bescheidener, aber doch bürgerlicher Familie empfand um die Jahrhundertwende einen Ausflug nach Aussersihl als «ein aufregendes, ja verbotenes Unternehmen. Zum ersten Mal erlebten wir Menschen der Fabrik aus der Nähe.»[14] Fritz Brupbacher, der später als Arzt in Aussersihl lebte, schrieb über seine bürgerliche Jugend: «Was ein Proletarier sei, das wusste ich damals erst aus Büchern. Man hatte sie ja wohl auf der Strasse oder zu Hause als Arbeiter etwa gesehen. Aber ihr Leben war einem fremd. Wir wussten auch als Knaben, dass es ein Aussersihl gäbe und dass dort Menschen einer niederen Ordnung wohnten, mit denen man nichts zu tun haben wollte.»[15]

Die Ausgrenzung der Proletarier aus der wohlanständigen Stadt der Bürger hatte aber auch zur Folge, dass sie sich ihrer gemeinsamen Lage bewusst wurden. Im Arbeiterquartier, wo sie sich selbst überlassen waren, wurden sie, nach dem von Karl Marx (1818–1883) geprägten Begriff, zur «Klasse für sich», die aufgrund gemeinsamer Erfahrung erst gemeinsam

**Charakteristiken der sozialen Segregation in der Stadt Zürich um 1890**

|  | Enge | Aussersihl |
|---|---|---|
| *Vermögensverhältnisse* | | |
| Vermögen 1886 pro Kopf in Fr. | 9440.00 | 556.00 |
| *Wohnverhältnisse* | | |
| Jahresmiete 1896 in Fr. | | |
|   pro Wohnung | 1859.00 | 641.00 |
|   pro Kubikmeter Wohnraum | 4.51 | 4.01 |
| Zimmer pro Wohnung | 5,23 | 3,65 |
| Bewohner/innen pro Zimmer | 0,89 | 1,45 |
| Wohnraum pro Kopf (m$^3$) | 53,30 | 24,70 |
| Untermieter/innen pro Haushalt | 0,40 | 0,82 |
| *Bevölkerung* | | |
| Geburten 1888 (pro 1000 Ew.) | 23,80 | 35,30 |
| Todesfälle 1888 (pro 1000 Ew.) | 18,40 | 21,60 |
| Zuwanderung 1894 (pro 1000 Ew.) | 6,20 | 38,30 |
| Wandervolumen 1894 in ‰ | 290,00 | 391,00 |
| Wachstum 1880–1888 in ‰ | 16,70 | 42,30 |
| *Schulverhältnisse 1885* | | |
| Primarschüler/innen pro Lehrer | 57,00 | 84,00 |
| Sekundar- in % der Primarschüler/innen | 19,60 | 8,30 |
| Steuerfuss der Schulgemeinde | 1,70 | 4,25 |
| *Gemeindefinanzen* | | |
| Gesamtsteuerfuss 1887 in % | 5,30 | 9,00 |
| Steuerertrag 1883–1885 pro Kopf in Fr. | 32.40 | 5.50 |

Küche im Niederdorf (Köngengasse). Bis weit ins 20. Jahrhundert blieb das Niederdorf baulich und sanitarisch ein Krisengebiet. Die Photographie von 1931 ist eine Anklage gegen die bedenklichen Zustände im Unterschichtsquartier. Um den Sachverhalt zu verdeutlichen, ist die Tür rechts mit der Aufschrift «Abort» versehen worden.

handeln konnte. Zur Solidarisierung der Arbeiterschaft trug die Aussenwelt des Quartiers entscheidend bei. Anders als in den bürgerlichen Vierteln, wo sich das Ideal der nach innen gekehrten Gemeinschaft der Familie durchgesetzt hatte, fand in Aussersihl das Leben nach Feierabend weitgehend im öffentlichen Raum statt: «An den schönen Sommerabenden standen viele Proletarier in den Strassen, um die Sachlage zu besprechen», denn dort, «wo die letzten Häuser stehen, und die ärmsten Leute wohnen, pflegt es ja überhaupt des abends auf der Strasse lebhaft zu sein».[16]

Zu den Charakteristiken aller Arbeiterquartiere gehörte auch die Vielzahl von Spelunken und Wirtschaften, in denen nicht nur getrunken und die Geselligkeit gepflegt, sondern auch heftig politisiert wurde. Im Restaurant «Blume» wurden schon zu Johann Jakob Treichlers Zeiten politische Versammlungen abgehalten, später entwickelten sich die «Sonne», das «Casino», das «Rütli» oder das «Velodrom» zu Zentren der antibürgerlichen Agitation. Für die Sozialreformer jener Zeit galt als ausgemacht, dass die Arbeiter wegen der misslichen Wohnverhältnisse auf die Strasse und ins Wirtshaus getrieben wurden. Was sie zu wenig bedachten, war, dass für die Unterschichten der «traute Familienkreis» wohl noch gar nicht jenen Stellenwert hatte, den ihm die bürgerliche Ideologie zuschrieb.

### Der «Italienerkrawall»

Die Konflikte und Spannungen, die sich im überbordenden Wachstum zusammenbrauten, entluden sich 1896 im sogenannten Italienerkrawall, einem Ereignis, das die Stadt erschütterte und das zu umfangreichen administrativen Massnahmen, gerichtlichen Untersuchungen und publizistischen Analysen führte. Krawalle und Tumulte sind Anlässe, an denen die

Kinder durchsuchen eine Schlackenhalde nach unverbrannten Kohlestückchen. Das Bild, das heute an Szenen aus der Dritten Welt erinnert, ist 1918 im Industriequartier (Sihlquai) entstanden.

sonst meist stummen Unterschichten zu Wort kommen, immer allerdings im Spiegel der politisch-gesellschaftlichen Eliten. Aus diesem Grund ist es angezeigt, etwas näher darauf einzugehen.[17]

Am Sonntag, dem 26. Juli 1896, wurde ein Elsässer im Streit von einem italienischen Maurer niedergestochen und tödlich verletzt. Die Nachricht, die sich wie ein Lauffeuer verbreitete, war das Signal, gegen die unerwünschten «Tschinggen» vorzugehen. Noch am selben Abend verwüstete eine Menge von mehreren hundert Leuten Restaurants und Wohnungen von Italienern; etwa ein Dutzend Krawallanten wurde von der Polizei verhaftet. Einsetzender Regen erst vertrieb die wütende Menge, die damit begonnen hatte, «faustgrosse Steine» auch gegen den Polizeiposten Langstrasse zu werfen. Am folgenden Montag hatte sich die Aufregung aber nicht gelegt. Das Gerücht, ein Italiener habe einen alten Mann geschlagen, genügte, um die Menschen, die am Abend auf den Strassen zusammengeströmt waren, wieder zu Ausschreitungen zu veranlassen. Am späteren Abend wurde ein Bataillon Rekruten aus der Kaserne eingesetzt, zur Unterstützung der arg bedrängten Polizei, die sich immer mehr darauf konzentrieren musste, die eigenen Wacht- und Arrestlokale gegen die wütende Menge zu verteidigen.

Am Dienstag rottete sich die Menge schon um 6 Uhr morgens zusammen und erhielt aus anderen Gemeinden und Stadtkreisen «fortwährend Zuwachs von Neugierigen und Skandalmachern», die mit den Demonstranten sympathisierten.[18] Im Lauf des Tages verlagerte sich das Geschehen in Richtung Kaserne, gegen 19 Uhr hatten sich etwa 6000 Personen eingefunden, um ihrem Unmut über das Militär Ausdruck zu geben. «Etwa um 21 Uhr, als die drei Züge der Kasernenwache zum zweiten Mal Anstalten trafen, den Raum zwischen der Kaserne und der Sihl zu räumen, erfolgte ein betäubendes Brüllen, Johlen und Pfeifen, das erst einige Minuten anhielt, darauf wieder anhob und bis 21.10 Uhr fortdauerte. Es wurden Steine, grosse Schraubenmuttern und Zaunlatten mit Nägeln nach der Kasernenfassade geschleudert.»[19]

Am Mittwoch beschloss der Regierungsrat, kantonale Truppen aufzubieten, vor allem, weil sich nun nicht mehr abschätzen liess, «ob die Bewegung, indem sie angefangen hatte, sich gegen das Militär zu richten, nicht auf dem Wege sei, von der blossen Demonstration zur Aggression gegen die Staatsgewalt überzugehen oder sich auf andere Gebiete der Stadt auszudehnen».[20] Strategisch wichtige und gefährdete Stellen der Stadt wurden militärisch besetzt, und Kavallerie patrouillierte permanent in den Strassen. Am Mittwoch beruhigte sich die Lage weitgehend, am Donnerstag waren nur noch kleinere Störungen durch einige Unentwegte zu verzeichnen; die letzten Truppen wurden am 4. August entlassen.

Die Italiener, gegen die sich der Aufruhr in seiner ersten Phase richtete, waren die prädestinierten Sündenböcke. An ihnen, einer noch kleinen, aber rasch wachsenden Gruppe, deren Sprache und Lebensweise schwer verständlich waren, liess sich das Fremde, das im rasanten Wachstum über das bisher schon überforderte Quartier hereinbrach, am einfachsten festmachen. An den Klagen, die gegen sie erhoben wurden, zeigt sich, wie die allgemeinen Wachstumsbeschwerden auf sie projiziert wurden: Sie wurden beschuldigt, das Quartierleben durch ihr Verhalten zu stören, die allgemeine Wohnungsnot zu verschärfen und die Gemeinde um die Steuern zu prellen. Tatsächlich hatten die Behörden Mühe, dieser hochmobilen Gruppe – meist Saisonarbeiter im Baugewerbe – administrativ habhaft zu werden. Als nun das alte Vorurteil, die Italiener seien Messer-

Bildreportage aus dem «Tages-Anzeiger» vom 3. August 1896. Drastisch werden die Verwüstungen, die der Italienerkrawall 1896 in Aussersihl hinterlassen hat, zeichnerisch in Szene gesetzt.

Die Kaserne Zürich, nach langer Bauzeit 1876 endlich vollendet, flankiert von einem Füsilier in voller Ausrüstung und einem flotten Dragoner. Im Italienerkrawall, als sie von einer aufgebrachten Menge belagert wurde, dürfte sie ein weniger idyllisches Bild geboten haben als auf dieser Postkarte.

stecher, sich in einem Einzelfall bewahrheitete, war das Anlass genug, kollektiv gegen sie vorzugehen.

Bemerkenswert aber ist, wie sich in den folgenden Tagen die Wut der Menge gegen neue Ziele, gegen Polizei und Militär wandte; der Krawall wurde zum Aufstand gegen den staatlichen Machtapparat. Dieser Aspekt wurde in den offiziellen Verlautbarungen dadurch heruntergespielt, dass man die «Excesse» vor der Kaserne unverantwortlichen Elementen, dem «Pöbel», «Skandalmachern» und «Gassenjungen» zuordnete. Intern waren sich Stadt- und Kantonsregierung aber durchaus bewusst, dass die Sache damit nicht abgetan war. Sie mussten feststellen, dass die Polizei «keine Unterstützung von Seiten des Publikums» fand und weite Teile der Bevölkerung mit der Bewegung sympathisierten.[21] Weil man befürchtete, sogar das Militär könnte sich mit den Aufrührern solidarisieren, mobilisierte man schliesslich Truppenteile, die sowohl sozial wie auch geographisch einen gewissen Abstand zum Ort des Geschehens hatten: Kavallerie aus Zürich und Infanterie aus Horgen.[22]

Tatsächlich stellten die «Krakeeler und Tumultuanten», die verhaftet worden waren und über die sich deshalb nähere Angaben machen lassen, einen ziemlich repräsentativen Querschnitt durch die Aussersihler Bevölkerung dar.[23] Untervertreten, aber keineswegs gänzlich abwesend, waren die Frauen. Nach Zeitungsberichten johlten und brüllten sie im Verein mit den Männern, schleppten Steine als Munition herbei oder gossen aus den Fenstern den Inhalt von Nachttöpfen auf die Ordnungshüter. Verhaftet, und damit gerichtsnotorisch, wurde allerdings nur eine einzige Frau, eine junge Kellnerin, die beschuldigt wurde, «eine Anzahl der Stadtgemeinde Zürich gehörender Strassenlaternen» eingeschmissen zu haben.[24]

Die Bezeichnung «Italienerkrawall», die sogar vermuten lässt, Italiener wären die Urheber und nicht die Opfer gewesen, ist irreführend. Tatsächlich waren sie nur das auslösende Moment eines umfassenderen sozialen Protests. Auch die Stadtregierung kam, allerdings nur verschämt und versteckt, zu diesem Urteil. Am Ende eines langen Massnahmenpakets, das eine Aufstockung der Polizei, eine striktere Führung der Einwohnerkontrolle, die Einführung der Polizeistunde und anderes mehr forderte, heisst es: «Im übrigen sind wir uns wohl bewusst, dass mit den repressiven Massregeln Reformen, die gewisse soziale Schäden an der Wurzel fassen, Hand in Hand zu gehen haben.»[25]

Die Formen des Protests: Zusammenrottung auf offener Strasse, die Besetzung symbolisch wichtiger Orte im mittleren Aussersihl (Langstrasse-Helvetiaplatz), der Angriff auf «quartierfremde Elemente» – Italiener, Polizeiposten, Kreisgebäude und Kaserne – sind charakteristisch für die Arbeitervorstadt; der dumpfe Protest ohne konkrete Forderungen und ohne erkennbare Struktur ist typisch für eine Unterschicht, die sich solidarisiert, aber noch nicht organisiert hatte. Gerade deshalb wurden die Ausschreitungen auch von der sozialdemokratischen Partei, welche die Interessen der arbeitenden Klasse zu vertreten beanspruchte, verurteilt. Sie war in eben dieser Zeit dabei, sich als ernstzunehmende politische Macht zu etablieren. Das aber war nur möglich, wenn ihre Basis nicht als wilder Haufen erschien, sondern sich diszipliniert an die Marschrichtung hielt, die von den Führern vorgegeben wurde. Indem sie traditionelle Aktionsformen wie enge Nachbarschaftskontakte und Demonstrationen im öffentlichen Raum übernahm und auf Elemente älterer Protestkultur zurückgriff, deren praktische Anwendung aber organisatorisch straffte, gelang ihr das erstaunlich schnell. Ein Bericht über die Kantonsratswahlen von 1902, die einen überwältigenden Sieg für die Sozialdemokraten in Aussersihl und Wiedikon brachten, vermittelt ein Stimmungsbild der neuen politischen Kultur in den Arbeiterquartieren: «Am Wahltag, Sonntag, den 27. April 1902, einem schönen Frühlingstag, durchzogen morgens zwei Musikkorps die Strassen, muntere Weisen ertönten, viel Volk hastete hin und her, beim Hauptquartier zur ‹Sonne› beim Helvetiaplatz massierten sich Hunderte, viele gingen ein und aus, um sich mit noch zwei weiteren, erlaubten Stimmcouverts zu versehen (...) allen Gassen und Gässchen entströmend zogen die Wähler in langen Zügen zu den Stimmlokalen.»[26]

Stadtfeindschaft und Modernisierungskrise
Der Italienerkrawall kann als Teil der grossen Modernisierungskrise um die Jahrhundertwende verstanden werden. Das rasche Wachstum und der strukturelle Wandel der Wirtschaft führten zu tiefgreifenden gesellschaftlichen Veränderungen. Alte Orientierungsmuster und Verhaltensnormen wurden unbrauchbar, die Stellung des Individuums und ganzer (Berufs-) Gruppen im Sozialgefüge wurde in Frage gestellt, der Konsens, wie eine gerechte Gesellschaftsordnung auszusehen habe, zerbrach. Am deutlichsten sichtbar wurde die Veränderung in der massiven Verstädterung. 1910 lebte mehr als die Hälfte (52 Prozent) der Zürcher Bevölkerung allein in den Städten Zürich und Winterthur, zwei Drittel in Gemeinden mit mehr als 5000 Einwohnern. In den Städten konzentrierten sich denn auch die sozialen Gegensätze; in der gebauten Umwelt wurde die Spaltung der Gesellschaft räumlich-konkret fassbar; hier eskalierten die Auseinandersetzungen um die Zukunft der industriellen Gesellschaft bis hin zu Aufruhr und Krawall.

Die drei neuen Stadtheiligen: Felix Limonadentrinker, Regula Polizeistunde und Exuperantius der Keusche, mit dem Feigenblatt. (Zeichnung von F. Boscovits jun. aus dem «Nebelspalter», 1915)

Gegen die Entfremdung des Grossstadtmenschen von der Natur, gegen Alkoholismus, Prostitution und ungesunde Lebensführung, die man alle vorwiegend mit dem städtischen Leben in Verbindung brachte, wandte sich nach 1880 die sogenannte «Lebensreform». Sie umfasste vielfältige und unterschiedliche Strömungen; von den Abstinenzlern, Vegetariern und Rohköstlern über die Natur- und Wassergussärzte, Lufttherapeuten und Nacktkulturanhänger bis zu den Wandervögeln und Naturfreunden. Allen gemeinsam war die etwas naive Vorstellung, durch die heilenden Kräfte der Natur den Menschen mit sich selber und mit der Gesellschaft zu versöhnen.

Auf weite Strecken war die Lebensreformbewegung eine Flucht aus der Komplexität des modernen Lebens, ein Rückzug ins Private, ein sehnsüchtiges Verlangen nach dem einfachen Leben, das allenfalls in einer kleinen Siedlungsgemeinschaft Gleichgesinnter verwirklicht werden konnte. Ihre politische Stosskraft war deshalb gering, trotzdem hat sie längerfristig zur gesellschaftlichen Bewusstseinsveränderung beigetragen. Insbesondere gelang es ihr, ein neues Hygiene- und Gesundheitsverständnis, eine gesunde, naturgemässe Ernährung, das Wandern, Schwimmen und andere Sportarten populär zu machen; kurz, eine neue Körperkultur, die als Ausgleich zur städtischen Lebensweise immer wichtiger wurde.

«Stadtfeindschaft», ein geflügeltes Wort jener Zeit, stand aber nicht nur für eine Kritik am naturfernen Leben, sondern ebensosehr für jene an den politisch-gesellschaftlichen Zuständen. In rhetorisch wirksamer Simplifizierung wurde die Stadt für alle Probleme der werdenden Industriegesellschaft verantwortlich gemacht; sie galt sowohl als Brutstätte der drohenden proletarischen Revolution wie auch als Ort der Finanzhaie, Wucherer, Spekulanten und anderer Ausgeburten eines fehlgeleiteten Kapitalismus. Die spezifisch schweizerische Ausprägung dieser Stadt-Land-Ideologie

Lebensreform am Zürichberg. Streng nach Geschlechtern getrenntes Luft- und Sonnenbad des Naturheilvereins Zürich (heute: Verein für Volksgesundheit) in der Nähe der Allmend Fluntern.

Manche Zeugen der Lebensreformbewegung sind heute verschwunden, beispielsweise die Siedlung «Heimgarten» bei Bülach, die kurz vor der Jahrhundertwende gegründet worden war, aber nicht lange überlebte. In der Zwischenkriegszeit haben die Vegetarier und Nacktkulturanhänger, die sich im «Schatzacker» zusammenfanden, für Aufregung in der Bauerngemeinde Bassersdorf gesorgt.

postulierte als Gegenpol zum Sündenbabel nicht einen unverbindlich vagen Naturbegriff, sondern den freien, gesunden Bauernstand. Nun war dieser Bauernstand im raschen wirtschaftlichen Wandel unter erheblichen Druck geraten, was ihn aber erst recht dazu veranlasste, sich dadurch zu legitimieren, dass er sich als das eigentliche Fundament des Staats ausgab. Dieses Bild ist vom Bauernführer Ernst Laur (1871–1964) ganz wesentlich mitgeprägt worden. Bereits in einem Artikel von 1901 bezeichnete er die ländliche (Überschuss-)Bevölkerung als «Jungbrunnen», welcher für die «Blutauffrischung»[27] der dekadenten Städte sorge; eine recht kühne Behauptung, wenn man daran denkt, dass gerade diese von der Landwirtschaft abgestossenen und in die Städte strömenden Unterschichten die grössten Probleme verursachten.

Die Stadt zu verdammen und ihr den Rücken zu kehren, war eine mögliche Reaktion; die aus den Fugen geratene städtische Gesellschaft neu und besser zu organisieren, eine andere. Zu den urbanen Reformbestrebungen gehörte ganz zentral die internationale Hygienebewegung, an der sich auch Zürich aktiv beteiligte. Ihr vordergründiges Ziel war, durch entsprechende bauliche und sanitarische Massnahmen die Gesundheitsrisiken in den Städten zu verringern. Darüber hinaus aber strebte sie danach, die Menschen ganz allgemein zu einem urbanen Leben zu erziehen. Die gesellschaftliche Moral, die sie verkündete – sittenreines Leben, Zurückhaltung und Mässigkeit, Vor- und Rücksicht im Umgang mit den Mitmenschen – wurde nun nicht mehr mit göttlichen Geboten, sondern mit den Erkenntnissen der Wissenschaft begründet; die Strafe für falsches Verhalten war nicht mehr Verdammnis, sondern Krankheit, Siechtum und Tod.

Ausschlaggebend für die Überwindung der städtischen Krise um die Jahrhundertwende aber war ein neues Politikverständnis, das sich zum Ziel setzte, die Gemeinde nicht mehr nur zu verwalten, sondern zu gestalten.

## «Ein neues Prinzip ringt sich immer deutlicher zur Herrschaft durch»

Mit diesen Worten umriss der Zürcher Stadtrat 1919 in einem Rückblick auf die seit der Stadtvereinigung vergangenen 25 Jahre seine Politik.[28] Das war angesichts der wirtschaftlichen und sozialen Probleme, die sich der Stadt am Ende des Ersten Weltkriegs mit unverminderter Schärfe stellten, eine wohl allzu optimistisch gefärbte Beurteilung der eigenen Leistung, gibt aber durchaus die eingeschlagene Richtung an, die in der Zwischenkriegszeit von grossen Erfolgen gekrönt sein sollte: statt Laisser-faire und Nachtwächterstaat war nun «Gemeindesozialismus» die Parole, ein Wort, das auch die immer noch mehrheitlich bürgerlich dominierte Stadtregierung nicht zu scheuen brauchte, ging es doch dabei nicht um den proletarischen Sozialismus der Marxisten, sondern um eine städtische Gemeinschaft, die darauf abzielte, «aus den Niedergelassenen Bürger zu machen, die ihr (...) eigenes Wohlergehen in dem der Stadt erblickten».[29]

### Die Eingemeindung von 1893

Voraussetzung für diese Politik der Integration war die Eingemeindung der Vororte. Das formelle Begehren nach «Total-Zentralisation von Zürich und Ausgemeinden» wurde Ende 1881 von der schwer verschuldeten Gemeinde Aussersihl an den Kantonsrat gestellt. Die Ausarbeitung der nötigen Verfassungsänderungen und Gesetze im Spannungsfeld unterschiedlicher Interessen nahm zehn Jahre in Anspruch.[30]

Aussersihl aus der Vogelschau, 1909 aufgenommen vom Ballonfahrer Eduard Spelterini. Über den schnurgeraden Eisenbahnstrang, der seit 1847 die Gemeinde Aussersihl entzweischneidet, schwingt sich in elegantem Bogen das bis 1941 längste Eisenschienenviadukt der Schweiz (1894). Eingekeilt zwischen Schienensträngen und Limmat das dichtgedrängte Industriequartier (Kreis 5); auf der andern Seite, von der linksufrigen Seebahn eingeschnürt, das Zentrum der Arbeiterstadt (Kreis 4). Diagonal übers Bild die breit angelegte Hardstrasse, die zum neuen Güterbahnhof (1897) führt (rechts im Bild). Im Winkel zwischen Hardstrasse und Hardturmstrasse die neuen Fabrikanlagen von Escher Wyss.

«Endlich allein.» Unter diesem Kennwort wurde ein Projekt im Wettbewerb für den Bau des Bezirksgerichts Zürich eingereicht. Ausgeführt allerdings wurde 1914–1916 das Projekt «Chefi Zürich III» (Pfleghard und Haefeli), und zwar auf dem Areal der Rotwandwiese, einem klassischen Versammlungsort der Arbeiterbewegung. Die 113 Zellen, saubere Einzelzimmer von acht Quadratmeter Grundfläche, übertrafen den Wohnstandard, den sich grosse Bevölkerungsteile Aussersihls in dieser Zeit gewohnt waren.

Auch nach der Eingemeindung wurde vorzugsweise das ohnehin verschandelte Aussersihl als Standort für notwendige, aber wenig beliebte Infrastrukturbauten ausersehen, wie etwa die Kantonale Polizeikaserne (1899), die Kehrichtverbrennungsanstalt (1905) oder der Schlachthof (1905).

Aus alter Animosität gegenüber der Stadt war die Landbevölkerung grundsätzlich gegen eine Vergrösserung der «Beamten-Kommune», die damit zu einer «uneinnehmbaren Zwingherrenburg» würde.[31] Dazu gesellte sich das Unbehagen gegenüber den Arbeitermassen, die sich in der Stadt so ungebärdig aufführten. Auf der andern Seite war man der ständigen finanziellen Unterstützung der Gemeinde Aussersihl durch den Kanton, und damit auch durch die Landschaft, überdrüssig geworden. Der taktische Schachzug Aussersihls, unmittelbar vor der entscheidenden Abstimmung im August 1891 ein neues Finanzbegehren an den Kanton zu stellen, dürfte dazu beigetragen haben, dass die Ablehnung der zwei Vorlagen, welche die Stadtvereinigung ermöglichten, in den Landbezirken nur sehr schwach ausfiel, so dass die massive Zustimmung von Zürich und Winterthur (je 75 Prozent Ja-Stimmen) zu einer klaren Annahme führte.

Unter den zwölf Gemeinden, die zusammen «Gross-Zürich» bilden sollten, waren die armen, die sich eine Verbesserung ihrer Lage versprachen, vehement dafür; am entschiedensten Aussersihl, das die Vorlage mit 99 Prozent Ja-Stimmen annahm. Die finanziell besser gestellten Gemeinden schwankten zwischen der Furcht, Opfer bringen zu müssen, und der Hoffnung auf eine noch glänzendere Zukunft im vereinigten Zürich. Schliesslich befürworteten, mit Ausnahme von Wollishofen und der Enge, die mit einem Zufallsmehr (448 Ja und 453 Nein) ablehnte, alle das sogenannte Zuteilungsgesetz. Am knappsten war das Resultat in der alten Stadt, wo die Nein-Stimmen 41,3 Prozent ausmachten.[32]

Damit war der Weg frei zur Eingemeindung, die auf den 1. Januar 1893 in Kraft trat. Schon früher hatte es unter den Gemeinden eine gewisse Zusammenarbeit, beispielsweise beim Bau der Quaianlagen oder der Kanalisation, gegeben. Nun aber war der Mechanismus der politischen Entscheidungsfindung vereinfacht, die Administration gestrafft und die polizeiliche Kontrolle vereinheitlicht. Im Italienerkrawall von 1896 dürfte sich nicht zuletzt auch die Verärgerung über die «Übergriffe» der neuen städtischen Polizei Luft gemacht haben, um so mehr, als die «Allgemeine Polizeiverordnung» von 1894 Dinge verbot, die bis anhin mehr oder weniger quartierüblich gewesen waren, beispielsweise, nach zehn Uhr nachts zu musizieren oder zu lärmen (Art. 16), Hühner, Kaninchen und Schweine zu halten (Art. 23) oder verkehrshemmende Ansammlungen von Personen auf Trottoirs und Strassen (Art. 67) zu bilden.[33]

Aus Niedergelassenen Bürger machen
Ähnlich wie in Winterthur hatten sich auch in Zürich gemeinnützige Gesellschaften darum bemüht, preisgünstige Musterwohnungen für Arbeiter zu bauen, allerdings mit weitaus geringerem Erfolg. Die rund 350 Wohnungen und Häuschen, die von der «AG für Erstellung von Arbeiterwohnungen» und dem «Aktienbauverein» erstellt wurden, genügten bei weitem nicht, die grossstädtische Wohnungsnot zu lindern, geschweige denn, sie zu lösen.[34] Insbesondere nach 1885, als Zürich jährlich um 5000 Einwohner – die Bevölkerung einer Kleinstadt – zunahm, waren private Institutionen, aber auch die Stadt hoffnungslos überfordert; man versuchte nun vermehrt, das Problem nicht materiell, sondern administrativ in den Griff zu bekommen.

Das neue Baugesetz von 1893 stellte erstmals Mindestanforderungen im Wohnungsbau auf (Verbot von Kellerwohnungen, minimale Raumhöhe, Fensterflächen im Verhältnis zur Zimmergrösse usw.), Vorschriften, die nur für neue Bauten galten und deshalb nur sehr langfristig wirksam werden konnten. Mit den Wohnungsenquêten, die sowohl in Zürich wie in Winterthur 1896 nach Basler Vorbild (1889) durchgeführt wurden, konnte die vorhandene Bausubstanz nach Wohnungsgrösse, Anzahl Zimmer usw. statistisch erfasst werden. Noch wichtiger aber waren den Behörden die Fragen nach der Belegungsdichte, den sanitären Einrichtungen, nach dem Unterhalt der Wohnungen, ob sie trocken und sauber aufgeräumt oder feucht, dreckig und übelriechend waren. Es kam so ein umfassender Einblick in jenen Bereich von Familie und Haushalt zustande, der eigentlich als Intimsphäre galt und normalerweise der Öffentlichkeit entzogen war.

Das Resultat bestätigte, was man schon immer wusste, nämlich, dass Teile der Unterschichten, insbesondere in der Altstadt, in Aussersihl und Wiedikon, unter erbärmlichen Bedingungen lebten. Da unter den gegebenen Umständen materiell daran kaum etwas zu ändern war, sollten die Arbeiter durch Erziehung und Kontrolle dazu gebracht werden, sich auch unter widrigen Umständen familiengerecht zu verhalten. Selbstverständlich wurde die Last, in einer ungesunden Wohnung mit doppelter Anstrengung für das Wohlergehen seiner Lieben zu sorgen und in einem von Ungeziefer verseuchten Haus mit doppeltem Eifer zu putzen, einmal mehr den Frauen überbürdet.

In der Strategie verschärfter Kontrollen waren sich Wohnungsreformer von links und rechts einig.[35] Das philanthropische Ideal des Einfamilienhäuschens hatte sich im Wachstumsboom der Jahrhundertwende überlebt, die Zukunft gehörte der Mietskaserne, «zu deren Bewohnung der Arbeiter gewissermassen gezwungen ist»; um so nötiger aber war, dass «sehr präcise und namentlich vom sanitarischen Standpunkt strenge rechtliche Bestimmungen aufgestellt werden».[36] Die Stadt Zürich verstieg sich dabei zu einer Institution, die auch in deutschen Städten bekannt war: der sogenannten «Wohnungsinspektion». Diese masste sich an, ohne Voranmeldung, aufgrund fadenscheiniger bau- und seuchenpolizeilicher Kompetenzen, Wohnungen zu inspizieren. Dieses Vorgehen, das nur schwer mit der Unverletzlichkeit der Wohnung in Übereinstimmung gebracht werden konnte, stiess wohl nur deshalb kaum auf Widerstand, weil man sich im wesentlichen damit begnügte, Quartiere von Italienern und Russen, denen schweizerische Lebensart beigebracht werden sollte, frühmorgens, wenn alle noch im Bett lagen, zu überraschen.[37]

Briefkopf der Sanitärfirma Rauch (1912). Zwerglein und andere freundliche Geister, die allen Unrat verschwiegen und verschwinden liessen, waren für die Darstellung der neuen Sanitär- und Kanalisationstechnik und die Arbeit im Untergrund ein beliebtes Motiv. Badezimmer mit fest installierten Wannen, Brausen und Öfen zur Warmwasseraufbereitung wurden auch in gutbürgerlichen Haushalten erst gegen Ende des 19. Jahrhunderts üblich. Schon um 1920 gehörten sie auch zum Standard des genossenschaftlichen (Arbeiter-)Wohnungsbaus.

Häuser des Aktienbauvereins am Limmatplatz. Die drei Strassen, an denen sie liegen, Johann-, Heinrich- und Fierzstrasse, sind nach dem grossen Förderer des sozialen Wohnungsbaus, dem Baumwollkaufmann J. H. Fierz (1813–1877), benannt. Der «Aktienbauverein», 1872 in der Absicht gegründet, «den weniger bemittelten Klassen zu geeigneteren Wohnungs- und Lebensverhältnissen zu verhelfen», erstellte bis 1888 119 Häuser beziehungsweise Hausteile in Doppel- und Mehrfach-Einfamilienhäusern nach dem Vorbild der «Cité ouvrière» in Mulhouse. Die meisten Einheiten wurden verkauft, weil man die entwurzelten Proletarier zu zufriedenen Eigentümern und sesshaften Kleinbürgern machen wollte, doch gerade für den durchschnittlichen Arbeiter waren sie praktisch unerschwinglich.

# Die Sittlichkeitsbewegung

Die neue urbane Lebensweise im ausgehenden 19. Jahrhundert erzeugte neue Freiräume; die traditionellen Formen sozialer Kontrolle fielen weg. Gleichzeitig war diese neue Lebensweise aber auch durch Verunsicherung und soziale Spannungen geprägt.

Eines der Hauptmerkmale des wirtschaftlichen Aufschwungs und des Strukturwandels am Ende des 19. Jahrhunderts war das Anwachsen der Städte und deren Entwicklung zu Grossstädten. Zürich war eine dieser Grossstädte, charakterisiert durch starke geographische und soziale Mobilität, das Vorhandensein einer Freizeit- und Vergnügungskultur, einen hohen Anonymitätsgrad und grosse soziale Unterschiede. Traditionelle Rollen und Verhaltensweisen wurden ihres Sinns beraubt; neue Orientierungsmuster und Leitbilder mussten gefunden werden.

Von vielen Zeitgenossen und Zeitgenossinnen wurde dieser Prozess als bedrohlich empfunden. Ungelöste soziale Probleme interpretierten sie als Zerfallserscheinungen, weshalb sie denn auch den Grund für die Zunahme von Trunksucht, Prostitution und Geschlechtskrankheiten sowie den verstärkten Hang zur «Liederlichkeit» in der «Sittenverwilderung» sahen. Vor diesem Hintergrund machte sich in der Gesellschaft eine eigentliche Untergangsstimmung breit, die viele Bürgerinnen und Bürger zum Handeln animierte; ein Eingreifen in die herrschenden Zustände schien unerlässlich, sollte diesem Zerfall Einhalt geboten werden.

In der Folge wurde eine Vielzahl von Vereinen gegründet, wie etwa der «Frauenbund zur Hebung der Sittlichkeit» (1887), der kantonalzürcherische «Männerverein zur Hebung der Sittlichkeit» (1888), der «Frauenverein für Mässigkeit und Volkswohl» (1894), das «Weisse Kreuz» (1892), die Studentenvereinigung «Ethos» (1900). Sie alle wollten den «Sittenzerfall» eindämmen und die «Fahne der Sittlichkeit und der Zucht und Ordnung» wieder hissen. Entsprechend ihrer Sicht der Dinge versuchten diese Vereine nicht etwa, Einfluss auf die Sozialpolitik zu gewinnen, sondern – und das war das gemeinsame Merkmal all dieser Gruppierungen – sie konzentrierten sich darauf, gesellschaftliche Veränderungen durch sittliche Reformen herbeizuführen. Nicht strukturelle Veränderungen, sondern eine Änderung des individuellen Verhaltens sollte über das akute Gefühl der Zerrissenheit und Orientierungslosigkeit hinweghelfen, wobei das Heil vor allem in der Zuwendung zu einem einfacheren, enthaltsameren Leben gesucht wurde.

1

**Verschiedenes**

Ihr Männer u. Jünglinge, die Ihr unter Versuchungen, welche Euch das Leben verbittern und an Eurer Geistes- und Körperkraft zehren, zu leiden habt, macht Euch selbst und Euren Nächsten den guten Kampf leichter, indem Ihr am Sonntag für den Gegenvorschlag des Kantonsrates stimmt. Und dann freut Euch wahrhaft des Lebens. Wähler das Gute! -47244-

Die in dieser Sittlichkeitsbewegung vereinigten Frauen und Männer stammten durchwegs aus gutsituierten, angesehenen Familien des Zürcher Bürgertums. Nicht selten engagierten sich sowohl der Ehemann wie auch die Ehefrau in der nach Geschlechtern organisierten Bewegung. Während die bürgerlichen Frauen, für die Auftritte in der Öffentlichkeit ein Novum waren, die «weiblichen Werte» auch im ausserhäuslichen Bereich zur Geltung bringen wollten, betrachteten die Männer ihrerseits den Kampf gegen die «Sittenverwilderung», die ihrer Ansicht nach zwangsläufig zum Untergang des Staatswesens führen musste, als staatspolitische Aufgabe.

In der praktischen Arbeit der Sittlichkeitsvereine standen die Aufklärung und der moralische Appell zur Mässigkeit mittels Vorträgen, Artikeln und Flugschriften im Vordergrund. Dem Alkohol und der Prostitution wurde der Kampf angesagt, da sie, wie es hiess, den physischen und sittlichen Zerfall des «Volkskörpers» vorantrieben, aber auch die bürgerliche Ehe und Familie bedrohten. Die Einrichtung von «Rettungshäusern», Heimen für «gefallene Mädchen» und alkoholfreien Restaurants war die Antwort. Die verschiedenen Gruppen machten aber auch ihren Einfluss auf die Behörden geltend, um den von ihnen vertretenen sittlichen Normen durch Verordnungen, Erlasse und Gesetze Nachdruck zu verleihen.

*Brigitte Ruckstuhl,*
*Dominique Puenzieux*

1 *Propaganda für die «Sittlichkeitsnovelle» (1897), welche die Grundlage für die Abschaffung der Bordelle schuf. Die Sittlichkeitsbewegung ging aus dem emotionsgeladenen Abstimmungskampf als Siegerin hervor.*

2 *Die Heime für «gefallene Mädchen» führten Wäschereien, Glättereien und Nähstuben, wo die Mädchen auf die Arbeit als Dienstmädchen und ihre späteren Aufgaben als Hausfrauen und Mütter vorbereitet wurden.*

Der Stadtrat hatte zwar von allem Anfang an die Absicht, den Wohnungsbau aktiv zu unterstützen, der Weg durch die teils widerstrebenden politischen Instanzen war jedoch lang; die erste städtische Siedlung mit 253 Wohnungen konnte erst 1908/09 bezogen werden (Limmat I). Eine zweite, die Siedlung «Riedtli», hoch über der Stadt beim Rigiplatz als Musterquartier geplant, war in einer ersten Etappe 1912 bezugsbereit.[38] Dieser kommunale Wohnungsbau band jedoch grosse finanzielle Mittel; ein anderes Modell, die Unterstützung privater Genossenschaften durch die Abgabe von billigem Bauland, durch Hypotheken mit günstigem Zinssatz und durch Subventionen erwies sich langfristig als erfolgversprechender. Die Absicht, durch genossenschaftliche Selbsthilfe unter den Arbeitern preisgünstigen und der Spekulation entzogenen Wohnraum zu schaffen, war schon alt, scheiterte aber immer wieder am hohen Finanzbedarf, der von den Minderbemittelten nicht gedeckt werden konnte. Um 1900 gab es nur einige wenige mittelständische Wohngenossenschaften in Zürich; die ersten Arbeiter, welche grosse und imposante Siedlungen errichteten, waren die Eisenbahner und die Pöstler, welche die Finanzkraft der eidgenössischen Regiebetriebe in Anspruch nehmen konnten («Alter Block», 1915, und «Roter Block», 1920, an der Röntgenstrasse).

Der grosse Aufschwung des genossenschaftlichen Wohnungsbaus fand aber erst nach der schwierigen Zeit des Ersten Weltkriegs, während dem die Bautätigkeit weitgehend zum Erliegen gekommen war, statt, in einer Phase grosser Wohnungsknappheit und dank erweiterter Finanzhilfen der Stadt. Bis dahin lag der Schwerpunkt eindeutig auf Erziehung und Disziplinierung zu einem «urbanen» Verhalten, nicht nur im privaten, sondern auch im öffentlichen Raum. Gegen Ende des 19. Jahrhunderts mehrten sich in auffälliger Weise sowohl die staatlichen Gebote wie auch die moralischen Appelle an die städtische Bevölkerung, sich eines sittlich einwandfreien Lebenswandels zu befleissigen. Es gehörten dazu die seit den neunziger Jahren propagierte, aber erst mit Kriegsbeginn 1914 eingeführte Polizeistunde, die aktive Bespitzelung und Verfolgung von Paaren, die im Konkubinat[39] lebten, die Schliessung[40] der rund zwei Dutzend Bordelle, die es damals in Zürich gab, die Kampagnen gegen den Alkoholmissbrauch und die verschärfte Kontrolle der Tanzanlässe und anderer Lustbarkeiten.[41]

Der Volksmund hat diese vermehrte Gängelung gern dem in dieser Zeit (1894) gegründeten «Frauenverein für Mässigkeit und Volkswohl» angelastet. Tatsächlich war die «Sittlichkeitsbewegung», die zusammen mit der «Hygienebewegung» der Zeit beabsichtigte, die Massen zu einer rationalen Lebensführung anzuhalten, viel umfassender. Die Einrichtung alkoholfreier Wirtschaften im besonderen wurde vom Psychiater Auguste Forel (1848–1931), einem bedeutenden Wissenschafter und Vorkämpfer der Abstinenzbewegung, angeregt und von bürgerlichen Frauen, die in die Öffentlichkeit drängten, aufgenommen. Es eröffnete sich ihnen hier ein Tätigkeitsfeld, das mit dem Rollenbild der sorgenden Hausfrau und Mutter in Einklang gebracht werden konnte.

«Eine Heimat dem neuen Menschen»
Auch der Städtebau, der in dieser Zeit, als Reaktion auf die vorangegangene chaotische Entwicklung, gesamteuropäisch eine Renaissance erlebte, war von der Idee, die Stadt mit dem Land zu versöhnen, stark beeinflusst. Die «Gartenstadt», so wie sie dem Engländer Ebenezer Howard (1850–1928) vorschwebte, beschränkte sich nicht auf eine Siedlung im Grünen, sondern war die Grundlage einer neuen Gesellschaftsordnung auf genossenschaftli-

Küche eines Etablissements des Frauenvereins, um 1900. 1894 unter dem Namen «Frauenverein für Mässigkeit und Volkswohl» gegründet, wurde der Verein, in präziserer Umschreibung des Vereinszwecks, 1910 in «Zürcher Frauenverein für alkoholfreie Wirtschaften» umbenannt. Wenn aus den bescheidenen Anfängen der am 17. Dezember 1894 eröffneten «Kaffeestube zum kleinen Martahof» an der Stadelhoferstrasse in kurzer Zeit ein grosses und solides Gastronomieunternehmen (bis 1910 acht Gaststätten und ein Hotel, das Kurhaus Zürichberg) wurde, dann war das in erster Linie der Umsicht, Tatkraft und Weitsicht von Susanna Orelli-Rinderknecht (1845–1939) zuzuschreiben. 1919 wurde ihr als erster Frau die Würde eines Ehrendoktors der Medizin der Universität Zürich zuteil. In der Verleihungsurkunde heisst es: «In Anerkennung ihrer grossen Verdienste um die öffentliche Gesundheitspflege und Volkswirtschaft durch die Schöpfung und rationelle Durchführung der alkoholfreien Wirtschaften und durch ihre erfolgreichen Bemühungen um die Hebung der sozialen Stellung der Angestellten im Wirtschaftsgewerbe.»

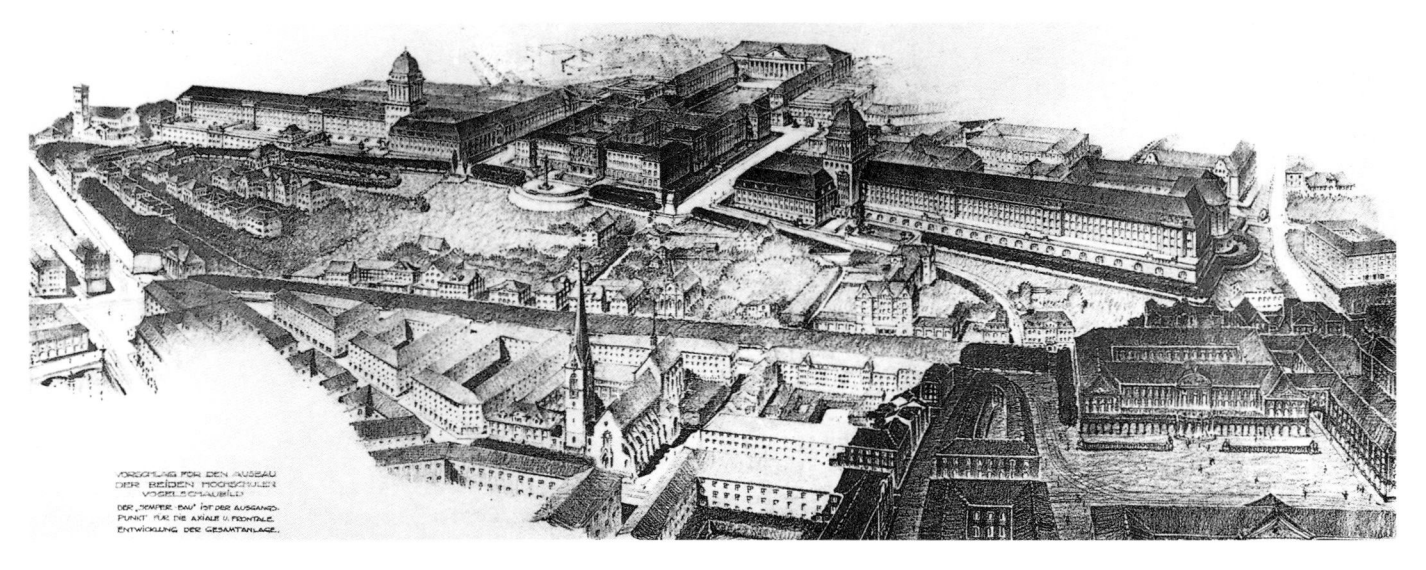

Die Vision einer «Stadtkrone», ein Projekt von Hermann Herter (1877–1945), dem späteren Stadtbaumeister, für den zwischen 1915 und 1918 durchgeführten Städtebauwettbewerb. Zu dieser ins Gigantische aufgeblähten Hochschulanlage, welche das Stadtbild krönen sollte, stellte das Preisgericht fest, der Verfasser habe sich im Massstab vergriffen. Herter war bei weitem nicht der einzige Wettbewerbsteilnehmer, der sich zu solchen Weltstadtphantasien hinreissen liess: Der Glaube an eine grossartige Zukunft war selbst durch den Krieg nicht zu erschüttern.

cher Basis.[42] In der Praxis allerdings ging dieser Aspekt schon bald verloren; der Städtebau, welcher die äusseren Formen der Gartenstadt übernahm, diente vielmehr der Stabilisierung der gesellschaftlichen Verhältnisse. In erster Linie ging es darum, die extreme Verdichtung, die als Hauptübel angesehen wurde, durch ein von Grüngürteln durchschossenes Breitenwachstum abzubauen und die enge Verflechtung der Nutzungsarten durch eine klare funktionale Trennung von Wohnen, Arbeiten, Einkauf und Freizeit aufzubrechen.

Voraussetzung hierzu war die verkehrstechnische Erschliessung der Vorstädte, die mit der Entwicklung der elektrischen Strassenbahn überhaupt erst möglich war.[43] Die Kommunalisierung der Strassenbahn, die 1897 mit der Übernahme und gleichzeitigen Elektrifizierung des ehemaligen «Rösslitrams» begann, war insofern ein Akt der Sozialpolitik und des Gemeindesozialismus, als man damit beabsichtigte, neue Wohngebiete auf zentrumsfernem, das heisst billigem Land zu erschliessen, auf dem die Forderung der Zeit, auch Minderbemittelten das Wohnen im Kontakt mit den heilenden Kräften der Natur zu ermöglichen, verwirklicht werden konnte. Gleichzeitig wurde das Stadtzentrum, das durch die neuen Verkehrsmittel noch besser erschlossen wurde, zur «City», zum Geschäftszentrum, aus dem die Wohnbevölkerung wegen der stetig steigenden Bodenpreise allmählich verdrängt wurde. Bereits im Jahr 1910 lebten zehn Prozent weniger Menschen im Gebiet der alten Stadt als auf dem Höchststand von 1894.

1894 hatte der Stadtrat seine Absicht so formuliert: «Die Strassenbahnen vollziehen eine Aufgabe des öffentlichen Lebens, die für die städtische Entwicklung und für grosse Teile der Stadtbevölkerung von wesentlicher Bedeutung ist. Hat die Stadt sie in der Hand, so kann sie durch ein neues Mittel bestimmend auf die städtische Entwicklung einwirken.»[44] In der politischen Praxis des Alltags waren die Wege vielfach verschlungener und in ihrer Wirkung nicht so eindeutig. Die Stossrichtung aber war klar: Strassenbahnbau war Städtebau, und Städtebau war Wohnungsbau für jene «grossen Teile der Stadtbevölkerung», die in den engen Arbeiterquartieren nicht nur gesundheitlichen Risiken, sondern auch dem Virus der proletarischen Revolution ausgesetzt waren und denen in freundlicher Umgebung ein kleinbürgerliches Familienleben ermöglicht werden sollte.

Die Quintessenz städtischer Sozialpolitik bestand darin, die rebellierende Unterschicht über die Lösung der Wohnungsfrage in den bürgerlichen Staat zu integrieren, denn «die gute Wohnung erzieht den Bewohner zur Wirtschaftlichkeit, erhält ihn gesund, pflegt und schützt seine Moral, verbindet ihn innig mit dem engern und weitern Gemeinwesen».[45]

Massgeblichen Anteil an der Umgestaltung der Stadt hatte Emil Klöti (1877–1963), Stadtrat seit 1907 und später Stadtpräsident (1928–1942) im «Roten Zürich». Er war die treibende Kraft hinter dem Städtebauwettbewerb, der nach langer und intensiver Vorbereitung mitten im Krieg (1915–1918) durchgeführt wurde. Ganz im Sinn moderner Städtebauprinzipien hiess es in der Ausschreibung: «Die Hauptaufgabe ist die Planung der Hauptverkehrswege, die Zoneneinteilung und die Ausscheidung genügender Grünflächen.»[46] Das Wettbewerbsgebiet ging weit über die damaligen – und heutigen – Stadtgrenzen hinaus; ein Hinweis auf ungebrochenen Machbarkeitsglauben und Fortschrittsoptimismus selbst in schwieriger Zeit. Wachstum ist zu begrüssen, es muss sich aber gesellschaftlichen Zielen unterordnen, dies die Vorstellung, die auch in den Titeln der eingereichten Arbeiten zum Ausdruck kam: «Wollen und Werden» hiess ein Projekt, «Eine Heimat dem neuen Menschen» ein anderes.[47]

Was im Städtebauwettbewerb für Zürich angeregt und in der Zwischenkriegszeit teilweise verwirklicht wurde, eine aufgelockerte und von Grün durchzogene Stadt, bestand anderswo schon lange; Winterthur war eine «Gartenstadt», bevor es den Begriff überhaupt gab. Bereits in den sechziger Jahren des 19. Jahrhunderts hatte die Stadt mit der Anlage des Neuwiesenquartiers die Richtung gewiesen, wie ein unter übergeordneten Gesichtspunkten geplantes, «lebenskräftiges, schaffendes und gesundes, einer Menge von arbeitenden Händen Raum bietendes Winterthur» sich entwickeln sollte.[48] Als Albert Bodmer (1893–1990), Preisträger im Zürcher Städtebauwettbewerb, 1923 sein Amt als Bebauungsplan-Ingenieur in Winterthur antrat, konnte er sein Ideal der Industriestadt im Grünen auf den vorgefundenen Strukturen behutsam weiterentwickeln.[49]

1898 wurde in Winterthur die erste Strassenbahnlinie von Töss nach dem Hauptbahnhof (Rudolfstrasse) eröffnet. Soeben steigt eine Dame beim Restaurant Wartmann in den Wagen. Augenfällig ist der Kontrast zum Dienstmädchen, das im Hintergrund mit einem Wäschekorb unter dem Arm vorbeigeht. Sich so leicht bekleidet, mit nackten Unterarmen und breitem Ausschnitt auf der Strasse zu zeigen wäre für eine bürgerliche Dame nicht schicklich gewesen.

1915 entstanden in Winterthur drei weitere Tramlinien, und zwar nach Wülflingen, zum Stadtrain (Richtung Oberwinterthur) und nach dem Deutweg (Richtung Seen).

# Zum Forschungsstand

Moderne Stadtgeschichte, welche Struktur und Entwicklung der städtischen Gesellschaft im engen Zusammenhang mit dem urbanen Raum untersucht, ist von den USA und England ausgegangen und hat in der Schweiz erst in den siebziger Jahren des 20. Jahrhunderts und nur zögernd Eingang gefunden. Eines der wenigen publizierten Werke, das dieser Fragestellung verpflichtet ist, ist BÄRTSCHI, Industrialisierung. Im übrigen muss man sich Abhandlungen zu einzelnen Aspekten zusammensuchen, manche dieser wertvollen Beiträge sind nicht publiziert oder nur als Artikel erschienen.

Architekturgeschichtlich wichtig ist INSA, Band 10, umfassend die Städte Winterthur, Zürich, Zug. Der frühe philanthropische Wohnungsbau wird anhand eines Beispiels dargestellt von CATTANI, Aktienhäuser. Vorbildlich ist das umfassende Inventar des durch die Stadt (mit-)finanzierten gemeinnützigen Wohnungsbaus, der allerdings erst nach dem Ersten Weltkrieg richtig in Schwung kam: KOCH, Wohnungsbau. Der Arbeiterwohnungsbau in Winterthur wird an einem Einzelfall untersucht von KÜBLER, Arbeiterquartier; umfassender ist die Arbeit von SERRA, Arbeiterwohnungsbau.

Mit der Nutzungsveränderung im Niederdorf beschäftigt sich DORN, Altstadt. Die Errichtung städtischer Infrastrukturen und die Leistungen kommunaler Betriebe werden thematisiert von: ILLI, Schîssgruob, und SUTER, Brunnen. Die Arbeit von GALLIKER, Strassenbahn, beschäftigt sich mit den Auswirkungen des öffentlichen Verkehrs auf die Stadtgestalt und weniger mit den technischen Problemen von Bau und Betrieb (dazu konsultiere man TRÜB, Strassenbahnen).

Der politische Prozess der Eingemeindung wird aufgearbeitet von SCHENKEL, Stadtvereinigung. Mit der sozialen Problematik des Stadtwachstums beschäftigt sich allgemein FRITZSCHE, Quartier; spezifisch auf die Arbeiterstadt Aussersihl bezogen KÜNZLE, Quartierbildung, KÜNZLE, Arbeiterquartier, und KREIS, Aussersihl.

Der Italienerkrawall von 1896, ein Schlüsselereignis, wird von LOOSER, Italienerkrawall, aus der Sicht der Krawallanten, von RATHGEB, Italiener-Krawall, aus der Sicht von Behörden und Militär dargestellt. Die Lebensbedingungen der italienischen Arbeitskräfte untersucht BERNET, Italiener. FURRER, Massenfreizeit, schildert das Entstehen einer Freizeitindustrie um die Jahrhundertwende. Die Verschärfung der sozialen Kontrolle im rasanten Städtewachstum der Jahrhundertwende wird für Winterthur thematisiert von HUBER, Liederlichkeit. Mit der Sexualmoral im speziellen setzen sich auseinander: ULRICH, Bordelle, GÖLDI, Konkubinat, und PUENZIEUX, Sittliche Erneuerung.

Alltag und Lebenserfahrung der Unterschichten spiegeln sich in der Autobiographie von CONZETT, Erstrebtes, und in den Jugenderlebnissen einer Proletarierin in FREI, Anny Klawa-Morf. Engagiert-kritisch werden das «Proletenviertel» und seine Bewohner vom Arzt und libertären Sozialisten BRUPBACHER, Selbstbiographie, geschildert. Aus dem Blickwinkel des erfolgreichen Aufsteigers aus dem kleinen Mittelstand schildert SPÖRRY, Lebenslauf, die Zustände mit geradezu photographischer Detailtreue. Die Lustbarkeiten der «besseren Gesellschaft» schildert BAUMANN, Belle Époque, in Wort und Bild. Anschaulich geschildertes städtisches Leben auch bei TREICHLER, Gründung.

# Anmerkungen

[1] Sämtliche Daten aus: STATISTISCHES JAHRBUCH DER STADT ZÜRICH, Zürich 1905ff.
[2] FRITZSCHE, Grundstückpreise; KREIS, Aussersihl
[3] SCHÖNAUER, Quaianlagen
[4] Für eine genaue Dokumentation siehe INSA, Bd. 10
[5] Zit. nach: BAUMANN, Belle Époque, S. 90
[6] ULRICH, Bordelle, S. 113
[7] Zur Entstehung einer Freizeitindustrie in der Belle Époque ausführlich: FURRER, Massenfreizeit
[8] FRITSCHI, Vereinigung, S. 19
[9] Ausführlicher bei FRITZSCHE, Mechanismen
[10] BÄRTSCHI, Industrialisierung, S. 162-164, 183-185
[11] KREIS, Aussersihl
[12] KÜNZLE, Arbeiterquartier; FRITZSCHE, Quartier
[13] BRUPBACHER, Selbstbiographie, S. 96f.; FREI, Rote Patriarchen, S. 165ff.
[14] KÄGI-FUCHSMANN, Regina, Das gute Herz genügt nicht; mein Leben und meine Arbeit, Zürich 1968, S. 47
[15] Zit. nach: KREIS, Aussersihl, S. 50
[16] Zit. nach: KREIS, Aussersihl, S. 76
[17] Das folgende nach LOOSER, Italienerkrawall, und RATHGEB, Italiener-Krawall
[18] Zit. nach: RATHGEB, Italiener-Krawall, S. 32, 36
[19] Zit. nach: RATHGEB, Italiener-Krawall, S. 61
[20] Zit. nach: LOOSER, Italienerkrawall, S. 42
[21] Zit. nach: LOOSER, Italienerkrawall, S. 108ff.
[22] RATHGEB, Italiener-Krawall, S. 46
[23] Detaillierte Angaben bei LOOSER, Italienerkrawall, S. 54-70 und tabellarische Übersicht im Anhang
[24] Zit. nach: LOOSER, Italienerkrawall, S. 60
[25] Zit. nach: LOOSER, Italienerkrawall, S. 113
[26] Zit. nach: KREIS, Aussersihl, S. 70
[27] LAUR, Wanderungen, S. 15
[28] GESCHICHTE STADTVEREINIGUNG, S. 6
[29] GESCHICHTE STADTVEREINIGUNG, S. 62
[30] Näheres dazu: SCHENKEL, Stadtvereinigung
[31] Zit. nach: SCHENKEL, Stadtvereinigung, S. 99
[32] Zahlen nach SCHENKEL, Stadtvereinigung, S. 102f.
[33] Ausführlichere Überlegungen dazu bei LOOSER, Italienerkrawall
[34] CATTANI, Aktienhäuser; FRITZSCHE, Bürgerliche Werte
[35] FRITZSCHE, Wohnungsfürsorger
[36] SCHULER, Fridolin, Die Fabrik-Wohnhäuser in der Schweiz, in: Zeitschrift für schweizerische Statistik, 1896, S. 262
[37] ERISMANN, Wohnungsaufsicht
[38] KOCH, Wohnungsbau, gibt ein Inventar aller mit städtischer Hilfe errichteten Wohnbauten
[39] GÖLDI, Konkubinat
[40] ULRICH, Bordelle, S. 135
[41] Im Wirtschaftsgesetz von 1896, Art. 55ff.
[42] HOWARD, Ebenezer, To-morrow. A Peaceful Path to Real Reform, London 1898
[43] Ausführlich dazu: GALLIKER, Strassenbahn. Für die vorwiegend technischen Aspekte des Strassenbahnbaus siehe TRÜB, Strassenbahnen
[44] Zit. nach: GALLIKER, Strassenbahn, S. 47
[45] Weisung des Stadtrats zur Arbeiterwohnungsfrage von 1894, zit. nach: GALLIKER, Strassenbahn, S. 43
[46] Zit. nach: GROSS-ZÜRICH, S. 2
[47] Ausführlich bei KURZ, Leitbilder
[48] Zit. nach: INSA, Bd. 10, S. 53
[49] INSA, Bd. 10, S. 50-85

# Die Landschaft zwischen Krise und Selbstbewusstsein

Bis Mitte der siebziger Jahre des 19. Jahrhunderts erlebte der Agrarsektor eine ausgesprochene Hochkonjunktur. Dann veränderte sich die gesamtwirtschaftliche Lage grundlegend: Im Industriesektor kam es zu einer weltweiten Überproduktionskrise, in der Landwirtschaft setzte, ausgelöst durch das rasche Wachstum der Weltagrarproduktion, eine allgemeine Depression ein. Die Integration der schweizerischen Landwirtschaft in den Weltagrarmarkt und die gebremste Konsumentennachfrage stürzten die Zürcher Bauern um 1880 in eine schwere Krise.

## Die Agrarkrise und ihre Folgen

Nach 1878 begannen die Agrarpreise, die seit 1840 kontinuierlich angestiegen waren, langsam zu sinken und stagnierten dann bis zu Beginn des 20. Jahrhunderts. Den ausgeprägtesten Preisrückgang erlebte das Getreide, einen geringeren Milch und Fleisch, die von der Konkurrenz billiger Massenimporte nicht betroffen waren. Da der Getreidebau im Kanton Zürich aber in erster Linie der Selbstversorgung mit Streue und Stroh diente, machten den Bauern nicht so sehr die tiefen Getreidepreise zu schaffen; sehr viel entscheidender für die Notlage zu Beginn der achtziger Jahre waren der Rückgang der Milch- und Fleischpreise und die massiven Einbussen beim Weinbau. Als Folge mehrerer schlechter Wetterlagen und der Verluste durch Schäden (Falscher Mehltau, ab 1886 Reblaus) gingen die Ernten bis

Auch am Ende des 19. Jahrhunderts lebten die Schöfflisdorfer Bauern noch äusserst bescheiden. Die landwirtschaftliche Krise der achtziger Jahre traf die Wehntaler Gemeinde hart: «In den letzten vier Jahren hat der Weinbau kaum einen Viertel Ertrag abgeworfen, nicht einmal für den eigenen Bedarf, woher soll nun das Geld kommen für Zinse, Zahlungen, die lästigen Steuern und Unkosten, welche letztere so gross sind wie alles andere.»

Der Taglöhner Hannes Kappeler und seine Schwägerin Margareth Kappeler-Brütsch aus Stammheim (um 1900) gehörten zu jenen bäuerlich-ländlichen Randexistenzen, deren Lebensverhältnisse im Vergleich zu jenen der Industriearbeiter nach 1880 zunehmend schlechter wurden. Entsprechend nahm die Abwanderung junger Arbeitskräfte in die Stadt zu, war damit doch ein sozialer Aufstieg verbunden.

Die Bodenwerte gingen im Kanton Zürich als Folge sinkender Produktpreise zwischen 1875 und 1892 um 30 bis 50 Prozent zurück. Die Folgen für die Bauernbetriebe gehen aus einem 1882 verfassten Bericht der Schönenberger Gemeindebehörden hervor: «Weit nachtheiliger als dieses (ungenügende Ernten), wirkt aber der allbekannte Milchabschlag, welche statt wie früher 7–8 Fr. jetzt nur zwischen 5–6 Fr. gibt. Bei den hohen Milchpreisen wurden die Güterpreise ungebührlich in die Höhe getrieben, die Kreditverhältnisse liessen nichts zu wünschen übrig und es wurde dies nicht nur benützt, sondern leider vielfach missbraucht. Umso empfindlicher ist jetzt der eingetretene Umschlag. Jetzt können die nämlichen Liegenschaften, wenn es noch gut geht, nur mit einem Drittel Verlust veräussert werden. Das landwirthschaftliche Vermögen und was eben so wichtig ist, der Kredit ist zum grössten Theil dahin. Diese zwei Punkte sind es namentlich, die wie ein Alp auf der Landwirthschaft lasten.»

**Entwicklung der landwirtschaftlichen und nichtlandwirtschaftlichen Konkurse von 1875 bis 1891**

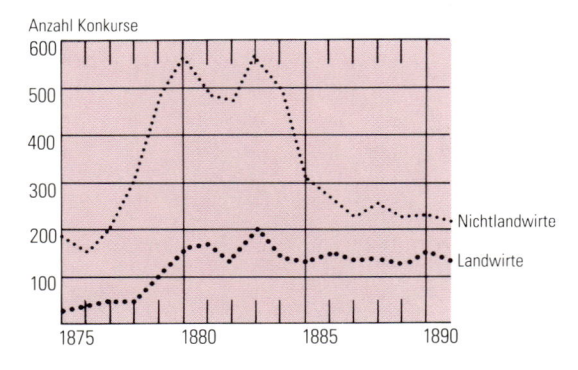

auf einen Viertel jener Mengen zurück, die in den goldenen Weinjahren von 1874 bis 1876 erzielt worden waren.[1]

Die Einbrüche bei den rentabelsten Zweigen der Landwirtschaft konnten die Bauern nicht mehr verkraften. Schlagartig veränderte sich die Situation auf dem Boden- und Kreditmarkt, wie ein Bericht aus Schönenberg 1882 eindrücklich schilderte: «Um so empfindlicher ist der jetzt eingetretene Umschlag. Jetzt können die sämtlichen Liegenschaften, wenn es noch gut geht, nur mit einem Dritteil Verlust veräussert werden. Das landwirtschaftliche Vermögen und was eben so wichtig, der Kredit, ist zu grossem Theil dahin.»[2] Die Liegenschaftspreise, welche um die Mitte der siebziger Jahre ihren Höhepunkt erreicht hatten, fielen bis Mitte der achtziger Jahre um einen Drittel bis um die Hälfte. Der Wert des Reblands sank bis zu Beginn des 20. Jahrhunderts um 60 bis 80 Prozent.[3] Die Bauern konnten ihre Hypothekarschulden, die sie vor 1875 in Anbetracht der guten Ertragslage eingegangen waren, nicht mehr verzinsen. Hinzu kam noch die Gefahr, aufgenommene Kredite angesichts der Verhältnisse auf dem Bodenmarkt tilgen zu müssen.

Auf der Landschaft nahmen die Zwangsversteigerungen stark zu: Von 1879 bis 1891 gingen 1823 Landwirte (sechs bis acht Prozent aller Betriebe) Konkurs.[4] Zu den von der Krise betroffenen Regionen gehörten die Seegegend und das Zürcher Wein- und Unterland. In den Bezirken Uster, Hinwil und Pfäffikon hingegen sorgten die Heim- und die Fabrikindustrie für Nebenerwerbsmöglichkeiten, welche die Einbussen in der Landwirtschaft auffingen. Sozial traf die Krise vor allem die stark verschuldeten Kleinbauern und Landhandwerker sowie die landwirtschaftlichen Taglöhner, «welche in Folge dieser mehrfachen Missjahre immer weniger lohnenden Verdienst finden, indem sich diesfalls jeder Bauer aufs äusserste einschränkt».[5]

Die vielen Inhaber kleiner Betriebe (80 Prozent aller Grundbesitzer) litten vor allem unter der hohen Verschuldung, die sie beim Kauf des Betriebs ohne entsprechende Eigenmittel eingegangen waren. Kleinbäuerliche Verschuldungskrisen hatte es bei schlechten Ernten oder Einbussen beim Nebenverdienst schon in den ersten drei Vierteln des 19. Jahrhunderts gegeben, neu war die lange Dauer der Krise. Während die Konkurse ausserhalb des Landwirtschaftssektors nach 1883 rasch abnahmen, blieb ihre Zahl bei den bäuerlichen Betrieben unvermindert hoch. Zudem waren die Lebensumstände vieler Kleinbauern erstmals armseliger als jene eines grossen Teils der Industriearbeiterschaft.

Die vielen Zwangsversteigerungen wirkten sich nachhaltig auf die ländliche Sozialstruktur aus: Die Zahl der Klein- und Zwergbesitzer halbierte sich bis zu Beginn des 20. Jahrhunderts, während die Mittel- und Grossbauern, die auf umfangreicheren Betriebsflächen mehr Rindvieh hielten, an Gewicht gewannen. Die unverminderte Krise im Rebbau und der Niedergang der Seidenheimindustrie sorgten dafür, dass der im schweizerischen Vergleich überdurchschnittliche Konzentrationsprozess auch anhielt, als sich die Ertragslage in der Landwirtschaft gegen Ende des 19. Jahrhunderts insgesamt verbesserte. Die durchschnittliche Betriebsgrösse stieg von 3,96 Hektaren 1886 auf 4,73 Hektaren im Jahr 1905. Da vor allem Kleinbauern mit ihren vielfältigen Nebeneinkommen den Betrieb aufgaben, kam es auf der Zürcher Landschaft zu einer eigentlichen «Reagrarisierung». Dies zeigte sich auch im Rückgang der Ziegenbesitzer von 11504 (1876) auf 6082 (1911). Allerdings blieb die zwergbäuerliche Struktur in der Umgebung von Industriegemeinden erhalten, wo die Bewirtschaftung der kleinen Heimwesen eine wichtige Ergänzung zum mageren Fabrikverdienst darstellte.[6]

Die landwirtschaftliche Bevölkerung, die schon seit der Jahrhundertmitte relativ an Gewicht verloren hatte, ging mit dem Übergang zum Industriekanton auch absolut zurück. Ihr Anteil an der Gesamtbevölkerung sank von 1870 bis 1900 von 36,2 auf 19,2 Prozent. Die landwirtschaftlich geprägten Bezirke Andelfingen, Bülach, Dielsdorf, Pfäffikon, Meilen und Affoltern erlebten zwischen 1880 und 1888 eine Bevölkerungsabnahme, die sich in vielen Gemeinden bis ins 20. Jahrhundert fortsetzte. Die Auswanderung nach Übersee erreichte einen neuen Höhepunkt. In den ländlichbäuerlichen Gemeinden herrschten Zukunftsangst und Unzufriedenheit; angesichts des Aufschwungs der nach 1883 wieder prosperierenden Industrie fühlten sich die Bauern benachteiligt.[7]

Die Milch wird zum «wirtschaftsbeherrschenden Faktor»
Um die krisenbedingten Einkommensverluste aufzufangen, erhöhten die Bauern so gut als möglich die für den Markt bestimmte Produktionsmenge tierischer Erzeugnisse, da die Preiseinbussen dort am kleinsten waren. Der Rindviehbestand stieg deshalb bis 1911 um 50 Prozent, wobei die östlichen und südlichen Kantonsteile, die sich zu reinen Graswirtschaftsgebieten entwickelten, den grössten Wachstumsschub erfuhren. Parallel dazu gingen die Acker- und Reblandflächen um 40 bis 60 Prozent zurück (jährliche Abnahmen von ein bis zwei Prozent). 1905 besass nur noch ein Drittel aller Landwirtschaftsbetriebe mehr als zehn Prozent Ackerareal, und auch bei diesen Betrieben überwog das Grasland. Am stärksten hielt sich der Ackerbau klimabedingt in den Bezirken Andelfingen, Bülach und Dielsdorf, in denen er zu Beginn des 20. Jahrhunderts noch 25 bis 30 Prozent des Areals ausmachte. Angebaut wurden vorwiegend Weizen und Kartoffeln.[8]

Der Verbesserung der Einkommen diente auch die Intensivierung der Produktion. Bis in die siebziger Jahre verwendeten die Bauern weitgehend natürlichen Dünger, dann nahm der Kunstdüngerverbrauch in enger Verbindung mit dem Aufbau des Genossenschaftswesens «einen überraschend grossartigen Aufschwung».[9] Gefördert durch Inseratekampagnen der Düngerfabriken (Uetikon, Marthalen) und durch Vorschläge des landwirtschaftlichen Vereins wurde es üblich, in grossen Mengen Knochenmehl, Chilesalpeter, Gips, Kali- und Phosphordünger einzusetzen. Mit dem gleichen Ziel verwendeten die Bauern auch Pflanzenschutzmittel im Rebbau und Kraftfutter in der Viehhaltung. Der Verbrauch betrieblicher Hilfsmittel wuchs rasant: Der 1886 gegründete Genossenschaftsverband erhöhte seinen Umsatz mit Hilfsstoffen von 194 542 Franken im ersten Tätigkeitsjahr auf 923 010 Franken um 1900 und auf 2 719 631 Franken im Jahr 1910.[10] Der Masseneinsatz von Hilfsstoffen und die gezielte Nutzung wissenschaftlicher Erkenntnisse (Viehzucht, Pflanzenkunde) ermöglichten den Betrieben in kurzer Zeit eine bis dahin beispiellose Anhebung der Hektarerträge (plus 40 bis 60 Prozent) und der Milch- und Fleischleistung des Viehs (plus 10 bis 25 Prozent).[11]

Diese Intensivierung leitete einen Prozess ein, der bis zur Agrarpolitik unserer Tage schwerwiegende Konsequenzen hat. Zum einen begann mit dem Einsatz chemischer Substanzen eine Entwicklung, die im 20. Jahrhundert zu einem riesigen Arsenal von ertragssteigernder Chemie führte. Was am Ende des 19. Jahrhunderts noch als grosser Fortschritt gefeiert wurde, gefährdet heute unsere Lebensgrundlagen und muss im Rahmen einer veränderten Agrarpolitik mühsam abgebaut werden. Zum anderen trat ein

**Verkehrsmilchproduktion und -verwertung im Kanton Zürich von 1886 bis 1910 (in q)**

| Jahr | Produktion: Verkehrsmilch | Verwertung: Konsummilch | Käse | Butter |
|---|---|---|---|---|
| 1886 | 665 684 | 116 674 (17,5%) | 34 822 | 11 004 |
| 1890 | 759 349 | 332 282 (43,8%) | 31 245 | 10 588 |
| 1895 | 801 113 | 444 442 (55,5%) | 25 682 | 9 112 |
| 1900 | 887 115 | 555 911 (62,7%) | 22 147 | 8 047 |
| 1905 | 951 106 | 673 024 (70,8%) | 19 086 | 7 578 |
| 1910 | 1 070 922 | 802 866 (75,2%) | 18 923 | 6 858 |

**Geschlachtetes Rindvieh im Kanton Zürich von 1861 bis 1909 (jährliche Durchschnitte in q)**

|  | Absolut | Index |
|---|---|---|
| 1861–1870 | 30 689 | 100 |
| 1871–1880 | 39 898 | 130 |
| 1881–1890 | 51 564 | 168 |
| 1891–1900 | 66 310 | 216 |
| 1901–1909 | 76 268 | 248 |

«Heute ist dies meistens anders geworden; viele Bauern kaufen für den Haushalt das Brot und kaufen für ihren vermehrten Viehstand das nötige Stroh; es gibt Bauern, die sogar die Kartoffeln und für ihre ‹Vierbeiner› die Runkelrüben, deren Anbau doch auch sehr lohnend ist, kaufen müssen. Heute frägt man nur noch, wie viel Vieh hält der Mann; ob er auch Frucht pflanze, darum kümmert sich niemand mehr. ‹Ackern und eggen› und ‹Schölle töte› will niemand mehr, und mancher verrottete, wurmstichige Aargauerpflug in der hintersten Ecke des Wagenschopfes, welchen Platz er schon viele Jahre nicht mehr verlassen hat, legt stummes Zeugnis ab von dieser Betriebsänderung seines Herrn.» («Der Zürcher Bauer», 10. April 1903)

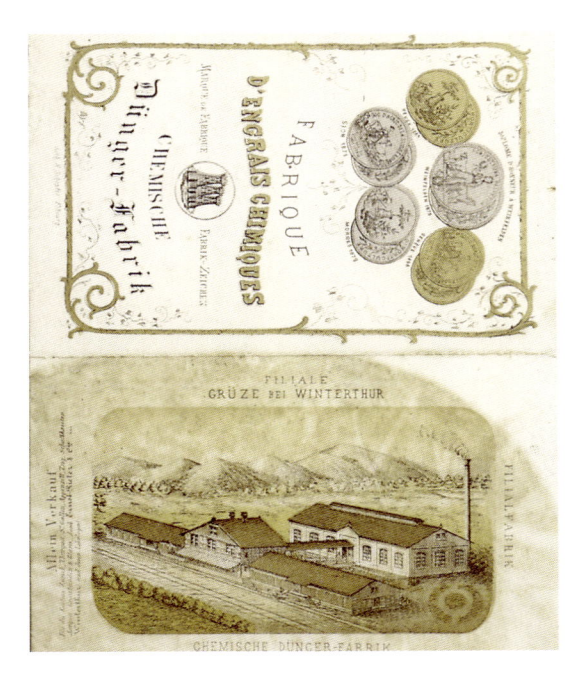

Die «chemische Düngerfabrik Filiale Grüze bei Winterthur» gehörte neben den chemischen Fabriken in Uetikon und Marthalen zu den wichtigen Kunstdüngerproduzenten im Kanton Zürich, die die Bauern ab 1880 in immer grösserem Ausmass mit chemischen Hilfsstoffen zur Ertragssteigerung versorgten. Die Düngerfabrik Marthalen nahm als angeblich «erste derartige schweizerische Anlage» ihren Betrieb 1860 auf; die chemische Fabrik Uetikon begann 1881 mit der Herstellung von Superphosphat. Der Gebrauch von Düngemitteln wurde unter dem Druck der Krise rasch populär: So schnellte etwa die Mitgliederzahl im Landwirtschaftlichen Verein Meilen 1884/85 schlagartig in die Höhe, weil die Bauern am verbilligten Bezug von Uetikoner Kunstdünger teilhaben wollten.

Wachstum ein, das langfristig weit über die Nachfrage hinausging. Die ungenügende Versorgung mit Lebensmitteln – um die Mitte des 19. Jahrhunderts noch beherrschendes Thema der Zürcher Regierung – wurde in den westlichen Industrienationen im 20. Jahrhundert durch Überproduktionssorgen abgelöst. Periodisch wiederkehrende Milchschwemmen, Butter- und Fleischberge, die mit Subventionen in Milliardenhöhe abgesetzt werden müssen, gehören zu den gravierendsten Problemen der heutigen Agrar- und Finanzpolitik.

Von 1876 bis 1910 nahmen die Milch- und die Fleischproduktion der Zürcher Landwirtschaft um 80 beziehungsweise 200 Prozent zu. Während sich der südliche und der östliche Kantonsteil ganz auf die intensive Milchwirtschaft konzentrierten, standen im Norden und Westen Mast und Aufzucht in Verbindung mit Ackerbau im Vordergrund. Grundsätzlich wurde aber der Geldertrag der Milch «zum wirtschaftsbeherrschenden Faktor» der Zürcher Bauern.[12] Die Milchverwertung verschob sich als Folge von Industrialisierung und beschleunigter Urbanisierung von der Butter- und Käseherstellung zur Konsummilch. Wurden 1886 nur 17 Prozent der Verkehrsmilch an städtische Konsumenten verkauft, so stieg dieser Anteil bis 1910 auf 75 Prozent, ein im Vergleich zur gesamten Schweiz fast doppelt so hoher Wert. Aus den Fett- und Magerkäsereien wurden reine Milchsammelstellen, von wo aus Fuhrwerk und Bahn das «weisse Gold» direkt zum Konsumenten transportierten.[13]

Die rasante Urbanisierung – in Verbindung mit dem Wandel der Ernährung – verhalf den Bauern ab Mitte der neunziger Jahre zu guten Absatzchancen. Um ihre Position bei den Auseinandersetzungen um den lebenswichtigen Milchpreis zu verbessern, schlossen sich die Bauern 1905 im «Nordostschweizerischen Milchproduzentenverband» zusammen, dem 1912 fast die Hälfte aller zürcherischen Betriebe angehörten.[14] Sein Ziel sah der Verband in einem möglichst hohen, vertraglich vereinbarten, langfristig an den Betriebskosten und nicht an der Marktlage orientierten Konsummilchpreis, ein Ziel, das 1937 durch die staatliche Garantie erreicht wurde. Organisierung und Ausrichtung auf Konsummilchproduktion machten die Milchpreisfrage in der Zeit vor und während des Ersten Weltkriegs zu einem wichtigen Streitpunkt gegensätzlicher Interessen von Arbeitern und Bauern und trugen wesentlich zur politischen Radikalisierung bei.

Der tägliche Milchtransport zur Station Effretikon, von wo das «weisse Gold» mit der Bahn zum Konsumenten gelangte. Für die Verwertung der Milch sorgten 1923 im ganzen Kanton über 400 Genossenschaften mit 10 977 Mitgliedern; 331 Genossenschaften verkauften ihr Produkt als Konsummilch, wobei die Molkereien in Zürich und Winterthur wichtige Abnehmer waren.

# Blüte und Niedergang des Rebbaus

Im dritten Viertel des 19. Jahrhunderts erlebte der Weinbau seine eigentliche Blütezeit. Zürich war 1881 mit 5586 Hektaren Rebfläche der zweitgrösste Weinbaukanton der Schweiz hinter der Waadt. Ein Viertel aller Haushalte beziehungsweise zwei Drittel aller Grundbesitzer (auch Handwerker, Heimarbeiter, Gewerbetreibende und Fabrikunternehmer) bauten eigenen Wein an. 1914 gab es nur noch 2431 Hektaren Rebland, und der Wein hatte seine Position als Volksgetränk weitgehend eingebüsst.

Um 1870 gab es nur zehn Gemeinden – in höheren Lagen im Zürcher Oberland und am Höhronen –, in denen keine Reben angebaut wurden. Aus dem Weinbau stammte ein beträchtlicher Teil des landwirtschaftlichen Einkommens: 6,3 bis 11,4 Millionen Franken betrug der Ertrag von 1874 bis 1878. Zum Vergleich: die damaligen Staatsausgaben lagen bei 6 Millionen.[1] Die Pflege der Reben beanspruchte die Bauernfamilie während des ganzen Jahres. Pro Hektare mussten jährlich rund 3000 Arbeitsstunden aufgewendet werden. Das Rebwerk begann im Februar mit dem ersten Schnitt. Anschliessend wurden mit einem Stickeleisen die 2,1 bis 2,4 Meter langen Stickel gesetzt. Dann bog man die Ruten und band sie mit Roggenschaub (Roggenstroh) am Stickel fest. Nachdem im Mai das erste Laub gewachsen war, folgte das Verzwicken und Heften, um den Wuchs der sehr eng stehenden Reben dem beschränkten Standraum anzupassen. Im Verlauf des Sommers musste der Winzer mehrmals nachheften und viel Laubwerk entfernen, damit die Rebareale begehbar blieben.[2]
Den Höhepunkt des Weinjahres bildete die Lese, die rund zwei Wochen dauerte. Den Abschluss feierte die Familie mit üppigem Mahl, Sauser, Tanz und Spiel. Den Wein verkauften die Rebbauern bereits vor oder während der Lese an Private, Weinhändler und Wirte. Als Volksgetränk wurde der im Vergleich zu heutigen Sorten sehr saure Wein direkt ab Fass konsumiert. Wein wurde überall getrunken, sei es im Militär oder als Schoppen in der Fabrik. Die Allgegenwart des Weins charakterisierte der in Töss aufgewachsene Schriftsteller Jakob Christoph Heer (1859–1925): «Wenn die Mutter ein Kind geboren hatte, stärkte man sich mit altem Roten, dem Täufling träufelte man etwas Wein ein und wenn der Bauer starb, wusch man seine Leiche mit dem von ihm gezogenen Wein.»[3]
Um 1880 geriet der Weinbau infolge von Missernten und Verlusten durch Krankheiten und Schädlinge in eine schwere Krise. Gegen den aus den Vereinigten Staaten eingeschleppten Falschen Mehltau setzte man ab 1887 Spritzmittel ein. Der chemische Pflanzenschutz, der die Produktionskosten erhöhte, musste allerdings von der Regierung gegen den Widerstand der Winzer eingeführt werden: 1890 wurde das Spritzen für obligatorisch erklärt; fehlbare Weinbauern wurden gebüsst. Zur gleichen Zeit breitete sich erstmals die Reblaus aus, die ganze Rebberge befiel. Auch hier leitete die Regierung umfassende Bekämpfungsmassnahmen ein. Zwar konnte der Schaden durch die Vernichtung der befallenen Rebstöcke einigermassen begrenzt werden; das technokratische Vorgehen weckte aber die Unzufriedenheit der Rebbesitzer und trug wesentlich zur «Bauernbundbewegung» von 1891 bei.[4]
Trotz Erfolgen in der Schadensbekämpfung hielt die Weinbaukrise unvermindert an, da die tieferliegenden Ursachen in der Veränderung der Marktverhältnisse und Konsumgewohnheiten lagen. Mit der Eröffnung der Gotthard- und der Arlbergbahn (1882 bzw. 1884) setzte der Massenimport von qualitativ besseren südländischen Weinen ein, was dazu führte, dass sich die Weinpreise auf einem relativ tiefen Niveau einpendelten.[5] Gleichzeitig setzte die Konkurrenz durch billige Kunstweine ein, und als Folge von Geschmacks- und Bedürfnisveränderungen in der industriellen Gesellschaft lösten Bier und Most den schweren Wein als Volksgetränk immer mehr ab. Während die Einnahmen stagnierten, nahmen die Produktionskosten von 1880 bis 1910 um 25 Prozent zu (höhere Löhne, Pflanzenschutz). Der Ertrag aus dem Weinbau deckte den Aufwand nicht mehr: «Zahlreiche Familien, die sich früher eines soliden Wohlstandes erfreuten, sehen sich immer mehr zurückgekommen, trotzdem der Mann von früh bis spät arbeitet, trotzdem Frau und Kinder mithelfen müssen.»[6]
Im Kampf gegen die Konkurrenz fremder Weine unterstützten die Winzer die zollpolitischen Forderungen des Schweizerischen Bauernverbands, was aber nicht zum gewünschten Erfolg führte.[7] Von 1898 bis 1910 sanken die Preise für Rebland um ein weiteres Drittel. Hunderte von Jucharten Reben (1 Juchart = 25,43 Aren) wurden gerodet und in Wiesland mit Obstbäumen verwandelt. Viele kleine Rebbesitzer gaben ihre Existenz auf und wanderten ab, zumal der industrielle Aufschwung bessere Einkommenschancen eröffnete. Erst nach 1920 konnte die Krise dank gesteigerter Arbeitsproduktivität und Qualitätsproduktion langsam überwunden werden.[8]

*1 Reblauskontrolle in Oberembrach, 1916.*

*2 Bierreklame. Ab 1880 wurde das Bier zum wichtigsten Konkurrenzprodukt, weil die Eismaschine das ganzjährige Brauen gestattete, wodurch die Preise sanken. Bis 1910 vervierfachte sich der Bierkonsum im Kanton Zürich.*

Die Anfänge staatsinterventionistischer Massnahmen

Die politischen Theoretiker des Liberalismus hielten es nicht für die Aufgabe des Staats, mit grösseren Finanzmitteln lenkend und fördernd in die Wirtschaft einzugreifen. 1863 gaben liberal gesinnte Kreise in der Auseinandersetzung um die Schaffung einer staatlichen Kantonalbank zu bedenken, dass «directe und tiefe» Eingriffe in die «ökonomischen Verhältnisse» (…) «Vorboten des Untergangs eines Gemeinwesens» seien.[15] Die landwirtschaftliche Gesetzgebung beschränkte sich darauf, gute Voraussetzungen für die Produktion zu schaffen. Im Jahr 1870 beliefen sich die Aufwendungen des Kantons für die Landwirtschaft auf 41 015 Franken, was einem Prozent der Staatsausgaben entsprach. Die Hälfte der Aufwendungen floss in die Ausbildung, ein Viertel diente der Förderung der Tierzucht.[16]

Unter dem Druck der Krise verlangte Pfarrer Johann Jakob Egli (1840–1905) aus Bachs 1882 im Kantonsrat rasche Hilfe für die «notleidenden» Landwirte. Der Rat bewilligte darauf einen Kredit von 50 000 Franken zur Abgabe von verbilligtem Saatgut. Ganz wie in früheren Ernährungskrisen sollte der Staat lediglich für eine Überbrückungshilfe sorgen; auf den Wunsch vieler Gemeinden nach Verringerung der hohen Hypothekarzinsbelastung trat das liberal-demokratisch beherrschte Parlament nicht ein.[17] Die ablehnend-zurückhaltende Position änderte sich schlagartig, als der kleinbäuerliche Massenprotest der Bauernbünde für den nötigen Druck sorgte. Nach «denkwürdigen Verhandlungen in der höchsten Behörde des Kantons» wurde eine Untersuchungskommission eingesetzt, die 1893 einen umfangreichen Massnahmenkatalog vorlegte.[18]

In den folgenden Jahren verabschiedeten Regierung und Parlament eine ganze Reihe von Massnahmen, die auf Rentabilitätssteigerung, Verwissenschaftlichung und Rationalisierung der Betriebe abzielten. Nach der bereits 1890 eröffneten interkantonalen «Versuchsstation und Schule für Obst-, Wein- und Gartenbau» in Wädenswil wurden ab 1897 landwirtschaftliche Winterschulen aufgebaut, und 1898 eröffnete der Kanton ein kulturtechnisches Büro für Güterzusammenlegungen und Bodenverbesserungen. Der Ausbau des stärker auf die Kleinbauern ausgerichteten beruflichen Bildungsangebots (Winterschulen) richtete sich ausschliesslich an die Bauernsöhne; für die Bäuerinnen wurde erst 1925 ein hauswirtschaftlicher Kurs angegliedert, der sie zu optimalen Gehilfinnen des Mannes in Haushalt und Familie machen sollte.

Als zusammenfassende Grundlage aller Anstrengungen legte der Regierungsrat 1896 ein kantonales Landwirtschaftsgesetz vor, das allerdings

Der als Pfarrer und Arzt ausgebildete Bauernsohn Johann Jakob Egli aus Wetzikon amtete von 1880 an als Seelsorger in der Gemeinde Bachs und war gleichzeitig Mitglied des Kantonsrats. Da er die Nöte der ländlichen Bevölkerung aus nächster Nähe kannte, reichte er 1882 eine Motion ein, in der er erstmals weitreichende Massnahmen zugunsten der Landwirtschaft verlangte. 1889 lernte er die Kneippschen Heilmethoden kennen. Als Arzt an den sich rasch entwickelnden Kuranstalten in Affoltern am Albis sorgte er mit Kaltwasserbädern, Freiluftgymnastik und Diät für das Wohl seiner Patienten.

Die 1890 im ehemaligen Landvogteischloss in Wädenswil eröffnete «Versuchsstation und Schule für Obst-, Wein- und Gartenbau» hatte die Aufgabe, durch Bekämpfung der Krankheiten und Schädlinge, durch geeignete Sortenwahl und verbesserte Anbaumethoden die grossen Schwierigkeiten im Weinbau zu überwinden. Mit gezielter Fachbildung und der Anwendung wissenschaftlicher Methoden sollten die Produktionsbedingungen der Bauern verbessert werden. Eine besondere Rolle spielte die Versuchsstation beim Reblausproblem, das nach 1920 mit der Umstellung auf veredelte Reben gelöst werden konnte.

erst 1912 in Kraft trat.[19] Ergänzt wurden die kantonalen Bestimmungen durch die 1884 und 1893 von bäuerlichen Interessenvertretern auf Bundesebene durchgesetzten Förderungsmassnahmen. Die Ausgaben von Bund und Kanton für den Agrarsektor stiegen von 1870 bis 1912 um mehr als das Zwanzigfache, wobei ein bedeutender Teil zur Einkommensstützung eingesetzt wurde. Im Verhältnis von Landwirtschaft und Staatsapparat vollzog sich ein grundsätzlicher Wandel: Aus dem Aschenbrödel wurde ein staatlich umhegtes Sorgenkind, dem bis heute ganz selbstverständlich umfangreiche Mittel aus den öffentlichen Haushalten auf Kosten der Steuerzahler zufliessen.[20]

Bäuerliche Organisation und Interessenwahrnehmung

In enger Wechselbeziehung mit dem Aufbau staatsinterventionistischer Massnahmen erfuhren auch die männerbestimmten landwirtschaftlichen Organisationen einen einschneidenden Funktionswandel, den die Zürcher Bauern wesentlich prägten. Sowohl der 1863 gegründete «Schweizerische Landwirtschaftliche Verein» (SLV) als auch die 1882 davon abgespaltene «Gesellschaft Schweizerischer Landwirte» (GSL) forderten ab 1887 gemeinsam zollpolitische Massnahmen zum Schutz der Landwirtschaft. Beide Organisationen waren personell mit dem 1887 gegründeten «Landwirtschaftlichen Club der Bundesversammlung» verknüpft, der als Interessenvertreter im eidgenössischen Parlament einen ersten Zollschutz und 1893 das schweizerische Landwirtschaftsgesetz durchsetzte. Trotz dieses politischen Engagements sahen die herkömmlichen Agrarorganisationen aber das entscheidende Mittel zur Überwindung der Krise im Ausbau der fachlichen Bildung und in der Anwendung wissenschaftlich-technischer Methoden. Ganz auf der Linie der Dachorganisation verkündete der Zürcher Kantonalverein in seinem Fachblatt unermüdlich, die Bauern sollten rechnen lernen und «durch Geist und Mittel» die Produktivität des Bodens steigern; eine Aufforderung, die in den Ohren schuldengeplagter Kleinbauern wie Hohn klingen musste.[21]

Während die Vereinsspitze das Hohelied vom profitorientierten Wachstum sang, zeichnete sich an der Basis eine Neuorientierung ab. Noch ganz dem Ziel der Ertragssteigerung verpflichtet, begannen die landwirtschaftlichen Lokalvereine, die seit den sechziger Jahren als Teil der demokratischen Bewegung entstanden waren, mit dem gemeinsamen Bezug von Dünger und Saatgut. Führende Exponenten dieser Entwicklung in den fortgeschrittensten Landwirtschaftsgebieten (Zürichsee, Umgebung von Win-

Als 1918 die Landwirtschaftliche Genossenschaft in Uitikon am Albis ihr Ladenlokal eröffnete, gab es im Kanton Zürich bereits über 200 Genossenschaften mit mehr als 20 000 Mitgliedern. Aus einem einfachen Zusammenschluss zur Selbsthilfe war eine Organisation geworden, die für eine billigere Versorgung der ländlichen Bevölkerung mit landwirtschaftlichen Hilfsstoffen (Dünger, Futtermittel) und Konsumwaren sorgte.

terthur) waren Conrad Schenkel (1834–1917), ein vermögender Landwirt aus Räterschen (Gemeinde Elsau), und Wilfried Spinner (1854–1918), Pfarrer in Dinhard. Nach dem Beispiel deutscher landwirtschaftlicher Genossenschaften (Raiffeisen) sollten die bäuerlichen Produktionskosten durch gemeinsamen Ankauf möglichst tief gehalten werden. 1882 schlossen sich 16 Lokalvereine zum «Landwirtschaftlichen Bezirksverein Winterthur» zusammen, der seine Aufgabe neben der «gemeinsamen Beschaffung reeller, landwirtschaftlicher Hilfsmittel» in der Behandlung von Gesetzen sah, besonders wenn «sie die soziale Stellung des Kleinbauernstandes betreffen».[22] Damit unterschied sich der von Conrad Schenkel geleitete Verein grundsätzlich von der herkömmlichen, technokratisch ausgerichteten Landwirtschaftsorganisation, die sich gegen jede politische Interessenwahrnehmung wandte.

1886 entstand aus dem Bezirksverein der «Verband ostschweizerischer landwirtschaftlicher Genossenschaften» (VOLG), der 1892 auch den Konsumwarenverkauf aufnahm. Der Einbruch in den Kleinhandel, den Schenkel nach dem Vorbild der Arbeiterkonsumvereine vollzog, stiess beim liberal-bürgerlich beherrschten Kantonalverein auf Widerstand, der darin eine Gefährdung des gewerblichen Mittelstands sah. Es kam deshalb zur Spaltung: Der Landwirtschaftliche Kantonalverein gründete 1895 einen eigenen Genossenschaftsverband. Insgesamt erlebte die Genossenschaftsbewegung aber ein starkes Wachstum: 1910 gehörten im Kanton Zürich 70 Genossenschaften mit 5174 Mitgliedern dem VOLG an, 77 Genossenschaften mit 5610 Mitgliedern dem Konkurrenzverband, der sich im Jahr 1929 dem VOLG anschloss.[23]

Obwohl die Genossenschaften auf eine Verbesserung der Einkommen ausgerichtet waren, vermochten sie die bäuerliche Unzufriedenheit nicht aufzufangen. Gegen die hohe Hypothekarverschuldung bot die Selbsthilfe nur wenig Linderung. Die bäuerliche Bevölkerung sah sich immer stärker zurückgesetzt; eine Einschätzung, die sich durch die politisch-kulturellen Veränderungen weiter verstärkte. In der demokratischen Bewegung hatte die Landbevölkerung noch eine wichtige Rolle gespielt. Nun verlagerte sich der gesellschaftlich-politische Schwerpunkt immer mehr in die aufstrebenden Städte. Zürich, welches das rivalisierende Winterthur endgültig hinter sich liess, wurde zur dominierenden Wirtschaftsmetropole der Schweiz. Als Folge des ungleichen wirtschaftlichen Wachstums begann sich ein neuer Stadt-Land-Gegensatz auszubilden, der die Bauern zu Verlierern werden liess.

Zugleich entfremdeten sich die Landwirte von den Demokraten, die mit ihren Schulreformen auf Unverständnis stiessen und durch das Nationalbahndebakel von 1878 vielen Gemeinden grosse Steuerlasten bescherten. Besonders die «Bülach-Dielsdorfer Wochen-Zeitung», die 1867 noch eine wichtige Kraft der demokratischen Opposition gewesen war, führte nun unter ihrem Redaktor Friedrich Scheuchzer (1828–1895) einen heftigen Kampf gegen die «Schulmeisterpartei». Scheuchzer trat für die Gründung einer reinen Bauernpartei ein, eine Idee, die seit 1889 auch Fritz Bopp (1863–1935), Bauernsohn aus Dielsdorf und rechte Hand Scheuchzers, in vielen seiner Artikel vertrat: «Die Bauern sollten sich in Zukunft weder von den Liberalen noch von den Demokraten als Stimmvieh benützen lassen.»[24] In die gleiche Richtung zielte zu jener Zeit auch der Verband ostschweizerischer landwirtschaftlicher Genossenschaften, der unter der Führung von Conrad Schenkel im Jahr 1890 beschloss, die Gründung einer Bauernpartei anzustreben.

Der Dielsdorfer Kleinbauernsohn Fritz Bopp, der hinter dem Kuhgespann den schweren Aargauerpflug lenkt, gehörte zu den wichtigsten Führern der Zürcher Bauern auf ihrem Weg in die Politik. Ab 1889 war Bopp Mitarbeiter an der «Bülach-Dielsdorfer Wochen-Zeitung», in der er zusammen mit dem Arzt Friedrich Scheuchzer für die Gründung einer Bauernpartei eintrat. 1895 stieg er zum Redaktor auf, und 1896 wurde er in den Kantonsrat, 1915 in den Nationalrat gewählt, dem er 13 Jahre lang angehörte. 1907 gründete Bopp im Bezirk Bülach die «Demokratische Bauernpartei», die sich als rein bäuerliche Interessenvertretung verstand. Sie war im Ersten Weltkrieg die einzige politische Bauernorganisation und wurde 1917 zur stärksten Sektion der neuen «Bauernpartei».

Aber Schenkels Versuch blieb Episode: Konrad Keller (1842–1922), Landwirt in Oberglatt, löste 1891 eine spontane bäuerliche Massenprotestbewegung aus, die alle bisherigen Bestrebungen in den Schatten stellte. Keller liess auf eigene Kosten seine Werbe- und Agitationsschrift «Die Bauernsclaverei der Neuzeit oder die Bauern im Kampfe mit den Federhelden» in 15 000 Exemplaren verbreiten. Darin verteufelte er in polemischem Ton die Beamten, den Staat und die Führer der landwirtschaftlichen Vereine, denen er alle Übel der Zeit anlastete. Als Massnahmen verlangte Keller unter anderem eine nur von Bauern getragene Organisation, eine Reduktion des Hypothekarzinsfusses, einen verstärkten zollpolitischen Schutz und die Schaffung eines Bauernsekretariats. Ein solches Programm war Tausenden von Bauern aus dem Herzen gesprochen, denn viele Forderungen Kellers waren schon 1882 in den Berichten zur Motion von Pfarrer J. J. Egli erhoben worden. In drei Monaten entstanden in allen Bezirken Bauernbünde, die mit 10 000 Mitgliedern rund die Hälfte der hauptberuflichen Betriebsinhaber umfassten, fünfmal mehr als die herkömmliche Organisation, der landwirtschaftliche Kantonalverein.[25]

Der traditionelle Verein, in dem Bildungsbürger, Grossbauern und Beamte den Ton angaben, war durch den «wuchtigen Wellenschlag» der Bauernbünde erheblich irritiert. Wohl verkündete man im Jahresbericht von 1891 noch, «Schulter an Schulter für die Hebung der landwirtschaftlichen Krise» zu kämpfen, tatsächlich kam es aber trotz Versuchen zu keiner Zusammenarbeit, da der Kantonalverein eine politische Interessenvertretung ablehnte.[26] Der Bauernbund seinerseits hatte von Beginn an mit grossen Problemen zu kämpfen, da den politisch unerfahrenen Kleinbauern gute Führer fehlten. Als Interessen- und Kampfverband, der sich bewusst von den Selbsthilfe- und Modernisierungsvorschlägen des Kantonalverbands abwandte, setzte er sich jahrelang für eine Minderung der Zinslast ein, stiess aber auf den geschlossenen Widerstand von bürgerlichen Parteien und Staatsbürokratie. Allerdings senkte die Kantonalbank als Folge der Veränderungen auf dem Kapitalmarkt den Zinsfuss 1894 von 4 auf 3,85 Prozent.[27] Die Konzentration auf das Verschuldungsproblem entsprach dem Ziel, eine gemeinsame Front von Arbeitern und Bauern gegen den ausbeuterischen Kapitalismus aufzubauen. Dieser vom ersten Präsidenten eingeschlagene politische Weg scheiterte aber an der internen Gegnerschaft, denn letztlich war der Bauernbund eine antistädtisch-konservative Protestbewegung.

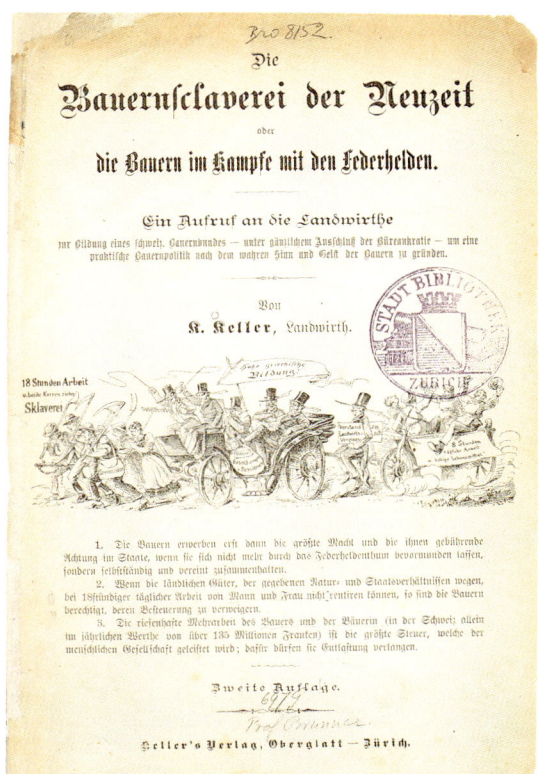

Der kämpferische Landwirt Konrad Keller aus Oberglatt gab seiner Schrift bezeichnenderweise den Titel «Die Bauernsclaverei der Neuzeit». Für ihn waren die Bauern Sklaven aller anderen Berufsgruppen: Bauern und Bäuerinnen sind vor zwei Wagen gespannt, in denen es sich Beamte, Gelehrte und Arbeiter wohl sein lassen. Auf der Deichsel sitzt der Vorstand des Landwirtschaftlichen Vereins, der sich mitziehen lässt und keinen Finger für die Bauern rührt. Die Karikatur sollte den Missstand anprangern, dass der Bauernstand die ganze schwere Last von Steuern und Besoldungen egoistischer «Federhelden» zu schleppen und erst noch 18 Stunden täglich zu arbeiten hatte.

Obwohl sich der Bauernbund antibürokratisch und letztlich auch antistaatlich gab, drängte er vehement auf Agrarprotektionismus. Die 1893 gegründete schweizerische Dachorganisation verlangte hohe Schutz- und Kampfzölle und Subventionen für ein Bauernsekretariat. Zwar wurde dieses Begehren abgelehnt, 1897 kam jedoch auf Betreiben von Nationalrat Heinrich Kern (1853–1923) aus Bülach, Mitglied des Bauernbunds und der traditionellen Landwirtschaftsorganisationen, die Gründung des Schweizerischen Bauernverbands zustande.[28] 1898 konnte das Bauernsekretariat errichtet werden, das unter der Leitung des Strickhofabsolventen Ernst Laur (1871–1964) zu einem äusserst effizienten Instrument der bäuerlichen Interessenvertretung ausgebaut wurde. Im Vordergrund stand der Kampf für einen Zollschutz, der die Deckung der bäuerlichen Lebenshaltungskosten durch entsprechende Produktepreise garantierte. Gegen die vom Bauernverband 1902 erreichte Anhebung der Zölle ergriffen Arbeiterbewegung und Konsumvereine das Referendum, weil sie eine Verteuerung der Lebenshaltungskosten befürchteten. In der hart umkämpften Abstimmung von 1903 manifestierte der neue Interessenverband sein Durchsetzungsvermögen: Während der Kanton mit einem Stimmenverhältnis von 3 zu 2 annahm, betrug der Ja-Stimmen-Anteil in den Landwirtschaftsbezirken Meilen, Andelfingen und Affoltern 78 bis 96 Prozent.[29]

Was sich schon im Abstimmungskampf andeutete, vollzog sich 1904 definitiv: Der Bauernbund und der «Verein für Landwirtschaft und Gartenbau» vereinigten sich zum «Zürcherischen kantonalen landwirtschaftlichen Verein». Von nun an erhob der Kantonalverein die wirtschaftspolitische Interessenvertretung offiziell zu seinem Vereinszweck. Die Führung im Nachfolgeverein übernahmen analog zur nationalen Dachorganisation die grossbäuerlich-bildungsbürgerlichen Kreise aus dem Kantonalverein, die alle in den neuen Vorstand gewählt wurden. Auch wenn aus dem Hintergrund des Saals grollend «Lumpenwählerei» gerufen wurde, so manifestierte sich darin die Funktion der neuen Organisation: Das kleinbäuerliche Protestpotential wurde in die kantonale beziehungsweise nationale Dachorganisation integriert, kanalisiert und fortan mit dem Anspruch der Interessenvertretung für die ganze Landwirtschaft im Dienst einer grossbäuerlichen Politik instrumentalisiert. Denn von der protektionistischen Einkommens-

Im Sonntagsstaat und mit Hut, dem Attribut bürgerlicher Wohlanständigkeit, lassen sich die Abgeordneten des «Zürcherischen Kantonalverbandes» 1913 für die Zeitung «Der Zürcher Bauer» ablichten. Anlass war der Besuch des neu eingerichteten Lagerhauses Grüze des «Verbandes zürcherischer landwirtschaftlicher Vereine und Genossenschaften», dem 72 Sektionen mit 5615 Mitgliedern angehörten. Im Gegensatz zum VOLG führte der «Kantonalverband» keinen Konsumwarenhandel, sondern versorgte seine Mitglieder nur mit billigeren Dünger- und Futtermitteln. Die mitgliederstarken und personell eng mit dem Landwirtschaftlichen Kantonalverein verflochtenen Genossenschaften bildeten ein wichtiges Instrument zur politischen Mobilisierung der Bauern.

stützung profitierten in erster Linie die Grossbauern, während die schuldengeplagten Kleinbauern im Verdrängungswettbewerb der Modernisierung trotz Zollschutz einen schweren Stand hatten.[30]

Zur Durchsetzung ihrer Partikularinteressen formulierte die Führungsspitze des Schweizerischen Bauernverbands zu Beginn des 20. Jahrhunderts eine vaterländisch-nationale Rechtfertigungsideologie, die das bäuerliche Selbstverständnis bis heute prägt. Als Kompensation für die abnehmende wirtschaftlich-gesellschaftliche Bedeutung wurde der Bauernstand ideologisch zum «wichtigsten Stand der Welt», zur «sichersten Grundlage eines Staates» und zur «Urquelle der Volkskraft» emporstilisiert.[31] Während sich der Bauer zum Bewahrer aller politischen, moralischen und biologischen Werte erklärte, wurde die Arbeiterschaft als der zu bekämpfende Landesfeind angeprangert. Den Arbeitern wurde die Schuld an den hohen Löhnen, der Teuerung und der Landflucht in die Schuhe geschoben. Stein des Anstosses bildete aber der Streik: Als es 1912 in der Stadt Zürich zum Generalstreik kam, schimpfte der «Zürcher Bauer» über die «zügellose Bande», welche die öffentliche Sicherheit gefährde und die jungen Wehrmänner «mitten aus den dringendsten Arbeiten» herausreisse. Indem die Bauern-Soldaten den Streik niederschlugen, sahen sie sich als letzte Garanten für Ruhe und Ordnung.[32]

Der Erfolg in der Zolltarifabstimmung von 1903 hatte auf dem Bündnis zwischen Landwirtschaft, Gewerbe und grossen Teilen der Industrie beruht. Dieser bürgerliche Schulterschluss gegen die erstarkende Sozialdemokratie blieb in den folgenden Jahren bestehen: Die Bauern erhielten wirtschaftliche Vergünstigungen (Zolltarif, Lebensmittelgesetz 1906) und unterstützten dafür im Gegenzug die vom Bürgertum getragene neue Militärordnung von 1907. Ab 1910 zeigten sich im «Bürgerblock» aber Risse. Da die Teuerung zu einer wachsenden Abwanderung von Arbeiter- und Beamtenwählern aus dem freisinnig-demokratischen Lager führte, waren Industrie und Gewerbe nicht mehr bereit, die bäuerlichen Sonderinteressen um jeden Preis zu stützen. Die Forderungen der Bauern hatten zugunsten der Erhaltung des Gesamtsystems zurückzustehen. Die Bauern mussten deshalb 1911 eine Reduktion des Gefrierfleischzolls und 1912/13 einen Abschlag beim Milchpreis hinnehmen. Daraus entstand in Landwirtschaftskreisen das Gefühl, von den bürgerlichen Parteien übergangen zu werden, zumal 1912 und 1914 in Wahlen städtische Kandidaten gegen offizielle Bauernvertreter obenausschwangen.[33]

Die Unzufriedenheit nahm nach Kriegsausbruch weiter zu, obwohl die Bauern angesichts der kritischen Versorgungslage und steigender Preise saftige Gewinne einstrichen. Nunmehr fühlten sie sich im Stich gelassen, weil die bürgerliche Regierung eine allzu ungehemmte Ausnutzung der Lage behinderte. Im Kampf gegen die Sozialdemokratie wandten sich die bäuerlichen Organisationen 1916 vehement gegen das Volksbegehren für die Einführung der Proporzwahl des Kantonsrats. Als der Proporz – nach Ansicht der Bauern wegen der unentschlossenen Haltung der bürgerlichen Parteien – angenommen wurde, schritt die junge Garde ehemaliger Strickhofschüler und engagierter Bauernpolitiker im März 1917 zur Gründung einer «zürcherischen Bauernpartei», die in den folgenden Kantonsratswahlen zur zweitstärksten Fraktion hinter den Sozialdemokraten aufrückte. Der Parteibildung lag die Absicht zugrunde, mit dem Hinweis auf die sozialistische Bedrohung den Druck auf den Bürgerblock zu verstärken, um die wirtschaftlichen und sozialen Interessen besser durchsetzen zu können. Dabei blieb die Bauernpartei fest ins bürgerliche Lager integriert, was sich

Generalstreik in Zürich

«Während die Landwirte sich der ersten sömmerlichen Tage dieses Jahres freuten und sich emsig tummelten in Feld und Flur, im Acker und im Weinberg, und der perlende Schweiss von der Stirn tropfte, legten in Zürich auf Geheiss einiger Hetzapostel 8–10 000 Arbeiter ihre Arbeit nieder; sie streikten. Es geschah dies ohne triftige Gründe, ohne vorherige Differenzen mit den Arbeitgebern, nur aus ‹Sympathie›! für ihre bereits seit Monaten streikenden Genossen, Maler, Schlosser und Comp. Aus Sympathie für die zügellose Bande, die seit Monaten in Zürich die öffentliche Sicherheit gefährdet, die rudelweise Familienväter, welche um ihr täglich Brot arbeiten, verspotten, bedrohen und krumm schlagen. (...) Geduldig nahm die Hauptstadt diese Schmach hin. Man sieht, die Stadt ist bereits erobert von zweifelhaften Elementen. Ausländische Radaubrüder geben den Ton an.»

(...) «Der Generalrummel in Zürich könnte uns Landwirten noch gleichgültig sein, wenn derselbe nicht dem Militäraufgebot gerufen hätte. Nun aber wurden unsere jungen Wehrmänner mitten aus den dringendsten Arbeiten herausgerissen, um in der Stadt Ordnung zu schaffen. Welche Verlegenheiten entstehen, wenn die Hauptstütze des Hauses oder die zuverlässigste Arbeitskraft plötzlich nicht mehr da ist, lässt sich kaum beschreiben.» («Der Zürcher Bauer», 19. Juli 1912)

Die 1903 für die «Zürcher Chronik» «nach der Natur aufgenommenen» «Momentbilder aus dem Dorfe Weiningen» zeichnen jenes idyllisierte und ideologisierte Bild des ländlichen Lebens, wie es im 20. Jahrhundert zur Durchsetzung bäuerlicher Interessen immer häufiger verwendet wurde: Das Dorf – mit Pfarrhaus und Kirche, mit bodenständigen Bauern bei der Ernte und Bäuerinnen in ländlicher Tracht – als Ort von Beständigkeit, Religiosität, Moral und Ordnung, kurz, die bäuerliche Bevölkerung als Grundlage eines gesunden Staatswesens: «Der Bauernstand ist einer der ältesten und ehrenwertesten der Welt und verdient absolut keinen ungerechten Spott, wie er ihn zeitweise von den hochmütigen Sozialisten zu hören bekommt. (...) Was wollen die übrigen Stände wohl geniessen, womit sich bekleiden, wenn nicht des Bauern emsige Hand rastlos die Kulturen aller Art pflanzen, pflegen und verarbeiten würde? Man beherzige daher den Spruch: ‹Ein gesunder Bauernstand ist ein Glück fürs ganze Land›.» («Der Zürcher Bauer», 5. Juni 1912)

nach 1919 auch im folgerichtigen Wandel zur Mittelstandspartei manifestierte.[34] Gestützt auf die umfassende partei- und verbandspolitische Organisierung gelang es den Bauern im Lauf des 20. Jahrhunderts, den Agrar- und Sozialprotektionismus zu einem umfassenden System auszubauen, das erst heute einer gründlichen Revision unterzogen wird.

### Die Blüte der Fabrikdörfer 1880 – 1910

Im Gegensatz zu den Landwirtschaftszonen erlebten die Fabrikgemeinden im Knonauer Amt, im Zürcher Oberland, im Limmattal und am See im langwelligen Konjunkturaufschwung bis zum Ersten Weltkrieg eine ungebrochene Aufwärtsentwicklung. Besonders ausgeprägt war das Wachstum von 1888 bis 1910 in den Dörfern entlang des linken Zürichseeufers (Thalwil, Wädenswil, Horgen), wo sich grosse, weltweit tätige Seidenkonzerne etabliert hatten. Aber auch die meisten anderen Industriegemeinden verzeichneten eine erhebliche Bevölkerungszunahme. Gleichzeitig verlor die Heimarbeit durch die Umstellung auf die fabrikindustrielle Seidenweberei jede Bedeutung. Während es 1880 im Kanton 19 168 Seidenhandwebstühle gab, waren es 1904 nur noch 5239. Die ehemaligen Heimindustriegemeinden im oberen Glattal und im höher gelegenen Zürcher Oberland, die schon seit den dreissiger Jahren des 19. Jahrhunderts stagniert hatten, erlebten erhebliche Bevölkerungsverluste; im oberen Tösstal wurden viele Siedlungen endgültig verlassen, und es kam zwischen 1900 und 1910 zu grossen Aufforstungen.[35]

Grossstädtisches Gehabe und Infrastrukturausbau

Obwohl das Wachstum der Industriegemeinden anhielt, gerieten sie im Vergleich zu den Städten Winterthur und Zürich ins Hintertreffen. Das wirtschaftliche, aber auch das politisch-gesellschaftliche Gewicht verlagerte sich nach 1870 immer stärker in die Hauptstadt, die als Verkehrs- und Dienstleistungszentrum grossstädtischen Charakter annahm. Deutlich kam diese Verschiebung auch darin zum Ausdruck, dass zahlreiche ländliche Industrielle ihren Geschäfts-, zum Teil auch den Wohnsitz nach Zürich verlegten, um ihre Handels- und Verkaufstätigkeit vom führenden Geschäftsplatz aus besser gestalten zu können und am gesellschaftlichen Leben der Stadt teilzuhaben: So zog beispielsweise 1869 der Bäretswiler Spinnereibesitzer und Eisenbahnkönig Adolf Guyer-Zeller (1839–1899) nach Zürich, ein Jahr später tat es ihm der Seidenindustrielle Emil Stehli-Hirt (1841–1925) aus Obfelden gleich. Auf dem Land verblieben die Produktionsstätten und eine Villa als Sommersitz.[36]

Die Hauptstadt wurde für die Fabrikdörfer zum Leitbild. Während die ländlich-bäuerlichen Gebiete eine antistädtische und antimodernistische Mentalität entwickelten und – wie Bauernbundführer Konrad Keller 1891 – in der Grossstadt Zürich einen Ort der Schamlosigkeit und des Sittenzerfalls sahen, begannen die grösseren Industriegemeinden (Wald, Rüti, Uster, Stäfa, Thalwil, Wädenswil, Dietikon) mit der Hauptstadt zu wetteifern. Dies manifestierte sich besonders in der Bau- und Siedlungsentwicklung um die Jahrhundertwende. In einem von grenzenlosem Optimismus getragenen eigentlichen Bauboom gaben sich die Fabrikdörfer einen grossstädtischen Anstrich: In Wädenswil etwa entstanden zwischen 1890 und 1910 über 290 neue Gebäude mit 705 Haushaltungen, und der Ort erhielt von den Zeitgenossen die halb ironisch-spöttische, halb selbstbewusst-

Das Wachstum der selbstbewussten Industriegemeinde Wädenswil manifestierte sich um die Jahrhundertwende in diesem grossen Wohn- und Geschäftshaus, das mit aufwendigen Fassadenmalereien im Jugendstil geschmückt war. Als fortschrittsorientiertes Fabrikdorf besass Wädenswil ab 1882 einen ersten Telephonanschluss, 1886 folgte die Einweihung des neuen Krankenasyls, und nach dem Bau eines Kraftwerks wurden ab 1896 die Dorfstrassen elektrisch beleuchtet.

Thalwil, das sich in den ersten drei Vierteln des 19. Jahrhunderts nur gemächlich entwickelt hatte, erlebte von 1880 bis 1900 als Folge der Mechanisierung der Seidenweberei eine Verdoppelung seiner Bevölkerung. Grosse Fabriken mit hohen Kaminen wurden markante Wahrzeichen des Industriedorfs. Angesichts des gewaltigen Baubooms meinte Gemeindepräsident Julius Schwarzenbach geradezu prophetisch, man werde wohl erst Ruhe haben, «wenn unsere Neubauten an die Stadtgrenze Zürichs stossen».

219

ernste Bezeichnung «Klein-Paris». Und in Uster sah der von Ingenieur Robert Moser 1905 entworfene Ortsentwicklungsplan grosszügige Alleen, Blockbebauung der Parzellen und baumbestandene Plätze vor. Neuerbaute Kirchen und Schulen dokumentierten in ihrer Tendenz zur Monumentalisierung den Willen des ländlichen Bürgertums, das im industriellen Aufschwung gewonnene Prestige gebührend zur Darstellung zu bringen.[37]

Das selbstbewusste Wachstum manifestierte sich von den siebziger Jahren an auch in einem umfassenden Infrastrukturausbau, der von der Wasser- und Energieversorgung über das Krankenasyl bis zum regionalen Eisenbahn- und Telephonnetz reichte. Was in der Stadt Zürich als Folge der Choleraepidemie zwischen 1867 und 1872 mit einem Druckwasserleitungsnetz realisiert wurde, strahlte – auch im Zusammenhang mit der Hygienisierung der Gesellschaft und dem wachsenden Gesundheitsbewusstsein – in die Industrieorte aus: In Horgen, wo es 1868 noch 106 Sodbrunnen und über 20 laufende Brunnen gab, baute eine private, von Unternehmern und Bildungsbürgern beherrschte Aktiengesellschaft zwischen 1874 und 1876 «nach dem städtischen System» eine Wasserversorgung. Eine hygienisch saubere Wasserfassung, ein Reservoir und ein Leitungsnetz für 100 Haushaltungen wurden eingerichtet. Zehn Jahre später ging die private Einrichtung an die Zivilgemeinde über. Im gleichen Zeitraum entstanden auch in den meisten anderen Industriegemeinden zentrale Wasserleitungsnetze, während die landwirtschaftlich geprägten Ortschaften erst in den neunziger Jahren nachzuziehen begannen.[38] Ein ähnlicher Vorsprung der Fabrikgemeinden ergab sich beim Bau von lokalen Spitälern oder der Einführung der Elektrizitäts- und Gasversorgung. Wädenswil etwa baute 1874 das erste Gaswerk, und in Horgen produzierte eine private Aktiengesellschaft ab 1895 Elektrizität. 1903 gab es bereits 35 Kraft- und 202 Lichtabonnenten mit 3700 Lampen (rund zehn Prozent der Haushalte). Auch die Strassenbeleuchtung wurde dank den neuen Energieträgern modernisiert. Die düsteren Petrollampen (vor 1860 Öllampen), die ab den vierziger Jahren eingerichtet worden waren, verschwanden. Wie in den Grossstädten erstrahlten die Strassen um die Jahrhundertwende im Glanz der hellen Elektrolichter, Ausdruck von Fortschrittsglaube, weltmännischer Offenheit und Zivilisation.[39]

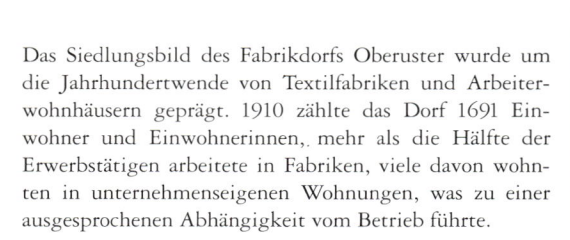

Den gehobenen Ansprüchen im Fabrikdorf entsprach um 1900 ein breites, an städtischen Bedürfnissen und städtischer Mode orientiertes Angebot von Konsumgütern. Das Tuch- und Konfektionsgeschäft H. Brändli in Wald präsentierte den Kundinnen die neusten «Pariser-Modelle», die man ab 1902 sogar im elektrisch beleuchteten Schaufenster bewundern konnte.

Das Siedlungsbild des Fabrikdorfs Oberuster wurde um die Jahrhundertwende von Textilfabriken und Arbeiterwohnhäusern geprägt. 1910 zählte das Dorf 1691 Einwohner und Einwohnerinnen, mehr als die Hälfte der Erwerbstätigen arbeitete in Fabriken, viele davon wohnten in unternehmenseigenen Wohnungen, was zu einer ausgesprochenen Abhängigkeit vom Betrieb führte.

Soziale Schichtung und Alltag in den Fabrikgemeinden um 1900

In den grossen Fabrikgemeinden arbeiteten zu Beginn des 20. Jahrhunderts zwischen 60 und 75 Prozent der Erwerbstätigen im Industriesektor. Die Landwirtschaft, aber auch der dritte Sektor besassen demgegenüber nur eine untergeordnete Bedeutung, denn die wichtigen Dienstleistungen (Versicherungen, Grossbanken) konzentrierten sich in den überregionalen Zentren. Die Fabrikindustrie prägte das Siedlungsbild, die Sozialordnung und das Alltagsleben.

An der Spitze der dörflichen Gesellschaft standen die Fabrikunternehmer, die über die grösste wirtschaftliche Potenz, das höchste Sozialprestige und einen weitreichenden politischen Einfluss verfügten. In der Industriegemeinde Oberuster beispielsweise versteuerten die Unternehmer 1910 zehnmal so grosse Vermögen und Einkommen wie Bauern, Gewerbetreibende oder Beamte. Ihren Reichtum stellten sie nach aussen durch prunkvolle Villen, einen gehobenen Lebensstil und städtisches Savoir-vivre bewusst zur Schau. Die Villa als Statussymbol wurde gegen Ende des 19. Jahrhunderts oft nicht mehr in unmittelbarer Nähe des Arbeitsorts gebaut; die Unternehmer achteten nun auf vornehme Distanz. Entsprechend ihrer grossstädtischen Orientierung gestalteten sie ihre Wohn- und Arbeitszimmer zu grossartigen Repräsentationsräumen, und kunsthandwerkliche Gegenstände (Uhren, Leuchter, Kerzenständer) aus Paris, Berlin oder München unterstrichen die gehobenen Ansprüche.[40]

Wachsendes bürgerliches Standesbewusstsein zeigte sich auch in der entsprechenden Partnerwahl, wobei vornehme Herkunft und wirtschaftliche Absicherung der Gattinnen (Mitgift) die entscheidenden Kriterien bildeten. Die Heiratskreise konzentrierten sich auf Unternehmerfamilien, aber auch Verbindungen mit Akademiker- und ländlichen Honoratiorenfamilien galten durchaus als standesgemäss. Auf diese Weise entstanden breitgefächerte verwandtschaftliche Verbindungen zwischen den besitz- und bildungsbürgerlichen Gruppen der Landschaft und der Stadt. Bei der Brautschau spielte der zukünftige Ehemann selbst eine aktive Rolle; hatte der Mann die Wahl getroffen, hielt er bei der Braut und deren Eltern zugleich um die Hand an. Ein Liebesverhältnis oder gar eine Heirat ohne Zustimmung der Eltern waren undenkbar.[41]

Die gesellschaftliche Stellung des wohlhabenden ländlichen Unternehmertums kam um 1900 «in zahlreichen Villen mit hübschen Gartenanlagen» zum Ausdruck. Als Wahrzeichen von Rüti im Zürcher Oberland sind die prachtvollen Bauten der Dorfprominenz auf einer Postkarte zusammengestellt. Dazu gehörten die Villa am Löwenplatz, die Werner Weber-Honegger, Direktor der Maschinenfabrik Joweid, 1890 erstellen liess; die Villa in orientalischem Stil von Zivilingenieur Carl Séquin-Bronner (1895); die Jugendstilvilla Felsberg von Fabrikant Hermann Hess-Honegger (1900) und die Villa von Baumeister Gottfried Honegger, der vom grossen Bauboom profitieren konnte.

**Sozialstruktur im Fabrikdorf Oberuster um 1910**

| Sozialgruppe | Zahl der Haushalte | Berufstätige Ehefrauen Anteil in % | Katholische Haushaltsvorstände Anteil in % | Versteuertes Einkommen pro Haushalt (Durchschnitt) | Versteuertes Vermögen pro Haushalt (Durchschnitt) | Hausbesitzer Anteil in % |
|---|---|---|---|---|---|---|
| Textilarbeiter | 138 | 69 | 36 | 727.53 | 311.59 | 7 |
| Arbeiter im Gewerbe | 47 | 53 | 51 | 1070.21 | 340.42 | 10 |
| Maschinenindustriearbeiter | 46 | 41 | 20 | 1252.27 | 1195.65 | 23 |
| Angestellte und Beamte | 29 | 8 | 7 | 1920.60 | 4224.13 | 34 |
| Bauern | 25 | *89 | 8 | 1232.00 | 9400.00 | 92 |
| Handwerker und Gewerbetreibende | 44 | *51 | 14 | 1381.81 | 8943.18 | 59 |
| Fabrikunternehmer | 6 | *16 | 0 | 12833.30 | 207166.00 | 100 |
| Ohne Beruf | 26 | 14 | 12 | | 38403.84 | 34 |

*Mitarbeit im Betrieb

Die Einkommenssituation der Haushalte entschied wesentlich über die Zukunftschancen der Kinder. Während die Heranwachsenden aus armen Textilarbeiterfamilien ebenfalls in der Fabrik arbeiten mussten, konnten Kinder von Maschinenindustriearbeitern oft eine Berufslehre absolvieren. Allgemein wurde den Knaben eher eine Ausbildung zugestanden als den Mädchen, die vor allem in die Seidenfabrik geschickt wurden. Die beruflichen Möglichkeiten der Arbeiterkinder unterschieden sich grundlegend von jenen in der dörflichen Mittel- und Oberschicht, wo den Heranwachsenden eine sorgfältige, auf die Zukunft ausgerichtete Ausbildung zuteil wurde.

In der Unternehmerfamilie widmeten sich die Männer dem Geschäft, der Politik, dem Vereinsleben und dem Militär; das Wirken der Frauen war auf die Führung des grossbürgerlichen Haushalts, die Kindererziehung und die Pflege der Häuslichkeit beschränkt. Zur Aufgabe der Frau gehörte es auch, den Mann in seinen Repräsentationspflichten zu unterstützen, indem sie Empfänge von Geschäftspartnern und Freunden organisierte. Eine ausserhäusliche Tätigkeit kam nur in Form von unentgeltlicher karitativer Arbeit in Frage. Viele Fabrikantengattinnen widmeten sich wohltätigen Erziehungs-, Hilfs- und Rettungsaufgaben, kümmerten sich aber auch im Rahmen der Hygienebewegung um Kinderkrippen, Kleinkinderschulen und Kinderheime. In dieser Funktion, die von den Zeitgenossen als Ausdruck eines «reinen, gütigen Frauentums» gesehen wurde, verstanden sie sich als ebenbürtige Partnerinnen ihrer lokal einflussreichen Männer: Er sorgte für den Betrieb, sie für die Linderung der aus der Fabrikarbeit entstehenden sozialen Probleme.[42]

Neben den dominierenden Fabrikanten bestand die Oberschicht aus den wenigen Akademikern (Ärzten, Juristen, Professoren), den gehobenen Beamten und Angestellten und den vermögenden Gewerbetreibenden. Bauern, Handwerker und untere Angestellte bildeten die Mittelschicht. Im Vergleich zur ersten Hälfte des 19. Jahrhunderts hatten die Bauern und ein Teil der Gewerbetreibenden erheblich an Sozialprestige und wirtschaftlicher Bedeutung verloren; sie waren jetzt vermehrt in den unteren Einkommensgruppen anzutreffen.[43] Die hauswirtschaftliche Ökonomie blieb hingegen weitgehend intakt. Die produktive Mitarbeit der Ehefrau mit einem flexiblen Wechsel zwischen Haushalt und verschiedenen Bereichen der Produktion kennzeichnete nach wie vor die Situation in Bauern- und Gewerbefamilien. Die kollektive Arbeit gab der Familie emotionalen Zusammenhalt und stärkte das Selbstwertgefühl der Mitglieder. Im Unterschied zum Arbeitermilieu lebten im gemeinsamen Produktions- und Versorgungsverband neben der Kernfamilie oft weitere Familienmitglieder: In Oberuster beispielsweise halfen in 60 bis 90 Prozent der Bauern- und Gewerbehaushalte die Eltern des Betriebsinhabers oder ein Bruder beziehungsweise eine Schwester mit. Die gewerblichen Tätigkeiten, die den steigenden Konsumbedarf der Fabrikbevölkerung befriedigten, waren sehr vielfältig. Für die rund 1600 Einwohner gab es 1910 allein in Oberuster acht Schuhmachergeschäfte, sieben Spezerei- oder Konsumläden, drei

Der erfolgreiche Textilindustrielle Jakob Heusser-Staub (1862–1941) und seine Frau Berta (1865–1939), hier beim Empfang von Geschäftsfreunden im Garten ihrer 1917 erbauten Jugendstilvilla in Uster, praktizierten die für viele Fabrikantenehen typische Rollenteilung. Er war zuständig für die Betriebsführung, sie für die Linderung der sozialen Not: «Die besondere Liebe aber wurde für Frau Heusser die stille Fürsorge für die Familien ihrer umfangreichen Arbeiterschaft. Hier zeigte sich ihre hohe Menschlichkeit in der unerschöpflichen Anteilnahme am Schicksal der Frauen und der Kinder, und die vielen Arbeiterinnen und Arbeitersfrauen, die am Dienstag ihrem Sarg gefolgt sind, waren in ihrer Trauer die deutlichen Beweise für das Ausmass dieses verborgenen Wohltuns. (...) Sie sprechen für ein reines, gütiges Frauentum, und so wurde die Trauerfeier für Frau Heusser-Staub zu einer Weihefeier.» (Nachruf «Neue Zürcher Zeitung», 1939)

Bäckereien, zwei Metzgereien, zwei Coiffeure, je zwei Maler- und Dachdeckergeschäfte, einen Kuttler und je eine Kurzwaren-, Tuch- und Velohandlung, einen Schmied, einen Wagner und eine Käserei.[44]

Die zahlenmässig grösste Gruppe bildeten die weitgehend vermögenslosen Arbeiterfamilien, deren Einkommen gegenüber den anderen Bevölkerungskreisen deutlich abfielen. Die abhängige Arbeitssituation, die geringe Existenzsicherung und die eingeschränkten Lebenschancen liessen die Arbeiterschaft im ländlichen Bereich immer stärker zur Gruppe verschmelzen. Sie bildeten den Hintergrund für das wachsende proletarische Bewusstsein und die stärkere gewerkschaftlich-politische Organisierung nach der Jahrhundertwende.

Innerhalb der Arbeiterschaft stellten sich die qualifizierten Maschinenindustriearbeiter am besten: Sie bezogen grössere Einkommen, verfügten am ehesten über Vermögen und Hausbesitz und waren dank ihrer besseren Ausbildung auch in den Behörden vertreten.[45] Die Arbeiter und Arbeiterinnen im Gewerbe und in der Seiden- und Baumwollindustrie hatten demgegenüber die niedrigsten Einkommen, waren praktisch vermögenslos und wohnten meist in betriebseigenen Wohnungen. Im Textilarbeitermilieu konnte die Existenz nur durch die Mitarbeit aller Familienmitglieder gesichert werden, und die ausserhäusliche Erwerbsarbeit der Frau war deshalb unabdingbar. Je besser es den Arbeiterfamilien aber ging, um so mehr fühlte sich der Mann als Ernährer, während die Frau aus dem Produktionsprozess ausschied. Das bürgerliche Familienideal mit der Trennung der Geschlechterrollen setzte sich somit auch in den Arbeiterfamilien durch: Die Frau war zuständig für Haushalt und Erziehung, der Mann für das Einkommen. Die Textilarbeiterfamilie Küng in Uster empfand eine grosse Genugtuung, als die Mutter dank einem höheren Einkommen nicht mehr in der Fabrik arbeiten musste. Die Mutter selbst stand jedoch dieser Veränderung eher zwiespältig gegenüber, denn die Fabrikarbeiterfrauen gewannen aus ihrer Rolle als Miternährerinnen Selbstbestätigung und Selbstbewusstsein, auch wenn der Alltag mit einer starken Doppelbelastung verbunden war.[46]

Ein wichtiges Element der fabrikdörflichen Gesellschaft bildeten seit dem Wirtschaftsaufschwung der neunziger Jahre die Zuwanderer aus dem Ausland. Bis zu einem Drittel aller Dorfbewohner stammten aus den benachbarten Ländern, vor allem aus Italien und Deutschland. Im Gegen-

Ein Arbeiterleben
«Johann Brunner-Wild verkörperte schon von früher Jugend auf den Typ eines pflichtbewussten Arbeiters in sich. Fleiss und Sparsamkeit waren seine Leitmotive und so schwang er sich denn in der Maschinenfabrik Weber und Cie. in Niederuster, der er, wenn wir uns nicht irren, vom Eintritt als Lehrling bis zu seinem Tode seine ganze Arbeitskraft gewidmet hat, zu der angesehenen Stellung eines Drehermeisters empor, getragen von dem Zutrauen seines Prinzipals und vom Wohlwollen seiner Mitarbeiter. Er hatte das Glück, sich im Laufe der letzten Jahre in den Besitz eines eigenen Heimes setzen zu können und so mit seiner Familie mit einer gewissen Beruhigung seinem Lebensabend entgegenzusehen – da kam die Heimsuchung in Form einer heimtückischen Krankheit und entriss ihn seinem schönen Familienkreise.» («Anzeiger von Uster», 15. Juli 1909)

Junge Textilarbeiterinnen aus dem Ausland, die vermutlich im Mädchenheim der Seidenweberei Näf in Affoltern am Albis untergebracht waren. In dem von Menzinger Schwestern geführten Heim herrschte eine strenge Ordnung: Von morgens fünf bis abends neun Uhr waren die meist noch minderjährigen Mädchen in Fabrikarbeit und Haushalt eingespannt.

satz zu den Städten war in den ländlichen Industrieregionen der Anteil der Italiener und Italienerinnen besonders hoch. Frauen und Mädchen arbeiteten als billige Arbeitskräfte vor allem in der Textilindustrie, während die Männer im Baugewerbe beschäftigt wurden. Im Fabrikdorf kam es zu einer «Unterschichtung», indem die italienischen Zuwanderer die ärmste und sozial deklassierte Gruppe der Arbeiterschaft bildeten. Im Rahmen dieses Zustroms entstanden in verschiedenen grösseren Textilindustriedörfern (beispielsweise in Uster, Wald, Affoltern a. A.) Heime zur Unterbringung minderjähriger Mädchen, die aus dem Tessin, dem Südtirol oder dem Friaul für zwei Jahre zur Fabrikarbeit verpflichtet wurden. Die Leitung der Heime, die zum Teil bis nach dem Zweiten Weltkrieg weiterbestanden, oblag Menzinger Ordensschwestern. Die jungen Heiminsassinnen arbeiteten elf Stunden in der Fabrik, dazu kamen Unterricht in Haushaltführung, Singen, Beten und manchmal Theaterspiel.[47]

Die Zuwanderung von Fremden konfrontierte die Fabrikgemeinden und ihre Behörden mit den vielfältigsten Problemen, die von der Aufnahme der fremdsprachigen Kinder in die Schule bis zum Streit um die Nachtruhestörungen durch die lebenslustigen Italiener und Italienerinnen reichten. Trotz Reibereien konnten die Fremden, die den Schweizern mit Ausnahme der politischen Mitbestimmung rechtlich gleichgestellt waren, gut in die Fabrikdörfer integriert werden, wobei die von den achtziger Jahren an entstandenen katholischen Kirchgemeinden und die örtlichen Arbeitervereine die Assimilierung förderten.

Kulturelles Leben: Vereine, Feste, Theater
Die spärliche Freizeit wurde im letzten Viertel des 19. Jahrhunderts sowohl in Bauern- als auch in Fabrikdörfern vor allem dem Vereinsleben gewidmet. Ihrem städtischen Gehabe gemäss entfalteten die Industriegemeinden eine sehr vielfältige und an gehobenen Ansprüchen orientierte Vereinskultur. Auf der Landschaft waren die ersten Vereinsgründungen (Gesangs-, Schützen- und Bildungsvereine) in den zwanziger Jahren im Zusammenhang mit Industrialisierung und bürgerlicher Revolution erfolgt. Als Träger von vaterländischem Gedankengut hatten sie an der Schaffung des schweizerischen Bundesstaats einen wesentlichen Anteil, und nach 1860 bildeten die Gesangsvereine anstelle eigentlicher Parteiorganisationen das Rückgrat der demokratischen Bewegung.[48]

Feierabend! Nach elf Stunden in der Fabrik machten sich 1907 die Arbeiterinnen und Arbeiter in Adliswil auf den Heimweg. Trotz der noch knapp bemessenen Freizeit, die bei den Arbeiterfrauen noch zusätzlich durch vielfältige Haushaltsarbeiten ausgefüllt war, beteiligte sich die ländliche Arbeiterschaft intensiv am vielfältigen Vereinswesen, was sich um die Jahrhundertwende auch in der wachsenden Zahl von Arbeitervereinen und Gewerkschaftssektionen zeigte.

Nach dem Sieg der Demokraten zeichnete sich – wie das Beispiel der Gesangsvereine zeigt – ein grundlegender Funktionswandel ab: Während an den Sängertagen der sechziger Jahre die politischen Reden, die grosse Zahl der Teilnehmer und der patriotische Massengesang wichtig waren, beteiligten sich 1882 auf dem Bezirkssängerfest in Wald 22 Vereine mit 32 Liednummern am dreistündigen Konzert, wobei eine musikkundige Jury die Liedvorträge nach ihrem künstlerischen Gehalt beurteilte und rangierte.[49] Die politisch-patriotische Ausrichtung trat zugunsten der gesellig-unterhaltenden und der künstlerisch-musikalischen Funktion zurück; der Wettkampf wurde Pflicht. Die Entpolitisierung förderte zugleich die Breitenentwicklung und öffnete die Chöre stärker für Frauen. Wohl entstanden schon nach 1830 gemischte Gesangsvereine, ihren eigentlichen Aufschwung erlebten die Frauenchöre aber erst ab den sechziger Jahren. In Uster etwa fand 1864 die definitive Gründung des Gemischten Chors statt, dem 1874 der Töchterchor Niederuster, 1878 der gemischte «Liederkranz» und 1894 der Töchterchor Oberuster folgten.[50] Das Sängerwesen schuf für die Frauen aus allen Schichten beschränkte ausserhäusliche Geselligkeits- und Kommunikationsformen und ermöglichte in institutionalisierter Form Kontakte zum anderen Geschlecht. Zugleich wurde das vom martialischen Männergesang gepflegte patriotische Liedgut durch die künstlerisch-gehobene Bearbeitung klassischer Werke ergänzt, besonders in Vereinen, in denen Frauen aus der Oberschicht den Ton angaben.[51]

Die Breitenwirkung des Vereinswesens erstreckte sich entsprechend der Möglichkeit freier, individueller Organisation auf alle Lebensbereiche. Besonders in den Industriedörfern liessen Arbeitszeitverkürzung, grössere Konsummöglichkeiten und steigende Unterhaltungsbedürfnisse bis zur Jahrhundertwende eine Unmenge von Vereinen entstehen. Während die Bauerngemeinde Kloten um 1900 gerade sechs Vereine zählte, gab es im Fabrikdorf Uster mehr als 20. Vom exklusiven Kavallerieverein über die Orchester- und Blasmusikgesellschaften bis hin zum Alpenclub und den Sport-, Schützen- und Gesangsvereinen gab es für jeden und jede eine organisierte Form von Freizeitgestaltung.[52]

Im Zentrum der Vereinstätigkeit standen von den siebziger Jahren an Geselligkeit und Unterhaltung. Zum einen kam dies in einer wachsenden Zahl von Festen (Sänger-, Schützen-, Turn-, Jodler- und Musikfeste auf Kantons-, Bezirks- und Gemeindeebene) zum Ausdruck, was die «Nachrichten vom Zürichsee» 1887 zur Behauptung veranlasste: «Die Schweiz hat von allen Völkern Europas die meisten Feste.»[53] Zum anderen wurde es in den Wintermonaten üblich, Abendunterhaltungen mit einer festen Ablaufstruktur durchzuführen. In den Gesangsvereinen etwa bestand der erste Teil aus einem Konzert mit populären Liedern, im zweiten Teil folgte eine selbstinszenierte Theateraufführung. Die Theaterimpulse gingen ursprünglich vom städtischen Bürgertum aus und lösten nach der Jahrhundertmitte eine Grundwelle volkstümlicher Theaterbegeisterung auf der Landschaft aus, die sowohl im Bühnenspiel der Vereine als auch in einer ganze Dörfer einbeziehenden Festspielkultur ihren Niederschlag fand. Volksstücke aus den Sparten Liebe oder vaterländische Geschichte gehörten um 1900 zum festen Bestandteil der winterlichen Abendunterhaltungen, die sich Wochenende für Wochenende aneinanderreihten. Ergänzt wurde die breitgefächerte Vereinsgeselligkeit durch kommerzielle Angebote – vom Tanz bis zum Auftritt verschiedener Artistengruppen.[54]

Überall auf der Landschaft prägten die Vereine das dörfliche Kulturleben. Dabei wirkten sie seit der sozialen Ausweitung des Vereinswesens

Nur unter grossen Schwierigkeiten konnte der aus einer Heimarbeiterfamilie stammende Johann Jakob Egg (1829–1906) aus Turbenthal eine Sekundarlehrer-Ausbildung absolvieren. Von 1862 an war er in Thalwil tätig und schloss sich politisch – wie viele Lehrer – den Demokraten an. Schon 1853 wurde er aus liberal-patriotischer Gesinnung Mitglied des ersten ländlichen Turnvereins in Wädenswil. Sieben Jahre später gründete er den Kantonalturnverein, der 1860 erst aus drei Sektionen bestand. Dank seinem Einsatz erlebte die Turnerbewegung einen grossen Aufschwung: 1885 gab es im Kanton 113 Vereine, und Turnen war zu einem festen Bestandteil des Schulunterrichts geworden. Als Ausbildner der Lehrer, Verfasser eines Turnlehrmittels, Organisator von Turnfesten und Mitglied der eidgenössischen Turnkommission wurde Egg zum «Zürcher Turnvater» und damit zum Schöpfer einer modernen Sportbewegung.

Theateraufführungen zur Unterhaltung der Vereinsmitglieder, aber auch einer breiteren Öffentlichkeit, waren um 1900 äusserst beliebt. Die Stücke drehten sich meist um die vaterländische Geschichte und allerlei Liebeshändel, wie etwa 1896 die Aufführung der Theatergesellschaft Kempten-Wetzikon: Die Mitglieder der lokalen Chöre spielten «Alpenrose und Edelweiss», ein Volksstück, das mit den Alltagsproblemen im Industriedorf nur wenig zu tun hatte. Neben den unzähligen Vereinsaufführungen wurden regelmässig grosse historische Festspiele veranstaltet, an denen sich fast ganze Dörfer als Akteure beteiligten. Als beispielsweise Stäfa 1898 das «Patriotendenkmal» zur Erinnerung an die Freiheitshelden von einst einweihte, ging dem Festakt ein «Volksschauspiel» voraus, das von «ca. 250 Personen in Scene gesetzt» wurde.

nach 1850 als wichtige Klammer zwischen den verschiedenen Klassen, deren Leben im Alltag als Folge der industriellen Entwicklung weit auseinanderklaffte. Die gemeinsame Freizeit im Verein verband Arbeiter, Unternehmer, Bauern, Handwerker und Bildungsbürger «alle in Eintracht». Diese Harmonie der Klassen zerbrach Ende des 19. Jahrhunderts, als die Ausbildung eines vornehm-herrschaftlichen Lebensstils im ländlichen Bürgertum und die organisatorische Verfestigung und gesellschaftliche Abgrenzung der Arbeiterschaft eine soziale Ausdifferenzierung des Vereinswesens einleitete. Während sich die «Herren» in «weisser Weste» und «Frack» in den traditionellen Sängervereinen versammelten und der «gehobenen» Liedkunst frönten, gründeten die Arbeiter in Anlehnung an die lokalen Arbeiter- und Grütlivereine eigene Gesangs-, Schützen- und Turnvereine. Die Trennung der Klassen im kulturellen Bereich erfolgte aber nur tendenziell, denn zum einen stammte die Mitgliederbasis vieler Dorfvereine weiterhin aus allen Sozialgruppen, zum anderen unterschieden sich Vereinstätigkeit und Festritual in den Arbeitervereinen kaum von jenen der bürgerlichen Kreise. Hingegen waren die spezifischen Organisationen der Arbeiterschaft Ausdruck eines wachsenden politischen Selbstbewusstseins, das sich auch in der Gründung von Metall- und Textilarbeitergewerkschaften und der Durchführung grösserer Maifeiern zeigte. Die Gegensätze zwischen den Klassen traten im Fabrikdorf deutlicher hervor, und als Teil der stärker werdenden sozialistischen Arbeiterbewegung wurde die ländliche Arbeiterschaft nach der Jahrhundertwende zunehmend in die verschärften Klassenkämpfe einbezogen.[55]

# Zum Forschungsstand

Die Veränderungen in der Zürcher Landwirtschaft unter dem Eindruck der Agrarkrise wurden in erster Linie unter dem Aspekt der politischen Organisierung der Bauern untersucht. Eine grundlegende Arbeit bildet die Dissertation von AMMANN, Bauernbund. Mit der Entstehung der Bauernpartei befasst sich nur eine unveröffentlichte Lizentiatsarbeit von BECK, Bauern. Über die Genossenschaftsbewegung existiert eine ganze Reihe von Dissertationen und Festschriften, so zum Beispiel STEYN, Absatzgenossenschaften; DURTSCHI, Festschrift; NIGGLI, Milchgenossenschaft Weiningen. Ausmass und Folgen der Krise für die verschiedenen bäuerlichen Schichten sind noch nie eingehend analysiert worden. Einige wichtige Hinweise gibt die schon 1897 veröffentlichte Arbeit von Landwirtschaftslehrer SCHNEEBELI, Konkursstatistik. Die Veränderungen in der Agrartechnik und im Verhältnis zwischen Staat und Landwirtschaft sind vor allem in der gesamtschweizerischen Untersuchung von BRUGGER, Landwirtschaft 1850 bis 1914, dokumentiert. Der Niedergang des zürcherischen Rebbaus wurde von ALTWEGG, Weinbau, für die Zürichseeregion beispielhaft und sehr detailliert untersucht. Hingegen fehlt bis heute eine Analyse des soziokulturellen Wandels, der mit dem Übergang zum Industriestaat zu einer grundlegenden Erschütterung des bäuerlichen Selbstverständnisses (Auflösung des Brauchtums, Eindringen von Konsumgütern usw.) führte und die Grundlage für die politische Organisierung bildete.

# Anmerkungen

[1] DIE REBLAUS, S. 14
[2] StAZ O 33 B, sub Schönenberg
[3] LANDOLT, Bodenpreise, Tabellen 4 und 5
[4] SCHNEEBELI, Konkursstatistik, S. 219
[5] StAZ O 33 b, sub Elgg, Henggart, Ossingen, Bülach
[6] BRUGGER, Landwirtschaft 1850 bis 1914, S. 40; STEINER, Pfungen, S. 428ff.; BERNHARD, Tösstal, S. 96
[7] RATHS, Bevölkerung, S. 19ff.; LAMPRECHT, Eglisau, S. 545; AMMANN, Bauernbund, S. 7
[8] DIE LANDWIRTSCHAFT, Zürich, S. 104ff.
[9] ZÜRCHER BAUER, 18.5.1883, Eine Idee
[10] STEYN, Absatzgenossenschaften, S. 29
[11] BRUGGER, Landwirtschaft 1850 bis 1914, S. 111ff.
[12] DIE LANDWIRTSCHAFT, Zürich, S. 115
[13] STEIGER, Produktion, S. 36; NIGGLI, Milchgenossenschaft Weiningen, S. 3ff.; BIENZ, Milchwirtschaft, S. 85ff.
[14] BRUGGER, Landwirtschaft 1850 bis 1914, S. 37; DIE LANDWIRTSCHAFT, Zürich, S. 332
[15] FARNER, Bodencreditwesen, S. 24
[16] VAN ANROOY, Hausindustrie, S. 139; AMMANN, Bauernbund, S. 3
[17] ZB LK 4, Landwirtschaftliche Gesetzgebung
[18] ZÜRCHER BAUER, 28.3.1891; AMMANN, Bauernbund, S. 20
[19] GIRSBERGER, Meliorationswesen, S. 12ff.
[20] DIE LANDWIRTSCHAFT, Zürich, S. 273ff.
[21] ZÜRCHER BAUER, 13.5.1893, Die moderne Landwirtschaft
[22] DURTSCHI, Festschrift, S. 10f.; Beispiele von landwirtschaftlichen Vereinen vgl. SCHNEIDER, Maschwanden, S. 144, 176; HEIMATBUCH PFÄFFIKON, S. 319f.; 100 JAHRE, Landwirtschaftlicher Verein Meilen, S. 3ff.
[23] BECK, Bauern, S. 6; STEYN, Absatzgenossenschaften, S. 31ff.
[24] AMMANN, Bauernbund, S. 53ff.; BECK, Bauern, S. 10; PORTRÄTBILDER, S. 20
[25] AMMANN, Bauernbund, S. 62
[26] BERICHTE, Landwirtschaftlicher Verein 1891, S. 14
[27] WETTER, Kantonalbank, S. 55
[28] AMMANN, Bauernbund, S. 134ff.
[29] BECK, Bauern, S. 25
[30] GRUNER, Arbeiterschaft, Bd. 2, S. 1402ff.
[31] ZÜRCHER BAUER, 20.12.1912, Die Bedeutung der Landwirtschaft
[32] ZÜRCHER BAUER, 19.7.1912, Generalstreik in Zürich
[33] ZÜRCHER BAUER, 1.3.1912; BECK, Bauern, S. 34ff.
[34] BECK, Bauern, S. 90ff.
[35] BERNHARD, Tösstal, S. 144ff.; VAN ANROOY, Hausindustrie, S. 26, 36
[36] MÜLLER-FÜGLISTALER, Guyer-Zeller, S. 42; STEHLI-ZWEIFEL, Stehli & Co., S. 19
[37] HAUSER, Sparkasse Wädenswil, S. 52; HANSER, Industrielle Revolution, S. 36; ZÜRCHER, Kultur, S. 237
[38] MESMER, Reinlichkeit, S. 470ff.; KOST, Volksschule, S. 151ff.; SUTER, Wasserversorgung, S. 5ff.; KLÄUI, Horgen, S. 422; HANSER, Industrielle Revolution, S. 34
[39] HAUSER, Bauerndorf, S. 267; KLÄUI, Horgen, S. 429ff.; HANSER, Industrielle Revolution, S. 34ff.; ZIEGLER, Wädenswil, S. 16; ZIEGLER, Krankenasyl, S. 7ff.
[40] HANSER, Industrielle Revolution, S. 37ff.; WYSS, Zinggeler, S. 24ff.
[41] JORIS, Frauen, S. 117ff.; SCHWARZENBACH, Heiratsverhalten, S. 42ff.
[42] JORIS, Frauen, S. 127ff.; RENTSCH, Heusser-Staub, S. 22
[43] HODEL, Töss, S. 153; RITZ, Oerlikon, S. 128ff.; JÄGER, Wirtschaftlicher Wandel, S. 1010ff., 1426
[44] MÜLLER, Sonne, S. 50
[45] HODEL, Töss, S. 153
[46] KUNZ, Barbara, S. 194ff.
[47] JÄGER, Wirtschaftlicher Wandel, S. 1004ff.; KAUFMANN, Frauenarbeit, S. 12ff.; PESENTI, Arbeiterin, S. 84ff.
[48] SÄNGERBUND THALWIL, S. 13ff.; 150 JAHRE SÄNGERVEREIN ZÜRICHSEE, S. 3ff.; SCHAFFNER, Vereinskultur, S. 430ff.
[49] SCHWARZENBACH, Bezirksgesangverein Hinwil, S. 39ff.
[50] KLÄUI, Uster, S. 377ff.; BLESI, Frauenchor, S. 74ff.; SÄNGERBUND THALWIL, S. 53ff.; 150 JAHRE SÄNGERVEREIN ZÜRICHSEE, S. 5
[51] VAN ANROOY, Hausindustrie, S. 171; JORIS, Frauen, S. 256ff.; 100 JAHRE FRAUENCHOR RICHTERSWIL, S. 3ff.
[52] KLÄUI, Uster, S. 375ff.
[53] NACHRICHTEN VOM ZÜRICHSEE, 1887 Nr. 78, 1885 Nr. 37
[54] HASLER, Bilder, S. 13ff., 36ff.; MÜLLER, Sonne, S. 66; BRAUN, Sozialer Wandel, S. 340ff.
[55] JAHRESBERICHTE, des Schweizerischen Grütlivereins 1880ff., Sektionen Wald, Uster, Wetzikon usw.; KUMMER, Arbeitersängerbund, S. 70ff.; KLÄUI, Uster, S. 378

**Blüte und Niedergang des Rebbaus (S. 211)**

[1] DIE REBLAUS, S. 13ff.
[2] ALTWEGG, Weinbau, S. 26ff.
[3] Zit. nach: HODEL, Töss, S. 18; vgl. auch HASLER, Alti Bilder, S. 63ff.; HASLER, Bilder, S. 87ff.; SCHMID, H.R., Weidmann, S. 129f., 138
[4] ALTWEGG, Weinbau, S. 87ff.
[5] MEIER, Staatskellerei, S. 89ff.
[6] Müller-Thurgau, zit. nach: ALTWEGG, Weinbau, S. 128
[7] ZÜRCHER BAUER, 23.2.1912
[8] LANDOLT, Bodenpreise, Tabelle 1ff.; HASLER, Weinbau, S. 262ff.; ALTWEGG, Weinbau, S. 150ff.

# Marx und Helvetia

Die Totalrevision der Bundesverfassung, die nach erfolglosen Versuchen 1874 endlich zustande kam, brachte eine deutliche Verstärkung der Zentralgewalt, da dem Bund vermehrte Kompetenzen übertragen wurden. Dies unter anderem durch die Zentralisierung des Militärwesens (Art. 18–22), die Stärkung des Bundesgerichts (Art. 106ff.), die Gesetzgebung betreffend den Bau und Betrieb der Eisenbahnen (Art. 26), den Arbeiterschutz (Art. 34) und ein zu schaffendes einheitliches Wirtschaftsrecht (Art. 64).

Indessen legte die neue Verfassung nur die allgemeinen Richtlinien fest, die Konkretisierung auf Gesetzesebene erwies sich vorerst als äusserst mühsam. Die grosse Wirtschaftskrise nach 1876 war zugleich eine Krise des politischen Systems, in der die Konsensfindung fast unmöglich war. Vor allem legten sich die katholisch-konservativen Kantone quer. Im «Kulturkampf», ausgelöst durch die scharfe Verurteilung der liberalen «Irrlehre» (*Syllabus errorum* von Papst Pius IX., 1864) und die Stärkung der päpstlichen Zentralgewalt (Unfehlbarkeitserklärung von 1870) schien sich die Konstellation des Sonderbundskriegs zu wiederholen: Die «ultramontanen», romtreuen Katholiken galten den Protestanten als Landesverräter, die Liberalen den Katholiken als gottlose Zerstörer der heiligsten Werte. In der Verfassungsrevision wurde die Kirche aus alten Einflusssphären verdrängt: die Schulen sollten «ausschliesslich unter staatlicher Leitung» (Art. 27) stehen, «die Feststellung und Beurkundung des Zivilstandes ist Sache der bürgerlichen Behörden» (Art. 53) und das «Recht zur Ehe steht unter dem Schutze des Bundes» (Art. 54), kirchliche Eheverbote sind nichtig. Der Antiklerikalismus, der im Kulturkampf wieder auflebte, fand seinen Niederschlag in den sogenannten Ausnahmeartikeln, dem verschärften Jesuitenverbot (Art. 51) und dem Klosterverbot (Art. 52). Das alles musste den Widerstand der Katholisch-Konservativen hervorrufen. Dazu kam deren Furcht, im neuen laizistischen Zentralstaat noch mehr an Einfluss und schliesslich die eigene Identität zu verlieren. Es war aber gerade die erbittert bekämpfte Verfassungsrevision, die den Konservativen das Mittel in die Hand gab, sich zur Wehr zu setzen. Im Verein mit andern föderalistischen Gruppierungen konnten sie über das Referendum praktisch die gesamte Gesetzgebungstätigkeit blockieren. Wichtigste Ausnahme war das Fabrikgesetz von 1877, das den Referendumskampf nur deshalb überstand, weil die Katholisch-Konservativen es gegen ihren damaligen Erzfeind, das liberale Unternehmertum, unterstützten. Erst in den achtziger Jahren wurde die Patt-Situation durch eine allmähliche Annäherung der Standpunkte überwunden; die immer noch dominierenden Liberalen öffneten den Katholisch-Konservativen den Zugang zur Macht; ein Höhepunkt wurde 1891 mit der Wahl des ersten katholisch-konservativen Bundesrats, Joseph Zemp (1834–1908), erreicht. Die Integration der Gegner von 1848 ins System war auch deshalb nötig geworden, weil in diesen Jahren ein neuer Feind der liberalen Vorherrschaft, der Sozialismus, zu einer bedrohlichen Opposition heranwuchs.

Zürich hat die Bundesreform mit einem überwältigenden Mehr von 95 Prozent Ja-Stimmen deutlicher als jeder andere Kanton angenommen. Die Verfassungsrevision bedeutete ja für die gerade im Kanton Zürich besonders breit abgestützte demokratische Bewegung gewissermassen die glanzvolle Krönung all ihrer Bestrebungen. Die neuen Bestimmungen

Festkarte des Grütlivereins, 1902. Eine jugendliche Helvetia mit den Werken von Karl Marx im Arm symbolisiert das Zusammengehen des vaterländischen Grütlivereins mit den internationalistischen Sozialdemokraten, wie es ein Jahr zuvor an der «Solothurner Hochzeit» beschlossen worden war. Helvetia zu Füssen die Musen der Malerei und Literatur, flankiert von Landwirtschaft und Industrie. Dahinter, von Blitz und Donner der Arbeiterbewegung zerstört, die Attribute des Kapitalismus: Kriegsgerät, zerborstene Tresore, aus denen Gold quillt, und zerrissene Ketten.

liefen den Interessen des Kantons nicht etwa zuwider, sondern versprachen vielmehr, ihm dienlich zu sein. So etwa konnte die Vereinheitlichung des Wirtschaftsrechts, die allerdings noch auf sich warten liess (Obligationenrecht 1881, Schuldbetreibungs- und Konkursgesetz 1889), dem Wirtschaftskanton nur zugute kommen. Zürich musste auch nicht befürchten, im neugestalteten Bund an Bedeutung zu verlieren; seine Stellung war gesichert, sein ständiger Sitz im Bundesrat ein Gewohnheitsrecht, das nicht in Frage gestellt wurde. Hingegen beeinflusste die von Zürich massgebend mitgestaltete eidgenössische Politik fortan das Geschehen im Kanton stärker, weshalb sie im folgenden nicht ausser acht gelassen werden darf.

Plakat für die Nationalratswahlen von 1919. Die Demokratische Partei verteidigt das blanke Schild der Schweiz gleichermassen gegen den Ansturm der Kapitalisten in Frack und Zylinder, die mit ihren prallgefüllten Geldsäcken das Land bedrängen, wie gegen die gewalttätigen Bolschewisten, die mit dem Vorschlaghammer die Gesellschaft verändern wollen.

Dem einem alten Benkener Landgeschlecht entstammenden Ulrich Meister wurde der Weg in die Politik durch den liberalen Umschwung von 1830/31 geöffnet. Er war zunächst wie sein Vater Kreisförster, dann Stadtforstmeister. Meister war einer der einflussreichsten liberalen Politiker und massgeblich an der Entstehung und Entwicklung der Freisinnigen Partei beteiligt. Er war Mitglied des städtischen (1866–1869), kantonalen (1872–1916) und eidgenössischen (1882–1889 und 1892–1911) Parlaments, Präsident der «Neuen Zürcher Zeitung» ab 1883, Gründer der Sihltalbahn (1891) und von 1900 bis 1909 Erziehungsrat.

## Die Neugruppierung der politischen Kräfte

Demokraten und Liberale

1869 hatten die Demokraten nicht nur die gesamte liberale Regierung hinweggefegt, sondern auch viele kantonale Beamtenstellen mit ihren Anhängern besetzt. Zügig wurden nun die Postulate der Demokraten umgesetzt: Noch 1869 wurde das Kantonalbankgesetz erlassen, 1872 das Eisenbahnsubventionsgesetz, das vor allem der Nationalbahn zugute kommen sollte. Im gleichen Jahr kam allerdings das Schulgesetz, das bedeutende Fortschritte im Erziehungswesen gebracht hätte, in der Referendumsabstimmung zu Fall. Es zeigte sich nun, dass das Referendum keineswegs – wie befürchtet – ein revolutionäres Instrument war, sondern fast immer ein Mittel, den Fortschritt zu verhindern. Ähnlich wie auf eidgenössischer haben sich seiner auch auf kantonaler Ebene vor allem konservative Kräfte bedient, die es ursprünglich vehement bekämpft hatten. Zu diesen gehörte die Zürcher Sektion des «Eidgenössischen Vereins», die sich unter dem Vorsitz von Georg von Wyss (1816–1893) an den «Referendumsstürmen» beteiligte, welche nach 1874 über die Schweiz hinwegfegten.[1]

Die Wirtschaftskrise in der zweiten Hälfte der siebziger Jahre, vor allem aber das Nationalbahndebakel, führten zum baldigen Ende der demokratischen Vorherrschaft. Die Kantonsratswahlen von 1878 brachten den Liberalen 111, den Demokraten aber nur mehr 77 Sitze.[2] 1879 verloren sie auch die Mehrheit im Regierungsrat, wo ihr Einfluss schon vorher im Schwinden begriffen war. Bis in die achtziger Jahre zogen sich die Parteikämpfe hin; erst mit dem neuen Wirtschaftsaufschwung und dem neugewonnenen Elan der eidgenössischen Politik kam es auch im Kanton zur Beruhigung und zum Ausgleich zwischen den beiden Töchtern der liberalen Grossfamilie, die sich nun mehr und mehr mit den Forderungen der Bauern einerseits und jenen der Arbeiterschaft anderseits konfrontiert sahen.

Auf eidgenössischer Ebene schlossen sich Radikal-Liberale und Demokraten 1894 zur Freisinnig-Demokratischen Partei (FDP) zusammen, um ihre bedrohte Position zu festigen. Mit dem 1891 eingeführten Instrument der Verfassungsinitiative nämlich waren neu auch Minderheiten in der Lage, an den Grundfesten liberalen Staatsverständnisses zu rütteln. Die Linken hatten kurz zuvor ein Begehren «Recht auf Arbeit» und ein weiteres für eine unentgeltliche Krankenpflege eingereicht; die Konservativen wollten mit ihrer «Beutezug»-Initiative die Bundeskasse plündern und einen Teil der Zolleinnahmen den Kantonen zuwenden. Gegen beide wandte sich die FDP an ihrer Gründungsversammlung in Olten. Sie verstand sich als breitgefächerte Mittelpartei, die sich aber klar nach links und rechts abgrenzte. Sie wollte sich insbesondere sozialen Reformen widmen, um dadurch «jene Bestrebungen, die auf die Zerstörung der Grundlagen unseres staatlichen und gesellschaftlichen Lebens abzielen», zu bekämpfen. Gleichzeitig verurteilte sie «die Übergriffe des Ultramontanismus und die reaktionären Tendenzen jeder Art».[3] Diese Strategie war äusserst erfolgreich; bis 1919 bestimmten die Freisinnigen das Geschehen in Parlament und Bundesrat, oft mit einer gewissen Arroganz: «Wir haben die Macht und wissen sie zu gebrauchen», soll Ludwig Forrer (1845–1921), Demokrat aus Winterthur und Bundesrat von 1902 bis 1917, gesagt haben.[4]

Am Zustandekommen dieser Allianz verschiedener liberaler Richtungen hatte ein Zürcher wesentlichen Anteil: Ulrich Meister (1838–1917), seit Ende der siebziger Jahre Chef der Zürcher Liberalen und Stadtforstmeister (ab 1875), der wie ein kleiner König im Sihlwald residierte.⁵ Durch seine Heirat mit Elisabeth Hagenbuch (1849–1891), Tochter eines Regierungsrats, war er in den Bannkreis Alfred Eschers geraten. Bei seiner Wahl in den Nationalrat (1882) schloss er sich denn auch der Zentrumsfraktion an, jener von Escher dominierten, einst mächtigen Gruppierung, die nun ihre Dynamik verloren hatte und «mehr national-ökonomische als politische Prinzipien» und «den Besitz» vertrat.⁶ Bei aller Bewunderung für Escher fühlte sich Meister aber in diesem Kreis nicht heimisch. So wie er die «Winterthurer Schule» als zu progressiv empfand, so war ihm die Zentrumsfraktion zu konservativ. Aus dieser persönlichen Konstellation heraus, wie auch aus dem Bestreben, die Zürcher Freisinnigen im Bund mit einer Stimme sprechen zu lassen, ergab sich sein Ziel, den linken Flügel der Liberalen mit dem rechten der Demokraten zur grossen Mittelpartei zu vereinen.

Ein wichtiger Faktor für die Breitenwirkung und die Zürcher Dominanz innerhalb der neuen Partei war die «Neue Zürcher Zeitung», die sich vom traditionsreichen, schon etwas verstaubten liberalen Kantonalblatt zum Sprachrohr des schweizerischen Freisinns wandelte. Daran wesentlich beteiligt war wiederum Ulrich Meister, seit 1883 Präsident des Verwaltungsrats, der 1891 den Kurs vorgab: «Wenn selbst der Radikalismus konservativ wird, so bleibe unser Blatt in allen Punkten ein Organ des Fortschritts.»⁷ Er blieb der Zeitung eng verbunden und verbrachte sogar die letzten Jahre seines Lebens in einer Wohnung im Zeitungsgebäude an der Falkenstrasse.

Auf kantonaler Ebene gelang Meister die angestrebte Verschmelzung von Freisinnigen und Demokraten nicht; die beiden Gruppierungen blieben selbständig, schlossen aber häufig Zweckbündnisse bei Wahlen und Abstimmungen. Für die Demokraten, die ihre Basis auf der Linken mehr und mehr an die sich emanzipierende Arbeiterbewegung verloren, war die Anlehnung an den Freisinn zwar lebenswichtig, politisch aber unbefriedigend. Die Zürcher Freisinnigen nämlich, die von Grossindustriellen und Grosskaufleuten beherrscht wurden, waren innerhalb der gesamtschweizerischen Partei klar auf dem rechten und nicht auf dem sozialreformerischen linken Flügel anzusiedeln. Der linke Flügel der Demokraten scherte deshalb aus und schloss sich 1905 der neu gegründeten Schweizerischen Demokratischen Partei an.

Mit dem Zürcher «Wirtschaftsfreisinn» personell und ideologisch eng verflochten war der Schweizerische Handels- und Industrieverein, der zwecks Einflussnahme auf die Zollpolitik 1870 als erster nationaler Wirtschaftsverband gegründet wurde.⁸ Angesichts der dem Bund 1874 übertragenen neuen wirtschafts- und sozialpolitischen Aufgaben wurde eine straff organisierte Interessenvertretung immer wichtiger. 1878 wurde die Stelle eines vollamtlichen Sekretärs geschaffen; noch immer aber wechselte die Leitung nach alteidgenössisch-föderalistischem Vorbild alle zwei Jahre von einem Kanton oder «Vorort» zum andern. Erst als 1882 Zürich wieder an die Reihe kam, blieb das Zentralorgan sozusagen hier hängen. Eine Statutenrevision im Jahr 1881 hatte die Wiederwahl möglich gemacht; faktisch wurde Zürich nun zum ständigen Vorort des Handels- und Industrievereins. Unter dem Präsidium von Conrad Cramer-Frey (1834–1900), einem im internationalen Handel erfolgreich tätigen Unternehmer, der 1882 als Nachfolger des verstorbenen Alfred Escher in den Nationalrat gewählt wurde, entwickelte sich der Vorort zum schlagkräftigen Führungsinstrument des einflussreichsten Wirtschaftsverbands.

Die «Neue Zürcher Zeitung» als Teil der bürgerlichen Selbstdarstellung. Der Gemeindepräsident und Bezirksrichter Johannes Weinmann (1848–1915) mit seiner Frau, Fanny Weinmann-Suter, im Garten seines Landguts «Vogtei» in Herrliberg (heute im Besitz der Gemeinde). Auch die bäuerliche Oberschicht modellierte sich nach dem (stadt-)bürgerlichen Familienverständnis. (Photographie, um 1890)

Die Kirche St. Peter und Paul in Winterthur wurde 1866–1868 von der katholischen Kirchgemeinde auf Land im Neuwiesenquartier erbaut (Architekt: Wilhelm Bareiss), das ihr die Stadt unentgeltlich abgetreten hatte. Neben Winterthur wurden im Kirchengesetz von 1863 auch noch Rheinau (dessen Kloster 1862 endgültig aufgehoben worden war), Dietikon (das erst mit der Auflösung der ehemaligen Grafschaft Baden zu Zürich kam) sowie die Stadt Zürich als katholische Kirchgemeinden anerkannt, was aber keine Gleichstellung mit der evangelischen Landeskirche bedeutete.

Durch den massiven Zuzug bildete sich im 19. Jahrhundert im Zwinglikanton eine zahlenmässig starke, aber kaum integrierte katholische Sondergesellschaft mit eigenen Vereinen, Organisationen und sozialen Institutionen; so entstanden in der Stadt Zürich unter anderem 1886 ein katholisches Spital, das Theodosianum, 1888 das katholische Gesellenhaus Wolfbach, 1896 das Marienheim für stellenlose Dienstmädchen und 1899 das Elisabethenheim für alleinstehende Frauen.

## Christlich-Soziale

Der Kulturkampf, der andernorts zu einer starken Emotionalisierung der Politik geführt hatte, war in Zürich von nebensächlicher und lokaler Bedeutung. Nur in der Stadt vermochte sich mit Hilfe der Behörden 1873 eine altkatholische Kirchgemeinde zu bilden; die aus der angestammten Augustinerkirche vertriebenen Romtreuen bezogen bereits im Sommer 1874 die in aller Eile gebaute «Armleutekirche zu Aussersihl», St. Peter und Paul. Die traditionellen katholischen Gemeinden in Winterthur, Dietikon und Rheinau verblieben alle im Verband der Papstkirche.[9] Die Zuwanderung verstärkte das katholische Element in der Hauptstadt drastisch. Während der Anteil der Katholiken und Katholikinnen 1850 noch deutlich unter zehn Prozent lag, stieg er bis zum Ersten Weltkrieg auf deren 30. Mit rund 60 000 katholischen Gläubigen war die Zwinglistadt 1910 die grösste römisch-katholische Gemeinde der Schweiz. 1904 übernahm Georg Baumberger (1855–1931) die Redaktion der katholischen «Zürcher Nachrichten» (gegründet 1895), die nun unter dem Namen «Neue Zürcher Nachrichten» als Tageszeitung erschienen. 1907 gründete er die Christlich-Soziale Partei der Stadt Zürich, die bei der ersten Verhältniswahl 1913 acht Sitze (von 125) im städtischen Parlament eroberte.

## Die Arbeiterbewegung

Zur Arbeiterbewegung zählten auch Frauen. Wenn hier trotzdem nur die männliche Form verwendet wird, dann nicht nur, weil sie im 19. Jahrhundert die einzig gebräuchliche war, sondern auch, weil die Männer die Arbeiterbewegung tatsächlich dominierten. Zwar betonte der Sozialismus die Gleichberechtigung von Mann und Frau, zumindest in der Theorie; allein in der Praxis setzte sich weitgehend das bürgerliche Rollenverständnis vom Mann, der in der Öffentlichkeit kämpft, und der Frau, die im Haus dient, durch. Die Sozialdemokratie hat zwar als einzige Partei Frauen als Mitglieder aufgenommen, doch blieb deren Einfluss schon deshalb unbedeutend, weil sie kein Stimm- und Wahlrecht besassen. Das geringe Gewicht der Frauen in der Gewerkschaftsbewegung widerspiegelte ihre untergeordnete Stellung in der Arbeitswelt. Die Gewerkschaften der Textilindustrie, die in der Mehrzahl Frauen beschäftigte, wiesen den geringsten Organisationsgrad auf: 1910 gehörten 8,3 Prozent der Textilarbeiter, aber nur 2,5 Prozent der Arbeiterinnen in diesem Bereich einer Gewerkschaft an.[10] Es sind nur wenige von Frauen organisierte Arbeitskämpfe bekannt; im Kanton Zürich streikten Seidenweberinnen 1896 in Wollishofen und 1897 in Höngg.[11]

Von der Gewerkschaftspolitik – beispielsweise in Lohnfragen – vernachlässigte Frauen gründeten in verschiedenen deutschschweizerischen Städten eigene Arbeiterinnenvereine, die sich 1890 zum Schweizerischen Arbeiterinnenverband zusammenschlossen.[12] Erste Präsidentin war Verena Conzett-Knecht (1861–1947), die als Kind einer Stadtzürcher Arbeiterfamilie von früh auf Not und Entbehrung kannte und über ihren Mann Conrad Conzett (1848–1897) zum Sozialismus kam.[13]

Die politische Organisation der Arbeiter, die in den fünfziger Jahren eine erste Blüte erlebt hatte, geriet nach 1860 ganz in den Bann der demokratischen Bewegung. Auch der «Grütliverein» schloss sich dieser an. Die Herausgabe der Zeitung «Der Grütlianer» wurde von Bern in die Hochburg der Demokraten, nach Winterthur, verlegt; Herausgeber war der selbe Salomon Bleuler (1829–1886), der auch das Sprachrohr der Demokraten, den «Landboten», redigierte.

Die «Internationale Arbeiterassoziation», 1864 in London gegründet, hat auch in der Schweiz die Arbeiterbewegung mächtig gefördert. Nicht etwa dadurch, dass die erste Welle grosser Streiks, die zwischen 1868 und der Krise der siebziger Jahre über die Schweiz hinwegflutete, von einem «steinreichen bärtigen Juden» in London (gemeint war Karl Marx) finanziert worden wäre, wie gerüchteweise verlautete, sondern weil die sogenannte «Erste Internationale» Organisationsstrukturen begründete und Solidarität stiftete. Ausgerechnet im Industriekanton Zürich konnte aber die «Internationale» kaum Fuss fassen, zu gross war in den sechziger Jahren die integrierende Wirkung der demokratischen Bewegung. Präsident der recht bedeutungslosen Zürcher Sektion (1867) war der von seinem missglückten texanischen Abenteuer (dem Versuch, eine Selbstversorgerkommune zu gründen) zurückgekehrte Karl Bürkli (1823 – 1901). Weit wichtiger aber wurde als Vaterfigur der Arbeiterbewegung sein Mitstreiter Herman Greulich (1842 – 1925), ein Buchbinder aus Breslau, der 1865 nach Zürich kam und ab 1870 die neugegründete «Tagwacht» redigierte. Diese erste sozialdemokratische Zeitung überlebte, während eine gleichzeitig ins Leben gerufene kantonale sozialdemokratische Partei sich neben den Demokraten nicht halten konnte. Ähnlich erging es dem «Allgemeinen Arbeiterverein Zürich». An der Gründungsversammlung von 1868 nahmen nicht nur Greulich und andere Linke teil, sondern auch der demokratische Pamphletär Friedrich Locher (1820 – 1911) und sogar der liberale Ökonomieprofessor Victor Böhmert (1829 – 1918): Die Fronten zwischen links-liberaler und spezifisch sozialistischer Politik hatten sich noch nicht geklärt.[14]

Erst 1878 trennte sich die Arbeiterbewegung von den Demokraten durch das Aufstellen eigener Listen, denen allerdings kein Erfolg beschieden war. Weiterhin blieben Demokraten und Sozialisten aufeinander an-

Der Übervater der schweizerischen Arbeiterbewegung, Herman Greulich, an einer Kundgebung auf der Rotwandwiese, einem beliebten Versammlungsort der Arbeiterbewegung. Im Hintergrund das Volkshaus, das nach einer langen Vorgeschichte 1910 vollendet wurde. Ursprünglich eine Idee bürgerlicher Sozialreformer, die hofften, mit einer solchen Einrichtung das Proletariat für die «körperliche und geistige Hygiene» gewinnen zu können, entwickelte sich das Volkshaus nach der Meinung der Bürgerlichen zur «Revolutionszentrale» (Generalstreik 1912) und zum «Gouvernementspalast der Bolschewikiregierung» (Novemberunruhen 1917).

Der Arbeiterinnenverein Zürich am 1. Mai 1911 auf der unteren Bahnhofstrasse. Nur noch wenige Schritte trennen den Umzug vom Symbol des bürgerlichen Zürich, dem Denkmal Alfred Eschers auf dem Bahnhofplatz.

«Not.» Aus dem Bilderzyklus «Ein Weberaufstand» von Käthe Kollwitz (1897). Angeregt durch das Drama von Gerhart Hauptmann («Die Weber», 1892), das den schlesischen Weberaufstand von 1844 thematisiert, schuf Käthe Kollwitz eine eindrückliche Serie von Lithographien, die auch in Zürich bekannt war. Nach den Erinnerungen von Anny Klawa-Morf (1894–1993), die damals in der Sozialistischen Jugend aktiv war, wurde ein Bild aus diesem Zyklus (wahrscheinlich «Sturm»), das zusammen mit anderem Propagandamaterial verschickt werden sollte, verboten, weil es nach dem Urteil des Platzkommandanten einen «sehr aufreizenden Charakter» hatte.

Die «Eintracht» in Zürich war einer der erfolgreichsten deutschen Arbeitervereine in der Schweiz, 1840 als Gesangsverein gegründet, um «sich dadurch angenehme Vergnügen in sittlich-moralischer Beziehung zu verschaffen», wie es in den ersten Statuten heisst. In den folgenden Jahren erweiterte sich der Vereinszweck laufend: Die «Eintracht» war auch Lesegesellschaft, Bildungs- und Selbsthilfeverein, um schliesslich zum politischen Forum zu werden. Mitte der sechziger Jahre zählte der Verein rund 600 Mitglieder, 20 Zeitschriften und Zeitungen lagen im Vereinslokal auf, die Bibliothek war auf 770 Bände angewachsen. Die «Eintracht» war der erste Wirkungskreis von Herman Greulich, der 1865 nach Zürich kam. Das Vereinshaus mit dem Restaurant «Zur Eintracht» wurde 1888 erworben. Um diese Zeit bestand der Verein aus einem «harten Kern» von Sozialisten und vielen Personen, die das Freizeitangebot des Vereins nutzten.

gewiesen; die endgültige Scheidung fand erst 1898 statt. Wichtigstes Sammelbecken war nach wie vor der Grütliverein, der in den achtziger Jahren mit gesamtschweizerisch über 16 000 Mitgliedern seine grösste Blüte erlebte. Nur mit Hilfe des Grütlivereins auch wurden 1892 der erste Sozialdemokrat, Jakob Vogelsanger (1849–1923), in den Zürcher Stadtrat und 1897 der Winterthurer Heinrich Ernst (1847–1934) in den Regierungsrat gewählt.

In seiner sehr zögernden Annäherung an sozialistisches Gedankengut hatte der vaterländische Grütliverein vor allem Mühe mit dem Internationalismus der Arbeiterbewegung. Dieser ergab sich schon rein praktisch aus der grossen und ständig steigenden Zahl ausländischer Arbeitskräfte. Der deutsche Einfluss, der durch die Handwerksvereine schon in den dreissiger Jahren erstmals wirksam geworden war, verstärkte sich nach dem Erlass des Bismarckschen Sozialistengesetzes (1878–1890), mit dem der Reichskanzler die deutsche Arbeiterbewegung zerschlagen wollte. Zürich wurde nun für einige Zeit Zentrum der exilierten deutschen Sozialdemokratie; hier wurde die Zeitung «Der Sozialdemokrat» gedruckt und über die «rote Feldpost» in grosser Zahl über die Grenze geschmuggelt.

Internationalismus war aber nicht nur ein konkretes Faktum, sondern ebenso ein theoretisches Konzept der Arbeiterbewegung. Für den Marxismus, der vor allem über Deutschland in die Schweiz gelangte, ist der Staat das Herrschaftsinstrument der Bourgeoisie. Der Kampf gegen die herrschende Klasse ist somit zugleich ein Kampf gegen den Staat. Internationalismus bedeutet nicht Solidarität unter den Nationen, sondern Negierung der Nation. Im Kommunismus werde der Staat absterben, mit der Nation auch ihr dialektischer Gegensatz, der Internationalismus, sich aufheben.

# Die Anfänge der Frauenstimmrechtsbewegung

Die Petition für das politische Stimm- und Wahlrecht, die «mehrere Frauen aus dem Volk» anlässlich der Revision der Zürcher Kantonsverfassung (1868/69) einreichten, schloss mit folgenden Bemerkungen: «Entschuldigen Sie unsere Anonymität: wir können und dürfen unsere guten Namen nicht der Spottlust böser Zungen preisgeben.» Und im Hinblick auf die zu befürchtende Ablehnung: «ersuchen wir die grossen Männer der Schöpfung um etwas mehr Bescheidenheit in ihren privaten und öffentlichen Freiheitsmanifestationen.»[1] Damit bewiesen die Initiantinnen nebst einer realistischen Einschätzung ihres Anliegens ihren Sinn für scharfsinnige und angriffige Ironie. Die erste Frau, die dann Ende der achtziger Jahre offen für das Frauenstimmrecht zu kämpfen wagte, war die aufmüpfige Aristokratin Meta von Salis-Marschlins (1855–1929).[2]

Zwar haben Frauen in der Schweiz nachweislich schon in den ersten Jahrzehnten des 19. Jahrhunderts Vereine gegründet. Von zentraler Bedeutung war dabei aber das sogenannt «dualistische» Verständnis, das diesen Aktivitäten zugrunde lag. Bei dieser Ausrichtung wurde von der grundsätzlichen Verschiedenheit von «Natur» und «Bestimmung» der Geschlechter ausgegangen, gleichzeitig aber deren Gleichwertigkeit postuliert. Entsprechend lautete denn auch der Leitsatz: «Andersartig – aber gleichwertig». Gefordert wurde eine spezifische Einflusssphäre der Frauen in der Öffentlichkeit, vornehmlich im gemeinnützig-fürsorgerischen Bereich. Der weibliche Geschlechtscharakter, dessen Kern nach damaliger Auffassung die «Mütterlichkeit» war, wurde auf diese Weise zum Sozialcharakter erweitert. Diese Partizipationspostulate vermieden eine direkte Konkurrenz mit den Männern und distanzierten sich von der vollen staatsbürgerlichen Gleichstellung. Die «egalitäre» Position dagegen ging von der prinzipiellen und abstrakten Gleichheit aller Menschen aus, wie sie etwa der Idee der Menschenrechte zugrunde lag, und leitete davon die Forderung nach der Gleichbehandlung der Geschlechter ab, ohne sich um konkrete Verschiedenheiten zu kümmern. Diese Ausrichtung wurde während des 19. Jahrhunderts nur von einer Minderheit vertreten.

Erst 1893 wurden in Zürich, den Beispielen in der französischen Schweiz folgend, zwei Organisationen gegründet, die sich gesellschaftspolitische Veränderungen zum Ziel setzten. Im Verein «Frauenbildungs-Reform» war Emma Boos-Jegher (1857–1932) die treibende Kraft der ersten Jahre und der «Frauen-Rechtsschutzverein» wurde von Emilie Kempin-Spyri (1853–1901) initiiert. 1896 schlossen sich die beiden Zürcher Vereine in der «Union für Frauenbestrebungen» (später «Frauenstimmrechtsverein Zürich») zusammen. Diesen «emanzipierten Frauen» mit ihren «seltsamen Ideen» schlug offene Feindseligkeit entgegen: «In der Zeitung werden sie bespöttelt, eines schnöden Egoismus angeklagt, weil sie damals schon die Forderung der ehelichen Gütertrennung aufgestellt haben; des Heftigsten wird die Vertreterin ihres Vereins angegriffen, weil sie der anmassenden Forderung das Wort redet, dass ein Mädchen ebensoviel erben sollte, wie ein Knabe.»[3]

Trotz aller Anfeindungen wurde die «Union» rasch zum Zugpferd der fortschrittlichen Frauenbewegung. Unermüdlich setzten sich die Frauen mit Petitionen und Referaten für die politischen Rechte auf lokaler und kantonaler Ebene ein. Mit den auch in anderen Schweizer Städten agierenden Vereinen schloss sich die «Union» 1909 zum «Schweizerischen Verband für Frauenstimmrecht» zusammen, um die Begehren der Frauen in einem weiteren Schritt auf nationaler Ebene zu artikulieren.

*Mariana Christen*

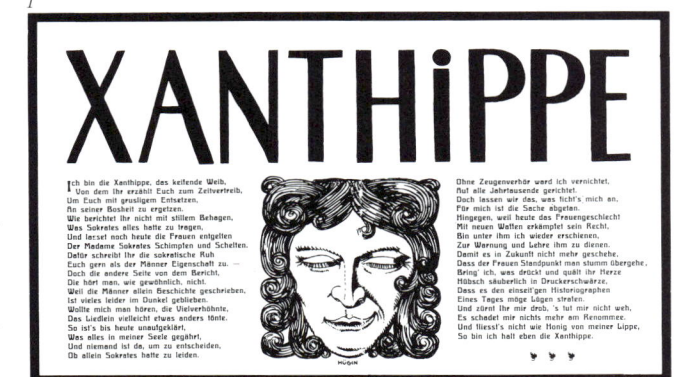

1

2  3

[1] Die «Union für Frauenbestrebungen» trat am Sechseläuten 1910 mit einer satirischen Publikation an die Öffentlichkeit: Das «Frauen-Sechseläutenblatt Xanthippe» berichtete als «Organ der Stimmlosen» darüber, was wahr sei, was «man aber nicht sagen soll».

[2] Mit dem Ausbruch des Ersten Weltkriegs traten die politischen Aktivitäten der Frauenbewegung in den Hintergrund. Auch die «Union» engagierte sich zur Hauptsache auf sozialem und philanthropischem Gebiet, um die Kriegsfolgen in der Schweiz zu mildern. Die Frauen glaubten, ihr unermüdlicher und selbstloser Einsatz würde von den Männern nach Kriegsende mit dem Stimm- und Wahlrecht honoriert. Welch ein Trugschluss!

[3] Nach dem Ersten Weltkrieg kam es im Kanton Zürich erstmals zu einer Abstimmung über das Frauenstimmrecht. Die Auszählung der Stimmen am 8. Februar 1920 zeigte ein niederschmetterndes Resultat: Die Männer hatten mit 80 Prozent Neinstimmen abgelehnt. Auch in fünf weiteren Kantonen wurde die politische Mitbeteiligung der Frauen mit grossem Mehr verworfen, nirgends jedoch so krass wie in Zürich.

Nicht nur im Grütliverein, auch innerhalb der sozialistischen Bewegung bereitete es grosse Mühe, die Lehre des Sozialismus mit den spezifisch schweizerischen Realitäten zu versöhnen. Der schweizerische Staat konnte nicht einfach als Machtinstrument der Bourgeoisie abgetan werden, da er ja, zumindest in der Theorie, durch das allgemeine und gleiche Wahlrecht, durch Referendum und Initiative dem Willen des Volks unterstellt war. In der Praxis allerdings ging die einfache politische Rechnung, wonach die Mehrheit der Lohnabhängigen auch die politische Mehrheit erringen müsste, nicht auf.

Die Frustration angesichts ständiger politischer Misserfolge sowie eine zunehmende Verhärtung der Fronten nach 1890 führten dazu, dass sich die Grütlianer allmählich der sozialistischen Richtung annäherten und sich schliesslich in der «Solothurner Hochzeit» von 1901 mit der Sozialdemokratie vereinigten. Am ersten gemeinsamen Parteitag, 1902, wurde eine Festkarte[15] herausgegeben, auf der Helvetia einen Band von Karl Marx in der Hand hielt, ein äusserst symbolträchtiges Bild für den Zwiespalt zwischen internationalistischem proletarischem Bewusstsein und schweizerischer Identität. Die Revolution sollte unter dem Schutz von Mutter Helvetia, mit dem Stimmzettel, auf legale Weise zustandekommen.

«Mehr Wahlgerechtigkeit!»
Für Minderheiten brachte die politische Praxis mehr Enttäuschung als Erfolg. Im Majorzverfahren, bei dem die Mehrheit alle Mandate eines Wahlkreises gewinnt, wird die Minderheit ohnehin benachteiligt. Dazu kam das Spiel der «Wahlkreisgeometrie», bei dem die regierende Partei versucht, die Wahlkreise so abzuzirkeln, dass für sie überall eine Mehrheit herausspringt. In der Stadt Zürich beispielsweise wurde der Wahlkreis I mit einer starken Arbeiterbevölkerung um den ländlichen Bezirk Affoltern erweitert, um so eine bürgerliche Mehrheitsposition zu gewinnen. Spezifisch gegen die städtische Arbeiterschaft gerichtet war auch eine 1894 durchgesetzte Verfassungsänderung: als Basis zur Berechnung der Kantonsratssitze galt von nun an nicht mehr die allgemeine, sondern nur noch die schweizerische Wohnbevölkerung. Das bedeutete für die Stadt Zürich, deren Ausländeranteil zwischen 1893 und 1910 von 26 Prozent auf 34 Prozent anstieg, eine entsprechende Verminderung ihres politischen Gewichts.

Dieser neue Modus, ein Jahr nach der Eingemeindung vor allem auf Begehren der Landschaft eingeführt, widerspiegelt das wachsende Misstrauen der Bauern und die zunehmende Polarisierung von Stadt und Land. Die Bauern widersetzten sich auch dem Kampf um das Proporzwahlrecht, also der Verteilung der Parlamentssitze nach der Parteienstärke; ein Kampf, der vor allem von der Linken unter dem Motto «Mehr Wahlgerechtigkeit!» geführt wurde. Als nach endlosen Auseinandersetzungen – erste Vorstösse im Kantonsrat gingen auf 1874 zurück, 1911 wurde ein Antrag vom Volk verworfen – 1917 die Proporzwahl im Kanton Zürich eingeführt wurde, stiegen die Sozialisten mit 86 Mandaten zur stärksten Fraktion auf. Die grossen Verlierer waren die Freisinnigen und die Demokraten, welche die Hälfte ihrer bisherigen Sitze verloren. Die eigentlichen Sieger aber waren ausgerechnet die schärfsten Gegner des neuen Systems, nämlich die Bauern, die auf einen Schlag 45 Vertreter in den Kantonsrat schicken konnten. Im «Bürgerblock», der immer noch über eine Mehrheit (126 von 223 Sitzen) verfügte, hatten sie nun ein gewichtiges Wort mitzureden.

In der Stadt Zürich, wo nach dem neuen Gemeindeorganisationsgesetz die erste Proporzwahl bereits 1913 durchgeführt wurde, eroberten die Sozia-

Der Kampf im Vorfeld der Kantonsratswahlen von 1917, den ersten nach dem Proporzsystem, wurde mit grosser Heftigkeit und mit grossen Erwartungen auf der Seite der Linken geführt: Der sozialdemokratische Stimmzettel wird die fetten Kapitalisten in Frack und Zylinder, die sich auf Tells Armbrust breit machen, hinwegfegen. (Zeichnung aus der «Arbeiterzeitung» vom 7. Juli 1917)

listen auf Anhieb 53 Sitze im Grossen Stadtrat (heute Gemeinderat), fast ebensoviele wie Freisinnige (38) und Demokraten (17) zusammen. In die restlichen 17 Mandate teilten sich der konservative Bürgerverband (9) und die junge Christlich-Soziale Partei (8).[16]

Wurde die Arbeiterbewegung schon in den Wahlen durch das Majorzsystem und durch den hohen Anteil nicht stimmberechtigter Ausländer in ihren Reihen immer wieder frustriert, so erging es ihr mit dem Initiativrecht kaum besser. Es liegt in der Natur dieses hochgepriesenen Instruments der direkten Demokratie, dass es von Minderheiten, die sich auf parlamentarischem Weg nicht durchsetzen können, ergriffen, als Minderheitsantrag aber in der Volksabstimmung von der Mehrheit meist verworfen wird. Ein Beispiel dafür liefert gerade das zentrale Thema der Proporzwahl. Obwohl sich auf eidgenössischer Ebene sowohl die katholisch-konservative wie auch die linke Minderheit dafür einsetzten, brauchte es mehrere Anläufe zum Erfolg: Eine erste Initiative, gekoppelt mit dem Begehren nach Volkswahl des Bundesrats, wurde 1900 abgelehnt, eine zweite schaffte zwar 1910 das Stände-, nicht aber das Volksmehr, und erst die dritte, 1913 eingereichte Initiative führte im Oktober 1918 zum Erfolg.

Die Nationalratswahl von 1919 brachte eine ähnliche Verschiebung der politischen Gewichte, wie sie zwei Jahre zuvor im Zürcher Kantonsrat erfolgt war. Im trägen politischen System der Schweiz stellte dies die grösste Erschütterung seit 1848 dar; ein ernsthafter Hinweis darauf, dass dringende politische Reformen allzu lange verschleppt worden waren.

Der älteste noch erhaltene «Maibändel» aus dem Jahr 1893. Die Forderung nach dem Achtstundentag wurde erstmals am 1. Mai 1886 von der Arbeiterbewegung in den Vereinigten Staaten erhoben, 1889 von der «Zweiten Internationalen» in Paris übernommen und ab 1890 auch in der Schweiz vertreten.

## Die Verhärtung der Fronten

Mit der Ablösung der Arbeiterbewegung von den Demokraten, der Annäherung zwischen Demokraten und Liberalen sowie der Entstehung bäuerlicher Interessengruppen (Zürcher Bauernbund) waren die Positionen bezogen. In einer Atmosphäre, die zunehmend von gegenseitigem Misstrauen geprägt war, verhärteten sich die Fronten in den neunziger Jahren und führten fast zwangsläufig zu einer von Klassenkampf geprägten Ära in den ersten Jahrzehnten des 20. Jahrhunderts.

Ein Meilenstein auf dem Weg zur verhängnisvollen Polarisierung war 1888 die Ausweisung der deutschen Sozialdemokraten, die in Zürich ihr Hauptquartier im Exil aufgeschlagen hatten. Warum hat die Schweiz dem Ausweisungsbegehren des Reichskanzlers Bismarck so eilfertig nachgegeben und damit die stolze liberale Tradition, politisch Verfolgte spontan aufzunehmen, verlassen?

Die Erklärung, es sei weit schwieriger gewesen, dem deutschen Kaiserreich Widerstand zu leisten als den ehemaligen Einzelstaaten, ist unzureichend. Bismarck behauptete später, der Zweck seiner Manöver sei gewesen, die konservativen Kräfte in der Schweiz zu stärken.[17] Ob das nun eine nachgelieferte Rechtfertigung war oder nicht, der Erfolg blieb jedenfalls nicht aus. Tatsächlich sollte mit der Abschiebung unbequemer Ausländer nicht nur das Verhältnis zum Deutschen Reich verbessert, sondern auch die einheimische Linke getroffen werden.

Das zeigte sich auch bei der Schaffung der politischen Polizei, die zur selben Zeit an die Hand genommen wurde. Im März 1888 beantragte der Bundesrat zu diesem Zweck einen vorerst bescheidenen Kredit, im Mai erliess er ein «konfidentielles Kreisschreiben» an die Kantone mit der Aufforderung, verdächtige Organisationen und Personen ausländischer und schweizerischer Herkunft, «welche die innere Sicherheit des Landes und

Synagoge an der Nüschelerstrasse. (Holzschnitt, 1885) Bis 1862 hatten die Juden in Zürich kein Recht auf Niederlassung; sie durften keine Liegenschaften besitzen, sich nicht in Schuldsachen einmischen, keine Schuldbriefe und keine Hypotheken ankaufen.

Kurz nach dem Erlass des Emanzipationsgesetzes vom 3. März 1862 gründeten zwölf Männer den «Israelitischen Cultusverein», der sich 1880 in «Israelitische Cultusgemeinde Zürich» umbenannte. Im September 1884 wurde die Synagoge eingeweiht. Bis zum Ersten Weltkrieg wurden in Zürich zwei weitere (orthodoxe) jüdische Gemeinden gegründet: 1895 die «Israelitische Religionsgemeinschaft» und 1912 die Gemeinde «Agudas Achim».

Der Zuzug von Juden nach Zürich erfolgte zunächst aus den aargauischen Judengemeinden, aus Süddeutschland und dem Elsass; zu Beginn des 20. Jahrhunderts in grösserer Zahl auch aus Osteuropa. Nach der Volkszählung von 1910 waren 1,1 Prozent der Kantonsbevölkerung oder 5200 Personen jüdischen Glaubens; die allermeisten (95 Prozent) lebten in der Stadt Zürich.

unsere internationalen Beziehungen berühren», zu überwachen und nach Bern zu melden.[18] 1890 schliesslich wurde das Amt des ständigen Bundesanwalts ins Leben gerufen.

Die Entstehung der politischen Polizei wurde zweifellos durch die Aktivitäten der kleinen Gruppe von «Anarcho-Terroristen» beschleunigt, die sich zum Ziel gesetzt hatte, mit Dynamit die Gesellschaftsordnung zu verbessern, und deren Fäden unter anderem in Zürich zusammenliefen. Die Stadt mit ihrer hohen Kommunikationsdichte und den zentralen Diensten zog auch solche Leute an. So etwa konnte über die Laboratorien der ETH ein Zugang zur Herstellung von Sprengstoffen gefunden werden. 1889 explodierte eine Höllenmaschine beim Experimentieren vorzeitig und wirbelte eine ganze Verschwörerszene ans Tageslicht.[19] Die Überwachung gewalttätiger Elemente durch die Bundespolizei war sicherlich legitim; in der Praxis allerdings diente die politische Polizei vorwiegend der Kontrolle einheimischer linker Gruppierungen bis hin zum patriotischen Grütliverein, die man aus bösem Willen, aus Bequemlichkeit oder Unkenntnis in die Nähe der Anarchisten rückte. Otto Lang (1863–1936), führender Sozialdemokrat, meinte: «Wir können uns eine Vorstellung machen von dem grauenhaften Unsinn, der untern Polizeirapporten unterlaufen wird.»[20] Ein Jahrhundert später gab der sogenannte «Fichenskandal» (1989) Gelegenheit, das Urteil zu überprüfen.

In den neunziger Jahren wurde auch der unterschwellig stets vorhandene Antisemitismus wieder virulent, diesmal unter dem Deckmantel des Tierschutzes. Die Behauptung, das rituelle Schlachten der Tiere, wie es die Juden betrieben, sei eine arge Tierquälerei und müsse deshalb verboten werden, war zwar wissenschaftlich unhaltbar, aber geeignet, alte Animositäten zu wecken. Juden mussten einmal mehr als Sündenböcke für alle möglichen Übel des raschen sozialen Wandels der Zeit herhalten. Bundesrat und Parlament lehnten zwar ein Schächtverbot ab, die daraufhin lancierte erste Volksinitiative der Schweiz wurde 1892 mit der grossen Zahl von 83 000 Unterschriften[21] eingereicht; die Abstimmung von 1893 ergab ein deutliches Volks- jedoch nur ein knappes Ständemehr. Unter den elfeinhalb annehmenden Kantonen tat sich insbesondere der Kanton Zürich, der das Verbot im Verhältnis von sechs zu eins (gesamtschweizerisch 1,5:1) annahm, unrühmlich hervor. Aufgestachelt durch die Judenhetze verschiedener Lokalblätter und Politiker, die mit gern gehörten antisemitischen Parolen ihre Gefolgschaft zu vermehren suchten, stimmten vor allem die Agrarbezirke im Unterland dem Verbot mit grosser Mehrheit zu.[22]

In einer Zeit, da der gesellschaftliche Konsens zerbrach und die Schweiz in sich erbittert bekämpfende Klassen zu zerfallen drohte, wurde die Beschwörung der Vergangenheit zu einem wichtigen Element der politischen Rhetorik. 1891 hat man den Rütlischwur, diese historisch fragwürdige, aber damals genau in den Festkalender passende «Geburtsstunde der Eidgenossenschaft» zum Anlass genommen, das Jubiläum des sechshundertjährigen Bestehens der Schweiz zu feiern. Der seither jährlich am 1. August wiederholte Bundesfeiertag kann in gewisser Weise auch als Gegendemonstration zum «Tag der Arbeit» verstanden werden, der in Zürich erstmals am 1. Mai 1890 begangen wurde, allerdings in sehr bescheidenem Rahmen und nach Arbeitsschluss. Die Maifeier, welche die Proletarier aller Länder in der Forderung nach dem Achtstundentag vereinigen sollte, war von der 1889 in Paris gegründeten «Zweiten Internationale» beschlossen worden – und gegen den Internationalismus der Arbeiterbewegung wandte sich in erster Linie das patriotische Feuer, das in diesen

Jahren entfacht wurde. Der aufkommende Chauvinismus bedeutete das bedauerliche Ende des weltoffenen Geists, durch den sich der Liberalismus einst ausgezeichnet hatte; er gab einer «reaktionären Avantgarde»[23] Auftrieb und diente dazu, die Arbeiterbewegung auszugrenzen.

Durch die ständigen politischen Misserfolge frustriert und zunehmend ausgegrenzt, begann sich die sozialdemokratische Partei zu radikalisieren. 1888 noch als «Verlängerung des Freisinns auf den vierten Stand» konzipiert, gab sie sich 1904 ein klar marxistisch ausgerichtetes Programm: «Unter den heutigen Verhältnissen vollzieht sich die Tätigkeit der Sozialdemokratie in der Form des Klassenkampfes.»[24] Das war nicht nur eine Kampfansage an das bürgerliche System, sondern man beabsichtigte auch, der vielfältig aufgefächerten Arbeiterbewegung eine klare Ausrichtung und ein neues Selbstbewusstsein zu geben. Die Anziehungskraft des Marxismus bestand nicht zuletzt darin, dass er das vom Bürger verachtete Proletariat zur geschichtsmächtigen Kraft erklärte, die das Endziel der Menschheit, «ein Reich der Freiheit jenseits der Notwendigkeit», zu verwirklichen versprach.

Der Verfasser des Programms, der Jurist und Parteitheoretiker Otto Lang, Bezirks- und später Oberrichter in Zürich, sah aber die klassenlose Gesellschaft als fernes Ziel, das auf evolutionäre Weise, ohne gewaltsamen Umsturz erreicht werden könne. Der nach marxistischer Theorie «unfehl-

Maifeier 1897. Demonstrationszug der Arbeiterschaft in Aussersihl.

bare Umschlag des Kapitalismus in den Sozialismus» könne «unter Bezugnahme auf schweizerische Verhältnisse» ohne blutige Revolution, nämlich mit dem Stimmzettel in der Hand, erreicht werden.[25]

Während die Partei zwischen revolutionärer Rhetorik und legaler politischer Praxis schwankte, entwickelte sich die Gewerkschaftsbewegung aggressiver und radikaler. Der Schweizerische Gewerkschaftsbund, 1880/81 als schwache Dachorganisation mit kaum 500 Mitgliedern gegründet, wuchs an der Konfrontation mit den Unternehmern, die sich in zunehmender Streikbereitschaft ausdrückte, und erreichte 1907 mit gegen 80 000 Mitgliedern einen ersten Höhepunkt. Die in der Theorie demokratisch-offene Gesellschaftsstruktur gab der Gewerkschaftsbewegung noch mehr Probleme auf als der Arbeiterpartei. Zwar war in der Schweiz, im Gegensatz zu den meisten andern Staaten, die Vereinsfreiheit in der Verfassung garantiert, trotzdem war das gewerkschaftliche Koalitionsrecht nicht unbestritten, vor allem in jenen Fällen, wo es in Konkurrenz lag zum ebenfalls verfassungsmässig abgesicherten liberalen Wirtschaftssystem und dem darauf aufbauenden freien Dienstvertrag zwischen Individuen, also bei arbeitsrechtlichen Konflikten.

Ähnlich diffus war die Rechtslage in bezug auf die Arbeitskämpfe. Das Fehlen eines Streikverbots begründete noch kein formales Streikrecht. Die Rechtssprechung, beispielsweise in der Frage, ob ein streikender Arbeiter den Dienstvertrag verletze oder ob Streikposten den Tatbestand der Nötigung erfüllten, erschien den Arbeitern als einseitige Parteinahme zugunsten der Unternehmer und ihrer Verbände. Ebenso demonstrierten die zahlreichen Polizei- und Militäreinsätze zur «Aufrechterhaltung von Ruhe und Ordnung» bei Streiks, dass der Staat nicht neutraler Vermittler, sondern Partei war.

Die harte Gangart im Fall von Streiks versuchten die Behörden kurzerhand mit den weitgehenden Volksrechten zu legitimieren, denn «der Streik sei nur dort berechtigt, wo die Arbeiter keine politischen Rechte besässen». Diese bequeme Argumentation übersah aber nicht nur, dass im herrschenden politischen System Ansprüche von Minderheiten leicht abgeblockt werden konnten, sondern auch, dass bei einem Ausländeranteil von gegen 15 Prozent ein grosser Teil der Arbeiter gar keine politischen Rechte besass. Im Gegenteil, der Einfluss von Ausländern auf die Gewerkschaftsbewegung konnte als weiterer Beweis für deren «unschweizerisches» und «undemokratisches» Verhalten angeführt werden. Es ist deshalb nicht erstaunlich, dass die solchermassen ausgegrenzte Gewerkschaftsbewegung sich früher und schärfer radikalisierte als die Arbeiterpartei. Mit der Übernahme marxistisch-internationalistischen Gedankenguts stellte sie sich aber erst recht ins Abseits des nationalen Selbstverständnisses. Besonders deutlich wird das im Vergleich mit den Interessenverbänden der Unternehmer (1870), des Gewerbes (1879) und der Bauern (1897), die genauso gruppenspezifische Sonderinteressen vertraten, sie aber im Sinn der «gemeinsamen Wohlfahrt» ideologisch besser legitimieren oder gar mythisch überhöhen konnten: «Ohne Bauern keine Eidgenossenschaft» (Ernst Laur).

Arbeitskämpfe, wie sie seit dem «Friedensabkommen» von 1937 weitgehend verschwunden und aus der Erinnerung verdrängt worden sind, gehörten damals zur harten Realität. Eine erst vor kurzem erarbeitete Streikstatistik für die Jahre 1880–1914[26] kommt zum auf den ersten Blick überraschenden Ergebnis, dass zwischen 1904 und 1908 in der Schweiz im Verhältnis zur Zahl der Erwerbstätigen mehr gestreikt wurde, als in den Nachbarstaaten Deutschland und Frankreich.

Im Kanton Zürich fanden 1880 – 1914 über 450 Arbeitskämpfe statt, an denen sich insgesamt rund 75 000 Arbeiter (und nur wenige Arbeiterinnen) beteiligten. Gestreikt wurde an 9300 Tagen, im Durchschnitt also an jedem Werktag dieser Zeitperiode. In Wirklichkeit allerdings waren die Arbeitsausfälle nicht gleichmässig verteilt. Nach einer verhältnismässig ruhigen Periode mit einem Maximum von 11 Streiks im Jahr 1894 nahmen die Arbeitskämpfe nach 1904 drastisch zu, zwei Drittel aller Streiks fanden zwischen 1904 und 1912 statt. Multipliziert man für jeden Streik die Zahl der Beteiligten mit der Dauer des Ausstandes, erhält man das Volumen oder die Zahl der ausgefallenen Arbeitstage. Da aber nicht alle Beteiligten über die ganze Dauer streikten, ist die Zahl ein theoretisches Maximum und keine tatsächliche Grösse. Legt man dieses Mass zugrunde, so hebt sich die Zeit von 1904 – 1912 mit 84 Prozent des Gesamtvolumens noch deutlicher ab; der Höhepunkt wurde 1909 mit 316 000 ausgefallenen Arbeitstagen erreicht.

Auch geographisch waren die Streiks sehr ungleich verteilt: Drei Viertel entfielen allein auf den Bezirk Zürich, an zweiter Stelle folgte Winterthur mit gut zehn Prozent, überhaupt kein Streik wurde im Agrarbezirk Andelfingen registriert. Bezieht man das Streikvolumen auf die Bevölkerung, war die Streikneigung in Winterthur ebensogross wie in Zürich, blieb aber in den übrigen Bezirken viel geringer und war selbst in Horgen, dem meistbestreikten Landbezirk, rund zehnmal kleiner. Streiks waren also ein ausgesprochen städtisches Phänomen und ein wichtiges Element im zunehmenden Stadt-Land-Gegensatz. Die Bauern ärgerten sich über die unruhigen Städter, die nicht arbeiten wollten, und dies erst recht, wenn sie zum Ordnungsdienst aufgeboten wurden und ihre eigenen Arbeiten liegenlassen mussten. Entsprechend aggressiv verhielten sie sich denn auch, nach dem Motto «Mir sind allwäg nid vergäbe da ine cho».[27]

Die geringe Streikneigung im stark industrialisierten Oberland deutet darauf hin, dass die organisierten Arbeiterinnen und Arbeiter in der Textilindustrie nur selten streikten. Aber auch der andere Zweig grossindustrieller Fabrikorganisation, die Metall- und Maschinenindustrie, war weit unterdurchschnittlich an Arbeitskämpfen beteiligt. Streikfreudig waren vor allem die Maurer mit ihrem starken Kontingent an italienischen Arbeitskräften und andere Bauberufe, wie Gipser, Maler, Zimmerleute, aber auch Schreiner, Schneider und andere in den Städten stark vertretene handwerklich-gewerbliche Berufsgruppen.

Die häufigen Arbeitskämpfe führten ihrerseits zur Stärkung reaktionärer Kräfte. 1905 entstand in der Stadt Zürich der ultrakonservative «Bürgerverband», der sich die «energische Bekämpfung der sozialistischen Übergriffe in unserm Gemeinde- und Staatswesen» als oberstes Ziel setzte.[28] Sein politisches Gewicht blieb gering, doch bildete er den Nährboden für die bewaffnete Bürgerwehr, die sich im Landesstreik von 1918 hervortat.[29] 1906 wurde von einem obskuren Komitee – der Präsident war nur mit Mühe auszumachen und von den 87 aufgeführten Mitgliedern distanzierten sich deren 27 – die Forderung nach einem Streikgesetz erhoben. Die Initiative verlangte eine drakonische Verschärfung des Strafgesetzes; in der nachfolgenden Volksabstimmung wurde der etwas gemässigtere Gegenvorschlag des Kantonsrats angenommen. Nach den neuen Bestimmungen wurde nur schon die öffentliche Aufforderung «zum Vergehen der Widersetzung gegen amtliche Verfügungen» (§79) mit Gefängnis bis zu einem Jahr bedroht; strafbar war bereits der Versuch, einen Streikbrecher von der Arbeit abzuhalten, auch wenn dabei nur «Drohungen oder ernstliche Belä-

**Anzahl Streiks pro Jahr von 1880 bis 1914**

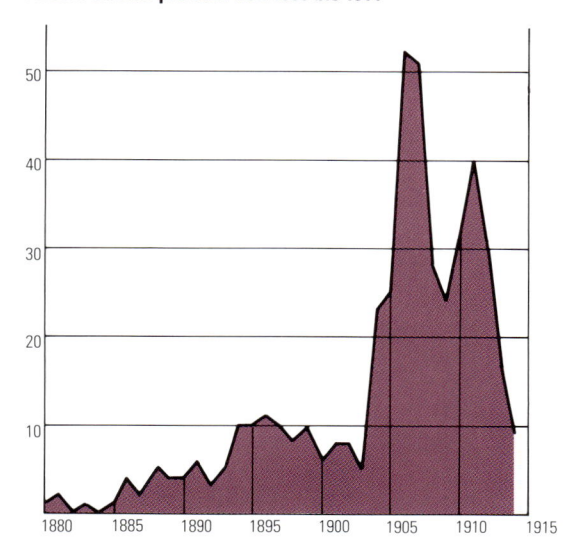

**Streiks nach Bezirken, von 1880 bis 1914**

| Bezirk | Anzahl | Beteiligte | Dauer Tage | Volumen Total Tage | in ‰ der Bevölkerung |
|---|---|---|---|---|---|
| Affoltern | 3 | 282 | 12 | 696 | 54 |
| Andelfingen | 0 | 0 | 0 | 0 | 0 |
| Bülach | 4 | 442 | 65 | 5 736 | 261 |
| Dielsdorf | 1 | 27 | 41 | 1 107 | 85 |
| Hinwil | 7 | 254 | 264 | 12 048 | 354 |
| Horgen | 26 | 3 232 | 380 | 23 693 | 527 |
| Meilen | 6 | 260 | 189 | 9 012 | 392 |
| Pfäffikon | 4 | 176 | 68 | 2 752 | 153 |
| Uster | 7 | 612 | 190 | 4 924 | 246 |
| Winterthur | 51 | 3 645 | 1 175 | 359 748 | 5 621 |
| Zürich | 347 | 65 361 | 6 899 | 1 258 471 | 5 472 |
| Total | 456 | 74 291 | 9 283 | 1 678 187 | 333 |

stigungen» und keine Gewalttätigkeiten im Spiel waren (§ 154). Arbeitern und Angestellten im öffentlichen Dienst war es faktisch verboten zu streiken (§ 224).[30]

## Der Dämon des Bürgerkriegs

Das klassische Streikziel, nämlich verbesserte Arbeitsbedingungen, stand auch in dieser Periode im Vordergrund. Mit zunehmender Streiktätigkeit nach 1900 wurden aber immer häufiger weitere Forderungen gestellt: Anerkennung der Gewerkschaften, Verbot der «Schwarzen Listen», Wiedereinstellung entlassener Kollegen. Protestmärsche trugen den Arbeitskonflikt in eine breitere Öffentlichkeit, Versammlungen von bis zu 10 000 Personen wurden zur Agitationsbasis nicht nur gegen die Praktiken einzelner Unternehmer, sondern gegen den «Klassenstaat» schlechthin.

Damit wurde der Arbeitskampf von einer arbeitsvertraglich-innerbetrieblichen Auseinandersetzung auf eine politisch-gesellschaftliche Ebene gehoben. Die Vorstellung, mit einem Massen- oder Generalstreik nicht nur einzelne Verbesserungen zu erreichen, sondern das kapitalistische System zu stürzen, lag in der Luft und musste um so verlockender erscheinen, als die institutionellen politischen Mittel zu keinem Erfolg geführt hatten. Unter einer jungen und aggressiveren Generation von Gewerkschaftern war es vor allem der Zürcher Oberländer Robert Grimm (1881–1958), der das Thema des Massenstreiks zur Durchsetzung politischer Forderungen in die Diskussion einführte.[31] Nach seiner Meinung war er legitim, konnte aber nur dann Erfolg haben, wenn durch die Missachtung der politischen Rechte und durch ein brutales Vorgehen der Staatsgewalt der Klassenkampf sich dermassen zuspitzte, dass die Gewerkschaften bereit waren, das kapitalistische System über Bord zu werfen.

Die immer härter werdenden Auseinandersetzungen schienen nun tatsächlich auf eine solche Situation zuzusteuern. Als Fanal wirkte insbesondere der «Arbenz-Streik» in Zürich im Jahr 1906. Am 15. Juni traten 75 Metallarbeiter der Automobilfirma Arbenz & Co. in Albisrieden, hart an der städtischen Grenze, in den Streik.[32] Sie forderten die Wiedereinstellung eines Kollegen, die Entlassung zweier missliebiger Werkmeister und nebenbei gleich noch zehn Prozent mehr Lohn. Am nächsten Tag entliess die Firma sämtliche Arbeiter und begann, auswärtige Streikbrecher anzuwerben. Dagegen wurden wiederum Streikposten aufgestellt, welche die neu Eintreffenden davon abhalten sollten, die Arbeit aufzunehmen. Es kam zu Rempeleien und Handgreiflichkeiten, was wiederum den Behörden Gelegenheit gab, Polizisten vor der Fabrik zu stationieren. Soweit verlief alles nach üblichem Muster.

In der ohnehin äusserst gespannten Lage im Streikjahr 1906 begann nun aber der Konflikt immer grössere Kreise zu ziehen und eine neue Dimension anzunehmen. Auf der einen Seite bedrohten mit Gabeln und Stöcken bewaffnete aufgebrachte Bauern aus Albisrieden die Streikenden, auf der andern Seite solidarisierte sich die Arbeiterbevölkerung des angrenzenden Quartiers Aussersihl immer mehr. Bis zu 300 Personen sollen sich jeweils bei Arbeitsschluss vor der Firma versammelt haben, um die Streikbrecher zu beschimpfen, darunter «halbwüchsige Kinder, ja sogar Weiber». Am 17. Juli verhöhnte eine «ungeheure Volksmenge» in der Badenerstrasse die von ihrem Einsatz zurückkehrenden Polizisten, blockierte den Tramverkehr und warf Steine gegen die Strassenbahn. Am Tag darauf erliess der Regierungsrat ein Streikpostenverbot, was jedoch keineswegs zur Beruhigung, sondern zu neuer Empörung führte. Am 19. Juli wurden Armee-Einheiten aufgeboten, welche «die nach Tausenden zählende Menge» vor dem Fabriktor zerstreute.

Auf den 3. August rief die «Arbeiterunion», der örtliche Zusammenschluss der verschiedenen Arbeiterorganisationen, zu einem Protestmarsch auf, der vom Polizeivorstand verboten wurde. Daraufhin nahmen rund 6000 Menschen an einem «Spaziergang» zum «Velodrom» teil, einem traditionellen Versammlungsort der Linken. Ein ähnlicher Zug ins Herz des Kapitalismus, in die Bahnhofstrasse, wurde vom Regierungsrat untersagt. Zugleich wurden, eine Gegendemonstration der Macht, weitere Truppen aufgeboten. Die Losung «Generalstreik», die damals die Runde machte, wurde vor allem von Herman Greulich heftig bekämpft; der Arbenz-Streik wurde nach zwölf Wochen ergebnislos abgebrochen, die letzten Truppenteile entliess man am 16. August.

Aus einer ähnlichen Konstellation entwickelte sich 1912 der erste Zürcher Generalstreik: Auf einen Streik der Schlosser und Maler antworteten die Baumeister mit dem Import von Streikbrechern aus Deutschland. Am 15. April erschoss solch ein «Gelber» einen Streikposten, von dem er sich bedroht fühlte. Die Beerdigung, an der 40 Gewerkschaften mit Fahnen und Trauerflor und insgesamt 4000 bis 5000 Personen teilnahmen, wurde zur Demonstration, das Opfer zum Märtyrer der Arbeiterbewegung. Zwei Ausländer, die sich als Streikposten betätigt hatten, wurden ausgewiesen, der Todesschütze dagegen einen Monat später vor Gericht freigesprochen: in den Augen der Arbeiterbewegung ein neuer Beweis für die Klassenjustiz.

Um die Situation zu entschärfen, verlangten die Arbeiter ein Verbot, Streikbrecher einzuführen, die Unternehmer dagegen ein Verbot für Streik-

Streikbrecher, die mit dem Zug angekommen sind, werden unter Polizeischutz zur Automobilfirma Arbenz in Albisrieden geleitet.

Leonhard Ragaz, evangelischer Pfarrer aus Tamins (GR), wirkte 1902 als Münsterpfarrer in Basel, ab 1908 als Professor der Theologie an der Universität Zürich. 1906 wurde er zum Mitbegründer und Führer der «Religiös-Sozialen Bewegung», welche die sozialen Nöte und Ungerechtigkeiten der Zeit gestützt auf biblische Leitsätze zu beseitigen versuchte. Der Generalstreik von 1912 war für ihn ein Schlüsselerlebnis. Der Waffenplatzprediger Ragaz wandelte sich zum Antimilitaristen; sein Eintreten für die Sache der Arbeiter machte ihn im bürgerlichen Lager, dem er entstammte, verhasst. 1913 trat er der Sozialdemokratischen Partei bei, ein Schritt, den seine Frau Clara Ragaz-Nadig (1874–1957) schon einige Monate früher vollzogen hatte. Weil er die offizielle Position der Landeskirche nicht mehr vertreten konnte, trat er 1921 von seiner Professur zurück und widmete sich fortan ausschliesslich der Arbeiterbildung.

posten. Am 6. Juli erliess der Stadtrat ein teilweises Streikpostenverbot, was für die Arbeiterunion eine Provokation darstellte. Sie beschloss mit breiter Zustimmung der Basis, auf Freitag, 12. Juli, einen Generalstreik auszurufen; die Unternehmer konterten mit einer Aussperrung während der folgenden zwei Arbeitstage. Die bemerkenswerte Disziplin und die straffe Organisation des Streiks bewies die Stärke der Arbeiterbewegung. Die vom Regierungsrat vorsorglich aufgebotenen Truppen wussten nichts Besseres zu tun, als das Volkshaus, Sitz der Streikleitung und Symbol der linken Solidarität, zu besetzen. Der Theologe Leonhard Ragaz (1868–1945), wichtigster Exponent der «Religiös-Sozialen Bewegung», schilderte die Stimmung vor dem Volkshaus so: «Der weite Platz mit allen seinen Zugängen war abgesperrt, kein Durchkommen möglich. (...) Alles still. Aber diese Stille dünkte mich unheimlicher als sogar Aufruhr; denn über dieser Stille schwebte der Dämon des Bürgerkrieges.»[33] Was den einen als «Geburtswehen einer neuen Zeit»[34] vorkam, erschien den andern als «Pöbelherrschaft» und «dreist verhöhnte Staatsgewalt».[35] Einen Hauch von Revolution verspürten alle.

Zur gleichen Zeit schrieb Eduard Sulzer-Ziegler (1854–1913), ein prominenter Zürcher Industrieller, der in seinem Betrieb Sozialfürsorge mit einer streng autoritären Haltung verband, was er vom Streikrecht hielt: «Die Vernunft sollte gebieten, dass Versuche, den gesellschaftlichen Mechanismus zu stören, als strafbar erklärt werden, dass die Urheber solcher Störungen als ganz gewöhnliche Missetäter, wenn nicht Verbrecher behandelt würden.»[36] Tatsächlich wurde in der Folge aufgrund des Aufruhr-Paragraphen ermittelt, 1914 aber, angesichts des Kriegs, das Verfahren eingestellt.[37]

Das Jahr des Generalstreiks war auch das Jahr des Kaiserbesuchs. Umfangreiche Sicherheitsmassnahmen waren getroffen worden, um befürchtete Unruhen im Keim ersticken zu können, doch die Arbeiterbewegung hatte die strikte Parole ausgegeben, sich aller Provokationen zu enthalten. Die einzige Verhaftung betraf einen deutschen Bäckergesellen, «der glaubte, pfeifen zu sollen als der Bundespräsident (Ludwig Forrer) am Dienstag (3. September) die Bahnhofstrasse abwärts zum Empfang des Kaisers nach dem Bahnhof fuhr».[38] Alles, was Rang und Namen hatte, war herbeigeeilt, um mit der Majestät im «Baur au lac» dinieren zu dürfen oder am «venetianischen Gondelkorso» auf dem See mit anschliessendem Prachtsfeuerwerk teilzunehmen. Drei Nächte logierte Wilhelm II. – «der Fürst der grössten Militärmacht der Welt», wie ein Zeitgenosse begeistert feststellte – in der Villa Rietberg und besuchte von hier aus die «Kaisermanöver» in der Ostschweiz, welche unter der Leitung des Oberstkorpskommandanten Ulrich Wille (1848–1925) standen.[39]

Zwei Jahre später setzte der Fürst seine Militärmacht in Bewegung. Am internationalen Sozialisten-Kongress, der 1912 in Basel stattfand, hatte man noch geglaubt, den Ausbruch eines imperialistischen Kriegs durch einen internationalen Generalstreik im Keim ersticken zu können. Im August 1914 wurde diese schöne Utopie von den Wogen des Nationalismus, welche auch die Proletarier aller Länder erfasst hatten, verschlungen.

Auch in der Schweiz einigte man sich auf einen «Burgfrieden» unter den Parteien. Er war aber von allem Anfang an brüchig, weil damit die sozialen Probleme keineswegs aus der Welt geschafft waren, sich im Gegenteil unter der Extremsituation des Kriegs noch verschärften: Das Vollmachtenregime erlaubte die Aufhebung arbeitsrechtlicher Schutzbestimmungen, die Einschränkung des Versammlungsrechts und allgemein eine

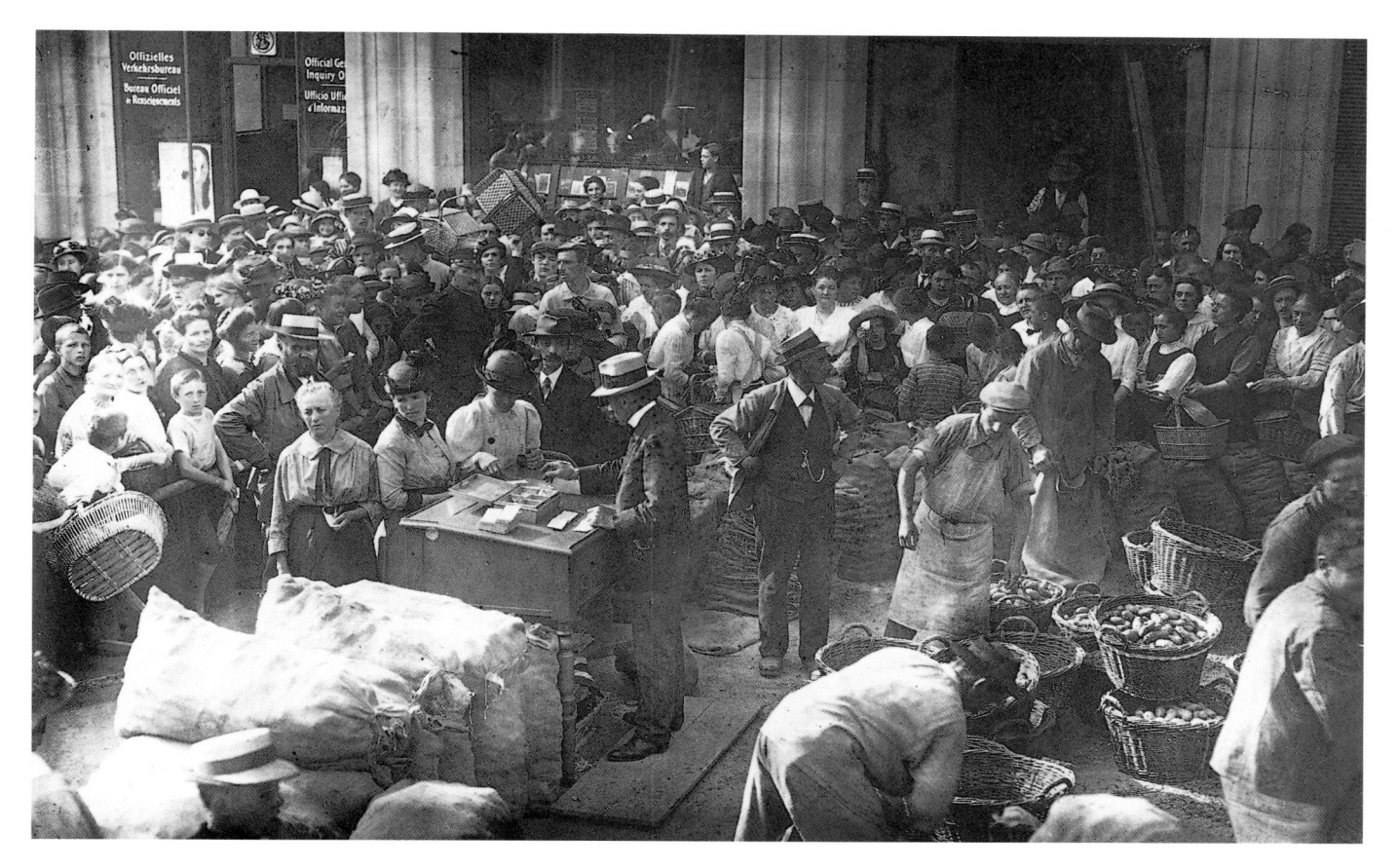

Abgabe verbilligter Kartoffeln an Minderbemittelte an der Uraniastrasse (1916).

härtere Gangart gegenüber systemkritischen Bewegungen. Von den Produktionsausfällen und -verlagerungen der kriegführenden Länder profitierten die Landwirtschaft und die Exportindustrie. Auf der andern Seite führten steigende Preise, mit denen die Löhne nicht Schritt hielten, zu einem realen Einkommensverlust der Lohnabhängigen von 25 bis 30 Prozent. Der lange Militärdienst (im Durchschnitt rund 500 Tage) der Männer stürzte manche Familie in zusätzliche Not; die «Wehrmännerunterstützung», die nur auf Antrag und unter Nachweis der Bedürftigkeit gewährt wurde, also eine Art Almosen, kompensierte den Verdienstausfall nicht. Notstandsunterstützung musste schliesslich das fehlende soziale Netz ersetzen; gegen Kriegsende waren ein Sechstel der Schweizer und rund ein Viertel der Stadtzürcher Bevölkerung bezugsberechtigt.

Im kärglichen Unterschichtshaushalt machte sich jeder Preisaufschlag für Brot, Milch oder Kartoffeln unmittelbar und empfindlich bemerkbar; Hunger und Unterernährung gehörten zum Alltag. In der Sorge um die Ernährung ihrer Familien wagten Frauen wiederum den Schritt in die Öffentlichkeit. Nicht nur Arbeiterfrauen, die das Elend in erster Linie betraf, sondern auch bürgerliche Organisationen, wie die «Union für Frauenbestrebungen» und die «Zürcher Frauenzentrale», setzten sich für eine Verbilligung und Verbesserung der Lebensmittelversorgung ein. Im Juni 1918 kam es, organisiert durch die sozialdemokratischen Frauenvereine, zu grossen Hungerdemonstrationen vor dem Rathaus. Schliesslich fiel die Männerbastion, und die prominenten Sozialistinnen Rosa Bloch-Bollag (1880 – 1922), Agnes Robmann (1876 – 1951) und Marie Härri (1872 – 1923) vertraten vor dem Kantonsrat mit Erfolg ihre Forderungen nach einer

Marie Härri, Rosa Bloch-Bollag und Agnes Robmann (von links nach rechts) vor dem Rathaus, auf dem Weg zur Kantonsratssitzung, wo sie ihre Beschwerden vorbringen. (Pressebild, 1918)

Kinder warten vor dem Gebäude der Vereinigten Zürcher Molkereien an der Feldstrasse in Aussersihl auf den Verkauf von verbilligter Magermilch (Oktober 1918).

Reduktion des Milchpreises und der gerechteren Verteilung knapper Lebensmittel.[40]

Vor dem Hintergrund blanker Not und weiterer Verengung des politischen Handlungsspielraums radikalisierte sich die Arbeiterbewegung. Nach einer Zeit relativer Ruhe begannen im Kriegsjahr 1917 die Arbeitskämpfe zu eskalieren. In der allgemeinen Notlage hatten die Streiks um höhere Löhne einen grossen Mobilisierungseffekt; die Mitgliederzahl des Gewerkschaftsbunds stieg von 65 000 (1914) auf 177 000 (1918).[41]

Aus den internen Richtungskämpfen ging der radikale Robert Grimm als Sieger und starke Führerpersönlichkeit hervor. Mit dem «Oltener Aktionskomitee», einer Vereinigung von Partei und Gewerkschaften, schuf er sich im Februar 1918 ein Führungsinstrument, das im Landes-Generalstreik die Leitung übernahm. Schon 1917 hatte er in einem Bericht über die von ihm organisierten Konferenzen in Zimmerwald (September 1915) und Kiental (April 1916), welche die Internationale der Arbeiter neu belebten, geschrieben: «Verzicht auf den Klassenkampf, das (...) ist Verzicht auf den Sozialismus.»[42] Im Unterschied zu seinem Gegenspieler Lenin (1870–1924), der 1914 in die Schweiz gekommen war und nach einem kurzen Aufenthalt in Bern an der Spiegelgasse in Zürich lebte, war für Grimm jedoch der gewaltsame Umsturz nur die letzte verzweifelte Möglichkeit im Kampf um den Sozialismus. Charakteristisch etwa, dass im Oltener Aktionskomitee als letzte Stufe die «Anwendung des unbefristeten allgemeinen Streiks, der zum offenen Bürgerkrieg überleitet und den Sturz der bürgerlichen Gesellschaftsordnung zum Ziele hat» zwar diskutiert, aber nie ernsthaft in Erwägung gezogen wurde.[43]

Mitte November 1917 kam es in Zürich zu den ersten blutigen Unruhen, die vier Todesopfer und zahlreiche Verletzte forderten. Ausgerechnet der Pazifist Max Daetwyler (1886–1976), der zum Frieden und zur Demonstration vor den Munitionsfabriken aufrief, war zum Auslöser einer wilden Aktion von Splittergruppen geworden, welche die siegreiche Oktoberrevolution in Russland zum Anlass nahmen, den Aufstand zu proben.[44] Obwohl sich die Arbeiterbewegung scharf davon distanzierte, wurde sie mit dem Aufruhr in Zusammenhang gebracht.

Pikanterweise war es aber der Streik der Zürcher Bankangestellten vom 30. September bis 1. Oktober 1918, der den Anstoss gab zu einer Serie von Ereignissen, die in den Landes-Generalstreik ausmündeten. Das Bankpersonal verlangte die Anerkennung seines Personalverbands und eine Aufbesserung der unzureichenden Löhne; ein Hinweis darauf, dass die materielle Not auch weite Teile des unteren Mittelstands ergriffen hatte. Die schon lange kampfbereite Arbeiterunion solidarisierte sich mit dem Anliegen und rief einen dreistündigen allgemeinen Sympathiestreik aus. Erschreckt lenkten die Bankverantwortlichen, die einen Streik ihrer Angestellten nicht für möglich gehalten hatten, ein. Im folgenden scheint der Druck, Truppen aufzubieten, sehr stark auch von Bankenkreisen ausgegangen zu sein.[45]

Als in den ersten Novembertagen die Mittelmächte zusammenbrachen, die Kieler Matrosen meuterten und in deutschen Städten revolutionäre Feuerchen aufflammten, verlegte der Zürcher Regierungsrat seinen Sitz in die Kaserne und bat um bewaffnete Bundesintervention. Der Stadtrat, dem bereits vier Sozialdemokraten angehörten, wurde nicht konsultiert. General Wille, dem an energischem Durchgreifen sehr gelegen war, bot auf Anordnung des Bundesrats am 6. November sechs Füsilierbataillone und zwei Kavalleriebrigaden nach Zürich auf; demonstrativ marschierte das Infanterieregiment 19 am 7. November quer durch die Stadt.[46] Am 8. November wurde ein ebensogrosses Kontingent nach der Hauptstadt Bern verlegt. Ob dieses massive Truppenaufgebot tatsächlich der Furcht vor einer bevorstehenden Revolution entsprang oder vielmehr eine Machtdemonstration war, bleibt umstritten: von der Presse geschürte Gerüchte über einen geplanten Umsturz gab es zuhauf, konkrete Beweise keine. Gewiss träumten radikale Grüppchen von der Weltrevolution; das Misstrauen gegenüber der organisierten Arbeiterbewegung, die allein hätte gefährlich werden können, verunmöglichte offenbar jede Verständigung, und dies, obwohl Gespräche zwischen dem Bundesrat und dem Oltener Aktionskomitee stattfanden.

Die Arbeiterbewegung jedenfalls empfand die militärische Intervention als ungeheure Provokation; das Oltener Aktionskomitee reagierte darauf mit einem Generalstreik, der am 9. November, einem Samstag, in 19 Ortschaften durchgeführt wurde und zu keinen grösseren Zwischenfällen führte. Den Zürchern war dieser Protest zu zaghaft und zu lahm. Die Stadtzürcher Arbeiterunion beschloss, den Streik wenn nötig auf eigene Faust am Montag weiterzuführen, das kantonale Gewerkschaftskartell schloss sich an. Zur Verschärfung der Lage hatte wohl auch beigetragen, dass der Kommandant der Ordnungstruppen, Oberstdivisionär Emil Sonderegger (1868–1934), eine am Sonntag geplante Feier zum Jahrestag der Russischen Revolution verboten hatte. Als sich trotzdem gegen 7000 Menschen auf dem Münsterplatz versammelten, wurden sie durch das Militär vertrieben, das über die Köpfe der Menge hinwegschoss. Dabei wurde ein Soldat getötet, das einzige Opfer im Zürcher Generalstreik. Der Todesschütze konnte nicht ermittelt werden.

Das Oltener Aktionskomitee, das sich erfolglos der Eigenmächtigkeit der Zürcher widersetzt hatte, sah sich gezwungen, nachzuziehen und beschloss einen unbefristeten Landes-Generalstreik auf «Montag, den 11. November, nachts 12 Uhr» anzusetzen. Der eiligst zusammengestellte Forderungskatalog war alles andere als revolutionär. Die wichtigsten der neun Punkte – Proporzwahl des Nationalrats, die Einführung der Alters- und Invalidenversicherung, der 48-Stunden-Woche und des Frauenstimmrechts – sind zur Selbstverständlichkeit geworden. Andere Begehren, nämlich die Reorganisation der Armee als Volksheer, die Sicherstellung der Landesversorgung und ein staatliches Monopol für Importe und Exporte, ergaben

Das «Cabaret Voltaire» in Zürich (Zeichnung von Marcel Janco, 1916). Das «Voltaire» war die Hochburg der Dadaisten; jener literarisch-künstlerischen Bewegung, die mit schrillen Bildern und Kaskaden von zusammenhanglosen Wörtern den Zusammenbruch der bürgerlichen Welt, die sinnlose Zerstörungswut des Krieges, das chaotische Nebeneinander der Sinneseindrücke in der Grossstadt thematisierte. Zu den Mitbegründern zählten neben den Schriftstellern Hugo Ball (1886–1927), Tristan Tzara (1896–1963) und Richard Huelsenbeck (1892–1974) auch die Kabarettistin Emmy Ball-Hennings (1881–1958) sowie die in Davos geborene Malerin, Tänzerin und Lehrerin an der Kunstgewerbeschule Zürich Sophie Taeuber (1889–1943) und ihr aus Strassburg stammender Mann Hans Arp (1887–1966).

Im Landesstreik-Prozess von 1919 wurden Angeklagte, Richter und Zeugen von einem gewissen «Lucifer» mit spitzem Griffel karikiert. Rechts das Konterfei von Robert Grimm (1881–1958), unten Fritz Platten (1883–1942), Freund Lenins und Führer der «bolschewistischen Linken» in Zürich, der zur Zeit des Prozesses in Russland weilte und deshalb hier dem Gericht eine lange Nase macht.

sich aus der spezifischen Situation am Ende des Ersten Weltkriegs und brennen heute nicht mehr auf den Nägeln; nur die neunte Forderung, die «Tilgung aller Staatsschulden durch die Besitzenden» taucht als Reichtumssteuer periodisch wieder auf. Die Verhandlungen des Zürcherischen Kantonsrats während dieser kritischen Tage zeigen deutlich, dass die Forderungen als grundsätzlich berechtigt angesehen wurden. Der Regierungsrat anerbot sich, drei der sieben Sitze sofort Vertretern der Opposition zur Verfügung zu stellen und versprach, ohne Verzögerung auf sozialpolitische Begehren einzutreten.[47] Freilich kamen diese Zugeständnisse, die unter dem Druck der Situation gemacht wurden – «infolge des grossen Linksruckes der Welt»[48], wie sich Regierungspräsident Gustav Keller (1867 – 1932) ausdrückte – zu spät, um noch Wirkung zu zeigen.

Die Streikparole wurde längst nicht überall so strikt befolgt wie in Zürich, Winterthur[49] und andern Deutschschweizer Städten, wo das Wirtschaftsleben weitgehend lahmgelegt wurde. Gesamtschweizerisch beteiligte sich etwa eine Viertelmillion Werktätiger am Streik, nicht ganz ein Drittel der im Sekundärsektor Beschäftigten. Der Bundesrat, der das Truppenaufgebot verstärkt und eine ausserordentliche Session der Bundesversammlung einberufen hatte, forderte den bedingungslosen Abbruch des Streiks. Dem musste sich das Oltner Aktionskomitee beugen: nach drei Tagen, am 15. November, wurde die Arbeit offiziell wieder aufgenommen.

Erbitterung über die schmähliche Kapitulation machte sich breit. «Es ist zum Heulen!» schrieb der spätere Bundesrat Ernst Nobs (1886 – 1957), damals Redaktor am «Volksrecht» und Vertreter einer radikalen Richtung. Die Streikleitung habe sich «durch die intransigente Haltung des rückständigsten Parlamentes Europas und durch die polternden Drohungen des Bundesrates einschüchtern» lassen: «Die Schlacht stand ausgezeichnet, da klappte die Führung zusammen und lieferte eine heroische Truppe dem Feinde aus – bedingungslos!»[50] Jene trüben Novembertage, die geprägt waren von Hass, Not, Entbehrung und der Spanischen Grippe, die unter der geschwächten Bevölkerung wütete, liessen wohl kaum ein positiveres Urteil zu. Die sozialen Spannungen blieben vorerst unvermindert gross und eskalierten denn auch in der Folge zu neuen harten Auseinandersetzungen und Streiks. Erst aus heutiger Sicht fügt sich der Generalstreik viel eher in ein Verhaltensmuster ein, das schon in den eidgenössischen Religionskriegen im 16. Jahrhundert erprobt wurde und sich noch im Sonderbundskrieg von 1847 bewährt hatte. Nachdem am gegenseitigen Droh- und Imponiergehabe Kräfteverhältnis und Kampfbereitschaft deutlich geworden waren, setzte man sich wieder zusammen, noch ehe die Eskalation nicht mehr umkehrbar war. Die Arbeiterbewegung hatte zwar eine Schlacht verloren, noch ehe sie geschlagen war, zugleich aber ihre Stärke und Entschlossenheit demonstriert. Die neue «Kappeler Milchsuppe», die in der Zwischenkriegszeit allmählich bereitet wurde, bestand darin, dass in die Milch der reformistischen Denkungsart nach und nach die Segnungen des Proporzes und des Sozialstaats hineingebrockt wurden.

# Zum Forschungsstand

Die politische Geschichte von Stadt und Kanton Zürich nach 1869 ist noch kaum aufgearbeitet. DÄNDLIKER, Zürich, geht nicht über die Eingemeindung von 1893 hinaus, LARGIADÈR, Zürich, gibt nur eine summarische Skizze der späteren Zeit. Kurze Zusammenfassung bis 1893 bei DÜNKI, Verfassungsgeschichte. Auf die Stadt Zürich bezogen ist die detailreiche Chronik von ZURLINDEN, Zürich. Für einzelne Aspekte und politische Persönlichkeiten nützlich sind: BÜTIKOFER-JOHANNI, Initiative; EIGENHEER, Volkshaus; RENSCHLER, Linkspresse; SCHMID, Meister; WEISZ, Neue Zürcher Zeitung; ZIEGLER, Freisinniger Verein; WEHRLI, Handels- und Industrieverein; KÖNIG, Angestellte. Nach der Revision der Bundesverfassung von 1874 sind kantonale und eidgenössische Politik immer enger miteinander verflochten; unter den Werken mit gesamtschweizerischer Sicht, die auch für Zürich von Bedeutung sind, ist in erster Linie GRUNER, Arbeiterschaft, zu nennen; ein monumentales Werk, das mit Vorteil über BALTHASAR, Soziale Spannungen, erschlossen wird. Die Krise der achtziger Jahre des 19. Jahrhunderts wird in ihren wirtschaftlichen, gesellschaftlichen und politischen Zusammenhängen analysiert von WIDMER, Wachstumskrise. Die dramatischen Ereignisse bei Kriegsende sind von GAUTSCHI, Landesstreik, SCHMID-AMMANN, Generalstreik, GREMINGER, Ordnungstruppen, aufgearbeitet worden.

# Anmerkungen

[1] LARGIADÈR, Zürich, Bd. 2, S. 243f.
[2] LARGIADÈR, Zürich, Bd. 2, S. 245
[3] Einleitung zu den Statuten, zit. nach: SCHMID, Meister, S. 170
[4] Der Wortlaut wird nicht überall gleich überliefert, hier zit. nach: GRUNER, Parteien, S. 87
[5] Zum Leben Meisters siehe SCHMID, Meister
[6] Karl Hilty, zit. nach: SCHMID, Meister, S. 143
[7] Zit. nach: SCHMID, Meister, S. 115 Ausführlich dazu: WEHRLI, Handels- und Industrieverein
[9] STADLER, Kulturkampf, S. 346–352
[10] GRUNER, Arbeiterschaft, Bd. 2, S. 464
[11] PESENTI, Arbeiterin, S. 202
[12] Ausführlicher bei FREI, Rote Patriarchen, Kapitel VI
[13] CONZETT, Erstrebtes
[14] GRUNER, Arbeiterschaft, Bd. 3, S. 581
[15] GRUNER, Arbeiterschaft, Bd. 3, S. 77
[16] ZURLINDEN, Zürich, Bd. 2, S. 414
[17] HANDBUCH, Bd. 2, S. 1079
[18] Text in BALTHASAR, Soziale Spannungen, S. 392f.
[19] GRUNER, Arbeiterschaft, Bd. 3, S. 232
[20] GRUNER, Arbeiterschaft, Bd. 3, S. 260
[21] KÜLLING, Antisemitismus, S. 283
[22] KÜLLING, Antisemitismus, S. 369–378
[23] JOST, Hans Ulrich, Die reaktionäre Avantgarde. Die Geburt der neuen Rechten in der Schweiz um 1900, Zürich 1992
[24] Text in BALTHASAR, Soziale Spannungen, S. 408–412
[25] GRUNER, Arbeiterschaft, Bd. 3, S. 192
[26] GRUNER, Arbeiterschaft, Bd. 2, S. 837–1008. Aus den Daten im Anhang S. 1527–1582 ist die nachfolgende, auf den Kanton Zürich bezogene Statistik zusammengestellt worden.
[27] Zit. nach: KREIS, Aussersihl, S. 77
[28] Aus der Absichtserklärung, zit. nach: SCHMID, Meister, S. 157
[29] ZURLINDEN, Zürich, Bd. 2, S. 352; GREMINGER, Ordnungstruppen, S. 93
[30] BÜTIKOFER-JOHANNI, Initiative, S. 131; REICHESBERG, Bd. 3/1, S. 838
[31] GRIMM, Massenstreik
[32] Das folgende nach KREIS, Aussersihl, S. 72–81
[33] Zit. nach: ARBEITERBEWEGUNG, S. 154
[34] Zit. nach: GRUNER, Arbeiterschaft, Bd. 3, S. 419
[35] NZZ Nr. 195 vom 15.7.1912, zit. nach: ARBEITERBEWEGUNG, S. 155
[36] Sulzer-Ziegler, Eduard, Streik und Staat, in: Wissen und Leben X, 1912, S. 2–10
[37] GRUNER, Arbeiterschaft, Bd. 3, S. 420f.
[38] Auszug aus dem Protokoll des Stadtrats vom 7.9.1912, zit. nach: BAUMANN, Belle Époque, S. 147
[39] ZURLINDEN, Zürich, Bd. 2, S. 406–413
[40] FREI, Rote Patriarchen, S. 111f.; SCHMID-AMMANN, Generalstreik, S. 122
[41] ARBEITERBEWEGUNG, S. 396
[42] Zit. nach: GAUTSCHI, Landesstreik, S. 57
[43] Zit. nach: GAUTSCHI, Landesstreik, S. 96
[44] BERICHT DES REGIERUNGSRATES, vom 26.1.1918
[45] GAUTSCHI, Landesstreik, S. 205; KÖNIG, Angestellte, S. 140–147
[46] GAUTSCHI, Landesstreik, S. 238–240
[47] VERHANDLUNGEN DES KANTONSRATES, vom 11.–13.11.1918, S. 16f.
[48] VERHANDLUNGEN DES KANTONSRATES, vom 11.–13.11.1918, S. 19
[49] Näheres zu Winterthur bei: SCHNEIDER, Arbeiterbewegung, S. 147–155
[50] Zit. nach: ARBEITERBEWEGUNG, S. 191

**Die Anfänge der Frauenstimmrechtsbewegung (S. 235)**

[1] Petition der Zürcher Frauen (Staatsarchiv Zürich), abgedruckt in: SCHWEIZER VOLKSKUNDE, 62. Jg., Basel 1972, Heft 1, S. 14
[2] VON SALIS, Meta, Ketzerische Neujahrsgedanken einer Frau, abgedruckt in der demokratischen Tageszeitung «Zürcher Post» 1886/87
[3] HOFMANN, Annie, Union für Frauenbestrebungen Zürich 1893–1928. Herausgegeben anlässlich der 1. Schweizerischen Ausstellung für Frauenarbeit in Bern von der Union für Frauenbestrebungen Zürich, Zürich 1928.

# Klassenkämpfe, Krisen und ein neuer Konsens – Der Kanton Zürich 1918–1945

Mario König, Daniel Kurz, Eva Sutter

## Bürgerblock und rote Fahnen

Die Jahre von 1917 bis 1919 wurden von vielen als eine Zeit des Auf- und Umbruchs erlebt; als eine Phase, in der sich etwas noch kaum definierbares Neues ankündigte und um den Durchbruch rang und in der «die Säulen der alten Zeit zusammenbrechen», wie es der Zürcher Oberländer Fabrikant Heinrich Spoerry (1880–1942) am 7. November 1918 formulierte.[1] In den Gefügen der Macht und des Alltags waren durch soziale und politische Erschütterungen, durch die Folgen des Kriegs und durch revolutionäre Bewegungen Risse entstanden, durch die das Licht einer utopischen Zukunft drang.

Soziale Erneuerung war eine – die dringlichste – Losung. Sie kam nicht etwa nur aus der Arbeiterbewegung, auch weite Kreise des Bürgertums öffneten sich, in raschem Umschwung der Meinungen, einem solidarischen Umbau der Gesellschaft. Im kurzlebigen «Bund für Reformen der Übergangszeit» scharten sich Industrielle, Politiker, Gewerkschafter, Männer und Frauen mit ganz unterschiedlichem sozialem Hintergrund, um die Forderung nach sozialstaatlichen Reformen und gesellschaftlicher Versöhnung.[2]

Allgegenwärtig war der Ruf nach moralischer Erneuerung, nach Ehrlichkeit in Politik und Privatleben und nach einer «höheren Lebensauffassung». Der 1921 erschienene Roman «Ein Rufer in der Wüste»[3] von Jakob Bosshart (1862–1924) erschütterte eine ganze Generation; die «Neue Zürcher Zeitung» druckte ihn in Fortsetzungen ab. Er erzählt die Geschichte eines jungen Fabrikantensohns, der aus Mitgefühl mit den Arbeitern auf seine privilegierte Stellung verzichtet, ins Arbeiterquartier zieht und dort nach tragischer Sinnsuche erfolglos einen dritten Weg zu sozialem Ausgleich und sittlicher Gesundung verficht. Als ungehörter «Rufer in der Wüste» verlässt er die Stadt und sucht sein Heil in bäuerlicher Einfachheit auf dem Land, wo er schliesslich, von einstigen Genossen niedergeschlagen, stirbt.

In Literatur, darstellender Kunst und Musik «schien das Morgen aufzugehen», schwärmte der Zürcher Architekt Carlo Hubacher (1897–1990). «Wir suchten und propagierten Öffnung des Verstandes, Öffnung des Mitleidens, Öffnung aller verhärteten überkommenen, entleerten Formen.»[4] In intimsten Bereichen gingen neue Fragen auf, kamen alte Beklemmungen zur Sprache: Die Psychoanalyse fand in Zürich am Ende des Ersten Weltkriegs eines ihrer geistigen Zentren. Carl Gustav Jung (1875–1961), Arzt an der psychiatrischen Klinik Burghölzli, scharte eine wachsende Gemeinde von Suchenden um sich. «Jedem einzelnen tut Umsturz, innere Entzweiung, Auflösung des Bestehenden und Erneuerung not», schrieb Jung 1918, in Abgrenzung vom politischen Zeitgeschehen, «nicht aber, dass er sie seinen Mitmenschen aufzwinge unter dem heuchlerischen Deckmantel christlicher Nächstenliebe oder sozialen Verantwortlichkeitsgefühls.»[5]

Auch in profaneren Bereichen des Alltags, in der Mode, bei der Freizeitgestaltung wurde mit der Vorkriegszeit gebrochen. Ein neues Körpergefühl setzte sich durch, das Licht, Luft, Sonne und Bewegung im Freien forderte. Es fand seinen Niederschlag im Bau von Sportplätzen und Strandbädern: die erste Freibadanlage wurde im Sommer 1922 am Zürcher Mythenquai eröffnet – drei Wochen später schon wurde dort die hölzerne Trennwand zwischen der Frauen- und der Männerabteilung niedergerissen.

Fortschrittsfreudige Männer entledigten sich ihrer Bärte und trugen die Haare glatt nach hinten gekämmt. Die Frauenmode griff Elemente der «Lebensreform» auf. Korsett und enganliegende Kleider wurden von lockeren Röcken abgelöst, deren Saum innert weniger Jahre bis zum Knie hinaufwanderte. Und – fürs erste ein Schock – immer mehr Frauen wagten es, ihre Haare nach dem Vorbild des Filmstars Asta Nielsen kurz zu schneiden. Der «Bubikopf» wurde zum Kennzeichen der jungen städtischen Frau, eine Kulturgrenze verlief zwischen Generationen und zwischen Stadt und Land.

Die Begleitmusik zu diesen Veränderungen wurde nach neuen Noten gespielt. Jazz-Rhythmen eroberten, zaghaft zunächst, auch die Tanzsäle Zürichs, die Violine trat den ersten Platz im Orchester an das rauhere Saxophon und das Akkordeon ab. Der Tango brachte Erotik auf die Tanzfläche, Shimmy und Charleston ein ungewohntes Hüpfen und Wippen in die Glieder der Tanzenden. All dies waren private, teils vereinzelte, teils massenhafte Ausbrüche aus dem Gewohnten und Überkommenen. Sie weckten, als Ausdruck grossstädtischer und kosmopolitischer Lebensweise, durchaus auch Abwehr und Widerstand. Dennoch prägten sie die Jahre am Ende des Ersten Weltkriegs.

Früh registrierten Künstler die fundamentale Verunsicherung in der Gesellschaft. Die expressionistische Kunst machte den leidenden Menschen zum Thema und appellierte an ethische Grundwerte. (Die Wahnsinnige, Holzschnitt von Eduard Bick)

Gegenüberliegende Seite: Die gespaltene Stadt. Das Plakat von Burkhard Mangold zu den Zürcher Gemeindewahlen im Frühling 1919 widerspiegelt zugleich die damals vorherrschende Stimmung.

Flugblatt von Carl Scherer zu den Kantonsratswahlen 1920.

Gewerkschaftsaufruf zu den Zürcher Stadtratswahlen vom 6. April 1919:
«Eine neue Zeit bricht an! In gewaltigem Sturm fegen die Revolutionen über die Erde. Allüberall erwacht das werktätige Volk und schüttelt jahrhundertealte Fesseln von sich. Dem arbeitenden Volke die Welt! Es braust ein gewaltiger Chor dahin. Der grelle Flammenbrand des Krieges hat die Arbeiter sehend gemacht. Seines Elendes satt, empörte sich das russische Volk. Sein Befreiungsruf fand Widerhall in Deutschland. In Ungarn regiert der Rat der Arbeiter. Italien hat seinen Ausbeutern den letzten Kampf angesagt. Durch England zittert ein Hauch der Rebellion. Alles ist im Fluss, ein neuer Weltenmärz bricht an, die ganze Welt will sich neu gestalten.»[1]

## Suche nach neuen Wegen

Das Zürcher Bürgertum hatte den Landesstreik von 1918 als fundamentale Infragestellung der staatlichen Ordnung verstanden. Die Erschütterung, die er auslöste, führte zu einer sozialpolitischen Aufbruchstimmung, die bis in den Sommer 1919 hinein anhielt. Der «Zürcher Volkstag» der Demokratischen Partei vom 1. Dezember 1918 forderte in seiner Schlussresolution «die sofortige Anhandnahme und energische Durchführung einer kräftigen Sozialpolitik auf dem Boden der schweizerischen Demokratie».[6] Seine konkreten Forderungen – Achtstundentag, staatliche Lohnämter, Frauenstimmrecht, Alters- und Invalidenversicherung, Demokratisierung der Armee – standen dem Programm des Oltener Komitees in nichts nach. Unwidersprochen blieben an jener Versammlung sogar Ideen wie die Bildung von Betriebsparlamenten, weitgehende Verstaatlichungsprogramme und die «Sicherung eines Existenzminimums für jeden Arbeitswilligen».[7]

Am gleichentags abgehaltenen Parteitag der Freisinnigen wurde in erster Linie «der feste Wille der Behörden, Ruhe und Ordnung aufrecht zu erhalten» verdankt und die «bolschewistischen Umtriebe» aufs schärfste verurteilt. Aber auch hier zeigte man sich – in Abkehr von bisherigen Positionen – zu Konzessionen bereit und unterstützte die Einführung des Achtstundentags, der Altersversicherung und einer Erbschaftssteuer. Regierungspräsident Gustav Keller gestand ein: «Weder mit Truppen noch mit Bürgerwehren werden die sozialen Fragen gelöst», der soziale Ausbau sei «eine sittliche Pflicht».[8]

Als einzige kantonale Partei verschloss sich die erst 1917 gegründete Bauernpartei den sozialpolitischen Forderungen der Zeit beharrlich.[9] Der «Zürcher Bauer» sah im Landesstreik «das unerhörte und freventlichste Spiel mit dem Bestande unserer staatlichen Ordnung seit Bestehen der Demokratie».[10] Den bürgerlichen Parteien warf er Opportunismus, den Zürcher Behörden «schwächliche Nachgiebigkeit» vor. Nicht in sozialen Reformen, sondern im Kampf gegen «Überindustrialisierung», Überfremdung, gegen die sittenlose grossstädtische Lebensweise und besonders gegen den Bolschewismus sah er den Ausweg aus der gesellschaftlichen Krise.

Während die Politiker Konzessionen an die Arbeiterschaft erwogen, rüsteten Rechtskreise zum Bürgerkrieg: Schon in den ersten Tagen des Landesstreiks waren in Zürich Bürgerwehren aufgestellt worden. Studentische Organisationen und die Zünfte riefen in Inseraten zur Bildung einer «Stadtwehr» auf. Ihr Ziel war, wie ein Inserat verhiess, die «Organisierung des Widerstandes bis aufs äusserste gegen jeden Versuch bolschewistischer Gruppen, die öffentliche Ordnung zu stören und die Sicherheit des Vaterlandes in Gefahr zu bringen».[11]

In den Landgemeinden, so etwa in Wald oder Horgen, sammelten sich Bauern unter dem Kommando von Fabrikbesitzern zu lokalen Wehrverbänden.[12] Im Januar 1919 legalisierte der Regierungsrat offiziell diese neuentstandenen Bürgermilizen, indem er sie «als Bestandteil der Gemeindepolizei» anerkannte und einem eigenen Reglement unterstellte.[13] Sie wurden von der Regierung teilweise mit Armeegewehren, Stahlhelmen und Pistolen ausgerüstet. Banken und Industrie spendeten Geld, so dass mindestens die Zürcher Stadtwehr ihren Mitgliedern Taggelder ausrichten und sogar Waffen kaufen konnte.[14]

Die Stadt Zürich blieb zudem bis im Juni 1919 ununterbrochen militärisch besetzt. Diese Massnahme hatte der abtretende General Ulrich Wille empfohlen – eine Machtdemonstration nicht nur gegenüber der

November 1918: General Ulrich Wille (1848–1925) und rechts Oberstdivisionär Emil Sonderegger (1868–1934) nehmen die Siegesparade der Zürcher Ordnungstruppen ab.

Der Stickereifabrikant Sonderegger, Kommandant der Stadtzürcher Ordnungstruppen von 1918 bis 1919 und Vertreter eines preussischen Militarismus, schloss sich in den dreissiger Jahren der Frontenbewegung an. Als im Mai 1919 die Zürcher Regierung den Rückzug der Ordnungstruppen empfahl, wandte sich Sonderegger mit höhnischen Worten dagegen: «Diejenigen, die in der Gegenwart der Truppen eine Provokation erblicken, haben es gerade nötig, täglich daran erinnert zu werden, dass es gegen ihre Gelüste noch eine Staatsgewalt gibt. (...) Es kann nur von Gutem sein, wenn der Stadt Zürich das internationale Bild durch einen vaterländischen Einschlag, den Anblick des Militärs, etwas verdorben wird.»

**Zum Rücktritt General Ulrich Willes:**
General Wille und Oberstdivisionär Sonderegger
nehmen in Zürich Revue über die Truppen ab, die den Ordnungsdienst auf dem Platz Zürich während der Streiktage besorgten.
(Phot. A. Oidenderfer, Zürich.)

Arbeiterschaft, sondern fast ebensosehr gegenüber den kompromisswilligen politischen Behörden. Die Dauerpräsenz der Truppen wurde jedoch in weiten Kreisen immer mehr als «Belagerung» und als Provokation empfunden, zumal der forsche Kommandant Emil Sonderegger sich nicht scheute, den städtischen und kantonalen Ordnungskräften Anweisungen zu erteilen. Wiederholt liess er ohne Rücksprache mit den Behörden Militär aufmarschieren, um friedliche Kundgebungen der Arbeiterunion oder der Bankbeamten aufzulösen.

Die Reaktion des Bürgertums auf die verstärkte Bewegung der Arbeiterschaft hatte somit zwei Stossrichtungen, die sich einerseits widersprachen und eine gewisse Desorientierung erkennen liessen, sich jedoch anderseits im praktischen Resultat gut ergänzten: militärische und ideologische Machtdemonstrationen gegen die gesamthaft als «bolschewistisch» beschimpfte Linke, gleichzeitig Integrationsangebote an die, wie es hiess, von gewissenlosen Aufrührern «verführte» Arbeiterschaft.

Auch in der Zürcher Arbeiterbewegung hinterliess der Landesstreik eine offene Situation. Die Gruppe der gemässigten sozialdemokratischen Amtsträger in Parlamenten und Gemeindeexekutiven – wie Herman Greulich, Paul Pflüger, Otto Lang oder der Winterthurer Friedrich Studer – sah sich durch radikale Herausforderer an den Rand gedrängt. Einflussreiche

Mitglieder der aktiven Führungsschicht in den Arbeiterunionen der Städte und Industriegemeinden wie auch die zentrale Parteizeitung «Volksrecht» standen den staatlichen Institutionen und ihren bürgerlichen Exponenten in bitterer Ablehnung gegenüber. Sie hofften, dass die Erschütterungen durch den Landesstreik in eine breite, aus Streiks und Strassendemonstrationen hervorgegangene Massenbewegung münden und schliesslich zum Umsturz führen würden.

Andauernde wirtschaftliche Not schürte die Unzufriedenheit. Zwar flackerte 1919 das Strohfeuer einer kurzen Nachkriegskonjunktur auf, aber die Mehrheit der Bevölkerung, vor allem in den Städten, sah sich nach wie vor in einer prekären Lage. Die Versorgung mit Lebensmitteln begann sich nur zögernd zu normalisieren, und die Preise für Grundnahrungsmittel wie Brot, Kartoffeln und Milch stiegen auf immer neue Höhepunkte. Die Auseinandersetzungen um jede neue bäuerliche Preisforderung trugen viel dazu bei, das Klima zwischen den Bauernpolitikern und der Sozialdemokratischen Partei (SP) als Vertreterin der städtischen Verbraucherinteressen zu vergiften.

Am schlimmsten aber war die Situation auf dem Wohnungsmarkt, und zwar nicht nur in den Städten: Auch aus den industriereichen Orten am See und im Oberland kamen alarmierende Berichte, denn nach Kriegsausbruch war praktisch nicht mehr gebaut worden. Obdachlose Familien mussten in Hotels, Baracken und sogar in beschlagnahmten Büroräumen untergebracht werden; in Zürich verlangten Sozialdemokraten die Zwangseinquartierung von Obdachlosen in Villen und Bürgerwohnungen.

Im Frühling und Sommer 1919 war die Zürcher Innenstadt fast wöchentlich Schauplatz von Grossdemonstrationen mit oft mehreren tausend Teilnehmerinnen und Teilnehmern, die gegen Arbeitslosigkeit und Teuerung, für den Achtstundentag oder gegen politische Unterdrückung protestierten.[15] Gleichzeitig häuften sich in den ersten Monaten des Jahres im ganzen Kanton die Streikaktionen der Gewerkschaften für mehr Lohn und für den Achtstundentag, der sich denn auch in zahlreichen Branchen der Industrie schon im Sommer 1919 durchsetzen liess, bevor er durch die Revision des eidgenössischen Fabrikgesetzes – mit Einschränkungen – zur Vorschrift wurde. Die SP der Stadt Zürich konnte ihren Mitgliederbestand 1919 um fast einen Fünftel[16] steigern, und in den Aprilwahlen 1919 erreichte sie im Grossen Stadtrat (dem späteren Gemeinderat) ein Rekord-

1. Mai 1921 in Zürich.
«Wie gewohnt war die Arbeiterschaft an diesem Tage früh auf den Beinen. Gruppen zogen mit Trommelschlag vor die Betriebe und mahnten zur Arbeitseinstellung und Anschluss an den Zug. Die Genossinnen und ihre Kinder eilten ins Volkshaus, um Nelken zu holen, die von den sozialdemokratischen Frauen abgegeben wurden. Mit grossen Sträussen beladen, zerstreuten sie sich in den Arbeitervierteln, und bald leuchteten die roten Blumen wie Flammenzeichen im Knopfloch der Arbeiter, sogar mancher Bürger und auf den Blusen der Frauen. Von allen Seiten kamen unterdessen Gruppen mit Musik und Gesang an, stellten sich am Helvetiaplatz auf, die Ordner liefen herum, und der Zug setzte sich in Bewegung, an der Spitze die Arbeitermusik. Der Zug beherrschte die Strasse, die Strassenbahnen waren stillgelegt und kein Fuhrwerk, kein Auto durfte unseren Weg durchkreuzen.» (Mentona Moser, Ich habe gelebt, Zürich 1986, S. 167f.)

ergebnis (60 von 125 Sitzen). Unter Einschluss der acht Grütlianer besass die Linke damit erstmals in Zürich eine absolute Mehrheit.

Dass es am 1. August 1919 in Zürich zu einem weiteren Generalstreik kam, dem dritten seit 1912, überraschte zwar die meisten Beteiligten, doch kam er keineswegs aus heiterem Himmel. Die Arbeiterlöhne waren zwar nominal gestiegen, aber die Teuerung hielt an, und im Sommer kündigten die Bauern gegen den Protest der Linken eine weitere Milchpreiserhöhung um acht Rappen an. Es ging bei diesem Streik jedoch nicht primär um wirtschaftliche Anliegen, sondern ebensosehr um einen Machtkampf innerhalb der schweizerischen Arbeiterbewegung. Nachdem sich in Basel ein Streik von Färbereiarbeitern zum lokalen Generalstreik ausgeweitet hatte, beschloss die Zürcher Arbeiterunion, solidarisch auch in Zürich den Generalstreik auszurufen. Hinter diesem überstürzt getroffenen Entscheid stand die Hoffnung radikaler Kräfte in Basel und Zürich, die Initiative an sich reissen zu können und eine gesamtschweizerische Massenbewegung auszulösen. Der Versuch misslang gründlich. Die Streikbereitschaft war überschätzt worden, und die staatliche Repression war übermächtig. Polizei, Militär und die erstmals mobilisierte Stadtwehr verhinderten Streikposten und lösten alle Versammlungen auf. Schon am dritten Tag begann die Front zu bröckeln, und tags darauf musste der Streik beendet werden. In der Folge griff der Stadtrat zu harten Massregelungen und strafweisen Entlassungen, um nun ein Exempel zu statuieren.

Der Misserfolg der Massenaktion hatte eine enorme Signalwirkung sowohl innerhalb der Arbeiterbewegung als auch für ihre Gegner. So stellte schon kurze Zeit später der Regierungsrat fest: «Der Generalstreik vom 1.–4. 8. 1919 hat einen Verlauf genommen, der die Wiederkehr einer solchen Massenaktion für die nächste Zeit wohl ausschliessen dürfte. Es darf auch angenommen werden, dass die Mehrheit der Arbeiterschaft Putschversuchen nicht mehr so leicht zugänglich sein wird.»[17] Der Regierungsrat sollte mit seiner Einschätzung der Situation recht behalten.

## Gesellschaftliche Verhärtung

Bereits im Herbst 1919 begann sich ein deutlicher Umschwung abzuzeichnen. Die Zeit der sozialpolitischen Hoffnungen und Versprechungen war vorüber, es begannen die Jahre der bitteren und gehässigen Grabenkämpfe zwischen links und rechts. In den Nationalratswahlen des gleichen Jahres – den ersten nach dem Proporzsystem – erwies sich entgegen den Prognosen nicht die sozialistische Opposition, sondern die Bauernpartei als die grosse Siegerin. Sie gewann im Kanton bei ihrem ersten Auftreten sechs von 25 Mandaten, während sich die Sozialdemokraten nur um zwei auf neun Sitze verbessern konnten.

Dieses Resultat beschleunigte den Strategiewechsel der Freisinnigen und der Demokratischen Partei. Nachdem die «rote Gefahr» fürs erste gebannt war, öffneten sie sich vermehrt der Hauptgewinnerin, mit der sie proporzbedingt Listenverbindungen eingegangen waren – damit war der Bürgerblock geschmiedet, der als oberstes Ziel die Fernhaltung der Sozialdemokraten von der Macht anstrebte. Die Folgen waren ein deutlicher Rechtsrutsch und das Ende des sozialpolitischen Aufbruchs. Die kantonalen Wahlen im Frühling 1920 brachten dem Bürgerblock Gewinne, vor allem erneut den Bauern, die mit Rudolf Maurer (1872–1963) einen zweiten Regierungsratssitz eroberten. Und schon im Mai fanden sich in der «Neuen Zürcher Zeitung» erste Attacken gegen die 48-Stunden-Woche.[18]

In der Folge des Landesstreiks erreichten die Arbeiterinnen und Angestellten in den meisten Branchen die Einführung der 48-Stunden-Woche – eine Verkürzung um sechs bis elf Stunden pro Woche. Sie kam durch das Arbeitszeitgesetz 1920 auch dem Eisenbahnpersonal zugut. Es fehlte in der Folgezeit jedoch nicht an Versuchen, die Entwicklung umzukehren. 1924 scheiterte ein solcher Vorstoss, die «Lex Schulthess», nach heftigen Kämpfen in der Volksabstimmung.

**Parteien und Sitzanteile (in Prozenten) im Kantonsrat von 1914 bis 1949**

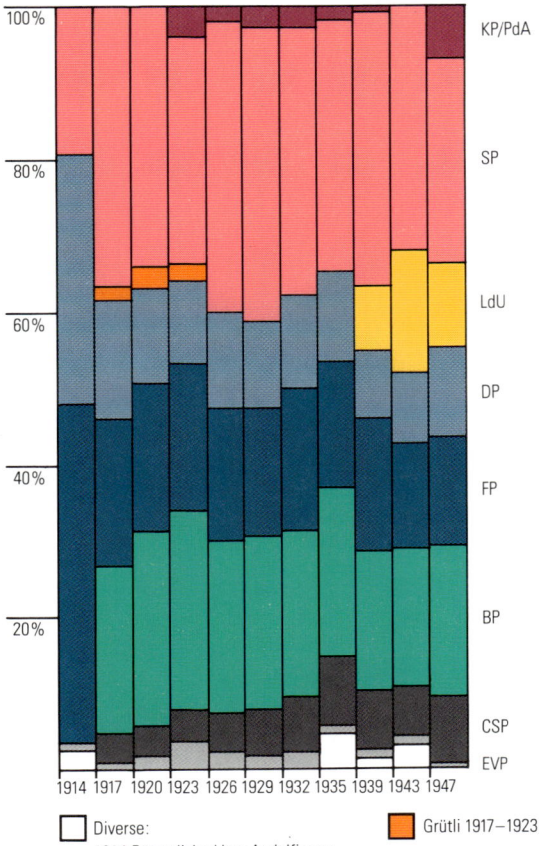

Diverse:
1914 Bürgerliche Liste Andelfingen
1935 Nationale Front und Jungbauern
1939 Jungbauern
1943 Liberal-Sozialistische Partei (Freigeld) und Jungbauern

Grütli 1917–1923

Nach den dramatischen Sitzverschiebungen von 1917 blieben die Sitzanteile der Parteien recht stabil. Die Bauernpartei erreichte schon 1923 den Höhepunkt ihres Erfolgs, geriet dann unter den Druck der wachsenden sozialdemokratischen Fraktion. Als neues Element trat 1938 der «Landesring der Unabhängigen» (LdU) auf den Plan und fegte die kurzlebige Vertretung der «Nationalen Front» aus dem Rat.

Die Einweihung des Wehrmännerdenkmals auf der Forch am 24. September 1922 wurde als martialische Kundgebung des wiedererstarkten «vaterländischen» Bürgertums inszeniert. Der Volksmund nannte das von Otto Zollinger entworfene Monument respektlos den «gefrorenen Furz».

Inzwischen war die Stadt Zürich in finanzielle Bedrängnis geraten: die Grossbanken verhängten im November 1919 eine Kreditsperre über die Stadt und machten neue kurzfristige Darlehen von einer Garantie des Kantons abhängig. Die Regierung benützte die Notlage der Stadt, um ihre Hilfe im «Garantievertrag» an äusserst demütigende Bedingungen zu knüpfen. Sie behielt sich namentlich die Genehmigung aller Ausgabenbeschlüsse des Grossen Stadtrats vor. Die Stadt verlor damit ihre finanzielle und politische Autonomie.

Die Folge des Garantievertrags war eine rigorose Sparpolitik, die in einen harten Sozialabbau mündete. Der Bau von städtischen Wohnungen kam trotz ständig wachsender Wohnungsnot zum Erliegen; alle noch aus der Kriegszeit stammenden sozialen Einrichtungen, wie die Abgabe von Lebensmitteln oder Brennmaterial, wurden eingestellt, das Personal der Volksküchen – fast durchwegs Frauen – entlassen. Die Nettoausgaben der Stadt für die gesamte Sozialpolitik fielen von 6,4 Millionen (1919) auf 4 Millionen (1920) Franken.[19] Die Löhne der städtischen Beamten liessen sich, weil erst 1919 neu festgelegt, nicht kurzfristig senken. Um trotzdem Kosten zu sparen, schritt man zu massenhaften Entlassungen: bis zum Juni 1920 standen von 4400 städtischen Arbeiterinnen und Arbeitern 1181 – über ein Viertel – auf der Strasse.

Die folgenreiche Kreditsperre der Banken wurde mit der unbestreitbaren Geldknappheit auf den Finanzmärkten begründet. Doch müssen, angesichts der grossen Vermögenswerte, welche die Stadt als Sicherheit zu bieten hatte, auch andere, unmittelbar politische Absichten hinter diesem Schritt gestanden haben. Die Banken schufen sich ein Mittel, um die sozialistische Mehrheit im Grossen Stadtrat leerlaufen zu lassen. Sie ergänzten damit wirksam die Politik der eidgenössischen Ordnungstruppen.

### Die Gründung der Kommunistischen Partei

In der Sozialdemokratie zeichnete sich indessen immer deutlicher die bevorstehende Spaltung ab. Dabei ging es um die Frage, ob sich die Partei der kommunistischen «Dritten Internationale» anschliessen sollte. Erst im Dezember 1920 wurde dieser Punkt endgültig geklärt. Die «21 Bedingungen», die Moskau als Beitrittsvoraussetzung stellte, bewirkten einen Meinungsumschwung in der zunächst beitrittswilligen zürcherischen SP. Mit diesen Bedingungen wurden unter anderem der «volle Bruch mit dem Reformismus», «eiserne Disziplin» und absolute Unterstellung unter die Beschlüsse der «Kommunistischen Internationale» gefordert. In der Folge spaltete sich die Parteilinke ab und sammelte sich im Frühjahr 1921 in der Kommunistischen Partei (KPS). Dieser schlossen sich in Zürich 26 von 60 sozialistischen Gross-Stadträten sowie der Stadtrat Alfred Traber (1884 bis 1970) an, im Kantonsrat immerhin 17 von 82 Sozialdemokraten. Im kantonalen Gewerkschaftskartell, bei den Metall- sowie den Bau- und Holzarbeitern verfügte sie über Vorstandsmehrheiten. Die Kommunistische Partei trat also vorerst mit erheblichem Gewicht auf die politische Bühne. Um so heftiger und erbitterter verlief in der Folge der Kampf zwischen den beiden Arbeiterparteien um die Vorherrschaft in diesen Organisationen, bis schliesslich 1924 die Kommunisten aus sämtlichen Vorständen und Sektionen unbarmherzig hinausgedrängt waren.

Inzwischen hatte eine ausserordentlich heftige Wirtschaftsdepression den Kanton erfasst. Innert kürzester Zeit schnellten die Arbeitslosenzahlen in die Höhe. Im Januar 1921 wurden im ganzen Kanton fast 4000 Ganz- und 24 500 Teilarbeitslose gezählt, ein Jahr später waren 7828 Zürcherinnen und Zürcher ohne Arbeit. Gleichzeitig kamen jetzt endlich die Preise von ihrem extremen Niveau herunter. Der städtische Lebenskostenindex, der im Sommer 1920 den Höchststand von 223 Punkten erreicht hatte, bildete sich bis 1922 auf 169 Punkte zurück.[20] Dies brachte für die Konsumentinnen und Konsumenten Erleichterung, weckte aber auf der Arbeitgeberseite das Bestreben, die Nominallöhne abzubauen. Ein Versuch, der von den Arbeitnehmerinnen und Arbeitnehmern – nicht immer zu Recht – als Angriff auf ihre Kaufkraft verstanden und bekämpft wurde.

Gerade in den schwierigen Krisenjahren nach 1920 lähmten Fraktionskämpfe die gewerkschaftliche Arbeit. Ein Grossteil der Mitglieder, die in den letzten Kriegsjahren zu den Gewerkschaften gestossen waren, wandten sich nun von ihnen ab: Zwischen 1919 und 1923 verloren die Sektionen des kantonalen Gewerkschaftskartells 9000 ihrer 22 000 Mitglieder und fielen damit noch hinter den Vorkriegsstand zurück. Zugleich gerieten weitere soziale Errungenschaften des ersten Nachkriegsjahres unter den Druck der Abbaupolitik, vor allem der eben erst eingeführte Achtstundentag: Im Juni 1921 beschlossen die Wirte und Hoteliers im Kanton einseitig, die tägliche Arbeitszeit um zwei Stunden zu verlängern und die Ruhetage für das Personal abzuschaffen. Im Juli kündigte die private Uerikon–Bauma-Bahn allen Arbeitern, die sich der Wiedereinführung des Neunstundentags widersetzten. Solche Beispiele machten in der Krisenzeit der frühen zwanziger Jahre rasch Schule: Die Arbeitszeitverlängerung diente den unter scharfem Preisdruck stehenden Unternehmungen dazu, ihre Kosten zu senken. Im anschliessenden Aufschwung fand allerdings die 52-Stunden-Woche – vom Bund mit Ausnahmebewilligungen sanktioniert – sogar noch weitere Verbreitung. Vergeblich kämpften 1924 die Arbeiter der Maschinenfabriken Sulzer und Rieter gegen die Verlängerung ihrer Arbeitszeit.[21]

Fremdenfeindlichkeit
Am freisinnigen Parteitag im Dezember 1918 erntete der Hauptredner, ein NZZ-Redaktor, Bravorufe für seine Forderung, «dass alle Ausländer, die

Mit einer einmaligen Abgabe auf den grossen Vermögen wollte eine SP-Initiative die künftige AHV finanzieren. Der Angriff auf das Privateigentum löste eine demagogische Abwehrschlacht aus und wurde 1922 auch im Kanton Zürich massiv verworfen.

Die «roten Gesellen», die dem Bauern seine Ochsen vom Pflug weg beschlagnahmen, erinnern an die Enteignungen in Russland und gleichzeitig an Arnold von Melchtal aus «Wilhelm Tell», dessen Ochsen von Gesslers Knechten geraubt wurden.

Wahlplakat der kleinen Republikanischen Partei 1926. (Unbekannter Graphiker nach einer Vorlage von Ferdinand Hodler)

unsere Institutionen unterwühlen und die ein die Wirtschaft schädigendes Gewerbe ausüben, über die Grenzen befördert werden».[22] Die «Überfremdungsfrage» füllte in der frühen Nachkriegszeit die Zeitungsspalten, obwohl die Zahl der im Kanton ansässigen Ausländerinnen und Ausländer seit 1914 stark zurückgegangen war.

Dieser Vorstoss illustriert die zeittypische Überlagerung von zwei negativen, latent antisemitischen Ausländer-Bildern: dem Stereotyp des bolschewistischen Wühlers und dem des Profiteurs und Wirtschaftsschädlings. Mit dem Kunstgriff dieser widerspruchsvollen Zuordnung gelang es, für zentrale innenpolitische Probleme der Schweiz – Lebensmittelteuerung einerseits, Klassenkämpfe anderseits – einen Sündenbock zu finden, der sich samt den mit ihm in Verbindung gebrachten Problemen ausgrenzen und «über die Grenze befördern» liess.[23]

Am 11. Juni 1919 reichte ein Sozialdemokrat im Grossen Stadtrat von Zürich eine Motion gegen die Wohnungsnot ein. Unter den darin vorgeschlagenen Massnahmen figuriert auch die Wegweisung von ausländischen «Elementen, welche sich über keine im Interesse der Allgemeinheit liegende Tätigkeit ausweisen».[24] Diese Motion wurde vom Stadtparlament überwiesen und teilweise in die Tat umgesetzt: Die Protokolle des Stadtrats von Zürich aus dem Jahr 1920 enthalten lange Listen von ausgewiesenen Ausländern – es handelt sich durchwegs um aus Osteuropa eingewanderte jüdische Familien, denen die Niederlassung entzogen wurde, weil sie, wie der Standardsatz lautete, «ohne genügenden Grund zur Verschärfung der Wohnungsnot» beitrügen.[25] Die allgemein fremdenfeindlich gehaltene Motion wurde so von den Polizeibehörden mit erschreckender Selbstverständlichkeit in eine antisemitische Praxis umgesetzt.[26]

Auch im kantonalen Polizeiwesen hinterliess die grassierende Fremdenfeindlichkeit tiefe Spuren. Die vordem geübte Freizügigkeit verkehrte sich am Ende des Ersten Weltkriegs in ihr Gegenteil, nachdem die bundesrätliche Verordnung vom 21. November 1917 die Einreise und den Aufenthalt in der Schweiz für bewilligungspflichtig erklärt hatte. Die kantonale Fremdenpolizei wurde, um die Flut der Gesuche zu bearbeiten, zwischen 1917 und 1919 von fünf auf 53 Stellen aufgestockt.[27] Die Beamten hatten den Auftrag, die Einreise von «politisch unerwünschten Elementen aus den revolutionierten Staaten möglichst zu verhindern».[28] Im Gegensatz zu anderen Notmassnahmen der Kriegs- und Nachkriegsjahre – wie etwa den Mieterschutzbestimmungen – blieben die neuen fremdenpolizeilichen Massnahmen dauerhaft in Kraft: Die Einwanderung wird seither willkürlich aufgrund wirtschaftlicher und politischer Opportunität dosiert und gelenkt. Zur Einführung dieses grundlegend neuen Systems waren weder ein neues Gesetz noch eine Verfassungsänderung nötig.[29]

Die fremdenfeindliche Stimmung hielt auch in der Öffentlichkeit lange an: Noch im November 1923 wurde im Kanton Zürich eine Initiative gutgeheissen, die von allen nichtschweizerischen Niedergelassenen eine «Schutzsteuer» verlangte. Der Verfassungsartikel blieb allerdings wirkungslos und wurde 1926 in einer zweiten Abstimmung widerrufen.

Moralische Abwehr

Wie in der Fremdenfrage, so verhärteten sich auch in zahlreichen anderen politischen und kulturellen Problemfeldern nach den bewegten Kriegsjahren die Fronten: Städtisch-internationalen Trends stellte sich im Zeichen moralischer Erneuerung eine rückwärtsgerichtete Abwehrhaltung entgegen. Die allgegenwärtige Krisendiagnose sprach von «Arbeitsunlust», von man-

# Die Eroberung des Äthers

In den frühen zwanziger Jahren griff man im Kanton Zürich nach den Sternen; mit Flugzeugen und Radiowellen wurde der Luftraum erobert.

Im Mai 1923 wurde dem staunenden Publikum erstmals die Errungenschaft der «drahtlosen Telephonie», das heisst des Rundfunks, mit einem «Fernkonzert» in der Tonhalle demonstriert – ein Jahr später nahm die Radiogenossenschaft Zürich den Sendebetrieb auf. Der Zürcher Sender auf dem Hönggerberg erreichte bald Zehntausende von Hörerinnen und Hörern, die ihre Empfangsgeräte oftmals im «Radioclub» selber bastelten. Im August 1923 wurde auf dem Flugplatz Dübendorf als erste regelmässige Auslandverbindung die Linie Zürich–Paris–London eröffnet. Die Reise im Vierplätzer dauerte damals achteinhalb Stunden. Sie konnte nur bei schönem Wetter stattfinden und kostete – trotz städtischer Subventionen – 275 Franken. 500 Flugpassagiere wurden 1923 in Dübendorf gezählt, 1938 waren es bereits 35 000.

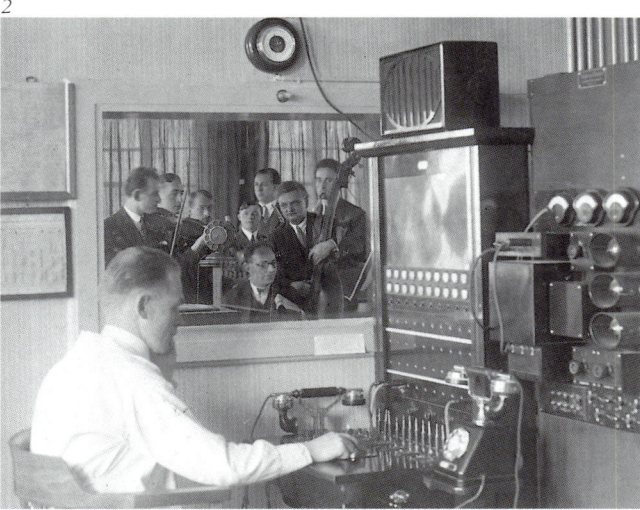

1. Am 9. Januar 1919 wird in Dübendorf der erste Luftpostsack verladen, der Flug geht nach Bern.

2. Konzertaufnahme im Zürcher Radiostudio, um 1930.

3. Aufbruch in neue Sphären, 1925.

4. Ein Konsumgut als Heiligtum. Radiowerbung der Firma Zellweger Uster um 1930.

Die Grossstadt als Sündenbabel. Die Zeitschrift «Pro Juventute» schrieb 1926 zu diesem Bild: «Wer hilft den von aussen durch die Reize des Alltags, von innen durch die Triebwelt so oft Überschwemmten von der Strasse weg zur rechten Innerlichkeit, dem Fundament für wahres Familienglück?»

gelnder Bereitschaft, sich einzuordnen, von Egoismus, «Zerstreutheit» und «Genusssucht», «Festseuche» und «Leichtsinn», vor allem unter der Jugend. Sozial gesinnte kirchliche Kreise fanden sich in der Kritik am moralischen Niedergang der Stadtbevölkerung in ungewohnter Eintracht mit bäuerlichen Politikern zusammen.[30]

Als Symptome und gleichzeitig als Ursachen dieser Erscheinungen galten die «Schundliteratur», das als «Verbrecherschule» gebrandmarkte Kino, das Tanzen besonders zu «Niggermusik», wie der Regierungsrat den Jazz in seinem Rechenschaftsbericht 1917 nannte, schliesslich das Zigarettenrauchen und sogar der Sport; kurz, alle Erscheinungen der internationalen Populär- und Unterhaltungskultur. Sie verkörperten das negativ empfundene Moderne und vor allem das Städtische. Die Oerliker Pfarrer warnten 1920 vor den Wirkungen des Kinos auf die Jugend «Zerfahrenheit, Arbeitsunlust, Abenteurerei, Unehrlichkeit und Zügellosigkeit sind die Früchte, die in diesem dunklen Raum wachsen, wenn der Film mit seinen Sensationen, seinen Schauerszenen an den jungen Augen vorüberrollt.»[31] Die moralkonservative Bewegung schlug sich in gemeinderätlichen Verboten gegen den Bau neuer Kinos nieder, wie zwischen 1920 und 1922 in Oerlikon, Höngg, Thalwil und Hinwil, ausserdem in Kontroll- und Zensurmassnahmen der Kantonspolizei. Tanzveranstaltungen und die damals noch blühende Fasnacht wurden massiven Beschränkungen unterstellt. «Schundliteratur» liess man durch Schulkinder in Privathäusern einsammeln, wie 1922 in Hinwil, wo man 28 Zentner Literatur öffentlich verbrannte.[32]

Allgegenwärtig war die Kritik an der Unmoral, die, wie es hiess, seit dem Krieg überhand genommen habe. An erster Stelle stand für die Polizeibehörden der Kampf gegen das Konkubinat. Der Regierungsrat klagte 1920 über die «in gewissen Kreisen allgemein zu beobachtende leichtfertigere Auffassung von Ehe- und Familienleben»,[33] und die Zürcher Stadtpolizei verdoppelte von 1918 auf 1919 ihre sittenpolizeilichen Einsätze. Mit frühmorgendlichen Einsätzen in Privatwohnungen, in denen unverheiratete Paare vermutet wurden, versuchten die Staatsorgane, überkommenen Familienleitbildern Nachachtung zu verschaffen.

Solche Leitbilder kamen im Winter 1920 in einem besonders emotional geführten Abstimmungskampf zum Ausdruck. Es ging um die Frage

Hardturm: Grasshoppers–Servette 6:0, 1934/35. Noch in den zwanziger Jahren hatten eifrige Moralisten sogar den Sport als ungesunde Modeerscheinung verteufelt. Trotzdem wurden Fussballfeld und Radrennbahn zu mächtigen Publikumsmagneten.

des Frauenstimmrechts, einer Landesstreikforderung, die noch im Sommer 1919 im Kantonsrat von allen Parteien ausser den Bauern und den Christlichsozialen mitgetragen worden war. Mit dem Näherrücken der Volksabstimmung formierte sich eine immer gehässigere Gegnerschaft, die mit der politischen Gleichberechtigung den Zerfall der Familie kommen sah und die Frauen mit Nachdruck an ihren Platz verwies: «Das Parlament der Frau», schrieb ein Einsender im «Zürcher Bauer», «ist ihr von Natur gegeben, es ist die Kinderstube.»[34] Am 8. Februar 1920 lehnten schliesslich mehr als 80 Prozent der Zürcher Männer die Vorlage ab, in ländlichen Bezirken wie Affoltern und Dielsdorf wurden Nein-Mehrheiten von 95 Prozent ausgezählt. Sogar die klar SP-dominierten Zürcher Stadtkreise 3, 4 und 5 hatten sich der Parteiparole widersetzt und im Verhältnis von zwei zu eins abgelehnt. Wie als Echo auf diese denkwürdige Abstimmung beschlossen Zürich und Wädenswil 1920 als erste Zürcher Gemeinden die Einführung des obligatorischen Hauswirtschaftsunterrichts für Mädchen.

Ähnlich scheiterten in den frühen zwanziger Jahren Ansätze der Frauen, sich einen Platz im männerdominierten Ämterbereich zu erkämpfen. Am 10. Mai 1921 annullierte der Regierungsrat die Wahl der Theologin Elise Pfister in der Kirchgemeinde Zürich-Neumünster zur ersten weiblichen Pfarrerin aus «verfassungsrechtlichen Rücksichten». Und im Jahr darauf verbot das Obergericht die Anstellung einer Substitutin am Horgener Bezirksgericht, weil sie die vollen bürgerlichen Rechte nicht besitze. Schliesslich scheiterte eine regierungsrätliche Vorlage, die den Frauen ein begrenztes Stimmrecht in Schul- und Sozialangelegenheiten und die Wählbarkeit in Bezirksbehörden versprochen hätte, am 18. Februar 1923 in der Volksabstimmung.

## Parteien im Gleichgewicht

Im Lauf des Jahres 1923 ging die Zeit der Krisen und Kämpfe allmählich zu Ende; mit dem spürbaren wirtschaftlichen Aufschwung nahmen auch die sozialen Spannungen deutlich ab, die Spielräume wurden wieder klarer erkennbar. Von einer revolutionären Bedrohung konnte nach dem Ausgang der städtischen und kantonalen Wahlen ernsthaft nicht mehr die Rede sein. Zwar kamen sich die politischen Lager nur sehr bedingt näher, blieben gegenseitiges Misstrauen und oft heftige Polemik weiter bestehen. Etwas anderes hatte sich jedoch verändert: Der jeweilige Gegner war wieder berechenbar geworden.

### Stabiler Bürgerblock
Der Bürgerblock stand gefestigt auf der Basis neuer Kräfteverhältnisse. Die Freisinnige Partei (FP) hatte ihren umfassenden Volksvertretungsanspruch zwar definitiv eingebüsst und blieb mit einem Wähleranteil um 15 Prozent auf weniger als die Hälfte ihrer einstigen Stärke reduziert. Dafür hatte die Partei deutlich an Profil gewonnen; als Interessenvertretung der Unternehmer, der freien Berufe und des Gewerbes brachte sie ein beträchtliches Machtpotential in die Politik ein.[35] Die zweite staatstragende Kraft der Vorkriegszeit dagegen, die Demokratische Partei (DP), befand sich auf einer unaufhaltsamen Talfahrt. Die bürgerliche Linkspartei hatte 1917 ihre bäuerlichen Mitglieder und Wähler restlos eingebüsst, die Gewerbler kehrten ihr nach dem Krieg in wachsender Zahl den Rücken, weil sie der demokratischen Sozialpolitik misstrauten. Ihre hauptsächliche Wählerschicht, die Angestellten und Beamten, erwiesen sich als schwer berechenbare Klientel. So

Noch in den frühen zwanziger Jahren wurde im Kanton Zürich unbeschwert Fasnacht gefeiert. Doch bald einmal engten behördliche Erlasse das bunte Treiben immer mehr ein.

**Parteistimmenanteile bei den Nationalratswahlen 1928**

Sozialdemokratische Partei

Demokratische Partei

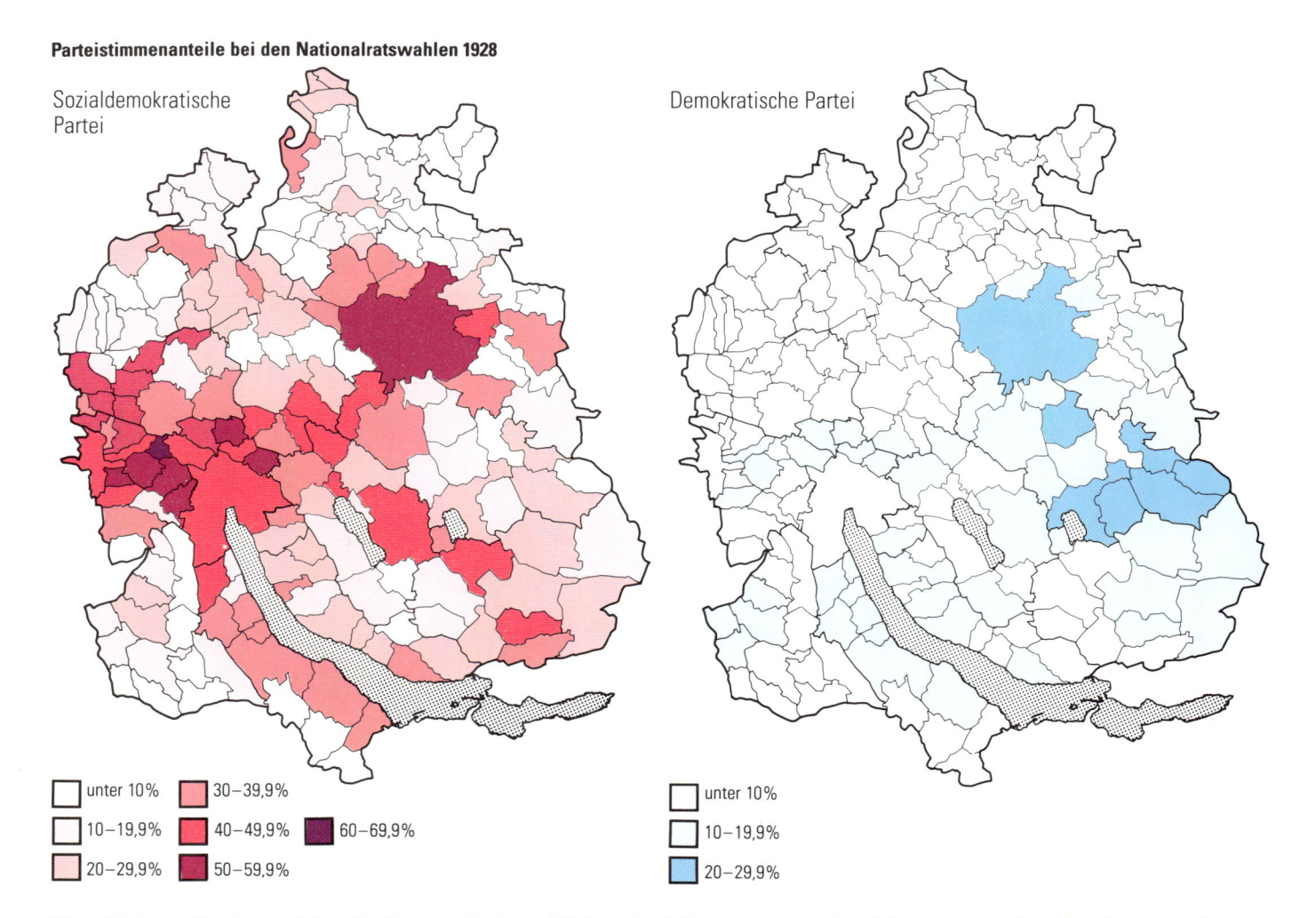

☐ unter 10%
☐ 10–19,9%
☐ 20–29,9%
☐ 30–39,9%
☐ 40–49,9%
☐ 50–59,9%
☐ 60–69,9%

☐ unter 10%
☐ 10–19,9%
☐ 20–29,9%

Die wichtigsten Parteien und ihre Hochburgen, Nationalratswahlen 1928:

Sozialdemokratische Partei
Kantonales Gesamtergebnis: 37,9%. Hochburgen der Partei waren die Zentren der Industrie: Winterthur, Limmattal und Zürich-Nord, sowie Uster, Wetzikon und Rüti. Nur in rein bäuerlichen Gegenden war sie untervertreten.

Demokratische Partei
Kantonales Gesamtergebnis: 11,4%. In den Landgebieten des Kantons war die Partei bedeutungslos geworden. Sie hielt sich im Umfeld der Städte sowie in den ländlichen Industriegemeinden, mit relativen Hochburgen in Winterthur und im Bezirk Pfäffikon.

blieben der DP in den zwanziger Jahren nur noch schwindende Rückzugsgebiete in den Industriegemeinden des Oberlands, in Zürich und vor allem in ihrer traditionellen Hochburg Winterthur.

Als stärkste bürgerliche Kraft hatte sich indessen die Bauernpartei etabliert; 1920 und 1923 errang sie einen Viertel aller Kantonsratsmandate und stellte damit nach der SP die grösste Fraktion. Im industriearmen Norden des Kantons dominierte die Partei fast unangefochten, in manchen Gemeinden erreichte sie Wähleranteile von mehr als 90 Prozent; in den Landbezirken Affoltern, Andelfingen, Bülach und Dielsdorf wurden 1925 Resultate von 53 bis 65 Prozent der Wählerstimmen ausgezählt.[36] Der Kanton hatte damit eine ausgesprochene Landpartei, die einen christlich geprägten Traditionalismus pflegte und die den Stadt-Land-Gegensatz und den Kampf gegen modernistische Entwicklungen des Alltagslebens zu ihren wichtigsten Programmpunkten machte.

Gering war der Einfluss der beiden Juniorpartnerinnen des Bürgerblocks, der Evangelischen Volkspartei (EVP) und der Christlichsozialen Partei (CSP). Die EVP wurde ihrem Namen als Volkspartei nie gerecht, konnte jedoch auf einen treuen Wählerstamm von zwei bis vier Prozent aus pietistischen und kirchlichen Kreisen zählen. Die CSP, Vertreterin der katholischen Angestellten- und Arbeiterschaft in den Städten und Industriebezirken, vergrösserte ihren Wähleranteil in der Zwischenkriegszeit kontinuierlich bis

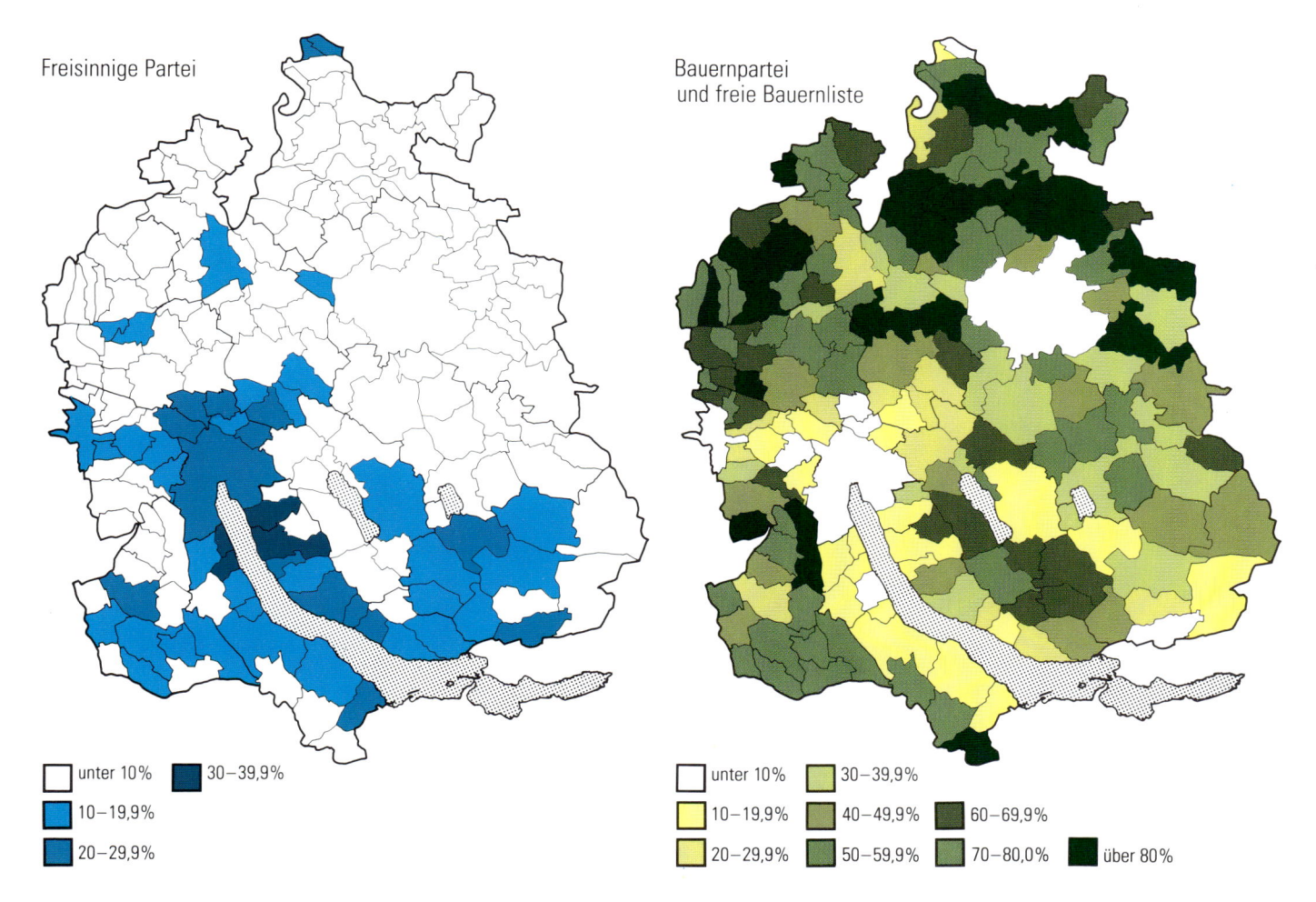

| Freisinnige Partei | Bauernpartei und freie Bauernliste |

Legende Freisinnige Partei:
- unter 10%
- 10–19,9%
- 20–29,9%
- 30–39,9%

Legende Bauernpartei:
- unter 10%
- 10–19,9%
- 20–29,9%
- 30–39,9%
- 40–49,9%
- 50–59,9%
- 60–69,9%
- 70–80,0%
- über 80%

gegen zehn Prozent. Sie wurde von den Rechtsparteien als antisozialistische Wahlhelferin gern benutzt. Trotzdem behielt die Katholikenpartei den Geruch einer fremden Minorität, die im damaligen Kanton, anknüpfend an Emotionen aus der Zeit des Kulturkampfs, als unzürcherisch empfunden und ausgegrenzt wurde.

### Die Linke holt auf

Parteispaltung und Krise hatten die Zürcher Sozialdemokratie verändert: personell, ideologisch und in der praktischen Strategie. Die grossen Debatten um Theorie und Strategie der Bewegung waren verebbt oder erschöpften sich in gehässigen Polemiken gegen die unbequeme Konkurrentin, die Kommunistische Partei. In der offiziellen Parteirhetorik rückten die Begriffe Sozialismus und Sozialstaat wieder sehr nahe zusammen und wurden sogar synonym gebraucht.[37] Je weniger das utopische Fernziel, die Überwindung des Kapitalismus, die Partei beschäftigte, desto wichtiger wurde das Nahziel der Erweiterung ihrer Macht im lokalen Rahmen, die Besetzung von Exekutivämtern, von Richter- und Beamtenstellen. Dieser Tendenz entsprach, dass die sozialdemokratischen Amtsträger, die in den bewegten Jahren um den Landesstreik an den rechten Rand der Partei gedrängt worden waren, ihren Einfluss wieder ausweiten konnten und in den Führungsgremien eine bestimmende Stellung erreichten. Indem sie zunehmend die

### Freisinnige Partei

Kantonales Gesamtergebnis: 17,4%. Die Unternehmerpartei war besonders stark an die Umgebung der Kantonshauptstadt gebunden, in den Industriegemeinden alternierte sie mit ihrer Konkurrentin, der Demokratischen Partei. Im nördlichen Kantonsteil weisen nur die Schaffhauser Vororte Flurlingen und Feuerthalen namhafte Wähleranteile auf.

### Bauernpartei

Kantonales Gesamtergebnis: 18,1%. Nur noch unwesentlich stärker als die bürgerlichen Konkurrentinnen, behielt die Landpartei in den bäuerlichen Gebieten eine monopolartige Stellung; in 101 von 180 Gemeinden erreichte sie die absolute Mehrheit, vereinzelt sogar 97%. Diese Hochburgen befanden sich im Zürcher Unterland, im Weinland und im Knonauer Amt; in den Agglomerations- und Industriegemeinden dagegen erhielt die Partei kaum Stimmen.

«Agitations-Umzug» der Kommunistischen Partei in der Zürcher Langstrasse am Vorabend der Nationalratswahl von 1925. Mit ihrer radikalen Absage an das bestehende System erreichte die KP auch im Arbeiterquartier nur wenige Wähler. Es waren vor allem kämpferische Jugendliche und intellektuelle Querdenker, die sich der stark angefeindeten und ausgegrenzten Partei anschlossen.

Aufruf zum Urnengang. Gemeinderatswahlen 1925.

Traktandenlisten der Parteiversammlungen diktierten, traten – gewöhnlich von ihnen selber vorbereitete – Sachgeschäfte gegenüber Grundsatzfragen in den Vordergrund. Die aufmüpfigen Aktivistengremien, die den Linkskurs vor der Parteispaltung getragen hatten – Arbeiterunionen und Parteiversammlung – wurden durch Statutenänderungen entmachtet.[38]

Mit der einsetzenden Hochkonjunktur konnte sich die Partei zwischen 1923 und 1925 nicht nur stabilisieren, sie legte auch deutlich an Wählern zu. Zunächst auf Kosten ihrer unmittelbaren Konkurrentinnen, der Grütlipartei und der KP, von denen die eine sich 1925 auflöste, während die andere als manchmal unbequeme, aber machtlose Splitterpartei weiterlebte.

Die SP stützte sich auf eine breite Palette von ausserparteilichen Gruppierungen, die der Arbeiterbewegung den Charakter einer in sich geschlossenen Sonderwelt verliehen: Die «Organisierten» bewegten sich in einem dichten Netz von Selbsthilfe-, Kultur- und Freizeiteinrichtungen, wo sie nur mit Gleichgesinnten zusammentrafen. Natürlich wurden diese Organisationen auch dazu eingesetzt, jeden potentiellen Wähler an die Urne zu bringen. Die Wählermobilisation, «Agitation», wie man damals sagte, beschränkte sich keineswegs auf Flugblätter und Plakate. Man ging vielmehr von Haus zu Haus und von Wohnung zu Wohnung, um Nachbarn, Vereins- und Arbeitskollegen für die Partei zu gewinnen. Am Wahltag selber zogen Musikkapellen durch die Strassen, um die Säumigen zu wecken, und beim Stimmlokal selbst wurde genau kontrolliert, ob alle Genossen wirklich erschienen.[39] Dieses Vorgehen, von bürgerlichen Gegnern als Gesinnungsterror beargwöhnt, fand seine Rechtfertigung in der Auffassung, dass die Arbeiterschaft eine geeinte Klasse, eine Volksgruppe mit einheitlichen Interessen darstelle. Seine taktische Bedeutung war um so höher, als in Winterthur wie in Zürich der linke und der rechte Wählerblock praktisch gleich gross waren. Es kam also bei jedem Wahlgang buchstäblich auf die letzte Stimme an, wenn man die absolute Mehrheit in den Stadtbehörden erringen oder sichern wollte.

In Winterthur gelang der Linken dieser Schritt nie ganz. Schon 1919 hatte sie mit einem Sieg im erstmals nach Proporz gewählten Stadtparlament gerechnet – sie verpasste ihn lediglich um einen einzigen Sitz. Auch im vergrösserten Winterthur blieben die knappen Mehrheitsverhältnisse im wesentlichen bis zum Auftauchen des «Landesrings» 1938 unverändert. In dieser Konstellation profilierten sich die Demokraten als entscheidende, vermittelnde Kraft in der städtischen Politik. Damit war das Parteienspektrum in Winterthur viel weniger polarisiert als in Zürich oder im Gesamtkanton. Die politischen Kräfte bewegten sich zur Mitte hin, Kommunisten und Rechtsparteien hatten in Winterthur gleichermassen einen schweren Stand. So verwirklichte die Stadt eine Sozialpolitik, die hinter jener der Hauptstadt nur wenig zurückblieb; ein ausgedehntes Programm für den sozialen Wohnungsbau zeugt davon ebenso wie die schon 1926 eingeführte städtische Arbeitslosenkasse oder die 1937 geschaffenen Altersbeihilfen.

Das «Rote Zürich»
Anders als ihre Winterthurer Genossen erreichten die Zürcher Sozialdemokraten zusammen mit den Kommunisten und den Grütlianern schon 1925 wieder eine Mehrheit im Grossen Stadtrat (65 von 125 Sitzen) und 1928 zusätzlich auch in der Exekutive. Der bisherige demokratische Stadtpräsident Hans Nägeli (1865–1945) wurde von Emil Klöti (1877–1963) aus dem Amt gedrängt. Das legendäre «Rote Zürich» war Realität geworden.[40]

Im Wahlkampf hatte die Propaganda beider Seiten ein schicksalhaftes Entweder-Oder suggeriert, eine grundlegende Entscheidung über die Zukunft der Stadt. Die SP liess in ihrer Werbung einen halbnackten proletarischen Riesen mit seinen Muskeln spielen, während bürgerlicherseits der durch unverantwortliche Utopisten verschuldete Finanzruin an die Wand gemalt wurde. In Wirklichkeit zog der geringe Handlungsspielraum einer Stadtverwaltung, die weder Gesetze erlassen noch neue Steuern einführen kann, den Auswirkungen des Machtwechsels enge Grenzen. Zunächst setzte die neue Regierung vor allem einige langerwartete Zeichen. So indem sie als erstes den verhassten Polizeiinspektor Otto Heusser (1884–1949) entliess, den Begründer eines halbstaatlichen Spitzelnetzes, das unter anderen auch den 1919 gegründeten «Vaterländischen Verband» mit polizeilichen Informationen bedient hatte.[41] Als zweites, indem sie eine langjährige Forderung der Gewerkschaften verwirklichte und den Trambetrieb jeweils am 1. Mai nachmittags einstellen liess. Und drittens, indem sie am 1. Mai die öffentlichen Gebäude beflaggte: allerdings, nach langen und erregten Diskussionen, nicht mit roten, sondern mit blau-weissen Fahnen, wie am Sechseläuten, womit in doppelter Weise die Position der neuen Behörde markiert war.[42]

Der Mehrheitswechsel im Zürcher Stadthaus hatte über diese symbolhaften Handlungen hinaus keine grundsätzliche Umwälzung zur Folge, denn die SP war ja schon seit langem die stärkste Partei gewesen. Er brachte aber immerhin eine Verschiebung der Gewichte. Der Ehrgeiz der sozialdemokratischen Verwalter lag darin, aus Zürich eine schweizerische Musterstadt zu machen, und dies auf allen Gebieten. Gesunde Finanzen waren ihnen nicht weniger ein Anliegen als gute Schulen; ein gepflegtes Kulturleben ebenso wie der gemeinnützige Wohnungsbau. Die Polizei sollte so musterhaft sein wie die sozialen Einrichtungen der Stadt: Im Roten Zürich wurde 1928 erstmals seit Jahrzehnten eine Vergrösserung des Polizeikorps durchgesetzt.

In der Hochkonjunkturphase der späten zwanziger Jahre liessen sich diese unterschiedlichen Ansprüche schon aufgrund der nun wieder blendenden Finanzlage der Stadt relativ leicht miteinander vereinbaren. Wichtige soziale Ausbauschritte wurden in rascher Folge vollzogen: die Schaffung des Krankenkassenobligatoriums (1927) und des Obligatoriums der Arbeitslosenversicherung (1931) sowie ab 1930, als kostspieligster Schritt, beitragsfreie

Zürcher Gemeindewahlen 1933. In übermenschlicher Grösse steht auf dem Plakat von Alois Carigiet Stadtpräsident Emil Klöti als Garant für sozialen Ausgleich.

Das zwischen 1935 und 1937 von Alfred und Heinrich Oeschger erbaute Schulhaus Kappeli in Zürich-Altstetten.

Im Bau neuer Schulhäuser und Kindergärten ging das Rote Zürich neue Wege: Statt monumentaler Kasernen entstanden lichtdurchflutete Bauten in kindergerechtem Massstab.

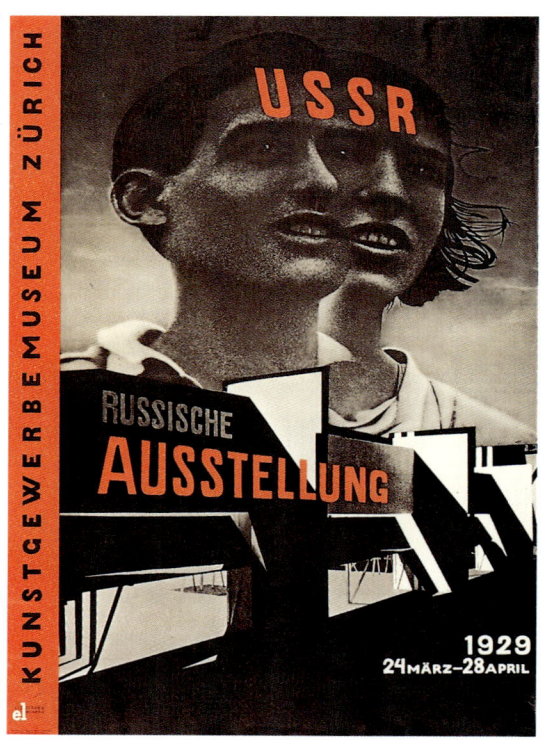

Das Plakat von El Lissitzky für die Russland-Ausstellung im Zürcher Kunstgewerbemuseum 1929. Mit künstlerischem Avantgardismus und gesellschaftlichen Experimenten übte die junge Sowjetunion eine hohe Faszination aus. Sie versprach eine Alternative zum biederen Zürcher Kulturklima.

städtische Altersbeihilfen, gedacht als Ergänzung zur geplanten eidgenössischen Alters- und Hinterlassenenversicherung (AHV), welche allerdings 1931 in der nationalen Volksabstimmung noch scheiterte.[43] Ein durchaus eindrückliches Programm sozialer Fürsorge, das jedoch nicht ausschliesslich als Leistung des Roten Zürich gelten kann – die gesetzlichen Grundlagen für die neuen Einrichtungen waren teilweise eben erst im bürgerlich dominierten Kantonsrat geschaffen worden. Denn auch im Gesamtkanton war seit 1926 eine sozialpolitische Aufbruchstimmung wirksam, die unter anderem die Pensionskasse für die kantonalen Beamten und Gesetze zur Förderung der Berufsbildung, zur Kranken- und Unfallversicherung, zur Wohnbauförderung und zur Unterstützung der Arbeitslosenversicherungen ermöglichte. Der Kanton Zürich ging mit diesen Erlassen den meisten anderen Kantonen voran.

Ähnliche soziale Ausbauschritte wie das Rote Zürich unternahmen denn auch in rascher Folge andere finanzkräftige Gemeinden des Kantons, weitgehend unabhängig von den jeweiligen politischen Mehrheiten. Die obligatorische Krankenpflegeversicherung hielt 1930 gleichzeitig in Horgen und Winterthur Einzug. Altersbeihilfen richtete Zollikon ab 1931 aus, Winterthur ab 1937, wenig später folgten Erlenbach, Küsnacht, Kilchberg und Thalwil.[44] Es scheint, als seien erweiterte sozialstaatliche Leistungen in den späten zwanziger Jahren zu einem fast schon selbstverständlichen Zeichen des Fortschritts geworden, nicht anders als die verbreiterten und asphaltierten Strassen oder die gerade in dieser Zeit in vielen grösseren Gemeinden wie Wädenswil, Küsnacht, Uster, Zollikon und Wald entstandenen Strand- und Schwimmbäder oder Sportplätze. So ist es denn auch nicht verwunderlich, dass von den Abstimmungsvorlagen des Roten Zürich bis 1933 keine einzige auf den geschlossenen Widerstand der bürgerlichen Parteien stiess, im Gegenteil: Die allermeisten blieben in der Abstimmung unbestritten.

Das Rote Zürich war somit alles andere als ein sozialistisches Experimentierfeld. Viel wichtiger war seine Funktion als Symbol und als Paradebeispiel solider sozialdemokratischer Verwaltungsarbeit. Ein Vorbild, von dem man damals hoffte, dass ihm früher oder später der ganze Kanton, vielleicht sogar die Eidgenossenschaft folgen würde.

# Zum Forschungsstand

Die politischen Entwicklungen der zwanziger Jahre sind für den Kanton Zürich nur lückenhaft aufgearbeitet. Es fehlt namentlich eine Studie über die Bauernpartei. JENT, Demokratische Partei, gibt nur eine kurze Übersicht, während HERREN, Freisinnige Partei, stellenweise tiefere Einblicke ermöglicht. TEOBALDI, Katholiken, thematisiert vor allem die kirchliche Entwicklung. Zahlreich ist dagegen die Literatur zu den Arbeiterparteien, darunter SCHMID-AMMANN, Klöti; SCHNEIDER, Winterthurer Arbeiterbewegung; LANG, Fritz Brupbacher. Die Arbeit von LINDIG, Sozialdemokratie, ist von diesen, bei aller Subjektivität des Ansatzes, bei weitem die anregendste und informativste. Die vorzügliche Arbeit von DAENIKER, Sozialdemokratische Partei, ist leider unveröffentlicht geblieben. Wichtig auch für zürcherische Ereignisse sind besonders MATTMÜLLER, Ragaz, und DEGEN, Abschied vom Klassenkampf, eine differenzierte und äusserst kenntnisreiche Analyse des Wandels in der Arbeiterbewegung; daneben HUBER, Kommunisten und Sozialdemokraten, und STETTLER, Kommunistische Partei.

Die unmittelbare Nachkriegszeit in der Stadt Zürich wird von GREMINGER, Ordnungstruppen, quellennah und unparteiisch dargestellt. KAMIS-MÜLLER, Antisemitismus, dokumentiert die antisemitische Praxis der Stadtzürcher Schul- und Polizeibehörden. ENGEL, Kulturpolitik, analysiert pointiert den Zeitgeist der frühen zwanziger Jahre im Kanton; HUONKER, Literaturszene, setzt diesem etwas einseitigen Bild eine lebensvollere Darstellung entgegen. Ein weiteres Zeitbild entsteht bei KAMBER in der Doppelbiographie Rosenbaum-Valangin, aus der dichten Verschränkung von persönlicher und gesellschaftlicher Thematik. Vgl. ausserdem DUMONT, Zürcher Schauspielhaus, und DUMONT, Schweizer Film. Für die bildende Kunst ist auf Künstlermonographien zu verweisen.

# Anmerkungen

[1] Unveröffentlichter Aufsatz, zit. nach: Pfiffner, Albert, Erfolgreiches Unternehmerverhalten als Folge persönlicher Lernprozesse, in: KONTINUITÄT UND KRISE, S. 122
[2] SCHWEIZERISCHER BUND FÜR REFORMEN DER ÜBERGANGSZEIT, Aufruf (Broschüre) o. O. o. J.
[3] Mit einem Nachwort von Martin Stern neu aufgelegt, Frankfurt a. M. 1990
[4] Hubacher, Carlo «Bauen in Zürich um 1930», in: UM 1930 IN ZÜRICH, NEUES DENKEN NEUES WOHNEN NEUES BAUEN, Ausstellungskatalog Kunstgewerbemuseum Zürich, hg. von Margit Staber und Otti Gmür, Zürich, 1977, S. 82f.
[5] JUNG, Carl Gustav, Gesammelte Werke, Bd. 7, Olten 1964, S. 5f.
[6] ZÜRCHER POST, Nr. 553, 2.12.1918
[7] ZÜRCHER POST, Nr. 554, 3.12.1918
[8] NZZ, Nr. 1585, 2.12.1918
[9] Vgl. Wigger, Erich, «Wir und die andern». Die Zürcher Bauern in der gesellschaftlichen Krise zur Zeit des Ersten Weltkriegs in der Schweiz, in: KONTINUITÄT UND KRISE, S. 277–299
[10] «Der Zürcher Bauer», 22.11.1918, zit. nach: Wigger, Erich, in: KONTINUITÄT UND KRISE, S. 293
[11] Inserat, «Tagblatt der Stadt Zürich», Nr. 266, 18.11.1918, zit. nach: GREMINGER, Ordnungstruppen, S. 95
[12] GREMINGER, Ordnungstruppen, S. 115, Anmerkung 106; KLÄUI, Horgen, S. 486
[13] STADTARCHIV ZÜRICH VL 84, Kreisschreiben des Regierungsrats an die Statthalterämter und Gemeinderäte über die Einrichtung und Verwendung von Gemeindewehren, 7.1.1919
[14] GREMINGER, Ordnungstruppen, S. 116
[15] JOST, Altkommunisten, S. 32ff.; GREMINGER, Ordnungstruppen, S. 55
[16] HEEB, Zürcher Arbeiterbewegung, S. 202
[17] Schreiben des Zürcher Regierungsrats an den Bundesrat, 23.8.1919, zit. nach: GREMINGER, Ordnungstruppen, S. 278
[18] HERREN, Freisinnige Partei, S. 149
[19] BISKE, Sozialpolitik, S. 48f. Infolge der bis August 1920 anhaltenden Teuerung übertrifft der reale Abbau sogar den nominalen.
[20] STATISTIK DER STADT ZÜRICH, Heft 46, 1937, S. 51
[21] Eine eingehende Darstellung findet sich bei DEGEN, Abschied vom Klassenkampf, S. 256ff.
[22] NZZ, Nr. 1585, 2.12.1918
[23] Vgl. ROMANO, Gaetano, «Die Nation und das Fremde», Manuskript, 15.1.1994
[24] PROTOKOLL DES GROSSEN STADTRATES VON ZÜRICH, 11.6.1919
[25] PROTOKOLL DES STADTRATES VON ZÜRICH, 18.8.1920
[26] Vgl. zu dieser Thematik KAMIS-MÜLLER, Antisemitismus, besonders S. 81–102; zu früheren antisemitischen Vorstössen von Polizeivorstand Hans Kern siehe das PROTOKOLL DES STADTRATES VON ZÜRICH, Bürgerliche Abteilung Nr. B 495 1914 und Nr. B 340 1919.
[27] RECHENSCHAFTSBERICHT REGIERUNGSRAT 1919, S. 49
[28] RECHENSCHAFTSBERICHT REGIERUNGSRAT 1919, S. 46
[29] Die Notverordnungen von 1917ff. wurden 1931 im «Bundesgesetz über Aufenthalt und Niederlassung der Ausländer» zusammengefasst.
[30] Vgl. zu diesem Thema ENGEL, Kulturpolitik
[31] «Volksrecht», Nr. 201, 1920, zit. nach: ENGEL, Kulturpolitik, S. 134
[32] Jahreschronik 1921/22, 12.1.1922, in: ZÜRCHER TASCHENBUCH 1927, S. 274
[33] RECHENSCHAFTSBERICHT REGIERUNGSRAT 1920, S. 27
[34] ZÜRCHER BAUER, 31.1.1920, Ansichten eines Bauern zum Frauenstimmrecht
[35] Vgl. HERREN, Freisinnige Partei, S. 64ff.
[36] Nationalratswahlen 1925, in: SMZ, Heft 162, 1929, S. 58ff.
[37] DAENIKER, Sozialdemokratische Partei, S. 213
[38] DAENIKER, Sozialdemokratische Partei, S. 105, 225, 227
[39] DAENIKER, Sozialdemokratische Partei, S. 79f.
[40] Die eingehendste Darstellung findet sich bei LINDIG, Sozialdemokratie.
[41] Die Absetzung Heussers verhinderte nicht, dass dessen einstige Büroordonnanz Hans Wintsch – gegen Bezahlung – weiterhin Akten an den «Vaterländischen Verband» leitete. Wintsch wurde deswegen 1948 verurteilt. Vgl. DIE UNHEIMLICHEN PATRIOTEN, S. 285
[42] DAENIKER, Sozialdemokratische Partei, S. 222
[43] Im Kanton Zürich wäre die Initiative angenommen worden, wenn auch gegen den Widerstand der Landschaft.
[44] HEEB, Zürcher Arbeiterbewegung, S. 340

Randspalte S. 252:
[1] Wahlaufruf des Schweizerischen Gemeinde- und Staatsarbeiterverbandes VPOD, Sektion Zürich, zu den Stadtratswahlen vom 6. April 1919

# Wirtschaft im Zeichen der Rationalisierung

Auslastungskontrolle als Mittel der Produktivitätssteigerung. (Firma Rieter, Winterthur-Töss, um 1945)

Im Oktober 1928 baute die Schweizerische Kreditanstalt in Zürich ihre oberste Spitze zu einer «Generaldirektion» um, eine Massnahme, die den Rang des Hauses nach innen wie nach aussen, besonders aber gegenüber den ausländischen Geschäftspartnern, gebührend zur Kenntnis bringen sollte. Seit 1926/27 schüttete man wieder zehnprozentige Dividenden aus, wie in den letzten Vorkriegsjahren.[1] Die guten Zeiten schienen zurückgekehrt, und die grossen Exportfirmen konnten zufrieden sein. Auch die Kaufkraft der Löhne und Gehälter lag seit dem Preisabbau zu Beginn der zwanziger Jahre deutlich über dem Stand von 1913; in Zürich zeichnete sich ein gewaltiger Bauboom ab. Und die Mobilität der Zu- und Wegziehenden erreichte von 1928 bis 1930 Rekordmarken; in Winterthur übertraf sie den Höhepunkt vor dem Ersten Weltkrieg, und auch in Zürich erreichte sie ihn beinahe.[2]

Sieht man von der Landwirtschaft ab, wo 1920/21 die überhöhten Kriegspreise zusammengebrochen waren, wies der Aufschwung manche Ähnlichkeit mit jenem der zweiten Nachkriegszeit des 20. Jahrhunderts, den frühen fünfziger Jahren, auf: steter Absatz, stabile Preise und Vollbeschäftigung bei – trotz alledem – gedämpften Erwartungen, die nur allmählich einer optimistischeren Stimmung wichen. Viel früher – und einschneidender als 1973/74 – brach indes die «Hochkonjunktur» nach 1929/30 ab; viel stärker als nach 1945 blieben die sozialen Spannungen. Von Sozialpartnerschaft konnte keine Rede sein, obwohl der Schweizerische Gewerkschaftsbund 1927 den Klassenkampf aus seinen Statuten gestrichen hatte.

## Durch wissenschaftliche Betriebsführung zum Aufschwung

Kaum war die Nachkriegskrise überwunden, meldete das kantonale Fabrikinspektorat, in «zahlreichen mittleren und grösseren Betrieben» habe man angesichts der verkürzten Arbeitszeit begonnen, «die Fabrikorganisation mit Einschluss des Arbeitsganges einer Nachprüfung» zu unterziehen, zu verbessern und zu verbilligen. «Hände werden durch Maschinen ersetzt, veraltete durch vollkommenere, leistungsfähigere, wo immer möglich durch solche, die gestatten, zur Bedienung angelernte Hilfsarbeiter statt gelernter Berufsarbeiter zu verwenden.»[3]

Die zwanziger Jahre standen im Zeichen von «Rationalisierung» und «wissenschaftlicher Betriebsführung», den seit 1924 vieldiskutierten Modebegriffen.[4] Die neuen Zauberworte stammten aus den Vereinigten Staaten, dem leuchtenden Vorbild für das von sozialen Spannungen geplagte Europa. Die Begeisterung für Amerika, wo der Massenkonsum bereits voll eingesetzt hatte, ging quer durch die politischen Lager: Während bürgerliche Freunde «amerikanischer» Methoden eine Steigerung der Produktivität sowie die Überwindung des Klassenkampfes im Auge hatten, verwies die Gewerkschaftspresse auf die Hochlohn- und Kaufkraftpolitik eines Henry Ford, die man den einheimischen Wirtschaftskapitänen gerne schmackhaft gemacht hätte. «Es ist eben leichter und bequemer, über den Achtstundentag zu schimpfen, als einen Betrieb mustergültig durchzuorganisieren», bemerkte Ernst Nobs (1886–1957), Chefredaktor des Zürcher «Volksrecht» und späterer Bundesrat, zu den hartnäckigen Bemühungen der Arbeitgeber, die 48-Stunden-Woche wieder zu durchlöchern: Bemühungen, die dank der grosszügig erteilten bundesrätlichen Ausnahmebewilligungen recht erfolgreich waren, wenn auch die formelle Verlängerung des Achtstundentags in der Volksabstimmung vom Februar 1924 scheiterte.[5]

Die Rationalisierungsbewegung der zwanziger Jahre zielte auf bauliche und technisch-organisatorische Verbesserungen ab, jene der dreissiger Jahre eher auf Leistungskontrolle und neue Akkordsysteme (was weniger kostete), bevor man ab 1936/37 wiederum an grössere Investitionen zu denken begann. Über die reale Verbreitung so aufsehenerregender Neuerungen wie Fliessarbeit oder Fliessband fehlen zuverlässige Angaben. Angesichts der Spezialisierung einheimischer Industrien auf die Herstellung kleiner Serien waren solche Methoden vielerorts schwer anzuwenden. Erst recht galt dies für den Grossmaschinenbau, wie ihn Sulzer oder Escher Wyss betrieben. Die Textilmaschinenfabrik Rüti hingegen schickte gleich zwei Direktoren als Kundschafter in die USA und erneuerte bis Ende der zwanziger Jahre ihren ganzen Betrieb im Sinn einer «rationellen Serienfabrikation».[6] Auch im Apparatebau, in der Nahrungsmittelindustrie (beispielsweise in der Getränkebranche) oder in der Textilkonfektion war eine systematische Zerle-

Die Betriebsbuchhaltung der Maschinenfabrik Rieter in Winterthur: Rechenmaschinen, Telephon, Karteien kennzeichnen um 1945 das rationalisierte moderne Büro.

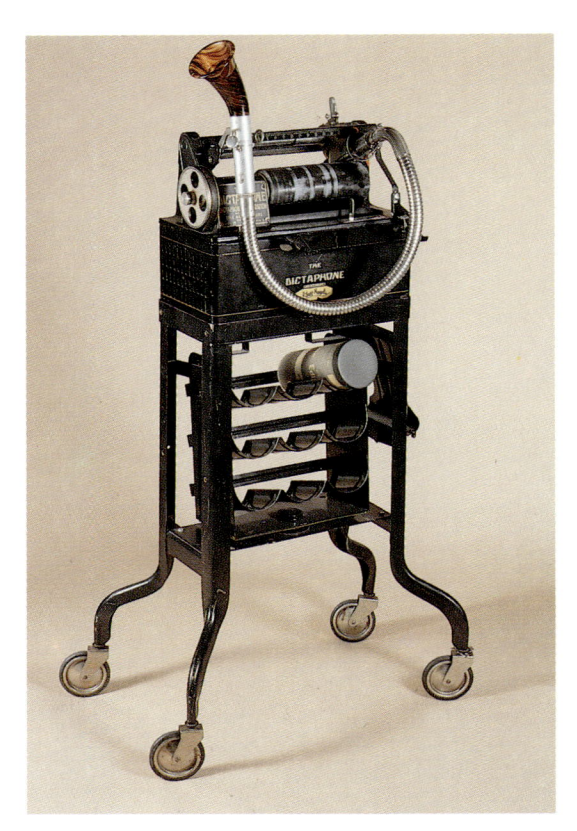

Ein Urgetüm mit Rüssel: Diktaphon, Ende der zwanziger Jahre.

gung der Arbeitsabläufe in kleinste Schritte und deren neuerliche Synthese im «Fliessprozess» durchaus machbar. Transport- und Fördersysteme liessen sich vielseitig verbessern. Aus der Normierungsbewegung, die vom Schreibformular bis zum Ersatzteil für Grossmaschinen reichte, zogen nahezu alle Branchen Nutzen.

Auch das Büro, Arbeitswelt der Angestellten, wurde nach 1918 von den Arbeitsorganisatoren, die den in der vorangegangenen langen Wachstumsperiode entstandenen administrativen «Wasserköpfen» den Kampf ansagten, scharf ins Visier genommen.[7] Verbesserte Organisation und Leistungssteigerung durch Arbeitsteilung waren gefragt. Damit einhergehend prägt sich die seit dem Jahrhundertbeginn entstandene Rollenteilung zwischen den Geschlechtern weiter aus. Einer untergebenen weiblichen Arbeitskraft zu diktieren, die das Stenographierte anschliessend auf Maschine übertrug, wurde zur Prestigesache; Zeitgenossen sprachen von einer regelrechten «Diktiersucht», die nach dem Krieg aufgekommen sei. Schon tauchten die ersten, noch primitiven Diktaphone auf. Am durchschlagendsten fiel jedoch die Rationalisierung der Buchhaltungen aus, wo eine echte Personaleinsparung bei enormer Leistungssteigerung eintrat. Voraussetzung war der Wechsel von den schwerfälligen Folianten, an denen Generationen von Buchhaltern handschriftlich gewirkt hatten, zu leichter handhabbaren und maschinell zu bearbeitenden Karten und Blättern (Durchschlagsystem). Dies bedeutete auch den Abschied vom ehrwürdigen Stehpult, an dessen Stelle moderne Büromöbel traten. «Mit Hilfe des Fichensystems und der Maschinen hat sich (...) zwischen 1916 und 1925 die Durchschnittsleistung des einzelnen Kontokorrentbuchhalters mehr als verdoppelt», berichtete der Zürcher Sitz der Schweizerischen Bankgesellschaft.[8] Die Schweizerische Kreditanstalt steigerte von 1921 bis 1929 ihren Umsatz um die Hälfte, die Bilanzsumme nahm um 90 Prozent zu, zugleich aber ging der Personalbestand von 2132 auf 1991 zurück.[9]

Ein Maximum an Leistung erbrachten die Lochkartenmaschinen, die seit dem Ende des Ersten Weltkriegs bereits vereinzelt für statistische Massenarbeiten in Banken und Versicherungen oder in der Verwaltung von Gas- und Elektrizitätswerken zur Anwendung kamen. Mit Lochkarten und elektrischen Rechenmaschinen nahm das Statistische Amt der Stadt Zürich ab 1921 eine beispiellose Bearbeitung der Steuerdaten vor, wie sie in dieser Qualität auch nach dem Zweiten Weltkrieg nicht mehr erbracht wurde.[10]

Der Stolz der Firma: die 1944 eingerichtete Kundenkartothek des Warenhauses Jelmoli in Zürich mit rollenden Arbeitsplätzen. Bis zur Einführung des Computers im Jahr 1958 blieb diese Anlage das Herzstück der Versandabteilung.

Erst die programmierbaren Rechenmaschinen einer späteren Zeit, die gegen Ende der fünfziger Jahre aufkommenden «Computer», übertrafen diese Technik.

Die Verheissungen der Rationalisierung richteten sich im übrigen keineswegs nur auf die Erwerbswelt; sie erfassten auch die Arbeit in Haushalt und Küche.[11] Die neuen elektrischen Gehilfen, welche vermehrt auf den Markt kamen, blieben jedoch vorerst wenigen Reichen vorbehalten, und für sie stellten solche Geräte eher ein Statussymbol dar, konnten sie doch weiterhin mit der Hilfe von Dienstboten rechnen. Somit unterblieb vorderhand der Schritt zur Serienproduktion, durch die die Geräte verbilligt worden wären. Der Massenabsatz dauerhafter Konsumgüter setzte erst nach 1945 ein; einzig der Elektroherd war, gefördert von der Energiewirtschaft, in stetem Vormarsch. Viele Unternehmer schreckten aus politisch-moralischen Erwägungen vor dem Gedanken einer Massenproduktion von Konsumgütern zurück. «Unter dem Vorwand der Demokratisierung verbreitet sie den Luxus», klagte 1928 Oscar Sulzer (1888–1967), einer der führenden Industriellen in Winterthur. Aus der Weckung stets neuer Bedürfnisse resultiere bloss die «hundertfältige Versuchung zum Geldausgeben» und «der allgemeine Schrei nach Vermehrung des Einkommens».[12] Der Bürger stand in diesem Fall dem Unternehmer im Wege; die Erhaltung von Standesunterschieden wog schwerer als der wirtschaftliche Eigennutzen, den die Massenproduktion der neuen Gebrauchsgüter versprach.

Ungeachtet der öffentlichkeitswirksamen Propaganda für eine Rationalisierung blieben im übrigen zahlreiche Arbeitsabläufe jener Zeit – sogar in Grossfirmen der Exportwirtschaft – bemerkenswert ineffizient. Menschliche Arbeitskraft war billig, Mitspracherechte für Untergebene fehlten, traditionelle Verhältnisse hierarchischer Über- und Unterordnung, zum Beispiel zwischen Werkstatt und Büro, hingen wie ein Bleigewicht über dem Arbeitsalltag. «Der Rückständigkeit und Primitivität gewisser Vorgesetzter entsprachen auch die Zustände in betrieblichen Belangen», erinnert sich ein ehemaliger Sulzer-Arbeiter an seine Lehrzeit und erste berufliche Erlebnisse ab 1927 in Winterthur. Dort vermittelte man an der betriebseigenen Schule bürgerliches Betragen, wie «Hutabnehmen, Verneigen, Verbeugen, Händedruck und Gesprächseröffnung»; Prügel und Ohrfeigen standen als ernüchternde Erfahrung unmittelbar daneben.[13]

Noch immer stand der entscheidende Durchbruch der Gewerkschaften zur vertraglichen Anerkennung aus. Zwar waren Ende 1925 im Kanton 46 kollektive Arbeitsverträge in Kraft, in denen sich 1950 Arbeitgeber gebunden hatten.[14] Diese mehrheitlich kleinen Geschäfte – Teile des Gewerbes und die Konsumvereine – beschäftigten jedoch wenig mehr als zehn Prozent aller Arbeiterinnen und Arbeiter, ganze 13 800 Personen.[15] Die wichtigen Grossfirmen und Exportunternehmen verweigerten der Gegenseite weiterhin Anerkennung und Vertrag, da sie sich in ihrer Verfügungsfreiheit nicht einschränken lassen wollten. Gemeinden oder Kantonspolizei kümmerten sich – ausserhalb der Städte Zürich und Winterthur – kaum um die Einhaltung des Fabrikgesetzes. Die Behörden beschränkten sich – so die kantonale Fabrikinspektion – «fast ganz auf die Weiterleitung der ihnen von den Fabrikinhabern zugestellten Arbeitszeiteinteilungen».[16]

Um die Mitte der zwanziger Jahre fanden die Gewerkschaften aus ihrem Formtief – sie hatten innert drei Jahren 36 Prozent ihrer Mitglieder verloren – langsam wieder hinaus. Zugleich revidierten sie allmählich ihre ablehnende Haltung gegenüber unternehmerischen Rationalisierungsstrategien und dem Akkordlohn.[17] Dennoch entstanden rund um diese Fragen

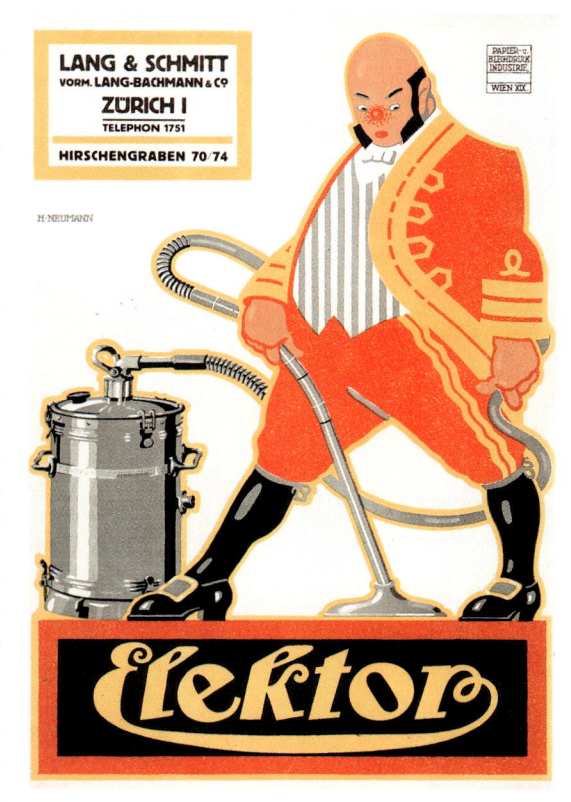

Den Staubsauger führt der Diener; nur Wohlhabende konnten sich zunächst das teure Gerät leisten, das erst später zum Massenkonsumgut wurde. (Plakat 1931)

Im Akkord bei Sulzer, Winterthur
«Einen Zeitgenossen des ausgehenden zwanzigsten Jahrhunderts mag es schockieren, welchen Erschwernissen und Widerwärtigkeiten der handwerklich im Akkord tätige Mensch jener Zeit zu begegnen hatte», schrieb der im ländlichen Thurgau geborene Fritz Frei (1912–1990), der 1927 bei Sulzer eine Lehre begann. Passierte ein Fehler, so ging dieser «einfach zu Lasten des Arbeiters (...). Er wurde nur dann bezahlt, wenn ein Zeichnungsfehler oder ein sonstiges Versehen vorlag. Dies gab viel böses Blut, weil sich die Arbeiter gegenüber den monatlich besoldeten Konstrukteuren, die ungestraft Fehler machen durften, mit Recht als Menschen zweiter Klasse fühlen mussten.»

Alltäglich und aufreibend waren die Kämpfe um die Zuteilung der stets knappen Werkzeuge. «Mit der Ausgabe der Konstruktionszeichnungen stand es noch ärger. Die zeichnerische Darstellung der in die Dutzende gehenden Einzelteile für irgendeinen Apparat figurierte beileibe nicht auf gesonderten, nur einen Teil betreffenden Blättern, sondern geschah zusammengefasst für zehn bis fünfzehn Teile auf tischtuchgrossen Papieren. Dies bedeutete, dass jeder Arbeiter, der nur ein einziges dieser Stücke anzufertigen oder zu bearbeiten hatte, im Besitz dieses unförmigen Blattes sein musste. Wurden vom Betriebsbüro ein oder mehrere Apparate eines bestimmten Typs in Auftrag gegeben, hob bald nach dem Eintreffen der auswärts bestellten Gussteile ein emsiges Rennen nach dem begehrten Dokument an. Denn die Zeichnungsausgabe verfügte ‹aus Kostengründen› nur über ein oder höchstens zwei Exemplare. (...) Wie diese armen Männer auf solche Zustände reagierten, und wie die Papiere bald einmal aussahen, lässt sich denken. Sie waren oft kaum mehr zu lesen. Dass eine in scharfem Konkurrenzkampf stehende Weltfirma sich eine derartige Unwirtschaftlichkeit ihrer Arbeitsabläufe leisten konnte, erregt heute noch Kopfschütteln. Solche Missstände, die den Arbeiter ungleich schwerer trafen als den Angestellten, trugen einen grossen Teil zur weitverbreiteten Missstimmung bei.»

Auflehnung und gewerkschaftlicher Kampf lagen dem religiös orientierten, strebsamen jungen Mann fern, doch angesichts seiner Erlebnisse «begann er zu ahnen, was es für einen Familienvater bedeutete, unter so entwürdigenden Verhältnissen zu arbeiten».[1]

**Erwerbsstruktur nach Sektoren von 1920 bis 1941**

|  | 1920 |  | 1930 |  | 1941 |  |
|---|---|---|---|---|---|---|
| Landwirtschaft | 42505 | 15,3% | 35534 | 11,0% | 34701 | 10,6% |
| Industrie und Gewerbe | 136721 | 49,2% | 152879 | 47,9% | 152051 | 46,4% |
| Dienstleistungen | 98536 | 35,5% | 130889 | 41,1% | 140920 | 43,0% |
| Total | 277762 | 100,0% | 319302 | 100,0% | 327672 | 100,0% |

zahlreiche betriebliche Konflikte. Ab Ende der zwanziger Jahre tauchten immer öfter Zeitnehmer mit der Stoppuhr in den Werkstätten auf, um die Zeit von Arbeitsabläufen zu messen; darauf folgten gewöhnlich neue Vorgaben für den Akkord, was Protest und Widerstände nach sich zog. Bei der Maschinenfabrik Oerlikon (MFO) klagte die Gewerkschaftsgruppe im November 1930, «dass die Kalkulanten seit einiger Zeit herumschwärmen wie die Bienen».[18] Der traditionell übliche Stücklohn oder Geldakkord hatte den Betroffenen einen gewissen Raum der Selbstbestimmung gelassen, innerhalb dessen sie frei waren zu entscheiden, ob sie ein wenig mehr verdienen oder sich etwas mehr Zeit lassen wollten. Dies vollzog sich in einem Prozess des ständigen Aushandelns mit den vorgesetzten Meistern. Nun setzte um 1930 der Übergang zum Zeitakkord ein, der aufgrund der regelmässig vorgenommenen Messungen so angesetzt war, dass eine gewisse Leistung erzwungen werden konnte. Anstelle des Geldbetrags pro Stück trat eine Vorgabezeit, innert welcher die Arbeit zu erbringen war. Die Leistungspolitik entzog sich damit dem kollektiven, von der Unternehmensleitung nicht voll kontrollierbaren Verhalten der Arbeiter. Altbewährte Praktiken entfielen: Periodisch die Lohnbüchlein einzusammeln, wie es die Gewerkschaftsgruppe bei der Zahnräderfirma Maag in Zürich bis dahin getan hatte, um die bezahlten Ansätze zu prüfen und zu schauen, ob niemand «Akkordschinderei» betreibe, erübrigte sich fortan.

Als in der Maschinenindustrie 1937 das «Friedensabkommen» zustande kam, hatte die grösste Einzelgewerkschaft, der Schweizerische Metall- und Uhrenarbeiterverband (SMUV), endlich die lang erstrebte Anerkennung erreicht: Aus der Perspektive der Arbeitenden ein halber Erfolg, denn parallel dazu ging es mit den selbstbewussten, auf einer betrieblichen Machtbasis beruhenden Organisationsformen zu Ende. Verhandelt wurde nur noch auf höchster Ebene, in den Abteilungen gab es nichts mehr zu sagen. Wer aufmuckte, wurde nicht nur von der Firma, sondern auch von der eigenen Gewerkschaft als «Querulant» und «Schädling» betrachtet, wie die hoch organisierten und berufsstolzen Facharbeiter der Zürcher Zahnräderfirma Maag entdecken mussten. «Es wird nichts anderes übrig bleiben, als einige dieser Leute aus dem Verband zu entfernen», verlautete im Oktober 1941 im Zentralvorstand des SMUV.[19]

## Sektoren und Branchen im Wandel

Das Wechselbad von Krise, Wachstum und erneuter Krise unterwarf alle Teile der Wirtschaft einem erheblichen Anpassungsdruck. Die stärksten Anstösse zum strukturellen Wandel gingen indes von der kurzen Wachstumsphase in den zwanziger Jahren aus, während die Krise der dreissiger Jahre in mancher Hinsicht auch konservierend wirkte. Betrachtet man zunächst die grobe Gliederung der Erwerbstätigen in die drei Sektoren, so fällt die Abnahme in der Landwirtschaft neben der Zunahme der Dienstleistungen am stärksten auf, während Industrie und Gewerbe bei leichter Rückläufigkeit nun deutlicher unter die 50-Prozent-Marke absanken. Das Wachstum der Dienstleistungen schritt sogar in den dreissiger Jahren weiter voran, als die beiden anderen Sektoren beschäftigungsmässig stagnierten. Zürich war bereits zu einem guten Teil «Angestelltenstadt» geworden, während Winterthur mit seiner starken industriellen Ballung «Arbeiterstadt» blieb: eine Entwicklung, die sich langfristig fortsetzen sollte.

Hinter der relativen Konstanz der Gesamtbeschäftigung in Industrie und Gewerbe verbargen sich indessen im einzelnen kräftige Verschie-

**Erwerbstätige in Industrie und Gewerbe nach Branchen von 1920 bis 1941**

|  | 1920 Total | Frauen | 1930 Total | Frauen | 1941 Total | Frauen |
|---|---|---|---|---|---|---|
| Nahrungs- und Genussmittel | 9085 | 1878 | 12630 | 2898 | 14534 | 3827 |
| Textilindustrie | 29707 | 19276 | 23093 | 14218 | 17031 | 10221 |
| Bekleidungsgewerbe | 21535 | 15281 | 19196 | 12961 | 17954 | 12244 |
| Chemie, Kautschuk, Leder | 3626 | 564 | 3796 | 713 | 5273 | 1235 |
| Druck und Papier | 6354 | 2274 | 8300 | 2899 | 9185 | 3204 |
| Metall, Maschinen, Apparate | 40189 | 2679 | 43863 | 2537 | 51486 | 4261 |
| Holz und Möbel | 6673 | 170 | 9129 | 202 | 8203 | 203 |
| Bau, Steine, Erden | 17490 | 402 | 30586 | 900 | 25887 | 842 |
| Elektrizität, Gas, Wasser | 2069 | 54 | 2286 | 54 | 2498 | 75 |
| Total | 136728 | 42578 | 152879 | 37382 | 152051 | 36112 |

bungen. Die inlandorientierte Baubranche war, wie immer, starken Wechsellagen unterworfen. Hingegen verlor die weiterhin beschäftigungsstarke Textil- und Bekleidungsbranche kontinuierlich an Boden, was vor allem auf die radikale Schrumpfung der Seidenindustrie zurückzuführen war: Die alte, an den Ufern des Zürichsees konzentrierte Industrie ging zwischen 1920 und 1941 auf einen Drittel ihres Bestandes zurück (von 16053 Beschäftigten auf 5126).[20] Dieser Abbau industrieller Arbeitsplätze, der vor allem die Frauen traf, wurde wettgemacht durch das langfristige Wachstum der exportorientierten, in erster Linie von männlichen Facharbeitern getragenen Metall- und Maschinenindustrie. Besonders stark wuchsen Unternehmen der Elektrobranche, wie zum Beispiel Zellweger in Uster, eine Firma, die in den zwanziger Jahren mit Erfolg in die Fernsprechtechnik einstieg und ab 1923 auch Radios herstellte, oder die Firma Feller in Horgen. Auch der technische Zeichner Walter Oertli (1901–1980), der sich ausgerechnet im Oktober 1929 selbständig machte, erzielte mit seiner Firma, die zuerst ein amerikanisches Spritzlackverfahren für Automobile vertrieb und dann auf amerikanische Ölbrenner für Heizanlagen umstieg, einen erstaunlichen, von den schlechten dreissiger Jahren kaum beeinträchtigten Erfolg.[21]

Im Rahmen der wachsenden Dienstleistungen setzte eine wichtige Umlagerung ein. Noch 1930 hatte ein Fünftel aller erwerbstätigen Frauen

Radio-Reklame der Firma Zellweger in Uster, anfangs der zwanziger Jahre.

**Erwerbstätige im Dienstleistungssektor nach Branchen von 1920 bis 1941**

|  | 1920 Total | Frauen | 1930 Total | Frauen | 1941 Total | Frauen |
|---|---|---|---|---|---|---|
| Gross- und Detailhandel | 23870 | 8420 | 36984 | 14079 | 38505 | 15278 |
| Banken | 4274 | 978 | 5852 | 1395 | 5867 | 1134 |
| Versicherungen | 1833 | 607 | 2759 | 869 | 4042 | 1191 |
| Transport, Reisen, Verkehr | 9647 | 339 | 10207 | 323 | 9179 | 271 |
| Post und Kommunikation | 4113 | 1002 | 4219 | 956 | 3920 | 674 |
| Vermittlung, Agentur | 2603 | 798 | 2195 | 609 | 3172 | 834 |
| Gesundheit | 4650 | 2941 | 6439 | 4030 | 9664 | 6117 |
| Unterricht, Wissenschaft | 5001 | 1833 | 5558 | 2141 | 6680 | 2217 |
| Öffentliche Verwaltung, Recht | 4923 | 833 | 5653 | 1189 | 8951 | 1871 |
| Anstalten, Kirchen | 1935 | 1121 | 2022 | 1169 | 3177 | 1861 |
| Gastgewerbe | 11523 | 8447 | 15841 | 11668 | 17292 | 12835 |
| Kultur, Sport, Unterhaltung | 1908 | 461 | 2305 | 536 | 3188 | 1169 |
| Persönliche Dienste, Reinigung | 7300 | 5727 | 12448 | 9366 | 12276 | 9359 |
| Hauswirtschaft | 14956 | 14926* | 18407 | 18349 | 15007 | 14990 |
| Total | 98536 | 48433 | 130889 | 66679 | 140920 | 69801 |

*Schätzung aufgrund des Anteils der Frauen 1930

In den zwanziger Jahren unterhielt die Weberei Graf in Unter-Illnau neben der Fabrik einen Landwirtschaftsbetrieb – Traktoren waren damals noch ein seltener Anblick.

zu den Dienstmädchen gezählt, die in Privathaushalten arbeiteten. Ihre Zahl übertraf bei weitem jene der weiblichen Büroangestellten, eine Erwerbsform, die in Zukunft immer mehr Frauen anziehen sollte. 1931 wurde ein dreimonatiger hauswirtschaftlicher Kurs für Schülerinnen (die «Rüebli-RS») im Kanton Zürich obligatorisch. Trotz solcher Anstrengungen, junge Mädchen in den Hausdienst zu drängen, liess sich das Versiegen des Nachwuchses im Dienstbotenstand kaum mehr bremsen. Das Ausbleiben der jungen Frauen aus Deutschland und Österreich noch vor dem Kriegsbeginn im Herbst 1939 beschleunigte eine ohnehin nicht mehr abwendbare Entwicklung.[22]

Geradezu bescheiden, was den Beschäftigtenstand betrifft, nahmen sich neben der Hauswirtschaft die Finanzdienstleistungen aus, obwohl sie seit dem Jahrhundertanfang enorm gewachsen waren. Im Jahr 1929 waren mehr als ein Viertel des Bankpersonals und beinahe 35 Prozent des Versicherungspersonals der Schweiz in der Stadt Zürich tätig, ein Konzentrationsgrad, der auch 1990 nicht höher lag.[23] Besonders nachhaltig vermochte die Versicherungsbranche ihre Bedeutung zu steigern. Sie profitierte nach dem Ersten Weltkrieg vom Ausscheiden der inflationsruinierten deutschen Konkurrenz auf dem Schweizer Inlandmarkt und expandierte zugleich erfolgreich auf internationaler Ebene. Nicht einmal die Krise der dreissiger Jahre vermochte diesen Trend zu bremsen. Das Wachstum der Kreditinstitute wurde vor allem durch die Grossbanken getragen. In den zwanziger Jahren waren sie massgeblich am Ausbau der Energiewirtschaft und an der Finanzierung des Kraftwerkbaus am Rhein beteiligt. Erfolgreich betrieben sie die Expansion ins Ausland, wobei die Industrie- und Handelskredite – wie vor 1914 – vor allem nach Deutschland flossen. Je ausgeprägter das deutsche Engagement, desto schwerwiegender fielen allerdings auch die Rückschläge aus, als die deutsche Wirtschaft ab 1930 in den Strudel der Krise geriet. Verglichen mit den Versicherungen erwiesen sich deshalb die Banken als erheblich anfälliger für wirtschaftliche Wechsellagen.

Unter anhaltenden Schwierigkeiten litt die Landwirtschaft, was sich bereits in den zwanziger Jahren in einem Beschäftigtenrückgang niederschlug.[24] Dieser beruhte weitgehend auf dem Rückzug mithelfender weiblicher Angehöriger, die sich nach anderweitigem Erwerb umsahen, um die Familie über Wasser zu halten. Unter dem Druck der ungünstigen Marktverhältnisse schritt indes die Modernisierung erst recht voran; ein Vorgang, der in eigentümlichem Kontrast zum politisch-ideologischen Traditionalismus stand, den diese Branche nach wie vor pflegt. «Auch der entlegenste Hof hat heute seinen Elektromotor zum Futterschneiden und Güllepumpen», wurde 1924 nach einer Elektrifizierungsaktion des Kantons in einem Bericht festgehalten.[25] Die Verbreitung von Mäh- und Dreschmaschinen war bis in die dreissiger Jahre bereits «zu einem gewissen Abschluss gelangt».[26] Nur mit der Einführung maschineller Zugkräfte, wie sie am Ende des Ersten Weltkriegs im Rahmen industrieller Mehranbauprojekte erstmals angestrebt wurde, haperte es.[27] Der Einsatz der teuren Maschinen hat sich «in unseren Kleinbetriebsverhältnissen nicht halten können».[28] Am Vorabend des Zweiten Weltkriegs benützten erst 9,2 Prozent der Zürcher Betriebe eigene Traktoren (Schweiz: 3,4 Prozent). Der Pferdezug blieb vorherrschend. Dem genossenschaftlich-kollektiven Einsatz stand die Güterzerstückelung sowie der hartnäckige Individualismus der vielen Kleinproduzenten im Weg. Die extreme, auf jahrhundertealte Besitzverhältnisse zurückgehende Parzellierung – vor allem in den Ackerbaubezirken der nördlichen Kantonsteile – war vorerst nur in Ansätzen zu überwinden, obwohl die gesetzlichen

Grundlagen dafür kurz vor 1914 geschaffen worden waren. Bis Ende der dreissiger Jahre waren Güterzusammenlegungen etwa auf einem Drittel der in Frage kommenden Flächen durchgeführt oder eingeleitet worden; der grosse Umbruch erfolgte erst nach 1945.[29]

Ähnlich wie in der politisch hoch organisierten Landwirtschaft, die zunehmend staatlichen Schutz genoss, waren auch in Gewerbe und Kleinhandel korporativ-protektionistische Züge ausgeprägt, womit man sich vor überlegenen wirtschaftlichen Mächten zu schützen suchte. Wetterten Landwirte über die Zinspolitik der Banken, so rieben sich Gewerbetreibende an der Grossindustrie oder den Genossenschaften und lagen den Behörden wegen vermeintlicher Ungerechtigkeiten bei der Vergabe öffentlicher Aufträge unermüdlich in den Ohren. Als «Schlag ins Gesicht» empfanden es die empörten Winterthurer Baumeister, als 1926 der Auftrag für die Eisenbeton- und Maurerarbeiten beim Bau der neuen Kantonsschule an eine Zürcher Firma ging.[30] Jedes neue Warenhaus stiess auf den Protest kleiner Ladeninhaber, die freilich in den zwanziger Jahren wenig gegen die ungeliebte Konkurrenz auszurichten vermochten.

Die Detaillisten des Lebensmittelhandels fochten derweil ihre Kämpfe mit Gottlieb Duttweiler (1888–1962), dem Zürcher Kaufmann, der im August 1925 wie der Hecht im Karpfenteich in die Gewässer der Krämer und Spezierer eingefahren war. Sein von amerikanischen Vorbildern inspiriertes Konzept der fahrenden Migros-Läden wurde von den Gegnern mit allen Mitteln – gelegentlich auch mit Steinwürfen und Tätlichkeiten – bekämpft. Teile der Industrie, die an der Aufrechterhaltung eines kartellisierten Inlandmarkts interessiert waren, beteiligten sich am Kampf gegen den Konkurrenten. Blosse drei Tage, nachdem die mit aussergewöhnlichen Werbemethoden angekündigten ersten fünf Ford-Camions ausgefahren waren, erliess der Verband Schweizerischer Teigwarenfabrikanten bei seinen Mitgliedern eine Liefersperre gegen die Migros.[31] Der Erfolg des unorthodoxen Aussenseiters beruhte nicht zuletzt auf dem geschickt aufgebauten Image eines mutigen Anwalts der «kleinen Leute», ganz besonders aber der Hausfrauen. «Wir mussten sogar für die Fabrikherren bei der Migros posten», erinnert sich eine Frau aus Wald, «dass die Leute es nicht merken sollten, dass diese die billigen Preise auch benutzten!»[32]

Als der Bundesrat auf Betreiben der gut organisierten Interessenvertreter 1928 dazu ansetzte, der Migros mit einer neuen Hausierverordnung den Garaus zu machen, stellte sich der Zürcher Regierungsrat quer. Dennoch vermochte der Mittelstand, der sich stets als «staatserhaltende Mitte» darstellte, 1933 ein weitreichendes, gegen die Warenhäuser, vor allem aber gegen die Migros gerichtetes landesweites Verbot der Einrichtung neuer Ladenfilialen durchzudrücken. Das bundesrätliche Notverordnungsrecht erlaubte es, die Massnahme an einer Volksabstimmung vorbeizuschmuggeln, bei der sie geringe Erfolgschancen gehabt hätte. Kompetente Juristen hatten wenig Zweifel an der Verfassungswidrigkeit des Verbots; doch wurde es erst 1945 aufgehoben. Die Modernisierung des Detailhandels war damit in die Zukunft verschoben.

Migros-Verkaufswagen, Ende der zwanziger Jahre.

# Zum Forschungsstand

Ein kantonaler Überblick fehlt, abgesehen von der älteren Darstellung von STEIGER, Geschichte der Frauenarbeit. Ansonsten muss man auf Schweizer Untersuchungen zurückgreifen, siehe GESCHICHTE DER SCHWEIZ UND DER SCHWEIZER, Band 3; RUFFIEUX, La Suisse; knapp und präzis: SIEGENTHALER, Schweiz 1914–1984.

Etliche Ortsgeschichten und Regionalstudien sind ergiebig in bezug auf die lokale Perspektive: AEPPLI, Maur; HILDEBRANDT, Bülach; KLÄUI, Horgen; KLÄUI, Uster; KLÄUI, Zell; KÜSNACHT; LAMPRECHT, Eglisau; MÜLLER, Illnau-Effretikon; SCHÄRER, Suburbane Zone (Urdorf und Schlieren); SCHAUFELBERGER, Stadt Winterthur; ZIEGLER, Wädenswil; HAUSER, Entwicklung eines Bauerndorfes (Wädenswil).

Ferner existiert eine Anzahl teils sehr gehaltvoller Firmenfestschriften, so etwa für Industrie und Bau: ESCHER WYSS; HATT-HALLER; HONEGGER WEBSTÜHLE; JAKOB JAEGGLI; MAGGI-CHRONIK; USTERI, Seidenstoffwebereien; ZIEGLER, Seidenweberei Gessner; ZÜRCHERISCHE SEIDENINDUSTRIE-GESELLSCHAFT; WERKZEUGMASCHINENFABRIK OERLIKON (BÜHRLE) sowie die kritische «Gegenfestschrift» DIE BÜHRLE SAGA; GEBRÜDER SULZER; JOHANN JACOB RIETER; SCHWEIZERISCHE WAGONS- UND AUFZÜGEFABRIK.

Für den Finanzplatz besonders wertvoll: JÖHR, Kreditanstalt; ferner KELLER, Leu & Co.; SCHMID, Zürcher Börse; WYSS, Rentenanstalt; ZÜRCHER KANTONALBANK; «SCHWEIZ» ALLGEMEINE VERSICHERUNGS-AG; SCHWEIZERISCHE UNFALLVERSICHERUNG.

Zu Handel und Gewerbe HEEB, Konsumgenossenschaften; KONSUMVEREIN WINTERTHUR; KONSUMVEREIN ZÜRICH; BETRIEBE DES DETAILHANDELS; HÄSLER, Abenteuer Migros; HÄBERLE, Gewerbeverband Winterthur; ANGST, Gewerbepolitik; TROSSMANN, Gewerbeverband.

Zur Landwirtschaft siehe, neben den erwähnten Ortsgeschichten: LANDWIRTSCHAFT IM KANTON ZÜRICH (1924); BERNHARD, Landwirtschaftlicher Atlas; BECK, Stadt und Land (Witikon); ZÜRCHER LANDWIRTSCHAFTLICHER KANTONALVEREIN; MANZ, Zürcher Bauer; BIENZ, Milchwirtschaft; WINKLER, Kulturlandschaft Glattal; HOFER, Rafzerfeld; zahlreiche Daten für den Kanton enthalten die hervorragend kommentierten Bände der Betriebszählungen 1929 und 1939.

Statistische Daten zum Arbeitsmarkt oder zur Bautätigkeit sind gesammelt im STATISTISCHEN HANDBUCH 1949, in den STATISTISCHEN MITTEILUNGEN (SMZ) sowie für die Stadt Zürich in den ZÜRCHER STATISTISCHEN NACHRICHTEN (ZSN), wo sich auch wertvolle kleine Abhandlungen finden (siehe beispielsweise zum Schuhmachergewerbe ZSN 1934, Heft 3, S. 169ff.); sehr reichhaltig ist MÄGLI, Berufsbildung.

Eine Darstellung der Rationalisierungsbewegung mit betrieblichen Studien zu Zürcher Unternehmen (Maag und MFO) bietet JAUN, Management; für den Bereich der betrieblichen Verwaltung siehe KÖNIG, Die Angestellten; für den Haushalt BOCHSLER, Dienstmädchen; zum Denken eines führenden Industriellen siehe SULZER, Spiegel der Zeit; auch OERTLI, Vom Arbeiterkind zum Industriellen.

# Anmerkungen

[1] JÖHR, Kreditanstalt, S. 292, 322
[2] Siehe WOLFENSBERGER, Zuwanderung in Zürich; Daten für Winterthur 1911–1945 in: ZÜRCHER WIRTSCHAFTSBILDER 1946, S. 210
[3] BERICHTE DER KANTONSREGIERUNGEN ÜBER DIE AUSFÜHRUNG DES BUNDESGESETZES BETR. DIE ARBEIT IN DEN FABRIKEN, Zürich 1923/24, S. 1
[4] Siehe JAUN, Management; KÖNIG, Die Angestellten, S. 72ff.
[5] Zit. nach: JAUN, Management, S. 175; detaillierte Angaben zur Arbeitszeit bei DEGEN, Abschied vom Klassenkampf, S. 277ff.
[6] HONEGGER WEBSTÜHLE, S. 50ff.
[7] Hierzu ausführlich KÖNIG, Die Angestellten, besonders S. 72ff.
[8] SCHWEIZERISCHE BANKGESELLSCHAFT 1862–1912–1962, Zürich 1962, S. 90
[9] JÖHR, Kreditanstalt, S. 325
[10] Siehe Zürcher Steuerstatistik 1921 (STATISTIK DER STADT ZÜRICH, Heft 33)
[11] Näheres hierzu bei BOCHSLER, Dienstmädchen, S. 293ff.
[12] SULZER, Spiegel der Zeit, S. 29
[13] FREI, Aufzeichnungen eines Arbeiters, S. 19, 21, 30
[14] BERICHTE DER KANTONSREGIERUNGEN ÜBER DIE AUSFÜHRUNG DES BUNDESGESETZES BETR. DIE ARBEIT IN DEN FABRIKEN, Zürich 1925/26, S. 7
[15] Reichweite der Verträge errechnet aufgrund der Zahl der Arbeiterinnen und Arbeiter von Industrie, Handel und Verkehr (Mittelwert der Volkszählungen 1920/30)
[16] BERICHTE (wie Anmerkung 14) 1925/26, S. 12
[17] Detailliert zu diesen Fragen: JAUN, Management, S. 172ff., 252ff.
[18] Zit. nach: JAUN, Management, S. 341
[19] JAUN, Management, S. 276
[20] Über zwei Drittel (67,2%) des Beschäftigtenrückgangs im Bereich Textilien und Bekleidung von 1920 bis 1941 gingen auf den Abbau der Seidenindustrie zurück.
[21] Siehe OERTLI, Vom Arbeiterkind zum Industriellen
[22] Allgemein zur Thematik: BOCHSLER, Dienstmädchen
[23] Daten 1929 bei KÖNIG, Die Angestellten, S. 493, Anmerkung 10
[24] Beschäftigtenrückgang im Primärsektor 1920–1930: 16,4%; 1950–1960: 17,3%
[25] LANDWIRTSCHAFT IM KANTON ZÜRICH (1924), S. 97
[26] Zitat Betriebszählung 1939 (SQ 151, S. 191* und 202*f.)
[27] Als Beispiel frühen Maschineneinsatzes siehe die «Industrielle Landwirtschaft Winterthur» (KLÄUI, Hettlingen, S. 354ff.)
[28] LANDWIRTSCHAFT IM KANTON ZÜRICH (1924), S. 97
[29] Überblick in: ENTWICKLUNG UND STAND DER BODENVERBESSERUNGEN IM KANTON ZÜRICH, hg. vom Meliorationsamt des Kantons Zürich, Zürich 1939
[30] Reiches Material zum gewerblichen Protektionismus bei HÄBERLE, Gewerbeverband Winterthur (der erwähnte Vorfall S. 238)
[31] HÄSLER, Abenteuer Migros, S. 42
[32] Zit. nach: JORIS, Frauen, S. 180

Randspalte S. 272:
[1] FREI, Aufzeichnungen eines Arbeiters, S. 26f., 31f.

# Fragmentierte Gesellschaft

«Die Klasse der zwei Dutzend Buben – ehemalige Kameraden seit der sechsten Primarklasse und zwei, drei Neuzugezogene – wirkte zusammengewürfelt», erinnerte sich Hans Fischli (1909–1989) an die Konfirmandengruppe in Zürich-Wollishofen. «Ausläufer und Hilfsarbeiter kamen daher wie Erwachsene, der Gymnasiast und zwei Handelsschüler sonderten sich ab, die Lehrlinge aus Bürobetrieben trugen Krawatten, anders als die aus den Werkstätten, die hemdärmelig dasassen. Der Bauzeichnerstift (Fischli selbst) gehörte weder zu den einen noch zu den andern. (...) Der Pfarrer sass hinter dem Pult und hielt Vorträge. Zwischen ihm und der Klasse war eine unsichtbare Wand. (...) Grenzen, Schranken, Urteile; strikte Trennung in Gut und Böse, Sünde ein geläufiges Wort. Das Gegenteil der Wahrheit war Lüge; weder geschenkt, noch gekauft, war gestohlen. Kein warum und wieso, ohne Übergänge schwarz neben weiss.»[1]

In einem anschaulichen Bild zeichnet der Autor die sozialen und kulturellen Zerklüftungen der zwanziger Jahre: scharf getrennte Klassen und Stände, voneinander geschieden bis in die Feinheiten von Sprache, Kleidung und Alltagsverhalten; getrennte Geschlechter, gegensätzliche kulturelle Orientierungen. Hans Fischli stiess wenig später zur «Freischar», einer Jugendgruppe, die sich an den Ideen des religiös-sozialen und pazifistischen Theologen Leonhard Ragaz (1868–1945) orientierte. Kaum war seine Lehr-

«Gewandt und selbstbewusst durch Boxen.» Der Arbeiterboxclub Zürich im Aussersihl der dreissiger Jahre, aufgenommen von Wilhelm Willi, dem engagierten Mitglied des Arbeiterfotobundes (AFB).

Eine geordnete Welt

«Am ersten Schultag begleiteten mich meine Eltern», erzählt Franca Magnani, die als Kind Anfang der dreissiger Jahre mit ihren aus dem faschistischen Italien emigrierten Eltern aus Marseille nach Zürich kam. «Mein Klassenzimmer war geräumig und hell. An den Wänden hingen Schweizer Landschaften – die Alpen, die Seen, die Almen. An der Rückwand ein grosses Bild: Wilhelm Tell mit seinem Armbrust und seinem Sohn an der Hand. Kein Kruzifix. Die Schulbänke waren so blank und schmuck, als wären sie gerade aus der Möbelfabrik gekommen. Aus Argwohn und Vorsicht setzte ich mich auf eine der hintersten Bänke. (...)

An jenem ersten Schultag betonte der Lehrer, dass die Bänke, in denen wir sassen, der Allgemeinheit gehörten und dass es deshalb unsere Pflicht sei, sie jeden Tag so zu verlassen, wie wir sie vorgefunden hätten: sauber. Dann verteilte er lauter Dinge, die mir wie Gottesgaben erschienen: Schulhefte, Bleistifte, Buntstifte, Radiergummis etc. Wann immer wir etwas bräuchten, sagte er zu uns, könnten wir darum bitten und würden es kostenlos bekommen. (...)

Meine Eltern fanden die schweizerische Schulorganisation perfekt; mich langweilte sie. Der Schulalltag war zum Einschlafen, und ich sehnte mich nach meiner Schule in Marseille. Niemand aus der Klasse erzählte erstaunliche Geschichten, niemand muckte dreist auf, alle waren brav und neigten dazu, sich der vom Lehrer verkörperten Autorität zu beugen. Sogar wenn es darum ging, einen Klassenkameraden zu verpetzen, waren sie diszipliniert.»[1]

**Grosse Vermögen nach Besitzergruppen in der Stadt Zürich von 1905 bis 1945**

|  | 1905 | 1921 | 1934 | 1945 |
|---|---|---|---|---|
| Vermögen über | 250 000 | 500 000 | 500 000 | 600 000 |
| Anzahl Vermögen | 439 | 635 | 792 | 766 |
| Rentiers, Privatiers | 44,0% | 36,5% | 39,6% | 39,3% |
| Unternehmer, Kaufleute | 36,4% | 47,7% | 41,3% | 50,3% |
| Freie Berufe* | 10,3% | 9,1% | 12,4% |  |
| Höhere Angestellte und Beamte | 4,8% | 4,9% | 5,9% | 10,4% |

*ab 1945 unter «Unternehmer, Kaufleute»

Die längerfristige Entwicklung der grossen Vermögen lässt sich zwar nicht für den ganzen Kanton, jedoch für die Stadt Zürich im groben Umriss darstellen. Um die Teuerung (besonders während der beiden Weltkriege) ungefähr auszugleichen, wurde die Messlatte im Zeitverlauf jeweils etwas höher angesetzt. Um die 40 Prozent der grossen Vermögen lagen – mit einigem Auf und Ab – in der Hand von Privatiers, die vom Vermögensertrag lebten; mehrheitlich waren dies Frauen, denen insgesamt rund ein Viertel der grossen Vermögen gehörte. Mit einem ähnlichen Anteil wie die Privatiers folgten Unternehmer, Kaufleute und Direktoren von Grossunternehmen, etwa zehn Prozent stellten Angehörige der freien Berufe (vor allem Ärzte und Rechtsanwälte); eine kleine, aber deutlich zunehmende Minderheit waren Arbeitnehmer, nämlich höhere Beamte und Angestellte.

zeit zu Ende, zog es ihn 1928 zur Ausbildung an das berühmte «Bauhaus» in Dessau; er begeisterte sich für Le Corbusier, für Flachdachbauten und moderne Architektur und schlug den Weg zum Architekten und Künstler ein.

## Klassen, Stände, Lebensräume

Schmal war die Schicht der höher Gebildeten, die nur ein bis zwei Prozent der Erwerbenden umfasste, entsprechend eng das Tor zur Universität: Über 30 Prozent der Studierenden stammten zu Beginn der dreissiger Jahre aus akademischem Elternhaus; ein höherer Prozentsatz als im ebenfalls nicht sonderlich offenen Bildungswesen der «Weimarer Republik», wie der spätere Bundesrat Willy Spühler (1902–1990), damals junger Adjunkt im Statistischen Amt der Stadt Zürich, anmerkte.[2] Die vielfach vermögenden Hochschullehrer waren – durch Herkunft oder Heirat – öfter verwandtschaftlich mit den industriellen Unternehmerdynastien verbunden.[3]

Etwa 12 bis 15 Prozent der Bevölkerung gehörten der bürgerlichen Schicht der Unternehmer und Grossgewerbetreibenden, der freien Berufe, der hohen Beamten und leitenden Angestellten an, die einkommensmässig erheblich besser gestellt waren als der Durchschnitt und praktisch das ganze Vermögen besassen. Zu dem damit verbundenen Lebensstil gehörte die Beschäftigung von Dienstboten, ein Privileg, welches sich 1930 knapp 13 Prozent der Haushalte leisten konnten.[4] Eine Minderheit auch innerhalb dieses Kreises stellte der besitzbürgerliche Kern dar, dem über ein Drittel des Vermögens gehörte: wenig mehr als 1000 Personen oder 0,3 Prozent der Steuerpflichtigen im Kanton.[5] Am anderen Ende der Skala wiesen 70 Prozent der Bevölkerung kein versteuertes Vermögen aus.[6]

Die bürgerliche Bildungsschicht lebte mehrheitlich (1930 zu etwa zwei Dritteln) in Zürich; noch stärker war dies der Fall bei den Besitzern der sehr grossen Vermögen. Das Gewerbe war eher stärker über die Landschaft verstreut. Die Industriellen auf dem Land blieben meist, wie etwa die Baumwollunternehmer des Oberlands, dem Standort ihrer Betriebe treu; je nach Branche residierten sie zum Teil aber auch in der Stadt, fern von ihren Fabriken, so etwa die Seidenfabrikanten vom Zürichsee. Wo sie auch wohnten, waren sie stark zur Stadt hin orientiert, die für sie – viele von ihnen gehörten zu den ersten Autofahrern – rascher denn je erreichbar war.[7]

Demgegenüber blieben Arbeiterinnen und Arbeiter stärker als das Bürgertum – oder die wachsende städtische Angestelltenschaft – ins lokale Beziehungsnetz kleiner Fabrikgemeinden eingebunden. Dies galt besonders für die Arbeiterinnen der ländlichen Textilindustrie. In den Städten konzentrierte sich vor allem die männliche Arbeiterschaft der graphischen und der Baugewerbe sowie der Maschinenindustrie. Insgesamt lebten 1930 55,7 Prozent der Arbeitskräfte von Industrie und Gewerbe, aber 64,7 Prozent der Arbeiterinnen, auf der Landschaft. Fast drei Viertel (72,7 Prozent) waren in Fabriken tätig, die übrigen in kleinen Gewerbebetrieben. Gegenüber den anderen sozialen Schichten hatte die Arbeiterschaft immer noch mit sozialer Geringschätzung zu kämpfen. «Damals hatte man auch in Oberuster das Gefühl», erinnert sich eine Bauerntochter, «wenn einer in die Fabrik geht, dann gehört er zu einer anderen sozialen Klasse als wir. Wir Bauernkinder haben uns schon noch etwas über den Arbeiterkindern gefühlt. (...) Am meisten gestossen haben mich die Kosthäuser. Diese Frauen, die die ganze Woche in die Fabrik gingen, mussten eine derart primitive Wohnung nehmen beim Fabrikanten. Der Fabrikant hatte natürlich eine enorme Macht.»[8]

Mit dem Niedergang der textilen Branchen erfuhr die Fabrikarbeit eine allmähliche «Vermännlichung», die sich nach dem Zweiten Weltkrieg beschleunigte.[9] In den zwanziger Jahren konnten vermehrt auch weibliche Jugendliche eine Berufslehre absolvieren. Doch die Branchen, in denen die modernen Dienstleistungs- und Angestelltenberufe gefragt waren, wuchsen nicht schnell genug, um alle erwerbsuchenden Frauen aufnehmen zu können.[10] So blieb vor allem für Frauen vom Land der Hausdienst in städtisch-bürgerlichen Familien nach wie vor eine der wesentlichen Verdienstmöglichkeiten. In der Stadt wurde allerdings ein hoher Anteil dieser Stellen wegen geringer Entlöhnung und als bedrückend empfundener Abhängigkeit nurmehr von Ausländerinnen angenommen, die aus dem katholisch-ländlichen Süddeutschland oder Österreich zuwanderten. Viele heirateten später und liessen sich dauerhaft nieder. Städtische Arbeitertöchter hingegen strebten, wo immer sich dies machen liess, in die höher angesehenen, um einiges besser entlöhnten unteren Angestelltenpositionen in Laden und Büro.

Ein Menschenleben treu gedient: Jubilare der Arbeit bei Sulzer, Winterthur, in den zwanziger Jahren. Nach Klasse und Stand werden (von links nach rechts) der Giesser, der Schlossermeister, der Handlanger im Magazin und der Oberingenieur geehrt.

«Der Armut die Scham beigesellt»
«Sohn eines Kaufmanns, bestimmt dessen Nachfolge anzutreten und bereits auch in dessen Kontor tätig, im Hause der Eltern durchaus eingeordnet in bürgerliche Wohlhabenheit, ironisierte und belächelte ich bei jeder Gelegenheit dieses auf Besitz und Gelderwerb sich gründende Dasein.» So erinnerte sich der spätere Schriftsteller Kurt Guggenheim an die zwanziger Jahre. «Aus Gerechtigkeit, aus Mitleid mit den Armen, aus politischen Gründen – das sozialistische, das soziale Zeitalter hatte begonnen, – wegen persönlicher, psychologischer Ursachen, – eine neue Generation zog herauf und schickte sich an, die am Weltkrieg und seiner ihm nachfolgenden Wirrnis schuldigen Väter zu stürzen – war ich gegen das unmoralische Leben der Villenbesitzer am Zürichberg, zu denen wir gehörten. (…)

Eine Behausung ohne fliessendes kaltes und warmes Wasser, eine Existenz ohne das tägliche Wechseln der Leibwäsche, ohne das tägliche Rasieren, ohne das dreimalige Reinigen der Zähne und Ausspülen des Mundes mit Eau de Botot, ohne die Verwendung der besten englischen Toilettenseifen, ohne das wöchentliche Haarschneiden, ohne die stets frisch gebügelten Hosen, dies erschien mir schlechterdings unmöglich. (…) Ich verachtete und verurteilte den Besitz, der mir den geckenhaften, ichbezogenen Lebensstil erlaubte; Grösse und Kraft, ihm zu entsagen, besass ich nicht. In diesem Weltbild war der Armut die Scham beigesellt.

Wie dieses Gift in mich hineingekommen war, weiss ich nicht. Es musste im Milieu liegen, in der Überschätzung des Besitzes, an der Wichtigkeit, die man dem Lebensstandard beimass. Er war es offenbar, der über das Ansehen und die Bedeutung einer Familie entschied.»[2]

Auf der Ebene der Familie erwuchsen daraus allmählich engere Verflechtungen zwischen der qualifizierten Arbeiterschaft und den nicht-leitenden Angestellten. Aus Arbeiterfamilien stammende weibliche Angestellte, denen sich in Verkauf und Büro ein bis dahin fremdes soziales Milieu auftat, wirkten wie eine Brücke, über welche bürgerliche Anschauungen in die gelernte Arbeiterschaft transportiert wurden. Respektabilität galt viel in jenen Familien, die sich angestrengt bemühten, der Armut zu entkommen und ihren Kindern (die «es einmal besser haben» sollten) eine qualifiziertere Ausbildung zu ermöglichen, als sie der Elterngeneration zuteil geworden war. Was dem Aufstieg im Weg stand – etwa die geplante Heirat der Tochter mit einem «Ungelernten» – stiess unter Umständen auf nicht geringere Ablehnung als «unpassende» Heiratspläne einer Bürgertochter.[11] Und ein aufstiegsbeflissener Sulzer-Arbeiter brach die sich anbahnende Beziehung zu einer jungen Frau wieder ab, als er realisierte, dass sie «in der Orthographie nicht ganz zu Hause» war: «Das genügte.»[12] Im sozialen Abseits verblieben am ehesten die Ungelernten: In manchen Belangen, so etwa in bezug auf die (bei Ungelernten sehr niedrige) Stimm- und Wahlbeteiligung, unterschieden sie sich deutlicher von den gelernten Arbeitern als diese von den Angestellten.

Die Angestellten, jene rasch wachsende Schicht, der 1930 bereits jeder und jede fünfte Erwerbstätige angehörten, umfassten ein breites Spektrum von Berufen und Soziallagen: von den Hilfskräften in Laden und Kontor über die gelernten Kaufleute und aufstiegsbewussten Werkmeister bis hin zu Technikern und Ingenieuren mit Fach- oder Hochschulbildung.[13] Während in den unteren Rängen immer mehr Frauen tätig waren, blieben die Positionen, zu deren Besetzung bestimmte Qualifikationen erforderlich waren, weitgehend in Männerhand. Die Angestellten waren in mehrfacher Hinsicht eine zukunftsträchtige Schicht: Sie lebten meist in der Stadt und glichen darin dem gebildeten Bürgertum; gleichzeitig waren sie Arbeitnehmer, die mit den Arbeitern die entsprechenden Abhängigkeiten teilten. Obwohl die grosse Mehrheit von Gewerkschaft und Sozialismus nichts wissen wollte, unternahm eine aktive Minderheit jüngerer Angestellter in der Stadt Zürich gegen Ende des Ersten Weltkriegs erste Schritte, um ihre Interessen gegenüber den Patrons eigenständig zu vertreten: Sie wollten als «Mitarbeiter», nicht als «Untertanen» behandelt werden. Vorrangig blieb die individuelle berufliche Ertüchtigung und das Bemühen um den Aufstieg, der vor allem für die männlichen und besser qualifizierten Berufsangehörigen ein durchaus realistisches Ziel darstellte. Auch für die weibliche Erwerbsarbeit öffneten die Angestelltenberufe Perspektiven, die über Fabrikarbeit und Dienstbotenexistenz hinauswiesen.

Als Gesamtheit standen die Angestellten «zwischen den Klassen», mit denen sie in fliessendem Übergang verbunden blieben: Hier boten sich Chancen für die Söhne und Töchter von Gewerbetreibenden und kleinen Kaufleuten wie für jene aus der Arbeiterklasse. In dieser Durchgangszone des sozialen Umstiegs (der nicht immer ein Aufstieg sein musste) begegneten sich die Abkömmlinge sozial scharf voneinander geschiedener Klassen – und sie alle fanden allmählich zu einer locker gefügten Gruppierung eigener Art zusammen, in deren städtischem Lebensstil sich Züge ausbildeten, die erst nach dem Zweiten Weltkrieg voll durchdrangen. Früher als Arbeiterfamilien oder die Kreise von Besitz und Bildung verringerten Angestellte ihre Kinderzahl und gingen zur heute dominierenden Lebensform in der Kernfamilie (Eltern und Kinder) über. Die Beschäftigung von Dienstboten lag mehrheitlich jenseits ihrer Möglichkeiten; was aber modernen Wohnkomfort betraf, überrundeten sie in der Zwischenkriegszeit bereits die Masse der Selbständigen. Ihr konsumorientierter Lebensstil begann allmählich Arbeiterschaft wie Bürgertum zu beeinflussen.

In der ständisch verhärteten Gesellschaft der zwanziger Jahre stiess diese Entwicklung keineswegs nur auf Zustimmung: Standes- und Bildungsdünkel von oben mokierte sich über die Anmassungen «kleiner Angestellter», die sich in Sprache und Kleidung bürgerlich gaben und in ihrer Freizeit «seichten Vergnügungen» nachjagten. Wie als Echo darauf spottete der Klassendünkel von unten über «Stehkragenproleten», die sich für etwas Besseres hielten.

## Konfession, regionale Herkunft und die Wege des Aufstiegs

Zwei Faktoren, die sich in komplexer Weise mit der sozialen Schichtung kreuzten, waren jene der regionalen Herkunft und der Konfession. Der Wirtschaftskanton Zürich bezog einen erheblichen Teil seiner wachsenden Bevölkerung über die Zuwanderung; ganz besonders galt dies für die Stadt Zürich. «Die Bevölkerung ist (...) stark gemischt», befand 1928 ein pensionierter Professor der Zoologie mit antisemitischen Neigungen, «und es gibt unten wie auch ganz oben Schichten, an denen wir manches auszusetzen haben. Das kommt eben in jeder Grossstadt vor.»[14] Die Zuwanderung aus dem Ausland verlangsamte sich freilich zwischen den Kriegen, so dass der Anteil der ausländischen Wohnbevölkerung bis 1941 auf ein im 20. Jahrhundert nicht mehr erreichtes Tief von 5,6 Prozent sank. Von dieser reduzierten Gruppe war zudem beinahe die Hälfte (47,1 Prozent) bereits in der Schweiz geboren. Die inländischen Bevölkerungswanderungen hielten jedoch an und sorgten für eine fortdauernde, unspektakuläre Umschichtung. Der Anteil der zürcherischen Bevölkerung, der im Kanton geboren war, sank von 1920 bis 1930 von 61,7 auf 57,4 Prozent (1980: 51,7 Prozent).[15]

Eine wesentliche Minderheit im reformierten Kanton stellten die Katholikinnen und Katholiken dar: Ihr Anteil stagnierte nach dem raschen Anstieg zwischen 1870 und 1910 bei etwas über einem Fünftel (1910: 21,8 Prozent; 1941: 23,1 Prozent).[16] Hinter der scheinbaren Konstanz verbargen sich jedoch erhebliche Veränderungen: Die 1910 noch mehrheitlich (zu 52,5 Prozent) aus dem Ausland stammende katholische Bevölkerung erfuhr infolge der Abwanderung im Ersten Weltkrieg eine «Verschweizerung», indem der Anteil der Fremden bis 1920 auf 35,3 Prozent sank. Eine weitere Abnahme bewirkten Einbürgerung und Heirat (namentlich vieler katholischer Dienstmädchen) sowie die anhaltende Zuwanderung aus den katholischen Kantonen der Ost- und der Innerschweiz, so dass 1941 86,9 Prozent der katholischen Bevölkerung im Kanton das Schweizer Bürgerrecht besassen.

Viel kleiner als die katholische blieb die jüdische Minderheit, die 1920 mit einem Anteil von 1,3 Prozent ein Maximum erreichte, dann aber wieder auf ungefähr ein Prozent zurückging. Seit dem letzten Viertel des 19. Jahrhunderts zugewandert, stammte diese Gruppe, die zu keinem Zeitpunkt mehr als 7000 Personen umfasste, anfänglich aus Lengnau und Endingen im Aargau, nach der Jahrhundertwende zunehmend aus dem Ausland, aus Süddeutschland oder dem Elsass; immer zahlreicher wurden auch die Einwanderer aus Osteuropa, wo sie bedrückende Lebensumstände hinter sich liessen. 1910 besassen erst 31 Prozent der Jüdinnen und Juden im Kanton Zürich das Bürgerrecht; 1930 waren es 61,4 Prozent. Die Bereitschaft der Behörden zur Einbürgerung jüdischer Antragsteller liess bereits ab 1914 nach, bevor

Nähatelier in Zürich, zwanziger Jahre: Alis Guggenheim (1896–1958), links im Bild, wollte Künstlerin werden, doch blieb ihr als Frau, als Jüdin und Kommunistin die Förderung versagt, so dass sie zeitweise auf ihren Brotberuf als Modistin zurückgreifen musste. Auch als sie 1928 an der ersten Schweizerischen Ausstellung für Frauenarbeit (SAFFA) in Bern eine grosse Skulptur («Frau 1928») ausstellte, blieb der Erfolg aus. Ende der dreissiger Jahre zog sie ins Tessin, wo sie bis zu ihrem Tod als Malerin und Bildhauerin lebte.

sie unter dem Druck der antisemitischen Welle in den dreissiger Jahren vollends dahinschwand.[17]

Von je weiter die Zuwandernden herkamen, desto eher liessen sie sich in der grossen Stadt nieder, wo sie Erwerbsmöglichkeiten, eine vergleichsweise tolerante Situation und zahlreiche Schicksalsgenossen vorfanden, was auf dem Land und in den kleinen Industriegemeinden viel weniger gegeben war. 1930 lebten 53 Prozent der Katholikinnen und Katholiken – aber nur 35 Prozent der Reformierten – in der Stadt Zürich. Die jüdische Minderheit fand sich als am stärksten verstädterte Gruppe beinahe ausschliesslich (zu 94,1 Prozent) dort. Sie konzentrierte sich in wenigen Quartieren, namentlich in der Enge (Kreis 2), in Wiedikon (Kreis 3) und in Aussersihl (Kreis 4) mit seiner bunt gemischten Bevölkerung. «Zu meiner völligen Integration ins Wohnmilieu», erinnerte sich der Schriftsteller Hans Schumacher (1910 bis 1993), der im Industriequartier geboren wurde, «trug vor allem die Gassensprache bei, deren Vokabular auch Worte und Wendungen umfasste, die aus dem Jenischen, Rotwelschen und Jiddischen stammten, gespickt ausserdem mit italienischen und slawischen Brocken: philologischer Ausdruck unseres Stadtrandsammelquartiers mit seinen Fabriken, Handwerksbetrieben, Bahnanlagen, Schrebergärten, Wohnkolonien, Hinterhöfen (...).»[18]

Klasse und Geschlecht, Konfession und Nationalität, Generation und Dauer der Ansässigkeit begründeten vielfältige Trennlinien in Alltagserfahrung, sozialem Ansehen und politischen Rechten. Für die expandierende Stadt Zürich bestehen genauere Angaben über den Zusammenhang von Herkunft, Einkommen und Beruf: «Das Ergebnis ist höchst eigenartig. Bei den Selbständigen und bei den Privatangestellten haben die Zürcher fast durchwegs beim Einkommen wie beim Vermögen einen grossen Vorsprung gegenüber den übrigen Schweizern und besonders den Ausländern der gleichen Berufsgruppe. Bei den Arbeitern ist hingegen ziemlich allgemein das Einkommen der Ausländer grösser als das der Einheimischen. Das ist besonders deutlich der Fall in jenen Berufen, die eine grosse Ausländerquote aufweisen, wie Bäcker, Schneider, Schuhmacher, Coiffeure, Maurer.»[19] In den gehobenen und selbständigen Positionen genossen die Einheimischen einen Vorsprung; in den Rängen der Arbeiterberufe spielten die Kräfte des Markts, wodurch die Zuwandernden, eine Auslese der Jungen und besonders Tatkräftigen, bevorzugt wurden.

Die Wege des Einstiegs und des Erfolgs lassen sich am Anteil der Konfessionen in den verschiedenen Berufsgattungen ablesen.[20] Weder zugänglich noch attraktiv für Neueinsteiger war die schrumpfende Landwirtschaft, die in hohem Mass den reformierten, schon lange Ansässigen vorbehalten blieb. Die Bauernschaft wies einen Grad an innerer Geschlossenheit auf wie keine zweite soziale Gruppe. Ansonsten galt, mit Variationen: Je geringer Ansehen und Verdienstchancen einer Tätigkeit, je schwächer die berufsständische Organisation, desto höher der Anteil der Katholiken (und somit auch der Ausländer); je höher das Ansehen, je näher beim Staat und den öffentlichen Einrichtungen, desto grösser der Anteil der alteingesessenen, reformierten Zürcher. In Banken und Versicherungen waren Katholiken untervertreten, Juden fanden überhaupt keinen Zugang. Noch viel ausgeprägter galt dies für die Schulen, denen man wegen ihres Einflusses auf die nachwachsende Generation grosse Bedeutung beimass. Höchst schwierig war eine Universitätslaufbahn für Juden, Katholiken oder politisch Linksstehende.[21] Auch innerhalb der Arbeiterschaft bestanden im übrigen feine Abstufungen: Die Gelernten der Metall- und Maschinenindustrie, des graphischen Gewerbes, des öffentlichen Verkehrs waren zu annähernd zwei Dritteln reformiert. Im

Wochenmarkt auf dem Zürcher Helvetiaplatz 1935.

Baugewerbe mit seinen zahlreichen Handlangern stellten Katholiken die Mehrheit, namentlich im Maurerberuf, wo traditionell viele zugewanderte Italiener tätig waren. In Handwerk und Gewerbe oder manchen Dienstleistungen räumten die Einheimischen wirtschaftlich wenig attraktive Positionen (Schuhmacherei, Schneiderei, Coiffeurgewerbe), so dass Fremde die Gelegenheit nutzten, sich in solchen Nischen wirtschaftlich selbständig zu machen.[22]

Einen Sonderfall stellten die Juden dar, die dank ihrer Anpassungsfähigkeit und beruflichen Tüchtigkeit auch als Aussenseiter raschen Erfolg fanden. Dabei konzentrierten sie sich auf jene häufig selbständigen Tätigkeiten, die ihnen nicht verwehrt werden konnten: den Handel und die kaufmännischen Berufe sowie – und das gilt vor allem für Ostjuden – die Bekleidungs- und Wäschekonfektion.[23] In der letzteren stellten sie 1934 in der Stadt Zürich 16,9 Prozent der selbständig Erwerbenden; unter den selbständigen Kaufleuten rund einen Fünftel, unter den Anwälten 12,7 Prozent und unter den Ärzten 6,2 Prozent.[24] Jüdische Freiberufler waren indessen auch sozial verletzlich, wenn sich ihre Tätigkeit in voller Öffentlichkeit abspielte, wie das Schicksal des jüdischen Star-Anwalts Wladimir Rosenbaum zeigt. «Jud Rosenbaum» wurde wie kaum ein anderer in den dreissiger Jahren zum Ziel antisemitischer Hetze in den frontistischen Blättern, ohne dass Behörden oder Gerichte dagegen eingeschritten wären. Im Gegenteil: Sein Engagement in der Waffenbeschaffung für die vom Faschismus angegriffene spanische Republik trug ihm nicht nur eine Gefängnisstrafe ein, sondern wurde Ende 1937 zum Anlass genommen, ihm das Anwaltspatent zu entziehen. Er lebte fortan im Tessin, wo er sich als Antiquitätenhändler eine neue Existenz aufbauen musste.[25]

Während das jüdische Bürgertum am Rande blieb, fanden beruflich arrivierte Katholiken gehobener Herkunft vom Ersten Weltkrieg an vereinzelt Aufnahme in den ansonsten höchst zurückhaltenden, reformiert geprägten alt-zürcherischen Bürgervereinigungen. Die Möglichkeit, sich frei praktizierend zu etablieren, machte den Arztberuf für bürgerliche Aufsteiger aus der katholischen Minderheit besonders attraktiv (ähnliches galt für die Rechtsanwälte). 1921 nahm die Zunft Hottingen den aus alter Honoratiorenfamilie in Arth (Kanton Schwyz) stammenden Arzt Conrad Bürgi (1874 bis

Der Jurist Wladimir Rosenbaum (1894–1984) und die Schriftstellerin Aline Valangin (1889–1985) unterhielten im Zürich der späten zwanziger und frühen dreissiger Jahre an der Stadelhoferstrasse ein gastfreundliches Haus für Künstler und Literaten. Valangin kam aus Bern, Rosenbaum stammte aus einer russisch-jüdischen Familie, die 1902 wegen antisemitischer Verfolgungen die Heimat verlassen hatte.

Jüdisches Kleiderhaus an der Zürcher Langstrasse, im Quartier, in dem viele der jüdischen Zuwanderer aus Osteuropa – wie später zahlreiche weitere Immigranten – ihre erste Bleibe fanden (Aufnahme um 1920).

1945) auf. Er hatte sich nach dem Studium in Zürich 1902 in Wädenswil niedergelassen, bevor er 1917 nach Zürich übersiedelte, wo er sich aktiv im katholischen Vereinswesen und in der Christlichsozialen Partei engagierte. «Dr. Bürgi», hielt ein Nachruf fest, «war der erste praktizierende Katholik und der erste Christlichsoziale, der den Präsidentenstuhl des zürcherischen Kantonsrates besteigen durfte. Er hat dieses Amt im Schicksalsjahr 1939/40 musterhaft verwaltet.»[26] Sein Sohn Urs Bürgi (1909–1989), Arzt gleich dem Vater, schaffte eine Generation später (1963) die Wahl in den Regierungsrat.

### Generationen und Geschlechter

Markant hat ein ehemaliger Sulzer-Arbeiter 1988 im Rückblick auf seine Winterthurer Jugend in den späten zwanziger Jahren den Kontrast zur Gegenwart beschrieben: «Ja, die Jugend jener Zeit besass noch nicht ihren eigenen Stil wie die heutige. Die Burschen trugen, zumindest am Sonntag, noch brav ihre Hüte (...), weil es für unschicklich galt, ohne Kopfbedeckung herumzulaufen. Die Textilindustrie hatte zudem die ganz anders gearteten Bedürfnisse der Jungen noch nicht entdeckt. Die Mode appellierte nur an die geheimen Wünsche der eleganten Frau, als ob es keine jüngeren Vertreterinnen ihres Geschlechts gäbe. Was Wunder, dass die ganze junge Welt danach strebte, es möglichst perfekt der älteren Generation gleichzutun (...).»[27] Wenig brauchte es, um unter solchen Bedingungen Anstoss zu erregen. Auch in den Schulen herrschten vielfach stramme Autorität und geisttötender Drill. «Wer über den Wortlaut hinausdachte, war verdächtig», beschreibt der 1909 geborene Erwin Jaeckle den Unterrichtsstil eines Kantonsschullehrers.[28]

Was im Rückblick beklemmend eng erscheint, trug für die damals Beteiligten indes auch Züge des Aufbruchs. Anfänge einer eigenen Jugendkultur gingen auf die Bestrebungen zur «Lebensreform» kurz vor dem Ersten Weltkrieg zurück, als der aus Deutschland stammende «Wandervogel» seinen Aufstieg erlebte.[29] In Kleidung, Verhalten und Freizeitformen setzte die kleine, überaus aktive und experimentierfreudige Vereinigung neue Massstäbe. In der Sehnsucht nach Natur, nach intensiven Gemeinschaftserlebnissen, nach Überschreitung der Gräben zwischen den Ge-

Strenge Trennung der Geschlechter an Mittelschulen: Ein 1920 unternommener Versuch, am kantonalen Gymnasium auch Mädchen zuzulassen, war umgehend abgebrochen worden. Kontakte blieben auch ausserhalb der Schule selten. «Man lächelte über Schüler, die sich auf der Strasse mit einem Mädchen zeigten.» Die Mädchen, «HöTös» im Gymnasiastenjargon, besuchten weiterhin das Gymnasium an der «Höheren Töchterschule» (Klassenbild um 1930).

schlechtern drückte sich der Protest gegen beengende bürgerliche Konventionen aus. Parallel dazu probte die sozialistische Jugend einen sehr viel radikaleren Aufstand, nicht zuletzt gegen die eigenen Parteioberen: Sie lief nach dem Krieg praktisch geschlossen zur Kommunistischen Partei (KP) über, deren opferbereites Fussvolk sie bildete. Viele Gesichter hatte der Aufbruch: natur- und gemeinschaftsbewegte, religiös-soziale, radikal-sozialistische und romantisch-idealistische.

Im konservativen Gegenstoss der zwanziger Jahre wurden viele dieser diffusen Bestrebungen und Sehnsüchte aufgefangen und neutralisiert. Der Kanton Zürich hatte als erster in der Schweiz schon 1919 unter der Leitung des Winterthurer Demokraten Robert Briner (1885–1960) ein Jugendamt geschaffen, das sich sogleich gegen die verderblichen Gefahren des Kinos stark machte.[30] Eine von Erwachsenen gesteuerte «Jugendpflege» kopierte die äusseren Formen der «Jugendbewegung», auf die sich auch konservative und konfessionelle Jugendgruppen ein Stück weit einlassen mussten, wollten sie ihr Publikum finden. Auf dem Land existierten vielfach nur die von den Kirchgemeinden geleiteten Vereine, während in den Städten das Angebot breiter war. Zahlenmässig schwangen die konfessionellen Organisationen weit obenaus.[31] Der einst bahnbrechende «Wandervogel» erreichte dagegen seine Bedeutung von vor 1914 nicht mehr. «Dass man die ‹Naturburschen› immer in der Stadt sieht», wunderte sich 1925 der junge Kurt Guggenheim (1896–1983).[32] Der «Wandervogel» hatte in der Tat seine Hochburgen in den Städten und den bürgerlichen Seegemeinden, wo die politisch ungebundene Botschaft am besten ankam.

Naturbegegnung, Wandern, Zelten und Gemeinschaftspflege übernahmen die «Pfadfinder», die ebenfalls kurz vor dem Krieg angetreten waren; sie gliederten sich in einen bürgerlich-nationalen und einen stärker konfessionell orientierten Flügel.[33] Den Gemeinschaftsgedanken pflegte auch der freiwillige Arbeitsdienst der akademischen Jugend, der ab 1925 aus einer Initiative des in Zürich lebenden Schriftstellers Heinrich Federer (1866–1928) hervorging.[34] Klein nahmen sich neben all diesen Organisationen die politisch-oppositionellen Kreise aus: die aktivistische kommunistische Jugend, «gefürchtet und gehasst» trotz ihrer geringen Zahl, wie sich eine Zeitgenossin[35] erinnert; ferner sozialistische Gruppen, die immer wieder

Ein «Wandervogel» erinnert sich
«Nach der weiten Fahrt durch Graubünden ging ich daran, in meinem Wohnort Richterswil eine eigene Ortsgruppe zu gründen. Da im Wandervogel Alkoholabstinenz eine Selbstverständlichkeit war – dieser Punkt wurde erst ein paar Jahre später wieder diskutiert, und zwar gründlich und mit Härte –, warb ich unter der abstinenten Jugend des Dorfes, die im Blauen Kreuz zusammengefasst war. Mehrere kamen, und nicht nur als Mitgeher, obwohl ihnen der Schritt aus der Geborgenheit, die ihre Erwachsenenorganisation bot, in die freie Jugendbewegung nicht leicht gefallen sein mag. (...)

In unserer Gruppe war ich unter Handwerkerlehrlingen der einzige Mittelschüler; nie erlangte jedoch dieser Umstand eine besondere Bedeutung. Als weniger selbstverständlich erscheint mir dagegen die damalige Eintracht im Hinblick auf einen anderen Unterschied: Meine Kameraden hatten aus ihrem Herkommen eine stark religiöse Haltung bewahrt, während meine Anschauungen sich damals, was das anbetraf, in der Nähe des Atheismus bewegten. (...)

Nach ein paar Jahren hatten sie ihre Lehre beendet. Die eifrigsten gingen weit weg auf Arbeitssuche. Gross war unser Trupp nie gewesen, und Nachwuchs fehlte, so dass sich die Gruppe auflöste. Ich suchte und fand neue Gemeinschaft unter Mitschülern an den oberen Klassen des Gymnasiums, und Mädchen von der Töchterschule, hauptsächlich aus dem Lehrerinnenseminar, gesellten sich dazu. Wir bildeten die Gruppe Zürich-Ring, eine gemischte Gruppe also. Als einziger trat ich zwar für Trennung ein, weil ich befürchtete, dass kleine Bünde unser Gemeinschaftsleben stören könnten; dazu wurde mir entgegnet, dass dieses stark genug sollte, um auch jene aufnehmen zu können; ein Argument, dem ich mich heute anschliessen würde.»[3]

Eine «Wandervogel»-Gruppe aus Winterthur im Engadin, 1926.

mit der eigenen Partei haderten. Dort verzichtete man im Zweifelsfall lieber ganz auf eigene Jugendarbeit, als die ständige Aufmüpfigkeit der «Jungen» in Kauf zu nehmen.[36]

In weiten Teilen der Jugendbewegung und des jugendorientierten Vereinslebens blieb die Trennung der Geschlechter an der Tagesordnung. Auf der politischen Linken entwickelte man hierin am ehesten eine gewisse Unbefangenheit; in der KP waren sogar sexuelle Beziehungen Unverheirateter ein Thema. Der «Wandervogel» kehrte nach 1919 weitgehend zur getrennten Organisation zurück, da die Wünsche der immer wieder entstehenden jungen Paare in Konflikt mit dem männerbündischen Gemeinschaftsideal gerieten. Vielfach spielten bei den Knaben- und Jünglingsvereinen auch asketische Zielsetzungen, kombiniert mit Mädchen- und Frauenfeindschaft, eine Rolle. Der abstinenzlerische und strenge Einschlag – Kampf dem Alkohol, den Zigaretten, den «seichten» Vergnügen – war ausgeprägt.

Bei allen Grenzziehungen war zwischen den Geschlechtern eine gewisse Lockerung gegenüber der Zeit vor 1914 spürbar: Namentlich junge Frauen hatten ein wenig mehr Bewegungsfreiheit gewonnen. Eine Befragung angehender Angestellter an der Schule des «Kaufmännischen Vereins Zürich» erbrachte im Mai 1938, dass die Mädchen nun immerhin halb so oft Vereinen angehörten wie die Knaben. Der verbleibende Rückstand erinnert indes an ihre häuslich-familiäre Einbindung.[37] Sie waren erheblich stärker konfessionell engagiert als die Knaben, pflegten eher dem bürgerlich-weiblichen Rollenverständnis konforme musische Interessen als leistungs- und kampfbetonten Sport.

## Eine Welt scharf abgegrenzter Lager

Der bürgerliche Siegeszug an die Spitzen von Politik und Wirtschaft lag zu jener Zeit bereits mehrere Generationen zurück. Die Etappen und Rollen in bürgerlichen Lebensläufen – von Gymnasium und Mittelschulvereinigung über Studentenverein und Zunft, Militär und Verbandswesen bis zu politischen Mandaten und Einsitz in Verwaltungsräten – verbanden Väter und Söhne in vielfach ungebrochenen Linien der Kontinuität. «In seinem 73. Altersjahr», erinnerte sich Hermann Häberlin (1894–1975), «verzichtete mein Vater auf eine Wiederwahl in den Kantonsrat. Damit stand 1935 für mich ein Platz zum Nachrücken offen. Ich brachte es aber im ersten Anlauf nur bis zum ersten Ersatzmann.»[38] Noch in der Erinnerung klingt die von Familie und Freundeskreis geteilte Überraschung nach, dass der demokratische Wahlgang die erwartete «Erbfolge» vorerst vereitelte. Erst während des Kriegs rückte der freisinnige Sachwalter der Maschinenindustrie und Verwandte des Thurgauer Bundesrats Heinrich Häberlin (1868–1947) in den Kantons- und Nationalrat ein. Sein Vater, Hermann Häberlin (1862 bis 1938), erfolgreicher Arzt, pazifistisch gesinnter Völkerbundsfreund, Freimaurer und Berggänger, hatte ab 1904 dem Zürcher Gemeinderat, von 1914 bis 1935 dem Kantonsrat, von 1920 bis 1932 dem Zürcher Stadtrat und von 1929 bis 1935 dem Nationalrat angehört.

«Es lag nahe, dass der Sohn nach dem Bestehen der Maturität am Realgymnasium, nach juristischen Studien in Genf, Berlin und Zürich und nach dem Anwaltsexamen in die Fussstapfen des Vaters trat.»[39] So die Formulierung im Nachruf eines späteren Bankdirektors, der 1930 bei Leu & Co. eintrat und in die Direktion aufstieg, wo schon sein Vater amtiert hatte. «Der Vater das Leitbild des Sohnes», wie es von Carl Abegg-Stockar (1860 bis 1943), einer führenden Figur der Schweizerischen Kreditanstalt, heisst, stand als Motto über derartigen Biographien.⁴⁰ Obwohl der stetige gesellschaftliche Wandel die Herausbildung eines Kreises «regimentsfähiger» Familien wie im 18. Jahrhundert verhinderte, waren entsprechende Symptome unübersehbar. Immerhin war, sofern Konfession, Herkunft und Leistung stimmten, eine gewisse «Blutauffrischung» von aussen nicht unerwünscht, diente sie doch dem Ausbau der interessenpolitischen und familiären Netzwerke. Zürich blieb darin vergleichsweise offen, was der wirtschaftlichen Dynamik der Stadt zugute gekommen sein dürfte. Die «Constaffel», vornehmste der Bürgervereinigungen, legte in ihren Statuten sogar «Wert darauf, dass ihrem Kreise nicht nur Bürger der Stadt Zürich angehören».⁴¹ An den «Verkehr in einigen Häusern auch dieser Kreise, in denen es, wie in andern Kreisen, angenehme und kultivierte Menschen gibt», erinnert sich der Historiker und Chronist Jean Rudolf von Salis, der ab 1935 – aus Paris zurückgekehrt – an der ETH in Zürich lehrte. «Das Zürcher Grossbürgertum hat Sinn für Wohnkultur, und an manchen Wänden hängen gute Bilder.»⁴²

Nur am Rande entwickelten sich daneben Ansätze eines «unbürgerlichen Bürgertums» von grossstädtischem Zuschnitt, von Zirkeln mit vielfältigen kulturellen Interessen und mondänem Lebensstil.⁴³ Dazu gehörten etwa das Psychiaterehepaar Vera und Charlot Strasser sowie (bis zu ihrer Vertreibung) die Rosenbaums, Wladimir und Aline, mit ihrem gastfreundlichen Haus an der Zürcher Stadelhoferstrasse. Von diesen experimentierfreudigen Kreisen und ihrem geselligen Umfeld gingen wichtige Impulse für Kunst und Literatur aus. Gemeinsam war ihnen die nicht-zürcherische, bisweilen auch jüdische Herkunft: eine Kombination, welche bei der eingesessenen Oberschicht vielfach Misstrauen erregte.

Parallel zum gross- oder kleinstädtischen Bürgertum hatte sich auch auf der Landschaft, besonders in den Hochburgen der Bauernpartei im Unterland und im Weinland, seit dem späteren 19. Jahrhundert ein landbürgerlich-bäuerliches Honoratiorentum gebildet, in dessen Kreisen die Vererbung von Eigentum und politischer Macht nah beieinander lag. Man kannte sich aus Genossenschaft und Bauernpartei, war versippt und verschwägert, las dieselben Zeitungen und teilte die tiefempfundene Abneigung gegen die Grossstadt, gegen freisinniges «Herrentum» und sozialistische «Umstürzler».⁴⁴ Ausgeprägter als in der Stadt war die konservativ-reformierte Prägung. Dass der «aufklärerisch-liberale Geist» Schuld trage am Niedergang überlieferter Werte, schien von dieser Warte aus sonnenklar. «Er pflegt dem Volke den festen Glauben zu nehmen, weiss ihm aber nichts Gleichwertiges zu geben», befand der Bülacher Anwalt Walter Hildebrandt (1901–1990). Dagegen beschwor er «die urwüchsigen Kräfte der Seele», wie sie auf dem Land anzutreffen seien.⁴⁵

Hatten im 19. Jahrhundert Aufstiegsleistung und republikanischer Bürgerstolz im Vordergrund gestanden, so priesen bürgerliche Selbstdarstellungen des voranschreitenden 20. Jahrhunderts in Stadt wie Land «die geheimnisvolle Kraft der Vererbung», «Ahnen» und «altzürcherische Tradition», «Blut» und «Ursprünge». Zu erscheinen wie ein «Aristokrat» war kein Makel mehr.⁴⁶ Familienforschung und die Erstellung von Stammtafeln, in denen das demokratische 19. Jahrhundert «eine wesensfremde, eine monarchistische Tendenz verspürte», erfuhren einen kräftigen Aufschwung.⁴⁷ Auf der politischen Rechten kam es teilweise zur Kultivierung eines gesinnungsmässigen Herrenmenschentums; ein Umfeld, in dem in den dreissiger Jahren diskretes «Verständnis» für den Nationalsozialismus blühte.⁴⁸ Hart daneben lebten allerdings bei einer älteren Generation noch wirksame

Schuhputzerin vor dem Zürcher Hauptbahnhof, 1936.

Diskret glänzender Luxus vor dem Zürcher Stadttheater, aufgenommen von Gotthard Schuh in einer Winternacht anfangs der dreissiger Jahre.

Überlieferungen republikanischer Bürgertugend. «Personen, die den Herrn Oberst zu sprechen wünschten, stellte er sich mit der lapidaren, energischen Bemerkung vor: ‹Min Namä isch Huber!›», heisst es von Emil Huber-Stockar (1865 – 1939), dem Industriellen, der die Elektrifizierung der Schweizerischen Bundesbahnen (SBB) leitete.[49]

In ihrem kulturellen Kern entfaltete sich «Bürgerlichkeit» in geschlossenen Lebensentwürfen und Orientierungen. Energie und Machtstreben, notierte 1943 der Schriftsteller Kurt Guggenheim in sein Tagebuch (und er hatte dabei nicht nur das Bürgertum im Auge), beruhten «weniger auf dem Besitz» als vielmehr «auf dem Clan, den einer hinter sich hat. (…) Der Clan – Familie, Partei, Generation, Landsleute – verleiht weniger materielle als ideelle Kraft.»[50] Eine derartige Bündelung der Energien setzte das tiefe Einverständnis der Generationen voraus. Eine Welt idealisierter Mütter und Väter steckte den Rahmen von Denken und Fühlen ab; Nonkonformismus und Auseinandersetzung zwischen den Generationen blieben solchem Empfinden fremd.[51] Wo sich in den späten zwanziger Jahren jugendlich-bürgerliche Kritik an solchen Zügen zur Erstarrung abzeichnete, zielte der Aufbruch eher nach rechts; «Fronten» und «nationale Erneuerung» der frühen dreissiger Jahre etwa bezogen ihre Führungskader aus den Kreisen rebellischer Bürgerjugend.

Dem vorherrschenden Lebensgefühl entsprach der schon seit den 1890er Jahren kultivierte Traditionalismus, der nicht mehr an die republikanische Überlieferung des 19. Jahrhunderts anknüpfte, sondern idealisierte Formen des Ancien Régime aufgriff. Dies galt für die Neigung stadtzürcherischer Zünfter, sich in Kostüme des 18. oder frühen 19. Jahrhunderts zu drapieren: eine Vorwegnahme kultureller Strömungen, die sich in den dreissiger Jahren voll durchsetzten. In der Zunft zur Schiffleuten, die bis dahin als «Matrosengruppe» am Sechseläutenumzug teilnahm, schuf man 1920 ein historisches Gewand, was nach und nach bei anderen Zünften Schule machte.[52] Altertümelnde Begriffe ersetzten die Sprache des modernen Vereinslebens: statt der Generalversammlung hielt man einen «Hauptbott»,

Fronleichnamsprozession im industriellen Oerlikon, das bis 1934 eine selbständige Gemeinde war. 1930 wurde sie erstmals in der Öffentlichkeit, unter Beteiligung von Artilleristen des Waffenplatzes Kloten als «Ehrenwache», abgehalten.

anstelle der Statuten trat die «Satzung». Parallel dazu entfaltete sich auf der Landschaft die Trachtenbewegung. Bäuerliche Interessenvertreter und nostalgische Städter – häufig Lehrer – gingen dabei initiativ voran. 1928 entstand ein kantonaler Trachtenverband, dessen Ziel es war, die «Landfrauen» vor den Einflüssen städtischer Lebensart abzuschirmen und verstärkt auf die Wahrung von Tradition und Sitte festzulegen.[53]

Kaum weniger als die dominierende bürgerliche Welt grenzte sich die katholische Minderheit nach aussen ab. Hier spielte neben den bewahrenden Elementen von Eigentum, Familienerbe und Tradition der offensiv gerichtete Glaube eine Rolle, auf den gestützt die Aussenseiter ihren Anteil an den gesellschaftlichen Gütern einforderten. Zwischen 1920 und 1950 kam es zur Hochblüte der katholischen Sonderkultur mit ihren Vereinen, eigener Gewerkschaft, Schulen, Partei und Presse.[54] Kurz nach dem Ersten Weltkrieg entwickelte die katholische Minderheit im Kanton Zürich eine eigentliche Offensive in ihrem Streben nach öffentlicher Anerkennung, erfuhr freilich eine energische Abfuhr von seiten der Mehrheit.[55] Bis vor Bundesgericht mussten beispielsweise die Katholiken von Wald 1923 im Streit um das Recht auf eine öffentliche Durchführung ihrer Fronleichnamsprozession gehen. Die katholische Kirche verblieb im Kanton noch auf Jahrzehnte hinaus (bis 1963) in der «Kegelklub-Situation» (so der Pfarrer Alfred Teobaldi, 1943) eines privaten Vereins, der seine Mittel in Sammel- und Bettelaktionen bei den Gläubigen einholen musste. Die reformierte Landeskirche hingegen bediente sich – verfassungswidrig – aus dem allgemeinen Steueraufkommen, das auch von der katholischen Minderheit aufgebracht worden war.

Ähnlich der katholischen erlebte die sozialistische und kommunistische «Sonderkultur» von 1920 bis 1950 ihre Blütezeit. Sie endete mit der wachsenden Integration der anpassungsbereiten Mehrheit und der Ausgrenzung und Aufreibung der hartnäckig-oppositionellen Minderheit. Die Verwirklichung des Sozialismus liess vorerst auf sich warten, wie die Erfahrung der zwanziger Jahre überaus deutlich machte. Intensivierte Bildungs- und Kulturarbeit sollte die zutage getretenen Schwächen der «Bewegung» überwinden. Obwohl diese Bestrebungen vordergründig auf den Ausbau der Organisation und die Stärkung von deren Macht abzielten, kam darin zugleich ein gutes Mass an Bemühen um soziale Anerkennung zum Ausdruck, was freilich die bürgerliche Gegenseite kaum wahrnam.

«Organisation» machte manches möglich, wofür das Geld sonst nie gereicht hätte: den Bezug fortschrittlicher Literatur, den gelegentlichen Konzertbesuch, auch erste kleine Ferienreisen (mit Übernachtung in Hütten der «Naturfreunde»). Zu erbringen waren solche Leistungen freilich nur um den Preis der «Solidarität», öfter nur dürftig verhüllte Umschreibung einer überaus starken Disziplinierung. In der kulturpolitischen Praxis folgte die Arbeiterbewegung oftmals rückwärtsgewandten Idealen, denen sich die Bedürfnisse der eigenen Basis entgegenstellten. Ob Tanz- und Sportbetrieb, Strassenfasnacht oder Kino: Immer wieder fanden sich sozialdemokratische Politiker in einer Reihe mit christlich-konservativen Hütern der Ordnung. Als 1922 mit sozialdemokratischer Unterstützung die Vorzensur für das Kino eingeführt wurde (sie fiel erst 1971), stemmte sich neben ein paar wirtschaftsliberalen Freisinnigen die Kommunistische Partei als einzige geschlossen dagegen. «Im Grunde genommen», erklärte ein kommunistischer Kantonsrat, «handelt es sich um nichts anderes, als um eine Kontrolle des Vergnügens der Arbeiterschaft, weil man nur mit braven Arbeitern machen kann, was man will.»[56]

Erfundene Tradition (Plakat 1922). Dem Vaterlandspathos vermochte sich zeitweise auch der sonst der Literatur und Kunst zugeneigte Lesezirkel Hottingen (1882–1941) nicht zu entziehen.

«Sozialdemokrat sein ist eine Karriere»
«Die Wohnung eines gutsituierten Arbeiters ist nicht zu unterscheiden von der eines Kleinbürgers», schrieb der Arzt Fritz Brupbacher im sarkastischen Porträt der sozialdemokratischen Führungsschicht. «Breite Schichten dieser Arbeiterschaft beziehen ihre Bildung aus den ganz bürgerlich geleiteten Volkshochschulen. Sie schauen auf die unqualifizierten Unterschichten der Arbeiterschaft mit Verachtung hinunter, rechnen sich ihnen nicht zu. Unmittelbar nach 1918 waren in dieser Schicht noch Reste von revolutionären Stimmungen vorhanden, die aber nach 1920 ganz abflauten.

Das Ideal dieser Schicht war, Gemeindearbeiter oder Gemeindeangestellter zu werden, soweit man es noch nicht war. Die höher Zielenden strebten danach, Magistraten der Gemeinde und des Staates zu werden. Die ganze Oberschicht der SP war in Gemeinde- und Staatsstellungen. Ihre Lebenshaltung stand über dem Durchschnitt eines Kleinbürgers und Mittelbauern. Sie verdienten wie durchschnittliche Rechtsanwälte und Ärzte.

Die Gewerkschaften sind zumeist im Geist dieser Schichten geführt. Der übrigen Bevölkerungsschichten (Bauern und Kleinbürger), die nicht gut situiert sind, nimmt sich diese Arbeiterschicht nur vor den Wahltagen an. Dann verspricht sie ihnen alle Herrlichkeiten. Nach den Abstimmungen kümmert sich jeder wieder nur um sein Kassabüchlein und um den Aufstieg seiner Person.

Sie monopolisieren sich ihr kleines nettes Glücklein und hängen an ihm. Kommen soziale Ungewitter, so ist Angst um ihr Erworbenes ihre seelische Reaktion. Das soziale Ungewitter macht sie nicht revolutionär, sondern ängstlich. Revolution bedeutet ihnen Schwinden ihres Glücks.

Aussehen tun sie alle wie Otto Braun, der gewesene Staatspräsident von Preussen. Übersäuberlich, ohne unnütze Bewegungen, und da sie in der Jugend gewohnt waren, wenig zu essen, setzen sie dicke Nacken an, sobald die Fütterung besser wird.

Die seltenen Kinder, die sie haben, werden Rechtsanwälte, Lehrer, Gemeinde- und Staatsbeamte oder Gewerkschaftssekretäre. Sozialdemokrat sein ist eine Karriere.»[1]

Die Arbeiterbewegung war in ihrem tonangebenden Zweig eine um Wohlanständigkeit bemühte Bewegung des sozialen Aufstiegs, was freilich den wenigen Anhängern der Botschaft revolutionärer Befreiung nicht gefallen konnte. «Sozialdemokrat sein ist eine Karriere», spottete der Arzt Fritz Brupbacher, aufmerksam und skeptisch teilnehmender Beobachter der Arbeiterbewegung seit der Jahrhundertwende.[57] An der Führungsspitze der Sozialdemokratie bildete sich, seit die Partei an Einfluss und zu vergebenden Ämtern gewonnen hatte, ein eigenes «Honoratiorentum» heraus, unter dem ehemalige gelernte Arbeiter (besonders Typographen) und Lehrer eine wichtige Rolle spielten. Wer einmal im Amt sass, hielt nach Möglichkeit daran fest, denn die finanziellen Polster der aufstrebenden Familie waren noch dünn. Mehr als doppelt so lange wie ihre bürgerlichen Kollegen, nämlich 18 Jahre, blieben Zürcher SP-Stadträte durchschnittlich im Amt.[58] Vergleichbar den «politischen Familien» des Bürgertums, bildeten sich auch im sozialdemokratisch-gewerkschaftlichen Milieu eigentliche politische Dynastien heraus, wenn auch die Kontinuität schwächer war als auf der Gegenseite. Mit dem gelungenen sozialen Aufstieg wurde für den Nachwuchs von Amtsträgern und Funktionären vielfach auch der Wechsel der politischen Weltanschauung aktuell.

Gratulationen und Nachrufe umschrieben die Eigenart der zu ehrenden Amtsträger und Spitzenfunktionäre der Epoche gern mit Adjektiven wie «knorrig» oder «eigenwillig»: höfliche Umschreibungen der Tatsache, dass sich in den Arbeiterorganisationen vielfach ein Umgang breit machte, der den kritisierten autoritären Formen in Betrieb, Schule oder Militär in wenig nachstand. Im eng gestrickten Netz von Wohnbaugenossenschaft, Gewerkschaft und Partei blühten kleinbürgerliche Verhaltenserwartungen. Parallel dazu ging die aktive Mitarbeit von Frauen in Partei wie Gewerkschaften, die gegen 1920 einen Höhepunkt erreicht hatte, schon in den zwanziger Jahren massiv zurück. Die Konsequenzen traten in der veränderten Einstellung zum Frauenstimmrecht hervor, über das 1920 wie 1947 – beide Male auf sozialistische Vorstösse hin – abgestimmt wurde. Hatten Stadtzürcher Arbeiterquartiere im Februar 1920 einen Ja-Stimmenanteil aufgebracht, der um das Doppelte über dem kantonalen Durchschnitt lag, so war dieser Vorsprung eine Generation später, im November 1947, zusammengeschmolzen. Während sich bürgerliche und bäuerliche Gemeinden 1947 ein wenig offener für das Anliegen zeigten, hatte die Ablehnung in

Die gewerkschaftliche Arbeitermusik «Union» (linke Seite, 1. Mai 1934) in Uniform und in Reih und Glied; rechts die Schalmeienmusik der kommunistischen «Arbeiterschutzwehr» in proletarischer Kluft (1. Mai 1931).

den Zürcher Unterschichtquartieren (der Stadtkreis 5 ausgenommen) gegenüber 1920 zugenommen. Im Zeichen der konservativen Familien- und Frauenleitbilder der dreissiger Jahre hatte sich das Verhalten quer durch soziale Schichten und Regionen angenähert.

Als radikale Kraft der Opposition kritisierte die kleine KP viele solcher Erscheinungen. Trotz ihrer geringen Grösse mit bemerkenswertem Elan gestartet, griff die Partei manche Tabu-Themen auf, etwa mit ihrem Einsatz für die Geburtenverhütung und den legalen Schwangerschaftsabbruch.[59] Erfolg wurde ihr damit nicht zuteil. Ende der zwanziger Jahre geriet die KP zunehmend in den Sog autoritärer Verengung. Im Zusammenspiel missionarischen Drucks von innen und politischer Pression von aussen vollzog sich der Niedergang. Einzelne aktive Parteimitglieder zogen in den zwanziger Jahren, angewidert von der «bürgerlichen Welt», in die Sowjetunion, um beim erhofften «Aufbau des Sozialismus» mitzuwirken.[60] Sie wurden in den Mühlen stalinistischer Verfolgung zermalmt. Nach jahrelanger Haft, vollständig isoliert von der Aussenwelt, fand im Frühjahr 1942 im Lager Lipovo bei Archangelsk Fritz Platten (1883–1942) seinen Tod durch Erschiessen; einst Zürcher Gemeinderat und Nationalrat, hatte er Lenin 1917 auf seiner berühmten Reise von Zürich nach St. Petersburg begleitet. Erst mit dem Zusammenbruch der Sowjetunion enthüllten sich Zeit, Ort und Umstände seines Todes mit letzter Gewissheit. Für kritische Sozialisten einer älteren Generation, die einen guten Teil ihres Lebens für die Arbeiterbewegung eingesetzt hatten, sah die Bilanz schon in den dreissiger Jahren bitter aus.

Fritz Brupbacher (1874–1945) und seine aus Russland stammende Lebensgefährtin Paulette Brupbacher-Raygrodski (1880–1967). Als Ärzte im Zürcher Arbeiterquartier betätigten sie sich unermüdlich auf dem damals heiklen Gebiet der Empfängnisverhütung und Sexualaufklärung. Der Zürcher Bürgersohn hatte radikal mit seiner Herkunft gebrochen und engagierte sich schon in jungen Jahren auf dem linken Flügel der Zürcher Arbeiterbewegung. 1914 schloss ihn die SP wegen «anarchistischer» Neigungen aus; 1933 tat die KP, der die beiden Brupbachers in den zwanziger Jahren angehörten, ein Gleiches. Der zunehmend autoritären Ausrichtung der Partei hatten die beiden sich schliesslich nicht mehr fügen mögen.

291

# Zum Forschungsstand

An Darstellungen der Gesellschaft in der Zwischenkriegszeit, der sozialen Mobilität, der Schichten und Klassen, der Geschlechter, der Generationen und ihrer Beziehungen herrscht grösster Mangel. Reiches Material bei JORIS, Frauen; siehe auch den Dokumentenband FRAUENGESCHICHTE(N); Teilaspekte der Schweizer Sozialgeschichte, mit viel Zürcher Material, behandeln: KÖNIG, Die Angestellten; BOCHSLER, Dienstmädchen. Lokalstudien bieten einzelne Ansätze, so LAMPRECHT, Eglisau; BECK, Stadt und Land; MÜLLER, Sonne Oberuster.

Für die katholische Welt (mit einem Kapitel über den Kanton Zürich) siehe ALTERMATT, Katholizismus; zum sozialdemokratisch-gewerkschaftlichen Milieu etliche Bausteine bei DAENIKER, Sozialdemokratische Partei; LINDIG, Sozialdemokratie; SCHEIBEN, Krise und Integration; SCHWAAR, Arbeiterkultur; zur Kommunistischen Partei neuerdings HUBER, Stalins Schatten.

Eine wertvolle Quelle stellen die in diesem Kapitel verwendeten Daten der Stadtzürcher und kantonalen Steuerstatistik dar: für die Stadt Zürich erhoben 1921, 1925, 1929, 1934 (veröffentlicht in STATISTIK DER STADT ZÜRICH, Hefte 33, 40, 42, 48); für den Kanton 1934 (veröffentlicht in SMZ, Band 2).

Teils gute Vorarbeiten existieren für Schule und Bildung: siehe MÄGLI, Berufsbildung; ZÜRCHER MITTELSCHULEN; statistisch dürftig, sonst aber wertvoll, die betreffenden Abschnitte in UNIVERSITÄT ZÜRICH.

Im übrigen geben biographische und autobiographische Darstellungen, namentlich für die sonst gar nicht dargestellte Welt des Bürgertums, vielfältige Auskünfte. Siehe HÄBERLIN, Familie Häberlin; HÄBERLIN, Rückschau; FAESI, Frühe Erlebnisse; JAECKLE, Frühe Erinnerungen; KELLER, Lebenserinnerungen; KORRODI-CARLÉ, Mein Leben (die beiden letzteren nur noch am Rande für die zwanziger Jahre); SCHMID, Familie Abegg; ERNST-CURTY, Aus meinem Leben; OERTLI, Vom Arbeiterkind zum Industriellen; eine Gymnasiastenklasse der zwanziger Jahre porträtiert RÜBEL, Einstein.

Ein anschaulicher Lebensbericht aus der Arbeiterschaft: FREI, Aufzeichnungen eines Arbeiters; eine Textsammlung aus dem Raum Winterthur bei SCHENDA, Lebzeiten; eine Künstlerin: GUGGENHEIM, Jüdin, Kommunistin, Künstlerin; ein Schriftsteller: GUGGENHEIM, Tagebuch; ein Architekt und Künstler: FISCHLI, Rapport; eine Emigrantenfamilie: MAGNANI, Eine italienische Familie; siehe auch LÜSCHER, Amalie und Theo Pinkus, über den Werdegang zweier Kommunisten; BRUPBACHER, Selbstbiographie; LANG, Fritz Brupbacher; MOSER, Ich habe gelebt; MEIER, Tagebuch.

Literatur in Zürich wird in vielfältigen gesellschaftlichen Bezügen sehr anschaulich geschildert bei HUONKER, Literaturszene.

# Anmerkungen

[1] FISCHLI, Rapport, S. 41; über den Verfasser siehe Karl JOST, Hans Fischli – Architekt, Maler, Bildhauer, Zürich 1992

[2] Willy SPÜHLER, Hundert Jahre Universität Zürich (ZSN 1932, Heft 4, S. 261ff.)

[3] Die Zürcher Steuerstatistik 1929 erfasst allein acht Hochschullehrer mit einem Einkommen von über 100 000 Franken, das nur zum kleinsten Teil der beruflichen Tätigkeit entstammen konnte. (STATISTIK DER STADT ZÜRICH, Heft 42, S. 41)

[4] Eine genaue Zusammenstellung der Dienstboten beschäftigenden Haushalte für 1950 findet sich in: ZÜRCHER WIRTSCHAFTSBILDER 1953, Nr. 1/2.

[5] Es handelt sich hierbei um 1114 Personen (darunter 26,1% Frauen), die 34,5% des versteuerten Gesamtvermögens, nämlich durchschnittlich je über eine halbe Million Franken auswiesen (nach SMZ, neue Folge, Bd. 2).

[6] Dies bedeutete, dass sie (mit den zulässigen Abzügen) auf weniger als 1000 Franken Vermögen kamen.

[7] Siehe JORIS, Frauen, S. 144f.

[8] Zit. nach: MÜLLER, Sonne Oberuster, S. 77

[9] Der Anteil der Frauen in den Fabriken ging von 41% (1882) auf 39,4% (1923) und 31,3% (1941) zurück.

[10] Genaue Daten bei MÄGLI, Berufsbildung

[11] Erinnerungen Anna Jenni-Stucki (ERZINGER, Arbeiterbewegung Töss, S. 72)

[12] FREI, Aufzeichnungen eines Arbeiters, S. 62

[13] Allgemein zum Folgenden: KÖNIG, Die Angestellten

[14] KELLER, Lebenserinnerungen, S. 2

[15] Ein Überblick der Geburtsorte und Kantone der Wohnbevölkerung 1860–1980, in: SHB 1949, S. 29; SHB 1987, S. 59

[16] Allgemein hierzu: ALTERMATT, Katholizismus, besonders S. 181ff.

[17] Die Zunahme der Träger des Schweizer Bürgerrechts in den zwanziger Jahren war mehrheitlich der Abwanderung ausländischer Juden, nur zum kleineren Teil der Einbürgerung zu verdanken; zur Einbürgerungspraxis in Zürich siehe KAMIS-MÜLLER, Antisemitismus, S. 85ff.

[18] Hans SCHUMACHER, Die durchlässige Zeit. Erinnerungen und Betrachtungen im Spiegel der Kindheit, Kilchberg 1990, S. 45

[19] STATISTIK DER STADT ZÜRICH, Heft 48, S. 28

[20] Folgende Angaben beruhen auf den sehr detaillierten Angaben für Beruf und Konfession der Stadtzürcher Steuerstatistik 1934 (STATISTIK DER STADT ZÜRICH, Heft 48).

[21] Zu den Hochschuldozenten jüdischer Herkunft findet sich eine Übersicht bei KAMIS-MÜLLER, Antisemitismus, S. 339ff.

[22] Ein solches «Tschinggelädeli» beschreibt die geborene Tessinerin Amalie Pinkus-De Sassi (LÜSCHER, Amalie und Theo Pinkus, S. 122ff.).

[23] Einfühlsam beschrieben werden die beruflichen Wege jüdischer Zuwanderer in Zürich, beispielsweise die Schürzenfabrikation der Familie Gidionovics in Aussersihl, im Roman von Kurt GUGGENHEIM, «Alles in Allem», Zürich 1952–1954.

[24] Siehe daneben die viel niedrigeren Schweizer Daten der Volkszählung 1930, die erstmals eine Gliederung nach Konfession und Beruf durchführte (Carl BRÜSCHWEILER, Beruf und Konfession, Sonderdruck aus dem Jahrbuch «Kirche und Leben», Olten 1939).

[25] KAMBER, Rosenbaum-Valangin, S. 201ff.

[26] In memoriam Dr. med. Conrad BÜRGI, Zürich 1945, ohne Seitenangabe (Staatsarchiv Zürich)

[27] FREI, Aufzeichnungen eines Arbeiters, S. 33f.

[28] JAECKLE, Frühe Erinnerungen, S. 97

[29] Siehe hierzu BAUMANN, Wandervogel (mit viel Material aus dem Kanton Zürich); ein Überblick mit vielen Angaben auch zum Kanton Zürich bei MÉTRAUX, Jugendleben.

[30] Siehe FESTSCHRIFT ZUM 50 JÄHRIGEN BESTEHEN DES KANTONALEN JUGENDAMTES, hg. von der Erziehungsdirektion, Zürich 1969; zu Briners Angriffen von 1920 auf das Kino siehe ENGEL, Kulturpolitik, S. 136

[31] Einige Zahlen zur Verbreitung von Jugendgruppen im Kanton Zürich 1929 bei KATER, Jugendgruppen, Anhang

[32] GUGGENHEIM, Tagebuch, S. 35

[33] Siehe unter anderem: Fritz ERB, 20 Jahre Pfadfinderkorps Stadt Zürich 1916–1936, Zürich 1936; im persönlichen Rückblick: JAECKLE, Frühe Erinnerungen, S. 87ff.

34 Einige Angaben dazu bei GLAUS, Nationale Front, S. 30f.
35 KATER, Jugendgruppen, S. 28
36 Näheres bei LINDIG, Sozialdemokratie
37 Ernst WEIDMANN, Was tun kaufmännisch tätige Jugendliche in ihrer freien Zeit? (PRO JUVENTUTE, 1939, Heft 1, S. 23ff.)
38 HÄBERLIN, Rückschau, S. 117; zum Vater: HÄBERLIN, Familie Häberlin, S. 25ff.
39 Nachruf Dr. Peter Hürlimann (1902–1962), in: NZZ Nr. 3782, 3.10.1962
40 SCHMID, Familie Abegg, S. 131
41 Statuten der «Constaffel» von 1936, S. 5 (Stadtarchiv Zürich)
42 VON SALIS, Ein Lebensbericht, S. 155
43 Siehe KAMBER, Rosenbaum-Valangin; LÜSCHER, Amalie und Theo Pinkus (über Dr. Felix Pinkus); HEINRICH, Charlot Strasser; HUONKER, Literaturszene
44 Als lokales Beispiel: LAMPRECHT, Eglisau, besonders S. 558ff.
45 Walter HILDEBRANDT, Lehrerbildung im Kanton Zürich, Zürich 1932, S. 69, 71f.
46 Siehe Nachruf auf Dr. Eugen Scheuchzer (1864–1940), den letzten Spross der alten Landarztdynastie (BÜLACH-DIELSDORFER WOCHENZEITUNG, 4.11.1940)
47 Zitat Paul Ganz, Familiensinn und Familienforschung, in: Eduard RÜBEL, Festgabe zum siebzigsten Geburtstag, Zürich 1946, S. 1
48 Eindrücklich dargestellt bei MEIENBERG, Wille

49 Hans STAFFELBACH, Peter Emil Huber-Werdmüller, Emil Huber-Stockar, Vater und Sohn, Zürich 1943, S. 253
50 GUGGENHEIM, Tagebuch, S. 301
51 Zum Umgang mit familiären und sonstigen Konflikten siehe beispielsweise die Bemerkungen bei SCHMID, Familie Abegg, S. 133; HÄBERLIN, Familie Häberlin, S. 30
52 Hans SCHULTHESS, Zur Geschichte der Zunft zur Schiffleuten in Zürich 1336 bis 1951, Zürich 1951, S. 58f.
53 Siehe ZÜRCHER LANDWIRTSCHAFTLICHER KANTONALVEREIN, besonders die Beiträge S. 270ff. und S. 291ff.; ferner Julie HEIERLI, Die Volkstrachten der Schweiz, Bd. 4, Erlenbach-Zürich 1930
54 Ausführlich bei ALTERMATT, Katholizismus
55 Aufschlussreich die Chronik in: VERPFLICHTENDES ERBE. Die katholische Kirche in Stadt und Landschaft Zürich, Zürich 1983, S. 68ff.
56 Zit. nach: ENGEL, Kulturpolitik, S. 141
57 BRUPBACHER, Selbstbiographie, S. 281
58 DAENIKER, Sozialdemokratische Partei, S. 104
59 Siehe hierzu Paulette BRUPBACHER, Meine Patientinnen, Zürich 1953; Katharina HELWING, «Frauennot – Frauenglück». Diskussion und Praxis des straflosen Schwangerschaftsabbruchs in der Schweiz (1918–1942), Lizentiatsarbeit Universität Zürich 1989 (unveröffentlichtes Manuskript).
60 Ausführlich zu diesen Schicksalen HUBER, Stalins Schatten; siehe auch Barbara SCHNEIDER, Schweizer Auswanderer in der Sowjetunion. Die Erlebnisse der Schweizer Kommunarden im revolutionären Russland (1924–1930), Schaffhausen 1985; siehe auch den Beitrag derselben Autorin im NEUJAHRSBLATT DIETIKON 1988.

Randspalten S. 278, 280, 285, 290:
1 MAGNANI, Eine italienische Familie, S. 64ff.
2 Kurt GUGGENHEIM, Sandkorn für Sandkorn. Die Begegnung mit J.-H. Fabre, Zürich 1959, S. 9f., 12f.
3 Erinnerungen von Arthur Rüegger an die Zeit ab 1929, in: BAUMANN, Wandervogel, S. 73
4 BRUPBACHER, Selbstbiographie, S. 280f.

# Raum, Verkehr und städtische Entwicklung

Nach einem Verkehrsunfall in Niederhasli, 1924.

Die räumliche wie die politische Entwicklung des Kantons Zürich waren in der Zwischenkriegszeit durch ausgeprägte Trennlinien und Gegensätze zwischen Stadt und Land bestimmt. Die Hauptstadt baute ihr zahlenmässiges Gewicht im Kanton gewaltig aus, während die ländlichen Regionen stagnierten. 75 der 171 Gemeinden des Kantons verzeichneten zwischen den Volkszählungen von 1920 und 1941 Bevölkerungsverluste, bedingt durch eine starke Abwanderung, die den Geburtenüberschuss wettmachte. Davon betroffen waren insbesondere die ländlichen Randregionen: das Knonauer Amt, das Weinland, das untere Glattal, besonders stark auch der industriereiche Bezirk Hinwil.

## Stadt und Land im Gegensatz

Die kleineren Industriezentren im Oberland, im Knonauer Amt, am See und rund um Bülach, die sich wirtschaftlich auf die gealterte, strukturschwache Textilindustrie stützten, hatten selbst bei guter Konjunktur keine namhaften Wachstumsimpulse mehr zu erwarten. Traditionsreiche Fabrikdörfer wie Wald, Hinwil, Bauma, Affoltern und Langnau am Albis zählten 1941 weniger Einwohnerinnen und Einwohner als 20 Jahre zuvor. Nur wo sich zukunftsträchtige neue Industriezweige niederliessen – wie die Fernmelde- und Regeltechnik in Uster und Horgen – konnte an das Wachstum der Vorkriegszeit angeknüpft werden. Weite Teile des Kantons blieben auch in den zwanziger Jahren überwiegend bäuerlich geprägt: so der Grossteil des Knonauer Amts und die Höhen des Zimmerbergs, das untere Glattal und besonders das Weinland nördlich von Winterthur. Benachteiligt und bedroht von der wirtschaftlichen Entwicklung im Umfeld der Hauptstadt, wandte sich die Landschaft in den zwanziger Jahren vermehrt der Pflege einer eigenständigen kulturellen Identität zu und zog sich verstärkt in den lokalen Mikrokosmos zurück. Die Wiedereinführung von Bauerntrachten, seit 1924 im Weinland und im Knonauer Amt propagiert, war dafür ebenso ein Symptom wie die Schaffung von Ortsmuseen oder die Publikation von Gemeindechroniken. Die Zürcher Bauernpartei gab der konservativen Grundhaltung Ausdruck, die weit über das Bauerntum hinaus die Landbevölkerung erfasst hatte.

Trotz der scheinbaren Immobilität setzte mit dem Ersten Weltkrieg auch auf dem Land ein Wandel ein, der das Erscheinungsbild der Flur und die Struktur der bäuerlichen Betriebe tiefgreifend umformen sollte. Gefördert von Bund und Kanton und propagiert von ETH-Professor Hans Bernhard (1888–1942) und den Agronomen der Strickhof-Schule, begann das Zeitalter der Meliorationen und Güterzusammenlegungen.

Der entscheidende Impuls zur geradezu fieberhaften Inangriffnahme eines Meliorationsprogramms war von der prekären Versorgungslage des Ersten Weltkriegs ausgegangen, die eine vermehrte Selbstversorgung der Schweiz ratsam erscheinen liess. Den Weg dazu sah man in der Kultivierung der damals noch ausgedehnten Sumpf- und Riedgebiete im Kanton. Am Ende des Kriegs wurden Entwässerungsarbeiten und Gewässerkorrektionen häufig als subventionierte Notstandsmassnahmen zur Beschäftigung von Arbeitslosen durchgeführt. Da die betroffenen Gemeinden und Landwirte weder die Bereitschaft noch das Kapital zu derartigen Investitionen aufbrachten, wurden die grossen Industriefirmen des Kantons dazu verpflichtet, als «Meliorationspächter» grosse Riedflächen mit modernen Maschinen zu entwässern und anzubauen. Im Furt- und im Wehntal, im

In Maschwanden wurde von 1919 bis 1924 das Reussbett korrigiert, um die Überschwemmungsgefahr zu vermindern und Arbeit zu beschaffen. Kies wurde mit einer Rollbahn herangeschafft, Faschinen aus Holzpfählen und Weidengeflecht dienten der Befestigung der Dämme.

*Mit ihrem wachsenden Energiebedarf griff die Stadt verändernd in das Bild entlegener Landschaften ein. Der Wägital-Stausee überflutete 1925 das Dorf Innertal mit 37 Heimwesen.*

Stammheimertal und in stadtnahen Gemeinden wie Oerlikon, Schwamendingen oder Hettlingen wurden so durch Grossprojekte neue Anbauflächen gewonnen. Schnurgerade Entwässerungskanäle und offene Fluren zeugen bis heute von den damaligen Anstrengungen, die nicht zuletzt der «Landflucht», dem Bevölkerungsverlust der Landregionen, entgegenwirken sollten. So wurde schon am Ende des Ersten Weltkriegs vorbereitet, was als «Plan Wahlen» im Zweiten Weltkrieg im grösseren Massstab seine Fortsetzung fand.

In den alten Ackerbaugebieten im Norden des Kantons wurden die ersten Projekte zur Güterzusammenlegung an die Hand genommen. Um die landwirtschaftliche Arbeit zu rationalisieren, wurden die jahrhundertealten Ackerfluren, die als Folge von Erbteilungen in zahllose schmale «Hosenträgerparzellen» zerfallen waren, neu aufgeteilt. Im Stammheimertal war diese Neugestaltung von einem Entwässerungsprojekt begleitet. Erstmals wurden hier ganze Bauernbetriebe aus dem Dorfkern ausgesiedelt und in neu angelegte Einzelhöfe verpflanzt.

Das Wachstum der Städte, vorab Zürichs, setzte nach kurzem Unterbruch mit dem wirtschaftlichen Aufschwung 1923 wieder ein und mündete ab 1927 in einen stürmischen Boom, welcher der Kantonshauptstadt bis 1931 jedes Jahr 8000 bis 10 000 zusätzliche Menschen zuführte – Jahr für Jahr die Bevölkerung einer Kleinstadt wie das damalige Wädenswil, Horgen oder Uster. Vom gesamten Bevölkerungszuwachs des Kantons zwischen den Volkszählungen von 1920 und 1941, der 135 000 Personen betrug, entfielen 102 000 allein auf die Hauptstadt und ihre 1934 eingemeindeten Vororte.[1] Ihr Vorsprung vor Winterthur, das nur um 8900 Personen wuchs, wurde immer grösser.

Zum wachsenden Übergewicht trug die Tatsache bei, dass sich in Zürich die zentralörtlichen Funktionen für den ganzen Kanton und darüber hinaus konzentrierten: nicht nur in Gestalt der kantonalen Verwaltung, sondern auch in Form jener Dienstleistungsbranchen, die sich in den zwanziger Jahren besonders kräftig entwickelten. Die Zürcher City expandierte in der Hochkonjunkturzeit der späten zwanziger Jahre rasch über die Bahnhofstrasse hinaus ins Talackerquartier, nach der Sihlporte, dem Bellevue und dem Stampfenbachplatz. Geschäftshäuser von ungewohnten Dimensionen entstanden in diesen Zonen in rascher Folge und zeugten von der Intensivierung des Geschäftsverkehrs in der Stadt.

## Agglomerationsbildung und Eingemeindungen

Zu den stärksten Wachstumszonen gehörte auch eine steigende Zahl von Vorortsgemeinden am See, im Limmattal und im Norden bis Dübendorf, Wallisellen und Glattbrugg. Es bildeten sich Ansätze zu einer weiträumigen städtischen Agglomeration, in der sich das Wachstum von Industrie und Bevölkerung konzentrierte. Es waren primär die ärmeren Leute, namentlich Neuzugezogene von ausserhalb der Stadt, die sich in Vororten wie Seebach, Affoltern oder Altstetten niederliessen, weil sie dort eher als in der Stadt eine bezahlbare Wohnung finden konnten. Die Arbeitervororte dienten vielen als Zwischenstation auf dem Zug vom Land in die Stadt.

Daneben gab es jedoch eine wachsende Zahl von Bessergestellten, die freiwillig die Stadt verliessen. Je urbaner die City, je stärker durchrationalisiert der Arbeitsbereich wurde, desto mehr entwickelte sich der Bereich des Wohnens zu einem Fluchtpunkt und Gegenpol, der das Bedürfnis nach familiärer Abgrenzung und ländlicher Idylle zu befriedigen hatte. Vor allem die stadtnahen Gemeinden am See profitierten vom Wanderungsstrom der Stadtflüchtigen: Zollikon und Küsnacht erzielten in der Zwischenkriegszeit von allen zürcherischen Landgemeinden den höchsten absoluten Bevölkerungszuwachs.[2]

Die Pendlerinnen und Pendler verteilten sich nicht gleichmässig auf die Vororte, sie konzentrierten sich vielmehr entlang den Tram- und Eisenbahnlinien. So erlebte der Zollikerberg, von der Forchbahn erschlossen, ein stürmisches Wachstum, während Witikon bäuerlich blieb. Oberengstringen wuchs nur wenig im Vergleich zu den Nachbarorten Höngg oder Schlieren. Hauptsächliches Verkehrsmittel der Stadtpendler war noch bis über den Zweiten Weltkrieg hinaus die Bahn; das Auto und auch das Velo spielten daneben eine untergeordnete Rolle.

Die Abwanderung in die Vororte verlief nicht nur räumlich, sondern auch sozial sehr ungleichförmig. Zollikon und Kilchberg profitierten dank ihrer bevorzugten Lage vom Zustrom guter Steuerzahler, während sich umgekehrt Affoltern, Seebach und Altstetten zu Arbeitervororten entwickelten und ständig mit schweren Finanzproblemen zu kämpfen hatten.

Die Sihlporte, 1931, Farbstiftzeichnung von Otto Baumberger. Der neugestaltete Platz galt den Zeitgenossen als Inbegriff grossstädtischer Modernität.

Gross-Winterthur als Gartenstadt

Ganz ähnlich wie in Zürich sah es in der Umgebung von Winterthur aus. Auch hier waren – schon seit dem 19. Jahrhundert – die Vororte zu Arbeitergemeinden geworden, die aus ihrem Steuerertrag kaum mehr die dringendsten Ausgaben bestreiten konnten. Zahlreiche Initiativen seitens der Vororte zur Vereinigung mit der Stadt – die erste datiert aus dem Jahr 1891 – scheiterten am Widerstand der Alt-Winterthurer, die sich gleichermassen vor höheren Steuern wie vor einer Mehrheit sozialdemokratischer Wähler fürchteten. Dann aber verhalf die soziale Aufbruchstimmung bei Kriegsende dem Projekt zum Durchbruch. Die kantonale Abstimmung vom 4. Mai 1919 über die Zuteilung von Oberwinterthur, Seen, Töss, Veltheim und Wülflingen an die Kernstadt ging im ganzen Kanton oppositionslos über die Bühne.

Bis zur zweiten Zürcher Eingemeindung von 1934 wurde das neue Winterthur mit 70 Quadratkilometern die flächengrösste Stadt nicht nur des Kantons, sondern der Schweiz überhaupt. Von dieser Fläche waren jedoch nur elf Prozent besiedelt. 50000 Personen zählte das neue Gemeinwesen, viermal weniger als Zürich. Die neue Stadtbehörde von Winterthur war entschlossen, die künftige Besiedlung und Nutzung ihres Gemeindegebiets einer möglichst rationellen Planung zu unterstellen. Zu diesem Zweck schuf der sozialdemokratische Stadtrat Alfred Messer (1876–1950) schon 1922 das Amt eines «Bebauungsplaningenieurs» oder Stadtplaners und berief auf diese Stelle den jungen Architekten Albert Bodmer (1893–1990), der 1918 im Planungswettbewerb «Gross-Zürich» einen zweiten Preis errungen hatte.[3] In jenem Wettbewerb hatte sich Bodmer im Geist der Zeit für eine möglichst weiträumige und aufgelockerte Stadtentwicklung eingesetzt und die konsequente Trennung städtischer Funktionen verlangt, das heisst, je eigene Bereiche zum Wohnen, zum Arbeiten, für den Verkehr und

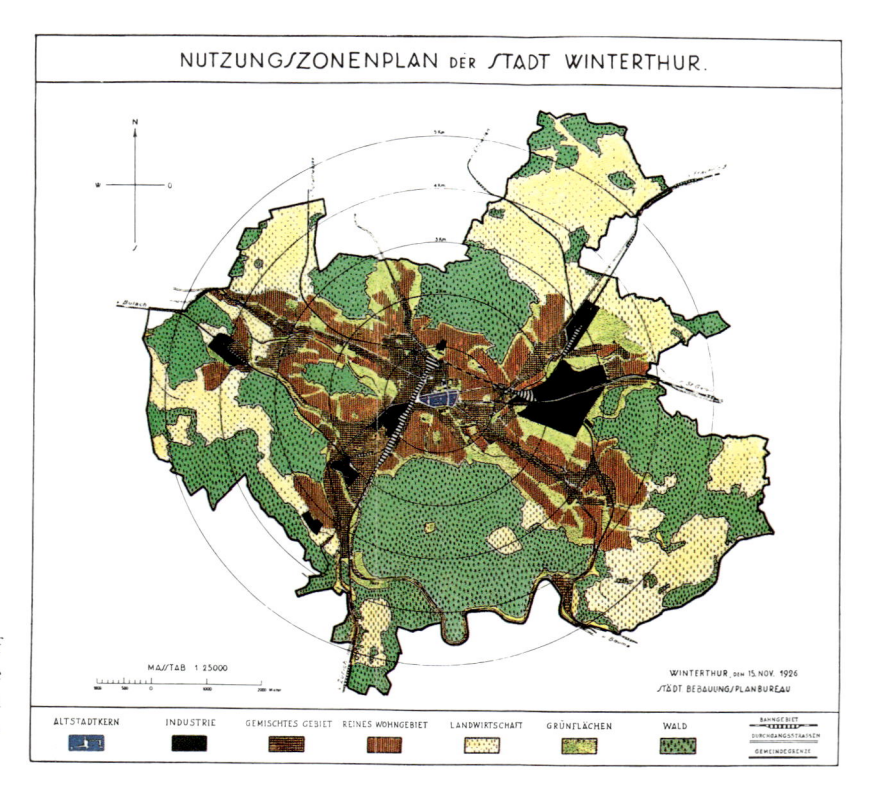

Der Richtplan für die Stadt Winterthur von 1926 schuf Leitlinien für eine geordnete Entwicklung der Stadt. Die Funktionen von Wohnen und Arbeiten wurden darin schärfer getrennt, die Wohnquartiere inselförmig in zusammenhängende Grünflächen gebettet.

Die Kolonie «Stadtrain» in Winterthur, 1928 begonnen, ist in ihrer strengen Anordnung ein Pionierwerk der «Neuen Sachlichkeit» im Wohnungsbau. Je zwei Einfamilienhaus-Zeilen wurden rückseitig zusammengebaut, um Kosten zu sparen. (Adolf Kellermüller und Hans Hofmann, 1928–1943)

für die Erholung. Vier Jahre nach seiner Wahl legte Bodmer einen Besiedlungsplan für Gross-Winterthur vor, der als erstes Beispiel eines Richt- oder Nutzungsplans in einer schweizerischen Gemeinde gelten kann.[4]

Dabei versuchte er, die zukünftigen Entwicklungsgebiete der Industrie entlang der Bahnlinie – vor allem in Oberwinterthur – kompakt zusammenzufassen, die Wohnzonen dagegen, inselförmig umgeben von Grüngürteln, in die Landschaft hinauswachsen zu lassen. Der Planer Bodmer sah in Winterthur das «Paradigma einer schweizerischen Gartenstadt», gekennzeichnet durch einen aussergewöhnlich hohen Anteil an Einfamilienhäusern und kleinen Mehrfamilienhäusern mit eigenen Gärten.[5] Diesen Charakter der Stadt zu erhalten und zu stärken war Bodmers Maxime, mit dem idealen Ziel, «dass städtische Kultur im besten Sinne (...) auch fernerhin aufs engste mit der grossen, freien Natur, der Landschaft verbunden bleibt, und aus dieser Quelle die Kraft zu steter Verjüngung zu schöpfen vermag».[6] Den Stadt-Land-Gegensatz, die latente Stadtfeindschaft der Zürcher Landbevölkerung einerseits, die revolutionäre Unrast und die vermeintliche städtische Unmoral anderseits – diese Gegensätze suchten die Winterthurer Planer mit baulichen Mitteln aufzuheben. Nicht technische und ästhetische Motive allein, sondern ein gesellschaftliches Leitbild steuerte ihre Arbeit.

### Moloch Gross-Zürich?

Ebenso wie in Winterthur bemühten sich auch in Zürich die Planer, den Gartenstadtgedanken bei der Überbauung neuer Quartiere am Stadtrand wirksam werden zu lassen. Im Friesenberg, am Milchbuck und in Wollishofen entstanden in den zwanziger Jahren mit städtischer Förderung weiträumige Wohnquartiere, geprägt von Reihenhäuschen, grosszügigen Grünflächen und verkehrsgeschützten Wohnstrassen. Die Stadt versuchte zudem, durch intensive Zusammenarbeit mit den Vorortsgemeinden, die Entwicklung der Gesamtagglomeration, die ja um 1920 bereits weit über die Stadtgrenzen hinausreichte, aus einer Gesamtperspektive heraus zu erfassen. Dies war ein Anspruch, der mit dem Städtebauwettbewerb von 1918 in den Vordergrund getreten war. Die Schwierigkeiten, die sich hierbei ergaben, wurden zu einem wichtigen Argument für die bereits 1918 geforderte zweite Zürcher Eingemeindung.[7]

Den Anstoss dazu gaben – wie in Winterthur – die Finanznöte der Arbeitervororte, vor allem diejenigen Affolterns. 1925 fanden sich Vertreter aus elf Gemeinden zu einem Initiativkomitee unter Führung des sozial-

**Bevölkerungswachstum der Gemeinden (in Prozenten) von 1920 bis 1941**

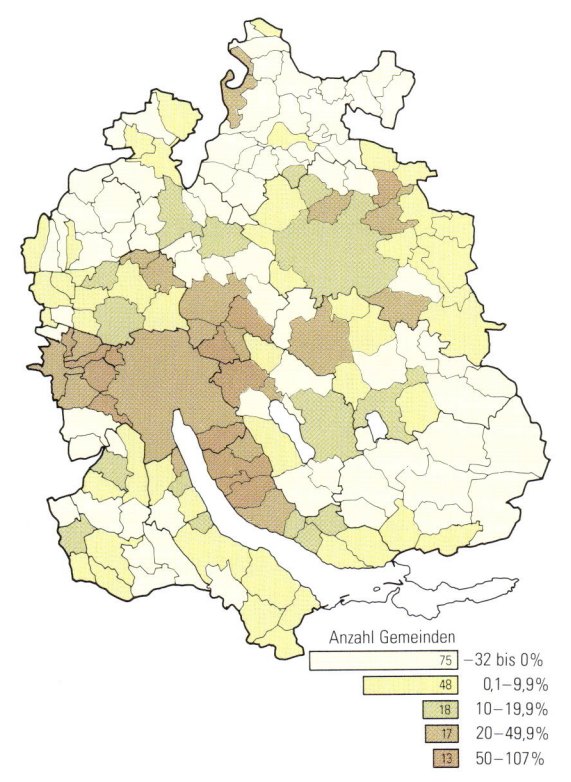

| Anzahl Gemeinden | |
|---|---|
| 75 | −32 bis 0% |
| 48 | 0,1–9,9% |
| 18 | 10–19,9% |
| 17 | 20–49,9% |
| 13 | 50–107% |

Landflucht: Fast die Hälfte der Zürcher Gemeinden schrumpfte in der Zwischenkriegszeit. Der Bevölkerungszuwachs konzentrierte sich auf Zürich und die Achse Limmattal-Winterthur.

**Versteuertes Vermögen pro Kopf der Bevölkerung im Durchschnitt der Jahre 1922 bis 1924**

|  | Natürliche Personen Fr. | Juristische Personen Fr. |
|---|---|---|
| Affoltern | 1 510 | 526 |
| Schwamendingen | 1 650 | 0 |
| Seebach | 1 891 | 776 |
| Altstetten | 2 285 | 578 |
| Oerlikon | 2 608 | 7 739 |
| Albisrieden | 2 763 | 714 |
| Oberengstringen | 3 000 | 61 |
| Schlieren | 3 688 | 5 240 |
| Witikon | 3 747 | 0 |
| Höngg | 3 872 | 161 |
| Stadt Zürich | 8 822 | 4 264 |
| Kilchberg | 17 681 | 1 656 |
| Zollikon | 18 374 | 172 |

Zwischen den Zürcher Vororten bestanden enorme Unterschiede der Finanzkraft. Die Eingemeindung sollte einen Ausgleich schaffen.

Häuschen an sonniger Lage und der städtische Autobus warben 1929 für die Eingemeindung. Am Stadtrand sollte für die übervölkerten Zentrumsquartiere Entlastung geschaffen werden.

demokratischen Stadtrats Emil Klöti zusammen, um den Anschluss an die Kernstadt einzuleiten. Bis nach Schlieren und Oberengstringen, nach Kilchberg und Zollikon sollte das neue Gross-Zürich reichen. Der Perimeter wurde bewusst so weit gelegt, damit auch finanzstarke Gemeinden – gegen deren Willen – das neue Gemeinwesen mittragen würden. Doch gerade an diesem Punkt entzündete sich von Beginn weg eine heftige Opposition. Ein Bauernvertreter aus Zollikon kündigte im Kantonsrat unverzüglich an, «das ganze Landvolk» werde gegen das Vorhaben protestieren.[8] Auch andernorts waren die Meinungen schnell gemacht, als klar wurde, dass das Initiativkomitee mehrheitlich aus Sozialdemokraten bestand. Man deutete das Eingemeindungsbegehren weiterhin als Ausdruck sozialistischer Machtgelüste, als Versuch, den bürgerlich-bäuerlichen Kanton durch ein rotes Gross-Zürich zu majorisieren. «Eine einzige Gemeinde», warnte der demokratische Zürcher Stadtpräsident Hans Nägeli, «erhielte damit eine Grösse wie alle andern 168 politischen Gemeinden samt der Stadt Winterthur zusammen.» «Eine neue Vorherrschaft der Hauptstadt» sei zu befürchten.[9] Der «Zürcher Bauer» behauptete, «dass das Landvolk ein feines instinktives Gefühl des Unbehagens und der Furcht vor einer werdenden Grossstadt hat, die ihm noch mehr über den Kopf wächst. Vor allem vor einer solchen mit einer roten Kappe (...) und mit derart internationalem Einschlag, wie das beim heutigen Zürich der Fall ist.»[10] Die Eingemeindungsfrage war damit von Anfang an in zwei besonders emotional besetzte Themenkreise eingespannt, den Links-Rechts-Gegensatz und den traditionellen Stadt-Land-Konflikt. Es waren in der Folge nur noch wenige bürgerliche Exponenten bereit, sich für die Vorlage einzusetzen.

Zu den Befürwortern gehörten einerseits die Mitglieder der Gemeindebehörden in finanzschwachen Vororten, anderseits Architekten und Städtebauexperten. Sie verbanden mit der zweiten Eingemeindung die Hoffnung, die bauliche Entwicklung der städtischen Peripherie rechtzeitig durch Planung steuern und die künftigen Wohnquartiere als Gartenstädte realisieren zu können. Während die Eingemeindungsgegner den «Moloch Grossstadt» an die Wand malten, versuchten die Befürworter zu beweisen, dass gerade die Vereinigung ein planloses Ausufern der Stadt verhindern könne.

Der Abstimmungskampf um die Eingemeindungsinitiative war einer der heftigsten und emotionalsten im Kanton während der gesamten Zwischenkriegszeit. Die Entscheidung war zu einer Glaubensfrage geworden. Bei einer Stimmbeteiligung von 82 Prozent wurde am 12. Mai 1929 die Initiative deutlich abgelehnt. Als einziger Bezirk hatte Zürich eine Ja-Mehrheit geliefert, von den 180 Zürcher Gemeinden lehnten 155, darunter Winterthur, die Vorlage ab. Und während die ärmeren Vororte mit fast einstimmigen Mehrheiten, Affoltern gar mit 99 Prozent, zustimmten, wehrten sich Kilchberg und Zollikon einmütig für ihre Selbständigkeit.[11] Der Winterthurer «Landbote» freute sich über diesen «Dämpfer auf die etwas allzu üppige und allzu kecke Eroberungspolitik der gegenwärtigen Regentschaft der Stadt Zürich».[12]

Erst nachdem die Befürworter der Eingemeindung im September 1929 die als indirekten Gegenvorschlag des Regierungsrats verstandene Vorlage für einen kantonalen Finanzausgleich zu Fall gebracht hatten, war der Weg für einen Kompromiss offen, der sich nun in erstaunlich kurzer Zeit realisieren liess. Bereits im November 1929 zeichnete sich eine Lösung ab, wonach in einer gemeinsamen Vorlage der Finanzausgleich mit einer auf acht Vororte reduzierten Eingemeindung verbunden werden sollte.[13] Am 5. Juli 1931 wurde ein entsprechendes Gesetz deutlich angenommen, mit Zustimmung nun auch der meisten Landbezirke.¹⁴ Mit Stichdatum 1. Januar 1934 kamen die Gemeinden Affoltern, Albisrieden, Altstetten, Höngg, Oerlikon, Schwamendingen, Seebach und Witikon als neue Quartiere zur Stadt Zürich.

## Wohnungsbau und soziale Erziehung

Die Zwischenkriegszeit war im Kanton Zürich die grosse Pionierzeit des sozialen Wohnungsbaus. Kein anderer Schweizer Kanton, die Stadtkantone Genf und Basel eingeschlossen, hat in diesem Bereich damals Vergleichbares geleistet. Das Vorbild deutscher Städte wie Stuttgart oder Frankfurt mit ihren grossflächigen Neubausiedlungen spielte für Zürich eine wegweisende Rolle.

Das öffentliche Engagement nahm, nach bescheidenen Vorläufern in der Vorkriegszeit, seinen Anfang mit der extremen Wohnungsnot von 1918 bis 1923. So beschlossen schon 1917 die Städte Zürich und Winterthur, trotz sprunghaft steigender Baukosten eigene Siedlungen zu erstellen. In Zürich entstanden zwischen 1918 und 1921 über 700 städtische Wohnungen, während private Bauherren nur wenig mehr als 400 neue Wohnungen erbauen liessen.¹⁵

Im Juli 1919 bewilligte das eidgenössische Parlament erstmals Subventionen, um den Wohnungsbau anzukurbeln. Nun setzte auch in vielen grösseren Ortschaften des Kantons die Diskussion über den kommunalen Wohnungsbau ein, denn der Mangel war hier nicht weniger drückend als in den Städten. Im Bezirk Meilen zum Beispiel beantragten Sozialdemokraten die Gründung eines Gemeindeverbands für den Wohnungsbau. Die Gemeinden lehnten jedoch ein direktes Engagement ab und erklärten sich nur bereit, private Baugenossenschaften zu unterstützen – liessen dieser Bereitschaftserklärung allerdings keine Taten folgen.¹⁶ Anders sah es auf dem industriell geprägten linken Seeufer aus. In Thalwil liess die Gemeinde selbst vorübergehend Wohnungen bauen; in Horgen, Wädenswil und Richterswil wurden Genossenschaften von der Gemeinde mit Darlehen und Landabtretungen gefördert. Auch gegen diese Massnahmen regten sich allerdings vielerorts Widerstände.¹⁷

Der Wohnungsmangel blieb, wie kaum ein anderes kriegswirtschaftliches Phänomen, bis weit in die Zwischenkriegszeit hinein im Kanton spürbar. Denn obwohl sich die private Bauwirtschaft nach der Normalisierung der Baukosten 1924 wieder erholte, blieb das Angebot noch lange hinter der Nachfrage zurück. Und weil die im Krieg erlassenen Mieterschutzbestimmungen stufenweise, 1926 schliesslich trotz Mieterprotesten ganz

**Miete und übrige Lebenshaltungskosten in der Stadt Zürich von 1914 bis 1935**

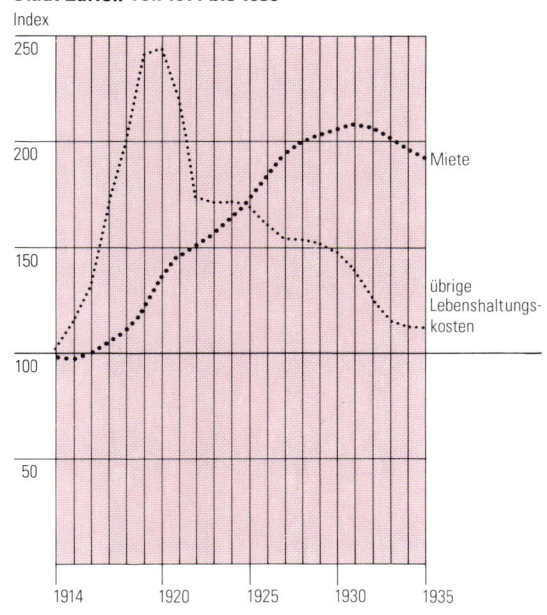

Die Mieten stiegen, im Gegensatz zum Trend bei den übrigen Lebenshaltungskosten, in den zwanziger Jahren ständig an. Die Wohnungsnot war darum ein brisantes Politikum.

1932 erregte der Mieterstreik in Zürich grosses Aufsehen. Um Zinssenkungen zu erzwingen, verweigerten gegen 600 Mietparteien das Zahlen der Miete. Die von der Kommunistischen Partei geleitete Bewegung argumentierte mit Krise, Lohnabbau und sinkenden Hypothekarzinsen. In einigen Häusern stellten sich Erfolge ein, doch viele Streikteilnehmer wurden mit Polizeigewalt auf die Strasse gesetzt. Vergeblich versammelten sich Nachbarn und Mitstreikende, um den «Hinauswurf» zu verhindern, wie hier an der Werdgasse, im April 1932.

abgebaut wurden, stiegen die Mieten rasch an, von 1920 bis 1930 nominal um durchschnittlich 50 Prozent, real gar um 150 Prozent. Zwischen Miete und übrigen Lebenshaltungskosten öffnete sich eine Schere, die die Wohnungsfrage im Bewusstsein der Betroffenen schmerzlich haften liess.

Die Wohnbauförderung blieb vor allem in den Städten ungemein populär, und auch streng liberale Politiker konnten es sich dort nicht leisten, gegen deren Weiterführung aufzutreten. Als 1924 die Bundessubventionen eingestellt wurden, erliessen die Städte Winterthur und Zürich Reglemente, welche die Wohnbauförderung als Daueraufgabe der Gemeinde sanktionierten: die Vorlage erhielt in Zürich 88 Prozent Ja-Stimmen. Eine sozialdemokratische Initiative, die auch den Kanton wieder in der Wohnbauförderung engagierte, erzielte 1927 ein ähnliches Resultat. Zürich und Winterthur überstimmten dabei die ablehnenden Landbezirke.

In beiden Städten wurden die Kolonien der Baugenossenschaften in den zwanziger Jahren zu einem typischen Element des Stadtbildes. In Zürich waren das zunächst die fast immer farbig gestrichenen, kompakten Blockrandbebauungen, wie sie rund um den Röntgenplatz oder im Sihlfeld das Quartierbild bestimmen, Kolonien von starker Identität und Ausstrahlung. Sie heben sich durch einfache, massige Gestaltung, durch Vorgärten und begrünte Innenhöfe von privat erstellten Baublöcken deutlich ab. Im Lauf der zwanziger Jahre entstanden neue Siedlungen vermehrt am Stadtrand, in aufgelockerten Bauformen, offen für Licht und Luft.

Die Wohnbauförderung, begleitet vom systematischen Aufkauf grosser Baulandreserven, ermöglichte den städtischen Behörden bei der Gestaltung neuer Quartiere am Stadtrand Eingriffe, die weit über die baupolizeilichen Kompetenzen hinausgingen. Sie nutzten diese Macht mit dem Ziel, möglichst einheitlich gestaltete Stadtquartiere entstehen zu lassen. Das Hochbauamt machte den Genossenschaften strenge Auflagen und intervenierte auch in Detailfragen wie etwa der Fassadenfarbe oder der Gestaltung von Balkonbrüstungen. Bauvorstand Emil Klöti setzte sich dafür ein, dass die städtischen Förderungsgelder möglichst konzentriert in den Bau von zusammenhängenden Grosssiedlungen einheitlicher Bauart flossen. Auf diese Weise wurde die Förderung des Wohnungsbaus zum wichtigsten Mittel der Stadtplanung überhaupt, zumal in Zürich damals jede zweite Wohnung mit öffentlicher Finanzhilfe erbaut wurde.

Der genossenschaftliche Bau grosser Kolonien zeitigte ausserdem Rationalisierungseffekte – Projektierung und Ausführung grosser Serien

Dank der Möglichkeit, durch eigene Arbeitsleistungen den Kaufpreis zu verringern, waren die Häuser der Siedlung «Selbsthilfe» in Winterthur (oben) für Arbeiterfamilien erschwinglich. (Adolf Kellermüller und Franz Scheibler, 1924–1929)

Weite Innenhöfe und sachlich biedere Gestaltung kennzeichnen die Eisenbahner-Kolonie in Zürich-Altstetten. (Peter Giumini, 1924–1931)

gleichartiger Wohnungen verbilligten den Bau. Dies erlaubte es schon recht früh, den relativen Luxus von Bädern, elektrischen Küchen, Zentralheizungen und Waschmaschinen für die «kleinen Leute» zugänglich zu machen. Der Einzug in die Genossenschaftskolonie bedeutete für viele Mieterinnen und Mieter ein Zeichen des sozialen Aufstiegs.

Auch in Winterthur nutzten die Behörden ihren Einfluss, um möglichst einheitliche Quartiere zu gestalten. Ihr hauptsächliches Mittel war die Bodenpolitik. Nicht weniger als 145 Hektaren Land kaufte die Stadt in den ersten zehn Jahren nach der Eingemeindung im Gemeindegebiet auf, 40 Hektaren verwendete sie in dieser Zeit für den Bau von gemeinnützigen Wohnsiedlungen.[18] Dabei hielt man sich an die ungeschriebene Regel, «jedem ständig Wohnbau treibenden Architekten eine Art Jagdgebiet zu reservieren, wo er Vorhand hatte auf städtischem Bauland».[19] So erreichte man, dass sich diese Gebiete in einheitlichem Stil entwickelten.

Im Gegensatz zur Stadt Zürich setzte das bürgerlich dominierte Winterthur in erster Linie auf die Förderung des privaten Eigentums. Die 1923 gegründete, der Sozialdemokratischen Partei nahestehende «Heimstättengenossenschaft» erhielt von der Stadt Bauland und Finanzhilfe nur unter der Bedingung, dass sie ihre Einfamilienhäuser im Eigentum absetzte. Die Genossenschaft hatte vorgesehen, die Häuschen bloss zu vermieten, um Preissteigerungen für die Zukunft auszuschliessen.[20] Natürlich waren mit diesem Entscheid gesellschaftspolitische Leitbilder verbunden. Der Arbeiter als Hausbesitzer würde, so hoffte man, den bürgerlichen Staat wieder als den seinen akzeptieren und sein Klassenbewusstsein gegen Bürgersinn austauschen. 1925 formulierte dies der Winterthurer Architekt Adolf Keller-

Die Architektin Lux Guyer entwarf 1926 den «Lettenhof» (links) als Wohnsiedlung für berufstätige Frauen.

Die Werkbundsiedlung «Neubühl» (1929–1932) in Zürich-Wollishofen (links unten) verwirklichte «befreites Wohnen» in Licht, Luft und Sonne im Rahmen einer lockeren Gemeinschaft. Hinter dem Projekt stand eine Gemeinschaft junger Architekten und einer Architektin, die dem «Neuen Bauen» zum Durchbruch verhelfen wollte.

Die Allgemeine Baugenossenschaft Zürich liess ihre Kolonien im Sihlfeld (unten) von Willy Hartung mit ländlichen Motiven schmücken. (Architekt: Otto Streicher, 1928)

müller (1895–1981), der sich auf dem Gebiet des Arbeitersiedlungsbaus stark engagierte: «Politisch gewinnt der Staat darin, dass jeder Mensch, der ein eigenes Dach besitzt, jeden umstürzlerischen Gedanken verliert und mindestens ein Demokrat wird.»[21] Und eine Ausstellung in Winterthur warb 1926 mit ähnlichen Argumenten für das Leben im Kleinhaus, wobei zeittypische stadt- und modernisierungsfeindliche Gedanken mit einflossen: «Die Liebe zur Scholle, zu Familie, Heimat und Vaterland erwacht und gedeiht; die Lockungen der Stadt vermögen gegenüber den wahren Freuden des Heims auf die Dauer nicht zu fesseln.»[22] Die Lockungen der Stadt, damit waren Kino, Tanzhallen und Jazzmusik, das Wirtshaus und der Alkohol gemeint. Auch der Zürcher Stadtbaumeister Hermann Herter (1877–1945) war überzeugt, «dass im Kleinhaus offensichtlich der bessere Staatsbürger und die bessere Staatsbürgerin grossgezogen werden, als in der Mietskaserne». Er sah die «erzieherische Absicht» des sozialen Wohnungsbaus darin, «dass sich der Volksgenosse immer weniger als Proletarier dem Staate gegenüberstellt und immer mehr als Staatsbürger zum Volksganzen bekennt».[23]

Solche Absichten der Wohnbauförderer wurden von den Genossenschafterinnen und Genossenschaftern kaum als Gängelung empfunden. Auch für die Genossenschaften selber war das kleine Reihenhaus – ob in Kauf oder Miete – das unbestrittene, aber nicht immer realisierbare Ziel. Es war Ausdruck der Hoffnung, ein gleichberechtigtes Mitglied der Gesellschaft zu werden, Symbol eines gesellschaftlichen Aufstiegs, der ohne die politischen Erfolge der Arbeiterbewegung nicht möglich gewesen wäre.

Ein Prospekt der Allgemeinen Baugenossenschaft Zürich (ABZ) verspricht 1934 den sozialen Aufstieg.

Dass der genossenschaftliche Wohnungsbau ganz auf den sozialen Aufstieg ausgerichtet war, hatte nicht zuletzt damit zu tun, dass diese Selbsthilfebewegung von bessergestellten, meist gewerkschaftlich organisierten Arbeitern, vom öffentlichen Personal, von Eisenbahnern, Lehrern und Angestellten getragen wurde. Von Leuten, die über ein gesichertes Einkommen verfügten und genügend Ersparnisse für die benötigten Anteilscheine besassen. In diesen gesellschaftlichen Gruppen fiel die genossenschaftliche Botschaft der Beheimatung, Verstetigung und sozialen Integration auf fruchtbaren Boden, denn sie wurde als Weg zu sozialer Gleichberechtigung verstanden. Vor diesem Hintergrund wird verständlich, dass die Zürcher Baugenossenschaften keine spezifische «Arbeiterkultur» verwirklichen wollten, wie sie manchen Avantgarde-Architekten vorschwebte, sondern den Typus der Mittelstandswohnung in verkleinerter Form übernahmen. Die gemeinnützigen Baugenossenschaften hatten denn auch eine sehr einheitliche Bewohnerkategorie vor Augen. Sie bauten für Schweizer Familien mit Kindern, wobei ihnen, wie die Konzeption der Wohnungen zeigt, auch eine klare Rollenzuordnung vorschwebte: der Vater als Alleinverdiener, die Mutter als Hausfrau. Es war dies eine Vorstellung, der vor dem Ersten Weltkrieg erst wenige Arbeiterfamilien entsprochen hatten, weil damals ein Lohn allein in der Regel für das Auskommen einer Familie nicht genügte, Frauen und Kinder fast selbstverständlich mitverdienen mussten. Die Reallohnverbesserungen der frühen zwanziger Jahre hatten hier einen Wandel gebracht.[24] Zumindest ein Facharbeiterlohn konnte jetzt als bescheidenes Familieneinkommen genügen, und damit wurde für ein neues Leitbild die Grundlage geschaffen: Die Frau sollte es nicht mehr «nötig haben», durch Lohnarbeit zum Familieneinkommen beizutragen. Die reine Hausfrauenrolle, zuvor Privileg der Mittelstandsfrauen, wurde damit in einem gewissen Sinn zum Statussymbol. Es scheint, dass in den zwanziger Jahren der Ehrgeiz in bezug auf Sauberkeit und Hygiene in den Wohnungen wie nie zuvor Triumphe feierte. Ein Ehrgeiz, der den Frauen auch eingebleut wurde, zum Beispiel mittels jährlich durchgeführter Wohnungsinspektionen durch die Männer vom Genossenschaftsvorstand. Ordnung, Sauberkeit und Disziplin spielten im Genossenschaftsleben überall eine grosse Rolle und wurden rigoros durchgesetzt. Leidtragende waren oft genug die Kinder, die beim Spielen die wohlgepflegten Rabatten oder die aufgehängte Wäsche in Gefahr brachten.

Parallel dazu und mitbedingt durch die vermehrte Freizeit wuchs die Bedeutung des privaten Wohnbereichs im Alltagsleben. Es stiegen die Aufwendungen für die Wohnungseinrichtung, für komplette Wohn- und Schlafzimmer, die auf Abzahlung erhältlich waren. Und die Untermieter oder Schlafgänger, vor dem Krieg unvermeidliche Begleiter der meisten Arbeiterfamilien, wurden vermehrt als Störung der häuslichen Privatsphäre empfunden. Die Genossenschaftswohnungen waren eben nicht nur billiger als die privaten, sondern auch kleiner. Separat zugängliche Zimmer, wie in der Vorkriegszeit üblich, gab es hier nicht. Denn die Genossenschaften und noch mehr die städtischen Politiker versuchten mit allen Mitteln, die Untermiete auszurotten. Sie sahen in der Anwesenheit lediger Erwachsener im Familienhaushalt eine Gefahr für Moral und Familienleben.

Damit stellte sich ein neues Problem: Wo sollten die Ledigen wohnen? Die Genossenschaften verhinderten ja nicht nur die Untermiete, sondern vermieteten ihre Wohnungen auch nicht an Alleinstehende. Und private Wohnungen konnten sich nur wenige leisten. Die zwanziger Jahre brachten auch hier neue Ansätze, und zwar gingen die Zürcher Frauenverbände dabei voran.[25] Den unverheirateten Frauen boten sich zwar verbesserte berufliche Aussichten; so etwa in der Schule, in sozialen Berufen und im Bürobereich. Was aber fehlte, waren geeignete Wohnmöglichkeiten. 1925 setzten sich deshalb einige Betroffene mit der Zürcher Frauenzentrale, der Frauengruppe des Kaufmännischen Vereins und dem Zürcher Frauenverein für alkoholfreie Wirtschaften zusammen und bildeten eine Kommission für Wohnbauprojekte. Das Resultat war eine Wohnsiedlung für alleinstehende berufstätige Frauen im Zürcher Lettenquartier. Lux Guyer (1894–1955), die erste selbständige Architektin der Schweiz, konzipierte die Überbauung ganz im Sinn ihrer Bewohnerinnen als raum- und arbeitssparende Kleinwohnungen mit rationellen Kleinküchen «nach Taylorschen Gesichtspunkten».[26] Um den Frauen den Zwang zum Kochen zu ersparen, verfügte die Siedlung sogar über ein eigenes kleines Restaurant. 1927 wurde der «Lettenhof» bezogen, und schon 1928 folgte im Beckenhof ein zweites gleichartiges Projekt.

**Entwicklung der technischen Ausstattung von Wohnungen der Zürcher Baugenossenschaften von 1917 bis 1930**

|  | 1917–1925 | 1926 | 1927 | 1928 | 1929 | 1930 |
|---|---|---|---|---|---|---|
| Erfasste Wohnungen | 2029 | 875 | 825 | 1217 | 1448 | 1310 |
| *Ausstattung (in Prozenten):* | | | | | | |
| Eigenes Bad | 75,9 | 92,1 | 89,2 | 97,8 | 95,6 | 98,7 |
| Gemeinschaftliches Bad | 22,5 | 7,8 | 10,7 | 0,0 | 4,3 | 1,2 |
| Warmwasserversorgung | 8,9 | 36,7 | 36,6 | 57,9 | 85,1 | 80,2 |
| Zentralheizung | 0,1 | 8,7 | 27,9 | 54,9 | 73,0 | 90,5 |
| Elektrischer Kochherd | 0,2 | 0,2 | 8,7 | 24,0 | 53,6 | 56,2 |

Bad, Zentralheizung und Elektroherd setzten sich innert weniger Jahre als neue Standards durch.

## Die Strasse wird zur Fahrbahn

«Ein Notschrei löst den anderen aus, und eine Flut von Zuschriften zeigt an, dass der Strassenlärm, namentlich der nächtliche, eine schwere Plage für weiteste Kreise der Bevölkerung geworden ist», stellte die «Neue Zürcher Zeitung» 1928 fest.[27] Die zwanziger Jahre waren in der Schweiz die Zeit des Durchbruchs für den individuellen Verkehr. Zwischen 1920 und 1931 stieg die Zahl der Motorfahrzeuge im Kanton Zürich von 2753 auf 26270 an; um das Zwanzigfache gar wuchs der Verkehr auf Zürichs Ausfallstrassen. Automobile und Motorräder, vor dem Ersten Weltkrieg noch argwöhnisch bestaunte Seltenheiten, eroberten sich nun in kürzester Zeit den Strassenraum und drängten die langsameren Fuhrwerke wie auch Fussgängerinnen und Fussgänger zur Seite.

Der Neumarkt in Winterthur erhielt 1925 einen modernen Asphaltbelag. Trotz des Einsatzes von Kipplastwagen blieb noch viel Handarbeit, deren Ausführung hier von zwei feingekleideten Beamten überwacht wird.

Der Siegeszug der Motorfahrzeuge erfolgte allerdings nicht reibungslos. Die ersten Automobile, die 1919 aus Garagen und Schuppen hervorgeholt wurden, als endlich wieder Benzin aufzutreiben war, wurden von der Bevölkerung nach den autofreien Kriegsjahren mit einhelliger Feindseligkeit begrüsst. «Noch bevor die Milchrationierung aufgehoben ist», klagte der «Zürcher Bauer» 1919, «macht sich eine Landplage wieder breit, die uns glücklicherweise während des Krieges etwas verschont hat, die Autopest.» Vor allem auf dem Land häuften sich Verwünschungen und Klagen über Staubwolken, Lärm und Gestank, mit denen die städtischen Luxusfahrzeuge die Umwelt bedachten. Bauern und Arbeiter gehörten gleichermassen zu den heftigsten Autofeinden, den Autofahrern warfen sie «Protzentum» und Rücksichtslosigkeit vor.[28]

Schon im Juni 1919 forderte eine Einzelinitiative Einschränkungen für den motorisierten Verkehr. Die Kantonsbehörden kamen unter dem Druck der öffentlichen Meinung 1920 dieser Forderung mit einem Sonntagsfahrverbot entgegen. Es galt dem Schutz der Fussgänger, vor allem der Sonntagsausflügler, die damals noch gewohnt waren, die Hauptstrassen als Wanderwege zu benutzen. Darum galt das Verbot nur am Sonntagnachmittag während der Sommermonate, die Städte Zürich und Winterthur waren davon ausgenommen; es blieb bis 1923 in Kraft.

Eine Volksinitiative «für vermehrten Schutz vor Motorfahrzeugen», 1922 lanciert, forderte zusätzlich Nachtfahrverbote, obligatorische Tachometer und scharfe Geschwindigkeitsbeschränkungen. Doch bis zur Abstimmung im Februar 1924 hatte sich die Stimmung geändert, der wirtschaftliche Aufschwung hatte eingesetzt und half mit, Modernisierungsfeindlichkeit abzubauen. «Schliesslich handelt es sich beim Automobil um ein im Wirtschaftsleben wichtiges Verkehrsmittel»,[29] räumte jetzt das «Volksrecht» ein, und auch der «Zürcher Bauer» bezweifelte, «dass die Autos wirklich so viel stören auf der Strasse».[30] Sogar die Mehrzahl der Initianten hatte sich von der Initiative zurückgezogen. Mit 67 226 zu 43 005 Stimmen wurde sie vom Volk abgelehnt.

Es waren schliesslich nicht die Polizisten, sondern die Techniker, die den Streit zwischen den Autofahrern und den übrigen Strassenbenützern beendeten: Sie griffen die häufigste Klage gegen die Autos auf und plädierten für den «staubfreien» Ausbau des kantonalen Strassennetzes durch Asphaltieren oder Pflästern der Fahrbahnen. 1919 wies das gesamte Netz der Überlandstrassen noch Kiesbeläge auf, es war also auf dem technischen Stand des frühen 19. Jahrhunderts verblieben. Nun handelte es sich darum, 2240 Strassenkilometer mit festen Belägen zu versehen.[31]

Ein erster Versuch der Regierung, durch höhere Fahrzeuggebühren die Verursacher selber für die Strassenverbesserung heranzuziehen, scheiterte 1921 am vereinten Widerstand der Automobilisten und der viel zahlreicheren Radfahrer, die ebenfalls höhere Steuern hätten zahlen müssen. 1923 erzielte eine zweite Vorlage eine nur hauchdünne Mehrheit. Die in Verbänden organisierten Radfahrer erwiesen sich in den zahlreichen kantonalen und eidgenössischen Vorlagen der zwanziger Jahre zum Erlass neuer Verkehrsvorschriften als treue Verbündete der Automobilisten, obwohl sie ganz anderen Bevölkerungsschichten angehörten. Der Schulterschluss erklärt sich aus einer militanten Polizeifeindlichkeit der Radfahrer. Diese beruhte auf dem Unmut über die Steuerpflicht und vor allem über den bis 1932 herrschenden Zwang, die Velos mit Nummernschildern zu versehen. Die Schilder machten das Velo zum bequemen Opfer polizeilicher Disziplinie-

Die 1927 an alle Zürcher Schulkinder verteilte «Verkehrsfibel» lehrte zeitgemässes Verhalten auf der Strasse.

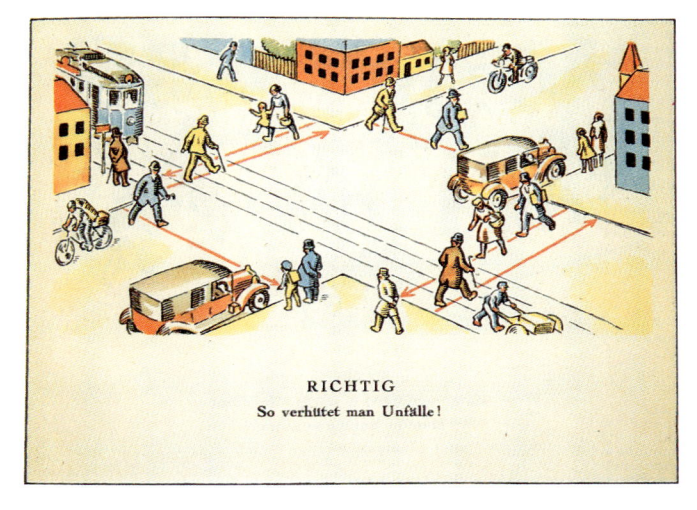

FALSCH
So überschreitet man die Strassenkreuzung nicht!

RICHTIG
So verhütet man Unfälle!

rungsmassnahmen; der grösste Teil aller Verkehrsbussen traf damals die Zweiradfahrer.³²

Die Strasse, bislang in ihrer ganzen Breite öffentlicher Raum, der unbekümmert zum Gehen und Stehen benutzt werden konnte, wurde erst durch das Aufkommen der schnellen Fahrzeuge zur Fahrbahn, zu einem abgesonderten Bereich, den die Fussgängerin und der Fussgänger nur noch unter Lebensgefahr betreten konnten. Sie wurden dadurch nicht nur buchstäblich an den Rand, auf die Trottoire gedrängt, sondern mussten sich im Strassenverkehr auch ein neues Verhalten aneignen, das demjenigen am Arbeitsplatz gleichkam: Konzentration, Disziplin, Kontrolliertheit von Blick und Bewegungen wurden überlebenswichtig. Dies erkannte der Zürcher Polizeivorstand Ernst Höhn (1876–1928), der 1927 in einem Referat sagte: «Es werden auch an alle Strassenbenützer neue, höhere, zum Teil recht ungewohnte Anforderungen gestellt. Diese sind wohl am grössten für den Fussgänger, der aus seiner früheren sorglosen Strassenbenützung aufgescheucht worden und heute sozusagen auf Schritt und Tritt gefährdet ist.» Höhn plädierte deshalb für eine «zielbewusste Belehrung» der Bevölkerung, denn «der Anpassungsprozess muss systematisch beschleunigt werden».³³

Für die Notwendigkeit einer solchen Aufklärung sprachen die Unfallzahlen in der Stadt, die seit 1919 beängstigend rasch auf das Sechsfache angewachsen waren: In den Jahren um 1930 wurden in der Stadt Zürich ebensoviele Menschen im Strassenverkehr verletzt oder getötet, wie 60 Jahre später, obwohl unvergleichlich viel weniger Fahrzeuge die Strassen beansprucht und obwohl bis 1932, zumindest auf dem Papier, die Höchstgeschwindigkeit innerorts noch auf 18 Stundenkilometer festgesetzt war. Offensichtlich war der «Anpassungsprozess» an die neuen Gegebenheiten des Verkehrs noch nicht allgemein vollzogen worden.

Die Sanierung des Verkehrsknotens Bellevue fand 1938 mit dem Bau der eleganten Wartehalle von Stadtbaumeister Hermann Herter (1877–1945) ihren Abschluss. Der Schwung des kühn auskragenden Betondachs übernimmt das dynamische Fliessen des Verkehrs. Der Volksmund interpretierte die Rundungen anders und nannte die Halle «Klöteanum».

# Zum Forschungsstand

Die räumliche Entwicklung des Kantons in der Zwischenkriegszeit ist noch kaum erforscht, dies gilt namentlich für die Prozesse, die zur Agglomerationsbildung beitrugen. Unterlagen liefern die Resultate der Volkszählungen von 1900 und 1930, die erstere ist im Heft 9 der STATISTIK DER STADT ZÜRICH analysiert worden; weitere Daten zur Entwicklung der Vororte sind in den Heften 18, 32 und 36 derselben Reihe gesammelt.

Das Meliorationswesen der zwanziger Jahre ist nur in zeitgenössischen Publikationen dokumentiert, namentlich in den Schriften der «Schweizerischen Vereinigung für Innenkolonisation und industrielle Landwirtschaft» (SVIL), meist von Hans BERNHARD verfasst; ausserdem WINKLER, Kulturlandschaft Glattal. Noch steht eine Untersuchung der interessanten ideellen Hintergründe dieser Bewegung aus. Anschauliche Details bringt KLÄUI, Hettlingen. Die Gesamtleistungen bis 1938 sind in MELIORATIONSAMT, Bodenverbesserungen, zusammengetragen.

Die Winterthurer Eingemeindung wird von BECK, Eingemeindung, und von GANZ, Winterthur 1798–1922, dargestellt. Zur zweiten Zürcher Eingemeindung gibt AKERET, Eingemeindung, eine detaillierte Darstellung der Ereignisse und analysiert die Diskussion um die Abstimmung von 1929; sein Ausblick auf die Auswirkungen der Stadterweiterung ist weniger verlässlich. Zu den stadtplanerischen Leistungen der Zwischenkriegszeit finden sich wichtige Informationen bei KOCH, Städtebau; eine umfassende, kritische Analyse der damit verbundenen stadträumlichen Veränderungen bietet HORNBERGER, Stadtgestalt.

Zu den politischen Voraussetzungen des gemeinnützigen Wohnungsbaus in Zürich ist immer noch HORBER, Wohnungsbau, die wichtigste Quelle; die zahlreichen Jubiläumsschriften der einzelnen Genossenschaften sind wenig aussagekräftig; gleiches gilt von den offiziellen Publikationen der Stadt Zürich, mit zwei Ausnahmen: einerseits Heft 46 der STATISTIK DER STADT ZÜRICH, anderseits KOCH, Wohnungsbau, der neben einführenden Texten ein vollständiges Inventar sämtlicher Bauten enthält. Für Winterthur kann auf das Sonderheft 6/1983 von ARCHITHESE verwiesen werden, ausserdem auf BÄRTSCHI, Siedlungsstadt Winterthur.

Die Dissertation von NUSSBAUM, Strassenverkehrsprobleme, enthält quantitative Angaben zur Entwicklung des Strassenverkehrs im Kanton und untersucht die Veränderung der Diskussionen rund um das Automobil anhand der Gesetzesvorlagen.

# Anmerkungen

[1] Der Zuwachs stammte zu 78% aus Wanderungsgewinn, nur zu 18% aus dem Geburtenüberschuss – um die Jahrhundertwende hatte das Verhältnis noch 1:1 betragen.
[2] Volkszählung 1941. Küsnacht wuchs um 2652, Zollikon um 2906 Personen. Bescheidenere Zuwachszahlen erreichten Kilchberg (1271), Erlenbach (1247) sowie die Industriezentren Dübendorf (1765), Schlieren (1709) und Wallisellen (1482).
[3] Vgl. BODMER, Erinnerungen
[4] KOCH, Städtebau, S. 150
[5] Bodmer, Albert, Der Gartenstadtgedanke in der Entwicklung der Stadt Winterthur, in: DAS WOHNEN, Nr. 5, 1931, S. 65
[6] Bodmer, (wie Anmerkung 5), S. 67
[7] Ausführlich zu dieser Thematik: AKERET, Eingemeindung
[8] ZÜRCHER TASCHENBUCH 1930, Jahreschronik, 13.1.1925, S. 237
[9] NÄGELI, Hans, Die Eingemeindungsfrage, Zürich 1926, S. 67
[10] ZÜRCHER BAUER, 17.4.1929
[11] AKERET, Eingemeindung, S. 113
[12] «Landbote», Nr. 108, 1929, S. 1, zit. nach: GUGGENBÜHL, Landbote, S. 436
[13] AKERET, Eingemeindung, S. 129
[14] Nein-Mehrheiten ergaben sich in Andelfingen, Bülach und Meilen.
[15] STATISTIK DER STADT ZÜRICH, Heft 46, 1937, S. 33
[16] STÄFA, Bd. 2, S. 117
[17] KLÄUI, Horgen, S. 669 f.; ZIEGLER, Wädenswil, S. 64; DAS WOHNEN, Nr. 2, 1928, S. 28–30 (Wädenswil) und Nr. 2, 1930, S. 28–30 (Thalwil)
[18] Bodmer, (wie Anmerkung 5), S. 67
[19] BODMER, Erinnerungen, S. 177
[20] Gerteis, Heinrich, Die Heimstättengenossenschaft Winterthur, in: DAS WOHNEN, Nr. 5, 1931, S. 67
[21] Kellermüller, Adolf, Manuskript zu einem Leserbrief, 15.6.1925, zit. nach: Christoph Luchsinger – Adolf Kellermüller (1895–1981); drei Siedlungsunternehmen, in: ARCHITHESE, Nr. 6, 1983, S. 37
[22] PETER, Hans, Das Kleinhaus. Ausstellungskatalog, Winterthur 1926, S. 6
[23] HERTER, Eingemeindung, S. 33, 28
[24] Die realen Tagesverdienste gelernter männlicher Arbeiter erreichten 1922 nach den gesamtschweizerischen Erhebungen der SUVA 122 Indexpunkte (1913 = 100), sanken im Jahr darauf auf 117, und erreichten 1926 den Stand von 124, 1930 von 131 Punkten. Vgl. BIGA, Ergebnisse der schweizerischen Sozialstatistik, abgeschlossen auf Ende 1931, Bern 1932, S. 199.
[25] Vgl. dazu JAKOB, Wipkingen, S. 66–70
[26] JAKOB, Wipkingen, S. 69
[27] NZZ, Nr. 1359, 1928, zit. nach: NUSSBAUM, Strassenverkehrsprobleme, S. 71
[28] «Zürcher Bauer», Nr. 45, 1919, zit. nach: NUSSBAUM, Strassenverkehrsprobleme, S. 64
[29] «Volksrecht», Nr. 34, 1924, zit. nach: NUSSBAUM, Strassenverkehrsprobleme, S. 141
[30] «Zürcher Bauer», Nr. 13, 1924, zit. nach: NUSSBAUM, Strassenverkehrsprobleme, S. 141
[31] Bis 1934 waren 350 km (15,6%) des Hauptstrassennetzes asphaltiert oder gepflästert. (GESCHÄFTSBERICHT DES REGIERUNGSRATES AN DEN ZÜRCHERISCHEN KANTONSRAT 1934, S. 214)
[32] NUSSBAUM, Strassenverkehrsprobleme, S. 272; ROHNER, Das Velofahren, S. 81–91
[33] HÖHN, Ernst, Die Verkehrsnot in der Stadt Zürich, Zürich 1927, Separatdruck aus der «Züricher Post», S. 4, 23

# Wirtschaftsdepression und gesellschaftliche Unrast

Die nach dem Börsenkrach von 1929 einsetzende Weltwirtschaftskrise erfasste die Schweiz schleichend und mit einer zeitlichen Verzögerung. Dafür entwickelte sie sich zu einer der nachhaltigsten Depressionen der schweizerischen Wirtschaftsgeschichte, die sich tief ins Bewusstsein der Bevölkerung eingrub. «Noch selten scheint ein Zeitalter einen solchen Tiefstand des Vertrauens und Glaubens in jedem Sinn des Wortes gekannt zu haben», beschrieb im Frühjahr 1934 Eugen Böhler (1893–1977), Professor für Nationalökonomie an der ETH Zürich und Berater von Bundesrat Edmund Schulthess (1868–1944), die damalige Stimmungslage. Die wirtschaftlichen Grundlagen schienen «alle Sicherheit, alle Zuverlässigkeit, alle Berechenbarkeit, alle Festigkeit und alle sinnhafte Ordnung verloren zu haben». Zur Debatte standen der Wirtschaftsliberalismus, aber auch das politische System. Das «Vertrauen in die bisherige wirtschaftliche und politische Führung» schwinde angesichts der «Hilflosigkeit des staatlichen Eingriffes gegenüber der Krise», meinte Böhler, und alle politischen Werte begännen zu schwanken. Den aufmerksamen Chronisten verwunderte es deshalb nicht, dass allenthalben der Ruf «nach Ordnung, nach Autorität, nach absoluten und gültigen Werten, nach Erneuerung, Sinnesänderung und Gemeinschaft» ertönte.[1]

## Krise und Krisenbekämpfung

Wegen seiner vorwiegend exportorientierten Industriestruktur bekam der Kanton Zürich die Weltwirtschaftskrise sehr heftig zu spüren. Erste Rück-

Arbeitslose vor dem Arbeitsamt in Zürich, anfangs der dreissiger Jahre. (Photo: Wilhelm Willi, Arbeiterfotobund)

schläge erlitten die Textil- und die Maschinenindustrie bereits im ersten Quartal 1930, als in den Absatzländern ein rapider Einkommens- und Investitionsrückgang einsetzte. Die sich rasch intensivierende Zollschutz- und Kontingentierungspolitik des Auslands verschlechterte die Exportchancen weiter. Katastrophal wirkte sich schliesslich die Abwertung des englischen Pfunds im September 1931 aus, der rasch weitere Wechselkurssenkungen folgten; im April 1933 löste sich auch der US-Dollar vom Gold. Die dadurch entstandene Preis- und Kostendisparität brachte das zürcherische Exportgeschäft fast zum Erliegen. Gesamtschweizerisch schrumpften die Ausfuhrwerte von 100 Punkten im Hochkonjunkturjahr 1929 auf 84 Punkte im Jahr 1930, und erreichten 1933 mit 36 Punkten ihren tiefsten Stand.[2] Äusserst stark betroffen war die Textilindustrie, insbesondere die traditionsreiche Seidenfabrikation. Vielerorts kam es zur zeitweisen oder völligen Stilllegung von Textilfabriken; zwischen 1929 und 1936 verringerte sich ihre Zahl um 27 Prozent. So kündigte die mechanische Seidenstoffweberei Winterthur («Sidi») 1932 allen 300 Beschäftigten und verlegte den Grossteil ihrer Produktion nach England. Die Seidenweberei Gessner in Wädenswil, die 1929 2200 Arbeiter und Arbeiterinnen beschäftigte, musste wegen der erlittenen Verluste das gesamte Aktienkapital abschreiben und einen Grossteil ihrer Liegenschaften abstossen; sie überlebte nur dank Überbrückungskrediten der Gemeinde und von Stadt und Kanton Zürich. Die Gesamtzahl der Zürcher Textilarbeiter und -arbeiterinnen ging zwischen 1929 und 1932 um einen Drittel auf 16 073 zurück und erreichte 1936 mit 13 850 Beschäftigten einen Rekordtiefstand. Dabei wurden relativ mehr Frauen (45 Prozent) als Männer (36 Prozent) aus dem Arbeitsprozess verdrängt.[3]

Auch der Maschinen- und Metallindustrie machte die Krise schwer zu schaffen. Fanden 1929 noch 30 625 Personen ein Auskommen in diesem wichtigsten Ausfuhrzweig des Kantons, waren es 1933 fast ein Drittel we-

Arbeitslose durchsuchen den städtischen Müll nach Verwertbarem. Abfalldeponie Zürich-Herdern, anfangs der dreissiger Jahre. (Photo: Theo Frey)

niger. Besonders schlimm war die Situation in Winterthur, wo die «grossen Drei» – Sulzer, Rieter und die Schweizerische Lokomotiv- und Maschinenfabrik (SLM) – eine dominante Stellung einnahmen. Zwischen 1930 und 1934 sanken die Exporte der SLM um 42 Prozent; wegen massiver Verluste stand sie 1933 vor dem Zusammenbruch, was eine einschneidende Sanierungsaktion nötig machte. Ähnliche Umsatzeinbussen hatte Sulzer hinzunehmen. Einzig die Spinnmaschinenfabrik Rieter manövrierte sich ohne grössere Verluste durch die Krise und schüttete weiterhin Dividenden aus.[4]

Im Gegensatz zur krisengeschüttelten Exportindustrie zeigte sich die Binnenwirtschaft bis 1932 resistent. Ihre grösste Stütze fand sie in der zunächst noch regen Bautätigkeit, die 1931 in Zürich mit 4496 neuen Wohnungen einen Rekordwert erreichte. Zwei Jahre später schlug die Krise auch auf das Baugewerbe durch; 1933 wurden nur noch 505 Neubauwohnungen fertiggestellt. Parallel dazu vollzog sich der Schrumpfungsprozess in den anderen aufs Inland ausgerichteten Wirtschaftszweigen.

Vom Zusammenbruch des internationalen Kredit- und Währungssystems stark in Mitleidenschaft gezogen wurde auch das Bankwesen, insbesondere die auslandorientierten Handels- und Grossbanken. Es kam zu Konkursen, Fusionen und Reorganisationen. Für die in Zürich alteingesessene Bank Leu & Co. rächte sich das ausserordentlich hohe Kreditengagement in Deutschland, wo die Regierung die ausländischen Guthaben blockiert hatte. Sie sah sich 1935 gezwungen, einschneidende Sanierungsmassnahmen durchzuführen. Glimpflicher kam die Schweizerische Kreditanstalt davon. Ihre Bilanzsumme schmolz zwischen 1931 und 1935 zwar auf fast die Hälfte zusammen, doch überstand sie die Krise – dank des rasch vorangetriebenen Abbaus von Guthaben in Deutschland – ohne Kapitalabschreibung. Im Gegensatz zu den Grossbanken blieb die Zürcher Kantonalbank in dieser «sturmbewegten Zeit» ein «rocher de bronze», wie die Bankprüfungskommission 1933 festhielt. Der industriefernen Staatsbank gelang es sogar, ihren Geschäftsbereich leicht auszudehnen. Dazu trugen die vermehrten Kredite an die Gemeinden und den Kanton bei, deren Steuereinnahmen bei wachsenden Sozialausgaben rückläufig waren. Zudem führte ihr

**Bruttobauinvestitionen (deflationiert) im Kanton Zürich von 1914 bis 1945**
Mio. Franken

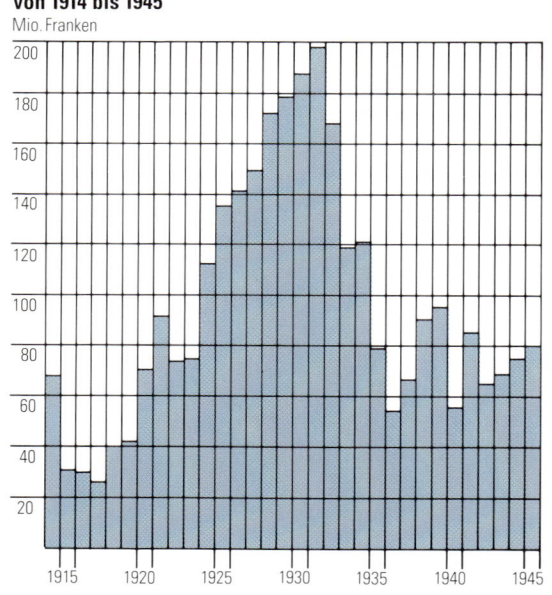

Run auf die Volksbank in Zürich, 29. September 1931. Der drohende Ruin dieses Finanzinstituts, das sich übermässig im Auslandsgeschäft engagiert hatte, konnte nur dank einer kräftigen Finanzspritze des Bundes abgewendet werden. (Photo: Wilhelm Willi, Arbeiterfotobund)

das Misstrauen gegenüber der Zahlungsfähigkeit der Handelsbanken auch enorm viele Spareinlagen zu; deren Bestand erhöhte sich zwischen 1930 und 1938 um 47 Prozent.[5]

Soziale Lage und Sozialpolitik

Für einen rasch wachsenden Teil der Bevölkerung wirkte sich die Wirtschaftskrise ganz direkt und brutal im Verlust von Arbeit und Einkommen aus. Zählte der Kanton Zürich 1929 durchschnittlich 1414 gänzlich Erwerbslose, stieg deren Zahl bis 1933 auf mehr als das Zehnfache (15 753). Im Jahr zuvor hatten die Arbeitslosenkassen eine Rekordzahl von 9276 Kurzarbeitenden erfasst. Winterthur litt besonders stark unter der Entlassungswelle: «Obschon im Vergleich zum letzten Jahr die Zahlen etwas niedriger sind», schrieb der Winterthurer Stadtrat im November 1934 an den Bundesrat, «ist die Notlage bei den Betroffenen dagegen eher schlimmer: die letzte Substanz ist aufgebraucht, man muss auch beim Notwendigsten, beim Essen und bei den Kleidern, einsparen; manche hungern, weil es nicht mehr reicht, die notwendigsten Lebensmittel zu kaufen.»[6] Bei den Ganzarbeitslosen wurde der Höchststand 1936 erreicht: 20 564 oder 8,2 Prozent der erwerbstätigen Bevölkerung waren auf Stellensuche. Damit lag der Kanton Zürich deutlich über dem schweizerischen Durchschnitt von 6,5 Prozent Ganzarbeitslosen. Von 1929 bis 1936 verringerte sich das gesamte Arbeitseinkommen der in der Industrie Beschäftigten um 31 Prozent, jenes der Angestellten um 20 Prozent.[7]

Seit der Nachkriegsdepression hatte man den Ausbau der Arbeitslosenversicherung vorangetrieben. Die meist gewerkschaftlich geführten Arbeitslosenkassen waren im Verlauf der zwanziger Jahre staatlich anerkannt worden und erhielten Subventionen von Bund, Kanton und Gemeinden.[8] Im ersten zürcherischen Arbeitslosenversicherungsgesetz von 1928 hatte der Kanton noch von einem Versicherungszwang abgesehen; trotzdem nahm die Zahl der Kassenmitglieder stetig zu. Als erste Gemeinde führte die Stadt Zürich 1931 die Versicherungspflicht ein; Winterthur folgte ein Jahr später. 1938 wurde das Obligatorium auf den gesamten Kanton ausgedehnt.

**Stellensuchende von 1930 bis 1941**

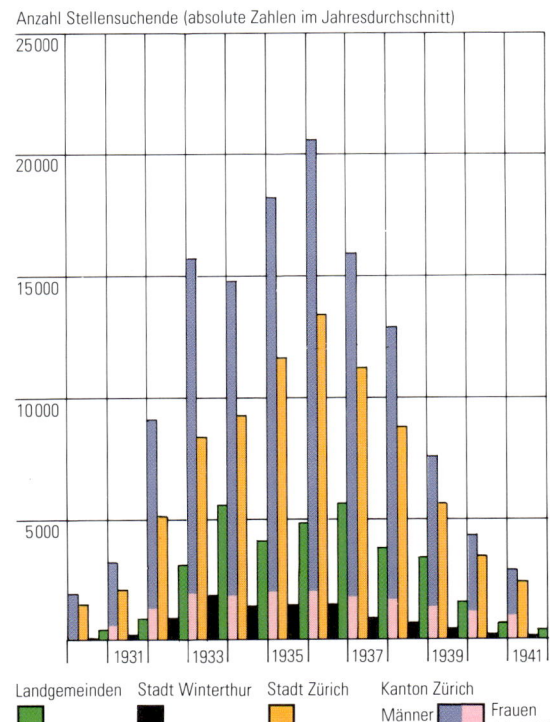

Anzahl Stellensuchende (absolute Zahlen im Jahresdurchschnitt)

Landgemeinden — Stadt Winterthur — Stadt Zürich — Kanton Zürich Männer / Frauen (ab 1931)

Sammelaktion der privaten Arbeitslosenfürsorge: Ein Plakat des Zürcher Hilfskomitees für Arbeitslose, 1936. (Photo: Gotthard Schuh)

Arbeitslosigkeit – die Betroffenen reden
«Die Last der Arbeitslosigkeit des Mannes drückte hauptsächlich die Mutter nieder, *sie* musste sparen, *sie* musste flicken, *sie* arbeitete im Sommer im Radhof bei Vaters Stiefbruder, damit wir Äpfel und Kartoffeln gratis einkellern konnten, *sie* hatte die hässlichen Szenen zu überstehen, wenn die zwei Franken für meine Klavierstunde fehlten.»[1]

Der Versicherungsanspruch galt freilich nur während 90 Tagen pro Kalenderjahr, und die Taggeldansätze waren sehr bescheiden. Sie betrugen bei Unterstützungspflichtigen 60 Prozent, bei Ledigen 50 Prozent des zuletzt bezogenen Einkommens. Mit dieser Geldhilfe allein konnten sich die Arbeitslosen und ihre Familien nur unter grössten Einschränkungen durchbringen. Viele Frauen versuchten deshalb, das prekäre Einkommen mit entlöhnter Zusatzbeschäftigung, wie Putzen oder Heimarbeit, aufzubessern.[9] Herbst- und Winterzulagen wurden unregelmässig ausgerichtet und hingen vom Gutdünken der jeweiligen Gemeinde ab. Einer wachsenden Zahl von Arbeitslosen blieb der erniedrigende Gang zur Armenfürsorge nicht erspart.

Der anhaltende Beschäftigungsrückgang veranlasste den Bund zu zusätzlichen Hilfeleistungen. In den Genuss der Ende 1931 initiierten «Krisenhilfe» kamen jedoch nur ausgesteuerte Erwerbslose, die überdies besonders notleidenden «Krisenindustrien und Krisenberufen» angehören mussten. Der Kanton Zürich führte im April 1932 diese Hilfsmassnahme für die Metall-, Maschinen- und Textilindustrie ein, überliess deren Durchführung aber dem Willen der Gemeinden. Vergeblich bemühten sich die Stadtzürcher und Winterthurer Behörden darum, die «Krisenhilfe» auf andere Branchen auszudehnen oder ihre Gemeinden zu örtlich begrenzten Krisengebieten erklären zu lassen. Erst im September 1935 wurde auch der grössere Teil des Baugewerbes bezugsberechtigt, was die kommunalen Fürsorgekassen etwas entlastete. Ausgeschlossen blieben weiterhin das Holzgewerbe, die kaufmännischen Berufe und die Bekleidungsbranche, die ebenfalls hohe Arbeitslosenzahlen aufwiesen.[10]

Abbauen und Sparen

Nach Ansicht der führenden Exportindustriellen war der Wirtschaftskrise einzig mit einer «Anpassung» an die niedrigen Weltmarktpreise beizukommen. So meinte der einflussreiche Winterthurer Unternehmer Hans Sulzer (1876–1959), es gebe «in der heutigen kritischen Lage unserer Volkswirtschaft keine andere Wahl als Senkung unserer Produktionskosten, Verbilligung unserer Lebenshaltung, Rückkehr zu grösster Sparsamkeit auf der ganzen Linie, vor allem bei der öffentlichen Hand».[11] Im gleichen Sinn proklamierten Banken und Versicherungen eine deflationär ausgerichtete Politik. Sie widersetzten sich einer Frankenabwertung, weil sie einen massiven Vertrauensschwund in die Schweizer Währung befürchteten. In Bundesrat und Wirtschaftsminister Edmund Schulthess fanden diese Kreise einen entschiedenen Verfechter ihrer Spar- und Abbaupostulate. Nachdem die exportorientierte Industrie und die Banken ihre Beschäftigten ab 1931 bereits kräftig zur Ader gelassen hatten – durch Kurzarbeit, gänzliche Arbeitslosigkeit oder direkten Lohnabbau –, stieg der Druck auf die Behörden, nun ihrerseits Sparmassnahmen einzuleiten. Zuerst gaben ihm die von den Krisenfolgen finanziell stark belasteten Industriegemeinden wie Horgen, Rüti oder Winterthur nach. In einer Eingabe vom Mai 1932 drängte der lokale Arbeitgeberverband den Winterthurer Stadtrat, «die Frage eines Lohnabbaus bei der städtischen Verwaltung zu prüfen, damit ein billiger Ausgleich zwischen den Lohnsätzen der öffentlichen Hand und der Privatwirtschaft herbeigeführt werde».[12] Die Behörden handelten rasch und legten den Stimmbürgern bereits im April 1933 eine Vorlage für eine generelle Lohnreduktion von 7,5 Prozent vor. Sie wurde jedoch nach einem heftigen Abstimmungskampf abgelehnt – gleich wie die eidgenössische Lohnabbauvorlage einen Monat später. Im Sinn eines Krisenopfers verzichtete das städtische Personal dann freiwillig auf einen Teil des Lohns. Der Winterthurer

Stadtrat bestand aber darauf, den Lohnabbau gesetzlich zu regeln. Ein knappes Jahr später fruchtete die Opposition der Arbeiterparteien und Gewerkschaften, die jede Kaufkraftminderung als krisenverschärfend ablehnten, nichts mehr: Ende Januar 1934 nahmen die Winterthurer die zweite Abbau-Vorlage knapp an. Im gleichen Jahr verfügten auch der Kanton und selbst das «Rote Zürich» Lohnreduktionen für ihr Personal.[13] 1936 wurde der ursprünglich befristete Lohnabbau vom Kanton wie auch von den meisten Gemeinden verlängert. Resigniert schrieb der Zürcher Regierungsrat in seinem Bericht zum Voranschlag 1936: «Man muss sich notgedrungen damit abfinden, dass man es bei den gegenwärtigen Verhältnissen nicht mit einer Krise, sondern mit einem Dauerzustand zu tun hat.»[14]

Weitere Sparmassnahmen erfolgten bei den Sozialleistungen und Subventionen – so senkten zum Beispiel die meisten Gemeinden den Unterstützungssatz für die Arbeitslosenversicherung – oder durch Rationalisierungen. Daneben zogen Kanton und Gemeinden die Steuerschraube an, um die mit der Krise steigenden Soziallasten und die gleichzeitig sinkenden Steuereinnahmen zu parieren. So hiess die Losung nicht nur in der Wirtschaft, sondern auch beim Staat: Abbauen und sparen. Die depressive Wirkung auf die Binnenwirtschaft blieb nicht aus.

In Frage gestellt wurde in der Krise der dreissiger Jahre auch das Recht der Frau auf berufliche Entfaltung und ökonomische Unabhängigkeit. Gegen verheiratete Frauen in höheren Berufen und öffentlichen Stellen begann eine wahre Hetzkampagne. In Zürich kam es auf kantonaler wie kommunaler Ebene zu verschiedenen Vorstössen gegen «Doppelverdienerinnen». So wählten die Horgener und Winterthurer Stimmbürger im März 1934 trotz Empfehlung der Schulbehörden zwei beziehungsweise vier verheiratete Lehrerinnen ab. Im Februar 1936 verwarf der Kantonsrat knapp die von der Regierung vorgeschlagene Sonderbesteuerung der «Doppelverdiener», und auch das Volk lehnte wenig später eine entsprechende Initiative der «Nationalen Front» ab.[15]

Während die Wirtschaftskrise den Arbeitslosen und Kurzarbeitenden besonders hart mitspielte, verschlechterten sich die Einkommensverhältnisse der Vollbeschäftigten trotz Lohnabbau nicht generell. Die Kosten für die im Vergleich zu heute bescheidene Lebenshaltung sanken zwischen 1929 und 1936 um rund 20 Prozent, der mittlere Stundenverdienst in der Industrie ging hingegen im gleichen Zeitraum nur um 9 Prozent zurück. Hinter dieser Durchschnittszahl verbergen sich aber erhebliche Unterschiede. So betrug der Lohnabbau in der strukturschwachen Textilindustrie mit ihrem ohnehin schon tiefen Einkommensniveau zwischen 11 und 16 Prozent. In den traditionellen Hochlohnberufen des Baugewerbes hingegen beschränkten sich die Einbussen auf 4 bis 8 Prozent.[16] Die Arbeiter der Bauberufe waren denn auch mehr als andere gewillt, trotz Krise ihre Löhne auch mit Streiks zu verteidigen.[17]

Staatliche Krisenbekämpfung

Die Politik der staatlichen Behörden beschränkte sich zur Hauptsache darauf, die Krisenfolgen soweit als möglich zu mildern; vorbeugende Massnahmen wurden praktisch für unmöglich gehalten. Neben den Subventionen für die Arbeitslosenkassen finanzierte die öffentliche Hand Beschäftigungsprojekte, die vor allem den Zweck hatten, die Arbeitslosen von der Strasse wegzubringen und vor dem Aussteuern zu bewahren. Die Notstandsarbeiten konzentrierten sich zudem auf die typischen Männerberufe und den Tiefbau. Auf dem Höhepunkt der Arbeitslosigkeit begannen Bund und

«Er wollte Arbeit», 1932. Linolschnitt und Flugblattentwurf von Clément Moreau (Carl Meffert, 1903–1988), der damals illegal im Schweizer Exil lebte und seine Graphik in den Dienst der Schweizer Arbeiterbewegung stellte.

Im Mai 1932 traten die Zürcher Heizungsmonteure geschlossen in den Ausstand, weil sie den zwischen Unternehmern und SMUV ausgehandelten Lohnabbau nicht akzeptieren wollten. Gewerkschaften und SP missbilligten den «wilden» Streik, der von den Kommunisten unterstützt und mit leidenschaftlichem Einsatz durchgekämpft wurde. Der hasserfüllte Bruderzwist zwischen SP und KP überlagerte bald den eigentlichen Streikanlass. Die zunehmend gereizte Stimmung eskalierte in der «Blutnacht» vom 15. Juni, als die Polizei des sozialdemokratischen Zürich auf die Demonstranten schoss und ein Arbeiter getötet wurde.

Notstandsprogramm für ausgesteuerte Arbeitslose: Umbau des Bahnhofplatzes Winterthur, 1932.

Kanton auch kommunale Hochbauten zu fördern und leisteten ab 1936 Beiträge für private Umbauten und Renovationen.[18] Ein wirtschaftlicher Impuls ging von diesen Programmen kaum aus, hielten sich doch der Kanton wie die grösseren Zürcher Gemeinden aus finanzpolitischen Gründen zurück, wenn es um die Vergabe neuer Aufträge ging. Am Prinzip des Haushaltausgleichs rüttelten selbst die Verwalter des «Roten Zürich» nicht, obwohl sie sonst mit vergleichsweise grosszügigen Sozialleistungen und fürsorgerischen Massnahmen eigene Akzente zu setzen versuchten.[19]

Auch die Arbeitsbeschaffung für die Industrie, die in Form von Fabrikationszuschüssen erfolgte, gedieh im allgemeinen nicht über eine Symptombekämpfung hinaus. In diesem Klima staatlicher Zurückhaltung setzte die spektakuläre Rettungsaktion für die Escher Wyss Maschinenfabriken in Zürich einen wirtschaftspolitisch neuen Akzent. Das hauptsächlich für den Export produzierende Unternehmen befand sich seit Anfang der Krise in grossen Schwierigkeiten. Die Liquidation hatte 1931 dank Bankenbeteiligung knapp abgewendet werden können, doch blieb das Firmenschicksal in der Schwebe. Um die damals noch rund 1000 Arbeitsplätze und die Steuerkraft der Firma zu erhalten, kam unter tatkräftiger Mitwirkung des Zürcher Stadtpräsidenten Emil Klöti 1935 ein Abkommen zustande: Die Stadt Zürich kaufte die Liegenschaft und verpachtete sie der Firma mit Rückkaufsrecht. In einem Beihilfevertrag verpflichteten sich Stadt und Kanton Zürich zudem, während dreier Jahre eine Verlustgarantie von maximal 500000 Franken pro Jahr zu übernehmen. Gegen dieses staatliche Hilfsprogramm hatten massgebende Vertreter der Maschinenindustrie heftig opponiert, weil sie jede staatliche Einmischung in die Wirtschaft ablehnten. Allen Unkenrufen zum Trotz erholte sich aber Escher Wyss nach der Frankenabwertung sehr rasch, und der Beihilfevertrag konnte Ende 1936 bereits wieder aufgelöst werden. Die Liegenschaft wurde 1941 wieder zurückgekauft.[20]

Eine Vorreiterrolle spielten Kanton und Stadt Zürich bei der Einführung der Exportrisikogarantie. Auf Drängen zürcherischer Maschinenindustrieller begannen sie schon 1933 Ausfallgarantien von je 20 Prozent für Exporte nach der UdSSR zu übernehmen. Dies kam fast einem Tabubruch gleich, blockte die offizielle Schweizer Politik doch jeglichen wirtschaftlichen wie diplomatischen Kontakt mit der Sowjetunion ab. 1934 wurde schliesslich auch auf Bundesebene die Exportrisikogarantie für bestimmte Auslandsaufträge (unter Ausschluss der Sowjetunion!) der Produktionsgüterindustrie verwirklicht. Sie sollte angesichts der wachsenden wirtschaftlichen und politischen Risiken die Finanzierung von Exporten erleichtern.[21]

Linke Konzepte zur Krisenlösung

Während es der Exportindustrie gelang, die offizielle Wirtschaftspolitik auf die «Anpassung» festzulegen, und die staatlichen Behörden einem rigorosen Sparprogramm und Deflationskurs huldigten, entwickelte die politische Linke alternative Strategien zur Bekämpfung der Krise. Ein politisches Beben verursachte die von den Gewerkschaften ausgearbeitete «Initiative zur Bekämpfung der wirtschaftlichen Krise und Not», die 1934 mit der Rekordzahl von rund 335 000 Unterschriften eingereicht wurde. Verschiedene Angestelltenverbände und die kleinbäuerliche «Bauernheimatbewegung» trugen sie mit; auch in der Sozialdemokratie fand sie mehrheitlich Unterstützung. Das wirtschaftspolitische Fundament der «Kriseninitiative» bildete die Forderung nach Erhaltung und Hebung der Massenkaufkraft sowie nach einem antizyklischen Konjunkturverhalten des Staates. Ihr wichtigster Pfeiler war ein breit angelegtes Arbeitsbeschaffungsprogramm, das hauptsächlich durch staatliche Kreditschöpfung finanziert werden sollte. Der Massnahmenkatalog enthielt aber auch Forderungen zugunsten der verschuldeten Bauernschaft und des notleidenden Gewerbes. Indem die Kriseninitiative explizit die wichtigsten Bündnispartner des Bürgertums ansprach, stellte sie die Machtfrage: Hier «Volksfront der Arbeit» – dort Bundesrat und Unternehmertum. In der aufwendigen Abstimmungskampagne spiegelt sich denn auch eine der heftigsten ideologischen Auseinandersetzungen zwischen Arbeiterbewegung und bürgerlicher Schweiz. Anfangs Juni 1935 lehnten die Stimmbürger die «Kriseninitiative» relativ knapp ab. Im Kanton Zürich offenbarte sich ein deutlicher Stadt-Land-Gegensatz: Während die Landgemeinden 57 Prozent Nein-Stimmen vereinigten, fanden sich in den Städten Winterthur (60 Prozent) und Zürich (53 Prozent) Ja-Mehrheiten.

Im Schatten der «Kriseninitiative» stand der weitaus radikalere «Plan der Arbeit», der einen wichtigen Teil des neuen sozialdemokratischen Parteiprogramms von 1935 bildete. Er strebte eine «gemischte Wirtschaft» mit umfangreichen Staatsanteilen und ausgebauten Steuerungsmitteln über das Privatkapital an.[22] Ursprünglich als Schritt in die sozialistische Offensive verstanden, rückte der «Plan» nach der negativen Volksabstimmung über die Kriseninitiative aber in den Hintergrund der zunehmend auf Integration ausgerichteten sozialdemokratischen Politik. Auf kantonalzürcherischer Ebene wagte die Sozialdemokratische Partei 1936 nochmals einen krisenpolitischen Vorstoss. Sie reichte im November eine «Initiative zur Bekämpfung der Arbeitslosigkeit» ein, in der sie einen ausserordentlichen Kredit von 15 Millionen Franken zur Finanzierung von Notstandsarbeiten forderte. Mit der veränderten Wirtschaftslage zog sie ihr Begehren zwei Jahre später aber wieder zurück.[23]

## «Frontenfrühling» im Kanton

«Ich war überrascht eine Saalbewachung und Dekoration vorzufinden, welche mich an die fascistischen Adunatas erinnerten (...). Blondgelockte, strammstehende Grauhemden, welche einem nationalsozialistischen Gau-

Die «Kriseninitiative» wurde am 2. Juni 1935 bei einer ungewöhnlich hohen Stimmbeteiligung von 84,4 Prozent mit 567 000 gegen 425 000 Stimmen verworfen. (Plakat von Johann Arnhold)

Erstes Titelblatt der «Zürcher Illustrierten», nachdem Arnold Kübler (1890–1983) die Redaktion übernommen hatte (Nr. 35, 1929). Sein besonderes Augenmerk galt dem sozialen Alltag, der Arbeitswelt und der Freizeit. Die politischen Reportagen konzentrierten sich auf den Kampf gegen den Faschismus.

leiter Freude gemacht hätten, überwachten die Ruhe und Ordnung der zuströmenden Schweizerbürger. Als der frühere Generalstabschef Sonderegger, elastisch, jovial lächelnd den Saal betrat, schossen die grauhemdigen Ärmel zum römischen Grusse empor, während die nichtuniformierte Versammlung dem volkstümlichen Offizier eine begeisterte Ovation darbrachte.» Es ist ein anschauliches Bild, das ein sympathisierender Teilnehmer von der ersten Massenkundgebung des «Kampfbundes Neue und Nationale Front» zeichnet, die am 22. April 1933 im Kaufleuten-Saal in Zürich über die Bühne ging.[24] Die von über 1000 Personen besuchte und wegen des grossen Andrangs in der Stadthalle wiederholte Versammlung markiert nicht nur den Beginn des «Frontenfrühlings» in Zürich, sondern führt auch einige seiner zentralen Figuren vor: Oberstdivisionär Emil Sonderegger (1868 bis 1934), Kommandant der Zürcher Ordnungstruppen im Generalstreik von 1918, referierte über «Ordnung im Staat» und erging sich in heftigen antisemitischen und antiparlamentarischen Angriffen. Als zweiter Hauptredner trat der mit dem italienischen Faschismus sympathisierende Genfer Georges Oltramare (1896–1960) auf. Ernst Biedermann (geb. 1902) von der «Nationalen Front» und Robert Tobler (1901–1962) von der «Neuen Front» demonstrierten neben neuer organisatorischer Verbundenheit auch agitatorische Gemeinsamkeit. Sie sprachen vom «geistigen Umbruch», der sich überall in Europa vollziehe, und verkündeten stolz den Beginn einer neuen Schweizer Geschichte. Die Rednerliste komplettierte der Zürcher Rechtsanwalt Wilhelm Frick (1894–1961), Leiter der rechtsbürgerlichen, sich patrizisch gebärdenden «Eidgenössischen Front».[25]

Es herrschte Aufbruchstimmung im Frühling 1933. Die nationalsozialistische Machtergreifung in Deutschland elektrisierte die schon bestehenden Zirkel, Bünde und Fronten, die sich die «nationale Erneuerung» auf die Banner geschrieben hatten; neben ihnen formierten sich rasch neue Gruppen und Kampfgemeinschaften. Was ihre Anhänger verband, waren nicht nur die autoritären Staatskonzepte, sondern auch eine ausgeprägte Antihaltung: Sie verachteten die Tradition der parlamentarischen Demokratie und verdammten die liberale Wirtschaftsordnung; dem Marxismus und der Arbeiterbewegung sagten sie den Kampf an; Juden und Freimaurer wirkten auf die meisten von ihnen wie ein rotes Tuch. Mit ihren Parolen stiessen die «Erneuerer» auf erstaunlich breite Resonanz und erlebten 1933/34 einen kurzlebigen politischen Aufschwung.

Die geistigen Wurzeln

Die soziale und politische Unrast der frühen dreissiger Jahre hat vielschichtige Ursachen. Allein mit ausländischen Impulsen oder der wirtschaftlichen Depression lässt sie sich nicht erklären. Vielmehr kündigte sie sich schon in der Hochkonjunkturzeit der späten zwanziger Jahre an: als Unbehagen gegenüber der modernen Wachstumsgesellschaft mit ihrem «seelenlosen Materialismus», als Abkehr von der individualistisch-kapitalistischen Wirtschaftsgesinnung, als Kritik an der von Wirtschaftsinteressen dominierten Politik des Freisinns, als ständestaatlich inspirierter Zweifel an der schweizerischen Demokratie überhaupt.[26]

Geistige Vorläufer der Erneuerungsbewegungen finden sich in der Deutschschweiz bei rechtsbürgerlichen, deutschfreundlichen und judenfeindlichen Intellektuellen, Geschäftsleuten und Militärs, die sich 1918 gegen den Sozialismus verbunkert und dann im «Vaterländischen Verband» gesammelt hatten, um alsbald in elitären Zirkeln auf die Restaurierung der Nation hinzuarbeiten. Sie schufen sich 1921 ein wichtiges Forum mit dem

«Volksbund für die Unabhängigkeit der Schweiz» und ein einflussreiches Sprachrohr mit den «Schweizerischen Monatsheften für Politik und Kultur», die der in Küsnacht lebende Hans Oehler (1888–1967) redaktionell betreute. Der Kreis um Oehlers «Monatshefte» entwickelte sich zu einem Kristallisationspunkt für jene studentischen Zirkel an der Universität Zürich, aus denen sowohl die Neue Front wie die Nationale Front hervorgehen sollten.

Sodann erfasste das Krisengefühl jene Bevölkerungskreise und Milieus, die sich vom Strukturwandel der zwanziger Jahre existenziell bedroht sahen oder die vom wirtschaftlichen Wohlstand ungleich weniger als andere profitiert hatten. Insbesondere der bäuerliche und gewerbliche Mittelstand reagierte mit wachsender Ablehnung auf die profitstrebige, leistungs- und wettbewerbsorientierte Industriegesellschaft und auf den modernen städtischen Lebensstil. Er wandte sich einer mythisch verklärten Vergangenheit zu und forderte die Stärkung von Familie und Volksgemeinschaft. Hier fand sich ein fruchtbarer Nährboden für die korporative Doktrin, das heisst die Neuordnung der Wirtschaft auf berufsständischen Grundlagen. Modernisierungs- und Staatskritik wurden auch in den traditionellen bildungsbürgerlichen und wirtschaftlichen Eliten laut. Viele konnten den Verlust der freisinnigen Vorherrschaft nicht verwinden oder sahen sich durch die politischen und materiellen Ansprüche der bäuerlichen und proletarischen Schichten verunsichert. Dieses politische wie kulturelle Malaise entzündete Ende der zwanziger Jahre eine Diskussion um das politische System der Schweiz. «Die Krise der Demokratie» hat «auch uns erreicht», stellten die «Schweizerischen Monatshefte» 1928 fest.[27] Intellektuelle verschiedenster Couleur übten umfassende Kritik an der schweizerischen Regierungsform: von Gonzague de Reynold (1880–1970), dem unermüdlichen Beschwörer des Ancien Régime, über den scharfsinnigen Historiker Emil Dürr (1883–1934), der das Schlagwort von der «Verwirtschaftlichung der Politik» prägte, oder den kulturkritischen und gemeinschaftsorientierten Schriftsteller Felix Moeschlin (1882–1969) bis hin zum originellen Zürcher Carl Horber (1882–1931).

Ihr Publikum fanden diese Kritiker bei einer jungen Männergeneration, die gegen die Werte und die Vorherrschaft ihrer (Partei-)Väter rebellierte. Jungliberale, Jungkonservative und Jungbauern schufen sich eigene Organisationen und begaben sich mehr oder weniger auf Konfrontations-

«Die Banner flattern, Harst an Harst in Reih'n,
So kommen wir in unsre Zeit geschritten.
Man kann uns schmähen, höhnen und verschrei'n.
Doch nie um Frieden bitten. Harus!

Wir kommen trotzdem, ob ihr wollt, ob nicht!
Wir sind die Träger neuer, bess'rer Zeiten.
Zur Freiheit bringen wir die Zucht, die Pflicht.
Und was auch kommt, wir schreiten. Harus!

Wir sind die Vorhut, sind der erste Stoss!
Bald kommen hinter uns die Millionen.
Der Frühling bricht in allen Ländern los,
Und keinen wird er schonen. Harus!

Die Banner flattern, Harst an Harst in Reih'n,
So kommen wir in unsre Zeit geschritten.
Man kann uns schmähen, höhnen und verschrei'n.
Doch nie um Frieden bitten. Harus!»

Harstlied, verfasst vom Zürcher Dramatiker Max Eduard Liehburg (1899–1962), dessen Werke den Mythos «nationaler Erneuerung» beschwörten.

Ausmarsch der Nationalen Front ins Rafzerfeld am 21. Juli 1935. Banner- und trommelbewehrte Propagandamärsche über Land gehörten zur frontistischen Selbstdarstellung. Die Söldnerromantik, die man mit einem ausgeprägten Fahnenkult, Landsknechtgruss und Morgenstern unterstrich, lieferte einen Teil der Faszinationskraft der Nationalen Front. Das Uniformenverbot und die Aufhebung der Parteimiliz «Harst» dämpften allerdings das paramilitärische Gepränge.

Ideologe der Neuen Front – Julius Schmidhauser (1893 bis 1970)

«Die Erkenntnis von den Illusionen der Aufklärung ist unserem Volke einzuhämmern. Es muss das Erdbeben verspüren, das durch die ganze geistige Welt geht. Das geistige Stillsitzen der Schweiz, ihre Selbstzufriedenheit und Selbstgerechtigkeit sind zu erschüttern. Der Schweizer wähnt sich an der ‹Spitze des Fortschrittes›. Er redet davon, dass nur noch die Wahl des Bundesrates durch das Volk, die Gesetzgebungsinitiative, der Verwaltungsgerichtshof, und vielleicht auch noch das Frauenstimmrecht kommen müsse. In diese Vollkommenheits- und Vollständigkeitsträume hinein schrillt eine Welt von Not, die aus dem Abgrund der demokratischen Illusion kommt. Und der Schrecken der inneren Leere und Geistlosigkeit unserer Demokratie zerbricht die eingebildete Linie des beständigen schweizerischen Fortschrittes. Wir dürfen nicht zurückschrecken, einen entschiedenen Akt der Diskontinuität zu vollziehen, um neuem schaffendem Auftrieb Raum zu geben. (...) Denn jetzt geht es um einen neuen genossenschaftlichen Aufbau der Welt (...) Es ist das Höchste, das uns jetzt aufgetragen ist: Führung um der Gemeinschaft willen in Freiheit zu bejahen.»[2]

kurs mit ihren Herkunftsparteien. An den Zürcher Hochschulen fing es an zu gären. Symptomatisch für die neue politische Regsamkeit unter den freisinnig erzogenen Jungakademikern war die radikale Politisierung des «Zürcher Student», des Organs der Hochschülerschaft. 1929 übernahm der spätere Frontist Hans Vonwyl (1899–1983) die Redaktion mit einer «Kriegserklärung an die grosse Mehrheit». Knapp zwei Jahre später stellte ein Kommilitone in der «Züricher Post» fest: «An der Universität Zürich herrscht erregtes politisches Leben. ‹Neue Front›, ‹Nationale Front›, ‹Marxistische Studentengruppe›: rasch, wie aus dem Boden geschossene Pilze, stehen geschlossene Parteien da. Kampfgemeinschaften sind es, die alles an sich haben, was zur politischen Gemeinschaft gehört: Hitzige Agitation mit Flugblättern, Intrigen, Führer und Geführte. Eine neu entstandene politische Welt: die junge akademische Generation!»[28]

Die Neue Front war zweifellos die bedeutendste Gruppierung, die aus der politisch bewegten Zürcher Studentenschaft jener Jahre hervorging. Sie entstand im Sommer 1930 als Diskussionskreis der staats- und parteiverdrossenen bürgerlichen Akademikerjugend. Ihr Kopf und politischer Führer war der angehende Jurist Robert Tobler, der aus einer wohlhabenden Zürcher Familie stammte. Als ideologische Stützen der Neuen Front wirkten der Studentenberater der Universität, Julius Schmidhauser (1893–1970), und der Zürcher Kantonsschullehrer Paul Lang (1894–1970). In vielbeachteten Vorträgen brachten sie in den Jahren 1930 und 1931 den Zürcher Studierenden die Leitvorstellungen der Neuen Front nahe.[29]

In Konkurrenz zur Neuen Front, die sie als «akademischen Disputierklub» verspottete, formierte sich an der Universität Zürich die Nationale Front. Hans Vonwyl gründete sie im Oktober 1930 zusammen mit einigen Gesinnungsgenossen. Im Gegensatz zum Kreis um Robert Tobler, der sich fast ausschliesslich aus Sprösslingen der protestantischen Mittel- und Oberschicht zusammensetzte, stammten Vonwyl und seine Anhänger aus dem Kleinbürgertum. Dieses sozialen Gegensatzes wohl bewusst, richtete sich der Männerbund denn auch direkt an das «unverbildete Volk». Er betonte lauthals die Aktion und führte eine grenzenlos vulgäre Sprache. Ab 1932 entstanden im Kanton Zürich erste Ortsgruppen in Wetzikon, Bülach, Dielsdorf, Nürensdorf und Kilchberg. In einer von nationalsozialistischen Phrasen geprägten aggressiven Sprache brachte das fronteigene Kampfblatt «Der Eiserne Besen» die zunächst noch verschwommenen ideologischen

Frontistische Karikatur gegen Marxismus, Liberalismus und Judentum. Sie erschien in der «Freiheit in der Gemeinschaft» (Nr. 2, Juni 1934), einem von der Nationalen Front, Ortsgruppe Zürich-Aussersihl, in unregelmässigen Abständen herausgegebenen Propaganda- und Hetzblatt.

Vorstellungen der Nationalen Front unter die Leute. Überdeutlich war jedoch der Judenhass, der die Zeitung von Anfang an durchzog. Die hemmungslose antisemitische Hetze verband man mit einer kompromisslosen Kampfansage an Kapitalismus und Marxismus. Die Gewerbetreibenden umwarb der «Eiserne Besen» mit Artikeln gegen Warenhäuser, Einheitspreisgeschäfte, Migros und Konsumvereine. Die Arbeiter und Arbeiterinnen versuchte er mit utopischen sozialen Forderungen wie der Aufstockung sämtlicher niedriger Einkommen oder einer staatlichen Beschäftigungsgarantie für Arbeitslose zu gewinnen.[30]

Den entscheidenden Schub erhielten die Fronten im Anschluss an die Machtergreifung der Nationalsozialisten in Deutschland. Nach längeren Annäherungsversuchen fusionierte die akademische Neue Front im Mai 1933 mit der grobschlächtigen Nationalen Front. Die Parteimiliz, nach alteidgenössischem Vorbild «Harst» genannt, rüstete mit Fahnen und Stahlruten auf; das bundesrätliche Uniformenverbot vom 12. Mai 1933 versetzte dieser SA-Kopie aber einen ersten Dämpfer. Die Basis der Nationalen Front verbreiterte sich rasch. Im Frühjahr 1934 betrug der gesamte Mitgliederbestand bereits um die 5000 Personen. Die Stadt Zürich, Domizil der Landesleitung, stellte allein 2000 und der restliche Kanton 500 Mitglieder. Mit der zahlenmässigen Ausdehnung wurden auch die Organisation und das Vereinsleben intensiviert. Es entstanden Jugend-, Unterhaltungs- und Sportgruppen, Genossenschaften und Hilfsvereine. In Zürich begann die männerbündische Nationale Front sogar mit dem Aufbau einer Frauengruppe, der man höchst traditionell die «Innenarbeit», Fürsorge und Erziehung, als Aufgaben zuwies.[31]

Parteien und Erneuerung

Der Ruf nach Erneuerung erfasste auch die traditionellen Parteien und Teile der politischen Eliten. Zu den Gruppen, die sich gegenüber der frontistischen Kritik an den parlamentarischen Institutionen, der liberalen Wirtschaftsordnung sowie am «Kulturbolschewismus» und «Judentum» besonders offen zeigten, gehörten die Christlichsoziale Partei und die bürgerlichen Jungparteien. Ein wichtiger Träger von Erneuerungsbestrebungen war aber auch der gewerbliche Mittelstand, der sich unter dem Einfluss der Krise radikalisierte. Noch vor dem «Kampfbund Neue und Nationale Front» traten einige Gewerbeexponenten mit einer «nationalen Volksbewegung für geistige, wirtschaftliche und politische Erneuerung» an die Öffentlichkeit: Am 2. April 1933 hielt der «Bund Neue Schweiz» in der Stadthalle Zürich seine Gründungsversammlung ab. Mit seiner wertkonservativ inspirierten Kapitalismus- und Modernisierungskritik und seiner Forderung nach einer berufsständisch-korporativen Neuordnung der Wirtschaft lieferte er dem ökonomisch bedrängten Mittelstand eine wichtige Orientierungshilfe. Er erhielt regen Zulauf aus der Gewerbebasis. So strömten etwa in Zürich rund 1800 und in Rüti 250 Personen zu Gewerbetagungen mit der «Neuen Schweiz». Trotz ihrer Anfangserfolge blieb diese mittelständische Bewegung aber im Stadium programmatischer Vorschläge stecken. Den führenden Gewerbekreisen gelang es sehr bald, die Unzufriedenheit ihrer Basis dank protektionistischer Erfolge wie dem «Filialverbot» zu dämpfen beziehungsweise in eigenen berufsständischen Programmen zu kanalisieren.[32]

Auch vereinzelte Gruppen und Exponenten der Zürcher Bauernpartei bekundeten eine gewisse Nähe zu den Erneuerungsbestrebungen. Vertrauenskapital schufen nicht zuletzt das betont vaterländische und militärfreundliche Gebaren der Erneuerer und die gemeinsamen antimarxistischen

Werbeplakat für die im April 1933 gegründete Wochenzeitung «Neue Schweiz», Organ der gleichnamigen «Bewegung für nationale Erneuerung». Mit ihrem polarisierenden politischen Stil und ihrer Mitgliedschaft im Organisationskomitee der Totalrevisionsinitiative verriet diese mittelständische Gruppierung, allen Distanzierungsversuchen zum Trotz, assoziative Nähe zu den Frontisten.

Martialisch-heroischer Symbolismus in helvetischer Manier: Wahlpropaganda der Nationalen Front und der Freisinnigen Partei anlässlich der Zürcher Kantonsratswahlen vom 7. April 1935.

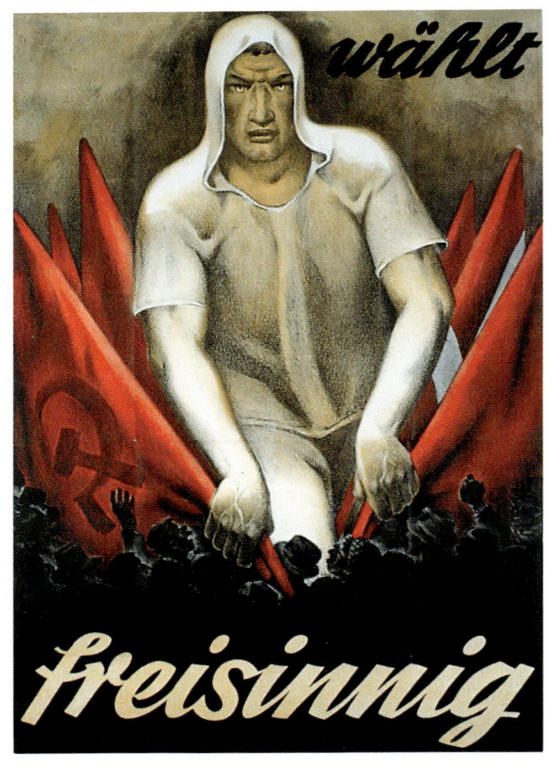

Ressentiments. So trat zum Beispiel die Stadtzürcher Bauernpartei selbst als «Trägerin der Nationalen Erneuerung» auf. In ihrer vom Mai 1933 datierten Broschüre kanzelte sie die Linksparteien als «rotes Unkraut» ab und rief dazu auf, «zu den alten Grundsätzen zurückzukehren, die schon vor der französischen Revolution die schweizerische Demokratie geleitet und gross gemacht haben».[33] Angezogen vom Schwung der Erneuerer fühlten sich für kurze Zeit auch offizielle Vertreter der bäuerlichen Politik: Nationalrat Rudolf Reichling (1890–1977), Landwirt aus Stäfa, und der junge Eglisauer Bauer Rudolf Meier (1907–1986), Leiter des bauernkulturellen Ausschusses und späterer Regierungsrat, gehörten eine Zeitlang dem «Bund für Volk und Heimat» (BVH) an, der am 28. Mai 1933 von einigen einflussreichen und finanzkräftigen Persönlichkeiten aus dem bürgerlichen Lager gegründet worden war. Der betont patriotisch auftretende Bund distanzierte sich zwar entschieden von den eigentlichen Fronten und dem «totalen Staat des Faschismus». Seine Ablehnung des bestehenden demokratischen Systems, das er von «aufbauzerstörender Parteiwirtschaft» und «Entartung des Parlamentarismus» geprägt sah, rückte ihn trotzdem in die Nähe der rechtsextremen Erneuerer.[34]

In der Zürcher Landpresse fanden die Anhänger des Bundes für Volk und Heimat offene Spalten für die Verbreitung ihrer Ideen. Von der «Bülach-Dielsdorfer Wochenzeitung», die der Bauernpartei verpflichtet war, bis hin zu demokratischen Blättern wie dem «Volksblatt aus dem Bezirk Andelfingen» oder dem «Anzeiger von Uster» waren die Redaktoren kleinerer Zeitungen eifrige Abnehmer von Artikeln, die die «Schweizerische Mittelpresse» verbreitete. Dieser Pressedienst bildete seinerseits personell wie örtlich eine Union mit dem «Bund für Volk und Heimat». So erlebte beispielsweise die frontenfreundliche Artikelserie des BVH-Mitbegründers Eugen Bircher (1882–1956) – Arzt, Aargauer Nationalrat, Divisionär und zentrale Figur des «Schweizerischen Vaterländischen Verbands» – eine grosse Verbreitung. Sie erschien Mitte Mai 1933 unter dem Titel «Deutsche Einheit – Schweizerische Fronten» und wurde sogar von der freisinnigen «Zürichsee-Zeitung» abgedruckt. Bircher, der als Präsident der Schweizerischen Offiziergesellschaft hohes Ansehen im Bürgertum genoss, stellte darin die nationalsozialistische Machtergreifung als «eine rettende Tat für die Kultur Mitteleuropas» dar, die «in allerletzter Stunde vor dem bolschewistischen Aufstand» erfolgt sei. Schamlos verteidigte er auch den deutschen Judenhass.[35]

Die Freisinnigen verfolgten die Betriebsamkeit der Fronten mit zwiespältigen Gefühlen. Einer klaren Haltung standen nicht zuletzt die persönlichen und geistigen Bande entgegen, die freisinnige Väter mit frontistischen Söhnen, freisinnige Akademiker mit frontistischen Studiengenossen, Jungliberale mit Frontenführern verbanden. Weite Kreise des Bürgertums sahen zunächst grosszügig über die antiliberalen und antidemokratischen Zielsetzungen hinweg und begrüssten den patriotischen Impuls der «Erneuerer». Selbst der dem Frontismus ablehnend gegenüberstehende Theodor Gut (1890–1953), führender Kopf des Zürcher Freisinns und Chefredaktor der «Zürichsee-Zeitung», freute sich über den Föhnsturm der Fronten, der «die morschen Äste zu Boden fegen, muffige Ecken durchlüften und den Staub von manchen Parteibrillen blasen» möge. Die Nation werde so gezwungen, «den Marsch in die Zukunft mit Bewusstsein anzutreten».[36] Und auch die «Neue Zürcher Zeitung» gab sich offenherzig: «Tottrampeln lassen sich die ‹Fronten› nicht – entweder überflügelt und umfasst man sie, oder man versteht es, sie zu assimilieren, wobei man auch teilweise assimiliert wird (...). Das wäre nicht unbedingt Schwäche.»³⁷ Daneben glaubte man im bürgerlichen Lager, die neuen Bewegungen nutzen zu können, um die Arbeiterparteien politisch kalt zu stellen. Die Freisinnigen widmeten deshalb ihren kantonalen Volkstag vom 28. Mai 1933 der Frage nach einer Zusammenarbeit mit den Fronten: Parteipräsident Heinrich Julius Weisflog (1872–1939) erklärte sich mit den neuen Bewegungen einverstanden, «wenn sie es unternehmen, unsere Ratssäle vom russischen Ungeziefer zu säubern». Trotz Ablehnung ihrer politischen Endziele erachtete er ein «gemeinsames Handeln» mit der Eidgenössischen und der Nationalen Front für möglich, «schon mit Rücksicht auf das nächste Kriegsziel, die Befreiung der Stadt Zürich von der roten Herrschaft!»³⁸ Im Lauf des Sommers gewann die Idee eines Wahlbündnisses an Boden, obwohl sich die Nationale Front den bürgerlichen Parteien nur mit grossem Misstrauen näherte. Dieses wurde im Sommer 1933 noch durch Gerüchte verstärkt, wonach sich die von Freisinnigen lancierte Zürcher «Ordnungsschutzinitiative» nicht nur, wie offiziell vorgegeben, gegen militante Kommunisten, sondern auch gegen die Frontenbewegung richtete.³⁹ Kurz vor den Zürcher Gemeindewahlen vom 24. September 1933 kam es dennoch zur Koalition: Freisinnige, Christlichsoziale, Evangelische und die Bauern- und Bürgerpartei verbanden sich mit der Nationalen Front und weiteren Erneuerungsgruppen zu einem «vaterländischen Block». Man beschloss nicht nur eine Listenverbindung für die Wahlen in den Gemeinderat, sondern stellte nach längeren Querelen auch eine gemeinsame Sechserliste für die Stadtratswahl auf. Kandidat der Nationalen Front war ihr Führer Robert Tobler. Einzig die Demokratische Partei verweigerte sich diesem taktisch inspirierten Schulterschluss und portierte eine Fünferliste ohne Tobler. Sie konnte aber nicht verhindern, dass ihr Anwärter auf das Stadtpräsidium, der Leiter des kantonalen Jugendamts und spätere Regierungsrat Robert Briner (1885–1960), das Bündnis mit den Fronten öffentlich unterstützte und Seite an Seite mit dem Frontistenführer auftrat. Kritik am Wahlbündnis wurde aber auch im Freisinn laut. «Darf die Politik der Sittlichkeit bar sein?», mahnte beispielsweise ein Stadtzürcher Rechtsanwalt, der sich im «Wehntaler» mehrmals gegen den freisinnigen Totalangriff auf die erfolgreich regierende

Von der Zürcher Polizei beschlagnahmtes Propagandamaterial. Der «Volksbund» hatte sich im Oktober 1933 von der Nationalen Front abgespalten; Grund war der «Parteikuhhandel» vor den Zürcher Gemeinderatswahlen. Unter Führung von Major Ernst Leonhardt (1885–1945) verfolgte er einen stramm nationalsozialistischen Kurs.

Langschenkliges Schweizerkreuz und Morgenstern – die Embleme der Nationalen Front. Politische Postkarte der Nationalen Front, 1934.

Sozialdemokratie aussprach und einen jämmerlichen Wahlausgang prophezeite.[40] Die Freisinnigen bezahlten ihr politisches Abenteuer tatsächlich mit einem niederschmetternden Wahlergebnis. Sie verloren sieben ihrer 35 Sitze im Gemeinderat, während die Nationale Front auf Anhieb zehn Mandate eroberte. Die Sozialdemokratische Partei behauptete ihre absolute Mehrheit von 63 Sitzen und sah auch ihre fünf Stadträte deutlich bestätigt. Der Fröntler Robert Tobler rangierte auf dem letzten Platz und schied aus. Das Wahldebakel wirkte ernüchternd und veranlasste die Freisinnigen zu einer deutlicheren Abgrenzung gegen rechts. Die Christlichsozialen bekundeten dagegen mehr Mühe und sprachen sich erst ein Jahr später gegen eine weitere Koalition mit der Nationalen Front aus.[41]

Die einzige Kraft, die sich von Anfang an klar gegen die Erneuerungsbewegungen und die sich verstärkenden autoritären Tendenzen im Bürgertum stellte, war die Arbeiterbewegung. Auf den verschärften Klassenkampf von rechts reagierte ihre Führung aber nicht mit einer Radikalisierung; angesichts von Lohnabbau und Arbeitslosigkeit schien ihr eine defensive Haltung angebracht. Ein übriges bewirkte die brutale Zerschlagung der Arbeiterbewegung in Deutschland. Diese Erfahrung veranlasste die Sozialdemokratie zu einem verstärkten Eintreten für die bestehende Demokratie. Das «Volksrecht» hielt schon im April 1933 unmissverständlich fest: «Der Sieg der faschistischen Diktatur in Deutschland hat es allen Anhängern des parlamentarisch-demokratischen Systems, insbesondere auch den Sozialisten, zum Bewusstsein gebracht, dass die wichtigste Gegenwartsaufgabe in der Verteidigung der schwer bedrohten Demokratie besteht.»[42] Innerhalb der Sozialdemokratischen Partei führte diese integrative Haltung zu grossen Spannungen. In Zürich kam es deswegen 1934 zu Parteiausschlüssen und zur Auflösung der Jugendorganisation.[43] Die Opposition der «Linken» richtete sich gegen die pragmatische Parteiführung und die Abbaupolitik des «Roten Zürich». Sie trat für Einheitsaktionen mit der Kommunistischen Partei ein und stemmte sich gegen die bevorstehende Revision des Parteiprogramms, insbesondere gegen die Anerkennung der Landesverteidigung. «Die Sozialdemokratie ist am Scheideweg. Will sie eine sozialistische Partei bleiben oder ein linksbürgerliches Reformmischmasch werden?», hiess es in einem ihrer Flugblätter.[44] In der Stadt Zürich brach der schwelende Konflikt anlässlich einer Frontenkundgebung Ende Mai 1934 offen aus, als der sozialdemokratisch dominierte Stadtrat die Gegendemonstration der Arbeiterschaft völlig überraschend verbot und die Stadtpolizei brutal gegen die dennoch Demonstrierenden vorging. Der pragmatisch-integrative Kurs gewann aber in der Partei sehr rasch wieder die Oberhand. Die Zürcher Kantonalwahlen vom April 1935 bestritt die Sozialdemokratie im Zeichen des neuen Parteiprogramms und des «Plans der Arbeit». Ihr Ziel war es, die Angestellten, Gewerbetreibenden und Kleinbauern für eine «Volksfront der Arbeit» zu gewinnen. So stand in einer ihrer Wahlzeitungen zu lesen: «Für die schweizerische Arbeiterklasse gibt es nur zwei Wege: Entweder mit den Kommunisten in den Untergang oder mit dem Bauer zum Sieg über die Herrschaft des Kapitals.»[45]

Auch die sozialdemokratischen Frauen suchten im Zeichen der faschistischen Bedrohung die Zusammenarbeit. Sie vereinigten sich 1934 in Zürich mit verschiedensten Frauenverbänden zur «Arbeitsgemeinschaft Frau und Demokratie», um die schweizerische Demokratie zu verteidigen und für die Gleichberechtigung der Frau einzustehen. Präsidiert wurde die Gemeinschaft während mehrerer Jahre von Maria Fierz (1878–1956), Gründerin der Schule für Soziale Arbeit in Zürich.

> **DIE EIDGENOSSEN WAREN ANTISEMITEN:**
>
> „der verfluchte Judenschwarm eine rechte Pestilenz in unserm Lande" Tagsatzung in Baden, 29. Aug. 1695.
>
> Heute: 1935 Zionistenkongress in Luzern.
> 1937 Zionistenkongress in Zürich.
>
> So wird die Schweiz zum Spielball der Juden gemacht!
>
> **DARUM SIND WIR ANTISEMITEN WIE ES UNSERE VORFAHREN WAREN!**
>
> **NATIONALE FRONT**

Der Zionistenkongress von 1937 in Zürich bot der Nationalen Front eine willkommene Gelegenheit zu antisemitischer Agitation.

Fronten im Abseits

Für die Nationale Front folgte dem stürmischen Aufbruch eine politische Flaute. Bei den Wahlen in den Winterthurer Gemeinderat vom 11. März 1934 musste sie sich mit zwei Sitzen zufriedengeben. Nur sehr vereinzelt schaffte sie den Eintritt in Gemeindegremien; so in Küsnacht, wo sie je einen Vertreter in die Schulpflege und die Gesundheitskommission einbrachte. Lähmend wirkte nicht zuletzt ihre Konzeptlosigkeit, mochte sie noch so entschieden verkünden: «Wir haben kein Programm, wir sind das Programm.»[46] Neuen Schwung versprach sich die stagnierende Bewegung von der Initiative zur Totalrevision der Bundesverfassung, die sie im März 1934 lancierte. Ihre Zielsetzung umriss sie in zehn Forderungen, die vom «Verbot der Einbürgerung von Juden» über die «Einführung der berufsständischen Ordnung» bis zur «Einschränkung der Befugnisse des Parlaments» reichten.[47] Sie hoffte, mit diesem Vorstoss die heillos zersplitterten Fronten und Bünde zu sammeln und mittels einer grossen Rechtskoalition einen Wechsel des politischen Systems zu erzwingen. Zu diesem Zweck verband sie sich mit den Jungkonservativen, dem «Bund Neue Schweiz» und

Sportfest der Auslandsorganisation der NSDAP auf dem Zürcher Hardturmareal, 1942. In Zürich befand sich die grösste Ortsgruppe der «Deutschen Kolonie». Während die einheimischen Fronten in Agonie verfielen, verstärkte sich das Treiben nationalsozialistischer Organisationen in der Schweiz. Eine paramilitärische Elite bildeten die deutschen Sportgruppen, die gedrillt und jederzeit dienstbereit waren.

Erika Mann (1905–1969) bei einem Auftritt in der «Pfeffermühle», Zürich 1934. Sie war nicht nur Gründerin und Leiterin des Unternehmens, sondern auch Texterin, Chansonnière und Conférencière. Das erfolgreiche antifaschistische Kabarett bildete ein bevorzugtes Ziel frontistischer Angriffe gegen die «Wühlerei der Emigranten». Diese Radaupolitik blieb nicht erfolglos: Die «Pfeffermühle» musste die Anstoss erregenden Nummern aus dem Programm streichen.

weiteren Erneuerungsgruppen zu einer «Nationalen Tatgemeinschaft». Der Auftrieb dauerte für die Nationale Front indessen nur kurz. Heftige interne Krisen, Abspaltungen, Ausschlüsse und Austritte, aber auch die Niederschlagung des «Röhmputsches» in Deutschland und der nationalsozialistische Umsturzversuch in Österreich entzogen den Fronten zunehmend die Sympathien. «Die schweizerische Parteipolitik des Jahres 1934 steht im Zeichen des Anti-Frontismus», stellte Robert Tobler im Dezember des gleichen Jahres fest.[48] Die «Tatgemeinschaft» brachte in halbjähriger Agitation bloss 77 578 Unterschriften zusammen. Die Nationale Front steuerte 33 000 Unterschriften bei, wovon 17 090 aus dem Kanton Zürich stammten.[49] Ganz im Gegensatz zur «Kriseninitiative» vermochte die Revisionsfrage die Schweizer Stimmbürger nicht zu mobilisieren.

Mit Propagandamärschen auf der Landschaft und Grosskundgebungen, wie jener vom 4. November 1934 auf der Schützenwiese in Winterthur, versuchte die Nationale Front Gegensteuer zu geben und den Eindruck von Stärke zu erwecken. Zugleich zog sie primitivsten Schlägerterror auf, der von links gekontert wurde. Berühmt-berüchtigt wurde der «Tössemer Krawall» vom 25. Januar 1934. An jenem Abend veranstalteten die Fröntler eine öffentliche Versammlung im «roten Töss», die von Winterthurer Arbeitern gestürmt wurde. Dabei kam es zu wüsten Schlägereien mit den von Zürich herangekarrten «Sturmtruppen» der Nationalen Front. Nach deutschem Vorbild terrorisierten die Fröntler auch Juden; so beschmierten sie in Zürich jüdische Geschäfte mit antisemitischen Aufschriften und verübten Anschläge auf Synagogen. Zum Schutz der öffentlichen Ordnung ergriff der Regierungsrat anfangs Februar 1934 verschiedene Massnahmen und untersagte politische Umzüge und Versammlungen im Freien bei Nacht. Trotzdem kam es immer wieder zu schweren Zusammenstössen. Die kantonale Polizeidirektion verbot deshalb im Juli 1934 den «Harst» der Nationalen Front und gleichzeitig den «antifaschistischen Kampfbund». In den Städten Zürich und Winterthur reagierte die Polizeibehörde mit zeitlich begrenzten Demonstrations- und Versammlungsverboten, was die Frontisten aufs Land und in die Vororte trieb.

Eine zweifelhafte Berühmtheit erlangten die emigranten- und judenfeindlichen Angriffe der Frontisten auf Erika Manns und Therese Giehses Kabarett «Pfeffermühle» und auf das Zürcher Schauspielhaus, wo Friedrich Wolfs «Professor Mannheim» gespielt wurde. Ab Mitte November 1934 eskalierten die frontistischen Störungen, und es kam während der Aufführungen zu Krawallen. Am 21. November protestierten «über 2300 Volksgenossen» in der Stadthalle «gegen die Emigrantenplage». Die Linke und linksbürgerliche Kreise antworteten mit einer antifrontistischen «Kundgebung gegen den Terror der geistigen Gleichschaltung». Ihren Höhepunkt erreichten die Unruhen anlässlich der Volksvorstellung von «Professor Mannheim» am 26. November. Ein grosses Polizeiaufgebot erwartete die Frontisten, von denen zahlreiche verhaftet wurden. Mitglieder der radikalisierten Nationalen Front reagierten mit einer Petarde, die sie im Vorgarten der Zürcher Synagoge zündeten. Die «Neue Zürcher Zeitung» verurteilte die Ausschreitungen zwar entschieden, fühlte sich aber trotzdem veranlasst, auf den tendenziösen Antifaschismus von «Pfeffermühle» und «Professor Mannheim» und dessen Folgen hinzuweisen. Im Kantonsrat verlangte ein Mitglied der Bauernpartei Auskunft darüber, «wer den Hetzleuten in der ‹Pfeffermühle› die Erlaubnis zu ihren politischen Darbietungen erteilt» habe. Auf Wunsch der Polizeiorgane strich die «Pfeffermühle» schliesslich die Anstoss erregenden Nummern aus dem Programm.[50]

Bei den Kantonsratswahlen vom 7. April 1935 gewann die Nationale Front einen Stimmenanteil von 6,2 Prozent und sechs Mandate. Diese wurden alle in der Stadt Zürich geholt, wo die Nationale Front die Stimmenzahl von 7,7 auf 8,9 Prozent leicht erhöhte. In den Landgemeinden und in Winterthur konnte sie nicht richtig Fuss fassen und mobilisierte lediglich 3,8 Prozent der Wähler. Nur in den grenznahen Bezirken Andelfingen und Bülach, wo ihr aktive Ortsgruppen zur Seite standen, erreichte sie Werte weit über dem Durchschnitt. In Rafz beispielsweise betrug ihr Wähleranteil 25 Prozent, in Flaach 16 und in Benken 13 Prozent. Auffallend viele Sympathisanten zählte sie auch in Kilchberg und einigen anderen Seegemeinden.[51] Die «Züricher Post» höhnte über den bescheidenen Wahlerfolg: «Wenn die Front in diesem rasanten Tempo vorwärtsschreitet, muss Hitler ja sein tausendjähriges Reich prolongieren, will er in Helvetien noch die Machtergreifung Geistesverwandter erleben.»[52]

Die Nationalratswahlen vom Herbst 1935 versetzten die Nationale Front endgültig auf ein politisches Nebengeleise. Trotz erneutem propagandistischen Grosseinsatz fiel ihr Stimmenanteil im ganzen Kanton auf 3,7 Prozent zurück. Hauptgewinner war Gottlieb Duttweiler mit seiner Liste der «Unabhängigen». Ohne über eine politische Organisation zu verfügen, eroberte die Bewegung des Migros-Gründers auf Anhieb fünf Sitze oder 18,3 Prozent der Stimmen. Sie löste damit im Kanton einen politischen Erdrutsch aus. Alle anderen Parteien – von den Bürgerlichen über die Bauern bis hin zu den Sozialdemokraten – verbuchten empfindliche Stimmenverluste.[53]

Gottlieb Duttweiler hatte sich – im Interesse seines Unternehmens wie der Kundschaft – während der Krisenjahre zum entschlossenen Kämpfer gegen Kartelle, Verbandsmacht und Staatsinterventionismus und für die Respektierung der Volksrechte entwickelt. Als gewiefter Propagandist liess er sich seine Politik durch ein «Plebiszit» bestätigen. Zwischen Mai und August 1934 unterzeichneten 230 000 Frauen und Männer eine Erklärung zugunsten des Migros-Programms; die Hälfte der Unterschriften stammte aus dem Kanton Zürich. Viele Sympathien trug ihm auch sein tatkräftiger Optimismus ein, der ihn in scharfen Gegensatz zu den Abbau- und Sparpolitikern setzte. Seine praktischen Vorschläge zur Sanierung der Wirtschaft fanden breite Resonanz und halfen ihm über die Verschwommenheit seines übrigen politischen Programms hinweg: «Wir sind weder liberal, konservativ, sozialistisch, wir stehen weder links noch rechts, sondern wollen als freie Schweizer tapferen Herzens für unser Land und die Grundrechte des Volkes eintreten.»[54] Nicht zuletzt war es der ideologische Mix von «sozialem Kapital» und «Volksgemeinschaft», der in der krisen- und klassenkampfmüden politischen Stimmung auf fruchtbaren Boden fiel. Der Erfolg der «Unabhängigen» signalisierte, dass ein politischer Wendepunkt erreicht worden war.

Gottlieb Duttweiler (1888–1962), charismatische Unternehmerpersönlichkeit und sendungsbewusster Führer der «Unabhängigen», sah sich durch behördliche Willkürakte zu seinem spektakulären Eintritt in die Politik veranlasst. Nationalratswahlen, Oktober 1935.

# Zum Forschungsstand

Mangels kantonaler Untersuchungen vgl. zur konjunkturellen Entwicklung und zur Wirtschaftspolitik: KNESCHAUREK, Konjunkturverlauf; STEBLER, Konjunkturverlauf; BODMER, Textilwirtschaft; RUTZ, Währungs- und Beschäftigungspolitik; CATALAN, Konjunkturelle Steuerpolitik. Zu den kantonalen Krisenbekämpfungsmassnahmen siehe GUGGENBÜHL, Bekämpfung der Arbeitslosigkeit; für die ersten Krisenjahre auch: WIDMER, Winterthur in der Krise; KLÖTI, Krise und städtische Finanzen. Zur Sozialpolitik siehe für den Kanton BAUMGARTNER, Sozialausgaben; für die Stadt Zürich BISKE, Sozialpolitik. Wertvoll für das Krisenverhalten einzelner Betriebe sind die im Abschnitt «Zum Forschungsstand» des Kapitels «Wirtschaft im Zeichen der Rationalisierung» erwähnten Firmenfestschriften und Ortsgeschichten. Die unübliche Krisenreaktion eines Zürcher Unternehmers beschreibt Albert Pfiffner, in: KONTINUITÄT UND KRISE. Interessant für die Lage und Kämpfe der Winterthurer Arbeiterschaft ist BUOMBERGER, Kooperation statt Konfrontation; zu weiteren wichtigen Arbeitskämpfen vgl. auch LINDIG, Sozialdemokratie; linksdogmatisch ist die Darstellung von WANDELER, KPS. Daten zur Streikbewegung im Kanton sind gesammelt im Anhang von FREI, Das Volksrecht. Daten zum Arbeitsmarkt, zur Entwicklung der Arbeitslosigkeit, zur Bautätigkeit oder zum öffentlichen Finanzhaushalt finden sich in den statistischen Werken, die ebenfalls im obenerwähnten Abschnitt «Zum Forschungsstand» aufgeführt sind. Lange Reihen zürcherischer Daten (Bauinvestitionen, Inflationsindex, Konkurse usw.) sind zusammengestellt bei EISNER, Long-Term Fluctuations.

Die soziopolitischen Wurzeln und Querverbindungen der zürcherischen Erneuerungsbewegungen sind erst zum Teil aufgearbeitet. Wichtig für Zürich ist ZÖBERLEIN, Anfänge des Frontismus; für die schweizerischen «Geistesväter» der Erneuerer siehe JOST, Reaktionäre Avantgarde.

GLAUS, Nationale Front, enthält reiches Material für Zürich; WOLF, Faschismus, thematisiert die Vielfalt frontistischer Erscheinungsformen. Zur Haltung der Presse, auch der zürcherischen, im «Frontenfrühling» siehe ZOLLINGER, Faschistische Reaktion; zur NZZ und ihrem frontenkritischen Chefredaktor siehe BRETSCHER, Krise und Krieg; LUCHSINGER, Neue Zürcher Zeitung, ist ideologisch befrachtet. Anekdotisches zum Zürcher Frontismus bei ZOPFI, Anekdoten. Zum lokalen Frontismus vgl. KUMMER, Nationale Front; SCHNEIDER, Weisslingen.

An Untersuchungen zum «Innenleben» der kantonalen Parteien herrscht grösster Mangel. Bausteine zur zürcherischen Sozialdemokratie bei DAENIKER, Sozialdemokratische Partei; LINDIG, Sozialdemokratie; zum Verhältnis SP–KP in Zürich: HUBER, Kommunisten und Sozialdemokraten. Am besten aufgearbeitet ist bisher der Landesring: JENNI, Gottlieb Duttweiler; MAIER, Entstehen des Landesrings; RAMSEIER, Entstehung des Landesrings. Zur «Bauernheimatbewegung» im Kanton Zürich enthält RIESEN, Bauernheimatbewegung, einige Informationen.

Relativ gut ausgeleuchtet sind Kunst und Literatur, vor allem in ihren Bezügen zu den politischen Flüchtlingen. Anschaulich ist HUONKER, Literaturszene; anekdotisch HUMM, Rabenhaus. Die Geschichte des Zürcher Schauspielhauses schildern BACHMANN, Das verschonte Haus; DUMONT, Zürcher Schauspielhaus; FLUCHTPUNKT ZÜRICH; MITTENZWEI, Zürcher Schauspielhaus; RIESS, Sein oder Nichtsein; SCHOOP, Zürcher Schauspielhaus. Zum politischen Kabarett siehe ATTENHOFER, Cornichon; HIPPEN, Satire. Einiges Material zu Malerei, Plastik und Graphik in Zürich enthält DREISSIGER JAHRE SCHWEIZ. Die zeitgeistige Auseinandersetzung um avantgardistische Kunst analysiert BUCHELI, Kunst und Krise. Zur Verflechtung von Zürcher Unternehmern mit nationalsozialistischer Filmproduktion siehe KRAMER, Terra.

# Anmerkungen

[1] Eugen BÖHLER, Korporative Wirtschaft. Eine kritische Würdigung, Erlenbach-Zürich und Leipzig, o.J. (1934), S. 9–11

[2] RUTZ, Währungs- und Beschäftigungspolitik, S. 104

[3] BUOMBERGER, Kooperation statt Konfrontation, S.65; ZIEGLER, Seidenweberei Gessner, S.32f. Alle Zahlen zu den Beschäftigten in den verschiedenen Zürcher Industriegruppen aus: SMZ 1942, Neue Folge, Band IV, Heft 3, S. 122f.

[4] BUOMBERGER, Kooperation statt Konfrontation, S. 89ff.; WIDMER, Winterthur in der Krise, S. 46; J.J. RIETER, S.178

[5] KELLER, Leu & Co., S. 234ff.; JÖHR, Kreditanstalt, S. 379ff.; HAUSER, Kantonalbank, S.66ff.

[6] Zit. nach: BUOMBERGER, Kooperation statt Konfrontation, S. 67

[7] ERGEBNISSE SOZIALSTATISTIK, S.151; HANDBUCH SOZIALSTATISTIK, S.70; SMZ 1936, Nr. 186, S.8; STEBLER, Konjunkturverlauf, S.101

[8] 1924 Bundesgesetz über Beitragsleistungen an die Arbeitslosenversicherung, 1928 analoges kantonalzürcherisches Gesetz; vgl. BISKE, Sozialpolitik, S. 181f.

[9] Die krisenunterstützten Arbeitslosen der Zürcher Landschaft im Jahre 1935, in: SMZ 1936, Nr. 189; Lohn- und Arbeitsverhältnisse der Heimarbeiter in der Zürcher Konfektionsindustrie, in: ZSN 1936, Heft 4, S. 255, 257

[10] GUGGENBÜHL, Bekämpfung der Arbeitslosigkeit, S. 97f.; BISKE, Sozialpolitik, S. 180f.

[11] SULZER, Exportindustrie, S. 272

[12] Zit. nach: BUOMBERGER, Kooperation statt Konfrontation, S.175

[13] Vgl. zum städtischen Lohnabbau, dem eingehende gewerkschafts- und parteiinterne Verhandlungen vorausgingen, LINDIG, Sozialdemokratie, S. 71f.

[14] Zit. nach: HAUSER, Kantonalbank, S.65

[15] Vgl. zu den zürcherischen Vorstössen: Werner ADAM, Frauenarbeit und Doppelverdienertum, Zürich 1944, S.44ff.

[16] SHB 1949, S.157; DIE VOLKSWIRTSCHAFT, hg. vom Eidgenössischen Volkswirtschaftsdepartement, 1939, S. 334f., und 1943, S. 195; STATISTISCHES JAHRBUCH DER STADT ZÜRICH 1949, S. 90ff.

[17] Gesamtschweizerisch betrafen fast 60 Prozent aller Arbeitskämpfe in der schweizerischen Wirtschaft der dreissiger Jahre das Bau- und Holzgewerbe: SCHWEIZERISCHE ARBEITERBEWEGUNG, S. 241. Für die Stadt Zürich gilt dies ebenfalls, vgl. HEEB, Zürcher Arbeiterbewegung, S. 260ff.; siehe für Winterthur: BUOMBERGER, Kooperation statt Konfrontation, S. 193ff., 227ff.

[18] GUGGENBÜHL, Bekämpfung der Arbeitslosigkeit, S. 78ff.; WIDMER, Winterthur in der Krise, S. 33ff.; BUOMBERGER, Kooperation statt Konfrontation, S.113ff.

[19] BISKE, Sozialpolitik, S.176ff.

[20] ESCHER WYSS, S. 8f.; FEHR, Jacob Schmidheiny, S. 149ff.; Emil Klöti, Erinnerungen an die Hilfsaktion für Escher Wyss im Jahre 1936, in: VOLKSRECHT, 21.10.1960

[21] DREYER, Sowjetstern, S. 125ff.; GUGGENBÜHL, Bekämpfung der Arbeitslosigkeit, S.87; WIDMER, Winterthur in der Krise, S. 69ff.; BUOMBERGER, Kooperation statt Konfrontation, S. 150ff.

[22] Vgl. hierzu SCHEIBEN, Krise und Integration, S. 216ff.; KOBELT, Wirtschaftspolitik der Gewerkschaften, S.96ff.

[23] BÜTIKOFER-JOHANNI, Initiative im Kanton Zürich, S.159, 256

24 Es handelt sich um den Publizisten und späteren Begründer des «Nationaldemokratischen Schweizerbunds». René Sonderegger (1899–1965), der mit Oberstdivisionär Emil Sonderegger nicht verwandt war. Vgl. René SONDEREGGER, Die Schweiz im Umsturz?, Zürich 1933, S. 38, zit. nach: ZÖBERLEIN, Anfänge des Frontismus, S. 253
25 ZÖBERLEIN, Anfänge des Frontismus, S. 251 ff.
26 Vgl. hierzu GILG, Erneuerungsbewegungen; RUFFIEUX, La Suisse, S. 216 ff.; GLAUS, Nationale Front, S. 13 ff.
27 Zit. nach: GLAUS, Nationale Front, S. 21
28 Zit. nach: GLAUS, Nationale Front, S. 35
29 Julius SCHMIDHAUSER, Die Schweiz im Schicksal der Demokratie, Zürich 1931; Paul LANG, Tote oder lebendige Schweiz?, Zürich 1932
30 Vgl. GLAUS, Nationale Front, S. 82 ff.
31 Vgl. GLAUS, Nationale Front, S. 167 f.
32 Detaillierte Angaben zur «Neuen Schweiz» enthalten: TROSSMANN, Gewerbeverband, vor allem S. 105–109 und S. 114–133; ANGST, Gewerbepolitik, S. 72–88. Im Kanton Zürich konzentrierten sich die Ortsgruppen der «Neuen Schweiz» vor allem dem See entlang; in Zürich existierte zudem eine Frauengruppe.
33 Zit. nach: ZOLLINGER, Faschistische Reaktion, S. 256
34 Zit. nach: WOLF, Faschismus, S. 39. Vgl. auch DIE UNHEIMLICHEN PATRIOTEN, S. 174 ff.
35 Zit. nach: ZOLLINGER, Faschistische Reaktion, S. 135 f.
36 «Zürichsee-Zeitung», 17. 6. 1933, zit. nach: Theodor GUT, 1890–1953, Reden und Schriften, Zürich-Stäfa 1954, S. 60
37 NZZ, Nr. 983, 31. 5. 1933
38 NZZ, Nr. 967, 29. 5. 1933
39 Vgl. hierzu GLAUS, Nationale Front, S. 238; SCHNEIDER, Winterthurer Arbeiterbewegung, S. 198
40 «Wehntaler», 20. 9. 1933, zit. nach: ZOLLINGER, Faschistische Reaktion, S. 148, Anmerkung 1
41 WOLF, Faschismus, S. 147
42 «Volksrecht», 21. 4. 1933, zit. nach: ZOLLINGER, Faschistische Reaktion, S. 97
43 Vgl. hierzu DAENIKER, Sozialdemokratische Partei, S. 234 ff.; LINDIG, Sozialdemokratie, S. 205 ff.; SCHNEIDER, Winterthurer Arbeiterbewegung, S. 211 f.
44 «Worum es geht. Eine Erklärung der Minderheit der kantonalen Parteileitung» (ca. Oktober 1934), zit. nach: LINDIG, Sozialdemokratie, S. 223
45 Wahlzeitung «Gegen den Hungerkurs», zit. nach: HUBER, Kommunisten und Sozialdemokraten, S. 410
46 «Die Front», 11. 5. 1934. Die 1936 entstandenen «26 Punkte der Nationalen Front» bildeten das erste frontistische Programm, siehe GLAUS, Nationale Front, S. 137
47 «Die Front», 23. 8. 1935, reproduziert in GLAUS, Nationale Front, S. 241. Vgl. allgemein zu den Totalrevisionsbestrebungen: STADLER, Totalrevision
48 «Nationale Hefte», 1. Jg., Nr. 449, 1934, zit. nach: GLAUS, Nationale Front, S. 407
49 GLAUS, Nationale Front, S. 451
50 Zit. nach: GLAUS, Nationale Front, S. 296 ff.
51 Vgl. GLAUS, Nationale Front, S. 411 f.
52 «Züricher Post», 9. 4. 1935, zit. nach: WOLF, Faschismus, S. 236
53 Neben Gottlieb Duttweiler wurden gewählt: Balthasar Zimmermann, Direktor der Swissair; Willy Stäubli, Bauunternehmer; Fritz Wüthrich, Ingenieur und Fabrikdirektor; Franklin Bircher, Sanatoriumsleiter und Ernährungshygieniker; Heinrich Schnyder, Migros-Chef der Abteilung Landwirtschaft. Siehe allgemein RAMSEIER, Entstehung des Landesrings, S. 27 ff.; MAIER, Entstehen des Landesrings, S. 170–196
54 Zit. nach: RAMSEIER, Entstehung des Landesrings, S. 33

Randspalten S. 314, 320:
1 MEIER, Tagebuch 1935, S. 82
2 Julius SCHMIDHAUSER, Die Schweiz im Schicksal der Demokratie, Zürich 1932, S. 24 f.

# Von der Krisenüberwindung in den Krieg

Als im Herbst 1936 die wirtschaftliche Erholung einsetzte, war diese von einem tiefgreifenden Stimmungsumschwung getragen. Trotz der Bedrohung des Friedens, die sich mit dem italienischen Überfall auf Äthiopien 1935 und dem Beginn des Spanischen Bürgerkriegs im Juli 1936 abzeichnete, wuchs die Zuversicht, mit den anstehenden Problemen aus eigener Kraft fertig werden zu können. Es handelte sich dabei um eine landesweite Entwicklung, doch erfolgten wichtige Weichenstellungen dazu im Kanton Zürich. Die damit verbundene gesellschaftliche Stabilisierung stand im wesentlichen unter konservativen Vorzeichen. Sie führte zu einem Interessenausgleich sowohl zwischen Unternehmern und der Arbeiterbewegung wie auch zwischen den politischen Parteien. Aber sie erfasste auch die Leitbilder von Familie, Konsum und Geschlechterbeziehung. Der gesellschaftliche Wandel verstärkte sich infolge der langjährigen internationalen Isolation der Schweiz während des Krieges; er sollte die Lebensverhältnisse der Nachkriegszeit ganz wesentlich prägen.

Ein umstrittenes Denkmal: Das monumentale Reiterstandbild von Hermann Haller (1880–1950), Sinnbild gewaltsamer Staatlichkeit, unterwegs zu seinem Standort an der Zürcher Münsterbrücke. Erst das «Rote Zürich» realisierte im Frühjahr 1937 das alte Projekt eines Denkmals für den spätmittelalterlichen Abenteurer Hans Waldmann, für das Zürcher Zünfter sich seit langem stark gemacht hatten.

## Wirtschaftliche Erholung und der Weg zum industriellen Frieden

Der wirtschaftliche Umschwung im Gefolge der Frankenabwertung vom 27. September 1936 kam abrupt. Noch kurz zuvor hatte die Zahl der Arbeitslosen im Kanton Zürich wie in der Schweiz einen Höhepunkt erreicht; im Jahr 1936/37 ging sie im Kanton um 35,7 Prozent zurück. Als Konjunkturmotor erwies sich die Exportwirtschaft, die ihre Produkte infolge der 30prozentigen Abwertung mit einem Schlag erheblich billiger anbieten konnte. Die internationale Rüstungskonjunktur der Vorkriegsjahre erfasste auch die Schweiz. Zögerlicher ging zunächst die Erholung der inländischen Bauwirtschaft voran; öffentliche Grossaufträge und die für die Landesausstellung von 1939 erforderlichen Arbeiten beschleunigten sie jedoch. Während 1936 in der Stadt Zürich nur noch 22 Millionen Franken verbaut worden waren (1932: 157 Millionen), kostete allein der Neubau des Kongresshauses 1937 acht Millionen; ähnlich teuer kamen die Neubauten zweier privater Versicherungsgesellschaften zu stehen.[1]

Die Abwertung bewirkte allerdings auch eine Preissteigerung bei den Importgütern. Immerhin fiel die Erhöhung der Lebenshaltungskosten weniger krass aus als zunächst befürchtet. Innert eines Jahres betrug sie etwa 5,5 Prozent. Da die Löhne weitgehend stagnierten, bedeutete dies einen Kaufkraftverlust, der – so unmittelbar im Anschluss an die Entbehrungen der Krisenjahre – Unruhe auslöste. Zum ersten Mal seit Jahren verzeichneten die Gewerkschaften mehr Ein- als Austritte. Der Kampf um höhere Löhne schien angesichts der verbesserten Auftragslage der Unternehmen wieder etwas aussichtsreicher. Die Zahl der Streiks, die 1935 nahe dem Nullpunkt angelangt war, stieg 1936 kräftig an; 1936/37 verdoppelte sie sich nochmals und erreichte einen Umfang, wie er in den spannungsvollen frühen dreissiger Jahren üblich gewesen war.[2] Dann jedoch brach die sich abzeichnende neue Konfrontation zwischen Arbeitgebern und Gewerkschaften jäh ab, und 1937 kam es zur Unterzeichnung des bekannten, landesweit geltenden «Friedensabkommens» in der Metall-, Maschinen- und Uhrenindustrie, was von Zeitgenossen sogleich als historisches Ereignis gewürdigt wurde. Wichtige Vorleistungen dazu erfolgten im Kanton Zürich, wo die exportorientierte Maschinenbranche einen ihrer Schwerpunkte besass.

Die damals erfolgte Wende erscheint um so bemerkenswerter angesichts der Stimmung, die noch kurz zuvor im Kreis der Arbeitgeber geherrscht hatte. Am 19. Juni 1936 tagte in Zürich der leitende Ausschuss des mächtigen Arbeitgeberverbands Schweizerischer Maschinen- und Metallindustrieller (ASM), um sich über die Entwicklungen in Frankreich zu orientieren, wo im Vormonat streikende Arbeiter (wie zuvor schon in den Vereinigten Staaten) Fabriken besetzt hatten, ein ungewöhnlicher, revolutionär anmutender Schritt. Man war sich einig, im Fall ähnlicher Ereignisse in der Schweiz «eine feste Front (…), wenn möglich eine Einheitsfront der gesamten schweizerischen Privatindustrie zu schaffen». «Eine kleine Organisation einer sozialistischen Minderheit», befürchtete gar Hans Sulzer (1876–1959), der prominente Winterthurer Grossunternehmer, «könnte einen ähnlichen Staatsstreich inszenieren wie 1918. Wir können diese Gefahr gar nicht hoch genug einschätzen und müssen uns auf diese Eventualität vorbereiten.» Nicht Verhandlungen, sondern militärische Vorkehrungen schienen am Platz. «Ich habe von unsern Truppen im allgemeinen einen ausgezeichneten Eindruck bekommen», bemerkte der Generaldirektor der Grossfirma Von Roll, Ernst Dübi (1884–1947), Verwaltungsrat bei Sulzer, Oberst und Artilleriechef, «aber es werden vielleicht nicht überall zuverlässige Truppen sein. Die Gefahr ist eminent gross. Ist die Armee zuverlässig, ist sie es nicht?»³ In der Folge sprach ein Direktor der Maschinenfabrik Oerlikon (MFO) eigens bei Regierungsrat Streuli vor, um sich der Handlungsbereitschaft der Behörden zu versichern, falls «irgendwo der Versuch von Fabrikbesetzungen gemacht werden sollte»; noch 1937 gestattete die Firma dem «Vaterländischen Verband», in der MFO «geeignete Personen» anzuwerben, um «im Fall von Aufruhr, Streiks usw. (...) lebenswichtige Betriebe» zu schützen.⁴

Zu jenem Zeitpunkt erachteten allerdings auch Gewerkschaftsvertreter neue Arbeitskämpfe als durchaus unerwünscht. Als bei der Zahnräderfirma Maag in Zürich im Sommer 1937 ein Konflikt drohte, beeilte sich der Sekretär des Metallarbeiterverbands, «eine vernünftige Regelung der Angelegenheit herbeizuführen, da die Konsequenzen eines Streiks unter den gegebenen Umständen ziemlich folgenschwer sein könnten». Auseinandersetzungen wie in Frankreich oder den Vereinigten Staaten, warnte der Gewerkschaftsmann, würden «in unserem Land mit aller Gewalt unterdrückt».⁵ Bei dieser Aussage schwang auch ein Stück taktische Berechnung mit, denn wie der Funktionär als einer der wenigen Eingeweihten wusste, war die Verbandsleitung in Bern zu jenem Zeitpunkt entschlossen, grössere Arbeitskämpfe unbedingt zu vermeiden. Seit mehreren Monaten bereits verhandelte man insgeheim mit den Spitzen des Arbeitgeberverbands; ein wesentlicher Durchbruch schien unmittelbar bevorzustehen. Als es gar noch gelang, einen drohenden Grosskonflikt bei Sulzer zu verhindern, war der Weg zur Einigung frei: Am 19. Juli 1937 unterzeichneten führende Vertreter des Schweizerischen Metall- und Uhrenarbeiterverbands (SMUV) und des Arbeitgeberverbands das «Friedensabkommen»: kein Gesamtarbeitsvertrag mit Lohnregelungen, sondern ein Rahmenabkommen, das versprach, künftig alle Differenzen unter Verzicht auf Kampfmassnahmen nach «Treu und Glauben» in Verhandlungen anzugehen.

Im Zeichen dieser beiderseitigen Bereitschaft zum Ausgleich beruhigten sich die «industriellen» Beziehungen; von 1938 bis 1944 fanden im Kanton Zürich (wie in der übrigen Schweiz) praktisch keine Arbeitskämpfe mehr statt.⁶ Zwar blieben der grossen Mehrheit – besonders auf dem Land und in der Textilindustrie – Gesamtarbeitsverträge weiterhin vorenthalten;

Mit leeren Händen sitzt die Arbeiterkommission der Maschinenfabrik Oerlikon (MFO), rechts am Tisch, der Direktion gegenüber, die wohlgewappnet mit Unterlagen auftritt. (Photo 1951)

der definitive Durchbruch erfolgte erst im Anschluss an eine neue Streikwelle nach 1945. Dennoch besserten sich mancherorts die Verhältnisse: Der schneidige «Offizierston» in der Behandlung Untergebener ging ein wenig zurück; es wurde mehr verhandelt und weniger schnell zu Sanktionen gegriffen. Die Grossunternehmen bauten ihre eigene betriebliche Sozialpolitik

Dramatische Momente in der Maschinenfabrik Sulzer: Am 3. Juli 1937 trat in der grossen Montagehalle eine Belegschaftsversammlung zusammen, um sich die Argumente Robert Sulzers für eine friedliche Beilegung des drohenden Lohnkonflikts anzuhören. Ein Arbeitskampf im grössten Privatunternehmen des Kantons hätte die bevorstehende Unterzeichnung des «Friedensabkommens» gefährdet. Nach Jahren krisenbedingten Stillhaltens und ohnmächtiger Proteste forderte die Belegschaft ihren Anteil an den Früchten des wieder einsetzenden Wachstums. Dank dem Einsatz von Unternehmensleitung und Gewerkschaft gelang es, den bereits unausweichlich scheinenden Arbeitskampf abzuwenden. Nach einem per Urabstimmung gefassten Streikbeschluss, der nur um Haaresbreite das vom Gewerkschaftsstatut geforderte Dreiviertelmehr verfehlte, war an der Versammlung vom 3. Juli eine ganz schmale Mehrheit mit der Anrufung eines Schiedsgerichts einverstanden. Die Firma hatte sich – erstmals – zur Anerkennung eines Schiedsspruchs bereit erklärt. Der Verzicht auf den Kampf lohnte sich für die Sulzer-Arbeiter: Das Schiedsgericht gab ihren Forderungen weitgehend recht.

aus, die mit materiellen und psychologischen Anreizen arbeitete. Firmensport, Werkkantinen, Familienbesuchstage, Dienstaltersgeschenke, Veteranen-Ehrung und betriebseigene Hilfskassen waren die Mittel einer Politik, die nunmehr weniger danach strebte, die Gewerkschaften frontal anzugreifen, als vielmehr in Konkurrenz zu diesen um die Loyalität des Personals zu werben.[7] Dies trug nach Jahren des reinen Machtdenkens menschlichere Züge in den Arbeitsalltag.

## Politische Befriedung und kleine Konsumträume

Parallel zur Beruhigung auf dem Arbeitsmarkt entschärften sich auch die politischen Gegensätze. Die Gewerkschaften hatten seit Monaten schon – in bewusster Distanz zur Sozialdemokratischen Partei – um Vertrauen werbende Signale ausgesandt. Vom Herbst 1936 an propagierte die sogenannte «Richtlinienbewegung», in der auch Angestelltenverbände und «Jungbauern» mitwirkten, ein breites, die Parteigrenzen überschreitendes Einvernehmen, eine «Front der Mitte», welche den «so wenig ergiebigen Stellungskrieg der Parteien» beenden sollte. Der 27. September 1936, der Tag der

Arbeiterinnen der Spinnerei Langnau-Gattikon auf einem Betriebsausflug während des Krieges.

Freizeitvergnügen 1937: Ein beliebtes Ausflugsziel am Wochenende war die Wollishofer Allmend (Bilder oben), wo man sich ausruhte und wo Buben ihre selbstgebastelten Segelflieger starteten, im Zeichen der Fliegereibegeisterung jener Jahre ein überaus populäres Hobby. Rechte Seite: Badefreuden an der Sihl und Dorffest (1934) in Weisslingen im Zürcher Oberland.

Abwertung, scheine «auch in politischer Beziehung einen Wendepunkt von geschichtlicher Bedeutung für unser Land darzustellen», hielt ein Kommentar im Zürcher «Tages-Anzeiger» kaum zwei Monate später fest. «Es ist kein Zweifel: Es bahnt sich etwas an. Die Bewegung, die mehr und mehr konkrete Gestalt annimmt, strebt eine überparteiliche Zusammenfassung aller aufbauwilligen, sich vorbehaltlos zur Demokratie bekennenden Kräfte an.»[8] Hermann Häberlin, bis dahin stets mit harten Bandagen kämpfender Vertreter der Maschinenindustrie, bestätigte den Umschwung: «Ich bin nicht mehr der einseitige Polemiker», schrieb er zum Jahresende 1936 an seine Frau, «schlage auch als Kämpfer vielleicht etwas mildere Töne an; vor allem aber habe ich mich weitgehend aus der parteipolitischen Gebundenheit gelöst und viel mehr Verständnis auch für den Standpunkt anderer gewonnen.»[9]

Die Zahl der abgelehnten städtischen, kantonalen und eidgenössischen Vorlagen ging ab 1936 erheblich zurück. Ebenso verlor der Stadt-Land-Gegensatz an Einfluss auf den Ausgang der Abstimmungen.[10] Nach jahrelanger intensiver Beanspruchung der Kräfte schienen die Energie und der Wille zum harten Austragen gesellschaftlicher Konflikte vorerst aufgebraucht. Das Bedürfnis nach Ruhe und Ausgleich trat in den Vordergrund. Eine Mehrheit setzte fortan ihre Hoffnung auf die Erfüllung privaterer Wünsche.

Der materielle Spielraum blieb zwar bescheiden. Lohnerhöhungen gab es kaum, und mit der Kriegsteuerung erfuhr die Kaufkraft ab 1939 einen neuen Einbruch, der die Reallöhne bis zum Tiefpunkt von 1942 um 10 bis 15 Prozent zurückgehen liess. Wichtiger als die vorerst geringen Möglichkeiten waren indes die neuen Leitbilder einer um Konsum, Familie und Freizeit kreisenden Lebensform, auch wenn diese erst nach dem Krieg zur vollen Entfaltung gelangen sollte. Grösster Posten in den an sich höchst bescheidenen Haushaltsausgaben für «Vergnügungen» war das Radio, das in den dreissiger Jahren zum Massenkonsumgut wurde und gegen 1939 in einer Mehrheit der Haushalte vorhanden war. Arbeiterfamilien gaben dafür mehr aus als Angestellte, die ihrerseits häufiger ins Kino gingen.[11]

In der Gewährung von Ferien, einem der charakteristischen neuen Ziele, brachten die dreissiger Jahre trotz Krise eine entscheidende Wende:

1937 bezogen zwei Drittel aller Fabrikarbeiterinnen und Fabrikarbeiter einen – wenn auch bescheidenen – Jahresurlaub; eine Vergünstigung, die bis dahin nur den Angestellten zugute gekommen war.[12] Im Jahr darauf erging erstmals eine kantonale Regelung, die Lehrlingen und Lehrtöchtern ein Recht auf Ferien einräumte: zwölf Tage pro Jahr, wovon mindestens sechs zusammenhängend.[13] Der allzeit findige Gottlieb Duttweiler, der seit dem bundesrätlichen Verbot von 1933 keine neuen Filialen mehr eröffnen durfte, gründete 1935 den «Hotel-Plan» und warb – noch mitten in der Krise – für eine neue Ferienidee. «Der ‹kleine Mann› aller Schichten ist der Reisegast der Zukunft», wurde im Gründungsaufruf der Migros verkündet, «deren Idee es von jeher war, dass man einen zusätzlichen Konsum schaffen müsse, statt untätig auf ihn zu warten».[14] Die Realität hinkte hinter den lockenden Bildern her; vorerst blieb die Mehrheit in den Ferien daheim.

Während sich auf dieser Ebene die Konturen einer kommenden Konsum- und Freizeitgesellschaft abzeichneten, erfuhren parallel dazu die bürgerlichen Ideale von Familie und Häuslichkeit eine kräftige Aufwertung. Ein gewisser Standard an Wohnraum und Wohnkomfort war mittlerweile für zunehmende Teile der Bevölkerung erreicht oder zumindest in Reichweite gerückt.[15] Damit ging eine Stabilisierung der Geschlechterbeziehungen einher, die die Frauen erneut auf die Rolle der sorgenden Gefährtin, Mutter und Hausfrau festlegte. Zukunftsweisender als die breit propagierte Verpflichtung auf bodenständige Weiblichkeit und opferbereites Muttertum war freilich eine modernisierte Variante. Zum besonders erfolgreichen Medium der alt-neuen Botschaft sollte die Frauenzeitschrift «Annabelle» werden: Sie wurde 1938 von den Herausgebern der «Weltwoche», Manuel Gasser (1909–1979) und Karl von Schumacher (1894–1957) gegründet und bis 1959 von der charismatischen Mabel Zuppinger (1897–1978) geleitet. Gegen 1943 setzte ihr rasanter Aufstieg ein.[16] Kein Heimchen am Herd, sondern eine moderne, mode- und konsumbewusste Frau wurde hier propagiert, mit Sinn für massvolle Eleganz wie für rationale hauswirtschaftliche Grundsätze, die bis zur Geburt des ersten Kindes durchaus einer Erwerbsarbeit nachgehen mochte, sich spätestens dann aber einer gepflegten mittelständischen Häuslichkeit zuwenden sollte.

**Anteil der Frauen an der Bildungskonjunktur im Kanton Zürich von 1913 bis 1992**

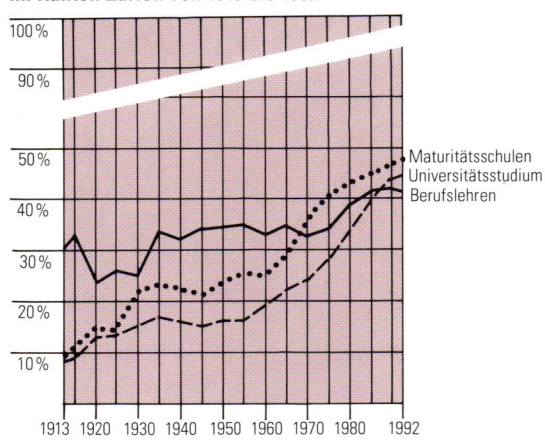

Maturitätsschulen
Universitätsstudium
Berufslehren

Der Anteil der Frauen auf den verschiedenen Stufen des Bildungswesens deutet auf sehr langfristige gesellschaftliche Entwicklungsmuster im Machtverhältnis der Geschlechter hin: Dem Anstieg bis Mitte der dreissiger Jahre folgten ein Einbruch und eine Periode der Stagnation, die erst um 1960 durch einen eigentlichen Bildungsboom abgelöst wurde.

Die Demokratie und ihre Grenzen
Anlässlich der Übergabe des renovierten Zürcher Rathauses am 29. August 1938 sagte der freisinnige Regierungspräsident Karl Hafner (1878–1947):

«Es bedarf eines grossen Einsatzes, um aus der heutigen Krise der Demokratie heil herauszukommen. Unsere Hoffnung muss auf den guten, gesunden Sinn unseres Volkes als Einheit gestellt bleiben, die Hoffnung, dass das Volk in seiner politischen Betätigung zur Erhaltung der Demokratie die Grenzen rechtzeitig und klar erkenne. Das Volk muss hierzu angelernt und geführt werden. (…) Nicht von allmächtigen Führern, sondern von den Männern seines Vertrauens, die das Volk frei, kraft seiner demokratischen Rechte, in seine Parlamente und in die übrigen Behörden wählt. Diese dürfen ihrerseits das Gefühl nie verlieren, dass auch sie bloss Bestandteile des gewöhnlichen Volkes sind, dass ihr Führen kein willkürlicher Akt, auch keine Klassenpolitik sein darf, sondern getragen sein muss von dem lebendigen Verantwortungsbewusstsein für das Ganze – wenn anders man an das ideale Ziel einer solidaren Gesamtgemeinschaft glaubt. (…) Man kann sich zum Faschismus und zum Hitlerismus grundsätzlich einstellen, wie man will: das eine Gute haben beide unweigerlich und dürfen es sich zum grossen Verdienst anrechnen: dass sie sich getrauten, den Einzelnen und das Volk als Ganzes wieder mehr an ihre Pflichten gegenüber der Gemeinschaft, gegenüber dem Staat zu erinnern, statt bloss an ihre Rechte an diesen. Mit dieser Konstatierung möchten wir keineswegs unsere schweizerische Staatsauffassung verleugnen. Es ist gegenteils die ernste Sorge um ihre Erhaltung, welche uns bestimmt, auf diese Schwäche der Demokratie aufmerksam zu machen.»[1]

Die harte männliche Polemik gegen qualifizierte Erwerbsarbeit von Frauen liess mit dem Abklingen der Krise nach. Die Frauen selbst ergaben sich dem Familienideal und leisteten Verzicht auf anderen Gebieten. Dies fand seinen sichtbaren Niederschlag im Bildungsverhalten: Ab 1936 ging der Anteil der Studentinnen – wie auch jener der Schülerinnen an den Maturitätsschulen – spürbar zurück.[17] Damals begann eine jahrzehntelange Stagnation, die mit einer massiven Beschneidung der Erwerbs- und Aufstiegschancen von Frauen verbunden war und erst gegen 1960 zu Ende ging, als der Bildungsboom das Verhältnis zwischen den Geschlechtern in neue Bahnen zu lenken begann.

### Wendung nach innen in der Vorkriegszeit

Im Juni 1937 erlebte der Kanton Zürich erstmals Verdunkelungsübungen als Probe für den Ernstfall. Seit bald einem Jahr wütete ein blutiger Bürgerkrieg in Spanien, wo deutsche Flieger vorführten, was die Zivilbevölkerung im kommenden Krieg zu erwarten hatte. Im Lauf des Jahres 1938 wurde die Kriegsgefahr auch für politisch wenig interessierte Bürgerinnen und Bürger unübersehbar. Nach der Besetzung Österreichs im März zog die Schweiz sich vom Völkerbund zurück; internationale Solidarität schien ohnmächtig gegenüber dem deutschen Expansionismus, wie der Ausverkauf der Tschechoslowakei im Herbst 1938 demonstrierte.

Das Zerbröckeln des Sicherheitssystems, das der Völkerbund 1919 geschaffen hatte, begünstigte eine Wende zum nationalen Egoismus. Immer zahlreichere Rüstungsaufträge kurbelten nunmehr die Wirtschaft an. Schon 1935 hatte die Sozialdemokratie – der Not gehorchend – ihren Widerstand gegen die Landesverteidigung aufgegeben. Nationalistische Äusserungen und nationale Symbole genossen wachsenden Stellenwert. Wo sich die organisierte Arbeiterschaft noch schwer tat, von ihrer staatskritischen Haltung abzurücken, hatten mittelständisch orientierte Angestellte weniger Probleme: Schon 1936 nahm zum Beispiel das jährliche Angestelltenfest der Schweizer Rückversicherung mit Trachten, «Landsgemeinde» und ähnlichen Darbietungen Formen an, wie sie in den folgenden Jahren immer häufiger wurden.[18]

«Geistige Landesverteidigung» hiess das Stichwort, unter dem sich der nationale Schulterschluss jener Jahre vollzog. Was im einzelnen darunter zu verstehen war, blieb durchaus umstritten. Der Theologe Karl Barth (1886–1968) sprach auf der Wipkinger Tagung der «Bekennenden Kirche» Ende 1938 vom «Spottgebilde eines neuen helvetischen Nationalismus».[19] Arnold Kübler (1890–1983), Chefredaktor der «Zürcher Illustrierten», mahnte, die selbstkritische Perspektive nicht zu vergessen, den Kampf «gegen Gleichgültigkeit, gegen Engherzigkeit, Parteilärm, gegen alle möglichen Entartungen des eidgenössischen Lebens. (…) Die Demokratie ist etwas Schwieriges; jedermann sollte da ein Stücklein Staatsmann sein. Jeder ist bei uns jederzeit für den Gang des Ganzen verantwortlich. Dieses Gefühl lebendig in sich zu erhalten ist geistige Landesverteidigung.»[20]

Solche Offenheit war alles andere als selbstverständlich. Der verbreitete Rückzug auf ein eng verstandenes nationales Eigeninteresse offenbarte sich am ehesten in der offiziellen Haltung gegenüber den zahlreichen Flüchtlingen, die seit 1933 dem deutschen Machtbereich zu entkommen suchten. Zunächst diente die Wirtschaftskrise als Vorwand, die Fremden abzuwehren. Indessen änderte sich auch dann nichts an dieser Haltung, als die Wirtschaftslage wieder besser wurde. Die Angst vor «Überfremdung» blieb

# Kunst und Kommerz, Widerstand und Kompromiss: Das Zürcher Schauspielhaus 1933–1945

Mit Hitlers Machtergreifung veränderte sich das Profil der Pfauenbühne, die bislang eher der leichten Boulevardkost zugeneigt war. Ferdinand Rieser (1886–1947), Leiter und Miteigentümer der damals rein privat geführten Sprechbühne und Schweizer jüdischer Herkunft, reagierte auf den beginnenden nationalsozialistischen Terror mit wachem politischem Gespür, aber auch mit Sinn fürs Geschäft.

Rieser holte 1933 den aus Deutschland geflüchteten Dramaturgen Kurt Hirschfeld ans Schauspielhaus, der ihn gezielt auf andere emigrationswillige Theaterkräfte aufmerksam machte. So bildete sich im Lauf der Spielzeit 1933/34 ein völlig neues Ensemble von seltener Geschlossenheit und künstlerischer Qualität heraus. Es gehörten dazu die Regisseure Leopold Lindtberg und Gustav Hartung sowie der Bühnenbildner Teo Otto; und Schauspielerpersönlichkeiten wie Therese Giehse, Ernst Ginsberg, Wolfgang Heinz, Kurt Horwitz, Wolfgang Langhoff oder Leonhard Steckel. Zu ihnen stiessen Schweizer, die wie Heinrich Gretler oder Leopold Biberti Nazi-Deutschland den Rücken gekehrt hatten. Die Exilsituation und die entschlossene Ablehnung des Faschismus schweisste die neuen Ensemblemitglieder zusammen, auch wenn sie von unterschiedlichen politischen Standorten her kamen. Trotz des schwierigen Alltags, der von tiefen Gagen, temporärer Arbeitslosigkeit, fremdenpolizeilichen Schikanen und unmässiger Belastung im Beruf geprägt war, gaben sich die engagierten Theaterleute mit den kommerziellen Kompromissen, die ihnen Riesers bunter Spielplan aufzwang, nicht zufrieden. Indem sie Klassiker sorgfältig einstudierten und damit zu Kassenerfolgen machten, gelang es ihnen in zäher Auseinandersetzung mit dem zuweilen selbstherrlichen Direktor, das programmatische Gewicht zugunsten anspruchsvoller Literatur und zeitkritischer Stücke zu verschieben. Immer wieder zeigte Rieser aber auch Zivilcourage. So brachte er Ende November 1933 mit Ferdinand Bruckners «Rassen» und ein Jahr später mit Friedrich Wolfs «Professor Mannheim» zeitkritische und politisch aufrüttelnde Stücke zur Aufführung. Die Drohungen des Deutschen Generalkonsulats, die Gewalt frontistischer Randalierer oder die Rügen der bürgerlichen Presse scherten ihn wenig. Langsam wuchs das Schauspielhaus zu einem auch vom Regierungsrat anerkannten Kulturfaktor heran.

Als Rieser 1938 die Schweiz verliess, schien das Fortbestehen des Pfauentheaters gefährdet. Dem beherzten Eingreifen demokratischer Kreise um Emil Oprecht und Kurt Hirschfeld war es zu verdanken, dass das Schauspielhaus vor dem propagandistischen Zugriff reichsdeutscher Stellen bewahrt und der weitere Betrieb finanziell sichergestellt werden konnte. Zum neuen künstlerischen Direktor ernannte man den jungen Schweizer Oskar Wälterlin (1895–1961) und erfüllte damit die aktuelle Forderung nach einer «Verschweizerung» der Theaterbetriebe. Wälterlin lehnte Agitprop-Theater ab. Es erschien ihm «zu einseitig negativ» für die bürgerlich-demokratische Schweiz, «um konstruktiv in die Zukunft zu wirken». Was er anstrebte, war ein Theater, das sich auf gemeinsame ethische Ideale besann und dadurch bewusstseinsbildend wirkte. Auf den klassikerbetonten Spielplan kamen bewusst Stücke, die «in direkter Beziehung zu der Zeit standen». Dem Publikum sollte es leichtfallen, «das Ferne und Überhöhte auf die Sorgen der eigenen Gegenwart zu projizieren». Grösste Wirkung ging angesichts der äusseren Bedrohung von Freiheitsdramen wie Goethes «Götz von Berlichingen» oder Schillers «Wilhelm Tell» aus. Unter aktiver Beteiligung des Publikums gerieten sie zu antifaschistischen und nationalen Demonstrationen. Hinzu kam die Inszenierung zeitgenössischer Stücke: Von Brecht, Horváth und Zuckmayer über Giraudoux, O'Neill oder Steinbeck gelangten die neuen Werke der Exilautoren wie der sonstigen westlichen Dramatik zur Aufführung. Mit seiner sachlichen, fast zurückhaltend geführten Theaterpolitik blieb Wälterlin während des Kriegs unbehelligt von Zensurbeschränkungen, Rücksichtnahmen auf die offizielle Neutralitätspolitik und die kritische weltpolitische Lage. Dass es trotzdem gelang, das Schauspielhaus zu einer Stätte dauernder geistiger Auseinandersetzung zu machen, darin liegt das eigentliche Verdienst Wälterlins und seines Ensembles.

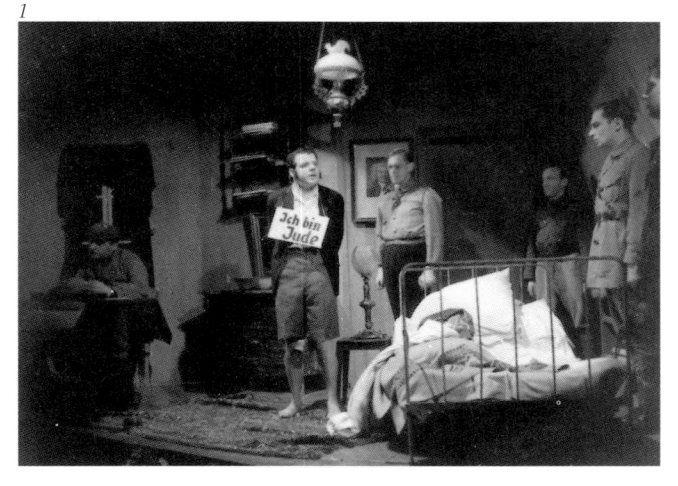

1 *«Die Rassen»* von Ferdinand Bruckner. Uraufführung 30. November 1933 (Mitte: Ernst Ginsberg).

2 Schillers *«Wilhelm Tell»* mit Heinrich Gretler als Tell (links) und Wolfgang Langhoff als Gessler. Aufführung Saison 1938/39.

Eine der Hauptattraktionen der «Landi» 1939 war die Schwebebahn über den See.

Abschied von der «Landi»
Als die deutsch-jüdische Schriftstellerin und Emigrantin Victoria Wolf (geb. 1908) in Zürich die Landesausstellung besuchte, trug sie den Ausweisungsbefehl für den 1. Juli in der Tasche. «Literarisch verlöre die Schweiz damit nichts», hatte der Schweizerische Schriftstellerverband zuhanden der Fremdenpolizei bescheinigt. 1940 wurde sie in Nizza verhaftet, konnte aber im Jahr darauf in die USA entkommen. Arnold Kübler veröffentlichte den Bericht seiner einstigen Mitarbeiterin in einer «Landi»-Sondernummer der «Zürcher Illustrierten» vom 7. Juli 1939, nach ihrer Abreise:

«Wie schön muss es sein, hier dazuzugehören! Wie schön muss es sein, überhaupt irgendwo hinzuzugehören, mit Herz und Gefühl und Stolz und Arbeit!

Und all die Schweizer, die vielleicht bisher solche Dinge selbstverständlich hingenommen haben, empfinden sie plötzlich als Tat! Sie sehen das Elend der Heimatlosen, sie vermieten Zimmer und Gastrecht an die Fremden, und sie sehen ein, was es heisst, eingeordnet zu sein. Sie erleben plötzlich ‹Heimat›. Sie erleben etwas, das man sonst nur in der Fremde erlebt, zu Hause. Und das macht ihren Gang beschwingter und ihre Augen fröhlicher. Und das ist das grosse Gefühl!

Und es ist auch mein grosses Gefühl: das der rückhaltlosen, ehrlichen Bewunderung, aber ich habe ein kleines Gefühl daneben. Ich will es rasch gestehen: Neid. (...)

Neid: weil ich auch gern mitgeholfen hätte und nicht durfte. Weil man hier sagt, und wahrscheinlich auch mit einer gewissen Berechtigung sagt: du darfst hier leben, atmen, spazierengehen, aber deine Hilfe brauchen wir nicht; wir können alles selber, gib dich keinen falschen Hoffnungen hin; wir brauchen niemals fremde Kraft! (...)

Autarkie liegt dem Schweizer im Blut. Er braucht keinen Diktator, der sie ihn lehrt. Er braucht auch keine fremde Hilfe. Nicht einmal die Hilfe der Besten.

Und das tut mir leid. Er wird sie nie brauchen, nie. Und das tut mir noch einmal leid. Vier Millionen Schweizer schaffen es allein. Und vor dieser millionenfachen Tatkraft muss man den Hut abziehen. Ich ziehe ihn.»[2]

allgegenwärtig, obwohl die ausländische Wohnbevölkerung sich seit dem Ersten Weltkrieg ständig verringert hatte. Ungeachtet der tatsächlichen Lage beharrte der Regierungsrat 1933 darauf, dass «die Schweiz überfremdet und übervölkert» sei, und schloss lapidar: «Der Ausländer hat keinen Rechtsanspruch auf Erteilung irgend einer Bewilligung.»[21] Im August 1938 verhängten die Bundesbehörden erstmals eine militärisch durchgeführte Grenzsperre, um jüdische Flüchtlinge aus Österreich abzuweisen. «Im Kanton Zürich befanden sich», wie Polizeidirektor Robert Briner vor dem Kantonsrat erklärte, «Ende August 1938 1800 jüdische Flüchtlinge aus Altösterreich, von denen die meisten in Zürich leben. (...) Alle diese Leute wissen, dass sie hier nicht bleiben können und keinem Erwerb nachgehen dürfen.» Sämtliche Hilfs- und Unterstützungsleistungen bürdete man bedenkenlos den Hilfsorganisationen der kleinen jüdischen Minderheit im Lande auf. «Der Kanton hatte bis jetzt keine Ausgaben für diese Leute», hielt der Regierungsrat fest.[22]

Am 2. Dezember 1938 versammelte sich die Zürcher Studentenschaft im Kaufleuten-Saal zum Protest gegen eine deutsche Drohung, nationalsozialistische Studenten an Schweizer Hochschulen zu entsenden. Als freilich einer der Redner eine antisemitische Bemerkung machte – die «Leute aus Palästina» wolle man auch nicht haben – löste dies unter den Versammelten spontanen Beifall aus.[23] Im Zuge der Abwehr gegen die Zumutungen einer widerwärtigen Weltlage hatte die moralische Fähigkeit, zwischen Tätern und Opfern zu unterscheiden, Schaden genommen. Dabei hatten wenige Wochen zuvor mit der sogenannten «Reichskristallnacht» die Verfolgungen in Deutschland eine neue Stufe der Brutalität erreicht.

Im Brennpunkt der Landesausstellung von 1939 in Zürich kam vieles von dem zusammen, was die damalige Befindlichkeit kennzeichnete: Der Zwiespalt von Modernität und Tradition, der in der Ausstellung auf den beiden Seeseiten raffiniert inszeniert und aufgehoben wurde; die Spannung zwischen Weltoffenheit und der Rückwendung zur eigenen Nation.

Der Entscheid für den Zürcher Standort der Ausstellung sowie für das Jahr 1939 war nach längerem Zögern im Mai 1935 gefallen.[24] Stadtpräsident Emil Klöti hatte sich seit Jahren dafür stark gemacht, doch fehlte in Wirtschaft und Gewerbe angesichts der Krise jegliche Begeisterung für das aufwendige Vorhaben. Auch Animositäten gegen das «Rote Zürich» spielten eine Rolle, so dass Klöti in kluger Berechnung seinen Vorsitz im Initiativkomitee an einen Vertreter der Bauernpartei abtrat. Damit war die Unterstützung der bäuerlichen Seite gewonnen. Im Frühjahr 1936 begannen die konkreten Arbeiten unter tatkräftiger Leitung des Luzerner Architekten Armin Meili (1892–1981).

Der Erfolg der Ausstellung übertraf alle Erwartungen. Auch anfängliche Skeptiker wie der Zürcher Schriftsteller Albin Zollinger (1895–1941) zeigten sich vom Ergebnis überrascht und berührt. Mitten hinein in die Ausstellungszeit fiel der deutsche Überfall auf Polen am 1. September 1939.

## Militarisierung im Alltag

Bereits am 28. August hatte für die Soldaten der Grenzbrigaden der Aktivdienst begonnen. Die Generalmobilmachung erfolgte am 2. September ohne Zwischenfälle, aber angesichts der offenen Bedrohung herrschte eine gedrückte Stimmung. Sofort begannen die eingerückten Truppen mit dem Bau von Stellungen und Geländesperren. Das zivile Leben geriet vorübergehend aus dem Takt. Überall fehlten Arbeitskräfte, Fahrzeuge und Pferde, besonders fühlbar in der Landwirtschaft, wo die Ernte von den Zurückgebliebenen, den Frauen, Alten und Kindern, allein eingebracht werden musste.

Die Generalmobilmachung traf nicht alle Betriebe gleichermassen: Die Obst- und Weinbaugenossenschaft Wädenswil entschuldigte sich bei ihrer Kundschaft: «Vier Fünftel unseres Personals sind aufgeboten, und fünf von sechs Lastwagen dienen der Armee.»[25] Demgegenüber musste der Zürcher Hauptsitz der Schweizerischen Kreditanstalt (SKA) nur 1000 seiner 2282 Mitarbeiter und Mitarbeiterinnen entbehren.[26] Auf Befehl der Militärbehörden evakuierte die SKA ihre Wertschriftenbestände in sichere Unterkünfte im Alpenraum – 12 Lastwagen wurden benötigt, um 75 Tonnen Wertschriften und drei Tonnen Gold in der Innerschweiz in Sicherheit zu bringen.

Bald schon stellte sich jedoch – wenn auch vom Krieg überschattet – die Normalität des Alltags wieder ein. Nach einer zweimonatigen Verkaufssperre für Grundnahrungsmittel wurden im November die ersten Rationierungskarten an jeden Haushalt verschickt. In den Jahren 1936 bis 1938 war die Rationierung minutiös vorbereitet und das Kader der Kriegswirtschaftsämter bestimmt worden; die Umsetzung der Pläne bereitete keine besonderen Schwierigkeiten. Um Missbräuche, Ungerechtigkeiten und Willkür zu vermeiden, überzog ein immer dichteres Netz von Verordnungen, Reglementen und Vorschriften den Handel mit den rationierten Gütern, deren Zahl sich mit jedem Jahr vergrösserte. Von eigentlichem Mangel konnte vorerst trotz aller Einschränkungen kaum die Rede sein, die Rationen fielen immerhin so grosszügig aus, dass nicht wenigen Familien das Geld fehlte, um die Coupons alle einzulösen. Daher setzte ein Tauschhandel mit den unpersönlichen Marken ein.

Während die Truppen an der Landesgrenze Stellungen bauten, war das Armeekommando noch damit beschäftigt, die definitive Aufstellung der Armee zu planen. Mitte September fiel der Beschluss, nicht die nördliche Landesgrenze, sondern eine kürzere Linie entlang von Aare und Limmat zwischen Bözberg und Sargans zur Armeestellung auszubauen. Das dichtbevölkerte Limmattal und die Stadt Zürich wurden damit zu befestigten Kampfzonen erklärt, der Grossteil des Kantons zwischen Limmat und Rhein war nur noch durch die eigentlichen Grenztruppen geschützt.

Mai 1940. «Spanische Reiter» und Stacheldraht führten der Wohnbevölkerung in Zürich-Wollishofen ihre Bedrohtheit drastisch vor Augen.

Die Kriegswirtschaft verpflichtete Industrie- und Handelsfirmen mit ihrem Personal zum Anbau von Nahrungsmitteln. Die Produkte wurden, wie hier in Uster, an die Belegschaft abgegeben und ergänzten die knappen Rationen. Rapsöl war eine besonders gefragte Kostbarkeit.

Ende November 1939 wurden die Behörden von Stadt und Kanton über die Tragweite der neuen Dispositionen ins Bild gesetzt. Stadtpräsident Emil Klöti und Regierungspräsident Robert Briner intervenierten sofort bei der Heeresleitung und forderten zumindest die Vorbereitung der Evakuation für die Zivilbevölkerung. «Befestigungsarbeiten an der Limmat fehlen völlig», hielt Klöti dem Generalstabschef vor, «die Luftabwehr ist beinahe null, die 24 Oerlikoner Geschütze sind nur als bescheidener Objektschutz anzusehen. (...) Würde im Frühjahr 1940 ein Angriff auf Zürich erfolgen, so wäre der Stadt Zürich angesichts der fast vollständig fehlenden Vorbereitungen zur Verteidigung ein fürchterliches Schicksal beschieden.»[27] Vergeblich versuchten die Politiker deutlich zu machen, was es für die Bevölkerung bedeuten musste, wenn sie schutzlos den Kämpfen und Bombardierungen ausgesetzt würde. Die Militärs spielten die Gefahren herunter und hielten eine Evakuation so grosser Menschenmassen für undurchführbar. Trotzdem bestanden sie auf der Verteidigung der Stadt.

Anfang Mai 1940 spitzte sich die militärische Lage dramatisch zu, als die deutsche Wehrmacht die neutralen Staaten Holland, Belgien und Luxemburg überfiel und nach Frankreich eindrang. In der Schweiz wurden nun auch die letzten noch nicht eingezogenen Männer in freiwilligen Ortswehren organisiert und bewaffnet, zuvor schon waren die Frauen in den zivilen und den militärischen Frauenhilfsdienst einbezogen worden. Manche Gemeinden, so Küsnacht, bereiteten von sich aus die Evakuation der Zivilbevölkerung vor. Wer die Möglichkeit hatte, versuchte auf eigene Faust, den gefährdeten Kanton in Richtung Innerschweiz oder Berner Oberland zu verlassen. Überfüllte Züge und stehende Autokolonnen zeugten in der Nacht vom 14. zum 15. Mai von der Massenflucht; allein der Hauptsitz der Zürcher Kantonalbank musste innert weniger Tage 2,36 Millionen Franken an Spärguthaben auszahlen.[28]

Der Fall Frankreichs führte zur praktisch vollständigen Einschliessung der Schweiz durch die Achsenmächte; die Versorgung des Landes und die Chance seiner militärischen Verteidigung waren in Frage gestellt, Verwirrung und Pessimismus breiteten sich aus, und Stimmen, die die Einordnung der Schweiz in das «neue Europa» forderten, fanden Gehör. In diesem Augenblick der Isolation, spürbar erschwerter Versorgung und erzwungener Untätigkeit fand der Plan des ETH-Agronomen und späteren Bundesrats Friedrich Traugott Wahlen (1899–1985), den dieser am 15. November 1940 in Zürich erstmals erläuterte, ein unerwartet grosses Echo. Wahlen schlug vor, die Schweiz zum agrarischen Selbstversorgerland zu machen und den Ackerbau auf Kosten von Viehzucht und Industrie mit aller Kraft zu fördern. «Anbauschlacht» nannte Wahlen selbst sein Programm; Behörden und Gemeindefunktionäre sah er darin als Offiziere, die gesamte Bevölkerung als Soldaten.[29]

Die «Neue Zürcher Zeitung» sprach von einer eindrücklichen Manifestation, die «wieder mit vermehrter Zuversicht in die Zukunft blicken» lasse.[30] Bundesbehörden und Bauernverband stellten sich nach anfänglicher Skepsis hinter das Programm. Die Anbauschlacht wurde als Chance verstanden, in der Isolation zu überleben, sie gab der Bevölkerung das beruhigende Gefühl, dass für sie gesorgt werde. Dieses Gefühl verstärkte sich, als 1941 auch Privatgärten, Sportplätze und öffentliche Anlagen in Getreidefelder, Kartoffeläcker und Gemüsebeete verwandelt wurden. Für minderbemittelte Familien war der Mehranbau nicht nur eine patriotische Leistung, sondern brachte oft eine spürbare Verbesserung ihrer Ernährungsmöglichkeiten. Im Kanton Zürich wurde die Fläche der Äcker und Gärten zwischen 1939 und

Schon 1935 wurden die sechs grössten Gemeinden des Kantons zur Bildung von Luftschutz-Einheiten verpflichtet, die auch Frauen erfassten. In zivilen oder militärischen Hilfsdiensten leisteten Zürcher Frauen ihren Beitrag zur Verteidigung – fast immer freiwillig, in dienender und helfender Funktion und meistens ohne Entschädigung. Traditionelle Rollen wurden dadurch noch verstärkt.

Zur Einführung des militärischen Frauenhilfsdienstes (FHD) schrieb das «Schweizer Frauenblatt» am 29. März 1940: «Eine Frauenwelt, der man von jeher jegliche Betätigung ausserhalb ihres Hauses und ihrer Familie als unnötig, emanzipiert, frauenrechtlerisch und deshalb verwerflich dargestellt hat, muss nun überzeugt werden davon, dass all das heute nicht mehr ‹unweiblich›, sondern ‹dringend nötig› und im Interesse des Landes unerlässlich sei.»

1945 mehr als verdoppelt, in einzelnen Gemeinden erreichte der Zuwachs das Fünf- oder Sechsfache.[31] Die Mitarbeit von Landdienstleistenden aus der Stadt, von Internierten und von Fabrikbelegschaften machte die Mehrleistung möglich. Trotz dieser Anstrengungen wuchs der Selbstversorgungsgrad der Schweiz durch den Wahlen-Plan (der in seinen ursprünglichen Zielgrössen nie realisiert wurde) nur beschränkt, nämlich von 52 auf 59 Prozent des Vorkriegsverbrauchs. Rationierung und Vorratsbildung waren für die Landesversorgung wirksamer. Durch den Mehranbau wuchs auch der Düngerbedarf der Landwirtschaft, der nur durch bedeutende Mehrimporte aus Deutschland gedeckt werden konnte.[32] Die grösste Bedeutung der Anbauschlacht lag in der vertrauensbildenden Wirkung, die sie ausübte und in ihrem Beitrag zum Interessenausgleich zwischen ländlicher und städtischer Bevölkerung. Mit der Wahl Friedrich Wahlens zum Zürcher Ständerat – mit der Unterstützung sämtlicher zugelassenen Parteien – kam dieser Schulterschluss 1942 auch politisch zum Ausdruck.

## Exportwirtschaft, öffentliche Meinung und Zensur

Während der Krieg im Sommer 1941 mit dem deutschen Angriff auf die Sowjetunion und dem Beginn des «Holocaust» vollends barbarische Formen annahm, verblieb die Schweiz in einer eigentümlichen Zone der Windstille. Vergleichsweise geringfügig beeinträchtigt von den Einschränkungen der Rationierung, behielt das Alltagsleben seine zivile Fassade bei.

Die Stimmung in der Bevölkerung war freilich unmittelbar durch die Kriegsereignisse geprägt. Die Sympathien der übergrossen Mehrheit lagen unzweideutig auf alliierter Seite, deren Erfolge im militärischen Geschehen jeweils mit Erleichterung quittiert wurden. Presse und Radio waren allerdings durch die Zensur eingeschränkt, so dass wichtige Informationen zum Teil überhaupt nicht oder nur in abgeschwächter Form in die Medien gelangten. Unbekannte Flugzeuge – zumeist alliierte Bombergeschwader –, die nachts in grosser Höhe die Schweiz überquerten, erinnerten ab 1942 immer häufiger daran, dass der Krieg nun auch in die deutschen Städte ge-

Haushalten in der Kriegszeit. Es musste mehr als sonst gerechnet und eingeteilt werden. Anpflanzen, Vorräte einkochen, die Arbeit mit Ersatzstoffen, das alles vervielfachte die Arbeit.

tragen wurde. Nächtlicher Alarm, die wandernden Suchfinger der Scheinwerfer und die gelegentlichen Einsätze der Fliegerabwehr trieben die Bevölkerung in die Schutzräume – und die Neugierigen stiegen auf die Dachzinnen. In der Stadt Zürich wurde während des Kriegs 407mal Fliegeralarm ausgelöst; Grenzstädte wie Basel oder Schaffhausen waren noch etwas häufiger betroffen.[33]

Der geregelte Ersatz des Erwerbsausfalls während der periodischen Aktivdiensteinsätze der jüngeren Männer wie auch die – anders als im Ersten Weltkrieg – gut funktionierende Rationierung trugen sehr dazu bei, die innenpolitische Lage ruhig zu halten. Die direkte Demokratie war weitgehend ausser Kraft gesetzt. Wichtige Wahlgänge waren bis 1943 weder im Kanton Zürich noch in der Eidgenossenschaft zu verzeichnen. Die teuerungsbedingten Reallohnverluste der Bezüger kleiner Einkommen bewegten sich in einer Grössenordnung, die gerade noch ohne grösseres Murren hingenommen wurde. Angesichts der bedrohlichen Lage jenseits der Grenzen hielt der «Arbeitsfriede» dieser Belastung stand.

Von grösster Bedeutung war die Abnahme der Arbeitslosigkeit. «Alle Befürchtungen und pessimistischen Prognosen Lügen strafend setzte sich der Rückgang auch im Kriege fort.»[34] Zum Teil war dies aber auch eine Auswirkung der seit Kriegsbeginn bestehenden staatlichen Arbeitsdienstpflicht. Diese Dienstpflicht traf auch die in der Schweiz lebenden Flüchtlinge und Internierten. Während des Hochsommers waren jeweils bis zu 5000 Arbeitskräfte im 1941 geschaffenen landwirtschaftlichen Arbeitsdienst tätig. Der Rohstoffmangel machte zwar insbesondere den Textil- und Bekleidungsindustrien zu schaffen, doch wesentliche Verschiebungen im Branchengefüge, die mit den Krisenwirkungen der dreissiger Jahre vergleichbar wären, blieben aus.[35]

Faktisch war die schweizerische Exportwirtschaft vom Sommer 1940 an weitgehend in den deutsch beherrschten Wirtschaftsraum Kontinentaleuropas eingegliedert. Dies hatte wenig zu tun mit der Gesinnung der betreffenden Unternehmensleitungen; es beruhte vielmehr auf einem Zwang, dem vorerst kaum auszuweichen war, wollte man nicht die Aussenwirtschaft überhaupt einschränken.[36]

Bomben auf Zürich: Am Sonntag, dem 22. Dezember 1940, gegen 21 Uhr, griff eine britische Maschine zweimal Ziele in der Stadt Zürich an. In Höngg starb eine Frau in ihrem Haus, im Industriequartier fielen Bomben beim Bahnviadukt sowie auf die Firma Maag, die rüstungstechnisch wichtige Präzisionsmaschinen zur Herstellung von Panzern und Flugzeugen an Deutschland lieferte, eine Tatsache, die sogleich wilde Gerüchte in der Bevölkerung auslöste. Britische Unterlagen deuten darauf hin, dass die fragliche Maschine ihren Verband verloren hatte und Hunderte von Kilometern von ihrem Ziel (Mannheim) abgekommen war, ohne dies zu realisieren.

Die aussenwirtschaftliche Hilfe für das kriegführende Deutschland durch Schweizer Exportleistungen gehörte zu den heiklen Angelegenheiten, über die in den Zeitungen fast nichts zu lesen war. Die zähen Auseinandersetzungen mit alliierten und deutschen Stellen entzogen sich weitgehend dem Einblick der Öffentlichkeit. Von alliierter Seite beobachtete man den regen Erwerbssinn schweizerischer Firmen zwar mit Verdruss, mit Kritik hielt man sich aber anfänglich zurück. So waren etwa von England schon im August 1940 schwere Vorwürfe gegen die Schweizerische Kreditanstalt in Zürich erhoben worden, und man erwog, die Bank auf eine «Schwarze Liste» zu setzen. Doch kam es nicht dazu, da auch die englische Seite sehr daran interessiert war, die Dienste des Finanzplatzes Zürich und namentlich dieser Grossbank weiterhin in Anspruch zu nehmen.[37]

Erst vom Sommer 1942 an, als der Krieg seinem Höhe- und Wendepunkt entgegenging, verschärften sich die alliierten Interventionen gegen die Schweiz im allgemeinen wie auch gegen einzelne Firmen im speziellen: Der britische Handelsattaché John Lomax sprach im Sommer jenes Jahres persönlich bei Emil G. Bührle (1890–1956) vor, dem Direktor der Maschinenfabrik Oerlikon, der wichtigsten Schweizer Waffenschmiede in deutschen Diensten.[38] Fast gleichzeitig veranlasste der Staatssekretär im Auswärtigen Amt in Berlin, Ernst von Weizsäcker, den deutschen Botschafter in Bern, beim Bundesrat die Frage des ausreichenden Luftschutzes der Schweizer Industrie anzuschneiden. Das deutsche Interesse betreffe, so von Weizsäcker, «ganz besonders die Kriegsgeräteindustrie um Zürich, die weitgehend für die deutsche Rüstungsindustrie arbeitet».[39]

Die alliierten Bemühungen blieben weitgehend ohne Erfolg, steigerte die Schweiz doch ihre militärischen Exporte im kriegsentscheidenden Jahr 1943 auf einen neuen Höhepunkt. Infolgedessen ging das englische Ministerium für wirtschaftliche Kriegführung im Herbst 1943 an die Öffentlichkeit. Die Offensive richtete sich gegen die Firma Sulzer in Winterthur, die sich Ende Oktober 1943 auf die «Schwarze Liste» versetzt fand, da sie ihre Exporte nach Deutschland in ungebührlicher Weise weiter gesteigert habe.[40] Sulzer gehörte zwar nicht zu den Lieferanten von Kriegsgütern, war jedoch als besonders angesehene und weltweit bekannte Firma für diesen Schachzug ausgewählt worden: ein Wink mit dem Zaunpfahl an die Adresse anderer Firmen sowie an jene der Schweizer Diplomatie, die man auffordern wollte, endlich die wirtschaftliche Zusammenarbeit mit Deutschland einzuschränken.

Die Nachricht von den Vorwürfen gegen Sulzer fand in der Schweiz ein heftiges Echo. Plötzlich wurden wieder Fragen gestellt, nachdem unter dem Deckel der Zensur lange Zeit kaum mehr eine kritische Öffentlichkeit existiert hatte. Deutschsprachige alliierte Schwarzsender verbreiteten die Neuigkeit, noch bevor in der Schweiz offiziell etwas bekanntgegeben wurde. «Es ist auch direkt unheimlich, wieviele Leute die englischen Schwarzsender und auch reguläre Sender abhören», meldete ein Leutnant aus Zürich der amtlichen Propagandastelle «Heer und Haus» nach Bern. «So hörte ich den Fall Sulzer im Zuge von verschiedenen Gruppen erörtern, bevor die Schweizer Zeitungen und der Schweizer Radio nur ein Wort darüber berichteten.» Wilde Behauptungen machten als angeblich gesicherte Informationen die Runde in der Bevölkerung. «In nächster Zeit werde die Maschinenfabrik Bührle in Oerlikon bombardiert werden», erzählte man sich in Henggart bei Winterthur, «da diese Munition für Deutschland herstelle. Die Sulzerwerke in Winterthur würden aber verschont werden, weil diese keine fremde Munition herstellten.»[41]

Eine der vielbestaunten «Fliegenden Festungen» in Dübendorf. Ab 1943 kam es immer wieder zu Notlandungen beschädigter oder vom Kurs abgekommener alliierter Bomber in der Schweiz. Am 18. März 1944 landeten – ein Tagesrekord – nicht weniger als zwölf Maschinen in Dübendorf.

Manche Zeitgenossinnen und Zeitgenossen sind noch heute davon überzeugt, dass die mehrfach erfolgten Bombenabwürfe, die auch im Kanton Zürich Opfer forderten, keineswegs ein Versehen waren. Fiel eine Bombe gar noch in unmittelbarer Nähe der Waffenschmiede in Oerlikon, wie im Mai 1943, so schienen weitere Beweise nahezu überflüssig. In Tat und Wahrheit gibt es, auch nach umfassender Öffnung der Archive, keinerlei Beleg, dass ein solcher alliierter Bombenabwurf jemals gezielt erfolgt wäre.[42] Die Gerüchte wucherten jedoch unaufhaltsam auf dem Boden einer weitgehend aufgehobenen demokratischen Debatte; sie nährten sich aus dem kollektiven schlechten Gewissen der Bevölkerung angesichts der verbreiteten Kenntnis von den Waffenlieferungen an das «Dritte Reich».

Erst spät, im Lauf des Jahres 1944 und Anfang 1945, kam es endlich zur schrittweisen Einstellung der wirtschaftlichen Kooperation mit Deutschland. Noch am 13. April 1945, kurz vor Kriegsende, nahm die Schweizerische Nationalbank eine letzte Lieferung von 3,5 Tonnen Gold von der Deutschen Reichsbank entgegen – die letzte Transaktion eines jahrelang betriebenen Handels mit Gold, das grösstenteils von den Deutschen in den besetzten Ländern geraubt worden war.[43] Das Ansehen der Schweiz in den alliierten Ländern erreichte zu jener Zeit seinen Tiefpunkt.

## Geschlossene Grenzen

Als die deutschen Truppen am 8. Mai 1945 kapitulierten, weilten rund 115 000 Flüchtlinge und Militärinternierte in der Schweiz. Von 1939 bis 1945 hatten insgesamt 295 381 Menschen für kürzere oder längere Zeit hier Zuflucht gefunden. Doch diese Zahlen täuschen über die tatsächliche Flüchtlingspolitik der Behörden hinweg, die bis zur Kriegswende von 1943 von nationalem Egoismus und menschlicher Gleichgültigkeit geprägt war.

Ende 1939 stellte der Zürcher Regierungsrat befriedigt fest, dass die Einreise von Flüchtlingen wegen des allgemeinen Visumszwangs und der strengeren Bewilligungspraxis stark zurückgegangen sei. Rund 1800 mehrheitlich jüdische Emigranten und Emigrantinnen hielten sich noch im Kanton Zürich auf. Mit Ausnahme der 48 politischen und der 15 militärischen Flüchtlinge, denen die Behörden Asyl gewährt hatten, standen sie alle unter «Ausreisepflicht». Verfolgung und Bedrohung aus rassistischen Gründen galten nicht als Asylgrund. Wegen des Kriegsausbruchs stockte aber die von der Fremdenpolizei wie den karitativen Flüchtlingsorganisationen energisch betriebene Weiterwanderung. Trotz der Flüchtlingsströme aus den von Deutschland besetzten Ländern erhöhte sich die Zahl der von der Zürcher Fremdenpolizei geduldeten Flüchtlinge zwischen 1940 und 1942 aber nicht, sondern pendelte sich bei 1400 ein.[44] Die Kennzeichnung der Pässe mit dem «J»-Stempel, den die Deutschen im Oktober 1938 auf Betreiben der Schweizer Behörden eingeführt hatten, und die auf beiden Seiten verschärfte Grenzüberwachung taten ihre berüchtigte Wirkung. Die Schweizer Grenzen blieben für neu Einlass begehrende Menschen hermetisch dicht.[45]

Um die Hilfswerke zu entlasten, die sich verzweifelt bemühten, den Unterhalt der oft mittellos festsitzenden Flüchtlinge zu finanzieren, begannen die Bundesbehörden ab April 1940, die körperlich arbeitsfähigen männlichen Flüchtlinge in Arbeitslagern zusammenzufassen und, ohne Rücksicht auf die berufliche Qualifikation, für Strassenbauten, Erdarbeiten, Rodungen und Meliorationen einzusetzen. Auch im Kanton Zürich wurden im Verlauf des Kriegs solche militärisch geführte Lager eingerichtet, so et-

---

**Grenzsperre 1942**

Die Erregung über die bundesrätliche Politik führte im September auch zu einer Debatte im Nationalrat. Während sich die drei bürgerlichen Regierungsfraktionen hinter den Bundesrat stellten, kam aus dem linken und linksbürgerlichen Spektrum harsche Kritik. Der Zürcher Demokrat Albert Maag-Socin (1890–1946) appellierte an die Humanität:

«Ich habe nicht verstanden, wie man behaupten kann, es sei eine Zahl von mehr als 6000 bis 7000 Flüchtlingen untragbar. Wir sind in der demokratischen Fraktion der Auffassung, dass hier der Spielraum ganz wesentlich weiter gezogen werden könne, bis man auch hier nur annähernd von einem Opfer unseres Landes und Volkes im eigentlichen Sinne sprechen darf. Ich glaube, dass man hier, approximativ gesprochen, ruhig von einer Zahl von etwa 40 000 als Fassungsvermögen wird sprechen dürfen. (...) Meine Fraktion ist auch der Meinung, dass es natürlich nicht getan ist mit papierenen Protesten und mit allen möglichen Reden, sondern dass auch wirklich materiell geholfen werden muss auf breitester Basis. Ich darf sagen, dass es auch der Kanton Zürich gewesen ist, der neben der Eidgenossenschaft die grössten Opfer gebracht hat, in höchst anerkennenswerter Weise, und man darf auch feststellen, dass die in der Schweiz lebenden Juden den Betrag von zwölf Millionen Franken zusammengebracht haben, eine Leistung, die unsere Achtung verdient. Aber wenn richtig geholfen werden soll, so muss es sicherlich ein Akt eidgenössischer Hilfsbereitschaft sein.»[3]

wa in Birmensdorf, Bonstetten und Hedingen für staatenlose Juden oder in Andelfingen für Flüchtlinge aus Jugoslawien.[46] Anfänglich litten die Lagerinsassen unter völlig unzureichenden sanitären und sozialen Verhältnissen. Erst mit der Zeit gelang es der Flüchtlingshilfe, ihre Lage zu verbessern – unter anderem mit einer grosszügigeren Freizeitregelung und Weiterbildungsmöglichkeiten. So bestand beispielsweise in Winterthur ein Hochschullager für polnische Internierte.[47]

Der Kanton Zürich selbst hatte sich nur mit den privat internierten Flüchtlingen zu beschäftigen. Ihr Leben unterlag engherzigen polizeilichen Beschränkungen: Sie reichten vom Verbot politischer Tätigkeit über die Bewilligungspflicht für jede Erwerbstätigkeit bis hin zur Verpflichtung, sich zwischen 22 und 7 Uhr in der Unterkunft aufzuhalten und keine Bars und Dancings zu besuchen. Am einschneidendsten war das Arbeitsverbot, das die mittellosen Flüchtlinge in den Status von Unterstützungsabhängigen drängte. Materielle und soziale Hilfe leisteten neben der jüdischen Flüchtlingshilfe vor allem die kirchlichen Hilfswerke und die Flüchtlingsorganisationen der Arbeiterbewegung, das Arbeiterhilfswerk und die kommunistische «Rote Hilfe». Dazu kam ein privates Hilfsnetz, das sich von den liberalen Teilen des Bürgertums über evangelische und jüdische Kreise bis hin zu einfachen Arbeiterfamilien spannte. Da gab es in Zürich das Verlegerpaar Emil (1895–1952) und Emmie Oprecht (1899–1990), das sich vor allem um gefährdete Intellektuelle sowie literarisch und künstlerisch tätige

Aus deutscher Kriegsgefangenschaft entflohene Russen und Serben im Hallenstadion Oerlikon, das als Auffanglager diente, Frühjahr 1945. Während des Kriegs überschritten verschiedentlich fremde Armee-Einheiten und Kriegsgefangene aller Nationen die Schweizer Grenze; die Soldaten wurden in notdürftig hergerichteten Lagern interniert.

Regina Kägi-Fuchsmann (1889–1972), Gründerin und Leiterin des Schweizerischen Arbeiterhilfswerks, überzeugte Sozialistin und rastlos tätige Flüchtlingshelferin.

Pfarrer Paul Vogt (1900 bis 1984), unermüdlicher Aktivist im Dienst der Verfolgten, sowohl was die konkrete Hilfeleistung wie die Aufklärungsarbeit anbelangte.

Benjamin Sagalowitz (1901 bis 1970), kämpferischer Redaktor der jüdischen Presseagentur JUNA, engagiert in der publizistischen Abwehr des Antisemitismus, und beharrlicher Kritiker der «Politik des Schweigens» angesichts des Flüchtlingselends.

Frauen und Männer bemühte. Oder den Seebacher «Flüchtlingspfarrer» Paul Vogt, der zur «Illegalität der Liebe» aufrief. Oder die unermüdliche Regina Kägi-Fuchsmann, Gründerin des Schweizerischen Arbeiterhilfswerks und Helferin der ersten Stunde. Oder Schwester Anny Pflüger, die verfolgten Juden und Jüdinnen Obdach gewährte. Da war Berta Urech von der «Roten Hilfe», die von Haus zu Haus sammeln ging und die Leute fragte, «ob sie nicht einen Emigranten nähmen». Oder die Winterthurer Pfarrfamilie Martig, die den mondänen jüdischen Photographen Willy Maywald in ihr Haus aufnahm. Sie und viele ungenannte und unbekannte Männer wie Frauen widersetzten sich der bürokratischen Kälte der Behörden.[48]

Im Sommer 1942 setzte sich erneut ein Flüchtlingsstrom in Bewegung, als die Gestapo mit den Todestransporten aus den besetzten westlichen Ländern begann. Die sogenannte «Endlösung der Judenfrage» war in vollem Gang, und die Schweizer Öffentlichkeit hatte zumindest gerüchteweise davon gehört. Mit den 8300 Flüchtlingen, die die Schweiz im Juli 1942 beherbergte, war jedoch für die eidgenössischen Behörden das tragbare Mass erreicht. Am 13. August verfügten sie die Rückweisung aller Flüchtlinge von der Schweizer Grenze; davon ausgenommen waren nur militärische und politische Flüchtlinge. Bundesrat Eduard von Steiger (1881–1962) verteidigte diese Massnahme vor der in Zürich-Oerlikon versammelten «Jungen Kirche» mit dem berühmt gewordenen Ausspruch von dem schon stark besetzten kleinen Rettungsboot. In der bäuerlichen Presse begrüsste man diese Politik «zur Fernhaltung der fremden Flüchtlinge», weil sie im «nationalen Interesse der Schweiz» stehe.[49] Viele waren jedoch anderer Meinung und ergriffen für eine humane Flüchtlingspolitik Partei. Der Winterthurer «Landbote» schrieb am 22. August: «Wenn sich eidgenössische Behörden auf den Standpunkt stellen, Deportation und Rassenverfolgung, Flucht vor dem Schicksal der Gefangennahme als Geisel sei kein völkerrechtlicher Begriff, der Anspruch auf Asylgewährung gebe, so muss man sich nur wundern über einen solchen Zynismus und solche kaltherzige Buchstabenreiterei (...). Hier geht ein grosser Teil des Volkes nicht mit, und die Kluft zwischen Bundesrat und Volk wird grösser.»[50] Aufgrund des öffentlichen Drucks und angesichts des Protests von Seiten der Hilfswerke liess der Bundesrat die Grenzsperren vorübergehend lockern und versprach, die Fälle der illegal ins Landesinnere gelangten Menschen wenigstens zu prüfen. Der Kanton Zürich nahm im August 1942 rund 600 neue Flüchtlinge auf. Am Grundsatz der Rückweisung änderte sich aber nichts. Als Ende des Jahres die Welle der öffentlichen Empörung verebbt war, schlossen die Behörden die Grenzen für Zufluchtsuchende wieder hermetisch ab. Im Februar 1943 erklärte Regina Kägi-Fuchsmann an einem Vortrag in Zürich: «Man kann ohne Übertreibung behaupten, dass mindestens neunzig Prozent derjenigen, die heute versuchen, in die Schweiz zu kommen, zurückgestellt werden, auch wenn sie sich schon einige Tage in der Schweiz befunden haben.»[51]

Doch die Öffentlichkeit schwieg, und die Hilfswerke passten sich in ihrer asylpolitisch machtlosen Lage den Behörden an. Ihre ambivalente Position spiegelt sich in der Person von Polizeidirektor Robert Briner, der gleichzeitig Präsident der «Zentralstelle für Flüchtlingshilfe» war. Seine Aufgabe sah er darin, «zwischen den humanitären Bestrebungen der Organisation und dem ‹fremdenpolizeilichen› Standpunkt der zuständigen Behörde und der allgemeinen Politik des Bundesrates einen Mittelweg zu finden». So vertrat Briner an der Konferenz der kantonalen Polizeidirektoren vom 28. August 1942 jüdische Anliegen und schlug vor, den Begriff des politischen Flüchtlings auf rassistisch Verfolgte auszudehnen. Gleichzeitig forderte er aber eine verstärkte Grenzsperre. Noch deutlicher manifestierte sich diese Doppelrolle im März 1943, als die Hilfswerke von jüdischer Seite aufgefordert wurden, gegen die behördliche Abweisungs- und Ausschaffungspolitik zu protestieren. Briner drohte mit seinem Rücktritt; es entspräche nicht seiner Richtlinie, «den Kampf mit den Behörden aufzunehmen, ohne der Staatsraison und dem in unserem Land aufsteigenden Antisemitismus Rechnung zu tragen».[52] Die versammelten Flüchtlingsorganisationen verzichteten auf den Protest gegen die polizeiliche Praxis. In jener Phase wurden mehr Menschen an der Schweizer Grenze abgewiesen als je zuvor.

1943 belief sich die Zahl der privat internierten Flüchtlinge, die von der kantonalen Fremdenpolizei eine befristete und widerrufbare Toleranzbewilligung erhalten hatten, auf weniger als 1700. Asylberechtigte politische Flüchtlinge hielten sich nicht einmal 50 im Kanton Zürich auf. Erst im Verlauf des Jahres 1944 fanden etwa 3000 Zufluchtsuchende, meist Kinder, zusätzlich Aufnahme im Kanton. Mit der sich abzeichnenden Niederlage der Deutschen hatte die Stimmung geändert – auch der Ton im regierungsrätlichen Geschäftsbericht. Die Rede war nun von «bedauernswerten Kriegsopfern» und einem «vereinfachten summarischen Verfahren zur Regelung der Aufenthaltsverhältnisse».[53]

Die neue Milde war Teil eines Stimmungsumschwungs, der schon 1943 allmählich eingesetzt hatte. Die Bereitschaft, das politisch-moralische Debakel der Kriegsjahre zu überdenken, dessen extremster, aber keineswegs einziger Ausdruck die Politik gegenüber den Flüchtlingen war, blieb freilich auch dann gering. Wer dies öffentlich versuchte, wie etwa Oberrichter Markus Wolff (1893–1965), Präsident der Zürcher Kirchensynode, den kanzelte die konservative und ländliche Presse auch nachträglich scharf ab.[54]

Während die Behörden ihre Haltung nunmehr – dem Kriegsglück folgend – opportunistisch in Richtung Menschlichkeit wendeten, wartete die Bevölkerung schon lange und mit wachsender Ungeduld auf das Ende des Kriegs. Die Frauenverbände entfalteten neue Regsamkeit in der Hoffnung, nach dem Krieg werde ihr Einsatz endlich mit der Gewährung des Stimmrechts honoriert. Die Wahlen in den Kantonsrat im Frühjahr 1943 trugen dem oppositionellen «Landesring» das beste Resultat seiner wechselvollen Geschichte ein. Und bei den Nationalratswahlen im Oktober 1943 schnitt die Sozialdemokratische Partei so gut ab, dass zum Jahresende Ernst Nobs (1886–1957), Stadtpräsident von Zürich, einstmals linksradikaler Chefredaktor am «Volksrecht», als erster Sozialdemokrat in den Bundesrat Einzug halten konnte. Im Juli 1944 nahm eine grosse Mehrheit als Vorleistung zur Einführung der eidgenössischen Altersvorsorge eine kantonale Altersbeihilfe an. Auch auf dem Land sagte die Mehrheit Ja, was in solchen Fragen noch nie vorgekommen war: wichtiges Zeichen einer neuen Bereitschaft zum sozialpolitischen Ausgleich. Kurz zuvor war der Vorentscheid gefallen, in Kloten einen «Interkontinentalflughafen» für die Schweiz zu schaffen. Die Nachkriegszeit hatte begonnen, noch bevor die Waffen schwiegen.

Evakuierte Mütter und Kinder aus dem Elsass gegen Kriegsende. Auffanglager in der Turnhalle des Zürcher Hirschengrabenschulhauses.

## Zum Forschungsstand

Der Weg zum Arbeitsfrieden wurde anlässlich des 50-Jahr-Jubiläums 1987 breit dokumentiert, siehe Humbel, Treu und Glauben; Humbel, Friedensabkommen/Dokumente; wertvolle Ergänzungen mit Material aus Zürcher Grossunternehmen (Maag, MFO) bei Jaun, Management; zu den Angestellten siehe König, Warten und Aufrücken.

Zur Wende der sozialdemokratischen Politik und dem Verhältnis von SP und Gewerkschaften viel Material bei Scheiben, Krise und Integration; siehe auch Morandi, Richtlinienbewegung.

Die Debatte um geistige Landesverteidigung in der Vorkriegszeit behandelt Huonker, Literaturszene; eine neuere Veröffentlichung zur Landesausstellung: Die Landi. Bezüglich Kunst, Literatur, Kabarett und Theater siehe die Angaben im Abschnitt «Zum Forschungsstand» des Kapitels «Wirtschaftsdepression und gesellschaftliche Unrast»; siehe auch die Erinnerungen von Jaeckle, Dreissigerjahre. Arbeiten zu den Anfängen einer Konsum- und Freizeitgesellschaft fehlen bisher; wertvoll die Erhebung von Haushaltsrechnungen 1936/37 (Statistik der Stadt Zürich, Heft 47). Näheres zu den Geschlechterbeziehungen bei Joris, Frauen; siehe ferner Frauengeschichte(n); Chiquet, Es war halt Krieg.

Militärische Konzepte hinsichtlich der Stadt Zürich bei Kriegsbeginn behandelt Schaufelberger, Stadtkommando; statistische Daten zur Kriegswirtschaft in: Zürcher Wirtschaftsbilder 1945, Nr. 3, und Zürcher Wirtschaftsbilder 1946, Nr. 2; Maurer, Anbauschlacht, orientiert über ein wichtiges Kapitel; zürcherische Daten hierzu bei Bühler, Mehranbau; siehe ferner Die Kriegswirtschaft der Stadt Zürich; zu den kriegswirtschaftlichen Beziehungen mit Nazi-Deutschland sowie zur Stimmung in der Bevölkerung siehe Kamber, Schüsse auf die Befreier, mit vielen Angaben auch aus dem Kanton Zürich; auch über Zürcher Firmen orientiert Inglin, Wirtschaftskrieg.

Die Flüchtlingspolitik im Kanton Zürich in jener Zeit, auch in ihrem Verhältnis zum Bund, wurde noch nicht untersucht; eine neue, umfassende Arbeit ist Picard, Die Schweiz und die Juden; Mächler, Das volle Boot; an älteren Untersuchungen Häsler, Das Boot ist voll; Ludwig, Flüchtlingspolitik; über die Rolle und Erfahrungen einzelner Personen orientieren Stahlberger, Oprecht; Kägi-Fuchsmann, Das gute Herz; Knauer, Die unterbrochene Spur; ferner existieren zahlreiche Erinnerungen von Flüchtlingen und Emigranten.

## Anmerkungen

[1] Für alle vorangehenden Daten siehe: Zürichs Wirtschaft seit der Abwertung, in: ZSN 1937, Heft 3, S. 234ff.

[2] Streikdaten bei Frei, Volksrecht, S. 332; Gewerkschaftsmitglieder siehe Heeb, Zürcher Arbeiterbewegung, S. 204

[3] Zit. nach: Humbel, Friedensabkommen/Dokumente, S. 62

[4] Zit. nach: Jaun, Management, S. 348

[5] Zit. nach: Jaun, Management, S. 261

[6] Streikzahlen im Überblick: Schweizerische Arbeiterbewegung, S. 401f. (für die Schweiz); Frei, Volksrecht, S. 332 (Kanton Zürich)

[7] Siehe König, Warten und Aufrücken, S. 105f.

[8] Tages-Anzeiger, 14.11.1936 (verfasst von p.k., d.h. Paul Künzli)

[9] Häberlin, Rückschau, S. 119

[10] Seit 1921 waren zwischen 35% (1921–1924) und 44% (1932–1935) aller abgelehnten kantonalen Vorlagen aufgrund des Stadt-Land-Gegensatzes gescheitert; 1936–1945 galt dies für nur noch 23,1% aller abgelehnten Vorlagen (eigene Berechnung).

[11] Zürcher Haushaltungsrechnungen 1936/37, in: Statistik der Stadt Zürich, Heft 47, S. 12*f.

[12] Einen bis 1910 zurückreichenden Überblick bietet die Fabrikzählung von 1944 (SQ 163, S. 48*f.); siehe auch Max Beerli, Der bezahlte Urlaub des Arbeitnehmers, Diss. Zürich 1940.

[13] Einführungsgesetz zum Bundesgesetz über die berufliche Ausbildung vom 3. Juli 1938, siehe Mägli, Berufsbildung, S. 135f.

[14] Zitat aus dem Prospekt der Genossenschaft «Hotel-Plan», 14.5.1935

[15] Näheres hierzu in der Stadtzürcher Wohnungserhebung von 1941 (Statistik der Stadt Zürich, Heft 58)

[16] Siehe hierzu: Ganz Annabelle. Eine Zeitschrift als Freundin, hg. von Mariana Christen, Johanna Gisler und Martin Heller, Zürich 1992

[17] Zum Frauenanteil an der Hochschule ab 1930 siehe Universität Zürich, S. 751; für die früheren Jahre muss man auf die Jahresberichte der Universität zurückgreifen; es fehlt jede eingehende statistische Darstellung; für die Maturitätsschulen, die besser bearbeitet sind, siehe Zürcher Mittelschulen, S. 51f.

[18] König, Warten und Aufrücken, Anmerkung 85, S. 508

[19] Zit. nach: Huonker, Literaturszene, S. 82

[20] Huonker, Literaturszene, S. 83

[21] Geschäftsbericht des Regierungsrates an den Zürcherischen Kantonsrat 1933, S. 33

[22] Protokoll des Kantonsrates, 19. September 1938, S. 2128f.

[23] Vorfall beschrieben in Universität Zürich, S. 59f.

[24] Näheres hierzu, in: Die Landi

[25] Ziegler, Wädenswil, S. 67

[26] Jöhr, Kreditanstalt, S. 480f.

[27] Zit. nach: Voegeli, Peter, Wohin mit der Zivilbevölkerung?, in: Schaufelberger, Stadtkommando, S. 80. Auf Stadtgebiet verfügte die Armee an schweren Waffen nur über 14 Infanteriekanonen und 26 Minenwerfer, im übrigen wollte man einen feindlichen Angriff mit Maschinengewehren aufhalten. Der Bau von Bunkern begann erst im Mai 1940, vgl. Schaufelberger, Stadtkommando, S. 46

[28] Zürcher Kantonalbank, S. 69

[29] Vgl. Wahlen, Zeugnisse, S. 20ff.

[30] NZZ, 19.11.1940, zit. nach: Maurer, Anbauschlacht, S. 70

[31] Vgl. Die Kriegswirtschaft im Kanton Zürich, S. 175, sowie Bühler, Mehranbau, S. 74

[32] Vgl. Maurer, Anbauschlacht, S. 51f., 101

[33] Kamber, Schüsse auf die Befreier, S. 261

[34] Zürcher Wirtschaftsbilder 1945, Nr. 3, S. 67; siehe auch Die Kriegswirtschaft der Stadt Zürich, S. 174ff.

[35] Genaue jahresweise Beschäftigtendaten nach Branchen, in: Zürcher Wirtschaftsbilder 1946, Nr. 2, S. 235ff.

[36] Zur MFO siehe beispielsweise die bei Jaun, Management, S. 361, dokumentierte, keineswegs deutschfreundliche Haltung

[37] Inglin, Wirtschaftskrieg, S. 169f.

[38] Genaue Exportzahlen von Bührle 1942/43 jetzt bei Kamber, Schüsse auf die Befreier, S. 278

[39] Zit. nach: Kamber, Schüsse auf die Befreier, S. 284

[40] Inglin, Wirtschaftskrieg, S. 172ff. orientiert am ausführlichsten über die Affäre; siehe auch Kamber, Schüsse auf die Befreier, S. 251ff.

[41] Zit. nach: Kamber, Schüsse auf die Befreier, S. 253f.

[42] Nunmehr ausführlich dargestellt bei Kamber, Schüsse auf die Befreier

[43] Allgemein hierzu Werner Rings, Raubgold aus Deutschland. Die «Golddrehscheibe» Schweiz im Zweiten Weltkrieg, Zürich 1985, S. 162; zu den Details der Transaktion 1945 siehe Gian Trepp, Bankgeschäfte mit dem Feind. Die Bank für internationalen Zahlungsausgleich im Zweiten Weltkrieg, Zürich 1993, S. 154ff.

[44] Geschäftsberichte des Regierungsrates an den Zürcherischen Kantonsrat: Fremdenpolizei

[45] Vgl. allgemein zur Schweizer Flüchtlingspolitik Häsler, Das Boot ist voll; Ludwig, Flüchtlings-

politik; MÄCHLER, Das volle Boot
46 MONATSBERICHTE UND SCHLUSSBERICHT DER EIDGENÖSSISCHEN ZENTRALLEITUNG FÜR HEIME UND LAGER
47 Vgl. hierzu HÄSLER, Das Boot ist voll; LUDWIG, Flüchtlingspolitik; die Erinnerungen von KÄGI-FUCHSMANN, Das gute Herz, S. 179ff.; MORGENTHALER, Ein Maler erzählt, S. 40ff.; STEFANIAK, Freiheit, S. 132ff., 167ff.; WOJCIECHOWSKI, Internierte Halt, beschreibt romanhaft verfremdet seine Zeit im Lager Wetzikon.
48 Vgl. allgemein zu den Helfern und Helferinnen: HÄSLER, Das Boot ist voll, S. 297ff.; zum Hilfsnetz der «Roten Hilfe»: KNAUER, Die unterbrochene Spur; ÜBER DIE GRENZEN; zu einzelnen Personen: STAHLBERGER, Oprecht; MAYWALD, Splitter des Spiegels, S. 177ff.; HUONKER, Literaturszene, unter anderem S. 174; KAMBER, Rosenbaum-Valangin
49 BÜLACH-DIELSDORFER WOCHENZEITUNG, 2.9.1942. In diesem über die «Mittelpresse» verbreiteten Artikel greift die Zeitung die Flüchtlingsfrage erstmals seit der Grenzsperre auf.
50 Zit. nach: HÄSLER, Das Boot ist voll, S. 155f.
51 Zit. nach: HÄSLER, Das Boot ist voll, S. 199
52 Zit. nach: MÄCHLER, Das volle Boot, S. 102f.; vgl. auch PICARD, Die Schweiz und die Juden, S. 421
53 GESCHÄFTSBERICHT DES REGIERUNGSRATES AN DEN ZÜRCHERISCHEN KANTONSRAT 1944, S. 72
54 Siehe etwa die Pressereaktionen vom Mai 1945 auf Äusserungen des Oberrichters an der Tagung der Kirchensynode: VOLKSFREUND (Bülach), 23.5.1945; positiv hingegen der LANDBOTE, Nr. 115, 18.5.1945, der schon in der Flüchtlingsdebatte 1942 in menschlicher Weise Stellung bezogen hatte.

Randspalten S. 336, 338, 344:
1 PROTOKOLL DES KANTONSRATES, 29.8.1938, S. 2075f.
2 Wieder abgedruckt in: Charles LINSMAYER (Hg.), Umgang mit der Schweiz. Nichtschweizer über die Schweiz und ihre Erfahrungen mit ihr, Frankfurt a. M. 1990, S. 329ff.; Schluss des Artikels, S. 333f.; ferner der Bericht des Schriftstellerverbandes aus der biographischen Skizze, S. 493
3 Zit. nach: HÄSLER, Das Boot ist voll, S. 171ff.

# Auf dem Weg in die Gegenwart – Der Kanton Zürich seit 1945

Mario König

Der Krieg lag in den letzten Zügen, soeben war die befreiende Botschaft vom Tod des deutschen «Führers» durch die Nachrichten gegangen, als die Organisationen der Zürcher Arbeiterschaft am 1. Mai 1945 ihr traditionelles Fest begingen. Es war das gewohnte Bild, voran jedoch ungewöhnlich «viel rotes Tuch», während erst weit hinten im Zug, in der Delegation des Metall- und Uhrenarbeiterverbandes (SMUV), die Schweizer Fahne folgte, wie die ländliche Presse mit Missfallen vermerkte.[1] Ungewohnt radikal erschien auch manche mitgeführte Parole: «Für ein sozialistisches Europa! Für freundschaftliche Beziehungen mit der Sowjetunion! Gegen die Asylgewährung an Faschisten und Kriegsverbrecher! Gegen die Verschleppungspolitik der Altersversicherung! Für die Einführung der 40-Stundenwoche ohne Lohnabzug!» Bedauernd konstatierte die «Neue Zürcher Zeitung» «bereits wieder gewisse antimilitaristische Tendenzen» in den Protesten gegen eine Verlängerung der Rekrutenschule oder gegen die «Militarisierung des Volkes», Transparente, die beim traditionellen «Contremarsch» mit demonstrativem Beifall bedacht wurden.[2] Der Hauptredner des Tages, Otto Schütz (1907–1975), beklagte, dass die Maifeiern immer noch einschränkenden Bedingungen unterlägen wie 1940 oder 1941; die Bundespolizei solle ihre Aufmerksamkeit besser den deutschen Nazis in der Schweiz zuwenden. «Die Reaktion in der Schweiz möge wissen», rief er seinem Publikum auf dem Münsterhof zu, «dass der 1. Mai 1945 nicht nur ein Siegestag der freiheitlichen Kräfte geworden ist, sondern dass dieser Tag auch für die Schweizer Arbeiter einen Anfang bedeutet, um unser Land von Reaktionären und Faschisten zu befreien. Um unser Land einer sozialen Demokratie entgegenzuführen, möge die Maifeier des Jahres 1945 den notwendigen Elan bei allen Lohnverdienern auslösen. Die Morgenröte einer neuen Zeit ist angebrochen.»[3]

## «Wir können nicht einfach dort weiterfahren, wo wir 1939 aufgehört haben.»

Der Mai 1945 war der gegebene Zeitpunkt, einen Augenblick innezuhalten, um den Blick in die Vergangenheit und die Zukunft schweifen zu lassen. Öffentliche Versammlungen, parteipolitische Kundgebungen, Leitartikel und nachdenkliche Kommentare suchten nach einer Standortbestimmung

Endlich Waffenstillstand: Erleichtert nehmen die Menschen auf dem Zürcher Paradeplatz am 8. Mai 1945 die Nachricht von der bedingungslosen Kapitulation des einst so mächtigen nationalsozialistischen Deutschland auf.

Oben: Der 1.-Mai-Umzug 1945 in Zürich war ein Grossanlass. Sozialistische Aufbruchshoffnungen sowie der Überdruss an der autoritären Gängelung während der nun zu Ende gehenden Kriegszeit bestimmten den Tag.

Unten: Otto Schütz – hier bei einer Ansprache im Jahr 1953 – gehörte zu den populärsten und einflussreichsten Stadtzürcher Politikern der Nachkriegszeit. Der Bauernsohn und gelernte Mechaniker war in Zürich-Affoltern aufgewachsen. Nach politischen Anfängen in der KP war er von 1942 bis 1974 Sekretär im städtischen Gewerkschaftskartell und SP-Gemeinderat.

angesichts des Kriegsendes im verwüsteten Europa, aus dem wie eine Insel die unversehrte Schweiz herausragte. «Die Stunde der Demokratie» hörte die «Neue Zürcher Zeitung» schlagen.[4] Der für die Kriegsjahre bestimmende politische Schulterschluss müsse auch für die Zukunft erhalten bleiben, befand der freisinnige Bülacher «Volksfreund». Wehren müsse man sich gegen die Rückkehr zu einem «abgestandenen Kasten- und Klassengeist», sich stark machen «für die gemeinsame Sache der Arbeiterschaft, der Bauern und Industriellen, für die gemeinsame Sache des Städters und des Berglers, des Intellektuellen und des Handarbeiters, für die gemeinsame Sache des Sozialdemokraten, des Freisinnigen, Liberalen und Katholisch-Konservativen».[5] Ein solches Bild klassenübergreifender Harmonie richtete sich gegen die mancherorts befürchtete Wiederbelebung der Auseinandersetzungen zwischen links und rechts. Die Streitigkeiten der Vergangenheit sollten mit dem Mantel des Vergessens zugedeckt werden. Von bürgerlicher Seite verwahrte man sich gegen die Neigung der Linken, «das Bürgertum zu verdächtigen, dass es lauwarm, schwach und kompromissbereit oder gar Freund und Förderer von Faschismus, Nationalsozialismus und Frontismus gewesen sei».[6]

Misstrauen schlug der neuen Linkspartei, der «Partei der Arbeit» (PdA), entgegen, deren Weg «mit Parolen des brutalen Hasses und mit Steinen der Gewalttätigkeit gepflastert» sei, auch wenn sich ihre Führer zur Zeit als Superdemokraten gebärdeten.[7] Noch lag der Kalte Krieg in der Ferne, doch warnte die «Neue Zürcher Zeitung» bereits, «dass sich hinter dem freiheitlich-demokratischen Lächeln der russischen Sphinx ein neuer Totalitarismus bergen» könnte.[8] Und der «Anzeiger von Uster» sprach Ende Mai hellsichtig von einem «eisernen Zaun», «der den russischen Teil Deutschlands abschliesse».[9]

Bei allen tagespolitischen Geplänkeln, zu denen das Kriegsende Anlass gab, bestand immerhin ein breites Feld der Übereinstimmung. Ohne das Pathos und die Aufbruchshoffnung der Sozialisten zu teilen, räumten auch bürgerliche Stimmen ein, dass man an einer Wegscheide stehe. «Auch wir in der Schweiz stehen vor grossen Zukunftsaufgaben», konstatierte der zwei Jahre später in die Regierung gewählte Eglisauer Nationalrat Rudolf Meier (1907–1986) vor den Delegierten der «Bauernpartei». «Auf der einen Seite wird eine sozialere Demokratie gefordert und auf der anderen Seite nach einer demokratischeren Wirtschaft gerufen. Doch fehlen an beiden Orten konkrete Vorstellungen. Eines ist sicher: Wir können nicht einfach dort weiterfahren, wo wir 1939 aufgehört haben.»[10]

Finanzdirektor Hans Streuli (1892–1970), Bundesrat von 1954 bis 1959, sprach an einer freisinnigen Versammlung in Männedorf und gab diesen Zukunftsaufgaben präzisere Umrisse. Eine durchdachte Siedlungspolitik brauche der Kanton; zudem stehe man vor der «Gewinnung moderner Verkehrsverhältnisse», was für den Vorortsverkehr und den auszubauenden Zürcher Hauptbahnhof wie für das zu schaffende «Fernverkehrs-Strassennetz» gelte, «um den in der Nachkriegszeit zu erwartenden Automobilverkehr bewältigen zu können». Anzupacken sei auch die Flughafenfrage. Am allerwichtigsten sei freilich – darin stimmte der Finanzdirektor mit den Sozialisten überein – die Altersversicherung. Immerhin mahnte er auch, den Übergang «vom Polizei- zum Sozialstaat» mit Bedacht zu vollziehen: «Erstes Prinzip muss die Selbsthilfe bleiben, denn Versicherung kann nicht nur nützlich, sondern in ihrer moralischen Auswirkung auch schädlich sein (...).»[11]

Während der freisinnige Regierungsrat «den Willen des Einzelnen und der Familie zur Selbstdurchsetzung» erhalten wissen wollte, hofften die Sozialdemokraten auf eine planvoll und gemeinschaftsbetont gestaltete Gesellschaft. «Unsere bloss politische Demokratie muss in eine soziale umgebaut werden», so der Zürcher Stadtpräsident Adolf Lüchinger (1894–1949) an einer Kundgebung auf dem Helvetiaplatz zum Tag der Waffenruhe am 8. Mai. «Die Wirtschaft muss Sache des ganzen Volkes sein; der Wirtschaftsprozess muss planmässig gelenkt werden.» Und als eine der ganz seltenen Stimmen jener Tage sprach der Stadtpräsident auch die Frauen an, «die in der zukünftigen Politik ein massgebendes Wort müssen mitreden können».[12] Eine Bemerkung, die freilich nur die «Neue Zürcher Zeitung» für berichtenswert hielt, während das sozialdemokratische «Volksrecht» darüber hinwegging.

Die Zukunftsdeutungen des Mai 1945 schwankten zwischen optimistischen Plänen und Krisenängsten, zwischen der Wiedereröffnung unbeglichener parteipolitischer Rechnungen und dem Wunsch, die Zusammenarbeit der Kriegsjahre fortzuführen. Ausbau des Sozialstaates, verstärkte Lenkung von Siedlung und Wirtschaft, Verkehrsfragen, darunter der bereits geplante neue Flughafen in Kloten: Vieles von dem, was in jenen Tagen angesprochen wurde, prägte den Gang der Dinge weit über die ersten Nachkriegsjahre hinaus. In anderer Hinsicht blieb die Zukunft verhüllt. Niemand vermochte sich den kommenden Aufschwung der Wirtschaft vorzustellen; ebenso unvorstellbar schien jene rasche Erholung der vom Krieg verwüsteten Nachbarländer, wie sie sich nach 1949/50 einstellen sollte. Noch weniger hätte man sich zu jenem Zeitpunkt, als die Erinnerung an die düstern Krisenerfahrungen der dreissiger Jahre noch so lebendig war, das bevorstehende explosionsartige Wachstum des Wohlstandes ausmalen können.

Zukunftsfragen im Mai 1945
«Wird heute die Arbeiterschaft in einem weltgeschichtlichen Augenblick in den Sattel gehoben? (...) Welchem Typus Arbeiter wird diese Stunde besonders hold sein, dem bolschewistischen Arbeiter, der auf dem Boden des ‹kommunistischen Manifests› und der Weltrevolution steht, oder dem westlich-demokratischen Arbeiter und Gewerkschafter, der die Demokratisierung der Wirtschaft verlangt? Oder ist es die Stunde der grossen einheitlichen Wirtschaftsorganisation durch den Staat, flankiert von Arbeiterführern, Korporationen, Wirtschaftsräten und grossen Kapitänen der Industrie und des Kapitals?»[1]
(Adolf Keller, Theologe, 1872–1963)

Hans Streuli (1892–1970) beim Empfang in Richterswil nach seiner Wahl in den Bundesrat Ende 1953. Der ETH-Architekt, aufgewachsen als Sohn eines Malermeisters in Wädenswil, begann seine politische Laufbahn als Mitglied der Freisinnigen Partei mit der Wahl zum Gemeindepräsidenten von Richterswil; 1935 wurde er in den Regierungsrat gewählt, wo er sich als Finanzfachmann profilierte. Über den Kanton Zürich hinaus bekannt wurde er erstmals als Präsident des Organisationskomitees der Landesausstellung 1939.

# Zum Forschungsstand

Die Geschichte des Kantons Zürich seit 1945 hat unter Historikerinnen und Historikern noch wenig Interesse gefunden. An überblicksartigen Darstellungen herrscht grosser Mangel. Den schweizerischen Hintergrund skizzieren GESCHICHTE DER SCHWEIZ UND DER SCHWEIZER, Bd. 3, Basel 1983, S. 191ff.; DEJUNG, Schweiz seit 1945. Einen anregenden Überblick zur Zürcher Geschichte unter speziellem Blickwinkel bietet neuerdings BLANC, Stadt als Verkehrshindernis. Ortsgeschichten, seit 1945 in grosser Zahl entstanden, gehen auf die Nachkriegszeit meist nur knapp ein (ausführlicher sind beispielsweise KLÄUI, Zell; LAMPRECHT, Eglisau; MÜLLER, Illnau-Effretikon). Als wertvolle Fundgrube von Daten und Wegweiser in die Sozialstatistik dient das periodisch erscheinende STATISTISCHE HANDBUCH DES KANTONS ZÜRICH (SHB), zuletzt 1987; siehe auch STATISTISCHES JAHRBUCH DER STADT ZÜRICH, 1945ff.

Dennoch konnte sich die vorliegende Darstellung auf umfangreiches Material stützen, ohne auf die (mehrheitlich verschlossenen) Archive zurückgreifen zu müssen. So existiert für manche Aspekte reiche Literatur, meist nicht von Historikern, sondern von Nationalökonomen, Geographen, Architekten oder Soziologen verfasst. Dort erhält man punktuell (oftmals sehr spezialisiert) wertvolle Aufschlüsse, doch vielfach fehlen Überlegungen zur Entwicklung im Zeitverlauf. Auf diese Werke wird jeweils im Literaturüberblick der einzelnen Kapitel verwiesen.

Als wichtige neue Quellengattung, die für frühere Perioden fehlt, stehen seit den sechziger Jahren Meinungsumfragen in wachsender Zahl zur Verfügung, die im Zusammenhang mit Politik, Marktforschung oder soziologischer Befragung entstanden. Solche Angaben sind anregend, wenn auch mit Vorsicht zu verwenden (siehe z.B. INSIDE). Historiker und Historikerinnen haben von der Möglichkeit der Befragung für die Nachkriegszeit leider noch kaum Gebrauch gemacht; als anschauliche Ausnahme, die den Wert der Methode verdeutlicht, siehe MÜLLER, Oberuster. Massen von Material bringen neuerdings die audiovisuellen Medien hervor, auf deren Auswertung indessen verzichtet werden musste.

Allgemein gilt: Themen, die in bestimmten Phasen als Probleme von öffentlichem Interesse galten, erfuhren eine vergleichsweise gute Bearbeitung, so zum Beispiel Fragen von Verkehr und Agglomerationsbildung, Zuwanderung und Lebensbedingungen von Ausländern und Ausländerinnen, das Bildungswesen, Jugendproteste in der Stadt Zürich. Die Landwirtschaft fand, ihrer öffentlichen Förderung entsprechend, vergleichsweise grosses Interesse, Industrie und Gewerbe sind viel schlechter untersucht, die Dienstleistungen des Finanzplatzes bleiben stark unterbelichtet. Weitgehend unbearbeitet sind zahlreiche Felder einer sozialgeschichtlichen Betrachtung: Familie und Geschlechterbeziehungen haben seit den siebziger Jahren des 20. Jahrhunderts Interesse bei Soziologen der Universität Zürich gefunden; die fünfziger und sechziger Jahre fanden bislang wenig Beachtung. Auch eine derart zentrale Entwicklung der Nachkriegszeit wie die Entfaltung des Massenkonsums blieb bisher unbearbeitet; die Prozesse des sozialen Auf- und Abstiegs entziehen sich unserem Blick. Erst recht gilt dies für die Spitzen von Besitz und Bildung, das Bürgertum in seinen unternehmerischen, beamteten und freiberuflichen Teilen. So weiss man mehr über manche Randgruppe (zum Beispiel Drogenkonsumenten des «Platzspitzes») als über diejenigen, welche an zentraler Stelle die Wirtschaft steuern.

Lebenserinnerungen sind für frühere Perioden oftmals aussagekräftige und anregende Dokumente. Für die Zürcher Nachkriegsperiode stehen sie zumeist noch aus; eine Ausnahme machen der ehemalige Regierungsrat MOSSDORF, Unterwegs, aus bürgerlicher, und der langjährige «Volksrecht»-Redaktor SCHMID-AMMANN, Zur sozialen Demokratie, aus sozialdemokratischer Sicht; siehe ferner LÜSCHER, Amalie und Theo Pinkus; HÄBERLIN, Rückschau; biographische Porträts prominenter Zeitgenossen bei Carl HOLENSTEIN, Mit dem Rücken zur Zukunft. Die geistige Welt des James Schwarzenbach, Zürich 1971; WIDMER, Emil Landolt; WIDMER, Ernst Göhner; Fritz HEBERLEIN, Zeitgenossen, Zürich 1974. Blass bleiben die Betrachtungen einiger langjähriger Gestalter der Stadtzürcher Politik (in: ZÜRICH 1967–1992), die zweifellos mehr zu erzählen hätten. Eine unerbittliche Abrechnung mit der eigenen Herkunft von der Zürcher «Goldküste» betreibt Fritz ZORN (Mars, erschienen 1977). Einen Report über seine Mitarbeiter von sozialdokumentarischem Wert legte das Gaswerk der Stadt Zürich 1986 vor (MOMENTAUFNAHMEN).

Auf dem Gebiet der Literatur weisen die Tagebücher von Max FRISCH vielfache Bezüge zur Stadt Zürich auf; zentral gilt dies für seinen 1954 erschienenen Roman «Stiller». Stark auf Zürich bezogen sind einige Werke von Hugo LOETSCHER, so sein Roman «Der Immune»; Texte jüngerer, mehrheitlich oppositionell ausgerichteter Autoren und Autorinnen sammelten Isabel MORF und Linus REICHLIN (Hg.), Stadtzeiten, Zürich 1987. Eine wertvolle Sammlung verstreuter Zeitstimmen aus der Nachkriegszeit: DAHINDEN, Zeitspuren.

Neben den Mitgliedern des wissenschaftlichen Beirats schulde ich verschiedenen Personen Dank, die mir mit Anregung, Gespräch und Kritik geholfen haben, namentlich: Markus Bürgi (Zürich), Werner Schlegel (Zürich), Beatrice Schumacher (Basel). Felix Bosshard (Statistisches Amt des Kantons Zürich) half bei der Beschaffung aktueller Daten.

# Anmerkungen

[1] VOLKSFREUND (Bülach), 3.5.1945
[2] NZZ, Nr. 725, 2.5.1945
[3] VOLKSRECHT, 2.5.1945
[4] NZZ, Nr. 810, 20.5.1945
[5] VOLKSFREUND, 17.5.1945
[6] NZZ, Nr. 717, 1.5.1945
[7] NZZ, Nr. 772, 12.5.1945
[8] NZZ, Nr. 734, 4.5.1945
[9] ANZEIGER VON USTER, 28.5.1945
[10] VOLKSFREUND, 15.5.1945
[11] ANZEIGER VON USTER, 7.5.1945
[12] NZZ, Nr. 762, 10.5.1945; auch VOLKSRECHT, 9.5.1945

Randspalte S. 353:
[1] NZZ, Nr. 741, 6.5.1945

# Im Bann der Agglomeration
## Wirtschaft, Bevölkerung und Raum

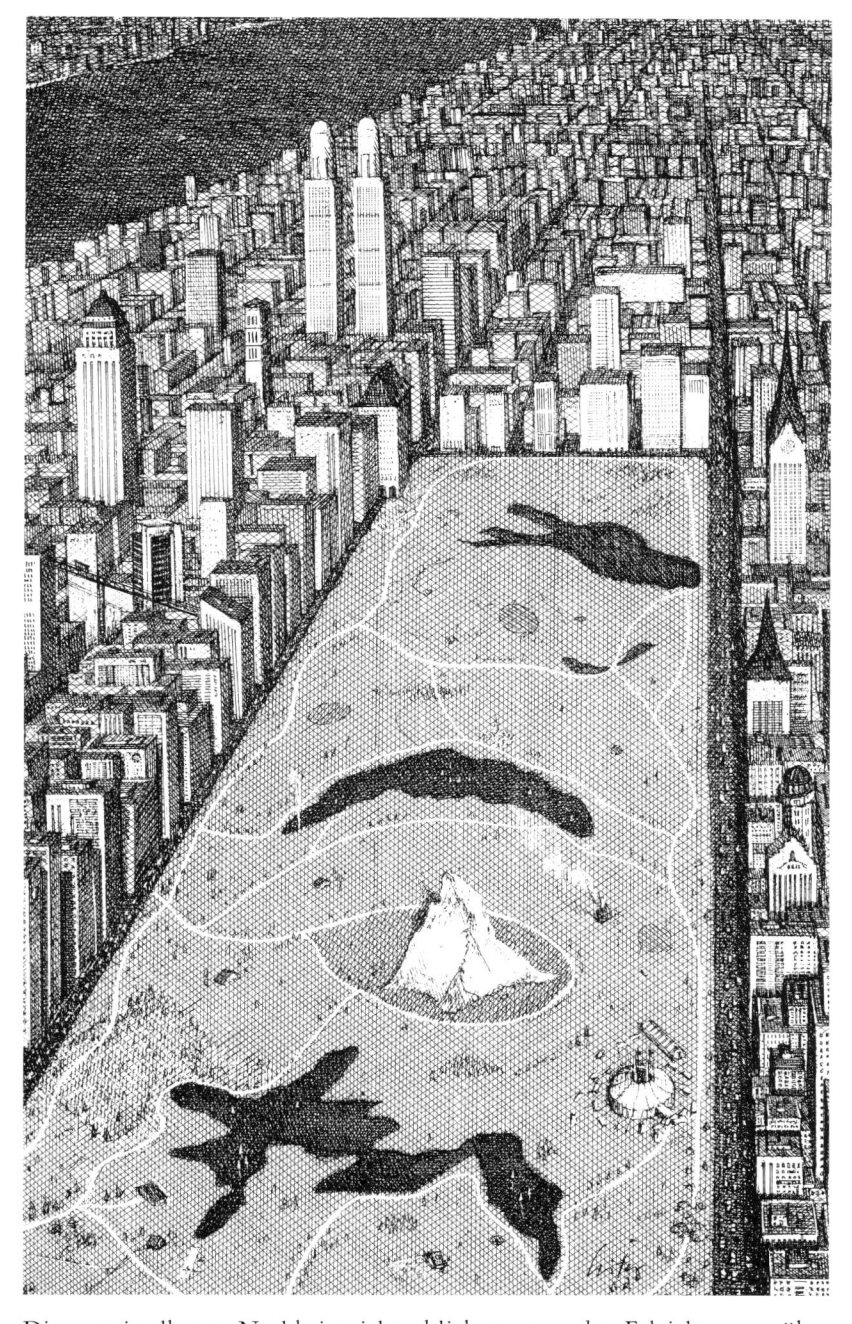

«Zürich City» – bissige Kritik am alles dominierenden Wirtschaftsvorort der Schweiz. (Zeichnung von Martial Leiter, 1994)

Die unmittelbaren Nachkriegsjahre blieben trotz der Erleichterung über den gewichenen Druck und die einsetzende Hochkonjunktur überschattet von der Sorge, es könnte – ähnlich wie nach dem Ersten Weltkrieg – zu einem ernsten wirtschaftlichen Rückschlag und neuen sozialen Konflikten kommen. Vielerseits nahm man die Wirtschaftsflaute von 1948/49 für ein erstes Warnzeichen dieser Art. Statt dessen leitete der Korea-Boom, benannt nach jenem blutigen Krieg, der im Sommer 1950 in Fernost ausbrach, den Übergang zu einer langdauernden, nur von geringen Schwankungen unterbrochenen Wachstumsperiode ein, an der alle westlichen Industrieländer teilhatten. Vorderhand freilich traute man der Prosperität noch nicht; zu frisch waren die Krisenerinnerungen aus der Zwischenkriegszeit. So weigerten sich Zürcher Versicherungsgesellschaften bis Anfang 1954, die Teuerungszulagen der Kriegsjahre vollumfänglich in die Gehälter zu integrieren, da sie sich, gestützt auf die Erfahrungen während der dreissiger Jahre, die Möglichkeit eines raschen Abbaus offenhalten wollten.[1] Immer wieder meinte man, der Abschluss der hektischen Ausbauphase stehe nun unmittelbar bevor.

Erst während der zweiten Hälfte der fünfziger Jahre stellte sich breites Vertrauen in Dauer und Solidität des Aufschwungs ein; eine Zuversicht, die sich mit dem Anbruch der sechziger Jahre zu einem machtvollen, nahezu alle Bereiche der Gesellschaft durchdringenden Optimismus steigerte. Diese Periode, in der die Wirtschaft in beispielloser Kontinuität expandierte, ohne dass man noch etwas ahnte von «Grenzen des Wachstums» und ökologischen Problemen, stellt eine vermutlich einmalige, durch die besonderen Verhältnisse der Nachkriegszeit bedingte Erscheinung dar.

In engem Bezug zur wirtschaftlichen Entwicklung lässt sich eine zeitliche Einteilung der Periode seit 1945 vornehmen, auf die im folgenden immer wieder zurückgegriffen werden soll. Die ersten Nachkriegsjahre, 1945 bis 1949, standen noch stark im Zeichen der Krisenerwartung und vielfältiger politischer Konflikte, die ein Erbe der dreissiger Jahre darstellten. Das nachfolgende, bis 1973 dauernde, starke Wachstum hingegen war bis etwa 1965/66 von einem breiten Strom öffentlicher Übereinstimmung getragen. Erst gegen Ende dieser Ära ergab sich ein Rückstau ungelöster Probleme, der die unruhigen Jahre um «1968» auslöste. Der innenpolitische Friede im Zeichen von wirtschaftlichem Wachstum, gesteigertem Wohlstand, Antikommunismus und Kaltem Krieg ging zu Ende. Der schwindenden gesellschaftspolitischen Harmonie folgte 1974/75 ein ernstzunehmender wirtschaftlicher Rückschlag. Das Wachstum war seither von schärferen Schwankungen bestimmt. Auch die politische Stimmungslage blieb wechselhafter. Eine neue Hochkonjunktur in den achtziger Jahren vermochte keineswegs mehr solchen Optimismus auszulösen wie in den sechziger Jahren.

Den Verkehrswegen folgend frisst sich die Stadtrandsiedlung ins Umland (Winterthur-Hegi, 1960). Verstreute Reihenhäuser und gewerbliche Bauten, Ödland, eine Kiesgrube und zunehmend zerschnittene landwirtschaftlich genutzte Restflächen bestimmen das Bild einer in rascher Veränderung begriffenen Landschaft.

## Langanhaltendes Wachstum der Wirtschaft

Von 1950 bis 1990 vergrösserte sich das Volkseinkommen im Kanton Zürich auf das achtzehnfache. Stellt man die zeitweise erhebliche Geldentwertung in Rechnung, bleibt immer noch eine Verfünffachung festzuhalten.[2] Nicht ganz so kräftig wuchs das Pro-Kopf-Einkommen, da gleichzeitig – vor allem in den Jahren bis 1973 – die Bevölkerung stark zunahm. Es erhöhte sich von 4305 Franken im Jahr 1950 auf 14708 Franken 1970 und auf 52142 Franken im Jahr 1990. Unter Berücksichtigung der Teuerung (1950–1990: 363 Prozent) entspricht dies einer Zunahme auf das 3,3fache.

Seit der Krise Mitte der siebziger Jahre hat das in der Endphase der Hochkonjunktur leicht zurückgegangene Ungleichgewicht zwischen den Kantonen und Wirtschaftsregionen eher wieder zugenommen. Bis 1970 lag das Volkseinkommen pro Kopf im Kanton Zürich stets 16 bis 18 Prozent über dem Schweizer Durchschnitt. Seither ist der Abstand durch den beschleunigten Übergang zur Dienstleistungswirtschaft gewachsen: 1980 lag der Kanton 26 Prozent und 1990 sogar 31 Prozent über dem Landesdurchschnitt.

Eine jüngere Untersuchung registrierte eine «zunehmende Dominanz der Agglomeration Zürich als Wirtschaftszentrum der Schweiz»; eine Entwicklung, die von aussen mit missvergnügten Kommentaren – «Wirtschaftswasserkopf», «Gigantomanie» – bedacht wird. Der Bankier Hans Vontobel konstatiert eine «Angst vieler Schweizer vor ihrer grössten Stadt».[3] Der freisinnige Nationalrat Ulrich Bremi warf 1987 in einem Vortrag unter dem Titel «Zürich und die Schweiz – Herrschaft oder Partnerschaft?» die Frage auf, «wieviel Zürich die Schweiz (...) erträgt». «Anmassung, Gigantismus und ein Zerfall der städtischen Funktionen wird uns entgegengehalten, wenn wir im eigenen Land herumhören.»[4] Dabei bestimmten Stadt und Agglomeration Zürich in der Wahrnehmung von aussen zunehmend das Bild des ganzen Kantons, dessen Bewohnern in der übrigen Schweiz Fleiss und Dynamik, aber auch ein Hang zu Arroganz und Geschwätzigkeit nachgesagt werden, wie eine Umfrage jüngst ergab.[5] Die Zürcher Tüchtigkeit nötigte der übrigen Schweiz Respekt ab; grosse Sympathien weckte sie indessen kaum.

## Bevölkerung und Agglomerationsbildung

Betrachtet man die Entwicklung der Kantonsbevölkerung seit dem Krieg, so lässt sich von 1950 bis 1990 ein Wachstum um nicht weniger als 50,9 Prozent (Schweiz: 45,3 Prozent) feststellen. Der Löwenanteil davon entfiel indessen auf die fünfziger und sechziger Jahre, mit deren Wachstumsraten sich einzig die Periode vor der Jahrhundertwende messen kann. Der Geburtenüberschuss verursachte nur den kleineren Teil dieser Zunahme. Die Zahl der Geburten erfuhr seit 1964/65 sogar einen länger dauernden Rückgang, etwas vereinfachend gern als «Pillenknick» bezeichnet. Hauptsächlich nährte sich das Wachstum aus der Zuwanderung, die von der wirtschaftlichen Entwicklung ausgelöst wurde, um diese ihrerseits weiter voranzutreiben.

Aus sämtlichen Nachbarkantonen – besonders intensiv aus stagnierenden Industrieregionen wie etwa dem Glarnerland oder Teilen der Ostschweiz – führten die Wege nach Zürich. Schon in den fünfziger Jahren lag jedoch die Zuwanderung aus dem Ausland an der Spitze. Der Anteil der Wohnbevölkerung ausländischer Herkunft stieg von 6,6 Prozent im Jahr 1950 auf 19 Prozent 1970, sank dann zeitweilig (1980: 16,4 Prozent), nahm

**Volkseinkommen pro Kopf im Kanton Zürich und in der Schweiz von 1950 bis 1990**

| | Kanton Zürich (zu laufenden Preisen in Fr.) | In % des Landesdurchschnitts | Index* Kanton Zürich |
|---|---|---|---|
| 1950 | 4 305 | 118 | 100 |
| 1960 | 6 685 | 116 | 135 |
| 1970 | 14 708 | 119 | 214 |
| 1980 | 28 553 | 122 | 255 |
| 1990 | 52 142 | 128 | 334 |

*teuerungsbereinigt anhand des Landesindex der Konsumentenpreise

**Bevölkerungswachstum von 1860 bis 1990**

| | Kanton Zürich | In % der Schweizer Bevölkerung |
|---|---|---|
| 1860 | 266 265 | 10,6 |
| 1900 | 431 036 | 13,0 |
| 1941 | 674 505 | 15,8 |
| 1950 | 777 002 | 16,5 |
| 1960 | 952 304 | 17,5 |
| 1970 | 1 107 788 | 17,7 |
| 1980 | 1 122 839 | 17,6 |
| 1990 | 1 179 044 | 17,2 |

In hartem Kontrast treffen die Bauernhäuser von Alt-Effretikon und die Grossüberbauung Wattbuck aufeinander (1967). Die Einwohnerzahl von Illnau-Effretikon erhöhte sich zwischen 1950 und 1990 von 4357 auf 14 527.

aber in den achtziger Jahren erneut zu (1990: 19,6 Prozent). Dieser starke Zustrom verdeckte im übrigen, dass sich die bevorzugte Wanderrichtung der Einheimischen bereits im Lauf der sechziger Jahre umgekehrt hatte: Nun kehrten erstmals mehr Schweizerinnen und Schweizer dem Kanton den Rücken als neu dorthin zogen. In der Stadt Zürich, die in dieser Beziehung den Trend setzte, hatte die Umkehr sogar schon 1955 eingesetzt. Ab 1963 verlor die Stadt auch absolut an Einwohnern, da der Zustrom aus dem Ausland den Wegzug der Einheimischen nicht mehr wettmachen konnte.[6]

Die Krise von 1974/75 setzte dem Wachstum zeitweilig überhaupt ein Ende; zum ersten Mal wurde die Wanderungsbilanz negativ. Hatte der Wirtschaftskanton bis dahin eine besonders hohe Zahl von Arbeitskräften angezogen, so stiess er nun eine besonders hohe Zahl wieder ab, was in erster Linie die Ausländer und Ausländerinnen traf. Jedoch blieb der Kanton auch unter den Bedingungen neuer Wirtschaftsexpansion in den achtziger Jahren hinter dem Bevölkerungswachstum der übrigen Schweiz zurück. Dies macht deutlich, dass es sich um mehr als eine kurzfristige, konjunkturelle Erscheinung handelt. Die Verlangsamung des Bevölkerungswachstums erscheint als Bruch einer sehr langfristigen Entwicklung, denn seit der Mitte des 19. Jahrhunderts war der Kanton aufgrund seiner wirtschaftlichen Dynamik stets ein Magnet für Zuwanderer gewesen. Nun aber hat er trotz weiterhin kräftig wachsendem Volkseinkommen als Wohnstandort relativ an Anziehungskraft verloren. Dies gilt ganz besonders für den eigentlichen Motor der Entwicklung, die Stadt Zürich mitsamt dem inneren Ring der Agglomeration, wo die Verlangsamung des Bevölkerungswachstums ihren Anfang nahm.

Die räumliche Verteilung der Bevölkerung war somit seit dem Zweiten Weltkrieg von unterschiedlichen, einander überlagernden Zentralisierungs- und Dezentralisierungsschüben geprägt. Die ersten Nachkriegsjahre standen noch ganz im Zeichen eines erneuten Wachstums der Stadt Zürich. «Bis zum Jahr 2000 muss mit einer weiteren Zunahme von etwa 180000 gerechnet werden», hielt ein Team siedlungsplanerischer Spezialisten 1949 fest. «Folgerichtig sieht die neue Bauordnung der Stadt (1946) Wohnraum für rund 550000 Einwohner vor.»[7] Die Volkszählung von 1950 schien die Erwartungen zu bestätigen; sie registrierte zum ersten (und einzigen) Mal eine knappe Mehrheit von 50,2 Prozent der Bevölkerung des Kantons, die in Zürich lebte. Schon zeichnete sich indessen die Verschiebung des Wachstums in die jüngeren, 1934 eingemeindeten Vororte und über die politischen Stadtgrenzen hinaus ab. In einer nach aussen gerichteten Wellenbewegung verlagerte sich seither die zunehmende Bevölkerung in immer weiter entfernte Zonen, während der Stadtkern, ausgehend von der City, sich entvölkerte.[8] Eigenheiten der Landschaft, der See und die bewaldeten Höhenzüge durchbrachen die strenge Kreisförmigkeit der Bewegung und lenkten die Menschenströme in die Gemeinden entlang der Achsen an den Seeufern, die als Wohnorte von hohem Prestige besonders begehrt waren, sowie in die offenen Täler im nördlichen Vorraum der Stadt. Dabei griff das Wachstum in den sechziger und siebziger Jahren sprunghaft auf immer weiter entfernte Ortschaften über, die sich von Dörfern in Vororte verwandelten.

Das Einfamilienhaus an den sonnigen Hängen des Zürichsees blieb wenigen vorbehalten; die Mehrheit zog in die im nördlichen Halbkreis an Zürich grenzenden Gebiete des Massenwohnungsbaus, ins Limmat- und Glattal, wo es ebenfalls Zonen von sehr unterschiedlicher Attraktivität gab. Waren bis 1953 noch jeweils mehr als die Hälfte der Neubauwohnungen in der Stadt Zürich entstanden, so verlagerte sich der Schwerpunkt seither vollständig. Auf dem Höhepunkt des grossen Baubooms, vor dem jähen Umschlag der Konjunktur, entstanden 1973 fast 13000 neue Wohnungen, davon nur noch jede siebte in Zürich.[9]

Ein Blick auf die Einwohnerzahlen der Gemeinden zeigt, wie stark die Ortschaften mit über 10000 Einwohnern, die von der Statistik – wenn auch nicht unbedingt von ihren Bewohnern – als «Städte» betrachtet werden, seit 1945 zugenommen haben. Zählte bis in die vierziger Jahre – neben Winterthur und Zürich – einzig Uster knapp über 10000 Einwohner, so gehörten 1970 schon 16 Gemeinden diesem Kreis an. Uster und Dietikon hatten bereits die 20000-Einwohner-Grenze überschritten. Die ohnehin hohe Urbanisierung der Bevölkerung im Kanton nahm infolgedessen weiter zu; 1970 lebten mehr als zwei Drittel (67,9 Prozent) in Städten. Die Zahl der Ortschaften mit mehr als 10000 Einwohnern nahm seither zwar noch weiter zu – 1990 waren es 21 –, doch verlangsamte sich nun auch das Wachstum dieser Gemeinden, die damit dem Muster der Stadt Zürich folgten. Im jüngsten Jahrzehnt von 1980 bis 1990 hat sich die Bewegung sprunghaft nach aussen, in einige bis dahin von der Entwicklung eher übergangene Regionen verlagert, während die übrigen Gemeinden mehrheitlich stagnierten. Die «Verstädterung» der Bevölkerung, die zwischen 1960 und 1980 mit mehr als zwei Dritteln einen Höhepunkt erreichte, ist daher statistisch leicht rückläufig (1990: 64,5 Prozent).

Allerdings nährte die gelockerte und durchgrünte Überbauungsweise den Zweifel, ob es sich bei den neuen Siedlungen und Vororten überhaupt um «Städte» handle. Die fachliche Diskussion behalf sich mit dem Begriff der «Agglomeration», der sich auf das beobachtbare starke bauliche und

Von der Einwohnerzahl her haben viele der rasch wachsenden Agglomerationsgemeinden – hier das Ortszentrum von Uster – längst die Grösse von Städten erreicht, auch wenn ihre wenig geschlossene Bebauung zumeist keinen sehr städtischen Eindruck vermittelt. Uster ist mit über 25 000 Einwohnerinnen und Einwohnern (1990) die drittgrösste Stadt im Kanton Zürich.

**Arbeitsplatzquote nach Regionen von 1950 bis 1990**

Arbeitsplätze pro 100 Erwerbstätige in Prozenten

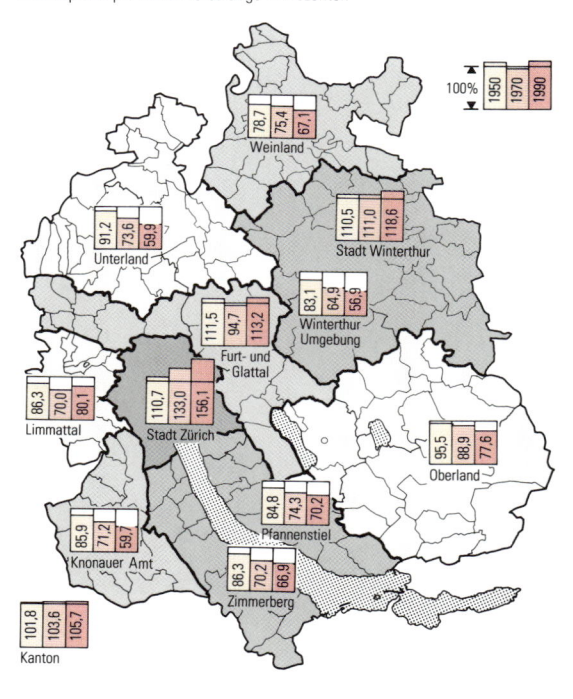

Mit der Arbeitsplatzquote ist die Zahl der Arbeitsplätze gemeint, die auf 100 erwerbstätige Einwohner und Einwohnerinnen entfallen. Liegt diese Ziffer über 100, so pendeln Erwerbstätige von auswärts zu; liegt sie darunter, so weist die Region Wegpendler auf. Bei der hier verwendeten Gebietseinteilung handelt es sich um die sogenannten Planungsregionen, die Ende der fünfziger Jahre geschaffen wurden; ihre Grenzen entsprechen eher der wirtschaftlich-sozialen Entwicklung als jene der aus dem frühen 19. Jahrhundert stammenden politischen Bezirke.

verkehrsmässige Zusammenwachsen von Gemeinden bezieht; ein Prozess, der nun ohne die extreme Bevölkerungsdichte und die geschlossene Überbauung der Städte des Jahrhundertanfangs voranschritt. Das Wachstum griff im Gegenteil von den fünfziger Jahren an immer stärker in die Fläche hinaus, so dass allmählich grosse Teile des Kantons in den Sog der Agglomerationen gerieten. Neben Zürich hielt sich Winterthur als relativ eigenständiges, wenn auch erheblich kleineres Zentrum, das in stark abgeflachter Form eine vergleichbare Entwicklung durchmachte. Bei genauer Betrachtung werden zudem mehrere regionale Kleinagglomerationen sichtbar, die wohl in den Grossraum Zürich einbezogen sind, gerade in der Nachkriegszeit aber auch eigene Zentrumsfunktionen bezüglich Bildung, Gesundheitswesen und Konsum entwickelten.[10] Dies gilt für Bülach sowie für den um Uster, Wetzikon und Pfäffikon entstandenen verdichteten Siedlungsraum. Im Jahr 1990 gehörten mehr als die Hälfte aller Zürcher Gemeinden zu einer Agglomeration oder zu städtischem Gebiet; in diesen Ortschaften wohnten nicht weniger als 91 Prozent der Kantonsbevölkerung.[11] Zur Agglomeration Zürich, die in jenem Jahr 940 000 Einwohner zählte, gehören Gemeinden in den Nachbarkantonen Aargau und Schwyz; nur noch 365 000 Menschen oder 39 Prozent der Agglomerationsbevölkerung wohnten in der Stadt Zürich selbst, fünf Prozent dagegen ausserhalb des Kantons. Die Eröffnung der Zürcher S-Bahn im Mai 1990 dürfte die Vergrösserung der Agglomeration seither noch weiter vorangetrieben haben.

## Arbeit und Wohnen, Verkehr und Raum

Welches waren die Triebkräfte dieser ausserordentlichen Verschiebung der Siedlungsschwerpunkte? Das Angebot von Erwerbsmöglichkeiten war lange Zeit für die Verteilung der Bevölkerung massgebend gewesen. Seit dem Zweiten Weltkrieg hat sich dieser enge Bezug zwischen Arbeits- und Wohnort gelockert: ein zentraler Aspekt der tiefgreifenden Veränderungen des Lebensstils.

Noch 1950 verteilten sich mit Ausnahme von Zürich und Winterthur sowie der Konzentration im Zürcher Oberland die Arbeitsplätze im Verhältnis zur Bevölkerung relativ gleichförmig über den Kanton. Seither kam es zu einer grossräumigen Entmischung von Wohnbevölkerung und

Im nördlichen Kantonsteil bieten manche Gegenden zum Teil bis heute einen sehr ländlichen Anblick, wie etwa hier im Weinland bei Stammheim. Die idyllische Landschaft könnte leicht falsche Vorstellungen über die Sozialstruktur wecken, die sich indessen auch in solchen Gebieten gründlich verändert hat: In Ober- und Unterstammheim zum Beispiel pendelten 1990 mehr als zwei Drittel der Erwerbstätigen zu einer auswärtigen Arbeitsstelle; noch 98 Bauernhöfe wurden bewirtschaftet. Schon 1980 bestand die ansässige Erwerbsbevölkerung zu einem Drittel aus Angestellten.

Arbeitsplätzen. In der Stadt Zürich und ihrem nördlichen Vorortring im Limmat- und im Glattal ballten sich die Arbeitsplätze. Im Jahr 1950 konzentrierten sich dort 64,2 Prozent aller Arbeitsplätze des Kantons; zugleich lebten 56,9 Prozent der Bevölkerung in diesem vergleichsweise engen Raum. Im Jahr 1990 befanden sich – wenig verändert – 62,7 Prozent aller Arbeitsplätze dort, wo indessen nur noch 46,8 Prozent der Bevölkerung lebten. Nahezu alle übrigen Regionen hatten als Erwerbsstandorte markant an Boden verloren. Die alten industriellen Werkstätten im Oberland, die sich in den Zeiten der Hochkonjunktur noch recht gut gehalten hatten, fielen ab 1970 zurück; ebenso das linke Seeufer (Region Zimmerberg), wo die einstmals berühmte Zürcher Seidenindustrie dahinschwand. Im Umkreis von Winterthur spielte sich in abgeschwächtem Mass Ähnliches ab wie in Zürich und Umgebung, indem sich auch dort die Arbeitsplätze relativ stärker in der Stadt konzentrierten, während das Wohnumland eine abnehmende Erwerbsdichte aufwies.

Die räumliche Trennung von Arbeit und Wohnen in weiten Teilen des Kantons erfuhr eine kräftige Beschleunigung mit dem Rückschlag der industriellen Beschäftigung ab Mitte der siebziger Jahre. Einzig der Arbeitsplatz Kloten, Standort des Flughafens, dessen rastlose Expansion die Verla-

Noch um 1960 war das Velo als Massenverkehrsmittel für den Arbeitsweg von grosser Bedeutung, bevor es innert weniger Jahre vom Auto an den Rand gedrängt wurde.

# Internationale Drehscheibe Kloten

1948 hat der erste «Interkontinentalflughafen» der Schweiz in Kloten den Betrieb aufgenommen. Seither hat der Flugverkehr ein beispielloses Wachstum erlebt; er bestimmte die Entwicklung einer ganzen Region und wurde zum Motor des Wirtschaftsstandorts Zürich. Periodisch stiess er aber auch auf Widerstand: Ein derart dichter Verkehr beeinträchtigt unweigerlich das Wohlbefinden der Bevölkerung.

Die Weichen wurden schon während des Kriegs gestellt, der in der Flugzeugtechnik für jeden sichtbar einen gewaltigen Entwicklungsschub auslöste. Im April 1943 erteilte der Regierungsrat den Auftrag, «die in der Nähe von Zürich bestehenden Möglichkeiten zur Errichtung eines Grossflughafens einer umfassenden Prüfung zu unterziehen».[1] Eine Erweiterung des bis anhin mit dem Militär geteilten Flughafens in Dübendorf – so das Resultat – war kaum möglich; als Alternative fasste man das Gelände des bundeseigenen Waffenplatzes in Kloten ins Auge. In harter Konkurrenz zu Bern, das sich ebenfalls um den Standort bemühte, setzte sich Zürich im Frühjahr 1945 durch; es ging darum, die schon vor dem Krieg erreichte Führungsposition als Schweizer Drehscheibe des Flugverkehrs zu sichern. Am 5. Mai 1946 bewilligten die Zürcher Stimmbürger mit der ausserordentlichen Mehrheit von 78,3 Prozent den geforderten Grosskredit. Die Fliegerei faszinierte und versprach nach den Jahren unfreiwilliger Isolation eine Öffnung zur Welt. Dabei war die Stimmung keineswegs von Anfang an so positiv gewesen. Vor allem in den Reihen der Bauernpartei und unter den Vertretern der damals noch abgeschiedenen Dörfer des betroffenen Zürcher Unterlands war einiges Misstrauen zu überwinden gewesen.

Im Juni 1948 wurde in Kloten die erste Piste in Betrieb genommen; und 1953, als der Terminal fertig war, feierte man offiziell Einweihung. Sie geriet zum gewaltigen Volksfest, an dem 150 000 Menschen teilnahmen. In den vergangenen 40 Jahren erfolgte eine kaum vorstellbare Zunahme des Flugverkehrs.[2] Ausbau folgte auf Ausbau. Über Jahre hinweg lagen die Wachstumsraten in zweistelliger Höhe. Im Jahr 1959 wurden erstmals mehr als eine Million Passagiere verzeichnet. Mitte der siebziger Jahre überrundete die Zahl der Passagiere die Einwohnerzahl der Schweiz; 1992 passierten 13 Millionen Menschen und 345 000 Tonnen Fracht die Drehscheibe Kloten. Rund 45 000 Arbeitnehmerinnen und Arbeitnehmer waren laut einer Studie 1989/90 direkt oder indirekt vom Flughafen abhängig. Dessen Anteil am kantonalen Volkseinkommen lag bei mehr als fünf Prozent.[3]

Die Begeisterung der ersten Stunde ist indes längst vorbei. 1957 scheiterte erstmals ein geforderter Ausbau in der Volksabstimmung, wobei die Lärmbelastung als Argument eine Rolle spielte. Die Regierung legte eine neue Vorlage vor und machte Versprechungen, die kaum zu halten waren. In einem «Schutzverband» fanden sich seither Dutzende von Gemeinden eines immer grösseren Einzugsgebiets zusammen. Aus stillen Dörfern war ein Teil der Agglomeration Zürich geworden. Politik und öffentliche Meinung blieben so widersprüchlich wie die beteiligten Interessen. Die Bereitschaft, den Einzugsbereich der Landepisten grossräumig aus den Bauzonen auszuscheiden, war keineswegs gross. Wenn es sein musste, prozessierten betroffene Anliegergemeinden durch die Instanzen, um unter Berufung auf die Gemeindeautonomie für private Eigentümer das Recht zu erkämpfen, Wohnblöcke in die Flugschneisen zu stellen.[4]

Von acht Flughafenvorlagen wurden zwischen 1946 und 1993 nur deren zwei abgelehnt; schlussendlich überwogen stets jene Argumente, die auf die gewaltigen ökonomischen Vorteile für den Wirtschaftsstandort Zürich verwiesen.

1 *Abstimmungsplakat 1946.*

2 *Luftaufnahme der Pisten, Stand 1954.*

3 *Im neuen Terminal, Eröffnung August 1953.*

gerung der wirtschaftlichen Dynamik in die Dienstleistungsbranchen kennzeichnete, wuchs noch mit ungebrochener Rekordgeschwindigkeit (1970–1980: plus 47,6 Prozent). Etliche dezentrale Standorte von Industrie und Gewerbe, die bis dahin zahlreichen Zupendlern aus ihrer ländlichen Umgebung Arbeit und Erwerb geboten hatten, büssten dagegen ihre Rolle als regionale Kleinzentren ein. Dort ging nunmehr die Zahl der Arbeitsplätze nicht nur relativ zur wachsenden Wohnbevölkerung, sondern auch absolut zurück. Jede dritte Zürcher Gemeinde verlor in den siebziger Jahren Arbeitsplätze, obwohl deren Zahl insgesamt auch in diesem eher krisenhaften Jahrzehnt noch um 6,8 Prozent zunahm. Ein Teil der Bevölkerung in den betroffenen Gemeinden musste sich nach auswärtiger Beschäftigung umsehen: ein Umbruch, der – im Gegensatz zu früher – nur teilweise zur Abwanderung führte.[12] Die Motorisierung war mittlerweile derart fortgeschritten, dass der längere Arbeitsweg im allgemeinen kein zwingendes Argument zur Verlegung des Wohnsitzes mehr war.

Die automobile Revolutionierung des Verkehrs in der Nachkriegszeit war die unabdingbare Grundlage dieser Entmischung von Wohn- und Arbeitsregionen. Das Privatauto wandelte sich vom Luxusgut einer wohlhabenden Oberschicht zum Allerweltsgut, dessen Besitz oder Nichtbesitz für eine grosse Mehrheit längst keine Frage der Kosten mehr darstellt. Die Zahl der Personenwagen stieg von 1950 bis 1990 von knapp 28 000 auf über eine halbe Million. Entfiel 1950 auf zwölf Prozent aller Haushalte ein Wagen, so kam 1990 im Durchschnitt auf beinahe jeden Haushalt ein Auto. Etwas genauer: 1988 verfügten 29,6 Prozent der Haushalte über keinen Personenwagen, knapp die Hälfte besass einen und 21 Prozent besassen bereits zwei oder mehr.[13] Am massivsten war das Wachstum in den sechziger Jahren gewesen, die bezüglich der Massenmotorisierung den definitiven Durchbruch brachten.

Ohne Privatauto wäre die ausserordentliche Zunahme der Pendlerzahlen undenkbar gewesen. Während 1950 erst 51 000 Berufstätige ausserhalb ihrer Wohngemeinde arbeiteten, betrug diese Zahl 1970 162 000; ihr Anteil an der erwerbstätigen Bevölkerung verdoppelte sich von 14 auf 29 Prozent. Fast die Hälfte der Berufspendler benutzte 1970 für die Fahrt zwischen Wohnort und Arbeitsplatz das Privatauto.[14] Bis 1980 nahm die Zahl der Pendler – trotz Umschlag der Konjunktur – unentwegt auf 228 000 oder 39,4 Prozent zu. Die Entwicklung im jüngsten Jahrzehnt hat gezeigt, dass damit noch keineswegs der Höhepunkt erreicht war, wuchs die Zahl der Teilnehmer am täglichen Pendelverkehr doch bis 1990 auf rund 320 000 oder 46,8 Prozent aller Erwerbstätigen. Ein noch höherer Anteil – rund 55 Prozent – benutzte 1990 für die tägliche Fahrt zur Arbeit das Privatauto, obwohl der öffentliche Verkehr seit den siebziger Jahren eine massive Förderung erfahren hat.

Während das Automobil die Isolation der abgelegeneren Teile des Kantons durchbrach und diese bis zu einem gewissen Grad an die Zentren anschloss, wurde es entlang stark befahrener Strassen und in den städtischen Zentren zur Plage. Die Zunahme der Verkehrsströme vollzieht sich mittlerweile unabhängig vom lokalen Angebot an Arbeitsplätzen; auch Orte mit vielfältigen Erwerbsmöglichkeiten werden zum Ausgangspunkt von Pendelbewegungen in andere Regionen. So hat sich die Zahl der Wegpendler aus Zürich zwischen 1980 und 1990 verdoppelt. Tangentialbewegungen streifen oder durchqueren die Städte von entgegengesetzten Seiten her. Nationalökonomen aller Schattierungen sind sich einig, dass Mobilität – ob privat oder öffentlich – einfach zu billig ist, was zu einer übertriebenen

Der im Juli 1985 eröffnete Milchbucktunnel leitet den Pendlerverkehr aus dem nördlichen Einzugsbereich ins Stadtzentrum von Zürich. Die ursprünglichen Pläne, eine Stadtautobahn über die Limmat oder durch das benachbarte Industriequartier zu schlagen, scheiterten am Widerstand der Bevölkerung.

Unter einer Agglomeration versteht man einen Verdichtungsraum, in dem sich Wohnorte und Arbeitsplätze, wirtschaftliche, soziale und kulturelle Einrichtungen konzentrieren und wo sich städtische Lebensformen entfalten. Zur Agglomeration gehört eine Kernstadt sowie eine mehr oder weniger grosse Zahl umliegender Gemeinden.

Die Stellung einer «isolierten Stadt», die keiner Agglomeration angehört, nimmt im Kanton Zürich lediglich Rüti ein. Die im Norden liegenden Gemeinden um Feuerthalen hingegen gehören zur Agglomeration Schaffhausen. Eine Agglomeration Winterthur wurde erst im Anschluss an die Volkszählung 1960 gebildet; 1990 folgte die Agglomeration Wetzikon–Pfäffikon, der heute sieben Gemeinden mit bald 50 000 Einwohnerinnen und Einwohnern angehören.

Von den Statistikern wird die Frage der Zugehörigkeit einer Gemeinde zu einer Agglomeration über eine Reihe von Voraussetzungen bestimmt, die zumindest teilweise erfüllt sein müssen: die Wichtigste ist, dass mindestens ein Drittel der Erwerbstätigen einer Ortschaft in der nahen Kernstadt arbeitet.

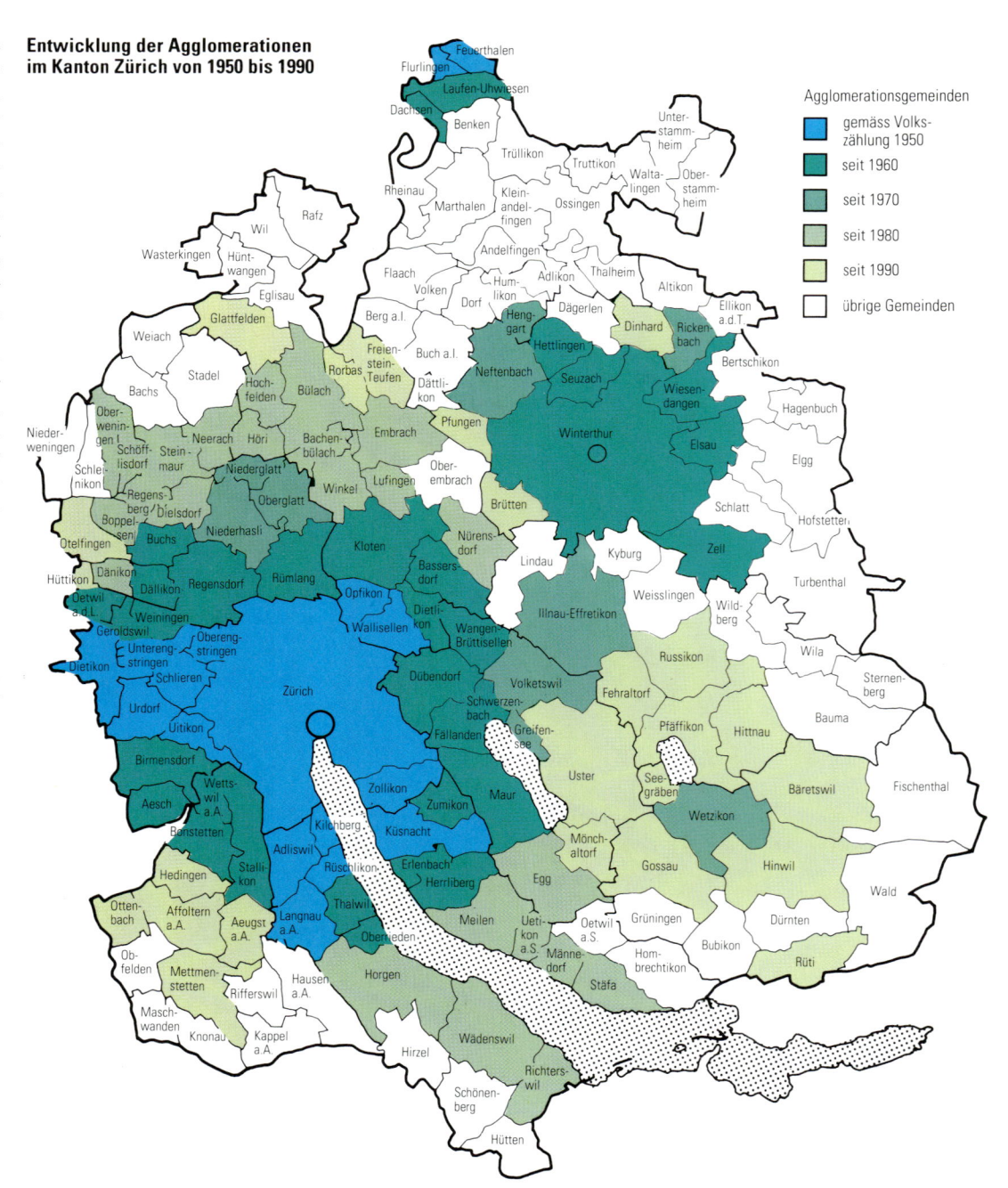

**Entwicklung der Agglomerationen im Kanton Zürich von 1950 bis 1990**

Agglomerationsgemeinden
- gemäss Volkszählung 1950
- seit 1960
- seit 1970
- seit 1980
- seit 1990
- übrige Gemeinden

Steigerung der Nachfrage geführt hat.[15] Die rasante Vergeudung des Erdöls durch die Menschen einer Handvoll reicher Nationen hat indessen Folgen, denn die «Verkehrsspirale» schuf ihre eigenen Sachzwänge: Da die Erwerbszentren durch die Verkehrsbelastung immer unwohnlicher und kinderfeindlicher wurden, ergaben sich stets neue Anstösse, eine Verlegung des Wohnorts zu erwägen. Dies aber war nur möglich um den Preis noch höherer Mobilität. Im übrigen übertraf der Freizeitverkehr, für den im Vergleich zum beruflichen Pendelverkehr viel häufiger der Privatwagen benutzt wird, den Arbeits-, Einkaufs- und Nutzverkehr schon längst.[16]

Die gesteigerte Mobilität und der häufige Wechsel des Wohnsitzes führten zu einer Lockerung lokaler Bindungen. Der 1950 noch 37 Prozent betragende Anteil der an ihrem Wohnort Geborenen reduzierte sich bis 1980 auf 27 Prozent. Die Beziehungsnetze von Verwandtschaft, Freundschaft und Kollegialität dehnten sich über einen immer weiteren Raum aus.

Der Aufbau der Gesellschaft, die Struktur des Raums und seine verkehrsmässige Durchdringung haben sich seit 1945 tiefgehend verändert. Die einst markanten Unterschiede zwischen Stadt und Land bezüglich Sozialstruktur, Lebensweise und Denken schmolzen dahin oder wichen neuen Trennlinien sowohl innerhalb der Agglomeration wie auch zwischen dieser und den umliegenden Gebieten. Dabei waren keineswegs alle Regionen in gleicher Weise von der Umwälzung betroffen. Kraftpol des Wandels blieb die Stadt Zürich mit ihrer Agglomeration; eher beharrend verhielten sich die nördlichen und östlichen Teile des Kantons, wobei Winterthur eine Zwischenstellung einnahm und sich bald «traditionell», bald «modern» orientierte. Bevölkerungswachstum, Zuwanderung, Durchmischung und wirtschaftlich-soziale Umschichtung verliefen in jenen Regionen langsamer, so dass die industriell-landwirtschaftliche wie auch die reformierte Prägung stärker überlebten, während die Agglomeration Zürich den Übergang in die Dienstleistungswirtschaft vollzog. Diese überregionale, grossräumige Trennlinie äussert sich auch im politischen Verhalten immer wieder, so noch jüngst in der Abstimmung über den Beitritt der Schweiz zum «Europäischen Wirtschaftsraum» (EWR) vom Dezember 1992.[17]

In diesem Sinn bewahrte sich der Kanton Zürich trotz mächtiger Kräfte der Vereinheitlichung ein spürbares Mass innerer Vielfalt. Einerseits liess ein dichtgewobenes Netz neuer Verkehrsadern, in dessen Zentrum der Flughafen Kloten als Knotenpunkt von gesamtschweizerischer und internationaler Bedeutung stand, den Kanton sehr klein erscheinen, griffen Wirtschaft und Kultur immer mehr über die überlieferten Grenzen von Gemeinde und Kanton hinaus. Anderseits stiessen auf kleinstem Raum weltoffene mit eher dem Lokalen zugewandten Orientierungen zusammen, oder diese unterschiedlichen Interessen verbanden sich bisweilen in widerspruchsvoller Weise. Der Gegensatz zwischen Modernität und Tradition widerspiegelte sich nicht nur äusserlich in Gestalt vielfältiger Interessengegensätze; er lebte auch in den Köpfen und Emotionen der Individuen, die den beispiellosen Wandel der Nachkriegszeit im Lauf ihres eigenen Lebens erfahren hatten.

Oberengstringen 1956

«In Ober- und Unterengstringen auf dem rechtsseitigen Talhang sind die beiden kleinen ursprünglichen Bauerndörfer noch deutlich zu erkennen. Viele Bauernhäuser beherbergen noch Bauernbetriebe, was an den frischen Miststöcken leicht zu erkennen ist. Eine ganze Anzahl jedoch – namentlich in Oberengstringen – ist ihrem Zweck entfremdet: Die Mistgrube ist trocken, die landwirtschaftlichen Geräte sind entfernt, vielleicht hängen noch einzelne verrostet und verstaubt unter dem Vordach, manchmal ist das Tor der Tenne abgeändert, die Tenne eine Garage oder ein Lagerraum, im Stall eine kleine Werkstatt eingerichtet. Zwischen die alten Bauernhäuser hinein drängen sich moderne Wohnbauten. Auf dem bäuerlichen Wirtschaftsareal in der näheren und weiteren Umgebung der alten Dörfer gruppieren sich Wohnbauten, nicht gerade in grossen Flächen, da und dort, vor allem längs der rechtsseitigen Limmattalstrasse. Es sind Einfamilienhäuser und moderne Mehrfamilienhäuser. Überall liegen dazwischen offene Flächen mit Äckern, Wiesen und Gärtnereien.»[1]

## Zum Forschungsstand

Zur raum-wirtschaftlichen Entwicklung erbrachte das 1985 abgeschlossene Nationalfondsprojekt «Regionalprobleme der Schweiz» zahlreiche Resultate, worin auch der Kanton Zürich immer wieder figuriert: BRUGGER, Regionalwirtschaftliche Entwicklung; FISCHER, Räumliche Disparitäten. Eine sehr sorgfältige, von George Häberling verfasste Bestandesaufnahme legte 1977 eine kantonsrätliche Kommission an: NEUBAU DES KANTONS; zahlreiche Daten enthält ferner KESSELRING, Finanzausgleich; die unregelmässig erscheinenden Hefte der RAUMPLANUNG bringen seit 1964 eine Fülle von Übersichten; öfter auf Zürich Bezug nehmen auch die Mitteilungen des Instituts für Orts-, Regional- und Landesplanung an der ETH Zürich (DISP, seit 1967).

Gesamtschweizerisch angelegt, aus nationalökonomischer Perspektive auf die Städte konzentriert sind FREY, Städtewachstum; BASSAND, Agglomerationsprobleme. Zur Entmischung von Wohnen und Arbeiten siehe u.a. AREND, Wohnbevölkerung und Arbeitsplätze. Unmittelbar auf Stadt und Agglomeration Zürich bezogen sind PASCHE, Wanderungen von und nach Zürich; BAJKA, Stadtagglomeration Zürich; KOBELT, Umgebung von Zürich; IBLHER, Städtische Entwicklungsalternativen; BOPP, Versorgungslage Agglomeration Zürich; TROXLER, Wohnstandort; DÜRRENBERGER, Moderne Stadt; WINKLER, Flughafen; ZWEIFEL, Agglomerationszone; angriffig von links, anregend: ZÜRICH OHNE GRENZEN; die aktuellsten Daten zur Entwicklung der Agglomerationen 1950–1990 in: SBZ 1993, Heft 4, S. 8ff.

Wertvoll für die Wahrnehmung räumlicher Unterschiede von seiten der Bevölkerung SCHÖNENBERGER, Räumliche Lebensqualität.

## Anmerkungen

[1] Siehe SCHWEIZERISCHER VERSICHERUNGSKURIER, Nr. 1/1954, S. 23; diesbezügliche Forderungen waren vom Personal seit Jahren erhoben worden.
[2] FISCHER, Räumliche Disparitäten, S. 81; STATISTISCHES JAHRBUCH DER SCHWEIZ 1993, S. 145.
[3] BRUGGER, Regionalwirtschaftliche Entwicklung, S. 34; NZZ, 30./31. 5. 1987, S. 23; Hans VONTOBEL, Unverbucht. Betrachtungen eines Bankiers, Zürich 1990, S. 12
[4] Ulrich BREMI, Zürich und die Schweiz – Herrschaft oder Partnerschaft?, Zürich 1987, S. 4f.
[5] Siehe NZZ, 27. 1. 1993, S. 18; seriöser in der Datenbasis, in der Sache aber ähnlich SCHÖNENBERGER, Räumliche Lebensqualität, S. 65
[6] Wanderungsbilanz Zürich siehe SHB 1987, S. 100
[7] CAROL, Städte, S. 26
[8] Allgemein hierzu FREY, Städtewachstum, S. 45ff.; ZWEIFEL, Agglomerationszone, S. 83ff.
[9] SHB 1987, S. 316f.
[10] Die Unterteilung des Kantons Zürich in kleinräumige städtische Gebiete in: SBZ 1989, Heft 1/2, S. 109ff.
[11] Aktuelle Daten der Volkszählung 1990 in: SBZ 1993, Heft 4, S. 8ff.
[12] Nur 20 der 56 betroffenen Gemeinden erlitten 1970–1980 auch einen Rückgang der Wohnbevölkerung, der zudem vielfache Ursachen hatte, die in keinem Zusammenhang mit dem lokalen Angebot an Arbeitskräften standen; ein Einzelbeispiel bei LAMPRECHT, Eglisau, S. 391, 404
[13] STATISTISCHES JAHRBUCH DER SCHWEIZ 1993, S. 261
[14] Siehe SBZ 1976, Heft 1, S. 75, 77; zum folgenden: SHB 1987, S. 105; Pendlerzahlen und Verkehrsmittelwahl 1990 in: SBZ 1993, Heft 3
[15] So schon öfter der Basler Nationalökonom René L. Frey (z.B. NZZ, 29. 9. 1992, S. 39)
[16] Siehe Urs FUHRER (Hg.), Wohnen mit dem Auto. Ursachen und Gestaltung automobiler Freizeit, Zürich 1993, S. 99
[17] Siehe KNECHT, Politische Partizipation in den Gemeinden; zur EWR-Abstimmung: SBZ 1993, Heft 1, S. 8ff.

**Internationale Drehscheibe Kloten (S. 362)**
[1] Zit. nach: FLUGHAFEN ZÜRICH, 1948–1988, Zürich 1988, S. 7
[2] Jährliche Zahlen im STATISTISCHEN JAHRBUCH DER STADT ZÜRICH
[3] TAGES-ANZEIGER, 24. 4. 1992, S. 25
[4] Siehe das Beispiel Höri, in: Manfred KUHN u.a., Das Zürcher Flughafenproblem. Eine Dokumentation zur Urteilsbildung des Politikers und des Bürgers, Männedorf 1970, S. 77ff.; auch WINKLER, Flughafen, besonders S. 79ff.

Randspalte S. 365:
[1] SCHÄRER, Suburbane Zone, S. 32

# Die grosse Wirtschaftsmaschine

Das Wirtschaftswachstum der Nachkriegszeit veränderte die Erwerbswelt gründlich. Nur kleine Teile der Bevölkerung blieben den kleingewerblichen und landwirtschaftlichen Produktionsformen der Vergangenheit verbunden. Ein wachsender, wenn auch zahlenmässig nicht genau benennbarer Anteil war dagegen in Arbeitsstätten tätig, die in einem anonymisierten, vom einzelnen schwer durchschaubaren Netz von Eigentumsverhältnissen und Marktbeziehungen standen. Dies reichte von der Filiale bis zur Holding-Gesellschaft, die über ein verschachteltes System von Kapitalbeteiligungen Dutzende von Firmen mehr oder weniger kontrollierte. Damit einhergehend befanden sich die Zentralen, wo man über Wohl und Wehe der Arbeitnehmer befand, immer öfter ausserhalb des Kantons. Der Zentrumskanton Zürich zeichnet sich allerdings dadurch aus, dass eine weitaus höhere Zahl von Arbeitnehmern und Arbeitnehmerinnen anderer Kantone von Zürcher Firmen abhängen als umgekehrt. Lediglich Basel-Stadt übertrifft (aufgrund seiner Kleinräumigkeit) Zürich in dieser Hinsicht.[1]

Einen Hinweis auf die Entwicklungsrichtung gibt die Zahl der Aktiengesellschaften: Sie umfassten im Kanton Zürich 1945 erst 15 Prozent aller im Handelsregister eingetragenen Firmen, die Zahl der Einzelfirmen war mehr als dreimal so hoch. Im Jahr 1985 dagegen stellten Aktiengesellschaf-

In den siebziger Jahren waren es vor allem Dienstleistungsbetriebe, deren Expansion in gewaltigen Baustellen sichtbaren Ausdruck fand. Im Bild die Baugrube für das neue Rechenzentrum der Versicherungsgesellschaft «Winterthur Leben» in Winterthur; im Hintergrund das Sulzer-Hochhaus, das 1966 eingeweiht wurde und als damals höchstes Gebäude der Schweiz (92 m) Aufsehen erregte.

**Anteil der Frauen und der ausländischen Arbeitskräfte an allen Erwerbstätigen von 1910 bis 1990**

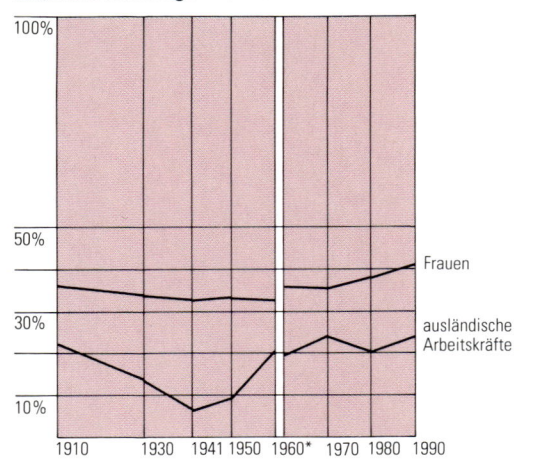

\* bis 1960 ohne, ab 1960 mit Teilzeitarbeit

In der Schlussphase der Hochkonjunktur griffen manche Unternehmen – wie hier das Warenhaus Jelmoli – zu ungewöhnlichen Methoden, um den ständigen Personalmangel zu überwinden.

```
            INTERNE
P E R S O N A L W E R B E K A M P A G N E
         Juli bis 31. Oktober 1973
------------------------------------------
    für jede Vermittlung eine Bar - Prämie

  1. VERMITTLUNG Fr.      500.-
  2. VERMITTLUNG Fr.      750.-
  3. VERMITTLUNG Fr.     1000.-
  4. VERMITTLUNG Fr.     1250.-   usw.

    z.B. 3 Vermittlungen Total Fr. 2250.-

            ausserdem als
        1. PREIS - ein AUTO
```

ten 45,5 Prozent aller registrierten Firmen. Ihre Zahl hatte sich in 40 Jahren verneunfacht und die Einzelfirmen längst hinter sich zurückgelassen.

## Der Arbeitsmarkt und die Entwicklung der Sektoren

Die Zahl der Erwerbstätigen stieg von 1950 bis 1990 um 72 Prozent, also markant stärker als die Wohnbevölkerung (plus 50,9 Prozent). Der in den Arbeitsmarkt einbezogene Teil der Bevölkerung, der in den dreissiger Jahren auf einen Tiefpunkt gesunken war, lag im Wirtschaftskanton Zürich seither stets über dem Schweizer Durchschnitt.[2] Zwei wichtige Entwicklungen der Nachkriegszeit trieben die Erwerbstätigkeit in die Höhe: zum einen die massive Zuwanderung ausländischer Arbeitnehmer, zum anderen der wachsende Einbezug der Frauen in den Arbeitsmarkt.

Im Aufschwung der fünfziger Jahre, als die Wirtschaft massiv auf (vorwiegend männliche) ausländische Arbeitskräfte zurückgriff, blieb die weibliche Erwerbstätigkeit relativ zurück; in den siebziger Jahren verhielt es sich dagegen umgekehrt: Bei einem rückläufigen Ausländeranteil stieg der Anteil der Frauen kräftig an. Die Erwerbsquote der Schweizerinnen blieb in den fünfziger Jahren niedrig, denn viele nutzten die ersten Früchte des Wohlstands, indem sie das nunmehr erreichbare bürgerliche Familienideal für sich realisierten, das den Platz der verheirateten Frau und Mutter zu Hause sah. Erst mit dem «ausgetrockneten» Arbeitsmarkt der sechziger Jahre nahm die Erwerbstätigkeit der einheimischen Frauen deutlicher zu. Nachdem die Heranziehung ausländischer Arbeitnehmer auf politische Grenzen stiess, «entdeckten» Arbeitgeber vermehrt die Frauen als Arbeitsmarktreserve. Hingegen liess die Erwerbstätigkeit der Ausländerinnen nach, die 1960 noch mehr als doppelt so hoch gewesen war wie jene der Schweizerinnen: Die Möglichkeit des Familiennachzugs verbesserte sich in den sechziger Jahren; immer öfter befreiten sich auch Ausländerinnen und Ausländer vom proletarischen Erwerbszwang für die ganze Familie.

Obwohl die wirtschaftlichen Bedingungen in den siebziger Jahren wieder ungünstiger wurden, dauerte der Trend zur verstärkten Berufstätigkeit der Frauen an. Ihre besonderen Fähigkeiten waren im Übergang zur Dienstleistungsgesellschaft unentbehrlich geworden. Daran konnten – im Unterschied zur Zwischenkriegszeit – auch die konjunkturellen Wechsellagen nur noch begrenzt etwas ändern. Ganz verschwunden ist die Rolle weiblicher Arbeitskraft als «Konjunkturpuffer» indessen keineswegs; in der Krise der siebziger Jahre sowie zu Beginn der neunziger Jahre stellten die Frauen einen überdurchschnittlichen Teil der Arbeitslosen; ein Los, das sie wiederum mit den ausländischen Arbeitskräften teilten.[3] Die zunehmende weibliche Erwerbstätigkeit ging einher mit Änderungen des Familienlebens, neuen Erwartungen und Orientierungen vieler Frauen.

Stand die Mobilisierung von Reserven auf dem Arbeitsmarkt in deutlichem Kontrast zur Stagnation der Zwischenkriegszeit, so setzte sich in anderer Hinsicht nur der langdauernde Trend fort: Mehr denn je nahm die Erwerbswelt Züge einer Arbeitnehmergesellschaft an: Der Anteil der abhängig Beschäftigten lag schon 1950 bei 85 Prozent; seither stieg er kontinuierlich weiter an auf über 90 Prozent (1980: 92,3 Prozent). Auch wenn die Zahl der Selbständigen neuerdings wieder zunimmt, handelt es sich doch vorwiegend um Alleinarbeitende, nicht um Arbeitgeber: Die Zahl der letzteren hat von 1960 (als sie erstmals erfasst wurden) bis 1980 von 34 325 auf 26 615 abgenommen; ihr Anteil an allen Erwerbspersonen sank von 6,9 auf bescheidene 4,6 Prozent.

Die rückläufige Zahl Selbständigerwerbender war weitgehend eine Folge der Auflösung landwirtschaftlicher Betriebe, ein Vorgang, der sich in der Nachkriegszeit mächtig beschleunigte. Die Gliederung der Erwerbsbevölkerung in die drei klassischen Beschäftigungssektoren verdeutlicht diese Umschichtung und zeigt – neben dem Rückgang der Landwirtschaft – den seit 1970 stürmischen Zuwachs der Dienstleistungen. Lediglich in den Stadtkantonen Basel und Genf sind die Dienstleistungen ähnlich dominierend geworden. In der Stadt Zürich sind heute rund drei Viertel (1980: 70,7 Prozent) der Erwerbstätigen in diesen Branchen tätig, während in Winterthur und im übrigen Kanton Industrie und Gewerbe einen höheren Anteil bewahrten. Die Umschichtung zu den Dienstleistungen ging mit der zunehmenden Erwerbstätigkeit der Frauen Hand in Hand. Der Anteil der Geschlechter in den Sektoren blieb nahezu unverändert: 1991 stellten die Frauen 22 Prozent der Erwerbstätigen im zweiten Sektor, hingegen 47 Prozent bei den Dienstleistungen; 40 Jahre früher war die Situation kaum anders gewesen.[4] Lediglich in der beschäftigungsmässig nur noch unwichtigen Landwirtschaft nahm, im Gegensatz zum allgemeinen Trend, die Frauenarbeit ab.

**Erwerbsstruktur nach Sektoren von 1950 bis 1990**

| | Erwerbende pro Sektor in % der Erwerbstätigen | | | | |
|---|---|---|---|---|---|
| | 1950 | 1960 | 1970 | 1980 | 1990 |
| Landwirtschaft | 8,0 | 5,3 | 3,5 | 2,8 | 2,1 |
| Industrie und Gewerbe | 46,5 | 47,6 | 42,9 | 35,5 | 27,2 |
| Dienstleistungen | 45,5 | 47,1 | 53,6 | 61,6 | 70,6 |

## Landwirtschaft unter Modernisierungsdruck

In der Nachkriegszeit geriet die Landwirtschaft unter einen Veränderungsdruck, der selbst die Umwälzungen des 19. Jahrhunderts in den Schatten stellte. Ein drastischer Rückgang der Betriebszahl, eine noch viel stärkere Reduzierung der eingesetzten menschlichen Arbeitskraft und eine geradezu dramatische Steigerung der Erträge kennzeichneten eine Entwicklung, welche die Agrarlandschaft in ihrem äusseren Erscheinungsbild wie als ökologisches System tiefgehend umgestaltete.

**Die Landwirtschaftsbetriebe und ihre Nutzfläche von 1939 bis 1990**

| Anzahl Betriebe | Jahr | Nutzfläche in Hektaren |
|---|---|---|
| 18 240 | 1939 | 94 438 |
| 17 292* | 1946 | keine Erhebung |
| 14 762 | 1955 | 89 781 |
| 11 021 | 1965 | 83 076 |
| 8 641 | 1975 | 77 222 |
| 8 265 | 1980 | 77 703 |
| 7 909 | 1985 | 76 475 |
| 7 017 | 1990 | 75 600 |

*Schätzung

**Durchschnittliche Zahl der Betriebsaufgaben pro Jahr von 1939 bis 1990**

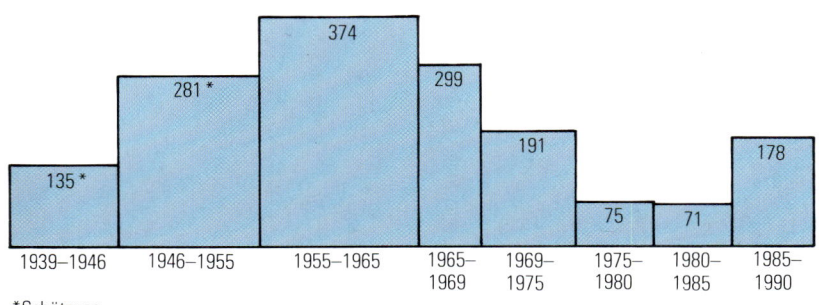

| 1939–1946 | 1946–1955 | 1955–1965 | 1965–1969 | 1969–1975 | 1975–1980 | 1980–1985 | 1985–1990 |
|---|---|---|---|---|---|---|---|
| 135* | 281* | 374 | 299 | 191 | 75 | 71 | 178 |

*Schätzung

**Prozentuale Verteilung der Betriebsgrössen von 1939 bis 1990**

|  | Bis 1 ha | 1–5 ha | 5–10 ha | 10–20 ha | Über 20 ha |
|---|---|---|---|---|---|
| 1939 | 18,8 | 27,5 | 36,3 | 15,6 | 1,8 |
| 1955 | 16,9 | 21,5 | 36,8 | 22,3 | 2,5 |
| 1965 | 13,9 | 18,1 | 28,5 | 34,6 | 4,8 |
| 1975 | 16,1 | 17,6 | 18,0 | 36,9 | 11,4 |
| 1985 | 19,1 | 16,5 | 13,7 | 33,3 | 17,5 |
| 1990 | 19,9 | 14,6 | 14,9 | 36,4 | 14,1 |

Um die Mitte der fünfziger Jahre gab es erst in einem Drittel aller Landwirtschaftsbetriebe Traktoren. Die zeitgenössische Photographie von Jakob Tuggener zeigt den Einsatz eines Traktors bei Gossau im Zürcher Oberland.

Von der Mitte der fünfziger Jahre bis 1990 stellte mehr als die Hälfte der Landwirte im Kanton den Betrieb ein. Die einschneidendsten Veränderungen gingen mit der Hochkonjunktur einher; die Krise Mitte der siebziger Jahre führte zu einer zeitweiligen Verlangsamung des Wandels, bevor sich dieser mit dem Boom der achtziger Jahre wiederum beschleunigte. Der Einbruch der Schülerzahlen an den landwirtschaftlichen Schulen im vergangenen Jahrzehnt zeugt von der Skepsis des Nachwuchses über die Zukunft der Branche.[5] Viel weniger stark, nämlich um etwa einen Sechstel oder mehr als 14 000 Hektaren ging die genutzte Fläche zurück, so dass sich der Einzelbetrieb durchschnittlich von sechs auf knapp elf Hektaren vergrösserte.[6]

Ende der dreissiger Jahre noch leicht unter dem Schweizer Durchschnitt, liegen die Betriebsgrössen im Kanton heute darüber. Zugleich reduzierte die nach dem Krieg einsetzende Welle von Güterzusammenlegungen die enorme Zersplitterung des Besitzes und schuf rationeller zu bewirtschaftende Flächen. Bei dieser Gelegenheit konnte auch gerade das Land für die geplanten Hochleistungsstrassen ausgeschieden werden, was sich auf das öffentliche Interesse und die Bereitstellung von Subventionen förderlich auswirkte.[7]

Bis Mitte der fünfziger Jahre behielten die fünf bis zehn Hektaren umfassenden, mehrheitlich im Hauptberuf geleiteten Betriebe eine dominierende Rolle. Seither ist diese Gruppe besonders stark (1955–1985 um 80 Prozent) geschrumpft, denn eine solche Fläche reichte nun bereits nicht mehr ganz für einen im Vollerwerb bewirtschafteten Familienbetrieb aus. Nur ein kleiner Teil – etwa acht Prozent – schaffte den Aufstieg in die nächstgrössere Klasse; die übrigen verkleinerten ihren Betrieb. Der öfter gewählte schrittweise Rückzug aus der aktiven Landwirtschaft erklärt die vergleichsweise hohe Anzahl von Kleinstbetrieben (weniger als eine ha), deren Anteil seit den sechziger Jahren gestiegen ist. Gleichzeitig nahm der Anteil der Landwirte im Nebenerwerb von 1955 bis 1990 um fast einen Viertel auf 40,7 Prozent zu: an die Stelle der einst relativ stabilen arbeiter-bäuerlichen Verbundswirtschaft traten vermehrt Rest- und Schrumpfbetriebe. Dem gingen bisweilen Fehlschläge mit Intensivtierhaltung (Tierfabriken) voran.[8]

Markant grössere Betriebe mit über 20 Hektaren haben in diesem Prozess an Bedeutung gewonnen: 39 Prozent der dauerhaft Beschäftigten waren 1985 auf solchen Höfen tätig, doch war diese Umschichtung, die jüngst wieder durch einen gegenläufigen Trend abgelöst wurde, keineswegs überwältigend. Massgebende Produktionseinheit blieb der kleine und mittlere

Familienbetrieb. Die Zählebigkeit einer sonst überall rückläufigen Produktionsform lag nicht etwa in der besonderen Traditionsliebe der Inhaber begründet, sondern erklärt sich aus der Tatsache, dass jede stärkere Vergrösserung der Betriebe durch Landzukauf und Einsatz von Lohnarbeit auf unüberwindbare Grenzen in Form von steigenden Kosten gestossen wäre. Unabdingbare Voraussetzung für das Weiterleben der Familienwirtschaft war zudem der ausgebaute staatliche Agrarschutz, der aus politischen Gründen die Schweizer Landwirtschaft seit dem Zweiten Weltkrieg zur bestgeschütztesten aller Industrienationen machte. Rund 80 Prozent der bäuerlichen Einkommen werden heute nur noch zum Schein über den Markt erwirtschaftet, in Realität aber durch Subventionen und Bezahlung künstlich hochgehaltener Preise durch Steuerzahler und Konsumenten erbracht.[9]

Die Familienwirtschaft, die mit einem Minimum an fremder Hilfskraft auskam, prägte sich seit 1945 noch schärfer aus. Ähnlich wie manche Branchen von Industrie und Gewerbe konnten die Bauern ihren Bedarf auf dem Arbeitsmarkt im Aufschwung der Nachkriegszeit nur noch durch Heranziehung ausländischer Lohnarbeiter decken.[10] Damit einhergehend hat sich die Arbeitsteilung zwischen den Geschlechtern geändert. Unter den Vollerwerbstätigen ging der Anteil der Frauen von 43 Prozent 1939 auf 32 Prozent 1955 und 15 Prozent 1985 zurück. Ausländische Arbeiter und Saisonniers ersetzten einheimische Mägde und Bauerntöchter. Immer häufiger arbeiteten Ehefrauen und Töchter nur noch aushilfsweise mit. Seit einem Höchststand in den fünfziger Jahren ging der Anteil der Frauen auch unter den gelegentlichen Arbeitskräften langsam zurück: Landwirtschaft verwandelte sich immer mehr in Maschinenarbeit, der Umgang mit Maschinen aber galt als Männersache.[11] Die bäuerlichen Haushalte glichen sich stärker dem bürgerlichen Familienmodell an.

Der Abgang an landwirtschaftlichen Betrieben war seit 1945 sehr hoch, jedoch regional unterschiedlich. Ein eigentlicher Verdrängungsprozess fand am ehesten im nördlichen Umkreis von Zürich statt, in der stadtnahen Gemüsebauzone des Furt-, Glatt- und Limmattals, wo der Landhunger für Grossüberbauungen, Industrieansiedlungen und Verkehrsanlagen enorm war. Die Zerschneidung der Areale durch stark befahrene Strassen erschwerte den Verkehr landwirtschaftlicher Maschinen oder den Viehumtrieb; strassennahe Felder und Wiesen waren den Autoabgasen ausgesetzt. Die Bewohner der näher rückenden Wohnblöcke und Einfamilienhauszonen hatten sich zwar auf ihre «naturnahe» Wohnlage gefreut, reagierten aber empfindlich auf landwirtschaftliche Gerüche und Geräusche. Unter solchen Umständen kollidierender Ansprüche und wechselseitiger Fremdheit räumten viele Landwirte das Feld, wobei ihnen die explodierenden Bodenpreise den Abschied versüssten.[12] Einzelne kauften sich ausserhalb der Bauzonen einen neuen Hof; andere – gern bespöttelt als «Quadratmeterbauern» – verwandelten sich mit geschäftstüchtigem Sinn zu Immobilienverwaltern, die ihren Besitz scheibchenweise vermarkteten.

Bemerkenswerter als dieser nicht weiter überraschende Vorgang ist die Tatsache, dass sich die Landwirtschaft teilweise auch bei extrem dichter Besiedlung zu halten vermochte. Dies gilt für manche Wohlstandsgemeinden, die schon relativ frühzeitig begannen, die weitere Bevölkerungszunahme abzubremsen. Politische Entscheide über Zonenpläne und grosszügige Landkäufe der Gemeinden dienten diesem Ziel. Weiningen im Limmattal zum Beispiel behielt eine erhebliche Zahl von Betrieben, deren Rebberge dem Ort eine lieblich-ländliche Kulisse sicherten, während die Mehrzahl der Erwerbstätigen des einstigen Dorfes längst aus Angestellten

Der Mähdrescher war wohl die imposanteste Neuerung im Zug der Mechanisierung der Landwirtschaft seit den fünfziger Jahren. Die im Durchschnitt geringen Betriebsgrössen behinderten indessen seine Verbreitung, so dass er auch im Kanton Zürich 1990 erst in rund fünf Prozent aller Betriebe (Schweiz: 3,7 Prozent) vorhanden war.

besteht, die täglich ins Dienstleistungszentrum Zürich pendeln.[13] Auch Küsnacht gewährte seinen Landwirten Schutz durch den Zonenplan von 1957, der auf die Erhaltung eines attraktiven Landschaftsbildes abzielte. Auf eine geplante Grossüberbauung verzichtete man. Konnten politische Entscheide die Schicksale der Landwirtschaft lokal beeinflussen, so waren die entscheidenden Kräfte allerdings übergreifender Art. Sie wirkten in den entlegensten Gemeinden des Oberlandes nicht weniger als in den Randgebieten der Agglomerationen. Selbst im kleinen Fischenthal war 1972 bereits rund ein Drittel von 156 Bauernhäusern nicht mehr von Bauern bewohnt; etwa 13 Prozent dienten als Ferienhäuser.[14]

Wer im Konkurrenzkampf nicht untergehen wollte, musste seine Produktion intensivieren und mechanisieren. Im Zentrumskanton Zürich war der Modernisierungsdruck besonders hoch. Wachsende Leistungsfähigkeit in grösseren Betrieben ging einher mit einzelbetrieblicher und regionaler Spezialisierung, die sich ihrerseits an die jeweiligen Massnahmen der staatlichen Agrarpolitik anzupassen hatte. Die Bewältigung der nicht mehr absetzbaren Überschüsse ist seit dem Zweiten Weltkrieg zu einem zentralen Problem dieser Politik geworden. Seit Mitte der siebziger Jahre betrifft dies auch die Milch- und Fleischwirtschaft. Ab 1978 gingen die Rindviehbestände, nachdem sie 30 Jahre lang gewachsen waren (1944–1978: plus 33 Prozent) wieder zurück. Die Zahl der Milchkühe hatte schon Anfang der sechziger Jahre einen Höhepunkt erreicht und ist seither (1961–1988) um 34,3 Prozent zurückgegangen.[15] Dahinter standen auch Änderungen des bäuerlichen Lebensstils. In den Bergbetrieben des Oberlands hatten sogar kleine Landwirte im Nebenerwerb noch Ende der sechziger Jahre fast ausnahmslos Kühe gehalten, die vor allem der Selbstversorgung dienten.[16] Seither haben sich viele Nebenerwerbende aus Grossviehhaltung und Milchwirtschaft zurückgezogen, die auf den wenig rationalisierten Kleinbetrieben besonders den Frauen eine grosse Arbeitslast auferlegt hatten. Die verbleibenden Viehhalter dagegen haben ihre Produktion intensiviert: Die Durchschnittsgrösse eines Bestandes hat sich zwischen 1951 und 1991 von zehn auf 31 Tiere erhöht, eine Beschleunigung des schon am Ende des 19. Jahrhunderts beginnenden Konzentrationsprozesses.

Im Unterland ergänzt die Grossviehmast den regional dominierenden Ackerbau, der zu einem guten Teil der Futtermittelproduktion dient. Dies wird besonders augenfällig beim Mais, der seit dem Krieg mit der Verbreitung neuer Sorten mächtig an Boden gewonnen hat und heute über weite

Hoch überragen die Futtersilos diesen Hof bei Ossingen inmitten der ausgeräumten, rationalisierten Agrarlandschaft. Die heute so charakteristischen Behälter für Grünfutter und Futtermais, unentbehrliche Elemente der Grossviehmast, kamen erst nach dem Zweiten Weltkrieg auf.

Strecken die spätsommerliche Landschaft prägt. Allein von 1965 bis 1985 hat sich die Anbaufläche versiebenfacht; sie umfasste nunmehr elf Prozent der Nutzfläche oder über einen Viertel des offenen Ackerlandes.[17] Die Ackerflächen waren nach dem Höhepunkt der «Anbauschlacht» des Zweiten Weltkriegs zunächst einmal zurückgegangen, stiegen jedoch mit den wachsenden Absatzproblemen bei Milch und Milchprodukten wieder an, um bereits 1975 mit einem Anteil von 36 Prozent der Nutzfläche den Höchststand der Kriegsjahre (1945: 34 Prozent) zu übertreffen.[18] 1990 betrug der weiterhin steigende Anteil 43,8 Prozent. Die Flächenerträge im Feldbau haben sich seit Mitte der fünfziger Jahre etwa verdreifacht, während der erforderliche Arbeitsaufwand im Getreidebau auf ungefähr einen Zehntel sank.[19] Hinter diesen erstaunlichen Ziffern stand der Übergang zur vollmechanisierten, die Hilfsmittel der Chemie intensiv nutzenden Produktion. Noch Mitte der fünfziger Jahre hatte die Zahl der Pferde jene der Traktoren übertroffen, über die damals erst ein Drittel der Betriebe verfügte. Nur 20 Jahre später waren sämtliche Betriebe mit motorisierter Zugkraft ausgestattet. Waren Maschinen ausschlaggebend für die Einsparung an Arbeitszeit, so ging die Steigerung der Erträge auf die Durchsetzung der Erdöltechnologie zurück, die den Treibstoff für die Motorfahrzeuge lieferte und für die Erzeugung von Futtermitteln, Herbiziden sowie Düngemitteln unentbehrlich wurde. «Überspitzt formuliert, essen wir heute Erdöl», bemerkte jüngst ein Spezialist für Agrikulturchemie an einer der eidgenössischen Forschungsanstalten, die das dafür nötige Fachwissen verbreiten.[20] Mitte der fünfziger Jahre hatte knapp ein Viertel der Betriebsleiter eine Fachschule besucht, was über dem Schweizer Durchschnitt lag; im Jahr 1980 verfügten 62 Prozent über eine solche Qualifikation (Schweiz: 38 Prozent). Unter den Jüngeren, bis 35jährigen waren es 80 Prozent.[21] Der Zürcher Vorsprung ging nicht nur auf die gute Erreichbarkeit der Schulen im kleinräumigen Kanton zurück; er hing auch mit der frühen, bereits im 19. Jahrhundert erfolgten Gründung landwirtschaftlicher Schulen zusammen.

Die mechanisierte moderne Landwirtschaft steckt – im Kanton Zürich wie in der übrigen Schweiz – gegenwärtig in einer tiefen Krise. Zwar leistet sie den Beitrag zur Versorgung mit Nahrungsmitteln, der politisch so lange Zeit im Vordergrund stand. Jedoch produziert sie derart teuer, dass sich wachsende Probleme mit Überschüssen einstellen. Die von einem kaum mehr überblickbaren bürokratischen Regelwerk gelenkte inländische Produktion ist dabei nicht einmal besonders naturnah oder umweltschonend. Seit dem Ende der sechziger Jahre erkannte man die Belastung von Boden und Wasser durch die Intensivproduktion immer deutlicher. «Gemessen an ihrem Beitrag zum Sozialprodukt» sei die Landwirtschaft des Mittellandes «nachweisbar einer der grössten Umweltverschmutzer in der Schweiz», stellte ein Kritiker kürzlich fest.[22] Der Druck zur Produktionssteigerung führte innert weniger Jahrzehnte zum Verschwinden einer über Generationen entstandenen Vielfalt. Die Beseitigung von Hecken und Gehölzen, die Begradigung von Bächen, die Trockenlegung von Feuchtgebieten, das Abholzen von Obstbäumen führten nicht nur zu einer Verarmung der Landschaft und ihrer Entwertung als Erholungsraum; sie beraubten auch zahlreiche Kleintiere, Vögel und Insekten ihrer Lebensräume. Auch die «Gestaltung» der Gärten in Wohngebieten mit vielfach nicht der Klimazone entsprechenden Pflanzen trug nach Kräften zu dieser Verkümmerung bei.

Eine jüngere Befragung von Bauern in den Kantonen Zürich und Thurgau ergab, dass eine Mehrheit zwar die Existenz von Umweltbelastungen infolge der modernen Wirtschaftsweise einräumt; dies allerdings nur

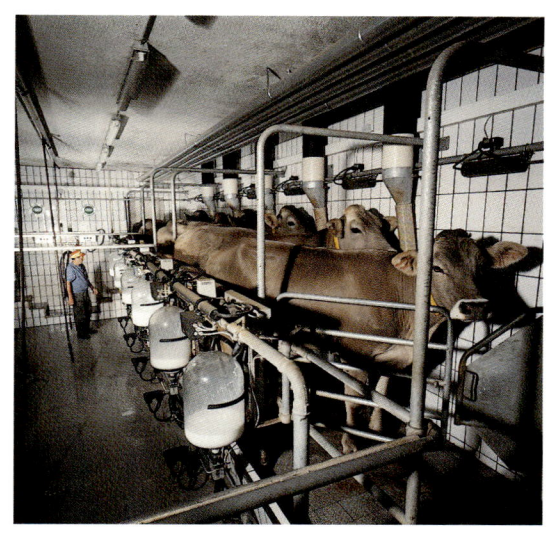

Ein kräftiger Impuls zur Vergrösserung der Viehbestände ging von der Umstellung auf Melkmaschinen aus, die in der Schweiz etwas verspätet in den fünfziger Jahren Einzug hielten. Da der Aufwand für Unterhalt und Reinigung der Maschine konstant bleibt, tritt eine Arbeitsersparnis erst ab einer gewissen Grösse der Tierbestände, das heisst mit einer gesteigerten Betriebsgrösse ein. Der Kanton Zürich gehörte, knapp hinter Zug und dem Thurgau, zu den ersten, die diese Neuerung einführten. 1990 verfügten praktisch alle Betriebe mit Rindvieh über eine Melkanlage.

Kaum eine andere Einzelmassnahme der Nachkriegszeit veränderte das Landschaftsbild derart wie die staatlich geförderte Abholzung der alten Obstbaumkulturen (im Bild: Fäll-Aktion bei Oberstammheim, um 1973). Nicht ohne Stolz schildert 1976 ein Bericht, wie es «durch Schlagprämien für das Fällen unzeitgemässer Obstbäume und die Organisation spezieller Baumfällaktionen» gelang, «für einen modernen Obstbau Platz zu schaffen».

Noch zu Beginn der fünfziger Jahre bestimmten (wie schon im späten 19. Jahrhundert) mehr als 1,5 Millionen Hochstammobstbäume über weite Strecken das Bild der Zürcher Landschaft. Der grosse Kahlschlag erfolgte in den sechziger Jahren, als die Bestände halbiert wurden. Mittlerweile hat ein Umdenken eingesetzt, und es wurde vielfach auf den grossen ökologischen Wert dieser Bäume hingewiesen. Auf die Praxis hatte dies bisher wenig Einfluss. Von 1981 bis 1991 fielen weitere 37 Prozent, und heute zählt man gerade noch 344 000 Bäume.

allgemein, während man für die persönliche Tätigkeit solche Belastungen zumeist verneint.[23] Das grösste Hindernis für eine umweltfreundlichere Produktion sieht man denn auch nicht vor der eigenen Haustür, sondern bei den Grossverteilern im Lebensmittelhandel. Immerhin hat sich die Wahrnehmung der kleinen Minderheit von Bio-Bauern positiv verändert: Man sieht diese Aussenseiter nun eher als «Idealisten» und seltener als «Spinner». Nur 147 Betriebe mit biologischem Landbau, das sind zwei Prozent der Gesamtheit, erfasste die Landwirtschaftszählung von 1990 im Kanton.[24] Ein bescheidener Anteil, der dennoch für einen Spitzenplatz unter den Pionieren der Umstellung in der Schweiz ausreichte. Ein tiefer greifender Wandel könnte mit dem sich abzeichnenden Übergang zu Direktzahlungen erfolgen. Neuerdings richtet der Kanton Beiträge für die Bewirtschaftung naturnaher Flächen aus. Statt «Schlagprämien» gibt es 40 Franken für jeden erhaltenen Baum eines traditionellen Obstgartens.[25]

## Industrie und Gewerbe
### Von der Hochkonjunktur zu den Umbrüchen der Gegenwart

Die industrielle und gewerbliche Beschäftigung erreichte in den frühen siebziger Jahren einen Rekordstand. Dank der Masseneinwanderung wenig qualifizierter und billiger Arbeitskräfte aus dem Süden vermochten auch wirtschaftlich schwächere Branchen eine trügerische Kontinuität zu erhalten. Der Umbruch in den siebziger Jahren liess in der Folge die aufgeschobene Modernisierung und Rationalisierung um so schärfer zu Buche schlagen. Dennoch blieb die wirtschaftliche und soziale Bedeutung von Industrie und Gewerbe gross. Rund ein Drittel der Bevölkerung findet gegenwärtig in diesen Branchen ihr Einkommen. In den zahlreichen gewerblichen Lehrbetrieben wurden – und werden – fachliche Kenntnisse und berufliche Orientierung an grosse Teile der nachwachsenden Generation weitergegeben. Der sekundäre Sektor umfasst im übrigen höchst Unterschiedliches, von lediglich lokal oder regional aktiven Handwerks- und Gewerbebetrieben (mit unentbehrlichen Leistungen für die Alltagsversorgung) bis zur internationalen Konzernzentrale.

Die leistungsstarken Exportunternehmen der Maschinenindustrie hatten schon in der Zwischenkriegszeit die älteren Textil- und Bekleidungsfirmen beschäftigungsmässig überholt. Einzig die Rekrutierung ausländischer Arbeitskräfte, vor allem von Frauen, zögerte den Niedergang der

**Anzahl Erwerbstätige in Industrie und Gewerbe nach Branchen von 1950 bis 1990**

|                      | 1950    | 1970    | 1990    |
|----------------------|---------|---------|---------|
| Nahrung und Genuss   | 15 969  | 15 933  | 8 807   |
| Textil und Bekleidung| 37 804  | 23 892  | 5 439   |
| Chemie und Kunststoff| 6 885   | 12 053  | 7 295   |
| Druck und Papier     | 11 463  | 19 058  | 16 682  |
| Metall und Maschinen | 62 806  | 108 348 | 79 170  |
| Holz und Möbel       | 7 768   | 7 672   | 7 086   |
| Bau, Steine, Erden   | 33 466  | 54 999  | 40 830  |
| Sonstiges            | 3 590   | 8 075   | 18 477  |
| Total                | 179 751 | 250 030 | 183 786 |

Männer erklären und leiten an – auch in den als besonders frauengemäss geltenden textilen Berufen (Textilfachschule Zürich, 1966).

Textilindustrie nach 1945 nochmals hinaus. Dennoch setzte in den späten sechziger Jahren eine Branchenkrise ein, die sich in den siebziger Jahren vertiefte: Gegenüber den billigeren Produzenten in Südeuropa, immer häufiger auch in der Dritten Welt, hatte die einheimische Produktion geringe Chancen. Der damit verbundene Verlust industrieller Arbeitsplätze traf vor allem die Industriedörfer des Zürcher Oberlands, aber auch die alte Seidenindustrie am Zürichsee verschwand fast vollständig. Im Sommer 1980 schloss die Firma Schwarzenbach in Thalwil endgültig ihre Pforten, die zu Beginn des Jahrhunderts zu den grössten Unternehmen der Schweiz mit damals rund 13 000 Beschäftigten in zahlreichen Ländern gehört hatte.[26]

Die stärker am inländischen Bedarf orientierten, zum Teil geschützten Branchen – Nahrungs- und Genussmittel, das graphische Gewerbe, Holz und Möbel, vor allem aber das Baugewerbe – hielten sich dagegen seit 1945 recht gut und profitierten von der Nachfrage der wachsenden Bevölkerung. Ein guter Teil dieser inlandorientierten Produktion bewahrte seinen gewerblichen Charakter. Der Anteil der Kleinbetriebe mit weniger als 50 Beschäftigten, die sich mehrheitlich in Familieneigentum befinden und nur ausnahmsweise Aktiengesellschaften sind, gibt einen Hinweis auf die Bedeutung des gewerblichen Bereichs, dem seit dem ausgehenden 19. Jahrhundert mehr als einmal der Untergang prophezeit worden war. Zahlenmässig schwingt das Baugewerbe obenaus. Dessen kleinbetriebliche Organisation blieb, trotz des gewaltig steigenden Maschineneinsatzes seit 1945, auch dann noch vorherrschend, als die Krise 1974/75 in der überdimensionierten Branche aufräumte und eine Konzentrationswelle auslöste.[27]

Obwohl die Gewerbetreibenden insgesamt überraschend gut gefahren sind, haben sie punktuell doch mit Problemen zu kämpfen. In der Stadt Zürich, deren Quartiere nach dem Krieg teilweise noch stark handwerklich geprägt waren, sind die produzierenden Gewerbe in jüngerer Zeit in Bedrängnis geraten: dies im Gefolge der ab Mitte der sechziger Jahre rückläufigen Zahl der Wohnbevölkerung, von deren Nachfrage die Handwerker (wie der Lebensmittelhandel) sehr unmittelbar abhängen. Von 1975 bis 1985 nahm die Zahl der Arbeitsplätze in der Stadt um etwa sieben Prozent zu; zugleich ging aber die Einwohnerzahl um acht Prozent zurück, während die Zahl der Beschäftigten im produzierenden Kleinstgewerbe (bis 10 Beschäftigte) sogar um 22 Prozent schrumpfte. Hier kam es – die kleinen Dienstleistungsbetriebe behaupteten sich besser – zu einem weit über die Abwanderung der Bevölkerung hinausreichenden Rückgang, der sich meist

Körperliche Schwerstarbeit – hier im Schlachthof Zürich 1975 – wird seit 1945 weitgehend von Ausländern verrichtet.

über die natürlichen Abgänge und nur ausnahmsweise durch eigentliche Verdrängung vollzog. Dahinter stand der verschärfte Zwang zur Rendite infolge sprunghaft steigender Bodenpreise. Eine kritische Analyse schloss 1991 mit der «traurigen Frage, ob die soziale Figur des Handwerkers (...) im modernen Zürich keinen Platz mehr» habe.[27] Insgesamt gingen in zehn Jahren etwa 3000 gewerbliche Kleinbetriebe in der Stadt verloren. Ein Teil davon verlagerte sich – der Bevölkerung folgend – in die Agglomeration, so dass in der regionalen Gesamtbilanz das Gewerbe seinen Platz halten konnte.

Auch prestigereiche Exportunternehmen hatten sich auf einen härteren Konkurrenzkampf einzustellen. Das rasante Wachstum der fünfziger und sechziger Jahre überforderte mancherorts das Management, ohne dass die Konsequenzen sogleich sichtbar wurden. In den sechziger Jahren setzte indes eine Welle spektakulärer Fusionen ein, die manchen alten Firmennamen zum Verschwinden brachten. Eines der ersten Opfer war die Maschinenfabrik Oerlikon (MFO), die in der Elektrotechnik Pionierleistungen erbracht hatte und zeitweise zu den führenden schweizerischen Firmen der Branche zählte. Den Vorsprung der Konkurrentin Brown, Boveri & Co. (BBC) im nahen Baden vermochte man dennoch nie aufzuholen. Ende 1965 lehnte die Versammlung der Aktionäre eine Fusion mit der BBC noch kategorisch ab; im Frühjahr 1967 kam es dennoch dazu.[29] In der Maschinenindustrie baute gleichzeitig der Sulzer-Konzern seine Position aus. Schon 1961 übernahm die Winterthurer Firma eine Mehrheit der Schweizerischen Lokomotiv- und Maschinenfabrik (SLM); 1966 folgte Escher Wyss in Zürich, einer der ältesten Industrienamen des Landes. Im Gegenzug übernahm die Georg Fischer AG (Schaffhausen) im November 1969 überraschend die Maschinenfabrik Rüti (Textilmaschinen). Doch die Erwartungen erfüllten sich nicht, die Firma schrieb rote Zahlen, und bei Georg Fischer war man froh, die Erwerbung im Zürcher Oberland 1982 an Sulzer abstossen zu können, wo man erst einmal die Giesserei in Rüti schloss, nachdem Georg Fischer dort soeben noch mehrere Millionen in eine unbedacht begonnene, dann eilig abgebrochene Modernisierung investiert hatte.[30]

Abgesehen von Managementfehlern wirkte sich vom Ende der siebziger Jahre an der Wandel auf dem Weltmarkt aus, wo nun auch im anspruchsvollen Maschinenbau – wie früher in der Textilbranche – neue Kon-

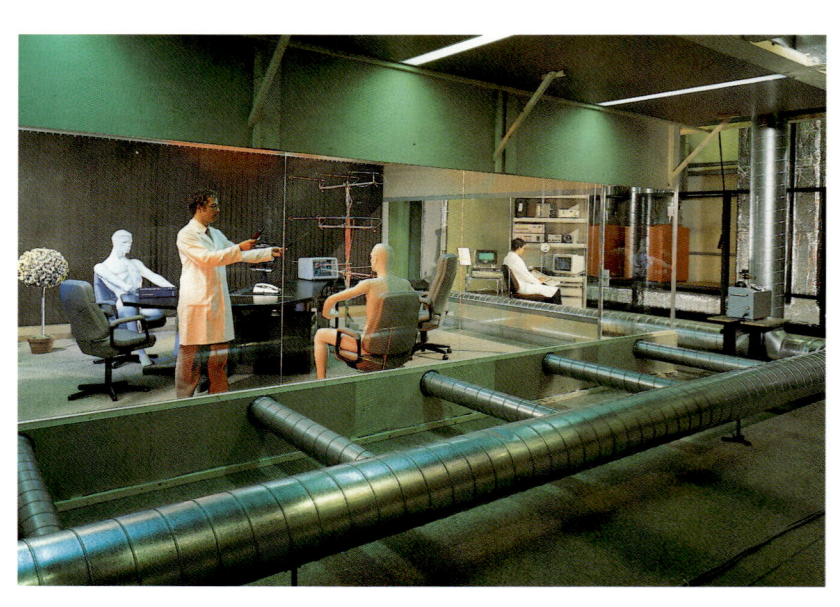

Das futuristisch wirkende Labor für Raumluftströmungen von Sulzer Infra in Winterthur, wo die Wirksamkeit von Lüftungsanlagen im Grossversuch getestet wird. Das Bild veranschaulicht den grundlegenden Wandel, den die alten Industrieunternehmen – in diesem Fall ein eigentlicher Pionier des Grossmaschinenbaus – im Lauf der letzten Jahrzehnte erlebten.

kurrenten auftraten. Der scharfe Wind der Konkurrenz erzwang eine unter aktiver Mitwirkung der Banken vorgenommene Restrukturierung vieler Unternehmen. Während mittlere Konzerne zum Teil in grösseren aufgingen, stiessen die grösseren unrentable Zweige ab. Einer radikalen Flurbereinigung fiel 1983 bis 1985 die Wagons- und Aufzügefabrik Schlieren, die «Wagi», zum Opfer, die 1974 noch 1850 Beschäftigte gezählt hatte.[31] Beispielhaft sind die Vorgänge bei Sulzer in Winterthur, wo man einst die grössten Schiffe der Welt mit Dieselmotoren ausstattete. Die Krise von 1974/75 leitete den Umbruch ein; 1984 musste Sulzer auf dem Platz Winterthur 650 Arbeitsplätze abbauen. Ende der achtziger Jahre griffen zweifelhafte Finanzspekulanten nach dem Konzern, der sich nur mit Mühe wehren konnte.[32] Seither wurde die Firma durch eine energische Reorganisation umgekrempelt. Im Frühjahr 1988 kündigte die Konzernleitung an, dass sie ihr Stammareal (Gründung 1834) gänzlich räumen und die verbleibende Produktion in das neue Werk in Oberwinterthur verlegen würde.[33] Aus der Maschinenfabrik wurde ein Technologiekonzern, der Klimaanlagen und Gebäudetechnik, künstliche Hüftgelenke, Armaturen für Kraftwerke sowie diverse Dienstleistungen anbietet. Ein Industrie-Areal von 140 000 Quadratmetern in bester Lage, unmittelbar neben dem Stadtkern von Winterthur, ist frei geworden.

Auch in Zürich haben ältere, platzintensive Produktionszweige an Bedeutung verloren; in Oerlikon wie im Industriequartier (Kreis 5) stehen gegenwärtig grosse Gebiete zur planerischen Neugestaltung frei. Im Frühjahr 1993 wurde auf dem einstigen Escher Wyss-Areal (167 000 Quadratmeter) ein von Sulzer, zwei Versicherungen und der Kantonalbank finanziertes Forschungs- und Entwicklungszentrum (Technopark) eröffnet. Der Inhaber des benachbarten Steinfels-Areals (25 000 Quadratmeter) realisiert derweil auf seiner Liegenschaft ein Freizeitzentrum, das unter anderem der Computerausbildung, einem Kino mit zehn Sälen, Büros und Wohnungen Raum bietet.[34] Der enorm gestiegene Wert des Bodens in den einst am Stadtrand gelegenen, billig erworbenen, heute aber zentrumsnahen Industriegebieten öffnet den Besitzern vielfältige Möglichkeiten, den Mechanismus der Bodenrente für sich zu nutzen. Anstelle der Produktionsbetriebe tritt ein buntes Dienstleistungsangebot mit höherer Wertschöpfung. Teilweise verbleibt auch eine erneuerte, weniger Raum und noch weniger menschliche Arbeitskraft benötigende Industrieproduktion, die moderne, computergesteuerte Technologien einsetzt. Massenproduktion spielt nur noch eine geringe Rolle; die neuen Stichworte lauten «kleine Serien oder Einzelfertigung», «schlanke Produktion», «flexible Spezialisierung».[35]

## Unterwegs zur Dienstleistungsgesellschaft

Der tertiäre Sektor, dessen spektakuläres Wachstum ein Merkmal der jüngeren Vergangenheit darstellt, umfasst derart vielfältige Branchen, dass die Zusammenfassung unter dem Titel «Dienstleistungen» nicht recht befriedigen will. Zu sehr unterscheiden sich die Art des «Produktes», der dazu nötigen Arbeitsprozesse und die Leistungen der jeweiligen Branche für die übrige Wirtschaft. Ein Teil erbringt Dienste für andere Firmen, ein Teil richtet sich unmittelbar an die Konsumenten; Banken und Versicherungen tun beides zugleich.

Die Zahl der Erwerbstätigen wuchs in 40 Jahren auf das 2,6fache. Indessen waren es keineswegs jene Branchen, die sich den unersättlichen Bedürfnissen der «Freizeitgesellschaft» widmen, welche den grössten

**Anzahl Erwerbstätige in den Dienstleistungen von 1950 bis 1990**

|  | 1950 | 1970 | 1990 |
|---|---|---|---|
| Handel | 49 442 | 96 070 | 107 716 |
| Finanzdienstleistungen | 11 921 | 26 527 | 54 702 |
| Reisen, Transport, Verkehr | 12 237 | 27 090 | 35 438 |
| Post und Kommunikation | 5 892 | 9 657 | 12 021 |
| Kommerzielle Dienste | 7 095 | 18 406 | 58 521 |
| Gesundheit | 12 001 | 18 949 | 37 540 |
| Unterricht und Wissenschaft | 8 214 | 20 406 | 39 359 |
| Öffentliche Verwaltung und Recht | 7 271 | 13 882 | 22 044 |
| Gastgewerbe | 18 881 | 24 258 | 27 007 |
| Wohlfahrtspflege, Heime, Kirchen | 4 451 | 5 369 | 14 804 |
| Kultur, Unterhaltung, Sport | 3 842 | 4 609 | 9 853 |
| Persönliche Dienste, Reinigung | 5 699 | 11 108 | 10 623 |
| Hauswirtschaft | 18 198 | 7 267 | 2 137 |
| Übriges | – | 3 184 | 2 251 |
| Total | 165 144 | 286 782 | 434 016 |

Zuwachs verzeichneten. Das Gastgewerbe legte unterdurchschnittlich zu; auch Kultur, Unterhaltung, Sport nehmen einen eher bescheidenen Rang ein. Im Handel war stets ein Viertel bis ein Drittel der Dienstleistenden tätig. Die öffentliche Verwaltung verdreifachte ihren Beschäftigtenbestand. Sehr hohes Wachstum verzeichneten hingegen die Finanzdienstleistungen (Banken und Versicherungen), die kommerziellen Dienste (Beratung, Werbung, Planung, Treuhand, Verleih usw.) sowie Unterricht und Wissenschaft. Völlig aus dem Rahmen fiel einzig die Hauswirtschaft, die massiv Beschäftigte verlor; eine Merkwürdigkeit, die ihre Erklärung darin findet, dass 1950 noch über 18 000 Dienstmädchen in privaten Haushalten beschäftigt waren. Diese Erwerbsform ist nahezu verschwunden.

Die Expansion des Dienstleistungssektors ist zum Teil auf die Auslagerung ehemals häuslicher Funktionen zurückzuführen, die nunmehr auf dem Markt angeboten werden. Zugleich stimulierte die Kaufkraft breiter Bevölkerungskreise eine gewaltige Ausweitung des Detailhandels und den Aufstieg neuer Branchen, vom Reisebüro bis zum Fitness-Center. Wichtiger als die vom privaten Konsum vorangetriebene Entwicklung waren indes die immer spezielleren Bedürfnisse der Wirtschaft selbst: Der zunehmende Einsatz der Wissenschaft in einer technisierten Produktion setzte die entsprechenden Bildungs- und Forschungsinstitute voraus; Exportfirmen benötigten vielfältige finanzielle Dienste; der Bedarf an Planung, Beratung, Werbung usw. wuchs derart, dass es sich lohnte, sie als gesondertes Angebot zu vermarkten. Von der Bautätigkeit und den explodierenden Bodenpreisen nährte sich die Immobilienbranche.

Eine nähere Darstellung dieser verwirrenden Vielfalt ist hier kaum möglich. Nur zwei Ausschnitte, anhand deren sich gewisse Aspekte der Entwicklung veranschaulichen lassen, sollen etwas näher betrachtet werden. Dies betrifft den Detailhandel als vergleichsweise altertümliche Branche und die Finanzdienstleistungen als modernen Zweig, dessen Expansion Zürich in die Rolle eines internationalen Finanzzentrums katapultiert hat.

Von der Umwälzung im Lebensmittelhandel zum Ladensterben
Die seltenen Grossbetriebe im Detailhandel beschränkten sich nach dem Krieg auf wenige Warenhäuser in Zürich und Winterthur. Typisch waren

Die Migros-Filiale an der Zürcher Seidengasse ging im März 1948 als erstes Geschäft der Schweiz zur Selbstbedienung über, einem in den Vereinigten Staaten damals bereits weitverbreiteten Verkaufssystem.

der kleine Laden im Quartier sowie die Ketten der Konsumvereine und der Migros. Die einsetzende Revolutionierung ging von der Lebensmittelbranche aus, dem weitaus personalstärksten Zweig. Die in der Zwischenkriegszeit beginnende Expansion der Grossverteiler und Filialgeschäfte war – aus politischen Gründen – ab 1933 durch protektionistische Massnahmen zugunsten der mittelständischen Detaillisten unterbrochen worden. Das Verbot der Gründung neuer Warenhäuser und Filialgeschäfte wurde Ende 1945 aufgehoben. In der Stadt Zürich befanden sich damals 20 Filialen der Migros, deren durchschnittliche Verkaufsfläche mit fast 140 Quadratmetern bescheiden anmutet, damit aber die übrigen Läden bereits um das zwei- bis dreifache übertraf; nur gerade die Konsumgenossenschaften vermochten da halbwegs mitzuhalten.[36]

In scharfer Konkurrenz zwischen Migros und Lebensmittelverein (LVZ, heute Coop) setzte die Modernisierung des Lebensmittelverkaufs ein. Im März 1948 führte die Migros die Selbstbedienung ein; ein halbes Jahr später folgte der LVZ. Vier Jahre später, als am Zürcher Limmatplatz der erste «Supermarket» der Migros öffnete, herrschte bereits in der Hälfte der Filialen Selbstbedienung: «Ein weiterer Akt der Anpassung an die Psyche des modernen Menschen», verkündete Gottlieb Duttweilers (1888–1962) «Tat», denn «der typische Grossstadteinkäufer ist ungeduldig. Er will nicht anstehen (...)».[37] In Tat und Wahrheit waren (besonders in kleinen Ortschaften) verbreitete Widerstände bei Genossenschaftern und Kundschaft zu überwinden, bis die Selbstbedienung akzeptiert war.[38] Die Propagierung des amerikanischen Vorbilds in Zeitungen und Zeitschriften ebnete ab Anfang der fünfziger Jahre dem ungewohnten System den Weg.[39] Im Rahmen einer Studientagung in Rüschlikon fiel schon 1957 der Begriff «Shopping Center», wobei der Berichterstatter skeptisch blieb: Angesichts des Mangels an freiem Bauland, der geringen Motorisierung und des Fehlens einer «Gesamtplanung» würden «sich Shopping Centers im amerikanischen Sinne noch während Jahrzehnten nicht durchsetzen können».[40] Die Motorisierung freilich machte raschere Fortschritte, als sich dies irgendjemand vorzustellen vermochte; und alle übrigen Voraussetzungen liessen sich durch energische Bündelung privater Interessen durchaus herbeiführen. Nur wenige Jahre später (1962) gründete die Migros zusammen mit den Warenhaus-

Das 1975 eröffnete «Glatt-Zentrum» in Wallisellen schuf neue Massstäbe für einen bis dahin unbekannten Gigantismus im Detailhandel: Es war das grösste seiner Art in der Schweiz und setzte voll auf die motorisierte Mobilität des Publikums.

«Als ob wir in Texas lebten»
«Samstag vormittag im Einkaufszentrum Zürich-Witikon» beschreibt der NZZ-Journalist Walter Schreiber 1972 seine Erlebnisse. «Vor dem Restaurant ‹Elefant› unterhalten sich Bekannte über ihre Konsumentenerlebnisse. Ein Mann und eine Frau erzählen, dass sie vor einer Woche zum ‹Shopping› in Spreitenbach weilten. Vor 14 Tagen, so ist weiter zu erfahren, besuchten sie den ‹Waro› in Volketswil, und demnächst wollen sie es in Dietlikon versuchen, wo man sich in einer Traglufthalle selbstbedienen kann. Das neue ‹Shopping-Center› in Bülach ist als Ziel für einen späteren Trip vorgemerkt.

Einkaufen vor den Toren der Stadt, irgendwo ‹im Grünen›, am Rande einer mehr oder weniger schnellen Strasse, ist für manche Leute zur beliebten Freizeitbeschäftigung geworden. Für andere ist es bereits eine Gewohnheit, dank dem eigenen Wagen und mehr noch dank dem Zweitwagen. (...)

Neben Einkaufszentren, die sinnvoll in neue Siedlungen integriert sind, entstehen in der offenen Landschaft neuartige Warenumschlagplätze, die nur für den Automobilisten erreichbar sind. Wir benehmen uns, als ob wir in Texas lebten, ohne zu beachten, dass die Voraussetzungen völlig verschieden sind: Wir haben – oder hatten – im Gegensatz zu weiten Gebieten in den USA Stadt-, Dorf- und Quartierkerne mit einem fein verzweigten Verteilsystem für Lebensmittel und andere Konsumgüter, während uns die grossen Landreserven fehlen (...).

Auf Bundesebene und vielenorts auch in den Kantonen und Gemeinden sind planerische Bemühungen im Gang, um das Überborden von Bautätigkeit und Verkehr einigermassen zu steuern und in sinnvolle Bahnen zu lenken. Wenn nun aber finanzkräftige Interessengruppen unbekümmert um die Auswirkungen auf Verkehr und Siedlungsstruktur neue Schwerpunkte schaffen, so werden die Leitbilder und Entwicklungskonzepte, in die man die verschiedenen Bedürfnisse optimal zu integrieren und aufeinander abzustimmen versucht, in Frage gestellt. (...)

Heute weiss man, dass wir die öffentlichen Verkehrsmittel fördern sollten, um ein übermässiges weiteres Wachstum des individuellen Autoverkehrs zu verhindern. Darüber hinaus verfestigt sich die Erkenntnis, dass im Hinblick auf eine dauerhafte Lösung der Verkehrsprobleme die Distanzen zwischen Wohnort, Arbeitsplatz, Einkaufgelegenheit und Freizeitstätte nach Möglichkeit verkleinert und nicht vergrössert werden sollten.»[1]

konzernen Jelmoli und Globus die «AG Einkaufszentrum Glatt–Zürich»; vorangegangen war der Erwerb von 35 000 Quadratmetern Boden an bester Lage, in unmittelbarer Nähe von Flughafen und geplanter Nationalstrasse.[41] Da jedoch die Gemeinde Wallisellen eine Baubewilligung verweigerte, solange nicht die anliegenden Strassen fertig waren, verzögerte sich das Projekt. Spreitenbach im nahen Aargau war schneller und nahm bereits 1970 den Betrieb auf, während das Glatt-Zentrum als grösstes der Schweiz erst Anfang 1975 folgte, angesichts einer veränderten Konjunkturlage nunmehr leicht skeptisch als «Dinosaurier des Konsumzeitalters» begrüsst.[42] Bereits 1967 hatte der Fall der Preisbindung für Markenartikel eine weitere Runde im Schlagabtausch der Detaillisten eingeläutet. Die Denner-Ladenkette, deren Inhaber Karl Schweri sich als «Super-Duttweiler» profilierte, stellte, begleitet von aggressiver Werbung, auf «Discount» um: eine weitere, zunächst fremd anmutende, aus den USA importierte Neuheit.[43]

Soviel Wettbewerb tat weh, wenn sich auch nach dem dramatischen Start der Bau weiterer Einkaufszentren ab 1975 verlangsamte. Die Zahl der Verkaufsstellen für Lebensmittel ging damals schon seit einiger Zeit zurück; eine öffentliche Debatte darüber setzte indessen erst zu Beginn der siebziger Jahre ein, als die Skepsis gegen den galoppierenden Schwund vertrauter Lebenswelten jäh zunahm. Den betroffenen Kleinhändlern, die eine schwache Lobby darstellten, gelang es allerdings nicht mehr, protektionistische Massnahmen wie in den dreissiger Jahren durchzusetzen.[44] Die Grossverteiler wiesen die Verantwortung für die Probleme der kleinen Lebensmittelgeschäfte mit einem gewissen Recht von sich. Deren Schwierigkeiten hatten schon lange vor der Expansion der «Grossen» eingesetzt und hatten komplexere Ursachen: Höhere Ansprüche der Verbraucherinnen und Verbraucher, erhöhte Mobilität und ein veränderter Konsumstil begünstigten Geschäfte mit einem umfassenden Angebot, besserer Qualität und günstigeren Preisen, während geringer Verdienst, lange Arbeitszeiten und fehlende Ferien die Führung der kleinen Geschäfte unattraktiv machten.

Was die Gefährdung der Versorgung mit Gütern des täglichen Bedarfs betraf, ergab eine Untersuchung von 1982, dass nur eine einzige Gemeinde im Kanton, nämlich das 303 Einwohner zählende Kyburg, über gar keinen Laden verfügte; 22 kleine Gemeinden, in denen wenig mehr als ein Prozent der Bevölkerung lebte, hatten nur ein einziges Geschäft aufzuweisen.[45] Neuerdings häufen sich wiederum Berichte von der drohenden Schliessung der letzten verbliebenen Lebensmittelläden in entlegenen Weilern, peripheren Stadtquartieren und Ortsteilen. Die Verdünnung der Versorgung im Aussenquartier, die nicht nur die Lebendigkeit von Nachbarschaft und Quartier beeinträchtigt, sondern vor allem Müttern mit kleinen Kindern sowie älteren oder gehbehinderten Menschen das Leben schwer macht, trifft wohlhabende wie ärmere Gemeinden.[46] Wie schon in den siebziger Jahren wehren sich Anwohner-Initiativen unter dem Motto «Monopolisten zerstören das Dorfleben». Der Verlust der kleinen Geschäfte – oder der letzten Gastwirtschaft in einer Nachbarschaft – verletzt die Vorstellungen lokaler Autonomie, die in Gemeinde wie Quartier gern gepflegt werden. Der Zusammenstoss mit auswärtigen, mehr an der Rendite als an den lokalen Lebenszusammenhängen interessierten Entscheidungsträgern führte schon dazu, dass wohlhabende Agglomerationsbewohner kurzerhand ein Ladenlokal kauften und die Verpachtung selber an die Hand nahmen.[47] Ob solche Versuche, über die zeitweilige Belebung der schläfrigen Vorstadt-Atmosphäre hinaus, den Strukturwandel im Lebensmittelhandel beeinflussen können, mag bezweifelt werden.

Der Aufstieg zum internationalen Finanzplatz

Die Bezeichnung war nicht mehr aus der Welt zu schaffen, seit der englische Aussenminister George Brown sie aus Ärger über einen Schwächeanfall des englischen Pfunds 1964 in die Welt gesetzt hatte: Die «Gnomen von Zürich» wurden sprichwörtlich, auch wenn Zürcher Bankenvertreter mit wenig Sinn für Humor von «Schauergeschichten» und «Rufmordattacke» sprachen. Die seriöse englische «Times» hielt die besagten «Gnomen» im übrigen für eine Erfindung.[48] Verdankten sie ihren plötzlichen Ruhm also nur der Vorliebe der Medien für eingängige Formeln? Das Bild der emsigen Zwerge, die in ihren Verstecken unermüdlich Reichtümer raffen, drückte die Überraschung einer internationalen Öffentlichkeit aus, dass aus einem kleinen Land und einer wenig bedeutenden Stadt namens Zürich plötzlich eine Respekt heischende Grösse auf den internationalen Finanzmärkten geworden war. Ein wenig Herablassung schwang dabei mit, ebenso die Frage, ob hier auch alles mit rechten Dingen zugegangen sei.

Welchen Rang Zürich unter den Finanzplätzen der Welt einnimmt, ist nicht so leicht präzise auszumachen. Im Kreis der ersten zehn tauchte die Stadt in den siebziger Jahren auf; zeitweise rangierte sie (angeblich) an dritter Stelle, nach London und New York.[49] Doch ist die Konkurrenz härter geworden. In den achtziger Jahren schob sich Tokio nach vorne, in Europa wurde Frankfurt – neben dem führenden London – zu einem wichtigen Knotenpunkt.

Im Unterschied zu den alten Bankplätzen Basel und Genf war Zürich vergleichsweise spät und traditionsarm auf der Bühne erschienen, was zum Konkurrenzvorteil geworden sein dürfte.[50] In enger Anlehnung an den nationalen Eisenbahnbau und die Exportindustrie – anfänglich Textilien, dann Metall und Maschinen – stieg Zürich vom späten 19. Jahrhundert an allmählich in eine bedeutende Position als Bank- und Börsenplatz der Schweiz auf. Zwischen 1914 und 1945 gewann die Branche auch international an Statur, indem die vom Krieg verschonte und zentral gelegene Schweiz dank ihrer relativ hohen finanziellen und politischen Stabilität in die Rolle einer Finanzdrehscheibe hineinwuchs. Gemessen an der späteren Entwicklung blieb dies durchaus bescheiden. Das Kriegsende 1945 führte insofern zu einer Flurbereinigung in Zürich, als die Bank Leu, die ihre Geschäftstätigkeit zu einseitig auf Deutschland ausgerichtet hatte, saniert

«Heute erreicht der Kirchturm von St. Peter und Paul nicht einmal mehr die halbe Höhe des neben ihm erbauten Hochhauses der Schweizerischen Bankgesellschaft (SBG). An schönen Tagen spiegelt er sich in seltsamer Verzerrung in den blauen Fenstern des gigantischen Bankhochhauses», kommentierte die «Aussersihlerzeitung» im November 1984 und zitierte ihrerseits einen NZZ-Journalisten, der anlässlich der SBG-Eröffnung fragte: «Schneidet da die Kirche dem Geldpalast eine Fratze oder hält der Geldpalast der Kirche einen Spiegel vor, der beweisen soll, wie fehl am Platze sie in solcher Nachbarschaft sei?»

Die Generalversammlungen der grossen Finanzinstitute (hier jene der Schweizerischen Bankgesellschaft, 1984), die seit den achtziger Jahren enorme Gewinne erwirtschafteten, sind zu eigentlichen gesellschaftlichen Grossanlässen geworden.

werden musste und damit aus dem Kreis der Grossbanken ausschied. Zugleich übernahm die Bankgesellschaft die ähnlich exponierte Eidgenössische Bank und rückte durch diese Fusion – nach dem Basler Bankverein und der Kreditanstalt in Zürich – auf Platz drei unter den «Grossen».[51] Auch die beiden bedeutendsten Zürcher Banken hatten erst am Vorabend des Zweiten Weltkriegs Niederlassungen in New York eröffnet, nachdem sie bis dahin noch nicht einmal auf dem führenden Finanzmarkt Europas, in London, mit eigenen Filialen vertreten waren.[52] Mit der Präsenz ausländischer Banken in Zürich stand es nicht besser. 15 ausländische Niederlassungen zählte die Schweiz 1951, davon zwei in Zürich (aber fünf in Genf).[53] «Konservatives Gebaren und solide Kassenhaltung prägten damals die Bankenlandschaft», erinnert sich der Bankier Hans Vontobel.[54]

Der Aufschwung der Zürcher Banken ging zunächst stärker auf inländische als auf internationale Impulse zurück. Die Nachfrage einer expandierenden Wirtschaft war zu decken. Wachsende private Einkommen suchten Anlagemöglichkeiten. Die Grossbanken, die sich bis zum Zweiten Weltkrieg weitgehend auf ein exklusives, zahlungskräftiges Publikum beschränkt hatten, drängten auf den Massenmarkt der kleinen Spargelder und bauten ihr Filialnetz aus. Mit dem Übergang zur bargeldlosen Lohnzahlung und der Schaffung des Salärkontos Ende der sechziger Jahre wandelte sich dieses Netz zu «einer Art Supermarktkette für Bankdienste», was das Vertrauen des breiten Publikums erhöhte.[55] Die Kantonalbank, die sich noch bis in die fünfziger und sechziger Jahre auf der Landschaft vielfach mit nebenamtlichen Einnehmern begnügt hatte, baute ihr Netz ebenfalls aus, während die Regionalbanken von der Mitte der sechziger Jahre an bis 1991 ihre Filialen um die Hälfte reduzieren mussten.[56] Insgesamt nahm die Zahl der Bankniederlassungen im Kanton von 270 (1955) auf 751 (1985) zu.

War das solide, aber ertragsschwächere Inlandgeschäft die Basis, so wurden die internationalen Geschäfte zur Quelle der enormen Gewinne der Branche seit den sechziger Jahren. Der Anteil der Auslandaktiven hatte auch bei den Grossbanken bis 1960 kaum mehr als einen Viertel ausgemacht; in den folgenden 15 Jahren stieg er sprunghaft auf mehr als 50 Prozent an, um sich seither auf diesem Niveau zu stabilisieren. Das gefestigte Vertrauen in das wirtschaftliche Wachstum in Europa, die Stabilität der Währungen, der Abbau von Devisenkontrollen und Handelsbeschränkun-

Mit dem Verwaltungszentrum «Üetlihof» lagerte die Schweizerische Kreditanstalt – ähnlich wie andere Grossbanken – Arbeitsplätze an den Zürcher Stadtrand aus (insgesamt 3000), da die alten Standorte um Bahnhofstrasse und Paradeplatz kaum mehr Expansionsraum für die gewaltig wachsenden Finanzinstitute boten. (Aufnahme während der Bauzeit, 1984)

gen leiteten in den sechziger Jahren eine Internationalisierung der Finanzbeziehungen ein, in die sich Schweizer Banken nach Kräften einschalteten. Die Zahlen der Beschäftigten, der Banken, der Umsatzwerte stiegen sprunghaft an. 1971 waren 46 ausländische Banken in Zürich vertreten, 1991 nahezu 100, rund die Hälfte derartiger Niederlassungen in der Schweiz. Insgesamt verfünffachten sich die Beschäftigten der Finanzdienstleistungen von 1950 bis 1990. Der Kanton Zürich vermochte seine führende Position in der Schweiz stetig auszubauen. Im Jahr 1985 waren ein Drittel der landesweit Beschäftigten der Bankbranche und über 30 Prozent des Versicherungspersonals in Zürich tätig. Die Wertpapierumsätze konzentrierten sich noch weitaus stärker dort. Zwar waren auch 1991 kaum neun Prozent der Erwerbstätigen des Kantons in den Finanzdiensten tätig. Doch reicht die wirtschaftliche Bedeutung vor allem der Banken weit darüber hinaus, lag doch deren Wertschöpfung um mehr als das Doppelte über dem Durchschnitt aller Branchen.[57] Nach eigener Angabe erbrachte der Finanzplatz um 1985 rund 31 Prozent der Stadtzürcher Steuereinnahmen, mehrheitlich Abgaben der Firmen, ansonsten Steuern der Gehaltsempfänger.[58]

Der Finanzplatz konzentrierte sich in höchstem Mass in der Stadt und dort noch einmal im engen Raum der Zürcher City, wo über 70 Prozent der Erwerbstätigen, mehrheitlich Pendler von auswärts, ihrer Arbeit nachgehen. Die Knappheit des Raums führte zu einer unerhörten Steigerung der Bodenpreise und zunehmendem Druck auf angrenzende Quartiere, wohin die Finanzinstitute auswichen. Platzmangel hat einige Banken inzwischen veranlasst, einen Teil ihrer technischen Dienste, die nicht im Kundenkontakt stehen, aus der City zu verlegen. Der 1980 eröffnete «Üetlihof» der Schweizerischen Kreditanstalt (SKA) in Wiedikon fasst nicht weniger als 3000 Arbeitsplätze. Gleichzeitig beharren die Banken, die sich kräftig in den Immobilienmarkt eingekauft haben, auf ihren innerstädtischen Expansionswünschen. Der von ihnen beanspruchte Raum verdoppelte sich von 1975 bis 1986 nahezu; für die nächsten fünf Jahre sah ein Bankenexperte 1987 einen nochmaligen Raumzuwachs von über 40 Prozent auf die Stadt zukommen.[59] Kaum mehr als fünf Prozent dieses zusätzlichen Raums gedachten die Banken in der Agglomeration zu belegen.

In der zweiten Hälfte der sechziger Jahre hatte ein Wechsel an den Bankspitzen stattgefunden, während zugleich die Geschäfte auf den Finanz-

Ein Vertreter der Schweizerischen Bankgesellschaft erläutert 1984 am Modell die Umbaupläne der Grossbank in der Zürcher Altstadt (Augustinergasse).

märkten im Zug wachsender Internationalisierung den Charakter veränderten. «Damals wurde eine Führungsmannschaft abgelöst, zu deren Erfahrungsschatz die Restriktionen infolge der Weltwirtschaftskrise und die Kriegswirtschaft gehörten und die durch den Zwang der Umstände eher bürokratisch dachte und handelte.»[60] Nachdem der Wiederaufbau der europäischen Wirtschaft vollzogen war, verloren industrielle Investitionen eher an Anziehungskraft. Die in den späten sechziger Jahren einsetzenden Turbulenzen im internationalen Währungssystem, die Freigabe der Wechselkurse 1971, hohe Inflationsraten und schliesslich die Ölkrise 1973, die einen enormen Rückfluss von «Petrodollars» aus den ölproduzierenden Staaten auslöste, gaben der Finanz- und Devisenspekulation und Kreditgeschäften mit Drittwelt-Ländern ein wachsendes Gewicht. Sensationell wie die Gewinne konnten auch die Verluste sein, wie etwa 1977, als die SKA infolge krimineller Transaktionen in ihrer Filiale Chiasso einen Milliardenverlust erlitt. Dass sie dies verkraftete, erhöhte eher noch ihr Prestige.

Seit jener Zeit ist der Finanzplatz wiederholt ins Gerede gekommen. Neben den alten, vielfach kritisierten Instituten, schob sich während der Hochkonjunktur der achtziger Jahre ein neuer Typ von Finanzabenteurer in den Vordergrund, als dessen prominenter Vertreter der Zürcher Werner K. Rey kurzzeitigen Ruhm gewann. Ungemütliche Dimensionen nahm sein Aufstieg an, der sich zwischen Zürich, Genf, London und der Karibik vollzog, als er 1986 das Presseunternehmen Jean Frey AG erwarb und damit die Kontrolle über die angesehene «Weltwoche» sowie das Wirtschaftsjournal «Bilanz» gewann, wo fortan kritische Berichte über seine Person nicht mehr toleriert wurden.[61] Sein skrupelloses Geschäftsgebaren brachte ihn 1991 dennoch zu Fall. Manche Kritiker wollten im Verhalten der alteingesessenen Banken ähnliche Züge wahrnehmen und sprachen von «Casinokapitalismus».[62] Andere erinnerten daran, dass die Zürcher Banken in Verbindung mit der Exportindustrie gross geworden seien, während sie sich mit der Hinwendung zur Finanzspekulation auf ein ungewohntes, in Zukunft unter Umständen höchst riskantes Gebiet begeben hätten.[63] Ob denn noch «zwischen dem Inland- und dem Auslandgeschäft ein angemessenes Verhältnis bestehe», fragte ein Zürcher Bankier alter Schule, der 1916 geborene Hans Vontobel, der 1978 vor der «Fata Morgana eines noch geräumigeren Finanzplatzes» warnte.[64] «Kapitalzuflüsse ungeahnten Ausmasses», denen keine «renditemässig akzeptablen Investitionsmöglichkeiten im Inland» mehr entsprachen, wurden prompt auf die internationalen Märkte zurückgelenkt. Die Herkunft der Gelder entzieht sich der öffentlichen Kontrolle.

Nach der Chiasso-Affäre und weiteren in der Öffentlichkeit kritisierten Vorfällen hatte die Sozialdemokratische Partei der Schweiz (SPS) 1978 eine «Bankeninitiative» lanciert, die eine Einschränkung des Bankgeheimnisses und mehr Kontrollen verlangte. Sie kam erst im Mai 1984 zur Abstimmung und wurde überaus hoch verworfen. Auch im Kanton Zürich, der einen leicht überdurchschnittlichen Ja-Stimmen-Anteil aufwies, stimmten keine 30 Prozent zu (Schweiz: 27 Prozent). Die Banken hatten mit Nachdruck die Kunde verbreitet, hier sei ein Anschlag auf das goldene Eier legende Huhn abzuwehren. Das in der Nachkriegszeit gewachsene Vertrauen des Publikums überwog alle Einwände. Inzwischen durchläuft die Branche eine Phase der Konzentration und Rationalisierung, als deren spektakulärstes Ergebnis Anfang 1993 die Schweizerische Volksbank ihre Selbständigkeit einbüsste. Die verbliebenen, noch grösser gewordenen «Grossen» rüsten sich, um der immer schärferen, rund um die Uhr und weltweit tätigen Konkurrenz entgegentreten zu können.

## Zum Forschungsstand

Von den wirtschaftlichen Sektoren ist die Landwirtschaft mit Abstand am besten dokumentiert: siehe LANDWIRTSCHAFT IM INDUSTRIEKANTON; WEHRLE, Agrargeographische Untersuchungen; MEIER, Landwirtschaft im Oberland; eine Studie über Küsnacht: HERRMANN, Bauern im Wandel; eine unkonventionelle Festschrift des Zürcher Bauernverbandes: CATRINA, Landwirtschaft.

Schlecht dokumentiert sind Industrie und Gewerbe, für die jeder Überblick fehlt; siehe zum Zürcher Oberland: BRUGGER, Regionale Ungleichgewichte, S. 343ff.; gehaltvoll und hervorragend illustriert: PFRUNDER, Sulzer-Areal (1992); den Niedergang der Giesserei in Rüti schildert Ueli Burkhard, «Ende Feuer» in der Joweid, in: HEIMATSPIEGEL, Januar 1985; die Industriereportagen von Markus MÄDER, Made in Switzerland, Zürich 1988, behandeln auch einige Zürcher Unternehmen; ironisch-kritisch: DIE BÜHRLE SAGA; anregend, doch allzu knapp: DÜRRENBERGER, Moderne Stadt.

Zur Entwicklung der Dienstleistungen in der Stadt Zürich BOPP, Versorgungslage Agglomeration Zürich; DÜRRENBERGER, Moderne Stadt; für den Detailhandel: Fritz HEEB, 100 Jahre LVZ, Zürich 1978; BECK, Shopping-Center; Alfred HÄSLER, Das Abenteuer Migros, Zürich 1985; Vinzenz WINKLER, Coop und Migros. Genossenschaften in Konkurrenz und im Wandel der Zeit, Chur/Zürich 1991.

Zum Finanzplatz, neben DÜRRENBERGER, allgemein und nationalökonomisch: Franz RITZMANN, Die Schweizer Banken. Geschichte – Theorie – Statistik, Bern 1973; Markus Würth, Finanzplatz Schweiz: Eine Beurteilung unter Berücksichtigung regionaler Aspekte, in: DISP, Nr. 93 (1988); einige Daten für Zürich, aus Bankensicht, bei SCHILDKNECHT, Finanzplatz Zürich; sehr kritisch dagegen STREHLE, Bankgesellschaft.

## Anmerkungen

[1] Siehe AS 219, S.31
[2] Zum Anstieg der Erwerbsquote trug auch eine verbesserte Statistik bei (erst ab 1960 erfasste man die Teilzeitarbeit).
[3] Einige aktuelle Daten in: SBZ 1992, Heft 4, S. 20ff.
[4] 1950 stellten Frauen 47,8% der Erwerbstätigen im 3. Sektor, 23,6% im 2. Sektor; Daten 1991 in: SBZ 1992, Heft 4, S.15
[5] Ende 1992 wurde die Schliessung von drei der fünf landwirtschaftlichen Schulen empfohlen (NZZ, 9.12.1992, S.49)
[6] Ein Überblick aufgrund der Landwirtschaftszählung 1990, in: NZZ, 17.11.1992, S.57
[7] LANDWIRTSCHAFT IM INDUSTRIEKANTON, Karte S.189 und 210ff.
[8] HERRMANN, Bauern im Wandel, u.a. S.100, 104; zum folgenden S.173ff.
[9] Henner Kleinewefers, in: CATRINA, Landwirtschaft, S.90
[10] 1960 Anteil der Ausländer (zu 90% Männer) 39,6% (SQ 344, S.2)
[11] Anteil der Frauen unter den gelegentlichen Arbeitskräften: 1939 43%, 1955 64,4%, 1980 59,1%, 1990 55,4%. Allerdings wirft auch die wechselnde statistische Zuteilung Probleme auf (siehe Hinweis in: SQ 319, S.49*).
[12] Siehe Regula VOLKART-FÜRRER, Räumliche Spezialisierung der landwirtschaftlichen Produktion in einer städtischen Region, Diss. Zürich 1982, S. 88; WEHRLE, Agrargeographische Untersuchungen, S.15ff.; CATRINA, Landwirtschaft, S. 9ff.; BECK, Stadt und Land
[13] Weiningen wies 1980 75% Wegpendler unter den wohnhaften Erwerbstätigen auf (SHB 1987, S. 105); zu Küsnacht: HERRMANN, Bauern im Wandel, S. 45f.
[14] BRUGGER, Regionale Ungleichgewichte, S. 337

[15] SHB 1987, S.142; AS 213, S.10 (Viehzählung 1988)
[16] MEIER, Landwirtschaft im Oberland, S. 37, 94
[17] Nach SHB 1987, S. 130
[18] LANDWIRTSCHAFT IM INDUSTRIEKANTON, S. 34
[19] Siehe NZZ, 26.9.1990, S. 68
[20] NZZ, 26.9.1990, S. 68
[21] 1955 hatte nur der Kanton Zug einen kleinen Vorsprung gegenüber Zürich, 1980 Basel-Stadt und Schaffhausen, siehe Betriebszählung 1955 (SQ 319, S. 69*) und Landwirtschaftszählung 1980 (SQ 671, S. 102).
[22] So der Nationalökonom Henner Kleinewefers, in: CATRINA, Landwirtschaft, S. 75
[23] Michel Roux, Umweltrelevantes Handeln von Landwirten. Wie hauptberufliche Landwirte der Kantone Zürich und Thurgau die Umweltprobleme der Landwirtschaft beurteilen, Bern 1988, S. 6, 26ff.
[24] STATISTISCHES JAHRBUCH DER SCHWEIZ 1993, S. 190; auch Rätus FISCHER, Der andere Landbau, Zürich 1982
[25] CATRINA, Landwirtschaft, S. 150
[26] Siehe Bericht in: TAGES-ANZEIGER, 12.4.1980
[27] Zur Entwicklung der Baubranche: Adrian Knoepfli, in: SCHWEIZ IM WANDEL, S. 259ff.
[28] DISP, Nr. 104, S. 32ff., Zitat S. 32
[29] Zur MFO siehe JAUN, Management, S. 285ff.; zur Fusion mit BBC: Werner CATRINA, BBC: Glanz, Krise, Fusion: 1891–1991, Zürich 1991, S. 120ff.
[30] Ueli Burkhard, «Ende Feuer» in der Joweid, in: HEIMATSPIEGEL, Januar 1985
[31] Siehe Georg BAUMBERGER, Die Geschichte der Wagons- und Aufzügefabrik Schlieren, Schlieren 1986
[32] FLUBACHER, Werner K. Rey, S. 189ff.
[33] Zum ganzen Vorgang PFRUNDER, Sulzer-Areal
[34] Presseberichte vom Januar 1993; NZZ, 26.6.1992, S. 53

[35] So ein Bericht in: TAGES-ANZEIGER, 4.2.1993, S. 2
[36] REAL, Stadtplanung, S. 33
[37] DIE TAT, 18.7.1953, Die Aussichten des schweizerischen Supermarket
[38] So bei LVZ/Coop, wo daher 1966 erst in 87 von 157 Filialen Selbstbedienung bestand (Fritz HEEB, 100 Jahre LVZ, Zürich 1978, S. 17); in Winterthur erst ab 1956, nach langem Widerstand (TAGES-ANZEIGER, 19.6.1993, S. 23)
[39] Siehe Artikelsammlung SSA (95.2 ZA 2 und 95.3 ZA 2)
[40] DIE TAT, 1.7.1957
[41] Zur Entstehung des Glatt-Zentrums: BECK, Shopping-Center, S. 79ff.
[42] NEUE ZÜRCHER NACHRICHTEN, 10.8.1974
[43] Siehe NZZ, Nr. 4498, 24.10.1967 und TAGES-ANZEIGER, 18.10.1968
[44] Man beachte das Scheitern der Initiative der «Republikaner» gegen das «Lädelisterben», die 1980 eingereicht, 1983 aber als aussichtslos zurückgezogen wurde.
[45] Botschaft des Bundesrates über die Initiative «zur Sicherung der Versorgung mit lebensnotwendigen Gütern und gegen das Ladensterben», in: BBL 1982, Band 3, S. 305f.
[46] Siehe z.B. KÜSNACHT, S. 79f.; systematische Analysen hierzu bei BOPP, Versorgungslage Agglomeration Zürich
[47] Siehe LANDBOTE, 26.2.1992, Meldungen über Lindau und Benglen-Fällanden, wobei an letzterem Ort ein Erfolg erzielt wurde (NZZ, 5.6.1992)
[48] Youssef CASSIS, La place financière suisse et la City de Londres, 1890–1990, in: Paul Bairoch und Martin Körner (Hg.), Die Schweiz in der Weltwirtschaft, Zürich 1990, S. 339, 351; siehe den erbosten Kommentar eines SBG-Direktors in: ZÜRICH 1900 UND HEUTE, Zürich 1983, S. 27

⁴⁹ CASSIS, (wie Anmerkung 48), S. 341
⁵⁰ Siehe Youssef CASSIS und Fabienne DEBRUNNER, Les élites bancaires suisses, 1880–1960, in: SZG vol. 40 (1990), S. 259ff.; ferner DÜRRENBERGER, Moderne Stadt, S. 59f.
⁵¹ Siehe SCHWEIZERISCHE BANKGESELLSCHAFT 1862–1912–1962, Zürich 1962, S. 123ff.; Theo KELLER, Leu & Co. 1755–1955, Zürich 1955, S. 254ff.
⁵² CASSIS, (wie Anmerkung 48), S. 342
⁵³ DAS SCHWEIZERISCHE BANKWESEN IM JAHR 1951. Mitteilungen der volkswirtschaftlichen und statistischen Abteilung der Schweizerischen Nationalbank, Heft 35, Zürich 1952, S. 226
⁵⁴ Hans VONTOBEL, Unverbucht. Betrachtungen eines Bankiers, Zürich 1990, S. 18

⁵⁵ Doris REFFERT-SCHÖNEMANN, Schweizer Banken im Wandel, Zürich 1985, S. 8
⁵⁶ Grossbanken: 1960 53 Niederlassungen, 1981 164, 1991 170; Regionalbanken: 1965 142 Niederlassungen, 1991 74. Ein lokales Beispiel in Wetzikon: Ueli Burkhard, Finanzplatz im Oberland, in: HEIMATSPIEGEL, März 1984
⁵⁷ Siehe NZZ, 27.11.1992, S. 35, mit Daten für 1991; ferner ZSN 1988, S. 173ff.
⁵⁸ SCHILDKNECHT, Finanzplatz Zürich, S. 18
⁵⁹ SCHILDKNECHT, Finanzplatz Zürich, S. 39ff.; siehe auch Markus Würth, Finanzplatz Schweiz: Eine Beurteilung unter Berücksichtigung regionaler Aspekte, in: DISP, April 1988, S. 5–12
⁶⁰ REFFERT-SCHÖNEMANN (wie Anmerkung 55), S. 18

⁶¹ FLUBACHER, Werner K. Rey; zum erwähnten Vorfall besonders S. 186
⁶² Siehe beispielsweise die kritische Analyse von Gian Trepp, in: WOCHENZEITUNG, 7.5.1993, S. 25ff.
⁶³ DÜRRENBERGER, Moderne Stadt, S. 58ff.
⁶⁴ Hans Vontobel, Finanzplatz Schweiz, in: NZZ, 24.10.1978

Randspalte S. 380:
¹ NZZ, Nr. 601, 24.12.1972, S. 31

# Bausteine im sozialen Gefüge
## Arbeit, Bildung, Ungleichheit

Wer zu spät kommt, den bestraft das Leben... Hektik in der Zürcher City der sechziger Jahre.

Eine Umfrage unter Maturanden im Kanton Zürich erkundigte sich 1985 nach deren Einstellung zu Arbeit, Beruf, Karriere und Gesellschaft.[1] Die grosse Mehrheit liess eine harmonische Weltsicht mit starker Nähe zu klassisch-liberalen Vorstellungen erkennen: Arbeit erschien aus dieser Sicht als etwas höchst Persönliches, bestimmte aber zugleich die gesellschaftliche Position; sie vermittelte Autonomie und Selbsterfüllung, diente aber auch als Beitrag zum Gemeinwohl. Eine überwältigende Mehrheit sah Arbeit und Beruf ganz zuvorderst unter jenen Kräften, welche die gesellschaftliche Wirklichkeit der Schweiz prägen. Unmittelbar neben diesen nicht weiter überraschenden Befunden stehen indes Anzeichen einer gewissen Distanzierung von überlieferten Idealen: Unabhängig vom Geschlecht befanden die jungen Leute, dass Familie und Freundeskreis eigentlich in der Rangordnung höher stehen müssten. Und die Frage nach der bevorzugten Arbeitszeit im Anschluss an die Ausbildung ergab, dass nur eine Minderheit (34 Prozent der Männer, 25 Prozent der Frauen) eine Vollzeitstelle im bislang üblichen Sinn wünschte. Die übrigen hätten es vorgezogen, auf Teilzeitbasis oder nach individuellem Zuschnitt über die eigene Zeit zu verfügen. Träume von Schulabgängern, die kurz vor der Matura wenig Lust zeigten, bereits die nächste Vollzeitbeschäftigung ins Auge zu fassen? Oder handelte es sich hier um eine ernsthafte Relativierung des bürgerlichen Ideals kontinuierlicher und hingebungsvoller Berufsarbeit, einen «Wertewandel» ausgerechnet in jenem Kreis, aus dem sich die künftigen gesellschaftlichen Eliten rekrutieren?

Umfragen unter Lehrlingen haben vergleichbare Resultate erbracht, wenn auch in deren Wahrnehmung die praktischen Erfahrungen mit Lohn und Arbeit eine grössere Rolle spielen.[2] Die einstmals unerbittlich-fordernde Arbeitsmoral, die den einzelnen vor allem ihre Pflichten gegenüber Familie und Gesellschaft vor Augen hielt, hat im Gefolge des wachsenden Wohlstands und der verkürzten Arbeitszeit Federn gelassen. Kaum mehr nachvollziehbar scheinen heute Bedenken, wie sie noch zu Beginn der sechziger Jahre mit dem Übergang zum freien Samstag geäussert wurden.[3] Die Vorstellung, dass «Müssiggang» zu bösem Tun verleite, sass tief; alle politischen und weltanschaulichen Lager teilten sie, wobei die Träger von Besitz und Bildung mit Sorge auf die vermehrte «Freizeit» der unteren Schichten reagierten, während von dort aus im Gegenzug die Kritik am reichen «Müssiggänger» erschallte. Heute benötigt «Freizeit» keine weitausholenden Rechtfertigungen mehr; sie ist zum Wert an sich geworden, an dessen Massstab auch «Arbeit» vermehrt gemessen wird.

## Im Zuge der Tertiarisierung
### Arbeit, Qualifikation und Geschlechterrollen

Die Welt der Arbeit vollzog sich seit 1945 in einem relativ festgefügten äusseren Rahmen. Am Vorrang kleiner und mittlerer Arbeitsstätten, wo die Beziehungen eher persönlich geprägt blieben, änderte sich wenig. Sogar Kleinstbetriebe mit weniger als zehn Beschäftigten hielten ihre Position: Sie beschäftigten stets knapp einen Viertel aller Erwerbstätigen, insgesamt rund doppelt so viele wie die Grossbetriebe mit über 1000 Personen. Eher bürokratisch-verwaltungsmässig geformte Arbeitsverhältnisse kannte also nur eine Minderheit, wobei daran zu erinnern ist, dass auf der Ebene der Unternehmen die Konzentration kräftig voranschritt.

Der Abbau von Arbeitsplätzen in der Grossindustrie lässt einen weiteren Bedeutungsverlust personalstarker Arbeitsstätten erwarten. Die Mehrzahl grosser Betriebe gehört heute bereits dem Dienstleistungssektor an, konzentriert sich in diesem eher klein- und mittelbetrieblich strukturierten Sektor aber ganz stark auf die Finanzdienstleistungen (Banken und Versicherungen), den öffentlichen Verkehr und das Gesundheitswesen. Was das letztere betrifft, so beschäftigte Mitte der fünfziger Jahre einzig das Kantonsspital Zürich über 1000 Angestellte; 1975 existierten bereits drei Spitäler dieser Grössenklasse mit zusammen 23,8 Prozent aller Beschäftigten, 1985 sechs mit nahezu 8000 Beschäftigten oder 30,1 Prozent der Gesamtheit. Klagen über autoritär-hierarchische Arbeitsverhältnisse haben damit einhergehend zugenommen. Die beherrschende Position der privilegierten und straff organisierten Ärzte, die sich scharf von den unteren Rängen des meist weiblichen Hilfs- und Pflegepersonals abgrenzen, schuf eine latente Konfliktlage.[4]

Quer durch alle Branchen kam es seit 1945 zu einem Rückgang der schweren, einseitig belastenden körperlichen Arbeit infolge der zunehmen-

Beschauliche Arbeitswelt der Vergangenheit: Feier im Büro einer Zürcher Druckerei um 1948.

Für die harte Arbeit in der Eisen- und Stahlgiesserei (hier die Werkstätten der Firma Sulzer in Bülach, 1958) wurden von den fünfziger Jahren an mehr und mehr ausländische Arbeitskräfte eingesetzt. Nach einem Höhepunkt in den sechziger Jahren ging die Zahl der Arbeitsplätze infolge durchgreifender Rationalisierung stark zurück (zwischen 1960 und 1980 um 54 Prozent), und in der Folge führten zahlreiche Betriebsschliessungen dazu, dass diese Branche im Kanton Zürich heute nahezu verschwunden ist.

den Verwendung maschineller Hilfsmittel. Solche Arbeiten, die Kraft und oftmals auch körperliches Geschick erforderten und bisweilen extremen Bedingungen in bezug auf Hitze, Lärm oder Schmutz unterlagen, waren und blieben fast ausschliesslich Männersache. Sie konzentrierten sich im Hoch- und Tiefbau, in einzelnen Bereichen der Schwerindustrie (Eisengiesserei), im Bereich der Hilfsarbeiten von Transport und Lagerhaltung, in einigen Branchen des Gewerbes. Die grösste Einzelgruppe war jene der Bauhandlanger, deren Zahl bis 1970 auf beinahe 10 000 stieg: Parallel dazu ging aber ihr Gewicht in der Baubranche, wo sie 1950 noch fast einen Viertel der Beschäftigten (24,2 Prozent) gestellt hatten, auf nur noch 10,6 Prozent zurück: Konsequenz des wachsenden Einsatzes maschineller Hilfsmittel auch in dieser Branche, so dass sich die einst dichtbevölkerten Baustellen heute dem Auge beinahe menschenleer darbieten. Andere Formen der Schwerarbeit verschwanden, indem ganze Wirtschaftszweige – zum Beispiel die Giesserei – entweder aufgehoben oder ins Ausland verlegt wurden. Die oftmals gesundheitsschädigende harte körperliche Arbeit wurde ab 1950 mehrheitlich Ausländern übertragen, deren Zuwanderung die Investition in kräftesparende Hilfseinrichtungen eher gebremst haben dürfte.

Massenproduktion und Fliessband gehörten nie zu den besonderen Merkmalen von Industriearbeit in der Schweiz; dies schon gar nicht im Kanton Zürich, wo die immer stärker automatisierte Textilindustrie mit ihren in erster Linie angelernten weiblichen Arbeitskräften seit den sechziger Jahren massiv an Beschäftigten verlor.[5] Im Mittelpunkt industrieller Arbeit stand der geschulte (männliche) Facharbeiter, der eine mehrjährige Berufslehre hinter sich hatte. In der Maschinenindustrie und im graphischen Gewerbe spielten diese Arbeitergruppen eine zentrale Rolle. Rund 44 Prozent aller gelernten Arbeiter des Sekundärsektors waren 1970 in diesen beiden Branchen beschäftigt. Die betreffenden Tätigkeiten blieben auch dann noch mehrheitlich in der Hand von Schweizern, als die angelernten Hilfsarbeiten schon längst von Ausländern besorgt wurden. Zudem verstärkte sich von den sechziger Jahren an, mit der Krise der von Frauenarbeit geprägten textilen Branchen, die ohnehin starke Dominanz der Männer, so dass gelernte Industriearbeit heute fast reine Männerarbeit ist.

Bei allen Tendenzen zur Rationalisierung behielt diese Arbeit eine handwerklich-berufliche Seite, die sich in Materialkenntnis, Präzision der

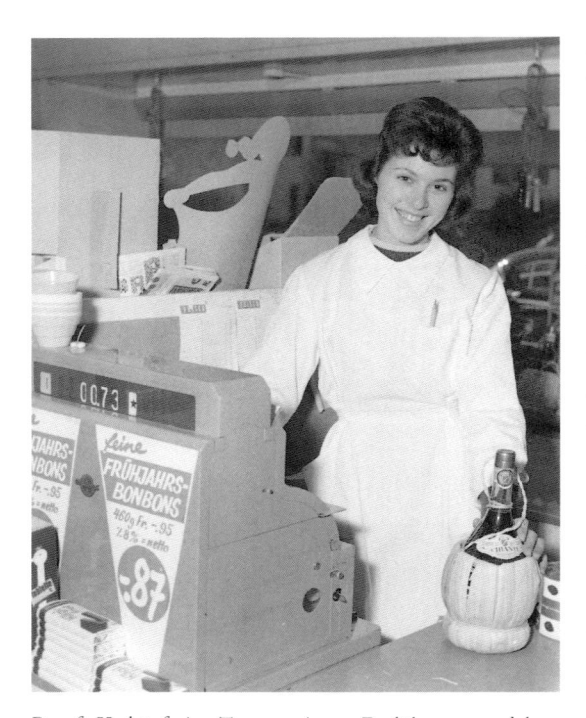

Beruf: Verkäuferin. Trotz geringer Entlöhnung und langer Arbeitszeiten drängten namentlich Arbeitertöchter in den expandierenden Detailhandel; wer hinter dem Ladentisch stand, genoss ein höheres Ansehen als die in der Fabrik Beschäftigten. (Photographie aus den fünfziger Jahren)

Ausführung und einem gewissen Berufsstolz niederschlug. Die seit langem etablierte, nie ernsthaft in Frage gestellte mehrjährige Berufslehre trug dazu bei, solche Züge zu erhalten. Diese berufliche Gesinnung, die ihre Entsprechungen in den Reihen der qualifizierten Angestellten bis hinauf in die Spitzen des Managements hatte, wirkte weit über die Arbeitswelt hinaus; sie bestimmte eine Lebensform und prägte ganze Gemeinwesen. «Die Ausdauer des Facharbeiters und die notwendige längerfristige Investition des Maschinenindustriellen formten eine Mentalität, die in guten Zeiten planerische Qualität förderte und in schwierigen Zeiten nicht zu überstürztem Handeln neigte.»[6] So eine Stimme aus Winterthur, wo mit der Schliessung des alten Sulzer-Werkareals jüngst eine breite Öffentlichkeit den Niedergang dieser industriell geprägten Welt anschaulich erlebte. Die Zahl der gelernten Arbeiter in Industrie, Gewerbe und Bau ging von 1970 bis 1980 um 20 Prozent zurück. Von den sechziger Jahren an begannen die Schweizer auch aus diesen gelernten Berufen abzuwandern (1980: 25,5 Prozent Ausländer).

Während der unmittelbare Umgang mit «Technik» und «Maschinen» in der Industrie seit dem Krieg stärker denn zuvor eine Sache von Männern wurde, förderte der Aufschwung der Dienstleistungen die Beschäftigung von Frauen. Dies galt nicht nur für den Tertiärsektor, sondern auch für die wachsenden Büros in der Industrie, in denen mittlerweile rund ein Drittel der industriell Beschäftigten tätig ist. Noch 1950 waren 43 Prozent aller erwerbstätigen Frauen (aber nur 24,8 Prozent der Männer) als un- oder angelernte Arbeitskräfte tätig, die überall anzutreffen waren, wo besonders monotone und zugleich exakte Routinearbeit zu verrichten war. Auch im tertiären Sektor spielten altertümliche Arbeitsformen, die auf starker persönlicher Abhängigkeit beruhen, nach wie vor eine Rolle: Allein 13 Prozent der erwerbstätigen Frauen lebten als Haushaltshilfen bei einer «Herrschaft».

Seither rückten Frauen massenhaft als «Angestellte» in moderne Arbeitsverhältnisse ein. Im Jahr 1980 waren nur noch 19 Prozent als an- oder ungelernte Arbeiterinnen tätig, 63 Prozent als Angestellte. Ein Bruch mit überlieferten weiblichen Rollenbildern war dafür nicht unbedingt erforderlich.

Viele Dienstleistungen waren aufgrund der verlangten Arbeit offen für Zuweisungen, die sich am Geschlecht der Arbeitenden orientierten: «personenbezogene» Tätigkeiten (Pflege, Beratung, Unterricht, Arbeiten mit Kundenkontakt) gingen in stärkerem Mass an Frauen über, während «sachbezogene» Arbeiten eher bei Männern verblieben. Das Büro liess sich eher mit konventioneller Weiblichkeit vereinbaren als Technik und Fabrik.

Die «Verweiblichung» der untergeordneten Dienstleistungsarbeit erfuhr eine Beschleunigung durch den Übergang zum Teilzeiterwerb, der sich in einigen dieser Branchen durchsetzte. Produktionstechnische Hindernisse für die Einrichtung von Teilzeitstellen bestanden hier weniger als in der Industrie. 1991 gehörten 87 Prozent aller Teilzeitstellen, deren Zahl seit 1960 um beinahe das Achtfache gestiegen war, dem Tertiärsektor an. Und fast die Hälfte aller erwerbstätigen Frauen, hingegen nur zwölf Prozent der Männer, arbeiteten in Teilzeit. Von den 1985 bis 1991 neu entstandenen Vollzeitstellen entfielen über 80 Prozent auf Männer, von den neuen Teilzeitstellen fast drei Viertel auf Frauen.[7] Stärker als früher bleibt Frauenarbeit – besonders nach der Heirat – an die Existenz von Teilzeitstellen gebunden. Der Lohn ist bei diesen Stellen im allgemeinen eher tief, und sie bieten geringe Karrierechancen. Wenig deutet bisher darauf hin, dass auch Männer im Sinn einer neuen Arbeitsteilung zwischen den Geschlechtern vermehrt Teilzeitstellen annehmen oder sich gar aktiv für die Schaffung solcher Stellen einsetzen. Was Umfragen ebenfalls zeigen: Das Modell des Teilzeiterwerbs von Frauen stützt eher traditionelle Familienverhältnisse, indem es den Frauen erleichtert, die Belastungen von Erwerb und Familie unter einen Hut zu bringen. Die Männer voll erwerbstätiger Ehefrauen bauen die Mithilfe im Haushalt eher wieder ab, wenn die Partnerin eine Teilzeitstelle annimmt.[8]

Tiefgreifende Trennlinien zwischen den Geschlechtern, die mit vielfachen Benachteiligungen der Frauen einhergingen, sind ein Merkmal von Berufsausbildung und Arbeit geblieben. Junge Frauen wählten und wählen, obwohl sie in der Schule häufig bessere Leistungen erbringen, anspruchslosere Berufe aus einem engeren Spektrum als die jungen Männer und erleiden in der Ausbildung erst noch mehr Misserfolge.[9] In der Arbeitswelt trat unauffällige Abwehr an die Stelle der aggressiven Kampagnen, die sich

Seit den sechziger Jahren haben in der Arbeitswelt der Büros tiefgreifende Änderungen stattgefunden. Gegenüberliegende Seite: die Kontokorrentbuchhaltung der Schweizerischen Kreditanstalt, 1949. Links die Wertschriftenabteilung der Zürcher Kantonalbank, 1990.

noch in den dreissiger Jahren gegen die kleine Schar von Frauen in qualifizierten Tätigkeiten gerichtet hatten. Wo Frauen die überlieferten Grenzen überschritten, setzte es gelegentlich Konflikte ab, wie dies etwa bei der Zulassung zum Fahrdienst in den städtischen Verkehrsbetrieben der Stadt Zürich 1978/79 der Fall war.

Der grosse Gewinner im Prozess der Umwälzungen in der Arbeitswelt seit dem Zweiten Weltkrieg war das Büro. Heute dürfte eine Mehrheit der Erwerbenden dort tätig sein. Eine Welt der schallschluckenden Teppichböden, des Kunstlichts, der ewig ungeliebten Klimaanlagen und kaum beliebteren Grossraumbüros, der Kaffeemaschinen und Kopiergeräte, der Bildschirme und summenden Computer hat seit den sechziger Jahren die oftmals einfachen und beengten Verhältnisse, wie sie besonders in der Industrie verbreitet waren, abgelöst. Gleichförmig wie von innen wirken die Arbeitsstätten von aussen, auch wenn eine postmoderne Architektur neuerdings einen scheinbar grösseren Formenreichtum realisiert. Die Namen der Firmen lassen oftmals kaum mehr erahnen, was dort «hergestellt» wird. Dem entspricht der Charakter der Arbeit, die abstrakt-symbolisch mit Zahlen und Informationen zu tun hat. Das «Produkt» ist wenig greifbar; unzählige «Bürowitze» spielen damit oder spiegeln eine von aussen kommende Kritik am «Büromenschen», dem Standardtypus des Erwerbenden in der Dienstleistungsgesellschaft.[10]

In Büros arbeiten auch die meisten hochqualifizierten Berufsleute, deren Zahl seit 1945 weitaus stärker zugenommen hat als jene der Bevölkerung. Dies gilt für die sogenannten freien Berufe (Ärzte, Rechtsanwälte) ebenso wie für die Wirtschafts- und Betriebswissenschafter oder die technisch-naturwissenschaftlichen Spezialisten (Ingenieure, Techniker, Chemiker, Informatiker), bei denen es sich zumeist um Angestellte handelt. Die Mehrzahl dieser Positionen blieb – vor allem wenn eine Leitungsfunktion damit verbunden war – in Männerhand, was erleichtert wurde durch den Umstand, dass Frauen vergleichsweise selten solche Qualifikationen erwarben. Dies galt besonders für das technisch-naturwissenschaftliche Spezialistentum der Ingenieure und Informatiker, wo die konventionellen Geschlechterbilder den Frauen im Weg standen. Dort, wo «heilen und helfen» eine Rolle spielten (Medizin), wo es bevorzugt um Kommunikation ging (Journalismus) oder wo gestalterische und ästhetische Momente eine Rolle spielten, kamen Frauen ein wenig leichter zum Zug. Nahezu vollständig verschlossen blieben ihnen bis heute die Spitzenränge von Prestige und Bildung an den Hochschulen, wo ständisch geschlossene Männerkreise den Ton angeben.[11] Dasselbe gilt für die Kommandostellen der Finanzinstitute oder der wichtigen Industrieunternehmen.

Auch wenn seit dem Zweiten Weltkrieg der bis dahin übliche Eheverzicht für Frauen in qualifizierten Berufen – zum Beispiel für Lehrerinnen – dahinfiel, blieben die Bedingungen der Karriere stark auf männliche Lebenswege zugeschnitten. Stilprägend für die «Männerwelt» der hochqualifizierten und leitenden Tätigkeiten blieb der Umstand, dass berufliche Positionen auf dieser Ebene im allgemeinen so zugeschnitten sind, dass sie stillschweigend eine zweite Person voraussetzen, welche durch den Unterhalt der häuslichen und emotionalen Infrastruktur die Karriereleiter des Hochleisters stützt. Damit funktioniert die geschlechtliche Zuweisung der Positionen auch dort, wo keine direkte Diskriminierung im Spiel ist. Männliche Direktoren und leitende Angestellte sind fast ausnahmslos verheiratet; die wenigen Frauen in vergleichbarer Position mehrheitlich ledig oder geschieden.[12] Ähnliches gilt für die politische Karriere von Frauen: 22

von 40 Gemeinderätinnen im Zürcher Stadtparlament waren 1992 ledig oder geschieden (55 Prozent); unter ihren 85 Kollegen galt dies nur für 20 (23,5 Prozent).[13]

## Die Jahre des grossen sozialen Aufstiegs

Der Umbau der industriellen Klassengesellschaft mit einem bis in die fünfziger Jahre noch spürbaren bäuerlichen Anteil in die tertiarisierte Gesellschaft der Gegenwart löste eine gewaltige soziale Mobilität aus. Zwar fehlt es an Anzeichen, dass die gesellschaftlichen Hierarchien sich darob abgeflacht hätten; doch wechselte eine beispiellos hohe Zahl von Menschen ihren Ort in jener Pyramide, mit deren Bild man die Rangordnung von Macht und Ansehen in unserer Gesellschaft gern veranschaulicht. Genaue Daten über diese sozialen Verschiebungen liegen nicht vor, so dass man sich mit einigen skizzenhaften Überlegungen behelfen muss.

Für eine verstärkte soziale Umschichtung sorgte die erwähnte Verschiebung zwischen den Sektoren, wobei die Betroffenen dies mehrheitlich als Aufstieg erlebten, um so mehr, als gleichzeitig die Realeinkommen kräftig stiegen. Der Arbeitsmarkt bot derart viele Chancen, dass auch der Zwang, eine selbständige Existenz aufzugeben, viel von seiner sozialen Schärfe verlor. Dies galt namentlich für die Bauern. In der Hügel- und Bergzone des Oberlands sah sich eine Minderheit, die wenig Anteil an der allgemeinen Wohlstandssteigerung hatte, zeitweilig ziemlich an den Rand gedrängt. In den Agglomerationen entwickelten die Landwirte spätestens ab 1960 ein bemerkenswertes Geschick zur Nutzung ihrer Chancen. Manche wandelten sich zu Immobilienverwaltern; andere sattelten ins Transport- oder Baugeschäft um, betrieben Reitställe für eine wohlhabende Kundschaft in den expandierenden Vororten oder übernahmen – als bescheidenere Lösung – Gemeindearbeiten.[14] Die jüngere aus der Landwirtschaft abwandernde Generation wandte sich zunächst noch der gelernten oder angelernten Fabrikarbeit zu, bevorzugte dann aber immer stärker Angestelltenberufe.[15] Besonders beliebt waren traditionellerweise schon seit dem 19. Jahrhundert der Besuch von Unterseminar und Lehramtsschulen als Weg in die Lehrberufe.[16] Fabrikarbeit verlor auch als Zusatzerwerb für Angehörige bäuerlicher Familien an Bedeutung.

Warten auf die grenzsanitarische Untersuchung: Ausländische Arbeitskräfte bei der Einreise in Kloten (1980).

Dies hing mit der Einwanderung ausländischer Arbeitnehmer zusammen, die der sozialen Mobilität einen starken Anstoss gaben. Diese Neueinsteiger hatten «ganz unten» anzufangen, wo sie zunächst auch blieben, da die staatliche Ausländerpolitik bis Mitte der sechziger Jahre den Berufs- und Positionswechsel der Zuwanderer zu verhindern suchte.[17] Man wollte die Niederlassung der Fremden, deren Aufenthalt nur als Episode galt, möglichst vermeiden und betrieb zu diesem Zweck eine Politik der «Rotation», die für ein ständiges Kommen und Gehen sorgte. Dies reduzierte die Konkurrenz für die Einheimischen, von denen viele ihre Position verbessern konnten. Die soziologische Forschung prägte für diesen Vorgang, der in den sechziger Jahren einen Höhepunkt erreichte, den Begriff der «Unterschichtung».[18]

In Gewerbe und Industrie rückten Schweizer Arbeiter massenhaft in die Rolle von Vorgesetzten auf, was von den sechziger Jahren an meist mit der Beförderung zum Angestellten verbunden war. Eine Umfrage unter berufstätigen Schweizer Männern in der Stadt Zürich ergab 1969, dass 59 Prozent ihre Laufbahn als Arbeiter begonnen hatten, jetzt aber nur noch 23 Prozent sich in dieser Position befanden. Gross war auch der Anteil der Schweizerinnen, die der schlecht entlöhnten Haus- und Fabrikarbeit den Rücken kehrten und als untere Angestellte in den expandierenden Detailhandel oder ins Büro wechselten. Dort waren sie ein wenig besser bezahlt und genossen mehr Ansehen als in der Fabrik.

Solche Veränderungen der sozialen Position vollzogen sich auch während der Hochkonjunktur vorwiegend in kleinen Schritten. Etwas weiter führte der Weg über die Generationen hinweg, obwohl auch dabei grosse Sprünge nur ausnahmsweise vorkamen. Aus der Position eines un- oder angelernten Arbeiters, die noch der Vater innegehabt hatte, gelangten Söhne vorzugsweise in die Position eines gelernten Arbeiters. Gelernte Arbeiter schafften es häufiger, ihre Söhne einen Angestelltenberuf erlernen zu lassen, doch blieb die Barriere zwischen Arbeitern und Angestellten relativ hoch. Jenseits dieser sozial und psychologisch bedeutsamen, nur langsam eingeebneten Grenze führte der Weg der nächstfolgenden Generation dann teilweise auch in Kaderpositionen oder – über den Erwerb höherer Bildung – in die akademischen oder die Lehrberufe.[19] Die Chancen, als qualifizierter Angestellter in eine Leitungsposition zu gelangen, waren in der langen Wachstumsperiode – zumal für Männer – besonders gut; sowohl die Angelernten wie die Frauen spielten als Konkurrenz um die begehrten Plätze in den oberen Rängen eine geringe Rolle.[20]

In besonders hohem Mass veränderte der soziale Aufstieg die Stellung der katholischen Minderheit, deren Benachteiligung als «Bürger minderen Ranges, so eine Art Hintersässen», noch 1950 vom späteren ersten Generalvikar für den Kanton Zürich, Alfred Teobaldi (1897–1977), beklagt worden war.[21] Die Zwischenkriegszeit hatte viele Zuwanderer aus den ärmeren Regionen der Ost- und der Innerschweiz in die Stadt Zürich gebracht, wo sich katholische Familien als Teil der Unterschicht in den Arbeiterquartieren niederliessen. Ein wenig ehrfurchtsvoll, vor allem aber misstrauisch (so Hugo Loetscher in seinem Roman «Der Immune») blickten die Daheimgebliebenen vom Land auf die frischgebackenen Städter im «Sündenbabel» Zürich.[22] Diese Zuwanderer hatten eine langwierige Anpassung zu bewältigen, die bisweilen scheiterte und im sozialen Absturz endete, meist aber eine soziale Besserstellung einleitete, die mit der rechtlichen Gleichstellung der katholischen Kirche 1963 gewissermassen ihre öffentliche Bestätigung erfuhr. Parallel dazu verliessen sie ihre Wohnquartiere in der Altstadt und

Szene an der Zürcher Langstrasse, 1986. Kaum eine Branche beschäftigt derart viele ausländische Arbeitskräfte wie das Baugewerbe; kein anderes Zürcher Stadtquartier weist einen so hohen Anteil ausländischer Wohnbevölkerung auf wie das Langstrassenquartier (1992: 51,2 Prozent).

in Aussersihl, wo eine neue Generation ebenfalls katholischer, nun aber aus Südeuropa stammender Immigranten nachrückte.

Um die Entwicklung zusammenfassend zu charakterisieren: Die einheimischen Erwerbenden wurden von Arbeitern zu Angestellten, die im übrigen immer öfter aus der Stadt fortzogen, um in der Agglomeration Wohnsitz zu nehmen. Seit 1955 sind aus der Stadt Zürich mehr Schweizerinnen und Schweizer abgewandert als neu zugezogen. Ein beträchtlicher Teil der Arbeiterpositionen wurde von Ausländerinnen und Ausländern übernommen. 1970 war die Arbeiterschaft im Kanton zu 44 Prozent ausländischer Herkunft (Un- und Angelernte: 51 Prozent; Gelernte: 29,9 Prozent).

Die angedeuteten Verschiebungen im sozialen Gefüge dauern bis in die Gegenwart an. Sie schufen eine Vielzahl neuer Chancen für Individuen und Familien und lockerten manche der sozialen Verhärtungen und schwer überwindbaren Barrieren zwischen den sozialen Klassen und Schichten, welche noch die Zwischenkriegszeit geprägt hatten. Allerdings verursachten die sozialen Umlagerungen auch Belastungen, indem für viele Menschen die Gewissheiten der sozialen Zugehörigkeit und die Voraussehbarkeit des Lebenswegs einer ungewohnten Offenheit wichen. Zurechtfinden mussten sich die «Aufsteiger»; noch grössere Schwierigkeiten hatten die Zurückbleibenden, vielfach der älteren Generation angehörend, bei denen sich die Sorge breitmachte, sozial ins Hintertreffen zu geraten, während sie sich am Arbeitsplatz und im Wohnquartier mit zuziehenden ausländischen Nachbarn konfrontiert sahen. Aus dieser Konstellation erwuchsen jene sozialen Spannungen, die sich ab Anfang der sechziger Jahre im Protest gegen «Überfremdung» Luft machten.[23] «Fremd» fühlten sich die zugewanderten Südeuropäerinnen und Südeuropäer, anfänglich meist aus Italien stammend, denen Klima, Ernährungsweise und Reserviertheit der Ortsansässigen zu schaffen machten; «überfremdet» fühlten sich viele Einheimische, besonders jene, die selber aufgrund ihrer Bildung und gesellschaftlichen Position zu den Benachteiligten im Land gehörten.

Als Folge der Krise wanderten 1974 bis 1976 Zehntausende von Ausländerinnen und Ausländern in ihre Heimatländer zurück. Von den Verbliebenen erwarben viele die Niederlassung und richteten sich auf einen längeren Aufenthalt in der Schweiz ein, wo sie sich zunehmend in den Kampf

Ein Gewerkschafter wird fremdenfeindlich
Aus der Armut im ländlichen Winkel bei Bachenbülach hatte sich Jakob Meier (1907–1975) zum SBB-Kondukteur und Zugführer hochgearbeitet, als er sich mit der «Invasion» fremder Arbeiter in den sechziger Jahren konfrontiert sah. Der ehemalige PdA-Anhänger, Gewerkschafter und SP-Wähler wurde allmählich zum Fremdenfeind, wie sich sein Sohn erinnert. «Während mein Bruder und ich für Integration und Assimilation plädierten, ja das Vorhandensein des Problems zunächst einmal schlechtweg nicht wahrhaben wollten, wetterte mein Vater von Anfang an gegen die masslos expandierende, nur an den Profit denkende Industrie, gegen den Bundesrat, der nichts unternehme und natürlich im Sold des Grosskapitals stehe, und schliesslich gegen die ‹Tschinggen›, denen er zwar zubilligte, dass sie selber ja gar nicht an der Entwicklung schuld seien, die er aber dann doch immer wieder pauschal angriff. Seine Abneigung beruhte auf Erlebnissen aus seinem Arbeitsalltag (...). Immer wieder kam er nach Hause und referierte darüber, dass heute wieder zwei, drei Züge mit Analphabeten aus Kalabrien oder Sizilien im Zürcher Hauptbahnhof eingetroffen seien, ohne dass sich jemand um die Ankömmlinge gekümmert habe; folglich hätten sich diese auf die Bähnler gestürzt und hilflos stammelnd Auskünfte verlangt, als ob sie Zeit hätten, dafür zu sorgen, dass die ‹Tschinggen› an den richtigen Ort in die richtige Fabrik kämen. Zum Wahnsinnigwerden sei es, wenn so ein ‹Maiser› nicht nur einen, sondern drei, vier Bähnler anhaue, welchen Zug er nehmen und ob er umsteigen müsse. (...)

So wurde mein Vater allmählich, obwohl nach wie vor Gewerkschafter und loyaler SP-Wähler, von der Mentalität her ein Sympathisant von Schwarzenbachs Republikanern, in gewissen Punkten sogar der Nationalen Aktion. Zwar liess er sich von meinem Bruder und mir letztlich das Ja zu den verschiedenen Initiativen ausreden, doch war er zutiefst überzeugt, nur eine Radikalkur könne helfen.»[1]

Junge Arbeiter beim Ausbau der rechtsufrigen Seelinie auf Doppelspur. Stäfa, Mitte der sechziger Jahre.

um soziale Selbstbehauptung einschalteten. Sie nutzten die relative Offenheit des Bildungs- und Sozialsystems, holten Schul- und Ausbildungsabschlüsse nach oder lenkten ihre Kinder, die bereits an die lokalen Verhältnisse angepasst waren, auf entsprechende Bildungswege. Sie erleiden auf dem Arbeits-, Wohnungs- und Bildungsmarkt geringere Benachteiligungen als zum Beispiel in Deutschland, wie ein Vergleich zwischen Zürich und Frankfurt 1978 mit überraschender Deutlichkeit ergab. Die nach Zürich Zugezogenen glaubten aufgrund ihrer Erfahrungen eher an ihre Chancen; sie dachten – in bereits vollzogener Anpassung an ihre Umwelt – individualistischer, verzichteten daher auch häufiger auf gewerkschaftliche Organisation.[24] Jeder und jede Fünfte war 1980 bereits im Kanton Zürich geboren. Probleme gibt es dennoch: Schulschwierigkeiten der Kinder, ungenügende Kenntnis der lokalen Verhältnisse, schlechte Startchancen im Erwerbsleben, woraus eine erhöhte Wahrscheinlichkeit der Vererbung ungünstiger Soziallagen über Generationen hinweg resultiert. Dies macht vor allem den später Zugewanderten zu schaffen, von denen viele aufgrund ihrer Herkunft und ihres Glaubens erhöhte kulturelle Hürden zu überwinden haben. Am stärksten benachteiligt sind junge Ausländerinnen, deren Eltern sie vielfach stark an die Familie binden, um sie vor einer als feindselig empfundenen Umwelt zu schützen.[25]

Im Gegensatz zur Situation vor dem Ersten Weltkrieg, als sich die Zuwanderung aus dem Ausland stark auf die Städte konzentrierte, verteilten sich die Immigranten und Immigrantinnen nach 1945 recht gleichmässig über den ganzen Kanton. Infolge ihrer Beschäftigung in der Landwirtschaft, im Gastgewerbe, auf den Baustellen, in der ländlichen Textilindustrie gewöhnte man sich auch in den Fabrikdörfern und auf der Landschaft allmählich an ihre Anwesenheit. Erst neuerdings, seit den achtziger Jahren, hat die Trennung der Wohn- und Siedlungsräume stärker zugenommen, indem sich ein überdurchschnittlicher Anteil der vom Ausland Zuziehenden in der Stadt Zürich konzentrierte. Dort hat sich die nationalitätenweise Segregation, das heisst die quartierweise Trennung der Wohnlagen, ebenfalls verstärkt, wenn sie auch weniger ausgeprägt ist als in deutschen Grossstädten. In einigen der in starker Umwandlung begriffenen Quartiere am Rand der Zürcher Innenstadt erreicht die ausländische Wohnbevölkerung gegenwärtig einen Anteil von an die 50 Prozent. Die verbliebene Bevölkerung schweizerischer Nationalität ist überaltert, so dass in den entsprechenden Schulhäusern bis zu 80 Prozent der Kinder ausländischer Herkunft sind.

## Der Bildungsboom und die Muster sozialer Ungleichheit

Die Nachkriegsexpansion im Bildungswesen war voraussehbar – und wurde in gewissen Grenzen auch erwartet –, waren doch ab 1939/40 die Geburtenraten kräftig gestiegen. Logischerweise nahmen seit 1948 auch die Schülerzahlen zu; ein Zustrom, der sich von der Primarschule ausgehend durch alle Stufen des Bildungssystems fortpflanzte. Allein von 1947 bis 1957 stieg die Belegung der Primarschulen, die zuvor jahrzehntelang nahezu konstant geblieben war, um 46 Prozent.[26] Auch danach ging das Wachstum verlangsamt weiter, bis 1975 ein Höhepunkt erreicht war. Da sich zugleich die Schwerpunkte der Siedlung in die Agglomeration verschoben, war der Bedarf an Schulbauten enorm. Die vom Ausbau der Schule diktierten finanziellen Belastungen und die Interessengegensätze zwischen Eingesessenen und Zugezogenen wurden vielerorts zum Treibsatz kommunalpolitischer Auseinandersetzungen.[27]

Der eigentliche Ort des Bildungsbooms, der die Erwartungen stimulierte und die Finanzen beanspruchte, war indessen das weiterführende Bildungswesen. Ein wenig verzögert gegenüber der Grundschule, dafür um so nachhaltiger, begann auch an den Mittelschulen das Wachstum. Von 1954 bis 1976 verdreifachte sich die Schülerzahl auf über 12 000; 1981 war mit über 14 000 ein vorläufiger Höhepunkt erreicht. Nur zum kleineren Teil ging diese Zunahme auf die geburtenstarken Jahrgänge zurück. Viel wesentlicher war die Förderung, die Ende der fünfziger Jahre einsetzte. Zur Wahrung der wirtschaftlichen Konkurrenzfähigkeit galt es «Begabungsreserven» auszuschöpfen, die unter den Mädchen, in den schulisch schlecht versorgten Teilen der Landschaft und in den bislang sehr schwach an den Mittelschulen vertretenen unteren sozialen Schichten vermutet wurden.

Die Bilanz dieser Anstrengungen fiel unterschiedlich aus: Am vollständigsten war der Erfolg im Hinblick auf die Gleichstellung der Geschlechter, die zunächst bei den Reformplänen gar nicht im Vordergrund gestanden hatte. Jedoch hatte seit den späten sechziger Jahren ein ganzes Bündel gesellschaftlicher Einflüsse in diese Richtung gewirkt, so dass sehr viele Familien von den neuen Bildungsangeboten auch für ihre Töchter Gebrauch machten. Erwarben die Frauen 1970 knapp ein Fünftel der Maturazeugnisse, so betrug ihr Anteil zehn Jahre später 44,5 Prozent und überholte bis Mitte der achtziger Jahre den Anteil der Männer.[28] Ebenfalls bemerkenswert, wenn auch etwas weniger durchschlagend, fiel das Resultat der Bemühungen aus, die Bildung durch Dezentralisierung der Schulen auf die Landschaft zu tragen. Trotz einer Tendenz zur Angleichung zeigten die Eltern in den einzelnen Regionen und Gemeinden – deren sozialer und wirtschaftlicher Prägung entsprechend – weiterhin sehr unterschiedliche Neigung, ihre Kinder an weiterführende Schulen zu schicken. Dies hing mit dem dritten Aspekt der Bildungskonjunktur zusammen: Es gelang nicht, eine Angleichung der Bildungschancen zwischen den sozialen Schichten in dem von den Reformern erhofften Ausmass herbeizuführen. Am ansprechbarsten erwiesen sich die Familien der expandierenden angestellten Mittelschichten, wo Bildung immer stärker zur Basis der beruflichen Laufbahnen wurde. Im Rennen um die besten Plätze bemühen sich mittlerweile über 40 Prozent eines Primarschuljahrgangs um den Übertritt

Die Mittelschulen sollen wachsen

«Die kantonalen Mittelschulen werden – damit muss die Öffentlichkeit rechnen – in Zukunft (…) erhebliche Mehraufwendungen erfordern», schrieb 1958 der langjährige Direktor am Literar- und Realgymnasium Fritz Hunziker (1886–1960). «Ihre Schülerzahl wird in nächster Zeit noch anwachsen – nicht nur infolge der Geburtenvermehrung, sondern weil die günstigen Arbeits- und Erwerbsverhältnisse, deren sich unsere Bevölkerung zur Zeit erfreut, den Drang nach besserer Ausbildung in Schichten getragen haben, die ihren Nachwuchs bisher andere Wege gehen liessen.

Das ist an sich begrüssenswert, und ist es doppelt, weil nun neue wertvolle und unverbrauchte Kräfte in das akademische Leben einfliessen, es beleben und befruchten. ‹Mittel- und Hochschulen sind›, wie kürzlich in einer Tageszeitung zu lesen war, ‹ebenfalls zu Volksschulen geworden›. Damit sie es im wahren Sinne des Wortes werden und bleiben können, muss der Weg durch diese Schulen den Begabten aus weniger begüterten Volkskreisen weit besser geebnet werden als bisher. Das ‹Stipendium› ist jedes almosenhaften Beigeschmackes zu entkleiden, der Kreis der zu Studienbeihilfe Berechtigten zu erweitern und die Höhe der auszurichtenden Beträge den heutigen Verhältnissen anzupassen.»[2]

Bis weit in die fünfziger Jahre blieb die Zahl der Studierenden an der Universität Zürich bescheiden; der Lehrbetrieb verlief in geradezu familiärer Überschaubarkeit (im Bild: Englisches Seminar, um 1958).

an die Mittelschule; allerdings scheitert mehr als ein Drittel von ihnen an der Aufnahmeprüfung.²⁹ Die Arbeiterschaft verblieb vergleichsweise im bildungsmässigen Abseits, um so mehr als der Anteil der Ausländer stark zunahm. Aus der Unterschicht führen die Wege des Aufstiegs zumeist nur über die Anpassungszeit einer Generation an Mittel- und Hochschulen.

An der Universität nahm die Regulierung von Zugang und Erfolg wiederum eigene Formen an. Dort waren seit Kriegsende, nachdem der Nachholbedarf der Aktivdienstleister abgetragen war, die Studentenzahlen sogar gesunken. Erst Ende der fünfziger Jahre wirkte sich das Wachstum an den Mittelschulen auch auf die Universität aus.³⁰ Die Zahl der Studierenden verdreifachte sich von 1958 bis ins kritische Jahr 1968, als das Gedränge in Vorlesungen und Seminarien bereits ein Thema war. Aus heutiger Sicht mutet die Situation jener Jahre noch vergleichsweise idyllisch an, hat sich doch die Zahl der Studierenden seither kontinuierlich weiter erhöht.

Mit dem starken Anstieg der Studentenzahlen in den sechziger Jahren fanden erstmals auch Arbeiterkinder ein wenig häufiger den Zugang zum Studium; die Masse der neuen Studierenden stammte allerdings aus der breiter werdenden gesellschaftlichen Mitte. Der Frauenanteil an der Universität hatte seit der Mitte der dreissiger Jahre stagniert. Nun stieg er markant von 16 Prozent 1955, was auch im internationalen Vergleich ausserordentlich tief war, auf 44 Prozent 1990/91. Unter den Studienanfängerinnen des Wintersemesters 1990/91 übertraf die Zahl der Frauen sogar erstmals jene der Männer. Allerdings nimmt die weibliche Präsenz in den Hochschulen mit steigender Hierarchiestufe schnell ab. Professorinnen sehen sich auch gegenwärtig noch mit einem Anteil von nur vier Prozent auf eine Randstellung verwiesen. Ähnlich an der ETH, wo erst jüngst Bemühungen einsetzten, an der Einseitigkeit des Lehrkörpers etwas zu ändern.³¹ Die Angleichung der Bildungschancen der Geschlechter setzte sich bisher nur begrenzt in das Feld der beruflichen Möglichkeiten hinein fort, worin die Hochschulen den Chefetagen der Privatwirtschaft und den oberen Rängen der Beamtenschaft gleichen. Da die Frauen auf dem Bildungssektor ihre lange Zeit bezweifelten Fähigkeiten inzwischen mit aller Deutlichkeit unter Beweis gestellt haben, baut sich hier eine Spannung auf, die auf längere Sicht immer wieder Konflikte um die Zuteilung der beruflichen Positionen auslösen dürfte. Die geschlechtsständische Geschlossenheit der einflussreichen Spitzenränge von Bildung, Wirtschaft und Politik wird in Frage gestellt.

Stilwechsel im bürgerlichen Beruf des Gymnasiallehrers: Zwischen den beiden Gruppenbildern an der Mathematisch-Naturwissenschaftlichen Abteilung der Kantonsschule liegt der kulturelle Umbruch der sechziger Jahre (Bild links 1958, rechts 1992).

Nicht nur in bezug auf das Geschlecht führte die relative Demokratisierung der Bildungschancen zum teilweisen Abbau gewisser sozialer und kultureller Barrieren, wo einst in erster Linie die Geburt und erst dann die Leistung gezählt hatten. Der Unterschied tritt bei den klassischen Bildungsberufen mit dem höchsten Ansehen, den Ärzten und den Juristen, deutlich hervor. Beide Gruppen rekrutierten sich schon seit dem späteren 19. Jahrhundert zu einem guten Teil aus den eigenen Reihen. Töchter und Söhne von Ärzten oder Juristen studierten noch bis Mitte der sechziger Jahre des 20. Jahrhunderts annähernd zur Hälfte ebenfalls wieder Medizin oder Recht, um in die Fussstapfen der Väter zu treten.[32] Daraus resultierte eine Geschlossenheit von Berufsstand und Milieu, die sich bruchlos in manche der geselligen Vereinigungen des gebildeten Bürgertums, etwa in die Zürcher Zünfte, fortsetzte, wo ebenfalls mehrheitlich ererbte soziale Positionen Rang und Ansehen garantierten. Die Einstellung der «Freiberufler» zur Bildung blieb denn auch zwiespältig: Im Vergleich zur besonders aufgeschlossenen Mittelschicht der Beamten und Angestellten mochte man die grosszügige Öffnung der akademischen Bildungswege, denen man die eigene Position verdankte, nur bedingt gutheissen.[33] Der starke Zustrom an die Universitäten hat tatsächlich einige Hochburgen bürgerlich-ständischer Privilegien aufgebrochen. Die einst hohe politisch-weltanschauliche Geschlossenheit der Bildungsschicht liess darüber nach. Wo früher nur eine Handvoll versprengter Individualisten (Künstler oder Sozialisten) und das abgesonderte katholische Bildungsmilieu aus dem liberal-konservativen Mehrheitsstrom ausgeschert waren, gehen neuerdings unübersehbare Minderheiten kritischer Juristen oder Ärzte auf Opposition zum berufsständischen Konformismus ihrer vor allem auf Privilegienwahrung erpichten Kollegenschaft. Als Nebeneffekt dieser Auffächerung büssten manche der betreffenden Berufe ein wenig von ihrem sozialen Nimbus ein: Zwar geniessen die Ärzte immer noch mit Abstand das grösste berufliche Ansehen, sie verloren jedoch einiges von ihrem Vorsprung auf andere hochqualifizierte Tätigkeiten.[34] Dies ändert nichts an der jüngst wiederholten «Feststellung, dass vorwiegend Angehörige der oberen sozialen Schichten zu Medizinern ausgebildet werden (Ausnahme: Veterinärmediziner). Noch viel ausgeprägter gilt dies für die Fächer Jurisprudenz und Wirtschaftswissenschaften», Studienwege, die immer mehr zum Eintrittsbillett in die höheren Ränge von Wirtschaft, Politik und Verwaltung wurden.[35]

**Vermögensverteilung von 1934 bis 1987**

Anteile der Steuerpflichtigen (in Prozenten)

|  | 10% | 25% | 50% |  | 100% |
|---|---|---|---|---|---|
| 20,1 | 50,8 |  | 78,2 | 89,5 99,0 | 1934 |
| 18,6 | 44,3 |  | 72,4 | 89,5 97,5 | 1945 |
| 20,8 | 47,1 |  | 73,5 | 85,3 97,3 | 1952 |
| 21,1 | 48,5 |  | 74,3 | 85,3 96,9 | 1959 |
| 20,3 | 46,5 |  | 71,4 | 82,6 95,1 | 1969* |
| 18,8 14,2 | 43,8 37,0 |  | 68,5 61,4 | 79,8 93,1 73,4 88,6 | 1975 |
| 14,9 | 35,7 |  | 59,3 | 71,9 88,6 | 1983 |
| ? | 38,7 |  | 61,8 | 73,9 90,0 | 1987 |

0%   20%   40%   60%   80%   100%

Anteile am versteuerten Gesamtvermögen (in Prozenten)

\* bis 1969 inklusive, ab 1969 ohne Quellensteuerpflichtige

Die Graphik ist wie folgt zu lesen: 1934 besassen 0,1 Prozent der Steuerpflichtigen 20,1 Prozent des gesamten Vermögens; 1987 besassen 25 Prozent der Pflichtigen 90 Prozent.

Die Daten der kantonalen Steuerstatistik zeigen, dass dem wohlhabendsten Viertel der Steuerpflichtigen gegenwärtig um die 90 Prozent des deklarierten Vermögens gehören; früher waren es noch mehr. Die übrigen drei Viertel mussten sich mit dem Rest begnügen. Die absolut Reichsten, das sind 0,1 Prozent der Steuerzahler oder wenige hundert Personen, deklarierten bis in die sechziger Jahre rund einen Fünftel des Gesamtvermögens.

Seither ergaben sich gewisse Verschiebungen innerhalb des Kreises der Vermögenden. Mit dem Aufschwung der achtziger Jahre nahm die Ungleichheit indessen wieder zu. Dem liegt ein langfristiges Muster zugrunde: In Krisenzeiten, so auch während der dreissiger Jahre, geht die Ungleichheit im allgemeinen ein wenig zurück; im wirtschaftlichen Aufschwung nimmt sie wieder zu. Dies widerspricht freilich der Alltagserfahrung, wonach die Ungleichheit jeweils in Krisenjahren (wenn sie real abnimmt) als besonders anstössig erlebt wird. Anders im Aufschwung, wo es allen besser geht, so dass die zunehmende Ungleichheit wenig gespürt wird.

## Zwischen wachsendem Reichtum und «neuer» Armut

Im Jahr 1973, kurz bevor die langdauernde Wirtschaftsexpansion einem vorläufigen Ende zuging, ergab eine Umfrage, dass 40 Prozent der Stimmbürgerinnen und Stimmbürger im Kanton Zürich erhebliche soziale Unterschiede wahrnahmen. Man merke diese Unterschiede – so die kritisch Gestimmten – besonders gut an der Wohnlage, an den Widerständen einer Familie von gehobenem Status gegen eine Heirat nach «unten», an den Chancen, Offizier zu werden, an der Behandlung durch Behörden und Ämter, auch am Verhalten der Lehrer gegenüber den Kindern in der Schule.[36] «Personen aus einfachen Schichten», hält die Untersuchung fest, «fallen soziale Unterschiede (...) paradoxerweise weniger stark auf als den oberen Schichten.» Bei der Frage nach der Berechtigung solcher Ungleichheiten stimmte eine knappe Mehrheit (Männer stärker als Frauen) der Meinung zu, dass Besitz und Verdienst hierzulande gerecht verteilt seien; ein deutlich höheres Mass an Zustimmung zur gegebenen Ordnung, als vergleichbare Umfragen in Deutschland ergaben.

Ein enger Zusammenhang bestand zwischen der erwähnten Ungleichheit der Lebenslagen in bezug auf Arbeit und Bildung und der Verteilung der finanziellen Mittel, deren offenkundiger Mangel in der öffentlichen Meinung immer noch als das klarste Zeichen von «Armut» gilt. Dramatische Veränderungen in der Verteilung der Einkommen und Vermögen waren, soweit in der amtlichen Steuerstatistik erfasst, seit dem Zweiten Weltkrieg keine zu verzeichnen. Einkommen wie Vermögen waren im Kanton Zürich noch ein wenig ungleicher verteilt als im schweizerischen Durchschnitt, was mit dem wirtschaftlichen Entwicklungsgrad des Kantons zusammenhing.[37] Die Empfindlichkeiten angesichts dieser Ungleichheit, ja deren blosse Wahrnehmung, wurden indessen gedämpft durch die Erfahrung langdauernden Wachstums. Das steuerlich deklarierte Vermögen stieg von 6,4 Milliarden 1945 auf rund 100 Milliarden Franken 1987 oder um mehr als das Fünfzehnfache. Das bleibt auch dann imposant, wenn man die wachsende Bevölkerung und die Geldentwertung berücksichtigt. Entsprechend sank der Anteil der Steuerpflichtigen, die überhaupt kein Vermögen deklarierten: zwischen 1945 (62%) und 1959 (57%) ging er nur langsam zurück. Erst mit den sechziger Jahren kam der grosse Umschwung, so dass 1967 eine knappe Mehrheit (50,1%) Vermögen auswies. Seither ist der Anteil der Besitzlosen auf rund 27 Prozent geschrumpft, wobei es sich mehrheitlich um junge Steuerzahlerinnen und Steuerzahler handelte.[38]

Über die Grösse der Besitztümer, die vom Sparheft bis zum Aktienpaket und Immobilienimperium reichen, ist damit noch nichts gesagt. Festzustellen bleibt ein massives Ausmass an Ungleichheit. Diese scheint – unbesehen der unterschiedlichen statistischen Verfahren – um einiges stärker als in anderen entwickelten Industrieländern.[39] Die lange Friedenszeit, die Stabilität der Währung und das Ausbleiben gesellschaftlicher Umwälzungen begünstigten die Anhäufung gewaltiger Vermögen. Ein entsprechendes Erbrecht sorgt dafür, dass in der Abfolge der Generationen die Karten nicht neu verteilt werden. Auch der Haus- und Grundbesitz war weniger verbreitet als in vergleichbaren Ländern: Trotz dem jüngeren Boom im Bau von Einfamilienhäusern stieg der Anteil der Eigentümerwohnungen von 1980 bis 1990 nur von 19,7 auf 20,9 Prozent. Zwar hielt eine Mehrheit laut Umfrage 1982 das eigene Haus für eine besonders gute Geldanlage, nur wenigen schien dies aber realisierbar. «Überspitzt formuliert könnte man sagen: Der Wunsch ist das eigene Haus, die Realität das Sparheft.»[40]

Regional betrachtet wanderte der Reichtum, der noch Anfang der fünfziger Jahre stark in den beiden grossen Städten konzentriert war, allmählich in die Vorortgemeinden ab. Winterthur fiel relativ deutlicher zurück als Zürich, obwohl die Abwanderung der Bevölkerung dort in engeren Grenzen blieb; in der Eulach-Stadt fehlte jene gewinnträchtige Expansion der Dienstleistungen, die Zürich so viel Geld brachte. Auch unter den Vororten der beiden grossen Städte gab es massive Unterschiede: «So waren in Dietikon und Kloten über die Hälfte der Pflichtigen vermögenslos», hielt ein Bericht für 1967 fest, «in Küsnacht und Zollikon dagegen nur ein Fünftel beziehungsweise ein Viertel. Und ein Vermögen von 100 000 Franken oder mehr versteuerte in Adliswil und Schlieren nur etwa jeder Zwanzigste, in Küsnacht und Zollikon aber fast jeder Dritte.»[41] Im übrigen war, was die amtliche Statistik nicht aufzeigt, das Produktivvermögen noch stärker konzentriert: Laut einer jüngeren Umfrage haben trotz des gewachsenen Wohlstands nur etwa zwölf Prozent der Bevölkerung Anteil am Aktienbesitz, so wenig wie in kaum einem anderen Industrieland. «Wertpapiere im weiteren Sinn» besitzen rund 28 Prozent.[42] Die Masse des Produktivvermögens gehört einer kleinen Zahl von Familien; Näheres über Grösse, Zusammensetzung und Entwicklung dieses Kreises ist nicht bekannt.

Solange Jahr für Jahr imposante Zuwachsraten zu verzeichnen waren, verschwand die Ungleichheit der Einkommen und Vermögen weitgehend aus dem Kreis der politisch brisanten Themen. Dass ein Teil der älteren Generation nicht auf Rosen gebettet war, konnte als bekannt vorausgesetzt werden. Die Aufstockung kantonaler Ergänzungsleistungen zur Alters- und Hinterlassenenversicherung (AHV) fand in der Volksabstimmung jeweils höchste Zustimmung. Mit der Rezession der siebziger Jahre gewann die sehr gedämpfte Debatte um solche Fragen allerdings neue Seiten. Dies nicht in Form einer Diskussion um die Konzentration des Reichtums, wie sie der radikalere Flügel der Sozialdemokratie vergebens anzustossen suchte. Weniger konflikträchtig war die Beschäftigung mit den in besonderem Mass vom Wohlstand ausgeschlossenen Gruppen, auf welche sich die Aufmerksamkeit von Sozialarbeit und Fürsorge konzentrierte. Die damit angesagte Wiederentdeckung der «Armut» kam überraschend für eine Öffentlichkeit,

Ironisch polemisierend hat 1972 eine Arbeitsgruppe an der ETH Zürich «Göhnerswil» (benannt nach dem Generalunternehmer, der zu jener Zeit eine rege Wohnbautätigkeit in der Agglomeration entwickelte) und den «Wohnungsbau im Kapitalismus» aufs Korn genommen. Die Veröffentlichung des gleichnamigen Buches, dem diese Bilderfolge entstammt, löste eine heftige öffentliche Kontroverse aus.

**Der Bauunternehmer...**
Villa von Ernst Göhner in Risch am Zugersee

**...seine Mieter...**
Göhner-Siedlung "Sunnebüel" in Volketswil bei Zürich

**...seine Arbeiter.**
Fremdarbeiterbaracken der Göhner-Firma Igéco AG in Volketswil

die sich mit der Floskel von der «Wohlstandsgesellschaft» eingerichtet hatte und materiellen Mangel allenfalls bei Bergbauern oder Fremdarbeiterfamilien vermutete.

Dabei scheint es, dass Armut – über kurzfristige, konjunkturbedingte Schwankungen hinaus – neuerdings wieder im Zunehmen begriffen ist. Sie war allerdings in der Nachkriegszeit und bis weit in die fünfziger Jahre sehr viel verbreiteter als heute. Doch was zählte die Obdachlosigkeit infolge des Wohnungsmangels nach Kriegsende im Vergleich zu den Sozialverhältnissen in den vom Krieg verwüsteten Nachbarländern?[43] Eine Untersuchung über kinderreiche Familien zu Beginn der fünfziger Jahre wies auf die niedrigen Einkommen in diesem Bevölkerungskreis hin. «Bedeutungsvoll ist

Die Nationalökonomin und Sozialstatistikerin Käthe Biske (1900–1982) an ihrem Arbeitsplatz im Jahr ihrer Pensionierung 1965. Sie stammte aus einer russisch-jüdischen Familie, die 1902 wegen ihres sozialistischen Engagements nach Zürich emigrierte. Nach dem Studium der Nationalökonomie fand sie jahrelang keine ihrer Qualifikation entsprechende Arbeit: Als Frau, Sozialistin und Jüdin war sie von mehrfacher Benachteiligung betroffen. Zu Beginn des Zweiten Weltkriegs bot ihr die «Zürcher Zentralstelle für Kriegswirtschaft» eine Chance, und 1949 trat sie eine Stelle als wissenschaftliche Mitarbeiterin beim Statistischen Amt der Stadt Zürich an, für das sie – noch über ihre Pensionierung hinaus – wertvolle Studien erarbeitete, die sich insbesondere mit der Situation der Frauen befassten.

dabei die Tatsache, dass die Einkommensverhältnisse in der Regel desto ungünstiger sind, je kinderreicher die Familie ist.»[44] Ebenso verbreitet war Armut unter den Alten, infolge der anfänglich mehr als bescheidenen AHV, unter den ausländischen Arbeitnehmerinnen und Arbeitnehmern, unter geschiedenen oder verwitweten Personen (mehrheitlich Frauen).

Der Sozialstaat ignorierte vor allem jene Problemlagen, die traditionellerweise im Sinn der moralischen Selbstverschuldung gedeutet worden waren. So oblag es geschiedenen oder alleinstehenden Frauen, die Kinder zu unterhalten hatten, sich selber um die Eintreibung der ihnen zustehenden Alimente zu kümmern. «Für jedes vierte Kind aber werden die Alimente nur teilweise bezahlt, nämlich für 2300 Kinder von 1600 Müttern, und für jedes sechste Kind werden die Alimente überhaupt nicht bezahlt», ergab eine Untersuchung in der Stadt Zürich 1971, welche die Einrichtung einer städtischen Alimentenbevorschussung empfahl. «Gleich wie dem Wehrmann, der Militärdienst leistet, sollte auch der auf sich gestellten Mutter, die ihre Kinder betreut und erzieht, ein ausreichender Lebensunterhalt gewährleistet werden», befand die Statistikerin Käthe Biske (1900–1982).[45] Die «alte» Armut der industriellen Klassengesellschaft unterschied sich gelegentlich nur wenig von der «neuen» Armut einer unübersichtlicher gewordenen Gegenwart.

Im Juni 1987 überwies der Kantonsrat ein Postulat an die Regierung, «Ausmass, Ursachen und Folgen der Armut im Kanton Zürich» erforschen zu lassen, wie dies in verschiedenen anderen Kantonen bereits geschehen war. In einer Momentaufnahme von 1988 erhielt die Öffentlichkeit nun genaueren Einblick.⁴⁶ Der Anteil «einkommensschwacher» Personen betrug, je nach Grenzziehung, zwischen 3,6 Prozent (Einkommen entsprechend dem AHV-Minimum) und 14,1 Prozent (aktuelle Grenze für kantonale Beihilfen); mit zehn Prozent war realistischerweise auf jeden Fall zu rechnen, wobei die «Caritas Zürich» im Frühjahr 1993 kritisierte, die Grenze für Einkommensschwäche sei «unverantwortlich tief angesetzt». Bei realitätsnäherer Betrachtung seien rund zwanzig Prozent der Menschen im Kanton Zürich «einkommensschwach».⁴⁷ Relativ waren die alleinerziehenden Mütter am härtesten betroffen, von denen fast 38 Prozent mit einem Einkommen leben mussten, das Rentner in der Stadt Zürich zum Bezug von Ergänzungsleistungen berechtigte. Unter den Behinderten galt dies für einen

Armut in der Wohlstandsgesellschaft: Notwohnungen in Dübendorf, 1963.

Fünftel, unter den Rentnern für 15 Prozent, unter den Familien mit Kindern – im Gegensatz zu früher – nur noch für vier Prozent. Das Risiko, in Armut abzusinken, hing mit den Möglichkeiten zusammen, einer vollen und kontinuierlichen Erwerbstätigkeit nachzugehen; hinzu kommen die speziellen Probleme von Randgruppen (Obdachlose, Suchtabhängige). Die Vermögenssituation verdeutlicht, dass nach wie vor die «ärmere» Hälfte der Zürcher Bevölkerung «in der Regel keine oder nur sehr geringe Rücklagen» aufweist.⁴⁸

Die Armut hat seit dem 19. Jahrhundert mehrfach ihr Gesicht geändert. War bis gegen 1860 das Bild von der frühindustriellen Massenarmut bestimmt, die aus verbreitetem Mangel an Erwerbsmöglichkeiten und der Ausnutzung sozial wehrloser Unterschichten erwuchs, so litt auch in der Folgezeit ein Grossteil der Bevölkerung unter niedrigsten Einkommen, was ganze Familien (samt Kindern) zum Erwerb zwang. Als Antwort auf diese Situation setzte sich im ausgehenden 19. Jahrhundert allmählich das Leitbild des «Ernährerlohns» durch, aufgrund dessen die Nöte der frühindustriellen Vergangenheit unter gleichzeitiger Festigung der väterlichen Dominanz nach bürgerlichem Vorbild behoben werden sollten: ein Beitrag zur Minderung sozialer Not wie zur Erhöhung gesellschaftlicher Stabilität. Die Idee wurde im Lauf des 20. Jahrhunderts ein Stück weit Realität. In der Nachkriegszeit gelangte sie zu später Blüte, was stabile familiäre Beziehungen und langdauerndes wirtschaftliches Wachstum, die damals gegeben waren, voraussetzte. Neuerdings wird diese Lösung von mehreren Seiten in Frage gestellt. Zum einen ist das Wachstum seit den siebziger Jahren

Nebenverdienst für Pensionierte: Vertragen von Zeitungen im Morgengrauen.

zurückgegangen; zum anderen aber – und dies dürfte wichtiger sein – liess die Integrationskraft der Familien und die Anziehung des traditionellen Familienmodells nach. Infolgedessen traten die Lücken einer Sozialversorgung, die unausgesprochen auf diese Kräfte baute, deutlicher zutage.

Ein Teil der Bevölkerung vermag bei den gestiegenen Anforderungen bezüglich Bildung und kontinuierlicher Leistungsfähigkeit kaum mitzuhalten. Die Armutsstudie von 1988 bezweifelt, ob das bereits diskutierte Konzept eines erwerbsunabhängigen, garantierten Mindesteinkommens (von dessen Realisierung keine Rede sein kann) die Problematik beheben könnte. «Offen und kaum diskutiert ist (...) die Frage, wie gross derjenige Teil der Armutsbevölkerung ist, dem mit einer solchen rein administrativen Unterstützung nicht oder nicht genügend geholfen werden kann, weil die tatsächlichen Ursachen der Schwierigkeiten nicht die finanziellen Probleme sind, sondern die mangelnden Fähigkeiten, mit den Anforderungen des Lebens in einer komplexen Gesellschaft fertig zu werden.»[49] Anders ausgedrückt: Die technisch-produktiven und die menschlich-sozialen Möglichkeiten der Gegenwart klaffen auseinander, so dass den Gemeinden wachsende soziale Aufgaben zufallen, denen sie nur mit Mühe gerecht zu werden vermögen.

# Zum Forschungsstand

Die gewandelte Einstellung zur Arbeit ist das Thema von Lalive d'Epinay, Arbeit (1991); siehe ferner Beck, Zürcher Maturanden (1988); zahlreiche Impressionen hierzu bei Momentaufnahmen (1986), einer Sammlung von Gesprächen mit Mitarbeitern des Zürcher Gaswerks. Zur Arbeitswelt siehe auch die Beiträge im Handbuch Schweizer Volkskultur (1992); die Erwerbsarbeit von Frauen wurde neuerdings öfter untersucht, ein soziologischer Überblick bei Höpflinger, Familienleben und Berufsarbeit (1991).

Die soziale Mobilität im Kanton ist kaum erforscht; einige knappe Angaben für die Schweiz bei René Levy, Die Schweizerische Sozialstruktur, 3. Auflage, Zürich 1982; etliches findet sich in den zahlreichen Untersuchungen über ausländische Arbeitnehmer, namentlich beim Zürcher Soziologen Hoffmann-Nowotny (1973 und 1981), bei Braun, Italienische Arbeitskräfte, bei Gurny, Berufsleben; zur Abwanderung aus der Landwirtschaft ein anschaulicher Bericht über das Stadtzürcher Quartier Witikon in der Nachkriegszeit in Beck, Stadt und Land; ferner Herrmann, Bauern im Wandel; zu den grossen Aufstiegschancen in technischen Berufen siehe für Absolventen des Technikums Winterthur: SBZ 1972, Heft 3, S. 109ff.

Grunddaten zum gut aufgearbeiteten Bildungswesen finden sich in Die Zürcher Volksschule 1832–1982; Die Zürcher Mittelschulen 1833–1983; Die Dezentralisation der Zürcher Mittelschulen 1950–1982, Bildungsstatistische Berichte, Heft 23/24, Zürich 1983; darstellende Texte von Kronbichler, Kantonsschulen; Bandle, Biografie einer Schule; siehe auch Walther Rupli, Mittelschule im gesellschaftlichen Wandel. Die Winterthurer Kantonsschulen 1962–1987, Winterthur 1987; eine neuere Festschrift (Die Universität Zürich) orientiert über die Hochschule. Einstellungsdaten der Zürcher Bevölkerung zur Bildung, die auch darüber hinaus von Interesse sind, sammelt Schmidtchen, Bildungspolitik; vorzüglich die langjährige Erhebung von Bernath, Ausbildungsverläufe (1989); zur Situation junger Ausländer und Ausländerinnen siehe Gurny, Berufsleben. Zu den akademischen Berufen existieren kaum Zürcher Untersuchungen, siehe allgemein Kurt Lüscher, Der Beruf des Gymnasiallehrers, Bern 1965; Roger Stupnicki, Die soziale Stellung des Arztes in der Schweiz, Dissertation, Bern 1953 (mit wenigen Angaben für Zürich); teilweise mit Zürcher Material Ulrich Saxer, Journalismus als Beruf, Bern 1981; einen anschaulichen Blick «von unten» auf das Metier der Mediziner gewährt eine Rückschau auf 40 Jahre Assistenz am Physiologischen Institut: Gehret, Universität Zürich.

Zur Ungleichheit der Einkommen und Vermögen sind die Daten der Staatssteuerstatistik (regelmässig in SMZ publiziert) sehr wertvoll; bezüglich der Armut im Kanton die neuere Studie von Farago, Armut; allgemeiner René L. Frey (Hg.), Der Sozialstaat unter der Lupe: Wohlstandsverteilung und Wohlstandsumverteilung in der Schweiz, Basel 1988.

# Anmerkungen

[1] Beck, Zürcher Maturanden, besonders S. 56f., 93ff.
[2] Lalive d'Epinay, Arbeit, S. 98ff.
[3] Siehe Pfrunder, Sulzer-Areal, S. 107f.
[4] Zum Hintergrund dieser Entwicklung siehe Alfred Fritschi, Schwesterntum. Zur Sozialgeschichte der weiblichen Berufskrankenpflege in der Schweiz 1850–1930, Zürich 1990
[5] Hanhart, Arbeiter in der Freizeit, S. 239, fragt (1960) auch nach einigen Aspekten der Arbeitssituation.
[6] H.P. Bärtschi, Denkmalpflege im Sulzerareal?, in: Winterthurer Jahrbuch 1992, S. 26f.
[7] SBZ 1992, Heft 4, S. 9f.; allgemein zur Teilzeitarbeit siehe Ulla Kilchenmann, Flexibel oder flexibilisiert? Chancen und Fallen der Teilzeitarbeit von Frauen, Zürich 1992
[8] Höpflinger, Familienleben, S. 56
[9] Siehe Bernath, Ausbildungsverläufe, S. 95
[10] Anschaulich hierzu Marianne Fehr (Hg.), Leben, Lieben, Leiden im Büro, Zürich 1991
[11] Zum Hindernislauf, den karrierebereite Frauen bisweilen zu absolvieren haben, siehe die Schilderung bei Ursula Niggli, Habilitationsverfahren als Zermürbungstaktik. Fakten, Analysen und Dokumente eines Habilitationsverfahrens an der Phil. I-Fakultät der Universität Zürich in den Jahren 1985–1990, Zürich 1990

[12] Siehe A. Blochet-Gardet u.a., Les femmes cadres en Suisse: un défi à l'égalité professionnelle, in: Schweizerische Zeitschrift für Soziologie 1/1987, S. 29–46
[13] Statistisches Jahrbuch der Stadt Zürich 1992, S. 276
[14] Siehe Meier, Landwirtschaft im Oberland, S. 49f.; Herrmann, Bauern im Wandel, S. 87ff., 211f.; Wehrle, Agrargeographische Untersuchungen, S. 31; Beck, Stadt und Land, S. 166f.
[15] René Levy, Die schweizerische Sozialstruktur, 3. Auflage, Zürich 1982, S. 62, mit Schweizer Daten für 1971
[16] Siehe Mittelschulstatistik 1968, Heft 1, S. 26
[17] Siehe Hoffmann-Nowotny, Ausländer, S. 11ff.; Braun, Italienische Arbeitskräfte
[18] Hoffmann-Nowotny, Fremdarbeiter, S. 51ff.; folgendes Beispiel dort, S. 70
[19] Levy (wie Anmerkung 15), S. 62
[20] Ein Beispiel sind die Absolventen des Technikums Winterthur: SBZ 1972, Heft 3, S. 109ff.
[21] Alfred Teobaldi, zit. nach: Altermatt, Katholizismus, S. 188; siehe auch Küsnacht, S. 92
[22] Siehe Hugo Loetscher, Der Immune, Zürich 1988, S. 61ff.
[23] Grundlegend hierzu Braun, Italienische Arbeitskräfte; Zahlen im Überblick 1950–1980 in: SHB 1987, S. 58f.

[24] Siehe Hoffmann-Nowotny, Ausländer, S. 460ff.
[25] Siehe Schulstatistik 1988, Heft 1, S. 6f. (Ausländeranteil nach Schulzweigen 1976–1987); Gurny, Berufsleben, S. 85ff. zur besonderen Situation der Mädchen
[26] Siehe Die Zürcher Volksschule 1832–1982, S. 32
[27] Ein anschauliches Beispiel bei Aeppli, Maur, S. 264
[28] Die Zürcher Mittelschulen 1833–1983, S. 38; Schulstatistik 1987, Heft 2, S. 11
[29] Schulstatistik 1991, Heft 1, S. 8f.
[30] Die Universität Zürich, S. 95ff.
[31] SBZ 1991, Heft 2, S. 10; zur ETH siehe NZZ, 12./13.6.1993, S. 45 (Anteil Professorinnen 1980: 1%; 1993: 4% oder 14 Stellen)
[32] Soziale Herkunft der Studierenden nach Studienrichtung: Beiträge zur schweizerischen Statistik, Heft 7, Bern 1938, S. 78 (gesamtschweizerisch); für Zürich erstmals 1931/32, in: ZSN 1932, Heft 4, S. 261ff.; Zürcher Wirtschaftsbilder 1946, Nr. 4, S. 135ff.; SBZ 1967, Heft 22, S. 93ff.; Beck, Zürcher Maturanden, besonders S. 30 (leider schlecht vergleichbar mit den älteren Erhebungen)
[33] Schmidtchen, Bildungspolitik, S. 62f., 150f.
[34] Siehe Umfrageergebnisse 1978/1988: Inside, 1/1989, S. 8
[35] Beck, Zürcher Maturanden, S. 30

[36] SCHMIDTCHEN, Bildungspolitik, S. 31 f., 51 f. (Zitat); ähnlich für 1983, mit Unterscheidung nach Geschlecht, die bei Schmidtchen unterlassen wird: INSIDE, 3/1983, S. 9
[37] Kantonale Einkommensverteilung 1975/76, in: SCHWEIZERISCHE ZEITSCHRIFT FÜR VOLKSWIRTSCHAFT UND STATISTIK 1984, S. 206 f.
[38] Angaben nach Staatssteuerstatistik (publiziert in SMZ); allerdings wird hier ein etwas überhöhter Rückgang der Vermögenslosigkeit vorgetäuscht, indem quellensteuerpflichtige Ausländer nach 1967 nicht mehr inbegriffen waren. Dies erklärt z.T. den jähen Rückgang von 49,9% Vermögenslosen 1967 auf nur noch 34,8% 1969. Immerhin setzte sich der Rückgang auch danach, als der Anteil der Niedergelassenen kräftig anstieg, fort.

[39] Daten für die BRD bei Peter A. BERGER, Entstrukturierte Klassengesellschaft, Opladen 1986, S. 186; siehe auch Freddy FEDERLE, Vermögenspolitik in der Schweiz. Die Verteilung des Vermögens – Möglichkeiten einer breiteren Streuung, Diss. St. Gallen, Winterthur 1978, S. 27 ff.
[40] Wohnungszählung 1990, in: SBZ 1993, Heft 1, S. 30; Zitat: INSIDE, 3/1982, S. 9
[41] Staatssteuerstatistik 1967, in: SBZ 1968, Heft 1, S. 63
[42] Siehe NZZ, 21.6.1991; Zitat Hans VONTOBEL, Unverbucht. Betrachtungen eines Bankiers, Zürich 1990, S. 21
[43] Siehe ZÜRCHER WIRTSCHAFTSBILDER 1945, Heft 1, mit Daten zur Obdachlosigkeit
[44] ZÜRCHER WIRTSCHAFTSBILDER 1953, Heft 4, S. 145

[45] STATISTIK DER STADT ZÜRICH 1974, Heft 69, S. 65, 58; zu Käthe Biske siehe den Nachruf in: NZZ, 1.10.1982, S. 50
[46] Siehe FARAGO, Armut, besonders S. 23 ff.
[47] TAGES-ANZEIGER, 14.5.1993, S. 21
[48] FARAGO, Armut, S. 27
[49] FARAGO, Armut, S. 53

Randspalten S. 395, 397:
[1] Peter MEIER, Stationen. Erinnerungen an Jakob Meier, Zugführer SBB, Zürich 1977, S. 42 f.
[2] 125 JAHRE KANTONSSCHULE ZÜRICH. Geschichte, Behörden und Lehrer der letzten 25 Jahre, 1933–1958, Stäfa 1958, S. 53 f.

# Leben in der Wohlstandsgesellschaft
## Siedlung und Wohnen, Konsum und Familie

Der Traum vom eigenen Wagen: Diese Volkswagen-Reklame aus den späten fünfziger Jahren sagt einiges über die damals vorherrschende Geschlechterordnung aus…

Nie zuvor verfügte die Mehrheit der Haushalte und Familien über derart hohe Einkommen und einen solchen Spielraum, diese auszugeben, wie in der jüngsten Vergangenheit. Die Folge war eine lawinenartige Verbreitung sowohl dauerhafter als auch vergänglicher Konsumgüter sowie eine Veränderung des Lebensstils, der bis dahin für die grosse Mehrheit und bis weit in die Reihen des Mittelstands hinein von einer Ökonomie der Knappheit bestimmt worden war, wo es stets zu haushalten und zu rechnen galt. Der grosse Wendepunkt waren die sechziger Jahre, als der alte Traum vom Überfluss kurz vor der Realisierung zu stehen schien.

### Wohnen und leben in der Agglomeration

Als zentraler Aspekt der Leistungs- und Konsumgesellschaft der Gegenwart zeichnet sich eine vielgestaltige Kultivierung des Privaten ab, das einen nie dagewesenen Stellenwert gewann, während die öffentlichen Räume im ruhelosen Verkehr, der die Inseln der Arbeit, des Wohnens und der Erholung verband, zunehmend aufgerieben wurden.[1] Damit ging ein gesteigerter Stellenwert des Wohnens einher, das angesichts einer unwirtlicher werdenden Umwelt als Hort der Sicherheit und Erholung erschien.

Zu Beginn der fünfziger Jahre suchten Jahr für Jahr über 7000, seit den späten fünfziger Jahren sogar 8000 bis 9000 frisch verheiratete Paare nach einer Bleibe. Das waren fast 50 Prozent mehr als in der Zwischenkriegszeit. Der Realisierung des Wunschziels standen nun bedeutend weniger finanzielle Hindernisse im Weg. Das Heiratsalter, das sich gewöhnlich nur sehr langfristig ändert, sank in den Nachkriegsjahren markant und anhaltend. Namentlich die jungen Frauen konnten gar nicht rasch genug zum Traualtar gelangen, der angesichts des Konkubinatsverbots schwer zu umgehen war. Die Heirat war der Schlüssel zur eigenen Wohnung, die sich alleinstehende junge Leute bis dahin nur ausnahmsweise hatten leisten können, was im Fall der Frauen auch moralische Gründe hatte. «Darf nicht auch eine berufstätige, ledige Frau ihr Reich besitzen? Muss immer das Schlimmste angenommen werden?» So 1954 die Frage einer jüngeren Leserin in der Frauenzeitschrift «Annabelle», die in den Nachkriegsjahren zur wichtigen Ratgeberin in derartigen Fragen aufstieg.[2] Ledige weibliche Büroangestellte, die zu den besser entlöhnten erwerbstätigen Frauen zählten, wohnten nach einer Erhebung von 1957 mehrheitlich bei Eltern, Verwandten oder zur Untermiete; nur etwa jede fünfte verfügte über einen eigenen Haushalt, kaum mehr als Ende der dreissiger Jahre. Reges Interesse fanden neue Wohnideen für Alleinstehende, wie etwa das «Appartementhaus» nach amerikanischem Modell. Ideal aber blieb der möglichst rasche Eheschluss. Mitte der sechziger Jahre waren rund 58 Prozent der Frauen und 35 Prozent der Männer, die heirateten, weniger als 25 Jahre alt. Die Geburtenziffern blieben bis zu diesem Zeitpunkt konstant hoch, die Zahl der Scheidungen stabil auf niedrigem Niveau.

Die fünfziger und sechziger Jahre wurden zum goldenen Zeitalter der Familie, die einer rastlos arbeitsamen, von überaus engen Lebensanschauungen bestimmten Gesellschaft als Sinngeber zu dienen hatte: «Ein Hort unabdingbarer Geborgenheit (...), ein Anker, der sich in keinem Sturm löst», wie der 1911 geborene ehemalige Regierungsrat Albert Mossdorf in seinen Erinnerungen beschwörend festhält.[3] Die «Kleinfamilie», ein von einem Ehepaar (mit oder ohne Kinder) geführter Haushalt, gewann kräftig an Boden. Lebte 1930 rund die Hälfte der Bevölkerung in einem solchen Verband, so waren es 1960 schon 56 und 1980 gar 73 Prozent. 1960 lebten in erweiterten Familienhaushalten mit verwandten oder fremden Personen 28 Prozent, 1980 aber nur noch sechs Prozent der Bevölkerung.[4] Obwohl die «Wohngemeinschaft» seit den späten sechziger Jahren zur zeitweiligen Lebensform junger Leute wurde, änderte dies wenig an der zunehmenden Dominanz des kleinen Familienhaushalts.[5]

Das familiäre Glück suchte man in jenen Jahrzehnten immer häufiger vor den Toren der Stadt. Stadtzürcher Familien mit Kindern begannen schon in den fünfziger Jahren in die Vororte abzuwandern, nachdem sie bis dahin noch die neuen, 1934 eingemeindeten Aussenquartiere bevorzugt hatten, wo der genossenschaftliche Wohnungsbau kurz nach dem Krieg seinen Höhepunkt erlebte.[6] Nun wurde es auch dort schwieriger, ausreichenden (und zahlbaren) Wohnraum zu finden. So gingen breite Schichten zunehmend jenen Weg, den bis dahin nur die Wohlhabendsten gegangen waren, deren Auszug in die stadtnahen Seegemeinden, namentlich Zollikon, Küsnacht und Kilchberg, schon zu Beginn des Jahrhunderts eingesetzt hatte. In den sechziger Jahren erreichte der Zug in die Vororte das Ausmass einer Völkerwanderung. Tatsächlich bestand nur eine geringe Wahlfreiheit; man musste die Wohnung nehmen, wo eine zu bekommen war. Indes wurde dies kaum als Zwang empfunden, bestand doch eine breite Übereinstimmung, wonach die «im Grünen» entstehenden Massenquartiere familien- und kinderfreundlicher seien als die Grossstadt. Diese Auffassung ging – quer durch alle politischen und weltanschaulichen Lager – auf altüberlieferte grossstadtfeindliche Überzeugungen zurück.[7] Die Massenmotorisierung eröffnete Möglichkeiten für die Wahl eines auswärtigen Wohnorts unter Beibehaltung des städtischen Arbeitsplatzes; der zunehmende Strassenverkehr aber bekräftigte wiederum den Eindruck einer kinder- und familienfeindlichen Unwirtlichkeit der Stadt: ein sich selber nährender Kreislauf.

Wie aber lebte man in den Neubausiedlungen? Seit den frühen siebziger Jahren, als die Skepsis gegenüber den Folgen des Wachstums wuchs, setzte eine sozialwissenschaftliche Forschung ein, die sich erstmals etwas systematischer solchen Fragen zuwandte (auch die Universität Zürich hatte spät – 1966 – ein Soziologisches Institut erhalten). Junge Wissenschafterinnen und Wissenschafter machten sich, zumeist im Auftrag der Gemeinden, die ihre Sorgen mit der Verdauung des Wachstums hatten, an die Arbeit. Das «Wohnen im Neubau» und die «Schlafgemeinden» im Grünen, die sich selbst heftig gegen eine solche Etikettierung wehrten, wurden zum interessierenden Thema einer Öffentlichkeit, die sich mit neuen Realitäten konfrontiert sah.[8] Oppositionell gesinnte Geister nahmen den «Wohnungsbau im Kapitalismus» aufs Korn, so eine Arbeitsgruppe an der ETH, deren angriffige Studie über «Göhnerswil» 1972 heftigen Verdruss bei dem bekannten Generalbauunternehmen erregte, dessen Serienbauten weite Landstriche im nördlichen Halbkreis um die Stadt Zürich bestückten.

Unübersehbar war zunächst einmal der erzielte Zuwachs an Wohnraum und Komfort seit 1945. Die Zahl der Bewohner pro Wohnung sank zwischen 1950 und 1990 von 3,4 auf 2,3. Jedem einzelnen (Kleinkinder und Betagte inbegriffen) standen 1980 im Durchschnitt 34 Quadratmeter zur Verfügung, in der Stadt Zürich schätzungsweise sogar 46 Quadratmeter; 1950 dürften es nur etwa halb soviel gewesen sein.[9] Die Wohnungsbelegung war im Durchschnitt in den Städten geringer als im ländlichen Raum, was mit der Verkleinerung der Haushalte infolge der Abwanderung junger

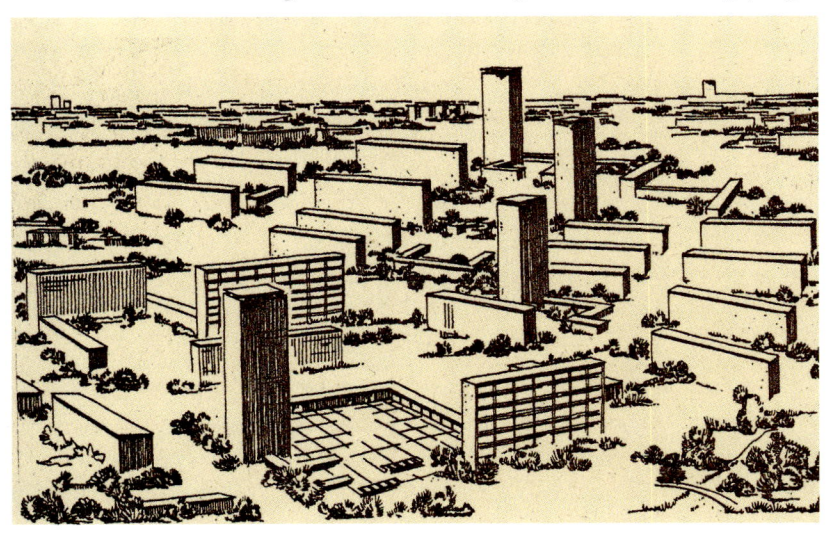

«Zukunftsbild einer Siedlung mit hoher und niedriger Bebauung. Gute Nutzung des Bodens und gleichzeitiger Gewinn von Freiflächen.» Mit diesen Worten und nebenstehender Skizze wurde den Stimmberechtigten der Stadt Zürich im Juli 1955 eine Änderung der Bauordnung empfohlen. Zwischen 1950 und 1960 wurde die monotone Zeilenbauweise der vierziger Jahre in den Massenwohnquartieren am Stadtrand durch eine eher aufgelockerte Bebauung abgelöst. Das zeitweilig als Inbegriff der Modernität gehandelte Hochhaus vermochte sich indes nur vereinzelt durchzusetzen.

Die Perfektion liegt im Detail: Zu Beginn der neunziger Jahre hielten die Zürcher Künstler Peter Fischli und David Weiss Ansichten der Agglomeration in einer Photoserie fest, aus der diese vier Bilder stammen. Gepflegtes «Abstandsgrün» und grossflächig dimensionierte Verkehrsanlagen, welche die Bewohnerinnen und Bewohner zu ihren städtischen Arbeitsplätzen befördern, kennzeichnen diese durch und durch gestalteten, dabei aber höchst gleichförmig wirkenden Wohnwelten.

Familien aus den Zentren zusammenhing: Nirgends war die Zahl der Kleinst-Haushalte so hoch wie dort. Da sich das Wohnungsangebot der Haushaltgrösse nur verzögert anpasste, lebte in der Stadt eine zunehmende Zahl (meist älterer) Einzelpersonen in grösseren Wohnungen, was den Bevölkerungsrückgang in Zürich seit den sechziger Jahren zum grossen Teil erklärt. Zentrumsnahen Quartieren machte allerdings auch die Wohnraumverdrängung durch die expandierende City und deren Büroraumbedarf zu schaffen. In der städtischen Gesamtbilanz nahm dennoch die Zahl der Wohnungen während der ganzen Periode seit 1945 unentwegt zu.[10]

Von 1947 bis 1970 verdoppelte sich der Wohnungsbestand im Kanton, das heisst die Zahl der in dieser kurzen Zeit erstellten Wohnungen übertraf den vorhandenen Gesamtbestand aller vorangehenden Zeitalter. Infolgedessen wohnte die Mehrheit bald einmal in modern ausgestatteten Unterkünften. Wies 1960 noch über ein Drittel der Wohnungen Einzelofenheizung auf, so setzten sich seither Zentral- und Fernheizung vollends durch. Auch das eigene Bad – 1960 fehlte es noch in jeder vierten Wohnung – wurde zur Selbstverständlichkeit. Die Bewohner historischer Stadtzentren oder die Familien von Landwirten, die öfter in älteren und alleinstehenden Häusern wohnten, hatten noch am längsten auf gewisse Komfortverbesserungen, zum Beispiel die Warmwasserversorgung, zu warten, die einst zum Luxusbedarf einer schmalen Oberschicht gezählt hatten.

Noch rasanter schritt die Ausstattung der Haushalte mit dauerhaften Konsumgütern voran. Bereits 1958 galt es «im Bürgertum beinahe als hinterwäldlerisch (...), kein Auto zu besitzen», wie sich ein leitender Angestellter erinnert.[11] Damals noch ein Traum für Zürcher Arbeiterfamilien, auf deren Wunschliste 1960 eine lange Reihe nützlicher Anschaffungen verzeichnet war, darunter – in der Reihenfolge ihrer Dringlichkeit – Kühlschrank, Waschmaschine, Küchenmaschine, Fernseher und dann erst das Auto. Sogar der Kühlschrank, der von diesen Gütern die grösste Verbreitung aufwies, fehlte noch in 44 Prozent der befragten Haushalte.[12] Der häusliche Apparatepark wuchs unaufhaltsam, wobei die Unterhaltungselektronik den arbeitssparenden Küchengeräten auf der Beliebtheitsskala immer mehr den Rang ablief. Der zeitliche Abstand zwischen den wohlhabenden «Pionieren», die sich ein neues Produkt zuerst leisten konnten, und den Nachzüglern verringerte sich. Eine immer breitere Auswahl von Marken, Design und Preisstufen sorgte für subtilere Unterscheidungen, wo anfänglich nur die scharfe Grenze zwischen Haben und Nichthaben bestand. Hatte sich ein Produkt – wie etwa der Fernseher – einmal durchgesetzt, so konnte es gar zum Merkmal «feinerer» Lebensart werden, bewusst auf die Anschaffung eines Mediums zu verzichten, von dem bekanntlich in der Unterschicht der ausgedehnteste Gebrauch gemacht wird. Im Kreis von Familien, deren Kinder die Kantonsschule in Wetzikon besuchten, verschmähte 1988 jede sechste das Fernsehen.[13]

Weitaus langlebiger als die häusliche Ausstattung und Möblierung von Wohnungen, wo sich der modische Wechsel beschleunigte, war die gebaute Umwelt.[14] «Der Schweizer will keine äusserlich uniformierten Häuser, aber die Ansichten und Gewohnheiten des Wohnens sind ohne Zweifel sehr uniform», stellte eine planerische Arbeitsgruppe 1949 fest.[15] Richtete sich eine verbreitete Sehnsucht auf «das Haus in freier Natur, weit weg von allen anderen», so schuf die rationalisierte Massenbauweise der Nachkriegszeit Realitäten anderer Art. Dies galt auch für die Wohnungen selbst, deren Grundrisse durch Konvention und soziale Vorbilder vorgegeben waren. Sie folgten den ungeschriebenen Gesetzen einer Hierarchie der Schichten, der Geschlechter und Generationen, wobei der Spielraum für Eigenwilliges bescheiden blieb. Das Wohnzimmer als grösster Raum dehnte sich mit zunehmendem Wohlstand (auf Kosten der übrigen Zimmer) allmählich aus, was den vorhandenen – oder von seiten der Architekten und Planer vorausgesetzten – Bedürfnissen nach Repräsentation entgegenkam. Zugleich lag dem die gutgemeinte Absicht zugrunde, die einstige Tradition der werktags verschlossenen «guten Stube» zu durchbrechen und die Familien mit sanftem Zwang zur «gemeinschaftlichen» Betätigung zusammenzuführen. Den Tag durch weitgehend unbenutzt, erhielt dieser Raum im allgemeinen die stärkste Besonnung, auf die man im Zeichen gesundheitlich-hygienischer Ideale viel Wert legte. Die am intensivsten genutzten Kinderzimmer, bevorzugt in Schattenlage, waren hingegen am kleinsten.[16] Ein Kinderarzt schilderte 1967 seine Eindrücke aus Neubaublöcken und beklagte, dass trotz des hohen Ausbaustandards «der wichtigste Komfort allerdings fehlt: Raum, viel Raum und noch mehr Raum». «Überall Ecken, überall Möbel, nirgends Raum zum Spielen», lautete sein Fazit für die Kinderzimmer. «Das Bett ist niedrig (...). Vielleicht ist mein Patient sogar in einem Kajütenbett in der oberen Etage.»[17] Das Elternschlafzimmer, nur dem einen Zweck des Schlafens dienend, war dafür stets als zweitgrösster Raum ausgelegt, die Küchen wiederum um so kleiner, in Missachtung der Lebensgewohnheiten breiter Kreise, die nach wie vor weitgehend dort lebten und assen: eine Tätigkeit, die allerdings wenig kultiviert, unter der Woche immer in Eile, wie nebenbei erledigt wurde.[18]

Der Wohlstand kommt

«Wir erkletterten wie andere Familien (...) die Stufenleiter vom sonntäglichen Poulet über den Kühlschrank und die ersten Ferien im Ausland bis zum (...) Besitz eines Autos; Mutter verdiente jahrelang mit, um die wachsenden Ansprüche zu befriedigen. Oft nahm man auch zu Kleinkrediten Zuflucht, um sich etwas Kostspieligeres rascher anschaffen zu können; Vater war zwar im Grund stets gegen solches Schuldenmachen, liess sich von Mutter aber leicht verführen, ein bisschen über die Verhältnisse zu leben.

Ihm selber lag am meisten daran, dass wir eine gut eingerichtete Wohnung hatten, die Kinder (...) etwas rechtes lernen konnten, jedes Jahr schöne Ferien möglich waren und stets reichlich Nahrung auf den Tisch kam. Für sich selber war er anspruchslos bis auf einen Punkt: Er legte äussersten Wert auf eine gepflegte, elegante Garderobe; denn da er werktags in der als unangenehm empfundenen Uniform steckte, liebte er es, in der Freizeit als Herr aufzutreten. (...)

Wer uns damals im kleinen, aber feinen und stets auf Hochglanz polierten Renault-Heck vor einer Fressbeiz vorfahren, aussteigen und bestellen sah, hat sich von der proletarisch-bäurischen Herkunft der Familie sicher nichts träumen lassen und wohl auch den aktuellen Wohlstand weit überschätzt. Vater hatte zwar wegen der kleinen Bluffferei manchmal ein schlechtes Gewissen, machte sie aber doch ganz gern mit, weil es ihm gefiel, inzwischen aus dem Gröbsten herauszusein und die Armut seiner Kindheit, Jugend und frühen Mannesjahre endlich überwunden zu haben.»[1]

411

Leben in Göhners Siedlung – Greifensee
«1971 – der Mietervölkerwanderung an den Busen der Natur schlossen auch wir uns an. Die Stadtwohnung war eng geworden, das Umfeld zu laut. Sehnsucht nach See, Wald, Wiesen, Landwirtschaft, dazu nützlicher Infrastruktur für die Kinder war gross. Greifensee mit seinen Göhnerwohnungen machte es möglich. (...)
  Wer teilte nun eigentlich mit uns das Glück von in die Agglomeration gezogenen Städtern, jetzt Göhnermietern? Die im Greifenseer Telefonbuch aufgeführten, neuen Bewohner waren nach den dort angegebenen Berufsbezeichnungen zu urteilen durchwegs mittelmässig verdienende Mittelklasseschicht mit qualifizierter Berufsausbildung. Glückliche Mütter hüteten ihre Kleinen am Sandhaufen, fütterten am See die Enten und Taucherli und trafen sich zum Schwatz in der Meierwis (...). Gemeinsamkeit war angesagt. Die Türen der Wohnungen öffneten sich sehr leicht, Freundschaften wuchsen schnell, Besuche hin und her und unkomplizierte Begegnungen machten das Leben im neuen Greifensee anfangs sehr beschwingt. Man mochte sich, sogar die Ausländer! (...)
  Die damalige Mustergemeinde wurde im ganzen Land gepriesen, weil neuzeitliches Wohnen und Pioniergeist der Gemeindebewohner beispielhaft waren. Waren muss man schon sagen, denn die Zeit nagte ganz schleichend und fast unauffällig an dem Beispielhaften. Die Parkplätze und sogar Trottoirränder füllten sich mit immer grösseren, teureren, blitzenderen Autos. Mittlerweile fand auch reges Weg- und Zuzügeln statt. Die ehemals ‹Neuen› wurden die ‹Alten› und Neuzuzüger hatten es unvergleichlich schwerer, in das Bestehende, Etablierte einzufliessen. (...)
  In unserem Haus hatte sich der alte Mieterstamm erstaunlich lange gehalten, länger, als in Nachbarhäusern. Aber schliesslich gab es auch in der Nummer 17 einen gewaltigen Mieterrutsch. War's eine Wohlstandsbewegung? Parterre rechts baute ein Haus, Parterre links zog zurück in die Heimat, 1.Stock links: ein besserer Arbeitsplatz war gefunden, 2. Stock rechts: Wegzug in die Eigentumswohnung, 3. Stock rechts: zurück ins Heimatland, 4. Stock links: Geschäftseröffnung mit nahegelegener Wohnung dort, 4. Stock rechts: Hausbau, 5. Stock: Hausbau. Das war Ende der 70er Jahre der Trend, das Eigene.»[2]

Tausende von Wohnungen erhielten solche Karikaturen der berühmten «Frankfurter Küche» aus den zwanziger Jahren. Dieser funktionale Küchentyp hatte die Küchenplanung in Schweden und den Vereinigten Staaten nachhaltig beeinflusst und fand von dort in den fünfziger Jahren als amerikanische «Einbauküche» den Weg zurück nach Europa. Bürgerlichen Vorstellungen entlehnte Leitbilder, gemischt mit oberflächlich übernommenen Konzepten von «Modernität», setzten die Massstäbe. Angestelltenfamilien sprachen eher darauf an als Arbeiter, die an ihrem auf die Wohnküche zentrierten Lebensstil festhielten, sogar wenn dafür gar kein Platz vorgesehen war.[19] Arbeiterfamilien blieben allerdings auch eher in den Altbauzonen der Städte und der kleinen Industriegemeinden wohnhaft als die wachsende Mittelschicht der Angestellten, die Normalbewohner der Neubausiedlungen.

Trotz des vorhandenen Wohnkomforts träumten – und träumen – viele Mieterinnen und Mieter in Stadt wie Vorstadt von noch mehr Wohnraum oder vom eigenen Haus, das allerdings nur für eine Minderheit erreichbar war. «Nach dem Kauf des Hauses», erinnert sich ein ehemaliger leitender Angestellter der «Zürich»-Versicherung, «verspürte ich ein unbeschreibliches Glücksgefühl, und meiner Frau ging es nicht anders. Der einfache Bürger empfindet es als einen Höhepunkt in seinem Leben, wenn er Eigentümer eines Hauses oder einer Wohnung wird. Er empfindet nämlich zugleich Stolz, weil er fortan zu den Privilegierten gehört, und überdies Geborgenheit, da er nicht mehr von einem Vermieter abhängig ist.»[20] Unabhäng sein wollte man nicht nur vom Vermieter, sondern auch von Nachbarn, mit denen – um lästige soziale Verpflichtungen gar nicht erst aufkommen zu lassen – der Kontakt um so eher gemieden wurde, je enger die Verhältnisse waren. Hausbesitzer, die meist auf eine längere Ortsansässigkeit eingestellt waren als die Mieter, zeigten sich gemeinhin kontaktfreudiger. Das Eigenheim befreite zwar nicht unbedingt von den Mängeln schnell und nachlässig hingestellter Neubauten, milderte aber gewisse soziale Konsequenzen, so zum Beispiel im Hinblick auf die schlechte Schallisolierung, die den disziplinierenden Druck auf die Kinder begünstigte. Überhaupt klagte eine überwältigende Mehrheit der Mütter in den Neubausiedlungen über die mässigen bis inexistenten Einrichtungen für Kinder, obwohl doch der familienfreundliche Charakter der Siedlungen in den Werbeprospekten grossgeschrieben worden war. Angesichts der Situation in Fällanden-Benglen um 1980 befanden zwei Sozialpsychologen, «dass in bezug auf die Räumlichkeiten für das Auto besser gesorgt (sei) als für die Kinder und die gemeinschaftlichen Interessen der Bewohner».[21] Das Auto aber diente vorab der täglichen Berufsfahrt der Männer, während deren Partnerinnen vor Ort nur bescheidene Erwerbsmöglichkeiten vorfanden. Die Lebensverhältnisse in der Agglomeration setzten eine traditionelle Arbeitsteilung zwischen den Geschlechtern (berufstätiger Mann und Hausfrau) im allgemeinen stillschweigend voraus und trugen zu deren Bekräftigung bei.

Eine relative Isolation der Bewohner in Alltag und Freizeit, daraus folgende geringe Bindung an den neuen Wohnort und hohe Bereitschaft zum erneuten Wechsel: dies waren Merkmale der grossflächigen neuen Wohnzonen in der Agglomeration. In der rasch gewachsenen Limmattaler Gemeinde Geroldswil zum Beispiel waren am Ende der langen Wachstumsphase drei Viertel der Bewohner seit maximal zehn Jahren ansässig. Von diesen hatte ein Drittel zuvor in Zürich gelebt, wo aber nur 19 Prozent aufgewachsen waren; 38 Prozent kamen aus der Agglomeration, wo aber nur 15 Prozent ihre Kindheit verbracht hatten. Der frühere Wohnort war eben-

**Wegwanderquote von 1975 bis 1980**

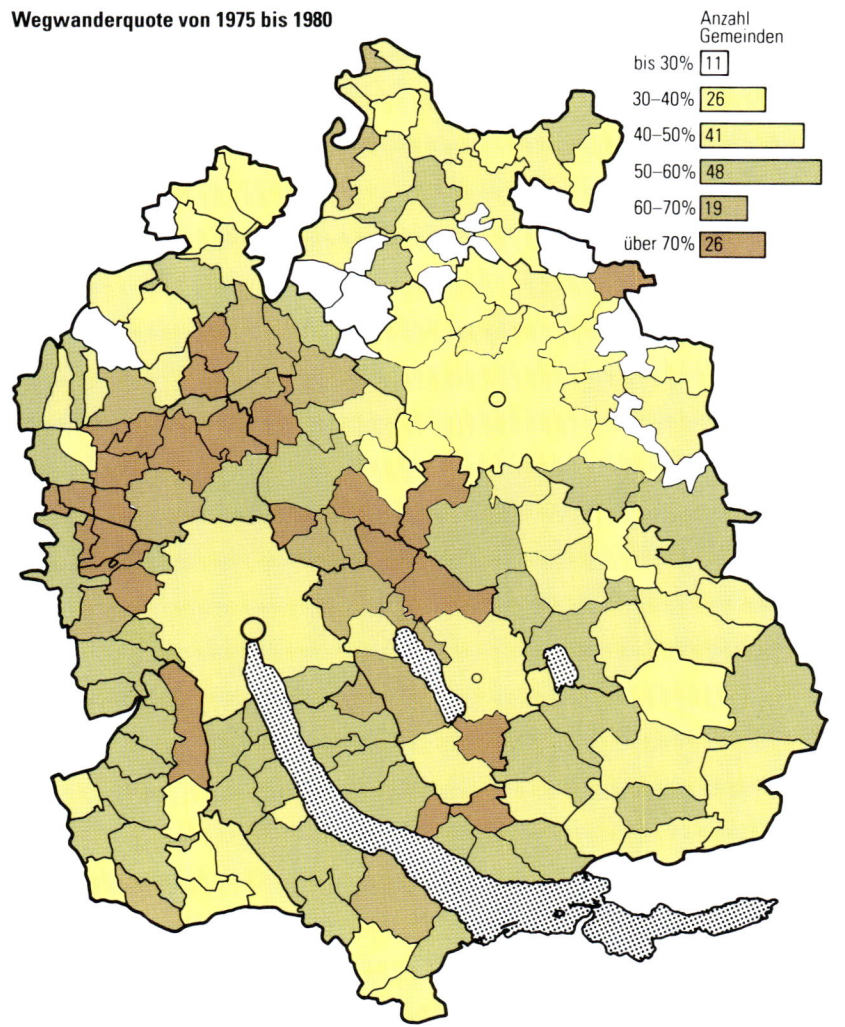

Anzahl Gemeinden
- bis 30% — 11
- 30–40% — 26
- 40–50% — 41
- 50–60% — 48
- 60–70% — 19
- über 70% — 26

Die von der kantonalen Raumplanung erstellte Karte macht ein unaufhörliches Kommen und Gehen sichtbar: Sie zeigt den Prozentanteil der Bevölkerung von 1975, der fünf Jahre später bereits wieder weggezogen war. Die Gemeinden mit der höchsten Abwanderung entvölkerten sich nicht etwa; sie wiesen auch eine besonders hohe Zuwanderung auf.

Die Gebiete mit stark fluktuierender Bevölkerung konzentrieren sich im nördlichen Halbbogen um Zürich, im Limmat- und im Glattal, deren Gemeinden über eine gewisse Anziehungskraft verfügen, zum Beispiel infolge eines ausgedehnten Wohnungsbaus. Indessen mag die Mehrheit der Bevölkerung nicht über längere Zeit dort bleiben, zählt doch diese Region (darunter die Gemeinden westlich der Pisten des Flughafens Kloten) zu den Gebieten mit besonders starken Beeinträchtigungen der Lebensqualität.

falls nur Durchgangsstation gewesen; zwei Drittel der Zuzüger waren ausserhalb des Kantons aufgewachsen.[22] Die jährliche Zu- und Abwanderung in den Wachstumsgemeinden blieb auch nach dem konjunkturellen Umbruch Mitte der siebziger Jahre hoch: nach jeweils fünf Jahren waren in einem weiten Kranz von Gemeinden rund um die Stadt Zürich 60 bis 70 Prozent und mehr der Bewohner schon wieder weggezogen.[23]

In Geroldswil, um nochmals auf diese gut dokumentierte Gemeinde zu verweisen, war ein Drittel der Zuzüger erst nach über einem Jahr oder überhaupt noch nie bei jemandem zu Hause eingeladen worden. Der Aussage, «dass bei uns jeder so sehr nur für sich selbst lebt», stimmte eine Mehrheit zu; unter den Jungen waren sogar 84 Prozent dieser Ansicht. Das Bild der Ortschaft nahm sich in der Sicht ihrer Bewohnerinnen und Bewohner noch «härter» und «städtischer», das heisst leistungs- und effizienzorientierter aus als das von Zürich. Das Unbehagen über die selbstgeschaffene Isolation gehörte zu den wesentlichen Merkmalen der kollektiven Befindlichkeit; selbst in dörflich geprägten Gemeinden oder an der «Goldküste» stimmte eine starke Minderheit der Bevölkerung in diese Klage ein.[24] Die Bewohner kleiner ländlicher Gemeinden erlebten ihren Wohnort in dieser Beziehung zwar positiver als die Agglomerationsbewohner, emp-

**Wir sind gegen Käfighaltung bei Nutztieren**

Die Wohntürme der städtischen Siedlung «Hardau» als Stein des Anstosses: Noch in der Hochkonjunktur geplant, wurde die Anlage mit den vier markanten, bis zu 31 Etagen hohen Wohntürmen und zahlreichen Alterswohnungen 1976 eingeweiht.

fanden ihn dafür aber als besonders ohnmächtig und isoliert im gesellschaftlichen Raum.

Gegen Ende der langen Wachstumsperiode, zu Beginn der siebziger Jahre, als diese Umfragen durchgeführt wurden, waren die Unmutsäusserungen bereits unüberhörbar geworden, Kritik an den entstandenen Wohn- und Lebenswelten war an der Tagesordnung. «Crèmeschnittenhäuser», «hongkongartige Überbauungen», «Baujuristenarchitektur»: der Hochkonjunktur des Bauens folgte jene der Schmähung des eben noch als Inbegriff von Modernität in die Landschaft Gestellten. «Bauen als Umweltzerstörung» lautete kurz und bündig das Fazit des Zürcher Architekten Rolf Keller (1930–1993) in seinem gleichnamigen Buch von 1973, das die gesichtslose Anonymität ebenso wie die chaotische Formlosigkeit der entstandenen Agglomerationen attackierte.[25] Neben die fachlich-ästhetische Kritik an einer Architektur, welche die Formen der klassischen Moderne durch Banalisierung und Wiederholung diskreditierte, trat die Unzufriedenheit der Bewohnerinnen und Bewohner, denen weniger das Äussere ihrer Behausungen als vielmehr die dürftige Infrastruktur, die schlechten Verkehrsverbindungen, die fehlenden Kinderspielplätze, Läden und Gastwirtschaften zu schaffen machten.

## Wachstumskrise – und die Sehnsucht nach Ländlichkeit

Die gebauten Realitäten liessen sich nur bedingt verändern. Der Geschmack indessen hatte sich gewandelt. Die Besitzer vielstöckiger Grossüberbauungen mussten zur Kenntnis nehmen, dass ihre Wohnungen nicht mehr so leicht vermietbar waren wie einst, so dass sich zu ihrer Beunruhigung vereinzelt bereits eine Senkung des sozialen Niveaus abzeichnete. «Viele Erstmieter aus der Zeit der frühen siebziger Jahre sind in luxuriösere Wohnungen weggezogen», berichtete 1989 der Liegenschaftenverwalter der «Winterthur»-Versicherung, welcher die einst von der Göhner AG errichteten achtstöckigen Grossbauten in Greifensee gehören. «Die Nachfrage nach Mietobjekten in Grossüberbauungen liess nach. (…) In Grossiedlungen zu wohnen war nicht mehr ‹in›. Man wollte wieder in kleinen Einheiten zu Hause sein; dabei wurden Häuser mit Satteldächern und mit viel Holz bevorzugt.»[26] Holz und Naturstein verdeckten den verpönten Beton, ländliche Accessoires und frisch eingefärbte Fassaden schmückten monotone Serienbauten, um die kritisierte Anonymität zu überwinden. Kampagnen zur Wiederbelebung ländlicher Formen – «In Greifensee sagt man sich Grüezi» – verfolgten das gleiche Ziel. Ortsbild- und Heimatschutz hatten Hochkonjunktur. Was von der dörflichen Bausubstanz noch vorhanden war, fiel in die Hände der Restauratoren, welche stimmungsvolle Riegelbauten herausputzten, als ob sie neu wären. Das waren sie bisweilen auch, denn der Bedarf an ländlichen Fassaden stieg weitaus stärker als das Angebot an ausgekernten Bauernhäusern. Neugeschaffene Ortszentren versuchten den gesichtslosen «Retortenstädten» einen Bezugspunkt zu geben. «Die Gebäude stehen, nun Leute, gebt ihnen Leben!» So eine verhalten skeptische Stimme aus Oberengstringen, wo man 1979 das «Zentrum» eröffnen konnte, dessen Planung (ursprünglich mit dominantem Hochhaus) weit zurückreichte.[27]

Eine gewisse Konsolidierung der Lebensverhältnisse in der Agglomeration hat sich seit dem Ende der grossen Ausbauphase durchgesetzt. Die Infrastruktur ist zumindest teilweise dem Wohnungsbau gefolgt; das Grün ist gewachsen; die serienmässig höchst rationell errichteten Bauten wiesen nach einer gewissen Zeit vielfach günstige Mietzinsverhältnisse auf (und schon bald einmal wird eine mächtige Welle der Erneuerung von Konjunkturbauten anrollen, womit sich ein gewisser Gestaltungsspielraum öffnet). Ansätze zum «Eigenleben», das zu betonen die Gemeinden sich nicht genug tun können, wurden sichtbar, so im lokalen Vereinswesen, das sich in der Tat rasch entfaltete. Wohlstandsgemeinden verwiesen auch gern auf kulturelle Veranstaltungen. Doch setzte der Mangel an Arbeitsplätzen und Einkaufsmöglichkeiten, der mit einer ruhelosen Mobilität einhergeht, der feiertäglich beschworenen Idee der autonomen Gemeinde Grenzen. Der von aussen kommende Betrachter konstatiert schon eher eine gewisse Schläfrigkeit. Von der erträumten ländlichen Geselligkeit konnte kaum die Rede sein; «städtisch» waren die entstandenen Lebensformen freilich auch nicht und sollten es auch nicht sein. In keinem anderen Kanton der Schweiz gibt es derart viele Gemeinden mit über 10 000 Einwohnern, die es ausdrücklich ablehnen, sich als «Stadt» zu bezeichnen.[28]

Zehntausende waren aus der Stadt in die Agglomeration umgesiedelt, nur um zu entdecken, dass die Stadt ihnen gefolgt war: Zunehmender Verkehr bedrohte auch hier die Schulwege der Kinder; Lärm von naheliegenden Hochleistungsstrassen oder vom Flughafen Kloten, der die nördliche Agglomeration Zürich in weitem Umfeld beschallt, erinnerte an die Nähe der rastlosen Metropole. Aus der Reaktion auf diese als misslich empfundene Situation resultierte die Siedlungsbewegung der achtziger Jahre, die noch weiter ausholte, um den Übeln der Wirtschaftsgesellschaft zu entfliehen. Das Wachstum der eben noch förmlich explodierenden Vororte ging in Stagnation über; Teile des inneren Vorortrings von Zürich – vor allem die überalterten Wohlstandsgemeinden mit ihren «Witwenhügeln» – verloren neuerdings sogar Einwohner, was bis dahin nur für die Kernstadt der Fall war. Dafür griff die Bautätigkeit in bisher wenig berührte oder sogar von Entvölkerung betroffene Regionen über, wo nun dank relativ günstiger Bodenpreise und rezessionsbedingt gesunkener Baukosten unzählige Einfamilienhäuser entstanden. Deren jährlich errichtete Zahl verdoppelte sich im Gefolge der Krise von 1974/75; einzig die Kosten setzten dem Auszug ins Eigenheim Grenzen. Stärker als jede andere Gebäudekategorie, nämlich um 29 Prozent, stieg die Zahl der Einfamilienhäuser im Jahrzehnt von 1980 bis 1990.[29] Fast jeder und jede Dritte der überwältigenden Mehrheit von immer noch beinahe 80 Prozent, die zur Miete wohnen, gaben in einer Umfrage 1984 an, am Kauf eines Einfamilienhauses oder doch zumindest einer

Kampf mit den Abfallbergen: Die Deponie in einer ehemaligen Kiesgrube bei Weiningen im Limmattal war bis zu ihrer Schliessung 1975 nur eine von rund 600 wilden und ungeordneten Deponien im Kanton, welche die Baudirektion damals zur Sanierung erfasste. Die Gefährdung des Grundwassers hatte diesen Schritt dringlich werden lassen. Seither hat man die Deponien an wenigen Orten konzentriert und zugleich die Abfallbeseitigung durch Verbrennung intensiviert, welche die Stadt Zürich als Pionierleistung bereits 1904 eingeführt hatte (Kehrichtverbrennung Josefstrasse).

Am Standort der heute zugedeckten Deponie von Weiningen wächst inzwischen ein Tannenwald. Noch jahrelang entweichen dem Boden Gase.

Die 1988 in Absprache mit der Mieterschaft vorgenommene Erneuerung der 1972 erstellten Siedlung «Wigarten» in Fällanden zeugt von veränderten Ansprüchen: Die zu Beginn der siebziger Jahre für gut befundene Architektur empfanden die Beteiligten mittlerweile als «Formalismus». Eigentümer wie Mieter wollten aus dem «Wohnblock» wieder ein «Haus» machen: Fassadenisolation, Giebeldachaufbau und Einbau von Cheminées waren die gegebenen Mittel.

Ferienwohnung interessiert zu sein.[30] Die Sehnsucht nach ländlicher Geborgenheit teilten auch jene, für welche die Realisierung unerreichbar blieb. «Umfrageergebnisse bestätigen die Befunde der Psychologen: Wohnen und Heimischsein verbindet der Schweizer mit den Begriffen ‹Haus und Herd›, ‹Garten›, ‹Dorf›, ‹Städtchen›. Das Dynamische, das Ungeformte der Gegenwart und Zukunft lässt sich mit seinen traditionellen Vorstellungen nicht vereinbaren.»[31]

Der Traum von der ländlichen Heimat entstand nicht auf dem Land; er verkörpert die Sehnsüchte von Städterinnen und Städtern, die sich nichts dringlicher wünschen, als «nahe der Natur» zu sein.[32] «Natürlichkeit» rangiert auch ganz oben unter jenen Werten, die Frauen und Männer (die ersteren weit häufiger als die letzteren) mit ihrer äusseren Erscheinung vermitteln wollen.[33] Das Resultat einer so ausgeprägten Sympathie für «Natur» ist einigermassen widerspruchsvoll. Der Umweltschutz lag den Bewohnern von Fällanden 1980 als mit Abstand wichtigstes Anliegen am Herzen, aber 95 Prozent der Haushalte besassen ein Auto, jeder dritte zwei und mehr.[34] Die Wohlstandsgemeinden im Umfeld der Agglomeration liessen sich den Umweltschutz etwas kosten, bei dem sie öfter als Pioniere vorangingen; sie waren aber auch Zentren maximalen Konsums und stetig wachsender Verkehrsströme.

Mit dem Umbruch der Siedlungsstruktur und der gesteigerten Mobilität traten die Konturen der neuen Lebensformen einer Angestellten- und Dienstleistungsgesellschaft allmählich schärfer hervor. Die alten regionalen Zugehörigkeiten, insbesondere die Abgrenzung zwischen «Stadt» und

«Land», verloren sich zwar nicht ganz. Die Bewohner des Oberlands zum Beispiel definierten ihre Zugehörigkeit je nach Wohnlage unterschiedlich, immer aber in Abgrenzung zur nahen Hauptstadt. «Je näher bei Zürich, desto eher neigen die Leute dazu, sich noch als zum Zürcher Oberland gehörend zu betrachten.»[35] Ein genauerer Blick ergibt indessen ein über den groben Stadt-Land-Unterschied hinausreichendes Bild, das sich in der Wahrnehmung der Bevölkerung eher als Mosaik darstellt.[36] Anlässlich der Rekrutenbefragung von 1980 erhielten die Wohlstandszonen, namentlich an den Seeufern, höchste Bewertungen, während jene Regionen, in denen der Reichtum vor allem erarbeitet wird, in problematischem Licht erschienen. Dies galt speziell für das dichtbesiedelte, verkehrsmässig hoch belastete Limmattal, das bezüglich seines «Sympathie»-Profils unter allen 97 Regionen der Schweiz – gemeinsam mit dem Südjura – am schlechtesten abschnitt. Ähnlich das ganze Arbeitsumland im nördlichen Halbkreis um die Stadt Zürich: Landschaft, Ortsbild, Lebensrhythmus und fehlende Ruhe stiessen dort durchweg auf Kritik.

Die Stadt behielt eine überaus starke Anziehung auf die Jungen, die Berufstätigen, die Auszubildenden, all jene, die Vielfalt und Freizügigkeit eines urbanen Lebensstils suchten. Die Einwohnerzahl von Zürich scheint sich nach dem Rückgang der sechziger und siebziger Jahre mittlerweile stabilisiert zu haben. Das städtische Leben kreist um Erwerb, Ausbildung, Freizeit und Kultur: In keiner anderen Schweizer Stadt lebten 1980 derart wenige Kinder[37] wie in Zürich; neuerdings ist auch der Anteil der Alten, der über Jahrzehnte zunahm, rückläufig. Zugleich kehren die Kinder der Stadtflüchtigen aus den sechziger Jahren als Studierende oder junge Berufstätige in die Stadt zurück, der sie kulturell, bezüglich Freizeit und Vergnügen, nie entrückt waren. Ebenso ziehen die Männer und Frauen nach den häufiger gewordenen Trennungen oder Scheidungen mit erhöhter Wahrscheinlichkeit in die Zentren zurück, bevor sie allenfalls in neuem Anlauf eine Zweitfamilie gründen. So deutet sich eine Art von Zyklus an, indem die Individuen einhergehend mit dem Lebensalter, dem Zivilstand und der beruflich-sozialen Situation jenen Wohnort wählen, der dem bevorzugten Lebensstil den grössten Spielraum lässt.

Stadt und Agglomeration werden somit zum Brennpunkt sehr unterschiedlicher Soziallagen, Lebensformen, sozialer und politischer Ansprüche: Neben den Wohn- und Konsumwelten der Vororte stehen die Arbeitszonen der Zentren; neben den auf Arbeit, Leistung und Effizienz bauenden Arbeitswelten hochspezialisierter Industrie- und Dienstleistungsunternehmen entwickeln sich die stärker an individueller Entfaltung interessierten Lebenswelten der sozialen und pädagogischen Berufe. Umrahmt wird das Ganze vom rastlosen Freizeit- und Unterhaltungsbetrieb eines kaufkräftigen, mehrheitlich jungen Publikums und den unterschiedlichen Szenen des «Aussteigens», der «alternativen» Orientierungen oder der Randständigkeit in ihren diversen Formen, die Zürich ebenfalls wie ein Magnet anzieht. Der «Opernhauskrawall» von 1980 mit den nachfolgenden, monatelangen Unruhen machte deutlich, wie scharf die entstandenen Gegensätze waren, deren Überbrückung durch Sozial- und Kulturpolitik seither nur mit Mühe gelingen will.

## Die stille Revolution der Familien, Geschlechter und Generationen

Eine Umfrage unter jungen Frauen in der Agglomeration Zürich ergab 1986, dass eine Mehrheit zwischen dem 21. und 26. Lebensjahr zeitweilig in

Erwachsenwerden in veränderten Zeiten: Zwei Konfirmandengruppen, in Bäretswil 1945 und in Wetzikon 1979, widerspiegeln die sich vollziehende Lockerung der Ansichten von bürgerlicher Etikette und religiösem Brauchtum. Der strenge Konformismus in Kleidung und Haartracht weicht einer Vielfalt des individuellen Ausdrucks.

einer «Ehe ohne Trauschein» gelebt hatte, eine Lebensform, die bis 1972 von Gesetzes wegen verboten gewesen war. Nur noch etwa zwölf Prozent der Befragten wählten jenen Weg, der zwanzig Jahre zuvor die Norm dargestellt hatte, nämlich den direkten Schritt vom Elternhaus in die Ehe.[38] Kinderwunsch und Traum von der Liebesheirat, die Sehnsucht nach enger Gemeinschaft mit dem Partner und die unüberhörbar geäusserten Autonomiewünsche gingen in den Lebensansichten der befragten jungen Frauen eine bunte, nicht immer widerspruchsfreie Mischung ein. Aus den gestiegenen Ansprüchen resultierten ein vielfältigeres, offeneres Leben, aber auch vermehrte Orientierungsschwierigkeiten und spannungsvolle, bisweilen scheiternde Versuche, alle Wünsche unter einen Hut zu bringen. Eine wachsende Zahl junger Erwachsener lebt als «Single» – sei es mit oder ohne festen Partner oder Partnerin – im eigenen Haushalt. «Autonomie» wird gross geschrieben unter den Werten, zu denen man sich bekennt; unmittelbar daneben steht die Sehnsucht nach Nähe und gemeinschaftlichen Lebensformen.

Die bürgerliche Ehe als Institution, welche seit dem 19. Jahrhundert nahezu alternativlos das Feld erobert hatte und in der Nachkriegszeit einen späten Triumph feierte, ist innert erstaunlich kurzer Zeit einem Pluralismus von Lebensformen gewichen. Die Toleranz gegenüber solcher Vielfalt nahm auch bei jenen zu, die für sich persönlich an überlieferten Wegen festhielten. Herkunft oder Bildung machen dabei kaum mehr einen grossen Unterschied; lediglich eine Minderheit mit streng-religiösen Überzeugungen hält an der Ehe als unumstösslicher (das heisst unauflösbarer) Lebensform fest. Damit ist zwar nicht das «Ende der Ehe» in Sicht; deren Monopolstellung ist jedoch dahin.

Wie kam es derart rasch und durchschlagend zu einem Wandel, den noch in den moralisch rigorosen fünfziger Jahren niemand vorausgeahnt hätte? Lange Zeit hatten höchst konventionelle Bilder der Geschlechterrollen das Feld beherrscht. Umfrageergebnisse vom Beginn der siebziger Jahre unterschieden sich in dieser Hinsicht wenig von solchen aus den fünfziger Jahren: Nur eine Minderheit der Männer beteiligte sich ernsthaft an den häuslichen Arbeiten; die allermeisten Frauen fügten sich dem.[39] Eine überwältigende Mehrheit der Bevölkerung lehnte die Berufstätigkeit der Mütter von schulpflichtigen Kindern ab.[40] Bäuerliche Familien und jene der bürgerlichen Oberschicht waren ausgesprochene Reservate patriarchaler Gesinnung.

Zumindest von den Ansprüchen und Erwartungen her – die Realität hinkt hintennach – gehört ein guter Teil von alledem inzwischen der Vergangenheit an. Die Angleichung der Bildungschancen zwischen den Geschlechtern, die langdauernde günstige Wirtschaftslage und die hohe soziale Mobilität halfen, den Wandel herbeizuführen, der zuerst die jüngere Generation erfasste. Damit öffneten sich Spielräume des Verhaltens, die vorher nicht existiert hatten, was für junge Frauen eine viel grundlegendere neue Erfahrung war als für junge Männer. Denn die Frauen waren von den Lebensverhältnissen der Vergangenheit bezüglich Bildung, Erwerb, Wohnen und Lebensstil – ob ihnen dies bewusst war oder nicht – am stärksten eingeschränkt worden. Vorrangig von ihren Familien absorbiert, deren «Einordnung in den braven Mittelstand» sie energisch vorantrieben, empfanden zahlreiche Mütter und Hausfrauen der fünfziger und sechziger Jahre «gleichzeitig die schrittweise Emanzipation der Frau als Befreiung».[41] Eine Frauenbefragung in der Stadt Zürich ergab 1955, dass 40 Prozent die uneingeschränkte Einführung des Frauenstimmrechts befürworteten; 40 Prozent hätten eine eingeschränkte Version (für Schule, Kirche und Fürsorge) vorgezogen, nur jede Fünfte wollte gar nichts von politischen Rechten wissen. Die Frauen der reformiert-bürgerlichen Quartiere nahmen am klarsten für politische Rechte Stellung, in den stärker katholisch geprägten Quartieren der Arbeiterschaft waren die Vorbehalte am grössten.[42] An der Entschlossenheit, eigenen Wünschen Taten folgen zu lassen, mangelte es indessen.[43] Aktivistischer gab sich erst eine jüngere Generation. Angstfrei die Stelle wechseln und dabei – dank eigener Initiative und einer aussergewöhnlichen Situation auf dem Arbeitsmarkt – kräftig den Lohn verbessern, war eine fundamental neue Erfahrung der sechziger Jahre. Erhöhte Einkommen öffneten den Zugang zur eigenen Wohnung; der damit gegebene Raum einer nicht mehr ganz so kontrollierten Privatsphäre erlaubte das Erproben von Beziehungen – und deren Beendung ohne schwerwiegende Nachteile. Aus vielen kleinen Bausteinen einer veränderten, mehr Selbständigkeit zulassenden Lebensform bildete sich ein weibliches Selbstbewusstsein, mit dem eheliche Anpassung unter weitgehendem Verzicht auf eigene Lebensgestaltung in breiten Kreisen an Attraktivität einbüsste.

Der Maler Mario Comensoli (1922–1993) wurde in Lugano-Viganello geboren und lebte von 1945 bis zu seinem Tod in Zürich. Er widmete seine Bilder den Jungen, ganz besonders aber den ins Land strömenden italienischen Arbeiterinnen und Arbeitern, denen er sich stets verbunden fühlte.

Mehr Raum für Frauen: Der Zürcher «Fraueträff» als Teil einer in den siebziger Jahren geschaffenen Infrastruktur von und für Frauen, die der neuen Frauenbewegung nahestehen. Hinten links Amalie Pinkus-De Sassi, die früher mit ihrem Mann Theo Pinkus (1909–1991) in der kommunistischen Bewegung aktiv gewesen war.

Zeitgleich mit dem Jahr der spektakulären Konfrontationen – 1968 – begannen die Scheidungsziffern zu steigen (die Initiative ging meist von der Frau aus), wendete sich der Nachkriegstrend, immer jünger zu heiraten, in die Gegenrichtung; schon ab 1964 hatte ein Rückgang der Geburtenzahlen eingesetzt. Nun erst kam es zum offenen weiblichen Protest, der sich sehr rasch auch gegenüber der entstehenden «neuen Linken» verselbständigte. Im November 1968 marschierten junge Frauen in eine sonntägliche Jubiläumsfeier des Zürcher «Frauenstimmrechtsvereins», der in jenem Jahr auf eine 75jährige Tätigkeit zurückblickte, und forderten ein Ende der Leisetreterei.[44] Die vehemente Kritik einer jungen Frauenbewegung an männlichen Vorrechten, am ängstlichen Konformismus der herrschenden Lebensart sowie an der Bravheit der älteren Frauenorganisationen trug seither kräftig dazu bei, den unwiderruflich gewordenen Wandel zu beschleunigen.

Da der Umschwung in den Leitbildern so rasch gekommen war, ging er mit einem Bruch zwischen den Generationen einher, wobei die Älteren, die noch mit den beengenden Erfahrungen von Krise, Krieg und ersten Nachkriegsjahren aufgewachsen waren, manchmal verständnisvoll, häufiger aber ratlos bis zornig auf die Ausbruchswünsche der Jugend reagierten.

Diese um 1950 oder danach geborene Generation befand sich in einer einmaligen Situation: aufgewachsen im vollen Aufschwung der sich vervielfältigenden Konsumfreuden, besser gebildet als die Elterngeneration, aber noch aufgehoben in der relativen Geborgenheit vollständiger Familien, gewann sie einen Freiraum zum Erproben neuer Lebensformen, wie ihn die vorangehenden Generationen nicht gekannt hatten. Dabei war der starke (und bisweilen naive) Optimismus, von dem die jugendliche Kritik getragen wurde, in weit höherem Mass eine Frucht von Hochkonjunktur und Konsumgesellschaft, als die Betroffenen wahrhaben wollten. Die materielle Sicherheit erst schuf den Spielraum zur Kritik an einer als Selbstzweck empfundenen Welt des Wohlstands und Konsums, die als Dreh- und Angelpunkt des Lebens nun doch ein wenig dürftig schien.

Vieles, was zunächst Gegenstand lautstarker Herausforderung war, hat sich inzwischen stillschweigend in einen veränderten Lebensstil eingefügt. Er wird auch von jenen praktiziert, die gesellschaftspolitisch nie aus dem Mehrheitsstrom ausscheren. Mit dem Zweifel an den Gewissheiten einer im wesentlichen angepassten Lebensform wuchs seither die Notwendigkeit, sich individuell zu orientieren. Dies verlangte den einzelnen mehr Entscheidungen ab, was auch für die anspruchsvolleren Bildungswege und die beruflichen Laufbahnen galt. Die vorgegebenen Lebensmuster von Geschlechtsrolle, Stand und Klasse verloren an Verbindlichkeit. Der daraus erwachsende Zug zur Individualisierung in den Lebens- und Beziehungsformen erlaubte es namentlich den Frauen, sich aus der Enge einseitig festgeschriebener Lebensläufe zu lösen. Doch forderte er auch seinen Preis. Die hohe und immer noch weiter steigende Mobilität löste lokale Bindungen und lockerte familiäre und verwandtschaftliche Beziehungen. Auch Ehe und Familie wurden zur Gemeinschaft auf Zeit, seitdem die Scheidungsziffern kräftig in die Höhe gingen.

An jugendlichen Minderheiten, die wie ein empfindlicher Seismograph Verschiebungen im gesellschaftlichen Gefüge anzeigen, lassen sich die Veränderungen ablesen. Dem Gewinn an Freiraum stehen die Gefahren des Absturzes in die Randständigkeit gegenüber. Erregten die vergleichsweise harmlosen Ausbruchsversuche der «Halbstarken», die mit harter polizeilicher Repression geahndet wurden, um 1960 noch beträchtliches Aufsehen, so hat seither ein umfassender Gewöhnungseffekt eingesetzt.[45] Seit den späten sechziger Jahren gehörten die bunten Szenen der Jugendkulturen, die sich stark in Zürich konzentrierten, zum städtischen Erscheinungsbild. Solche Gruppenbildungen vermittelten Bindung und ein Stück Geborgenheit in einer Phase des lebensgeschichtlichen Umbruchs. Sie konnten zum Ausgangspunkt (oft unbequemer) politisch-sozialer oder kultureller Aktivitäten werden oder auch zu Wegbereitern des Abgleitens in die Randständigkeit. Das Leben in einer «offenen Gesellschaft», die in ihrem marktförmigen Zuschnitt hohen Wohlstand realisiert, zugleich aber zahlreiche familiäre und soziale Verbindlichkeiten abgebaut hat, überfordert viele. Diese Bedingungen prägen namentlich seit den sechziger Jahren das Heranwachsen der nachfolgenden Generation, die sich bei allen gebotenen Möglichkeiten auch neuen Gefahrenquellen ausgesetzt sah. Besonders auffällige (und als anstössig empfundene) Formen entwickelte die misslungene soziale Integration seit Anfang der achtziger Jahre in der offenen Zürcher Drogenszene, wo ein fluktuierendes Publikum aus der halben Schweiz täglich eine Parodie von «Börse», «freiem Markt» und zwanghaftem «Konsum» aufführt. Die Fehlschläge verzweifelt experimentierender Minderheiten verweisen auf Befindlichkeiten, die auch der Mehrheit zusetzen.

Needle Park, Zurich.
Seit sich 1986/87 die offene Drogenszene in der Platzspitz-Anlage festsetzte, ist Zürich in der Weltpresse immer wieder ein Thema. «Ich kenne nichts Vergleichbares in irgendeinem vergleichbaren Land», erklärte Günter Amendt, Kenner der internationalen Problematik. Über vier Jahre lang existierte die stetig wachsende Szene auf dem Platzspitz, Inbegriff einer beispiellosen Verwahrlosung.

Die Kombination aus Verboten und Gleichgültigkeit hat hier eine Situation geschaffen, in der zahlreiche junge Menschen zugrunde gehen. Hilflos stehen Politik und Öffentlichkeit vor dieser Katastrophe. Mit der Schliessung des Platzspitzes schob man das Problem dem nahen Industriequartier zu, dem Stiefkind städtischer Entwicklung schon seit dem 19. Jahrhundert, sozial schwach und überaltert, mit einem Ausländeranteil von 50 Prozent. Nirgends sonst hätte die Bevölkerung geschluckt, was ihr dort seit 1992 zugemutet wird. Das im amerikanischen Wochenmagazin «Newsweek» (Ausgabe vom 4. Juli 1994) erschienene Bild zeigt die aktuelle Drogenszene auf dem stillgelegten Bahnhof Letten. Erst neuerdings hat man begonnen, die Prohibitionspolitik zu überdenken und die festgefahrenen Geleise zu verlassen, indem man versuchsweise die ärztlich kontrollierte Drogenabgabe einführte.

# Zum Forschungsstand

Die Entwicklung von Lebensweise, Wohnen und Konsum wird kaum zusammenhängend, dafür aber in teils gehaltvollen Einzeluntersuchungen und Befragungen behandelt. Zum Zug in die Vororte siehe PASCHE, Wanderungen von und nach Zürich; TROXLER, Wohnstandort; BAJKA, Stadtagglomeration Zürich; ZWEIFEL, Agglomerationszone; GÖHNERSWIL.

Zu Wohnen, Lebensweise und Konsum: BOPP, Versorgungslage Agglomeration Zürich; GANZ ANNABELLE (über die in Zürich erscheinende bekannte Frauenzeitschrift); SCHNYDER, Vorstädter; VONTOBEL, Gemeindestudie (Geroldswil); WOHNEN IM NEUBAU; HANHART, Arbeiter in der Freizeit; ZÜRCHER MÜTTERBEFRAGUNG 1958; HAUSHALTFÜHRUNG DER ZÜRCHER FRAUEN; DÜRRENBERGER, Moderne Stadt; MÜLLER, Sonne Oberuster; zahlreiche Umfrageresultate in INSIDE; Aspekte der Stadtzürcher Alltagskultur (Quartierfeste, Treffpunkte, Flohmarkt) aus volkskundlicher Sicht in SCHWEIZERISCHES ARCHIV FÜR VOLKSKUNDE, Band 82, 1986; sehr aufschlussreich STURZENEGGER, Wandschmuck in Zürcher Familien.

Familie und Geschlechter: Grundlegend die Dokumentensammlung in FRAUENGESCHICHTE(N); einen vorwiegend soziologischen Überblick zum Forschungsstand bieten Th. FLEINER-GERSTER u.a. (Hg.), Familien in der Schweiz, Freiburg 1991; auf Zürcher Material stützt sich HÖPFLINGER, Junge Frauen; dunklere Seiten der Geschlechterbeziehung beleuchten Josy MEIER und Thomas GEIGER (Hg.), Seele mieten. Gespräche mit Drogenprostituierten und ihren Freiern, Zürich 1993.

Die Jugend der Nachkriegszeit hat noch kaum Interesse gefunden, einen Anfang macht AESCHLIMANN, Halbstarke in Zürich; besser untersucht sind die unruhigen Jahre nach 1968: anschaulich, mit journalistischem Ansatz, die Arbeiten von HÄSLER (1969 und 1976); soziologisch-abstrakt BLANCPAIN, Unrast der Jugend (auf Zürcher Material beruhend); MÜLLER, Bunker von Zürich; nach Schicht und Quartier zusammengetragene Sozialdaten ZEUGIN, Jugend in Zürich. Zu den Unruhen von 1980 existieren zahlreiche Publikationen: BÜTLER, Verweigerer; KRIESI, Zürcher Bewegung; MEIER, Autonomie; EINE STADT IN BEWEGUNG.

Drogenszene in Zürich: Günter AMENDT, Die Droge, der Staat, der Tod, Hamburg 1992; Marco SCHNYDER, Drogenfeuer. Erinnerungen an den Platzspitz, Bern 1992; wichtig die Platzspitz-Untersuchung von Peter Künzler von 1990, zusammengefasst in: NZZ, 26.6.1991.

# Anmerkungen

[1] Hierzu anregende Überlegungen bei DÜRRENBERGER, Moderne Stadt
[2] ANNABELLE, Nr. 195, Mai 1954, S. 16; folgende Angabe nach Mario König, in: GANZ ANNABELLE, S. 161
[3] MOSSDORF, Unterwegs, S. 179
[4] Siehe Überblick 1960–1980 in STATISTISCHES JAHRBUCH DES KANTONS ZÜRICH 1992, S. 25; Angabe 1930 für die ganze Schweiz; die Angaben der Volkszählung 1990 stehen noch aus; erste Hinweise in NZZ, 13.12.1993, S. 17
[5] Zur Wohngemeinschaft als Lebensform siehe HÖPFLINGER, Junge Frauen, S. 229ff.
[6] Siehe PASCHE, Wanderungen von und nach Zürich, S. 105ff.; auch DÜRRENBERGER, Moderne Stadt, S. 73ff.; aus nationalökonomischer Sicht FREY, Städtewachstum
[7] Siehe Jean Pierre Junker, in: HUBER, Wohnungsbau ist Städtebau, S. 79ff.
[8] Ein geographischer Überblick solcher Befragungen in: RAUMPLANUNG 1974, Heft 9, S. 32
[9] DÜRRENBERGER, Moderne Stadt, S. 77f.
[10] Siehe den regelmässig in den STATISTISCHEN JAHRESBERICHTEN DER STADT ZÜRICH nach Quartieren aufgeschlüsselten Wohnungsbestand; die Detailanalyse eines kürzeren zeitlichen Abschnitts bei E. Janos, Nutzungsstrukturen in der Stadt Zürich 1970–1980, in: DISP, Nr. 87, S. 13ff.
[11] Alfred MAURER, Beschwerlicher Aufstieg. Erinnerungen eines Juristen, Basel 1991, Bd. 2, S. 251
[12] HANHART, Arbeiter in der Freizeit, S. 250f.; ZÜRCHER MÜTTERBEFRAGUNG 1958, S. 23; HAUSHALTFÜHRUNG DER ZÜRCHER FRAUEN, S. 14ff.
[13] Umfrageresultat in: NZZ, 13./14.8.1988, S. 49
[14] STURZENEGGER, Wandschmuck in Zürcher Familien, beleuchtet einen Aspekt der Wohnungseinrichtung für Familien verschiedener sozialer Schichten.
[15] CAROL, Städte, S. 60
[16] WOHNEN IM NEUBAU, besonders S. 31ff.
[17] RAUMPLANUNG JULI 1967 (damals noch REGIONALPLANUNG), S. 8
[18] Hinweis in WOHNEN IM NEUBAU, S. 133
[19] Aufschlussreich bezüglich des Arbeiter-/Angestelltenunterschieds in den Wohnwünschen eine Umfrage der Georg Fischer AG 1955, in: PLAN, Heft 9/10, 1955
[20] MAURER (wie Anmerkung 11), Bd. 2, S. 251
[21] SCHNYDER, Vorstädter, S. 26; zu den Klagen der Mütter: VONTOBEL, Gemeindestudie (Geroldswil), S. 148f.
[22] VONTOBEL, Gemeindestudie (Geroldswil), S. 46
[23] Siehe Karten 1975/1980, in: RAUMPLANUNG 1983, Heft 15, S. 30
[24] VONTOBEL, Gemeindestudie (Geroldswil), S. 65 (mit Angaben für Meilen und Kyburg)
[25] Siehe KELLER, Bauen als Umweltzerstörung; zur Person dieses Autors Nachruf NZZ, 19.10.1993, S. 54
[26] JAHRBUCH GREIFENSEE 1988/89, S. 6
[27] OBER-ENGSTRINGEN, S. 126ff. und Zitat S. 128
[28] Hierzu LADNER, Politische Gemeinden, S. 81ff.; im Kanton Zürich geht damit eine Änderung der Gemeindeorganisation einher, nämlich die Ersetzung der direktdemokratischen Gemeindeversammlung durch ein gewähltes Parlament. Nur die Hälfte der Ortschaften mit über 10000 Einwohnern hat diesen Wechsel vollzogen, in den übrigen stiess er auf erfolgreichen Widerstand.
[29] Siehe Wohnungszählung 1990, in: SBZ 1993, Heft 1, S. 26ff.
[30] INSIDE, 3/1984, S. 16
[31] Werner Geissberger, in: WOHNEN IM JAHR 2000, hg. von E. Michel-Alder und R. Schilling, Basel 1984, S. 11
[32] Siehe Jean Pierre Junker, in: HUBER, Wohnungsbau ist Städtebau
[33] So das Resultat einer jüngeren Umfrage, siehe INSIDE, 2/1993, S. 8
[34] SCHNYDER, Vorstädter, S. 58
[35] Pavel KRAUS, Politischer, wirtschaftlicher und sozialer Hintergrund der Wahrnehmungsräume im Zürcher Oberland, Zürich 1989, S. 37
[36] SCHÖNENBERGER, Räumliche Lebensqualität, S. 97ff.; siehe auch Werner VOGT, Lebensqualitäten des Kantons Zürich, subjektive soziale Indikatoren, Zürich 1975
[37] Siehe DISP, Nr. 79, 1985, S. 43
[38] HÖPFLINGER, Junge Frauen, S. 49; zum folgenden S. 196f. und 201ff. über Singles
[39] ZÜRCHER MÜTTERBEFRAGUNG 1958, S. 24f.; WOHNEN IM NEUBAU, S. 127
[40] SCHMIDTCHEN, Bildungspolitik, S. 79f.
[41] So die Erinnerung von Willi WOTTRENG an seine Mutter (Zeit-Genosse, unveröffentlichtes Manuskript, Zürich 1988, S. 3)
[42] ZÜRCHER FRAUENBEFRAGUNG 1955
[43] Siehe beispielsweise die Schweizerische Ausstellung für Frauenarbeit (SAFFA) 1958 in Zürich: Yvonne Voegeli, «Man legte dar, erzählte, pries – und wich dem Kampfe aus.» SAFFA 1928 – SAFFA 1958, in: Marie-Louise BARBEN und Elisabeth RYTER (Hg.), Verflixt und zugenäht! Frauenberufsbildung – Frauenerwerbsarbeit 1888–1988, Zürich 1988, S. 121ff.
[44] Siehe FRAUENGESCHICHTE(N), S. 472, 536; siehe auch Judith BUCHER und Barbara SCHMUCKI, Die Frauenbefreiungsbewegung (FBB) Zürich in Aktion. Unter besonderer Berücksichtigung der Fotografie als historische Quelle, Lizentiatsarbeit Universität Zürich 1992 (unveröffentlichtes Manuskript)
[45] Siehe AESCHLIMANN, Halbstarke in Zürich

Randspalten S. 411, 412:

[1] Peter MEIER, Stationen. Erinnerungen an Jakob Meier, Zugführer SBB, Zürich 1977, S. 44f.
[2] Anke Ingold, in: JAHRBUCH GREIFENSEE 1988/89, S. 20ff.

# Kulturelle Leitbilder im Umbruch

Die Gesellschaft des Kantons Zürich wies in kultureller Hinsicht bis gegen 1960 durchaus traditionalistische Züge auf. Keine Tradition von Bauern und Hirten, wie man sie gern als Ausdruck schweizerischen Wesens beschwor, sondern eine traditionshaft erstarrte Industriegesellschaft. Die industrielle Beschäftigung war, dank der Massenzuwanderung ausländischer Arbeitnehmer, auf einen Höhepunkt getrieben worden; nahezu jede und jeder zweite Erwerbstätige war 1960 als Arbeiterin oder Arbeiter tätig. Sogar im Dienstleistungszentrum Zürich übertraf die Zahl der Arbeiter jene der Angestellten. Noch wuchsen die Städte Zürich und Winterthur; der Auszug in die Vorstädte hatte zwar begonnen, Volketswil oder Greifensee aber waren noch bescheidene Dörfer. Mehrheitlich städtisch blieb das unternehmerische, beamtete oder freiberufliche und gebildete Bürgertum, dessen Konturen noch kaum durch die erst einsetzende Bildungskonjunktur verwischt worden waren. Der Reichtum war erst teilweise in die Vororte des Wohlstands hinausgezogen. Noch existierte die industrielle Klassengesellschaft mit ihrer sozialen Zerklüftung, wenn auch die schärfsten Gegensätze seit den politischen Kompromissen der späten dreissiger Jahre und des Zweiten Weltkriegs abgeschliffen worden waren. Alle Entscheidungsträger in Politik oder Kultur dachten und handelten im Bewusstsein der harten Interessengegensätze, die noch vor kurzer Zeit heftig aufeinandergeprallt waren.

Zwischen Stadt und Land verlief eine sichtbare Trennlinie; die Motorisierung war zwar in vollem Aufschwung, doch hatte sie sich noch keines-

Für den alten Glauben: Demonstration im Vorfeld der Abstimmung vom 20. Mai 1973 über die Aufhebung des Jesuiten- und Klosterartikels in der Bundesverfassung. Im Kanton Zürich (und in viereinhalb weiteren Ständen) verweigerte eine Mehrheit die Aufhebung des diskriminierenden Artikels. Einzig die Stadt Zürich sprach sich knapp dafür aus; die stark reformiert geprägten Gebiete – der ländliche Bezirk Andelfingen ebenso wie das industrielle Hinwil und die Stadt Winterthur – verwarfen mit hoher Mehrheit.

Folies Bergères im Zürcher Hallenstadion 1954: Die Premiere (links) noch «oben ohne», weitere Vorführungen nach Intervention des Zürcher Frauenvereins im entschärften Kostüm (rechts).

wegs in allen sozialen Schichten durchgesetzt. Ähnlich war die Situation in Bezug auf die Verbreitung des Fernsehens. In der Grossstadt, in Klein- und Mittelstädten wie auch in Bauerndörfern und arbeiter-bäuerlichen Industriegemeinden lebte man im wesentlichen nicht viel anders als in den zwanziger Jahren. Das Radio und das Kino als neue Medien hatten sich in der Zwischenkriegszeit durchgesetzt und den familiären und lokalen Charakter des geselligen und kulturellen Lebens aufgebrochen. In den Städten Zürich und Winterthur dominierte zwar schon länger eine marktvermittelte Kultur, deren gemächliche Betriebsamkeit indessen nur Teile der Bevölkerung berührte.

Die Vereine waren in der Stadt kaum weniger als auf dem Land ein Rückgrat kultureller und politischer Aktivitäten. Sie waren nach sozialer Schicht, politisch, konfessionell und weltanschaulich gegliedert; quer durch alle Lager verlief die Zurücksetzung der Frauen, die sich bereits seit dem Ende des 19. Jahrhunderts ihre vereinsmässige Ersatzöffentlichkeit geschaffen hatten. Auch in der reformierten Kirche blieb ihnen bis 1963 das Stimmrecht versagt, denn noch war die Kirche ein Baustein der gesellschaftlichen Machtstruktur und blieb als solche den Männern vorbehalten. Ebenfalls erst in jenem Jahr gewährten die Stimmbürger des Kantons Zürich der katholischen Minderheit, deren Kirche bis dahin nur durch freiwillige Beiträge und nicht über eine staatlich eingezogene Kirchensteuer finanziert worden war, die rechtliche Gleichstellung. Kurz zuvor war Johannes XXIII. gestorben. Die weltweite Anteilnahme am Tod des weit über das katholische Lager hinaus beliebten Papstes dürfte das Ergebnis wesentlich beeinflusst haben.[1] Zehn Jahre später, als es um die Aufhebung der antikatholischen Artikel in der Bundesverfassung (Jesuitenverbot) ging, zählte der Kanton Zürich zu den wenigen, wo eine Mehrheit von der Aufhebung der diskriminierenden Bestimmungen nichts wissen wollte. Mit dem Arzt Urs Bürgi (1909–1989) gehörte seit 1963 erstmals ein Vertreter des politischen Katholizismus, dessen Zurücksetzung länger gedauert hatte als jene der Sozialisten, dem Regierungsrat an.

# Im Schatten von «Geistiger Landesverteidigung» und Kaltem Krieg

Der in den dreissiger Jahren erzielte historische Ausgleich zwischen den politisch-sozialen Kräften, die Isolation der Kriegsjahre und die Anstrengungen der «Geistigen Landesverteidigung» hatten nicht nur eine Beruhigung der politischen Auseinandersetzungen im Zeichen äusserer Bedrohung, sondern auch eine Stillegung der vitaleren Impulse in Gesellschaft und Kultur bewirkt. Der Kalte Krieg tat ein übriges, die Aufbruchstimmung nach 1945 zu dämpfen und in kultureller Hinsicht den Stand der dreissiger Jahre fortzuschreiben. Veränderungswünsche richteten sich fortan, mangels anderer Ausdrucksmöglichkeiten, auf Ziele technischer Modernisierung und wirtschaftlichen Wachstums oder – auf einer privateren Ebene – auf Träume von Konsum und Reisen; das Auto wurde zum Traumvehikel einer immobilen Gesellschaft.

Ganz ungetrübt waren indes nicht einmal die Freuden des expandierenden Massenkonsums zu geniessen. Aus verschiedenen Richtungen begegnete man dem unerwarteten wirtschaftlichen Segen der Nachkriegszeit mit Skepsis. Vor der «Bewunderung fremder Uniformen, Sprachen und Sitten, des Kaugummis und des ‹Swing›-Tanzens» meinte der Vorsteher der Stadtzürcher Zunft Riesbach bereits 1946 warnen zu müssen, kaum dass die ersten amerikanischen Soldaten in Zürich erschienen. Den «American way of life», wozu angeblich das «Automobil, das volle Whiskyglas, Fernsehen und Sensationspresse, Management und Marketing, Äusserlichkeit im täglichen Verhalten» und andere kulturbedrohende Kräfte gehörten, schilderte der ehemalige Zürcher Stadtpräsident Sigmund Widmer auch Jahrzehnte später noch in einem seltsamen Zerrbild, dem er mit nostalgischer Sehnsucht die Schweiz der dreissiger Jahre entgegenstellte, als man noch «materiell bescheiden lebte», sich «verbindlichen ethischen Grundsätzen» und einem «starken Willen zur Selbständigkeit» verpflichtet wusste.[2]

Angehörige des reformiert-konservativen Bürgertums und Vertreter des politischen Katholizismus trafen sich in der Abneigung gegen einen genussorientierten Lebensstil mit zahlreichen Vertretern der Arbeiterbewegung, wobei die Kommunisten der PdA keine Ausnahme darstellten. Ein den Beteiligten kaum bewusster puritanischer Zug in den Reihen von Gewerkschaften und Sozialdemokratie schuf in solchen Fragen leicht begehbare Brücken zum bürgerlichen und konfessionellen Ordnungsdenken. Mit zäher Anstrengung hatte man einen gewissen Versorgungsstandard auch für die materiell Benachteiligten durchgesetzt, vermeintlich auf dem Weg in jene wohlgeordnete, ein wenig autoritäre Welt, als die man sich den «Sozialismus» vorstellte. Nun schienen die Bedürfnisse plötzlich ins Uferlose zu wachsen, die mühsam errichteten Dämme und Kanäle überschwemmend.

Mit besonderem Misstrauen beobachteten Kulturwächter aller Lager das Treiben der Jugend. Nur zaghaft zeichnete sich eine Lockerung überlieferter Konventionen ab, wie sie etwa die Welt der Mittelschulen als Kaderschmiede künftiger Eliten bestimmten. Langsam fiel in den Nachkriegsjahren unter dem Einfluss jüngerer Lehrer der traditionelle «Tschoopezwang» (Jackettzwang) als Verpflichtung zur bürgerlichen Einheitskluft; ebenso langsam wich der unerbittliche Lerndrill alten Stils mehr Selbstbestimmung zulassenden Formen, wie man sie 1949 erstmals in Winterthur (Rychenberg) einführte (Wahlfächer, Gruppenunterricht).[3] Ansonsten aber traf der pädagogische Bannstrahl auch Freizeitvergnügen der harmloseren Art, wie etwa die Lektüre von Comic-Strips oder Flipper-Automaten und Spielsalons nach amerikanischem Vorbild, wie sie damals in Mode kamen.

Jugendgefährdende Spielsalons
Eine Motion des PdA-Abgeordneten Ernst Rosenbusch warnte 1953 vor den neuen Spielsalons – es gebe bereits 16 in der Stadt Zürich –, gegen die er Massnahmen verlangte. Aus der kantonsrätlichen Debatte vom 13. April 1953:

«Rosenbusch – Zürich möchte sich nicht allgemein gegen den Spieltrieb im Menschen wenden. Es gibt Spiele und Geschicklichkeitsübungen, gegen die nichts einzuwenden ist, wenn sie in einer gesunden Atmosphäre ausgeübt werden. Bei den Spielsalons treffen aber diese Voraussetzungen nicht zu. (…) Es ist kein Zufall, dass die Spielsalons in den ausgesprochenen Vergnügungsvierteln der Stadt liegen. Es handelt sich hier um ein sittenwidriges Gewerbe. Die Apparate tragen meistens ein Herkunftszeichen aus dem Gangsterzentrum Chicago. (…) Es müssen positive Massnahmen ergriffen werden, um der Jugend etwas besseres zu bieten. (…) Nach dieser Richtung sollte der Kanton helfend beistehen und z. B. mit einem entsprechenden Beitrag an ein Zürcher Jugendhaus nicht kargen. (…)

In der definitiven Abstimmung wird mit 87 Stimmen Überweisung beschlossen (…).[1]

Sowohl dem Kantonsrat als auch dem Zürcher Gemeinderat schien letzteres Phänomen bedenklich genug, um sich 1953 intensiv damit zu befassen. Einer breiten Koalition des Widerstands erlag 1958 der erste, fünfjährige Versuchsbetrieb mit einem Zürcher «Nachtleben», das in drei Lokalen mit Spätöffnung bis zwei Uhr nachts stattgefunden hatte. Die Verlängerung der Bewilligung und deren Ausweitung auf sechs Lokale wurde namentlich in den Arbeiterquartieren hoch verworfen. Nächtliche Ruhestörung durch eine vergnügungssüchtige, als moralisch anrüchig hingestellte Minderheit von Privilegierten galt als inakzeptabel; alles «Grossstädtische» blieb suspekt. Noch strenger hielt man es in Winterthur, wo sich reformierte Prägung und Leitbilder industriell-bürgerlicher Arbeitsamkeit in harter Legierung verbanden, so dass die Polizeistunde bis 1988 auf elf Uhr angesetzt blieb.

Mit Missfallen nahm man die kulturellen Manifestationen eines modischen und jugendlichen «Amerikanismus» zur Kenntnis. Rock and Roll und Elvis Presley fielen der Verachtung von links wie von rechts anheim – und eigneten sich um so eher zum Ausdruck jugendlichen Aufbegehrens, das sich ab 1956 zaghaft regte. Noch überwog freilich ein überwältigender Konformismus, der in Kleidungsstil und Haartracht, in Verhalten und Lebensidealen der jungen Generation zutage trat: Es schien das höchste der Ziele, sich so früh wie möglich in den gleichförmigen Strom der Erwachsenen einzugliedern und in die vorgestanzten Rollen zu schlüpfen, die den Geschlechtern offenstanden: Ehefrau und Mutter oder Berufsmann, Staatsbürger und Soldat eines Staatswesens von unerschütterlicher Solidität.

Strikte Konventionen des Alltags beschränkten, besonders in den Beziehungen zwischen den Geschlechtern, die Bewegungsfreiheit und Nutzung des öffentlichen Raums. Eine Weltfirma wie die Schweizerische Rückversicherungs-Gesellschaft in Zürich erlaubte in ihrer Personalkantine erst ab 1957 gemischte «Damen-Herren-Tische». Wie eng die Grenzen gezogen waren, erfuhr die Basler Juristin Iris von Roten (1917–1990), die Ende 1955 festgenommen, auf eine Polizeiwache verbracht und der Prostitution verdächtigt wurde, weil sie – in Hosen gekleidet – zu später Stunde allein im Zentrum Zürichs unterwegs war.[4] Ihr Protest in den Spalten der «Neuen Zürcher Zeitung» fand vereinzelt Sympathien, noch mehr aber stiess er auf Hohn und Unverständnis. Was als unglücklicher polizeilicher Fehlgriff hätte abgetan werden können, erfuhr eine Ausweitung ins Grundsätzliche, als der zuständige freisinnige Stadtrat Albert Sieber (1901–1974) im Frühjahr 1956 vor dem Zürcher Gemeinderat die flagrante Missachtung von Bürgerrecht und Frauenwürde entschlossen rechtfertigte. Bis Ende der fünfziger Jahre blieb an den Zürcher «Töchterschulen» das Tragen von Hosen verpönt, so wie umgekehrt jeder Jüngling, der seine Haare ein wenig länger wachsen liess, Spott auf sich zog.

Wer die festgeschriebene Geschlechterdifferenz missachtete, wie zum Beispiel die homosexuelle Minderheit, fand sich der Drangsalierung und Schikane ausgesetzt. Wiederholt ging die Stadtzürcher Polizei zu Beginn der sechziger Jahre mit Grossrazzien gegen homosexuelle Treffpunkte vor, wobei zum Teil über hundert Festnahmen erfolgten. Eine aufgeschreckte Öffentlichkeit wurde auf das genaueste über den Gesundheitszustand der Verhafteten orientiert, um das Ausmass der Bedrohung klarzustellen. «Die Geschlechtskrankheiten werden durch die Strichjungen (...) ins Dirnenmilieu und von dort weiter in die Bevölkerung verschleppt», wusste das sozialdemokratische «Volksrecht» zu berichten, das an einer derartigen Sittenkontrolle nichts auszusetzen hatte.[5] Aus den dreissiger Jahren stammende, dem rassehygienischen Denken entlehnte Vorstellungen bestimm-

Kostümfest im «Neumarkt», um 1955: Weit über Zürich hinaus bekannt waren die Feste einer seit den dreissiger Jahren bestehenden Gruppierung, die sich «Der Kreis» nannte und eine gleichnamige Zeitschrift herausgab. Selten waren damals die Anlässe, bei denen Homosexuelle sich nicht verstecken mussten. Die ausgelassenen Kostüm- und Maskenbälle des «Kreises» im «Neumarkt» und im nahen «Barfüsser» gaben der Zürcher Fasnacht in der Nachkriegszeit neue Farbe.

ten den Umgang mit einer Minderheit, die sich von Erpressung und Ausgrenzung bedroht sah. Der agile Winterthurer Demokrat und Geschichtsprofessor Marcel Beck (1908–1986) regte 1957 im Kantonsrat eine schärfere Strafverfolgung «widernatürlicher Unzucht» an, «um die Jugend vor der Nachstellung durch Homosexuelle zu schützen»; der Zürcher Nationalrat Philipp Schmid-Ruedin (1889–1972) postulierte 1961 in Bern für eine entsprechende Revision des Sexualstrafrechts.[6] So nahm sich denn auch der «Staatsschutz» der Homosexuellen an. Wie eine verblüffte Öffentlichkeit 1984 erfuhr, erstreckte sich die Wachsamkeit bis zur Registrierung der Besucher öffentlicher Pissoirs.[7] Je strenger unerwünschtes Verhalten abgedrängt wurde, desto mehr ängstigten «Verführung» und «Unzucht». Unnötig zu sagen, dass auch der Film einer ziemlich rigorosen moralischen Zensur unterstand.[8]

Waren sexuelle Minderheiten ein wehrloses Ziel angstbesetzter Phantasien, so galt für das verlorene Häuflein der Kommunisten Ähnliches auf politischem Gebiet. Mit den gewalttätigen Ausschreitungen im Anschluss an den ungarischen Aufstand von 1956 erreichte ihre Ausgrenzung und soziale Ächtung den Höhepunkt. Jean Rudolf von Salis, der bekannte Radiokommentator des Zweiten Weltkriegs und Geschichtsprofessor an der ETH Zürich, sprach von einem «Ungeist», wie er den «Fronten» der dreissiger Jahre zugrunde gelegen habe, «der Stinkbomben wirft, wenn in einem Kino ein russischer Film läuft, der in einem Dorf am Zürichsee eine Familie drangsaliert (gemeint war die Familie des Kunsthistorikers und Schriftstellers Konrad Farner) und ihr keine Lebensmittel verkauft, weil der Familienvater ein überzeugter Marxist ist, der die jungen Heimkehrer vom Moskauer Jugendfestival am Bahnhof tätlich angreift, ihnen ihr Gepäck entreisst und es auf der Strasse zerstreut».[9] Italienische oder spanische Arbeiter,

«Boykott. In Sachen Konrad Farner» lautete der Titel eines Briefs, der 1967 in der nonkonformistischen Zeitschrift «Neutralität» erschien. Max Frisch, Paul Nizon und Peter Höltschi riefen dazu auf, dem verfemten marxistischen Intellektuellen Konrad Farner (Bild oben) beizustehen. Seit Farner und seine Familie 1956 in Thalwil Opfer pogromartiger Ausschreitungen geworden waren, lebten sie – abhängig vom Einkommen Martha Farners – in Armut. «Wir selbst, die Unterzeichnenden, sind nicht Kommunisten», hiess es in jenem Brief, der zu einer fairen Auseinandersetzung mit den Ideen Farners aufrief. «Seine Arbeiten können nicht an die Öffentlichkeit gelangen; sein Denken, das auf einer eminenten Bildung basiert, ist zur Wirkungslosigkeit verurteilt; seine Einsichten müssen in unserm Land nicht geprüft werden, seine Einwände gegen das Bestehende nicht widerlegt in offener Diskussion.»
Konrad Farner (1903–1974) gehörte seit den zwanziger Jahren der Kommunistischen Partei an. Seit 1950 lebte er in Zürich. Zahlreich sind seine Veröffentlichungen zu kunsthistorischen Fragen. Von den fünfziger Jahren an setzte er sich für einen Dialog zwischen Christentum und Marxismus ein. Aus der Partei der Arbeit trat er 1969 aus.

Max Frisch (1911–1991), der in Zürich aufwuchs und studierte, war ursprünglich Architekt – er plante unter anderem das Zürcher Freibad im Letzigraben – und lebte ab Mitte der fünfziger Jahre als Autor abwechselnd in Zürich, in Rom und im Tessin. Seine Theaterstücke, die fast alle am Zürcher Schauspielhaus uraufgeführt wurden, machten ihn weltbekannt. Parteipolitisch war er nie aktiv, doch wurde seine Haltung zur Politik in der Schweiz mit den Jahren immer skeptischer. Das Bild zeigt ihn im Atelier Varlins (Willy Guggenheim, 1900–1977), der ihn 1966 porträtierte.

«Angst allerenden»
«Aber was hat all das zu tun mit Freiheit? Ich sehe doch ihre Gesichter; sind sie frei? Und ihr Gang, allein ihr hässlicher Gang; ist das der Gang von freien Menschen? Und ihre Angst, ihre Angst vor der Zukunft, ihre Angst, eines Tages vielleicht arm zu sein, ihre Angst vor dem Leben, ihre Angst, ohne Lebensversicherung sterben zu müssen, ihre Angst allerenden, ihre Angst davor, dass die Welt sich verwandeln könnte, ihre geradezu panische Angst vor dem geistigen Wagnis (...).»

(Max Frisch: Stiller, 1954)

die sich allzu auffällig für die kommunistische Linke ihrer Heimatländer engagierten, wurden bei Gelegenheit ebenso im Schnellverfahren an die Grenze gestellt wie bei einer harmlosen kleinen Dieberei ertappte Ausländer und Ausländerinnen; rechtsstaatliche Bedenken, die heute jedem verhafteten Drogenhändler zugute kommen, spielten damals kaum eine Rolle in der Diskussion solcher Praktiken.

Welche Ausmasse Überwachung und Registrierung der Opposition verdächtiger «Elemente» in- oder ausländischer Herkunft in jenen Jahren annahmen, offenbarte erst der «Fichenskandal» von 1989/90, der die Fleissarbeit der Nachkriegszeit ans Tageslicht förderte. Nun erschien lächerlich und empörend, was seinerzeit bitter ernst gemeint war. «Was früher gut und richtig war», beklagte sich ein Staatsschützer bei der parlamentarischen Untersuchungskommission, «was befohlen worden ist von Politikern und höheren Polizeistellen, war bis vor einem Jahr (...) noch recht und gut. Jetzt sind wir (...) die Trottel der Nation.»[10]

## Vom grossen Konformismus zur nachholenden Modernisierung

In den sechziger Jahren bröckelte das überbordende, von einer breiten Mehrheit getragene Ordnungsdenken an den Rändern allmählich ab. Noch bevor die politisch-kulturelle Unruhe offen einsetzte, deuteten gewisse Zeichen auf eine Veränderung hin. Nach dem Höhepunkt während der Kuba-Krise Ende 1962 ging der Kalte Krieg zwischen Ost und West im Zeichen des beiderseitigen Überlebenswillens in eine Phase der Verhandlungen über. Von einer ganz anderen, ebenfalls bedeutsamen Seite her öffnete sich die bis dahin in zäher Abwehr erstarrte katholische Kirche mit dem «Zweiten Vatikanischen Konzil» (1962–1965) in vorsichtiger Weise der «Moderne». Die 1966 eröffnete Paulus-Akademie in Zürich-Witikon wurde ein Schauplatz der neuen Diskussionsbereitschaft. Auch die Unbeweglichkeit der Schweiz geriet zunehmend ins Schussfeld der Kritik, wie sie von den Vertretern eines intellektuellen «Nonkonformismus» – bis dahin allerdings mit bescheidenem Echo – schon seit den fünfziger Jahren geäussert worden war.[11] Die Stimmungslage brachte der Basler Staatsrechtler Max Imboden (1915–1969) 1964 als «helvetisches Malaise» auf den Punkt. «Das

Die sogenannte «Riviera» am Zürcher Limmatquai, beliebter Treffpunkt einer jugendlich-nonkonformistischen Szene in den sechziger Jahren. Als in den siebziger Jahren harte Drogen auf den Markt gelangten, ging es mit der alten «Rivi» zu Ende.

Malaise findet nicht statt», konterte der Publizist Fritz René Allemann in der «Weltwoche», unter Verweis auf internationale Umfragen, welche der Schweizer Bevölkerung ein beispiellos hohes Mass an Zufriedenheit bescheinigten.[12]

Dennoch gerieten nun – und zwar zuerst im kulturellen Bereich – einige Dinge in Bewegung. Zögernd zuerst, allmählich aber deutlicher, öffnete sich ein breiteres Publikum für die klassische Moderne in Malerei und Skulptur, deren Aufstieg seit etwa 1910 erfolgt war. Die Bravheit grosser Teile des einheimischen Kunstschaffens, das seit der Zwischenkriegszeit öffentliche Förderung genossen hatte, begann zu langweilen.[13] Überrascht reagierte man 1958 auf eine Ausstellung in Winterthur – sie wirkte auf die Öffentlichkeit «wie ein Paukenschlag» –, die eine Gruppe von Schweizer Konstruktivisten vorstellte: «Niemand hatte vermutet, dass sich die einheimische Kunstszene in wenigen Jahren dermassen verändert hatte.»[14] Abstraktes fand langsam Anerkennung; eine Differenzierung des Geschmacks zeichnete sich ab.

Zwei heftige Auseinandersetzungen, die 1965/66 weit über Zürich hinaus Beachtung fanden, warfen ein Schlaglicht auf die entstehenden Bruchlinien.[15] Seit dem grossen Krach zu Beginn des Jahrhunderts um Ferdinand Hodlers Marignano-Fresken im Landesmuseum hatte man nicht mehr derart um künstlerisch-kulturelle Fragen gestritten. In beiden Fällen traten betont konservative Akademiker und Hochschullehrer einer älteren Generation, der Kunsthistoriker Peter Meyer (1894–1984) und der Germanist Emil Staiger (1908–1987), deren Denken sich an einem idealisierenden Menschenbild orientierte, als Kritiker von Neuerungen in Kunst und Literatur auf. Ihre diffamierende Aggressivität, die sich 1965 gegen den geplanten Ankauf einer Sammlung von Werken Alberto Giacomettis (1901–1966), 1966 gegen die «moderne Literatur» schlechthin richtete, verriet die Unsicherheit der Angreifer, die zu ahnen schienen, dass die Zeit ihrer Vorherrschaft in Fragen des «Guten, Wahren und Schönen» dem Ende zuging. Im Giacometti-Streit siegten 1965 noch die Gegner dieses bedeutendsten Schweizer Künstlers des 20. Jahrhunderts: Der Zürcher Gemeinderat handelte die gewünschten 750 000 Franken auf 250 000 hinunter, lehnte dann auch diesen Beitrag mit 52 gegen 50 Stimmen ab. Der Riss ging quer durch die Parteien, nur die Christlichsozialen, noch unberührt von konziliarer Öffnung, stimmten geschlossen dagegen.[16] Im Jahr darauf, bei dem von Emil Staiger provozierten Streit, unterlag der konservative Professor nach Punkten, nachdem Max Frisch und andere Persönlichkeiten ihm mit Schärfe entgegengetreten waren.

Die «Kulturrevolution» der späten sechziger Jahre, die sich in solchen Konflikten ankündigte, war eine internationale Erscheinung. Sie zog die Konsequenzen aus den überall in den wohlhabenden Ländern stattfindenden Veränderungen im Lebensstil, im Verhältnis zwischen den Generationen und Geschlechtern. Mit dem relativ geschlossenen System kultureller Orientierungen und Werte, das sich seit den dreissiger Jahren etabliert hatte, ging es zu Ende. Beschleunigter Wandel und die scheinbar unbegrenzten Möglichkeiten des Wachstums schufen überall ein Klima des optimistischen Aufbruchs und der enormen Erwartungen. Im weltweiten Siegeszug neuartiger Musik, Mode und Lebensart, der vom angelsächsischen Kulturraum ausging, nahm eine internationale Jugendkultur nach und nach Form an. Der Protest gegen starre Konventionen und kulturelle Langeweile, die nun als Inbegriff verkalkter «Bürgerlichkeit» erschienen, griff um sich. Je verhärteter der Status quo, desto heftiger die daraus resultierenden Konflikte.

Alberto Giacometti (1901–1966), berühmtester Spross einer höchst kreativen Künstlerdynastie aus dem Bergell, lebte in Paris, kehrte aber regelmässig in seine Bündner Heimat zurück. Das Bild entstand im Februar 1964 anlässlich der Eröffnung einer Ausstellung seiner Werke in Zürich.

Die empörte und schroffe Reaktion politischer und kultureller Autoritäten trug zur Radikalisierung und Politisierung des Jugendprotests bei, der im Kanton Zürich 1967 in Zusammenstössen zwischen Jugendlichen und Polizei anlässlich von Popkonzerten einen vorerst unpolitisch scheinenden Anfang nahm, um mit den «Globuskrawallen» von 1968 definitiv eine politische Richtung einzuschlagen.

Indessen reichte der Umschwung des öffentlichen Klimas über den engeren Kreis der aktiv Protestierenden weit hinaus. Deutlich ist dies am endlichen Erfolg des Frauenstimmrechts abzulesen, das im Kanton 1947, 1959 und letztmals noch Ende 1966 am Veto der Männer gescheitert war: eine Blockierung, in der die kulturelle und gesellschaftspolitische Konstellation der Nachkriegsära bündigen Ausdruck fand. Im September 1969 nahmen die Männer eine Vorlage für das Frauenstimmrecht in den Gemeinden endlich an; im Jahr darauf folgte der Kanton mit Zweidrittelmehr. Ebenfalls 1970 billigten die Zürcher und nun auch die Zürcherinnen die Möglichkeit einer bis zwei Uhr nachts hinausgeschobenen Polizeistunde in Nachtlokalen: eine Absage an jenen kleinstädtischen Biedersinn, der den Bürgerinnen und Bürgern vorschreiben wollte, wann sie ins Bett zu gehen hatten. Der schon beinahe lautlose Einsturz des Konkubinatsverbots, das seit Jahrhunderten zu den Grundfesten der Geschlechterordnung gezählt hatte, bestätigte die Tiefe des eingetretenen Wandels. Die am wenigsten von der Modernisierung erfassten nördlichen und östlichen Teile des Kantons leisteten bei der Abstimmung von 1972 noch die grössten Widerstände: Der industriellste Bezirk, Hinwil, ging mit dem am stärksten landwirtschaftlich und dörflich gebliebenen Andelfingen einig, indem die Vorlage nur relativ knapp durchging, während die Zustimmung in der Agglomeration überwältigend ausfiel.

Den Wandel vermochte auch die konservative Wende, die mit dem Konjunkturumschlag 1974 einherging, nicht rückgängig zu machen. Die Umschichtung zu einer Angestellten- und Dienstleistungsgesellschaft wurde sogar beschleunigt. Sichtbar wurde nun aber auch, dass aus den kulturellen Umwälzungen und der sozialen Vereinheitlichung im Zeichen von Agglo-

Trümmerhaufen im Hallenstadion: Der Zürcher Auftritt der «Rolling Stones» am 14. April 1967, begleitet von einem Grossaufgebot von Polizei und Feuerwehr, endete im Tumult. Ein Jahr später ging ein Konzert von Jimi Hendrix noch chaotischer aus: Die wachsende Protest- und Krawallbereitschaft Jugendlicher nahm bereits die Stimmung während der «Globuskrawalle» vom Sommer 1968 vorweg.

Protest gegen Polizeigewalt: «Sit-in» auf der Zürcher Bahnhofstrasse, 1968.

merierung und mobiler Angestelltengesellschaft keineswegs eine neue «Einheitskultur» hervorwuchs. Die Krisenhaftigkeit und Verlangsamung des wirtschaftlichen Wachstums, die damit einhergehende Absage an gesellschaftspolitische und kulturelle Experimente akzentuierten nur eine neue Realität mit ihren Bruchlinien und Gegensätzen, die sich von jenen der Vergangenheit teilweise deutlich unterschieden.

## Soziales Gefüge, Kultur und Dominanz

«Kulturelles» ist wichtiger geworden zur Vermittlung der feineren sozialen Unterschiede.[17] Der allgegenwärtige Drang, sich entgegen den mächtigen vereinheitlichenden Kräften von Markt und Massenkonsum als «Individuum» zu behaupten und darzustellen, findet eine vielfältige Formensprache, deren Accessoires von eben diesem Markt bereitgestellt werden. Die kulturell überformten «Milieus» und «Szenen» decken sich nur noch teilweise mit den Sozialschichten, obwohl neben dem Neuen das zähe Fortleben sehr traditioneller Arrangements und Verhaltensformen nicht zu übersehen ist.

Neben der «hohen Kultur», die einen klassisch-traditionellen und einen zeitgenössisch-experimentellen Flügel aufweist, entfaltet sich der Markt des «Alternativen»; neben der älteren, gemeinschaftsorientierten Kultur des Selbermachens (zumeist im Verein) wächst die Vielfalt der kommerziellen, marktvermittelten Massenkultur. Diese «Lager» sind indessen keineswegs in sich geschlossen. Die «hohe Kultur» von Musik, Theater oder Oper reagiert auf die Herausforderungen der Avantgarde. Das Schauspielhaus gliedert sich einen «Keller» an, der vermehrt Zeitgenössisches bietet. Die Oper zieht bei Gelegenheit ins Hallenstadion um, wo sonst die Popkonzerte der kommerziellen Jugendkultur stattfinden. Auch die marktvermittelte Kultur lebt nicht nur durch den Massenstil, sondern ebenso durch die Suche nach dem zukünftigen Trend. Denn sobald sich eine Mode durchgesetzt hat, ist es für die Aktivisten an der Zeit, sich von der Menge abzusetzen und nach Neuem Ausschau zu halten. Ähnliches gilt für die Szene-Beizen, die vielbesuchten Restaurants und Orte, die jeweils gerade «in» sind. Auch im bunten Lager der «alternativen» Kultur steht das bereits Etablierte in Konkurrenz zum noch Neueren. Neben «Roter Fabrik»

Nackter Protest: Nach dem «Opernhauskrawall» vom Mai 1980 erschütterte eine ungewöhnliche Serie von Demonstrationen die Stadt Zürich. Die «Bewegung» der achtziger Jahre griff auch auf andere Städte der Schweiz über.

oder (zeitweilig «alternativ» betriebenem) «Kanzlei-Zentrum» tummeln sich am Rande der Legalität die Besetzer einer leerstehenden Fabrik (Wohlgroth-Areal, 1991–1994) oder die Cliquen rund um die jeweils besetzten Häuser in der hart umkämpften Expansionszone der Zürcher City, wo schrille Graffiti-Malereien die Botschaft des Kampfes um den öffentlichen Raum propagieren. Neben freundnachbarlichen Verhältnissen mit wechselseitiger Anregung und Imitation bestimmen harte Rivalitäten das Verhältnis der unterschiedlichen Kultur- und Freizeitstile und ihre Ansprüche auf Nutzung sozialer Räume. Die wütende Explosion des Protests ausgerechnet vor den Toren des Opernhauses, als 1980 dessen grosszügig finanzierte Renovation bevorstand, warf ein scharfes Licht auf die entstandenen Gegensätze.

Zwar geniesst die «hohe Kultur», die sich an Buch und Schauspiel, an Theater und Konzert, kurz am Bewährten der Vergangenheit orientiert, unter allen Kultursparten in der Bevölkerung immer noch das unumstrittenste Ansehen, worin sich die fortwirkende Dominanz eines seit der zweiten Hälfte des 19. Jahrhunderts gefestigten bildungsbürgerlichen Kulturideals ausdrückt. Wer sich für diese Kultur ausspricht, hat zugleich die stärksten Vorbehalte gegen andere Formen. Anderseits ist die Nachfrage nach der «hohen Kultur» traditionellen Zuschnitts relativ gering, nachdem sie in der Nachkriegszeit mit ihrem Bedarf an Bürgerlichkeit noch eine Blüte erlebte. Sie überschritt zu Beginn der sechziger Jahre den Zenit, wie sich an den Zuschauerzahlen von Theater und Oper ablesen lässt. Massive städtische Subventionen halten die entsprechenden Institutionen am Leben, da ein breit abgestütztes bürgerliches Mäzenatentum in Zürich wenig Tradition hat.[18] Auch in Winterthur, das seinen Ruf als Kulturstadt pflegt, kam in städtischen Abstimmungen vielfach tiefsitzendes Misstrauen gegen Bildung und Kultur zum Ausdruck. Schon eher lassen Grossfirmen (neuerdings vor allem Banken) und Stiftungen etwas springen, womit sie nicht zuletzt Image-Pflege in eigener Sache betreiben.

Die seit den sechziger Jahren stagnierende Nachfrage nach «klassischer» Kultur ist besonders auffällig, wenn man die enorme Ausweitung der Bildungsschicht bedenkt, die seit jeher zu den bevorzugten Trägern dieses Kulturbetriebs zählte. In den wohlhabenden Vororten huldigt man noch am ehesten einem bildungsbürgerlich orientierten Kulturbegriff. Institutionen der Elitekultur wie Oper, Tonhalle oder Schauspielhaus werden heute zu zwei Dritteln und mehr von einem ausserhalb der Stadt Zürich wohnenden Publikum besucht.[19] Über 60 Prozent der Familien von Schülerinnen und Schülern an der Kantonsschule Zürcher Oberland besuchen

Konzert und Theater.[20] Ein grosser Teil des potentiellen (gebildeten) Publikums dagegen frequentiert zwar gelegentlich noch die alten Schauplätze, setzt ansonsten aber andere Akzente des Geschmacks. Den Gebildeten sind die Einschränkungen eines klassisch-traditionell orientierten Kulturbegriffs heute eher fremd. Vielfalt ist gefragt. Experimentierlustige Bühnen – bis hin zu geselligen (und kulinarischen) Grossanlässen im Stil des «Theaterspektakels» – konkurrenzieren das etablierte, lange Zeit noch von seinem Nachruhm aus den Kriegsjahren zehrende Schauspielhaus.

Wirft man einen Blick auf die Orte des Geschehens, so lässt sich feststellen, dass «hohe Kultur» sowie kommerzielle Massenkultur vor allem in der Stadt zu Hause sind. Die sich ausdehnende Agglomeration hat als bemerkenswerte Erscheinung der Gegenwart einen Typus hervorgebracht, der bereits mit dem treffenden Begriff des «Kulturfahrenden»[21] bezeichnet wurde: jene gebildeten Teile der angestellten Mittelschichten, die in hohem Mass auf die städtischen Zentren ausgerichtet sind, aber nicht mehr dort wohnen. Stärker noch als die Bewohner der Grossstadt selbst pflegen sie einen nach aussen gerichteten aktiven Lebensstil, der vom auswärtigen Restaurantbesuch über den Konsum klassischer Kultur bis zu Sport, Bewegung, Fitness und dem Besuch von Kulturereignissen wie Jazz- oder Rockkonzert für vieles Platz hat. Ihre kirchlich-konfessionellen Bindungen sind eher gering; ebenso das Interesse an aktiver Mitarbeit in Vereinen oder Gruppen.

Die einst erheblichen regionalen Unterschiede in kulturellen Ansprüchen, Möglichkeiten und Interessen haben sich mit der Agglomerierung abgeschliffen, sozusagen im Gefolge der regionalen Einkommensunterschiede, die ebenfalls geringer geworden sind. Ganz verschwunden sind die Unterschiede zwischen «Stadt» und «Land» indessen keineswegs. Zwar ist der Zugang zum städtischen Kulturmarkt nun praktisch für die ganze Bevölkerung gegeben, doch heisst dies noch lange nicht, dass auch alle in gleicher Weise davon Gebrauch machen. Fern der Hauptzentren und der kleineren städtischen oder halbstädtischen Nebenzentren existiert – vor allem in den nördlichen und östlichen Randgebieten des Kantons – weiterhin eine industriell-ländlich geprägte Peripherie. Die eher familienorientierte Kultur der Vereine, in Grossstadt und Agglomeration schwächer verankert, bleibt dort das Rückgrat der freizeitlichen Unterhaltung, die sich eher in Mit-

Rock-Konzert vor historischen Kulissen: In der Altstadt finden alljährlich die Winterthurer Musikfestwochen statt.

gliedschaften als im Konsum von Angeboten äussert. Seit Mitte der siebziger Jahre ist das Bedürfnis nach gemeinschaftlicher Betätigung im überschaubaren Kreis, das zeitweilig nachgelassen hatte, auch in städtischen Räumen wieder gestiegen, was den ungeheuer vielfältigen Aktivitäten der Vereine neue Anstösse gab.[22] «Bei Bier und Bratwurst den Frieden haben» bleibt quer durch alle Regionen und Bevölkerungsschichten eine überaus populäre Freizeitbeschäftigung.[23] Über ihr eigenes, weitgehend von den Einheimischen getrenntes Vereinsleben verfügen auch die verschiedenen ausländischen Minderheiten; bereits 1943 entstanden zum Beispiel die antifaschistisch motivierten «Colonie Libere Italiane» mit ihren zahlreichen Sektionen.

Zum Teil erfuhr in der jüngeren Vergangenheit ein vereinsgestützter Traditionalismus eine politisch gesteuerte Auffrischung, indem sich manche rasch gewachsene Gemeinde der Agglomeration seit dem Konjunkturumbruch Mitte der siebziger Jahre einer Kultur der «Bodenständigkeit» verschrieb. Ortschaften mit an die zehntausend oder mehr Einwohnern und ausgedehntem Massenwohnungsbau entdecken sich neu als «Dorf», feiern «Dorffeste», deren Programm von den «Dorfvereinen» bestritten wird. Der äussere Rahmen ist hochmodern, die Formen des Brauchtums werden dem späten 19. und frühen 20. Jahrhundert entnommen, wobei die kontrastreiche Begegnung der beiden Welten nicht zu stören braucht: Die «Fahnenweihe» der neu uniformierten Blasmusik kann mangels geeigneter Lokalitäten auch in der Tiefgarage des Einkaufszentrums stattfinden.[24] Ortsmuseen, wie sie seit den siebziger Jahren zu Dutzenden entstanden sind, dokumentieren vorzugsweise eine ländlich-bäuerliche Vergangenheit.[25] Lokale Bildungsbürger, sehr häufig Lehrer, sind Wortführer und Initianten solcher Projekte, mit denen rasch gewachsene, unter Anonymität leidende Gemeinden eine Identität suchen, als deren Bezugspunkt die verklärte dörfliche Vergangenheit dient. Bevorzugter Schauplatz solcher Inszenierungen ist der weite Ring der Agglomeration rund um Zürich.

Versucht man das gesellschaftliche Macht- und Prestigegefüge, das sich in solchen Differenzierungen abzeichnet, räumlich zu umreissen, so ist unübersehbar, in welchem Ausmass sich seit dem Zweiten Weltkrieg die Schwerpunkte aus der Stadt in die Agglomeration verlagert haben. In einer Handvoll Gemeinden (die längst nicht mehr alle an der «Goldküste»

Fahnenweihe in der Tiefgarage: Die «Harmonie Volketswil» musste 1974 in den Untergrund gehen, denn die überaus rasch gewachsene Agglomerationsgemeinde besass noch kaum Räumlichkeiten für kulturelle Anlässe.

**Anteile der in der Stadt wohnhaften Zünftler von 1910 bis 1991**
(6 Zürcher Zünfte)

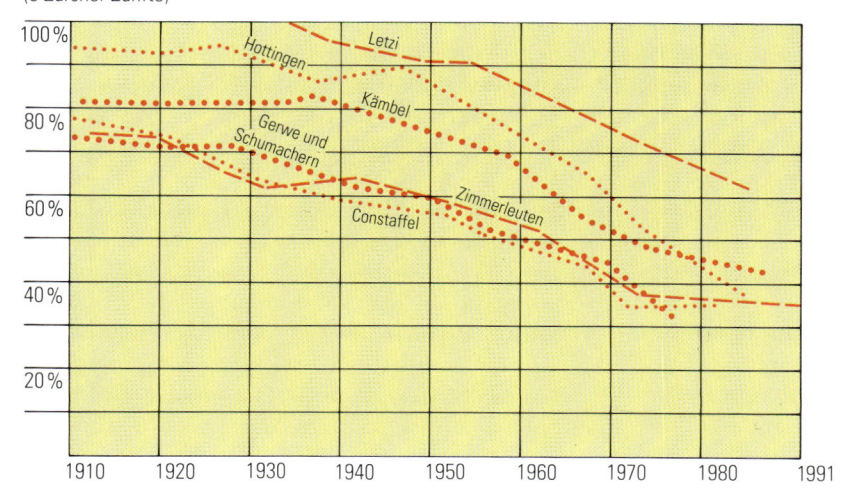

Dem Zug des bürgerlichen Wohlstands in die Vororte folgend, hat seit dem Beginn des 20. Jahrhunderts ein grosser Teil der Stadtzürcher Zünfter die Stadt verlassen. Krise und Krieg verzögerten die Bewegung in den dreissiger und vierziger Jahren; mit dem Anwachsen der Agglomeration seit 1945 wurde sie unaufhaltsam. Am nachhaltigsten erfasste sie die älteren Zünfte, während die später gegründeten Quartierzünfte (z. B. Letzi, gegründet 1934) verzögert folgten. Insgesamt wohnten 1993 noch 57 Prozent der 3500 Zünfter in der Stadt.

liegen) ist der grosse Reichtum zu Hause; dort wohnen die wichtigen Entscheidungsträger. Die Bewohner dieser Orte sind in besonders hohem Mass auf das städtische Zentrum orientiert, worin zum Ausdruck kommt, dass ihre Interessen überregionaler und nationaler Art sind. Gesellschaftlich wie kulturell verkehren sie besonders häufig in der Stadt, wohin sie übrigens auch öfter einkaufen gehen als die Bewohner der weniger privilegierten Vorortszonen.[26] Zugleich aber grenzt diese Elite mit ihren nationalen und internationalen Interessen sich – unter Beschwörung der unverbrüchlichen Gemeindeautonomie – deutlich ab von einer Stadt, in der ihr politischer Einfluss schon vor Jahrzehnten zurückgestutzt wurde. Sie beharrt mit besonderem Nachdruck auf dem «dörflichen» Charakter ihrer Wohngemeinden in der Agglomeration. Ein eigentümlich zwiespältiges Verhältnis zu Zürich kennzeichnet somit das Denken der traditionellen Oberschicht: Ihre einstige Vorherrschaft in der Stadt war – trotz des Niedergangs des «Roten Zürich» – nicht mehr wiederherstellbar, auch wenn die langjährige «Ära Landolt» (1949–1966) unverkennbar restaurative Züge trug. Nur

Panne am Zürcher Sechseläuten: Nicht ohne Störungen durch jugendliche Manifestanten verlief der traditionelle Anlass im April 1981.

**Ortsmuseen im Kanton Zürich 1950 und 1985**

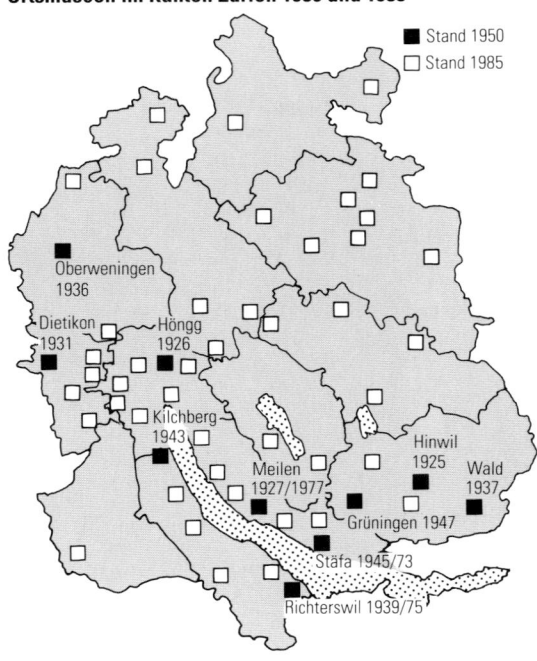

■ Stand 1950
□ Stand 1985

Auf den Spuren der Agglomeration: Nicht in den stärker ländlich und traditionell gebliebenen Teilen des Kantons, sondern in der rasch wachsenden Agglomeration, am See, im Limmat- und im Glattal, hatte die Gründung von Ortsmuseen in den siebziger Jahren Hochkonjunktur. Wo sich die Umwelt am stärksten verändert hatte, war das Bedürfnis nach einem besinnlichen Rückblick in die ländliche Vergangenheit am grössten.

zum Fest des Sechseläutens findet jeweils die – symbolische – Besitzergreifung noch einmal statt, die sich in Gestalt eines Umzugs durch die Innenstadt vollzieht. Die Mitglieder der Stadtzürcher Zünfte, dieser exklusiven Traditionsvereine einer patriarchalen Bürgerlichkeit, wohnen seit den sechziger Jahren immer öfter in den Wohlstandsgemeinden des Vorortgürtels.

## Unterwegs zu einer nachbürgerlichen Gesellschaft?

Die einst ausgeprägte sozial-kulturelle Dominanz des Bürgertums, neben dem eine oppositionelle Arbeiterbewegung mit teilweise alternativen Ausrichtungen bestand, ist seit 1945 einer vergleichsweise unbestimmten Situation gewichen. In überraschender Geschwindigkeit folgte dem umfassenden Triumph bürgerlicher Anschauungen in den fünfziger Jahren der Übergang von der «Allbürgerlichkeit» in eine relativ unverbindliche «Nachbürgerlichkeit».[27] Die Orientierung an den überlieferten bürgerlichen Werten von Arbeit und Familie, Leistung und Wettbewerb, Fortschritt, Eigentum und sozialem Aufstieg verbreitete sich über die wachsenden Mittelschichten in die ganze Bevölkerung. Für die innere Geschlossenheit und Prägung des Bürgertums selbst verloren diese Werte indessen, gerade wegen ihres augenfälligen Erfolgs, an Bedeutung. Teile des bürgerlichen Nachwuchses scherten von den späten sechziger Jahren an aus der Tradition aus. Erst recht stellten die neuen Ansprüche der Frauen auf Gleichberechtigung in Erwerb, Familie und Öffentlichkeit die Rollenteilung der Geschlechter innerhalb der bürgerlichen Familie in Frage. Mit der Demokratisierung der höheren Bildung ging zudem die ständische Absonderung der Bildungsberufe zurück.

Die Kontrolle des Besitzes durch einen überaus kleinen, machtbewussten Kreis hat zwar nur geringfügig nachgelassen. Vermuten lässt sich immerhin, dass im Zug der wirtschaftlichen Expansion Neuzugänge – und in schwächerem Mass auch Abgänge – für eine verstärkte Zirkulation an den Spitzen des Besitz- und Bildungsbürgertums sorgten. Aufsteigende, nicht bereits in dieses Umfeld Hineingeborene verschafften sich, vorzugsweise über den Erwerb von Bildung, ihren Platz. Auch im katholisch-bürgerlichen Milieu, das bis in die fünfziger Jahre hinein eine ausgeprägte weltanschauliche Sonderexistenz führte, sind die ständischen Bindungen verblasst. Der katholische Glaube traditionellen Zuschnitts ist darüber, wie eine Untersuchung jüngst festhielt, «weitgehend zu einer bürgerlichen Religion geworden».[28] Im ehedem scharf vom Katholizismus abgegrenzten freisinnig-bürgerlichen Milieu verhält sich dies nicht viel anders. Was bleibt, ist die nach wie vor übergewichtig reformierte Prägung (1989: 76% der Mitglieder der FDP). Man lebt in grösseren Haushalten als die Bevölkerung im allgemeinen und ist wenig mobil, was den Wohnort betrifft, um so mobiler indessen im Hinblick auf Erwerb und Konsum. Die Verankerung in der Gemeinde (75% der FDP-Mitglieder waren 1989 seit zehn oder mehr Jahren am gleichen Ort wohnhaft), die immer noch eine Grundlage gesellschaftlichen Einflusses darstellt, steht in auffälligem Gegensatz zum Verhalten der hochmobilen Mehrheit. Bildung der klassischen Art, Theater, Konzert und Oper geniessen hohe Wertschätzung, obwohl auch hier nur Minderheiten an diesen Kunstgattungen interessiert sind.[29]

Gesamthaft lassen sich die Veränderungen im Sinn einer gewissen Pluralisierung innerhalb der Oberschicht verstehen, deren «Bürgerlichkeit» an Geschlossenheit und Verbindlichkeit verloren hat. Konkurrierende Orientierungen und abweichende Minderheiten haben an Boden gewonnen. Der

# Alter Glaube, neue Kulte

Seit den achtziger Jahren laufen den grossen Kirchen die Gläubigen scharenweise davon. Einschneidend sind die Verluste bei den Reformierten. Dem liegt nicht nur Gleichgültigkeit zugrunde: Neue Kulte blühen. Zugleich wachsen die Spannungen innerhalb der Grosskirchen, die höchst gegensätzliche Ansprüche zu erfüllen haben.

Über Jahrhunderte besass die reformierte Kirche im Kanton Zürich ein Glaubensmonopol. Seit dem liberalen 19. Jahrhundert musste sie das Aufkommen konfessioneller Minderheiten hinnehmen, ohne dass ihr zahlenmässiges Übergewicht – oder ihre besondere Nähe zum Staat – in Frage gestellt worden wären. Noch 1950 betrug ihr Anteil 72 Prozent. Heute gilt dies einzig für das vom sozialen Wandel vergleichsweise wenig berührte Weinland; insgesamt aber stellten die Reformierten 1993 im Zwinglikanton nur noch eine Minderheit von 47 Prozent.

Die grosse Zuwanderung aus Südeuropa in den fünfziger und sechziger Jahren kam der katholischen Kirche zugute. Seit dem Höhepunkt von 1970 (36,7%) ging aber auch ihr Anteil zurück (1993 33,6%).[1] Mit wachsender Beschleunigung seit den achtziger Jahren nahm hingegen die Zahl derjenigen zu, die anderen Glaubensrichtungen angehören, zum Beispiel dem Islam (1990: 2,6%), oder die konfessionslos sind. Die letztere, noch 1960 verschwindend kleine Gruppe umfasste 1990 in der Stadt Zürich bereits 10 Prozent der Bevölkerung, im kantonalen Durchschnitt 7,9 Prozent.

Für die Grosskirchen stellen Abwanderung und Gleichgültigkeit der Gläubigen ein Problem dar, dem sie neuerdings mit Umfragen und religions-soziologischer Forschung auf die Spur zu kommen suchen.[2] Die Bindungen sind schwächer geworden; und dies gilt für die Agglomeration Zürich noch mehr als für die übrige Schweiz. Einst fest verankerte Gewohnheiten der Mehrheit – so die Neigung, einen Ehepartner oder eine Partnerin des eigenen Glaubens zu wählen – haben nach 1970 rasch abgenommen. Waren in der Stadt Zürich 1969 ein Drittel aller geschlossenen Ehen konfessionelle «Mischehen», so stieg dieser Anteil bis 1987 auf 58 Prozent.[3]

In vieler Augen sind die Kirchen eine Art «Dienstleistungsorganisation zur Deckung religiöser Bedürfnisse» oder eine blosse «Sozialagentur» geworden.[4] Gäbe es keine Kirchen, würden nach verbreiteter Ansicht einsame Menschen noch mehr unter ihrer Lage leiden, wäre die Gesellschaft noch härter und kälter. Nur noch eine Minderheit «exklusiver Christen» (rund 20%) hängt an sehr traditionellen Glaubensinhalten. Beinahe ebensogross ist die Gruppe der «Neu-Religiösen», die sich an esoterischen, fernöstlichen oder psychologischen Lehren, an Wiedergeburt und anderen der christlichen Tradition fremden Vorstellungen orientieren. Die neuen Kulte unterliegen wechselnden Modeströmungen; bisweilen organisieren sie sich auch als autoritäre Gemeinschaften. Während die gelebten Formen von Kult und Glauben immer bunter werden, sehen sich die Amtskirchen von scharfen inneren Konflikten heimgesucht. Umstritten bleibt die angemessene Antwort auf den Wandel. Wo die einen Neuerung und Öffnung suchen, wollen andere die Reihen schliessen, um zu retten, was zu retten ist. Auf der katholischen Seite prallen die Gegensätze zwischen der autoritären Vatikanskirche und den veränderten Bedürfnissen der Gläubigen seit der päpstlichen Installierung eines von der Mehrheit abgelehnten, traditionalistischen Bischofs in Chur scharf aufeinander. In der reformierten Kirche spielt sich in manchen Gemeinden Vergleichbares ab, wo evangelikale, streng bibelorientierte Kräfte um Macht und Einfluss kämpfen. Dies hat vereinzelt – so zum Beispiel in Eglisau – bereits bis zur Spaltung geführt.[5] In beiden Grosskirchen suchen Frauen ihre Stellung zu verbessern. Von aussen attackieren neuerdings bürgerliche Politiker, denen das sozial- und entwicklungspolitische Engagement mancher Theologen ein Dorn im Auge ist, die Verbindung von Kirche und Staat, was bis anhin nur Freidenker taten. Mit dem Verlust der öffentlich-rechtlichen Stellung würde sich die Krise der Kirchen drastisch verschärfen. Bei allen Problemen: ein völliger Zerfall der Grosskirchen scheint unwahrscheinlich. Die Mehrheit denkt – laut Umfragen – vorläufig nicht an Austritt. Für Taufe und Hochzeit, spätestens aber zur Behebung der Sprachlosigkeit angesichts des Todes nimmt man die kirchlichen Dienste gern in Anspruch.

**Anteil der Reformierten an der Wohnbevölkerung in den Gemeinden und Regionen 1993**

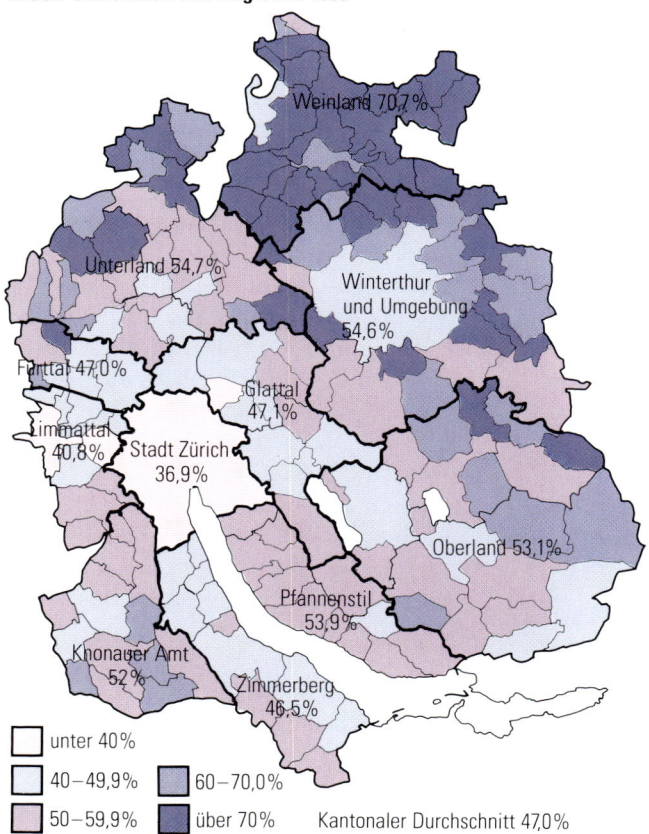

Weinland 70,7%
Unterland 54,7%
Winterthur und Umgebung 54,6%
Furttal 47,0%
Glattal 47,1%
Limmattal 40,8%
Stadt Zürich 36,9%
Oberland 53,1%
Pfannenstil 53,9%
Knonauer Amt 52%
Zimmerberg 46,5%

unter 40%
40–49,9%
50–59,9%
60–70,0%
über 70%

Kantonaler Durchschnitt 47,0%

*Im Anteil der Reformierten bildet sich der soziale Wandel der letzten Jahrzehnte ab: Stark reformiert geprägt bleiben die eher ländlichen Regionen und sehr kleinen Gemeinden in den nördlichen und östlichen Randgebieten; auch ein Teil der früh industrialisierten, dann aber in den Windschatten der Entwicklung geratenen Gemeinden des Oberlands weisen vergleichsweise hohe Anteile auf. Deutlich in der Minderheit sind die Reformierten hingegen im Kern der Agglomeration, in der Stadt Zürich, im Limmat-, Glatt- und Furttal, wo die ständige Umwälzung der Bevölkerung durch Zu- und Abwanderung die höchsten Werte erreicht. Als Inseln mit reformierter Mehrheit stechen nur die Wohlstandsgemeinden der «Goldküste» hervor: Konsequenz der Tatsache, dass die wohlhabende Oberschicht immer noch zu einem hohen Anteil reformiert ist.*

Verlust an kultureller Geschlossenheit signalisiert einen gewissen Rückgang der Dominanz; ein Vorgang, in dem sich die Auffächerung der Anschauungen im weiteren gesellschaftlichen Raum spiegelt. Die kulturelle «Vorherrschaft» ging – wenn schon – an die Mittelschichten über, soweit sie über das immer wichtiger werdende kulturelle Kapital in Gestalt von Bildung verfügen. Aus der gehobenen gesellschaftlichen Mitte heraus werden heute der Geschmack geformt und Trends gesetzt. Von dort aus führen die Wege bisweilen bis ganz «nach oben».

Die Lockerung einer einst straff gefügten, traditionsbewussten Bürgerlichkeit war mitbedingt durch die nachlassende Spannkraft auf dem Gegenpol, im Lager der sozialistischen und gewerkschaftlichen Arbeiterbewegung. Der Niedergang des sozial-kulturellen Milieus der einheimischen Arbeiterschaft, deren Organisationen und Rituale einst ein Stück Selbstbewusstsein und soziale Heimat vermittelten, war nachhaltig. Dieses soziale und politische «Lager» hatte allerdings – aus seiner Position der Unterlegenheit – nie eine derartige Geschlossenheit entwickeln können wie die bürgerliche Führungsschicht. Der soziale Aufstieg infolge des Umbaus der Wirtschaftsgesellschaft in Richtung Dienstleistungen sowie die «Unterschichtung» durch ausländische Arbeitnehmer entzogen dem sozialistischen Arbeitermilieu (ebenso wie dem katholischen) die Lebenskraft. Die neue, aus dem Ausland zuwandernde Unterschicht stützte sich auf eigene Lebensformen und andersartige Traditionen; ihre Einfügung beansprucht mehr als eine Generation.

Was aus der Ära der klassischen Industriegesellschaft übrigbleibt, ist eine Unterschicht schlecht qualifizierter Arbeitskräfte mit schwacher lokaler Verwurzelung und geringem Selbstbewusstsein. Ein erheblicher Teil stammt aus dem Ausland und ist damit von der politischen Mitsprache ausgeschlossen, während die einheimische Unterschicht von ihren politischen Rechten nur noch reduziert Gebrauch macht. Insgesamt verfügt so mindestens ein Drittel der Bevölkerung (davon ungefähr 50% ausländischer Herkunft) über kaum eine Stimme in öffentlichen und kulturellen Belangen. Soweit sich ihre latente Unzufriedenheit politisch Luft macht, weist der Trend seit dem Niedergang der Arbeiterbewegung eher nach rechts. «Generalisiertes Misstrauen» kennzeichne gut einen Drittel der Zürcher Stimmberechtigten, hielt eine Befragung Anfang der siebziger Jahre fest: «Kein Vertrauen in die Zukunft, kein Vertrauen zu den Institutionen, kein Vertrauen zu den Mitmenschen», kurz gesagt, «ein Gefühl, dass man nirgends richtig hingehört». Eine Situation, aus der fremdenfeindliche Bewegungen seit den sechziger Jahren ihren Nutzen gezogen haben.[30]

Die Klassenstruktur der Industriegesellschaft, die sich im späteren 19. Jahrhundert herausgebildet und im 20. Jahrhundert gefestigt hatte, ist seit den sechziger Jahren einer Auffächerung von Soziallagen und kulturellen Milieus gewichen, welche die relativ übersichtlichen Blöcke von Bürgertum und Arbeiterschaft, Bauerntum und Mittelständen überlagert und zum Teil auch aufgelöst hat. Über der immer noch üblichen Beschwörung der alten Bilder – hier «bürgerlich», dort «rot» (und neuerdings auch «grün») – zur politischen Scheidung von Freund und Feind geht oftmals vergessen, in welchem Mass sich die gesellschaftlichen Realitäten verändert haben. Offen bleibt, wohin die Entwicklung führt. Versuche, die alte Klassengesellschaft zu verabschieden, da vor lauter Pluralismus der Lebensformen keine eindeutigen Hierarchien mehr sichtbar seien, sind nur bedingt tauglich.[31] Zu ungleich sind die Mittel und Möglichkeiten verteilt; zu hoch bleibt die Zahl der Ausgegrenzten.

# Zum Forschungsstand

Fragen der Alltagskultur und kultureller Leitbilder sind schlecht erforscht; das betreffende Kapitel stützt sich auf eine Vielzahl verstreuter Angaben. Über den Einfluss von Frauenzeitschriften siehe GANZ ANNABELLE; allgemein zur Situation der Frauen FRAUENGESCHICHTE(N). Lokal bezogen und anregend, unter Verwendung von Interviews, arbeitet MÜLLER, Sonne Oberuster, S. 95ff.; eine der seltenen Arbeiten zur Jugendkultur der fünfziger Jahre: AESCHLIMANN, Halbstarke in Zürich; das kulturpolitische Klima erhellt Martin Ganz punktuell anhand der Debatten um die «Neue Stadt» 1956, in: BILDER UND LEITBILDER; zum Kino eine Oberländer Lokalstudie von Susanne Sorg-Keller, in: HEIMATSPIEGEL, August 1985; einen guten Überblick zum Umgang mit moderner Kunst gibt GESCHICHTE KUNSTVEREIN WINTERTHUR; über einen kunstpolitischen Entscheid von 1965 orientiert sehr aufschlussreich ROTZLER, Giacometti; ferner DER ZÜRCHER LITERATURSTREIT über den Konflikt von 1966/67 um Emil Staigers Brandrede gegen die moderne Literatur (bisher nicht umfassend aufgearbeitet); bei MÜLLER, Illnau-Effretikon, S.335ff., der Streit um einen modernen Kirchenbau; Stadtzürcher Alltagskultur in den achtziger Jahren aus volkskundlicher Sicht: SCHWEIZERISCHES ARCHIV FÜR VOLKSKUNDE, Band 82, 1986; siehe auch HUGGER, Fasnacht; über die Kulturkonflikte der Zürcher Krawalle von 1980/81 orientiert eine umfangreiche Literatur (siehe Übersicht Kapitel «Leben in der Wohlstandsgesellschaft»), ferner Claude JAQUILLARD, Zürich Graffiti: les desperados de l'état social, Lausanne 1980.

Seit den siebziger Jahren liegt Zahlenmaterial zum kulturellen Verhalten vor, so regelmässig im Marktforschungsmagazin INSIDE; BISCHOF, Kulturinstitute; soziologisch orientiert ist BUGARI, Vereine in Zürich; gesamtschweizerisch soziologisch angelegt ist MEIER-DALLACH, Kulturlawine; MEIER-DALLACH, Stadtkultur im Grossdorf.

Bezüglich Religion und Glaube einige gesamtschweizerische Angaben in RELIGIÖSE LEBENSWELT; auf den Kanton Zürich bezogen TEOBALDI, Katholiken; ALTERMATT, Katholizismus; die Ergebnisse einer erstmaligen systematischen Befragung von 1988/89 in RELIGION UND WELTANSCHAUUNG; zur jüngeren Konjunktur autoritärer religiöser oder weltanschaulicher Gruppen siehe DAS PARADIES KANN WARTEN. Gruppierungen mit totalitärer Tendenz, Red. J. Vontobel, 3. erw. Auflage, Zürich 1993.

# Anmerkungen

[1] Siehe TEOBALDI, Katholiken, S. 280ff.; zur Entstehung der Vorlage von 1963 ferner Hans SCHMID, Die rechtliche Stellung der römisch-katholischen Kirchen im Kanton Zürich, Zürich 1973, S.148ff.

[2] Zitat bei Roman G. SCHÖNAUER, 100 Jahre Zunft Riesbach, Zürich 1987, S. 82; WIDMER, Kulturgeschichte, Bd.12, S.13f.

[3] BANDLE, Biografie einer Schule, beispielsweise S. 90; Walter RUPLI, Mittelschule im gesellschaftlichen Wandel. Die Winterthurer Kantonsschulen 1962–1987, Winterthur 1987, S.11f.

[4] Siehe Yvonne-Denise KÖCHLI, Eine Frau kommt zu früh. Das Leben der Iris von Roten, Autorin von «Frauen im Laufgitter», Zürich 1992, S. 86ff.

[5] VOLKSRECHT, 13.12.1963, Die Aktion «Place Pigalle»

[6] PROTOKOLL DES KANTONSRATES, 1955–1959, Bd.2, S. 2341f.; zur kaum aufgearbeiteten Geschichte der homosexuellen Minderheit siehe den Beitrag von Erasmus Walser über Lebensgeschichten homosexueller Männer in Bern 1935–1960, in: FESTSCHRIFT BEATRIX MESMER, Bern 1991, S.20ff.

[7] STAATSSCHUTZ DER STADT ZÜRICH, S. 254

[8] Ein Überblick über die Filmzensur nach Kantonen, in: TAGES-ANZEIGER, 4.7.1961

[9] Jean Rudolf VON SALIS, Schwierige Schweiz, Zürich 1968, S.198. Zu den erwähnten Ereignissen siehe NIEMALS VERGESSEN, Ungarn 1956, S.27ff. (Bericht von Martha Farner); einige Dokumente bei DEJUNG, Schweiz seit 1945, S. 119f.

[10] STAATSSCHUTZ DER STADT ZÜRICH, S.74

[11] Siehe die gesammelten älteren Essays und das Nachwort, in: DAHINDEN, Zeitspuren; aufschlussreich die Debatte um die «Neue Stadt» 1956, Martin Ganz, in: BILDER UND LEITBILDER, S.373ff.

[12] WELTWOCHE, 29.5.1964

[13] Aussagekräftig die Anschaffungspolitik 1945–1954 der kantonalen Kunstkommission, siehe RITZMANN, Kunstförderung. Siehe auch den Beitrag von Matthias Vogel zur Bildhauerei, in: Walter LEIMGRUBER und Gabriela CHRISTEN (Hg.), Sonderfall? Die Schweiz zwischen Reduit und Europa, Zürich 1992

[14] GESCHICHTE KUNSTVEREIN WINTERTHUR, S. 297f.

[15] Siehe dazu: ROTZLER, Giacometti; DER ZÜRCHER LITERATURSTREIT; für Emil Staiger setzte sich Erwin JAECKLE ein (Der Zürcher Literaturschock, München 1968).

[16] ROTZLER, Giacometti, S.279

[17] Die folgenden Abschnitte stützen sich (soweit nicht anders erwähnt) besonders auf MEIER-DALLACH, Kulturlawine; MEIER-DALLACH, Stadtkultur im Grossdorf. Marktanalysen bezüglich des Kulturverhaltens in der Agglomeration Zürich: INSIDE, 3/1979 (Kino, Theater, Konzert); 4/1979 (Museenbesuch); 2/1983 (Ausgehverhalten); 1/1990 (Freizeit, Kino, Sport); 3/1992 (Freizeit und Ausgehen); 3/1993 (Theater, Oper); 4/1993 (Kino).

[18] Jüngere Angaben zu mäzenatischen Kulturvereinigungen in Zürich bei BISCHOF, Zürcher Kulturinstitute

[19] Siehe Publikumsbefragung von 1984 in BISCHOF, Zürcher Kulturinstitute; Felix HORLACHER, Kultursubventionen. Begründungen öffentlicher Kulturförderung und zielgerechte Ausgestaltung von Kultursubventionen, mit besonderer Berücksichtigung der Zürcher Kulturpolitik, Bern 1984, S. 205; KESSELRING, Finanzausgleich, S.170f.

[20] Laut Umfrage 1988, in: NZZ, 13./14.8.1988, S.49

[21] So MEIER-DALLACH, Stadtkultur im Grossdorf, S.9

[22] Siehe beispielsweise MÜLLER, Sonne Oberuster, S. 98f.; BUGARI, Vereine in Zürich, zeigt die enorme Vielfalt des Angebots Ende der achtziger Jahre; zum Aufschwung quartierbezogener Aktivitäten Ursula RELLSTAB, Quartierkultur, Zürich 1988 (und weitere Publikationen).

[23] Dies der Titel einer soziologischen Lizentiatsarbeit von Andrea BUGARI, Universität Zürich 1990

[24] JAHRBUCH VOLKETSWIL 1976, S. 47

[25] Ein Einzelbeispiel, in: ZOLLIKER JAHRHEFT 1986, S. 37ff.; Christa BOLLIGER, Ortsmuseen. Ihre Promotoren und ihr Publikum, Lizentiatsarbeit Zürich 1975 (StAZ)

[26] Zum Einkaufsverhalten der Bewohner umliegender Regionen in der Stadt Zürich siehe Publikumsbefragungen, in: INSIDE, 2/1992, S.21ff.; BECK, Shopping-Center, S. 139

[27] Von «Allbürgerlichkeit» spricht Hanno Helbling, in: NZZ, 6./7.12.1988, S. 65f.

[28] RELIGIÖSE LEBENSWELT, S.113f.

[29] Siehe Mitgliederbefragung FDP Kanton Zürich 1989, unveröffentlichte Daten (zur Verfügung gestellt vom Parteisekretariat); teilweise Zusammenfassung in: NZZ, 8.12.1989, S.53

[30] SCHMIDTCHEN, Bildungspolitik, S.56ff., Zitat S.57; siehe auch BRAUN, Italienische Arbeitskräfte, besonders S.424ff.

[31] Hierzu u.a.: Volker BORNSCHIER (Hg.), Das Ende der sozialen Schichtung? Zürcher Arbeiten zur gesellschaftlichen Konstruktion von sozialer Lage und Bewusstsein in der westlichen Zentrumsgesellschaft, Zürich 1991

### Alter Glaube, neue Kulte (S. 437)

[1] Statistische Überblicke in SHB 1987, S. 60; STATISTISCHES JAHRBUCH DES KANTONS ZÜRICH 1993, S.16f., 24 (Resultate der Volkszählung 1990); neuste Daten von Ende 1993 in SBZ 1994, Heft 1, S. 48ff.

[2] Siehe die gesamtschweizerische Befragung 1988/89, für die eine separate Zürcher Auswertung vorliegt (RELIGION UND WELTANSCHAUUNG)

[3] Siehe Daten in STATISTISCHES JAHRBUCH DER STADT ZÜRICH 1988, S.120; der Anteil war zuvor über Jahrzehnte konstant geblieben.

[4] Zit. nach: RELIGION UND WELTANSCHAUUNG, S.17; ferner NZZ, 21./22.12.91, S. 19

[5] Siehe LAMPRECHT, Eglisau, S.450f.

Randspalte S. 425:

[1] PROTOKOLL DES KANTONSRATES, 1952–1954, S.1562ff.

# Im Zeichen der Politik

Wahlplakat, 1963.

Die politische Entwicklung der Nachkriegszeit war arm an dramatischen Zuspitzungen, beschränkte sich jedoch keineswegs auf die blosse Abwicklung von Routine. Zu vielfältig und neuartig waren die Aufgaben, die aus dem raschen gesellschaftlichen Wandel erwuchsen. Um die Etappen der Entwicklung sichtbar zu machen, wird hier zunächst chronologisch vorgegangen. Dem Überblick folgt die Behandlung einzelner Fragen zu den politischen Prozessen und Verhältnissen: die Beanspruchung der direkten Demokratie, die politischen Kräfteverhältnisse und die Parteien; die Wahl- und Stimmbeteiligung.

## Von der Nachkriegszeit in die Gegenwart – ein Überblick

Arbeiterbewegung und politische Linke drückten dem kleinen Aufbruch nach 1945, der sich schon mit der Kriegswende ab 1942/43 angekündigt hatte, in hohem Mass ihren Stempel auf.[1] Infolge der Kompromissbereitschaft auf bürgerlicher Seite gelang es in diesen Jahren, dauerhafte sozialpolitische Lösungen zu erzielen, die aus der Schweiz einen modernen Sozialstaat machten. Zu erwähnen sind der Durchbruch zur kollektiven, vertraglichen Regelung der «industriellen Beziehungen» zwischen Arbeitgeberverbänden und Gewerkschaften; ferner die überwältigende Zustimmung der Wähler, mit der im Juli 1947 eine staatliche Altersversicherung zustande kam. Hintergrund und eigentliche Voraussetzung dieser bedeutsamen Kompromisse waren eine rasant steigende Zahl von Lohnbewegungen und Arbeitskonflikten sowie wahlpolitische Erfolge der Linken. Das politische Gewicht der Stadt Zürich, öfter sekundiert von dem der Stadt Winterthur, erreichte in diesen Jahren einen Höhepunkt. Auf bürgerlicher Seite herrschte Besorgnis angesichts der Möglichkeit weiterer Eingemeindungen, mit der ein wachsendes «Gross-Zürich» seinen Einfluss noch mehr hätte steigern können.

Nach dem Stillhalten und den Kaufkraftverlusten während der Kriegsjahre erzwangen Arbeiter und Angestellte in einer Vielzahl teils spontaner, von den Gewerkschaften erst nachträglich unterstützter Bewegungen die Anerkennung ihrer Organisationen als Vertragspartner, die trotz des «Friedensabkommens» in der Metall- und Maschinenindustrie 1937 für die meisten Branchen noch keineswegs gesichert war. Nachdem die Streiktätigkeit seit den späten dreissiger Jahren praktisch zum Erliegen gekommen war, erschien 1946 noch einmal als grosses Kampfjahr; der Kanton Zürich mit seiner aktiven und stark organisierten Arbeiterschaft war überdurchschnittlich an dieser gesamtschweizerischen Bewegung beteiligt.[2] Eine machtvolle Solidaritätskundgebung für die streikenden Arbeiterinnen der Bindfadenfabrik Flurlingen (der «Bindi» bei Neuhausen) führte am 4. Juni 1946 auf dem Zürcher Helvetiaplatz nicht weniger als 15 000 Demonstrierende zusammen.[3]

Anlässlich einer Ersatzwahl in den Regierungsrat im Sommer 1945 erzielte der Kandidat der jungen Partei der Arbeit (PdA), der populäre Otto Brunner (1896–1973), der in den dreissiger Jahren als Freiwilliger im spanischen Bürgerkrieg zur Verteidigung der Republik gekämpft hatte, einen ungewöhnlichen Erfolg. Im zweiten Wahlgang unterlag Brunner mit beachtlichen 37 Prozent der Stimmen dem freisinnigen Mittelschullehrer und Seminardirektor Ernst Vaterlaus (1891–1976), dem Einheitskandidaten

**Wahlberechtigte nach Gebieten von 1917 bis 1991 (in %)**

| Jahr | Zürich | Winterthur | Übrige Gemeinden |
|---|---|---|---|
| 1917 | 36,6 | 5,5 | 57,9 |
| 1929 | 40,4 | 9,5 | 50,1 |
| 1935 | 50,5 | 8,9 | 40,6 |
| 1947 | 52,0 | 8,9 | 39,1 |
| 1951 | 51,9 | 8,8 | 39,3 |
| 1955 | 52,0 | 8,4 | 39,6 |
| 1959 | 50,6 | 8,4 | 41,0 |
| 1963 | 47,6 | 8,4 | 44,1 |
| 1967 | 44,8 | 8,4 | 46,8 |
| 1971 | 43,1 | 8,3 | 48,6 |
| 1975 | 39,5 | 8,0 | 52,5 |
| 1979 | 37,4 | 7,8 | 54,8 |
| 1983 | 35,1 | 7,6 | 57,4 |
| 1987 | 32,3 | 7,4 | 60,3 |
| 1991 | 30,3 | 7,5 | 62,3 |

Streikversammlung der «Bindi»-Belegschaft: Sechs Wochen und drei Tage mussten die Arbeiterinnen und Arbeiter der Bindfadenfabrik Flurlingen im Mai und Juni 1946 für ihren ersten Gesamtarbeitsvertrag streiken. Der Konflikt erregte Aufsehen in der ganzen Schweiz; am 4. Juni traten 4000 Textilarbeiterinnen und -arbeiter in Basel, Liestal, Burgdorf, Zürich und Wädenswil in einen 24-stündigen Solidaritätsstreik.

der bürgerlichen Parteien. In Zürich gewann die PdA im Frühjahr 1946 19 Sitze im 125köpfigen Gemeinderat und eroberte auch gleich noch einen Sitz im Stadtrat, wo die Sozialdemokraten schon zu fünft vertreten waren. Trotz der bereits aufziehenden Wolken des Kalten Kriegs konnte die PdA im Frühjahr 1947 zwölf Abgeordnete in den Kantonsrat entsenden, ein Erfolg, der weitgehend auf Kosten der Sozialdemokraten (neun Verluste) ging.

Sozialpolitische und den Wohnbau fördernde Gesetzesvorlagen gingen in jenen Jahren meist mit sicheren Mehrheiten durch, wenn auch öfter gegen den Widerstand der Landschaft. Die einmalige Zustimmung, welche die Vorlage zur Errichtung des internationalen Flughafens in Kloten im Frühjahr 1946 fand (78 Prozent Ja), stand für den Willen, die Isolation der Kriegsjahre zu durchbrechen und sich der Welt zu öffnen. Sogar in der Frage des Frauenstimmrechts schien Bewegung in die Köpfe zu kommen: Öffentliche Kundgebungen erinnerten an die alte Forderung; der Kantonsrat nahm im Februar 1947 eine entsprechende Vorlage an, über die zuletzt in einer vergleichbaren Situation, nämlich kurz nach dem Ersten Weltkrieg, abgestimmt worden war. Das Resultat – ein massives Nein der Männer (77,5 Prozent) im November 1947 – markierte den Rahmen, innerhalb dessen sich die Entwicklung der folgenden Jahrzehnte vollziehen sollte: sozialstaatlich abgestützte, technisch-wirtschaftliche Modernisierung unter den Bedingungen grosser Skepsis gegenüber einem kulturellen und politischen Wandel.

Der kommunistische Umsturz in der Tschechoslowakei im März 1948 sowie die Rezession 1948/49, zunächst für ernsthafter angesehen, als sie tatsächlich war, signalisierten eine Wende. Die Wirtschaft erholte sich rasch und ging schon 1950 in den steilen Höhenflug über, der bei nur geringen Schwankungen bis in die frühen siebziger Jahre andauerte. Parallel dazu erlahmte der gewerkschaftliche Aktivismus in dem Mass, wie die unmittelbaren Ziele – Lohnerhöhung und Kollektivverträge für die organisierte männliche Arbeiterschaft – erreicht worden waren. Fortan erleichterte die Lage auf dem Arbeitsmarkt günstige Lohnabschlüsse, ohne dass noch harte Auseinandersetzungen notwendig waren. Mit der Zuwanderung von Arbeitskräften aus Südeuropa entstand allmählich eine Spannungslinie, die quer zum herkömmlichen Gegensatz zwischen Arbeitgebern und Arbeitnehmern verlief. Einzig in der gewerblich strukturierten Baubranche kam es gelegentlich noch zu Zusammenstössen der traditionellen Art, letztmals im Zürcher Gipserstreik von 1963, dem Schlusspunkt einer langen Periode gewerkschaftlicher Kampftätigkeit.

Mit dem «Roten Zürich» war es bereits sichtbar zu Ende gegangen, als der freisinnige Emil Landolt nach dem plötzlichen Tod seines sozialdemokratischen Vorgängers Adolf Lüchinger (1894–1949) im September 1949 das Stadtpräsidium eroberte, welches er bis 1966 innehatte.[1] Die langdauernde «Ära Landolt» etablierte sich fortan im verklärenden Rückblick vieler Zürcherinnen und Zürcher bürgerlicher Orientierung als höchst glückliche Zeit. Wirtschafts- und sozialpolitisch waren diese Jahre von der Konsolidierung des Erreichten beziehungsweise der Wiederherstellung liberaler Handlungsfreiheit bestimmt. Zögernd schritt man zur planerischen Bewältigung der sich abzeichnenden Aufgaben bezüglich Infrastruktur, Bildung und Verkehr. Technische Modernisierung war indessen, trotz des überwiegend konservativen kulturellen und politischen Klimas, höchst populär. Verkehrs- und Baufragen sowie die sehnlich erwarteten Nationalstrassen erhitzten am ehesten die Gemüter. Ansonsten blieb die Oppositionslust gering. Öffnete sich, was selten genug vorkam, doch einmal in einer wichtigen Fra-

Wütender Strassenprotest gegen den russischen Einmarsch in Ungarn, Zürich, Herbst 1956.

ge ein Graben zwischen Stimmbürgern und Regierung, so blieben die Stimmenden mit ihrer konservativen Bremskraft hinter der Reformbereitschaft von Regierung und Parlament zurück, wie der negative Ausgang der Abstimmung um das kantonale Frauenstimmrecht noch 1966 demonstrierte.

Hatten nach dem Krieg soziale Anliegen Tausende auf die Strasse gebracht, so setzte 1956 der sowjetische Einmarsch in Ungarn, der eine Welle mächtiger Proteste in der ganzen Schweiz auslöste, ein andersartiges Zeichen: Vor allem die Jugend, die sich sonst eher still hielt, und ganz besonders die Studierenden, engagierten sich in dieser Sache. Für die PdA bedeutete dies den definitiven Absturz in die Bedeutungslosigkeit: beinahe schon Endstation eines Niedergangs, dem von bürgerlicher Seite bisweilen mit unzimperlichen Methoden nachgeholfen worden war.[5] Im übrigen tat die kleine Linkspartei alles, sich mittels ihres stalinistischen Starrsinns selber ins Abseits zu manövrieren. Die PdA besetzte weiterhin den schrumpfenden linken Rand des politischen Spektrums und machte ihn auf lange Sicht unbewohnbar. Der Kalte Krieg erwies sich als Gelegenheit, dem politischen Ausdruck enge Grenzen zu setzen und die Mehrheitsströmung der erlahmenden Arbeiterbewegung auf Wohlverhalten festzulegen. Der Antikommunismus wirkte als Mittel der Diffamierung und Ausgrenzung weit über die unmittelbare Nachkriegsperiode hinaus, indem die polizeilich-bürokratische Überwachung der «Subversion» zur stillen Gewohnheit wurde, deren rechtsstaatlich bedenkliche Züge kaum Anstoss erregten.[6]

Eine Mehrheit der Bevölkerung, die nunmehr mit den Segnungen des hereinbrechenden Wohlstands beschäftigt war und deren Interesse für politische Fragen nachliess, stützte die neue Linie. Der verbale Schlagabtausch zwischen links und rechts begann allmählich zu langweilen. Ab Mitte der sechziger Jahre erzielten vereinzelt Vorstösse von Aussenseitergruppen (etwa den «Jungen Löwen» in Winterthur) mit ihrem Protest gegen politische Behäbigkeit überraschende Erfolge. Als Nutzniesser eines langsam wachsenden Unbehagens an der offiziellen Politik vermochte sich der «Landesring der Unabhängigen» (LdU) nach vorne zu schieben, der bei den Kantonsratswahlen 1967 einen aussergewöhnlichen Zuwachs von 13 Sitzen erzielte und mit seinen 31 Abgeordneten vorübergehend in den Kreis der stärksten Parteien vorstiess. Seit 1966 hatte ein Vertreter des LdU, Sigmund Widmer, auch das Zürcher Stadtpräsidium inne.

In derartigen Verschiebungen kündigte sich der Umschwung der späten sechziger Jahre an, von deren Aufbruchstimmung schon öfter die Rede war. Um 1966 setzte jene angriffige Kritisierlust ein, welche die folgenden Jahre prägte. Opposition meldete sich von zwei Seiten her, von links wie von rechts. Eine «anti-autoritäre», bald als «neue Linke» bezeichnete Strömung, die in sich stets sehr uneinheitlich blieb, mobilisierte aktive Minderheiten, die zeitweise erheblichen Einfluss auf die Inhalte der öffentlichen Diskussion gewannen. Ihre Themen waren zum Beispiel die bis dahin selten in Zweifel gezogenen polizeistaatlichen Unsitten, die im Gefolge der groben Misshandlung festgenommener Demonstrierender im Keller des Globus-Provisoriums im Juni 1968 einen Sturm der Entrüstung auslösten; der gedämpfte Vollzug einer Politik, die kein Gespür für den gesellschaftlichen Wandel mehr zu haben schien; das in vielen Lebensbereichen hochgehaltene Prinzip einer «Autorität», die Kritik weder gewohnt noch hinzunehmen bereit war; die Unterordnung der Frauen, die – einmalig in Europa – noch nicht einmal das Stimmrecht besassen; die moralische Blindheit von Medien und öffentlicher Meinung, welche an den Unmenschlichkeiten der amerikanischen Vietnam-Politik im Namen der Bekämpfung des Kommunismus vorbeisahen; die Gedankenlosigkeit eines entfesselten Konsums, der von der Armut in weiten Teilen der Welt nichts wissen mochte; kurz, in der Sprache der Zeit ausgedrückt: der «repressive» Charakter von Lebensformen, die dringend eines «emanzipatorischen» Anstosses bedurften.

Während diese Seite voller Ungeduld auf beschleunigten Wandel drängte, erhob sich von rechts her ein Widerstand, dem sowohl die Parolen der «neuen Linken» wie auch die von einer breiten Mitte getragene Modernisierung der Gesellschaft im Gefolge der Hochkonjunktur entschieden zu weit gingen. Diese «neue Rechte» konnte in vielem an die Denkmuster der «Geistigen Landesverteidigung» anknüpfen. Siedelte die «neue Linke» ihre Utopien in der Zukunft an, so liess sich der Protest von rechts vom nostalgischen Blick in die Vergangenheit leiten. Zum Symbol des vieldiskutierten gesellschaftlichen Wandels wurden die zahlreichen Fremdarbeiter, die infolge der Hochkonjunktur ins Land geströmt waren. Diesen Sündenböcken liessen

Scharmützel vor dem Globus: Die als «Globuskrawalle» bekanntgewordenen Unruhen begannen an einem sommerlich-heissen Samstagabend, am 29. Juni 1968, vor dem Globus-Provisorium an der Zürcher Bahnhofbrücke. Tausende von Jugendlichen verlangten die Freigabe des leerstehenden Gebäudes als (schon lang versprochenes) Jugendzentrum. Die Unruhen forderten mehrere Dutzend Verletzte und lösten heftige Kontroversen aus. Dies besonders, nachdem das oppositionelle «Zürcher Manifest», dem unter anderem Max Frisch angehörte, die üble Misshandlung wehrloser Verhafteter im Keller des Globus-Provisoriums an die Öffentlichkeit brachte.

sich zahlreiche (echte wie vermeintliche) Fehlentwicklungen anlasten. Die Bewegung gegen die «Überfremdung» hatte ihren Ausgangspunkt im Umfeld der Winterthurer Demokraten, die hundert Jahre zuvor schon einmal die Zürcher Politik aufgestört hatten. Diesmal freilich wies die Stossrichtung in die Vergangenheit. Im Kampf um die Initiative des politischen Aussenseiters James Schwarzenbach (für einen Abbau der ausländischen Wohnbevölkerung in den Kantonen auf maximal zehn Prozent binnen vier Jahren), die im Juni 1970 im Kanton Zürich 43,6 Stimmprozente gewann – die Arbeiterstadt Winterthur stimmte knapp zu – kam es zu einer breiten Mobilisierung der Modernisierungsverlierer. Die meisten der ländlichen und ländlich-industriellen Gemeinden, die der «Schwarzenbach-Initiative» zugestimmt hatten, sagten im Februar 1971 nochmals nein zum eidgenössischen Frauenstimmrecht: Sie wollten zurück zu einer Schweiz, die nun der Vergangenheit angehörte. Im April 1971 zogen die Parteien einer «neuen Rechten» mit zehn Vertretern in den Kantonsrat ein.

Die offizielle Politik reagierte zwiespältig auf den Ansturm der vielköpfigen Opposition. Teile von Behörden und Verwaltung ordneten, unterstützt von privaten Subversivenjägern, die «neue Linke» kurzerhand dem Bedrohungsbild «kommunistischer Subversion» zu, überwachten, registrierten und verhängten Anstellungsverbote, die ihrerseits Protest und Erbitterung auslösten. Andere Exponenten des Staats reagierten flexibler, so dass Reformdiskussionen aller Art anliefen. Manche der oppositionellen Kräfte vermochten ihren Ideenreichtum und ihre Tatkraft produktiv einzusetzen; sie integrierten sich, ohne dass es zu Verzweiflungstaten Ausgegrenzter im Stil des westdeutschen Terrorismus kam. Die Öffentlichkeit gewöhnte sich an neue Organisationen und Aktionsformen, an einen offeneren, direkteren Stil des Politisierens. Dabei bewährten sich die Instrumente der direkten Demokratie, indem sie der Energie der Vorwärtsdrängenden – wie auch derjenigen ihrer Gegner auf der extremen Rechten – ein Tätigkeitsfeld boten. Der Auffassung, dass man die Gesellschaft «Schritt für Schritt durch Reformen sinnvoll verbessern» müsse, stimmten anlässlich einer Umfrage im Herbst 1973 fast drei Viertel der Stimmbürger zu; nur zwei Prozent setzten auf radikale Veränderung durch Revolution, während ein knapper Fünftel sich zum Widerstand «gegen alle umstürzlerischen Kräfte»[7] bekannte wo-

Eiszeit in Zürich – Ausdruck der vor allem unter Jugendlichen vorherrschenden Befindlichkeit Mitte der siebziger Jahre. (Giuseppe Reichmuth, 1974)

# Bewegung im «Packeis»: Die Zürcher Unruhen von 1980

Ende Mai 1980 explodierte vor dem Opernhaus ein Jugendprotest, wie ihn Zürich noch nie erlebt hatte. Die monatelang dauernden Unruhen erregten grösstes Aufsehen: den einen erschienen sie als böswilliges Werk von «Chaoten» und «Drahtziehern», den anderen als Spitze des Eisbergs und Symptom einer gesellschaftlichen Fehlentwicklung.

Freitagabend, den 30. Mai 1980: Eine etwa 200köpfige Schar vor dem Eingang des Zürcher Opernhauses. «Wir sind die Kulturleichen der Stadt», verkündet ein Transparent. Nicht «Krawall» war das Ziel, doch ein unüberhörbarer Protest: mehr Mittel und Raum für jugendliche und alternative Kultur wurden gefordert. Die Protestaktion wäre wohl bald vorüber gewesen; doch da traten 30 Polizisten in Kampfmontur aus dem Opernhaus. Scharmützel begannen und zogen sich hin. Und schon, gegen 23 Uhr, standen am Zürcher Bellevue die ersten Barrikaden. Es wurde eine lange Nacht voller Tränengas, Rauch und Scherben; Tausende beteiligten sich am wütenden Ausbruch. Der «Opernhauskrawall» erwies sich als zündender Funke für eine militante grossstädtische Protestbewegung von beinahe zwei Jahren Dauer, auf deren Gewalt eine entschiedene staatliche Unterdrückung antwortete.[1] In den Scherben zertrümmerter Schaufenster und geplünderter Läden fiel ein zentrales Tabu: die Unverletzlichkeit des Eigentums (die Sachschäden beliefen sich auf 10 Millionen Franken). Ungewohnte Bilder aus der Schweiz gingen um die Welt. Überrascht waren sogar die Beteiligten vor dem Opernhaus. Doch der Ausbruch an sich kam nicht aus heiterem Himmel. Schon lange hatte sich Unzufriedenheit angesammelt: Die Zürcher Kulturpolitik überging seit Jahren die Bedürfnisse der im Lauf der Zeit entstandenen Oppositionskultur der Jugendlichen. Treffpunkte und Räume waren – soweit überhaupt vorhanden – stets von Schliessung bedroht, die Benützer und Benützerinnen mit Verwaltungsschikanen konfrontiert; Verhandlungen mit den Behörden zogen sich meist ergebnislos hin. Im Hintergrund stand das radikal pessimistische Lebensgefühl einer Generation, die sich von der «schweigenden Mehrheit», aber auch von der bereits halb etablierten Protest-Generation von 1968 absetzte. Ähnliches spielte sich in anderen Städten der Schweiz und im Ausland ab. «Alles ist unendlich langweilig, nichts hat Zukunft, alles ist vorbei», so zwei Sympathisanten.[2] Gegen die Kälte und Härte des Bestehenden – «Packeis» und «Beton» – stellte die Bewegung ihre Suche nach einer eigenen Lebensform. Frech und kreativ – gesteuert von einer permanenten «Vollversammlung» – trat sie auf; den üblichen Formen der politischen Verhandlungskultur (z. B. Benennung von Verantwortlichen und Verhandlungsdelegationen) verweigerte sie sich. Eine Utopie für die ganze Gesellschaft – wie 1968 – fehlte; die «Bewegten» suchten einen Freiraum für sich und ihr Leben. Diese Suche konzentrierte sich – wie 1968 im «Globuskrawall» – sehr rasch auf die Forderung nach einem «Autonomen Jugendzentrum» (AJZ): Symbol des Traums vom freien Leben. Die Behörden reagierten, als sei der Staat selbst in Frage gestellt. Das zeitweilig zur Verfügung gestellte AJZ (eine abbruchreife Fabrik nahe dem Bahnhof) wurde unter massivem politischem Druck wieder geschlossen, dann – nach einer nicht abbrechenden Kette gewalttätiger Zusammenstösse – im Frühjahr 1981 noch einmal eröffnet.

Innere Konflikte und äusserer Druck zerrieben das Experiment. Das AJZ sah sich förmlich überschwemmt – und im Stich gelassen – mit den sozialen Problemen der Stadt: Obdachlose, davongelaufene Jugendliche, Alkoholiker, Randständige und – immer bedrängender – der Ansturm der Dealer und der harten Drogen. Die Polizei – ansonsten stets zur Stelle – liess den Dealern freie Bahn, ja trieb die Drogenszene förmlich dem AJZ zu. Als im März 1982 die Abbruchmänner anrückten, war die «Bewegung» längst in Resignation, Drogen und ihrer eigenen Perspektivelosigkeit versunken. Zurück blieben enttäuschte Hoffnungen und verstörte junge Menschen. Der Konsum harter Drogen stieg in Zürich seither sprunghaft an. Keine vergleichbare Stadt der Welt kennt eine derart trostlose und brutalisierte offene Drogenszene.

Bis Ende August 1981 waren insgesamt fast 4000 Personen verhaftet, rund 1000 Strafverfahren eingeleitet worden.[3] Die tieferliegenden Probleme, aus denen die «Zürcher Unruhen» erwuchsen, blieben ungelöst: das friedliche Nebeneinander von dominierender Kultur und oppositionellen «Gegenkulturen» ein Wunschtraum; die Entfaltungsräume der «Gegenkultur» begrenzt und stets gefährdet.

*1 Konfrontation beim Rathaus: Demonstranten und Polizei am Limmatquai.*

*2 Herausforderung der Konsumgesellschaft: Strassenbarrikade aus laufenden Fernsehern vor dem geschlossenen «Autonomen Jugendzentrum», November 1981.*

bei die letztgenannte Gruppe einen markant kleineren Anteil ausmachte als in der Bundesrepublik Deutschland, wo die konservative Abwehr viel schärfer ausfiel.

Das Ende der Hochkonjunktur, eingeleitet durch die Ölkrise vom Herbst 1973, markierte einen Wendepunkt. Die Rezession versetzte dem ohnehin ermüdeten Reformeifer einen harten Schlag und gab den widerstrebenden Kräften Auftrieb. Was Geld kostete, geriet nun erst einmal auf die lange Bank. Auch ein neuer wirtschaftlicher Wachstumsschub ab 1983 vermochte nichts daran zu ändern, dass der grosse Optimismus dahin war. Die Abwanderung zahlreicher Fremdarbeiter mit ihren Familien nahm dem Protest der Überfremdungsgegner 1974/75 einigen Wind aus den Segeln. Die über dieser Frage entstandenen politischen Gruppierungen verschwanden indessen nicht; trotz einigem Liebäugeln mit «grünen» Forderungen blieben sie ihrem ureigenen Thema treu, das mit der in den achtziger Jahren einsetzenden Zuwanderung von Asylbewerbern und Flüchtlingen aus aller Welt neuen Zündstoff fand. Die «neue Rechte» gewann an Einfluss, nachdem sich ein Teil der etablierten Parteien – namentlich die Zürcher SVP – den Inhalten ihrer Politik wie auch dem von dieser Seite gepflegten hemdsärmelig-aggressiven Stil geöffnet hatte. Daneben hielten sich die Kleinparteien der «neuen Linken», die jedoch über einzelne Zürcher Stadtquartiere hinaus wenig Bedeutung gewannen. Wichtiger waren nun die aufkommenden Themen einer «grünen» Politik, die weitere Parteigründungen veranlasste, die aber auch die etablierten Kräfte – von den historischen bis zu den neulinken – zu einer Antwort zwang.

Vor den eher düsteren Aussichten einer herannahenden ökologischen Krise scheiden sich gegenwärtig die Meinungen und die politischen Kräfte: Was ist zu tun? Wie dringlich sind die erforderlichen Massnahmen? Welche Rolle soll dem Markt oder der staatlichen Intervention zukommen? Oder handelt es sich bei den Umweltproblemen, wie die extreme Rechte zu wissen meint, nur um ein herbeigeredetes Phantom? Die veränderten Realitäten von Gesellschaft und Konsum, Siedlung und Verkehr, die namentlich seit den sechziger Jahren herangewachsen sind, schlagen erst heute voll in den politischen Bereich durch. Die Interessen einer in sich selbst hochgradig uneinigen, mehrheitlich passiven Grossstadtbevölkerung kollidieren mit denen der nicht minder uneinheitlichen Agglomeration und der eher am Rande gelegenen Teile des Kantons. Es ist schwierig geworden, weiterführende Lösungen zu finden, die nicht nur gegebene Pattsituationen verlängern.

## Urnengänge als Stimmungsbarometer

Die skizzierte Entwicklung lässt sich in aufschlussreicher Weise am Verhalten der Stimmbürger und (seit Anfang der siebziger Jahre) auch der Stimmbürgerinnen ablesen. Nicht weniger als 579 kantonale Vorlagen gelangten von 1945 bis Ende 1992 vor das Volk.[8] Jede fünfte (genau 116) fand keine Gnade. In den ersten Nachkriegsjahren (1945–1949) fielen – bei reger Abstimmungstätigkeit und hoher Beteiligung – 32 Prozent der Vorlagen durch. Die lange Periode starken Wirtschaftswachstums (1950–1973) brachte glückliche Jahre für Parlament und Regierung, indem nur 7,6 Prozent aller Vorlagen bachab geschickt wurden, was vor allem die (wenig zahlreichen) Initiativen der politischen Linken traf. Auf bemerkenswert hohe Zustimmung stiessen der Ausbau der Infrastruktur (Strassen, Krankenhäuser) sowie die Weiterentwicklung der Sozialversicherung (Ergänzungslei-

Ein halbes Jahrhundert Zürcher Politik – und vier höchst unterschiedliche Persönlichkeiten: Der freisinnige Emil Landolt, in den Stadtrat gewählt 1942, Stadtpräsident von 1949 bis 1966; sein Nachfolger Sigmund Widmer, Vertreter des Landesrings, Stadtrat seit 1954, Stadtpräsident 1966 bis 1982; der freisinnige Thomas Wagner, Stadtpräsident 1982 bis 1990, alle drei Zürcher Zunftmitglieder. Mit Josef Estermann, zugezogener Luzerner und Stadtpräsident seit 1990, gewann die Sozialdemokratische Partei erstmals seit dem Tod von Adolf Lüchinger 1949 das Stadtpräsidium zurück.

stungen zur AHV); etwas skeptischer, aber doch zunehmend positiv stellten sich die Stimmenden zu den Projekten der Bildungspolitik, das heisst zur Schaffung neuer Mittelschulen. Seit den siebziger Jahren ist der politische Prozess allerdings wieder hindernisreicher geworden: 1974 bis 1992 scheiterten 30,2 Prozent der Vorlagen, die Entscheidungen waren also wieder ähnlich umstritten wie in den ersten Nachkriegsjahren. Verkehr und Umwelt wurden zum wichtigsten Streitgegenstand. Ein vergleichbares Bild bietet die Entwicklung in der Grossstadt, wobei allerdings die unmittelbare Nachkriegszeit weniger kontrovers verlief, indem die linke Mehrheit in Zürich die meisten Vorlagen zum Erfolg führte.[9]

Bei etlichen umstrittenen Vorlagen der ersten Nachkriegsjahre wich das Stimmverhalten der Stadt Zürich von dem des übrigen Kantons ab, wobei sich Stadt und Restkanton – bei leichtem Übergewicht der Landschaft – in etwa die Waage hielten, was ihr Durchsetzungsvermögen betraf. Sozial- und bildungspolitische Neuerungen gingen öfter nur gegen den Widerstand der Landschaft, dank der hohen Ja-Überschüsse in Zürich (und teilweise auch in Winterthur) durch. Nach Jahrzehnten abnehmender Bedeutung trat der Stadt-Land-Gegensatz im Stimmverhalten ab 1974 wieder häufiger auf, vor allem im Zusammenhang mit Umwelt- und Verkehrsfragen. Allerdings vermag das unterschiedliche Abstimmungsverhalten in der Stadt Zürich und im restlichen Kanton, das politisch gelegentlich in den Vordergrund gespielt wird, die gewachsene Widerspenstigkeit der Stimmenden nur zum geringeren Teil erklären: Während 1945 bis 1973 ziemlich genau die Hälfte aller abgelehnten Vorlagen daran scheiterte, dass das Stimmverhalten in Zürich von demjenigen im übrigen Kanton abwich (meist ergab sich ein bremsendes Nein der Landschaft), traf dies seit 1974 nur noch für 24 Prozent der Fehlschläge zu.

Die Stadt Winterthur hielt es in diesen strittigen Fällen bald mit Zürich, bald mit dem übrigen Kanton: Im Durchschnitt der Jahre 1945 bis 1992 je hälftig, bei allerdings auffälligen Kursänderungen. Während der Wachstumsperiode bis 1973 und wiederum in den wirtschaftlich günstigen Jahren ab 1983 stimmte Winterthur mehrheitlich «städtisch»; in den eher schwierigen Jahren dazwischen (1974–1982), die der lokalen Exportindustrie massive Umstellungen aufzwangen, orientierte man sich stark am defensiven, aufs Sparen gerichteten Stimmverhalten der Nicht-Stadtzürcher Mehrheit.

Die neuerdings gewachsene Zahl gescheiterter Vorlagen ist auf das ablehnende Stimmverhalten der Bevölkerung städtischer wie ländlicher Gebiete zurückzuführen. Vielfach handelte es sich dabei um Initiativen, die von politisch schwachen Gruppierungen lanciert worden waren. Die Bereitschaft, zum Instrument der Initiative zu greifen, stieg und sank mit dem Ausmass des Konflikts beziehungsweise der Übereinstimmung in diesen Jahrzehnten.[10] Einer regen Beanspruchung nach dem Krieg folgte eine Flaute in den fünfziger Jahren sowie eine deutlich steigende Häufigkeit seit den späten sechziger Jahren. Die Parteien, die schon in der Zwischenkriegszeit den Vorrang unter den Initiativträgern gewonnen hatten, vermochten ihren Vorsprung auf andere gesellschaftliche Organisationen oder Spontangruppen zunächst noch auszubauen. Dann kehrte der Trend: Obwohl in der Volksabstimmung vom Mai 1978 die Mehrheit einer Verdoppelung der verlangten Unterschriften von fünf- auf zehntausend zustimmte, was die Chancen politischer Aussenseiter reduzierte, blieb die Zahl eingereichter Initiativen hoch. Seit seiner Einführung im Jahr 1869 wurde nie so häufig von diesem Recht Gebrauch gemacht wie in den vergangenen 20 Jahren. Im Gegensatz zu den sechziger Jahren, als die Initiative noch ein Druckmittel im parlamentarisch-parteipolitischen Spiel darstellte und entsprechend häufig zugunsten eines Gegenvorschlags zurückgezogen wurde, dient sie neuerdings verstärkt der Darstellung von Minderheitsanliegen. Entsprechend seltener ist deshalb die Bereitschaft zu einem parlamentarisch ausgehandelten Kompromiss und zum Rückzug der Initiative, die dann in der Volksabstimmung scheitert.

## Die Parteien und ihre Hochburgen

Wichtigste Träger des politischen Lebens waren die Parteien. Bis in die zweite Hälfte der sechziger Jahre blieb deren Kreis recht stabil; seither haben sich neue Gruppen zur linken und zur rechten des Hauptstroms etabliert, von denen einige nicht über den Status von Protestbewegungen hinausgelangten, andere (wie die «Grünen») sich auf Dauer einzurichten scheinen. Acht Parteien waren in den fünfziger und sechziger Jahren im Kantonsrat vertreten, seit den Wahlen von 1991 sind es zehn. In der Zwischenzeit waren zwei Abgänge sowie vier Neuzugänge zu verzeichnen. Verschwunden sind die Demokraten und die Partei der Arbeit. Neu etabliert haben sich rechts aussen die Nationale Aktion (später Schweizer Demokraten) und die Autopartei, auf dem linken Flügel Grüne und Grün-Alternative (zuvor POCH).

Fünf Parteien waren seit dem Zweiten Weltkrieg fast ständig an der Regierung beteiligt: der Freisinn mit seinem zunächst noch eigenständigen demokratischen Flügel; das sozialdemokratisch-gewerkschaftliche Lager; die einstige Bauernpartei, die sich 1951 zur Bauern-, Gewerbe- und Bürgerpartei (BGB), 1971 zur Schweizerischen Volkspartei (SVP) wandelte; ferner (seit 1951) der Landesring der Unabhängigen (LdU), der neuerdings sehr geschwächt dasteht; sodann seit 1963 die Christlichsoziale Partei (heute Christlichdemokratische Volkspartei, CVP). Mit der Abwahl des energischen, aber nicht sonderlich populären Paul Meierhans (1895–1976) verlor die Sozialdemokratische Partei (SP) 1963 ihre Doppelvertretung, die sie seit den frühen dreissiger Jahren innegehabt hatte (seit 1991 verfügt sie wieder über eine solche). An Stelle von Meierhans stieg im bemerkenswerten Wahlgang von 1963 der christlichsoziale Arzt Urs Bürgi (1909–1989) in den Regierungsrat auf: ein Erfolg der katholischen Partei, die bis dahin am Misstrauen der reformierten Mehrheit gescheitert war.[11] Die Bauernpartei beziehungsweise SVP war von 1920 bis 1991 praktisch ständig mit zwei Regierungsräten beteiligt und sieht sich neuerdings zu ihrer Unzufriedenheit auf eine Einervertretung reduziert. Eine vergleichbar kontinuierliche und gewichtige Regierungsbeteiligung weisen sonst nur noch die Freisinnigen auf.

Zusammengenommen repräsentierten die fünf «Regierungsparteien» bis 1971 über 90 Prozent der Wählerstimmen. Ausserhalb dieses Kreises spielte lediglich noch die kleine, aber beharrliche Evangelische Volkspartei (EVP) eine Rolle; ferner das schmelzende Häuflein der Kommunisten in der PdA, denen allerdings nur die Rolle des abschreckenden Exempels verblieb. Bei den Wahlen von 1971 kam es zu einem Einbruch ins «Regierungslager», den dieses seither nicht mehr rückgängig machen konnte. Urheber waren vorerst die Parteien der «neuen Rechten», die mit der Überfremdungsfrage politisierten; ihnen folgte seither eine wachsende Zahl bisweilen kurzlebiger Kleinparteien, die von links wie von rechts Opposition betreiben. Seither wissen die fünf traditionellerweise an der Regierung beteiligten Parteien nur noch etwa 70 bis 80 Prozent der Wählerinnen und Wähler hinter

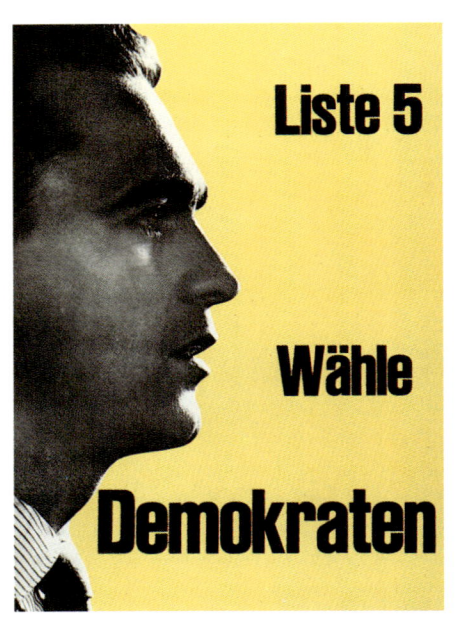

Triumph der Banalität über alle Parteigrenzen hinweg: Wahlplakate von 1962/63.

sich; ohne den Landesring, der nach 1987 eigentlich aus diesem Kreis ausschied, sind es etwas weniger. Dafür haben die Grünen in nunmehr zwei Wahlgängen (1987 und 1991) mehr als zehn Prozent der Stimmen gewonnen, was nach den geltenden Spielregeln eine Anwartschaft auf Regierungsbeteiligung schuf. Der Landesring, der seit seiner Gründung in den dreissiger Jahren stets im Wechselbad zwischen Wahlerfolg und jähem Rückschlag gestanden hatte, ist seit dem Triumph von 1967 so kontinuierlich auf Talfahrt, dass sich bald einmal die Existenzfrage stellen dürfte. Hatte die Partei einst bürgerlichen wie sozialdemokratischen Wechselwählern willkommene Gelegenheit geboten, der regierenden Mehrheit gelegentlich einen Denkzettel zu verpassen, so sah sich der alte Landesring nach dem Aufkommen neuer Oppositionsparteien dieser Funktion beraubt. Die bisweilen beklagte Tendenz zur politischen Zersplitterung – bei den Kantonsratswahlen von 1991 gab es nicht weniger als 23 Listen – scheint charakteristisch für die jüngste Zeit. Allerdings zeigen die geschilderten Kräfteverhältnisse, dass es wenig Grund zur Annahme gibt, der Schwerpunkt parteipolitischer Aktivität werde sich in naher Zukunft ganz in die neuen Kleinparteien verlagern.[12] Auch die «neuen sozialen Bewegungen» der letzten Jahrzehnte gewannen nur beschränkt Einfluss in der politischen Arena; sie konzentrieren sich stark auf die Stadt.[13] Die an der Regierung beteiligten Parteien behielten ihren Vorrang, müssen sich aber vermehrt der Konkurrenz stellen.

Dabei hatten die Politstrategen noch in den späten sechziger Jahren eine wesentliche Konzentration im Parteiensystem erhofft. Die Wahlen von 1967 hatten dem Landesring mit 16,4 Prozent das beste Resultat seiner Geschichte eingetragen, während die einst stolze Demokratische Partei, die in jenem Jahr ihren hundertsten Geburtstag beging, mit nur fünf Prozent recht kümmerlich abschnitt. Der demoralisierte Restbestand der völlig zerstrittenen Partei, die noch über einige wenige lokale Bastionen verfügte – so etwa als zweitstärkste Partei in Winterthur –, fasste die Anlehnung an einen stärkeren Partner ins Auge.[14] Gegenüber den Christlichsozialen bestanden bei den seit jeher reformiert geprägten Demokraten starke gefühlsmässige Vorbehalte. Und die aus diesem Blickwinkel sehr wohl in Frage kommende BGB sah sich im parteipolitischen Poker übertrumpft: Als sie (per Expressbrief) ihr Interesse bekundete, waren die Verhandlungen mit dem Freisinn, mit dem die Zürcher Demokraten bis 1941 im Nationalrat in Fraktionsgemeinschaft verbunden gewesen waren, hinter den Kulissen schon so gut wie abgeschlossen. Die von der eigenen Parteiführung überrumpelten Mitglieder der Demokraten fügten sich schliesslich – «mit dem Herzen» widerstrebend – dem Anschluss an den Freisinn.

Eine aktive Rolle hatte dabei der «Landbote» gespielt, das traditionsreiche Blatt der Winterthurer Demokraten, dessen Chefredaktor sich für die Fusion stark machte.[15] Erfreuliches Nebenresultat: die Schliessung des freisinnigen «Neuen Winterthurer Tagblatts», das – wie alle parteipolitisch allzu eindeutig festgelegten Zeitungen – in Schwierigkeiten steckte. «Im Hinblick auf eine mögliche Mehrheitsbildung durch Landesring und Sozialdemokraten», so hatte der damalige Kantonsrat (und spätere Bundesrat) Rudolf Friedrich am freisinnigen Parteitag vom Mai 1969 befunden, «müsse der Zersplitterung im bürgerlichen Lager Einhalt geboten werden.»[16]

Indessen ging der Trend trotz des Ausscheidens der Demokraten, die lokal vereinzelt (so in Dietikon) weitermachten, in die Gegenrichtung; es kam zu einer zunehmenden Auffächerung. Die Freisinnige Partei erreichte die erstrebte Popularisierung ihres sozialen Profils, indem sie einen Teil der demokratischen Konkursmasse übernahm: Die einst linksbürgerlich und sozialreformerisch orientierten Demokraten, die in den Jahren ihres definitiven Niedergangs auch mit fremdenfeindlichen Parolen gespielt hatten, verstärkten den Angestellten- und Beamtenflügel im Zürcher Freisinn, der seit der Fusion zur mit Abstand grössten Partei (1989 rund 18 000 Mitglieder) im Kanton heranwuchs. Allerdings blieb die Partei, auch wenn sie sich ihrer «breiten Verankerung in der Bevölkerung» rühmt, sozial exklusiver als jede andere. Ein Drittel ihrer Mitglieder verfügte laut einer Umfrage von 1989 über eine akademische Ausbildung, nur acht Prozent entstammten als untere Angestellte oder Arbeiter jenen Teilen der Bevölkerung, welche die grosse Mehrheit ausmachen.[17]

Auf dem rechten Flügel plazierte sich unter den Grossen die Schweizerische Volkspartei. Wie keine andere Gruppe hielten die Landwirte der einstigen «Bauernpartei», deren Namenswechsel sie mit Missvergnügen hinnahmen, in einer Art Hassliebe die Treue.[18] Der massive Rückgang dieser Stammwählerschaft in der Nachkriegszeit beraubte die Partei einer sicheren, wenn auch nicht sehr bequemen Klientel, ohne dass es darüber zu einem Einbruch der Wählerzahlen kam. Dies in auffälligem Unterschied zur Sozialdemokratie, der es schwerfiel, den vergleichbaren Schwund ihres Stammwählerkreises, der traditionellen Industriearbeiterschaft, zu verkraften. Diese einst stärkste Partei verlor in einem zunächst schleichenden, dann jähen Abbau einen guten Drittel ihrer Anhänger und rutschte von annähernd 30 Prozent in den Nachkriegsjahren auf einen knappen Fünftel der Stimmen ab. Zu unmittelbaren Konkurrenten wurden SVP und SP vor allem im nördlichen Arbeitsumland von Zürich, wo sich ein bevölkerungsmässiger Schwerpunkt der wachsenden Agglomeration heranbildete. In den Dörfern jener Zone waren bis zum Ersten Weltkrieg die Demokraten tonangebend gewesen, deren Erbe 1917 die Bauernpartei übernahm. In der Zwischenkriegszeit vermochte sich mancherorts die Sozialdemokratie auf einer schwachen Minderheitsposition zu etablieren, während der Freisinn, dessen Schwergewicht weiterhin am See und in der Stadt lag, dort kaum präsent war. Sozialdemokratie und Bauernpartei kamen sich indessen kaum ins Gehege; sie sprachen sehr unterschiedliche Wählersegmente an.

Dies änderte sich in den sechziger Jahren mit der massiven Zuwanderung in jene Gemeinden, die in Windeseile den Weg vom Dorf zum Vorort durchschritten. Obwohl sich die Zusammensetzung der Bevölkerung grundlegend änderte, vermochte die einstige Bauernpartei mit wenigen Ausnahmen ihre Führungsposition zu behaupten. Der Machtvorsprung der Alteingesessenen mit politischer Erfahrung und hohem Bekanntheitsgrad sicherte der Partei diese Stellung, an der die Zugezogenen, die vollauf mit der Sesshaftwerdung beschäftigt waren, kaum zu rütteln vermochten. Ein wenig abgeben musste die SVP freilich schon, denn vielerorts entstanden infolge der Zuwanderung angestellter Mittelschichten Sektionen der Freisinnigen Partei. In einzelnen der jüngeren Wohlstandsvororte, so in Greifensee oder Fällanden, etablierte sich der Freisinn als stärkste Partei. Die Sozialdemokraten hingegen hatten das Nachsehen. Ihre Bastionen lagen weiterhin in den älteren, schon früh und stark industrialisierten Vororten des Limmattals, so in Schlieren oder Dietikon, oder in Industriezentren des Oberlandes wie Uster und Wetzikon. In den Wachstumszonen der sechziger Jahre vermochten sie sich nirgends recht durchzusetzen.

Insgesamt haben die historischen regionalen Hochburgen der Parteien mitsamt ihrem politisch-kulturellen Umfeld infolge der gewachsenen Mobilität und Durchmischung der Bevölkerung an Konturen verloren. Noch 1967 gewann die Bauernpartei in 56 meist kleinen, bäuerlich geprägten Gemeinden eine absolute Mehrheit, in 22 Gemeinden gar mehr als 70 Prozent. Keine andere Partei erreichte irgendwo die absolute Mehrheit. Der noch nicht mit den Demokraten vereinigte Freisinn gelangte in den reichen Seegemeinden, in Rüschlikon, Küsnacht und Zollikon, über die 40-Prozent-Marke hinaus. Und die Sozialdemokraten erreichten dies in sechs stark industrialisierten, kleineren Gemeinden, ausserdem in zwei Quartieren der Stadt Zürich (Kreis 4 und 5). Der Landesring schliesslich erzielte seine besten Resultate in einigen besonders schnell gewachsenen Vororten von Zürich, wie zum Beispiel Geroldswil, Schwerzenbach oder Oberengstringen, wo die alteingesessene Bevölkerung und die Bauern regelrecht überrannt worden waren.

Vergleicht man die Kantonsratswahl von 1991 mit jener von 1967, so hatte sich die Zahl der Gemeinden mit absoluter SVP-Mehrheit von 56 auf

23 reduziert. Die FDP hatte zugelegt dank der Verbreiterung ihrer Basis und der Entstehung neuer Wohlstandsgemeinden im Umfeld der Stadt: Sie mobilisierte in acht Gemeinden (statt in drei im Jahr 1967) sowie im Stadtzürcher Kreis 7 (Zürichberg und Witikon) mehr als 40 Prozent der Wählerinnen und Wähler. Hatte sie 1967 in 73 Gemeinden weniger als zehn Prozent erzielt, so war dies 1991 nur noch in 16 Gemeinden der Fall. Die Domänen der beiden wichtigsten bürgerlichen Parteien überschnitten sich stärker als früher. Anders bei den Sozialdemokraten, deren eigentliche Bastionen verschwanden, ohne dass eine Ausweitung in die Breite Ersatz geboten hätte. Bei den Wahlen von 1991 gewannen sie noch in einer einzigen Gemeinde, im kleinen Rheinau, wo die kantonalen Angestellten der Psychiatrischen Klinik stark ins Gewicht fallen, über 30 Prozent der Stimmen; dazu noch in zwei Stadtzürcher Kreisen (4 und 5), das heisst in ihrer alten Hochburg in Aussersihl, die allerdings kaum mehr politisches Gewicht besass. Diese Quartiere hatten zwischen 1950 und 1980 einen Drittel ihrer Bevölkerung verloren; sie sind mittlerweile rund zur Hälfte von politisch rechtlosen Ausländern und Ausländerinnen bewohnt.

Die Schwächung der sozialdemokratisch-gewerkschaftlichen Linken vollzog sich im dramatischen Niedergang ihrer Hochburgen, in denen sich seit dem Jahrhundertbeginn eine sozialistische Lebenswelt mit hoher Beziehungsdichte entwickelt hatte. Die Verbreitung der Mittelschichten und die gleichzeitige Fragmentierung der Unterschicht durch die Einwanderung ausländischer Arbeitnehmerinnen und Arbeitnehmer trug zur Auflösung beziehungsweise Umformung dieses sozialdemokratischen Milieus bei. Ein kräftiger Zustrom neuer Mitglieder nach 1968, die jünger, besser gebildet und voll neuer Ideen waren, dabei eher aus der Mittelschicht als aus der Arbeiterklasse stammten, bewahrte die Sozialdemokratie vor der drohenden Erstarrung angesichts eines langdauernden Abstiegs bei den Wahlen.[19] Der Preis der gewahrten Lebendigkeit waren erhebliche Spannungen zwischen einem traditionellen Flügel, der mit den Werten der bürgerlichen Welt – Arbeit und Familie, Wohlstand und Ordnung – seinen Frieden gemacht hatte, und den jüngeren, dynamischen Kräften. Die älteren, vor allem von männlichen Facharbeitern getragenen Positionen stiessen in den siebziger Jahren mit denen der neulinken, jüngeren Mitglieder zusammen, die vielfach als selbsternannte Hüter einer idealisierten sozialistischen Tradition in die Politik einstiegen, dabei aber, ohne dies recht zu realisieren, neue, «postsozialistische» Anliegen mitbrachten. Mittlerweile haben die neuen Orientierungen, die neben den alten Fragen der sozialen Sicherheit um Verkehr, Energie und Umwelt, um Geschlechterverhältnis und Drittweltfragen kreisen, stark an Boden gewonnen. Ohne diese Anpassung hätte die Sozialdemokratische Partei zweifellos noch mehr Stimmen an sozialistische Kleinparteien, an grüne und an Frauengruppierungen abgeben müssen.

Vergleichbare Probleme wie der SP scheinen auch der CVP, den einstigen Christlichsozialen, zuzusetzen: Auch diese Partei vermochte sich, bei Schwächung ihres Einflusses in Gemeinden mit starker katholischer Minderheit, nur ungenügend in die Breite zu entwickeln, so dass ihre Gesamtstärke eher abnahm. Ihre Wählerschaft ist nach wie vor mehrheitlich katholisch, jedoch löste sich ein wachsender Teil der katholischen Bevölkerung aus dem ehedem kulturell und politisch eng geschlossenen Milieu einer konfessionellen Minderheit im reformierten Kanton. Allgemein hat das konfessionelle Moment an politischer Bedeutung verloren; so vertritt heute auch die früher konservativ-reformierte, freikirchlich beeinflusste EVP zum Teil moderne, an Umweltfragen orientierte Positionen.

Arbeiterbewegung im Niedergang
Im Jahresbericht 1962/63 der Arbeiterunion Meilen findet sich die Klage eines passionierten Arbeitersängers über das nachlassende Engagement in den Freizeitvereinen der Arbeiterbewegung.

«An einem Ort heisst es: Nicht Politisieren am andern Schweigen am dritten wir wollen sehen aber Jetzt grad nöd, am 4. Ort kann ich wegen Erkrankung nicht Teilnehmen. Diese antworten Ermunterten mich so sehr, dass ich mir sagte: ‹So jetz machsch au nüttme und losch de Care laufe›, das Ergebnis wird sich dan an der G.V. zeigen.

Und nun zum Schluss: Der Leitsatz eines Liedes: ‹Allein sind Wir Nichts Zusammen sind Wir Alles› sollte den Unionsmitgliedern allen nicht nur zugerufen werden, sondern mit sämtlichen Lautsprechern in voller Tonstärke in die Ohren gebrüllt werden.»[1]

Der Blick auf die politische Geographie im Kanton Zürich zeigt also einen Rückgang der politischen Monokulturen, die mit einem lokal eher beschränkten Angebot möglicher politischer Positionen verbunden waren. Besonders hoch – auch im schweizerischen Vergleich – ist die Zahl der in den Gemeinden konkurrierenden politischen Gruppierungen gegenwärtig in der Stadt und den Agglomerationen, niedriger in den nördlichen, eher ländlich geprägten Teilen des Kantons.[20] Der gewachsene Pluralismus der Orientierungen und Interessen, der im kulturellen Bereich zu verzeichnen war, findet seine Entsprechung in der Politik. Über vergleichsweise geschlossene Domänen verfügen in der Gegenwart nur noch die bürgerlichen Parteien, namentlich die SVP und der Freisinn: erstere vor allem in wirtschaftlich wie kulturell nicht sehr wichtigen ländlichen Kleinst- und Pendlergemeinden, zunehmend aber auch in den Agglomerationen; letztere in den reichen Gemeinden entlang den Ufern des Zürichsees, wo der Freisinn historisch tiefe Wurzeln hat, sowie neu in den attraktiveren Wohnlagen des Glatt- und Limmattals. Lokale Dominanz einer Partei deutet auf Geschlossenheit des Milieus und dichte Beziehungen hin; entspricht dem ein ebenso dichtes Netzwerk überregionaler Art, an das die lokalen Eliten angeschlossen sind, so wird dies zum Stoff, aus dem gesellschaftliche Machtpositionen gebaut sind.

## Politische Beteiligung, Eliten und der Einzug der Frauen

Dramatischer als jede Verschiebung zwischen den Parteien ist seit 1945 die Zunahme der politischen Abstinenz verlaufen. Ging die Wahlbeteiligung bis in die sechziger Jahre gemächlich, wenn auch kontinuierlich zurück, so folgte zwischen 1967 und 1975 ein mächtiger Einbruch von mehr als 20 Prozent. Ähnlich ging es bei den Volksabstimmungen. Inzwischen scheint bei den Wahlen zum Kantonsrat mit einer Beteiligung von um die 40 Prozent fester Grund erreicht. Bei den Volksabstimmungen sind die Schwankungen, je nach Gegenstand und zeitlichem Zusammentreffen mit umstrittenen eidgenössischen Vorlagen, noch stärker, so dass sich bisweilen nur gerade ein Viertel der Stimmberechtigten an die Urnen bemüht. Man muss bis in die Kinderjahre der Demokratie zwischen 1830 und 1860 zurückgehen, bis man auf ein ähnliches Ausmass von politischem Desinteresse stösst. Die grosse Mehrheit der Stimmbürger war damals absorbiert von den

Demokratie der Männer: Gemeindeversammlung in Fischenthal, Zürcher Oberland, um 1955.

Härten des Existenzkampfs in einer sich industrialisierenden, von Massenarmut geplagten Gesellschaft. Was aber bedeutet es, wenn sich in der Gegenwart – bei hohem Wohlstand, gewachsenen Bildungs- und reichen Informationsmöglichkeiten – die Bereitschaft zur Teilnahme an den öffentlichen Angelegenheiten derart zurückbildet?

In der Diskussion dieser Entwicklung, welche den Anspruch demokratischer Politik auf eine angemessene Vertretung der gesellschaftlichen Interessen untergräbt, wird öfter auf die satte Zufriedenheit einer vorwiegend mit dem Privatleben, mit Konsum, Familie und Freizeit beschäftigten Gesellschaft hingewiesen. Dies dürfte nur einen Teil der Realität erfassen. Wie jüngere Untersuchungen zeigen, haben zwar viele der politisch Abstinenten tatsächlich weder besondere Wünsche noch Unzufriedenheiten anzumelden; andere aber haben resigniert, sind gesellschaftlich wenig integriert oder fühlen sich schlicht überfordert von Entscheidungen, deren Konsequenzen sie nicht überblicken. Die Einführung des Frauenstimmrechts zu Beginn der siebziger Jahre erhöhte die Zahl der Stimmenden kräftig, drückte aber auf die prozentuale Beteiligung, denn viele Frauen vermochten ihr Verhalten nicht so rasch umzustellen. Jüngere Frauen Anfang dreissig haben sich seither in ihrer Wahlbeteiligung am ehesten an das Verhalten der Männer angenähert, Hausfrauen interessanterweise stärker als Berufstätige.[21] Allerdings bildete sich die Beteiligung der Geschlechter seit 1970 durchaus parallel zurück, an den Relationen änderte sich wenig.

Der Rückgang der Wahl- und Stimmbeteiligung zeigt sich in einem schärferen Licht, wenn man die verschiedenen Regionen ins Auge fasst.[22] Am höchsten blieb die Teilnahme in den ländlichen Gemeinden, wo die Landwirte nach wie vor eine relativ wichtige Rolle spielen, wo Zu- und Abwanderung die Bevölkerung weniger umwälzten. In jenen Gebieten wohnen besonders viele Stimmbürgerinnen und Stimmbürger im eigenen Haus, der Anteil der Reformierten ist hoch; kurz gesagt, es sind die von der Agglomerierung weniger betroffenen Regionen, in denen traditionelle Formen des Verhaltens in Kultur wie Politik erhöhtes Gewicht behielten. Andere Regeln gelten in Stadt und Agglomeration: Dort ging die politische Beteiligung am stärksten zurück, wenn auch keineswegs im Gleichschritt. Sehr niedrig ist sie in den Unterschichtquartieren der Hauptstadt sowie in den Pendlergemeinden; markant höher aber in Gemeinden (oder Stadtquartieren) von besonderem Sozialprestige, wo viele Akademiker und leitende Angestellte leben.

Es sind also eher diejenigen, die sich mit den bestehenden Verhältnissen identifizieren, die ihrem Einverständnis auch durch Teilnahme an Wahlgängen Ausdruck verleihen. Während dabei auf dem Land Einflüsse der Tradition und der lokalen Verwurzelung wirksam werden, stützt sich in Städten und Agglomerationen der Antrieb zur politischen Teilnahme auf die Merkmale von Besitz und Bildung. Akademiker und Selbständigerwerbende, Direktoren und leitende Angestellte, Lehrer und Beamte zeichnen sich durch grossen Stimmeifer aus. Ungelernte Arbeiterinnen und Arbeiter, die Beschäftigten im Gastgewerbe, Berufslose und Randständige verzichten am häufigsten auf den Gebrauch ihrer Rechte. Die Schere zwischen den Schichten hat sich geöffnet: Bei den Stadtzürcher Gemeinderatswahlen von 1950 verzichteten 17,3 Prozent der leitenden Angestellten und 21,4 Prozent der gelernten Arbeiter in der Privatwirtschaft auf eine Teilnahme; bei den Wahlen 1990 waren es 26,1 beziehungsweise 43,8 Prozent.[23] Da die Zahl der leitenden Angestellten seit 1950 um mehr als das Vierfache zunahm, konnte diese soziale Gruppe ihren Einfluss kräftig steigern. Die eingetretenen Ver-

**Zusammensetzung des Kantonsrats nach Berufen von 1955 bis 1991**

|  | 1955 | 1967 | 1975 | 1983 | 1991 |
|---|---|---|---|---|---|
| Selbständige | 57 | 53 | 43 | 55 | 58 |
| – Landwirte | 19 | 10 | 13 | 11 | 14 |
| – Industrie, Gewerbe, Handel | 29 | 17 | 10 | 16 | 14 |
| – Anwälte, Ärzte | 9 | 16 | 11 | 12 | 10 |
| – Übrige | – | 10 | 9 | 16 | 20 |
| Arbeitnehmer, Privatwirtschaft | 69 | 66 | 67 | 56 | 56 |
| – Direktoren | 8 | 2 | 14 | 14 | 22 |
| – Ingenieure, Architekten | 5 | 7 | 10 | 5 | 2 |
| – Redaktoren | 6 | 7 | 4 | 5 | 8 |
| – Verbands-/Parteifunktionäre | 14 | 11 | 11 | 7 | 7 |
| – sonstige Angestellte | 26 | 29 | 28 | 25 | 17 |
| – Arbeiter* | 10 | 10 |  |  |  |
| Öffentlicher Dienst | 54 | 57 | 66 | 56 | 49 |
| – Richter, Staats-, Bezirksanwälte | 7 | 10 | 4 | 6 | 2 |
| – Hoch- und Mittelschullehrer | 6 | 3 | 9 | 4 | 6 |
| – Primarlehrer | 5 | 6 | 7 | 11 | 15 |
| – Angestellte Bund/Kanton/Gemeinde | 32 | 33 | 46 | 35 | 26 |
| Arbeiter** | 4 | 5 |  |  |  |
| Hausfrauen, Studenten, Rentner | – | 4 | 4 | 13 | 17 |
| Total | 180 | 180 | 180 | 180 | 180 |

*ab 1975 unter «sonstige Angestellte»
**ab 1975 unter «Angestellte»

schiebungen werden noch deutlicher, stellt man in Rechnung, dass gegenwärtig grosse Teile der Unterschicht kraft ihrer ausländischen Abstammung von der politischen Mitwirkung ausgeschlossen bleiben; dies betrifft einen Fünftel der kantonalen Bevölkerung, in der Stadt Zürich sogar einen Viertel.

Die unterschiedliche politische Beteiligung setzt sich um in eine entsprechende Zusammensetzung der politischen Eliten: Die Inhaber politischer Mandate zeichnen sich gegenüber der Bevölkerungsmehrheit dadurch aus, dass sie im Mieterkanton Zürich besonders häufig über Haus- und Wohnungseigentum verfügen, eine höhere Bildung haben und vorrangig aus bestimmten Sozialgruppen stammen. In der ländlichen Kommunalpolitik spielten die Landwirte auch in einer stark und früh industrialisierten Region wie dem Zürcher Oberland selbst in den achtziger Jahren noch eine beachtliche Rolle; in Stadt und Land, auf kommunaler Ebene wie im Kantonsrat waren und sind die Selbständigerwerbenden und die Angestellten der öffentlichen Dienste weit über ihren Anteil an den Erwerbstätigen hinaus vertreten. Arbeiter und untere Angestellte schnitten dagegen stets schlecht ab.[24] Sie haben unter den Mitgliedern des Kantonsrats seit den späten sechziger Jahren nochmals an Präsenz verloren, nachdem diese schon zuvor bescheiden war. Die Professionalisierung der anspruchsvoller werdenden Politik sowie der Niedergang der Arbeiterbewegung – in der SP traten die öffentlichen Angestellten immer mehr in den Vordergrund – trugen zu dieser Entwicklung bei.

Nicht nur Berufsgruppen und soziale Schichten fanden sehr unterschiedlichen Zugang zur Politik; ähnliches galt für die Geschlechter, da ja den Frauen bis Anfang der siebziger Jahre das Stimmrecht vorenthalten blieb. Als erste Frau zog 1970 Emilie Lieberherr in den Zürcher Stadtrat ein, wo sie bis 1994 dem Sozialamt vorstand. Die Sozialdemokratin Hedi Lang wurde 1983 als erste Frau der Schweiz in eine kantonale Regierung gewählt (noch 1991 gehörte erst in sechs Kantonen eine Frau der Regierung an).[25] 1984 wählte die Bundesversammlung in Bern die Zürcher Freisinnige, Gemeindepräsidentin von Zumikon und Nationalrätin Elisabeth Kopp in den Bundesrat, aus dem sie 1989 unter denkwürdigen Umständen den Abschied nehmen musste. War der Weg an die Spitze noch in hohem Mass vom Wohlwollen und den jeweiligen Manövern männlicher Mehrheiten abhängig, so haben sich Frauen eine Stufe tiefer durchaus selbständig und in zäher Kleinarbeit den Zugang erkämpft: Ihr Anteil im Kantonsrat stieg von 3,3 Prozent bei der erstmaligen Beteiligung 1971 auf einen Fünftel 1987, wo seither wieder Stagnation eintrat.[26] Im Zürcher Gemeinderat stellten Frauen 1992 bereits 40 von 125 Mitgliedern (32 Prozent). Im Vergleich der Kantone lag das Zürcher Parlament 1991 mit seinem Frauenanteil an fünfter Stelle (hinter Genf, den beiden Basel und Luzern). Die Wahlchancen einmal aufgestellter Kandidatinnen haben sich gegenüber den Anfängen erheblich verbessert.

Der Anteil der Parlamentarierinnen in den Fraktionen der Parteien gibt ein zuverlässiges Bild von deren Haltung in kulturellen und politischen Belangen: Die starke SVP, die bis zum bitteren Ende gegen die Einführung des Frauenstimmrechts Widerstand geleistet hatte, bestand konsequenterweise bis 1987 ausschliesslich aus Männern. Bei der extremen Rechten (Nationale Aktion, Autopartei), welcher der Feminismus als Greuel der schlimmsten Art erscheint, blieben die Männer im Parlament bis heute unter sich. Auch beim Freisinn und der CVP waren die Frauen meist unterdurchschnittlich vertreten. Die FDP zählte zwar 1989 rund einen Drittel Frauen unter ihren Mitgliedern; der Parlamentsfraktion gehörten aber nur wenige an, was auf hohe Barrieren beim parteiinternen Aufstieg hindeutet. Der Landesring hingegen setzte sich schon früh – früher auch als die SP – für Kandidatinnen auf seinen Listen ein. 1991 zog erstmals eine reine Frauenliste, die FraP! (Frauen macht Politik!), mit zwei Vertreterinnen in den Kantonsrat ein. Die meisten Parlamentarierinnen gehören jedoch seit 1987 der Grünen Partei sowie der Sozialdemokratie an: Mit den Wahlen von 1991 waren es 22 von 36.

Die starke Vertretung von Frauen in grünen, sozialdemokratischen und alternativen Parlamentsgruppen entbehrt nicht der Logik. Zeigt doch eine jüngere Untersuchung, dass Frauen – sofern sie sich politisch interessieren – einen Hang zur Beschäftigung mit ökologischen und sozialen Anliegen haben, während unter Männern neuerdings eine betont anti-ökologisch auftretende Partei, wie etwa die Autopartei, Zulauf findet. Bei den Grünen besteht auch die Wählerschaft mehrheitlich aus Frauen, was sonst bei keiner grösseren Partei vorkommt.[27] In diesem Sinn zeichnen sich bei wachsender Bedeutung der Frauen in der Politik gewisse Gegensätze in der politischen Orientierung der Geschlechter ab.[28]

Augenschein im neuen Stadthaus von Dietikon: «Ihren Anfang nahm die Frauenlobby am 14. Juni 1991», berichtete der «Tages-Anzeiger» (14. 6. 1993). «Eine Gruppe von etwa 20 Frauen wollte es nicht einfach beim Frauenstreiktag bewenden lassen. Entstanden ist seither ein politisch und konfessionell neutrales Netzwerk, dem über 100 Frauen aus allen Gemeinden des Bezirks Dietikon angehören.»

Gegen «diesen festgefahrenen Stil» und die «unnötigen Machtkämpfe» wollen die Frauen angehen. Die Lippenbekenntnisse der Parteien zur Frauenförderung genügen ihnen nicht.

## Zum Forschungsstand

Ein Überblick zur politischen Entwicklung im Kanton Zürich nach 1945 existiert nicht. Neben allgemeinen Darstellungen (GESCHICHTE DER SCHWEIZ UND DER SCHWEIZER; GRUNER, Die Parteien; DEJUNG, Schweiz seit 1945) erwies sich als nützlich LEVY, Politik von unten, der sich auf die Schweiz bezieht, jedoch zahlreiche Hinweise für Zürich enthält. Eine Chronik der tagespolitischen Ereignisse findet sich jährlich im ZÜRCHER TASCHENBUCH, der bürgerlichen Sichtweise der Verfasser entgeht allerdings manches.

Bezüglich der Parteien geben einige Festschriften etwas her, so etwa 50 JAHRE EVANGELISCHE VOLKSPARTEI DES KANTONS ZÜRICH, Zürich 1967; Viktor JENT, Kämpfe, Erfolge, Schlappen. 100 Jahre Demokratische Partei, Winterthur 1967; BARTH, Ende der demokratischen Partei; GESCHICHTE DER ORTSPARTEIEN VON DIETIKON; zur bäuerlichen Politik HERRMANN, Bauern im Wandel, S. 222ff.; zur Sozialdemokratie Albert Wirz, 75 Jahre Sozialdemokratische Partei Meilen, in: HEIMATBUCH MEILEN 1991; VORWÄRTS GENOSSEN, eine Darstellung der SP Oerlikon und Schwamendingen mit Gewicht auf der Nachkriegszeit; besonders wertvoll FREI, Das Volksrecht; einen Teilaspekt behandelt HOSANG, Parteien und Presse; eine Dokumentation der Politik von rechts aussen in Form einer Inseratensammlung bei Michael E. DREHER, Fünf Jahre Bürgeraktion. Fleiss, Leistung, Soll und Haben, Zürich 1986; reiche Informationen dazu, auf Schweizer Ebene: DIE UNHEIMLICHEN PATRIOTEN; zu den neuen politischen Gruppierungen siehe Christian Moser, in: STADLIN, Parlamente der Kantone, S. 175ff.

Über die Volksinitiativen orientieren übersichtartig BÜTIKOFER-JOHANNI, Initiative im Kanton Zürich; fortgesetzt in: Die kantonalzürcherischen Volksinitiativen seit 1968, in: SBZ 1989, Heft 2, S. 189ff.; Strukturanalyse anhand eines engen Ausschnitts betreibt Martin MONSCH, Die geographische Verteilung der Abstimmungsresultate im Kanton Zürich (1959–1961), Zürich 1973; interessanter, aber leider unpubliziert KNECHT, Politische Partizipation in den Gemeinden; ein wertvoller Überblick: Die politische Partizipation der Frauen im Kanton Zürich 1971–1991, in: SBZ 1991, Heft 3, S. 22ff.; zum Frauenstimmrecht siehe Lotti RUCKSTUHL, Frauen sprengen Fesseln. Hindernislauf zum Frauenstimmrecht in der Schweiz, Bonstetten 1986; gesamtschweizerisch, aber an Zürcher Regionalproblemen interessiert MEIER-DALLACH, Soziale Strukturen.

An Erinnerungen, die noch stark in die Zwischenkriegszeit zurückweisen, existieren HÄBERLIN, Rückschau (freisinniger Kantons- und Nationalrat); SCHMID-AMMANN, Zur sozialen Demokratie (langjähriger «Volksrecht»-Redaktor); MOSSDORF, Unterwegs (freisinniger Regierungsrat); zur Biographie des bekannten Zürcher Stadtpräsidenten Landolt siehe WIDMER, Emil Landolt; aus oppositioneller Sicht LÜSCHER, Amalie und Theo Pinkus.

## Anmerkungen

[1] Der folgende Überblick stützt sich auf zahlreiche, hier nicht einzeln nachgewiesene Quellen, siehe obenstehende Literaturübersicht.
[2] 31,3% aller 1946 in der Schweiz registrierten Streiktage entfielen auf den Kanton Zürich (SCHWEIZERISCHE ARBEITERBEWEGUNG, Zürich 1975, S. 402; FREI, Das Volksrecht, S. 332)
[3] LEVY, Politik von unten, S. 63; siehe ferner die gewerkschaftliche Dokumentation: Georg LEU, Der Streik in der Bindfadenfabrik Flurlingen, Schaffhausen 1946
[4] Siehe die biographische Skizze von WIDMER, Emil Landolt
[5] Siehe die Affäre um Verhaftung und Absetzung des PdA-Stadtrates Edgar Woog 1947–1949, sehr sachlich dargestellt in: TAGES-ANZEIGER, 21.8.1992, S. 20
[6] Anschaulich hierzu STAATSSCHUTZ DER STADT ZÜRICH
[7] SCHMIDTCHEN, Bildungspolitik, S. 33
[8] Das Folgende nach eigenen Berechnungen
[9] Ablehnungsquote bei Gemeindeabstimmungen (n), Stadt Zürich: 1945–1949 (n=43): 11,6%; 1950–1973 (n=390): 7,7%; 1974–1991 (n=241): 31,5%
[10] Darstellungen zum folgenden bei BÜTIKOFER-JOHANNI, Initiative im Kanton Zürich; Die kantonalzürcherischen Volksinitiativen seit 1968, in: SBZ 1989, Heft 2, S. 189ff.
[11] Zur Biographie von Urs Bürgi siehe Fritz HEBERLEIN, Zeitgenossen, Zürich 1974, S. 198ff.
[12] So auch Hans Geser, Parteigefolgschaften im Wandel, in: NZZ, 23.8.1991, S. 21
[13] Ernüchternd die genaue Erhebung über das kommunalpolitische Vorkommen solcher Gruppierungen bei LADNER, Politische Gemeinden, S. 150ff.
[14] Zur Fusion von Freisinn und Demokraten siehe BARTH, Ende der demokratischen Partei, S. 31ff.; ferner Peter Kummer, Demokratische Partei Meilen, 1917–1972, in: HEIMATBUCH MEILEN 1974, S. 41ff.; GESCHICHTE DER ORTSPARTEIEN VON DIETIKON
[15] Siehe HOSANG, Parteien und Presse, S. 110ff., zur Bedeutung des «Landboten» für die Demokraten
[16] NZZ, Nr. 301, 20.5.1969, zitiert bei BARTH, Ende der demokratischen Partei, S. 44
[17] Zum Folgenden siehe NZZ, 8.12.1989, S. 53
[18] Siehe für Küsnacht HERRMANN, Bauern im Wandel, S. 272f.
[19] Eine aufschlussreiche Beschreibung eines aktiven Teilnehmers («In den 60ern begann der grosse Umbruch») in: VORWÄRTS GENOSSEN, S. 66ff.
[20] Siehe Karte bei LADNER, Politische Gemeinden, S. 131
[21] Siehe Gemeinderatswahl Zürich, 4. März 1990, in: ZSN 1991, S. 232ff.
[22] Zum Folgenden KNECHT, Politische Partizipation in den Gemeinden
[23] Zur beruflichen Zusammensetzung siehe die Nichtwählerstatistik der Stadt Zürich 1933–1990, in: ZSN 1971, Heft 2, S. 159; ZSN 1991, S. 254
[24] MEIER-DALLACH, Soziale Strukturen, S. 137ff., besonders S. 153 im Vergleich verschiedener Regionen. Die berufliche Zusammensetzung des Kantonsrats wird regelmässig mit den Wahlergebnissen (in SBZ beziehungsweise SMZ) veröffentlicht; ebenso für die Zürcher Gemeinderäte im STATISTISCHEN JAHRBUCH DER STADT ZÜRICH, so 1950, S. 102 und 1992, S. 276f. (dort besonders detailreiche Angaben, auch nach Parteien). Eine neuere gesamtschweizerische Untersuchung zur Zusammensetzung der «Aktiven» in den Bundesratsparteien wird vorgestellt in: NZZ, 31.3.1993, S. 23.
[25] Eine Übersicht im STATISTISCHEN JAHRBUCH DER SCHWEIZ 1993, S. 368f.
[26] Die politische Partizipation der Frauen im Kanton Zürich 1971–1991, in: SBZ 1991, Heft 3, S. 22ff.
[27] Siehe Christian Moser, Neue politische Gruppierungen ziehen in die Parlamente ein, in: STADLIN, Parlamente der Kantone, S. 182
[28] So Hans Geser aufgrund einer gesamtschweizerischen Analyse, Parteigefolgschaften im Wandel, in: NZZ, 23.8.1991, S. 21

**Bewegung im «Packeis»: Die Zürcher Unruhen von 1980 (S. 446)**
[1] Über «Opernhauskrawall» und «Zürcher Bewegung» existiert eine umfangreiche Literatur aus allen beteiligten Lagern: von den Gegnern, BÜTLER, Verweigerer; von Sympathisanten, siehe MEIER, Autonomie; EINE STADT IN BEWEGUNG (dies eine umfangreiche, von der Sozialdemokratischen Partei herausgegebene Sammlung von Stellungnahmen und Reaktionen); als Analyse eines sympathisierenden Sozialwissenschafters siehe KRIESI, Zürcher Bewegung, mit zahlreichen weiterführenden Literaturangaben; zur juristischen und polizeilichen Reaktion siehe SCHNEIDER, Unrecht.
[2] Zit. nach: KRIESI, Zürcher Bewegung, S. 15
[3] Zahlen bei KRIESI, Zürcher Bewegung, S. 116; eine offizielle Aufarbeitung der zahllosen polizeilichen Übergriffe fand nie statt.

**Randspalte S. 453:**
[1] Zit. nach: Albert Wirz, Der Zeit voraus: 75 Jahre Sozialdemokratische Partei Meilen, in: HEIMATBUCH MEILEN 1991, S. 110

# Agglomeration, Planung, Verkehr
## Die Politik vor der Bewältigung des Wachstums

«Zukunftsvision um 1950»: Der populäre «Globi» erfreute Generationen von Kindern seit seiner Erfindung in den frühen dreissiger Jahren. Sein Ursprung als Werbefigur für das Warenhaus Globus geriet bald einmal in Vergessenheit.

Als Baudirektor Alois Günthard (1913–1976) im Frühjahr 1973 einige einleitende Worte zur Zeitschrift «Raumplanung» beisteuerte, konnte er auf eine umfangreiche Liste aktueller Vorhaben verweisen, welche Fragen der Planung berührten, aber auch darüber hinaus wiesen. Seit 1969 war die Raumplanung in der Bundesverfassung verankert; ein Raumplanungsgesetz befand sich in Bearbeitung. Parallel dazu hatte man 1969 mit der Überarbeitung des kantonalen Baugesetzes begonnen, das nun im Neuentwurf vorlag. Schon 1966 hatte eine Kommission für die Revision des Bodenrechts ihre Arbeit aufgenommen, der Schlussbericht stand in Aussicht; einige Anregungen daraus hatten in den Entwurf des Planungs- und Baugesetzes Eingang gefunden. Eine Expertenkommission überdachte zudem seit dem Vorjahr staatsrechtliche Fragen; sie sei – so der Regierungsrat – mit einem Vorschlag zur Regionalisierung des Kantons beschäftigt.

Medienschau der Planer im Kaspar Escher-Haus 1973: Das Grossprojekt einer U- und S-Bahn, an dem ein Jahrzehnt lang geplant worden war, schien zunächst kaum gefährdet. Dann entlud sich eine Lawine der Kritik über dem Milliardenprojekt. Es erschien als Inbegriff eines wachstumsorientierten Denkens, von dem die Mehrheit genug hatte. Am 20. Mai 1973 wurde die Vorlage in der Stadt wie auch im übrigen Kanton verworfen.

Erst im Mai 1990 nahm die Zürcher S-Bahn den Betrieb auf, nachdem eine neue Vorlage 1981 mit grossem Mehr angenommen worden war.

Gesamtplanung 1943
«Wo das Bedürfnis es erfordert, stellt der Regierungsrat über das Gebiet verschiedener Gemeinden unter Fühlungnahmen mit ihren Behörden einen Gesamtplan auf, in welchem das Verkehrsstrassennetz, die Grundlagen für die Wasserversorgung und für die Ableitung der Abwasser, die für öffentliche Anlagen erforderlichen Gebiete, die Industriegebiete, die land- und forstwirtschaftlich benützten Gebiete und die Wohngebiete enthalten sind. Die Bebauungspläne der Gemeinden haben sich diesem Gesamtplan anzupassen.»
(Baugesetz des Kantons Zürich, Paragraph 8b, 1943)

Die letzten Jahre der langen Wachstumsperiode vor dem konjunkturellen Umbruch 1974/75 waren von gesetzgeberischem Aktivismus geprägt. An vielen Fronten zugleich entdeckte man dringliche Probleme, die eines gemeinsam hatten: Alle waren sie – direkt oder indirekt – Folgen der wirtschaftlichen Expansion und der dadurch bewirkten Veränderungen von Wirtschaft und Gesellschaft. Es war die hohe Zeit der «Gesamtpläne», mit denen man auf einen Rückstau offener Fragen reagierte, die von einzelnen Kritikern seit langem angesprochen, von der Politik aber nur zögernd aufgegriffen worden waren. Der Kriseneinbruch setzte der Reformära ein vorläufiges Ende. Manches blieb halbfertig liegen; anderes wanderte, wie der Planer Hans Marti (1913–1993) es ausdrückte, «in die Estriche der Vergessenheit».[1]

## Märkte, Planer, Eigentümer
## Wege und Umwege zur Raumplanung

Aus heutiger Sicht stellt die planlose Zersiedlung des Kantons eine der fragwürdigen Folgen des Wirtschaftswachstums der Nachkriegszeit dar. Unübersehbar sind die Landverschwendung infolge der verbreiteten Streusiedlung, das Zusammenwachsen ehemals getrennter Gemeinden zu «Bandstädten», die einseitige Verteilung der Arbeitsplätze und der tägliche Nomadismus grosser Teile der Bevölkerung, um vom Wohn- zum Arbeitsort und wieder zurück zu gelangen. Die Verkehrsströme verursachen enorme Kosten und Immissionen, während ein immer dichteres Netz von Verkehrsanlagen, deren Kapazität dennoch nie auszureichen scheint, den Kanton überzieht. Waren es ursprünglich Erwägungen des Landschafts- und Heimatschutzes, die zur Kritik an dieser Entwicklung Anlass gaben, so zeigt sich heute, dass auch ökologisch ein hoher Preis zu entrichten ist: Die Parzellierung der verbleibenden naturnahen Räume in voneinander getrennte Inseln schritt derart voran, dass der Austausch zur Erhaltung der natürlichen Artenvielfalt inzwischen nicht mehr gewährleistet ist.[2]

Ein Rückblick in die Nachkriegszeit macht deutlich, dass manche Probleme bereits früh benannt und Abhilfemassnahmen vorgeschlagen wurden. In einer Artikelserie der «Neuen Zürcher Zeitung» von Ende 1944 über Planungsperspektiven der Nachkriegszeit schlug der Architekt Armin Meili, freisinniger Nationalrat und Mitgestalter der Landesausstellung 1939, eine Begrenzung des weiteren Wachstums der Stadt Zürich über die politischen Stadtgrenzen hinaus vor.[3] Durch eine «Verkrustung» der Stadtgrenze sollte die verschwimmende Differenz zum Land wieder deutlich markiert werden; Stadt und Land sowie die Gemeinden der Landschaft sollten durch unbebaute Grünzonen optisch getrennt bleiben. Ähnlich dachte eine planerische Arbeitsgruppe unter Leitung des Architekten Max Werner und des Geographen Hans Carol, die 1949 zur Begrenzung eines weiteren Ausgreifens der Stadt Zürich den Ausbau mehrerer «Regionalzentren» vorschlugen, darunter Bülach für das Unterland und Wetzikon für das Oberland; ferner einige kleinere Orte mit begrenzter zentraler Funktion (Andelfingen, Dielsdorf, Affoltern am Albis und die Industrieorte des Oberlands). Auch Carol und Werner plädierten für breite Grüngürtel zwischen den Siedlungen.[4] Aus der Jahrhundertwende stammende Leitbilder einer gelockerten und durchgrünten, die Klassengegensätze überbrückenden, soziale Harmonie fördernden Siedlungsweise bei klarer Scheidung zwischen Stadt und Land, zwischen Erwerbszonen und Wohngebieten, bestimmten die Entwürfe der Architekten und Siedlungsplaner. Während in den fünfziger Jahren der grosse Bauboom einsetzte, verbreiteten sie ihre Botschaft von der Notwendigkeit planerischer Lenkung. Doch diese blieb weitgehend ungehört; in den sechziger Jahren zeichnete sich ab, dass die Entwicklung genau dorthin zielte, wovor so zahlreiche Stimmen[5] gewarnt hatten: zu einer grossflächig zusammenwachsenden Agglomeration mit enormen Verkehrsströmen und Umweltbelastungen.

Ein weiter Weg lag zwischen dem ersten Ruf nach planerischen Eingriffen und der Schaffung wirksamer Instrumente, die nicht ständig unterlaufen wurden. Der Planungsgedanke verdankte den Erfahrungen von Weltwirtschaftskrise und Kriegswirtschaft wichtige Impulse und weckte anfänglich noch kaum negative politische Assoziationen in Richtung «Planwirtschaft». Seit 1943 existierte an der ETH Zürich eine bescheidene «Zentrale für Landesplanung» (seit 1961: Institut für Orts-, Regional- und Landesplanung ORL). Parallel organisierte sich eine «Schweizerische Vereinigung für Landesplanung», deren erster Präsident Armin Meili (1892–1981) wurde. Der Sekretär der Vereinigung, Hans Aregger (1915–1977), später Leiter der kantonalen Raumplanung, stand nach dem Krieg in Kontakt mit dem Soziologen René König (1906–1992), der als Privatdozent an der Universität dem sozialen Wandel mit regem Interesse nachging und bei klarer Absage an Konzepte des totalen Zugriffs für «planende Steuerung der Gesellschaftsentwicklung» plädierte.[6] Seit 1943 verfügte der Kanton über ein kleines Büro für «Regionalplanung», das bei Ortsplanungen fachlich assistierte. Ein im selben Jahr in der Volksabstimmung angenommener Zusatz zum Baugesetz von 1893 sah die Möglichkeit eines kantonalen «Gesamtplans» vor. «Und in diesem Gesamtplan war alles drin, was man heute noch gerne als wirksam in der Planung hätte», erinnert sich Max Werner, erster Leiter des Büros.[7]

Planungsfreudig gaben sich in den ersten Nachkriegsjahren nicht nur Vertreter der Linken; auch in den Reihen von Freisinn und Landesring fand man Gefallen an der Vision einer (massvoll) planerisch geordneten Welt. Die Widerstände erwiesen sich indessen als enorm. Das Konzept der Grüngürtel zwischen Siedlungen oder Stadtteilen, das schon Emil Klöti (1877–1963) namens des «Roten Zürich» in der Zwischenkriegszeit verfolgt hatte, lief an der Opposition der Grundeigentümer auf: Sie gingen in ihrem Kampf gegen die Zürcher Bauordnung von 1946, die solche Frei-

Für eine Trennung von Stadt und Land
Der Jurist Ernst Utzinger (1885–1967), langjähriger Gemeindepräsident von Zollikon, warnte 1949 vor einem «blossen Hinauszerren der Stadt aufs Land», womit er «eine städtebauliche Entwicklung entlang der Hauptverkehrsstrassen» meinte. Er konstatierte, dass «vielfach nur eine Dezentralisierung der Wohnungen stattfindet, während der Stadtkern als Arbeits-, Einkaufs-, Lehr- und Vergnügungszentrum bestehen bleibt». Dadurch werde in voraussehbarer Weise «das Verkehrsproblem des Stadtkerns immer unlösbarer (…), da sein Einzugsgebiet dank der Dezentralisierung der Wohnungen stetig wächst». «So könnte es geschehen, dass zur ‹Banlieue› wird, was doch Land bleiben oder geschlossene, abgerundete Stadt werden sollte, dass sich sogar diese Vororte nach sozialen Gesichtspunkten (Villen- und Arbeitervororte usw.) differenzieren, und die Menschen vorzugsweise durch die Zentrale miteinander verbunden werden, statt dass sich geschlossene, alle Klassen und Funktionen umschliessende Gemeinden mit echtem Nachbarschafts- und Gemeinschaftsgeist entwickeln.»[1]

Für ein offenes Zürich: Der erste Weltkongress für Soziologie und Staatswissenschaft fand im September 1950 unter dem Patronat der UNESCO in Zürich statt. Jean Rudolf von Salis, links im Bild, liberaler Historiker an der ETH, international bekannt geworden durch seine Radiokommentare während des Zweiten Weltkriegs, und der Soziologe René König organisierten den Anlass. Dabei gab es zu jener Zeit in Zürich noch keinen Lehrstuhl für Soziologie; das Misstrauen der Behörden blieb übermächtig. König, der 1937 als Emigrant aus Berlin nach Zürich gekommen war und auch gern geblieben wäre, ging 1953 nach Köln. Er spielte eine wichtige Rolle beim Aufbau der Soziologie in Westdeutschland. Die Universität Zürich erhielt erst 1966 ihr Soziologisches Institut.

Termin beim Hochbauamt: Vertreter der Regionalplanung (vorne rechts deren Leiter, Max Werner), Stadtbaumeister Albert Steiner (zweiter von links) und Kantonsbaumeister Heinrich Peter (dritter von links) empfangen Anfang der fünfziger Jahre Sir Patrick Abercrombie (zweiter von rechts), prominenter Gast und Verfasser des «Greater London Plan 1944». Gegenstand der Aufmerksamkeit ist der «Gesamtplan Nr. 1 Zürcher Unterland, Interkontinentalflughafen Zürich-Kloten» von 1950.

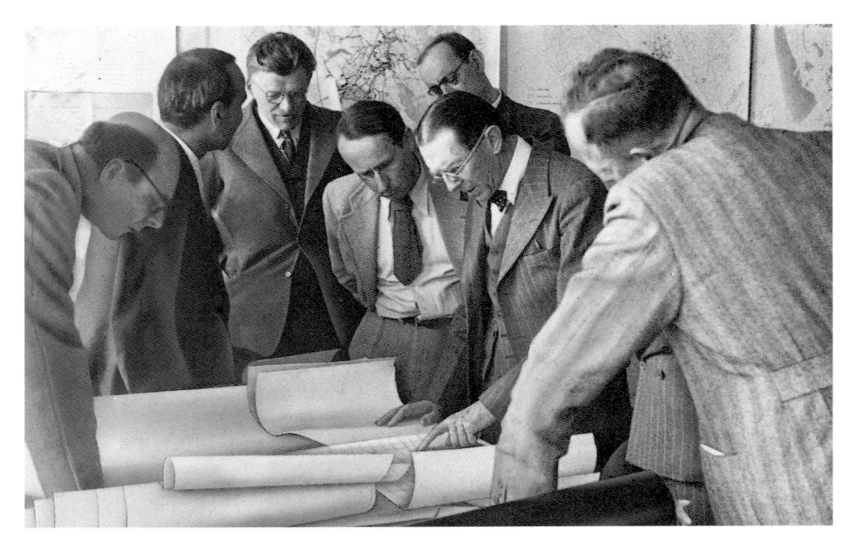

zonen vorsah, bis vor Bundesgericht, wo sie 1948 recht erhielten.[8] Der Stadt blieb nur übrig, mittels teurer Landkäufe gewisse Gebiete der Spekulation zu entziehen. Ebenfalls 1948 setzten sich einige Landwirte aus Uitikon, der wachsenden Wohlstandsgemeinde hinter dem Üetliberg, vor Bundesgericht gegen die Ausscheidung einer «Landwirtschaftszone» durch: Sie wollten nicht geschützt werden, sondern ungestört ihr Land verkaufen können.

Als anstelle der erwarteten Nachkriegskrise die Wirtschaft den Weg scheinbar grenzenlosen Wachstums einschlug, gerieten die Planungsideen vorerst ins Abseits; der einsetzende Kalte Krieg machte sie auch politisch verdächtig. Die Soziologie blieb in Zürich in einer misstrauisch beäugten Randposition; der Erziehungsrat lehnte sowohl 1947 als auch 1953 die Einrichtung eines vollwertigen Lehrstuhls ab.[9] Die eben erst geschaffenen Planungsstellen blieben einer bescheidenen Existenz überlassen und erfuhren kaum mehr Förderung. Das Büro für Regionalplanung (heute: Amt für Raumplanung) startete mit sechs Mitarbeitern und einem Jahresbudget von 150 000 Franken; als Max Werner 1960 dort aufhörte, hatte sich das Budget nur eben verdoppelt, die Mitarbeiterzahl war im wesentlichen unverändert.[10] Erst mit Verzögerung, bei steigendem Problemdruck infolge des Wildwuchses von Siedlung und Verkehr, entwickelte sich eine neue Bereitschaft, über Fragen einer planerischen Lenkung nachzudenken.

Ausgangspunkt des langen und gewundenen Wegs zum Planungs- und Baugesetz von 1975 waren mehrere Motionen von 1955 im Kantonsrat.[11] Der Sozialdemokrat Jakob Peter (1891–1980), Stadtrat und engagierter Förderer des genossenschaftlichen Wohnungsbaus in Zürich-Wiedikon, forderte vom Regierungsrat Vorschläge, «wie eine gesunde und dezentralisierte Besiedlung des Kantonsgebietes im Sinne der Regionalplanung gefördert werden» könne.[12] Einen Monat später stiess der freisinnige Professor Marcel Grossmann (1904–1986) ins selbe Horn: «Die grosse, auch die Landschaft erfassende und oft unorganisch anmutende Bautätigkeit der letzten Jahre», insbesondere die «Projektierung von Grossiedlungen in kleinen Landgemeinden» – er spielte dabei auf den aufsehenerregenden Fall von Maur am Greifensee an – mache planerische Eingriffe notwendig. Beide Motionäre lebten in der Stadt Zürich, wo man derartige Fragen für dringlicher hielt als in den eigentlich betroffenen Regionen.

Die eingesetzte Expertenkommission, in der sich einige bereits erwähnte Planer zusammenfanden, legte 1958 einen Bericht mit sieben möglichen Wegen vor.¹³ Die Varianten reichten von der «ungelenkten Entwicklung» bis zur Bildung «echter Regionen und Regionalzentren: Förderung des wirtschaftlichen und kulturellen Lebens in Stadt und Land», wobei die erste Variante als gänzlich unerwünscht, die letztere aber als erstrebenswert präsentiert wurde. «Diese Variante ist die einzige, welche der Bevölkerung des Zürcher Ober- und Unterlandes städtische Dienste und kulturelle Einrichtungen in der eigenen Region zu bieten vermag. Sie ist auch die einzige, die der weiteren Aufblähung der Grossstadt wirksam entgegentritt.» Die Kommission empfahl den Einsatz diverser Instrumente, um dieses Ziel zu erreichen: die Festlegung von Industriestandorten, den Finanzausgleich zwischen den Gemeinden, eine gezielte Bodenpolitik, die Schaffung von Freihaltezonen und eine aktive Verkehrspolitik.

Der Regierungsrat, der sich mit seiner Reaktion anderthalb Jahre Zeit liess, zeigte wenig Begeisterung. «Den empfohlenen Massnahmen gegenüber verhielt man sich ebenso skeptisch wie gegenüber den Ausdrücken Raumplanung oder Leitbild», so Max Werner.¹⁴ Die Lenkung des Arbeitsplatzangebots werde nur möglich sein, wenn man einen Teil der Gemeinden veranlassen könne, auf Industrieansiedlung zu verzichten, was rechtlich im Hinblick auf die Gemeindeautonomie kaum möglich sei. Die vorgeschlagene Idee einer einheitlichen Besteuerung sowie einer gleichmässigen Zuteilung von Mitteln an die Gemeinden sei erst recht unmöglich; die Schaffung regionaler Trenngürtel zwischen den Siedlungen unbezahlbar angesichts der notwendigen Landkäufe und der Entschädigung von Eigentümern. Entsprechend sei die «Gesamtplanung nach der Konzeption von Regionalzentren nicht als direkt realisierbares Programm, sondern als Leitbild zu betrachten».¹⁵

Das klang wenig verbindlich und war auch so gemeint. Die Planer gaben dennoch nicht auf. Die gesetzlichen Grundlagen seien weitgehend vorhanden, meinte Hans Aregger, inzwischen Leiter der Regionalplanung als Nachfolger Max Werners, «man brauchte sie nur auszuschöpfen, was heute leider kaum zu fünf Prozent geschieht».¹⁶ Hans Marti hingegen bestand darauf, «dass unsere bisherigen Gesetze und Handlungen nicht mehr genügen», und warb wiederum in der «Neuen Zürcher Zeitung» für seine Ideen. «Wäre es nicht doch vernünftiger, dafür zu sorgen, dass sich nicht alles in die grossen Städte drängt, Wohnungsnot und Verkehrsnot ständig neu erzeugend? Wäre es nicht auch sinnvoller, die notwendigen Freihaltegebiete möglichst früh und nicht erst dann, wenn sie bereits Bauland sind, sicherzustellen?» Auf ihre Art hatten beide recht: In zentralen Bereichen fehlte es an gesetzlichen Grundlagen; zugleich schöpfte man nicht einmal das Vorhandene aus. «Der Gedanke der Regionalplanung hat in den breiten Volksschichten noch kaum Fuss gefasst», hielt eine Gemeindekonferenz zur Thematik im November 1961 fest. Bereits etwas präziser, was die Natur der Widerstände betraf, die Mahnung: «Wenn sich hinter den Forderungen nach regionalplanerischen Massnahmen Bodenreformpläne verbergen, so sind derartige Begehren leicht dazu angetan, die Idee der Regionalplanung in Misskredit zu bringen.»¹⁷

Dabei blieb es im wesentlichen: Das Konzept der Dezentralisierung gelangte kaum über Absichtserklärungen hinaus. Einzig der Bau regionaler Mittelschulen in Wetzikon und Bülach stellte einen konkreten Schritt in diese Richtung dar. «Eine öffentliche Diskussion über das Grundproblem einer kantonalen Siedlungspolitik, die Abstimmung aller Instrumente und Massnahmen auf das Leitbild, hat (...) bis heute praktisch nicht stattgefunden», konstatierte die Bodenrechtskommission in ihrem Schlussbericht

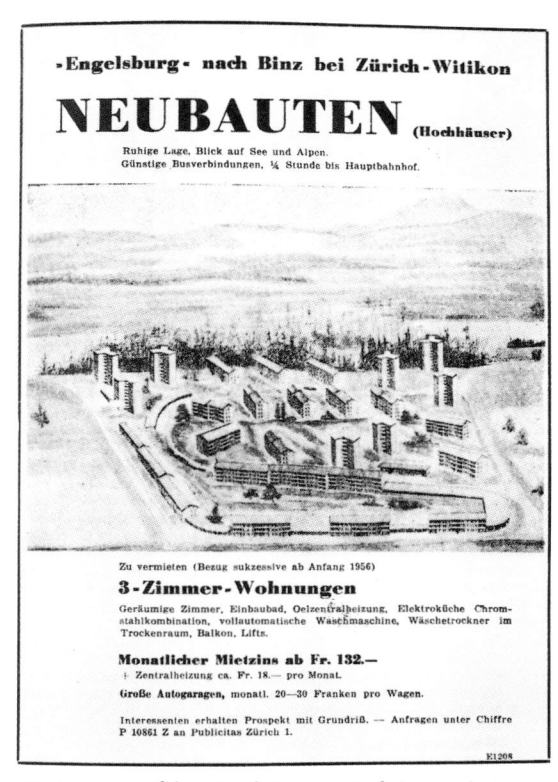

Hochhäuser auf dem Land: Grosses Aufsehen und einigen Protest erregte das Bauvorhaben einer Immobilienfirma in Maur am Greifensee, die 1955 bereits um Mieter warb, obwohl noch gar keine Baubewilligung vorlag. Das Projekt hätte zu mehr als einer Verdoppelung der Einwohnerzahl geführt. Seine Realisierung unterblieb damals; statt dessen setzten sich die Einfamilienhäuser durch. Die Einwohnerzahl des einstigen Bauerndorfs stieg zwischen 1950 und 1990 von 1577 auf 7107.

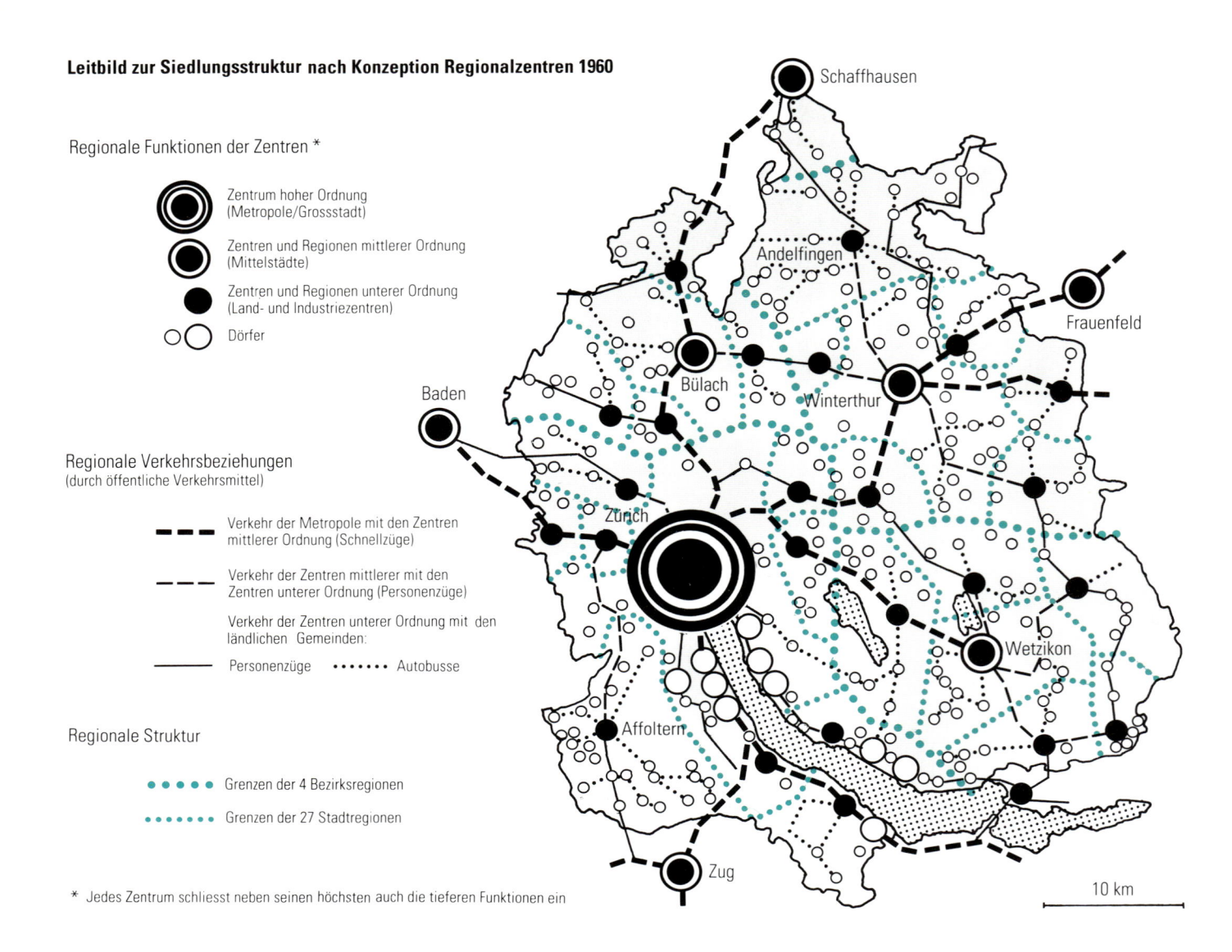

**Leitbild zur Siedlungsstruktur nach Konzeption Regionalzentren 1960**

Regionale Funktionen der Zentren *

- ◉ Zentrum hoher Ordnung (Metropole/Grossstadt)
- ◎ Zentren und Regionen mittlerer Ordnung (Mittelstädte)
- ● Zentren und Regionen unterer Ordnung (Land- und Industriezentren)
- ○ Dörfer

Regionale Verkehrsbeziehungen
(durch öffentliche Verkehrsmittel)

- ▬ ▬ Verkehr der Metropole mit den Zentren mittlerer Ordnung (Schnellzüge)
- — — Verkehr der Zentren mittlerer mit den Zentren unterer Ordnung (Personenzüge)
- Verkehr der Zentren unterer Ordnung mit den ländlichen Gemeinden:
  - —— Personenzüge
  - ······ Autobusse

Regionale Struktur

- • • • • Grenzen der 4 Bezirksregionen
- · · · · · Grenzen der 27 Stadtregionen

\* Jedes Zentrum schliesst neben seinen höchsten auch die tieferen Funktionen ein

10 km

Keine Chance hatte das Leitbild der Regionalzentren (oben), obwohl man verbal noch lange daran festhielt. Die Karte von 1970 (rechte Seite) nimmt davon Abschied und geht – realistischerweise – von den bereits entstandenen Achsen dichter Besiedlung aus. Von einer «Konzeption» kann dabei allerdings kaum mehr gesprochen werden, vollzieht die Karte doch lediglich die laufende Entwicklung nach, die sich weitgehend gegen die Absichten der Planer durchgesetzt hatte.

1973.[18] Nur auf dem Papier blieb das Leitbild «Regionalzentren» bestehen und fand noch 1975 Aufnahme ins Planungs- und Baugesetz. Erst dieses Gesetz, das 1978 in Kraft trat, brachte handfestere Vorgaben und realisierte einiges von dem, was die Planer als Rufer in der Wüste seit Jahrzehnten gefordert hatten.

Inzwischen hatte die Rezession von 1974/75 einen zeitweiligen Baustopp bewirkt. Die Agglomeration hatte im wesentlichen ihre heute bestehende Form angenommen; das war so ziemlich in jeder Hinsicht das Gegenteil des ursprünglich Erstrebten: Bevölkerung und Wirtschaft ballten sich verstärkt im Raum Zürich, das Pendlereinzugsgebiet der Agglomeration war immer grösser geworden, die Regionalzentren vermochten wenig Eigengewicht zu entwickeln; die Siedlungsachsen waren keineswegs durch breite Grüngürtel getrennt, sondern wuchsen zu dichten Siedlungsräumen zusammen.

Wenigstens ermöglichte das Planungs- und Baugesetz nunmehr die verbindliche Festlegung von Bau- und Nutzungszonen. Nach einem recht komplizierten System waren in absteigender Ordnung kantonale und regionale Richtpläne, kommunale Gesamt- und Nutzungspläne zu erstellen. Auf regionaler Stufe wurden die Planungsvereinigungen, die sich seit Ende der fünfziger Jahre gebildet hatten, zu öffentlich-rechtlichen Körperschaften aufgewertet, deren Planungstätigkeit via Referendum nun auch demokratischer Kontrolle unterlag.[19] Den Gemeinden ihrerseits stand ein erweitertes Instrumentarium zur Verfügung, um die Bautätigkeit zu steuern: als Kernstück die obligatorische Bau- und Zonenordnung (BZO), ein Erschliessungsplan, ein Werkplan sowie die Möglichkeit, Bau- und Niveaulinien festzulegen.[20] Da derartige Planungen rechts- und rekursfähig waren, zur Einsicht aufgelegt und von den Stimmbürgerinnen und Stimmbürgern an der Gemeindeversammlung abgesegnet werden mussten, war der Weg frei zu einem gewissen Mass an demokratischer Mitsprache. Dies kam der Entwicklung auf Gemeindeebene entgegen, wo man mancherorts mit «offener Planung» experimentierte, seitdem in den frühen siebziger Jahren von Exe-

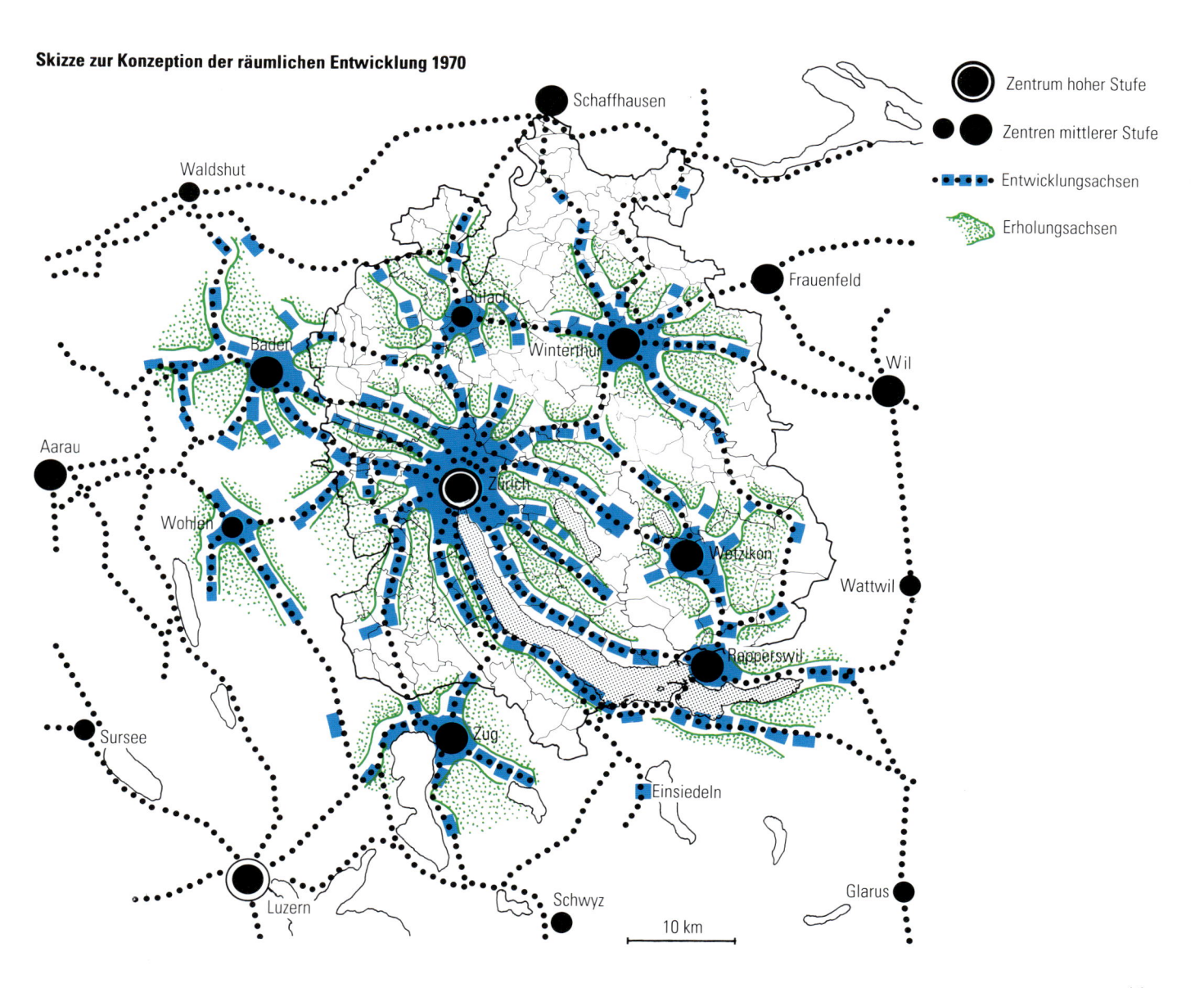

**Skizze zur Konzeption der räumlichen Entwicklung 1970**

Immobilien-Monopoly – zwei Cartoons von Christoph Hitz (1986).

kutiven und Expertengremien hinter verschlossenen Türen ausgearbeitete Vorlagen immer öfter auf Ablehnung gestossen waren.

Ein gewichtiger Nachteil des umfangreichen planerischen Regelwerks, das nicht weniger als 361 Paragraphen umfasste, war seine Kompliziertheit: Es blieb «in weiten Teilen ein Werk von und für Spezialisten», wie Hans Steiger, sozialdemokratischer Kantonsrat und Mitglied der Raumplanungskommission, feststellte.[21] Die Verabschiedung der neuen Bau- und Zonenordnungen weckte immerhin reges Interesse in der Bevölkerung, wobei aktive Gruppen an den betreffenden Gemeindeversammlungen ihre Rechte manchmal mit Erfolg nutzten, «obwohl die Instrumente schwächer sind, als wir uns das als Sozialdemokraten wünschen». Ungenügend auf die gewandelten Vorstellungen der Mehrheit abgestimmte Planungsvorhaben fielen nun bisweilen durch.

Ansonsten hatte man es in der Praxis weiterhin mit den übergrossen Bauzonen zu tun, die in der Zeit der Hochkonjunktur aufgrund falscher Bevölkerungsprognosen ausgeschieden worden waren, so dass der verbreiteten Streubauweise schwer beizukommen war. «Dies bedeutet», bemerkte die Regionalplanung Zürich 1975, «dass Zonierungs- und Erschliessungspolitik nur sehr beschränkt tauglich sein werden, die weitere Entwicklung zu beeinflussen und dass eher die Grundeigentümer und Investoren, die Wohnunternehmungen und Betriebe und weniger Kanton und Gemeinden bestimmen werden, wo die Siedlungsentwicklung stattfinden wird.»[22] Die vielerorts angestrebte Auszonung von Bauland kam infolge der Entschädigungsansprüche von Grundeigentümern teuer zu stehen. Anwohnerkomitees, die weitere Zuzüger fernhalten wollten, kämpften nicht immer ganz uneigennützig für die Erhaltung von Naturraum vor ihrer Haustür, «soweit er nach Abschluss ihrer eigenen Bautätigkeit noch vorhanden» war.[23] Planerische Entscheide blieben öfter willkürlich und undurchsichtig. So machte etwa der Kanton von seiner Kompetenz Gebrauch, Gebiete mit «städtischer Überbauung» als zentrale Orte zu begünstigen. Letzterer Kategorie sollten laut «Gesamtplan» 1977 Zürich, Winterthur, Schlieren und Dietikon zugewiesen werden, nicht aber Wetzikon und Bülach, die lange vorgesehenen «Regionalzentren», denen man nun das wirtschaftliche Potential absprach, wogegen die Betroffenen prompt protestierten.

Das Planungs- und Baugesetz hat seit 1975 mehrere Revisionen erfahren, letztmals im September 1991. Es war 1975 nur gegen etwelchen Widerstand angenommen worden. Schon der Regierungsrat hatte Mühe gehabt, sich zu einigen; er ging nach Einsiedeln in Klausur, wo man sich zeitweise derart erhitzte, dass Gesundheitsdirektor Bürgi sich zum Gebet in die Klosterkirche zurückzog.[24] Zwar sprachen sich bei der Volksabstimmung alle Parteien, ausser der extremen Linken und Rechten (POCH und Republikaner) für das Gesetz aus. Jedoch sammelten sich in einem «Überparteilichen Komitee gegen zentralistische Planungsbürokratie» die Träger «einer sehr breitangelegten, kapitalkräftigen, in erster Linie von bürgerlichen National- und Kantonsräten geführten Gegenpropaganda», die kräftig vom Leder zog: Die «Neue Zürcher Zeitung» sprach von «krassen Unwahrheiten» und «abwegiger Demagogie», womit der Öffentlichkeit weisgemacht werden sollte, das neue Gesetz diene vor allem einer allmächtigen, in der Stadt Zürich beheimateten Planungsbürokratie.[25] Solche Schlagworte verfingen in den stadtfernen Teilen des Kantons, und so wurde denn das Gesetz in den Bezirken Dielsdorf, Bülach, Andelfingen und Pfäffikon abgelehnt. In der Stadt Zürich schnitt die Vorlage infolge der linken Opposition, der das Gesetz zu wenig weit ging, mässig ab (in den Kreisen 1 und 5 wurde sie gar verworfen). Stark war die Zustimmung in Teilen der Agglomeration, namentlich in den freisinnigen Hochburgen des Wohlstands. Am stärksten aber war die «Partei» der Daheimgebliebenen, die sich durch das planerische «Jahrhundertwerk» schlicht überfordert fühlten: Die Stimmbeteiligung betrug nur 29 Prozent.[26] Die Abstimmungsgeographie zeigte 1975 ein bemerkenswert ähnliches Bild wie über 30 Jahre zuvor, als im Mai 1943 die Ergänzung des Baugesetzes durch die «Gesamtplanung» ebenfalls in den Wohlstandsvororten, gemeinsam mit den Städten Zürich und Winterthur, angenommen wurde, während die Ablehnung in den ländlichen Bezirken um so entschiedener ausfiel.

Die Entwicklung in Planungs- und Baufragen seit dem Krieg war dadurch gekennzeichnet, dass jeder noch so kleine Schritt unendliche Mühe im geduldigen und zähen Aushandeln und politischen Durchsetzen von Kompromissen kostete. Dies hatte zur Folge, dass die planerische Steuerung mit schöner Regelmässigkeit der rasant voranschreitenden Änderung von Siedlung, Raumnutzung und Verkehr hinterherhinkte. Die Unzulänglichkeit aller Versuche, die Entwicklung vorausschauend in wünschbare Bahnen zu lenken, war Ausdruck der Schwäche einer demokratischen Öffentlichkeit vor dem Automatismus des Marktes und dem entschlossenen Handlungswillen privater Eigentümer. Die Mehrheit gab dem nach oder verzichtete auf eine Wahrnehmung ihrer Interessen; sie besass zwar weder Haus noch Boden, verhielt sich aber im Zweifelsfall jeweils so, als ob sie eben im Begriff stünde, sich diesen Wunsch zu erfüllen.

## Machtverteilung und Finanzfragen

In den ersten Nachkriegsjahren war die Frage weiterer Eingemeindungen in die Stadt Zürich noch gelegentlich Gegenstand eines gereizten politischen Schlagabtauschs gewesen; schliesslich lag die Eingemeindung von 1934 noch nicht weit zurück. Dann herrschte während langer Zeit Stille in dieser Angelegenheit. Wachstum, nicht Umverteilung – auch nicht durch Änderung der politischen Grenzziehungen – war nun das bestimmende Thema. Im Herbst 1970 jedoch veröffentlichte der Zürcher Stadtrat eine «Standortbestimmung», mit der die alten Fragen plötzlich wieder auf dem Tisch lagen.[27] Der Feststellung, dass die Agglomeration Zürich längst über die politischen Stadtgrenzen hinausgewachsen war, folgte der Hinweis auf die verschlechterten städtischen Finanzen sowie die seit 1963 sinkende Bevölkerungszahl der Stadt, was in der Tat neue Aspekte waren. Eine «einfache Eingemeindung» werde wohl kaum mehr möglich sein, hielt der Stadtrat fest, doch dränge sich «eine schrittweise Integration» auf, mit der die Rechtsverhältnisse wieder an eine veränderte Gesellschaft herangeführt werden könnten.

Die Reaktionen auf das Stichwort «Eingemeindung» fielen – quer durch alle Parteien – negativ aus; «schrittweise Integration» schien nur eine verklausulierte Formulierung derselben Absicht. Ob es sich bei der überraschenden Stellungnahme des Stadtrats nur um einen provozierenden Anstoss zur Diskussion hängiger Fragen handelte, wie Stadtpräsident Sigmund Widmer später meinte, bleibt unklar. Dass sich neue Fragen im Verhältnis zwischen Stadt und Agglomeration, zwischen Agglomeration und restlichem Kanton auftaten, war indessen nicht zu bezweifeln. Die Diskussion dieser Entwicklung, die heikle Probleme des politischen Gleichgewichts im Kanton berührte, lief zähflüssig an; sie zielte im übrigen weniger auf den schwer zu durchschauenden und noch schlechter steuerbaren gesellschaftlichen Wandel als vielmehr auf gewisse damit verbundene Symptome. Fragen der kantonalen Struktur und Machtverteilung wurden durch die Politiker in bewährter Manier zu Finanzfragen umfunktioniert, was die Problemlösung vermeintlich erleichtern sollte. Die Folge war ein zähes Tauziehen um die Verteilung finanzieller Lasten, das sich bis in die Gegenwart verschärfte, ohne dass die verursachenden Probleme mehr als punktuell berührt worden wären.

Die Einsicht, dass in diesem Bereich alles mit allem zusammenhing, war an sich nicht neu. Emil Klöti hatte schon 1927 die später ergriffenen Massnahmen genannt, mit denen die wachsenden überkommunalen staatlichen Aufgaben zu bewältigen seien: Eingemeindung, das heisst veränderte Gebietseinteilung, Bildung von Zweckverbänden zwischen den Kommunen, Schaffung eines Finanzausgleichsystems zwischen kleinen und grösseren, armen und wohlhabenden Gemeinden.[28] Die Lösung bestand damals in der Koppelung zweier Anliegen, indem die linke Mehrheit in der Stadt Zürich sich angesichts der Opposition seitens des mehrheitlich bürgerlichen Kantons gegenüber der Eingemeindung einem Finanzausgleich verweigerte. Der danach ausgehandelte Kompromiss – Eingemeindung *und* Finanzausgleich – hielt über mehrere Jahrzehnte.

Unter dem Regime des Finanzausgleichs von 1931 wurde die extrem unterschiedliche Steuerbelastung allmählich ein wenig ausgeglichen, was vor allem den ärmeren ländlichen Gemeinden zugute kam.[29] Die Hauptstadt war davon dank ihrer überlegenen Stellung als Wirtschaftsmotor im Grunde wenig berührt, auch wenn der Vorwurf, «dass die Stadt Zürich den übrigen Kantonsteil gewissermassen beschenke», schon in den dreissiger Jahren gelegentlich laut wurde.[30] Ein Versuch der PdA von 1947, die steuerliche Vereinheitlichung mit einer Volksinitiative zu beschleunigen, wurde von der parlamentarischen Mehrheit aufs Eis gelegt. Eine neue Lösung benötigte man dennoch, denn mit den wachsenden Ansprüchen an die Gemeinwesen bezüglich des Ausbaus der Infrastruktur trat in den fünfziger Jahren der eingeschränkte Handlungsspielraum kleiner und armer Gemeinden immer deutlicher hervor. Auch gewann die Einsicht an Boden, dass sich die Handvoll überaus reicher Vororte Zürichs auf die Dauer einer vermehrten Leistungspflicht für die weniger Begünstigten nicht würde entziehen können, wie dies 1930/31 noch gelungen war. Ein Bremsversuch in letzter Minute erbrachte in den sechziger Jahren einen Fonds, in den freiwillige Unterstützungsbeiträge der sehr reichen für die armen Gemeinden einflossen. Das Finanzausgleichsgesetz von 1966 erklärte die reichen Kommunen, wo sich die wohlhabenden Steuerzahler konzentrierten, dennoch für zahlungspflichtig, was sich auch mit einem Gang durch die juristischen Instanzen bis vor Bundesgericht nicht mehr abwenden liess. Mit dem Gesetz von 1966, das man als Gegenvorschlag zur PdA-Initiative von 1947 deklarierte, wäre endlich auch letztere zur Abstimmung fällig geworden; indessen trat die PdA, da sie einige ihrer Forderungen erfüllt sah, den Rückzug an.

Das Gesetz von 1966 blieb hinter den Erwartungen, die kommunalen Unterschiede von Steuerkraft und steuerlicher Belastung würden nun weiter abnehmen, zurück. In der Schlussphase der Hochkonjunktur nahmen die Unterschiede sogar zeitweilig wieder leicht zu.[31] Zwar vermochten die kleinen, noch stark agrarischen Gemeinden ihre nach wie vor hohe Steuerbelastung mit den neuen Hilfeleistungen abzubauen. Enttäuscht sahen sich hingegen diejenigen, welche meinten, die sehr vorteilhaften Tarife in den «Steuerparadiesen» würden nun ihrerseits ansteigen. Der in jenen Gemeinden zusammengeballte Reichtum war so ausserordentlich, dass man die Abgaben fast ohne Steuererhöhung nur über die Lenkung der kommunalen Ausgaben aufbringen konnte.[32] Da sich zugleich der Blick für solche Ungleichheiten schärfte, dauerte die Auseinandersetzung zu diesem Thema weiter an.

Während der kommunale Finanzausgleich dazu beitrug, einige zunehmend als ungerecht empfundene Unterschiede einzuebnen und die finanzielle Lage der ländlichen Gemeinden wesentlich zu verbessern, wuchsen anderseits die Probleme im Verhältnis zwischen Kanton, Agglomeration und Stadt. Der freisinnige Zürcher Finanzvorstand Ernst Bieri eröffnete 1967/68 das finanzpolitische Hin und Her mit einer scharfen Kritik an der Haltung, die der Kanton gegenüber der Stadt in Finanzfragen einnahm; Vorwürfe, wie sie seither periodisch immer wieder erhoben werden, unabhängig von den jeweiligen politischen Mehrheitsverhältnissen in der Stadt. Dies ist bedingt durch die Strukturveränderungen innerhalb der städtischen Bevölkerung und die damit einhergehende Schwächung der relativen Steuerkraft. Die Stellung der Stadt, die einst gegenüber den meisten übrigen Gemeinden – die Handvoll Wohlstandsorte an der «Goldküste» ausgenommen – steuerlich eher begünstigt war, verschlechterte sich allmählich; neuerdings ist Zürich die höchstbelastete Gemeinde des Kantons. Angesichts dieser seit etwa 1970 immer stärker zutage getretenen langfristigen Entwicklung fordert man in Zürich immer dringlicher eine bessere Abgeltung der Leistungen, die das städtische Zentrum für den ganzen Kanton erbringe, während der Kanton seinerseits die Stadt zur Sparsamkeit ermahnt, nicht ohne indes, eher zögernd und in kleinen Schritten, ein gewisses Mass an Entgegenkommen zu zeigen. Noch 1979 war Zürich vom kommunalen Finanzausgleich ausgeschlossen worden, wenn auch mit der Zusage, den Wünschen der Stadt künftig entgegenzukommen; denn deren Ausklammerung war «mit dem Geist der Verfassung nicht vereinbar», wie Ernst Buschor, seit 1993 Zürcher Regierungsrat, festhielt.[33] Ein Gesetz von 1984 bedachte erstmals auch Zürich und Winterthur, die ab 1986 für ihre Kunstinstitute namhafte Beiträge erhielten: Die Vorlage stiess ausserhalb der beiden Städte mehrheitlich auf Ablehnung und ging nur dank des hohen Ja-Stimmen-Überschusses in Zürich knapp durch.

## Eine Agglomeration mit Umgelände? Projekte zum politischen Umbau

Einzelne Folgen der wirtschaftlichen und bevölkerungsmässigen Verschiebungen im Zentrumskanton Zürich konnten zwar durch schrittweise gesetzliche Lösungen entschärft werden, indem man sie als Finanzprobleme anpackte, doch vermochte das Gesamtresultat dennoch nicht zu befriedigen. Beflügelt von Reformeifer versuchten im Kantonsrat diverse Motionäre in den späten sechziger und frühen siebziger Jahren, die Frage grundsätzlicher anzugehen, «inwieweit die zürcherische Staatsverfassung einer Anpassung an die wirtschaftliche, gesellschaftliche und bevölkerungsmässige Entwicklung der letzten Jahrzehnte bedarf», wie es in einem Vorstoss 1968 hiess. Auf den Staatsaufbau zielten die Stadtzürcher Sozialdemokraten Fritz Heeb und Otto Nauer im Oktober 1971 mit einer Motion, welche die «Bildung von Regionen mit Selbstverwaltungsorganen, die Übertragung von Gemeinde- und Bezirksverwaltungsaufgaben auf regionale Verwaltungen, die Abtretung kantonaler Aufgaben an Regionen» vorschlug. Ab 1972 befasste sich eine «Strukturkommission» unter dem Vorsitz des Juristen und späteren freisinnigen Ständerates Riccardo Jagmetti mit der Thematik.

Der umfangreiche Kommissionsbericht von 1978 registrierte sorgfältig den wirtschaftlichen und bevölkerungsmässigen Wandel sowie die Ausweitung staatlicher Funktionen und Aufgaben in den letzten Jahrzehnten. Während der Kanton unverändert in 171 Gemeinden gegliedert war, von denen 24 (Ende 1976) nicht einmal 500 Einwohner zählten, wuchsen zahlreiche Aufgaben der Gemeinwesen längst über die politischen Grenzen hinaus. Dies galt keineswegs nur für die Agglomeration Zürich. Die meistgewählte Lösung hiess vermehrte Zusammenarbeit über ein dichter werdendes Netz von Verträgen und Zweckverbänden, in denen sich jeweils eine bestimmte Zahl von Gemeinden zur Lösung einer Aufgabe freiwillig zusammenschlossen. Die Zahl und die Aufgabenbereiche derartiger Zweckverbände haben seit 1960 sprunghaft zugenommen.[34] Eine wachsende Zahl von Gemeinden beziehungsweise Vertreter von deren Exekutiven gehörten bald einmal einem halben Dutzend und mehr solcher Vereinigungen an. Die Strukturkommission konstatierte einen «Wildwuchs», ein «wirres Geflecht überkommunaler Zusammenschlüsse», «eine verkümmerte demokratische Ausgestaltung» mit enormen Koordinationsproblemen, angesichts deren aus «Stimmbürgern» zunehmend «Stummbürger» würden.[35] Ehemals von den Gemeinden oder privaten Haushalten bewältigte oder gänzlich neu entstehende Aufgaben wanderten «nach oben» und gingen an ein System halbstaatlicher Körperschaften über, die mehrheitlich regional tätig waren.

«So wandelt sich denn das Bild des zürcherischen Staatsaufbaus fortlaufend und tiefgreifend, oftmals aber recht wenig bemerkt.» Dies ein Fazit der Kommission, die mit optimistischem Schwung einen politischen Umbau vorschlug, der – so hoffte man – manche dieser Probleme lösen würde. Zentrales Element war die Schaffung einer politisch vollwertigen Regionalstufe mit Finanz- und Steuerhoheit und demokratisch gewählten Vertretungsorganen zwischen Kanton und Gemeinden, in der viele überkommunale Aufgaben zusammengefasst werden sollten. «Das führt nicht zu einem Substanzverlust für die Gemeinden», hielt der Bericht beschwichtigend fest. «Zwar wandeln sich zahlreiche früher kommunale Aufgaben zu regionalen oder kantonalen, aber es treten auch immer wieder neue Aufgaben hinzu, die am besten im lokalen Rahmen gelöst werden (vor allem im Bereich von Betreuung und Fürsorge, der Freizeitgestaltung und der kulturellen Einrichtungen).»[36]

Das Projekt, noch ganz ein Kind der planungsfreudigen frühen siebziger Jahre, hatte keine Chance. Regierung wie Kantonsrat mochten mehrheitlich nichts davon wissen, als 1978 die öffentliche Diskussion anlief. «Rund 170 Gemeindepräsidenten haben an diesem Vorschlag keine Freude gehabt», vermerkte ein Kommissionsmitglied ironisch.[37] Die Bildung politischer Regionen gefiel lediglich in der Stadt Zürich, von wo der Vorschlag ursprünglich ausgegangen war, bei der EVP, dem Landesring und teilweise bei der Sozialdemokratischen Partei.[38] Mit der Bildung einer politischen Region – so der Regierungsrat – würde man den staatlichen Aufbau mit seiner Dreiteilung zwischen Bund, Kanton und Gemeinden noch komplizierter gestalten, was der Erhöhung der politischen Transparenz sicher nicht förderlich sei. Auch sei der Kanton zu klein und zu einseitig strukturiert für die Schaffung einer weiteren Entscheidungsstufe: «Grob gesehen ist er eine Agglomeration mit Umgelände. Dies schafft Ausgleichsprobleme, die nicht durch Zersplitterung, sondern gemeinsam zu lösen sind.» Vollends skeptisch stimmte der Kommissionsvorschlag, aus dem hervorging, wie diese Regionen aussehen sollten, da sich dort unübersehbar die Region Zürich hervorhob, deren Grenzen sich eng an jene der Agglomeration anschlossen und die rund 70 Prozent der Kantonsbevölkerung umfasst hätte. Während man sich an diesem Stein des Anstosses rieb, der die politischen Verhältnisse im Kanton erheblich verändert hätte, fielen andere, stärker an die Bezirksorganisation anknüpfende Varianten unter den Tisch. Vergeblich mahnten einzelne Sprecher im Kantonsrat, dass mit der Abschreibung der zu weit führenden, politisch zur Zeit unrealisierbaren Vorschläge der Kommission auch die Probleme der Stadt Zürich erneut auf die lange Bank geschoben würden. Ein SP-Kantonsrat aus Wetzikon hielt fest: «Die Stadt Zürich kann, so wie es jetzt geht, auf die Dauer nicht weiterleben. Das ist ein Problem der Bevölkerungsstruktur, es ist ein Problem der Wirtschaft, es ist ein Problem des Verkehrs, es ist ein staatspolitisches Problem. (...) Der Kanton Zürich löst heute sein Jura-Problem nicht, und wir haben ein Jura-Problem. Es heisst Wasserkopf Zürich, Stadt und Agglomeration.»[39]

Das in jüngerer Zeit aufgekommene Geplänkel um die von Vertretern der Stadtzürcher Linken vorerst unverbindlich ins Gespräch geworfene Idee einer Aufteilung in zwei Halbkantone «Stadt» und «Land» zeugt von der nicht definierten Lage der Hauptstadt und ihrer Agglomeration innerhalb des Kantons. Wie um deutlich zu machen, dass ein solch radikaler Schnitt die Stadt Zürich lediglich mit ihren inneren Problemen allein lassen würde, tauchte als symptomatisches Ereignis der achtziger Jahre der ebensowenig realisierbare Vorschlag auf, das einstige Arbeiterquartier Aussersihl wieder aus der Stadt Zürich herauszulösen. War doch das Quartier verschiedentlich von der städtischen Mehrheit ebenso im Stich gelassen worden wie die Gesamtstadt ihrerseits von der kantonalen Mehrheit. Jüngst erhoben sich auch im eher bürgerlichen Höngg Stimmen für eine Ausgemeindung, politisch vorerst ebenso chancenlos wie die zuvor erwähnten Projekte, doch sinnfälliger Ausdruck einer Entwicklung, in der sich die Aufkündigung gemeinsamer Verantwortlichkeiten abzeichnet.

Was von den Projekten zur Strukturreform verblieb, war bescheiden: einige kleinere Schritte zur rechtlichen Fortbildung im Bereich der Zweckverbände; der Ausbau der regionalen Planungsvereinigungen im Planungs- und Baugesetz von 1975, das in Teilen noch ein Produkt der verblichenen Reformära darstellte. Als Erfolg auf tiefster Ebene mag die Aufteilung des Bezirks Zürich gelten, dessen Limmattaler Gemeinden 1985 zum Bezirk Dietikon verselbständigt wurden, während Zollikon in den Bezirk Meilen wechselte. Die Gemeindevertreter des Limmattals hatten in der Vernehmlassung zum Strukturbericht diesen Wunsch geäussert. Doch die Mehrheit im neu geschaffenen Bezirk hatte keine Freude an der neuen «Selbständigkeit»: Wo es um die Einsparung befürchteter administrativer Kosten ging, hätte man sehr gerne weiter dem Bezirk Zürich angehört. Eine zu diesem Zweck eingereichte Volksinitiative für die Aufhebung des eben erst geschaffenen Bezirks scheiterte im Frühling 1988 an der Weigerung der kantonalen Mehrheit, sich auf eine solche Schildbürgerei einzulassen.

## Stadt, Umwelt, Verkehr

Es kommt nicht häufig vor, dass die Freisinnige Partei der Stadt Zürich zur Strassendemonstration aufruft. Noch Jahre später erinnerte die «Neue Zürcher Zeitung» an den «geradezu dramatischen Höhepunkt» vom 4. Dezember 1963, als sich abends ein Fackelzug durch die Stadt bewegte.[40] Es ging um die Erhaltung des ehemaligen Dorfkerns von Fluntern, der einer vom Tiefbauamt geplanten mächtigen Verkehrsschneise weichen sollte.

Streit um das Fluntermer Ortszentrum 1963
Der sozialdemokratische alt Oberrichter Dr. Ludwig Frank (1894–1968) wunderte sich per Leserbrief im sozialdemokratischen «Volksrecht» über die Frontenbildung im Streit um die Erhaltung des alten Fluntermer Ortszentrums. «Merkwürdige Dinge spielen sich zurzeit in unserer Stadt Zürich ab: Freisinnige Behördemitglieder, also erklärte Vertreter des Kapitalismus und zur Mehrzahl Autofahrer, wenden sich gegen einen Spekulationsbau, in dem Mittel einer bekannten Grossfirma möglichst ertragreich angelegt werden sollen. Sie tun dies, weil das ehemalige Dorfzentrum von Fluntern im angeblichen Interesse des Strassenverkehrs in eine Steinwüste verwandelt und das heimelige alte Kirchlein, das ohnehin gegenüber dem Platz etwas tief liegt, durch den projektierten Steinkasten fast erdrückt würde. Auf der anderen Seite Sozialdemokraten – es sind trotz dem gegenteiligen Eindruck nicht die Sozialdemokraten – die sich heldenmütig auf die drei alten Häuser stürzen, um ihnen zugunsten der gut kapitalistischen Ausnützung der Quadratmeter und der nach ihrer Ansicht nur auf diesem Wege erreichbaren Verbesserung des Strassenverkehrs den Garaus zu machen. Das geht so weit, dass dem entsetzten Leser, der die im Streite liegenden Häuser nicht aus eigener Anschauung kennt (…), die Gebäude nicht von vorn, sondern nur von hinten gezeigt werden.»²

Statt die Häuser abzubrechen baute man nach 1963 den noch heute bestehenden Verkehrskreisel, wodurch die alten Bauten zwar erhalten blieben, aber nunmehr wie auf einer vom Verkehr umbrandeten Insel isoliert waren. Ein jüngst gemachter Vorschlag, die «Insel» durch Aufhebung eines Strassenteils wieder mit dem Quartier zu verbinden, scheint wenig Chancen zu haben: Das Tiefbauamt befand 1993, die dadurch bewirkte Halbierung der Verkehrskapazität schaffe unlösbare Probleme.

Vom Verkehr umbrandet: Das Ortszentrum Fluntern wurde zwar 1963 vor dem Abbruch bewahrt; die renovierten Bauten präsentieren sich wie neu, doch die Wohnlichkeit ist verlorengegangen.

In einer, wie es rückblickend hiess, «für die Entwicklung der Gedanken von Denkmalpflege und Heimatschutz entscheidend wichtigen Abstimmung» wurde der radikale Eingriff in das Zürichberg-Quartier zwei Tage später von 54,6 Prozent der Stimmenden verworfen. Die Sozialdemokratische Partei hatte sich, sekundiert vom «Volksrecht», für den Abbruch ausgesprochen: Die alten Häuser seien wahrhaftig nicht schutzwürdig, das «Dorfplatzbild» ohnehin kaum mehr vorhanden; es könne auch durch die Renovation einiger Abbruchobjekte nicht wiederhergestellt werden. Dem schlossen sich die Mittelständler der Bauern- und Gewerbepartei (BGB) an, während Landesring und PdA sich für Stimmfreigabe entschieden. Das Abstimmungsresultat zeigte, dass man in den linken Hochburgen von Wiedikon und Aussersihl (Kreise 3, 4, 5) sowie in Altstetten (Kreis 9) den Abbruch gutgeheissen hätte.

Der Konflikt um das Zentrum von Fluntern ist eines der frühen Beispiele, wo dem städteplanerischen Kahlschlag zugunsten von Verkehrsbauten Widerstand erwuchs. Es reiht sich ein unter eine Handvoll vergleichbarer Auseinandersetzungen, wo Fragen von Verkehr, Natur- oder Umweltschutz vor der Zeit zum Thema wurden. Gesamtschweizerische Wellen warf der Konflikt um Rheinau in den frühen fünfziger Jahren, als umweltpolitische Aktivisten mit einer eidgenössischen Volksinitiative vergeblich versuchten, den Stau des Rheins in einem der letzten noch unverbauten Stromabschnitte zu verhindern.[41] Gegen einen geplanten Autobahneinschnitt direkt vor ihrer Haustür, der das Quartier vom Waldrand abgeschnitten hätte, protestierten die Bewohnerinnen und Bewohner des Stadtrandquartiers Zürich-Wollishofen 1963.[42] Noch waren solche Aktionen Einzelfälle, bis sie im Zug des Umschwungs der öffentlichen Meinung zu Beginn der siebziger Jahre nahezu explosionsartig um sich griffen.

Entsprechende Aktivitäten gingen, wenn sie schon einmal stattfanden, anfänglich eher von konservativ-bürgerlicher Seite aus, was sich auch in den äusseren Formen des Protests zeigte: Versammlung in der Kirche, Absingen patriotischer Lieder, Fackelzug. Naturschützerisches Engagement vertrug sich problemlos mit zugespitzter Stadtfeindschaft oder heftiger Ablehnung des Frauenstimmrechts, wie etwa das Wirken des Rheinau-Aktivisten Walter Hildebrandt (1901–1990), Rechtsanwalt aus Bülach, veranschaulicht.[43] Das vereinzelte Aufflammen von Widerstand gegen die Pläne der

Verkehrs- und Energiewirtschaft stand im übrigen in keinem Verhältnis zur Härte der anstehenden Belastungen: Die verkehrs- und stadtplanerisch folgenreichste Tat der sechziger Jahre, der Bau von Hochleistungsstrassen mitten durch intakte, dichtbevölkerte Wohnquartiere der Stadt Zürich, weckte wenig Protest. Zum Teil mag dies damit zusammenhängen, dass in den betroffenen Quartieren eher die unteren Schichten und wenig verwurzelte Zuzüger zu Hause waren. Hinzu kam aber, dass dem Widerstand in solcher Umgebung die starken ideologischen Bilder fehlten, die sich mit dem ehemaligen Dorfkern oder einer «unversehrten» Flusslandschaft verbanden: «Heimat» war in so hohem Mass als ländlich und dörflich definiert worden, dass den Bewohnern innerstädtischer Gebiete der Rückgriff auf dieses Leitmotiv versperrt blieb.[44] Die Wohnquartiere und Bauten des späten 19. Jahrhunderts galten in keiner Weise als schutzwürdig. Sogar bedeutende Denkmäler wie der Zürcher Hauptbahnhof oder das Opernhaus standen längere Zeit auf der Liste abzubrechender Bauten. Die politische Linke aber vermochte weder Parolen noch symbolträchtige Bilder anzubieten, in deren Namen man der Automobilisierung der Gesellschaft hätte Widerstand leisten können. Es waren im Gegenteil öfter sozialdemokratische Bauvorstände, die mit besonderem Eifer an einem gesellschaftlichen Umbau wirkten, der als Inbegriff von «Fortschritt» galt.[45] Als in Aussersihl um 1965 ein schwaches Murren der dortigen SP-Sektion gegen die Westtangente aufkam, fehlte das Echo innerhalb der eigenen Partei. In Schwamendingen oder Wipkingen, Quartiere, denen – aus späterer Sicht – Unglaubliches zugemutet wurde, regte sich nichts.

Erst Anfang der sechziger Jahre dämmerte Planern und Behörden, dass ein Stadtzentrum von zürcherischen Dimensionen der rasend steigenden Flut der Automobile nie gewachsen sein würde. 1962 berief man den schon

Rituale der fünfziger Jahre: hier die Eröffnung der Weinlandbrücke im Mai 1958.

Kreuz und quer durch Zürich: In den frühen sechziger Jahren hatte man den anschwellenden Massenverkehr noch kaum im Griff.

erwähnten Hans Marti in die undankbare Stelle an der Spitze des neu geschaffenen Stadtplanungsamts, dem es aufgetragen war, wenigstens notdürftige Lösungen zur Kanalisierung der Verkehrsströme zu finden. Er zählte zu den wenigen, die seit den fünfziger Jahren immer wieder davor gewarnt hatten, den Verkehr einfach unbekümmert auf die Stadtzentren loszulassen, ohne sich über die Folgen Gedanken zu machen. Doch nun blieb auch ihm nicht viel anderes übrig, als im Vollzug der geschaffenen Sachzwänge die Fertigstellung der begonnenen Schnellstrassen («Westtangente») voranzutreiben. Neu war indessen, dass man von einer Aufwertung des öffentlichen Verkehrs zu sprechen begann, nachdem das Tram die Forderung der Automobilisten nach seiner Abschaffung in den fünfziger Jahren überlebt hatte.

Wie die Planungen sich im Lauf der Jahre auch entwickelten: ein Faktor tauchte praktisch nie darin auf, nämlich das Wohlbefinden der städtischen Wohnbevölkerung und die Auswirkungen des Verkehrs auf den öffentlichen Raum. Eine im Rückblick schwer nachvollziehbare Unterlassung, die damit zusammenhing, dass ein guter Teil der Probleme noch gar nicht wahrgenommen wurde. Dies galt auch für die Betroffenen in den am stärksten belasteten Quartieren, wie die meist überwältigende Zustimmung zeigt, welche Verkehrsvorlagen bis Ende der sechziger Jahre fanden. Da sich die Bevölkerung als derart fügsam erwies, vollzog sich die städtische Verkehrspolitik weitgehend im exklusiven Dreieck von Planern, Verwaltung und Wirtschaft. Die Mehrheit blickte derweil gebannt auf das Auto. Auch für all jene, die noch keines besassen, rückte die Realisierung des Wunschziels rasch näher. Motorisierte Mobilität und das Reisen erschienen geradezu als Sinnbild für Freiheit und Modernität. So auch andere Träume der sechziger Jahre, wie etwa das Wohnen im Hochhaus, das während kurzer Zeit populär war.

Zürich sollte Grossstadt werden. Die massgeblichen Meinungsmacher verschrieben sich dieser Vorstellung, nachdem noch bis weit in die fünfziger Jahre ein so «unschweizerisches» Ziel auf grösstes Misstrauen gestossen wäre. Ein Wirtschaftswachstum, dessen Grenzen ausser Sicht geraten waren, schien alles möglich zu machen, auch eine «Metropole Zürich», wie das verheissungsvolle Schlagwort Ende der sechziger Jahre lautete.

Dann aber geriet der sich auf breiter Front voranwälzende «Fortschritt» plötzlich aus dem Tritt. Innerhalb von kaum zwei Jahren, zwischen 1969 und 1971, schlug die Stimmung um; was gestern noch allgemein begrüsst oder zumindest passiv hingenommen worden war, geriet unter heftigen Beschuss. Wie bei einem Dammbruch befreite sich die zurückgehaltene Einsicht, dass wirtschaftliches Wachstum nicht nur Wohlstand und Komfort, sondern auch Kosten und Verluste verursachte. Die Risiken waren nicht neu; doch «entdeckte» man sie erst jetzt. Die Wende kündigte sich in kleinen Anzeichen an. Ende 1968 verwarfen die Winterthurer mit massiver Mehrheit den Bau eines Hochhauses für die Stadtverwaltung: Man wollte kein zweites Sulzer-Hochhaus. Im Herbst 1969 entbrannte in Zürich jäher Protest gegen eine vorgesehene Platzsanierung, der ein charakteristischer Punkt der Stadtlandschaft mitsamt seinem alten Baumbestand zum Opfer gebracht werden sollte (Stadelhofer Platz). Zwei Monate später entlud sich massiver Unmut gegen die zeitweilige Lieblingsidee des Stadtpräsidenten, eine Olympia-Bewerbung, mit der Zürichs weltstädtisches Prestige mitsamt dem Ruhm seiner Stadtväter einen krönenden Höhepunkt hätte erfahren sollen. Und vom Beginn des folgenden Jahres an traf massive Kritik ein Verkehrsprojekt nach dem anderen: Cityring, Expressstrassen-Ypsilon, Westtangente, Hechtplatzparkhaus, Hardplatzvorlage usw. wurden bekämpft. Das neugegründete Wochen-Magazin des Zürcher «Tages-Anzeigers» räumte der mehrheitlich jungen Opposition breiten Raum ein; das öffentliche Interesse an den kritischen Ideen war gross.

Für kurze Zeit machte sich Verunsicherung unter Planern, Politikern und Verwaltern breit. Es gab Ansätze, das Gespräch zu suchen. Stark waren aber auch die Tendenzen zur beharrlichen Verfolgung der alten Ziele: Die Kantonsregierung versuchte mit allen juristischen Kniffen, eine Volksabstimmung über das Expressstrassen-Ypsilon zu verhindern und mit einem vorzeitigen Baubeginn vollendete Tatsachen zu schaffen. Im übrigen sorgten alle Beteiligten – von den etablierten Kräften bis zur jungen Opposition – in unfreiwillig konzertierter Aktion dafür, dass die neuen Fragen um Verkehr, städtische Lebensqualität und Umwelt mit Windeseile in das alte Links-Rechts-Schema gepresst wurden. Aus der Perspektive von Regierung, Verwaltung und Wirtschaft legte man die Opposition im allgemeinen unter dem Titel «linke Subversion» ab, worauf diese prompt in das Bedrohungsszenario der Staatsschützer Einzug hielt.[46] Die Opposition interpretierte im

Olympia-Debakel als Wendepunkt: Die hochtrabende Propaganda der Befürworter von Olympischen Winterspielen in der Region Zürich/Schwyz reizte zum Widerstand gegen ein als masslos empfundenes Wachstumsprojekt. Mit ungewöhnlichen 78 Prozent Neinstimmen scheiterte die Vorlage, bei der erstmals in Zürich auch die Frauen stimmberechtigt waren.

Blockade 1986: Nur verzögernde Wirkung hatten die zahlreichen Versuche, den Schneisenschlag der N4 durch die Landschaft des Knonauer Amts zu verhindern.

Gegenzug die Verkehrsplanung getreu den Regeln des traditionellen Anti-Kapitalismus als blossen Schachzug zur Intensivierung von Ausbeutung und Unterdrückung. Dass die politische Linke jeglicher Färbung, ebenso wie die Mehrheit der Bevölkerung, bis kurz zuvor diese Planung begrüsst hatte, war keinen ernsthaften Gedanken mehr wert.

Die Rezession von 1974/75 liess die neue Thematik vorübergehend in den Hintergrund treten. Doch es gab kein Zurück mehr in die Zeiten des unbedenklichen Optimismus, als man allenfalls auftretende Probleme im Gefolge wirtschaftlichen Wachstums stets nur über weiteres Wachstum zu lösen hoffte. «Lebensqualität» hiess der Schlüsselbegriff, der sich mit dem Umbruch des Denkens in den frühen siebziger Jahren dauerhaft in den Köpfen festgesetzt hatte. An diesem Massstab haben sich seither Planungen zu messen, die Siedlung und Verkehr, Lärm und Lufthygiene tangieren. Oftmals wird in den daraus erwachsenden Interessenkonflikten das alte Stadt-Land-Muster sichtbar, das die politische Entwicklung und die öffentliche Meinung im Kanton Zürich über so weite Strecken geprägt hat. Während sich die bedrängte Bevölkerung innerstädtischer Bezirke der Verkehrsflut zu erwehren sucht, beharren Aussenquartiere und Vororte auf dem Recht, jederzeit im Verkehrsmittel eigener Wahl ihr Ziel zu erreichen und dort noch einen preiswerten Parkplatz vorzufinden. In abgelegenen Orten der ländlichen oder voralpinen Randgebiete hingegen bleibt das Auto ein Garant für die Öffnung nach aussen: ein Mittel, das durch die Überwindung von Isolation Lebensqualität eben gerade fördert und die Bewohnerschaft der Peripherie am Leben der Zentren teilhaben lässt.

Offener Ausgang

Rund ein halbes Jahrhundert ist vergangen seit dem Ende des Zweiten Weltkriegs. Wirft man einen Blick zurück auf die Fragen, die im Frühjahr 1945 als drängend und aktuell erlebt wurden, so scheint manches davon heute noch vertraut, anderes in die Ferne entrückt. Der Ausbau des Sozialstaats, eine Forderung der politischen Linken seit der Zwischenkriegszeit, gelang auf breiter Front, wenn auch die damit verbundenen Probleme im Detail stets Gegenstand politischer Auseinandersetzung blieben. Eine Demokratisierung der Wirtschaft, worauf die Sozialisten ebenfalls hofften, liess auf sich warten und ist seit langem aus der öffentlichen Debatte verschwunden.

Der Kanton Zürich bot am Ende des Kriegs, wie die Schweiz überhaupt, das Bild einer relativ überschaubaren sozialen Welt bei geklärten machtpolitischen Verhältnissen und hoher kultureller Abschottung nach aussen. Nie in diesem Jahrhundert lebten hierzulande so wenige Menschen ausländischer Abstammung, wie zwischen den späten dreissiger Jahren und 1950. Im Zeichen der äusseren Bedrohung und der Isolation hatte eine Angleichung der politisch-kulturellen Orientierungen stattgefunden, die weit über 1945 hinaus fortwirkte. Erst in den sechziger Jahren verblassten die alten Leitbilder und wichen neuer Vielfalt. Seither hat vor dem Hintergrund einer mächtigen Umwälzung der Bevölkerung eine breite Auffächerung der Lebensformen und Interessen stattgefunden. Von internationaler Weiträumigkeit sind die Ströme von Menschen, Waren und Ideen, die das kleine Territorium des alten Zürcher Staatswesens erfassen, auch wenn der Wandel für die betroffenen Menschen immer seine lokale Note behält.

Die Verhältnisse sind unübersichtlicher geworden, was nicht nur an mangelnder zeitlicher Distanz liegt: Unübersehbar ist, namentlich seit den sechziger Jahren, die Beschleunigung des Wandels, wodurch sich viele überfordert fühlen. Zentrale soziale und kulturelle Änderungen der letzten Jahrzehnte bleiben umstritten: die auf Gleichstellung zielenden Ansprüche der Frauen in Privatleben, Öffentlichkeit und Politik; die ökologische Kritik an der Verschwendung nicht erneuerbarer Ressourcen in der modernen Lebensweise; die Zuwanderung von Fremden, mit der seit den sechziger Jahren die noch fortlebende kulturelle Geschlossenheit einer konservativ-reformiert geprägten Lebensform aufbrach. In welche Richtung die Reise gehen soll, darüber herrscht Uneinigkeit wie schon lange nicht mehr. Die Abstimmung über den Beitritt der Schweiz zum «Europäischen Wirtschaftsraum» (EWR) von Ende 1992 liess die Gegensätze sichtbar hervortreten. Wie 1945 nach langen Jahren der Isolation die Grenzen wieder aufgingen, scheint auch heute die Revision alter Grenzen angesagt. Die zentralen Fragen der Zukunft, die sich um Energie und Umwelt, Verkehr und Migration drehen, sind nur noch grenzüberschreitend – europäisch oder weltweit – lösbar. Die sich daraus ergebenden Konflikte bestimmen unsere Gegenwart.

Von 1991 bis 1994 wurden im Zürcher Hauptbahnhof die Reisenden von der Brandmauer des besetzten Wohlgroth-Areals, einer stillgelegten Fabrik im Industriequartier, herab durch «Alles wird gut» und die ironisch-kritische Verfremdung der Ortstafel – «Zureich» – begrüsst.

# Zum Forschungsstand

Zu den stadt- und raumplanerischen Ideen der ersten Nachkriegsjahre findet sich einiges bei CAROL, Städte; MARTI, Zürich wird Grossstadt; REAL, Stadtplanung; als anschauliches frühes Beispiel siehe: Rolf Meyer, Ortsplanung in der Demokratie, gezeigt am Beispiel der Gemeinde Meilen, in: HEIMATSCHUTZ, Nr. 2/3, 1949; den Stand Anfang der sechziger Jahre stellt dar: Victor BATAILLARD, Die Regionalplanung. Ein Problem des Finanzausgleichs, dargestellt am Beispiel des Kantons Zürich, Zürich 1965; siehe ferner zahlreiche Ortsgeschichten, u.a. LAMPRECHT, Eglisau, S. 577ff.; MÜLLER, Illnau-Effretikon, S. 314ff.; OBER-ENGSTRINGEN; ferner diverse Berichte in den besonders gehaltvollen JAHRBÜCHERN VON VOLKETSWIL, so etwa 1976 (W. Büchi, Vom Dorf zur Stadt).

Einen Überblick über baurechtliche Veränderungen seit 1900 ohne tiefere Analyse gibt HORNBERGER, Stadtgestalt und Baugesetz; einen Teilaspekt behandelt LANG, Hochhaus; ein Kompendium stadtzürcherischen Planungswillens in den siebziger Jahren des 20. Jahrhunderts sind die Erhebungen von IBLHER, Städtische Entwicklungsalternativen, woraus die Vorschläge des sogenannten «Jürgensenberichts» hervorgingen: ENTWICKLUNGSKOORDINATION STADT ZÜRICH, hg. von Harald Jürgensen und Rudolf Koller, Bde. 1–4, Zürich 1972/73; ein anschauliches Bild der Tätigkeit einer Planungsvereinigung bei SPALTENSTEIN, Planen im Glattal; eine Fülle von Daten für den ganzen Kanton bieten der Bericht der Strukturkommission NEUBAU DES KANTONS sowie BRUGGER, Regionale Ungleichgewichte (Schwergewicht Zürcher Oberland); beide sind auch wertvoll für Fragen der unterschiedlichen Finanzkraft von Gemeinden sowie des Finanzausgleichs.

Eine Vorgeschichte der Konflikte um den Finanzausgleich bietet AKERET, Zweite Zürcher Eingemeindung; ein neuerer, sich um historische Fragen nicht kümmernder Überblick findet sich bei Richard FURRER, Der Finanzausgleich im Kanton Zürich, Zürich 1975; viel gehaltvoller KESSELRING, Finanzausgleich; siehe auch Ernst BUSCHOR u.a., Finanz- und Lastenausgleich im Kanton Zürich. Gutachten zuhanden des Regierungsrates, Bern 1993.

Zur Verkehrspolitik jetzt grundlegend BLANC, Stadt als Verkehrshindernis; lokale Fallstudien bei KRIESI, Bewegung in der Schweizer Politik, S. 178ff. (Konflikt um die Seestrasse in Richterswil); GESER, Gemeindepolitik (Bau- und Zonenfragen in Wallisellen); LAMPRECHT, Eglisau, S. 589ff. (Umfahrungsstrasse).

Aus der persönlichen Perspektive eines Beteiligten MOSSDORF, Unterwegs; eine wichtige Persönlichkeit der Nachkriegsplanung, der Architekt Hans Marti, wird porträtiert in: TAGES-ANZEIGER MAGAZIN Nr. 47, 1982; aufschlussreich die Erinnerungen des 1905 geborenen Max Werner, langjähriger Leiter der Regionalplanung, in: DISP, Nr. 96, Januar 1989; siehe auch DISP, Nr. 56, Januar 1980, diverse Erinnerungen Beteiligter zu den Anfängen der Raumplanung.

# Anmerkungen

[1] RAUMPLANUNG, Heft 8, Mai 1973, S. 1f.; Zitat Hans Marti, in: NZZ, Nr. 1482, 13.5.1961
[2] Siehe Entwurf zu einem Naturschutz-Gesamtkonzept, in: NZZ, 23.9.1992, S. 53
[3] Siehe BLANC, Stadt als Verkehrshindernis, S. 23f.
[4] CAROL, Städte, S. 101ff.
[5] Siehe beispielsweise Hans Marti, in: NZZ, 8.9.1961
[6] Zitat aus: René KÖNIG, Soziologie heute, Zürich 1949, S. 80; siehe auch: René KÖNIG, Leben im Widerspruch. Versuch einer intellektuellen Autobiographie, München 1980, S. 141; ausführlich zu Tätigkeit und Stellung Königs in Zürich demnächst ZÜRCHER, Anfänge der Soziologie
[7] DISP, Nr. 96, Januar 1989, S. 8
[8] AKERET, Zweite Zürcher Eingemeindung, S. 184; BECK, Stadt und Land, S. 53f.
[9] Detailliert hierzu ZÜRCHER, Anfänge der Soziologie
[10] DISP, Nr. 96, Januar 1989, S. 8
[11] Es gibt bisher keine historische Darstellung der Entwicklung im Bau- und Planungswesen. Zahlreiche Hinweise bei BRUGGER, Regionale Ungleichgewichte
[12] PROTOKOLL DES KANTONSRATES, 1955–1959, Bd. 1, S. 82ff.; Motion Wolfermann, S. 88ff.; die im folgenden erwähnte Motion Grossmann, S. 144ff.
[13] Siehe Victor BATAILLARD, Die Regionalplanung. Ein Problem des Finanzausgleichs, dargestellt am Beispiel des Kantons Zürich, Zürich 1965, S. 21, Zitat aus dem Expertenbericht; BRUGGER, Regionale Ungleichgewichte, S. 785
[14] DISP, Nr. 56, Januar 1980, S. 37
[15] BERICHT UND ANTRAG des Regierungsrates zu den Motionen Nr. 868 und 870 betr. Regionalplanung, vom 12. Mai 1960, Zitat S. 13f.
[16] NZZ, Nr. 4497, 26.11.1961; Hans Marti, in: NZZ, Nr. 4061, 20.11.1960
[17] NZZ, Nr. 4497, 26.11.1961, Ziele und Methoden der Zürcher Regionalplanung
[18] SCHLUSSBERICHT DER KOMMISSION FÜR DIE REFORM DES ZÜRCHERISCHEN BODENRECHTS, Zürich 1973, S. 26, bei BRUGGER, Regionale Ungleichgewichte, S. 791
[19] Die beste Darstellung einer solchen Planungsvereinigung findet sich bei SPALTENSTEIN, Planen im Glattal
[20] BRUGGER, Regionale Ungleichgewichte, S. 858f.
[21] Volksrecht, 15.5.1984
[22] Zitiert bei BRUGGER, Regionale Ungleichgewichte, Anmerkung 2, S. 465
[23] NZZ, 12./13.2.1992, S. 53, mit anschaulichen Beispielen aus der Agglomeration Winterthur
[24] MOSSDORF, Unterwegs, S. 393
[25] Zitate NZZ, 8.9.1975; 3.9.1975
[26] Vom Jahrhundertwerk spricht Klaus Hagmann, langjähriger Vizechef des Amtes für Raumplanung (NZZ, 30.10.1992, S. 57).
[27] Zitiert bei AKERET, Zweite Zürcher Eingemeindung, S. 202
[28] AKERET, Zweite Zürcher Eingemeindung, S. 87
[29] Ein Überblick bei: Richard FURRER, Der Finanzausgleich im Kanton Zürich, Diss. Zürich 1975, S. 221ff.
[30] StAZ III Fa 1, 3, Regierungsrat an Stadtrat Zürich, 25.11.1937
[31] FURRER (wie Anmerkung 29), S. 223
[32] Siehe KESSELRING, Finanzausgleich, S. 129ff., zur gezielten Ausgabenerhöhung in reichen Gemeinden, um einem allzu tiefen Steuerfuss und damit dem Ruf nach weiteren Umverteilungsmassnahmen vorzubeugen.
[33] Ernst BUSCHOR u.a., Finanz- und Lastenausgleich im Kanton Zürich. Gutachten zuhanden des Regierungsrates, Bern 1993, S. 77
[34] Eine Skizze der Entwicklung seit Jahrhundertanfang in: SBZ 1971, Heft 1, S. 1ff.; 1960 gab es 59, 1991 schon 175 Zweckverbände.
[35] NEUBAU DES KANTONS, S. 59ff.
[36] NEUBAU DES KANTONS, S. 18
[37] Hans R. Rüegg, in: DISP, Nr. 55, Oktober 1979, S. 14
[38] StAZ III Fa 1, 3, Bericht und Antrag des Regierungsrates, 5. Juli 1978
[39] PROTOKOLL DES KANTONSRATES, 26.11.1979, S. 1813f.
[40] Siehe rückblickende Artikel in: NZZ, Nr. 441, 21.9.1972, S. 17; Nr. 190, 26.3.1969, S. 27
[41] Hierzu ausführlich SCHAEPPI, Rheinau
[42] Hierzu siehe für den ganzen folgenden Abschnitt zentrale Dissertation: BLANC, Stadt als Verkehrshindernis, S. 108f.
[43] Zahlreiche Hinweise auf diese farbige Persönlichkeit bei SCHAEPPI, Rheinau; siehe auch Hildebrandts anonyme Schrift RUSTICUS QUIDAM, Die

letzten Wege zur Erhaltung der Zürcher Landschaft, Sonderdruck aus: Schweizer Monatshefte 1948, Heft 10; ebenso die von ihm verfasste Ortsgeschichte von Bülach, die seine Haltung zum Frauenstimmrecht wiedergibt.

44 Diese Überlegung in Anlehnung an BLANC, Stadt als Verkehrshindernis, S. 125

45 Zu den wechselnden Fortschrittsperspektiven der Linken siehe Felix Müller und Jakob Tanner, «... im hoffnungsvolleren Licht einer besseren Zukunft.» Zur Geschichte der Fortschrittsidee in der schweizerischen Arbeiterbewegung, in: SOLIDARITÄT, WIDERSPRUCH, BEWEGUNG. 100 Jahre SP Schweiz, Zürich 1988.

46 Zahlreiche Hinweise in STAATSSCHUTZ DER STADT ZÜRICH

Randspalten S. 461, 472:
1 NZZ, Nr. 104, 16.1.1949
2 VOLKSRECHT, 7.12.1963

# Zeittafel

Josef Gisler

| | Die Schweiz | Der Kanton Zürich |
|---|---|---|
| **1759** | Ökonomische Gesellschaft in Bern | Ökonomische Kommission |
| **1760** | | Ab 1760: Anbau von neuen Kulturpflanzen (Kunstfutterarten, Kartoffeln) |
| **1761** | Helvetische Gesellschaft | Musterbauer Kleinjogg Guyer |
| **1771/1772** | | Hungerkrisen |
| **1775, 1779** | Goethes Schweizer Reisen | |
| **1777** | Allianz der Eidgenossen mit Frankreich | |
| **1780** | | «Zürcher Zeitung» (ab 1821 «Neue Zürcher Zeitung») |
| **1782** | Repräsentative Republik in Genf von der Aristokratie mit Hilfe von Bern und Frankreich militärisch unterdrückt | |
| **1783** | Erste Spinnereiversuche in Appenzell | |
| **1787** | | In exportorientierter Baumwollverarbeitung arbeiten 42 275 Personen (26,5% der Gesamtbevölkerung); 5 400 Personen sind im Seidengewerbe tätig |
| **1791** | | Das Grosse Strassenbaumandat erwähnt Kunststrassen mit einer Länge von bloss 66 km |
| **1790–1798** | Unruhen unter dem Einfluss der Französischen Revolution | |
| **1794/1795** | | Stäfner Handel |
| **1797** | Das Veltlin kommt zur Cisalpinischen Republik<br>Letzte eidgenössische Tagsatzung | |
| **1798** | Lemanische Republik in der Waadt; Basel befreit Untertanen; Einmarsch der Franzosen; Helvetische Republik; Allianz mit Frankreich Helvetische Verfassung verkündet die Gleichheit aller Bürger, die Handels- und Gewerbefreiheit und die Befreiung des Bodens von feudalen Grundlasten | Zürcher Rat proklamiert die Rechtsgleichheit von Stadt und Land; revolutionäre Komitees am See verlangen die Abdankung der städtischen Machthaber Zentralistische Behörden unter Regierungsstatthalter J.C. Pfenninger aus Stäfa übernehmen die Kantonsverwaltung; Zürich wird am 26.4. von französischen Truppen besetzt |
| **1799** | | Zürich wird Schauplatz der napoleonischen Kriege |
| **1800** | Staatsstreiche durch helvetische Räte (Republikaner) | Statthalter Pfenninger wird durch den Stadtzürcher J.C. Ulrich ersetzt; das Ablösungsgesetz der Feudallasten von 1798 wird fallengelassen |
| **1801** | Mit staatlicher Hilfe wird die erste mechanische Spinnerei in St. Gallen eingerichtet | Zehntbezug mit Gewalt durchgesetzt |
| **1802** | Giesserei G. Fischer, Schaffhausen<br>Weitere Staatsstreiche, Abzug der Franzosen | Zürich wird von helvetischen Truppen belagert Mechanische Spinnerei Hard in Wülflingen |
| **1803** | Mediationsverfassung durch Napoleon; neue Kantone | Mediationsakte setzt Kantonsgrenzen definitiv fest; wiederum politische Vorherrschaft der Stadt Zürich Die Stadt Zürich zählt 11 000, die Landschaft Zürich 182 000 Einwohnerinnen und Einwohner |
| **1804** | F. Schiller: Wilhelm Tell | Das (1782 gegründete) Medizinal-chirurgische Institut wird zur kantonalen Lehranstalt<br>Bockenkrieg<br>Neue Militärordnung; Landjägerkorps |
| **1805** | Neuenburg fällt an Frankreich (bis 1813) | Die (1799 gegründete) Hülfsgesellschaft richtet eine Sparkasse ein<br>Verschärfte Zensur<br>Spinnerei Escher, Wyss & Co. in Zürich |
| **1807** | | Politisches Institut (juristische Fachausbildung) Beginn der Linthkorrektion |
| **1808** | | Gründung zahlreicher Spinnereien auf der Zürcher Landschaft |
| **1809** | Von Roll Metallwerke, Gerlafingen | |
| **1810** | Das Wallis wird französisches Département Schweizerische Gemeinnützige Gesellschaft | Kantonale Ärztegesellschaft<br>Der Pfarrerssohn H.G. Nägeli aus Wetzikon gründet in Zürich den ersten Männerchor |
| **1813** | Aufhebung der Mediationsverfassung | |
| **1814–1815** | «Lange Tagsatzung» in Zürich; Anerkennung der «immerwährenden Neutralität» durch die Mächte; Bundesvertrag der 22 Kantone; das Veltlin geht verloren; der Jura kommt zu Bern | Nach der Aufhebung der Kontinentalsperre bricht die Handspinnerei bis 1820 zusammen; auch die Maschinenspinnerei gerät in Schwierigkeiten |

| | **Die Schweiz** | **Der Kanton Zürich** |
|---|---|---|
| 1815 | | Konservative Restauration |
| | | Gesetz über Kinderarbeit |
| 1815–1830 | Restauration | |
| 1816 | | Spinnereiunternehmer verlagern Produktionsstätten zunehmend an Flussläufe (Antriebskraft) |
| 1816/1817 | | Hungerkrisen |
| 1818 | | Erste chemische Fabrik der Schweiz in Uetikon |
| 1823 | Erstes Dampfschiff auf dem Genfersee (Guillaume Tell) | |
| 1824 | Erstes Eidgenössisches Schützenfest, Aarau | |
| 1825 | | Erste mechanische Feinspinnerei: Rieter, Niedertöss |
| 1827 | | Strasse ins Knonauer Amt wird neu angelegt |
| | | Erste mechanische Florettseidenspinnerei Eichthal bei Hombrechtikon |
| 1829 | | Pressefreiheit |
| | | Gemeinnützige Gesellschaft des Kantons Zürich |
| 1830 | | Erstes Schweizerisches Musikfest, Winterthur |
| | | Erste Maschinenweberei in Adliswil |
| | | Eine Volksversammlung in Uster fordert liberale Reformen, Neuwahlen und eine neue Verfassung |
| | | Aufhebung des städtischen Verlagsmonopols in der Seidenindustrie führt zu zahlreichen Gründungen von Seidenfirmen beidseits des Zürichsees und im Knonauer Amt |
| 1830–1848 | Regeneration; liberale Verfassungen in einigen Kantonen | |
| 1831 | | Liberale Kantonsverfassung |
| 1832 | Siebnerkonkordat der liberalen Kantone | Neuerungen im Unterrichtswesen (obligatorischer Schulunterricht) |
| | Sarnerbund der konservativen Kantone | Antiquarische Gesellschaft in Zürich |
| | Teilung Basels | «Maschinensturm» von Uster |
| 1833 | | Universität Zürich; Kantonsschule in Zürich |
| | | Strassenbaugesetz (bis 1849 werden über 500 km Strassen gebaut) |
| | | Aufhebung der Zünfte |
| | | Erstes Theater («Actientheater») in Zürich |
| 1834 | | Abbruch der Schanzen in Zürich |
| | | Giesserei Sulzer, Winterthur |
| | | Eidgenössisches Schützenfest in Zürich |
| 1835 | | Strafgesetzbuch |
| | | Abbau der Binnenzölle und Weggelder |
| | | Raddampfer «Minerva» auf dem Zürichsee |
| 1836 | | «Landbote» in Winterthur gegründet |
| | | «Bank in Zürich» |
| 1837 | | Kinderschutzgesetzgebung |
| 1838 | Grütliverein in Genf gegründet | Erster gemeinsam durchgeführter Sechseläutenumzug aller Zünfte der Stadt Zürich |
| | | Eröffnung des Posthofes in Zürich |
| 1839 | | Escher, Wyss & Co. baut erste Dampfmaschine |
| | | «Züriputsch» |
| 1841 | Aargauer Klosterstreit | In Schwamendingen protestieren 20 000 Leute gegen die klosterfreundliche Politik der Regierung |
| 1842 | | Kantonsspital in Zürich |
| | | Industrieverein |
| | | Landwirtschaftlicher Kantonalverein |
| 1843 | Erstes Gaswerk der Schweiz in Bern | W. Weitling verbreitet frühsozialistische Ideen |
| | | Eidgenössisches Sängerfest in Zürich |
| 1844 | Erster Bahnhof der Schweiz in Basel | Alfred Escher in den Grossen Rat gewählt |
| | Berufung der Jesuiten nach Luzern | |
| 1844/1845 | Freischarenzüge | |
| 1845 | Bildung des Sonderbunds | Liberale Mehrheit im Regierungsrat |
| 1845/1846 | Radikale Regierungen in der Waadt, Genf, Zürich und Bern | (1845–1855) Höhepunkt der Massenarmut; v.a. betroffen sind die Heimindustriegemeinden des Oberlands |

|  | **Die Schweiz** | **Der Kanton Zürich** |
|---|---|---|
| **1845** |  | J.J. Treichler entwirft ein sozialreformerisches Programm |
| **1846** | Erste gesetzliche Beschränkung der Arbeitszeit in Glarus<br>Ernährungskrise und Teuerung (1846/1847);<br>Höhepunkt der Massenauswanderung seit 1840 | Definitive liberale Mehrheit im Grossen Rat; der Winterthurer Jonas Furrer wird Regierungspräsident<br>Zürcher Sektion des Grütlivereins<br>Gesetz gegen kommunistische Umtriebe |
| **1847** | Sonderbundskrieg; Ausweisung der Jesuiten | Erste schweizerische Bahnstrecke Zürich–Baden |
| **1848** | Bundesverfassung; repräsentative Demokratie; Wahl des Nationalrats durch das Volk<br>Neuenburg wird Republik | 1848–1869 Ära Alfred Escher |
| **1849** | Bundesgesetz über das Post- und Zollwesen |  |
| **1850** | Bundesgesetz über die Militärorganisation<br>Münzreform (neuer Schweizer Franken)<br>Erste Börse der Schweiz in Genf | J.J. Treichler wird in den Grossen Rat, 1851 in den Nationalrat gewählt |
| **1851** | Erste Telephonlinie<br>Bally; erstes Grossunternehmen der Schuhindustrie | Karl Bürkli und J.J. Treichler gründen den Zürcher Konsumverein |
| **1852** | Eisenbahngesetz bringt privaten Eisenbahnbau | Aufnahme des Telegraphenverkehrs |
| **1853** |  | Gründung der Nordostbahngesellschaft<br>Landwirtschaftliche Schule Strickhof in Zürich |
| **1854** |  | Eidgenössisches Polytechnikum Zürich<br>Seidenindustriegesellschaft |
| **1855** |  | Börsenverein (Zürcher Handelskammer)<br>Bahnstrecken Romanshorn–Winterthur und Winterthur–Oerlikon |
| **1856** | Neuenburger Konflikt | Schweizerische Kreditanstalt<br>Wipkinger Tunnel<br>Bahnstrecke Wallisellen–Uster (bis 1859 nach Wetzikon–Rapperswil verlängert) |
| **1857** | Schweizerische Lebensversicherungs- und Rentenanstalt | Bahnstrecke Winterthur–Schaffhausen |
| **1859** | Verbot der fremden Kriegsdienste | Fabrikgesetz bringt nur geringfügige Verbesserungen: Kinder höchstens 13 Arbeitsstunden<br>Gesetzesrevision der Volksschule bringt keinen Ausbau der Schulpflicht; Hauswirtschaftsunterricht für Mädchen obligatorisch |
| **1860** | «Savoyer Handel» mit Frankreich |  |
| **1861** | Erste gesamtschweizerische Volkszählung<br>Schweizerischer Juristenverein<br>Beginn der demokratischen Bewegung gegen die Vorherrschaft des Freisinns | Gottfried Keller wird Staatsschreiber in Zürich<br>Erste mechanische Webstühle für die Seidenweberei durch die Maschinenfabrik Rüti |
| **1862** |  | «Bank in Winterthur», woraus 1912 die Schweizerische Bankgesellschaft hervorgeht<br>Erstes Hallenbad der Schweiz in Winterthur |
| **1863** | Schweizerischer Landwirtschaftlicher Verein<br>Internationales Komitee vom Roten Kreuz |  |
| **1864** | Ciba in Basel-Stadt | Bahnstrecke Zürich–Luzern durchs Knonauer Amt |
| **1865** |  | Bülach und Dielsdorf erhalten Bahnanschluss<br>Baubeginn der Arbeitersiedlung in Töss<br>Typhusepidemie in Zürich |
| **1866** | Teilrevision der Bundesverfassung: Gleichberechtigung der Juden<br>Kongress der «Ersten Internationalen» in Genf | Der Winterthurer Stadtpräsident J.J. Sulzer wird Nationalrat der demokratischen Opposition (Winterthur Zentrum der demokratischen Bewegung) |
| **1867** | Nestlé, Vevey | (Sommer) Choleraepidemie in Zürich und Umgebung<br>An Volksversammlungen in Uster, Winterthur, Zürich und Bülach werden ein Ausbau der Volksrechte (Gesetzesinitiative und Referendum) und soziale Reformen gefordert<br>Sektion der «Ersten Internationalen» in Zürich<br>Erste Medizinstudentin an der Universität Zürich |
| **1868** |  | Allgemeiner Arbeiterverein Zürich<br>Einführung der zentralen Wasserversorgung<br>Plebiszit um eine Totalrevision der Kantonsverfassung; im neu gewählten Verfassungsrat klare demokratische Mehrheit |

|      | **Die Schweiz** | **Der Kanton Zürich** |
|------|-----------------|------------------------|
| 1869 | Schweizerische Volksbank | (18.4.) Annahme der heute noch gültigen Verfassung mit direktdemokratischen Elementen (Gesetzesinitiative und -referendum, Finanzreferendum und Volkswahl von Regierungs- und Ständeräten); Entschädigung für Kantonsräte; unentgeltliche Volksschule; Gründung der Kantonalbank; die Forderungen von Frauengruppen (politische und rechtliche Gleichstellung) werden nicht erfüllt<br>Stadthaus Winterthur |
| 1870 | Schweizerischer Handels- und Industrieverein (Vorort)<br>Grenzbesetzung während deutsch-französischem Krieg | Altes Stadtgebiet Zürichs zählt 20 000 Einwohnerinnen und Einwohner<br>Herman Greulich redigiert die neugegründete sozialdemokratische «Tagwacht»<br>Die «Dampfschiffgesellschaft für den Zürichsee» transportiert in diesem Jahr eine Million Passagiere |
| 1871 | Internierung der Bourbaki-Armee<br>Gotthardbahn-Gesellschaft gegründet | «Tonhallekrawall»<br>Schweizerische Lokomotiv- und Maschinenfabrik Winterthur |
| 1872 | Neues Eisenbahngesetz bringt stärkeren Einfluss des Bundes<br>Basler (später Schweizerischer) Bankverein<br>Revision des Glarner Fabrikgesetzes (11-Stunden-Tag) | «Aktienbauverein» zur Erstellung gemeinnütziger Wohnhäuser in Zürich<br>«Gesellschaft für Erstellung billiger Wohnhäuser in Winterthur» |
| 1873 | Ausbruch des «Kulturkampfs»<br>Schweizerischer Kaufmännischer Verein | Altkatholische Kirchgemeinde in Zürich |
| 1874 | Totalrevision der Bundesverfassung; Handels- und Gewerbefreiheit; Glaubens- und Gewissensfreiheit; Niederlassungs- und Vereinsfreiheit; fakultatives Referendum | Romtreue Katholiken beziehen die Armleutekirche St. Peter und Paul in Aussersihl |
| 1875 | Bundesgericht in Lausanne<br>Einführung des metrischen Systems | «Nationalbahn» gegründet<br>Linksufrige Zürichseebahn |
| 1876 | «Grosse Depression»; Wirtschaftskrise bis in die neunziger Jahre | Militärkaserne in Aussersihl<br>Werkzeug- und Maschinenfabrik Oerlikon |
| 1877 | Fabrikgesetz hebt Altersgrenze für Kinderarbeit auf das 14. Lebensjahr an; maximale Arbeitszeit 11 Stunden; Nachtarbeitsverbot für Frauen | |
| 1878 | | Bundesgericht liquidiert die «Nationalbahn»; diese wird von der «Nordostbahn» übernommen<br>Vertrag zwischen Zürich, Riesbach und Enge zum Bau der Quaianlagen<br>Liberale erringen wieder Mehrheit im Kantonsrat |
| 1879 | Schweizerischer Gewerbeverband | Demokraten verlieren Mehrheit im Regierungsrat |
| 1880 | Schweizerischer Gewerkschaftsbund | Aufnahme des öffentlichen Telephonverkehrs in Zürich<br>Frauenfachschule Zürich |
| 1882 | Gotthardbahn eröffnet | Erste Strassenbahn in Zürich («Rösslitram») |
| 1883 | Verein Schweizerischer Maschinenindustrieller (VSM) | Erste Schweizerische Landesausstellung in Zürich |
| 1884 | 1884/1888 Höhepunkte der Massenauswanderung | Neue Quaibrücke in Zürich |
| 1885 | | Höhere Töchterschule in Zürich |
| 1886 | Sandoz in Basel-Stadt | Verband ostschweizerischer landwirtschaftlicher Genossenschaften (VOLG)<br>Erste Fertigsuppe von Julius Maggi, Kemptthal |
| 1887 | Zweiter Schweizerischer Arbeiterbund mit ständigem Arbeitersekretär | Neue Quaianlage in Zürich<br>«Frauenbund zur Hebung der Sittlichkeit» |
| 1888 | Schweizerischer Gemeinnütziger Frauenverein<br>Endgültige Gründung der SPS | Der Kanton Zürich zählt 337 183 Einwohnerinnen und Einwohner<br>Frauenfachschule Winterthur |
| 1889 | «Wohlgemut Handel» mit Deutschem Reich<br>Schaffung der Bundesanwaltschaft, der die (1888 gegründete) Politische Polizei unterstellt wird | |
| 1890 | 1. Mai erstmals als Kampf- und Feiertag begangen<br>Verband schweizerischer Konsumvereine<br>Schweizerischer Arbeiterinnenverband<br>Erster Sozialdemokrat im Nationalrat | Interkantonale Versuchsanstalt und Schule für Obst-, Wein- und Gartenbau in Wädenswil<br>Altes Stadtgebiet Zürichs zählt 28 000 Einwohnerinnen und Einwohner |
| 1891 | Erster katholisch-konservativer Bundesrat | Neues Stadttheater (ab 1964: Opernhaus) |

|  | **Die Schweiz** | **Der Kanton Zürich** |
|---|---|---|
| **1891** | 600-Jahr-Feier der Eidgenossenschaft; seither Bundesfeier jeweils am 1. August<br>Einführung der Verfassungsinitiative<br>Brown, Boveri & Co., Baden | Bauernbünde |
| **1892** |  | Erster Sozialdemokrat im Zürcher Stadtrat |
| **1893** | Landwirtschaftsgesetz<br>«Käfigturmkrawall» in Bern<br>Liberale Partei (Zentrum) | Erste Eingemeindung von elf Vorortsgemeinden in Zürich; 1894 zählt Gross-Zürich 121 000 Einwohnerinnen und Einwohner<br>«Tages-Anzeiger für Stadt und Kanton Zürich» |
| **1894** | Freisinnnig-Demokratische Partei (FDP)<br>Erste Katholische Volkspartei<br>Bundesgesetz gegen Propaganda der Anarchisten<br>Hoffmann-La Roche, Basel-Stadt | Aussersihl zählt 31 000 Einwohner (um 1800: 700)<br>Rechtsufrige Zürichseebahn<br>«Frauenverein für Mässigkeit und Volkswohl» |
| **1896** | Erster schweizerischer Kongress für die Interessen der Frau in Genf | «Union für Frauenbestrebungen»<br>«Italienerkrawall» in Zürich-Aussersihl |
| **1897** | Schweizerischer Bauernverband | Erstmals ein Grütlianer im Regierungsrat<br>Streik der Angestellten der Nordostbahn<br>Übernahme und Elektrifizierung des «Rösslitrams» |
| **1898** | Erste elektrische Lokomotive in Betrieb<br>Schweizerisches Bauernsekretariat in Brugg<br>Gesetz über Rückkauf der Eisenbahnen | Schweizerisches Landesmuseum in Zürich |
| **1900** | Bund Schweizerischer Frauenvereine | 19,2 % der Bevölkerung ist in der Landwirtschaft tätig |
| **1901** | «Solothurner Hochzeit» der Grütlianer und der Sozialdemokraten |  |
| **1902** | SBB nehmen Betrieb auf |  |
| **1903** |  | 1903–1919 Amtshäuser in Zürich |
| **1904** | SPS gibt sich marxistisch ausgerichtetes Programm |  |
| **1905** | Erste eidgenössische Betriebszählung | Staatsschutzdebatte im Kantonsrat<br>«Bürgerverband» |
| **1906** |  | Streik in der Automobilfirma Arbenz, Albisrieden |
| **1907** | Zivilgesetzbuch (tritt 1912 in Kraft)<br>Schweizerische Nationalbank |  |
| **1908** | Zentralverband schweizerischer Arbeitgeberorganisationen | Beginn des kommunalen Wohnungsbaus in der Stadt Zürich (Limmat I) |
| **1909** | Schweizerischer Verband für Frauenstimmrecht |  |
| **1910** | Beginn der Luftfahrt in der Schweiz (erster Flugplatz: Dübendorf) | Der Kanton Zürich zählt 503 915 Einwohnerinnen und Einwohner<br>Kunsthaus Zürich; Volkshaus Zürich |
| **1912** | Kaiser Wilhelm II. in der Schweiz<br>Internationaler Sozialistenkongress in Basel<br>Katholisch-Konservative Volkspartei<br>Bundesgesetz über Kranken- und Unfallversicherung | Zürcher Generalstreik |
| **1913** |  | Proporz für das Stadtzürcher Parlament eingeführt |
| **1914** | Schweizerische Landesausstellung in Bern<br>Ausbruch des Ersten Weltkriegs; Generalmobilmachung |  |
| **1915/1916** | Konferenzen von Zimmerwald und Kiental | Städtebauwettbewerb «Gross-Zürich» (1915–1918) |
| **1916** |  | «Cabaret Voltaire»<br>Lenin in Zürich (bis 1917) |
| **1917** | Arbeitskämpfe stärken die Gewerkschaften<br>Rationierung der Lebensmittel | Zürcherische Bauernpartei<br>Novemberunruhen in Zürich<br>(Juli) Proportionalwahl im Kanton eingeführt; die Sozialisten stärkste Fraktion im Kantonsparlament |
| **1918** | (Juni) landesweit zählt man 692000 notstandsberechtigte Personen<br>(Juli) BGB im Kanton Bern<br>Schweizerischer Bankpersonalverband<br>Grippeepidemie (Spanische Grippe)<br>(Oktober) Annahme der Initiative auf Proporzwahl des Nationalrats<br>(7.11.) Das Oltener Komitee ruft in Bern zu einem Proteststreik (9.11.) auf<br>(8.11.) Truppenverlegung nach Bern | (Juni) Hungerdemonstration von Frauen vor dem Zürcher Rathaus; eine Frauenabordnung erhält Zutritt und richtet sich an die Kantonsräte<br>(30.9. und 1.10.) Streik der Zürcher Bankangestellten; Arbeiterunion solidarisiert sich und ruft den städtischen Generalstreik aus; der Bundesrat bietet Truppen nach Zürich auf; die Stadt Zürich bleibt bis Juni 1919 militärisch besetzt<br>(9.11.) Der Stadtzürcher Arbeiterunion ist das Vorgehen des Oltener Komitees zu zaghaft; sie beschliesst, den |

|  | **Die Schweiz** | **Der Kanton Zürich** |
|---|---|---|
| 1918 | Das Oltener Komitee ruft zum unbefristeten Landesstreik auf; der Bundesrat fordert den bedingungslosen Abbruch des Streiks; das Oltener Komitee kapituliert vor der mobilisierten Armee<br>Vereinigung Schweizerischer Angestelltenverbände (VSA)<br>Schweizerische Unfallversicherungsanstalt | Streik weiterzuführen; das kantonale Gewerkschaftskartell schliesst sich dem an<br>(12. bis 14.11.) Der Landesstreik wird in Zürich und Winterthur strikt befolgt<br>Bei Kriegsende ist ein Viertel der Stadtzürcher Bevölkerung notstandsberechtigt (Notstandsunterstützung)<br>Wohnungsnot zwingt zu Notstandsmassnahmen |
| 1919 | Erste Flugpostlinie Zürich/Dübendorf–Genf<br>Landesstreik-Prozess<br>Einführung der 48-Stunden-Woche<br>Schweizerischer Vaterländischer Verband<br>Landesverband freier Schweizer Arbeiter<br><br><br>Nationalratswahlen (Proporz): der Freisinn verliert seine Mehrheitsstellung (seit 1848)<br>Katholisch-Konservative erhalten zweiten Sitz im Bundesrat<br>Evangelische Volkspartei der Schweiz (EVP) | Luftfahrtgesellschaft «Ad Astra»<br>Rekordergebnis der SP bei Stadtzürcher Parlamentswahlen (60 von 125 Sitzen)<br>Kantonale Vorlage über die Eingemeindung in Winterthur angenommen<br>Generalstreik in Zürich (und Basel)<br>In Winterthur verpasst die Linke die Mehrheit im Stadtparlament um einen Sitz<br>Stadtzürcher Finanzkrise<br>Schaffung eines Kantonalen Jugendamtes |
| 1920 | Beitritt zum Völkerbund<br><br>Wiederherstellung der Nuntiatur<br>Gesellschaft der Schweizer Freunde der USA (zur Verbreitung amerikanischer Rationalisierungsmethoden)<br>Schweizerischer Verband evangelischer Arbeiter und Angestellter (VSEA)<br>Eidgenössisches Arbeitsamt (ab 1930: BIGA) | Bauernpartei erhält zweiten Sitz in Regierung<br>Hochverzinsliche Anleihe der Stadt Zürich in den Vereinigten Staaten<br>Volkshochschule gegründet<br>Kantonales Frauenstimmrecht verworfen<br>Höchststand der Teuerung |
| 1921 | Zweiter Schweizerischer Frauenkongress in Bern<br>Spaltung der SPS und Gründung der KPS | «Spaziergänge der Arbeitslosen» in die Villenviertel der Stadt Zürich |
| 1922 | Erste regelmässige Fluglinie der Schweiz Genf–Zürich–Nürnberg<br>«Lex Häberlin» (Staatsschutz) abgelehnt<br>Vermögensabgabe-Initiative verworfen<br>Höhepunkt der Nachkriegskrise (130 000 Arbeitslose)<br>Erste Tagung der Auslandschweizer | Strandbad Mythenquai<br>Wehrmännerdenkmal auf der Forch |
| 1923 | Luftverkehrslinie Zürich–Paris–London<br>Radiosender Genf und Lausanne | Erste Telephonautomaten in der Zürcher City<br>Empfangsstation für drahtlose Telephonie (Radio)<br>Bahnlinie Zürich–Zug–Gotthard elektrifiziert |
| 1924 | «Lex Schulthess» (Arbeitszeitverlängerung) abgelehnt<br>Bundesgesetz über Beiträge an die Arbeitslosenkasse | Radiosender Zürich-Höngg<br>Arbeiterunion Zürich aufgelöst<br>Stadtzürcher Reglement über die Wohnbauförderung löst einen Bauboom aus<br>Gründung der Filmgesellschaft «Praesens» |
| 1925 | <br>Verfassungsartikel zur AHV angenommen<br>Auflösung des Grütlivereins | Erneut linke Mehrheit bei Stadtzürcher Parlamentswahlen<br>Migros AG (ab 1941: Genossenschaftsbund)<br>Reisebüro Kuoni AG<br>Bahnlinie Zürich–Winterthur elektrifiziert<br>«Zürcher Illustrierte» |
| 1926 | Schweizerische Trachtenvereinigung | Bebauungsplan «Gross-Winterthur» |
| 1927 | Zentrale für Handelsförderung<br>SGB-Kongress für Streichung des «Klassenkampfparagraphen» | «Lettenhof» in Zürich; Wohnsiedlung für alleinstehende berufstätige Frauen |
| 1928 | Erste Schweizerische Ausstellung für Frauenarbeit (SAFFA) | Beginn des «Roten Zürich»; Emil Klöti wird Stadtpräsident<br>C. G. Jung: Die Beziehung zwischen dem Ich und dem Unbewussten<br>Kantonaler Trachtenverband |
| 1929 | Petition zur Einführung des Frauenstimmrechts mit über 250 000 Unterschriften<br>Rudolf Minger wird erster BGB-Bundesrat; der SP-Kandidat Emil Klöti wird nicht gewählt | «Seegfrörni» |

|  | **Die Schweiz** | **Der Kanton Zürich** |
|---|---|---|
| **1930** | Spaltung der KPS<br>«Neue Front»; «Nationale Front»<br>Sihlpost in Zürich (modernster Postbetrieb der Schweiz) | An der Universität Zürich entstehen die «Neue Front» und die «Nationale Front»<br>Obligatorische Arbeitslosenkasse Stadt Zürich |
| **1931** | Einsetzen der grossen Wirtschaftskrise<br>SWISSAIR (Fusion von Balair und Ad Astra)<br>Bundesgesetz zur AHV verworfen<br>Schweizerische Rundspruch-Gesellschaft<br>Mittelwellen-Landessender Sottens und Beromünster; (Monte Ceneri, 1933)<br>«Krisenhilfe» an ausgesteuerte Arbeitslose | Zweite Zürcher Eingemeindung beschlossen<br>Einführung des obligatorischen Hauswirtschaftskurses («Rüebli-RS») für Schülerinnen<br>Die Zahl der Motorfahrzeuge beträgt 26 270 (1920: 2 753) |
| **1932** | «Union Nationale» in Genf<br><br><br>Militäreinsatz gegen demonstrierende Sozialisten in Genf (13 Tote) | Zürcher Lichtwoche (Demonstration moderner elektrischer Beleuchtungsmethoden)<br>Zivilflugplatz Dübendorf<br>Werkbundsiedlung «Neubühl» in Zürich-Wollishofen<br>Wilder Streik der Heizungsmonteure<br>C. G. Jung: erster Literaturpreisträger der Stadt Zürich |
| **1933** | «Frontenfrühling»<br>Gesetz über Lohnabbau beim Bundespersonal verworfen<br>«Die Weltwoche» erscheint<br>Warenhausgesetz (Verbot der Eröffnung weiterer Filialgeschäfte)<br>Sanierung der Schweizerischen Volksbank<br>«Arbeitsgemeinschaft Frau und Demokratie» | «Nationale Front» gewinnt zehn Sitze im Zürcher Gemeinderat; Verlierer sind die bürgerlichen Parteien (Listenverbindung mit Frontisten)<br>Kabarett «Pfeffermühle»<br>Büchergilde Gutenberg<br>Erste «Tour de Suisse» |
| **1934** | Ablehnung der zweiten «Lex Häberlin» (Staatsschutz)<br>Einführung des Telex-Fernschreibdienstes<br>Kredithilfe an notleidende Bauern | Acht Vororte kommen zur Stadt Zürich<br>«Tössemer Krawall»<br>«Cabaret Cornichon»<br>Oprecht-Verlag publiziert Werke von Emigranten |
| **1935** | SPS bekennt sich zu Landesverteidigung und Streichung des «Diktaturparagraphen»<br><br>«Kriseninitiative» abgelehnt<br>Totalrevision der Bundesverfassung verworfen | Kauf des Areals der Maschinenfabrik Escher Wyss durch die Stadt Zürich (mit Rückkaufsklausel) und Beihilfevertrag von Stadt und Kanton<br>Zürich und Winterthur nehmen «Kriseninitiative» an<br>Genossenschaft «Hotelplan»<br>Bei den Nationalratswahlen holt sich der «Landesring» fünf Sitze |
| **1936** | Schweizerisches Arbeiterhilfswerk<br>Schweizerisches Bundesbriefarchiv Schwyz<br>«Wehranleihe» wird stark überzeichnet<br>Höchststand der Arbeitslosigkeit (93 000)<br>Abwertung des Schweizer Frankens um 30 %<br>Bundesrat beschliesst Massnahmen gegen kommunistische Umtriebe<br>Zentralstelle für Flüchtlingshilfe | 20 564 Ganzarbeitslose |
| **1937** | «Friedensabkommen» in der Metallindustrie<br>Initiative über ein Verbot der Freimaurerei verworfen<br>Schweizerische BGB (bisher kantonale Organisationen); «Landesring der Unabhängigen»<br>«Richtlinienbewegung» (Versuch gemeinsamer Politik der SPS mit bürgerlichen Parteien) | Streik bei Sulzer Winterthur abgewendet<br>Erste Verdunkelungsübungen<br>Waldmann-Denkmal am Stadthausquai eingeweiht |
| **1938** | Rätoromanisch wird vierte Landessprache<br>Rückkehr zur integralen Neutralität<br>Aufbau einer kriegswirtschaftlichen Organisation<br>Bundesbeschluss über die Sicherstellung der Landesversorgung<br>«J»-Stempel zur Kennzeichnung der Pässe deutscher Juden auf Betreiben der Schweiz<br>Der SP-Kandidat Emil Klöti scheitert erneut bei den Bundesratswahlen | In Zürich verliert die Linke die Mehrheit im Gemeinderat; der «Landesring» holt auf Anhieb 20 Sitze<br>Leopolt Lindtbergs Film «Füsilier Wipf»<br>Die Frauenzeitschrift «Annabelle» erscheint |
| **1939** | Schweizerische Landesausstellung in Zürich<br>(1.9.) Generalmobilmachung<br>(2.9.) Arbeitsdienstpflicht<br>«Die Tat» (1935 gegründet) wird zur Tageszeitung | «Landi»; Kongresshaus Zürich<br>«Limmatlinie» mit der Stadt Zürich zur Kampfzone bestimmt<br>Freibadanlage Allenmoos<br>Hallenstadion Oerlikon |
| **1940** | «Weltchronik» am Radio von J. R. von Salis (bis 1945) | |

|  | **Die Schweiz** | **Der Kanton Zürich** |
|---|---|---|
| 1940 | Bundesrat verfügt Einrichtung von Arbeitslagern für Flüchtlinge | |
| | Einführung des Frauenhilfsdienstes (FHD); Bildung von Ortswehren; Einführung der Lohnersatzordnung für Wehrdienstleistende | |
| | Internierung von 40 000 Mann alliierter Truppen | |
| | Radioansprache von Bundesrat Pilet-Golaz über «Anpassung» | |
| | «Gotthardbund» gegen Defaitismus | |
| | Rütlirapport; Réduit | |
| | «Eingabe der Zweihundert» | |
| | «Plan Wahlen» | |
| | Auflösung der «Nationalen Front»; Verbot der KPS | Anbauschlacht und Rodungen |
| | Einführung der Filmwochenschau | Albin Zollinger: Pfannenstiel |
| | SPS wird bei Bundesratsersatzwahlen (vier Vakanzen) erneut übergangen | |
| | Britische Bombenabwürfe über Basel und Zürich, dem Waadtland und Genf | Bombenabwurf im Raum Wipkingen-Höngg |
| | Anordnung der Verdunkelung | |
| 1941 | Einführung der Mahlzeitenkarte | Mahlzeitencoupons für Restaurantverpflegung; fleischlose Tage; Fahrverbot für Personenwagen |
| | Arbeitsdienst für Flüchtlinge und Internierte | Anstieg der Geburtenzahlen |
| 1942 | Erste Todesurteile gegen Landesverräter | Gaskontingentierung; Rationierung von Milch, Fleisch, Brot, Futtermitteln und Zement |
| | Proteste gegen Zurückweisung von Flüchtlingen an der Grenze | Ernst Nobs (SP) wird Stadtpräsident von Zürich |
| | | Im Kanton Zürich halten sich bloss 1 400 Flüchtlinge auf |
| 1943 | Verbot frontistischer Organisationen | Bombenabwurf über Zürich-Seebach |
| | Zentralstelle für Landesplanung (später: Institut für Orts- Regional- und Landesplanung ORL) | Max Frisch: «Die Schwierigen» oder «J'adore ce qui me brûle» |
| | SPS wird stärkste Fraktion bei den Nationalratswahlen; Ernst Nobs wird erster SP-Bundesrat | Adolf Lüchinger (SP) wird Stadtpräsident von Zürich |
| 1944 | Schwerster alliierter Bombenangriff auf Schaffhausen (40 Tote) | Aufhebung der Verdunkelung |
| | Waffenausfuhrverbot nach kriegführenden Staaten | Kantonale Altersbeihilfe |
| | Gründung der Partei der Arbeit (PdA) | |
| | UdSSR lehnt diplomatische Beziehungen mit der Schweiz ab | |
| 1945 | Sperrung deutscher Vermögenswerte in der Schweiz | |
| | Alliierte Bombenabwürfe über Basel und Zürich | Bombardierung des Strickhofquartiers (5 Tote) |
| | Aktionskomitee für das Frauenstimmrecht | |
| | (7.5.) Auflösung der Landesgruppe Schweiz der NSDAP | |
| | (8.5.) Waffenruhe | |
| | (8.5.) 115 000 Flüchtlinge und Internierte halten sich noch in der Schweiz auf | |
| | Aufhebung der Pressekontrolle und der Filmzensur | |
| | Ende des Aktivdienstes | |
| | Lockerung der Rationierung | |
| 1946 | Aufnahme diplomatischer Beziehungen zur UdSSR | Wahlerfolg der PdA in Zürich |
| | Abkommen mit den USA über deutsche Vermögenswerte in der Schweiz | 15 000 Personen an Solidaritätskundgebung für Streikende der Bindfadenfabrik Flurlingen |
| | | Ausbau des Flughafens Kloten beschlossen |
| 1947 | Neue Wirtschaftsartikel angenommen | PdA mit zwölf Mandaten im Kantonsrat vertreten |
| | Einführung der AHV angenommen | Einführung des Stimmrechts für Frauen abgelehnt |
| 1948 | Aufhebung der Lebensmittelrationierung | Erster Selbstbedienungsladen in Zürich (Migros) |
| 1949 | Initiative «Rückkehr zur direkten Demokratie» (Regelung des Dringlichkeitsrechts) angenommen | Ende des «Roten Zürich»; Wahlsieg der bürgerlichen Parteien in der Stadt Zürich; massive Verluste der PdA; Emil Landolt (FDP), Stadtpräsident (im Amt bis 1966) |
| 1950 | Anerkennung der Volksrepublik China | Die Zahl der Personenwagen beträgt 28 000; bis 1990 steigt die Zahl auf über 500 000 an |
| | Phase starken Wirtschaftswachstums (bis 1973) | |
| 1951 | | Der Kanton Zürich zählt 777 002 Einwohnerinnen und Einwohner |
| | | Die Stadt Zürich stellt die Hälfte der Kantonsräte |
| 1952 | Landwirtschaftsgesetz angenommen | Landwirtschaftsgesetz wird verworfen |
| | | Erster Supermarkt am Zürcher Limmatplatz |

| | **Die Schweiz** | **Der Kanton Zürich** |
|---|---|---|
| **1953** | Gewässerschutzartikel angenommen<br>Aufnahme des Fernsehversuchsbetriebs<br>Rücktritt des einzigen SP-Bundesrats | Einweihung des Flughafens Kloten<br>Malerstreik in Zürich<br>Fernsehstudio Zürich |
| **1954** | «Rheinau-Initiative» wird verworfen | Erste Hochhäuser |
| **1956** | Protestkundgebungen gegen die Intervention der UdSSR in Ungarn | Proteste gegen die Niederschlagung des Ungarnaufstands; Zusammenbruch der PdA |
| **1958** | Iris von Rotens «Frauen im Laufgitter»<br>Nationalstrassenartikel angenommen | Schweizerische Ausstellung für Frauenarbeit «SAFFA» |
| **1959** | Einführung des Frauenstimmrechts verworfen<br>Schaffung der Invalidenversicherung<br>Neues Programm der SPS bringt marktwirtschaftliche Orientierung<br>Bundesratswahl nach der Zauberformel | Der «Blick» erscheint erstmals<br>In diesem Jahr werden im Flughafen Kloten erstmals über eine Million Passagiere abgefertigt |
| **1960** | Beitritt der Schweiz zur EFTA | Grossrazzia «gegen Halbstarke» |
| **1961** | Bewilligungspflicht für den Erwerb von Grundstücken durch Ausländer | Der Kanton Zürich zählt 952 304 Einwohnerinnen und Einwohner |
| **1962** | Initiative für ein Verbot der Atomwaffen verworfen<br>Die «Pille» kommt auf den Schweizer Markt | Höchste Bevölkerungszahl (440 000) der Stadt Zürich |
| **1963** | Beitritt der Schweiz zum Europarat<br>Stabilisierung der Zahl ausländischer Arbeitskräfte | Nach über 30 Jahren verliert die SP ihre Doppelvertretung im Regierungsrat; dafür sitzt erstmals ein Christlichsozialer in der Regierung<br>Gipserstreik<br>Öffentlich-rechtliche Anerkennung der römisch-katholischen Kirche<br>Fackelzug der FDP zum Schutz des Dorfkerns von Fluntern; der geplante Abbruch wird verworfen |
| **1964** | Max Imboden: Helvetisches Malaise<br>Erste Konjunkturdämpfungsbeschlüsse<br>Einwanderungsabkommen mit Italien<br>Landesausstellung in Lausanne | Auseinandersetzung um das Werk von Alberto Giacometti |
| **1965** | Einreichung der ersten Überfremdungsinitiative (Winterthurer Demokraten) | Lehrermangel in der Stadt Zürich |
| **1966** | Schweiz wird Vollmitglied des GATT | «Junge Löwen» erringen auf Anhieb zwei Mandate im Winterthurer Stadtparlament<br>Sigmund Widmer (LdU) wird Zürcher Stadtpräsident (im Amt bis 1982)<br>Finanzausgleichsgesetz<br>Frauenstimmrecht scheitert erneut<br>«Zürcher Literaturstreit» |
| **1967** | Bodenrechtsinitiative der SPS verworfen | Die Kantonsratswahlen bringen dem Landesring kräftige Gewinne<br>Tumult im Hallenstadion («Rolling Stones»-Konzert) |
| **1968** | Jugendunruhen in Genf und Zürich | Erster Auftritt der neuen Frauenbewegung (FBB) im Schauspielhaus, wo der Frauenstimmrechtsverein Zürich sein 75-Jahr-Jubiläum feiert<br>«Globuskrawall»<br>Die Demokratische Partei beschliesst die Fusion mit dem Freisinn |
| **1969** | Bodenrechtsartikel (Raumplanung)<br>Inbetriebnahme des ersten Atomkraftwerks | Frauenstimmrecht auf Gemeindeebene |
| **1970** | Zweite Überfremdungsinitiative (Schwarzenbach) knapp verworfen | Zwei Drittel der Kantonsbevölkerung leben in städtischen Gebieten<br>Erste Frau im Zürcher Stadtrat<br>Frauenstimmrecht auf Kantonsebene |
| **1971** | Frauenstimmrecht auf Bundesebene | Die «Nationale Aktion» mit zehn Mandaten im Kantonsrat vertreten; erstmals ziehen sechs Frauen ins Kantonsparlament ein |
| **1972** | Dringliche Massnahmen in der Raumplanung<br>Neue dringliche Konjunkturdämpfungsbeschlüsse<br>Freihandelsvertrag mit der EG | Aufhebung des Konkubinatsverbots |
| **1973** | Aufhebung des Jesuitenverbots<br>«Erdölkrise» und Ende der Hochkonjunktur | Aufhebung des Jesuitenverbots verworfen<br>Verwerfung der U-Bahn-Vorlage in Zürich |
| **1974** | Dritte Überfremdungsinitiative («Nationale Aktion») verworfen | Frauenzentrum Zürich |

|  | **Die Schweiz** | **Der Kanton Zürich** |
|---|---|---|
| **1975** | Besetzung des Baugeländes für ein Atomkraftwerk bei Kaiseraugst, AG<br>Internationales Jahr der Frau<br>Vierter Kongress für Fraueninteressen: Resolution zur Lancierung einer Gleichstellungsinitiative und zur Bildung einer Kommission für Frauenfragen | Planungs- und Baugesetz (tritt 1978 in Kraft) |
| **1976** | Raumplanungsgesetz verworfen | «Affäre Cincera/Demokratisches Manifest» |
| **1977** | Milchkontingentierung eingeführt<br>Ablehnung der Fristenlösungsinitiative | Mit 783 603 Passagieren verzeichnet der Flughafen Kloten das bisher höchste Monatsergebnis (September) |
| **1978** | Gesamtkonzeptionen für Verkehr und Energie<br>Schaffung des Kantons Jura | Volksinitiativen müssen fortan 10 000 (statt wie bisher 5 000) gültige Unterschriften aufweisen<br>«Die Tat», 1935 gegründet, stellt ihr Erscheinen ein |
| **1979** |  | Frauenhaus Zürich |
| **1980** | Beginn der Jugendunruhen in mehreren Städten<br>Eröffnung des Gotthardstrassentunnels | «Opernhauskrawall»; «Autonomes Jugendzentrum Zürich» |
| **1981** | Verfassungsartikel über die Gleichheit der Geschlechter angenommen | Der «Sprayer von Zürich» wird zu neun Monaten Gefängnis verurteilt<br>Die «WochenZeitung» erscheint erstmals<br>Annahme der S-Bahn-Vorlage |
| **1983** | Demonstrationen gegen das geplante AKW Kaiseraugst<br>Erste Aids-Fälle in der Schweiz | Erste Frau in der Kantonsregierung<br>Erste private Lokalradios |
| **1983/1984** | Kontroverse um Regierungsbeteiligung der SPS nach der Nichtwahl von Lilian Uchtenhagen zur ersten Bundesrätin |  |
| **1984** | Bericht des Bundesrates über Waldschäden<br>Erste Frau im Bundesrat (Elisabeth Kopp) |  |
| **1985** | Neues Erb- und Eherecht angenommen |  |
| **1986** | UNO-Beitritt verworfen |  |
| **1987** | Verschärfte Asylgesetzgebung<br>«Autopartei» zieht ins Parlament ein<br>«Rothenthurm-Initiative» angenommen | Wahlerfolg der «Grünen» |
| **1988** | Verzicht auf das AKW Kaiseraugst<br>«Affäre Kopp» | Verkehrs- und Tarifverbund angenommen |
| **1989** | Rücktritt der ersten Bundesrätin |  |
| **1989/1990** | «Fichenaffäre»<br>Initiative auf Abschaffung der Armee abgelehnt; starke befürwortende Minderheit |  |
| **1990** | Auflösung der Progressiven Organisationen der Schweiz (POCH) | S-Bahn nimmt Betrieb auf<br>Im Kanton Zürich leben 1 179 044 Menschen |
| **1991** | Frauenstreik |  |
| **1992** | Beitritt der Schweiz zum «EWR» abgelehnt |  |
| **1993** | Wahl von Ruth Dreifuss (SP) zur Bundesrätin | Die offizielle Statistik weist für den Monat Mai 26563 Arbeitslose aus |

Für die Erstellung der Zeittafel sind folgende Publikationen herangezogen worden:

Geschichte der Schweiz und der Schweizer, Studienausgabe in einem Band, Basel und Frankfurt a. M. 1986, S. 995ff.

Hundert Jahre Gross-Zürich. 100 Jahre 1. Eingemeindung 1893, hg. vom Stadtarchiv Zürich, Zürich 1993, S. 239ff.

Senti A., Waser H., Guyer P., Aus Zürichs Vergangenheit. Zeittafel zur Geschichte der Stadt Zürich, Zürich 1952, S.16ff.

Widmer, Sigmund, Zürich – eine Kulturgeschichte, Bd. 13 (Datengerüst der Geschichte Zürichs), Zürich und München 1985, S. 82ff.

Zeittabellen von 1800–1978. Neubearbeitung von Willy Keller, Bern 1980 (breite schweizerische und internationale Datenbasis in vergleichender Darstellung).

Eine Chronik der Ereignisse bietet alljährlich das Zürcher Taschenbuch.

# Bibliographie

Das Literaturverzeichnis ist in drei Teile gegliedert und enthält im wesentlichen nur die von der Autorin und den Autoren benützten Titel. Ein Verzeichnis der alljährlich publizierten Arbeiten zu zürcherischen Themen findet sich im ZÜRCHER TASCHENBUCH. Im Gegensatz zum Literaturverzeichnis sind in den Anmerkungsteil zu den einzelnen Kapiteln die jeweiligen Titel in aller Regel abgekürzt zitiert. Beispiel:

Anmerkungen:
PEYER, Handel und Bank, S. 198

Literaturverzeichnis:
PEYER, Hans Conrad, Von Handel und Bank im alten Zürich, Zürich 1986.

## Abkürzungsverzeichnis

| | |
|---|---|
| AS | Amtliche Statistik der Schweiz |
| BBL | Schweizerisches Bundesblatt |
| BIGA | Bundesamt für Industrie, Gewerbe und Arbeit |
| BGB | Bauern-, Gewerbe- und Bürgerpartei |
| CVP | Christlichdemokratische Volkspartei |
| ETH | Eidgenössische Technische Hochschule |
| FDP | Freisinnig-Demokratische Partei |
| KPS | Kommunistische Partei der Schweiz |
| LdU | Landesring der Unabhängigen |
| NOB | Nordostbahn |
| NZZ | Neue Zürcher Zeitung |
| PdA | Partei der Arbeit |
| SBZ | Statistische Berichte des Kantons Zürich |
| SHB | Statistisches Handbuch des Kantons Zürich |
| SMZ | Statistische Mitteilungen des Kantons Zürich |
| SPS | Sozialdemokratische Partei der Schweiz |
| SVP | Schweizerische Volkspartei |
| SQ | Statistische Quellenwerke der Schweiz |
| SSA | Schweizerisches Sozialarchiv Zürich |
| StAZ | Staatsarchiv des Kantons Zürich |
| SZG | Schweizerische Zeitschrift für Geschichte |
| ZB | Zentralbibliothek Zürich |
| ZSN | Zürcher Statistische Nachrichten |

# Teil 1 (1780–1918)

Seiten 16–249

## Ungedruckte Quellen

Bezirksgerichtsarchiv Uster
MATRIMONIALPROTOKOLLE, POLIZEIPROTOKOLLE.

Firmenarchiv Streiff AG, Aathal
ARBEITERVERZEICHNISSE.

Gemeindearchiv Uster
U IV B 5 C, WAISENPROTOKOLLE.

Kirchgemeindearchiv Uster
STILLSTANDSPROTOKOLLE.

Staatsarchiv Zürich (StAZ)
B IX 96, Bericht von Oberamtmann Hess über das Amt Regensberg.
B IX 47, Antwort auf die von einer hochl. Fisical. Gesellschaft in Zürich aufgelegten Fragen der Beschaffenheit der Baursame halber in der Gemeind Hirzel, von Pfarrer Salomon Pfenninger.
III Mc 2, Grosses Strassenbaumandat von 1791.
K II 18, Unmassgeblicher Entwurf zur Beantwortung der von dem Minister der inneren Angelegenheiten an die hiesige Verwaltungskammer gelangten Fragen in Bezug auf den Zustand der Gemeindegüter im Canton Zürich; von Conrad Meiss, alt Ratsherr.
K III 258.3; 259.1; 351.4; 410.1, Petitionen 1830/31.
N 60.1; 77.1, Armenberichte.
O 33 B, 58 P, Berichte Armenwesen.

Zentralbibliothek Zürich (ZB)
HANDSCHRIFTENABTEILUNG: MSW 407, Bericht über die Baumwollen-Fabrication 1829
LK 4: LANDWIRTSCHAFTLICHE GESETZGEBUNG.

Zivilstandsamt Uster
EHEREGISTER 1876–1890.

## Gedruckte Quellen

AKTENSTÜCKE AUS DER ZÜRCHERISCHEN REVISIONSBEWEGUNG. Vollständige Sammlung der Landsgemeinde-Reden, Proklamationen des Kantonalkomités und der Abstimmungsresultate, Winterthur 1868.
ANZEIGER VON USTER 1854.
ARBEITSLÖHNE, Landwirtschaftliche, im Kanton Zürich, nach Erhebungen für das Wirtschaftsjahr 1902/03, Winterthur 1906.
AREALSTATISTIK, Schweizerische, in: Schweizerische Statistik, 184. Lieferung, Bern 1912.
BAVIER, Simon, Die Strassen der Schweiz, Zürich 1878.
BERICHT DES PREISGERICHTES ERSTATTET AN DIE KOMMISSION FÜR LANDWIRTSCHAFT DES KANTONS ZÜRICH ÜBER DIE PRÄMIERUNG RATIONELLER LANDWIRTSCHAFTLICHER GUTSBETRIEBE IM JAHRE 1903, Zürich 1905.
BERICHT DES PREISGERICHTES AN DIE KOMMISSION FÜR LANDWIRTSCHAFT DES KANTONS ZÜRICH ÜBER DIE PRÄMIERUNG DES GETREIDEBAUS 1902, Zürich 1904.
BERICHT DES REGIERUNGSRATHES DES KANTONS ZÜRICH AN DAS SCHWEIZERISCHE LANDWIRTSCHAFTSDEPARTEMENT ÜBER DIE KÄSEREIINSPEKTIONEN IM JAHR 1889, Zürich 1890.
BERICHT ÜBER DIE AUSSTELLUNG VON FUTTERERNTEMASCHINEN IN ZÜRICH AM 30. UND 31. MAI 1875, Zürich 1875.
BERICHTE ÜBER DIE THÄTIGKEIT DES ZÜRCHERISCHEN LANDWIRTSCHAFTLICHEN VEREINS UND SEINER ZWEIGVEREINE, Zürich 1890ff.
BERICHT ÜBER DIE ZÜRCHERISCHE LANDWIRTSCHAFTLICHE AUSSTELLUNG IN MEILEN 1912, Zürich 1914.
BERICHT UND ANTRAG DES REGIERUNGSRATES AN DEN KANTONSRAT ÜBER DIE UNRUHEN IN ZÜRICH VOM 15.–18. NOVEMBER 1917, Zürich, 26.1.1918.
BERICHT UND VORSCHLÄGE DER LANDWIRTHSCHAFTLICHEN SEKTION AN DEN RATH DES INNERN, betreffend Hebung und Förderung der Landwirthschaft im Kanton Zürich, Zürich 1846.
BERTSCHINGER, Heinrich, Lebensmittelpreise in Zürich von 1800–1872, in: Zeitschrift für schweizerische Statistik, 1873.

Beschreibung der Verbrechen, Urtheil und Hinrichtung des Hans Ulrich Hochstrassers von Meilen im Canton Zürich, Zürich 1804.
Betrachtungen über den sogenannten Bockenkrieg, Zürich 1875.
Bluntschli, Johann Caspar, Denkwürdiges aus meinem Leben, hg. von Rudolf Seyerlen, Bd. I: 1808–1848, Nördlingen 1884.
Böhmert, Victor, Arbeiterverhältnisse und Fabrikeinrichtungen der Schweiz. Bericht, erstattet im Auftrage der eidgenössischen Generalcommission für die Wiener Weltausstellung, 2 Bde., Zürich 1873.
Bowring, John, Bericht an das englische Parlament über den Handel, die Fabriken und Gewerbe der Schweiz, Zürich 1837.
Brupbacher, Fritz, 60 Jahre Ketzer. Selbstbiographie, Zürich 1935, Neuauflage Zürich 1973.
Bürgi, David, Uebersicht der Strassen I. und II. Klasse des Cantons Zürich, sowie aller hierauf bezüglichen Ausgaben von 1832 bis Ende 1838, Zürich 1839.
Bürkli, Arnold, Über die Anlage städtischer Abzugskanäle, Zürich 1866.
Conzett, Verena, Erstrebtes und Erlebtes. Ein Stück Zeitgeschichte, Zürich 1929.
Cramer, Johann Jacob, Leben und Ende Hans Jacob Willis von Horgen und Jakob Kleinerts ab der Egg im Schönenberg, Zürich 1804.
Die Freiherren von Regensberg, Pamphlet eines schweizerischen Juristen, Bern 1866–1872.
Erdäpfelstreit, nagelneuer zwischen Joggeli und Heiri, 2. Aufl., Zürich 1844.
Erismann, Friedrich, Die sanitäre Wohnungsaufsicht in Zürich unter Berücksichtigung der Wohnungsfürsorge überhaupt, Zürich o. J.
Escher, Konrad, Die Finanzlage der zürcherischen Gemeinden und einige Vorschläge zu ihrer Besserung, Zürich 1889.
Escher von Berg, Georg, Über die landwirthschaftlichen Interessen des Kantons Zürich, Zürich 1836.
Escher von Berg, Georg, Über die Verteilung des ländlichen Grundeigentums, mit besonderer Berücksichtigung des Kantons Zürich, Zürich 1839.
Eschmann, Johannes, Milch und Käse als Volksnahrungsmittel. Referat, vorgetragen in der Sitzung der Gemeinnützigen Gesellschaft des Kantons Zürich, Zürich 1887.
Eschmann, Johannes, Förderung der zürcherischen Landwirtschaft durch Bund und Kanton, 1890/1899, Wald 1900.
Fabrikmädchen, Das schweizerische, Beiträge zur Lage der 14- bis 16jährigen Arbeiterinnen in den schweizerischen Fabrikbetrieben, Zürich/Leipzig/Stuttgart 1928.
Farner, Gottfried, Das Zürcherische Bodencreditwesen, unter den Anforderungen der Gegenwart, Zürich 1863.
Fritschi-Zinggeler, Benjamin, Die Vereinigung von Zürich und Ausgemeinden. Ein Beitrag zur Lösung dieser Tagesfrage, Aussersihl 1887.
Geschichte der Zürcher Stadtvereinigung von 1893. Ein Rückblick anlässlich des 25. Jubiläums, Zürich 1919.
Gespräch zwischen zwei Bauern über die bevorstehenden Grossratswahlen im Kanton Zürich, Zürich 1842.
Girsberger, Johannes, Das Meliorationswesen im Kanton Zürich, Zürich 1914.
Graf, Johann Jakob, Ein Zürcher Landarzt im Biedermeier. Aus den Aufzeichnungen des Johann Jakob Graf, Zürich 1974.

Greulich, Hermann, Die Bevölkerung der Stadt Zürich mit Ausgemeinden nach ihren Berufsarten nach der Volkszählung vom 1.12.1880, in: Zeitschrift für schweizerische Statistik 1881, S. 165–186.
Greulich, Hermann, Die Nothlage der Landwirtschaft, Zürich 1891.
Grimm, Robert, Der politische Massenstreik, Basel 1906.
Hafter, Adam, Bericht des Preisgerichtes für Beurtheilung vorzüglicher Leistungen im landwirtschaftlichen Bau- und Maschinenwesen, Zürich 1876.
Hasler, Hans, Alti Bilder vom Zürisee: Von Räben und vom Wii, Stäfa 1942.
Hasler, Hans, Bilder vom Zürisee: Us äm Puurelääbe, Zürich 1949.
Heusser-Schweizer, Meta, Hauschronik, hg. von Karl Fehr, Kilchberg 1980.
Hottinger, Johann Jakob und Escher, Gottfried von, Das alte und das neue Zürich, Zürich 1859.
Jahresberichte des schweizerischen Grütlivereins, 1880ff.
Katalog der ersten Industrie-Ausstellung des Kantons Zürich, Zürich 1846.
Keller, Gottfried, Gesammelte Briefe, hg. von Carl Helbling, 4 Bde., Bern 1950–1954.
Keller, Konrad, Die Bauernsklaverei der Neuzeit, oder die Bauern im Kampf mit den Federhelden. Ein Aufruf an die Landwirte, Oberglatt 1891.
Kirche, Die neue, in Richterswil. Denkschrift, hg. von der Baukommission, Richterswil 1909.
Kohler, Johann Michael, Landwirthschaftliche Beschreibung der Gemeinden Dettenriedt, Höngg, Thalweil = Oberrieden, Uitikon, Wangen und Weyach, Zürich 1852.
Kreis, J., Aus der guten alten Zeit oder Jugenderinnerungen eines Werkmeisters, Flawil 1919.
Kunz, Otto, Barbara. Die Feinweberin. Eine Lebensgeschichte aus dem Zürcher Oberland, Luzern 1942.
Landolt, Carl, Die Wohnungsenquête in der Stadt Winterthur vom 9. bis 26. März 1896, Winterthur 1901.
Largiadèr, Anton, Der Briefwechsel Ferdinand Meyers mit Johann Caspar Hess; ein Beitrag zur Geschichte Zürichs in der Regenerationszeit, in: Zürcher Taschenbuch 1950, S. 84–120.
Laur, Ernst, 1871–1964. Ein Leben für den Bauernstand. Ein Beitrag zur schweizerischen Wirtschaftsgeschichte von 1890–1960, Aarau 1971.
Mannhardt, Wilhelm, Roggenwolf und Roggenhund, Danzig 1865.
Merz, Johannes, Tagebücher 1806–1829, Buch am Irchel 1989.
Messikommer, Heinrich, Aus alter Zeit. Sitten und Gebräuche im zürcherischen Oberlande, Zürich 1909.
Meyer, Johann Heinrich, Heinrich Kunz. Lebensbild eines Industriellen, Zürich 1859.
Meyer, Konrad, Ode auf Herr Professor Dr. Oswald Heer, 1854. Am landwirthschaftlichen Feste in Uster, Zürich 1892.
Meyer von Knonau, Gerold, Der Kanton Zürich, historisch-geographisch-statistisch geschildert von den ältesten Zeiten bis auf die Gegenwart, St. Gallen und Bern 1834.
Meyer von Knonau, Gerold, Der Kanton Zürich, historisch-geographisch-statistisch geschildert von den ältesten Zeiten bis auf die Gegenwart, 2 Bde., St. Gallen und Bern 1844/1846.
Meyer von Knonau, Gerold, Aus dem Tagebuch eines Zürcher Bürgers (Obmann Köchli) in den Jahren 1798 und 1799, in: Zürcher Taschenbuch 1899, S. 1–53.

Meyer von Knonau, Gerold, David von Wyss (1737–1815), David Wyss (1763–1839), Separatdruck Staatsarchiv Zürich.
Monatschronik der zürcherischen Rechtspflege oder Mittheilung der wichtigsten Urteile und Beschlüsse des Obergerichts oder anderer Gerichte des Cantons Zürich, und der von denselben angewandten Grundsätze, samt einer Übersicht ihrer sämtlichen behandelten Geschäfte, Bd. 6, Zürich 1836.
Morel, Carl, Das schweizerische Eisenbahnnetz und seine national-ökonomische, politische und sociale Bedeutung, Bern 1851.
Müller, Caspar Karl, Statistik der Berufsarten der Stadt Zürich nebst Ausgemeinden und verglichen mit derjenigen von Basel nach der Volkszählung von 1870, in: Zeitschrift für schweizerische Statistik, 1873, S. 169–177.
Müller, Caspar Karl, Beiträge zur Geschichte der Güterpreise des Kantons Zürich; Grundzinse und Zehnten, Zürich 1874.
Nachrichten vom Zürichsee 1885–1887.
Otto, Franz, Der Kaufmann zu allen Zeiten, Berlin/Leipzig 1870.
Petition der Gemeinde Aussersihl an den hohen Kantonsrath betreffend Vereinigung von Zürich und Ausgemeinden, 1. November 1885, Aussersihl 1885.
Pfenninger, Johann Kaspar, Lebensgeschichte des Johann Kaspar Pfenninger von Stäfa, Arzt und d. Z. Regierungsrath des Kantons Zürich, Zürich 1835.
Pflüger, Paul, Die Wohnungsnot, mit besonderer Berücksichtigung der Stadt Zürich, Zürich 1899.
Porträtbilder zürcherischer Parlamentarier, Zürich 1909.
Regel, Eduard, Der Obstbau des Kantons Zürich, Zürich 1855.
Repertorium der Abschiede der eidgenössischen Tagsatzungen aus den Jahren 1803–1813. In zweiter Auflage bearbeitet von Jakob Kaiser, Bern 1886.
Sammlung, Zürcherische, photographischer Bilder von Gewohnheitsverbrechern und Landstreichern, 2 Bde., Zürich 1855–1861.
Schellenberg, Hans Jakob, «Was meine Grossmutter erzählte.» Erinnerungen des Pfäffikers Hans Jakob Schellenberg, in: Heimatspiegel, 1986, Nr. 9, S. 66–70.
Scherr, Ignaz Thomas, Ein Kampf für Bildung und Freiheit. Ignaz Thomas Scherrs Erlebnisse im Zürichbiet 1825–1842, Zürich 1940.
Schinz, Heinrich (Regierungsrath), Sendschreiben an die Bürger und Einwohner Zürichs betreffend die Wahl einer Baustelle für die zweyte fahrbare Brücke über die Limmat, Zürich 1834.
Schinz, Heinrich Rudolf, Landwirthschaftliche Anstalten, in: Neujahrsblatt der Hülfsgesellschaft in Zürich, 1825, S. 4–21.
Schinz, Heinrich Rudolf, Der Kanton Zürich, in naturgeschichtlicher und landwirthschaftlicher Beziehung dargestellt, Zürich 1842.
Schnyder, Werner, Die Dreissiger Jahre des 19. Jahrhunderts im Urteil des Zürcher Bürgermeisters Dr. med. Ulrich Zehnder, in: Zürcher Taschenbuch 1942, S. 164–211.
Schnyder, Werner, Die Vierziger Jahre des 19. Jahrhunderts im Urteil des Zürcher Bürgermeisters Dr. med. Ulrich Zehnder, in: Zürcher Taschenbuch 1944, S. 56–125.
Schnyder, Werner, Die Fünfziger Jahre des 19. Jahrhunderts im Urteil des Zürcher Bürgermeisters Dr. med. Ulrich Zehnder, in: Zürcher Taschenbuch 1952, S. 124–159.
Schoffer, H., Die landwirtschaftliche Kreditkrisis unserer Tage. Eine populäre Darstellung der betref-

fenden Verhältnisse und Beleuchtung der Hülfsmittel, Zürich 1866.
SCHRÄMLI, Johann Jakob, Bevölkerungsstatistik des Kantons Zürich. Ein vom ärztlichen Gesichtspunkte aufgefasster Versuch, Tübingen 1860.
SCHWEIZER, Ludwig Jakob, Über den zunehmenden Verdienstmangel in den östlichen Gemeinden des Cantons Zürich, Zürich 1831.
SENN, Jakob, Ein Kind des Volkes, Bern 1888.
SOZIALE WOHLFAHRTSEINRICHTUNGEN DER STADT WINTERTHUR. Denkschrift zum sozialdemokratischen Kommunaltag in Winterthur vom 2. und 3. Juli 1910, Winterthur 1910.
SPÖRRY, Hans, Mein Lebenslauf, 2 Bde., Zürich 1924 und 1925.
STATISTIK DER BERUFSARTEN DES KANTONS ZÜRICH NACH DER VOLKSZÄHLUNG VOM 1. DEZEMBER 1870, Zürich 1875.
STATISTIK, SCHWEIZERISCHE, hg. vom Statistischen Bureau des eidgenössischen Departements des Inneren, 97. Lieferung, Bern 1894.
STATISTISCHE MITTHEILUNGEN BETREFFEND DEN KANTON ZÜRICH, Winterthur 1884ff.
STATISTISCHES JAHRBUCH DER STADT ZÜRICH, hg. vom Statistischen Amt der Stadt Zürich, Zürich 1905ff.
STAUB, Max, Aus den Erfahrungen eines städtischen Armensekretärs, in: 102. Neujahrsblatt, hg. von der Hülfsgesellschaft in Zürich, Zürich 1901.
STEPHENSON, Robert und SWINBURNE, Henry, Bericht der vom Bundesrathe einberufenen Experten, über den Bau von Eisenbahnen in der Schweiz, Bern 1850.
STRICKLER, Johannes, Actensammlung aus der Zeit der Helvetischen Republik (1798–1803), Bd. 2, Bern 1887.
STUTZ, Jakob, Sieben mal sieben Jahre aus meinem Leben, Pfäffikon 1927.
SULZER, Eduard, Zur Agrikulturstatistik des Kantons Zürich, Zürich 1854.
SURBER, Johann Heinrich, Das Wehnthal und ein Wehnthaler. Kleine Studien und flüchtige Erinnerungen, Zürich 1869.
TREICHLER, Johann Jakob, Mittheilungen aus den Akten der zürcherischen Fabrikkommission, 3 Bde., Zürich 1858–1862.
TREICHLER, Johann Jakob, Frühschriften, hg. von Adolf Streuli, Zürich 1943.
TROLL, Johann Konrad, Von dem Zwecke unserer Schulen. Rede bei der Feyer des dritten Schulfestes am 13ten May 1822 in der Kirche zu Winterthur gehalten, Winterthur 1822.
TSCHUDI, Iwan, Tschudi's Tourist in der Schweiz, St. Gallen 1872.
ULRICH, David, Übersicht der Verfassungs-Commission gemachten Eingaben, insofern dieselben sich nicht zunächst auf die Staatsverfassung, sondern auf die verschiedenen Zweige der Verwaltung, der Justizpflege und der Gesetzgebung beziehen, Zürich 1831.
VEREINIGUNG VON ZÜRICH UND AUSGEMEINDEN, 2 Bde., I: Die Verhältnisse der politischen Gemeinden, II: Die Verhältnisse der Schul- und Bürgergemeinden, Zürich 1888.
VERHANDLUNGEN DER GEMEINNÜTZIGEN GESELLSCHAFT DES KANTONS ZÜRICH, Zürich 1856ff.
VERHANDLUNGEN DES GROSSEN RATHES DES CANTONS ZÜRICH, Zürich 1831ff.
VERHANDLUNGEN DES ZÜRCHERISCHEN KANTONSRATES ÜBER DAS TRUPPENAUFGEBOT UND DEN GENERALSTREIK VOM 11. BIS 13. NOVEMBER 1918.
VORSCHLÄGE ZU DER DIESJÄHRIGEN BESTELLUNG DER FELDER VON DEM VORSTANDE DES VEREINS FÜR LANDWIRTHSCHAFT UND GARTENBAU, Zürich 1846.

WASER, Johann Heinrich, Betrachtungen über die Zürcherischen Wohnhäuser, vornehmlich in Absicht auf die Brandcassen und Bürger=Protokoll, samt einigen anderen dahin einschlagenden öconomisch=politischen Bemerkungen, Zürich 1778.
WILD, Albert und SCHMID, Carl Alfred, Vademecum für den Armenpfleger, Zürich 1902.
ZEHNDER, Carl, Bericht über die Cholera-Epidemie des Jahres 1867 im Kanton Zürich, Zürich 1871.
ZEITSCHRIFT, SCHWEIZERISCHE, FÜR LAND- UND GARTENBAU, hg. von Oswald Heer und Eduard Regel, 1.–9. Jahrgang (ab 5. Jahrgang: Zeitschrift, Schweizerische, für Gartenbau, hg. von Eduard Regel), Zürich 1843–1851.
ZEITSCHRIFT, SCHWEIZERISCHE, FÜR LANDWIRTHSCHAFT, hg. von Eduard Regel (ab 2. Jahrgang: Organ des Vereins für Landwirtschaft und Gartenbau im Kanton Zürich, unter Mitwirkung mehrerer Landwirte), Zürich 1849–1854.
ZÜRCHER BAUER, DER, Zürich 1869ff.

## Literatur

AABACH UND MÜHLE NIEDERUSTER. Ein Beitrag zur Industriegeschichte des Zürcher Oberlandes, Wetzikon 1985.
AEPPLI, Felix, Geschichte der Gemeinde Maur, Maur 1979.
AERNE, Peter, Nicht nur «Blutpfaff»: Aspekte aus Bernhard Hirzels (1807–1847) Wirksamkeit, in: Zürcher Taschenbuch 1993, S. 229–264.
AERNI, Klaus und HERZIG, Heinz E. (Hg.), Historische und aktuelle Verkehrsgeographie der Schweiz. (Geographica Bernensia G 18), Bern 1986.
ALBERTINI, Rudolf von, Innen- und aussenpolitische Aspekte des Zürcher Tonhallekrawalls, in: Zürcher Taschenbuch 1951, S. 118–134.
ALTORFER, Werner, Rund um den Bachtel. Heimatkundliches aus dem Zürcher Oberland, Pfäffikon 1983.
ALTWEGG, Andreas M., Vom Weinbau am Zürichsee. Struktur und Wandlungen seines Rebgebietes seit 1850, Stäfa 1980.
AMMANN, Jakob, Der zürcherische Bauernbund (1891–1904). Ein Beitrag zur Bauernbewegung im Kanton Zürich, Diss. Zürich 1925.
APPENZELLER, Heinrich, Der Kupferstecher Franz Hegi von Zürich 1774–1850. Sein Leben und seine Werke, Zürich 1906.
ARBEITERBEWEGUNG, SCHWEIZERISCHE, Dokumente zu Lage, Organisation und Kämpfen der Arbeiter von der Frühindustrialisierung bis zur Gegenwart, hg. von der Arbeitsgruppe für Geschichte der Arbeiterbewegung Zürich, Zürich 1975.
AUTORENGRUPPE UNIVERSITÄT ZÜRICH, Reallöhne schweizerischer Industriearbeiter von 1890 bis 1921, Bd. 5, Bericht verfasst von Marco Curti, Zürich 1981.
BÄHLER, Marc, 125 Jahre Männerchor Rüti 1856–1981, Rüti 1981.
BÄRTSCHI, Hans-Peter, Industrialisierung, Eisenbahnschlachten und Städtebau. Die Entwicklung des Zürcher Industrie- und Arbeiterstadtteils Aussersihl. Ein vergleichender Beitrag zur Architektur- und Technikgeschichte, Diss. ETHZ, Basel 1983.
BÄRTSCHI, Hans-Peter, Industrielehrpfad Uster, Winterthur 1988.
BÄRTSCHI, Hans-Peter, Der Industrielehrpfad Zürcher Oberland, Wetzikon 1991.
BALLMANN, Joseph, Das Linthwerk. Gründe zu seiner Ausführung, Lizentiatsarbeit Universität Zürich 1988 (unveröffentlichtes Manuskript).
BALTENSBERGER, Helene, Das Armenwesen des Kantons Zürich vom Armengesetz 1836 bis zu den Revisionsbestrebungen der 60er Jahre, Zürich 1940.
BALTHASAR, Andreas und GRUNER, Erich, Soziale Spannungen – wirtschaftlicher Wandel. Dokumente zur Schweiz zwischen 1880 und 1914, Bern 1989.
BALTHASAR, Andreas, Zug um Zug. Eine Technikgeschichte der Schweizer Eisenbahn aus sozialhistorischer Sicht, Basel 1993.
BARBEN, Marie-Louise und RYTER, Elisabeth (Hg.), Verflixt und zugenäht! Frauenberufsbildung – Frauenerwerbsarbeit 1888–1988, Zürich 1988.
BARTH, Robert, Protestantismus, soziale Frage und Sozialismus im Kanton Zürich 1830–1914, Diss. Zürich 1981.
BAUER, Hans, Die Geschichte der schweizerischen Eisenbahnen, in: Ein Jahrhundert Schweizer Bahnen, Bd. 1, Frauenfeld 1947.
BAUHOFER, Arthur, Der Brand von Uster und das Gesetz zum Schutze des Eigentums vom 1. Heumonat 1835, in: Zürcher Taschenbuch 1965, S. 84–96.
BAUMANN, Walter, Zürich, La Belle Époque, Zürich 1973.
BAUMANN Walter, CATTANI Alfred, LOETSCHER Hugo, SCHEIDEGGER Ernst, Zürich zurückgeblättert 1870–1914. Werden und Wandel einer Stadt, Zürich 1979.
BAUMWOLLE UND WASSERKRAFT. Wie die Textilindustrie ins untere Glattal kam, in: 32. Neujahrsblatt der Lesegesellschaft Bülach, 1987, S. 5–139.
BAUMWOLLSPINNEREI STAHEL RÄMISMÜHLE, 1825–1950, Bern 1952.
BECK, Bernhard, Lange Wellen wirtschaftlichen Wachstums in der Schweiz 1814 bis 1913, Diss. Zürich, Bern 1983.
BECK, Silvia, Der Weg zur politischen Selbständigkeit der Zürcher Bauern, Lizentiatsarbeit Universität Zürich 1973 (unveröffentlichtes Manuskript).
BERGIER, Jean-François, Wirtschaftsgeschichte der Schweiz. Von den Anfängen bis zur Gegenwart, 2. Aufl., Zürich 1990.
BERNEGGER, Michael, Die Schweizer Wirtschaft 1859–1913: Wachstum, Strukturwandel und Konjunkturzyklus, Lizentiatsarbeit Universität Zürich 1983 (unveröffentlichtes Manuskript).
BERNEGGER, Michael, Die Zürcher Seidenindustrie von der Industrialisierung bis zur Gegenwart, in: Messerli, Barbara E., Seide. Zur Geschichte eines edlen Gewebes, Zürich 1986, S. 78–95.
BERNEGGER, Therese, Seidenindustrielle auf der Zürcher Landschaft von 1830 bis 1930. Zum Wandel von Unternehmerposition und -funktionen, Lizentiatsarbeit Universität Zürich 1988 (unveröffentlichtes Manuskript).
BERNET, Luzius, Italiener in Zürich, 1890–1914. Demographische, soziale und materielle Verhältnisse. Segregation und Emigrantenkultur, Lizentiatsarbeit Universität Zürich 1990 (unveröffentlichtes Manuskript).
BERNHARD, Hans, Wirtschafts- und Siedelungsgeographie des Tösstales, Diss. Zürich 1912.
BERNHARD, Hans, Die Veränderungen in den Areal- und Grundbesitz-Verhältnissen des Kantons Zürich im Laufe des 19. Jahrhunderts, Winterthur 1914.
BERNHARD, Hans, Landbau und Besiedelung im nordzürcherischen Weinland, in: 250. Neujahrsblatt der Stadtbibliothek Winterthur, 1915/16, S. 3–24.
BERNHARD, Hans, Die Verbreitung der historischen Bodennutzungssysteme im Kanton Zürich, Winterthur 1920.
BERNHARD, Hans, Landwirtschaftlicher Atlas des Kantons Zürich, Bern 1925.

Bernlocher, August, Der Kanton Zürich in der Restauration, Diss. Zürich 1937.
Bickel, Wilhelm, Bevölkerungsgeschichte und Bevölkerungspolitik der Schweiz seit dem Ausgang des Mittelalters, Zürich 1947.
Bienz, Ernst Friedrich, Die Entwicklung der Milchwirtschaft im Kanton Zürich. Eine wirtschaftsgeographische Studie, Diss. Zürich 1948.
Bildnisse, Zürcher, aus fünf Jahrhunderten. Staat, Wirtschaft, Kultur und Familie im Spiegel zürcherischer Bildnisse aus Stadt und Landschaft, Zürich 1951.
Blesi, Sonja, 100 Jahre Frauenchor Meilen, in: Heimatbuch Meilen, 1987, S. 74–85.
Bleuler, Werner, Bank in Zürich, 1836–1906, Zürich 1913.
Blickenstorfer, Barbara, Die «Chronica des Konrad Deringer von Stammheim (1850–1863)». Weltsicht und Lebensbewältigung eines Weinländer Bauern in der Zeit des grossen Umbruchs, Lizentiatsarbeit Universität Zürich 1989 (unveröffentlichtes Manuskript).
Bloch, Alexandra, «Priester der Volksbildung». Die Zürcher Volksschullehrer zwischen Profession und Beamtentum, 1832–1872, Lizentiatsarbeit Universität Zürich 1991 (unveröffentlichtes Manuskript).
Bloch, Alexandra, Lehrerbildung im 19. und 20. Jahrhundert. Der Beitrag des neuerschlossenen Seminararchivs Küsnacht zur Zürcher Schulgeschichte, in: Zürcher Taschenbuch 1993, S. 99–130.
Blosser, Ursi und Gerster, Franziska, Töchter der Guten Gesellschaft. Frauenrolle und Mädchenerziehung im schweizerischen Grossbürgertum um 1900, Diss. Zürich 1985.
Bodmer, Walter, Die Einführung der Maschine in der Zürcher Florettseidenindustrie, in: Schweizerische Zeitschrift für Volkswirtschaft und Statistik, 86. Jahrgang, 1950, Heft 6, S. 512–526.
Bodmer, Walter, Die Entwicklung der schweizerischen Textilwirtschaft im Rahmen der übrigen Industrien und Wirtschaftszweige, Zürich 1960.
Bodmer-Gessner, Verena, Die Zürcherinnen. Kleine Kulturgeschichte der Zürcher Frauen, Zürich 1960.
Böckli, Jakob, Lebensbild des Statthalters Heinrich Guyer in Bauma, in: Zürcher Monatschronik, 1942, Nr. 4, S. 76–84.
Böning, Holger, Revolution in der Schweiz. Das Ende der Alten Eidgenossenschaft. Die Helvetische Republik 1798–1803, Frankfurt a. M. 1985.
Böppli, Rudolf Johann, Die Zehntablösung in der Schweiz, speziell im Kanton Zürich, Diss. Zürich 1914.
Boesch, Evelyn, Höhere Mädchenbildung für Mittelschichttöchter. Ein Beitrag zur Verankerung, Absicherung und Umformung des bürgerlichen Frauenbildungskonzeptes im Zürcher Höheren Schulwesen des 19. Jahrhunderts, Lizentiatsarbeit Universität Zürich 1992 (unveröffentlichtes Manuskript).
Bollinger, Armin, Die Zürcher Landschaft an der Wende des 18. Jahrhunderts. Nach den Berichten der ascetischen Gesellschaft, Diss. Zürich 1941.
Brändli, Sebastian, Die Helvetische Generation: Das Zürcher Landbürgertum an der Schwelle zum 19. Jahrhundert, in: Schweiz im Wandel. Studien zur neueren Gesellschaftsgeschichte, Festschrift für Rudolf Braun zum 60. Geburtstag, Basel und Frankfurt a. M. 1990, S. 191–207.
Brändli, Sebastian, Die «Retter der leidenden Menschheit». Sozialgeschichte der Chirurgen und Ärzte auf der Zürcher Landschaft (1700–1850), Diss. Zürich 1990.
Brandt, Martin Gottlieb Wilhelm, Mathilde Escher, ein Lebensbild, Basel 1892.
Braun, Rudolf, Industrialisierung und Volksleben, Erlenbach 1960.
Braun, Rudolf, Sozialer und kultureller Wandel in einem ländlichen Industriegebiet (Zürcher Oberland) unter Einwirkung des Maschinen- und Fabrikwesens im 19. und 20. Jahrhundert, Erlenbach/Zürich 1965.
Braun, Rudolf, Das ausgehende Ancien Régime in der Schweiz, Aufriss einer Sozial- und Wirtschaftsgeschichte des 18. Jahrhunderts, Göttingen und Zürich 1984.
Braun, Rudolf, Wirtschafts- und Sozialgeschichte der Schweiz im 19. Jahrhundert (unveröffentlichtes Vorlesungsmanuskript 1984).
Braun, Rudolf, Zur Professionalisierung des Ärztestandes in der Schweiz, in: Bildungsbürgertum im 19. Jahrhundert Teil I: Bildungssystem und Professionalisierung im internationalen Vergleich, hg. von Werner Conze und Jürgen Kocka, Stuttgart 1985, S. 332–357.
Brecht, Eberhard, Zürich-Verkehr: quer durch die Vergangenheit, Zürich 1977.
Bronhofer, Max, Die ausgehende Dreizelgenwirtschaft in der Nordostschweiz, Diss. Zürich 1956.
Brühwiler, Jürg, Zerfall der Dreizelgenwirtschaft im schweizerischen Mittelland. Ein Beitrag zur Geschichte des Individualeigentums, Zürich 1975.
Brüngger, Hermann, Fehraltorf im Wandel der Jahrhunderte, Pfäffikon/Zürich 1933.
Brugger, Hans, Die schweizerische Landwirtschaft in der ersten Hälfte des 19. Jahrhunderts, Frauenfeld 1956.
Brugger, Hans, Statistisches Handbuch der schweizerischen Landwirtschaft, Bern 1968.
Brugger, Hans, Die schweizerische Landwirtschaft 1850 bis 1914, Frauenfeld 1980.
Brunner, Emil, Das Gemeinwerch der Dorfgenossen von Obermettmenstetten. Vom Beginn der Neuzeit bis zu Beginn seiner Auflösung im 19. Jahrhundert, Mettmenstetten 1984.
Brunner, Emil, Der Kanton Zürich in der Mediationszeit 1803–1813, in: Schweizer Studien zur Geschichtswissenschaft, Bd. 11 (erweiterte Fassung der Diss. Zürich 1908), Zürich 1909.
Bruppbacher, Heinrich und Nüesch, Alexander, Das alte Zollikon. Kulturhistorisches Bild einer zürcherischen Landgemeinde von den ältesten Zeiten bis zur Neuzeit, Zürich 1899.
Bucher, Erwin, Brenzlige Zeiten in Uster, in: Heimatspiegel, 1982, Nr. 6, S. 1–7.
Bucher, Erwin, Ein sozio-ökonomischer und ein politischer Ausschnitt aus der Regeneration, in: Schweizerische Zeitschrift für Geschichte, vol. 32 (1982), S. 5–111.
Bucher, J., Die Änderungen in unserer Landwirtschaft, in: Zürcher Jahrbuch für Gemeinnützigkeit 1896, S. 1–14.
Bühler, Heinrich, Geschichte der Gemeinde Nänikon, Zürich 1922.
Buomberger, Thomas, Die Ablösung der Zehnten in Wülflingen, in: Winterthurer Jahrbuch 1983, S. 53–90.
Bürgi, Gottfried, Die Anfänge der Rettungsanstalt auf dem Freienstein, 1837–1848, Bülach 1951.
Bürkli-Meyer, Adolf, Geschichte der Zürcherischen Seidenindustrie vom Schlusse des XIII. Jahrhunderts an bis in die neuere Zeit, Zürich 1884.
Bütikofer-Johanni, Kurt, Die Initiative im Kanton Zürich 1869–1969: Entstehung, Funktion und Wirkung, Bern 1982.
Cattani, Alfred, Die Aktienhäuser in Aussersihl. Hundert Jahre Aktiengesellschaft für Erstellung von Arbeiterwohnungen, Zürich 1961.
Chapman, Stanley David, The cotton Industry in the industrial Revolution, London 1972.
Chemlik, Peter, Armenerziehungs- und Rettungsanstalten. Erziehungsheime für reformierte Kinder im 19. Jahrhundert in der deutschsprachigen Schweiz, Zürich 1978.
Coninx, Hans-Heinrich, Hans von Reinhard an der Consulta in Paris, November 1802 bis Februar 1803, Diss. Zürich 1973.
Craig, Gordon A., Geld und Geist. Zürich im Zeitalter des Liberalismus 1830–1869, München 1988.
Curti, Claudia, Die Strafanstalt des Kantons Zürich im 19. Jahrhundert, Zürich 1988.
Custer, Annemarie, Die Zürcher Untertanen und die französische Revolution, Diss. Zürich 1942.
Dändliker, Karl, Geschichte der Stadt und des Kantons Zürich, Bd. 3, Zürich 1912.
Deane, Phyllis, Die Baumwollindustrie, in: Industrielle Revolution. Wirtschaftliche Aspekte, hg. von Rudolf Braun, Wolfram Fischer, Helmut Grosskreuz, Heinrich Volkmann, Köln 1976, S. 343–355.
Decurtins, Daniela und Grossmann, Susi, «Still! ihr Frösche im Sumpf!». Die Bedeutung kommunikativer Vernetzung für die Entwicklungsfähigkeit einer Gesellschaft, untersucht anhand der Demokratischen Bewegung der 1860er Jahre im Kanton Zürich, Lizentiatsarbeit Universität Zürich 1993 (unveröffentlichtes Manuskript).
Dejung, Emanuel und Ruoff, Max, Spinnerei, Weberei und mechanische Werkstätte Hard bei Wülflingen, 1800–1924, 270. Neujahrsblatt der Stadtbibliothek Winterthur 1937, Winterthur 1936.
Dejung Emanuel, Stähli Alfred, Ganz Werner, Jonas Furrer von Winterthur 1805–1861. Erster schweizerischer Bundespräsident. Ein Lebensbild, Winterthur 1948.
Denkschrift zur Erinnerung an den 50jährigen Bestand der christlichen Gemeinschaft und des christlichen Männervereins in Wädenswil, Wädenswil 1912.
Der Gewerbeverband der Stadt Zürich 1841–1941. Festschrift zur Feier des 100jährigen Bestehens, Zürich 1942.
Diener, Heinrich, Geschichte der Gemeinde Oberglatt im Bezirke Regensberg, Zürich 1863.
Die Landwirtschaft im Kanton Zürich, hg. vom Zürcher Landwirtschaftlichen Kantonalverein bei Anlass der Kantonalen Landwirtschaftsausstellung in Winterthur 1924, Zürich 1924.
Die politischen Parteien im ersten schweizerischen Parlament. Die Begründung des Gegensatzes zwischen deutscher und welscher Schweiz, in: Politisches Jahrbuch der Schweizerischen Eidgenossenschaft, 1917, S. 154–428.
Die Rebleuss als Förderin der Zürcherischen Rebbaus, 1886–1986, hg. von der Volkswirtschaftsdirektion des Kantons Zürich, Zürich 1986.
Die Religion in Geschichte und Gegenwart. Handwörterbuch für Theologie und Religionswissenschaft, 5 Bde., Tübingen 1957–1961.
Dorn, Klaus, Die Altstadt von Zürich, Veränderung der Substanz, Sozialstruktur und Nutzung, Diss. ETHZ, Teufen 1974.
Dudzik, Peter, Innovation und Investition. Technische Entwicklung und Unternehmerentscheide in der schweizerischen Baumwollspinnerei 1800–1916, Diss. Zürich 1987.
Dünki, Robert, Regeneration und Züriputsch. Zürichs erste liberale Ära und ihr Ende – Versuch einer historischen Einordnung, in: Zürichsee-Zeitung vom 23. Mai 1985.
Dünki, Robert, Verfassungsgeschichte und politische Entwicklung Zürichs 1814–1893, Zürich 1990.

Durtschi, Ernst, VOLG. Festschrift zum fünfzigjährigen Bestehen 1886–1936, Winterthur 1936.

Egg, Johann Jakob, Der zürcherische Cantonal-Turnverein in geschichtlichen Bildern als Festgabe zur Feier des fünfundzwanzigjährigen Bestandes 1885, Thalwil 1885.

Eigenheer, Susanne, Bäder, Bildung, Bolschewismus. Interessenkonflikte rund um das Zürcher Volkshaus 1890–1920, Diss. Zürich 1993.

Einhundertfünfzig Jahre Gemeinnützigkeit, Geschichte der Gemeinnützigen Gesellschaft des Kantons Zürich 1829–1979, Zürich 1979.

Elsner, Ferdinand, Die Schweizer Rechtsschulen vom 16. bis zum 19. Jahrhundert unter besonderer Berücksichtigung des Privatrechts: die kantonalen Kodifikationen bis zum Schweizerischen Zivilgesetzbuch, Zürich 1975.

Eppler, Paul, Fünfzig Jahre christliche Lehrerbildung. Geschichte des evangelischen Seminars in Zürich, Zürich 1920.

Erb, Hans, Geschichte der Studentenschaft an der Universität 1833–1936, Zürich 1937.

Erne, Emil, Die schweizerischen Sozietäten. Lexikalische Darstellung der Reformgesellschaften des 18. Jahrhunderts in der Schweiz, Zürich 1988.

Ernst, Rosemarie, Lesesucht, Schund und gute Schriften. Pädagogische Konzepte und Aktivitäten der Jugendschriftenkommission des schweizerischen Lehrervereins (1859–1919), Zürich 1991.

Escher, Alfred, 20. Februar 1819 bis 6. Dezember 1882. Zum Gedenken an seinen hundertsten Todestag, Zürich 1982.

Eschmann, Ernst, David Hess. Sein Leben und seine Werke, Aarau 1911.

Etter, Christian, Die kleinbürgerliche Arbeiterbewegung. Die Bedeutung der Handwerksgesellen in der frühen Gewerkschaftsbewegung. Eine Studie zu Entstehungsbedingungen und Entstehungsvoraussetzungen der Zürcher Gewerkschaftsbewegung in den späten 1860er und frühen 1870er Jahren, Lizentiatsarbeit Universität Zürich 1983 (unveröffentlichtes Manuskript).

Fahrländer, Madeleine, Der Stadlerhandel 1833/34. Ländlich-traditioneller Widerstand gegen die Durchsetzung der liberalen Schulreform, Oberlehrerarbeit Universität Basel 1976 (unveröffentlichtes Manuskript).

Farner, Alfred, Geschichte der Kirchgemeinde Stammheim und Umgebung, Zürich 1911.

Festschrift zur Feier des 100jährigen Bestandes der Gesellschaft der Ärzte des Kantons Zürich, 1810–1910, Zürich 1910.

Festschrift zur Feier des 125jährigen Bestandes der Gesellschaft der Ärzte des Kantons Zürich, 1810–1935, Zürich 1935.

Feurer, Henri, Der Anteil der Hinwiler am Bockenkrieg von 1804, in: Jahrheft Antiquarische Gesellschaft Hinwil, Nr. 6, 1933, S. 9–19.

Fischer, Willy, Hegnau und Volketswil: von der Allmend zur Holzkorporation, in: Volketswil 1985, S. 34–60.

Foucault, Michel, Überwachen und Strafen. Die Geburt des Gefängnisses, Frankfurt 1977.

Fränkel, Jonas, Gottfried Kellers politische Sendung, Zürich 1939.

Frei, Annette, Rote Patriarchen. Arbeiterbewegung und Frauenemanzipation in der Schweiz um 1900, Diss. Zürich 1987.

Frei, Annette, Die Welt ist mein Haus. Das Leben der Anny Klawa-Morf, Zürich 1991.

Frey, Heinz und Glättli, Ernst, Schaufeln, Sprengen, Karren: Arbeits- und Lebensbedingungen der Eisenbahnbauarbeiter in der Schweiz um die Mitte des 19. Jahrhunderts, Diss. Zürich 1987.

Frey, Paul, Die zürcherische Volksschulgesetzgebung 1831–1951, ein Beitrag zur Geschichte der zürcherischen Volksschule, Diss. Zürich 1953.

Fritzsche, Bruno, Grundstückpreise als Determinanten städtischer Strukturen, in: Zeitschrift für Stadtgeschichte, Stadtsoziologie und Denkmalpflege, 4 (1977), S. 36–54.

Fritzsche, Bruno, Das Quartier als Lebensraum, in: Arbeiterexistenz im 19. Jahrhundert, hg. von Werner Conze und Ulrich Eberhardt (Industrielle Welt, 33) Stuttgart 1981, S. 92–113.

Fritzsche, Bruno, Mechanismen der sozialen Segregation, in: Homo habitans. Zur Sozialgeschichte des ländlichen und städtischen Wohnens in der Neuzeit, hg. von Hans Jürgen Teuteberg, Münster 1985, S. 155–168.

Fritzsche, Bruno, Eisenbahnbau und Stadtentwicklung in der Schweiz, in: Teuteberg Hans Jürgen (Hg.), Stadtwachstum, Industrialisierung, Sozialer Wandel, Berlin 1986.

Fritzsche, Bruno, Der Transport bürgerlicher Werte über die Architektur. Anmerkungen zum Arbeiterwohnungsbau, in: Wohnen. Zur Dialektik von Intimität und Öffentlichkeit. (Studia Ethnographica Friburgensia, Bd. 16), Freiburg i. Ue., 1990.

Fritzsche, Bruno, Mobilität im Stadtviertel: Zürich um 1870, in: Hardtwig, Wolfgang und Tenfelde, Klaus (Hg.), Soziale Räume in der Urbanisierung, München 1990, S. 193–216.

Fritzsche, Bruno, Vorhänge sind an die Stelle der alten Lumpen getreten. Die Sorgen der Wohnungsfürsorger im 19. Jahrhundert, in: Schweiz im Wandel. Studien zur neueren Gesellschaftsgeschichte, Festschrift für Rudolf Braun zum 60. Geburtstag, Basel und Frankfurt a. M. 1990, S. 383–396.

Fritzsche, Bruno, Moderne Stadtgeschichte, in: Schweizerische Zeitschrift für Geschichte, vol. 41 (1991), S. 29–37.

Fritzsche, Hans, Begründung und Ausbau der neuzeitlichen Rechtspflege des Kantons Zürich: Zur Erinnerung an die Regeneration von 1831, Zürich 1931.

Fritzsche, Hans und Pfenninger, Felix, Zur Jahrhundertfeier der Zürcher Juristenfakultät, Zürich 1933.

Fritzsche, Hans, Der Schweizerische Juristenverein 1861–1960, Basel 1961.

Fuchs, Fritz, Beiträge zur Geschichte der Zürcher Effektenbörse, 1882–1891, Diss. Zürich 1913.

Furrer, Bruno, Massenfreizeit und Unterhaltung der Massen; zur Kommerzialisierung der Unterhaltung; Zürich 1893–1914, Lizentiatsarbeit Universität Zürich 1982 (unveröffentlichtes Manuskript).

Gaehler-Steiger, Christa, Die Bauernchronik des Johann Ulrich Ehrensperger, in: Winterthurer Jahrbuch 1983, S. 109–136.

Gagg, Margareta, Die Frauenarbeit in der schweizerischen Industrie, Zürich 1928.

Gagliardi, Ernst, Alfred Escher. Vier Jahrzehnte neuerer Schweizergeschichte, Frauenfeld 1919.

Gagliardi Ernst, Nabholz Hans, Strohl Jean, Die Universität Zürich 1833–1933 und ihre Vorläufer, Zürich 1938.

Galliker, Hansruedi, Stadtplanung und Strassenbahn, Die Leitbilder beim Bau des Zürcher Trams 1881–1930, Lizentiatsarbeit Universität Zürich 1993 (unveröffentlichtes Manuskript).

Gamper-Schlund, Gertraud und Rudolf, Johann Sebastian Clais (1742–1809). Ein vielseitiger Unternehmer der industriellen Frühzeit, in: Schweizer Pioniere der Wirtschaft und Technik, Heft 52, Meilen 1990.

Ganz, Werner, Geschichte der Stadt Winterthur vom Durchbruch der Helvetik 1798 bis zur Stadtvereinigung 1922, Winterthur 1979.

Ganz, Werner, Winterthur und der Ustertag von 1830, in: Winterthurer Jahrbuch 1980, S. 65–82.

Gasser, Albert, Caspar Honegger (1804–1883), in: Schweizer Pioniere der Wirtschaft und Technik, Heft 20, Zürich 1968.

Gautschi, Willi, Der Landesstreik 1918, Zürich 1968.

Geilinger, Robert, Die Institutionen der direkten Demokratie im Kanton Zürich, Diss. Zürich 1947.

Geiser, Heinz, Tendenzen zur Vereinheitlichung des Arztberufes in der Schweiz im 19. Jahrhundert, Diss. med. Zürich, Aarau 1963.

Gerber, Rudolf, Johann Rudolf Sulzer 1749–1828. Biographische Untersuchung zur Entstehung der Mediationsverfassung, Bern 1972.

Geschichte der Gemeinde Wallisellen, hg. von der Gemeinde Wallisellen, Wallisellen 1952.

Geschichte der Schweiz und der Schweizer, 3 Bde., Basel/Frankfurt a. M. 1983.

Geschichte der Zürcher Stadtvereinigung, hg. von der Stadtkanzlei, Zürich 1919.

Geschlechterbuch, Deutsches, Bd. 48, Görlitz 1926.

Gilg, Peter, Die Entstehung der demokratischen Bewegung und die soziale Frage. Die sozialen Ideen und Postulate der deutschschweizerischen Demokraten in den frühen 60er Jahren des 19. Jahrhunderts, Diss. Bern, Affoltern a. A. 1951.

Göldi, Susanne, Kriminologische Aspekte eines historischen Tatbestandes: Konkubinat. Normgenese, Kriminalitätsfaktoren, Repressions- und Kontrollbedingungen, Lizentiatsarbeit Universität Zürich 1992 (unveröffentlichtes Manuskript).

Greiner, Martha, Der Wandel des Verhältnisses von Staat und Kirche zur Volksschule des Kantons Zürich; von der Helvetik bis zur Gegenwart, Diss. Basel, Olten 1933.

Greminger, Thomas, Ordnungstruppen in Zürich. Der Einsatz von Armee, Polizei und Stadtwehr Ende November 1918 bis August 1919, Diss. Zürich, Basel 1990.

Gross, Thomas, Die Entwicklung der öffentlichen Ausgaben in der Schweiz mit besonderer Berücksichtigung im Kanton Zürich 1860–1910, Diss. Zürich, Bern 1980.

Grossmann, Heinrich, Die Waldweide in der Schweiz, Zürich 1926.

Grossmann, Heinrich, Krebs, Ernst u. a., 650 Jahre Zürcherische Forstgeschichte, Bd. 2: Forstpolitik, Forstverwaltung und Holzversorgung des Kantons Zürich von 1798 bis 1960, Zürich 1965.

Gross-Zürich, Dokumentation zu einer Ausstellung im Architekturforum Zürich, Zürich 1990.

Gruner, Erich, Die schweizerische Bundesversammlung 1848–1920, 2 Bde., Bern 1966.

Gruner, Erich, Die Arbeiter in der Schweiz im 19. Jahrhundert. Soziale Lage, Organisation, Verhältnis zu Arbeitgeber und Staat, Bern 1968.

Gruner, Erich, Die Parteien in der Schweiz, Bern 1969.

Gruner, Erich, Arbeiterschaft und Wirtschaft in der Schweiz 1880–1914. Soziale Lage, Organisation und Kämpfe von Arbeitern und Unternehmern, politische Organisation und Sozialpolitik, 3 Bde., Zürich 1987/88.

Gubler, Arnold, Die schweizerische Nationalbahn, Diss. Zürich, Hermatswil-Saland 1922.

Gubler, Hans Martin, Prolegomena zur Geschichte der Industriearchitektur im Kanton Zürich, in: Festschrift Walter Drack zu seinem 60. Geburtstag, Zürich 1977, S. 232–255.

Gubler, Robert, Felddivision 6. Von der Zürcher Miliz zur Felddivision 1815–1991, Zürich 1991.

Gugerli, David, Zwischen Pfrund und Predigt.

Die protestantische Pfarrfamilie auf der Zürcher Landschaft im ausgehenden 18. Jahrhundert, Diss. Zürich 1988.

GUGGENBÜHL, Gottfried, Bürgermeister Paul Usteri 1768–1831. Ein schweizerischer Staatsmann aus der Zeit der französischen Vorherrschaft und des Frühliberalismus, 2 Bde., Aarau 1924–1931.

GUGGENBÜHL, Gottfried, Der Landbote 1836–1936. Hundert Jahre Politik im Spiegel der Presse, Winterthur 1936.

GUYER, Paul, Zürich auf dem Weg zur Grossstadt von 1830–1870, in: Schweizerische Bauzeitung, 85. Jahrgang, Heft 45 (1967), S. 809–815.

GWERDER Joseph, LIECHTI Erich, MEISTER Jürg, Schiffahrt auf dem Zürichsee, 1835 bis heute, Basel 1976.

HAEFELIN, Jürg, Wilhelm Weitling. Biographie und Theorie. Der Zürcher Kommunistenprozess von 1843, Diss. Bern 1986.

HAEFELIN, Jürg, Die Abschaffung der Todesstrafe im Kanton Zürich, in: Zürcher Taschenbuch 1989, S. 55–75.

HAEGI, Oscar, Die Entwicklung der zürcher-oberländischen Baumwollindustrie, Diss. Zürich, Weinfelden 1925.

HALTER, Eugen, 150 Jahre Spinnerei Braendlin, Rapperswil 1962.

HANDBUCH DER SCHWEIZER GESCHICHTE, Band 2, Zürich 1980.

HANSER, Jürg (Hg.), Die industrielle Revolution im Zürcher Oberland. Von der industriellen Erschliessung zum Industrielehrpfad, Wetzikon 1985.

HARDEGGER, Rainer Otto, Die helvetische Gesellschaft correspondierender Ärzte und Wundärzte 1788/91; Geschichte der ersten schweizerischen Ärztevereinigung, Diss. med. Zürich 1987.

HARTMANN, Max, Die Volksschule im Kanton Zürich zur Zeit der Mediation, Diss. Zürich 1917.

HASLER, Hans, Der schweizerische Weinbau mit besonderer Berücksichtigung der zürcherischen Verhältnisse, Diss. Zürich 1907.

HAUSER, Albert, Der Bockenkrieg. Ein Aufstand des Zürcher Landvolkes im Jahre 1804, Diss. Zürich 1938.

HAUSER, Albert, Die wirtschaftliche und soziale Entwicklung eines Bauerndorfes zur Industriegemeinde. Neuere Wirtschaftsgeschichte der zürcherischen Gemeinde Wädenswil, in: Neujahrsblatt der Lesegesellschaft Wädenswil 1956, Wädenswil 1955.

HAUSER, Albert, Geschichte der Stärkemehlfabrik Blattmann & Co. 1856–1981, Wädenswil 1981.

HAUSER, Albert, Bäuerliches Brauchtum im Wandel der Zeit, in: Zürich. Konturen eines Kantons, Zürich 1983, S. 74–87.

HAUSER, Albert, Das Zürcher Handwerk 1800–1850, in: Turicum, 1991, Sommerheft, S. 22–28.

HAUSER, Albert, Von der Donnerstag-Gesellschaft zur Regionalbank: Sparkasse Wädenswil-Richterswil-Knonaueramt, 1816–1991, Wädenswil 1991.

HAUSER, Albert, Saure Wochen, frohe Feste. Alltag und Festtag unserer Vorfahren. Museum zur Hohlen Eich, Wädenswil, o. O. o. J.

HEDINGER, Heinrich, Geschichte des Städtleins Regensberg, Zürich 1927.

HEDINGER, Heinrich, Der Stadlerhandel, in: Zürcher Taschenbuch 1934, S. 162–187.

HEEB, Friedrich, Hundert Jahre Konsumgenossenschaften in den Kantonen Zürich und Schaffhausen, Basel 1952.

HEER, Gottfried, Oswald Heer: Lebensbild eines schweizerischen Naturforschers. O. Heer als Mensch und Bürger in seiner späteren Lebensperiode, Zürich 1888.

HEIMATBUCH DER GEMEINDE PFÄFFIKON IM KANTON ZÜRICH, Zürich 1962.

HELFENBERGER, Willi, Schnürleibchen im Comptoir. Die Anfänge kaufmännischer Tätigkeit von Frauen in der Stadt Zürich, 1880–1910, Lizentiatsarbeit Universität Zürich 1988 (unveröffentlichtes Manuskript).

HELFENSTEIN, Ulrich, Anton Largiadèr, 1893–1974, in: Archivarische Zeitschrift, Bd. 71, 1975, S. 75–78.

HERTER, Gustav, Die ehemalige Beuggersche Spinnerei in Wülflingen, Oberwinterthur 1952.

HESS, Fritz, Thalwil im 19. Jahrhundert, Diss. Zürich, Wald 1938.

HINTERMEISTER, Karl Heinrich, Die Schweizerische Seidenindustrie mit besonderer Berücksichtigung der mechanischen Seidenstoffweberei, Diss. oec. Zürich 1916.

HIRZEL, Johannes, Rückblicke auf die religiösen, kirchlichen und theologischen Zustände und Erfahrungen im Kanton in der ersten Hälfte dieses Jahrhunderts, in: Zürcher Taschenbuch 1886, S. 1–62.

HISTORISCH-BIOGRAPHISCHES LEXIKON DER SCHWEIZ, hg. von der Allgemeinen Geschichtsforschenden Gesellschaft der Schweiz, 7 Bde., Neuenburg 1921–1934.

HODEL, Walter, Wirtschaftlicher und sozialer Wandel in einer von der Maschinenindustrie geprägten Gemeinde. Die Gemeinde Töss im ausgehenden 18. und im 19. Jahrhundert, Lizentiatsarbeit Universität Zürich 1975 (unveröffentlichtes Manuskript).

HOFER, Fritz und HÄGELI, Sonja, Zürcher Personenlexikon, 800 biographische Portraits aus zwei Jahrtausenden, Zürich und München 1986.

HOFER, Hans, Wirtschafts- und Siedlungsgeographie des Rafzerfeldes und seiner angrenzenden Gebiete, Diss. Zürich 1941.

HOFER, R. Seminardirektor Bachofner. Erinnerungen eines ehemaligen Schülers, in: Zürcher Taschenbuch 1909, S. 131–184.

HOFMANN, Hannes, Die Anfänge der Maschinenindustrie in der deutschen Schweiz 1800–1875, Zürich 1962.

HOFMANN, Johannes, Kantonale landwirtschaftliche Schule Strickhof 1853/1928, Zürich 1928.

HOFMEISTER, Diethelm Salomon, Geschichte der Evangelischen Gesellschaft des Kantons Zürich, Zürich 1882.

HOIGNÉ, Franz Heinrich, Gründung und Entwicklung der Spinnerei und Maschinenfabrik Escher Wyss & Cie., 1805–1859, Diss. Zürich 1916.

HONOLD, Robert, Vom einstigen «Klein-Lyon»: die Entwicklung der Seidenindustrie in Horgen, Horgen 1960.

HONEGGER, Caspar, Ein Lebensbild aus der Jugendzeit der Schweizerischen Industrie und den Anfängen der Industrie im Zürcher Oberland, Zürich 1915.

HONEGGER, Romolo, Sechseläuten 1837. Vorschläge und Projekt für eine gemeinschaftliche Feier des Sechseläutens im Jahre 1837, Zürich 1986.

HONEGGER, Romolo, 150 Jahre Sechseläuten-Programme 1839–1989, Zürich 1989.

HUBER, Hans, Das Flurwegrecht des Kantons Zürich, Diss. Zürich, Affoltern am Albis 1944.

HUBER, Martin, «Gegen ‹Liederlichkeit›, ‹Arbeitsscheu› und ‹geschlechtliche Verlotterung›». Ausbau der bürokratischen Kontrolle und Verfeinerung des fürsorgerischen Eingriffs am Beispiel der Stadt Winterthur 1880–1914, Lizentiatsarbeit Universität Zürich 1990 (unveröffentlichtes Manuskript).

HUMM, Bruno, Volksschule und Gesellschaft im Kanton Zürich. Die geschichtliche Entwicklung ihrer Wechselbeziehungen von der Regeneration bis zur Gegenwart, Diss. Zürich, Affoltern a. A. 1936.

HUNDERT JAHRE GROSS-ZÜRICH. 100 Jahre 1. Eingemeindung 1893, hg. vom Stadtarchiv Zürich, Zürich 1993.

ILLI, Martin, Von der Schîssgruob zur modernen Stadtentwässerung. hg. von der Stadtentwässerung Zürich, Abteilung des Bauamtes I, Zürich 1987.

INSA, Inventar der neueren Schweizer Architektur 1850–1920, Band 10 (Winterthur, Zug), Zürich 1992.

ISLER, Ursula, Frauen aus Zürich, Zürich 1991.

JÄGER Reto, LEMMENMEIER Max, ROHR August, WIHER Peter, Wirtschaftlicher, sozialer und politischer Wandel in einem Industriegebiet der Zürcher Landschaft, 1750–1920. Eine Regionalstudie über die Industrialisierung zwischen Pfannenstil und Pfäffikersee, Lizentiatsarbeit Universität Zürich 1975 (unveröffentlichtes Manuskript).

JÄGER Reto, LEMMENMEIER Max, ROHR August, WIHER Peter, Baumwollgarn als Schicksalsfaden. Wirtschaftliche und gesellschaftliche Entwicklungen in einem ländlichen Industriegebiet (Zürcher Oberland) 1750–1920, Zürich 1986.

50 JAHRE KULTURTECHNISCHER DIENST IM KANTON ZÜRICH, 1898–1948, Zürich 1948.

75 JAHRE SCHWEIZERISCHE LEBENSVERSICHERUNGS- UND RENTENANSTALT ZÜRICH, 1857–1932, Zürich 1933.

75 JAHRE SEKTION UTO. Festschrift zum 75jährigen Bestehen der Sektion Uto des Schweizer Alpenclubs, 1863–1938, Zürich 1938.

75 JAHRE ZÜRCHER KANTONALBANK, 1870–1945, Zürich 1945.

90 JAHRE KANTONALE LANDWIRTSCHAFTLICHE SCHULE STRICKHOF, 1853–1943, Uetikon/Zürich 1943.

100 JAHRE FRAUENCHOR RICHTERSWIL, 1883–1983, Richterswil 1983.

100 JAHRE GEBRÜDER SULZER, 1834–1934, Winterthur 1934.

100 JAHRE HONEGGER WEBSTÜHLE, 1842–1942, Rüti 1942.

100 JAHRE LANDWIRTSCHAFTLICHER VEREIN MEILEN, 1872–1972, Meilen 1972.

100 JAHRE SPOERRY UND SCHAUFELBERGER, 1851–1951, Wald 1951.

100 JAHRE ZÜRCHER LANDWIRTSCHAFTLICHER KANTONALVEREIN, 1842–1942, Zürich 1942.

150 JAHRE ESCHER WYSS, 1805–1955, Zürich 1955.

150 JAHRE SÄNGERVEREIN AM ZÜRICHSEE, 1826–1976, Zürich 1976.

150 JAHRE SEIDENWEBEREI GESSNER WÄDENSWIL, 1841–1991, Wädenswil 1991.

200 JAHRE FREIMAURERLOGE MODESTIA CUM LIBERTATE, im Orient von Zürich, 1771–1971, Zürich 1971.

650 JAHRE ZÜRCHER ZÜNFTE, 1336–1986, Zürich 1986.

JAUN, Rudolf, Management und Arbeiterschaft. Verwissenschaftlichung, Amerikanisierung und Rationalisierung der Arbeitsverhältnisse in der Schweiz 1873–1959, Diss. Zürich 1986.

JÖHR, Walter Adolf, Schweizerische Kreditanstalt, 1856–1956, Zürich 1956.

JORIS, Elisabeth und WITZIG, Heidi (Hg.), Frauengeschichte(n). Dokumente aus zwei Jahrhunderten zur Situation der Frauen in der Schweiz, Zürich 1986.

JORIS, Elisabeth und WITZIG, Heidi, Brave Frauen. Aufmüpfige Weiber. Wie sich die Industrialisierung auf Alltag und Lebenszusammenhänge von Frauen auswirkte (1820–1940), Zürich 1992.

Jubiläumsbericht der evangelischen Erziehungsanstalt auf dem Freienstein. Zu ihrem hundertjährigen Bestehen, 1838–1938, Zürich 1938.
Jubiliäumsschrift zum 75jährigen Bestehen der Eidgenössischen Versuchsanstalt für Obst-, Wein- und Gartenbau, Wädenswil, 1890–1965, Wädenswil 1965.
Junker, Beat, Die Bauern auf dem Wege zur Politik; die Entstehung der Bernischen Bauern-, Gewerbe- und Bürgerpartei, Bern 1968.
Kägi, Erich, Der Finanzhaushalt des Kantons Zürich in der Regenerationszeit, Zürich 1954.
Kasper, Hans-Georg, Die allgemeine obligatorische Volksschule auf der Zürcher Landschaft 1830–1850: Schulidee und Schulwirklichkeit, Lizentiatsarbeit Universität Zürich 1975 (unveröffentlichtes Manuskript).
Kaufmann, Hans, Die Frauenarbeit in der schweizerischen Industrie, Diss. Zürich, Zürich/Leipzig 1914.
Kaufmann, Uri Robert, Jüdische und christliche Viehhändler in der Schweiz 1780–1930, Diss. Zürich 1987.
Keist, Robert, Johann Caspar von Orelli als Begründer der zürcherischen Kantonsschule und Universität, Zürich/Leipzig 1933.
Keller, Hans und Flaad, Paul, Chronik der Gemeinde Wildberg, Wildberg 1985.
Keller, Theo, Leu & Co., 1755–1955. Denkschrift zum zweihundertjährigen Bestehen der Aktiengesellschaft Leu & Co. Zürich, Zürich 1955.
Kessler, Adolf, Die schweizerische Nordostbahn, 1853–1901, Diss. Zürich 1929.
Kilchenmann, Küngolt, Heinrich Schmid (1806–1883), Pionier der Baumwollindustrie; grosszügiger, sozial denkender, vielseitiger Unternehmer, in: Pioniere der Wirtschaft und Technik, Heft 10, Meilen 1959, S. 9–38.
Kind, Christian, Kirchliche Politik von Zürich und Bern in der Restaurationszeit, Diss. Zürich, Affoltern a. A. 1953.
Kläui, Hans und Mietlich, Karl, Geschichte der Gemeinde Wiesendangen, 300. Neujahrsblatt der Stadtbibliothek Winterthur, Wiesendangen 1969.
Kläui, Hans und Sigg, Otto, Geschichte der Gemeinde Zell, Zell 1983.
Kläui, Paul, Zürich. Geschichte der Stadt und des Bezirks. (Chronik des Bezirks und der Stadt Zürich), Zollikon 1948.
Kläui, Paul und Imhof, Eduard, Atlas zur Geschichte des Kantons Zürich, Zürich 1951.
Kläui, Paul, Geschichte der Gemeinde Horgen, Horgen 1952.
Kläui, Paul, Geschichte der Gemeinde Uster, Uster 1964.
Klein, Ernst, Geschichte der deutschen Landwirtschaft im Industriezeitalter, Wiesbaden 1973.
Klinke, Willibald, Das Volksschulwesen des Kantons Zürich zur Zeit der Helvetik (1798–1803), Diss. Zürich 1907.
Klinke, Willibald und Keller, Iso, Johann Jakob Treichler. Ein Lebensbild, Zürich 1947.
Koch Michael, Somandin Mathias, Süsstrunk Christian, Kommunaler und genossenschaftlicher Wohnungsbau in Zürich. Ein Inventar der durch die Stadt geförderten Wohnbauten 1907–1989, hg. vom Finanzamt und Bauamt II der Stadt Zürich, 1990.
Kocka, Jürgen (Hg.), Bürger und Bürgerlichkeit im 19. Jahrhundert, Göttingen 1987.
Kölz, Alfred, Neuere schweizerische Verfassungsgeschichte. Ihre Grundlinien vom Ende der Alten Eidgenossenschaft bis 1848, Bern 1992.
König, Mario, Die Angestellten zwischen Bürgertum und Arbeiterbewegung. Soziale Lage und Organisation der kaufmännischen Angestellten in der Schweiz 1914–1920, Zürich 1984.
König Mario, Siegrist Hannes, Vetterli Rudolf, Warten und Aufrücken. Die Angestellten in der Schweiz, 1870–1950, Zürich 1985.
Koller, Thomas, Volksbildung, Demokratie und soziale Frage; die Zürcher Demokratische Bewegung und ihre Bildungspolitik in den Jahren 1862 bis 1872: Idee, Programm und Realisierungsversuch, Diss. Zürich 1987.
Koller, Werner, Die Ursachen der Gärung auf der Zürcher Landschaft mit der Einführung der Mediationsverfassung. Unter besonderer Berücksichtigung der Zehntenfrage, Lizentiatsarbeit Universität Zürich 1984 (unveröffentlichtes Manuskript).
Kost, Franz, Volksschule und Disziplin: die Disziplinierung des inner- und ausserschulischen Lebens durch die Volksschule, am Beispiel der Zürcher Schulgeschichte zwischen 1830 und 1930, Zürich 1985.
Kraus, Alexandra, Die Einflüsse der physiokratischen Bewegung in Literatur und Gesetzgebung und ihre praktischen Auswirkungen in der Landwirtschaft der Schweiz, Diss. Zürich, Wien 1928.
Krebser, Heinrich, Eine Oberländer Gemeinde erlebt die Revolutionswirren der Jahre 1795–1802, in: Zürcher Taschenbuch 1962, S. 82–130.
Kreis, Georg, Weg zur Gegenwart. Die Schweiz im 19. Jahrhundert, Basel/Boston/Stuttgart 1986.
Kreis, Konrad, Städtische soziale Segregation und Arbeiterwohnungsfrage. Die soziale und bauliche Entwicklung einer Arbeitervorstadt am Beispiel von Zürich-Aussersihl, 1860–1900, Lizentiatsarbeit Universität Zürich 1981 (unveröffentlichtes Manuskript).
Kriesi, Hans Max, Gottfried Keller als Politiker, Frauenfeld/Leipzig 1918.
Kronbichler, Walter, Die zürcherischen Kantonsschulen. Festschrift zur 150-Jahr-Feier der staatlichen Mittelschulen des Kantons Zürich, Zürich 1983.
Kruse, Joachim, Johann Heinrich Lips 1758–1817. Ein Zürcher Kupferstecher zwischen Lavater und Goethe, Coburg 1989.
Kübler, Christoph, Ein Quartier für Angestellte und Arbeiter in Nieder-Töss, gegründet und erbaut von J. J. Rieter & Comp. 1865–1876, in: Winterthurer Jahrbuch 1985, S. 125–142.
Külling, Friedrich, Antisemitismus; bei uns wie überall?, Diss. Zürich 1979.
Künzle, Daniel, Wohnen im Arbeiterquartier. Stadtentwicklung und Lebensbedingungen am Beispiel von Zürich-Aussersihl im ausgehenden 19. Jahrhundert, Lizentiatsarbeit Universität Zürich 1986 (unveröffentlichtes Manuskript).
Künzle, Daniel, Stadtwachstum, Quartierbildung und soziale Konflikte am Beispiel von Zürich-Aussersihl, in: Schweiz im Wandel. Studien zur neueren Gesellschaftsgeschichte, Festschrift für Rudolf Braun zum 60. Geburtstag, Basel und Frankfurt a. M. 1990, S. 43–58.
Kürenberg, Joachim von, Das Sonnenweib. Der Juliane von Krüdener seltsame Irrfahrt, Basel 1941.
Kummer, Peter, Der zürcherische Proporzkampf. Die Ausbreitung des Systems 1851–1891, Diss. Zürich 1969.
Kummer, Peter, Warum singt der Mensch? Geschichte und Problematik des Arbeitersängerbundes Meilen, in: Heimatbuch Meilen, 1978/79, S. 70–81.
Kuprecht, Karl, Konrad Hauser von Schönenberg, 1774–1856, Sekretär des Kommandanten Willi im Bockenkrieg, in: Gemeindeblatt der evangelischen Kirchgemeinde Schönenberg, 1967, S. 1–4.
Kurmann, Fridolin, Das Luzerner Suhrental im 18. Jahrhundert, Luzern/Stuttgart 1985.
Kurz, Daniel, Leitbilder zur Stadtentwicklung im Städtebau der Schweiz und Deutschlands 1900–1940. Der Wettbewerb für einen Bebauungsplan Zürich und Vororte 1918 im Kontext der Zeitgeschichte, Lizentiatsarbeit Universität Zürich 1990 (unveröffentlichtes Manuskript).
Kuster, Jean-Pierre, Stäfnerhandel und Ustertag: Konflikte auf dem Wege der Herausbildung des liberal-bürgerlichen Staates, Lizentiatsarbeit Universität Zürich 1974 (unveröffentlichtes Manuskript).
Lamprecht, Franz und König, Mario, Eglisau. Geschichte der Brückenstadt am Rhein, Zürich 1992.
Landert-Scheuber, Monika, Das politische Institut in Zürich 1807–1833, Lizentiatsarbeit Universität Zürich 1990 (unveröffentlichtes Manuskript).
Landolt, Ernst, Untersuchungen über die Bewegung der Bodenpreise in den Gemeinden des zürcherischen Weinlandes während der Jahre 1870–1920, Diss. Zürich 1921.
Landwirtschaft im Industriekanton. Die zürcherische Landwirtschaft, Stäfa 1976.
Largiadèr, Anton, Geschichte von Stadt und Landschaft Zürich, Bd. 2, Erlenbach/Zürich 1945.
Laur, Ernst, Die innern Wanderungen der schweizerischen Bevölkerung in ihrer Bedeutung für die Landwirtschaft. SA aus dem landwirtschaftlichen Jahrbuch der Schweiz, 1901.
Leemann, Ernst, Wirtschafts- und siedlungsgeographische Untersuchungen im Gebiet zwischen Albis und Reuss, Diss. Zürich 1926.
Lehrer, Ute, Wandel und Handel der Kaserne Zürich, ORL-Bericht 68/1989, Zürich 1988.
Leisibach, Moritz, Das Medizinisch-chirurgische Institut in Zürich 1782–1833. Vorläufer der Medizinischen Fakultät der Universität Zürich, in: Schriften zur Zürcher Universitäts- und Gelehrtengeschichte, Bd. 4, Zürich 1982.
Lemmenmeier, Max, Alltag der «Fabriklerkinder» am «Millionenbach», in: Arbeitsalltag und Betriebsleben. Zur Geschichte industrieller Arbeits- und Lebensverhältnisse in der Schweiz, hg. vom Schweizerischen Sozialarchiv, Diessenhofen 1981.
Lemmenmeier, Max, Luzerns Landwirtschaft im Umbruch. Wirtschaftlicher, sozialer und politischer Wandel in der Agrargesellschaft des 19. Jahrhunderts, Diss. Zürich, Luzern/Stuttgart 1983.
Lemmenmeier, Max, Heimgewerbliche Bevölkerung und Fabrikarbeiterschaft in einem ländlichen Industriegebiet der Ostschweiz (Oberes Glattal 1750–1910), in: Von der Heimarbeit in die Fabrik. Industrialisierung und Arbeiterschaft in Leinen- und Baumwollregionen Westeuropas während des 18. und 19. Jahrhunderts, hg. von Karl Ditt und Sidney Pollard, Paderborn 1992, S. 409–429.
Lob der Tüchtigkeit: Kleinjogg und der Zürcher Landwirtschaft am Vorabend des Industriezeitalters: Zum zweihundertsten Todesjahr Kleinjogg Guyers (1716–1785), Zürich 1985.
Looser, Heinz, Der Italienerkrawall von 1896, Widerstände gegen die Einführung bürgerlicher Verhältnisse in der Grossstadt, Lizentiatsarbeit Universität Zürich 1983 (unveröffentlichtes Manuskript).
Lüssi, Hermann, Chronik der Gemeinde Fischenthal, Wetzikon 1933.
Lutz, Albert, Handwerksehre und Handwerksgerichte im alten Zürich 1336–1798, in: Zürcher Taschenbuch 1962, S. 35–60.
Maeder, Hugo, Von alten Strassen und Wegen, in:

Heimatbuch Dübendorf 1966, S. 24–56.
MARTI, Markus, Das städtische Handwerk in der 2. Hälfte des 19. Jahrhunderts unter dem Einfluss der Industrialisierung, Lizentiatsarbeit Universität Zürich 1982 (unveröffentlichtes Manuskript).
MATHYS, Ernst, Hundert Jahre Schweizerbahnen, 1841–1941, Bern 1943.
MEIER, Hans, Die Staatskellerei des Kantons Zürich, Diss. St. Gallen, Zürich 1948.
MEIER, Heinrich, Modestia cum Libertate, Orden von Zürich 1772–1922, Zürich 1922.
MEIER, Thomas, Handwerk, Hauswerk, Heimarbeit. Nichtagrarische Tätigkeiten und Erwerbsformen in einem traditionellen Ackerbaugebiet des 18. Jahrhunderts (Zürcher Unterland), Diss. Zürich 1986.
MEIER, Ulrich, Geschichte der Gemeinden Rorbas-Freienstein-Teufen, Bülach 1924.
MEILI, David, Anno dazumal im Zürcher Oberland, Wetzikon 1977.
MEILI, Wilfried, Vor Jahr und Tag in Illnau-Effretikon und Lindau, Wetzikon 1989.
MERHARDT VON BERNEGG, Ulrich, David Nüscheler (1792–1871). Kämpfer wider seine Zeit, Zürich 1951.
MESMER, Beatrix, Reinheit und Reinlichkeit. Bemerkungen zur Durchsetzung der häuslichen Hygiene in der Schweiz, in: Gesellschaft und Gesellschaften. Festschrift zum 65. Geburtstag von Ulrich Im Hof, Bern 1982, S. 470–494.
MESMER, Beatrix, Ausgeklammert – Eingeklammert. Frauen und Frauenorganisationen in der Schweiz im 19. Jahrhundert, Basel 1988.
MESSERLI, Alfred (Hg.), Flausen im Kopf. Schweizer Autobiografien aus drei Jahrhunderten, Zürich 1984.
METTIER, Hans, Der Grütliverein Zürich, 1848–1898. Dargestellt in seinem Werden und Wachsen, Zürich 1898.
MEYER-EGG, Emanuel, Geschichte der Primar- und Sekundarschule im Kanton Zürich, Winterthur 1972.
MÖRGELI, Christoph, Dr. med. Johannes Hegetschweiler (1789–1839): Opfer des «Züriputschs». Wissenschafter und Staatsmann zwischen alter und moderner Schweiz, Diss. Zürich 1986.
MÖRGELI, Christoph, Ärzte als Vorkämpfer des politischen Liberalismus. Zum Anteil der Mediziner an der modernen Schweiz, in: Neue Zürcher Zeitung vom 28. Februar/1. März 1987, S. 69.
MÖRGELI, Christoph, Das medizinhistorische Museum der Universität Zürich, Zollikerberg 1990.
MÖRGELI, Christoph, Beiträge zur Revolutionsgeschichte des Kantons Zürich. Ein unbekanntes Manuskript des Oberamtmannes Johann Caspar Ott zum Ustertag von 1830, Uster 1991.
MÖRGELI, Christoph, Der Lebensabend des Zürcher Regierungspräsidenten Dr. med. Ulrich Zehnder (1798–1877) in seiner Autobiographie, 2 Teile, in: Zürcher Taschenbuch 1991 und 1992, S. 138–167 und S. 163–201.
MÖTTELI, Olga, Oswald Heer, Zürich 1938.
MÜLLER, Beat, «Arm und verwahrlost». Das hilfsbedürftige Kind und die Jugend- und Sozialhilfe auf der Zürcher Landschaft während der ersten Hälfte des 19. Jahrhunderts, Lizentiatsarbeit Universität Zürich 1989 (unveröffentlichtes Manuskript).
MÜLLER, Felix, Die «Sonne» in Oberuster. Ein Dorf und ein Wirtshaus im Wandel, Uster 1990.
MÜLLER, Kurt, Bürgermeister Conrad Melchior Hirzel, 1793–1843, Zürich 1952.
MÜLLER, Ueli, Andreas Keller (1765–1835), Pfarrer in Illnau, in: Heimatspiegel, 1989, Nr. 9, S. 65–71.
MÜLLER, Ueli, Illnau-Effretikon, Bd. II: Vom Umsturz des Jahres 1798 bis zur Gegenwart (1992), Illnau-Effretikon 1992.

MÜLLER, Werner, Sparkassen und Lokalbanken im Kanton Zürich, Diss. Zürich, Winterthur 1950.
MÜLLER-FÜGLISTALER, Doris, Adolf Guyer-Zeller (1839–1899). Amerikanismus in der Schweiz? Entfaltung und Grenzen eines Eisenbahnunternehmers, Zürich 1992.
MÜLLER-MEYER, Esther, Kurze Biographie von Johann Jakob Hottinger d. J., vor allem sein Beitrag zum Aufbau des zürcherischen Schulwesens in der Regenerationszeit, Lizentiatsarbeit Universität Zürich 1968/69 (unveröffentlichtes Manuskript).
NABHOLZ, Hans, Die Eingaben des zürcherischen Volkes zur Verfassungsrevision des Jahres 1830. Ein Beitrag zur Geschichte der Regeneration, Zürich 1911.
NAUER, Wilhelm, Das Gemeindewesen des Kantons Zürich, Zürich 1898.
NEUMANN, Daniela, Studentinnen aus dem Russischen Reich in der Schweiz (1867–1914), Diss. Zürich 1987.
NIGGLI, Leo, 100 Jahre Milchgenossenschaft Weiningen, 1888–1988, 50 Jahre Braunviehzuchtgenossenschaft Weiningen 1938–1988, Weiningen 1988.
NÜESCH, Peter, Zürcher Zehntenpläne. Die Zehntenpläne im Staatsarchiv als Quellen geographischer Forschung, Zürich 1969.
OTT Eugen, KLÄUI Hans, SIGG Otto, Geschichte der Gemeinde Neftenbach, Winterthur 1979.
PESENTI, Yvonne, Beruf: Arbeiterin. Soziale Lage und gewerkschaftliche Organisation der erwerbstätigen Frauen aus der Unterschicht in der Schweiz, 1890–1914, Diss. Zürich 1988.
PETER, Bernhard, Kantonale Landwirtschaftliche Schule Strickhof. Jubiläumsschrift zur Feier des hundertjährigen Bestehens der Schule 1853–1953, Zürich 1953.
PETER, Charlotte, Hans Caspar Escher (1775–1859), in: Schweizer Pioniere der Wirtschaft und Technik, Heft 6, Wetzikon 1956, S. 9–30.
PETER, Leonhard, Zum 50jährigen Jubiläum der Bischöflichen Methodistenkirche in der Schweiz 1856–1906, Zürich 1906.
PEYER, Hans Conrad, Von Handel und Bank im alten Zürich, Zürich 1968.
PFENNINGER, Domenica, Johann Kaspar Pfenninger, 1760–1838, Landarzt und Rebell, Diss. med. Zürich 1965.
PFISTER, Arnold, Johann Heinrich Fierz, seine Gattin Nina und Gottfried Semper, in: Zürcher Taschenbuch 1960, S. 105–166.
PUENZIEUX, Dominique und RUCKSTUHL, Brigitte, Sittliche Erneuerung als Strategie zur Bekämpfung von Geschlechtskrankheiten. Ein Diskurs über Medizin, Moral und Sexualität in Zürich 1870–1914, Lizentiatsarbeit Universität Zürich 1991 (unveröffentlichtes Manuskript).
PUPIKOFER, Johann Adam, Johann Jakob Hess als Bürger und Staatsmann des Standes Zürich und eidgenössischer Bundespräsident, Zürich 1859.
RATHGEB, Heinz, Der Ordnungseinsatz der Schweizer Armee anlässlich des Italiener-Krawalls im Jahre 1896 in Zürich, Diss. Zürich, Bern 1977.
RATHS, Werner, Die Bevölkerung des Kantons Zürich seit Ende des 18. Jahrhunderts, Diss. Zürich 1949.
REICHESBERG, Naum, Handwörterbuch der Schweizerischen Volkswirtschaft, Sozialpolitik und Verwaltung, 3 Bde., Bern 1903–1911.
REINHART, Georg, Gebrüder Volkart 1851–1926, Winterthur 1926.
RENFER, Christian, Die Bauernhäuser des Kantons Zürich: Bd. 1: Zürichsee und Knonaueramt, hg. von der Schweizerischen Gesellschaft für Volkskunde, Basel 1982.
RENSCHLER, Regula, Die Linkspresse Zürichs im 19. Jahrhundert, Diss. Zürich 1967.
RENTSCH, Hans U., Jakob Heusser-Staub (1862–1941); ein Wirtschaftspionier des Zürcher Oberlandes, in: Schweizer Pioniere der Wirtschaft und Technik, Heft 51, Meilen 1988.
REY, Urs, Die Binnenwanderung in der Schweiz, 1850–1910, Lizentiatsarbeit Universität Zürich 1990 (unveröffentlichtes Manuskript).
RICHNER, Felix, David von Wyss (1763–1839): seine Auffassung von Recht und Staat auf Grund seines politischen Handbuches, Zürich 1988.
RITZ, Hans-Jörg, Soziale und wirtschaftliche Veränderungen in einer von der Maschinenindustrie geprägten Gemeinde: (Oerlikon), Lizentiatsarbeit Universität Zürich 1977 (unveröffentlichtes Manuskript).
RITZMANN, Franz, Die Schweizer Banken. Geschichte – Theorie – Statistik, Bern und Stuttgart 1973.
ROHNER-GASSMANN, René, «Auf sausendem Rade in die Weite!». Das Velofahren und seine soziokulturelle Bedeutung in der Schweiz, 1900–1950, Lizentiatsarbeit Universität Zürich 1991 (unveröffentlichtes Manuskript).
ROHR, Albert, Die Medizinische Poliklinik der Universität Zürich 1835–1983, Zürich 1983.
ROHR, August, Die Zehntablösung im Kanton Zürich (unveröffentlichtes Manuskript).
RUCKSTUHL, Hans, Die Ausbildung der zürcherischen Handels- und Gewerbefreiheit in den 1830er Jahren, Diss. Zürich 1914.
RÜEGG, Willi, Das «System Escher». Auswirkungen der kommunikativen Vernetzung auf die individuelle Entscheidungsfähigkeit, untersucht anhand der Gründung der Schweizerischen Nordostbahnen und der Schweizerischen Kreditanstalt 1852–1857, Lizentiatsarbeit Universität Zürich 1992 (unveröffentlichtes Manuskript).
RÜTSCHE, Paul, Der Kanton Zürich zur Zeit der Helvetik 1798–1803, Zürich 1900.
RUOFF, Ulrich und SIBLER, Georg, Das Rebbauernhaus zum Kranz in Höngg und seine Bewohner, Zürich 1976.
SÄNGERBUND THALWIL, Jubiläumsschrift, Thalwil 1966.
SALZMANN, Martin, Die Wirtschaftskrise im Kanton Zürich 1845 bis 1848. Ihre Stellung und Wertung im Rahmen der wirtschaftlich-sozialen Entwicklung in der ersten Hälfte des 19. Jahrhunderts, Diss. Bern 1978.
SCHAFFNER, Martin, Die demokratische Bewegung der 1860er Jahre. Beschreibung und Erklärung der Zürcher Volksbewegung von 1867, (Basler Beiträge zur Geschichtswissenschaft, Bd. 146), Basel/Frankfurt a. M. 1982.
SCHAFFNER, Martin, Vereinskultur und Volksbewegung. Die Rolle der Vereine in der Zürcher Demokratischen Bewegung, in: Gesellschaft und Gesellschaften. Festschrift zum 65. Geburtstag von Ulrich Im Hof, Bern 1982, S. 420–436.
SCHAFFNER, Martin, «Volk» gegen «Herren». Konfliktverhalten und kollektives Bewusstsein in der Demokratischen Bewegung, in: Auf dem Weg zu einer schweizerischen Identität 1848–1914, Freiburg 1987, S. 39–52.
SCHEFFOLD, Dian, Volkssouveränität und repräsentative Demokratie in der schweizerischen Regeneration, 1830–1848, Zürich 1966.
SCHELLER, Hans Ulrich, Das Bild des Mittelalters an der Zürcher Volksschule, Zürich 1973.
SCHENKEL, Christian, Die erste Zürcher Stadtvereinigung von 1893, Diss. Zürich, Andelfingen 1980.
SCHENKEL, Hans, Die Bemühungen der helvetischen Regierung um die Ablösung der Grundlasten

1798–1803, Diss. Zürich 1931.
Scheuchzer, Friedrich, Salomon Bleuler, Bülach 1887.
Schiedt, Hans Ulrich, Karl Bürkli und die sogenannte sozialistische Bewegung der 1850er Jahre, mit besonderer Berücksichtigung seiner Schriften, Lizentiatsarbeit Universität Zürich 1988 (unveröffentlichtes Manuskript).
Schiff, Gert, Johann Heinrich Füssli, 1741–1825, 2 Bde., Zürich/München 1973.
Schiwoff, Victor, Die Beschränkung der Arbeitszeit durch kantonale Gesetzgebung und durch das erste eidgenössische Fabrikgesetz von 1877, Diss. Bern 1972.
Schmid, Christian, Das Seminar Küsnacht. Seine Geschichte von 1832–1982, Zürich 1982.
Schmid, Gotthard, Die Evangelisch-reformierte Landeskirche des Kantons Zürich, Zürich 1954.
Schmid, Hans, Ulrich Meister. Ein Zürcher Politiker, 1838–1917, Zürich 1925.
Schmid, Hans, Der Zürcher Tonhallekrawall vom 9. März 1871 und seine Folgen, in: Zürcher Taschenbuch 1926, S. 1–78.
Schmid, Hans Rudolf, Alfred Escher 1819–1882, in: Schweizer Pioniere der Wirtschaft und Technik, Heft 4, Zürich 1956.
Schmid, Hans Rudolf, August Weidmann-Züst (1842–1928), in: Schweizer Pioniere der Wirtschaft und Technik, Heft 10, Wetzikon 1959, S. 127–145.
Schmid-Ammann, Paul, Die Wahrheit über den Generalstreik von 1918. Seine Ursachen. Sein Verlauf. Seine Folgen, Zürich 1968.
Schmid, Walter P., Der junge Escher. Sein Herkommen und seine Welt, Zürich 1988.
Schmidt, Georg C. L., Die Wirtschaftsgesinnung der Zürcher Bauern vor 100 Jahren, in: Neue Zürcher Zeitung vom 31. Dezember 1929.
Schmidt, Georg C. L., Der Schweizer Bauer im Zeitalter des Frühkapitalismus. Die Wandlung der Schweizer Bauernwirtschaft im achtzehnten Jahrhundert und die Politik der Ökonomischen Patrioten, Bd. I: Überblick, Bern 1932.
Schneebeli, Heinrich, Die Konkursstatistik als Mittel zur Erkennung des Notstandes in der Landwirtschaft, in: Landwirtschaftliches Jahrbuch, 1897, S. 198–269.
Schneider, Bernhard, Geschichte der Gemeinde Knonau, Affoltern a. A. 1982.
Schneider, Bernhard, Die eigenständige Entwicklung der Gemeinde Maschwanden, Zürich 1991.
Schneider, Willi, Die Geschichte der Winterthurer Arbeiterbewegung, Winterthur 1960.
Schnyder, Moia, Johann Jakob Keller von Fischenthal (1823–1903), in: Schweizer Pioniere der Wirtschaft und der Technik, Heft 25, Zürich 1971, S. 45–78.
Schoch, Albert, Beiträge zur Siedlungs- und Wirtschaftsgeographie des Zürichseegebietes, Diss. Zürich 1916/17.
Schönauer, Roman G., Von der Stadt am Fluss zur Stadt am See, 100 Jahre Zürcher Quaianlagen, Zürich 1987.
Schollenberger, Hermann, Geschichte des Sängervereins Harmonie Zürich 1841–1921, Zürich 1921.
Schubiger, Hans, Das Kriminalmuseum. Verbrechen–Sühne–Polizei im Wandel, Zürich 1980.
Schüle, Armin, Die politische Tätigkeit des Obmanns Johann Heinrich Füssli von Zürich (geb. 1745, gest. 1832), Diss. Zürich 1917.
Schütz, Gottfried, Festklänge zur Erinnerungsfeier an den 50jährigen Bestand des Handwerks- und Gewerbevereins Horgen, Horgen 1903.
Schulen, Die zürcherischen, seit der Regeneration. Festschrift zur Jahrhundertfeier, hg. vom Erziehungsrat des Kantons Zürich, 3 Bde., Zürich 1933–1938.
Schwarz, Jutta, Bruttoanlageinvestitionen in der Schweiz von 1850–1914. Eine empirische Untersuchung zur Kapitalbildung, Diss. Zürich, Bern 1981.
Schwarzenbach, James, Robert Schwarzenbach-Zeuner (1839–1904), in: Schweizer Pioniere der Wirtschaft und Technik, Heft 10, Wetzikon 1959, S. 95–126.
Schwarzenbach, Oskar, Hundert Jahre Bezirksgesangverein Hinwil, 1842–1942, Wetzikon/Rüti 1943.
Schwarzenbach, Regula, Das Heiratsverhalten der Horgener Unternehmer im 19. Jahrhundert, Lizentiatsarbeit Universität Zürich 1977 (unveröffentlichtes Manuskript).
Schweizer, Paul, Freisinnig–Positiv–Religiössozial. Ein Beitrag zur Geschichte der Richtungen im schweizerischen Protestantismus, Zürich 1972.
Schwerz, Franz, Die letzte Revolution im Kanton Zürich. Ursachen und Nachwirkungen im Spiegel der Zeitungen, in: Zürcher Chronik, 1949, Nr. 4, S. 51–64.
Serra, Jorge, Arbeiterwohnungsbau in Winterthur (1860–1910), Lizentiatsarbeit Universität Zürich 1991 (unveröffentlichtes Manuskript).
Sibler, Georg, Der Gewerbeverband der Stadt Zürich: Seine Geschichte, in: Turicum, 1991, Sommerheft, S. 29–32.
Sibler, Georg, Zum Jubiläum 1841–1991, in: Züri-Gwerb Nr. 5, 1991, S. 19–37.
Siegrist, Hannes, Gebremste Professionalisierung – Das Beispiel der Schweizer Rechtsanwaltschaft im Vergleich zu Frankreich und Deutschland im 19. und frühen 20. Jahrhundert, in: Bildungsbürgertum im 19. Jahrhundert, Teil I, hg. von Werner Conze und Jürgen Kocka, Stuttgart 1985, S. 301–331.
Sigg, Otto, Die Holzkorporation Zollikon und die sozialen Spannungen im frühen 19. Jahrhundert, in: Zolliker Jahrheft, 1979, S. 19–23.
Sigg, Otto, Der Seidenfabrikant Nägeli (1828–1862) in New York: Zur Geschichte des Zürcherischen Seidenexportes nach den Vereinigten Staaten um die Mitte des 19. Jahrhunderts, in: Zürcher Taschenbuch 1983, S. 213–239.
Sigg, Otto, Geschichte der Gemeinde Ossingen, Ossingen, 1988.
Signer, Kurt, Organisatorischer Wandel und wirtschaftliches Wachstum. Die Stadtzürcher Kaufleute um 1820 «am Wendepunkt einer schönen Vergangenheit und einer ungewissen Zukunft», Lizentiatsarbeit Universität Zürich 1991 (unveröffentlichtes Manuskript).
Simon, Christian, Die Helvetik: eine bäuerliche Revolution? Bäuerliche Interessen als Determinanten revolutionärer Politik in der Helvetik, in: Die Bauern in der Geschichte der Schweiz, hg. von Albert Tanner und Anne-Lise Head-König, Zürich 1992, S. 169–185.
Specker, Thomas, Die gläserne Wand an Strassen und Plätzen, Lizentiatsarbeit Universität Zürich 1985 (unveröffentlichtes Manuskript).
Spörri, Balz, Von der Spinnstube zum Lesezimmer. Als im Oberland das Lesefieber ausbrach, Heimatspiegel, 1985, Nr. 7, S. 50–55.
Spörri, Balz, Studien zur Sozialgeschichte von Literatur und Leser im Zürcher Oberland des 19. Jahrhunderts, Diss. Zürich, Bern 1987.
Spühler, Johannes, Johann Jakob Egg. Kurzgefasstes Lebensbild eines Lehrer- und Turnerveteranen, Zürich 1908.
Stadler, Peter, Der Kulturkampf in der Schweiz, Frauenfeld 1984.
Stadler, Peter, Das liberale Zürich, in: Zürich. Geschichte einer Stadt, hg. von Robert Schneebeli, Zürich 1986, S. 171–202.
Stadler, Peter, Gottfried Keller und die Zürcher Regierungen, 56. Jahresbericht der Gottfried Keller-Gesellschaft, Zürich 1988.
Stadler, Peter, Zwischen Mächten, Mächtigen und Ideologien, Zürich 1990.
Stadler-Labhart, Verena (Hg.), «Der Parnass liegt nicht in den Schweizer Alpen». Aspekte der Zürcher Universitätsgeschichte. Beiträge aus dem Zürcher Taschenbuch, 1939–1988, Zürich 1991.
Stäfa, Bd. 2, Stäfa 1969.
Stähelin, Elisabeth, Zürcherische Bildnismalerei im 19. Jahrhundert und zu Beginn des 20. Jahrhunderts, Diss. Zürich, Affoltern a. A. 1947.
Stauber, Emil, Die kantonale landwirtschaftliche Armenschule im Bläsihof-Töss, 1818–1826, Zürich 1911.
Stauber, Emil, Sitten und Bräuche im Kanton Zürich, 2 Teile, in: Neujahrsblatt der Hülfsgesellschaft in Zürich auf das Jahr 1922 (1. Teil) und 1924 (2. Teil), Zürich 1922 und 1924.
Stauber, Emil, Geschichte der Kirchgemeinde Andelfingen, Zürich 1940.
Stehli-Zweifel, Robert, Stehli & Co. Zürich und New York, 100 Jahre Seidenindustrie, 1840–1940, Zürich 1940.
Steiger, Emma, Geschichte der Frauenarbeit in Zürich, Zürich 1964.
Steiger, Thomas, Die Produktion von Milch und Fleisch in der schweizerischen Landwirtschaft des 19. Jahrhunderts als Gegenstand bäuerlicher Entscheidungen: das statistische Bild der Entwicklung der Rindviehhaltung und ihre ökonomische Interpretation, Bern 1982.
Steiner, Heini, Pfungen. Ortsgeschichte und Heimatbuch, Pfungen 1954.
Steinmann, Martin, Die Kosthäuser. Einleitung zu einer Typologie von Arbeiterhäusern in ländlichen Gebieten der Schweiz, in: Archithese, 1980, Heft 5, S. 48–52.
Steyn, Daniel H., Die landwirtschaftlichen Bezugs- und Absatzgenossenschaften des Kantons Zürich, Diss. Zürich 1929.
Stiefel-Bianca, Annita, Das Wirken der ökonomischen Kommission in der zürcherischen Landschaft, Diss. Zürich 1944.
Strebel, Heinrich, Die Diskussion um den Rückkauf der schweizerischen Privatbahnen durch den Bund, 1852–1898, Diss. Zürich 1980.
Streuli, Jakob, Der zürcherische Protestantismus an der Wende vom Liberalismus zur Demokratie. Ein Beitrag zum Problem Christentum und Eidgenossenschaft, Diss. Zürich 1948 (Teildruck bzw. unveröffentlichtes Manuskript).
Strickler, Gustav, Senator Bodmer von Stäfa, Zürich 1923.
Strickler, Gustav, Verdienstvolle Männer vom Zürcher Oberland, 2 Bde., Wetzikon/Rüti 1937.
Strobel, Ernst, Die Handwerkerpolitik Zürichs von der Helvetik bis zur liberalen Ära, Diss. Basel 1926.
Studer, Julius, Das Hungerjahr 1817, in: Neujahrsblatt der Hülfsgesellschaft Winterthur 1918, S. 3–16.
Sulzer, Claus, Der Finanzhaushalt des Kantons Zürich 1848–1900, Diss. Zürich 1954.
Suter, Elisabeth, Die Einführung der zentralen Wasserversorgung in Zürich im 19. Jahrhundert, Lizentiatsarbeit Universität Zürich 1975 (unveröffentlichtes Manuskript).
Suter, Elisabeth, Wasser und Brunnen im alten Zürich. Zur Geschichte der Wasserversorgung der

Sutta, Meinrad, Winterthur und der Schweizer Staatsgedanke im 18. und 19. Jahrhundert, in: Winterthurer Jahrbuch 1991, S. 81–100.

Sutta, Meinrad, Von «ächtem Bürgersinn» und patriotischer Gemeinnützigkeit. Winterthurer Korporationen und Gesellschaften im ersten Drittel des 19. Jahrhunderts, in: Schweizerische Zeitschrift für Geschichte, vol. 42 (1992), S. 358–387.

Sutta, Meinrad, Winterthur 1798–1831. Von der Revolution zur Regeneration, Diss. Zürich, Winterthur 1992.

Sutermeister, Paul, Meta Heusser-Schweizer. Lebensbild einer christlichen Dichterin, Basel 1898.

Sutter, Eva, Zwischen Not und Norm. Illegitimität im Kanton Zürich in der ersten Hälfte des 19. Jahrhunderts. Obrigkeitliche Moralpolitik und Lebensrealitäten, Lizentiatsarbeit Universität Zürich 1990 (unveröffentlichtes Manuskript).

Tanner, Albert, Bürgertum und Bürgerlichkeit in der Schweiz. Die «Mittelklassen» an der Macht, in: Bürgertum im 19. Jahrhundert. Deutschland im europäischen Vergleich, hg. von Jürgen Kocka, Bd. 1, München 1988, S. 193–224.

Tanner, Albert, Aristokratie und Bürgertum in der Schweiz im 19. Jahrhundert: Verbürgerlichung der «Herren» und aristokratische Tendenzen im Bürgertum, in: Schweiz im Wandel. Studien zur neueren Gesellschaftsgeschichte. Festschrift für Rudolf Braun zum 60. Geburtstag, Basel und Frankfurt a. M. 1990, S. 209–228.

Thomann, Lili, Johann Kaspar Pfenninger 1760–1838. Ein Beitrag zur Geschichte Zürichs, Diss. Zürich, Affoltern a. A. 1929.

Thomann, Robert, Der Männerchor Zürich 1826–1926, Geschichte des Vereins zur Jahrhundertfeier, Zürich 1926.

Treichler, Hans-Peter, Gründung der Gegenwart. Porträts aus der Schweiz 1850–1880, Zürich 1985.

Trüb Walter, Balen Josef, Kamm Peter, Ein Jahrhundert Zürcher Strassenbahnen, Zürich 1982.

Tschudin, Gisela, Zürichs Kirchgasse im Lauf der Jahrhunderte, in: das Haus zum Paradies und die Kirchgasse in Zürich, Zürich 1984, S. 9–38.

Ulrich, Anita, Bordelle, Strassendirnen und bürgerliche Sittlichkeit in der Belle Époque. Eine sozialgeschichtliche Studie der Prostitution am Beispiel der Stadt Zürich, Diss. Zürich 1985.

Urner, Klaus, Die Deutschen in der Schweiz, Frauenfeld 1976.

Usteri, Emil, Die Webereien der Familie Näf von Kappel und Zürich. Festschrift zur Hundertjahr-Feier der Seidenstoffwebereien vormals Gebrüder Naef AG und der Seidenwarenfabrik vormals Edwin Naef AG, Zürich 1946.

Usteri, Emil, Die Familien Trümpler von Rüschlikon, Küsnacht und Zürich, Zürich 1952.

Ustertag, Der, im Spiegel seiner Zeit; Festschrift zur 150. Wiederkehr des 22. Novembers 1830, Uster 1980.

Van Anrooy, Josephine, Die Hausindustrie in der schweizerischen Seidenstoffweberei, Diss. Zürich, Bern 1904.

Van Anrooy, Josephine, Die zürcherische Landwirtschaft, in: Zürichs Volks- und Staatswirtschaft. Festschrift, dem Verein für Sozialpolitik und der deutschen Gesellschaft für Soziologie gewidmet von der Zürcher Volkswirtschaftlichen Gesellschaft, Zürich 1928, S. 131–142.

Vögeli, Rudolf, Aus der Geschichte der Zürcher Presse, Luzern 1925.

Von Grebel, Hans Rudolf, Pfarrverein des Kantons Zürich (Asketische Gesellschaft) 1768–1968, Zürich 1968.

Walter, Emil J., Die wirtschaftliche Bedeutung des Handwerks auf der Landschaft im alten Zürich, in: Zürcher Monatschronik, 1942, Nr. 7, S. 161–164.

Walter, Emil J., Die berufliche Gliederung der Bevölkerung des alten Zürich im Gebiet um den Zürichsee, in: Zürcher Monatschronik, 1943, Nr. 6, S. 168–174.

Walter, Emil J., Die berufliche Gliederung des Handwerks auf der zürcherischen Landschaft im 18. und 17. Jahrhundert, in: Zürcher Monatschronik, 1948, Nr. 1, S. 7–11.

Wartburg, Wolfgang von, Zürich und die französische Revolution; die Auseinandersetzung einer patriarchalischen Gesellschaft mit den ideellen und politischen Einwirkungen der französischen Revolution, Diss. Basel 1956.

Weber, Hans, Die zürcherischen Landgemeinden in der Helvetik, 1798–1803, Diss. Zürich 1971.

Wegmann, Werner, Ignaz Thomas Scherr; ein Kapitel zürcherischer Schulgeschichte 1830–1839, Diss. Zürich, Aarau 1941.

Wehrli, Bernhard, Aus der Geschichte des Schweizerischen Handels- und Industrievereins, 1870–1970, Erlenbach/Zürich 1979.

Wehrli, Bernhard, Die «Bundesbarone». Betrachtungen zur Führungsschicht der Schweiz nach der Gründung des Bundesstaates, in: Neujahrsblatt auf das Jahr 1983 zum Besten des Waisenhauses in Zürich, Zürich 1983.

Wehrli-Keyser, Hans J., Über die landwirtschaftlichen Zustände im Kanton Zürich in der zweiten Hälfte des 18. Jahrhunderts, in: Neujahrsblatt auf das Jahr 1932 zum Besten des Waisenhauses in Zürich, Zürich 1932.

Weisz, Leo, Die zürcherische Exportindustrie. Ihre Entstehung und Entwicklung, Zürich 1936.

Weisz, Leo, Die Neue Zürcher Zeitung auf dem Wege zum freisinnigen Standort, 1872–1884, Zürich 1965.

Welti, Erika, Taufbräuche im Kanton Zürich, Diss. Zürich 1967.

Wenker, Lotti und Scheitlin, Suzanne, Tafelfreuden in Zürich von 1850–1914. Kurze Geschichten zu köstlichen Gerichten, Zürich und Schwäbisch Hall 1985.

Werden und Wirken des Volg, 1886–1961. Festschrift zum fünfundsiebzigjährigen Bestehen, Winterthur 1961.

Wetter, Ernst, Die Bank in Winterthur, 1862–1912, Winterthur 1914.

Wetter, Ernst, Die Zürcher Kantonalbank 1870–1920, Zürich 1920.

Wettstein, Walter, Die Regeneration des Kantons Zürich. Die liberale Umwälzung der dreissiger Jahre 1830–1839, Zürich 1907.

Widmer, Jakob, 100 Jahre Handwerks- und Gewerbeverein Meilen, Meilen 1960.

Widmer, Jakob, 100 Jahre Wirtschaft und Gewerbepolitik im Kanton Zürich, Festschrift zum 100jährigen Bestehen des Kantonalen Gewerbeverbandes, Horgen 1954.

Widmer, Sigmund, Zürich, eine Kulturgeschichte, Bde. 8–10, Zürich und München 1980–1983.

Widmer, Thomas, Die Schweiz in der Wachstumskrise der 1880er Jahre, Diss. Zürich 1992.

Wirth, Franz, Johann Jakob Treichler und die soziale Bewegung im Kanton Zürich (1845/46), Basel und Frankfurt a. M. 1981.

Wirth, Hermann, Hanf und Flachs im Zürcher Unterland, in: Zweites Jahrheft des Unterländer Museumsvereins 1937.

Witz, Friedrich, Heinrich Nüscheler (1797–1831). Redaktor der Schweizerischen Monatschronik (1824–1830) und des Schweizerischen Beobachters, Diss. Zürich, Leipzig 1920.

Wolf, Arthur, Ein Beitrag zur Erkenntnis der Verschuldung des bäuerlichen Grundbesitzes im Kanton Zürich. Grundbesitzverteilung und Bodenverschuldung der Gemeinde Waltalingen bei Stammheim, Diss. Zürich, Bern 1912.

Wolf, Arthur, Über den Zinsfuss ländlicher Grundpfanddarlehen mit besonderer Berücksichtigung der zürcherischen Verhältnisse, Bern 1912.

Wrubel, Friedrich, Die Schweizerische Nordbahn, Zürich 1897.

Wyrsch-Ineichen, Gertrud, Ignaz Thomas Scherr (1801–1870) und das Normal-, Taubstummen- und Blindenschulwesen seiner Zeit bis 1832, Freienbach 1986.

Wyss, Nikolaus, Rudolf Zinggeler. Fotografien von 1890–1936. Ein Zürcher Industrieller erwandert die Schweiz, Basel 1991.

Zelger, Franz, Stiftung Oskar Reinhart Winterthur, 3 Bde., Zürich 1979–1984.

Ziegler, Peter, Wädenswil im Wandel der Zeiten, Wädenswil 1960.

Ziegler, Peter, 75 Jahre Krankenhaus Wädenswil 1886–1961, Wädenswil 1961.

Ziegler, Peter, Im Jahre nach der «Seegfrörni», einige Angaben zur Gründungsgeschichte des Freisinnigen Vereins der Stadt Zürich (Freisinnig-Demokratische Partei der Stadt Zürich), Zürich 1979.

Ziegler, Peter, Rundgang I durch Wädenswil, Wädenswil 1989.

Zimmermann, Walter, Geschichte des Kantons Zürich vom 6. September 1839 bis 3. April 1845, in: Schweizer Studien zur Geschichtswissenschaft, Bd. 8, Zürich 1916.

Zollinger, Jakob, Eine Oberländer Kleinsennerei, in: Heimatspiegel, 1985, Nr. 3, S. 18–23.

Zürcher, Richard, Die künstlerische Kultur im Kanton Zürich, ein geschichtlicher Überblick, Zürich 1943.

Züriputsch: 6. September 1839: Sieg der gerechten Sache oder Septemberschande?, Pfäffikon 1989.

Zurlinden, Samuel, Hundert Jahre. Bilder aus der Stadt Zürich in der Zeit von 1814–1914, 2 Bde., Zürich 1914/15.

Zweifel, Josef, Der soziale Gedanke in der Haftpflichtgesetzgebung der Schweiz im 19. Jahrhundert, Lizentiatsarbeit Universität Zürich 1974 (unveröffentlichtes Manuskript).

# Teil 2 (1918–1945)

Seiten 250–349

AEPPLI, Felix, Geschichte der Gemeinde Maur, Maur 1979.
AKERET, Walter, Die zweite Zürcher Eingemeindung von 1934, Bern 1977.
ALTERMATT, Urs, Katholizismus und Moderne. Zur Sozial- und Mentalitätsgeschichte der Schweizer Katholiken im 19. und 20. Jahrhundert, Zürich 1989.
ANGST, Doris, Zürich-Witikon. 50 Jahre Eingemeindung 1934–1984, Zürich 1984.
ANGST, Kenneth, Von der «alten» zur «neuen» Gewerbepolitik. Liberalkorporative Neuorientierung des Schweizerischen Gewerbeverbandes (1930–1942), Diss. Zürich, Bamberg 1992.
ATTENHOFER, Elsie (Hg.), Cornichon. Erinnerungen an ein Cabaret, Bern 1975.
BACHMANN, Dieter und SCHNEIDER, Rolf (Hg.), Das verschonte Haus. Das Zürcher Schauspielhaus im Zweiten Weltkrieg, Zürich 1987.
BANDLE, Max und QUADRI, Bruno, Biografie einer Schule. Von der Industrieschule über die Oberrealschule zum Mathematisch-Naturwissenschaftlichen Gymnasium, Zürich 1993.
BARTH, Jürg, Die wirtschaftliche Entwicklung der Zürcher Vorortsgemeinde Zollikon, Zollikon 1955.
BAUMANN, Fritz, Der Schweizer Wandervogel. Das Bild einer Jugendbewegung, Aarau 1966.
BAUMGARTNER, Walter, Die Entwicklung der Sozialausgaben des Kantons Zürich (1910–1950), Zürich 1952.
BECK, Hansjürg, Der Kulturzusammenstoss zwischen Stadt und Land in einer Vorortsgemeinde, Zürich 1952.
BÄRTSCHI, Hans-Peter, Die Siedlungsstadt Winterthur (Schweizerische Kunstführer, Serie 45, Nr. 447/448), Bern 1989.
BAUMANN, Walter, Zürcher Schlagzeilen, Zürich 1981.
BECK-STUDER, Heidi, Die Winterthurer Eingemeindung, unter besonderer Berücksichtigung der finanziellen Verhältnisse. Winterthur 1934.
BERGMANN, Karl Hans, Die Bewegung «Freies Deutschland» in der Schweiz 1943–1945. Mit einem Beitrag von Wolfgang Jean Stock: Schweizer Flüchtlingspolitik und exilierte deutsche Arbeiterbewegung 1933–1943, München 1974.
BERNHARD, Hans, Die Organisation der industriellen Landwirtschaft in Winterthur, Zürich 1918.
BERNHARD, Hans, Die Innenkolonisation im Kanton Zürich, Zürich 1919.
BERNHARD, Hans, Die Besiedlung des Weihertales in Winterthur-Wülflingen mit Kleinheimwesen, Zürich 1924.
BERNHARD, Hans, Die Kolonisation des Furttales, Zürich 1925.
BERNHARD, Hans, Landwirtschaftlicher Atlas des Kantons Zürich, Bern 1925.
BERRISCH, Elisabeth, Zwischen Familie und Beruf. Zur Rolle der Frau in der Schweiz 1918–1939, Lizentiatsarbeit Universität Zürich 1981 (unveröffentliches Manuskript).
BETRIEBE UND UNTERNEHMUNGEN DES DETAILHANDELS MIT LEBENSMITTELN IM KANTON ZÜRICH. Ergebnisse einer Betriebszählung vom 15. Oktober 1934, in: SMZ Heft 187, Zürich 1936.
BIENZ, Ernst F., Die Entwicklung der Milchwirtschaft im Kanton Zürich, Zürich 1948.
BILLETER, Ernst, Die Finanzen der Stadt Zürich 1893–1952, Statistik der Stadt Zürich, Heft 63, hg. vom Statistischen Amt der Stadt Zürich, Zürich 1955.
BISKE, Käthe, Die Aufwendungen der Stadt Zürich für Armenfürsorge und Sozialpolitik 1893 bis 1951. Erweiterter Sonderdruck aus den Zürcher Statistischen Nachrichten 1953.
BOCHSLER, Regula und GISIGER, Sabine, Dienen in der Fremde. Dienstmädchen und ihre Herrschaften in der Schweiz des 20. Jahrhunderts, Diss. Zürich 1989.
BODMER, Albert, Erinnerungen an die Zukunft der Stadt Winterthur, in: Winterthurer Jahrbuch 1972, S. 173–218.
BODMER, Fritz A., Die schweizerische Seidenstoffweberei in der Zwischenkriegszeit 1918–1939, Zürich 1942.
BODMER, Walter, Die Entwicklung der schweizerischen Textilwirtschaft im Rahmen der übrigen Industrien und Wirtschaftszweige, Zürich 1960.
BÖNI, Otto, Schriftsteller-Exil Schweiz 1933–1945, in: Literatur geht nach Brot, Die Geschichte des Schweizerischen Schriftsteller-Verbandes, Aarau 1987, S. 121–150.
BOLLINGER, Armin, Oerlikon: Geschichte einer Zürcher Gemeinde, 2. Auflage, Oerlikon 1983.
BRETSCHER, Willy, Im Sturm von Krise und Krieg. Neue Zürcher Zeitung 1933–1944, siebzig Leitartikel von Willy Bretscher, Zürich 1987.
BRÜSCHWEILER, Carl, Zürich als Bevölkerungs- und Wirtschaftszentrum, SA aus: Zürich: Geschichte, Kultur, Wirtschaft, Zürich 1933.
BRUPBACHER, Fritz, 60 Jahre Ketzer. Selbstbiographie, Zürich 1935.
BUCHELI, Monika, Kunst und Krise. Die Auseinandersetzung um avantgardistische Kunst in der Schweiz 1929–1932, in: Bilder und Leitbilder im sozialen Wandel, hg. vom Schweizerischen Sozialarchiv Zürich 1991, S. 271–311.
BÜHLER, Bruno, Der Mehranbau der zürcherischen Landwirtschaft 1939–1945, Zürich 1948.
DIE BÜHRLE SAGA. Festschrift zum 75-jährigen Jubiläum einer weltberühmten Waffenschmiede, Zürich 1981.
BÜTIKOFER-JOHANNI, Kurt, Die Initiative im Kanton Zürich 1869–1969: Entstehung, Funktion und Wirkung, Bern 1982.
BUOMBERGER, Thomas, Kooperation statt Konfrontation. Die Winterthurer Arbeiterschaft während der Krisenzeit der 1930er Jahre (315. Neujahrsblatt der Stadtbibliothek Winterthur), Diss. Zürich, Winterthur 1984.
CATALAN, Alain Jean, Konjunkturelle Steuerpolitik im Urteil schweizerischer Wirtschaftsgruppen 1930–1958, Winterthur 1961.
CATTANI, Alfred, Zürich im Zweiten Weltkrieg. Sechs Jahre zwischen Angst und Hoffnung, Zürich 1989.
CHIQUET, Simone, «Weder Flintenweib noch venus militaris.» Frauenleitbilder in der Schweiz 1944–1972/73, dargestellt anhand des Schweizerischen FHD-Verbandes, Lizentiatsarbeit Universität Zürich 1991 (unveröffentliches Manuskript).
CHIQUET, Simone (Hg.), «Es war halt Krieg.» Erinnerungen an den Alltag in der Schweiz 1939–1945, Zürich 1992.
DAENIKER, Hans Conrad und SPIESS, Heiner, Die Sozialdemokratische Partei der Stadt Zürich in der Zwischenkriegszeit, Lizentiatsarbeit Universität Zürich 1978 (unveröffentliches Manuskript).
DEGEN, Bernard, Richtungskämpfe im Schweizerischen Gewerkschaftsbund 1918–1924, Zürich 1980.
DEGEN, Bernard, Abschied vom Klassenkampf. Die partielle Integration der schweizerischen Gewerkschaftsbewegung zwischen Landesstreik und Weltwirtschaftskrise (1918–1929), Basel 1991.
DREISSIGER JAHRE SCHWEIZ, Ein Jahrzehnt im Widerspruch. Katalog zur Ausstellung im Kunsthaus Zürich, 30. Oktober 1981 bis 10. Januar 1982, Zürich 1981.
DREYER, Dietrich, Schweizer Kreuz und Sowjetstern.

Die Beziehung zweier ungleicher Partner seit 1917, Zürich 1989.
DUMONT, Hervé, Das Zürcher Schauspielhaus von 1921 bis 1938, Lausanne 1973.
DUMONT, Hervé, Geschichte des Schweizer Films. Spielfilme 1896–1965, Lausanne 1987.
EISNER, Manuel, Long-Term Fluctuations of Economic Growth and Social Destabilization, in: Historical Social Research/Historische Sozialforschung, Nr. 64, Vol. 17, 1992, S. 70–98.
ENGEL, Roland, Gegen Festseuche und Sensationslust. Zürichs Kulturpolitik 1914–1930 im Zeichen der konservativen Erneuerung, Diss. Zürich 1990.
ERGEBNISSE DER SCHWEIZERISCHEN SOZIALSTATISTIK, abgeschlossen auf Ende 1931, hg. vom Eidgenössischen Volkswirtschaftsdepartement, o. O., August 1932.
ERNST-CURTY, Fritz, Aus meinem Leben, o. O., o. J. (Zürich 1935).
ERZINGER, Matthias, Zurück zur Mutter Natur – und vorwärts, zur Kultur! Geschichten und Menschen aus 125 Jahren Arbeiterinnen- und Arbeiterbewegung Töss, Winterthur 1990.
150 JAHRE ESCHER WYSS 1805–1955, hg. im Jubiläumsjahr an Stelle des Bandes 27/28 der Escher Wyss Mitteilungen, Zürich 1955.
FAESI, Robert, Erlebnisse – Ergebnisse, Zürich 1963.
FEHR, Benedikt, Jacob Schmidheiny (1875–1955), in: Schweizer Pioniere der Wirtschaft und Technik, Bd. 32, hg. vom Verein für wirtschaftshistorische Studien Zürich, Zürich 1979, S. 111–161.
FISCHLI, Hans, Rapport, Zürich 1978.
FLUCHTPUNKT ZÜRICH. Zu einer Stadt und ihrem Theater, Schauplätze der Selbstbehauptung und des Überlebens 1933–1945. Materialien zu einer Ausstellung, zusammengestellt von Ute Cofalka und Beat Schläpfer, Zürich/Nürnberg, o. J. (1987).
FRAUENGESCHICHTE(N). Dokumente aus zwei Jahrhunderten zur Situation der Frauen in der Schweiz, hg. von Elisabeth Joris und Heidi Witzig, Zürich 1986.
FREI, Fritz, An der Werkbank des Lebens. Aufzeichnungen eines Arbeiters, Bern 1988.
FREI, Ulrich, Ein toter Baum aus dem Bannwald der Demokratie. Das Volksrecht 1898 bis 1973, Diss. Zürich 1987.
FREY, Hans, Stäfa im 19. und 20. Jahrhundert, Stäfa 1969.
FÜNFZIG JAHRE VERKEHRSBETRIEBE DER STADT WINTERTHUR 1898–1948, Winterthur 1948.
GANZ, Werner, Geschichte der Stadt Winterthur vom Durchbruch der Helvetik 1798 bis zur Stadtvereinigung 1922, Winterthur 1979.
GAUTSCHI, Willi, Hitlers Besuch in Zürich 1923. Separatdruck aus der «Neuen Zürcher Zeitung», 29. Dezember 1978, Nr. 302.
GAUTSCHI, Willi, General Henri Guisan. Die schweizerische Armeeführung im Zweiten Weltkrieg, Zürich 1989.
GEBERT, Alfred J., Die jungliberale Bewegung der Schweiz 1928–1938, Bern 1981.
GEBRÜDER SULZER 1834–1934, Zürich 1934.
GESCHICHTE DES KUNSTVEREINS WINTERTHUR SEIT SEINER GRÜNDUNG 1848, (321. Neujahrsblatt der Stadtbibliothek Winterthur), Winterthur 1990.
GESCHICHTE DER ORTSPARTEIEN VON DIETIKON, Neujahrsblatt Dietikon 1980.
GESCHICHTE DER SCHWEIZ UND DER SCHWEIZER, Band 3, Basel 1983.
GILG, Peter und GRUNER, Erich, Nationale Erneuerungsbewegungen in der Schweiz 1925–1940, in: Vierteljahreshefte für Zeitgeschichte 1966, S. 1–25.
GLAUS, Beat, Die Nationale Front. Eine Schweizer faschistische Bewegung 1930–1940, Zürich 1969.
GREMINGER, Thomas, Ordnungstruppen in Zürich. Der Einsatz von Armee, Polizei und Stadtwehr Ende November 1918 bis August 1919, Diss. Zürich 1990.
GRUNER, Erich, Die Parteien in der Schweiz, erweiterte Auflage, Bern 1977.
GUGGENBÜHL, Emil, Die Ausgaben des Kantons Zürich zur Bekämpfung der Arbeitslosigkeit und ihrer Folgen, Zürich 1952.
GUGGENBÜHL, Gottfried, Der Landbote 1836–1936. Hundert Jahre Politik im Spiegel der Presse, Winterthur 1936.
GUGGENHEIM, Alis, «Als ob ich selber nackt in Schnee und Regen stehe...». Jüdin, Kommunistin, Künstlerin, hg. vom Aargauer Kunsthaus Aarau, Baden 1992.
GUGGENHEIM, Kurt, Einmal nur. Tagebuchblätter 1925–1950, Frauenfeld 1981.
HÄBERLE, Alfred, 100 Jahre Gewerbeverband Winterthur und Umgebung, 1874–1974. Winterthurer Handwerk und Gewerbe von der Helvetik bis zur Gegenwart, Winterthur 1974.
HÄBERLIN, Hermann, Meine Welt. Ein Parlamentarier hält Rückschau, Zürich 1970.
HÄBERLIN, Hermann, Zur Geschichte der Familie Häberlin. Ergänzungen zum Buch «Meine Welt. Ein Parlamentarier hält Rückschau», Zürich 1970.
HÄMMERLI-SCHINDLER, Gertrud, Zürcherfrauen erleben den Zivilen Frauenhilfsdienst 1939–1945, (147. Neujahrsblatt der Hülfsgesellschaft in Zürich), Zürich 1947.
HÄSLER, Alfred A., Das Boot ist voll. Die Schweiz und die Flüchtlinge 1933–1945. Mit einem Essay von Friedrich Dürrenmatt, Zürich 1989 (Erstausgabe 1967).
HÄSLER, Alfred A., Juden in Zürich, hg. von der Israelitischen Cultusgemeinde Zürich, Zürich 1981.
HÄSLER, Alfred A., Abenteuer Migros. Die 60 Jahre junge Idee, Zürich 1985.
HANDBUCH DER SCHWEIZERISCHEN SOZIALSTATISTIK, 1932–1971, Sonderheft Nr. 85 der «Volkswirtschaft», hg. vom Eidgenössischen Volkswirtschaftsdepartement, Bern 1973.
HANDBUCH DER SCHWEIZERISCHEN VOLKSKULTUR, hg. von Paul Hugger, 3 Bde., Zürich 1992.
HATT-HALLER. Fünfzig Jahre Bauen, 1903–1953. Zum fünfzigsten Jahre ihres Bestehens hg. von der AG Heinrich Hatt-Haller, Zürich 1953.
HAUSER, Albert, Die wirtschaftliche und soziale Entwicklung eines Bauerndorfes zur Industriegemeinde. Neuere Wirtschaftsgeschichte der zürcherischen Gemeinde Wädenswil. (Neujahrsblatt der Lesegesellschaft Wädenswil, Nr. 22), Wädenswil 1955.
HAUSER, David, Gebaute Ideologie – Städtische Wohnungspolitik und sozialer Wohnungsbau der Zwischenkriegszeit im Licht der Integration der Arbeiterklasse, in: Winterthurer Jahrbuch 1992, S. 49–77.
HAUSER, Paul, 100 Jahre Zürcher Kantonalbank 1870–1970, Zürich 1970.
HEEB, Fritz, Aus der Geschichte der Zürcher Arbeiterbewegung. Denkschrift zum 50-Jahr-Jubiläum des «Volksrecht» 1898 bis 1948, Zürich 1948.
HEEB, Friedrich, Hundert Jahre Konsumgenossenschaften in den Kantonen Zürich und Schaffhausen. Ein Beitrag zur Geschichte der gesamtschweizerischen Genossenschaftsbewegung, Basel 1952.
HEINIGER, Markus, Dreizehn Gründe. Warum die Schweiz im Zweiten Weltkrieg nicht erobert wurde, Zürich 1989.
HEINRICH, Daniel, Dr. med. Charlot Strasser. Ein Schweizer Psychiater als Schriftsteller, Sozial- und Kulturpolitiker, Diss. med. Zürich 1987.
HEISTER, Michael, Gottlieb Duttweiler als Handels- und Genossenschaftspionier. Vom eigennutzorientierten Grosshändler zum gemeinwohlorientierten Genossenschafter (Schriften zum Genossenschaftswesen und zur Öffentlichen Wirtschaft, Bd. 30), Berlin 1991.
HERREN, Heinz, Die Freisinnige Partei des Kantons Zürich in den Jahren 1917–1924, Bern 1975.
HERTER, Hermann, Für die Eingemeindung der Zürcher Vororte, hg. vom Aktionskomitee für die Eingemeindung, Zürich 1929.
HILDEBRANDT, Walter, Bülach. Geschichte einer kleinen Stadt, Winterthur 1967.
HIPPEN, Reinhard, Satire gegen Hitler. Kabarett im Exil, Zürich 1986.
HOFER, Hans, Wirtschafts- und Siedlungsgeographie des Rafzerfeldes und seiner angrenzenden Gebiete, Zürich 1941.
HONEGGER WEBSTÜHLE 1842–1942, hg. von der Maschinenfabrik Rüti, vormals Caspar Honegger, Rüti 1942.
HORBER, Emil, Wohnungsbauförderung in Zürich, Affoltern am Albis 1937.
HORNBERGER, Klaus D., Interdependenzen zwischen Stadtgestalt und Baugesetz. Untersuchung des Spannungsfeldes zwischen der stadtgestalterischen und der baurechtlichen Entwicklung im Verlauf des 20. Jahrhunderts, dargestellt am Beispiel von Zürich, Diss. ETH, Zürich 1980.
HUBER, Peter, Kommunisten und Sozialdemokraten in der Schweiz 1918–1935. Der Streit um die Einheitsfront in der Zürcher und Basler Arbeiterschaft, Diss. Zürich 1986.
HUBER, Peter, Stalins Schatten in die Schweiz. Schweizer Kommunisten in Moskau: Verteidiger und Gefangene der Komintern, Zürich 1994.
HÜRLIMANN, Heinrich, Der Verkehr im Einzugsgebiet der Stadt Winterthur und seine Entwicklung, Frauenfeld 1931.
HÜRLIMANN, Martin und JAECKLE, Erwin, Werke öffentlicher Kunst in Zürich. Neue Wandmalerei und Plastik. Im Auftrag der Stadt Zürich, Zürich 1939.
HÜRLIMANN, Martin, Zeitgenosse aus der Enge. Erinnerungen, Frauenfeld 1977.
HUMBEL, Kurt, Treu und Glauben. Entstehung und Geschichte des Friedensabkommens in der schweizerischen Maschinen- und Metallindustrie, Bern 1987.
HUMBEL, Kurt, (Hg.) Friedensabkommen in der schweizerischen Maschinen- und Metallindustrie. Dokumente zur Vertragspolitik, 1899–1987, Bern 1987.
HUMM, Rudolf Jakob, Bei uns im Rabenhaus. Aus dem literarischen Zürich der Dreissigerjahre, Zürich 1963.
HUNDERT JAHRE GROSS-ZÜRICH. 60 Jahre 2. Eingemeindung 1934, hg. vom Stadtarchiv Zürich, Zürich 1994.
HUONKER, Gustav, Literaturszene Zürich. Menschen, Geschichten und Bilder 1914 bis 1945, Zürich 1985.
IMHOF, Eduard und KLÄUI, Paul, Atlas zur Geschichte des Kantons Zürich, Zürich 1951.
IMHOF, Kurt u. a. (Hg.), Zwischen Konflikt und Konkordanz. Analyse von Medienereignissen in der Schweiz der Vor- und Zwischenkriegszeit, Zürich 1993.
INDUSTRIEBILD. Der Wirtschaftsraum Ostschweiz in Fotografien von 1870 bis heute, hg. von Giorgio Wolfensberger und Urs Stahel, Zürich 1994.
INGLIN, Oswald, Der stille Krieg. Der Wirtschaftskrieg zwischen Grossbritannien und der Schweiz im Zweiten Weltkrieg, Zürich 1991.
INSA, Inventar neuerer Architektur der Schweiz, Band 10, Winterthur–Zürich–Zug, Zürich 1993.

JAECKLE, Erwin, Schattenpfad. Frühe Erinnerungen, Zürich 1978.
JAECKLE, Erwin, Niemandsland der Dreissiger Jahre. Meine Erinnerungen 1933–1942, Zürich 1979.
JÄGER, Edwin, Der Personennahverkehr der Stadt Zürich. Eine Untersuchung über die Probleme des Vorortsverkehrs, Diss. Zürich 1946.
JAKOB JAEGGLI & CIE. Oberwinterthur, 1842–1942, Winterthur 1942.
JAKOB, Ursina und KURZ, Daniel, Wipkingen. Lebensräume – Verkehrsräume. Geschichte eines Zürcher Stadtquartiers 1893–1993, Zürich 1993.
JAUN, Rudolf, Management und Arbeiterschaft. Verwissenschaftlichung, Amerikanisierung und Rationalisierung der Arbeitsverhältnisse in der Schweiz 1873–1959, Diss. Zürich 1986.
JENNI, Manuel, Gottlieb Duttweiler und die schweizerische Wirtschaft. Die Entwicklung der Persönlichkeit und des Werks bis zum Eintritt in den Nationalrat. Bern 1978.
JENT, Viktor, Kämpfe, Erfolge, Schlappen. Hundert Jahre Demokratische Partei des Kantons Zürich, Winterthur 1967.
JOB, Jakob, Zehn Jahre Radio Zürich, Zürich o.J. (1934).
JÖHR, Walter Adolf, Schweizerische Kreditanstalt 1856–1956. Hundert Jahre im Dienste der Schweizerischen Volkswirtschaft, Zürich 1956.
JORIS, Elisabeth und WITZIG, Heidi, Brave Frauen, aufmüpfige Weiber. Wie sich die Industrialisierung auf Alltag und Lebenszusammenhänge von Frauen auswirkte (1820–1940), Zürich 1992.
JOST, Hans Ulrich, Die Altkommunisten. Linksradikalismus und Sozialismus in der Schweiz 1919–1921, Frauenfeld 1977.
JOST, Hans Ulrich, Die reaktionäre Avantgarde. Die Geburt der neuen Rechten in der Schweiz um 1900, Zürich 1992.
KÄGI-FUCHSMANN, Regina, Das gute Herz genügt nicht. Mein Leben und meine Arbeit, Zürich 1968.
KAMBER, Peter, Geschichte zweier Leben. Wladimir Rosenbaum und Aline Valangin, Zürich 1990.
KAMBER, Peter, Schüsse auf die Befreier. Die «Luftguerilla» der Schweiz gegen die Alliierten 1943–1945, Zürich 1993.
KAMIS-MÜLLER, Aaron, Antisemitismus in der Schweiz 1900–1930, Diss. Zürich 1990.
KATER, Marianne, Die Jugendgruppen im Kanton Zürich. Diplomarbeit der Sozialen Frauenschule Zürich (Separatdruck aus der Schweizerischen Zeitschrift für Hygiene, Heft 5), Zürich 1930.
KATHOLISCHE PFARREI WETZIKON 1890–1990. Ihre Geschichte, ihre Entwicklung seit der Gründung bis zur Gegenwart, Wetzikon 1991.
KELLER, Conrad, Lebenserinnerungen eines schweizerischen Naturforschers, Zürich und Leipzig 1928.
KELLER, Theo, Leu & Co. 1755–1955. Denkschrift zum zweihundertjährigen Bestehen der Aktiengesellschaft Leu & Co., Zürich 1955.
KLÄUI, Hans und SIGG, Otto, Geschichte der Gemeinde Zell, Zell 1983.
KLÄUI Hans, HÄBERLE Alfred, SIGG Otto, Geschichte der Gemeinde Hettlingen, Winterthur 1985.
KLÄUI, Paul, Geschichte der Gemeinde Horgen, Horgen 1952.
KLÄUI, Paul, Geschichte der Gemeinde Uster, Uster 1964.
KLÖTI, Emil, Krise und städtische Finanzen, Sonderdruck aus den Zürcher Statistischen Nachrichten, Heft 4, 1934.
KLÖTI, Emil, Zürichs zweite Eingemeindung vom Jahre 1934, Zürich 1956.
KNAUER, Mathias und FRISCHKNECHT, Jürg, Die unterbrochene Spur. Antifaschistische Emigration in der Schweiz von 1933–1945, Zürich 1983.

KNESCHAUREK, Franceso, Der schweizerische Konjunkturverlauf und seine Bestimmungsfaktoren, dargestellt auf Grund der Periode 1929 bis 1939, Zürich und St. Gallen 1952.
KOBELT, Eduard, Die Wirtschaftspolitik der Gewerkschaften 1920–1950. Der Einflusss einzelner Gewerkschaftsverbände und Persönlichkeiten auf die Wirtschaftspolitik des Schweizerischen Gewerkschaftsbundes, Zürich 1987.
KOCH Michael, SOMANDIN Mathias, SÜSSTRUNK Christian, Kommunaler und genossenschaftlicher Wohnungsbau in Zürich. Ein Inventar der durch die Stadt geförderten Wohnbauten 1907–1989, Zürich 1990.
KOCH, Michael, Städtebau in der Schweiz 1800–1990. Entwicklungslinien, Einflüsse und Stationen, Zürich 1992.
KÖNIG, Mario, Die Angestellten zwischen Bürgertum und Arbeiterbewegung. Soziale Lage und Organisation der kaufmännischen Angestellten in der Schweiz 1914–1920, Zürich 1984.
KÖNIG Mario, SIEGRIST Hannes, VETTERLI Rudolf, Warten und Aufrücken. Die Angestellten in der Schweiz 1870–1950, Zürich 1985.
1936 – EINE KONFRONTATION. Katalog zur Ausstellung im Aargauer Kunsthaus Aarau, Aarau 1981.
KONSTRUKTIVE KUNST IN DER SCHWEIZ 1915–1945, Katalog zur Ausstellung im Kunstmuseum Winterthur, 13. September bis 18. Oktober 1981, Winterthur 1981.
100 JAHRE KONSUMVEREIN WINTERTHUR, 1868–1968. Jubiläumsschrift von Robert Wipf, Winterthur 1968.
KONSUMVEREIN ZÜRICH, Festschrift zum hundertjährigen Bestehen, 1851–1951, Zürich 1951.
KONTINUITÄT UND KRISE. Sozialer Wandel als Lernprozess. Beiträge zur Wirtschafts- und Sozialgeschichte der Schweiz. Festschrift für Hansjörg Siegenthaler, hg. von Andreas Ernst u. a., Zürich 1994.
KORRODI-CARLÉ, Heinrich, Mein Leben und Wirken. Ein Beitrag zur Chronik der Familie Korrodi «Us em Brand», Zürich 1929.
KRAMER, Thomas und SIEGRIST, Dominik, Terra. Ein Schweizer Filmkonzern im Dritten Reich. Mit einem Nachwort von Hans-Ulrich Jost, Zürich 1991.
DIE KRIEGSWIRTSCHAFT IM KANTON ZÜRICH 1939–1948, Bericht der Volkswirtschaftsdirektion an den Regierungsrat des Kantons Zürich, Zürich 1949.
DIE KRIEGSWIRTSCHAFT DER STADT ZÜRICH 1939–1948, Tätigkeit der Zentralstelle für Kriegswirtschaft, Zürich 1949.
KRONBICHLER, Walter, Die zürcherischen Kantonsschulen 1833–1983. Festschrift zur 150-Jahr-Feier der staatlichen Mittelschulen des Kantons Zürich, Zürich 1983.
KÜSNACHT IM 20. JAHRHUNDERT. Chronik über die Jahre 1901–1988, Küsnacht 1989.
KUMMER, Peter, Vor 60 Jahren: Nationale Front Ortsgruppe Meilen, in: Heimatbuch Meilen 1993, S. 71–80.
KURZ, Daniel, Gross-Zürich. Der Wettbewerb für einen Bebauungsplan Stadt Zürich und ihrer Vororte 1915–1919, Ausstellungskatalog, Zürich 1990.
LAMPRECHT, Franz und KÖNIG, Mario, Eglisau. Geschichte der Brückenstadt am Rhein, Zürich 1992.
DIE LANDI. Vor 50 Jahren in Zürich. Erinnerungen – Dokumente – Betrachtungen, Stäfa 1989.
DIE LANDWIRTSCHAFT IM KANTON ZÜRICH, hg. vom Zürcherischen Landwirtschaftlichen Kantonalverein, Zürich 1924.
LANG, Karl, Kritiker, Ketzer, Kämpfer. Das Leben des Arbeiterarztes Fritz Brupbacher, Zürich 1978.
LARGIADÈR, Anton, Geschichte von Stadt und Landschaft Zürich, Bd. 2, Zürich 1945.
LASSERRE, André, Schweiz: Die dunkeln Jahre. Öffentliche Meinung 1939–1945, Zürich 1992.
LEGLER, Angelika, Die Wohlfahrtspflege der Stadt Zürich seit 1893, unter besonderer Berücksichtigung ihrer finanziellen Tragweite, Zürich 1929.
LINDIG, Steffen, «Der Entscheid fällt an der Urne.» Sozialdemokratie und Arbeiter im Roten Zürich 1928 bis 1938, Zürich 1979.
LUCHSINGER, Fred, Die Neue Zürcher Zeitung im Zeitalter des Zweiten Weltkrieges 1930–1955. Zum 175jährigen Bestehen der Neuen Zürcher Zeitung, Zürich 1955.
LUDWIG, Carl, Die Flüchtlingspolitik der Schweiz seit 1933 bis zur Gegenwart, Bern 1957.
LÜSCHER, Rudolf M. und SCHWEIZER, Werner, Amalie und Theo Pinkus-De Sassi. Leben im Widerspruch, Zürich 1987.
MÄCHLER, Stefan, Das «volle Boot» und die Moderne. Die modernen Bedingungen der schweizerischen Flüchtlingspolitik während der Naziära, Lizentiatsarbeit Universität Zürich 1993 (unveröffentlichtes Manuskript).
MÄGLI, Ulrich, Geschichte der gewerblichen und kaufmännischen Berufsbildung im Kanton Zürich. Von 1830 bis zur Gegenwart, Aarau 1989.
MAGGI-CHRONIK 1832–1947, 2 Teile, im Manuskript o. O. o. J. (Staatsarchiv Zürich).
MAGNANI, Franca, Eine italienische Familie, Köln 1990.
MAIER, Karl Hannes, Die antiliberalen Erneuerungsbewegungen in der Schweiz und das Entstehen des liberal-sozialen Landesrings der Unabhängigen, Tübingen 1956.
MANZ, Jakob u. a., Der Zürcher Bauer einst und jetzt, Zürich 1947.
MARBACH, Ueli und RÜEGG, Arthur, Werkbundsiedlung Neubühl in Zürich-Wollishofen 1928–1932. Ihre Entstehung und Erneuerung, Zürich 1990.
MATTMÜLLER, Markus, Leonhard Ragaz und der religiöse Sozialismus. Eine Biographie, Bd. 2, Zürich 1968.
MAURER, Peter, Anbauschlacht. Landwirtschaftspolitik, Plan Wahlen, Anbauwerk 1937–1945, Diss. Zürich 1985.
MAYWALD, Willy, Die Splitter des Spiegels. Eine illustrierte Autobiographie in Zusammenarbeit mit Patrick Brissard, München 1985.
MEDIEN ZWISCHEN GELD UND GEIST. 100 Jahre Tages-Anzeiger 1893–1993, Zürich 1993.
MEIENBERG, Niklaus, Die Welt als Wille und Wahn. Elemente zur Naturgeschichte eines Clans, Zürich 1990.
MEIER, Heinrich, Aus der Geschichte der Gemeinde Schlieren zwischen 1914 und 1939 (16. Jahrheft von Schlieren), Schlieren 1993.
MEIER, Max, Tagebuch 1935. Zukunftsängste eines Achtzehnjährigen, Maur 1982.
MELIORATIONSAMT DES KANTONS ZÜRICH (Hg.), Entwicklung und Stand der Bodenverbesserungen im Kanton Zürich. Beispiele neuerer Meliorationen, Zürich 1939.
MÉTRAUX, Hans, Schweizer Jugendleben in fünf Jahrhunderten. Geschichte und Eigenart der Jugend und ihrer Bünde im Gebiet der protestantischen deutschen Schweiz, Zürich 1942.
MEYER, Alice, Anpassung oder Widerstand. Die Schweiz zur Zeit des deutschen Nationalsozialismus, Frauenfeld 1965.
MIETLICH, Karl, Hundert Jahre Vitoduriana 1863–1963, Bülach 1963.
...MIT DEM RÜCKEN AN DER WAND..., Flüchtlingsdebatte des Nationalrates vom September 1942.

Mit einer Einleitung von Walther Bringolf, Dossier SPS/PSS, hg. vom Zentralsekretariat der SP Schweiz, Bern 1979.
MITTENZWEI, Werner, Exil in der Schweiz (Kunst und Literatur im antifaschistischen Exil, 1933–1945, Bd. 2), Leipzig 1978.
MITTENZWEI, Werner, Das Zürcher Schauspielhaus 1933–1945 oder: Die letzte Chance, Berlin/DDR 1979.
MORANDI, Pietro, Die Richtlinienbewegung und die Entstehung der Konkordanzdemokratie (1933/36 bis 1939), Lizentiatsarbeit Universität Zürich 1993 (unveröffentlichtes Manuskript).
MORGENTHALER, Ernst, Ein Maler erzählt. Aufsätze, Reiseberichte, Briefe, Zürich 1957.
MOSER, Mentona, Ich habe gelebt, Zürich 1986.
MÜLLER, Felix, Die «Sonne» in Oberuster. Ein Dorf und ein Wirtshaus im Wandel, Uster 1990.
MÜLLER, Ueli, Illnau-Effretikon. Vom Umsturz des Jahres 1798 bis zur Gegenwart, Illnau-Effretikon 1992.
NUSSBAUM, Urs, Motorisiert, politisiert und akzeptiert. Das erste Bundesgesetz über den Motorfahrzeug- und Fahrradverkehr von 1932 als Lösungsversuch moderner Strassenverkehrsprobleme, Diss. Zürich, Bern 1989.
OERTLI, Walter, Stationen. Vom Arbeiterkind zum Industriellen, Frauenfeld 1979.
PATRIOTEN, DIE UNHEIMLICHEN, Politische Reaktion in der Schweiz. Ein aktuelles Handbuch, hg. von Jürg Frischknecht, Peter Haffner, Ueli Haldimann und Peter Niggli, 5. erweiterte Auflage, Zürich 1984.
PFARREI BÜLACH 1882–1982. 100 Jahre katholische Seelsorge im Zürcher Unterland, Bülach 1982.
PFIFFNER, Albert, Krise als Chance. Produktdiversifikation, Beschäftigungspolitik und Markterschliessung in der Weltwirtschaftskrise der 1930er Jahre am Beispiel der Firma Spoerry & Schaufelberger, Wald, Lizentiatsarbeit Universität Zürich 1989 (unveröffentlichtes Manuskript).
PFISTER, Thomas, Der Schweizer Film während des III. Reiches, Filmpolitik und Spielfilmproduktion in der Schweiz von 1933 bis 1945, (Eigenvertrieb Autor) Hettiswil 1986.
PICARD, Jacques, Die Schweiz und die Juden 1933–1945, Diss. Zürich 1994.
RAMSEIER, Hans Georg, Die Entstehung und Entwicklung des Landesrings der Unabhängigen bis 1943, Zürich 1971.
RIESEN, René, Die Schweizerische Bauernheimat bewegung (Jungbauern), von der Entstehung bis 1947, Bern 1972.
RIESS, Curt, Sein oder Nichtsein – Roman eines Theaters – Zürcher Schauspielhaus, Zürich 1963.
150 JAHRE JOH. JACOB RIETER & CIE., Winterthur-Töss, 1795–1945, Winterthur 1947.
RINGS, Werner, Schweiz im Krieg 1933–1945. Ein Bericht mit 400 Bilddokumenten, erweiterte Neuauflage, Zürich 1990.
ROHNER, René, «Auf sausendem Rade in die Weite!» Das Velofahren und seine soziokulturelle Bedeutung in der Schweiz 1900–1950, Lizentiatsarbeit Universität Zürich 1991 (unveröffentlichtes Manuskript).
ROSENBERG, Odette, Lydia Woog, eine unbequeme Frau. Schweizer Aktivistin und Kommunistin, Zürich 1991.
RÜBEL, Eduard, Eduard Einstein. Erinnerungen ehemaliger Klassenkameraden am Zürcher Gymnasium, Bern 1986.
RUFFIEUX, Roland, La Suisse de l'entre-deux-guerres, Lausanne 1974.
RUTZ, Wilfried, Die schweizerische Volkswirtschaft zwischen Währungs- und Beschäftigungspolitik in der Weltwirtschaftskrise – wirtschaftspolitische Analyse der Bewältigung eines Zielkonflikts, Zürich 1970.
SCHÄRER, Walter, Die suburbane Zone von Zürich. Ein Beitrag zur Untersuchung der städtischen Kulturlandschaft, Diss. Zürich 1956.
SCHAUFELBERGER, Hans, Die Stadt Winterthur im 20. Jahrhundert. Eine Chronik mit begleitenden Texten, Winterthur 1991.
SCHAUFELBERGER, Walter (Hg.), Das bedrohte Zürich. Die Geschichte des Stadtkommandos 1939/40, Zürich 1990.
SCHEIBEN, Oskar, Krise und Integration. Wandlungen in den politischen Konzeptionen der Sozialdemokratischen Partei der Schweiz 1928–1936. Ein Beitrag zur Reformismusdebatte, Diss. Zürich 1987.
SCHENDA, Rudolf (Hg.), Lebzeiten. Autobiographien der Pro Senectute-Aktion, Zürich 1982.
SCHMID, Christian, Das Seminar Küsnacht. Seine Geschichte im 1832–1982, Küsnacht 1982.
SCHMID, Hans Rudolf, Die Familie Abegg von Zürich und ihre Unternehmungen, Zürich 1972.
SCHMID, Hans Rudolf und MEIER, Richard T., Die Geschichte der Zürcher Börse. Zum hundertjährigen Bestehen der Zürcher Börse hg. vom Effektenbörsenverein Zürich, Zürich 1977.
SCHMID-AMMANN, Paul, Emil Klöti. Stadtpräsident von Zürich, ein schweizerischer Staatsmann, Zürich 1965.
SCHMIDT, Heinz, Die Ausgaben der Stadt Zürich 1893–1936, Zürich 1939.
SCHNEIDER, Bernhard (Hg.), Weisslingen. Die Gemeinde im 19. und 20. Jahrhundert, Zürich 1993.
SCHNEIDER, Willi, Die Geschichte der Winterthurer Arbeiterbewegung, Winterthur 1960.
SCHOOP, Günther, Das Zürcher Schauspielhaus im Zweiten Weltkrieg, Zürich 1957.
SCHWAAR, Karl, Isolation und Integration. Arbeiterkulturbewegung und Arbeiterbewegungskultur in der Schweiz, 1920–1960, Basel 1993.
«SCHWEIZ» ALLGEMEINE VERSICHERUNGS-AKTIEN-GESELLSCHAFT 1869–1944, Zürich 1945.
SCHWEIZER ARCHITEKTURFÜHRER 1920–1990, Bd. 1, Nordost- und Zentralschweiz. Redaktion Christa Zeller, Zürich 1992.
SCHWEIZERISCHE ARBEITERBEWEGUNG. Dokumente zu Lage, Organisation und Kämpfen der Arbeiter von Frühindustrialisierung bis zur Gegenwart, hg. und eingeleitet von der Arbeitsgruppe für Geschichte der Arbeiterbewegung Zürich, Zürich 1975.
SCHWEIZERISCHE UNFALLVERSICHERUNGS-GESELLSCHAFT IN WINTERTHUR, 1875–1950, Winterthur 1950.
SCHWEIZERISCHE WAGONS- UND AUFZÜGEFABRIK AG SCHLIEREN-ZÜRICH, 1889–1949, Zürich 1950.
SIEGEL, Monique R., Weibliches Unternehmertum. Zürcherinnen schreiben Wirtschaftsgeschichte, Zürich 1994.
SIEGENTHALER, Hansjörg, Die Schweiz 1914–1984, in: Handbuch der Europäischen Sozial- und Wirtschaftsgeschichte, Bd. 6, Stuttgart 1987, S. 482–512.
SPRECHER, Thomas, Thomas Mann in Zürich, Zürich 1992.
STADLER, Peter, Die Diskussion um eine Totalrevision der schweizerischen Bundesverfassung 1933–1935, in: Schweizerische Zeitschrift für Geschichte, 1969, S. 75–169.
STÄFA, Bd. 2, Stäfa 1969.
STAHLBERGER, Peter, Der Zürcher Verleger Emil Oprecht und die deutsche politische Emigration 1933–1945. Mit einem Vorwort von Professor Dr. J. R. von Salis, Zürich 1970.

STATISTIK DER STADT ZÜRICH, hg. vom Statistischen Amt der Stadt Zürich (unregelmässig erscheinende Hefte, seit 1904).
STATISTISCHE MITTEILUNGEN DES KANTONS ZÜRICH (SMZ), hg. vom Statistischen Amt des Kantons Zürich (seit 1867).
STATISTISCHES HANDBUCH DES KANTONS ZÜRICH (SHB), hg. vom Statistischen Amt des Kantons Zürich, Ausgabe 1949, Zürich 1949.
STATISTISCHES JAHRBUCH DER STADT ZÜRICH, hg. vom Statistischen Amt der Stadt Zürich (seit 1905).
STEBLER, Alexander, Der industrielle Konjunkturverlauf in der Schweiz 1919–1939, Basel 1946.
STEFANIAK, Wiktor, Freiheit ist eine grosse Sache. Erinnerungen eines internierten Polen, Zürich 1985.
STEIGER, Emma, Geschichte der Frauenarbeit in Zürich, Zürich 1964.
STETTLER, Peter, Die Kommunistische Partei der Schweiz 1921–1931, Bern 1980.
SULZER, Hans, Zur Lage der schweizerischen Exportindustrie. Sonderdruck aus der Zeitschrift für schweizerische Statistik und Volkswirtschaft 1935, S. 250–280.
SULZER, Oscar, Spiegel der Zeit. Gesammelte Aufsäze, Winterthur 1938.
TANNER, Jakob, Bundeshaushalt, Währung und Kriegswirtschaft in der Schweiz zwischen 1938 und 1953. Eine finanzsoziologische Analyse, Diss. Zürich 1986.
TEOBALDI, Alfred, Katholiken im Kanton Zürich. Ihr Weg zur öffentlich-rechtlichen Anerkennung, Zürich 1978.
TROSSMANN, Max, Der Schweizerische Gewerbeverband in der Wirtschaftskrise der dreissiger Jahre, Lizentiatsarbeit Universität Zürich 1980 (unveröffentlichtes Manuskript).
ÜBER DIE GRENZEN. Alltag und Widerstand im Schweizer Exil. Katalog zur Ausstellung der Studienbibliothek zur Geschichte der Arbeiterbewegung, Zürich 1988.
DIE UNIVERSITÄT ZÜRICH 1933–1983. Festschrift zur 150-Jahr-Feier der Universität Zürich, Gesamtredaktion Peter Stadler, Zürich 1983.
USTERI, Emil, Die Webereien der Familie Näf von Kappel und Zürich 1846–1946. Festschrift zur Hundertjahr-Feier der Seidenstoffwebereien vormals Gebrüder Näf A.G. und der Seidenwarenfabrik vormals Edwin Naef A.G., Zürich 1946.
DIREKTION DER VERKEHRSBETRIEBE DER STADT WINTERTHUR (Hg.), Fünfzig Jahre Verkehrsbetriebe der Stadt Winterthur 1898–1948, Winterthur 1948.
VON SALIS, Jean Rudolf, Grenzüberschreitungen. Ein Lebensbericht, Zweiter Teil, 1939–1978, Zürich 1978.
VORWÄRTS GENOSSEN! Hundert Jahre Arbeiterbewegung in Oerlikon und Umgebung. Festschrift, hg. von der Sozialdemokratischen Partei Zürich 11 und 12, Zürich 1977.
WAHLEN, Friedrich Traugott, Dem Gewissen verpflichtet. Zeugnisse aus den Jahren 1940 bis 1965, hg. von Alfred A. Häsler, Zürich 1966.
WANDELER, Josef, Die KPS und die Wirtschaftskämpfe 1930–1933, Zürich 1978.
WERBESTIL 1930–1940. Die alltägliche Bildersprache eines Jahrzehnts. Katalog zur Ausstellung im Kunstgewerbemuseum Zürich, Zürich 1981.
WERKZEUGMASCHINENFABRIK OERLIKON (1906–1956), Zürich 1957.
WIDMER, Hans, Die Stadt Winterthur in der Krise 1930–1934, Winterthur 1936.
WIDMER, Jakob, 100 Jahre Wirtschaft und Gewerbepolitik im Kanton Zürich. Festschrift zum 100-jährigen Bestehen des Kantonalen Gewerbeverbandes, Zürich 1954.

WIDMER, Sigmund, Zürich – eine Kulturgeschichte, Bd. 11, Krieg und Krise, Zürich 1983.
WIGGER, Erich und ERNST, Andreas, Medienereignisse als Indikatoren des sozialen Wandels: Krise und Restabilisierung in der Schweiz 1915–1925, Lizentiatsarbeit Universität Zürich 1991 (unveröffentlichtes Manuskript).
WINKLER, Ernst, Veränderungen der Kulturlandschaft im zürcherischen Glattal, Zürich 1936.
WIPF, Robert, 100 Jahre Konsumverein Winterthur 1868–1968, Jubiläumsschrift, Winterthur 1968.
WOHNUNGSBAUPOLITIK DER STADT ZÜRICH 1907–1937, Statistik der Stadt Zürich, Heft 46, Zürich 1938.
50 JAHRE WOHNUNGSPOLITIK DER STADT ZÜRICH, hg. vom Finanzamt der Stadt Zürich, Zürich 1957.
WOJCIECHOWSKI, Aleksander, Internierte Halt! Ein Lagerinsasse plaudert aus der Schule, Wetzikon 1946.
WOLF, Walter, Faschismus in der Schweiz. Die Geschichte der Frontenbewegung in der deutschen Schweiz, 1930–1945, Zürich 1969.
WOLFENSBERGER, Heribert, Die Zuwanderung in die Stadt Zürich seit 1893, Zürich 1952.
WÜST, Karl, Der Schweizerische Schriftstellerverein im Prozess sozialer Integration 1930–1936, Lizentiatsarbeit Universität Zürich 1986 (unveröffentlichtes Manuskript).
WYSS, Hans, Schweizerische Lebensversicherungs- und Rentenanstalt 1857–1957, Zürich 1957.
ZIEGLER, Peter, Wädenswil, Bd. 2, Vom 19. Jahrhundert bis zur Gegenwart, Wädenswil 1971.
ZIEGLER, Peter, Uetikon am See. Von den Anfängen bis zur Gegenwart, Uetikon 1983.
ZIEGLER, Peter und MUMENTHALER, Max, 125 Jahre Seidenweberei Gessner 1841–1966, Wädenswil 1966.
ZÖBERLEIN, Klaus-Dieter, Die Anfänge des deutschschweizerischen Frontismus. Die Entwicklung der politischen Vereinigungen Neue Front und Nationale Front bis zu ihrem Zusammenschluss im Frühjahr 1933, Meisenheim am Glan 1970.
ZOLLINGER, Albin, Briefe an einen Freund, ausgewählt und eingeleitet von Traugott Vogel, St. Gallen 1955.
ZOLLINGER, Albin, Politische und kulturkritische Schriften, Kleine Prosa, hg. von Gustav Huonker (Bd. 6 der Werke Albin Zollingers), Zürich 1984.
ZOLLINGER, Konrad, Frischer Wind oder faschistische Reaktion. Die Haltung der Schweizer Presse zum Frontismus 1933, Zürich 1991.
ZOPFI, Hans, Anekdoten und Erinnerungen, Affoltern a. A. 1952.
ZÜRCHER KANTONALBANK, 1870–1945, Zürich 1945.
ZÜRCHER LANDWIRTSCHAFTLICHER KANTONALVEREIN 1842–1942, Zürich 1942.
ZÜRCHER, Markus, Anfänge der Soziologie in der Schweiz 1890–1950, unveröffentlichte Dissertation, Soziologisches Institut, Universität Bern 1994.
DIE ZÜRCHER MITTELSCHULEN 1833–1983, Bildungsstatistische Berichte, Heft 25, Zürich 1984.
ZÜRCHER STATISTISCHE NACHRICHTEN (ZSN), hg. vom Statistischen Amt der Stadt Zürich (seit 1924).
ZÜRCHERISCHE SEIDENINDUSTRIE-GESELLSCHAFT 1854–1954, Zürich 1954.
ZÜRICH UND VORORTE. Statistische Unterlagen zur Eingemeindungsfrage, Statistik der Stadt Zürich, Heft 32, Zürich 1926.
ZÜRICHS VOLKS- UND STAATSWIRTSCHAFT. Festschrift, dem Verein für Sozialpolitik und der Deutschen Gesellschaft für Soziologie gewidmet, Zürich 1928.

# Teil 3 (1945–1993)

Seiten 350–479

AEPPLI, Felix, Geschichte der Gemeinde Maur, Maur 1979.
AESCHLIMANN, Regula, Jugendkulturen – Halbstarke in Zürich 1958–1964, Lizentiatsarbeit Universität Zürich 1991 (unveröffentlichtes Manuskript).
AKERET, Walter, Die zweite Zürcher Eingemeindung von 1934, Bern 1977.
ALTERMATT, Urs, Katholizismus und Moderne. Zur Sozial- und Mentalitätsgeschichte der Schweizer Katholiken im 19. und 20. Jahrhundert, Zürich 1989.
ANGST, Doris, Zürich-Witikon. 50 Jahre Eingemeindung 1934–1984, Zürich 1984.
AREND, Michal und SCHLEGEL, Werner, Räumliche Verteilung von Wohnbevölkerung und Arbeitsplätzen: Einflussfaktoren, Wirkungsketten, Szenarien, Bern 1984.
BAJKA, László, Die Stadtagglomeration Zürich aus der Sicht der Planung, Diss. Zürich, Pfäffikon 1967.
BANDLE, Max und QUADRI, Bruno, Biografie einer Schule. Von der Industrieschule über die Oberrealschule zum Mathematisch-Naturwissenschaftlichen Gymnasium, Zürich 1993.
BARTH, Robert, Das Ende der demokratischen Partei des Kantons Zürich, in: Winterthurer Jahrbuch 1987, S. 31–62.
BASSAND, Michel und HAINARD, François, Regionale sozio-kulturelle Dynamik, Bern 1985.
BASSAND Michel, JOYE Dominique, SCHULER Martin (Hg.), Agglomerationsprobleme in der Schweiz, Bern 1988.
BECK, Hansjürg, Der Kulturzusammenstoss zwischen Stadt und Land in einer Vorortsgemeinde, Zürich 1952.
BECK, Peter und KIENER, Urs, Studien- und Berufswahl der Zürcher Maturanden. Vorstellungen über Ausbildung, Beruf, Gesellschaft: Ein Arbeitsbericht, Zürich 1988.
BECK, Rolf H., Der Konsument zwischen Shopping-Center und innerstädtischem Geschäftszentrum, Zürich 1978.
BERNATH, Walter, Ausbildungsverläufe von Zürcher Jugendlichen. Ähnliche Ziele, vorgezeichnete Wege, individuelle Realisierungen, Zürich 1989.
BILDER UND LEITBILDER IM SOZIALEN WANDEL, hg. vom Schweizerischen Sozialarchiv, Zürich 1991.
BISCHOF, Daniel P., Die wirtschaftliche Bedeutung der Zürcher Kulturinstitute. Eine Studie der Julius Bär-Stiftung, Zürich 1985.
BLANC, Jean-Daniel, Die Stadt – ein Verkehrshindernis? Leitbilder städtischer Verkehrsplanung und Verkehrspolitik in Zürich 1945–1975, Diss. Zürich 1993.
BLANCPAIN, Robert und HÄUSELMANN, Erich, Zur Unrast der Jugend. Eine soziologische Untersuchung über Einstellungen, politische Verhaltensweisen und ihre gesellschaftlichen Determinanten, Frauenfeld 1974.
BOLLINGER, Armin, Oerlikon: Geschichte einer Zürcher Gemeinde, 2. Auflage, Oerlikon 1983.
BOPP, Matthias, Die Versorgungslage der Bevölkerung in der Agglomeration Zürich unter besonderer Berücksichtigung des Lebensmitteldetailhandels, Zürich 1991.
BRAUN, Rudolf, Sozio-kulturelle Probleme der Eingliederung italienischer Arbeitskräfte in der Schweiz, Erlenbach/Zürich 1970.
BRUGGER, Ernst A. und HÄBERLING, George, Abbau regionaler Ungleichgewichte. Föderalistischer Ausgleich durch Raumordnungspolitik: Ansprüche und konkrete Möglichkeiten im Kanton Zürich, 3 Bde., Zürich 1978.
BRUGGER, Ernst A., Regionalwirtschaftliche Entwicklung. Strukturen, Akteure und Prozesse,

Bern 1985.
DIE BÜHRLE SAGA, Festschrift zum 75-jährigen Jubiläum einer weltberühmten Waffenschmiede, Zürich 1981.
BÜTIKOFER-JOHANNI, Kurt, Die Initiative im Kanton Zürich 1869–1969: Entstehung, Funktion und Wirkung, Bern 1982.
BÜTLER, Hugo (Hg.), Die neuen Verweigerer. Unruhe in Zürich und anderen Städten, Zürich 1981.
BUGARI, Andrea und DUPUIS, Monique, Die Vereine in der Stadt Zürich. Eine schriftliche Befragung von 867 Vereinen, 2 Bde., vervielfältigtes Manuskript, Zürich 1989.
CAROL, Hans und WERNER, Max, Städte – wie wir sie wünschen. Ein Vorschlag zur Gestaltung schweizerischer Grosstadt-Gebiete, dargestellt am Beispiel von Stadt und Kanton Zürich, Zürich 1949.
CATRINA, Werner (Hg.), Landwirtschaft im Clinch. Reportagen und Analysen zur aktuellen Situation. Erschienen zum 150jährigen Bestehen des Zürcher Bauernverbandes (1842–1992), Zürich 1992.
DAHINDEN, Martin (Hg.), Zeitspuren. Essays und Reden, Zürich 1988.
DEJUNG, Christoph, Schweizer Geschichte seit 1945, Frauenfeld 1984.
DISP. Dokumente und Informationen zur Schweizerischen Orts-, Regional- und Landesplanung, Zürich 1967ff.
DÜRRENBERGER, Gregor u.a., Das Dilemma der modernen Stadt. Theoretische Überlegungen zur Stadtentwicklung, dargestellt am Beispiel Zürichs, Berlin/Heidelberg 1992.
FARAGO, Peter und FÜGLISTALER, Peter, Armut verhindern. Die Zürcher Armutsstudien: Ergebnisse und sozialpolitische Vorschläge, hg. von der Fürsorgedirektion des Kantons, Zürich 1992.
FISCHER, Georges, Räumliche Disparitäten in der Schweiz, Bern 1985.
FLUBACHER, Rita, Flugjahre für Gaukler. Die Karriere des Werner K. Rey, Zürich 1992.
FRAUENGESCHICHTE(N). Dokumente aus zwei Jahrhunderten zur Situation der Frauen in der Schweiz, hg. von Elisabeth Joris und Heidi Witzig, Zürich 1986.
FREI, Ulrich, Ein toter Baum aus dem Bannwald der Demokratie: Das Volksrecht 1898 bis 1973, Diss. Zürich 1987.
FREY, René L., Städtewachstum, Städtewandel. Eine ökonomische Analyse der schweizerischen Agglomerationen, Basel 1990.
GANZ ANNABELLE. Eine Zeitschrift als Freundin, hg. von Mariana Christen, Johanna Gisler und Martin Heller, Zürich 1992.
GEHRET, Werner A., Gehirn und Professoren. 80 und ein Semester an der Universität Zürich, Zürich 1990.
GESCHICHTE DER SCHWEIZ UND DER SCHWEIZER, Bd. 3, Basel 1983.
GESCHICHTE DES KUNSTVEREINS WINTERTHUR SEIT SEINER GRÜNDUNG 1848 (321. Neujahrsblatt der Stadtbibliothek Winterthur), Winterthur 1990.
GESCHICHTE DER ORTSPARTEIEN VON DIETIKON, Neujahrsblatt Dietikon 1980.
GESER Hans, FARAGO Peter u.a., Gemeindepolitik zwischen Milizorganisation und Berufsverwaltung. Vergleichende Untersuchungen in 223 deutschschweizerischen Gemeinden, Bern 1987.
«GÖHNERSWIL». Wohnungsbau im Kapitalismus. Eine Untersuchung über die Bedingungen und Auswirkungen der privatwirtschaftlichen Wohnungsproduktion am Beispiel der Vorstadtsiedlung «Sunnebüel» in Volketswil bei Zürich und der Generalunternehmung Ernst Göhner AG, Zürich 1972.
GRUNER, Erich, Die Parteien in der Schweiz, Bern 1969.
GURNY, Ruth u.a., Karrieren und Sackgassen. Wege ins Berufsleben junger Schweizer und Italiener in der Stadt Zürich, Diessenhofen 1984.
HÄBERLIN, Hermann, Meine Welt. Ein Parlamentarier hält Rückschau, Zürich 1970.
HÄSLER, Alfred A., Der Aufstand der Söhne. Die Schweiz und ihre Unruhigen, Zürich 1969.
HÄSLER, Alfred A., Das Ende der Revolte. Aufbruch der Jugend 1968 und die Jahre danach, Zürich 1976.
HANDBUCH DER SCHWEIZERISCHEN VOLKSKULTUR, hg. von Paul Hugger, 3 Bde., Zürich 1992.
HANHART, Dieter, Arbeiter in der Freizeit. Eine sozialpsychologische Untersuchung, Bern 1964.
HAUSHALTFÜHRUNG UND HAUSWIRTSCHAFTLICHE AUSBILDUNG DER ZÜRCHER FRAUEN. Ergebnisse einer Frauenbefragung im Kanton Zürich, in: SMZ, Heft 60, Juni 1967.
HAUSWIRTH, Fritz, Niederhasli – von den Anfängen bis zur Gegenwart, Niederhasli 1988.
HERRMANN, Hansueli, Bauern im Wandel. Agrarischer Strukturwandel, bäuerliches Verhalten und bewusstseinsmässige Verarbeitung am Beispiel einer Agglomerationsgemeinde (Küsnacht ZH) 1945–1980, Diss. Zürich 1990.
HÖPFLINGER, François und ERNI-SCHNEUWLY, Denise (Hg.), Weichenstellungen. Lebensformen im Wandel und Lebenslage junger Frauen, Bern 1989.
HÖPFLINGER François, CHARLES Maria, DEBRUNNER Annelies, Familienleben und Berufsarbeit. Zum Wechselverhältnis zweier Lebensbereiche, Zürich 1991.
HOFFMANN-NOWOTNY, Hans-Joachim, Soziologie des Fremdarbeiterproblems. Eine theoretische und empirische Analyse am Beispiel der Schweiz, Stuttgart 1973.
HOFFMANN-NOWOTNY, Hans-Joachim und HONDRICH, Karl-Otto (Hg.), Ausländer in der Bundesrepublik Deutschland und in der Schweiz. Segregation und Integration: Eine vergleichende Untersuchung, Frankfurt 1981.
HOLLENSTEIN, Hans, Spitzenmanager in der Schweiz. Herkunft – Ausbildung – Werdegang, Stellung in der Gesellschaft, Bern 1987.
HORNBERGER, Klaus D., Interdependenzen zwischen Stadtgestalt und Baugesetz. Untersuchung des Spannungsfeldes zwischen der stadträumlichen und der baurechtlichen Entwicklung im Verlauf des 20. Jahrhunderts, dargestellt am Beispiel Zürich, Diss. ETH, Zürich 1980.
HOSANG, Balz, Parteien und Presse im Kanton Zürich, Bern 1974.
HUBER, Benedikt und KOCH, Michael (Hg.), Wohnungsbau ist Städtebau: Beiträge zu den stadtplanerischen Komponenten des Wohnungsbaus, Zürich 1985.
HUGGER, Paul, Fasnacht in Zürich. Das Fest der Andern, Zürich 1985.
IBLHER, Peter und JANSEN, Georg-Dietrich, Die Bewertung städtischer Entwicklungsalternativen mit Hilfe sozialer Indikatoren, dargestellt am Beispiel der Stadt Zürich, Göttingen 1972.
INSIDE. Persönlicher Informationsdienst der Tages-Anzeiger AG, Zürich 1978ff.
JAUN, Rudolf, Management und Arbeiterschaft. Verwissenschaftlichung, Amerikanisierung und Rationalisierung der Arbeitsverhältnisse in der Schweiz 1873–1959, Diss. Zürich 1986.
KELLER, Rolf, Bauen als Umweltzerstörung. Alarmbilder einer Un-Architektur der Gegenwart, Zürich 1973.
KESSELRING, Hans-Christoph, Kommunaler Finanzausgleich und Regionalpolitik: Grundlagen und Systematik: eine empirische Untersuchung am Beispiel des Kantons Zürich, Diessenhofen 1979.
KLÄUI, Hans und SIGG, Otto, Geschichte der Gemeinde Zell, Zell 1983.
KNECHT, Andrea, Determinanten zur Erklärung der politischen Partizipation in den Gemeinden des Kantons Zürich, Lizentiatsarbeit Universität Zürich 1990 (unveröffentlichtes Manuskript).
KOBELT, Rudolf, Zur Kulturgeographie der Umgebung von Zürich, Diss. ETH, Zürich 1970.
KOCH, Michael, Städtebau in der Schweiz 1800–1990. Entwicklungslinien, Einflüsse und Stationen, Zürich 1992.
KÖNIG Mario, SIEGRIST Hannes, VETTERLI Ruedi, Warten und Aufrücken. Die Angestellten in der Schweiz 1870–1950, Zürich 1985.
KRIESI, Hanspeter, Die Zürcher Bewegung. Bilder, Interaktionen, Zusammenhänge, Frankfurt 1984.
KRIESI, Hanspeter (Hg.), Bewegung in der Schweizer Politik. Fallstudien zu politischen Mobilisierungsprozessen in der Schweiz, Frankfurt 1985.
KRONBICHLER, Walter, Die zürcherischen Kantonsschulen 1833–1983. Festschrift zur 150-Jahr-Feier der staatlichen Mittelschulen des Kantons Zürich, Zürich 1983.
KÜSNACHT IM 20. JAHRHUNDERT, Chronik über die Jahre 1901–1988, Küsnacht 1988.
LADNER, Andreas, Politische Gemeinden, kommunale Parteien und lokale Politik. Eine empirische Untersuchung in den Gemeinden der Schweiz, Zürich 1991.
LALIVE D'EPINAY, Christian, Die Schweizer und ihre Arbeit. Von Gewissheiten der Vergangenheit zu Fragen der Zukunft, Zürich 1991.
LAMPRECHT, Franz und KÖNIG, Mario, Eglisau. Geschichte der Brückenstadt am Rhein, Zürich 1992.
LANDWIRTSCHAFT IM INDUSTRIEKANTON. Die zürcherische Landwirtschaft, hg. von der Volkswirtschaftsdirektion, Stäfa 1976.
LANG, Herbert, Hochhaus und Baurecht. Die rechtliche Erfassung einer baulichen Entwicklung, dargestellt unter besonderer Berücksichtigung des zürcherischen Rechts, Diss. iur. Zürich 1977.
LEVY, René und DUVANEL, Laurent, Politik von unten. Bürgerprotest in der Nachkriegsschweiz, Basel 1984.
LINDT, Nicolas, Der Asphalt ist nicht die Erde. Das Zürcher Selnauquartier im Wandel der Zeit, Zürich 1984.
LÜSCHER, Rudolf und SCHWEIZER, Werner (Hg.), Amalie und Theo Pinkus-De Sassi. Leben im Widerspruch, Zürich 1987.
MÄGLI, Ulrich, Geschichte der gewerblichen und kaufmännischen Berufsbildung im Kanton Zürich. Von 1830 bis zur Gegenwart, Aarau 1989.
MARTI, Hans, Zürich wird Grossstadt, Separatdruck NZZ, Zürich 1952.
MEIER, Jürg (Hg.), Die Angst der Mächtigen vor der Autonomie: aufgezeigt am Beispiel Zürich, Horgen 1981.
MEIER, Walter, Die wirtschaftliche Lage der Landwirtschaft im Zürcher Oberland und ihre Entwicklungsvoraussetzungen, Zürich 1974.
MEIER-DALLACH Hans-Peter, HOHERMUTH Susanne, NEF Rolf, Soziale Strukturen und räumliches Bewusstsein. Von der Analyse zu Postulaten regionaler Politik, Bern 1985.
MEIER-DALLACH Hans-Peter, GLOOR Daniela, HOHERMUTH Susanne, Die Kulturlawine. Daten, Bilder, Deutungen, Zürich 1991.
MEIER-DALLACH, Hans-Peter und HOHERMUTH, Susanne, Stadtkultur im Grossdorf Schweiz,

Zürich 1992.
MEYER, Helmut, Zimmerleuten. Eine kleine Zunftgeschichte, Zürich 1991.
MEYER-VON GONZENBACH, Rolf, Lebensqualität im Kanton Zürich. Zusammenfassende Auswertung der im Auftrag des Regierungsrates des Kantons Zürich im Jahre 1975 durchgeführten Erhebungen, Zürich 1977.
MOMENTAUFNAHMEN 1986. Gespräche über Arbeit und Freizeit. Die Mitarbeiter der Gasversorgung Zürich im Jubiläumsjahr. Zum 100jährigen Bestehen der Gasversorgung als städtischer Betrieb, Zürich 1986.
MOSSDORF, Albert, Unterwegs auf freiheitlichen Pfaden, Dielsdorf 1991.
MÜLLER, Felix, Die «Sonne» in Oberuster. Ein Dorf und ein Wirtshaus im Wandel, Uster 1990.
MÜLLER, Hans-Peter und LOTMAR, Gerold (Hg.), Der Bunker von Zürich. Jugend zwischen Rückzug und Revolte. Ein Modellfall, Olten 1972.
MÜLLER, Ueli, Illnau-Effretikon. Vom Umsturz des Jahres 1798 bis zur Gegenwart, Illnau-Effretikon 1992.
NEUBAU, DER ORGANISATORISCHE, DES KANTONS ZÜRICH. Schlussbericht der Kommission für die Überprüfung der strukturellen Gliederung des Kantons Zürich, Zürich 1977.
NIEMALS VERGESSEN! Betroffene berichten über die Auswirkungen der Ungarn-Ereignisse 1956 in der Schweiz, Zürich 1976.
OBER-ENGSTRINGEN. Halt auf Verlangen, Dietikon 1982.
PASCHE, Georges, Die Wanderungen von und nach der Stadt Zürich 1946–1965. Eine Analyse über Umfang, Struktur und volkswirtschaftliche Bedeutung, Diss. St. Gallen, Zürich 1968.
PATRIOTEN, DIE UNHEIMLICHEN, Politische Reaktion in der Schweiz. Ein aktuelles Handbuch, hg. von Jürg Frischknecht, Peter Haffner, Ueli Haldimann und Peter Niggli, 5. Auflage mit Nachtrag 1979–1984, Zürich 1984.
PFRUNDER, Peter und VON ARB, Giorgio, Fabrikzeit. Spurensicherung auf dem Sulzer-Areal Winterthur, Zürich 1992.
RAUMPLANUNG UND UMWELTSCHUTZ IM KANTON ZÜRICH, hg. vom Amt für Raumplanung (bis Nr. 7: Regionalplanung), Zürich 1964ff.
REAL, W.H., Stadtplanung. Möglichkeiten für die Aufstellung von Richtlinien am Beispiel der Verhältnisse in der Stadt Zürich, Bern 1950.
RELIGIÖSE LEBENSWELT JUNGER ELTERN. Ergebnisse einer schriftlichen Befragung in der Deutschschweiz, kommentiert von Alfred Dubach, Michael Krüggeler und Peter Voll, Zürich 1989.
RELIGION UND WELTANSCHAUUNG DER ZÜRCHERINNEN UND ZÜRCHER. Eine Auswertung der Sonderstichprobe für den Kanton Zürich im Rahmen des Umfrage-Projektes «Konfessionelle Pluralität, diffuse Religiosität, kulturelle Identität in der Schweiz», verfasst von Alfred Dubach, Michael Krüggeler und Peter Voll, St. Gallen 1991.
RITZMANN, Jakob, Staatliche Kunstförderung im Kanton Zürich. Bericht über die Tätigkeit der kantonalen Kunstkommission in den Jahren 1945–1954, Zürich 1955.
ROTZLER, Willy, Die Geschichte der Alberto Giacometti-Stiftung: Eine Dokumentation, Bern 1982.
SCHAEPPI, Eugen, Der Kampf ums Kraftwerk Rheinau 1951–1954, Zürich 1978.
SCHÄRER, Walter, Die suburbane Zone von Zürich. Ein Beitrag zur Untersuchung der städtischen Kulturlandschaft, Diss. Zürich 1956.
SCHAUFELBERGER, Hans, Die Stadt Winterthur im 20. Jahrhundert. Eine Chronik mit begleitenden Texten, Winterthur 1991.
SCHILDKNECHT, Kurt, Der Finanzplatz Zürich und seine Rahmenbedingungen in der Stadt, Zürich 1988.
SCHÖNENBERGER, Karl, Analyse räumlicher Disparitäten der Lebensqualität in der Schweiz: Auswertung einer Befragung von mehr als 30000 Schweizer Rekruten über die Lebensqualität an ihrem Herkunftsort, Zürich 1984.
SCHMID-AMMANN, Paul, Unterwegs von der politischen zur sozialen Demokratie. Lebenserinnerungen, Zürich 1978.
SCHMIDTCHEN, Gerhard, Bildungspolitik aus der Sicht der Stimmbürger. Repräsentativ-Umfragen im Kanton Zürich, Bern und Stuttgart 1979.
SCHNEIDER, Peter, Unrecht für Ruhe und Ordnung. Ein Lehrbuch, Zürich 1982.
SCHNYDER, Roland und STURNY, Gabriel, Die Vorstädter im Grünen. Wohnen und Leben in der Gemeinde Fällanden, Lizentiatsarbeit Universität Zürich 1981 (unveröffentlichtes Manuskript).
SCHWEIZ IM WANDEL. Studien zur neueren Gesellschaftsgeschichte. Festschrift für Rudolf Braun zum 60. Geburtstag, Basel 1990.
SPALTENSTEIN, Alfred, Planen im Glattal. Eine Jubiläumsschrift zum 25jährigen Bestehen der ZPG, Kloten 1984.
STAATSSCHUTZ DER STADT ZÜRICH: Bericht der Untersuchungskommission an den Gemeinderat von Zürich, Zürich 1991.
STADLIN, Paul (Hg.), Die Parlamente der schweizerischen Kantone, Zug 1990.
EINE STADT IN BEWEGUNG: Materialien zu den Zürcher Unruhen, hg. von der Sozialdemokratischen Partei der Stadt Zürich, Zürich 1980.
STATISTIK DER STADT ZÜRICH, hg. vom Statistischen Amt der Stadt Zürich (erscheint unregelmässig seit 1904).
STATISTISCHE BERICHTE DES KANTONS ZÜRICH (SBZ), hg. vom Statistischen Amt des Kantons Zürich, 1957ff. (früher: ZÜRCHER WIRTSCHAFTSBILDER, 1945–1957).
STATISTISCHE MITTEILUNGEN DES KANTONS ZÜRICH (SMZ), hg. vom Statistischen Amt des Kantons Zürich (erscheinen seit 1870).
STATISTISCHES HANDBUCH DES KANTONS ZÜRICH (SHB), hg. vom Statistischen Amt des Kantons Zürich, Ausgaben 1949, 1964, 1978, 1987.
STATISTISCHES JAHRBUCH DER STADT ZÜRICH, hg. vom Statistischen Amt der Stadt Zürich (erscheint seit 1905).
STATISTISCHES JAHRBUCH DES KANTONS ZÜRICH, hg. vom Statistischen Amt des Kantons Zürich (erscheint seit 1990).
STREHLE Res, TREPP Gian, WEYERMANN Barbara, Ganz oben – 125 Jahre Schweizerische Bankgesellschaft, Zürich 1987.
STURZENEGGER, Hannes, Volkstümlicher Wandschmuck in Zürcher Familien. Wesen und Funktion, Bern 1970.
TEOBALDI, Alfred, Katholiken im Kanton Zürich. Ihr Weg zur öffentlich-rechtlichen Anerkennung, Zürich 1978.
TROXLER, Josef M., Wohnstandort und Pendelmobilität im suburbanen Raum. Theoretische Grundlagen und empirische Untersuchung in der südwestlichen Agglomeration Zürich, Zürich 1986.
DIE UNIVERSITÄT ZÜRICH 1933–1983, Festschrift zur 150-Jahr-Feier der Universität Zürich, Gesamtredaktion Peter Stadler, Zürich 1983.
USTER-BUCH 1990, hg. von der Stadt Uster, Redaktion Anita Färber, Uster 1990.
VONTOBEL, Jacques, Zum Bischpil X-Wil. Eine Gemeindestudie. Menschliche Umwelt im Wandel. Neue Aufgaben für die angewandte Sozialwissenschaft?, Zürich 1976.
VORWÄRTS GENOSSEN! 100 Jahre Arbeiterbewegung in Oerlikon und Umgebung, Festschrift hg. von der Sozialdemokratischen Partei Zürich 11 und 12, Zürich 1977.
WEHRLE, Reinhold, Agrargeographische Untersuchungen im Raume von Zürich. Der Einfluss der Stadtausdehnung auf die Landwirtschaft, Zürich 1961.
WIDMER, Sigmund, Emil Landolt, Stadtpräsident von Zürich in Amt und Alltag, Zürich 1965.
WIDMER, Sigmund, Zürich – eine Kulturgeschichte, Band 12, Weltstadt und Kleinstadt, Zürich 1984.
WIDMER, Sigmund, Ernst Göhner (1900–1971). Bauen in Norm (Schweizer Pioniere der Wirtschaft und Technik, 49), Meilen 1990.
WINKLER, Gabriela, Leben im Banne des Flughafens. Untersuchungen einiger räumlicher Auswirkungen des Flughafens Zürich-Kloten am Beispiel der westlichen Glattalgemeinden, Zürich 1978.
WIPKINGEN. Lebensräume – Verkehrsräume. Geschichte eines Zürcher Stadtquartiers 1893–1993, verfasst von Ursina Jakob und Daniel Kurz, Zürich 1993.
WOHNEN IM NEUBAU. Eine interdisziplinäre Untersuchung über die Wohnbedingungen in Zürcher Neubauwohnungen und deren Beurteilung durch die Bewohner, durchgeführt unter der Leitung von Etienne Grandjean, Bern 1976.
ZEUGIN, Peter und SCHMID, Josef, Ein Sozialatlas zur Situation der Jugend in Zürich, Zürich 1984.
ZÜRCHER FRAUENBEFRAGUNG 1955. Die Meinung der Frauen in der Stadt Zürich zur Einführung des Frauenstimmrechts, bearbeitet von Käthe Biske, in: ZSN 1955, Heft 4, S. 121–167.
DER ZÜRCHER LITERATURSTREIT: Eine Dokumentation, hg. von Walter Höllerer, in: Sprache im technischen Zeitalter, Heft 22/1967, S. 83–205.
ZÜRCHER, Markus, Anfänge der Soziologie in der Schweiz 1890–1950, unveröffentlichte Diss., Soziologisches Institut, Bern 1974.
DIE ZÜRCHER MITTELSCHULEN 1833–1983, 150 Jahre Schulentwicklung im Spiegel der Schülerzahlen, Schulen und Schultypen, Bildungsstatistische Berichte, Heft 25, Zürich 1984.
ZÜRCHER MÜTTERBEFRAGUNG 1957/58, Hintergründe und Auswirkungen der Mütterarbeit, bearbeitet von Käthe Biske, in: ZSN 1962, Heft 1.
ZÜRCHER STATISTISCHE NACHRICHTEN (ZSN), hg. vom Statistischen Amt der Stadt Zürich (erscheinen seit 1924).
DIE ZÜRCHER VOLKSSCHULE 1832–1982, Schulentwicklung im Spiegel der Schüler- und Lehrerzahlen, Bildungsstatistische Berichte, Heft 20, Zürich 1982.
ZÜRICH OHNE GRENZEN, hg. von Theo Ginsburg, Hansruedi Hitz, Christian Schmid und Richard Wolf, Zürich 1986.
ZÜRICH UND SEINE QUARTIERE. Zürcher Schriftsteller sehen ihr Quartier, Zürich 1966.
ZÜRICHS ZÜNFTE EINST UND JETZT. Zum Jubiläum ihres 10jährigen Bestehens hg. von der Zunft Witikon, Zürich 1990.
ZWEIFEL, Willy, Geographische Analyse einer randlichen Agglomerationszone der Stadt Zürich. Untersuchungen zur Entwicklung und Struktur eines Verdichtungsraumes am Beispiel des oberen Glattales, Diss. ETH, Zürich 1978.

# Nachweis der Abbildungen

Die in Klammern stehenden Angaben o. (=oben), u. (=unten), l. (=links) und r. (=rechts) beziehen sich auf den Standort der Abbildungen auf den entsprechenden Seiten in diesem Buch.

## Bildnachweis

Abkürzungen:

| | |
|---|---|
| BAZ | Baugeschichtliches Archiv der Stadt Zürich |
| RDB | Ringier Dokumentation Bild |
| SLM | Schweizerisches Landesmuseum, Zürich |
| StAZ | Staatsarchiv des Kantons Zürich |
| ZBZ | Zentralbibliothek Zürich |

| | |
|---|---|
| 12 | Institut für Kommunikationstechnik ETH Zürich, Fachgruppe Bildwissenschaft |
| 17 | SLM (LM 51393), Photo: Manuela Gygax, Zürich |
| 18 | ZBZ, Graphische Sammlung/ Punktum AG |
| 20/21 | aus: J. Staub's Bilderwerk zum Anschauungsunterricht für jüngere Kinder, Zürich 1875f., Photo: Manuela Gygax, Zürich |
| 22 | ZBZ, Graphische Sammlung/ Punktum AG |
| 23 | ZBZ, Graphische Sammlung/ Punktum AG |
| 24 | Ortsmuseum Bischofszell, Stiftung Kartographische Dokumente, Photo: Carsten Seltrecht, St. Gallen |
| 25 | Privatbesitz, Photo: Chronikstube Fehraltorf |
| 26 | StAZ (B IX 59) (o.) |
| 26 | aus: J. Staub's Bilderwerk zum Anschauungsunterricht für jüngere Kinder, Zürich 1875f., Photo: Manuela Gygax, Zürich, (u.) |
| 27 | ZBZ, Graphische Sammlung/ Punktum AG |
| 28 | Privatbesitz (Ausschnitt), Photo: StAZ (o.) |
| 28 | Wohnmuseum Marthalen, Photo: Manuela Gygax, Zürich (u.) |
| 29 | 1 BAZ |
| 29 | 2 StAZ (III O a 1) |
| 29 | 3 Ortmuseum Zollikon, Photo: Seedamm-Kulturzentrum, Pfäffikon |
| 30 | Stadtarchiv Winterthur (WDB 2, 65) (o.) |
| 30 | Museum zur Farb, Stäfa, Photo: Ulrich Gantner, Uerikon (u.) |
| 32 | Chronikstube Wetzikon (Ausschnitt), Photo: Manuela Gygax, Zürich |
| 34 | Privatbesitz, Photo: Manuela Gygax, Zürich (o.) |
| 34 | ZBZ, Graphische Sammlung (Ausschnitt) (u.) |
| 36 | Schweizerische Obstsorten, hg. vom Schweizerischen Landwirtschaftlichen Verein, 1863, Photo: Manuela Gygax, Zürich |
| 37 | Schweizerische Landesbibliothek, Bern |
| 38 | Weinbaumuseum Au, Photo: Manuela Gygax, Zürich |
| 39 | 1 Ortsmuseum Marthalen, Photo: Manuela Gygax, Zürich |
| 39 | 2 Privatbesitz, Photo: Manuela Gygax, Zürich |
| 39 | 3 Privatbesitz |
| 39 | 4 Ortsmuseum Marthalen, Photo: Manuela Gygax, Zürich |
| 40 | Privatbesitz, Photo: Manuela Gygax, Zürich |
| 41 | Ortsmuseum Eglisau |
| 44 | ZBZ, Graphische Sammlung/ Punktum AG |
| 45 | ZBZ, Graphische Sammlung |
| 46 | Archiv Sulzer Rüti, Photo: Manuela Gygax, Zürich |
| 47 | ZBZ, Graphische Sammlung |
| 48 | Archiv Sulzer Rüti, Photo: Manuela Gygax, Zürich |
| 49 | ZBZ, Graphische Sammlung (Ausschnitt) |
| 50 | Archiv Sparcassa 1816, Wädenswil, Photo: Manuela Gygax, Zürich |
| 51 | 1 Archiv Sulzer Rüti |
| 51 | 2 StAZ, Graphische Sammlung |
| 51 | 3 Schweizerische Landesbibliothek, Bern |
| 51 | 4 Archiv Sulzer-Escher Wyss AG, Zürich |
| 51 | 5 ZBZ, Graphische Sammlung |
| 53 | Archiv Blumer Söhne AG, Freienstein ZH |
| 54 | Ortsmuseum Marthalen, Photo: Manuela Gygax, Zürich |
| 55 | 1 Archiv Hans Peter Bärtschi, Winterthur |
| 55 | 2 ZBZ, Graphische Sammlung (Ausschnitt) |
| 55 | 3 Ortsmuseum Hinwil, Photo: Manuela Gygax, Zürich |
| 56 | ZBZ, Graphische Sammlung |
| 57 | Schweizerische Landesbibliothek, Bern (o.) |
| 57 | ZBZ, Graphische Sammlung (u.) |
| 58 | Archiv Sulzer Rüti, Photo: Manuela Gygax, Zürich |
| 59 | ZBZ, Graphische Sammlung |
| 61 | ZBZ, Graphische Sammlung (AX 6956) (o.) |
| 61 | Chronikstube Wald, Photo: Manuela Gygax, Zürich (u.) |
| 62 | Gemeindechronik Rüti |
| 63 | Archiv Hans Peter Treichler, Richterswil |
| 64 | Ortsmuseum Thalwil, Photo: Manuela Gygax, Zürich |
| 65 | Stadtbibliothek Winterthur, Bilder- und Fotosammlung (o.) |
| 65 | Hochbauamt des Kantons Zürich (u.) |
| 66 | Privatbesitz, Photo: Manuela Gygax, Zürich |
| 67 | Medizinhistorisches Institut und Museum der Universität Zürich |
| 68 | Ortsmuseum Hinwil, Photo: Manuela Gygax, Zürich |
| 69 | ZBZ, Graphische Sammlung |
| 70 | StAZ (BX 168.4 C) (o.) |
| 70 | ZBZ, Graphische Sammlung/ Punktum AG (u.) |
| 71 | Stadtbibliothek Winterthur, Bilder- und Fotosammlung |
| 72 | ZBZ, Graphische Sammlung |
| 73 | StAZ, Graphische Sammlung (Ausschnitt) (o.) |

| | | | | | | |
|---|---|---|---|---|---|---|
| 73 | Kunsthaus Zürich/Punktum AG (u.) | 114 | Privatbesitz (u.) | 163 | aus: Robert Dünki, Verfassungsgeschichte und politische Entwicklung Zürichs 1814–1893, Zürich 1990, Photo: ZBZ |
| 74 | Privatbesitz, Photo: Ulrich Gantner, Uerikon | 116 | Punktum AG | | |
| | | 118 | Kunsthaus Zürich/Punktum AG | | |
| 75 | ZBZ, Graphische Sammlung (ZF 1911a) | 119 | ZBZ, Graphische Sammlung (o.) | 164 | Archiv Jungfraubahn, Interlaken |
| | | 119 | ZBZ, Graphische Sammlung (u.) | 165 | ZBZ, Graphische Sammlung |
| 77 | Privatbesitz (o.l.) | 120 | ZBZ, Graphische Sammlung | 166 | 1 ZBZ, Graphische Sammlung |
| 77 | Privatbesitz (o.r.) | 122 | SLM, Photo: Historisches Museum Basel/Maurice Babey | 167 | 3 Gretler's Panoptikum für Sozialgeschichte, Zürich |
| 77 | aus: Romolo D. Honegger, 150 Jahre Sechseläuten-Programme, Zürich 1989 (u.) | 123 | ZBZ, Graphische Sammlung/ Punktum AG (o.) | 167 | 4 Maggi Museum, Kemptthal (Ausschnitt) |
| 79 | ZBZ, Graphische Sammlung | 123 | Privatbesitz, Photo: Manuela Gygax, Zürich (u.) | 168 | Museum für Gestaltung Zürich, Plakatsammlung |
| 82 | BAZ | 124 | Schweizerische Landesbibliothek, Bern | 170 | EWZ Albulawerk Sils, Photo: Christoph Guler, Thusis |
| 83 | Stadtbibliothek Winterthur, Bilder- und Fotosammlung | 125 | ZBZ, Graphische Sammlung/ Punktum AG | 171 | StAZ, Graphische Sammlung (o.) |
| 84 | ZBZ, Graphische Sammlung | 126 | ZBZ, Graphische Sammlung | 171 | Tages-Anzeiger, Historisches Archiv (u.) |
| 86 | Stadtbibliothek Winterthur, Bilder- und Fotosammlung | 127 | Kriminalmuseum Zürich (o.) | 172 | Maggi Museum, Kemptthal, Photo: Manuela Gygax, Zürich |
| 87 | Archiv Volkart Invest AG, Winterthur (o.) | 127 | ZBZ, Graphische Sammlung (Ausschnitt) (u.) | 174 | Archiv Peter Ziegler, Wädenswil, Photo: Manuela Gygax, Zürich |
| 87 | Stadtbibliothek Winterthur, Bilder- und Fotosammlung (u.) | 128 | Privatbesitz (o.) | | |
| | | 128 | ZBZ, Graphische Sammlung (u.) | 175 | Archiv Hans Peter Treichler, Richterswil |
| 89 | Stadtbibliothek Winterthur, Bilder- und Fotosammlung (o.) | 129 | SLM (LM 67251), Photo: Manuela Gygax, Zürich | 176 | StAZ (Firmenarchiv Musik Hug AG, Zürich) |
| 89 | Privatbesitz, Photo: Manuela Gygax, Zürich (u.) | 131 | ZBZ, Graphische Sammlung | 177 | Maggi Museum, Kemptthal (Neg. A 196) |
| | | 132 | ZBZ, Graphische Sammlung | | |
| 90 | BAZ | 133 | BAZ | 179 | Schweizerisches Sozialarchiv, Zürich (o.) |
| 91 | BAZ | 134 | 1 ZBZ, Graphische Sammlung | 179 | Punktum AG (u.) |
| 92 | BAZ | 134 | 2 aus: Neujahrsblatt der Hülfsgesellschaft in Zürich, 1820, Photo: StAZ | 181 | Museum für Gestaltung Zürich, Plakatsammlung |
| 93 | BAZ | | | | |
| 94 | 1 Forschungsstelle für Schweizerische Sozial- und Wirtschaftsgeschichte, Zürich | 134 | 3 ZBZ, Graphische Sammlung | 184 | BAZ |
| | | 135 | 4 ZBZ, Graphische Sammlung | 185 | BAZ (o.) |
| 94 | 2 aus: Walter Baumann, Zürich, La belle Époque, Zürich 1973 | 135 | 5 ZBZ, Graphische Sammlung | 185 | BAZ (u.) |
| | | 136 | SLM (LM 17628), Photo: Manuela Gygax, Zürich | 186 | Privatbesitz, Photo: Manuela Gygax, Zürich |
| 94 | 3 Archiv Peter Ziegler, Wädenswil | 137 | ZBZ, Graphische Sammlung (o.) | | |
| 95 | BAZ | 137 | SLM (LM 17572), Photo: Manuela Gygax, Zürich (u.) | 186 | Museum für Gestaltung Zürich, Plakatsammlung (u.) |
| 96 | ZBZ, Graphische Sammlung/ Punktum AG | 139 | ZBZ, Graphische Sammlung (o.) | 187 | Museum für Gestaltung Zürich, Plakatsammlung |
| 97 | Privatbesitz, Photo: Manuela Gygax, Zürich | 139 | Schweizerisches Sozialarchiv, Zürich (R 610-6) (u.) | 188 | BAZ |
| 98 | BAZ | 140 | ZBZ, Graphische Sammlung | 190 | Stadtbibliothek Winterthur, Bilder- und Fotosammlung |
| 99 | BAZ | 141 | ZBZ, Graphische Sammlung | 191 | BAZ |
| 101 | SLM (LM 16458), Photo: Manuela Gygax, Zürich | 142 | Ortsmuseum Schwamendingen, Photo: Manuela Gygax, Zürich (o.) | 192 | ZBZ, Graphische Sammlung |
| 102 | StAZ (Plan A17) | | | 193 | BAZ |
| 103 | ZBZ, Graphische Sammlung | 142 | SLM, Photo: Manuela Gygax, Zürich (u.) | 194 | BAZ |
| 104 | ZBZ, Graphische Sammlung/ Punktum AG | 143 | ZBZ, Graphische Sammlung (l.) | 195 | StAZ (III Bd 1. 3, Ausschnitt) |
| | | 143 | ZBZ, Graphische Sammlung (r.) | 196 | Privatbesitz, Photo: Manuela Gygax, Zürich |
| 105 | aus: Franz Lamprecht und Mario König, Eglisau. Geschichte der Brückenstadt am Rhein, Zürich 1992 | 144 | BAZ (o.) | | |
| | | 144 | aus: Zürcher Taschenbuch 1960 (u.) | 197 | ZBZ |
| 106 | aus: Neujahrsblatt der Hülfsgesellschaft in Zürich, 1824, Photo: StAZ | 145 | Paul Kläui-Bibliothek Uster (Ausschnitt), Photo: Manuela Gygax, Zürich | 198 | BAZ |
| | | | | 199 | BAZ |
| 107 | aus: Gustav Solar und Jost Hösli, Hans Conrad Escher von der Linth, Zürich 1974 (o.) | 146 | ZBZ, Graphische Sammlung (l.) | 200 | BAZ |
| | | 146 | ZBZ, Graphische Sammlung (r.) | 201 | StAZ, Graphische Sammlung (o.) |
| | | 148 | Stadtbibliothek Winterthur, Bilder- und Fotosammlung (Ausschnitt) | 201 | BAZ (u.) |
| 107 | aus: Gustav Solar und Jost Hösli, Hans Conrad Escher von der Linth, Zürich 1974 (u.) | | | 202 | 1 aus: Tagblatt 25.6.1897, Photo: ZBZ |
| | | 149 | ZBZ, Graphische Sammlung | | |
| 108 | Ortsmuseum zur hohlen Eich, Wädenswil, Photo: Manuela Gygax, Zürich (o.) | 153 | Archiv Peter Ziegler, Wädenswil, Photo: Manuela Gygax, Zürich (o.) | 202 | 2 ZBZ, Graphische Sammlung |
| | | | | 203 | Archiv Zürcher Frauenverein |
| | | 153 | ZBZ, Graphische Sammlung (u.) | 204 | BAZ |
| 108 | BAZ (u.) | 154 | StAZ (De 12.1) | 205 | Stadtbibliothek Winterthur, Bilder- und Fotosammlung |
| 109 | Archiv Peter Ziegler, Wädenswil, Photo: Manuela Gygax, Zürich | 155 | Hochbauamt des Kantons Zürich | | |
| | | 156 | aus: Ernst Grob, Die Bischöfliche Methodistenkirche in der Schweiz, Zürich 1933, Photo: StAZ | 207 | ZBZ, Graphische Sammlung |
| 110 | ZBZ, Graphische Sammlung (Ausschnitt)/Punktum AG | | | 208 | Heimatmuseum Stammheimertal, Unterstammheim, Photo: Manuela Gygax, Zürich |
| | | 159 | ZBZ, Graphische Sammlung | | |
| 111 | Verkehrshaus Luzern | 161 | ZBZ, Graphische Sammlung/ Punktum AG | | |
| 112 | BAZ | | | 210 | Privatbesitz (Ausschnitt), Photo: Manuela Gygax, Zürich (o.) |
| 113 | 1 PTT-Museum Bern | | | | |
| 114 | BAZ, Photo: Punktum AG (o.) | 162 | Stadtarchiv Winterthur | 210 | Privatbesitz (u.) |
| | | | | 211 | 1 Volkswirtschaftsdirektion des |

| | | | | | |
|---|---|---|---|---|---|
| 211 | Kantons Zürich, Rebbaukommissariat 2 Brauerei Cardinal AG, Wädenswil, Photo: Manuela Gygax, Zürich | 250 | Museum für Gestaltung Basel, Plakatsammlung | 289 | Museum für Gestaltung Zürich, Plakatsammlung |
| 212 | ZBZ, Graphische Sammlung (o.) | 251 | ETH Zürich, Graphische Sammlung | 290 | Gretler's Panoptikum für Sozialgeschichte, Zürich |
| 212 | StAZ ( I, Na 6 ) (u.) | 252 | Stadtarchiv Zürich, Photo: Giorgio Hoch, Zürich | 291 | Gretler's Panoptikum für Sozialgeschichte, Zürich (o.) |
| 213 | Privatbesitz | 253 | Gretler's Panoptikum für Sozialgeschichte, Zürich | 291 | Schweizerisches Sozialarchiv, Zürich (u.) |
| 215 | Privatbesitz, Photo: Manuela Gygax, Zürich (o.) | 254 | Gretler's Panoptikum für Sozialgeschichte, Zürich | 294 | Gemeindearchiv Niederhasli |
| 215 | ZBZ (u.) | 255 | Stadtarchiv Zürich, Photo: Giorgio Hoch, Zürich | 295 | Dorfmuseum Maschwanden |
| 216 | ZBZ | 256 | BAZ | 296 | Archiv Kraftwerk Wägital, Siebnen |
| 218 | ZBZ | 257 | Stadtarchiv Zürich, Photo: Giorgio Hoch, Zürich | 297 | Sammlung Arnold Erni, Binningen |
| 219 | ZBZ, Graphische Sammlung (o.) | 258 | Stadtarchiv Zürich, Photo: Giorgio Hoch, Zürich | 298 | aus: Winterthurer Jahrbuch 1972 |
| 219 | ZBZ, Graphische Sammlung (u.) | 259 | 1 PTT-Museum Bern | 299 | Photoswissair |
| 220 | Privatbesitz, Photo: Manuela Gygax, Zürich (o.) | 259 | 2 Schweizer Radio DRS, Photo: Nic Aluf | 300 | Stadtarchiv Zürich, Photo: Giorgio Hoch, Zürich |
| 220 | Photoswissair (u.) | 259 | 3 Privatbesitz | 301 | Gretler's Panoptikum für Sozialgeschichte, Zürich |
| 221 | Gemeindechronik Rüti | 259 | 4 Archiv Zellweger Uster AG | 302 | Stadtbibliothek Winterthur, Bilder- und Fotosammlung (o.) |
| 222 | aus: Schweizer Pioniere der Wirtschaft und Technik, Heft 51, Meilen 1988, Photo: StAZ | 260 | aus: Pro Juventute, 3 (1927) (o.) | 302 | BAZ (u.) |
| 223 | Archivkommission Dorfgeschichte, Affoltern am Albis | 260 | RDB (u.) | 303 | Institut für Geschichte und Theorie der Architektur, ETH Zürich (o.) |
| 224 | ZBZ, Graphische Sammlung | 261 | Museum für Gestaltung Zürich, Plakatsammlung | 303 | Archiv Marbach und Rüegg, Zürich, Photo: Heinrich Helfenstein, Zürich (u.l.) |
| 225 | ZBZ, Graphische Sammlung | 264 | Stadtarchiv Zürich, Photo: Giorgio Hoch, Zürich (o.) | 303 | Eduard Widmer, Zürich (u.r.) |
| 226 | Chronikstube Wetzikon, Photo: Manuela Gygax, Zürich | 264 | Stadtarchiv Zürich, Photo: Giorgio Hoch, Zürich (u.) | 304 | Schweizerisches Sozialarchiv, Zürich |
| 229 | Schweizerisches Sozialarchiv, Zürich | 265 | Museum für Gestaltung Zürich, Plakatsammlung | 306 | Stadtarchiv Winterthur |
| 230 | Museum für Gestaltung Basel, Plakatsammlung (o.) | 266 | Privatbesitz (o.) | 307 | Stadtarchiv Zürich, Photos: Giorgio Hoch, Zürich |
| 230 | ZBZ, Graphische Sammlung (u.) | 266 | Museum für Gestaltung Zürich, Plakatsammlung (u.) | 308 | BAZ |
| 231 | aus: Bilder der Gemeinde Herrliberg, Herrliberg 1981 | 268 | aus: 150 Jahre Johann Jacob Rieter & Cie., Winterthur-Töss 1795–1945, Winterthur 1947, Photo: StAZ | 310/311 | Gretler's Panoptikum für Sozialgeschichte, Zürich |
| 232 | Stadtbliblithek Winterthur, Bilder- und Fotosammlung | | | 312 | Theo Frey, Weiningen |
| 233 | Gretler's Panoptikum für Sozialgeschichte, Zürich (o.) | 269 | aus: 150 Jahre Johann Jacob Rieter & Cie., Winterthur-Töss 1795–1945, Winterthur 1947, Photo: StAZ | 313 | Gretler's Panoptikum für Sozialgeschichte, Zürich |
| 233 | Gretler's Panoptikum für Sozialgeschichte, Zürich (u.) | | | 314 | Museum für Gestaltung Zürich, Plakatsammlung |
| 234 | Käthe Kollwitz Museum Köln, Träger Kreissparkasse Köln/Copyright © 1994 Pro Litteris, Zürich (o.) | 270 | Historische Ausstellung der Winterthur-Versicherungen, Leihgabe Technorama Winterthur, Photo: Manuela Gygax, Zürich (o.) | 315 | aus: Clément Moreau, Carl Meffert, Grafik für Mitmenschen, Berlin 1978 |
| 234 | aus: Jahresbericht des Arbeiterbildungsvereins Eintracht, Zürich 1908, Photo: Manuela Gygax, Zürich (u.) | | | 316 | Stadtbibliothek Winterthur, Bilder- und Fotosammlung |
| | | 270 | aus: Jelmoli Aktuell, Nr. 2, März 1983 (u.) | 317 | Stadtarchiv Zürich |
| 235 | 1 aus: Elisabeth Joris und Heidi Witzig, Frauengeschichte(n), Zürich 1986 | 271 | Museum für Gestaltung Zürich, Plakatsammlung | 318 | Schweizerische Landesbibliothek, Bern |
| | | 273 | Archiv Zellweger Uster AG | 319 | aus: Beat Glaus, Die Nationale Front, Zürich 1969 |
| 235 | 2 Schweizerisches Sozialarchiv, Zürich | 274 | Ortsgeschichtliche Sammlung, Hotzehuus-Verein Illnau-Effretikon | 320 | Schweizerisches Sozialarchiv, Zürich, Photo: Black & White, Zürich |
| 235 | 3 Museum für Gestaltung Zürich, Plakatsammlung | 275 | Archiv Migros-Presse, Zürich | 321 | Stadtarchiv Zürich |
| 236 | aus: Willi Schneider, Geschichte der Winterthurer Arbeiterbewegung, Winterthur 1960 | 277 | Gretler's Panoptikum für Sozialgeschichte, Zürich | 322 | Stadtarchiv Zürich (o.) |
| | | 278/279 | Sulzer Management AG, Konzernarchiv, Winterthur | 322 | Stadtarchiv Zürich (u.) |
| 237 | Gretler's Panoptikum für Sozialgeschichte, Zürich | 281 | Privatbesitz | 323 | SLM (LM 70782), Photo: Black & White, Zürich |
| 238 | BAZ | 282 | Hans Baumgartner, Frauenfeld | 324 | Stadtarchiv Zürich |
| 239 | Gretler's Panoptikum für Sozialgeschichte, Zürich | 283 | Privatbesitz (o.) | 325 | Stadtarchiv Zürich (o.) |
| 243 | Gretler's Panoptikum für Sozialgeschichte, Zürich | 283 | BAZ (u.) | 325 | Punktum AG (u.) |
| 244 | Gretler's Panoptikum für Sozialgeschichte, Zürich | 284 | Stadtarchiv Zürich, Photo: Giorgio Hoch, Zürich | 326 | Schweizerisches Cabaret-, Chanson- und Pantomimen-Archiv, Gwatt |
| 245 | BAZ (o.) | 285 | Schweizerisches Sozialarchiv, Zürich | 327 | Archiv Migros-Presse, Zürich |
| 245 | Gretler's Panoptikum für Sozialgeschichte, Zürich (u.) | 287 | Hans Baumgartner, Frauenfeld (o.) | 330 | Hans Staub/Schweizerische Stiftung für die Photographie, Kunsthaus Zürich |
| 246 | Gretler's Panoptikum für Sozialgeschichte, Zürich | 287 | Gotthard Schuh/Schweizerische Stiftung für die Photographie, Kunsthaus Zürich (u.) | 332 | Archiv ABB, Oerlikon |
| 247 | Privatbesitz | | | 333 | Sulzer Management AG, Konzernarchiv, Winterthur (o.) |
| 248 | Privatbesitz, Photo: Manuela Gygax, Zürich | 288 | aus: 50 Jahre Herz-Jesu-Kirche, Zürich-Oerlikon 1943 | 333 | Gretler's Panoptikum für Sozialgeschichte, Zürich (u.) |
| | | | | 334 | Hans Peter Klauser/Gretler's Panoptikum für Sozialgeschichte, Zürich |
| | | | | 335 | Hans Peter Klauser/Gretler's Panoptikum für Sozialgeschichte |

| | | | | | |
|---|---|---|---|---|---|
| 335 | Zürich (l.)<br>Hans Baumgartner, Frauenfeld (r.) | 398 | Universität Zürich, Zürich 1958<br>aus: 125 Jahre Kantonsschule Zürich, | 466 | aus: Zürich ohne Grenzen, Zürich 1986, Illustration: Christoph Hitz, New York |
| 337 | 1 Stiftung Schweizerische Theatersammlung, Bern | 399 | Stäfa 1958, Photo: StAZ<br>Hans Gantert, Zürich | 467 | aus: Zürich ohne Grenzen, Zürich 1986, Illustration: Christoph Hitz, |
| 337 | 2 Stadtarchiv Zürich | 401 | aus: «Göhnerswil», Wohnungsbau im | | New York |
| 338 | aus: Die Schweiz im Spiegel der Landes-ausstellung 1939, Bd. 2, Zürich 1940 | | Kapitalismus, Zürich 1972, Photos: StAZ | 472<br>472 | Weltwoche-Bildarchiv (o.)<br>Eduard Widmer, Zürich (u.) |
| 339 | Schweizerisches Bundesarchiv, Bern | 402/403 | Gretler's Panoptikum für Sozial- | 473 | RDB |
| 340 | Gretler's Panoptikum für Sozial-geschichte, Zürich (Ausschnitt) | 402 | geschichte, Zürich (o.)<br>Privatbesitz (u.) | 474<br>475 | Candid Lang, Walchwil<br>Stadtarchiv Zürich (o.) |
| 341 | RDB (o.) | 404 | Candid Lang, Walchwil | 475 | Hans Friedli, Zürich (u.) |
| 341 | aus: Helen Guggenbühl, Haushalten in der Kriegszeit, Zürich 1942 (u.) | 407<br>409 | Privatbesitz<br>aus: Zürcher Gemeindeabstimmung | 477 | RDB/Key-Color |
| 342 | Weltwoche-Bildarchiv | | vom 3. Juli 1955, Weisung zur | | |
| 343 | Weltwoche-Bildarchiv | | Abänderung der Bauordnung | | |
| 345 | BAZ | 410 | Peter Fischli und David Weiss, Zürich | | |
| 346 | Schweizerisches Arbeiterhilfswerk (SAH), Zürich (o.l.) | 414 | Gretler's Panoptikum für Sozial-geschichte, Zürich | | |
| 346 | Archiv für Zeitgeschichte, ETH Zürich (o.r.) | 415<br>416 | Andreas Wolfensberger, Winterthur<br>Claude Kühne, Oberägeri | | |
| 346 | Archiv für Zeitgeschichte, ETH Zürich (u.) | 418<br>419 | Privatbesitz<br>Privatbesitz (o.) | | |
| 347 | Theo Frey, Weiningen | 419 | Andreas Wolfensberger, Winterthur (u.) | | |
| 350/351 | Keystone | 420 | Candid Lang, Walchwil | | |
| 352 | Gretler's Panoptikum für Sozial-geschichte, Zürich (o.) | 421 | aus: Newsweek, July 4, 1994, Photo: Keystone | | |
| 352 | Gretler's Panoptikum für Sozial-geschichte, Zürich (u.) | 423<br>424 | Willy Spiller, Zürich<br>Direktion Hallenstadion Zürich | | |
| 353 | RDB | 425 | Candid Lang, Walchwil | | |
| 355 | Illustration: Martial Leiter, Lausanne | 426 | HAZ, Homosexuelle Arbeitsgruppen | | |
| 356 | Photoswissair | | Zürich | | |
| 358 | Andreas Wolfensberger, Winterthur | 427 | Gretler's Panoptikum für Sozial- | | |
| 360 | StAZ (Archiv P. Justitz) | | geschichte, Zürich (o.) | | |
| 361 | Andreas Wolfensberger, Winterthur (o.) | 427 | Christian Herdeg, Zürich (u.) | | |
| 361 | Candid Lang, Walchwil (u.) | 428 | Comet Photo AG | | |
| 362 | 1 Museum für Gestaltung Zürich, Plakatsammlung | 429<br>430 | Walter Drayer, Zürich<br>Peter Schudel, Zürich/Schweizerische | | |
| 362 | 2 Theo Heimgartner, Zürich | | Stiftung für die Photographie, | | |
| 362 | 3 Theo Heimgartner, Zürich | | Kunsthaus Zürich | | |
| 363 | Gertrud Vogler, Zürich | 431 | RDB | | |
| 367 | Copyright Sulzer Infra, Winterthur | 432 | RDB | | |
| 368 | Privatbesitz | 433 | Andreas Wolfensberger, Winterthur | | |
| 370 | aus: Jakob Tuggener, Zürcher Oberland, Wetzikon 1956 | 434<br>435 | Archiv Harmonie Volketswil<br>Thomas Burla, Zürich | | |
| 371 | Candid Lang, Walchwil | 440 | Museum für Gestaltung Basel, | | |
| 372 | Andreas Wolfensberger, Winterthur | | Plakatsammlung | | |
| 373 | Fotostudio H.R. Bramaz, Adliswil | 441 | Gretler's Panoptikum für Sozial- | | |
| 374 | Andreas Wolfensberger, Winterthur | | geschichte, Zürich | | |
| 375 | Comet Photo AG (o.) | 443 | Gretler's Panoptikum für Sozial- | | |
| 375 | Karl Hofer, Richterswil (u.) | | geschichte, Zürich | | |
| 376 | Copyright Sulzer Infra, Winterthur | 444 | Karl Hofer, Richterswil (o.) | | |
| 378 | Archiv Migros-Presse, Zürich | 444 | RDB (u.) | | |
| 379 | Comet Photo AG | 445 | Giuseppe Reichmuth, Zürich, | | |
| 381 | Willy Spiller, Zürich | | Photo: Bruno Hubschmid, Zürich | | |
| 382 | Comet Photo AG | 446 | 1 RDB | | |
| 383 | Comet Photo AG | 446 | 2 Olivia Heussler, Zürich | | |
| 384 | Thomas Burla, Zürich | 450 | Museum für Gestaltung Zürich, | | |
| 387 | Candid Lang, Walchwil | | Plakatsammlung | | |
| 388 | Gretler's Panoptikum für Sozial-geschichte, Zürich | 451 | Museum für Gestaltung Zürich, Plakatsammlung | | |
| 389 | Theo Frey, Weiningen | 454 | aus: Jakob Tuggener, Zürcher | | |
| 390 | Gretler's Panoptikum für Sozial-geschichte, Zürich (o.) | 457 | Oberland, Wetzikon 1956<br>Dominic Büttner, Zürich | | |
| 390 | SKA Zentrales Firmenarchiv, Zürich (u.) | 459 | aus: Globi, Streiche aus den ersten Jahren, © Globi-Verlag AG, Zürich | | |
| 391 | Karl Hofer, Richterswil | 460 | Willy Spiller, Zürich | | |
| 393 | Thomas Burla, Zürich | 461 | Privatbesitz | | |
| 395 | Fredi M. Murer, Zürich | 462 | Privatbesitz | | |
| 396 | Andreas Wolfensberger, Winterthur | 463 | aus: Felix Aeppli, Geschichte der | | |
| 397 | aus: Max Zollinger, Bilder zur Geschichte und Vorgeschichte der | | Gemeinde Maur, Maur 1979, Photo: StAZ | | |

## Nachweis der Karten, Graphiken und Tabellen

| | |
|---|---|
| 18 | Zusammengestellt aus: BECK, Lange Wellen, S. 20f. |
| 19 | Helvetische Volkszählung 1798 und Eidgenössische Volkszählungen 1850 bis 1910 (gilt für beide Graphiken) |
| 24 | HOFER, Rafzerfeld (Karte III, graphisch umgestaltet) |
| 27 | WOLF, Verschuldung (Waltalingen), S. 4; GESCHICHTE DER GEMEINDE WALLISELLEN, S. 357 |
| 31 | ROHR, Zehntablösung; BRUGGER, Handbuch, S. 348ff. |
| 33 | KLÄUI, Altas, Tafel 20 |
| 35 | BERICHT KÄSEREIINSPEKTIONEN 1889, S. 10–19 |
| 40 | STATISTISCHE MITTHEILUNGEN 1885, S. 22; BRUGGER, Handbuch, S. 300f. |
| 46/47 | KLÄUI, Atlas, Tafel 35 (umgezeichnet) |
| 58 | KLÄUI, Zell, S. 360 |
| 60 | DUDZIK, Baumwollspinnerei, S. 71; FABRIKSTATISTIK 1882, S. 7; GRUNER, Arbeiter im 19. Jahrhundert, S. 70, 79; RATHS, Bevölkerung, S. 92ff.; SALZMANN, Wirtschaftskrise, S. 189; SCHAFFNER, Demokratische Bewegung, S. 136 |
| 84 | STATISTISCHES JAHRBUCH DER STADT ZÜRICH, 1974, S. 32 |
| 85 | MÜLLER, Statistik der Berufsarten, S. 169–177; STADTARCHIV WINTERTHUR, Akten Volkszählung 1870, II B, bg/3 |
| 112 | Zusammengestellt aus: MATHYS, Schweizerbahnen |
| 115 | Zusammengestellt aus: Fahrplan 1870 |
| 121 | ROHR, Zehntablösung |
| 130 | KUSTER, Stäfnerhandel und Ustertag, S. 55ff. |
| 135 | KASPER, Volksschule, S. 10 |
| 147 | SCHAFFNER, Demokratische Bewegung |
| 160 | Helvetische Volkszählung 1798 und Eidgenössische Volkszählung 1910 (o.) |
| 160 | SCHWARZ, Bruttoanlageinvestitionen, S. 61f. (u.) |
| 165 | Eidgenössische Volkszählungen 1888 und 1910 |
| 167 | AUTORENGRUPPE UNIVERSITÄT ZÜRICH, Reallöhne schweizerischer Industriarbeiter von 1890 bis 1921, Bd. 1, Einleitung und Hauptergebnisse, Zürich 1982, Tabelle 8, S. 58 |
| 168 | HISTORISCHE STATISTIK DER SCHWEIZ (erscheint 1995) |
| 169 | Zusammengestellt aus: EIDGENÖSSISCHE BETRIEBSZÄHLUNG 1905 |
| 173 | Eidgenössische Volkszählung 1910 |
| 174 | REY, Binnenwanderung, Anhang |
| 176 | Eidgenössische Volkszählungen 1888 und 1910 |
| 182 | Statistik der Stadt Zürich, Hefte 3 und 6 (1904ff.); STATISTISCHES JAHRBUCH DER STADT ZÜRICH 1974 |
| 187 | FRITZSCHE, Quartier, S. 109 |
| 190 | LANDOLT, Wohnungsenquête Winterthur |
| 193 | FRITZSCHE, Quartier; SCHENKEL, Stadtvereinigung, S. 23 |
| 208 | SCHNEEBELI, Konkursstatistik, S. 220 |
| 209 | ESCHMANN, Milch und Käse, S. 4; BRUGGER, Handbuch, S. 248f. (o.) |
| 209 | BRUGGER, Handbuch, S. 232 (u.) |
| 221 | JÄGER, Wirtschaftlicher Wandel, S. 1010ff. |
| 241 | Zusammengestellt aus: GRUNER, Arbeiterschaft, Bd. 2, Anhang |
| 256 | SHB 1949, S. 249 |
| 262/263 | SMZ 1929, Heft 162, S. 59–67 |
| 272/273 | Beschäftigte nach Sektoren und Branchen nach den Volkszählungen 1920–1941; die Zuteilung wurde so weit wie möglich den Tabellen für die Nachkriegszeit angepasst, was diverse Umteilungen aus dem 2. in den 3. Sektor und innerhalb des 3. Sektors erforderte. |
| 278 | TANNER, Albert, Bürgertum und Bürgerlichkeit in der Schweiz, in: Jürgen Kocka (Hg.), Bürgertum im 19. Jahrhundert, Bd. 1, München 1988, S. 205 (für 1905); übrige Daten nach: STATISTIK DER STADT ZÜRICH, Heft 33 und 48; SMZ, 3. Folge, Heft 10 |
| 299 | Volkszählungen 1920 und 1941; Karte Info Trace Luzern (Lukas Vogel) |
| 300 | STATISTIK DER STADT ZÜRICH, Heft 32, 1926, S. 184 |
| 301 | STATISTIK DER STADT ZÜRICH, Heft 46, 1938, S. 51 |
| 305 | STATISTIK DER STADT ZÜRICH, Heft 43, 1934, S. 36 |
| 312 | EISNER, Long-Term Fluctuations of Economic Growth, S. 96f. |
| 313 | Zahlen für die Jahre 1918–1924: STATISCHES JAHRBUCH DER SCHWEIZ; für die Jahre 1925–1929: ERGEBNISSE SOZIALSTATISTIK 1931; für die Jahre 1930/31: SMZ, Nr. 191; für die Jahre 1932–1945: HANDBUCH SOZIALSTATISTIK 1932–1971. Zahlenmaterial zu den stellensuchenden Frauen, in: SHB 1949, S. 146f. |
| 336 | MÄGLI, Berufsbildung, S. 213ff., ergänzt nach: GESCHÄFTSBERICHT DES REGIERUNGSRATES; DIE ZÜRCHER MITTELSCHULEN 1833–1983, S. 51f., ergänzt nach: GESCHÄFTSBERICHT DES REGIERUNGSRATES; JAHRESBERICHTE DER UNIVERSITÄT ZÜRICH, jeweils Studierende des im genannten Jahr beginnenden Wintersemesters; ab 1930 Daten nach: UNIVERSITÄT ZÜRICH 1933–1983, S. 751 (bis 1927 nur Studierende schweizerischer Nationalität, da die zahlreichen studierenden Ausländerinnen einen falschen Eindruck hervorrufen würden). |
| 357 | FISCHER, Räumliche Disparitäten, S. 82; STATISTISCHES JAHRBUCH DER SCHWEIZ 1993, S. 146 (o.) |
| 357 | STATISTISCHES JAHRBUCH DES KANTONS ZÜRICH 1992, S. 19 (u.) |
| 360 | Berechnet anhand der Volkszählungen 1950, 1970, 1990 |
| 364 | STATISTISCHE BERICHTE DES KANTONS ZÜRICH, Heft 4, 1993 |
| 368 | Volkszählungen 1910–1990 |
| 369 | Volkszählungen 1950–1990 (o.r.) |
| 369 | LANDWIRTSCHAFT IM INDUSTRIEKANTON, S. 30, 34; ergänzt durch: SHB 1987, S. 118, 130; STATISTISCHES JAHRBUCH DES KANTONS ZÜRICH 1992, S. 123 (u.) |
| 370 | SHB 1987, S. 118; 1955 ergänzt nach: SQ 319, S. 5; 1990 nach: STATISTISCHES JAHRBUCH DES KANTONS ZÜRICH 1992, S. 123 |
| 374 | Volkszählungen 1950, 1970, 1990 |
| 377 | Volkszählungen 1950, 1970, 1990 |
| 400 | KISSLING, Hans, Die Umverteilung bestehender Vermögenswerte als Mittel der Vermögenspolitik, Zürich 1973, S. 147 (bis 1969); ab 1969 eigene Berechnung aufgrund linearer Interpolation der Resultate der Staatssteuerstatistik, entsprechend dem von Kissling gewählten Verfahren (SMZ, Hefte 71, 93, 113, 122) |
| 413 | RAUMPLANUNG, Heft 15, Dezember 1983, S. 30 |
| 435 | Berechnet anhand der gedruckten Mitgliederverzeichnisse (Staatsarchiv und Stadtarchiv Zürich) |
| 436 | Zolliker Jahrheft 1986, S. 37 |
| 437 | SBZ 1994, Heft 1, S. 48ff. |
| 441 | SHB 1949 und SHB 1978; SMZ, Heft 130, S. 16 |
| 456 | Zusammengestellt nach: ZÜRCHER WIRTSCHAFTSBILDER 1955, S. 23 (1955); SBZ 1967, Heft 1 (1959–1967); SMZ, Heft 130 (1971–1991) |
| 464/465 | Amt für Raumplanung des Kantons Zürich |

Die abgekürzt zitierten Titel finden sich in der Bibliographie des entsprechenden Zeitabschnitts.

# Orts- und Personenregister

Aathal 61
Abegg-Stockarl Carl 286
Adliswil 46, 56, 61, 175, 401
Affoltern 22, 26, 34f., 61, 125, 173, 209, 216, 236, 261f., 294, 461
Affoltern b. Zürich 296f., 299ff.
Albisrieden 242, 301
Allemann, Fritz René 429
Altstetten 266, 296f., 301f.
Andelfingen 26f., 40, 172, 209, 216, 262, 327, 345, 423, 430, 461, 466
Aregger, Hans 461, 463
Aschmann, Johann Jakob 125
Aussersihl 92, 95, 164, 183, 187ff., 191ff., 200, 471, 473
Bachs 212
Baden 103, 109, 114, 160, 170, 376
Bäretswil 418
Barth, Karl 336
Basel 83, 109f., 110, 115, 160, 244, 255
Bassersdorf 141
Bauma 294
Baumberger, Georg 232
Baur, Johannes 91
Beck, Marcel 427
Benken 34, 39, 327
Bern 83, 97, 103, 115, 142, 160, 163, 177, 232, 246f., 362
Bernhard, Hans 295
Bernoulli, Hans 184
Biberti, Leopold 337
Biedermann, Aloys Emanuel 153f.
Biedermann, Ernst 318
Bieri, Ernst 469
Billeter, Hans Kaspar 30, 120
Bindschedler, Ida 94
Birch-Pfeiffer, Charlotte 97
Bircher, Eugen 322
Birmensdorf 345
Biske, Käthe 402
Bismarck, Otto von 234, 237
Bleuler, Salomon 145ff., 232
Bloch-Bollag, Rosa 245
Bluntschli, Johann Caspar 131f., 140f.
Bocken 125
Bodmer, Albert 205, 298f.
Bodmer, Johann Jakob 30, 119ff.
Böhler, Eugen 311
Böhmert, Victor 233
Bonstetten 345
Boos-Jegher, Emma 235
Bopp, Fritz 214
Boppelsen 39
Bosshart, Jakob 251
Boveri, Walter 170
Bowring, John 56
Brahms, Johannes 88
Bremi, Ulrich 357
Briner, Robert 285, 323, 338, 340, 346f.
Brown, Charles 49, 170
Brown, George 381
Bruckner, Ferdinand 337
Brunner, Otto 441
Brupbacher, Fritz 193, 290f.
Brupbacher-Raygrodski, Paulette 291

Brütten 103
Büchner, Georg 96
Bühler, Johann Jakob 48
Bührle, Emil G. 343
Bülach 26f., 103, 110, 145, 173, 209, 216, 262, 294, 320, 327, 360, 463, 466
Bürgi, Conrad 283f.
Bürgi, David 104
Bürgi, Urs 284, 424, 449, 466
Bürkli, Arnold 95
Bürkli, Karl 143, 147, 233
Buschor, Ernst 469
Carol, Hans 461
Chiasso 384
Chur 110
Comensoli, Mario 419
Conzett, Conrad 232
Conzett-Knecht, Verena 232
Cramer, Johann Jakob 153
Cramer-Frey, Conrad 231
Daetwyler, Max 246
Deringer, Konrad 27, 39
Dielsdorf 26f., 110, 172, 209, 214, 259, 261f., 320, 461, 466
Dietikon 61, 103, 219, 232, 359, 401, 452, 457, 466
Dietikon (Bezirk) 471
Dinhard 214
Dübendorf 103, 259, 296
Dübi, Ernst 331
Dubs, Jakob 72, 144
Dürr, Emil 31Y9
Duttweiler, Gottlieb 327, 335, 379
Edison, Thomas Alva 169
Egg, Johann Jakob 225
Egg von Rikon, J. Rudolf 120
Egli, Johann Jakob 212, 215
Eglisau 76, 103, 106, 437
Eichendorff, Joseph von 114
Elgg 76, 103
Enge 93, 186ff., 192, 200
Erlenbach 266
Ernst, Heinrich 234
Escher, Albert 48, 51, 64
Escher, Alfred 16, 36, 50, 67, 72, 86, 91, 93, 96, 110f., 142ff., 154, 163, 171, 231
Escher, Hans Caspar 48, 90
Escher, Hans Conrad 107, 120f., 124
Escher, Heinrich 126
Escher von Berg, Georg 32
Estermann, Josef 448
Fällanden 412, 416, 452
Farner, Alfred 35
Farner, Konrad 427
Federer, Heinrich 285
Fehraltorf 119
Feuerthalen 263
Fierz, Hans Heinrich 120f.
Fierz, Johann Heinrich 144, 201
Fierz, Maria 324
Fierz-Locher, Katharina 144
Fischenthal 372, 454
Fischli, Hans 277
Flaach 327
Fluntern 103, 187, 189, 471f.
Flurlingen 173, 263, 441
Forch 256
Ford, Henry 269

Forel, August 203
Forrer, Ludwig 230, 244
Frank, Ludwig 472
Frei, Fritz 272
Freienstein 56
Frick, Wilhelm 318
Friedrich, Rudolf 451
Frisch, Max 427ff., 444
Fritschi-Zinggeler, Benjamin 187
Fröbel, Friedrich Wilhelm 96
Fröbel, Julius 96
Furrer, Jonas 71f., 83, 142
Gagliardi, Ernst 137
Gasser, Manuel 335
Gattikon 61, 64
Genf 113, 115, 160
Geroldswil 412, 414, 452
Gesell, Silvio 184
Giacometti, Alberto 429
Giehse, Therese 326, 337
Ginsberg, Ernst 337
Glattbrugg 296
Gossau 370
Graf, Johann Jakob 21, 30
Greifensee 129, 412, 414, 423, 452
Gretler, Heinrich 337
Greulich, Herman 233, 243, 253
Grimm, Robert 242, 246, 248
Grossmann, Marcel 462
Grunholzer, Heinrich 74
Grüningen 126
Günthard, Alois 459
Guggenheim, Alis 281
Guggenheim, Kurt 285
Gujer, Heinrich 77, 129, 132
Gull, Gustav 186
Gut, Theodor 322
Guyer, Johann Jakob 22
Guyer, Lux 305
Guyer-Zeller, Adolf 64f., 164, 219
Häberlin, Heinrich 286
Häberlin, Hermann (1862–1938) 286
Häberlin, Hermann (1894–1975) 286, 334
Häberling, Heinrich 125
Härri, Marie 245
Hafner, Karl 336
Hagenbuch, Elisabeth 231
Hartung, Gustav 337
Hedingen 345
Heeb, Fritz 469
Heer, Jakob Christoph 211
Heer, Oswald 36f., 39
Hegetschweiler, Johannes 69, 129, 136
Heinz, Wolfgang 337
Herter, Hermann 304, 308
Hettlingen 296
Heusser, Otto 265
Heusser-Schweizer, Meta 155
Heusser-Staub, Jakob und Berta 222
Hildebrandt, Walter 287, 472
Hinwil 23, 26, 34, 174, 208, 260, 294, 423, 430
Hirschfeld, Kurt 337
Hirslanden 187
Hirzel 33f.
Hirzel, Bernhard 137, 139
Hirzel, Conrad Melchior 26f.,

512

127, 130ff., 138
Hirzel, Hans Caspar 72
Hirzel, Johann Caspar 21f.
Hochstrasser, Hans Ulrich 124
Hodler, Ferdinand 186, 429
Höhn, Ernst 308
Höngg 103, 232, 259f., 297, 301, 471
Hombrechtikon 48
Honegger, Caspar 46, 49, 51, 66, 139
Horber, Carl 319
Horgen 19, 23, 34f., 47, 106, 116, 125, 174f., 196, 218, 220, 252f., 266, 273, 294, 296, 301, 314f.
Horwitz, Kurt 337
Hottingen 187
Hotze, Friedrich von 121f.
Howard, Ebenezer 203
Hubacher, Carlo 251
Huber, Jakob 147
Huber-Stockar, Emil 288
Hüni-Stettler, Heinrich 50
Hunziker, Fritz 397
Hürlimann-Landis, Johann Jakob 139
Illnau-Effretikon 210, 358
Imboden, Max 428
Jacquard, Joseph Marie 48
Jaeckle, Erwin 284
Jagmetti, Riccardo 469
Jung, Carl Gustav 251
Kägi-Fuchsmann, Regina 346
Keller, Friedrich Ludwig 71f., 127, 131f.,
Keller, Gottfried 97
Keller, Gustav 248, 252
Keller, Konrad 215, 219
Keller, Rolf 414
Kellermüller, Adolf 303f.
Kempin-Spyri, Emilie 179, 235
Kemptthal 61, 172
Kern, Heinrich 216
Kilchberg 23, 122, 172, 175, 266, 297, 300, 319, 327, 409
Klawa-Morf, Anny 166
Klöti, Emil 205, 265, 300, 302, 316, 338ff., 461, 468
Kloten 139, 225, 347, 353, 361f., 365, 401, 413, 415, 442
Knonau 23f., 126
Knonauer Amt 25f., 30, 33, 36, 44, 47f., 103, 111, 116, 125, 162, 218, 263, 294f., 360, 437
Köchli, Leonhard 118f.
König, René 461
Kollbrunn 48, 61
Koller, Rudolf 98
Konstanz 160
Kopp, Elisabeth 456
Krüdener, Juliane von 153
Kübler, Arnold 318, 336
Küsnacht 85, 266, 297, 325, 340, 372, 401, 409, 452
Kunz, Heinrich 46, 48, 51, 64
Kyburg 380
Landolt, Emil 442, 448
Lang, Hedi 456
Lang, Otto 238f., 253
Lang, Paul 320
Lange, Friedrich Albert 146

Langhoff, Wolfgang 337
Langnau 61, 294
Laur, Ernst 198, 216, 240
Lavater, Johann Caspar 120
Le Corbusier 278
Lenin 246, 291
Lenzburg 160
Leonhardt, Ernst 323
Leuthold-Stehli, Johann Rudolf 77
Leuthy, Johann Jakob 137
Lieberherr, Emilie 456
Liehburg, Max Eduard 319
Lindtberg, Leopold 337
Linth, Rodolphe 172
Liszt, Franz 88
Locher, Friedrich 147f., 233
Lomax, John 343
Loetscher, Hugo 394
Lüchinger, Adolf 353, 442
Luzern 83, 103, 110, 113, 141, 162
Maag-Socin, Albert 344
Männedorf 154f.
Maggi, Julius 167, 172
Mann, Erika 326
Marthalen 39, 79, 209
Marti, Hans 460, 463, 474
Marx, Karl 193, 233, 236
Maschwanden 295
Maur 462f.
Maurer, Rudolf 255
Maywald, Willy 346
Meier, Jakob 395
Meier, Rudolf 322, 353
Meierhans, Paul 449
Meilen 34f., 209, 216, 301, 471
Meili, Armin 339, 460f.
Meister, Hans Ulrich 34
Meister, Ulrich 230f.
Messer, Alfred 298
Meyer, Conrad Ferdinand 108
Meyer, Peter 429
Meyer von Knonau, Gerold 31
Mönchaltorf 23
Moeschlin, Felix 319
Mommsen, Theodor 97
Montesquieu, Charles 132
Moser, Karl 186
Mossdorf, Albert 408
Muralt, Hans Conrad von 51
Myrdal, Gunnar 171
Näf, Johann Kaspar 120f.
Nägeli, Hans 265, 300
Nägeli, Hans Georg 128
Nägeli, Hans Rudolf 29
Napoleon 83, 85, 103, 123
Nauer, Otto 469
Negrelli, Aloys von 91
Neumünster 261
Niederdorf 95, 193
Niederhasli 294
Niedertöss 48f., 88f.
Niederuster 225
Niederweningen 173
Nobs, Ernst 248, 269, 347
Nürensdorf 320
Oberembrach 211
Oberengstringen 297, 300, 365, 414, 452
Oberglatt 215
Oberhittnau 130
Oberland 26, 32, 36, 44, 46, 48, 54, 56f., 77, 104, 112,

124f., 131, 137, 139, 172, 174, 211, 218f., 241, 254, 262, 278, 294, 360f., 375f., 393, 417, 432, 437, 452, 456, 461, 463
Oberstammheim 27, 296, 361, 374
Oberstrass 137, 187
Oberuster 46, 48, 130, 220f., 225, 279
Oberwinterthur 298f., 377
Obfelden 173
Oehler, Hans 319
Oerlikon 110, 169ff., 189, 260, 296, 301, 343f., 346
Oertli, Walter 273
Oken, Lorenz 96
Olten 160, 162, 230
Oltramare, Georges 318
Oprecht, Emil und Emmie 337, 345
Orelli, Johann Caspar von 133
Orelli-Rinderknecht, Susanna 203
Ossingen 372
Ott, Johann Caspar 129
Otto, Teo 337
Peter, Jakob 462
Peter, Margaretha 153
Pfäffikon 19, 23, 26, 34, 137, 174, 208f., 262, 360, 466
Pfenninger, Johann Caspar 118, 120, 122
Pfister, Elise 261
Pflüger, Anny 346
Pflüger, Paul 253
Pinkus, Amalie und Theo 420
Platten, Fritz 248, 291
Räterschen (Gemeinde Elsau) 214
Rafz 24, 327
Ragaz, Leonhard 244, 277
Rahn, Johann Heinrich 120
Rapperswil 108, 110
Regel, Eduard 36
Regensdorf 110
Reichling, Rudolf 322
Reinhard, Hans von 123ff.
Reinhart, Theodor 87f.
Reinhart, Oskar 88
Rellstab, Heinrich 121
Rey, Werner K. 384
Reynold, Gonzague de 319
Rheinau 232, 453, 472
Richterswil 61, 125, 139, 154, 301
Riesbach 186f.
Rieser, Ferdinand 337
Rieter, Bernhard 87
Rieter, Heinrich 88, 145
Rieter, Johann Jakob 48f.
Riis, Jacob 191
Robmann, Agnes 245
Rorbas 56, 61
Rosenbaum, Wladimir 283, 287
Rosenbusch, Ernst 425
Rosenkranz, Jakob 69
Roten, Iris, von 426
Rüschlikon 69
Rüti 46, 49, 61, 139, 174, 219, 262, 314, 321, 364, 376
Rüttimann, Johann Jakob 71f.
Sagalowitz, Benjamin 346
Saland 114

Salis, Jean Rudolf von 287, 427, 461
Salis-Marschlins, Meta von 235
Sargans 110, 339
Schaffhausen 110
Schenkel, Conrad 214f.
Scherr, Ignaz Thomas 57, 72, 96, 134f., 140
Scheuchzer, Friedrich 69, 147, 214
Schinz, Heinrich Rudolf 25f.
Schlieren 297, 300, 377, 401, 452, 466
Schmid, Heinrich 46, 64
Schmid-Ruedin, Philipp 427
Schmidhauser, Julius 320
Schneebeli, Jakob 125
Schöfflisdorf 207
Schönenberg 208
Schönlein, Johann Lukas 96
Schütz, Otto 350, 352
Schulthess, Edmund 310, 314
Schumacher, Hans 282
Schumacher, Karl von 335
Schumann, Clara 88
Schwamendingen 296, 301, 473
Schwarzenbach, James 445
Schwarzenbach-Zeuner, Robert 64, 174
Schweri, Karl 380
Schwerzenbach 452
Seebach 161, 169, 296f., 301
Seen 298
Semper, Gottfried 89, 97
Sieber, Albert 426
Sieber, Johann Caspar 73, 146f.
Siebnen 46
Siemens, Werner von 169
Singen 160
Smith, Adam 17
Snell, Ludwig 96, 129
Solothurn 160, 162
Sonderegger, Emil 247, 253, 318
Speck, Jean 187
Spelterini, Eduard 187, 199
Spinner, Wilfried 214
Spöndry, Hans Heinrich 154
Spoerry, Heinrich 250
Spreitenbach 380
Sprüngli, Johann Jakob 136
Sprüngli, Rudolf 172
Spühler, Willi 278
Spyri, Johanna 155
St. Gallen 44, 113, 162
Stadel 134
Stadler, Hans Conrad 91
Stadlin, Josephine 135
Stäfa 129, 137, 219
Staiger, Emil 429
Stapfer, Hans Heinrich 120f.
Steckel, Leonhard 337
Steffan, Johann Jakob 129
Stehli-Hausheer, Rudolf 51
Stehli-Hirt, Emil 219
Stein am Rhein 106
Steiger, Eduard von 346
Steiger, Hans 466
Stettbach 103
Strasser, Charlot 287
Strasser, Vera 287
Strauss, David Friedrich 139,

154
Streuli, Hans 353
Studer, Friedrich 253
Stutz, Jakob 57
Sulzer, Eduard 28, 133
Sulzer, Hans 314, 331
Sulzer, Johann Jakob 147
Sulzer, Oscar 271
Sulzer-Neuffert, Johann Jakob 49, 63f.
Sulzer-Ziegler, Eduard 244
Surber, Johann Heinrich 29
Teobaldi, Alfred 289, 394
Thalwil 136, 174f., 178, 218f., 260, 266, 301, 375
Thünen, Johann Heinrich von 101
Tobler, Robert 318, 320, 323f., 326
Töss 18, 56, 61f., 298, 326
Traber, Alfred 257
Treichler, Johann Jakob 143
Troll, Johann Conrad 136
Trudel, Dorothea 154f.
Trüllikon 153
Uetikon 209
Uhlmann, Johann Kaspar 121
Uitikon 213, 462
Unterland 26f., 30, 36, 208, 238, 263, 287, 360f., 372, 437, 461ff.
Unterstammheim 27, 35, 361
Unterstrass 154, 187
Urech, Berta 346
Uster 22, 32, 34f., 56, 61f., 69, 83, 110, 129, 140, 145, 154, 174, 208, 219f., 224f., 262, 266, 273, 294, 296, 359f., 452
Usteri, Paul 30, 120ff.
Utzinger, Ernst 461
Valangin, Aline 283, 287
Vaterlaus, Ernst 441
Veltheim 298
Vögelin, Friedrich Salomon 154
Vogelsanger, Jakob 234
Vogt, Paul 346
Volkart, Johann Georg 87
Volkart, Salomon 87
Volketswil 423, 434
Vontobel, Hans 357, 382, 384
Vonwyl, Hans 320
Wädenswil 76, 125, 139, 154, 174, 212, 218f., 220, 261, 266, 296, 301
Wälterlin, Oskar 337
Wagner, Richard 88, 97
Wagner, Thomas 448
Wahlen, Friedrich Traugott 340f.
Wald 44ff., 56, 61, 154, 219, 224f. 252, 266, 275, 289, 294
Walenstadt 107f.
Wallisellen 110, 170, 296, 379f.
Waltalingen 28, 40
Wangen 155
Wanner, Jakob Friedrich 91
Waser, Johann Heinrich 95
Wattenwyl, Niklaus Rudolf von 124f.
Weesen 107
Weiningen 218, 371, 415
Weinland 26, 35f., 104, 208,

513

# Sachregister

263, 287, 294f., 360f., 437
Weinmann-Suter, Johannes und Fanny 231
Weisflog, Heinrich Julius 323
Weiss, Heinrich 104
Weiss, Salomon 119
Weisslingen 334
Weitling, Wilhelm 141, 143
Weizsäcker, Ernst von 343
Werdmüller, Otto Anton 69f.
Wermatswil 22
Werner, Max 461f.
Wettingen 169f.
Wetzikon 32, 54f., 61f., 110, 262, 320, 360, 411, 418, 452, 461, 463, 466
Widmer, Sigmund 425, 444, 448, 467, 475
Wiedikon 187, 189, 383, 462
Wila 23
Wilhelm II. 244
Wille, Ulrich 244, 247, 252f.
Willi, Jakob 125
Winterthur 37, 40, 61, 76f., 82ff., 85ff., 103, 110f., 138, 145, 154, 160, 168, 171, 174, 190, 197, 200f., 205, 214, 219, 232, 241, 248, 262, 264ff., 268, 271f., 275, 295f., 298ff., 306f., 312ff., 317, 325ff., 343, 345, 359ff., 365, 390, 401, 423ff., 429, 432, 443, 445, 448, 450, 466f., 469, 475
Winterthur (Bezirk) 19, 26, 34, 200
Wipkingen 84, 184, 189, 473
Witikon 297, 301, 380, 428, 453
Wolf, Friedrich 326, 337
Wolff, Markus 347
Wollishofen 200, 232, 299, 303, 472
Wülflingen 31, 44, 57, 298
Wyss, David (d.Ä.) von 121
Wyss, Georg von 230
Zangger, Barbara 69
Zangger, Hans Heinrich 74
Zangger, Hans Jakob 69
Zehnder, Carl 95
Zehnder, Hans Ulrich 67ff., 138f., 145, 155
Zehnder, Ulrich 68f.
Zell 31, 59
Zeller, Anna 164
Zemp, Joseph 228
Zeugherr, Leonhard 89
Ziegler, Eduard 141
Ziegler, Jakob Christoph 125
Ziegler, Theodor 160
Zinggeler, Gustav Rudolf 66
Zollikerberg 297
Zollikon 266, 297, 300, 401, 408, 452, 471
Zollinger, Albin 339
Zug 162
Zumikon 456
Zuppinger, Mabel 335
Zürich 16, 18, 21, 37, 40, 45, 47f., 61, 75ff., 82ff., 103, 107ff., 118, 122ff., 140ff., 154, 160ff., 172, 178, 181ff., 191ff., 199ff., 205, 214, 217, 219f., 231ff., 241ff., 251f., 254ff., 261f., 264f., 268, 270ff., 274f., 278, 282f., 287, 291, 295f., 298ff., 303, 306ff., 311ff., 321ff., 332, 338ff., 342f., 345ff., 350ff., 357ff., 367, 369, 371ff., 375ff., 379, 381f., 392, 394f., 396, 401ff., 409f., 412ff., 421, 423ff., 429, 431ff., 435, 437, 441f., 444, 446, 448, 456, 461ff., 466ff., 470ff.
Zürich (Bezirk) 19, 83, 147, 171, 182, 200, 241, 300

## A

Abgaben (Feudallasten) 22ff., 33, 35, 39f., 120f., 123f., 130, 133

Abwanderung 182, 294, 358f., 363, 375, 395, 413, 447, 452

Abwertung 311, 314, 316, 331, 333f.

Ackerbau siehe auch Getreidebau 22ff., 33f., 36, 209, 215, 296, 340f., 372f.

Ärzte 67ff., 119, 127, 129, 133, 137, 171, 193, 212, 222, 283f., 291, 388, 392, 399, 424

Agglomeration 296, 355ff., 364f., 376, 383, 393, 396, 401, 409f., 412ff., 430, 434ff., 454, 459ff., 469ff.

Agrarpolitik 209f., 212f., 217, 371ff.

AHV (Alters- und Hinterlassenenversicherung) 247, 252, 266, 350, 353, 401f., 441, 448

Allmend 22ff.

Alphabetisierung 135

Angestellte 70, 171, 176, 222, 241, 246f., 261, 270, 274, 278ff., 304, 317, 324, 333ff., 372, 390, 394, 408, 412, 441, 455

Antimilitarismus 244, 246, 350

Antiquarische Gesellschaft 97f.

Antisemitismus 140, 238, 258, 281ff., 318, 321, 325f., 338, 347

Arbeiter, –innen 16, 18, 53ff., 60ff., 88f., 112, 143, 146f., 149, 165ff., 172, 174f., 193f., 200, 208, 210, 215, 217, 223, 230, 240ff., 252f., 271, 279, 289f., 304, 321, 334ff., 394f., 398, 411f., 419, 423, 438, 441, 455
– bewegung 62, 78, 143, 167, 200, 216, 226, 230, 232ff., 243ff., 248, 250, 253, 255, 264, 290f., 304, 317f., 324, 330, 345, 350, 425, 436, 438, 440f., 443, 453
– quartier 92, 147, 183, 187ff., 193f., 199, 201, 204, 242, 264, 282, 291, 426, 453, 471
– schutz 146, 228, 244
– vereine 226, 232ff., 314

Arbeitgeberverband (ASM) 331f., 441f.

Arbeitsgesetzgebung 55, 59f.,
144, 149, 228, 255, 271
– kampf siehe auch Streik 78,
240ff., 257, 332, 441f.
– lose, – losigkeit 56, 58, 254,
256f., 265, 295, 311ff. 321,
331, 342, 368
– zeit 55, 166, 237, 247, 252,
254, 257, 269, 350, 380, 388,
391

Architektur 278, 299, 302f.,
305, 392, 414

Armenwesen 69, 130, 136,
138

Armut siehe auch Pauperismus 54, 56, 60, 166, 188,
245f., 280, 400ff., 411, 444

Aufklärung 16, 36, 119, 287

Ausländer, – innen siehe auch
Fremdarbeiter, Überfremdung
96, 182, 201, 237, 240f., 243,
258, 279, 282f., 358, 368,
375, 389, 395f., 398, 402,
419, 428, 434, 438, 442, 453,
456
– anteil 19, 182f., 236, 240,
258, 281f., 338, 357f., 368,
395f., 445, 476

Auswanderung (Emigration)
18f., 209

Auto 187, 189, 273, 275, 279,
306ff., 340, 353, 361, 363,
407, 409, 411f., 416, 423, 425,
473f., 476

Autopartei 449, 456f.

**B**

Banken siehe auch Kantonalbank 40, 50f., 72, 79, 111, 147,
171, 246f., 252, 256, 268,
270, 274, 282, 286, 312ff.,
339, 343, 381ff., 388

Bauern, Bäuerinnen 16, 22f.,
27f., 30f., 35ff., 53, 70, 94,
105, 125, 130, 138, 140, 143,
147ff., 207ff., 230, 252, 261,
295, 317, 319, 324, 333, 339,
369ff., 393, 419, 438, 451f.,
455

Bauernbund 211f., 215f., 237

Bauernpartei, Bauern- und
Bürgerpartei, Bauern-, Gewerbe- und Bürgerpartei (BGB)
siehe auch Schweizerische
Volkspartei (SVP) 214f., 217,
236, 252ff., 262f., 287, 295,
321ff., 326, 339, 353, 362,
449f., 452, 472

Bauernsekretariat 215f.

Baugewerbe 183, 195, 224,
241, 243, 273, 283, 301, 312,
314ff., 331, 375, 389f., 415

Beamte 71ff., 129, 148, 222,
261, 278, 455

Bekleidung, Mode 39, 251,
277, 280, 284, 426, 429

Belle Époque 167, 171, 185ff.

Bevölkerungsdichte 30, 83,
95, 171, 188, 191, 193, 197,
361, 464
– entwicklung 18f., 45, 83f.,
86f., 118, 124, 159, 173f.,
181f., 200, 218f., 294, 296f.,
299, 357f., 371, 417, 467
– struktur 44, 60, 168, 187f.,
278, 281f., 452, 469

Bezirke 19, 82f., 360, 471

Bibel 138f., 153

Bibliotheken 98, 135

Bier 167, 211

Bildung 16, 36f., 63, 67, 96ff.,
120, 134, 136, 177ff., 234,
278, 289, 336, 387ff., 392ff.,
398ff., 404, 418f., 423, 429,
436, 438, 442, 455

Bildungswesen siehe
Schulwesen

Binnenwanderung siehe auch
Landflucht 58, 83, 155, 174,
191, 193, 198, 209, 232, 281,
296f., 357, 394, 413

Bodenpreise, – markt 38ff.,
85, 170, 182ff., 188, 204, 208,
302f., 371, 377f., 383, 415

Bolschewismus 230, 233, 248,
252f., 258, 321f.

Brauchtum 39, 60, 62, 139,
155, 211, 434

Bürgerrecht 60, 148, 281, 426

Bürgertum 16f., 50, 53, 63,
67, 69, 94, 130, 132, 141ff.,
148, 178, 217, 234, 236, 250,
252, 256, 279, 286f., 317,
322ff., 345, 411, 419, 423,
425, 436, 438
– Landbürgertum 53, 63, 69,
118, 120, 124, 129, 131, 133,
148, 154, 220, 226
– Stadtbürgertum 50, 118,
120f., 124, 131f., 202

Bürgerwehren 131, 241, 252,
255

Bundesanwaltschaft 238
– gericht 160, 228, 289, 462,
468
– polizei 237f., 350
– rat 71, 83, 142, 229f., 237,
244, 247f., 278, 313f., 317,
340, 347, 353, 451, 456
– staat 16, 109, 142, 224
– verfassung 142, 158, 163,
228, 325, 459

**C**

Christlich-Soziale Partei,
Christlichdemokratische
Volkspartei (CVP) 232, 237,
261ff., 284, 321, 323f., 429,
449f., 453, 456

**D**

Dadaismus 247

Dampfmaschine 41, 49, 89,
165, 168
– schiff 48, 108f., 129, 155

Delinquenz 61, 136

Demokraten, Demokratische
Bewegung, Demokratische
Partei 6., 51, 62, 66, 69f.,
72f., 79, 86, 89, 143, 145ff.,
156, 160ff., 178, 213f., 224f.,
228, 230ff., 252, 255, 261f.,
265, 323, 427, 445, 449ff.

Demokratie 39, 53, 271, 318,
322, 324, 334, 336, 342
– direkte 16, 73, 118, 143,
145f., 149, 440, 445
– repräsentative 16, 123, 130,
140, 147

Depression 18, 40, 138, 147,
158, 162, 165, 181f., 207, 230,
257, 272, 310, 318, 356, 370,
401, 430, 442, 447, 464, 476

Dienstboten 75, 85, 94, 97,
175f., 178, 202, 232, 271,
273f., 278ff., 378

Dienstleistungssektor 85, 165,
171, 174, 219, 272ff., 296, 357,
363, 367ff., 377ff., 388, 390,
401

Dreizelgenwirtschaft 21, 23ff.,
28

**E**

Ehe, – recht 54f., 59ff., 66,
69, 71, 177, 202, 221, 228,
260, 278ff., 391f., 400, 408,
417f., 420f., 437

Eingemeindung siehe auch
Vororte (Ausgemeinden) 193,
199f., 236, 298ff., 303, 441,
467f.

Einwanderung (Immigration)
182, 223f., 232, 281f., 357,
395f.

Eisenbahn, – bau 18, 33, 35,
40, 49, 51, 72, 85, 87, 90f.,
101, 105, 109, 113ff., 144, 155,
160ff., 189, 199, 230

Elektrizität, Energie 165,
169ff., 219f., 270f., 296, 453

Elite siehe auch Sozialstruktur
319, 454, 456
– politische 66, 71, 83, 120,
123, 130f., 138, 140f., 143f.,
147, 195, 287, 321
– wirtschaftliche 34, 37, 40,
50, 62, 87f., 118, 120, 128,
142, 144, 434f.

Ernährung 58, 62, 166f., 172,
210f., 245, 341

Erwerbsstruktur 85, 165,
171f., 192, 221, 272, 369

ETH siehe Polytechnikum

Evangelische Volkspartei
(EVP) 262, 323, 449, 453,
470

Export, – wirtschaft 36, 87,
245, 268, 271, 310ff., 331,
341ff., 374, 376

**F**

Fabrik 44ff., 55, 58f., 89, 172,
174, 228, 271, 279, 432

Familie 37, 57, 60, 64f., 71, 73,
94, 132, 154, 166f., 178, 192,
202, 222, 231, 260f., 278,
280, 287, 305, 314, 319, 330,
334f., 368, 387, 391, 401, 404,
407, 411f., 417f., 436, 455

Faschismus 283, 323, 337, 350

Ferien 289, 334f., 372, 416,
425

Feste 17, 37, 39, 62, 88, 94,
118f., 128, 136, 148, 224ff.,
239, 260f., 362, 426

Festungswerke 83, 89f., 92,
131, 185

Finanzausgleich 300, 463,
468f.

Finanzen (öffentliche) 133,
211f., 256, 265, 297, 314, 316,
397, 467ff.

Flüchtlinge 96f., 336, 338,
342, 344ff., 447

FraP! 457

Frauen 16, 37, 39, 56, 59ff.,
65f., 71, 73, 75, 78, 83, 93f., 97,
130, 139, 154f., 165ff., 172,
175ff., 193, 196, 201, 205,
222, 225, 232, 235, 242, 245,
256, 261, 273, 279f., 284,
286, 289, 303, 305, 314f., 321,
324, 335f., 339, 353, 368f.,
372, 380, 387, 394, 398, 402,
408, 412, 416ff., 424, 426,
436, 444, 445ff.
– arbeit 39, 59ff., 78, 172,
175ff., 192, 221, 223, 273f.,
279f., 369, 371, 374f., 389ff.
– bildung 177ff., 274, 279,
397f.
– stimmrecht, – rechte 130,
137, 148, 235, 247, 252, 261,
290, 347, 419, 424, 430,
442f., 445, 472
– vereine, – organisationen,
– bewegung 136, 178, 202f.,
235, 245, 305, 324, 347, 420,
424, 453

Freiheitsrechte 16, 72, 75f., 82,
118, 127, 130, 244

Freimaurer 69, 127, 136, 318

Freisinn, Freisinnig-Demokratische Partei (FDP) 217, 230f.,
236f., 239, 252, 255, 258,
261f., 289, 318ff., 322ff., 353,
436, 441f., 449, 451ff., 461,
471

Freizeit 251, 264, 284f., 289,
305, 334f., 364, 377, 388,
408, 411f., 417, 425, 432ff.,
455f.

Fremdarbeiter, – innen 183,
195, 223f., 234, 357, 368, 371,
374, 393f., 423, 427f., 434,
438, 442, 444

Fremdenfeindlichkeit 195,
257f., 395, 438, 451

Friedensabkommen 240, 272,
331ff., 441

Fronten 253, 283, 288, 317ff.,
322, 337, 427
– Eidgenössische Front 323
– Nationale Front 256, 315,
318ff., 324ff.
– Neue Front 318ff.

**G**

Gemeinde, – behörden 27, 31,
39, 54, 56, 60, 82, 85, 95, 103,
118, 126, 133, 295, 299ff.,
314ff., 359f., 363f., 380, 404,
415, 434, 463, 465f., 468, 470
– autonomie 133, 256, 362,
380, 415, 435, 463

Gemeinnützige Gesellschaft
70, 72, 77, 136

Generationen 57, 119, 142, 221,
280, 282, 284ff., 320, 374,
393ff., 400, 411, 417ff., 426,
429

Genossenschaft siehe auch

515

Konsumvereine, Wohnbaugenossenschaften
– landwirtschaftliche 29, 209f., 213f., 216

Geschlechterverhältnis siehe auch Gleichstellung 94, 133, 136, 137, 177, 198, 222f., 235, 251, 269, 277, 282, 284ff., 330, 335, 388, 390f., 397f., 407, 411f., 417ff., 426, 430, 436, 453

Gesellschaften siehe auch einzelne Gesellschaften 21, 39, 67ff., 76, 78, 88, 107, 127, 135f., 154

Gesetzgebung siehe auch Arbeitsgesetzgebung
– Bund 16, 31, 109, 120f., 163, 178, 213, 228f.
– Kanton 27, 31, 73, 104, 123, 132f., 138, 143, 149, 161, 200, 212, 266, 313, 459f., 462, 464, 466, 468f.

Gesundheitswesen 67ff., 155, 171, 176, 197f., 219f., 230, 232, 265f., 388, 392, 447, 453

Getreidebau 26ff., 33, 207, 209, 372f.

Gewaltenteilung 129f.

Gewerbe, – treibende, Kleinhandel 44, 51, 58, 74f., 129, 137, 147f., 165, 214, 222, 261, 271f., 275, 278f., 283, 317, 319, 321, 324, 369, 374ff., 380, 389f., 394

Gewerkschaften 179, 226, 232, 240, 242, 247, 254, 257, 265, 271f., 280, 290, 317, 331ff., 352, 425, 441f.

Glaube 139ff., 153ff., 289, 436f.

Gleichstellung 146, 235, 324, 397, 419, 436, 477

Globuskrawall 430, 444, 446

Gotthardbahn 51, 160, 162ff.

Grüne Partei (GP) 449f., 457

Grütliverein, Grütlianer 143, 226, 229, 232, 234, 236, 238, 255, 264f.

H

Handel 45, 87, 268

Handelskammer 51, 131

Handwerk, Handwerker 16, 46, 51, 54, 58, 62f., 70, 74ff., 125, 130, 140, 143, 165, 208, 241, 283, 374ff.

Heimarbeit, Heimindustrie 16, 25f., 28, 44ff., 54f., 130, 138, 166, 176, 192, 208, 218f., 314

Heimatschutz 414, 460, 472f.

Helvetik 25, 31, 103, 119, 123, 126, 129, 153

Helvetische Republik 16, 25, 82, 118, 120ff.
– Grosser Rat 107, 119, 121
– Senat 10, 119, 121
– Verfassung 16, 30, 82, 118f.

Hilfswerke 345ff.

Homosexuelle 426f.

Honoratioren 83, 143, 149, 154, 221, 287

Hunger, Hungersnot 25, 54, 153, 245, 313

I

Import 23, 33, 76, 87, 116, 211, 331

Industrialisierung 35, 38, 40, 44ff., 66, 77, 87, 129, 131, 142, 224, 252
– Protoindustrialisierung 59, 172

Industrie 144, 165, 207f., 245, 252, 254, 268, 272f., 275, 279, 369, 374, 376f., 388, 390, 394
– Chemie 159, 209f., 374
– Elektroindustrie, Energiewirtschaft 18, 159, 169, 270f., 273f., 376, 472f.
– Maschinen, Metall 18, 46, 48ff., 58, 64, 87, 116, 165, 168ff., 173f., 241, 269, 273, 311, 316, 332, 334, 374, 376f., 389, 441
– Nahrungsmittel 167, 172, 269, 374f.
– Textilindustrie 44ff., 59, 64, 85, 87, 110, 130, 165, 172, 174, 176, 192, 224, 232, 241, 269, 273, 279, 294, 311, 315, 332, 342, 374f., 389
Baumwolle 18, 44, 50, 64, 101, 138, 144, 168, 173
Seide 44, 46ff., 63, 129, 168, 173ff., 192, 218f., 273, 311, 361, 375

Industrielle Revolution 16, 44, 46, 159

Initiative 236f., 241, 306f., 315, 317, 323, 325f., 445, 447ff., 468, 471f.
– Gesetzesinitiative 123, 145, 148f.
– Verfassungsinitiative 230, 325f.

Investitionen 18, 40, 104f., 112, 160, 269, 311f.

Italienerkrawall 99, 194ff.

J

Jesuiten 141f., 228, 423f.

Juden, Jüdinnen siehe auch Antisemitismus 140, 238, 258, 281f., 318, 321f., 326, 337f., 344, 347, 402

Jugend, Jugendbewegung, Autonomes Jugendzentrum 260, 277, 284ff., 417, 421, 425ff., 446

Juristen, – innen 67, 71ff., 127, 133, 137, 140, 171, 179, 222, 283, 392, 399

Justiz 69, 71f., 126f., 130ff., 146

K

Kantonalbank 143, 146ff., 160, 212, 215, 230, 312, 340, 382

Kantonsrat, – ratswahlen (vor 1869 siehe unter Rat) 148, 196, 212, 230, 236f., 245, 248, 257, 261f., 266, 284, 300, 315, 323, 425ff., 442, 445, 447, 449f., 452, 456f., 462, 466, 469ff.
– regierung, Regierungsrat 35, 40, 54, 83, 85, 118, 120, 127, 130, 137ff., 141, 143f., 146ff., 195f., 212, 230, 242f., 247f., 252f., 255f., 260f., 275, 284, 300, 306, 315, 322, 326, 336f., 340, 344, 347, 353, 362, 424, 441f., 447, 449f., 456, 459, 462f., 466, 469ff., 475
– schule Zürich 86, 90, 96, 133, 189
– spital Zürich 86, 90, 133, 388
– verfassung 32, 82f., 126, 130f., 145ff., 156, 235f., 469

Kapitalismus 17, 41, 63, 75, 184, 197, 197, 215, 229, 240, 242f., 263, 318, 321

Kartoffelanbau 26, 28, 37, 124, 142, 209

Katholisch-Konservative 228, 237

Katholizismus siehe auch Kirche, Konfession 232, 262, 281f., 284, 289, 394, 419, 424ff., 436, 453

Kaufleute 44, 47, 57, 63, 127, 231, 283

Kaufmännisches Direktorium 127, 131f.

Kinder 37, 59f., 75, 94, 193f., 222, 242, 279f., 305, 347, 380, 398, 402, 411f., 415, 417f.
– arbeit 56f., 59f., 138, 144

Kino, Film 187, 260, 285, 289, 305, 334, 424, 427

Kirche
– katholische 158, 179, 224, 228, 230, 232, 288f., 394, 424, 428, 437
– reformierte (Landeskirche) 30f., 69ff., 138ff., 153ff., 232, 244, 261, 263, 289, 345ff., 424, 437
– Freikirchen 155f.

Klassenkampf 234, 237, 239, 242f., 250, 258, 324

Klassizismus 89f., 105

Kommunismus, Antikommunismus 66, 141, 143, 234, 427f., 442ff.

Kommunistische Partei siehe auch Partei der Arbeit (PdA) 256f., 263ff., 285f., 289, 291, 323f., 420, 427

Konfession 282ff., 320, 394, 418, 423ff., 437, 453

Konjunktur 18, 31, 38, 46, 77, 141, 144, 146, 155, 158, 183, 218, 254, 261, 265, 269, 272, 296, 317f., 331, 336, 447

Konkubinat 203, 260, 408, 418, 430

Konservative, Konservativismus siehe auch Katholisch-Konservative 121ff., 140, 142ff., 228, 230, 237, 241, 285, 287, 289, 319, 325, 330, 430

Konsum, – güter 269, 271, 273, 281, 330, 334, 378, 380, 407, 410f., 421, 424f., 431, 433, 444, 455
– vereine 62, 143, 214, 216, 379, 429

Kreditwesen siehe auch Banken 40f., 50f., 146f., 208, 212, 214f., 256, 274, 312, 317, 411

Kriege
– Bockenkrieg 31, 124ff., 153
– Sonderbundskrieg 16, 46, 142, 248
– Erster Weltkrieg 167, 172, 182, 199, 203, 210, 232, 235, 244ff., 250, 270, 274, 280, 283, 285, 295, 307
– Zweiter Weltkrieg 165, 270, 274, 279f., 339ff., 350ff.
– Kalter Krieg 352, 356, 425, 428, 442f., 462

Kultur, Kulturelles Leben 88, 96ff., 136, 198ff., 224ff., 251, 260, 264f., 283, 287, 417, 423ff., 431f., 438, 463, 477

Kulturkampf 163, 228, 232, 263

Kunst, Literatur 87f., 97, 186, 251, 281, 419, 427, 429, 436, 469

Kunsthaus Zürich 186

L

Landesausstellung 159, 164f., 172, 331, 338f., 353, 461

Landesmuseum 164, 186

Landesring der Unabhängigen (LdU) 256, 265, 327, 347, 443f., 449f., 452, 457, 461, 470, 472

Landesstreik 241, 246ff., 252ff., 261, 318, 331

Landesverteidigung 324, 336, 425, 444

Landflucht 173, 299

Landschaft 30, 40, 82f., 119, 123, 127ff., 136, 147, 207ff., 224, 236, 278f., 282, 285, 287, 289, 295, 326, 396f., 442, 448, 462

Landschaftsbild 112, 356, 358, 361, 365, 369, 371ff., 460

Landwirtschaft siehe auch Ackerbau, Getreidebau, Milchwirtschaft, Viehzucht, Weinbau 16ff., 20ff., 32ff., 51, 144, 165, 172f., 207ff., 269, 272, 274f., 282, 341, 369ff.

Landwirtschaflicher Kantonalverein 36ff., 209, 213ff.

Landwirtschaftliche Schule Strickhof 37f., 295, 373

Lebenshaltungskosten 147, 166, 183, 216, 254, 301f., 315, 331

Lebensreform 197f., 284

Lebensstandard 58, 77, 166

Lehrer, – innen 67, 72ff., 128, 133, 135, 137, 144, 146, 148, 171, 178, 278, 284, 289f., 304, 315, 392, 399, 425, 434, 455

Lehrerseminar Küsnacht 72, 85, 140, 154

Leitbilder 54f., 93, 154, 167, 194, 197f., 202f., 217, 219, 222, 231f., 260, 280, 286, 291, 299, 303, 305, 330, 368, 390, 412, 418, 420, 423ff., 461, 463f., 473, 476

Lesegesellschaft Stäfa 69, 128

Liberale, Liberal-Radikale, Liberal-Konservative 71, 85, 98, 104, 128, 130ff., 137ff., 142f., 146, 148, 160, 214, 228, 230f., 237

Liberalismus siehe auch Demokraten, Freisinn, Liberal-Radikale, 17f., 66, 83, 98, 105, 127, 129, 131, 142, 154, 184, 212, 239, 310, 318, 321

Löhne, Einkommen 40, 58, 73, 77, 138, 166f., 177, 209, 211, 213, 221, 245, 247, 254ff., 268, 282, 305, 311, 313ff., 331, 334, 342, 356f., 371, 382, 391, 393, 400ff., 419, 441f.

Luftverkehr 187, 199, 259, 347, 353, 361ff., 415, 442

## M

Majorzwahlrecht 236f.

Markt, Marktwirtschaft 16f., 116, 133, 183, 371, 431, 467

Marxismus 193, 199, 229, 234, 239f., 318, 321, 427

Mechanisierung 44ff., 174, 274, 369ff., 389

Mediation, Mediationsverfassung 16, 82, 103, 120, 123f.

Medizin siehe Gesundheitswesen

Meliorationen 40, 107, 212, 295f.

Memorial 76, 83, 96, 120, 129f.

Mentalität 39, 58, 63f., 139, 219

Mieter, – innen, Miete 95, 166, 184, 190ff., 301ff., 412, 414ff., 456

Milchwirtschaft, Käserei 23, 27, 33ff., 209f., 372f.

Militär 243ff., 252f., 255, 321f., 331f., 339ff., 362
– Bundestruppen (Ordnungstruppen) 99, 123, 139, 142, 217, 228, 240, 244, 247f., 252f., 256, 318
– kantonale Truppen 91f., 99, 126f., 131, 141f., 148, 195f.

– Frauenhilfsdienst 340
– Ortswehren 340

Mobilisation 339f.

Mobilität (geographische, soziale) 53, 60, 182f., 202, 268, 363ff., 379f., 393f., 412, 416, 419, 421, 436

Mortalität 58f., 83, 95, 191, 193

Musik 88, 97, 251, 260, 305, 426, 429ff.

## N

Natalität 83, 191, 193, 396, 420

Nationalbahn 86, 146, 160ff., 214, 230

Nationalrat, – ratswahlen 74, 143ff., 230, 237, 247, 255, 357, 427, 461, 466

Nationalsozialismus 287, 318, 320ff., 326, 337f., 350

Nationale Aktion gegen die Überfremdung von Volk und Heimat 395, 449, 456

Naturforschende Gesellschaft (Ökonomen) 20ff., 36, 69, 97, 136

Nordostbahn 51, 86, 91, 109ff., 116, 144, 160ff.

## O

Obstbau 33, 35f., 211, 339, 374

Ökologie, Umwelt 307, 364, 369, 373f., 447f., 453, 460f., 477

Oltener Komitee 246ff., 252

Opernhauskrawall 99, 417, 432, 446

Ortsmuseen 295, 434, 436

## P

Parlament siehe Kantonsrat

Partei der Arbeit (PdA) 352, 425, 427, 441ff., 449, 468, 472

Parteien siehe auch einzelne Parteien 215, 230ff., 262f., 322, 330, 440, 449

Pauperismus siehe auch Armenwesen 30, 54, 403, 455

Pendler, – innen (Arbeitsplatzquote) 360f., 363, 383, 454f., 464

Petitionen 35, 125, 130, 138f., 235

Pfarrer, Geistlichkeit 67, 69ff., 118, 121, 123, 126, 128, 133, 136f., 145, 148, 153f., 212, 214, 244

Pietismus 153ff., 263

Plan Wahlen (Anbauschlacht) 297, 340f., 373

Politisches System siehe Regierungssystem

Polizei 99, 105, 126f., 131, 136, 143, 195f., 200, 203, 237f., 240, 242f., 253, 255, 260, 265, 307, 324, 326, 345ff., 426, 430f., 443f.
– Fremdenpolizei 258, 337, 344, 347

Polytechnikum (ETH) 37, 49, 90, 96ff., 133, 144, 189, 238, 295, 310, 320, 340, 392, 398, 401, 427, 461

Postwesen 90f., 105, 112f., 185

Preise (Erzeugnisse) 38, 130, 142, 166, 207, 216f., 245, 254f., 257, 269, 314, 331

Presse siehe Zeitungen, Zeitungswesen

Pressefreiheit 123, 128

Progressive Organisationen (POCH) 449, 466

Proporzwahlrecht 217, 236f., 247, 255, 265

Prostitution 202f., 426

Protektionismus 158, 216, 218, 311

Psychoanalyse 251

## R

Radio 259, 273, 427

Randgruppen 403, 417, 421, 427, 455

Rat (siehe auch Kantonsrat)
– Grosser 27, 31, 37, 76, 79, 83, 97, 105, 120, 123f., 127ff., 133
– Kleiner 120, 123f., 126
– Gemeinderat Zürich (Grosser Stadtrat) 237, 254ff., 265, 393, 426, 429, 442, 456
– Stadtrat Zürich 140, 196, 199, 204f., 243ff., 247, 256, 258, 265, 300, 324, 338, 340, 347, 425f., 442, 444, 456, 462, 467, 469, 473, 475
– Stadtrat Winterthur 298, 313ff.

Rationalisierung 269ff., 302f., 315, 370, 379, 384, 389

Rationierung 306, 339, 341f.

Raumplanung 185, 298f., 353, 359f., 413, 459ff.
– öffentlicher Raum 92f., 194, 308, 426, 432, 474

Recht siehe Bürgerrecht, Eherecht, Strafrecht, Zivilrecht

Rechte siehe Freiheitsrechte; politische Rechte siehe Initiative, Referendum, Wahlrecht

Rechtsgleichheit siehe auch Gleichstellung 53, 82, 118, 127, 130, 132, 224, 232, 394

Referendum 140, 145, 148f., 216, 228, 230, 236, 465

Regeneration 16, 83, 104, 129

Regierungsrat siehe Kantonsregierung

Regierungssystem 124, 126, 143, 145, 148, 237, 310, 319

Regionalplanung, Regionalisierung 459, 461ff., 469f.

Religiös-Soziale Bewegung 244

Republikaner (Partei) 395, 445, 466

Restauration 16, 82f., 90, 103, 124, 153

Revolution
– Bürgerliche 32, 66, 70, 123f., 128ff., 224
– Französische 16, 118, 123, 129, 322
– Helvetische 16, 23, 31, 69, 75, 118ff., 123ff.
– Russische 246f.

Rezession siehe Depression

## S

Säkularisierung 70, 155

Schauspielhaus 186, 326, 337, 427, 431, 433

Schiffahrt 106, 108f.

Schule, Schulwesen 39, 56f., 64, 68, 70, 72ff., 77, 85, 96ff., 125, 133f., 136, 138, 144, 146, 148, 177f., 193, 212, 214, 228, 230, 265, 278, 284, 336, 370, 373f., 396ff., 425f., 448, 463

Schweizerische Bundesbahnen (SBB) 162, 164, 288
– Nationalbank 344
– Volkspartei (SVP) 447, 449, 451ff.

Schweizerischer Bauernverband 211, 216ff., 240, 340
– Gewerbeverband 240
– Gewerkschaftsbund 240, 246, 269
– Handels- und Industrieverein 231, 240
– Metall- und Uhrenarbeitnehmerverband 272, 332, 350

Sechseläuten 76, 163, 235, 265, 288, 435f.

Seuchen (Epidemien) 68, 95, 147, 182, 248

Sittlichkeitsbewegung 202

Souveränität, Volkssouveränität 129, 131, 140, 142, 148

Sozialdemokratie, Sozialdemokratische Partei (SP) 143, 145, 196f., 217, 229, 232ff., 237, 239, 245, 247, 253ff., 261ff., 285f., 289ff., 300ff., 303, 317, 323ff., 333, 336, 347, 352f., 384, 401, 424f., 441f., 447ff., 453, 457, 466, 469f., 472f.

Sozialismus 143, 149, 179, 184, 199, 228, 232, 234, 236, 240, 245, 263, 280, 289, 291, 318, 425

Sozialstruktur siehe auch Elite 118, 365
– ländliche 16, 28, 34, 50, 54, 56, 62, 69, 74f., 208, 221f., 361
– städtische 74, 187f.

Sozialtopographie 93, 95, 187ff., 396

Sozietäten siehe Gesellschaften und Vereine

Sparkassen, – bewegung 40, 50, 64, 70

Sport 187, 251, 260, 266, 277

Staatsschutz 237f., 265, 427f., 445, 475

Stadtfeindschaft 197f., 200, 215, 219, 252, 260, 262, 287, 299f., 394, 417, 472

Stadttheater (Opernhaus) 98, 186, 287, 431f. 446, 473

Städtebau 86f., 181ff., 203ff., 219f., 298, 300

Stäfner Handel 82, 118ff., 125

517

Ständerat 71, 148, 341, 469

Steuern, Steuerwesen 66, 76, 133, 143f., 146, 148, 193, 214, 270, 289, 298, 300, 307, 312, 315, 383, 400, 463, 468f.

Stimm- und Wahlbeteiligung 138, 142, 280, 438, 440, 454ff., 467

Strafrecht 120, 124, 126, 132, 241, 427

Strassen, – bau 85, 101ff., 133, 266, 306ff., 442, 447, 472, 474

Strassenbahnen 164, 169, 184, 188, 204f., 242, 265, 392, 474

Streik siehe auch Landesstreik 78, 164, 167, 217, 232f., 240ff., 254f., 315, 331, 441f.

Strukturwandel 44ff., 168, 175f., 197, 272ff., 319, 380

**T**

Taglöhner, Tauner 54, 208

Technik, Technologie 45, 47ff., 54f., 62, 79, 103, 112, 115, 168ff., 213, 269ff., 362, 373, 377, 425, 442

Telephon, Telegraph 87, 115, 171, 219

Teuerung 50, 54, 167, 254f., 258, 357

Todesstrafe 124ff.

Tonhalle 98f., 186

Tonhallenkrawall 98f.

**U**

Überfremdung 182, 252, 258, 336, 338, 395, 445, 447, 449

Umwelt 415f., 471f.

Ungleichgewichte (regionale) 147, 160, 357, 470

Universität 36f., 68, 71f., 85f., 90, 96, 138, 178ff., 186, 189, 203, 244, 278, 282, 319, 392, 397f., 409, 429, 461

Unternehmer 33, 45ff., 55, 58, 62ff., 69, 74, 88, 129, 131, 137, 140, 174, 221f., 228, 231, 240, 243ff., 252, 271, 278, 316f., 330

Unterricht siehe Schulwesen

Urbanisierung siehe Verstädterung

Urnengänge 264, 334, 342, 447
– eidgenössische 164, 216, 228, 238, 266, 269, 314, 317, 327, 347, 365, 384, 445, 454, 477
– kantonale 149, 197, 200, 217, 230, 234ff., 241, 255, 261f., 290, 298, 300, 302, 307, 315, 324, 327, 347, 362, 441ff., 447f., 452ff., 460, 466, 469, 471
– städtische (Zürich, Winterthur) 232, 234, 237, 264ff., 302, 314f., 324f., 455, 472, 475

Ustertag 130f., 137, 141

**V**

Vaterländischer Verband 265, 318, 322, 332

Vereine 39, 67, 74, 77f., 87, 128, 136, 141, 145f., 148, 154, 179, 202, 210, 213f., 224ff., 230, 232, 234, 241, 284ff., 289, 321, 415, 424, 433f.

Verfassung siehe auch Kantonsverfassung, Bundesverfassung 105, 126

Verkehr siehe auch Auto, Eisenbahn, Luftverkehr, Post, Strassenbahn, Schiffahrt 101ff., 306ff., 353, 360ff., 408ff., 415, 442, 448, 453, 460, 462f., 472
– öffentlicher siehe auch Strasenbahnen, Schweizerische Bundesbahnen 360, 363, 388, 460, 474

Verkehrsnetz, -politik 39, 85f., 90, 101ff., 109f., 112f., 116, 131, 160, 162f., 171, 189, 204, 370, 460, 463, 471f., 474

Verlagssystem 44, 46f., 62

Vermögensverteilung 147, 187, 193, 221, 278, 282, 300, 400f., 423, 434f., 468

Verschuldung 40, 208, 411

Versicherungswesen 51, 55, 72, 171, 270, 274, 282, 313f., 331, 356, 378, 383, 388

Verstädterung 187ff., 197f., 210, 298, 359, 415

Verwaltung 31, 77, 85, 118ff., 125, 127, 130, 136, 263, 296, 445

Viehzucht 23ff., 33, 36, 209f., 370, 372f.

Völkerbund 336

Volksabstimmung siehe Urnengänge, Referendum

Volksbund für die Unabhängigkeit der Schweiz 319

Volkshaus Zürich 233, 244

Volksversammlung 32, 77, 129f., 139, 141, 145f.

Vororte (Ausgemeinden) 83, 181, 187, 199ff., 297ff., 359, 408

**W**

Wahlkreis 143, 236
– recht (Stimmrecht) siehe auch Zensus, Frauenrechte 126, 130, 146, 232, 235f., 419
– verfahren siehe auch Majorz-, Proporzwahlrecht 126, 129, 148

Waldnutzung 23, 138

Wanderungsbewegungen siehe Abwanderung, Auswanderung, Binnenwanderung, Einwanderung, Mobilität

Warenhäuser (Grossverteiler) 270, 275, 321, 327, 335, 374f., 378ff., 459

Wasserversorgung (zentrale) 93, 220, 410, 460

Weinbau 29, 31, 33, 35f., 207ff., 211ff.

Weltwirtschaftskrise (20. Jh.) 310, 384, 461

Wirtschaft siehe einzelne Wirtschaftszweige

Wirtschaftsstruktur (regionale) 173ff.

Wirtschaftswachstum 40, 46f., 49, 58, 84, 137, 146f., 155, 158, 165, 183, 197, 230, 318, 353, 356ff., 367f., 370, 376, 425, 442, 447, 460, 462, 467, 474f.

Wirtshäuser 194, 380, 414, 426, 430ff.

Wohnungsbau 63, 65, 183, 200, 204, 221, 299, 301f., 312, 358f., 401, 409, 411ff., 414f., 434, 442, 463
– gemeinnütziger, – genossenschaftlicher, – kommunaler 60ff., 88f., 200ff., 256, 265, 279, 290, 299, 301ff., 408, 462

Wohnungsnot 166, 182, 254, 256, 258, 301, 463

Wohnverhältnisse 61, 89, 167, 174, 190ff., 201, 280, 296, 303, 305, 335, 359, 408ff., 474

**Z**

Zehnt siehe Abgaben

Zeit 106, 114ff.

Zeitungen, Zeitschriften 45, 197, 225, 232, 236, 323, 337, 343, 346f., 350, 381, 407, 451
– Annabelle 335
– Anzeiger von Uster 223, 322, 352
– Bülach-Dielsdorfer Wochen-Zeitung 145, 148, 214f., 322
– Der Eiserne Besen 320f.
– Der Landbote 55, 138, 141, 145f., 232, 300, 346, 451
– Der Zürcher Bauer 209, 216ff., 252, 261, 300, 306f.
– Der Zürcher Student 320
– Neue Zürcher Nachrichten 232
– Neue Zürcher Zeitung 110, 123, 127, 164, 186, 222, 230f., 251, 306, 322, 326, 340, 350, 352f., 380f., 426, 460, 463, 466, 471
– Schweizerische Monatshefte für Politik und Kultur 319
– Schweizerischer Republikaner 71, 129, 137
– Tages-Anzeiger 334, 457
– Tages-Anzeiger Magazin 475
– Tagwacht 70, 233
– Volksblatt aus dem Bezirk Andelfingen 322
– Volksfreund (Bülach) 352
– Volksrecht 248, 254, 269, 307, 324, 347, 353, 426, 472
– Weltwoche 335, 384, 429
– Zürcher Illustrierte 318
– Zürcher Post 320, 327
– Zürichsee-Zeitung 322

Zeitungswesen 70, 135, 136f., 141, 145, 149, 322, 384, 392, 404

Zensur 124, 126, 128, 143, 260, 337, 341, 343, 427

Zensus 123, 126, 130

Zentralismus (Verwaltung) 67, 70f., 126, 133, 136, 138, 228

Zivilrecht 126, 132, 177, 228

Zoll 76, 142, 230f.
– Binnenzoll 105, 133
– Schutzzoll 158, 216f.

Züriputsch 16, 69f., 83, 131, 137ff.

Zunft, – wesen 67f., 75ff., 125, 130, 252, 283, 287f., 399, 425, 435f., 448

518

## Dank

Der Anfang ist gemacht: Nach einer langen Vorgeschichte, einer intensiven Konzeptphase und einer in mehrfacher Hinsicht nicht ungetrübten Realisierungszeit liegt der erste Band der neuen Kantonsgeschichte termingerecht vor. Dies ist nicht selbstverständlich, sondern das Resultat von Vertrauen, guter Zusammenarbeit und engagiertem Einsatz auf verschiedensten Ebenen, und deshalb ist Dank angebracht.

Zunächst gebührt Dank der Stiftung «Neue Zürcher Kantonsgeschichte», die das Wagnis eingegangen ist, nach dem plötzlichen Tod Niklaus Flüelers die Weiterführung der Arbeit mir anzuvertrauen. In diesen Dank möchte ich insbesondere Prof. Dr. Roger Sablonier und Dr. Thomas Meier einschliessen, die dem Stiftungsrat neutral und unvoreingenommen zur Weiterführung des Projekts geraten haben.

Dass diese Weiterarbeit überhaupt möglich war, liegt unter anderem daran, dass ich mich auf langjährige Mitarbeiterinnen und Mitarbeiter stützen konnte, die mir in schwerer Zeit zur Seite standen, so Lia Thalmann und Paulette Pfammatter sowie die Graphiker Heinz Schnieper und François G. Baer. Aber auch daran, dass es gelungen ist, die entstandene grosse Lücke bestmöglich zu schliessen. Dies ist vor allem das Verdienst von Josef Gisler, der mit seinem Wissen und dem Gespür für die erforderliche Sorgfalt – aber auch mit viel Anpassungsvermögen in bezug auf redaktionsspezifische, mitunter auch unkonventionelle Arbeitsabläufe – ganz wesentlich zum Entstehen des vorliegenden Werks beigetragen hat. Und ohne Beat Frei, den passionierten «Bildermenschen», hätte die Kantonsgeschichte kaum ihr lebendiges, optisch ansprechendes Gesicht erhalten.

Aber auch dieses motivierte Team hätte nichts ausrichten können, ohne die termingerechte und für alle redaktionellen Wünsche offene Mitarbeit der Autorin und der Autoren und den engagierten Einsatz des wissenschaftlichen Beirats. Und ebenso wesentlich war die reibungslose Zusammenarbeit mit zahlreichen Archiven, Bibliotheken, Museen, Sammlungen und privaten Leihgebern, die unsere zahlreichen Bildwünsche kompetent und zuverlässig erfüllt haben. Unser besonderer Dank geht in diesem Zusammenhang an das Baugeschichtliche Archiv der Stadt Zürich, das Schweizerische Sozialarchiv, das Staatsarchiv Zürich und die Zentralbibliothek Zürich.

Schliesslich aber liegen die fertigen Bücher nur vor, weil Setzerei, Lithoanstalt, Druckerei und die Buchbinderei die ganzen Inhalte zu einem ansprechenden Ganzen gefügt haben.

Ihnen allen herzlichen Dank!

Marianne Flüeler-Grauwiler